유라시아 제국의 탄생

유라시아 제국의 탄생

유라시아 제국의 탄생

· 백준기 지음 ·

The Birth of the Eurasian Empire

자유문고

아버지, 어머니께 이 책을 바칩니다

'유라시아의 세기'가 온다

'미국의 세기 이후post-American Century'의 세계가 도래하고 있다. 20세기가 '미국의 세기American Century'로 일컬어진다면, 향후 21세기는 '유라시아의 세기Eurasian Century'가 될 것이다. 이 책은 유라시아의 세기의 서막 혹은 서장이자, 유라시아 국제질서의 창세기에 관한 글이다. 두 차례의 세계전쟁으로 유럽이 자멸하면서 탄생한 미국의 세기는 대서양 세계로 하여금 유라시아 세계를 압도하고 지구적 차원에서 주류 문명이자 중심 세계로 상승하도록 만들었다. 나는 이 책에서 현시대의 주류 국제규범이자 세계표준으로 작동하는 대서양 세계의 국제질서에 대한 대안으로 유라시아 세계에 주목하였다.

대서양 세계가 형성된 근대 이래에도 정치와 경제는 물론이고 문화적으로 세계사의 중대한 전환은 유라시아 세계에서 이루어졌다. 오늘날의 세계질서를 결정한 두 차례의 세계전쟁과 미·소 냉전 또한 유라시아 세계의 창조물이었고, 20세기 말 미국과 대서양동맹이 여전히 냉전의 유령과 싸우고 있던 시절, 냉전의 해체와 신세계질서를 향한 열망이 분출한 곳도 유라시아 세계였다.

우리는 고대로부터 기나긴 유라시아의 세기를 지나왔다. 콜럼버스가 아메리카대륙에 상륙하고 대서양 세계가 창조된 이후에도 그러하였다. 20세기 두 번의 세계대전으로 시작되고 '냉전과 탈냉전'으로 번성한 미국의 세기, 대서양 시대가 지나가고 다시 한번 유라시아의 세기가 도래하고 있다. 유라시아는 창조와 파괴의 세계였다. 전통적으로 러시아는 근대 '유라시아 세기'의 창세기를 주재한 유라시아 국가로 자임하고 있다.

우리는 미국의 세기 대부분의 기간 동안 미국을 중심으로 한 대서양 세계의 문명권이자 세력권에 속해 있었으므로 과거 우리가 오랫동안 속해 있던 유라시아 세계에 대한 역사적 기억의 퇴화를 겪었다. 무엇보다도 냉전시대의 이데올로기적 퇴행에서 기인한 유라시아 세계에 대한 우리의 지정학적 문맹은 한국인의 지적 편협성뿐 아니라 '국가전략의 불구不具'를 초래하였다.

이에 미국의 세기가 끝나가고 유라시아의 세기를 예견하는 오늘날, 역사적 기억을 상기想起하여 지적知的으로나 정책적으로 우리의 인식의 지평을 온전히 하고 새로운 한 세기를 대비한다는 취지에서 이 책의 개정판을 내놓게 되었다. 이는 학자 인생의 대부분을 유라시아 연구에 할애한 대서양 세계의 주변부 지식인의 희원希願이기도 하다.

이십여 년 전 이 책을 처음 구상할 당시—이라크전쟁에서 미국의 압도적인 힘, 미국의 헤게모니를 전 세계가 확인한 당시— 미국의 세기는 전성기를 구가하고 있었다. 십여 년 전 이 책을 처음 출간할 당시 세계정세는 미국 주도의 단극체제와 자유주의 국제질서가 여전히 공고한 듯 보였다. 그 당시는 서구사회와는 다르게 한국에서 G2 담론이 유행하고 있었으나, 미국의 세기가 지나가리라는 생각은 한국인들의 동맹 강박증이 허락하지 않았던 시절이었다. 탈냉전이 이루어졌으나 냉전적 군사기구(NATO)는 스스로 확장하는 탈냉전의 패러독스paradox 상황에서, 러시아 외무장관 프리마코프가 주창한 유라시아 노선에 근거하여 러시아 정부가 추진한 유라시아 국제질서와 다극화 전략을 묵상하듯 관찰해 온 나로서는, 어렴풋이 다가오는 유라시아 세기의 지정학적 실루엣을 부인할 수 없었다.

유라시아 세계는 유럽과 아시아를 포괄하고 북반구의 중심을 아우르는 초대륙적 세계이다. 지정학의 창시자 중 하나인 핼포드 맥킨더Halford Mackinder는 초대륙 공간으로서의 유라시아를 어느 대륙도 필적할 수 없는 '세계 섬world island'이라 호칭하였다. 유라시아는 전략적 '중추대륙pivot continent'이다. 지리적으로는 포르투갈의 리스본에서 러시아의 블라디보스톡―그리고 한반도의 부산―에 이르기까지 장대하게 퍼져 있고, 유라시아 대륙철도 네트워크로 완결체이듯 연결된 초대륙의 세계이다.

정치적으로는, 근대 이래로만 한정하더라도, 지난 삼백여 년 동안 러시아, 프랑스, 독일, 오스트리아, 오스만 튀르크, 중국 그리고 대서양 세계의 선두 주자였던 영국 등이 주요 행위자로서 이 초대륙에서 세력권을 나누었다. 이들 강대국 주변으로 유럽에서는 폴란드, 헝가리, 체코, 세르비아, 그리스 등 수많은 유럽의 중소·중견 국가들이 독립과 자치를 위해 분투하였고, 통일 이탈리아가 뒤늦게 이에 합류하였다. 불행한 에피소드이긴 하지만 근동의 강대국 페르시아도 제국의 낡은 망토를 걸친 채 오스만 튀르크와 러시아, 두 경쟁 제국의 지루한 숙적 대결rivalry의 소용돌이에 휘말려 들었다.

중앙아시아에서는 우즈벡, 카자흐, 투르크멘, 키르기즈, 타지크인들이 영국과 러시아의 각축전에 희생되었다. 극동에서는 인도차이나와 한반도가 유라시아 대륙 주변부로서 열강의 세력권 쟁탈의 전장이었고, 조선(대한제국)은 그 세력권 전쟁의 비극적인 피해자였다. '자유 제국주의'라는 미명으로 폭력을 문명화한 대영제국은 유라시아 대륙 밖의 역외국가였지만 유라시아의 헤게모니를 견제하는 역할을 자임한 유라시아 세계의 전략적 균형자이자 패권국이었다.

21세기 전반前半이 미-중 전략경쟁으로 요약된다면, 19세기는 영국과 러시아 두 제국의 숙적 경쟁, 즉 영-러 전략경쟁Anglo-Russian Rivalry의 시대였다. 20세기의 미-소 전략경쟁U.S.-Soviet Rivalry은 이의 연장선에 있었다. 제정 러시아에 대한 전략적 견제와 봉쇄를 결정한 영국은 중앙아시아를 포함하여 유라시아 전역에서 '그레이트 게임Great Game'이라 자찬自讚한 지정학적 대게임을 19세기를 관통하여 추진하였다. 뒤늦게 유라시아 국제질서에 편입된 메이지시대 일본은 대륙의 주변부로서 유라시아의 극동, 동아시아의 국제질서 재편에 중요한 작용을 하였다.

지금까지 언급한 이 나라들은 이 책에서 중요하게 다루고 있는 국가 행위자들이자 대상들이다. 어떤 나라들은 근대 유라시아 세계의 형성과 유라시아 국제질서의 재편에서 주요 행위자로서 승리자로 행세하였고, 어떤 민족들은 피해자로서 패배자의 역할을 강요받기도 하였다. 한 세기 전에 최종적으로 정초定礎된 유라시아의 원형 질서와 그 메커니즘이 오늘날 다시 재현되고 작동하기 시작하였다.

미국과 영국으로 상징되는 대서양 제국은 유라시아 대륙 세력이 분열하였을 때 글로벌 헤게모니를 장악하고 행사할 수 있었다. 19세기 유럽에서 독일과 프랑스가 반목하고 독일과 러시아가 대립할 때, 근동에서 러시아와 오스만 튀르크가 갈등하고 극동에서 러시아와 중국이 서로 의심하거나 러시아와 일본이 전쟁으로 치달을 때, 유라시아의 역외제국 영국은 전략적 기회의 공간을 발견하였다. 20세기 냉전시대 유럽에서 동East과 서West의 대립, 아시아에서 중국과 러시아의 분쟁에서 역외세력인 미국은 헤게모니의 지속가능성을 실현하였다.

그러나 이제 아시아에서는 러시아와 중국이 사실상의 동맹으로 고착하였고, 유럽국가들은 미국의 문명적 유혹으로부터 유럽적 정체성으로 다시 시선을 돌이키고 있다. 오바마 정부가 시도한 '아시아로의 중심축 이동Pivot to Asia'은 중국에 대한 전략적 견제였을 뿐 아니라, 애초에 유라시아 대륙 중심부에 대한 새로운 대항전략, 즉 '뉴 그레이트 게임new great game'의 일환이었다. 트럼프 정부가 사활을 건 관세전쟁의 주전장 또한 대서양 세계가 아니라 유라시아 세계이다. 탈냉전 초기 다극화 전략에 따라 러시아가 주창한 브릭스BRICS는 오늘날 '브릭스 플러스BRICS+'로 진화하여 유라시아의 중심부heartland를 넘어 대서양 세계의 관할하에 있던 남미와 중동으로 확장하고 있다.

맥켄더 류의 지정학 이론을 수용한 영국과 이를 계승한 미국의 유라시아 대응전략은 특정 국가가 유라시아를 지배하지 못하도록 견제하거나 봉쇄하는 것이었다. 영국이 러시아에 대항한 19세기의 '그레이트 게임Great Game', 히틀러의 독일에 대한 격퇴, 미국의 소련 봉쇄전략 등이 그러하다. 해양계 지정학이 봉쇄에 관한 것이라면, 대륙계 지정학은 '생존권(생활권)Lebensraum'에 관한 것이다. 다만 둘 다 강대국의 헤게모니에 관한 것이라는 점에서 공통점이 있다.

유라시아의 세기가 도래하면 우리는 강대국의 '생활권(세력권)' 추구를 경계해야 한다. 역사적으로 우리는 항상 강대국의 '레벤스라움' 전략의 희생자였다. 일제 식민지 강점은 일본이 대륙계 지정학을 모방하여 '제국의 생활권' 확장을 감행한 대표적인 지정학적 충격이었다. 그러나 오늘날 유라시아의 국제정치 지형은 단일 국가가 헤게모니를 독점적으로 행사하기 어려운 구조이다. 예를 들어 중국과 러시아도 실질적인 동맹관계이긴 하지만 태생적으로 서로 간에 전략적 길항작용 또한 상존한다.

유라시아 대륙은 역외국가들이 우려하는 것과는 달리 특정 세력이 독점하기엔 지나치게 크고 감당하기 어려울 만큼 열려 있다. 역사적으로 유라시아는 제국들의 격전장이자 패권전쟁의 진원지였다. 오늘날 유라시아의 지정학적 지각판이 다시 움직이고 있다. 일극체제가 황혼에 물들고 강대국들이 이제 유라시아 세계로 다시 돌아오고 있다. 유라시아 국가 러시아는 중국과 함께 브릭스 플러스BRICS+와 글로벌 사우스Global South를 주도하면서 글로벌 헤게모니의 재편을 추동하고 있다.

"유라시아의 세기가 도래하고 있다"는 말은 지정학적 문법으로 표현하면, '미국의 세기 이후'에 세계질서가 유라시아의 중핵지대heartland에 있는 러시아나 이의 연장선—유라시아 주변지대rimland, 내부 초승달지대inner crescent—에 있는 중국이 세계질서를 지배적 또는 패권적인 방식으로 건립할 것이라는 의미가 아니다. 이 글에서 말하는 유라시아의 세기라는 표현에는 향후 세계질서의 대이행great transition과 신질서의 출현이 유라시아적 사건들에 의해 결정될 것이라는 점이 내포되어 있다. '신질서의 순간'이 대서양 세계가 아니라 유라시아 세계에서 발현할 것이라는 의미이다. 첨언하면 지난 삼백여 년 동안 그러하였듯이, 이러한 이행의 중심에는 러시아가 있을 것이다.

우리는 지금 미국이 주도했던 세기의 지평선 끝에 서 있다. '어제의 세기'인 미국의 세기를 뒤로 하고, 우리는 지금 다가오는 유라시아의 세기를 준비해야 한다. 맥킨더가 말한 '콜럼버스 시대columbian epoch'의 최종적 종언, 즉 오백여 년 전 아시아로 쇄도하여 지난 삼백여 년 동안 아시아를 압박하고 통제한 이른바 서구West의 시대, 대서양의 시대가 '미국의 세기'를 끝으로 마감하고, 이제 유라시아의 세기가 도래하고 있다. 사십여 년 전 냉전의 해체에 이어, 한반도에 또 한 번의 기회이기도 한 유라시아 세기로의 이행기를 어떻게 건너갈 것인가? 전후 80여 년의 질서와 규범이 조각나는 세계질서의 대이행기에 고통스러운 '눈물의 계곡'을 안전하게 건너기 위해 우리는, "정치적 열망과 정책적 영감을 불러일으키는 학문적 건축과 지적知的 설계도"를 준비해야 할 것이다.

2026년 붉은 말의 해

입춘立春 즈음에

백준기

머리말

이 책의 집필 계기는 두 차례에 걸친 안식년(연구년)에서 마련되었다. 돌아보니, 집필의 초발심은 20여 년 전 유학 시절, 상트페테르부르크의 에르미타쉬 Эрмитаж (Hermitage) 박물관에서 일어난 것으로 기억한다. 그곳에서 마주친 유라시아 제국의 경이로운 컬렉션이 나의 마음과 뇌리에 각인한 운명 같은 인상이 불현듯, 그러나 꾸준히 이 글로 나를 이끌었다.

2005년 하버드대학교에 방문학자 Visiting Scholar로 체류하는 동안 유라시아 국제관계와 외교사 분야의 풍부한 자료를 접하면서 집필의 의욕이 일었다. 2009년 케임브리지대학교에서 보낸 두 번째 연구년 (Visiting Fellow)에서 필자는 책의 탈고 가능성을 어렴풋이 보았다.

책을 구상한 지는 10여 년이지만 집필한 햇수는 7년여 남짓 되는 것 같다. 해마다 그리고 달마다 동일한 속도와 분량은 아닐지라도, 어떤 때는 여유롭게 어떤 때는 재촉하듯, 꾸준히 써 내려갔다. 몇 년 전에 쓴 초반부의 몇 장章을 집필 막바지에 다시 보니 다소 거칠고 생소할 만큼 시간이 흘렀음에도, 전체 내용이 되도록 논리적으로 상부하고 시종일관하도록 나름대로 첨삭하였다.

이 책은 유라시아 외교와 국제관계의 기원에 대한 연구서이자, 유럽 어느 변방 민족의 제국 건설에 관한 이야기이다. 이 제국은 지난 100년 동안 세계를 세 번 바꿔 놓았고, 우리 민족의 운명에 두 번 깊숙이 관여하였다.

이 책을 구상하고 구성할 때 애초의 동기와 문제의식은 두 가지였다. 하나는 국제관계와 외교에 대한 '인식의 균형 equilibrium'을 위해서였다. 외교의 주체인 국가들의 관계 패턴이나 행위 목적을 설명하는 데 있어서 '메시아 주의'나 십자군 정신, 또는 문명적 사명 등의 선악적 기준으로 가치판단하는 것에서 벗어나 '주류'와 '비주류' 국가들 간 '평판의 균형 balancing'을 일정 정도 이루어 보고자 하였다. 이에 따라 착목한 지점은, 국제관계와 외교에 관한 기존의 담론과 서술 체계가 지중해와 대서양 세계를 중심으로 구조화되어 있다는 것, 즉 '대서양 국제관계의 주류화'에 따른 문제점, 이른바 '주류 국제정치학'의 한계라는 현상이었다. 이를 보정하고 균형을 맞추기 위한 시도에서 연구의 초점을 유라시아 대륙에 맞추었고, 연구의 영역은 근현대 유라시아 세계의 외교적 기원으로 설정하였다.

근대 유라시아 세계의 국제관계에 관한 서술에 있어서 독일과 프랑스, 러시아, 오스트리아-합스부르크, 오스만-튀르크, 중국 등, 유라시아 세계의 주요 행위자들 간의 외교 행위와 관계 패턴을 대서양 세계의 주요 행위자인 영국과 미국, 일본—메이지 유신 이후의 일본은 '대서양 세계'의 일원으로 간주— 등과의 경쟁과 길항관계를 통해 고찰하였다. 유라시아 세계에서 차지하는 지정학적 위상과 외교사적 평가를 고려하면 유라시아 국제관계와 외교의 기원을 탐구하는 데 있어서 러시아를 서술 체계의 중심 고리이자 핵심 행위자로 설정한 것은 그에 따른 자연스런 귀결이었다.

또 다른 동기는 '제국imperium'에 관한 것이다. 우리는 뉴스 기사를 통해 그리고 일상적으로 제국과 그 산물들을 접하고 있기도 하거니와, 한반도의 운명이 역사적으로 제국들에 의해 결정되었고 앞으로도 그럴 가능성이 있다는 것 또한 부정할 수 없는 사실이기 때문이었다. 특히, 19세기 근대 동아시아 국제질서의 회귀, 또는 한반도를 둘러싼 강대국(열강)의 각축 등이 운위되고 있는 21세기 현재에서 보면 더욱 그러하다. 예를 들어, 오바마의 '아시아로의 중심축 이동Pivot to Asia', 시진핑의 '신형대국新型大國' 관계, 푸틴의 '강대국 러시아', 집단적 자위권을 주장하는 아베의 '군국軍國적 보통국가론' 등은 19세기 동아시아에서 제국 열강의 각축을 떠올리게 한다.

치열해지고 있는 열강들의 경쟁 와중에서 우리는 무엇을 할 것인가? 처음에 궁금했던 것은 "우리에게 제국은 무엇인가?"였다. 정치·외교적으로 대서양 세계에 발을 딛고 있는 우리로서는 한반도를 둘러싼 제국 중에서 미국과 일본 등 대서양 세계에 속한 제국들을 향한 관심과 인지도는 매우 높다고 할 수 있다. 수천 년에 걸친 외교와 문명적 인연으로 중국을 알 수 있는 우리의 정보와 인식 체계 또한 방대하다. 그러나 근대 이래로 한반도와 동아시아의 운명을 여러 차례 좌우한 러시아에 관한 연구가 의외로 미약하다는 점에 주목하여 이 책은 러시아의가 제국으로 진화하는 과정과 그 운동 메커니즘을 유라시아 외교의 기원에 접맥시켰다.

유럽의 근대적 국제관계는 국제법적으로 '베스트팔렌 평화체제Peace of Westphalia(1648)'로부터 기원하고 있다. 30년전쟁(종교전쟁, 1618~1648)의 결과로 수립된 베스트팔렌체제로 인하여 볼테르Volaire/François-Marie Arouet식으로 말하면, '신성하지도 로마적이지도 그리고 제국적이지도 않은' 신성로마제국이 실질적으로 해체되고 영토주권과 조약 체결권 등에 기반하여 주권국가 간에 근대적 의미의 외교가 유럽 세계에서 시작되었다. 이것은 또한 기원전 수 세기경 '유럽'이라는 명칭이 역사에 등장한 이래 이 용어가 지칭하는 지역에 최초로 '독립적인 국가들 간의 단일하고 통합적인 체제(국제체제international system/inter-state system)'가 형성되었다는 것을 의미한다.

베스트팔렌체제는 러시아에 중의적 의미를 지니고 있었다. 유럽 세계의 변방지대barbarian zone로서 베스트팔렌체제 밖에 있었던 러시아로서는 국제법적 지위가 불안정하였고 최악의 경우 유럽 국가들에 의해 분할 지배될 가능성도 완전히 배제할 수 없었다. 스웨덴의 카를 12세Karl XII가 계획했던 '라이프니츠 계획'은 유럽 국가의 러시아 정복 계획의 대표적인 사례였다. 러시아는 스웨덴-폴란드전쟁(1655~1660)과 신성연맹Holy League(1684)에 참여하여 '유럽의 전쟁'에 발을 들임으로써 베스트팔렌 질서에 편입하게 되었다.

러시아가 유럽정치에 완전히 통합된 것은 표트르 대제가 1717년 암스테르담 조약에 서명하면서이다. 이 조약을 통해 러시아는 유럽 국제공동체의 일원으로서 유럽 문제에 정식으로 참여하게 되었으며, 대북방전쟁Great Northern War(1700~1721)의 승리, 그리고 18세기의 세계대전인 7년전쟁(1756~1763)에의 개입을 통해 유럽의 근대 국제관계와 유라시아 외교에서 중핵적인 행위자로 부상하게 되었다. 또한 중앙아시아 칸국들과의 외교관계 수립을 비롯하여, 중국淸과 두 개의 조약—네르친스크 조약(1689)과 캬흐타 조약(1727)—을 통해 '네르친스크-캬흐타 체제'를 구축함으로써 제국 러시아는 명실상부한 18세기 근대 유라시아 국제체제의 형성을 주도하였다. 이야기를 통해서 차차 알아가겠지만 미리 던지고 싶은 질문은, "유라시아 제국은 우리에게 무엇인가?"

국제정치학자 월츠Kenneth Waltz를 유추하면, "학문은 아이디어에 근거를 둔다." 필자의 학생 시절, 학문적 아이디어의 기반인 '정치학적 상상력'을 일깨워 준 고려대 최장집 선생과 학문의 길을 열어준 모스크바대 알렉산드르 코발툐프 교수께 학은學恩을 입었다. 학문적 아이디어와 상상력을 구체화하는 데 여러 분들과 연구기관들이 도움을 주었다. 하버드 데이비스 센터Davis Center(유라시아와 슬라브학 센터)와 케임브리지 클레어 홀Clare Hall이 연구 공간과 여타의 편의를 제공해 준 것을 필자는 기억하고 있다. 하버드대 정치학과Department of Government 티모시 콜튼Timothy Colton—데이비스 센터 소장— 교수와 하버드 페어뱅크 센터 Fairbank Center 부소장이던 로널드 술레스키Ronald Suleski 교수(현재 서포크Suffolk대학교 동아시아 연구소장)의 배려는 문헌 자료들을 수집하고 연구를 시작하는 데 중요한 계기가 되었다. 오랜 벗이자 현명한 학자인 러시아 과학아카데미 산하 세계경제와 국제관계연구원IMEMO 부원장 미헤예프Vasily Mikheev 박사의 도움과 비판적 코멘트는 항상 인상적이었다.

가장 중요한 원고의 막바지에 한 달여 동안 연해주 크라스키노의 오두막 위즈덤 플레이스Wisdom Place를 흔쾌히 내어준 (주)유니베라 대표 이병훈 선배에게 항상 고마운 마음을 간직하고 있다. (사)코리아컨센서스연구원 한홍렬 이사장의 관심과 격려가 없었더라면 탈고의 기쁨은 현저히 반감되었을 것이다. 출판의 기회를 주신 홍문관 서영두 대표님, 책이 나오기까지 기획과 편집에 애써준 서성용 실장께 감사드린다. 끝으로, 가형家兄 백창기 대표의 성원은 잊기 어려울 것이다. 그는

나의 길을 한결같이 지켜주었다. 그 누구보다도 나의 책을 기다려왔을
김은숙을 생각하며 졸고拙稿를 세상에 내놓는다.

2014년 한여름
인왕산 아래 서촌에서
백준기

Ⅲ 유럽외교의 오리엔탈리즘 러시아 공포증Russophobia의 기원

Ⅳ 유럽협조체제Concert of Europe와 비잔틴의 유산들

유럽 변방민족의 제국 이야기

제국의 길, '아우구스투스의 문턱'을 넘다

프랑스의 자유주의 역사학자 토크빌 Alexis de Tocqueville (1805~1859)은 대영 제국의 위세가 정점으로 향하던 19세기 중반 『미국의 민주주의 *Democracy in America*』에서 "언젠가 세계 운명이 미국과 러시아의 수중에 맡겨지게 될 것"이라 예견하였다. "비밀스럽게 계획된 역사의 섭리"에 의해 미국과 러시아가 세계의 절반을 각기 나누게 되리라는 것이었다.[1] 독일의 경제학자 리스트 Georg Friedrich List (1789~1846) 또한 1828년에 "러시아와 미국은 백 년 내에 가장 거대한 제국이 될 것이며 각기 적대적인 제국 이념들을 옹호하게 될 것"이라고 예견하였다.[2] 그들의 정치적 예언은 세기를 넘어 극적으로 실현되었다.

20세기 동안 두 나라는 '병에 든 두 마리의 전갈'처럼 서로 운명을 건 '사악한 공존'을 누려왔다. 토크빌이 언급했듯이, 두 나라는 서로 다르게 출발하여 다른 경로로 나아가 하나는 자본주의로 다른 하나는 사회주의로 인류 문명사에서 각기 새로운 전형을 창출하였다. 그러나 그가 간과한 것은 두 나라 모두 '팽창과 정복'이라는 공통된 방식으로

'제국'을 창출하였다는 사실이다. 하나는 '서부 개척'을 통해, 그리고 다른 하나는 '시베리아 개척'을 통해 아메리카 제국과 유라시아 제국의 원형 공간을 완성하였다.

러시아가 명실상부한 유라시아 제국으로서 그리고 세계 체제의 주요 행위자로서 세계 문제를 좌우하기 시작한 것은 19세기부터였다. 특히 19세기 후반 러시아의 제국적 행위(팽창과 개입)와 위세는 정점을 향해 나아갔다. 홉스봄Eric J. E. Hobsbawm이 규정하였듯이, 19세기 후반은 '진보된 세계'가 '후진적인 세계'를 지배하는, 식민지 쟁탈이 국가 행위의 최고선最高善으로 정당화되는 '제국의 세계'가 형성되고 있었다. '제국의 시대 Age of Empire'가 도래한 것이다. 그에 따르면, 제국의 시대는 "근대 세계사에서—실제로는 인류 역사상— 군주들이 황제라는 칭호를 가장 많이 자칭한 시대"로 기록된다.

유럽만 하더라도 영국, 독일, 오스트리아, 오스만 튀르크(오스만제국 Ottoman Empire), 그리고 러시아가 황제라는 칭호에서 국가의 위세를 드러내고 있었고, 유럽에서 누구보다도 일찍이 황제 칭호를 사용한 바 있는 프랑스와 스페인 또한 자신의 위상을 내심 이와 동등한 것으로 간주하였다. 아시아에서는 이미 페르시아와 중국, 일본 등이 황제에 걸맞은 칭호를 사용하고 있었고, 뒤늦게 대한제국大韓帝國의 통치자(고종高宗)가 황제의 대열에 합류하였다. 이 외에도 남미에서 브라질, 북아프리카에서 모로코와 에티오피아의 통치자들에게 외교 관례상 황제라는 칭호가 부여되었다.[3]

제국의 시대에 러시아는 유럽과 아시아 전선에서 대영 제국과 세력권을 경합하면서 대서양과 태평양이라는 '세계의 바다'를 양옆에 거느린 유라시아 전역에 걸친 대제국을 건설하였다. 이 유라시아 제국의 완성이 유럽에서처럼 러시아 시민들에게 '아름다운 부르주아의 시대'를 가져다줄 것인지는 제국이 가게 될 최종경로와 제국의 생활양식 imperial modus vivendi에 밀접히 연관되어 있었다.

역사에서 '기나긴 세기long century'로 정의되는 시대가 있다. 아리기 Giovanni Arigi가 20세기를 기나긴 세기로 정의한 바 있고, 홉스봄은 19세기를 그렇게 표현—'기나긴 19세기Long nineteenth century', 소련 작가 일리아 에렌부르크Илья Эренбург가 창작한 용어를 차용—하였으며, 월러스틴Immanuel Wallerstein에게는 유럽의 16세기가 그러하였다. 봉건제의 해체와 자본주의의 태동, 국민국가의 맹아 형성, 대항해 시대와 세계체제의 개막 등, 한 세기로는 감당하기 어려운 역사적인 기획들historical projects이 16세기 유럽에서 압축적으로 진행되었다는 말이다. 뒤로젤 Jean Baptiste Duroselle식으로 말하면 '유럽의 탄생'이자 '유럽의 창세기'로 상징될 수 있다.

17세기가 러시아에게 근대 국민국가nation-state 형성의 시기였다면 19세기는 제국을 향한 러시아의 '기나긴 세기'로 기록된다. 16세기 두 명의 이반(이반 대제와 이반 4세)이 몽골지배라는 루스 민족의 족쇄를 벗겨 낸 이래 민족국가 형성을 시작한 모스크바 공국은, 동쪽으로는 시베리아와 태평양으로의 진출을, 서쪽으로는 발틱해, 남으로는 흑해를 향한 재정복reconquesta을 시도하였다. 유럽인들에게는 '제국적 팽창'으로, 모스크바인들에게는 '실지失地 irredenta회복'으로 기억되는 유럽의 한 변방 국가의 이러한 영토적 운동은 17세기를 거치면서 미래에 러시아로 불리게 될 원형 공간prototypic space을 형성하는 '러시아 만들기(근대 국민국가 형성)'를 일단락지었다.

『잉글랜드의 팽창The Expansion of England』(1883)을 저술한 자유주의자 실리John Robert Seeley(1834~1895)의 말에 동의하는 역사가들은 영국은 '잠깐 방심한 사이에' 제국을 얻었다고 평가하는 경향이 있다. 그러나 퍼거슨Niall Ferguson은 영국의 제국주의 정책을 합리화할 수 있는 이러한 견해를 비판하면서, 잉글랜드의 팽창은 결코 무심결에 일어난 일이 아니라 '의식적인 모방'[4]이었음—네덜란드식으로 팽창—을 강조한 바 있다.

영국의 제국적 팽창이 의도하지 않은 결과이자 역사상 어느 제국주의보다도 덜 해악적이었다거나 심지어 유익한 결과—식민지 근대화, 문명화 등—를 가져온 것으로 해석하려는 견해들이 있다. 다시 말하면 영국의 제국주의가 군사력에 의존한 여타의 영토적 제국주의가 아니라 자유무역주의를 수단으로 제국을 이룬 일종의 '자유무역 제국주의'라는 견해는 그 반대의 사례, 즉 러시아의 제국적 팽창—'반反문명성'이라는 극적인 대비효과—을 지나치게 부각하여 스스로 정당화함으로써 자신의 광휘를 드러낸다.

제정 러시아의 외교 또는 짜르의 제국주의 정책을 설명하는 용어들은 대체로 '사악함', '공포', '지배' 등과 같은 부정적인 이미지를 함축[5]하고 있다. 19세기 후반, 조선의 국운을 결정한 동아시아 국제질서의 변전變轉 과정에서 우리에게 이미 익숙한 러시아의 '남하정책', '부동항(획득)론' 등의 용어가 불순한 이미지를 내포한 혐오스러운 담론으로 자연스럽게 연결되는 것도 이러한 연유에서이다.

강조하고 싶은 것은 필자의 의도가 러시아의 제국적 팽창이 문명 전달자kultur trüger적 사명이나 식민지 근대화와 같은 긍정성을 지닌다는 식의 오리엔탈리즘적 평가를 도출하고자 하는 것이 아니라는 점이다. 다만 러시아 제국의 기원과 성격을 학문적으로 탐색하는 데 있어서 '러시아 공포증russophobia' 류의 인종주의적 기억을 떠올리게 하는, 다분히 우생학적인 편견과 이념적 정향을 배제하고자 할 따름이다.

제국 외교나 제국주의 정책에 있어서 러시아적 특유성뿐 아니라 유럽 열강의 제국(주의) 정책의 일반성 또한 러시아 외교정책에 공유되어 있다. 영국의 제국적 팽창이, 그보다 앞서 나간 네덜란드 등을 향한 의식적인 모방이라는 의도적인 행위의 결과였듯이 러시아의 제국적 팽창에도 짜르를 포함한 '지배계층의 의지' 또한 주요한 요인으로 작용한 것으로 볼 수 있다.

러시아 '제국 외교'의 사상적 기저를 설명하는 데 있어서 일반적으로 중상주의mercantilism적 관점과 민족주의적 접근이 경합하고 있다. 1861년 알렉산드르 2세의 대개혁 이후 제정 러시아의 외교에 자본주의적 경향이 강화되고 제국주의 정책이 본격화된다는 해석에는 학자들 간에 대체로 의견을 공유하지만, 이전 시기 외교의 주된 동기가 무엇인가 하는 질문에서는 중상주의냐 민족주의냐 하는 것으로 서로 다툼의 여지가 있다. 대개혁 이전 러시아의 제국 외교를 설명하기 위해 소비에트 시기 러시아 경제사학자 포크로프스키Михаил Николаевич Покровский를 비롯한 대부분의 러시아 학자들은 상업자본주의적 동기를 강조하면서 중상주의적 관점을 취하고 있다.[6]

그렇다면 제국 러시아의 외교적 동기는 무엇일까? 러시아의 팽창이 실리의 표현처럼 '잠깐 방심한 사이에' 일어난 일이 아니라면 통치자의 어떤 의지가 작용했거나, 아니면 지리적 조건이나 자연환경과 같은 어떤 '명백한 숙명manifest destiny'의 산물일 수도 있을 것이다. 풀어 말하면, 짜르의 의지인가, 아니면 지정학적 환경의 소산인가? 러시아의 외교사학자 이그나티에프Анатолий Венедиктович Игнатьев는 지정학적 측면을 강조한다.

러시아가 유럽의 곡창지대가 끝나고 숲과 초원이 시작되는 곳에 위치한다는 사실, 문명의 경계(기독교와 이슬람, 유럽과 아시아) 지점에 있다는 사실, 그리고 근대 유럽적 의미의 영토경계가 희박한 동방의 민족들에 의해 둘러싸여 있다는 사실 등은 어느 민족보다도 러시아인들로 하여금 영토적 안전에 집착하게 했다는 점에 이그나티에프는 주목하였다. 그는 러시아의 영토 확장 계기를 짜르의 의지로만 해석하는 것을 경계하면서 러시아의 자연국경의 불안정성이라는 지리적 측면에 착안하여 포크롭스키의 지정학적 견해를 차용하였다.

포크로프스키 Михаил Николаевич Покровский (1868~1932)는 러시아 대외정책의 지정학적 중요성을 강조하여 '동방문제 Eastern question'와 '극동 문제' 간의 유사성에 대해 비교적 관점에서 해명한 바 있다.[7] 실제로 이러한 지정학적 조건이 어느 정도까지는—앞서 말한 재정복이나 실지회복의 측면에서— 러시아의 팽창을 정당화하는 것은 사실이지만, 발칸의 동방문제나 중앙아시아의 '거대한 게임 Great Game', 극동의 '만주문제' 등은 러시아인, 루스 Русь 민족의 생존을 담보하는 '생활공간 lebensraum'을 위한 투쟁으로만 보기에는 제국적 색채가 너무 짙다.

이에 비해 아니시모프 E. B. Анисимов는 짜르와 귀족계급 등, 지배계층의 의지를 강조한다. 그에 따르면 이바노프 И. Иванов의 마다가스카르 원정 등을 비롯하여 표트르 대제 이후 조직된 수많은 군사 원정은 제국적 팽창이 지배 계층의 의지의 산물임을 보여주는 증거이다.[8] 제국적 팽창의 동력을 무엇으로 볼 것인가 하는 것은 선택의 문제라기보다는 강조의 문제로 볼 수 있다.

프로테스탄트와 가톨릭 간에 일종의 카르텔적 질서였던 베스트팔렌체제(1648)에서 정교 正敎 Orthodox 세계의 대변자를 자임하던 러시아가 주장할 수 있는 국제적 권리는 근거가 희박한 것으로 여겨졌다. 기회는 전쟁을 통해 왔다. 1654년 러시아는 우크라이나에 대한 병합을 결정하여 스웨덴-폴란드전쟁(1655~1660)에 개입함으로써 '유럽의 전쟁'에 발을 들여놓았다. 더 나아가 1686년 러시아는 폴란드와 영구 평화조약을 맺고 오스트리아, 베네치아, 폴란드 등과 함께 오스만제국에 대항하는 '반反이슬람 동맹'인 제3차 신성연맹Holy League(1679~1699)에 참여함으로써 베스트팔렌 질서에 편입하게 되었다.

신성연맹의 참여에서 주목할 만한 점은 러시아가 오스트리아 합스부르크와 최초로 동맹관계에 들어갔다는 사실이다. 이로써 러시아는 제국의 길을 가는 데 있어서 반드시 넘어서야 하는―로마에 있어서 카르타고와도 같은― 오스만제국과의 갈등 과정에서 결정적인 역할을 하게 되는 오스트리아와 운명적 관계를 맺게 되었다.

크림전쟁Crimean War(1853~1856)을 비롯하여 18~19세기 두 세기에 걸친 오스만제국과의 기나긴 전쟁에서 오스트리아 합스부르크 제국과의 동맹 문제는 러시아에 있어서 중요한 의미이자 제국 외교의 핵심 중의 하나이기도 했다. 러시아 외교관이자 국제법학자였던 타우베 Михаил Александрович Таубе(1869~1961)의 견해에 따르면, 러시아가 '유럽정치에 완전히 통합'된 것은 표트르 대제가 1717년 8월 15일 암스테르담 조약Convention of Amsterdam에 서명하면서이다.

암스테르담 조약은, 18세기 유럽의 정치지형을 재편하고 근대 유럽 국제질서의 새로운 규준(세력균형)을 마련한 스페인왕위계승전쟁War of the Spanish Successsion(1701~1714)의 여파로 1717년 8월 15일 암스테르담에서 체결된 프랑스, 러시아, 프로이센 간의 동맹과 상호 보장을 명시한 조약으로, 영구적인 동맹의 초석으로 기대되었다. 이 조약의 영향은 단기적으로는 제한적이었지만, 다음 세기에서도 이들 국가 간에 다양한 동맹의 변주 형태로 지속되었다. 암스테르담 조약은 "스페인 계승 전쟁이 끝나고 위트레흐트 조약Treaty of Utrecht(1713)과 라스타트 조약Treaty of Rastatt(1714)에 의해 결정된 새로운 유럽 질서에 러시아를 통합하려는 표트르 1세의 바람의 결과물"이기도 하였다.[9] 이 조약을 통해 러시아는 유럽 국제공동체의 일원으로서 유럽 문제에 정식으로 참

여하게 되었다.[10]

　베스트팔렌체제에 편입되고 유럽 세계의 일원이 된 것은 영토주권을 확립하고 유럽 문제에 관해 발언할 기회를 러시아에 부여한 것이긴 하지만 동시에 유럽적 규범에 응답해야 할 의무를 지는 외교적 딜레마를 러시아가 감수해야 함을 의미했다. 포츠머스 강화조약(1905)에 참여한 바 있는 러시아의 국제법학자 마르텐스Фёдор Фёдорович Мартенс (1845~1909)처럼 외교 문제에 법률적으로 접근하는 역사가legal historian의 판단으로는 러시아가 유럽적 국가체제에 통합된다는 것은 '러시아 예외주의russian exceptionalism'와 양립할 수 없는 것이었다. 유럽 세계에서 러시아의 제국적 팽창으로 해석되는 동방정책을 러시아적 특수성으로 합리화하거나, 발칸을 포함한 범슬라브주의panslavism 계획을 '신성한 사명'으로 주장하는 등의 러시아적 예외주의가 유럽 국가들에 있어서는 유럽적 규준으로는 이해하기 어려운 러시아 외교정책의 전근대성 또는 주변성marginality으로 해석될 뿐 아니라, 러시아 공포증(혐오증) russophobia으로 비화하는 원인을 제공한 것은 사실이다.

　유럽적 질서 하의 러시아는 제국 외교를 수행하는 데 있어서 유럽적 규준을 준수하든가 아니면 유럽이 러시아적 규범에 적응하도록 강제하든가 선택해야 했다. 물론 홉스적 무정부상태에 있던 유럽의 국제적 규준을 명확히 정의하는 문제 또한 쉬운 일은 아니지만, 당시 국제관계의 시대정신이던 세력균형의 원리를 넘어설 만한 제국으로서의 위상을 러시아가 확보하는 것은 더욱 어려운 일이었다. 여전히 러시아는 베스트팔렌질서에 구속되어 있었으며 당시 제국적 지위를 누리기 시작한 영국조차 이러한 질서에서 완전히 자유로울 수는 없었다.

　러시아가 제국 정책을 수립하는 중요한 전환점은 표트르 대제의 유럽 대순방Grand Embassy(1697~1698)이었다. 표트르 대제는 '대순방'을 계기로 군사, 외교, 행정 전 분야에 걸친 대개혁에 착수하여 당시 문명의 최고 규준인 유럽적 표준을 러시아에 적용하는 데 성공했다. 표트르의 러시아는 18세기 초반 '유럽의 창'을 통한 '대개혁'으로 명실상부名實相符한 제국의 문턱, '아우구스투스의 문턱'을 넘어섰다.

제국 러시아, 비잔틴의 계승자

인류의 역사에서 러시아와 같이 자신의 정체성과 이념에 대해 '숙명처럼' 고민한 국가를 찾아보기란 쉬운 일이 아니다. 러시아에 있어서 "지금 어디에 서 있고, 어디로 가야 하는가?" 하는 문제는 단순히 제국의 유지나 국가 발전 전략의 문제가 아니라 자신들의 운명에 관한 질문이다. 러시아는 유럽과 아시아적 정체성, 슬라브적 가치(슬라브주의 Славянофильство)와 서구적 가치(서구주의 Западничество) 사이에서 끊임없는 지적 방황을 경험하였으며, 이러한 정신적 변동은 정치 과정과 실제 정치에, 특히 외교관계와 정책형성에 적지 않은 영향을 미쳤다.

유럽협조체제 Concert of Europe를 주창하면서 내세운 정통주의적 입장과 이의 실현 도구로서 구축한 신성동맹 Holy alliance의 명칭에서 드러나듯이 나폴레옹전쟁에서 승리한 알렉산드르 1세는 기독교도 군주로서의 신성한 사명을 유럽정책과 동방정책에서 실현하려 하였다. 니콜라이 1세 또한 알렉산드르 1세처럼, 이슬람 제국 오스만과의 동방문제에 연루되고 개입하는 과정에서 '기독교도 보호'라는 종교적 신념을 대외정책의 명분으로 삼았다.

이러한 평가가 러시아의 대외정책이 승고한 이념에만 입각한 종교적 교의와 동일시되어야 함을 의미하는 것은 아니다. 러시아의 외교관이나 정치가들 역시 국가이익의 확보를 외교활동의 최우선적인 목표로 한다는 점에서 다른 국가의 외교관이나 정치가들과 동일하다. 단지, 19세기 현실주의적 동맹정치가 유럽정치의 주류를 형성하고 있을 때 동방문제 등을 다루는 데 있어서 현실정치realpolitik의 탈가치적 한계를 종교적 명분으로 끊임없이 보완하려 했다는 사실은 지적할 필요가 있다.

종교적이고 정신적인 가치를 강조하는 것이 러시아의 팽창주의를 은폐하려는 이념적 포장이라는 비판이 있다는 것 또한 수긍할 만하다. 간과해서는 안 되는 점은, 러시아가 세력권 확대에 종교적 열정을 활용한 것은 부인하기 어려우나, 크림전쟁에서 확인되었듯이, 오스만제국과 유럽 열강에 대항한 전쟁에 '연루entrapment'되는 치명적 위험성을 감수하면서까지 동방문제Eastern Question에 빠져든 것은 발칸의 '기독교도 보호'라는 니콜라이 1세의 정치적이고 종교적인 신념과 무관하지 않다는 것이다.

당시 러시아 외교는 니콜라이 1세의 통치 철학인 '관제 국민주의Official Nationality/официальной народности'에 준거하였다. 이러한 '관제 국민주의'의 3대 요소―정교회Православие, 전제정Самодержавие, 국민성(인민성)Народность― 중에서 '정교회orthodoxy'라는 신앙적 가치가 국가이익보다 우선하고 3대 요소의 수위首位에 있는 점은 외교에 있어서 니콜라이 1세가 종교적 가치를 중시한다는 사실을 상징적으로 드러내는 것이다. 그에게 정교회와 (발칸의) 기독교도를 보호하는 것은 일종의 '천부적 사명'이었다.

19세기 동안 러시아의 대외정책에 영향을 미친 정치 이념은 비잔틴주의Byzantinism와 범슬라브주의Pan-Slavism/всеславянство이다. 참고로, 비잔틴주의의 정치적 정체성은 제국의 유지 양식이 '전쟁이 아니라 외교'라는 점이다. 중세 십자군 연구에 천착한 역사학자 스티븐 런시먼Steven Runciman이 서술하였듯이, "콘스탄티노플을 처음 본 십자군은 비잔틴을 혐오스럽게 경멸하였다. 왜냐하면, 중세 서유럽인들이 보기에 비잔틴인들은 전쟁보다 외교를 선호하였기 때문이다." 비잔틴의 후예이자 '제3의 로마'로 자임했던 제국 러시아 또한 이러한 비잔틴의 제국 양식을 외교 전통으로 계승하려 하였다.

이러한 십자군적 경향은 두 차례 세계대전 참전에서 열정을 발견한 처칠의 행동양식으로 이어졌고, 비잔틴주의적 전통은 당시 전쟁의 그림자가 짙게 드리워진 세계에 '국제분쟁의 평화적 해결'을 관철하려는 니콜라이 2세의 '만국평화회의(헤이그 평화회의, 1899)'로 계승되었다. 최초의 세계평화회의라 할 수 있는 헤이그평화회의는 중세 십자군이 경멸한 '전쟁이 아닌 외교'라는 비잔틴의 전통을 근대 세계의 문명적 정점에서 발휘한 것이라 할 수 있다.[11]

볼셰비키 혁명 후 파리로 망명한 러시아의 입헌주의자이자 철학자인 루리에Семён Владимирович Лурье(1867~1927)는 러시아 국가 정체성의 제국적 특성을 이념과 지정학의 상관관계에서 연구한 바 있다. 그에 따르면, 러시아의 제국적 원칙인 비잔틴주의와 민족(종족)적 원칙인 범슬라브주의는 모스크바-발칸-콘스탄티노플-팔레스타인-에티오피아에 이르는 '상상의 전략 지정학(지전략) 라인ideal geostrategic line'을 축으로 하여 상호 대립하거나 상호 보완 발전하였다.[12] 카스페Sviatislav Kaspe는 루리에의 비잔틴주의와 범슬라브주의라는 제국정책의 이념적 구분을 세 가지 입장으로 세분화하여 동방문제에 적용하였다.[13]

무엇보다도 비잔틴주의는 콘스탄티노플(이스탄불Istanbul)의 장악과 정교 제국의 재건, 즉 러시아 외교 구상의 중심에 러시아 주도의 비잔틴 제국의 재건을 위치 지운 것이다. 이 정치 이념의 지지자들은 서구화에 대해 비판적이고 전통적인 정치문화를 내면화한 인텔리겐치아intelligentsia를 포함하고 있으며, 발칸 정교회의 보호라는 측면에서 니콜라이 1세 또한 이러한 입장에 호의적이었다. 레온티에프Константин Николаевич Леонтьев(1831~1891) 등, 대표적인 비잔틴주의자들도 비잔틴주의의 딜레마를 잘 알고 있었다. 그들은 이러한 정치적 프로그램이 실현될 경우, 새로 탄생할 비잔틴 제국의 정치·종교적 중심이 러시아의 중심부 밖(콘스탄티노플)에 놓이게 되어 역설적으로 러시아의 정체성이 희석될 것이라는 점을 인지하고 있었다. 다시 말하면, '제2의 로마(비잔틴)'의 복원으로 인해 '제3의 로마(러시아)'의 존재 기반이 상실될 수 있다는 우려였다.

다음으로 '국민국가nation-state'라는 개념인데, 비잔틴주의 등 가치 개입적인 팽창주의의 관점에 의미를 두지 않고 러시아의 대외정책을 국가이익의 범주에서 사고하는 외교관 등 전문 관료들이 주로 이러한 개념에 입각하였다. 19세기 중반 중앙아시아에서 통제되지 않은 팽창의 혼란을 목격한 쿠로파트킨Алексей Николаевич Куропаткин(1848~1925) ―19세기 말 전쟁장관(1898~1904)을 역임― 등이 이러한 입장을 대표하였다. 이들은 "어떠한 영토 획득도 희생의 총합이 이익의 총합을 넘지 않을 때 가치 있는 것"이라는 입장을 견지하였는데, 가치합리적 행위value-rational activity로서의 제국적 팽창 개념을 거부하고, 이익 극대화와 비용 최소화라는 도구합리적instrumental-rational 행위로서 국가의 팽창이라는 접근을 선호하였다.

정책과 가치의 지향점이란 측면에서 보면, 알렉산드르 1세가 선호한 발칸기독교도의 '해방자'라는 이미지가 제국적이고 대외지향적인데 비해, 알렉산드르 2세의 '개혁자'라는 이미지는 국가이익이라는 대내적 가치에 기반하고 있다. 알렉산드르 2세 치세에 외무장관을 역임하여 독일의 비스마르크와 유럽 외교의 라이벌을 이룬 고르차코프는 (정복)전쟁을 통한 팽창이라는 전형적인 제국 팽창의 경로보다는 가능한 한 전쟁을 회피하는 외교적 해결을 선호하였다. 1878년 오스만 튀르크와 전쟁에서 러시아의 승리가 결정적이던 순간에 이스탄불을 군사 점령하지 않은 것은—영국의 전쟁 개입 가능성을 논외로 하면— 고르차코프 등 전문 관료들이 제국적 프로그램의 실행을 선호하지 않은 데 기인한 것으로 해석할 수 있다.

마지막으로, 범슬라브주의는 위의 두 입장의 중간에 위치한다고 할 수 있다. 서구화에 비판적인 범슬라브주의는 발칸, 콘스탄티노플, 근동 방면으로의 팽창을 염두에 두고 있다는 점에서 비잔틴주의의 전략적 측면에 일맥상통하지만, 종교적 목적에서가 아니라 실용적 의미에서 이러한 계획에 동의한다는 점에서 차별성이 있다. 콘스탄티노플 장악을 주장한 범슬라브주의자이자 유라시아주의의 시조인 다닐렙스키 Николай Яковлевич Даилевский(1822~1885)는 "콘스탄티노플의 거대한 도덕적 영향력조차 그곳의 전략, 군사적 이익이나 재정, 경제적 자원에 우선순위를 양보"한다는 비유적 표현으로 콘스탄티노플의 현실적 중요성을 강조하였다.

다닐렙스키가 이해하기에, 러시아가 주도하고 콘스탄티노플이 수도가 되는 범슬라브 연방Всеславянский Союз은 제국적 관념에 입각한 것이라기보다는 슬라브적인 역사와 문화적 양식을 보전하는 합리적인 방법이자 도구로 해석될 수 있다. 종교적인 상징성과 지정학 및 지경학적 가치(동·서방의 교차로)를 모두 내포한 이 '황제의 도시(짜르그라드 Цареград)'가 제국 러시아의 수도가 되기보다는 범슬라브 연방의 수도가 되어야 한다는 것이 그의 지론이었다.[14]

다닐렙스키의 범슬라브주의는 한편으로는 슬라브적 가치의 역사성과 비잔틴 제국의 문명적 공통성, 그리고 이의 구현체로서의 러시아를 강조하는 역사 문화적 접근을 하고 있다는 점에서 비잔틴주의와 맥을 공유하고 있다. 다른 한편으로 범슬라브주의는 국가와 사회의 탈脫신성화와 세속화를 지향하고 있다는 측면에서 서구의 근대성과 일맥상통하였다. 비록 제국의 현실적 경계(러시아) 내에서는 아니지만 역사적 제국의 잠재적 경계(비잔틴 세계) 내에서 그 형성 가능성을 타진한다는 측면에서 국민국가의 대안 프로젝트라 할 수 있을 것이다.

그렇다면 '제국정책'의 시작은 언제부터인가? 일부 학자들은 이반 3세의 '제3의 로마' 선언, 이반 4세의 시베리아 정복을 그 기원으로 삼기도 한다. 그러나 러시아가 제국 외교를 수행하기까지 세 가지 조건이 충족되어야 했다. 첫째, 실질적de facto 그리고 공식적으로de jure 몽골 지배에서 벗어나야 했다. 다음으로 유럽의 국제관계 질서, 즉 베스트팔렌체제에 편입되어야 했으며, 마지막으로 근대적 의미의 외교정책 결정 시스템이 뒷받침되어야 했다. 이러한 조건들은 러시아에서 근대적인 국민국가nation state가 수립되는 과정에 밀접히 연계되었으며 표트르 대제에 이르러 충족되었다.

15세기 말 이반 3세는 킵차크 칸국Kipchak Khanate/Golden Horde의 종주권을 거부하고 러시아를 '타타르의 굴레'에서 해방시켰다. 비잔틴 제국 최후의 황제 콘스탄티누스 11세의 조카인 소피아와 결혼하여 자신의 계보를 로마 제국의 카이사르Caesar에 이르게 한 이반 3세는 러시아 최초로 대제의 칭호를 부여받았고 스스로 '짜르Царь'라 칭하였다. 고대 로마에 이어 비잔틴의 계승자로서 모스크바가 제3의 로마라는 담론은 모스크바의 제국 선언imperial manifesto이자 루스민족Русь/Russes의 지정학적 야망의 단초라 할 수 있다. '제3의 로마'라는 담론은 이후 러시아가 비잔틴 세계의 문명적 수호자로서 신성한 사명holy mission을 수행해야 할 권리와 의무를 보유하고 있다는 논리로 발전하였다. 1700년 이스탄불 조약을 통해 러시아는 조공국의 낙인을 공식적으로 지워

버렸다.

제국의 이미지, 어느 민족이 제국을 이루는가

유사 이래로 '제국'은 여타 민족들에게 두려움이자 동경, 그리고 사대
事大이자 저항의 대상이었다. 제국empire이라는 용어는 라틴어 임페리
움*imperium*에 어원을 두고 있는데, 로마 시민들로부터 부여받은 공적인
권위로서의 통치권 또는 명령권 등을 의미하였다. 임페리움이라는 용
어는 로마의 제국 형성 과정에서 의미가 확장되어 키케로Marcus Tullius
Cicero(106~43 BC)와 시저Gaius Julius Caesar(100~44 BC)의 시대에 이르면, '영
토와 통치의 전일적 개념'으로 진화하여 오늘날의 제국과 유사한 의미
로 어의語義 전성轉成되었다.[15]

　로마인들에게 제국, 임페리움은 애초부터 로마 시민의 주권을 전제
로 한 것이었다. 기원전 184년, 제2차 포에니전쟁의 영웅인 스키피오
Publius Cornelius Scipio Africanus(236~183 BC)—북아프리카의 제국이던 카르타고
를 정복하여 아프리카누스라는 칭호를 받음—가 법정에 소환되어 로마 시
민들 앞에서 스스로 변호하면서, 카르타고를 지칭하며 사용한 '여러분
의 제국의 적imperii vestri inimicissimum'이라는 용어에는 중요한 두 가지
의미가 중첩되어 있다. 하나는 임페리움이라는 용어에 통치권과 영토
라는 의미가 동시에 내재해 있다는 것과, 다른 하나는 로마 제국이 '로
마 시민의 제국(여러분의 제국)'이라는, 즉 시민과 국가가 동일시되는
제국이라는 의미이다. 키케로가 강조한 '로마인의 제국imperium populi
Romani'이라는 표현에서 드러나듯이 임페리움은 '로마 시민의 통치권'
이자 '로마 시민의 제국'을 동시에 의미하는 것이었고 모든 영광glory
과 위엄dignity의 구현체였다.[16]

　공화정 로마를 제국의 길에 올려놓은 스키피오 아프리카누스가 변

론에서 고백했듯이, 로마의 장군들은 '로마'의 이름으로 전쟁을 수행하였고 승리의 영광을 '시민'에게 헌사하였다. 이러한 정신은 공화정에서 제정으로 이행한 이후에도 로마 제국의 국호SPQR, Senātus Populusque Rōmānus('원로원과 시민의 로마')에서 여전히 확인되었다.

제국이라는 개념이 경멸과 두려움의 대상이 된 대표적인 시대는 18세기와 20세기이다. 특히, 20세기는 식민지 쟁탈과 제국주의 시대, 그리고 냉전을 경험하면서 민족들 대부분에게 제국이라는 용어는 '타도해야 할 대상'이거나 악의 본산과 유사한 의미로 금기시되었다. 냉전 시기 소련은 미국을 '탐욕스런 제국주의'로 비난하였고 미국은 소련을 '악의 제국'으로 단죄하였다.

30년전쟁(1618~1648)과 베스트팔렌 조약(1648)으로 신성로마제국이 '사실상' 해체—최종적으로는 나폴레옹전쟁으로 공식 해체—되고 유럽에서 최초로 민족국가(국민국가) nation state들이 수립되면서 18세기 계몽주의 사상가들은 제국에 대해 냉소적으로 경멸하였다. 몽테스키외Charles-Louis de Montesquieu(1689~1755)는 "유럽에서 더 이상 보편왕국(제국)은 터무니없고, 지리적으로나 정신적으로 그리고 전쟁 기술상으로 유럽인들은 그것을 감내하기 어려우며, 과거 제국처럼 정복 사업을 벌이기엔 유럽이 너무 문명화되어 있다"고 냉소하였다. 그는 "로마인들은 전쟁의 승리로 정복한 민족들의 막대한 부를 로마로 가져왔으나 지금의 승리는 단지 열매 없는 월계수만 차지할 수 있을 뿐"이라 혹평하였다.[17]

제국에 대한 계몽사상가들의 거부감은 신성로마제국을 '신성하지도 로마적이지도 그리고 제국적이지도 않은' 제국으로 경멸한 볼테르 François-Marie Arouet/Voltaire(1694~1778)의 표현에 단적으로 드러나 있다. 그러나 한 세기 건너 19세기 후반에서 20세기 초반, 제국의 시대에 유럽인들은 다시 한번 제국의 영광에 열광하였다.

식민주의를 열렬히 찬양한 제국주의자이자 『정글북 *The Jungle Book*』(1894)의 저자이기도 한 영국의 계관桂冠시인 키플링 Joseph Rudyard Kipling (1865~1936)은 그의 시 "백인의 짐 The White Man's Burden"에서, 식민지 지배를 인류문명의 전파를 위해 백인들이 짊어져야 할 운명적인 무거운 짐이라고 합리화하였다. 오웰 George Orwell (1903~1950)은 이러한 키플링을 '영국 제국주의의 선지자'라고 혐오하였다.

영국으로부터 독립을 이뤄낸 미국 혁명의 주역 해밀턴 Alexander Hamilton (1755~1804)조차도 『연방주의자 논고 *Federalist Papers*』에서 미국은 '세계에서 가장 흥미로운 제국'이 될 것이라 희망하였다. 키플링 류의 이러한 환각적인 오리엔탈리즘과 식민지의 매혹적인 전리품에 자극받은 유럽의 상인과 모험가들, 그리고 병사들은 미지의 아시아와 아프리카로 깊숙이 침투하여 현지에서 제국의 대리인으로서 그들만의 왕국을 수립하였다.

식민지의 고난을 경험한 민족들에게 제국이란 일반적으로 부정적인 이미지로 각인되어 있다. 특히, 근대 들어서 민족주의의 세례에 의해 자각된 그들에게 식민지의 경험은 치유되기 어려운 모멸과 비탄의 트라우마로 남아 있다는 것은 분명한 사실이다. 이렇듯 식민모국이나 이에 희생된 식민지 피압박 민족 모두에게 오늘날 제국은 불편한 과거 이상의 부정적인 규정력과 현실적인 힘을 발휘하고 있다.

약소민족들 또한 스스로 내면에 종종 '제국의 꿈'을 지니고 있다는 사실은 아이러니한 점이다. 그것은 아마도 정복에 대한 열정이 아니라 자존自尊이나 민족 부흥을 향한 열망에서 오는 역설일 것이다. 역사가 유구한 민족치고 한 번쯤 제국에 걸쳐 있거나 스스로 제국이었던 역사적 기억을 갖지 않은 민족들은 드물 것이다. 이들은 국난에 처하거나 곤경에 처해 있을 때, 아니면 새로운 도약이 필요할 때, 과거의 영광을 불러내려는 유혹에 빠져들곤 한다. 어떤 경우에 이러한 '영광의 호출'은 이웃 민족과 국가들에게 불행으로 다가가기도 하지만 대부분의 경우 특정 민족에게는 부흥과 희망의 탈출구로 여겨질 것이다.

역사상 수많은 민족 중에서 '누가 제국민족imperial nation이 되었고 무엇이 가능하게 했는가' 하는 질문, 즉 '제국의 열쇠'에 관한 질문은, 복합적인 요인들의 산물이라는 점을 고려할 때 단정하기 어려운 질문임에 틀림없다. 제국의 성장을 설명하는 데 있어서 사회적이고 정치적인 정의定義에 기대는 것 또한 단순화와 편의성의 장점을 제공하기도 한다. 예를 들어 마이클 만Michael Mann의 개념인 사회 권력social power으로서의 '힘power(권력)'이라는 단일요인을 제국의 성장을 설명하는 분석도구로 차용할 수 있을 것이다.

마이클 만은 권력의 유형을 네 가지—이념Ideology, 경제Economy, 군사Military, 정치Politics—로 분류(IEMP 모형)하여 근대 이전의 제국들에 있어서 이 네 가지 요소들이 어떻게 균형을 이루었고 관철되었는지를 분석하였다. 권력의 네 가지 요소는 인간의 목적을 달성하기 위한 제도적이고 조직적인 수단이다. 마이클 만에 따르면 사회와 국가는 '상호 중첩되고 교차하는 힘(권력)의 그물망networks'으로 규정되어 진다. 그에 있어서 사회와 국가의 최우선을 좌우하는 것은 인간의 '열망'이 아니라 목표를 달성할 수 있는 '조직적 수단organizational means'인 것이다.

이러한 네 가지 요소에 더하여 리벤Dominic Lieven은 인구와 지리적 조건을 힘의 결정적인 독립 요소로 추가하고 있다.[18] 권력(힘)이라는 요인을 통해 제국의 성장을 분석하는 접근법이 도구적 설명력을 지니는 것은 사실이다. 그러나 제국의 성장을 사회적 힘(권력)의 자기실현 과정으로만 보면 일반적인 국민국가와는 다른 속성을 지닌—물론 (근대) 제국도 (국민)국가의 범주에 속하지만 외연과 구조, 관리 메커니즘에서 고유한 특성을 지니고 있다는 점에서— 제국의 동력과 메커니즘을 지나치게 단순화할 수 있다. 제국의 성장과 유지가 힘(권력)을 기반으로 한다는 것은 너무나 자명한 사실이고, 힘의 네 가지 요소를 겸비하고 요소 간의 균형을 이룬 국가나 민족들이 모두 전형적인 의미의 제국으로 진화해 가지는 않았다는 역사적 경험에 마주할 때, 이러한 정치적 정의는 다른 요인의 도움을 필요로 하게 된다.

객관적 수단으로서의 힘(권력)은 제국의 성장에 있어서 자명한 토대인 것이다. 따라서 사회적 힘IEMP이라는 객관적 요인에 부가하여 자연적 조건이나 지정학적 조건 등과 더불어 집단의 '의지'와 같은 주관적 요인을 살펴볼 필요가 있을 것이다. 물론 마이클 만 또한 이념적 요소를 통해 이를 보완하고 있지만 이러한 요소에 대한 강조 이상의 그 무엇이 필요할 것이다.

제국을 건설한 민족들은 모두 변방 민족이라는 공통점이 있다. 제국은 연구자들 사이에서 '경험적으로' 지리적이고 자연적인 환경과 밀접한 연관이 있는 것으로 추정되고 있다. 제국의 성장과 자연조건을 결부시키는 학자 중에서 지정학의 근대적 시조인 맥킨더Halford MacKinder는 "고대의 위대한 제국들은 비옥한 토양과 온화한 기후에서 탄생"되었다고 가정하였다. 이에 비해 토인비Arnold Toynbee와 몽테스키외는 제국이 '혹독한 기후와 척박한 토양'에서 자란다는 정반대의 주장을 편 바 있다.

경험적으로 역사는 그것이 우연의 소산일지라도 토인비와 몽테스키외의 손을 들어주고 있다. 역사상 존재했던 대제국들은 문명의 경계선에 자리 잡은 변방 민족들에 의해 성립되었다. 제국의 원형이자 명실상부한 최초의 제국이라 할 만한 아케메네스 왕조의 페르시아Achaemenid Empire(550~330 BC)는 고대문명의 발상지인 메소포타미아의 바빌로니아와 아시리아의 변방 유목민들이었다.

서양 최초의 전형적인 제국이자 근대적 의미에서 제국의 표준을 제시한 로마는 당시 세계문명의 상징이던 그리스 세계의 변방에서 태동하였다. 로마인들은 그들의 터전인 변방의 이탈리아반도에서조차 기술과 군사력이 뛰어났던 에트루리아Etruria인들에 비해 열등한 '변방의 변방민족'이었다. 이보다 앞선 알렉산드로스Alexander the Great의 제국 (334~323 BC) 또한 그리스 세계의 변방인 마케도니아에서 시작되었다.

인류 역사상 최대의 제국으로 기록되는 몽골 제국이 대륙의 최변방 오지인 몽골초원에서 태동한 사실은 논외로 하더라도, 중세 말 지중해 세계의 절반과 소아시아를 장악하고 중앙아시아에 이르기까지 세력권을 드리운 근대 오스만제국 또한 중앙아시아 변방의 유목민족에서 비롯되었다.

근대 최대의 해상 제국이자 근대 제국의 표준을 제시한 영국은 16세기까지 상대적으로 열악한 자연조건을 가진 유럽의 변방국가였으며, 18세기 이래로 대유라시아 제국을 건설한 루스민족의 자연 지리적 척박성은 말할 필요조차 없을 것이다. 리벤이 지적했듯이, 만약 토인비의 가정이 옳다면 러시아인들은 제국민족imperial nation이 되기에 가장 적합한 자연 지리적 조건에 있었던 것이다.[19]

월러스틴의 개념대로 16세기 이후 근대 세계체제를 형성하고 이후 제국의 시대를 여는 단초는 대항해 시대의 개막과 밀접한 연관이 있다. 포르투갈이 대항해 시대를 처음으로 연 것은 우연이 아니다. '유럽의 서쪽 끝, 땅이 끝나고 바다가 시작되는 곳', 절망적인 의미로 말하면 '세상의 끝'에 서 있는 포르투갈은 운명적으로 바다로 나아가야 했다.

'유럽의 동쪽 끝, 땅(농경지)이 끝나고 초원과 삼림의 바다가 시작되는 곳', 모스크바 공국도 이와 유사한 숙명을 타고났다. 16세기에 포르투갈과 스페인이 대항해 시대를 열어갈 때 러시아 또한 시베리아 삼림의 바다로 나아갔다. 전자는 아메리카에 식민제국을 건설하였고 후자는 유라시아 제국을 건설하였다.

그렇다면 '왜 제국은 문명의 변방에서 자라는가?' 역사동역학Cliodynamics 연구자 터친Peter Turchin은 '초민족 공동체의 변경Metaethnic Frontier'이 제국의 경계가 문명을 가르는 단층선(문명의 단층선)과 일치하는 지역으로 집단(민족)과 집단의 경쟁이 매우 치열한 곳이라는 데 주목하여 이러한 단층선의 경쟁을 '변경의 소용돌이'라고 표현하였다. 그에 따르면, 문명의 선점과 연계를 위해 변경의 집단들은 상호 치열한 경쟁을 벌이는 한편으로, 변경 너머에 있는 집단들에게 제국은 엄청난 군사적 압박이자 호화로운 부의 원천이기도 한 '위협과 매력'의 이중적 의미로 다가온다.

변경의 민족들은 생존을 위해 제국과 투쟁하는 동시에 문명에 이끌려 이들과 교역을 시도한다. 오래된 제국에 맞서려면 변방의 집단들은 통합하여 적정 규모의 세력을 확보할 필요가 있다. 초민족 공동체metaethic community의 변경에서 문명의 단층선 너머에 전혀 다른 위협적인 '타자(제국)'가 존재함으로써 이에 대응하기 위하여 단층선의 변방 지역 내의 비슷한 집단들을 통합하려는 움직임이 발생한다.

터친은 재러드 다이아몬드Jared Diamond를 비평하며, "총과 균과 쇠를 가지면 승리하게 된다고 한다면 비슷한 무기를 가지고 비슷한 균에 노출되어 있으면서도 승기를 잡게 되는 집단은 그렇지 못한 집단과 무엇이 다른가?"라고 반문한다. 그는 집단의 통합능력에 주목하여, 중세 이슬람 세계의 대표적인 역사가이자 사상가 이븐 할둔Ibn Khaldūn (732~808)의 용어인 '아사비야asabiyah'—사회집단이 집단적으로 일치된 행동을 할 수 있는 역량이자 응집력 있는 유대—를 제국 건설을 향한 에너지로 응축하기 위한 특정 민족 집단의 통합능력을 표현하는 개념으로 차용하였다.

터친은 아사비야라는 개념을 비선형 동역학nonlinear dynamics과 진화생물학을 접목한 사회물리학social physics적 방법론으로 설명하였다. 그에게 집단적 통합능력을 의미하는 아사비야는 사회적으로 표출되는 집단의 동역학으로 해석되었다. 이븐 할둔은 아사비야를 '문명과 제국(왕조)의 씨앗'에 비유하였는데, 아사비야를 발휘한 민족이 '제국민족'이 된다는 의미이다. 이러한 아사비야는 문명의 단층선에 위치한 변방 민족들이 외부의 충격과 도전에 대응하는 과정에서 형성된다.

문명의 변경에 자리했던 로마인들은 자신보다 우월한 에트루리아인들과 두 세기에 걸쳐 투쟁하였고 이에 승리한 뒤엔 또 다른 변경의 갈리아인들Gauls과 4세기에 걸친 힘겨운 싸움을 버텨나갔다. 제국으로 가는 마지막 길목에서 로마인들은 당시 지중해의 해상 제국이던 카르타고와 백여 년에 걸친 전쟁을 승리로 이끌었다. 『로마사Ab urbe condita』를 저술한 리비우스Titus Livius Patavinus(BC 59~AD 17)가 말했듯이 로마인들이 수 세기에 걸친 전쟁에서 항상 승리한 것은 아니었다. "어찌된 일인지 우리는 모든 큰 전투에서 지고도 결국엔 이기는 운명을 타고 났다"는 그의 은유적인 표현은 로마인들의 민족적 우월성을 부각한 것이라기보다는 로마인들의 아사비야를 적확하게 드러내는 것으로 해석할 수 있다.[20]

루스민족은 고대 이래로 유라시아 스텝지대의 초원민족들—폴로베츠인Половецы, 하자르인Хазары, 몽골 타타르 등—과 7백여 년에 걸친 투쟁을 지속해 왔는데, 때로는 전쟁에서 궤멸(12세기 이고르 원정 Igor's Campaign/Поход Игоря)되기도 하고, 때로는 초원 민족에 정복(13~15세기 몽골의 지배)되기도 하였다. 유럽에서 문명(비잔틴 로마 제국)의 변경에 있던 루스민족은 문명의 도전과 기회라는 외부적 충격에 동시에 노출되어 있었고, 이에 대한 대응 과정을 통해 고대국가를 수립할 수 있었다.

몽골 지배를 물리치고 비잔틴 제국을 계승한 후 루스민족의 모스크바 공국은 로마가톨릭의 서유럽 문명과 변경에서 마주치게 되었다. 이에 따라 그 문명의 최전선에 있었던 당시 동유럽의 강국 폴란드와 북유럽의 패권국인 스웨덴과의 충돌은 불가피한 것이었다. 이들과의 북방전쟁, 또는 실지회복irredentism 전쟁 과정에서 또 다른 문명의 단층선에 서게 된 모스크바는 제국의 길목에서 로마제국이 카르타고와 그랬던 것처럼 이슬람 제국 오스만 튀르크와 3세기에 걸친 이백여 년의 전쟁에 들어가게 된다. 이러한 변경의 동학이 만들어낸 러시아의 아사비야는 제국의 변경이자 문명의 단층선에 자리한 변방 민족이 지니는 '열등감의 열정'에 기인한 것으로 보인다. 아이러니하게도 '열등의 열망'은 '제국의 열정'으로 이어지곤 했던 것이다.

본론에 앞서 다시 한번 환기喚起하면, 이 책은 유럽 어느 변방 민족의 제국 건설에 관한 이야기이자 유라시아 외교의 기원을 다룬 연구서이다. 이 제국은 지난 백 년 동안 세계를 세 번 바꿔 놓았고, '식민지와 분단'이라는 우리 민족의 참혹한 운명에 두 번 깊숙이 관여하였다.

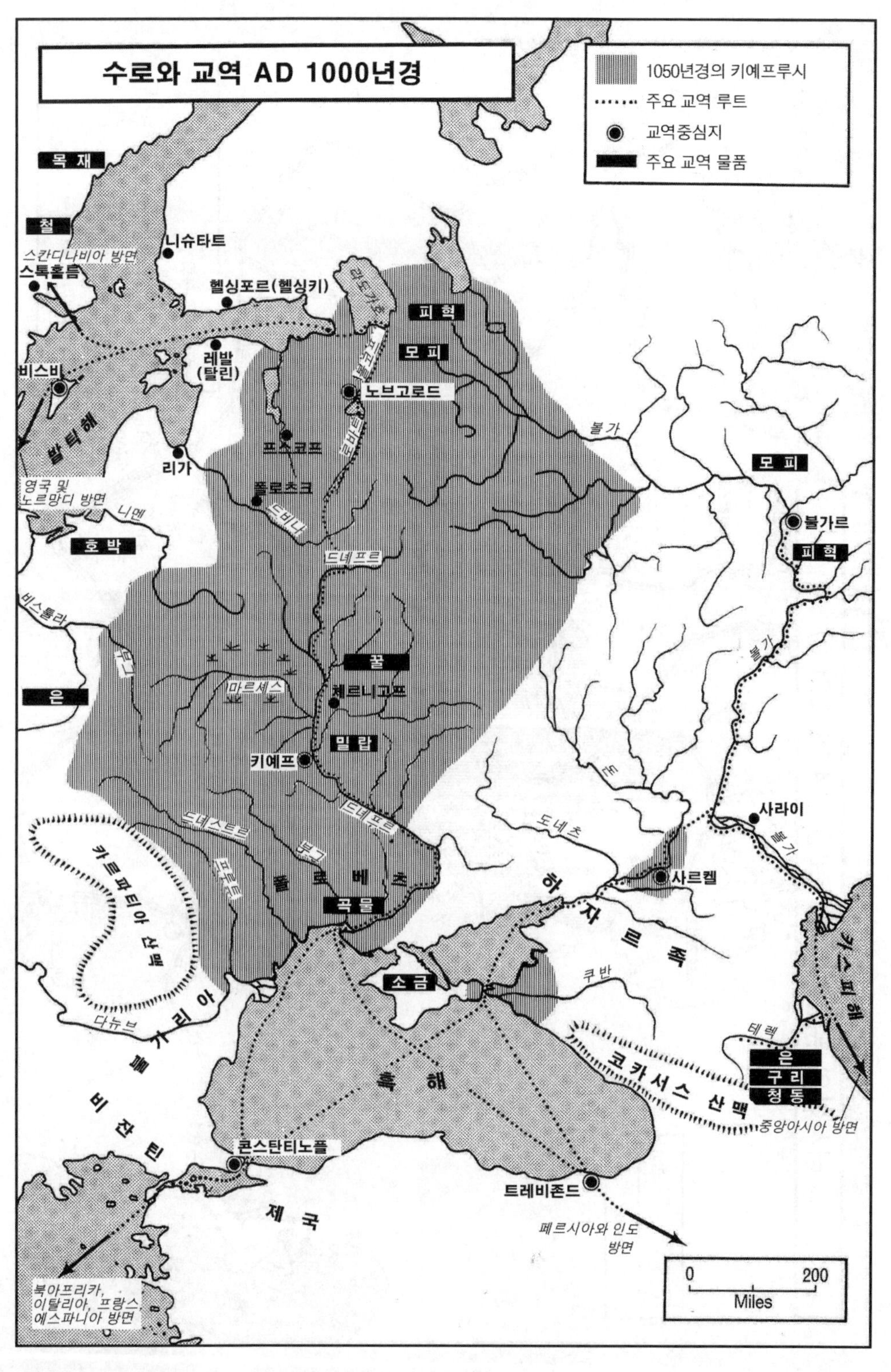
수로와 교역 AD 1000년경
1050년경의 키예프루시
주요 교역 루트
교역중심지
주요 교역 물품
목재
철
니슈타트
스칸디나비아 방면
스톡홀름
헬싱포르(헬싱키)
레발
(탈린)
비스비
노브고로드
발트해
프스코프
리가
폴로츠크
드비나
모피
피혁
볼가
모피
볼가르
피혁
니멘
호박
드네프르
비스틀라
꿀
은
마르셰스
체르니고프
밀랍
키예프
드네스트르
드네프르
부그
사라이
도네츠
볼가
카르파티아 산맥
불가리아
다뉴브
프루트
드네프르
폴로베츠
곡물
소금
하
자
르
족
쿠반
사르켈
카스피해
비잔틴
흑 해
코카서스 산맥
테렉
은
구리
청동
중앙아시아 방면
콘스탄티노플
제 국
트레비존드
페르시아와 인도
방면
북아프리카,
이탈리아, 프랑스
에스파니아 방면
0   200
Miles

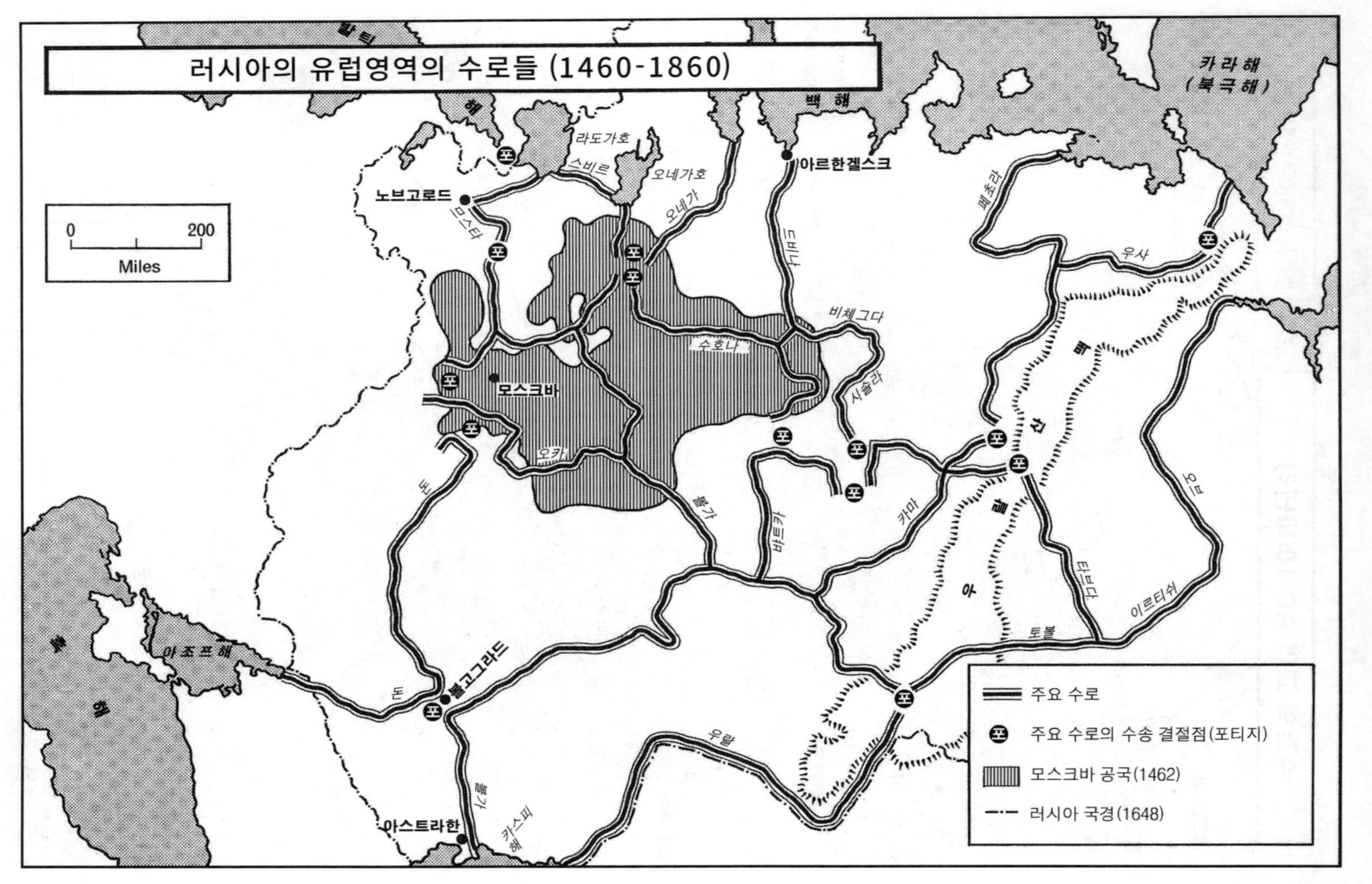

러시아의 유럽영역의 수로들 (1460-1860)
카라 해 (북극해)
백 해
발트 해
라도가호
스비르
오네가호
오네가
드비나
노브고로드
므스타
아르한겔스크
페초라
우사
비체그다
수호나
시술라
모스크바
오카
카마
우랄 산맥
타브다
이르티쉬
돈
볼가
바트카
토볼
우랄
볼고그라드
아조프 해
흑 해
아스트라한
카스피 해
주요 수로
주요 수로의 수송 결절점(포티지)
모스크바 공국(1462)
러시아 국경(1648)
0 200
Miles

러시아의 시베리아 및 극동 진출 (16-17세기)
0 500 Miles
카라 해 (북극 해)
볼가
우랄산맥
오브
토볼
이르티쉬강
레나
예니세이
바이칼 호
아무르
콜리마
오호츠크 해
니즈니콜림스크 1644
아나디르스크 1649
오브도르스크 1594
베레조프 1593
망가제야 1601
투르한스크 1607
수르구트 1594
튜멘 1586
토볼스크 1587
타라 1594
나림 1596
옴스크 1716
톰스크 1604
쿠즈네츠크 1618
베르호얀스크 1638
쥐간스크 1632
우이안딘스크 1640
자쉬베르스크 1639
니즈네캄차트라 1699
빌류이스크 1635
야쿠츠크 1632
올레크민스크 1635
오호츠크 1649
부탈스크 1637
볼셰레츠크 1702
페트로파블롭스크 1740
예니세이스크 1619
브라츠크 1604
앙가라스크 1646
알바진 1665
우드스크 1639
바르구진 1648
이르쿠츠크 1652
이르겐스크 1653
네르친스크 1659
쿠마르스크 1652
블라고베쉬스크
아이훈
아찬스크 1654
셀렌긴스크 1665
시베리아 정착지 (1710년경)
주요 정착촌(기지)과 설립연도
포티지(Portage) 수로간 배의 육상 이송지점
일년에 200일 이상 수로가 동결되는 기후의 북방한계선

키예프 루스 Киевская Русь의
분열
1054-1238
0   200
Miles
카렐리아
노브고로드 속령
핀란드
우스튝
벨로제르스크
블라디미르-수즈달 공국
노브고로드 공국
(공화국)
탈린
노브고로드
야로슬라블
로스토프
포스코프
수즈달
볼가
-불가르국
리가
트베리
블라디미르
모스크바
발틱해
드비나강
폴로츠크
스몰렌스크
리투아니아
비아즈마
라잔
코브노
스몰렌스크
무롬-랴잔
공국
폴로츠크공국
민스크
체르니고프공국
비스틀라강
투로프공국
노브고로드-
세베르스크 공국
폴란드
투로프
체르니고프
벨로베쟈
볼린스크공국
키예프
공국
페레야슬라블공국
크라쿠프
블라디미르-볼린스크
키예프
페레야슬라블
갈리치아공국
갈리치
돈강
드네스트르강
폴로베츠족
헝가리
비잔틴제국
불가리아
흑 해
콘스탄티노플
비 잔 틴 제 국
13세기초 러시아 공국들의
경계선

I

제국의 무역로

'제국민족'의 기원과 '바다로의 열망'

1. 바랑기안^{Varangian} 루트: 제국의 씨앗

고대 바랑기안(바이킹) 루트와 비잔틴 세계

제정 러시아 태생의 영국 문학가 조지프 콘래드Joseph Conrad(1857~1924)는 『암흑의 심연 *Heart of Darkness*』(1899)에서 강과 바다, 수로를 '국가의 씨앗'이라 표현하였다.

> "조류潮流는 온 국민이 자랑스러워하는 모든 남자들, 그리고 그 명성이 보석처럼 빛나는 모든 선박을 익히 알고 있었고 또 그들을 실어 날랐다. 모험가들, 식민지 정착민들, 상인과 밀수업자들, 장군과 병사들, 그들 모두 칼과 횃불을 움켜쥐고 조수潮水를 타고 떠나 권력의 사도使徒, 성스러운 불꽃의 전달자로 자처하였다. 어떤 위대함이 썰물을 타고 미지의 세계의 신비 속으로 흘러 들어가듯이 강의 조류를 따라 국가가 탄생하였다."[21]

식민주의가 번성하던 제국의 시대, 그가 말한 국가는 바로 제국을 상징하였다. 그러한 의미에서 강과 바다, 그리고 수로는 제국의 기원起源이자 '제국의 씨앗'이었다. 9세기 고대 키예프 공국 이래로 '루스(루시)Русь', 러시아의 선조들은 조류를 타고 수로를 따라 슬라브의 땅으로 흘러 들어왔다. 마침내 이들이 몽골 제국의 골든 호르드Golden Horde를 제압하고 로마 제국의 비잔틴 문명을 계승했을 때 수로는 이들을 다시 바다로 내몰았다. 러시아의 강과 수로는, 역사학자 커너Robert Joseph Kerner식으로 말하면, 러시아인들로 하여금 '바다로의 충동urge to the see'을 자극하고 '시베리아 삼림의 바다'로 나아가게 하는 제국 팽창의 원동력이었다. 제국 러시아는 이것으로부터 출현하였다.

먼 옛날 유럽의 북쪽 변방에 있던 슬라브인들은 지리적이고 경제적인 동기에 의해 운명적으로 비잔틴 제국과 조우하였다. 비잔틴 제국과의 접촉 과정은 스스로 '루스'라고 불렀던 이 변방 민족이 국가를 수립하는 과정과 동일하였다. 비잔틴 세계와의 무역에 번성과 생존을 걸었던 루스민족은 발틱해에서 흑해에 이르는 이른바 '바랑기안(바이킹)Varangians/Варяги 루트'를 개척하였다.

루스인들을 실은 배들은 바이킹이 개척한 바랑기안 루트를 통해 북서쪽 핀란드만의 네바Нева강과 라도가Ладога호수에서 시작하여 볼호프Волхов강, 일멘Ильмэнь호수, 로바트Ловаць강, 드비나Двина/Daugava강 등을 경유하여 마지막으로 드네프르Дніпр강의 수로 체계를 따라 흑해로 들어간 후 제국(비잔틴 로마)의 수도 콘스탄티노플(현재의 이스탄불)에서 기나긴 여정을 마쳤다. 콘스탄티노플은 8세기~13세기 동안 유럽에서 가장 부유한 '세계의 수도'였고 바랑기안 루트는 여기에 이르는 가장 중요한 경로 중의 하나였다.

고대 노르드어로 '서약誓約한 연맹자'를 의미하는 바랑고이(바랴기)

Varangoi/Варяги인의 루트는 남으로는 흑해를 통해 지중해에 다다라 비잔틴과 아랍 세계를 두드렸고 서쪽으로는 흑해와 다뉴브(Donau) 수로 체계를 따라 발칸과 중부유럽 속으로 흘러 들어갔다. 스칸디나비아에서 흑해에 이르고 북동유럽 대륙을 종단하는 이 무역 루트는 러시아, 벨라루스, 우크라이나를 관통하는 거대한 장거리 수로 체계였다. 정치·군사·경제적 기반이었던 이 루트를 지배하면서 루스민족은 키예프Kiev/Київ의 작은 공국에서 수로체계를 따라 현재의 벨라루스, 우크라이나 그리고 러시아를 아우르는 제국을 건설하였다.

이 거대한 장거리 수로 체계의 핵심 허브는 '발다이 구릉Валдайская возвышенность' 지대였다. 좁게는 불과 백여 평방마일에 불과하고 넓게는 수천 평방마일로 확장되는 이 '발다이 구릉'은 유라시아 수로 체계의 어머니이자 유럽의 한 변방 민족에게 제국을 선사한 젖줄의 발원지였다. 러시아의 북서쪽 노브고로드Великий Новгород와 모스크바 사이에 위치한 발다이 구릉과 그 유역은 유럽과 아시아의 가장 주요한 전략 수로 체계를 품고 있을 뿐 아니라 그 자체로 중세 세계에서 가장 중요한 단일 수로체계로 간주할 수 있다.

루스민족의 고대 중심도시들인 노브고로드(북서쪽)와 키예프(남쪽), 그리고 모스크바(동쪽)를 잇는 삼각형에 자리한 이 수로 체계는 15세기 모스크바 공국에게는 동유럽 평원과 다섯 개의 바다—발틱해, 흑해, 카스피해, 북극해, 태평양—를 지배할 수 있는 제국의 원천이었다. 루스민족은 발다이 구릉에서 볼가Волга강, 돈Дон강, 드네프르Дніпро강 등을 따라 발틱해와 흑해, 카스피해 등 사해사방四海四方으로 나아갔고 페초라Печора강과 오브Обь강을 따라 북극해와 시베리아로 들어가 태평양으로 향하였다. 이렇듯, 루스민족들의 역사에서 발다이 구릉은 '동유럽과 아시아의 운명에서 모든 상상력을 뛰어넘을 만한 역할'을 예정

받은 것으로 보였다. 17세기 이후 세 대륙(유럽-아시아-아메리카)에 걸친 육
상 제국 러시아의 팽창은 이곳으로부터 시작되었다.[22]

후대에 러시아인들로 불리게 될 루스인(루시Rus)들은 당시 일상과 경제
활동에서 필수적인 원료들—밀랍, 모피, 벌꿀 등—을 비잔틴 제국에 제공하
였고 실크와 직물, 포도주와 정교한 무기들을 수입하였다. 비잔틴과 루
스의 상업 및 외교관계는 대체로 평화로웠으나 비잔틴 제국이 루스인
의 무역 루트를 통제하거나 제한하였을 때 양국은 전쟁으로 치달았다.

인류사에서 문명 제국들은 일반적으로 제국의 변방에 사는 '오랑캐
또는 바바리안barbarian'들과 전면적인 접촉을 꺼렸으며 상업 거래 등
불가피한 관계를 해야 할 경우에 특정 지역에 한정시키는 변경무역으
로 관계를 통제하였다. 문명 제국의 눈에는 오랑캐·바바리아인들이
호전적이고 그야말로 야만적이어서 약탈을 업으로 삼는다는 문명적
편견에 사로잡혀 있었다. 따라서 제국은 이들에게 최소한의 무역 관계
만 허락하였으므로 제국에 비해 상대적으로 경제적 자급력이나 생산
력 수준이 낙후된 변방 오랑캐·바바리안들은 더 많은 자유로운 거래
를 원하였다. 만약 이것이 받아들여지지 않거나 변경 무역이 폐쇄되었
을 때 이들이 선택한 최후의 방법은 전쟁이었다.

인류사에서 오랑캐·바바리안과 문명 제국 간의 이러한 전쟁패턴은
흉노에서 돌궐, 그리고 게르만과 슬라브족 등에 이르기까지 유라시아
세계 전역에서 공통적으로 나타났다. 전쟁의 강화講和조건으로 이들이
내건 공통된 요구사항이 무역의 확대였다는 사실은 변방 오랑캐·바
바리안들의 생존에 상업 거래가 얼마나 중요한 비중을 차지했는지 웅
변적으로 드러내 준다.

루스인들이 비잔틴 제국과 첫 번째 접촉을 한 것은, 역사가마다 논
란은 있으나, 대략 830년대로 알려져 왔다. 이 첫 접촉은 전쟁으로 시

작되었다. 루스인들이 비잔틴 제국으로 남하하여 아나톨리아 중부 흑해 연안의 파플라고니아를 공격(파플라고니아 원정Paphlagonian expedition of the Rus')한 시기는 833년 비잔틴 제국이 돈강과 볼가강 사이에 요새 도시 Sarkel를 구축하여 루스인의 무역 루트를 통제하기 시작한 시기와 거의 일치한다. 이 불행한 접촉을 계기로 비잔틴인들은 루스인들을 호전적인 야만인으로 기록하고 있는데 이러한 평가는 유라시아 변방 지역의 오랑캐·바바리안들에 대한 문명 제국(로마, 중국 등)의 일반적인 기록과 매우 유사하다.

비잔틴 제국과 루스인들 간에 최초의 공식적인 전쟁으로 기록되는 콘스탄티노플 공성전Siege of Constantinople(860) 또한 무역의 주도권 문제와 밀접한 연관이 있는 것으로 추정할 수 있다. 루스인이 이 전쟁을 도발한 사유는 비잔틴이 바랑기안 루트의 주요 경로인 돈강 무역로를 제한한 데 있는 것으로 알려져 있다.

비잔틴과 루스인들의 관계가 항상 폭력적인 것은 아니었다. 접촉의 빈도가 높아지고 관계가 상시화됨에 따라 상호보완적인 관계로 발전하였다. 대략 838년 이래로 루스인들은 콘스탄티노플 입경이 허용되었다. 당시 이슬람 아바스 제국Abbasid Caliphate의 함선들이 지중해 무역을 위협함에 따라 서유럽과 북유럽의 무역을 연결하는 것이 비잔틴으로서는 긴요한 일이었는데, 변방의 바바리안 루스인이 발틱해에서 흑해에 이르는 무역 루트를 장악하고 있었으므로 이들과의 외교관계는 비잔틴 외교에서 높은 우선순위를 차지하게 되었다.

동유럽 평원East European Plain에서 마자르인Magyars/Hungarians 등, 아시아계 유목민들의 강력한 경쟁자였던 루스인들은 비잔틴 제국의 유용한 동맹이 될 수 있었다. 게다가 루스인들이 비잔틴에 불만이 있을 경우 언제든지 흑해를 건너 콘스탄티노플을 위협할 수 있는 지리적 위치와 군사적 능력을 지니고 있었으므로 이들과 우호적인 관계를 유지하는 일은 비잔틴 로마 제국의 외교 업무에 있어서 중요한 비중을 차지하였다.[23]

당시 유럽 세계에서 정치·문화적으로 다시 한번 전성기를 누리며 문명의 정점에 있었던 비잔틴 제국은 변방의 바바리안 루스인들이 국가 비전을 세우는 데 문명적 표준으로 여길 만한 경이로운 세계였다. 루스인이 비잔틴 문명에 압도된 광경은 콘스탄티노플의 소피아 대성당에서 거행된 미사를 참관한 블라디미르 대공Владимир Святославич Великий(960경~1015)의 사절단의 인상기印象記에 잘 묘사되어 있다. 『원초연대기Повесть Времяньых Лет』에 따르면, 키예프 루스의 사절단은 자신들이 "천상에 있는지 땅 위에 있는지 분간하기 어려웠고 세상천지에 그런 광휘와 아름다움은 없는 듯했으며, 형언하기 어려운 와중에 그곳에서 신이 그들과 함께하고 있다는 것은 분명하였다"라고 경탄하였다.[24]

987년 비잔틴 제국에서 반란이 일어나 황제 바실리오스 2세Basileios Porphyrogennetos(958~1025)가 루스의 키예프 공국에 군사 지원을 요청하여 블라디미르 대공(블라디미르 1세Владимир I)이 이를 진압한 것을 계기로 양국은 불가분의 관계를 맺게 되었다. 키예프 대공국의 블라디미르 1세는 988년 황제 바실리오스의 누이동생 안나Анна Византийская(963~1011)와 혼인하며 기독교 세례를 받음으로써 루스인들은 비잔틴 제국과 영혼과 혈육으로 온전하게 결합하게 되었다. 이로써 루스인들은 당대 최고의 문명이던 비잔틴 제국의 역사 속으로 들어갔고 이후 루스인의 심상心象에는 제국의 후예라는 역사적 자부심이 자리하게 되었다.

중국淸과의 첫 공식 접촉에서 사절단을 통해 짜르(차르)Царь 알렉세이 Алексей Михайлович가 중국의 천자(순치제順治帝)에게 아우구스투스에서 콘스탄티누스 대제에 이르는 로마황제의 계보를 러시아 짜르의 계보로 제시한 것에서 루스인의 제국적 심상이 잘 드러나 있다. 후대에 부흥한 서유럽인들에 의해 '비잔틴' 또는 '동로마'라는 별칭으로 폄하된 콘스탄티노플의 '로마 제국'—로마 제국은 476년에 멸망한 것이 아니라 단지 콘스탄티노플로 천도한 것이다—은 이후 러시아인들의 '제3의 로마'라는 제국 선언에 영감을 불어넣어 주었다.

몽골 제국의 치하에서 벗어나 스스로 짜르 Царь—로마황제를 뜻하는 라틴어 '카이사르/케사르 Cesare'의 러시아어 표기—라 칭했던 이반 3세(이반대제 Иван III Великий)가 1472년 로마의 마지막 황제 팔레올로그 Kōnstantinos XI Palaiologos(1404~1453)의 조카인 소피아와 혼인한 것은—러시아와 비잔틴 황실과의 혈연관계는 새삼스러운 일은 아니었으나— 로마 제국이 멸망한 시점에서 특별한 의미를 지니는 것이었다. 이로써 비잔틴 황제 콘스탄티누스 모노마쿠스 9세 Kōnstantinos IX Monomakhos(1000~1055)의 후손인 러시아의 짜르는 로마 제국의 계승자로 자처하였고, 로마 제국의 쌍두 독수리 문장紋章은 러시아의 휘장이 되었다. 이렇듯 강과 바다의 수로 체계는 루스인들에게 문명을 선사하였고 제국의 씨앗을 심어주었다.

1453년 로마 제국이 멸망하고 오스만제국이 비잔틴 세계를 지배함에 따라 바랑기안 루트가 단절된 이래로 유럽의 변방에 고립되어 있던 러시아는 17세기 후반에 다시 한번 과거 자신들의 바다로 향해 나아갔다. 폴란드와 우크라이나 평원으로 전진하는 한편으로 오스만제국과 접전하면서 러시아는 발틱에서 흑해에 이르는 수로들을 하나로 이어갔다.

1700년 러시아는 이스탄불에서 오스만제국과 체결한 강화조약을 통해 국제법상으로 완전한 주권 독립국의 지위를 획득하게 됨으로써 제국으로의 길을 열었다. 오스만제국과 15년의 전쟁 Russo-Turkish War (1686~1700)을 종결한 콘스탄티노플 조약 Treaty of Constantinople (1700)은 러시아인에게 남쪽 바닷길—흑해에서 지중해로의 루트—을 열 수 있는 교두보인 아조프 Азов와 타간로그 Таганрог를 선사하였다. 이로써 향후 떠오르는 제국 러시아와 노쇠한 오스만 제국 간에, 그리고 19세기 유럽의 양대 제국이던 영국과 러시아간에 벌어진 두 세기에 걸친 치열한 전략적 경쟁의 상징이던 '해협 문제 Bosphorus/Dardanelles'의 씨앗이 뿌려졌다.

1700년 7월 13일 체결한 콘스탄티노플 조약에서 특히 흥미로운 사실은 조공에 관한 것인데, 그 당시까지 러시아의 짜르가 크림칸국 Crimean Khanate의 통치자에게 관행적으로 해오던 조공 관습을 공식적으로 폐지하는 데 오스만 술탄이 동의했다는 점이다. 16세기 이래로 러시아는 실질적으로 몽골 제국의 지배에서 벗어나 짜르를 칭하는 군주정 형태를 유지하고 있었지만 골든 호르드의 계승자인 오스만제국의 복속국 크림 칸국과 형식적이긴 하지만 조공 관계에 있었기 때문에 논리 형식적으로 러시아와 오스만과의 관계가 조공 관계로 해석될 여지가 있었던 것이 사실이다.

영원한 '제국의 수도' 콘스탄티노플에서 체결한 이 조약 Константинопольский мирный договор (1700)을 통해 러시아는 '튀르크-몽골'에 의한 외상外傷, traumatism에서 최종적으로 벗어나 튀르크-몽골 세계와 유럽 세계 간의 융합이자 새로운 문명적 표준이라고 스스로 주장하는 '유라시아 제국'의 길로 향하였다.

근대 문명의 바다로: 발틱에서 흑해까지

유라시아 제국을 꿈꾸던 러시아에게 1700년에 발발한 스웨덴과의 대북방전쟁Great Northern War(1700~1721)은 제국으로의 기나긴 여정을 위한 이정표였다. 1721년 9월 10일, 핀란드 서부 해안에 위치한 니슈타트 Nystadt(Uusi-kaupunki)에서 유럽의 베스트팔렌체제를 재편하는 역사적인 조약이 러시아와 스웨덴 간에 체결되었다.

러시아는 스웨덴으로부터 스웨덴령 리보니아Swedish Livonia(라트비아), 에스토니아, 네바Heва강 남부의 잉그리아Ingria, 핀란드 동남부 지역인 카렐리아Karelia 그리고 핀란드만과 발틱해로의 진출로에 있는 주요 섬들인 오셀Osel(Saarema), 드라고Drago(Hiiuma), 모렌Moren(Muhu), 코틀린Kotlin(Kronshtadt) 등을 획득하였다. 이로써 발틱에서 스웨덴의 운명은 러시아의 자비에 맡겨졌으며 발틱무역의 주도권은 러시아의 손에 들어갔다. 기나긴 대북방전쟁을 통해 러시아는 표트르 1세에 이르러 이반 4세 이래로 그토록 갈망하던 발틱으로의 진출이라는 지정학적 프로젝트를 마침내 달성하였다.

니스타드(니슈타트) 조약과 북방전쟁의 종결은 유럽의 강국 스웨덴의 몰락을 의미할 뿐 아니라 새로운 제국, 러시아의 출현을 의미한다. '니슈타트의 평화' 직후 표트르 1세는 대제the Great, 국부國父Oтец Oтечества 그리고 러시아 역사상 최초로 유럽식 황제Emperor의 칭호를 추밀원 Privy council으로부터 부여받았다. 재상宰相 골로프킨Гавриил Иванович Головкин(1660~1734)은 표트르의 군사적 원정들로 인해 러시아가 '무지의 암흑에서 벗어나 세계적 명성의 조명을 받게' 되었고, 유럽세계에서 '비존재에서 존재로 그리고 정치적 민족들의 공동체의 일원으로 인정받게 되었다'고 표트르 대제에게 헌사獻辭를 바쳤다.[25]

러시아 역사에서 18세기가 바다로의 성공적인 진출―흑해와 발틱해로의 진출―로 기록될 수 있다면 나폴레옹전쟁으로 시작된 19세기는 발칸과 근동 지역에서의 세력권sphere of influence 설정으로 요약될 수 있을 것이다. 이것은 궁극적으로 오스만 제국과의 근본적인 관계 재설정, 다시 말하면 오스만 튀르크의 제국적 완결성에 대한 근본적인 문제 제기에 관련된 것이었다. 나폴레옹전쟁 이후 오스만제국을 보전시킬 것인가 분할할 것인가 하는, 이른바 '동방문제'가 유럽 강대국 간의 핵심적인 외교 문제로 등장하게 되었고 이 문제의 중심에는 러시아가 자리하고 있었다. 1711~1812년까지 백여 년 동안 러시아와 튀르크 간에 발생한 다섯 차례의 전쟁이 모두 발칸 지역과 직간접적인 연관성이 있었다.

레돈John P. LeDonne은 흑해 유역에 대한 러시아의 전략적 이해관계를 네 가지 요인으로 분석하고 있다. 이것은 대체로 러시아와 오스만 튀르크 간의 세력균형의 변화라는 맥락에서 이해되어야 한다. 먼저, 흑해 크림반도에 중심을 둔 크림칸국의 러시아 남부 지역과 국경지대에 대한 약탈 행위이다. 크림반도 일대는 오스만 튀르크의 최전선 지역 proximate zone이다. 따라서 크림칸국을 복속시키기 위해서는 오스만 튀르크와의 충돌이 불가피하다는 것이 러시아의 판단이었다.

다음으로 위로부터 동원된 러시아식 '십자군 정신'이다. 오스만제국의 수도인 콘스탄티노플이 정교회Orthodoxy와 라틴 기독교 세계의 제2의 '성스러운 도시holy city'라는 관념, 그리고 오스만제국에 복속해 있는 발칸 및 카프카스Caucasus/Кавказ의 기독교 형제들을 해방시켜야 한다는 신념 등이 동원되어 러시아의 영토 전쟁은 이교도infidel에 대한 투쟁으로 정당화되었다. 발칸해방을 위한 러시아와 오스트리아 간의 동맹은 이러한 명분으로 수립되었다.

그러나 동맹의 진정한 동인은 지정학적이고 현실주의적 전략에 기반한 것이었다. 러시아와 오스트리아-합스부르크는 발칸 지역에서 이해관계가 중첩되어 있었다. 18세기 러시아의 진출 경로는 우크라이나 남부, 몰다비아를 지나 왈라키아Wallachia 방면으로 이어졌다. 오스트리아는 헝가리, 트란실바니아Transylvania를 거쳐 왈라키아 방면으로 이어지는 진출 통로를 선택했다. 따라서 당시 러시아와 오스트리아는 진출경로 면에서 상호 충돌할 가능성이 상존하였으나 발칸 지역을 장악하고 있는 오스만 튀르크에 대항해야 하는 공동의 이해관계 또한 존재하였다. 양국은 동맹을 통해 오스만과의 세력균형을 재편해야 했다.

세 번째는 우크라이나 곡창지대로의 진출이다. 우크라이나는 모스크바인들의 고토古土이자 유럽과 흑해로 나아가는 입구로서, 지정학적 중요성뿐 아니라 비옥한 흑토지대로 상징되는 식량 공급지로서의 경제적 의미가 뚜렷하였다. 우크라이나의 식량은 전쟁 수행에 있어서 군수지원의 중요한 요소이자 러시아 국내 수요 충족에 결정적으로 기여할 것이었다. 18세기 러시아 대외무역에서 곡물 무역이 차지하는 약 45~50%에 달하는 비중으로 볼 때 우크라이나 곡창지대의 확보는 러시아의 제국적 팽창에 있어서 선결적인 의미를 지닌다.

마지막으로, 백해White Sea-발틱해 무역의 남부 파트너인 아나톨리아, 소아시아 및 동지중해 연안무역, 즉 레반트 무역Levantine trade의 매력이다. 러시아가 흑해를 확보하면 지중해로의 창이 열리게 되고 이를 통해 동지중해에 닻을 내리면 레반트 무역로가 펼쳐질 것이다. 러시아의 이러한 상업적 진출은 지중해에서 해군의 성공 여부와 연계될 것이었다.[26]

1815년 나폴레옹전쟁의 승리와 비엔나 조약으로 수립된 유럽의 신질서인 '유럽협조체제Concert of Europe'에서 러시아는 80만에 이르는 압도적인 군사적인 우위와 프로이센, 오스트리아와의 동맹 등을 통해 인상 깊게 19세기를 주도하기 시작하였다. 나폴레옹전쟁 이후 러시아의 발칸에 대한 이해관계는 더욱 적극화되었다. 젤라비치Barbara Jelavich는 발칸에 대한 이해관계를 지정학적이고 이념적인 관점에서 설명[27]하고 있다.

흑해와 발칸 지역 진출의 지경학적인 요인과 경제적 이해관계를 강조하는 카가를리츠키 Борис Кагарлицкий와는 달리, 젤라비치는 영토확장과 완충지대 확보라는 지정학적 요인과 오스만 튀르크의 무슬림 세력으로부터 발칸 지역의 기독교인─러시아와 같은 뿌리인 동방정교도─을 보호한다는 이념적 요인을 강조한다. 그는 흑해와 발칸 지역으로의 진출을 결정한 요인이 경제적 기회의 확보였다면 러시아는 오히려 전쟁보다는 다른 전략 수단을 선택했을 것이라는 견해를 피력한다.

젤라비치는 당시 러시아와 오스만제국이 경제적 연관관계에 있어서 수평적인 관계─모두 농업경제 체제─를 특징으로 하고 있었다는 점에 주목하고 있다. 그에 따르면, 러시아의 자본주의가 원료자원이나 상품시장을 절실히 필요로 하는 산업자본주의 단계로 미진입한 상태였기 때문에, 19세기 후반 유럽의 제국주의 식민정책이 추구한 것과 같이, 수직적 경제분업구조를 강제하고 실현하기 위한 전쟁에 의존할 필요가 없었다고 주장한다.

그러나 19세기 초반 러시아는 농업경제에 기반을 둔 상업 자본주의 사회로서 수출에서 밀을 비롯한 농업 생산물이 차지하는 비중이 압도적이었고 곡창지대이자 농업 생산물의 수출 루트와 무역항들이 오스만제국의 영역인 흑해와 발칸 지역에 걸쳐 있었다. 이러한 점을 감안하면 러시아가 농업생산지와 무역 루트 확보라는 경제적 이해 측면에서 오스만 튀르크와 경쟁과 갈등 관계에 있었다는 사실 또한 유의할 필요가 있다.

젤라비치도 이러한 사실들을 지적하고 있으나, 무역로 확보가 전쟁으로 직결되지는 않는다는 점─흑해와 해협들이 개방되어 있다면─에서,

그리고 19세기에 영국과 러시아가 대립 관계에 있었던 경우에도 영국이 여전히 러시아의 최대 무역상대국이었던 점 등을 근거로 하여 경제적 이해利害와 러시아의 외교정책이 항상 일치하는 것은 아니라고 강조하였다. 그에 따르면, 영국은 '점주들의 국가nation of shopkeepers'이지만 러시아의 대외정책에서는 '그 외의(경제적 이익 외의) 국가이익'이 더 강조되었다는 것이다.

2. 유라시안 루트: 시베리아를 넘어 태평양으로

'초원의 바다'로: 중앙아시아 원정의 서막

러시아인들이 보기에 중앙아시아는 지정학적으로 지나치게 열려 있었다. 유라시아 대륙의 중심부인 중앙아시아는 후일 러시아인들이 신체의 아랫배에 해당하는 전략적 급소라고 할 만한 곳이었다. 레돈이 지적하였듯이, "카자흐 초원을 가로지르는 요새 방어선은 우크라이나에 수립된 유럽방어선보다 훨씬 더 취약"하였다. 왜냐하면, 이 방어선들은 "사막, 오아시스, 강 등으로 형성된 하나의 통합된 전체로서의 변경 지대라는 살아 있는 유기체를 가로지르고 있기 때문"이었다. 중앙아시아의 변경 지대 전체는 모든 것을 끌어들이는―정복자들조차도 자신의 의지와는 상관없이 끌어 당겨지는― 지리적이고 사회문화적인 공존성과 호환성의 그물망이었다. 동시에 그 모든 하위지대는, 웹W. P. Webb의 개념으로 말하면, 외부 세력이 상시적으로 진출입할 수 있는 '현관 지역'이었다.[28]

따라서 중앙아시아 변경의 이러한 역동성과 개활성은 러시아인들로 하여금 중앙아시아를 한편으로는 혼란스럽고 불안정한 지역으로, 다른 한편으로는 경제적 진출과 지정학적 전진의 신천지로 여기게 하였다. 1864년 12월, 러시아-페르시아 국경에서 전쟁을 시작하면서 러시아 외무장관 고르차코프Александр Михайлович Горчаков(1798~1883)가 중앙아시아로의 전진의 명분으로 '변경 지대의 격동과 변경의 사회적 통합 그리고 무역의 발전'을 강조한 것은 이러한 연유에서였다.[29]

골든 호르드(1227~1502)의 해체 후, 러시아가 중앙아시아 칸국들과 본격적인 교역을 시도한 것은 이반 4세 시기로 추정할 수 있다. 이반 4세의 칙허장으로 우랄 지역을 관장하게 된 상인 스트로가노프Никита Грегориьевич Строганов(1560~1616)가 시베리아 원정대를 조직하여 원정대장 카자크인 예르마크Ермак Тимофеевич(1632~1685)가 1581년 9월(또는 1582년 봄) 우랄산맥을 넘어 시베리아에 진출하면서 중앙아시아와 카라반 교역이 활성화되었다. 쿠춤 칸Кучум-хан(?~1660경)이 다스리던 시비르 칸국Сибирское ханство(1468~1598/1588)—'시비르'에서 시베리아라는 명칭이 유래됨—을 정복한 예르마크가 당시 중앙아시아의 부하라 칸국Khanate of Bukhara과 직접 교역을 시도한 것으로 보인다. 물론 예르마크의 시베리아 진출 전에 이반 4세에 의해 단행된 골든 호르드Golden Horde 원정과 남러시아 초원으로의 진공으로 1556년 카스피해 북부 연안의 아스트라한Астрахань을 장악하고 바쉬키르Башкиры족을 정복하면서 중앙아시아 북부 초원지대로의 진출로가 일시적으로 확보된 것 또한 하나의 중요한 계기라 할 수 있다.

아스트라한을 비롯한 골든 호르드를 점령함으로써 모스크바 공국은 볼가강을 통해 카스피해로 나아가는 진출로에 접근할 수 있었다. 카스피해 연안 요새들은 이후 중앙아시아 원정의 발진기지가 되었다. 볼가-카스피해 루트와 더불어 16세기 말 시베리아 진출을 통해 우랄과 시베리아 남부 그리고 카자흐 초원으로의 접근로를 확보한 것 또한 중앙아시아로 진출하는 데 중요한 루트를 제공하였다. 시베리아 원정

을 통해 1577년 우랄강 연안과 우랄스크Уральск 근처에 카자크인каза
ки의 정착촌들이 형성되어 중앙아시아 진출에서 또 다른 교두보 역할
을 하게 되었다.

예르마크가 우랄 동쪽 서시베리아의 시비리Сибирь 칸국을 정복한
이후로 우크라이나 남부와 남러시아 초원의 돈강 지역에 살던 카자크
인들이 1587년 서시베리아에 세워진 동진東進기지 토볼스크Тобольск
로 대규모 이주해 오면서 19세기 중반에 이르기까지 우랄 동쪽의 시
베리아와 극동 전역을 점점이 잇는 국경 요새 정착촌과 도시들이 형성
되기 시작하였다.

이후에 서쪽 토볼스크Тобольск에서 중부 시베리아의 트란스바이칼
Трансбайкалья을 거쳐 극동의 아무르에 이르기까지, 그리고 남쪽의 아
스트라한Астрахан, 오렌부르크Оренбург와 우랄스크Уральск 세미레첸
스크Семиреченск에 이르기까지 형성된 카자크들의 변경 요새들―카
자크 정착촌을 의미하는 스타니짜Станица 또는, 코사크(카자크) 호르드Cossack
hordes로 명명됨―이 러시아의 아시아 방어 라인을 형성하게 되었다. 이
카자크 호르드들은 이후 극동 진출은 물론이고 중앙아시아로의 군
사·상업적 진출의 전진기지 역할을 수행했는데, 시베리아의 자연 지
리적 특성상 요새 도시 간의 긴밀한 연계가 부족하여 견고한 방어라인
역할을 했다고 보기는 힘들다.

1602년 네차이Данила Нечай(1612~1651)는 500여 명의 카자크인들을
이끌고 카스피해와 아랄해 사이의 사막지대를 가로질러 남하하여 히
바Khiva로부터 불과 이틀거리에 있는 우르겐치Urganch를 약탈하였다.
막대한 노획물을 챙기고 돌아가던 네차이 부대는 히바 칸의 역습으로
궤멸하여 단지 세 명만이 살아 돌아갔다. 몇 년 후 야이츠키 카자크 아
타만Яицкий казачий атаман 샤마이Шамай의 히바 원정도 참혹한 실패

로 끝났다.

당시 러시아 남부 변경 지대의 카자크인들이 수행한 중앙아시아 모험은 러시아 조정의 동의 하에 공식적이고 대규모로 이루어졌다기보다는, 한편으로는 변경에서 교역상의 충돌과 교역로의 안전 확보, 다른 한편으로는 카자크인들의 전리품 획득이라는 다소 모험적이고 투기적인 동기가 혼재되어 있었다. 우랄 지역 카자크인들의 히바 왕국에 대한 침입과 그 재난적 결과가 조정에 알려지면서 짜르 미하일 1세 Михаил Фёдорович(1596~645)가 히바 칸국과의 교류를 시작하였다는 공식적인 접촉기록—아마도 최초의 접촉기록—이 전해진다.

중앙아시아와 페르시아로의 진출전략은 애초에 러시아가 볼가강과 돈강 등을 운하로 연결하여 발틱해에서 흑해에 이르는 내륙 수운인 고대 바랑기안 루트 Varangian Route—고대 러시아인들의 비잔틴 무역루트—를 회복하는 '비잔틴 프로그램'이 확대 진화된 것이다. 이 프로그램은 크게 두 가지 경로로 진행되었다. 하나는 우크라이나와 발칸을 통해 흑해와 연결하여 궁극적으로는 지중해에 이르는 오스만제국으로의 경로였고, 다른 하나는 남러시아 초원에서 카프카스를 넘어 페르시아에 이르는 경로였다. 두 경로는 모두 레반트 무역 Levantine Trade—동지중해와 서아시아 사이의 무역—으로 수렴되었다. 따라서 러시아의 남부 변경 진출의 일차적 경쟁 상대자는 비잔틴 제국의 영토적 계승자인 오스만 제국이었고, 다음 상대는 페르시아의 사파비 Safavid 왕조(1501~1736)였다. 이 두 경로로의 진출은 전자의 경우가 시기적으로 앞선 것이었으나 18세기 이후 중첩되었다.

중앙아시아 진출은 카스피해를 통해 페르시아 경로와 밀접히 연결되어 진출 과정에서 갈등과 분쟁 또한 상호 연계되어 있었다. 애초에 중앙아시아로 진출하려던 동기는 그 지역 자체에 대한 지정학적이고 경제적인 이해는 물론이고, 궁극적으로는 내륙 수운水運으로 연결된 카스피해를 경유하여 페르시아와 인도로 이어지는 유라시아 대륙 종단 무역로—영국의 인도 무역로는 동서 횡단 무역로—를 개척하는 것을 염두에 둔 것이기도 하였다.

러시아와 중앙아시아 칸국 간에 공식적인 외교관계가 시작된 것은 표트르 대제 시기부터이다. 1703년 시베리아에서 벌인 러시아인들의 무용담(또는 잔혹함)을 전해 들은 히바의 칸이 스스로 러시아 짜르의 신하임을 자처하여, 칸국의 보호를 요청하는 사절단을 모스크바에 파견하였다고 전해진다. 당시 히바의 사절단은 모스크바의 주목을 끌지는 못했는데, 주로 스웨덴과의 북방전쟁 등 러시아가 수행 중이던 유럽의 전쟁이 발발한 지 얼마 안 된 시점이었기 때문이었다. 10여 년 후인 1713년 교전국이자 스웨덴 최대의 동맹국이던 오스만제국과 아드리아노플 강화조약을 체결하고 핀란드를 점령하여 발틱해를 장악함으로써 대북방전쟁에서 승리가 기정사실화될 즈음, 러시아는 페르시아로의 진출과 연계하여 중앙아시아로 전진을 모색하게 되었다.

1713년 페테르부르크를 방문한 중앙아시아 상인이 전한 아무다리야Amu Darya/Oxus강 유역에 관한 이야기는 표트르 대제의 호기심을 끌기에 충분하였다. 호자 네페스Ходжа Нефес라는 이름의 투르코만Turkoman 상인은 당시 러시아인들과 교역하기 위해 아스트라한에 체류 중이었는데, 그가 퍼뜨린 히바 칸국의 금맥 발견에 관한 소문이 아스트라한에 파다하였다. 이즈음 시베리아 총독 가가린Матвей Петрович Гагарин(1659~1721) 공князь은 당시에 잘 알려지지 않은 부하라 칸국에서 대규모의 금 매장량이 발견—정확히는 '소부하라Little Bokhara'[30]—되었다는 보고서를 접하고 이러한 사실들을 페테르부르크에 보고하였다. 표트르 대제는 네페스를 페테르부르크로 초청하여 아무다리야 유역의 진귀한 특산물들에 관한 정보를 확인하고 카스피해를 넘어 중앙아시아 진출로를 탐사하기로 결정하였다.[31]

1714년 표트르 대제는 부하라의 금맥을 확보하기 위해 약 2천 명의 원정대를 '리틀 부하라Kichik Bukhara'로 부르는 동東투르케스탄의 야르칸드 칸국Yarkand Khanate(중가르 칸국Dzungar Khanate)으로 파견하여 이르티쉬Irtish강의 경로를 파악하고[32] 야르칸드를 점령한 후 그곳에서 카스피해로 연결되는 수로가 있는지 탐사할 것을 명하였다. 그러나 러시아 최초의 공식적인 중앙아시아 원정대를 이끈 프레오브라젠스키 근위대Преображенский лейб-гвардии полк 중령 부흐골쯔Иван Дмитриевич Бухгольц(1671~1741)는 야르칸드에 이르지 못하였고, 대신에 카자흐 초원 북부의 이르티쉬강 중류 지역에 있던 한 부족을 정복하여 옴스크Омск(시베리아 극동 지역 제2대 도시)를 세웠다.[33]

비슷한 시기에 파견된 두 번째 원정대(히바원정Хивинский поход)는 히바 칸국의 복속과 부하라칸국과의 교역 및 자원탐사를 주목적으로 보내졌다. 이러한 동기들 외에도 네페스가 전한 아무다리야강의 원류에 대한 표트르 대제의 관심도 원정대의 목적에 포함되었다. 사디르Садыръ 부족 출신의 투르크멘인 호자 네페스에 따르면,[34] 아무다리야강은 사금砂金이 풍부한데, 하바인들이 이를 은폐하기 위해 강줄기를 돌려놓았다는 것이다. 다시 말하면 원래 아무다리야가 카스피해로 흘렀으나 카스피해 연안으로 진출하는 러시아인들을 두려워한 히바인들이 강줄기를 카스피해에서 아랄해Aral Sea로 돌려놓았다는 것이다. 이에 표트르 대제는 원정대로 하여금 아무다리야강의 흐름을 다시 카스피해로 돌려놓아 아스트라한에서 히바칸국에 직접 도달할 수 있는 연계 수로의 확보가 가능한지—궁극적으로는 인도로 가는 무역로로 연계 가능한지—를 정찰하라는 과제를 부여하였다.

군사원정 이전에 히바 칸국에 사절단으로 미리 파견된 제국 근위대 소속 베코비치-체르카쓰키Александр Бекович-Черкасский(?~1717)—코카서스의 카바르다Kabarda 지역의 유력 가문 출신—는 아무다리야의 원래의 하상河床을 탐사한 후 짜르에 상주한 보고서에서 카스피해로 아무다리야강을 복원시키는 것이 가능하다고 단언하였다. 베코비치-체르카쓰키의 사주를 받은 네페스의 말에 따르면, 아무다리야를 카스피해로 되돌리는 것은 투르케스탄Turkestan—중앙아시아의 옛 명칭— 사람들의 환영을 받을 것이고 투르케스탄 지역의 왕국들을 쉽게 복속시킬 수 있는 지름길이었다.[35] 원정이 성공하면 베코비치-체르카쓰키는 히바에 상주하는 짜르의 칙사가 될 것이었다.

1716년 초 상트페테르부르크를 출발한 베코비치-체르카쓰키 원정대—2,000명의 카자크인들과 약 500명의 노가이 타타르인들Nogaian Tatars을 비롯한 총 4천 3백여 명의 기병과 보병(기병 3,727명, 보병 617명) 등 총 6,655명의 원정대—는 아스트라한과 구리예프Гурьев를 거쳐 6월에 우스튜르트Üstyurt—아랄해와 카스피해 사이의 고원—에 다다랐다. 히바 칸이 군사를 대비하고 있다는 소식을 접한 베코비치-체르카쓰키 원정대는 히바 칸이 대규모 군대를 소집하기 전에 아무다리야 유역에 도달하기 위해 행군을 재촉하였다. 원정대는 하루에 약 20마일을 강행군한 끝에 8월 15일, 히바 칸국의 수도로부터 약 100마일 떨어진 아무다리야의 한 지류에 당도하였다. 이미 체르카쓰키 부대는 거친 황무지와 폭염 등에 시달리며 결코 호의적이지 않은 혹독한 이방지대를 약 700마일에 걸쳐 강행군하면서 풍토병 등으로 다수의 희생을 겪은 후였다.

베코비치-체르카쓰키는 전령을 통해 히바 칸에게 '짜르의 사신使臣'의 당도를 알리는 경고성 메시지를 보내어 칸으로부터 위장된 호의를 담은 신중한 답신을 받았다. 칸은 '짜르의 사신'의 예방에 대해 변치 않는 친선의 뜻을 전하여 안심시키는 한편, 24,000의 군대를 동원하여 러시아 침입자를 향해 진군하였다. 히바 칸의 군대가 베코비치의 진지 근방에 도착했을 때, 러시아 원정대는 아무다리야 강둑에 6개의 포대砲臺로 이루어진 토루土壘를 구축하고 참호 속에서 만반의 전투태세를 갖추고 있었다. 히바인들은 처음 이틀에 걸쳐 치열한 공격을 가했으나 카자크 병사들의 맹렬한 화력에 다수의 사상자를 내고 사흘째 되는 날 퇴각하였다.

다음 날 아침, 히바의 셰르가지 칸Шер Гази-хан(?~1728)의 휴전 제의를 담은 서한이 베코비치에 전달되었는데, 서한에서 칸은 "자신의 명령 없이 공격이 이루어졌고 러시아인들과 극진한 우호관계를 유지하고 싶어한다"고 베코비치를 설득하였다. 그는 짜르와 러시아인들에 대한 자신의 '친선의 표현들'을 전달하도록 러시아 장교 한명을 보내줄 것을 요청하였다. 베코비치는 타타르 출신 전령에게 자신이 짜르의 신임장을 지니고 있음을 칸에 알리도록 지시하였다. 타타르 전령은 칸을 알현한 후 러시아 진영에 돌아와, 그날 히바 칸이 어전회의를 열 것이고, 이어 공식적인 접촉이 있을 것이라는 소식을 전하였다.

칸의 메시지를 접한 베코비치는 회의를 소집하여 '화평 제안을 거부하는 것은 조롱거리가 될 것'이라면서 히바의 협상제안을 수용하였다. 그러나 프랑켄베르크Франкенберг 소령을 비롯한 일부 장교들은 그러한 제안이 '교활한 아시아인들의 책략'이라고 경고하였으나 '아시아식 전쟁' 경험이 일천하던 베코비치는 그의 주장을 굽히지 않았다. 베코비치 진영에서 이 문제가 여전히 숙의되고 있는 동안에 히바인들은 공격을 재개하였다. 어떻게 된 상황인지 알아보기 위해 베코비치는 전령을 다시 칸에게 보냈다.

얼마 후에 히바인들은 철수하였는데, 셰르가지 칸은 심대한 사과를

전하면서 공격이 칸의 명령에 따른 것이 아니라 부지불식간에 이루어
진 일이며 공격집단이 자신의 정규부대가 아니라 러시아 이방인들에
대해 방어 행동을 한 투르케스탄 민병대들이라고 해명하였다. 칸은 이
러한 해명과 친선의 호의를 증명하기 위해 공격자 중에서 두 명의 주
도자를 체포하여 코와 귀를 줄로 연이어 꿰어 러시아 진영 앞에 끌고
가도록 명령하였다.

　히바 칸은 두 명의 대신을 러시아 캠프로 파견하여 공식 조약을 체
결하도록 하였다. 조인식에서 베코비치-체르카쓰키는 십자가에 그리
고 히바의 특사는 코란에 입을 맞춤으로써 조약 엄수를 서약하였다.
다음 날 베코비치는 칸을 알현하여 짜르의 신임장과 하사품을 전달하
였고, 이어서 칸이 주재한 연회가 열렸다. 칸은 베코비치 등을 대동하
고 도성都城으로 귀환하여 그에게 러시아 군대를 환대하고 싶다는 뜻
을 표하면서, 도성에는 그만한 군대가 체류할 시설이 부족하므로 러
시아 부대의 일부만 초청하고 나머지는 군영軍營에 잔류하도록 권하
였다.

　베코비치는 칸의 호의와 권고를 수용하여 군영으로 전령을 보내 사
령중인 프랑켄베르크에게 부대를 둘로 나눌 것을 지시하였다. 기민한
프랑켄베르크는 처음에 이 의심스러운 명령이 베코비치 사령관이 내
린 훈령이 아닐 것이라 확신하고 거부하였다. 베코비치는 재차 군령을
내려 부대를 다섯 개의 분견대로 나누어 히바인들의 인도에 따라 각각
인근 마을에 분산하여 숙소를 제공받으라고 명령하였다. 베코비치의
명령이 프랑켄베르크에 의해 세 차례 거부되었으나, 명령 위반 시 군
사재판에 회부하겠다는 베코비치의 마지막 경고가 하달됨으로써 러
시아 원정대는 약 600명씩 소규모 지대로 분리되어 개별적으로 이동
하게 되었다.

히바 칸의 계략이 성공하였음이 히바 도성에 알려지자 베코비치와 수행 장교들은 즉시 체포되어 처형당하였고, 러시아 분견대들 또한 매복하고 있던 히바 군대에 의해 각각 전멸당하였다. 일부 소수의 생존자들은 노예로 전락하였는데, 이들 중에서 구사일생으로 탈출한 몇몇 병사들이 원정대의 비극적인 운명을 본국에 전하였다. 처형된 베코비치-체르카쓰키 원정대 장교들의 머리는 히바의 성문에 효수되었고 베코비치의 머리는 부하라의 칸에게 선물로 보내졌다. 부하라 칸은 자신은 식인종이 아니라는 말로 히바 칸의 선물을 거절하였다.

참혹했던 원정대의 운명 소식을 접한 표트르 대제는 군사적 응징을 결정하였다. 이에 카스피해 주둔군은 카스피해를 횡단하여 투르케스탄으로 출항하였으나 태풍을 만나 다수의 함선이 침몰하는 재난을 당하였다. 간난신고 끝에 카스피해 동안東岸에 상륙한 일부 부대 또한 기진한 상태에서 여러 차례에 걸쳐 투르케스탄인들의 습격에 시달리면서 전투 능력을 소진하여 1718년 초에 아스트라한으로 퇴각하였다. 비록 대규모 원정은 아니었으나 러시아 최초의 중앙아시아 원정은 이렇듯 비극적으로 종결되었다. 이 원정은 비극적 결말이라는 점에서 그리고 부단한 원정 시도라는 점에서 17세기 후반 최초의 '크림 타타르 원정'과 서로 유사하였다.[36]

시베리아 '삼림森林의 바다'로: 예르마크 원정대

제국으로서의 미국이 아시아 태평양에서 '시작'되었다면 제국으로서 러시아는 아시아와 태평양 연안에서 '완성'되었다. 제국 러시아의 극동, 동아시아 정책의 출발점이자 종착지는 중국이었으며 아시아 정책의 완성 또한 중국이었다. 러시아의 중국 교섭사의 첫 페이지는 새로운 모피 수요처의 창출과 시베리아 극동 개척기지의 식량 확보, 그리고 태평양으로의 진출로(아무르강) 탐색이라는 경제적이고 지리적인 동기가 중첩되어 시작되었다.

러시아의 시베리아 정복은 애초에 영토 확장이 주목표가 아니었다. 러시아 원정대는 담비와 흰족제비, 검은 여우 등 최고급 모피를 쫓아 시베리아로 진출한 이래 사냥감이 고갈되면서 새로운 공급처와 미개척지를 찾아 점차 동쪽으로 이동하였다. 1632년 레나Лена강 중류에 극동 시베리아의 전초기지를 건설한 후 레나강 상류로 남진하여 아무르강 북방에 위치한 스타노보이Становой 산맥 남사면에 이르렀다. 러시아 개척단의 주된 남진 동기는 수로를 통한 모피 수송로 확보와 식량 문제 해결이었다.

17세기 초중반, 러시아의 국가 수입에서 모피가 차지하는 비중은 정점에 달하였다. 1589년 세입에서 모피가 차지하는 비중이 3.75%였던 데 비해 1605년에는 약 11%, 1644년에는 약 10%로 증가하였다.[37] 모피는 국내 수요뿐 아니라 유럽 등으로의 수출을 통한 세수 확보에 중요한 역할을 하였다. 당시 러시아산 모피 수요가 급증한 이유는 16~19세기 유럽의 소빙하기가 당시 정점에 올랐던 것과 밀접한 연관이 있다.

소빙하기가 정점에 이르던 16~17세기 유럽의 빙하 한계선이 남으로 확장되어 생업 및 경제활동에 급격한 변동이 초래되었다. 예를 들어, 북대서양 북부의 결빙으로 스칸디나비아와 그린란드 그리고 아이슬란드의 어부들은 조업이 불가능하게 되었고, 그린란드와 스칸디나비아 그리고 유럽대륙 간에 무역로가 단절되어 그린란드 정착촌은 붕괴하였다. 빙하의 확장과 '추운 여름'으로 농토를 상실하게 된 프랑스 몽블랑의 샤모니Chamonix의 경우 생존의 공포로 인하여 제네바의 주교를 초빙하여 '악의 세력'을 퇴치해 주도록 요청하기도 하였다.[38]

비록 여전히 논쟁 중이긴 하지만, 이러한 기후 변화가 홉스봄이 '일반 위기(보편 위기) The General Crisis'라고 명명한 17세기 유럽의 '보편적이고 전반적인 위기'와 일정한 인과관계가 있다고 일부 역사학자들은 주장한다. 유럽에서 정치·종교·경제·인구학적으로 국가와 사회 전반에 걸쳐 총체적이고 전반적인 파열이 발생한 것을 의미하는 17세기의 일반적 위기는 30년전쟁(1618~1648), 잉글랜드 내전 English Civil War (1642~1651), 종교개혁 등 유럽 질서를 근본적으로 재편하는 사건들로 점철되었다. 인구가 급감한 데 비해 곡물가는 급등하였고 지난 세기에 이어 마녀사냥은 정점에 이르렀다.

러시아의 경우도 17세기는 역사상 가장 치열했던 '위기의 세기'였다. 동란의 시대 Смутное время(1598~1618), 대기근(1601~1603), 왕조 교체 (로마노프 왕조, 1613~1917), 그리고 농민반란(스텐카라친 Степан Тимофеевич Разин 반란, 1670~1671) 등 국가적 위기들이 이어졌다. 이러한 '일반 위기', 또는 전반적인 '보편 위기'는 러시아에 도전이자 또 다른 기회로 작용하였다. 러시아의 로마노프 왕조는 위기를 과거 '잃어버린 영토 irredenta'를 '재정복 reconquista' 하고 선조들의 무역로였던 바랑기안 루트를 회복할 기회로 전환하려 하였다. 17세기에 들어와 러시아는 폴란드, 스웨덴 등 인접 국가들뿐 아니라 당대 최고의 제국이던 오스만 튀르크와 '땅土과 바다(무역로)'를 회복하기 위한 정복 전쟁에 돌입하였다.

유럽으로부터의 모피 수요는 러시아에 또 다른 기회를 의미하였다. 소빙하기라는 기후적 요인과 맞물려, 남미를 정복한 스페인으로 쏟아져 들어온 신대륙의 막대한 은과 황금은 방한용뿐 아니라 사치품의 수요를 증대시켜 러시아산 모피에 대한 유럽의 수요가 급증하였다. 당시 시베리아산 흑담비나 흑여우 모피는 러시아 일꾼의 100년 치 품삯에 해당하는 고가였으므로 러시아는 국가 차원에서 모피 무역을 관장하였고 모피를 찾아 시베리아로 개척단을 파견하기 시작하였다. 16세기 말~17세기 초 모피 사냥꾼들은 교회의 축복과 짜르의 성은聖恩 그리고 상인들의 모험적 투자에 힘입어 새로운 신분과 일확천금을 꿈꾸며 시베리아로 떠났던 것이다.

1582년 카자크 출신 예르마크Ермак Тимофеевич(1532 추정~1585)가 이끄는 840여 명의 원정대가 시베리아 삼림의 바다로 미지의 원정을 떠난 것은 짜르 이반 4세와 대상인 스트로가노프 가家의 합작 모험사업이 최초의 동기가 되었다. 예르마크의 원정대는 스트로가노프 가문Строгановы의 식솔들과 러시아인, 리투아니아인, 게르만인들로 구성된 죄수들(전쟁포로 포함) 그리고 기타 자원자들을 포함한 300여 명과 주로 볼가강 유역을 떠돌던 부랑자들이거나 비적들인 카자크 족 540여 명으로 이루어진 혼성부대였다. 이들은 원정의 성공을 통해 사면이나 전리품을 약속받았다.

1558년 이반 4세는 러시아 북동 지역Великий Устюг에서 소금과 수산업 등으로 부를 쌓은 스트로가노프 가문에 우랄산맥 서쪽 인접 지역인 카마Кама와 추소바야Чусовая강 유역의 '비어 있는 땅'에 대한 점유를 허락하는 칙허장royal charter을 하사하였다. 스트로가노프 가문은 이 지역에 무장한 요새와 식민 정착촌을 세웠고 소금, 수산물, 모피 거래 등 자유로운 상업활동과 광산업에 종사하며 20년 동안 납세의무를 면제받았다.

짜르의 1574년 칙허장은 시베리아 사업과 관련하여 새로운 사태를 야기하였다. 더 많은 모피와 광물 등의 수입이 필요했던 짜르는 스트로가노프 가문에 기존의 권리에 부가하여 확대된 특권을 부여하였다. 이 칙허장을 통해 스트로가노프 가문은 우랄 지역의 광물 채굴권을 획득하였고 이 사업에 필요한 '새로운 땅(정착지)'을 하사받았다. 이 새로운 정착지는 러시아인들에게는 '새로운' 땅이었으나 시베리아 원주들에게는 시베리아 타타르 부족들—시비리 칸국Сибирское ханство과 노가이 호르드Ногайская Орда(1391~1634)—의 영토였다. 칙허장에 따르면 스트로가노프 가문의 상인들은 우랄 동쪽 시베리아 초입의 오브강을 따라 요새와 정착촌을 건설하고 현지 원주민들한테 공물을 징수할 수 있는 전권을 짜르로부터 위임받은 셈이었다. 그러나 서시베리아의 원주민들은 당시에 시비리 칸국이나 노가이 칸국에 조공을 바치고 있었으므로 러시아인들과 시베리아 타타르인들 간의 충돌은 불가피한 것이었다.

예르마크의 원정대는 '오브-토볼'강 수로를 따라 이르티쉬Иртыш강을 건너 1582년 10월 시비리 칸국의 수도인 이스케르Кашлык/Искер를 함락시켰다. 정확한 기록은 없으나 '검은 구름 떼'와 같았다고 묘사된 시비리 칸국의 군대는 러시아 원정대의 10~20배를 헤아렸다. 카자크인 전사자 107명으로 시비리 칸국은 정복되었고, 이렇게 러시아의 시베리아 역사는 시작되었다.[39]

상인과 수렵꾼, 그리고 카자크 원정대를 시베리아와 그 너머 태평양으로 인도해 준 것은 시베리아의 '수로와 요새(오스트로크острог)'였다. 시베리아로 향하는 최초의 수로인 '페초라Печора강-우랄(엘레츠Елец-소브Собь)-오브Обь강' 수로Portage를 시작으로 시베리아와 극동은 무수한 수로 체계의 그물망으로 연결되어 있었다. 추운 기후와 습지 그리고 끝없이 눈 덮힌 삼림은 당시 육상교통 기술로는 관통하기 어려운 자연조건이었으므로 강이 풀리는 몇 달 동안 그들은 새로운 지류와 본류를 찾아야 했고, 이를 통해 동쪽으로 나아가길 반복하였다.

시베리아의 남북으로 흐르는 대동맥(오브Обь, 예니세이Енисей, 레나Лена, 인디기르카Индигирка, 콜리마Колыма강 등)과 그것을 동서로 연결하는 무수한 실핏줄 같은 지류들이 거대한 수로 체계를 이룸으로써 개척단과 모험 상인들은 타이가 삼림을 관통하여 동쪽으로 나아갈 수 있었다. 극동의 동서로 흐르는 아무르강은 그 자체만으로도 태평양(오호츠크해와 동해)으로 나가는 극동의 대동맥으로 손색이 없었으며, 그 지류들은 중국의 만주와 연해주로 남하하는 데 연결 수로 역할을 하였다.

원정대는 수로의 결절점 등에 요새를 세워 정착한 후에 다음의 개척을 위한 전진기지로 삼았다. 이러한 요새들은 오늘날 시베리아의 중심 도시로 성장하였다. 오브강의 토볼스크Тобльск(1587)와 톰스크Томск(1604), 예니세이강의 이르쿠츠크Иркутск(1652)와 크라스노야르스크Красноярск(1629), 레나강의 야쿠츠크Якутск(1632)와 렌스크Ленск(알단스크Алданск, 1639 이전), 그리고 아무르강의 치타Чита(1653) 등이 16세기 말~17세기 중반에 세워진 초기의 대표적인 요새이자 정착촌들이다.

16세기 말부터 짜르의 모스크바 조정은 시베리아 원주민들로부터 세금이나 공물을 거둬들이기 시작하였고 상인과 수렵꾼들에게는 최상품의 모피에 10%의 세금을 부과하였다. 예르마크가 우랄산맥을 넘어 시베리아로 진출한 지 얼마 지나지 않은 1586년의 경우, 흑담비 모피 약 2만 벌, 흑여우 약 만 벌, 시베리아 다람쥐 50만 벌, 이외에 다량의 비버와 담비 모피가 국고로 징수되었다.

17세기 중반 시베리아 모피 수입은 국가 재정의 약 7~30%(12만 5천~60만 루블)에 달하였다. 1623년 당시 흑여우 모피 두 장의 가격은 대략 110 루블이었는데, 이 액수는 55에이커—222,577m2(67,330평)—의 토지와 오두막 한 채, 다섯 필의 말, 20두의 소, 양 20마리, 수십 마리의 닭 등을 사고도 남을 만한 엄청난 금액이었다. 정부는 모피 무역으로 시베리아 개척과 관리에 드는 비용을 모두 충당하고도 막대한 재원을 축적할 수 있었으므로 이 잉여 재원을 토대로 다시 새로운 영토를 추가할 수 있었다.

정부는 시베리아 원주민들로부터 징수하는 공물이나 세금이 국가 재정의 원천 중 하나였으므로 이들을 억압하는 것을 원치 않았으나 현지의 수렵꾼들과 상인들, 그리고 개척단의 지휘관이나 병사들은 원주민들에 대한 수탈을 일삼았다. 모피 무역이 국가 독점사업이었으므로 상인과 개척단은 모피밀매를 통해 자신들의 노고를 보상받으려 했으며 원주민 착취는 부의 원천인 모피에 접근할 수 있는 손쉬운 방법이었을 것이다.[40]

그러나 17세기 중반부터 북미산 모피와의 경쟁이 심해지면서 유럽 시장에서 러시아산 모피 가격이 하락하여 모스크바의 모피 재고량이 증가하였다. 시베리아의 모피도 점차 고갈되어 유입량이 감소하는 추세였다. 17세기 후반 유럽 시장에서 러시아산 모피의 독점적 지위가 상실되어 그에 따른 국가 수입이 감소한 것에 더하여 재고량이 증가하는 등, 이러한 중첩된 문제를 해소할 방법은 새로운 모피시장을 개척하는 것이었다. 그러한 대안으로서 중국 시장은 중요성이 더욱 현저해졌다. 러시아는 이미 16세기 후반부터 시베리아나 북극해를 통한 무역로 개척을 강구하였다.

1577년 스트로가노프가家에 고용된 벨기에 출신의 브루넬Olivier Brunel of Bruyneel(1552~1585)이 시베리아 북서부(오브강 하류, 북극해 인근)에 위치한 망가제야Мангазея—모피와 해마 어금니 등의 집산지—에 두 차례(페초라강과 백해) 다녀온 후 오브강과 북극해를 통해 중국으로 가는 '북동항로'를 구상하였다. 당시 브루넬과 같은 네덜란드인들은 유럽의 최북단으로 여겨지던 노르웨이의 노르카프Nordkapp/North Cape를 통해 중국으로 가는 최단 무역로를 개척하려 하였다.

러시아 무역을 독점하던 '모스크바 주식회사' 소속 영국인들의 고발로

인해 염탐 혐의로 모스크바에 구금되어 있던 브루넬은 자신을 자유인
으로 풀어 준 스트로가노프 가문에서 그 기회를 얻고자 하였다.[41] 스트
로가노프가의 지원을 받은 그는 1581년 메르카토르Gerhard Mercator(메르
카토르 도법 발명)를 만나 자문을 구하는 등 구체적인 계획을 세운 후 1584
년 백해를 통해 북극해로 항해하여 '노바야 제믈랴Новая Земля' 남쪽
연안에 도달하였으나 이를 넘어가는 데 성공하지는 못하였다.[42]

　중국과의 무역에서 모피뿐 아니라 차茶와 실크 또한 중요한 품목이
었다. 유럽과의 무역형태와는 달리 당시 중국을 포함한 아시아 무역은
국가가 독점—엄밀히 말하면 짜르의 사私무역—하는 육상무역이었다. 러
시아의 육상무역은 중국 등 아시아 무역에 있어서 서유럽의 해상무역
과 경쟁하는 또 다른 유라시아 무역 루트였다. 규모 면에서 서유럽의
해상무역에 견주기는 어려웠으나, 중국이 개항하기 이전이었고 증기
선 등 근대적 해상수송 수단이 출현하지 않아 재래식 범선에 의존하고
있던 무역환경에서 러시아의 육상 루트는 유럽 시장에서 나름대로 경
쟁력을 갖추고 있었다. 러시아는 중국과의 국가 독점 무역을 통해 모
피와 실크 등을 교환하고자 하였다. 양국의 육상무역은 17세기 말을
지나면서 활성화되어 19세기 중반 정점에 달하였다. 이렇듯 러시아의
초기 중국 교섭사는 무역으로 시작되었고 이를 통해 러시아와 중국의
공식적인 외교관계가 수립되었다.

　러시아가 중국과 교섭한 경로는 두 가지로 대별할 수 있다. 하나는
짜르 정부의 공식적인 외교사절 파견이고, 다른 하나는 극동 시베리아
전초기지의 자발적인 접촉이었다. 전자의 경로가 정부 주도의 계획적
이고 제도적인 접근을 의미한다면, 후자의 경우는 우연적이고 비공식
적인 것으로서 무력 충돌을 수반한 불안정한 것이었다. 두 경로는 애
초에 상호 직접적인 연계가 없었으나 양국의 외교관계 수립 과정에서

연계되어 통합되었다. 정부가 주도한 공식경로와는 다르게, 극동 시베리아 정착기지의 자체적인 남하 시도—대부분의 경우에 중앙정부가 몰랐던 탐사—는 우연한 결과로써 중국과의 불편한 접촉을 초래했는데, 이는 러시아의 시베리아 팽창의 불가피한 산물이었다.

러시아의 문명사가인 클류체프스키 Василий Осифович Ключевски (1841~1911)가 '러시아의 역사는 자신을 식민화하는 국가의 역사'라고 정의했듯이, 러시아인들은 시베리아로의 팽창을 유럽인들의 아메리카 대륙 정복과 차별화하였다. 클류체프스키가 의도했던 바는, 현대 국제 문제에서 논의되는 '내부 식민주의 Internal colonialism'—남아공의 아파르트헤이트 Apartheid가 대표적인 사례—와 같은 개념의 문제제기라기보다는 시베리아 정복의 독특성과 러시아 영토 팽창의 특수성에 대한 강조였다고 할 수 있다. 그에게 있어서 시베리아 정복은 영토 자체에 대한 국가적 욕망의 표출이라기보다는 토지를 소유하지 못한 농민들과 사회적 소외계층이 모험 사업가들과 결합하여 자기 생존방식을 구현하는 과정을 의미하는 것이다.

이러저러한 동기로 시베리아를 향해 떠난 러시아인들에게 시베리아는 건널 수 없는 바다로 격리된 '상상의 공동체'나 '미지의 신세계'라기보다는 자신들의 일상생활이 영위營爲되는 생활공간의 외연으로서 일종의 '확장된 생존공간 lebensraum'을 의미하였다. 200여 년의 몽골 지배를 통해 러시아인들은 시베리아와 그 인접 지역이 문화·지리·인종적으로 전혀 생소한 것은 아니었다. 따라서, 16세기 이전 먼 옛날에 이미 노브고로드 Новгород 상인들이 우랄산맥 인근 및 동쪽 사람들과 거래를 했다는 사실을 차치하고서라도, 16세기 후반 일단의 코사크인들이 우랄산맥을 넘을 당시 시베리아는 러시아인들에게—아메리카를 정복했던 스페인을 비롯한 유럽인들과는 달리—'외눈박이 거인이나 영혼

없는 인디오'들이 사는 '반인반수^{半人半獸}의 세계'로 인식되지는 않았
던 것이다.

'극동의 파라다이스'로: 아무르 원정과 나선정벌[1654, 1658]

1582년 카자크족Казаки 원정대장 예르마크Ермак Тимофеевич (?~1585)
가 우랄산맥을 넘어 시베리아로 진출한 지 불과 57년 만인 1639년 태
평양에 도달한 러시아인들이 처음으로 봉착한 가장 혹독한 시련은 기
후가 아니라 식량 문제였다. '시베리아는 값싸게on a shoestring 정복되었
다'고 렌젠George Alexander Lensen이 표현한 것은 국가 지원이 결핍된 시
베리아 원정대의 열악한 환경을 역설적으로 말해준다.

1646년 시베리아 극동의 최전방 정착 요새Ostrog인 야쿠츠크Якутск
기지에서 보낸 한 보고서[43]에 따르면, 당시 이 요새의 정착민은 무장병
력을 포함하여 총 407명에 불과했고, 모피 등 공물 징수를 위해 극동
전역으로 요원이 파견되는 겨울에는 55명 정도가 요새에 잔류함으로
인해 외부 공격에 매우 취약하였다. 보고서는 적은 인원으로 광활한
지역에서 모피 등 공물을 징수하는 데 있어서 현지인의 위협 등에 노
출되어 있고 요새의 수비 자체가 불안정하므로 병력 등 개척단을 증파
해 줄 것을 정부에 요청하는 내용이었다.

1662년의 또 다른 보고서[44]에는 개척단의 간난신고^{艱難辛苦}가 애
처롭게 드러나 있다. 야쿠츠크 요새의 일원이자 베링Витус Ионассен
Беринг (1681~1742)보다 80년 앞서 베링해를 탐사한 데쥐네프Семён
Иванович Дежнев (1605~1673)는 짜르 알렉세이 1세에게 올린 상주문에
서 개척 활동의 고충을 토로하고 이에 가중된 경제적 고통을 해결해
줄 것을 청원하였다. 데쥐네프는 "1642년부터 1661년까지 20년 동안
정부로부터 극동 지역 복무에 대한 어떠한 급여 대가—현금, 식량 등—도

받지 못했고, 1661년에 야쿠츠크 요새의 지휘관(보예보다Воевода)으로 부터 그동안의 복무 대가로 단지 소금을 지급받았을 뿐"이라고 호소하였다. 이어 그는, "극동 시베리아 개척 활동을 하는 동안에 수많은 부상과 피를 흘렸고, 혹독한 기후뿐 아니라, 갚을 길 없는 빚과 배고픔으로 죽음에 이르는 고통에 처해 있는" 자신을 돌보아 줄 것을 탄원하였다.[45]

이러한 처지는 단지 데쥐네프 개인에 국한된 것은 아니었다. 당시의 수송 조건이나 재정 상태의 취약함으로 인해 중앙정부와 시베리아 총국으로부터 적절한 지원이 어려웠다. 극동 지역의 열악한 기후조건으로 식량의 자체 확보가 불가능한 환경에서 야쿠츠크 요새 등 극동 지역의 개척단들은 생존 문제를 어떤 식으로든 자체적으로 해결해야 했는데, 그중에서 식량 문제가 가장 고통스러운 문제였다. 레나강 유역에 진출한 러시아인들은 식량 보급을 위해 강을 따라 남하를 시작하여 스타노보이 산맥을 넘어 미지의 땅인 아무르강(헤이룽강黑龍江) 유역에 도달하였다.

추위와 곤궁에 시달리던 시베리아의 러시아인들에게 아무르강은 일종의 '약속의 땅райская земля/paradise'이었다. 야쿠츠크의 러시아인들은 원주민들을 통해 아무르 유역의 풍부한 곡창지대에 관한 소문을 접하였다. 1641년 개척단 리더 중 한 사람인 페르필예프Максим Перфильев(1580~1656)는 탐험 도중에 만난 퉁구스인Tungus으로부터 아무르 유역에 대한 정보를 수집한 데 이어, 이듬해 모스크비틴Иван Юрьевич Москвитин(1609~1647경)도 우다Уда강을 따라 오호츠크해로 항행하던 중 퉁구스인으로부터 아무르강 지류인 쉴카Шилка강 유역의 농경지대에 관한 소식을 입수하였다. 소문은 기정사실화되는 듯하였고 아무르 유역으로의 남하가 결정되었다.

퉁구스인들이 러시아 개척단에 전하지 않은 한 가지 중요한 정보는 아무르 유역의 일부가 중국(청제국)의 종주권에 편입되기 시작했다는 사실이었다. 물론 당시는 만주족의 청淸왕조가 산해관을 넘어 베이징을 점령(1644년)하기 전이었고 삼번의 난三藩之亂(1674~1683)을 진압하여 중국 전역을 석권하기 전이었지만, 만주족은 전통적으로 아무르 지역을 자신들의 생활권lebensraum으로 상정하고 있었다.

그러나 러시아 개척단에게 아무르 유역은 어떠한 지도에도 표시되어 있지 않은 미지의 땅이었고 단지 개척의 대상이었다. 만주족 또한 정확한 자연지리적 대상 또는 지정학적 개념으로 아무르 지역을 정의하고 있었다기보다는 유목적 전통에 기초한 생활 기반이자 심상지리 imaginary geography의 대상으로만 파악하고 있었다. 이러한 지리적 인식의 비대칭성 결과로 양국은 역사상 최초의 무력 충돌을 경험하였다. 21세기 초입에 완결된 350여 년에 걸친 중국과 러시아 간의 기나긴 국경 갈등은 이렇게 시작되었다.

1641년 야쿠츠크 지휘관 골로빈의 보좌역이던 바흐테야로프Еналей Леонтьевич Вахтеяров(1638~1649 복무)의 아무르 탐험이 실패한 직후 보에보다 골로빈Пётр Петрович Головин(?~1654)은 코사크족 포야르코프Василий Данилович Поярков(1597~1668)에게 아무르로 가는 루트 개척과 유역탐사의 임무를 부여하였다. 포야르코프 탐사대는 소총과 화포로 무장한 112명의 코사크 병사를 비롯하여 15명의 수렵꾼, 2명의 통역사, 대장장이 등 133명으로 구성되었다. 코사크 병사 중 드물게 문자를 해득한 포야르코프를 탐사대장에 임명한 이유는 탐사 과정을 상세히 기록하고 문서화하여 정확한 정보를 수집하려는 의도였다. 극동 시베리아 개척단에게 아무르 지역 확보가 생존을 위해 그만큼 절실하였다는 증거였다.

1643년 6월 15일 포야르코프 탐사대는 야쿠츠크 전진 요새를 떠나

레나강 지류인 알단Алдан강을 따라 남하하였다. 11월 말에 스타노보이산맥을 넘어 12월 13일 아무르강의 지류인 제야Зея강 유역에 당도하여 캠프를 차렸다. 제야강 유역에서 식량을 조달할 수 있을 것이라는 기대 하에 동절기에 스타노보이를 신속하게 넘기 위해 대부분의 보급품을 산맥 북사면의 겨울캠프에 43명의 원정대원과 함께 잔류시켰다. 그러나 원정대는 제야강 인근 지역에 도달하였을 때 식량 조달이 여의치 않다는 것을 발견하였다. 원정대원들은 당장 생존을 위해 기아와 싸워야 했고, 급기야 식량 확보를 위해 인근 부족을 공격하였다. 원주민들의 반격으로 인해 캠프로 철수하는 과정에서 원주민 포로와 러시아인들 일부가 기아로 사망하였다. 포야르코프 탐사대가 범한 현지인들과의 불미스러운 첫 접촉은 아무르 지역 원주민과 러시아인의 향후 관계에 있어서 부정적인 분위기를 조성하여, 원주민들이 러시아보다는 만주인(청淸)을 더 호의적으로 판단하는 계기가 되었다.[46]

포야르코프 원정대는 불미스러운 결과로 끝났으나 제야강을 따라 아무르 상류로 진입하여 트란스 바이칼과 아무르 유역인 다우리아Даурия를 처음으로 탐사한 성과를 거두었다. 1646년 6월 22일 포야르코프는 아무르강 하류를 거쳐 오호츠크해를 통해 야쿠츠크로 복귀했다. 그는 여섯 종류 이상의 곡물을 경작하고 소, 말, 양, 돼지 등을 사육하는 아무르강 유역의 원주민들에 대해 보고하면서 300여 명의 병력만으로 아무르 전 유역을 점령할 수 있다고 확신하였다. 첫 아무르 탐사는 소문으로 떠돌던 아무르 지역에 대한 정보를 직접 확인했다는 성과와는 별도로, 탐사 중의 충돌로 인해 아무르 지역 원주민들에게 부정적인 인식을 심어주었다는 점과 만주족에게 러시아의 접근을 경계하게 했다는 점 등, 의도치 않은 결과를 초래하였다.

두 번째 탐사대(1649~1653)는, 시베리아 정복사에서 예르마크에 버금

가는 탐험가 중 하나로 기록되는 하바로프Ерофей Павлович Хабаров (1603~1670)—극동연방관구의 중심인 하바롭스크Хабаровск는 그에게 헌정된 도시—는 1649년 봄, 레나강 지류인 올레크마Олекма강을 통해 아무르 루트를 개척하기 위한 첫 원정을 시도하여 1650년 5월 26일 야쿠츠크로 복귀하였다. 그해 여름 하바로프는 원정대를 보강하여 본격적인 아무르 원정을 시작하였다. 알바진Albazin에 당도하였을 때, 다우리아의 원주민들이 러시아 원정대를 공격하였으나 원정대의 압도적인 화력에 일방적으로 패주하였다. 이들을 추격하여 러시아인들은 117두의 소를 전리품으로 획득한 후 알바진에 요새를 구축하였다.

알바진에서 동절기 숙영을 마치고 1651년 6월 200여 명의 병력과 3문의 대포로 무장한 하바로프 원정대는 다시 아무르강 하류로 남하하면서 주변의 원주민들과 전투를 벌였다. 구이구다르Guigudar/Гуйгудар 전투의 경우, 하바로프가 "신의 가호로 660여 명의 수급首級을 베었다"고 기록한 내용은 러시아 원정대의 용맹성보다는 원정의 잔혹성을 드러내고 있다. 전투에 패배한 원주민들—두체르Duchers/Дючеры와 다우르인들Дауры—은 만주족들에게 이미 공물을 바친 터라 러시아인들에게 바칠 여유식량이 없었으므로, 러시아로부터 '보호해 주거나 그렇지 못할 경우' 러시아로의 신속臣屬을 허용해 줄 것을 베이징에 청원하였다.

청 왕조가 만주족들에게 내린 애초의 방침은 러시아군과 조우 시에 무력 충돌하지 말라는 것이었으나 이제 전투가 불가피해졌다. 골로빈에 이어 야쿠츠크 보예보다로 임명된 프란츠베코프Дмитрий Андреевич Францбеков(?~1659)는 극동 시베리아 변경에 있는 여타 러시아 정착민들처럼 다우리아와 만주를 지배하는 보그도이 족장Князь Богдой이 청淸의 황제라고 인식하지 못하였다. 짜르 알렉세이Алексей Михайлович (1629~1676)가 야쿠츠크에 내린 칙서에는 보그도이 족장으로 하여금 복속을 명하는 내용이 들어 있었다. 프란츠베코프는 크냐지 보그도이를 다우리아의 족장이라 판단하였다. 사실상의 첫 군사적 충돌에서 러시아와 청 모두 서로를 전혀 다르게 인식―각각 변경의 오랑캐 또는 원주민으로 오인―하였던 것이다.[47]

역사상 러시아와 청국 간의 공식적인 첫 전투―비록 하바로프의 원정대가 러시아의 정규군은 아니었지만―는 1652년 봄 아찬스크Ачанск(우찰라 Wuchala, 현재 하바롭스크)에서 벌어졌다. 베이징의 하명에 따라 만주 영고탑 Ninguta의 수비대장 하이세海色(海塞) Hai-se/Исиней가 지휘하는 2,000여 명의 청국 군대는 하바로프 원정대와의 공방전 끝에 퇴각하였다. 하바로프 부대는 17문의 머스켓musket 소총, 2문의 화포, 830마리의 말과 상당량의 보급품을 획득하였고 676명의 청국 군대를 사살하였다. 러시아 측은 10명의 사망자와 78명 부상자를 낸 것으로 기록되었다.[48]

러시아의 승리로 기록된 중국과의 첫 무력 충돌은 아무르 원주민들에게 심리적 충격을 주었다. 수백 명의 원정대가 수적 열세에도 불구하고 수천 명의 중국 정규군을 제압한 러시아인들의 군사적 우세를 목격한 원주민들은 종주국인 중국보다 '새로운 침입자'가 더 위력적이라는 혼란스러운 상황에 직면하였다. 1652년 봄 하바로프의 보고서에 따라 아무르의 중요성에 관해 확인하기 위해 짜르 정부는 모스크바의 귀족 가문 출신 지노비예프Дмитрий Иванович Зиновиев(1610~1691)를 모스크바에서 아무르로 파견하였다. 하바로프의 보고서가 사실로 확인될 경우에 랴잔 총독 로바노프-로스토프스키 공Иван Иванович Лов анов Ростовский(?~1664) 휘하의 대규모 원정단을 파견할 예정이었다.

다음 해 봄에 아무르에 도착한 지노비예프는 야쿠츠크로부터 증파된 원정대의 반란과 약탈 등에 시달리던 하바로프와 지휘권 인수교체를 놓고 갈등한 끝에 하바로프를 모스크바로 송환하였다. 이즈음, 아무르 지역에 대한 모스크바의 입장이 변경되어 로바노프-로스토프스키의 원정이 취소되었다. 짜르 정부의 관심은 폴란드 인접 지역과 우크라이나로 전환되어 인적·물적 자원이 이 지역 공략에 집중되었다. 1656년 로바노프-로스토프스키는 스몰렌스크에 파견되어 스웨덴군에 맞섰고, 1658년에는 폴란드-리투아니아 연합왕국에 맞서 러시아군을 이끌었다.

1650년 봄과 겨울에 작성된 두 차례의 보고서에서 하바로프는 아무르 유역의 풍요로움에 관해 열정적으로 기술하였다. 이 보고서들에는 식량 결핍에 시달리던 시베리아의 러시아인들에게 아무르 지역이 얼마나 매력적이었는지가 잘 드러나 있다. 하바로프는 "대大아무르강은 볼가강보다 더 많은 철갑상어와 물고기들로 넘쳐나고, 강둑을 따라 끝없이 들어선 울창한 삼림에는 담비를 비롯한 모든 종류의 모피 동물들이 배회하고 있다"고 모스크바에 보고하였다. 무엇보다도 야쿠츠크와 시베리아 정착지에 공급할 수 있는 풍부한 '곡물의 보고'라는 그의 서술은 아무르 지역을 시베리아 정착지에 대한 식량 공급지로서 기대하고 있었음을 말해준다.

보고서에 따르면, "알바진만 하더라도 야쿠츠크의 러시아인들에게 5년 치 양식을 공급할 수 있고, 그 일대 지역 원주민들로부터 2만여 명 이상을 먹여 살릴 수 있는 공물을 징수할 수 있다"는 점이 강조되었다. 짜르에게 보낸 보고 서한에서 하바로프는 "다우리아Dauria의 땅(아무르 유역)은 시베리아 어느 곳과도 비교할 수 없는 아름답고 풍요로운 땅"이라는 찬사를 올렸다. 1750년대 독일 역사학자 뮐러Gerhard Müller가 표현했듯이 하바로프와 그의 시베리아 동료들에게 아무르는 '새로운 가나안, 약속의 땅이자 파라다이스'였다.[49]

하바로프 등의 아무르 원정으로 시베리아 레나강 일대의 러시아인들 사이에 미지의 땅에 관한 환상적인 소문이 떠돌았다. 원정에서 돌아온 코사크인들이 비단옷을 자랑스레 걸치고 뽐내는 모습에서 시베리아 정착민들은 풍요로운 아무르 지역의 소문이 사실이라 확신하였다. 부풀려진 소문에 고무된 러시아인들은 정착촌을 이탈하기 시작하였다. 그들은 필요한 경비와 식량, 무기 등을 마련하기 위해 짜르와 상인들의 창고를 약탈하여 아무르 지역으로 몰려갔다. 시베리아 정복사의 권위자이자 18세기 러시아 역사의 연구자인 피셔Raymond H. Fisher는, "집도, 아내도, 자식도 그리고 어떠한 신과 인간의 법도 다우리아Dauria(아무르 유역)로 떠나려는 사람들의 의도를 되돌려놓지 못하였다"고 당시의 '아무르 열광'을 서술하였다.

1653년 8월, 야쿠츠크의 보예보다(수장首長)들은 "레나강 유역에 자발적으로 정착했던 이주자들이 허가 없이 아무르 지역으로 떠나버렸고, 남아 있는 정착민들 또한 달아날 것"이라고 모스크바에 보고하였다. 아무르에 당도한 러시아 개척자들은 원주민들을 약탈하면서 '미지의 땅'을 착취하기 시작하였다. 이렇듯 혼란스러운 상황은 1655년까지 지속되었다. 300여 명의 소로킨Сорокин 형제의 개척단이 원주민들을 처참하게 유린하자 짜르 정부는 불안한 상황을 통제하고 아무르로의 이탈을 막기 위해 올레크마에 통제소를 설치하도록 명하였다.[50]

중국에 대한 완정完征이 채 끝나지 않았던 베이징 만주왕조는 두체르인들을 비롯한 아무르 유역의 속지인들을 만주 내부의 쑹화강(아무르 유역)Sungari으로 철수시키는 이주정책으로 대응하였다. 그러나 속주민 철수는 오히려 역효과를 초래하였다. 원주민들이 경작지를 포기하고 만주로 이주한 결과로 아무르 유역으로 유입된 러시아인들은 정착 초기에 필요한 식량 조달이 불가능해짐에 따라 이들을 쫓아 쑹화강으로 진입하기 시작하였다. 만주족과 러시아인들의 충돌은 다시 불가피해졌다.

1654년 5월 23일(혹은 4월 28일) 닝구타(영고탑) 사령관 밍안탈리明安達/明安达礼(?~1669)가 이끄는 만주-조선 연합군 천오백에서 삼천여 명이 쑹화강 중류에서 스테파노프Онуфрий Степанов(1610~1658)의 코사크 부대(370여 명)를 격파하였다(제1차 '나선정벌'). 1658년 6월 30일(혹은 6월 10일)에는 사르후다沙爾虎達(1599~1659)의 지휘 하에 45여 척의 배에 수군을 대동한 천오백여 명의 만주-조선 연합군은 쑹화강과 아무르강의 합수 근처에서 식량을 찾아 쑹화강으로 내려오던 스테파노프의 코사크 부대를 대파—500여 명, 배 11척의 부대 중 스테파노프를 포함 270여 명 사망—하였다(제2차 '나선정벌'). 마침내 1660년 바하이Bahai가 이끄는 만주군이 쿠파탄Купатан 촌 근방에서 카자크 부랑민들을 소탕하여 60여 명을 사살하고 47명의 부녀자를 생포하는 전과를 거두고 러시아인들을 아무르강의 상류인 네르친스크로 쫓아냈다.

만주군과의 충돌은 러시아 정부의 지시 하에 이루어진 것이 아니라 현지 카자크 개척단이나 부랑민에 의해 이루어진 우연적 결과였다. 당시 러시아의 공식적인 활동은 쉴카강(아무르강의 지류) 유역의 네르친스크Нерчинск, 바이칼 동쪽의 이르겐Иргенск와 텔렘벤스크Телембенск 등으로 제한되어 있었다. 1658년의 충돌의 경우에도 네르친스크의 보예보다 파쉬코프Афанасий Филиппович Пашков(?~1664)가 스테파노프에게 네르친스크로의 복귀를 명하였으나 지시가 제때 도달하지 못해 일어난 비극이었다.

1660년 무렵 만주군에 의해 아무르 본류의 전역에서 러시아인들이 공식적으로 추방되었으나, 새로운 땅과 꿈을 찾아 나선 러시아의 모험가들과 범법자들의 재유입은 막을 수가 없었다. 1664년 폴란드 귀족 출신 시베리아 유형자였던 체르니고프스키Никифор Романович Черни говский(?~1675)가 코사크 부랑민들을 규합하여 알바진 정착촌을 재건한 것이 대표적인 사례이다. 이후 만주군의 공격을 두려워한 체르니고프스키는 짜르에 보호를 요청하면서 충성을 서약하였고, 1671년 네르친스크의 보예보다는 올루호프Иван Олухов를 알바진 감독관으로 정식 파견하였다. 비록 1660년 이후 10여 년 동안에 만주족과 러시아인들 간에 대규모 충돌은 없었으나, 이 시기에 러시아는 아무르 유역에 대한 식민화를 시작하였다.

청국의 강희제는 1669년 만주족 고명대신顧命大臣 오배(오보이)가 일으킨 오배鰲拜의 난과 삼번의 난(1674~1683) 등을 평정하기 위해 전력을 중국 본토에 집중할 필요가 있었으므로 러시아의 아무르 정착에 대해 신경 쓸 여력이 없었다. 1668~1669년간에 만주족 발상지인 영고탑(헤이룽장성)의 만주족 장정들은 모두 내란 평정을 위해 징집된 상태였다. 난을 평정한 후 강희제의 청 왕조는 아무르 유역에서 새로운 지정학적 환경에 직면하게 되었다. 청 제국은 이제 러시아 부랑민이 아니라 러시아 식민지로 정식 편입된 러시아 정착민들, 다시 말하면 제국 러시아를 상대해야 했다.[51]

하바로프의 아무르 원정은 세 가지 결과를 초래하였다. 하나는 이후 러시아의 아무르 진출이 '원정'에서 '정착' 또는 식민정책으로 전환되었다는 것이다. 비록 정부에 의한 공식적인 대규모 식민정책은 아니었지만, 아무르 원정 이후 극동 시베리아 정착민들과 범법자들은 한편으로는 보다 나은 정착 환경을 찾아서, 다른 한편으로는 짜르 정부의 통제에서 해방된 새로운 삶을 찾아 자연스럽게 아무르 유역으로 내려왔다. 이러한 비공식적인 아무르 유입은 1670년대를 경과하면서 식민정책으로 귀결되었다.

다음으로, 만주족은 청을 건국한 이래 처음으로 러시아에 대한 위협을 감지하고 군사적 대비책을 강구하였다는 점이다. 역사적으로 북방 민족에 의해 왕조의 전복과 영토 정복을 지속적으로 겪은 중국인들로서는 북방 변경에 대한 방어가 안보의 최우선 순위에 있었다. 한족에게는 만주족 또한 북방 민족이었으나, 청 제국의 건설로 이미 중국의 지배 민족이 된 만주족이 보기에 러시아인들은 자신들처럼 북방 어딘가에서 온 '오랑캐'였을 뿐이다. 이제 러시아에게는 '새로운 영토'에 대한 안정적인 편입과 정착 문제가 주요 관심사였고, 청국에게는 새롭게 건설한 제국의 방어, 그리고 새로운 세력과의 관계 설정 문제가 핵심 사안이 되었다.

마지막으로, 아무르 원정은 러시아가 시베리아 정복 정책을 변경하는 계기로 작용하였다. 러시아 원정대는 시베리아의 부족들을 비교적 어렵지 않게 정복하며 극동에 이르렀던 것과는 질적으로 전혀 다른 상황에 처하게 되었다. 아무르 너머에는 극동 동아시아의 최강대국이자 상승하는 제국인 청이 있었다. 유럽에서 베스트팔렌 조약(1648)에 의해 근대적 영토국가 체제와 근대적 국제질서가 수립되던 시점에, 극동에서도 고대 이래로 불투명하게 설정된 영토경계 또한 근대식으로 획정될 필요성이 대두되고 있었다. 그 시작이 중국과 러시아 간의 무력 충돌이었는데, 그것이 역사에 미친 장기적 결과에 대해서는 당시에 아무도 예측하지 못하였다. 그것은 극동의 국제관계사의 하나의 시작이었을 뿐만 아니라, 중·러동맹과 중·러분쟁이라는 세계사적 사건의 원형이었다.

극동에 제국의 닻을 내리다

산업혁명으로 유럽상품의 경쟁력이 높아지고 원양 항해가 가능한 증기선이 개발되면서 19세기 초반 영국과 프랑스가 주도하는 아시아의 해상무역은 러시아 육상무역의 경쟁력을 현저히 약화시켰다. 이와 더불어 난징 조약에 의해 영국과 프랑스에 부여된 무역특권에 러시아가 제외됨으로써 러시아의 중국무역 조건은 더욱 악화되었다. 과거 러시아는 재정수입의 적지 않은 부분을 중국무역으로부터 충당하였으나 난징 조약 등으로 강화된 해상무역의 시장지배력으로 인해 재정수입 감소 추세가 현저해지기 시작하였다.

1850년대 이전에 육로를 통한 캬흐타 무역으로 거둬들이는 관세수입은 전체 관세수입의 15~20%에 달하여 정부 재정수입의 약 8%를 차지하였다. 교역규모 면에서 보면 1829~1850년간에 러시아의 대중국 수출은 28.9~67.4%로 증가하였다. 면직물의 경우 1829년 러시아 공산품의 2%가 중국에 수출된 데 비하여, 1850년에는 러시아산 면직물의 51.5%가 중국에 수출되었다. 양국 간 교역이 정점에 달하던 시기인 1847~1851년 사이에 러시아 공산품의 약 절반이 중국에 수출되었다.

대체로 1820년대부터 중국무역에서 획득하는 재정수입의 비중은 점차 감소하기 시작하였다. 해상무역의 경제성이 육상무역을 능가하면서 러시아의 무역을 통한 재정수입이 감소하게 된 것이다. 예를 들어, 차茶 무역의 경우, 영국 등의 해상운송 비용이 러시아의 육상무역에 비해 5%에 불과했으므로 러시아는 유럽에 대한 차 공급자 역할을 상실하게 되었다. 1829~1850년간에 러시아의 중국교역(수입)에서 차가 차지하는 비중이 약 90~95%에 달했던 사실을 감안하면 차 무역의 감소가 재정수입에 미친 충격은 상당한 것이었다.[52]

1843년 최초로 스크류 프로펠러를 장착한 322피트(98미터), 3,270톤급 대형 원양 증기선 '그레이트 브리튼Great Britain'이 건조되어 영국의 브리스톨과 뉴욕을 잇는 대서양 횡단노선에 투입되는 등, 1840년대에 증기선이 빠르게 진화한 결과 해상무역은 내륙 아시아의 육상무역을 능가하게 되었다. 또한 난징 조약(1841)과 톈진 조약(1858) 등을 통해 시장접근의 편익과 제도적 우월성을 확보하고, 1869년 수에즈 운하의 개통으로 경로 단축을 이룸으로써 영국과 프랑스 등의 해상무역은 러시아의 육상무역을 회복 불능의 상태로 몰아갔다.

육상무역의 경쟁력 감소는 모피 무역의 감소를 동반하였다. 남획을 통한 공급과잉의 결과로 모피 무역의 이윤이 급격히 감소하면서 육상무역은 더욱 이익 확보의 범위가 축소되었다. 러시아 정부는 방어하기 어렵고 더 이상 이윤이 남지 않는 북미 사업을 직접 관장하는 것이 무익하다는 판단 아래, 1841년 샌프란시스코 인근의 로스 정착기지Fort Ross를 매각한 데 이어 1857년에는 알래스카를 미국에 넘기려 하였다.[53] 경로를 수정하여 아메리카 무역에서 중국으로 선회하는 것이 합당한 선택으로 고려되었다.

중국 문제에 있어서 러시아에 남은 대안은 해상무역의 경쟁에 참여하거나 육상무역에 유리한 조건을 새롭게 확보하는 것이었다. 전자의 경우, 영국과 프랑스의 제해권maritime power을 따라잡으려면 상당한 시간이 필요하였고, 후자의 경우는 기존의 '네르친스크-캬흐타 체제'를 근본적으로 수정해야 했다. 네르친스크-캬흐타 체제는 성격상 교역과 영토 조건을 동시에 포함한 관계구조였으므로 네르친스크-캬흐타 체제의 수정은 교역 조건의 변경뿐 아니라 영토에 대한 근본적인 문제제기를 수반하는 것이었다.

시작부터 이미 그러하였지만 러시아의 극동·동아시아 정책은 대對중국정책과 다름없었다. 1895년 3월 영국과 러시아가 파미르 지역의 '세력권 협정'에 합의함으로써 중앙아시아에서 그레이트 게임이 정리될 무렵, 러시아는 극동에서 세력권 확보의 호기를 발견하였다. 중앙아시아 전략의 성공으로 러시아는 서酉투르케스탄Turkestan(현재의 중앙 아시아)을 자국 영토에 편입시킨 데 이어, 동東투르케스탄(신장 위구르 등지)과 아프가니스탄에 대한 전략적 이해관계를 유럽 열강에 각인시켰다. 1890년대 아시아에서 이룬 러시아의 전략적 성취는 동아시아에서 절정에 이르렀다.

1895년 청일전쟁의 강화조약(시모노세키 조약)에서 프랑스와 독일을 추동하여 러시아가 '삼국공조Triplice(삼국개입Triple intervention)'라는 외교적 조정을 성공시킴으로써 러시아의 제국적 위세는 정점을 향해 나아갔다. 러시아가 판단하기에, 일본이 요구한 2억 량의 전쟁배상금— 당시 청의 1년 예산의 2.5배—은 청국이 재정적으로 감당하기 어려운 규모였고, 일본의 라오둥(요동遼東)반도 조차租借 요구는 만주뿐 아니라 조선을 일본의 세력권으로 편입시킬 수 있는 지전략(전략지정학)적 위험 geostrategic risk이 높은 것이었다. 러시아는 전쟁배상 문제와 관련한 청국의 중재 요청을 수락하여 일본의 강요로 체결된 시모노세키 조약을 변경하는 데 성공하였다.

일본이 '삼국간섭'이라는 부정적인 역사 용어로 기록하고 있는 러시아, 프랑스, 독일, 삼국 간의 전략적 협력(삼국 공조共助)이 성공함에 따라, 당시 제국 해체에 직면해 있던 청국은 러시아와 '비대칭 동맹'을 선택하였다. 이로써 1880년 7월 수신사로 일본에 파견된 김홍집에게 일본 주재 청국 참사관 황준헌黃遵憲이 건네준 『조선책략私擬朝鮮策略』에 적시된 청국의 러시아 적대정책은 청일전쟁 이후 동맹정책으로 전환되었다.

유럽에서 러시아의 외교정책을 결정한 요인이 프랑스와 독일 그리고 무엇보다도 영국과의 관계였다면, 러시아의 동아시아 정책을 결정한 요인은 중국과 일본 관계였다. 물론, 19세기 후반 동아시아 국제질서의 구조적 재편의 배경에 영국과 러시아의 전략적 경쟁이 자리하고 있던 것이 사실이지만 영-러 간의 전략적 경쟁이 표출되는 관계 양상은 러시아와 일본의 전략적 충돌이었다. 극동의 전략경쟁에 있어서 영국은 유럽의 동방문제나 중앙아시아의 그레이트 게임처럼 러시아와의 직접적인 충돌을 통한 해결보다는 일본을 통한 대리전을 선호하였고, 러시아는 청국과의 동맹을 통해 이를 돌파하려 하였다. 극동에서 제국주의 열강 간의 이러한 전략경쟁이 파국적으로 표출된 것이 만주문제와 한국문제Korean Question(조선의 독립 문제)였다.

1898년 스페인과의 전쟁을 승리로 이끌면서 유럽 열강의 제국주의 대열에 합류한 미국이 국무장관 헤이John Hamilton Hay(1838~1905)의 문호개방정책Open Door Policy(1899) 요구를 필두로 중국진출을 본격화하면서 극동에서 영국과 일본 그리고 미국 간에 전략적 제휴가 형성되었다. 19세기를 지나면서 극동에서 러·청동맹과 영·일동맹이라는 양대 동맹 레짐을 기본 축으로 하는 전략적 갈등 구조가 형성되었고, 뒤이어 미국이 이에 가세하였다. 이 국가들 간에 쟁투의 주主전장은 중국 대륙과 태평양 연안 지역이었다.

미국과 일본 그리고 영국은 황해, 동중국해, 남중국해 등으로부터 대륙으로 이어지는 루트를 갈망하였다. 러시아는 대륙(만주)으로부터 서해(황해)에 이르는 출로, 그리고 아무르와 우수리강 등을 경유한 동해로의 진출을 추구하였다. 동아시아동맹의 원형이자 동맹구조의 시원이라 할 수 있는 이러한 양대 동맹 메커니즘은 근대 동아시아 국제질서의 구조적 변동을 완결하였고, 중러동맹 대 미일동맹이라는 현대 동아시아 국제질서의 프레임을 주조하였다. 1890년대 후반에서 1900년대 초입에 러시아는 중국 발해만渤海灣(랴오둥반도)에 제국의 닻을 내리면서 기나긴 '바다로의 열망'을 일단락지었다.

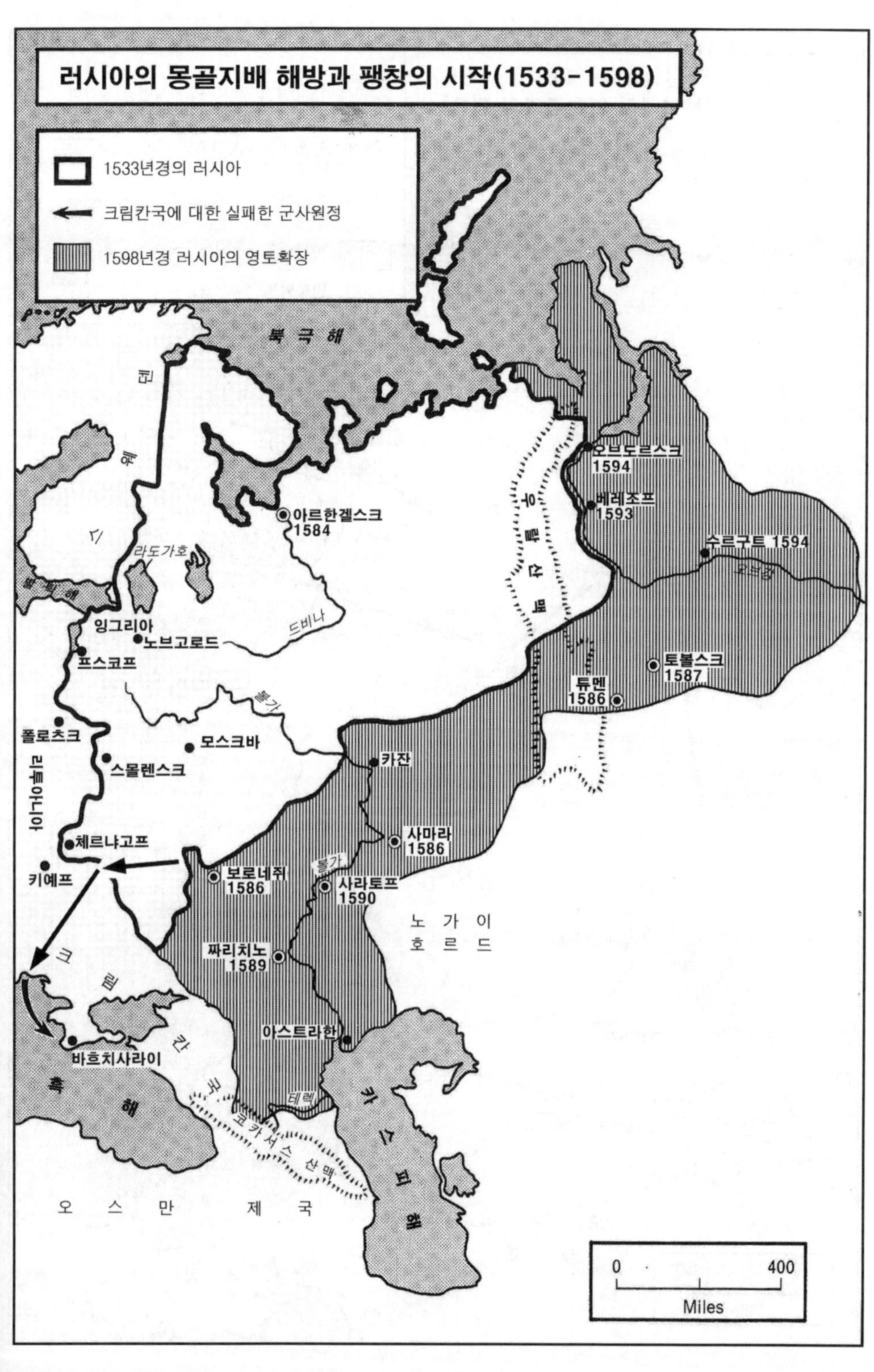

러시아의 몽골지배 해방과 팽창의 시작(1533-1598)
1533년경의 러시아
크림칸국에 대한 실패한 군사원정
1598년경 러시아의 영토확장
북 극 해
라도가호
아르한겔스크
1584
오브도르스크
1594
베레조프
1593
수르구트 1594
드비나
잉그리아
노브고로드
프스코프
토볼스크
1587
튜멘
1586
폴로츠크
모스크바
카잔
스몰렌스크
리투아니아
사마라
1586
체르냐고프
볼가
키예프
보로네쥐
1586
사라토프
1590
노 가 이
호 르 드
크
림
짜리치노
1589
아스트라한
바흐치사라이
테렉
혹
해
코카서스 산맥
오 스 만 제 국
0   400
Miles

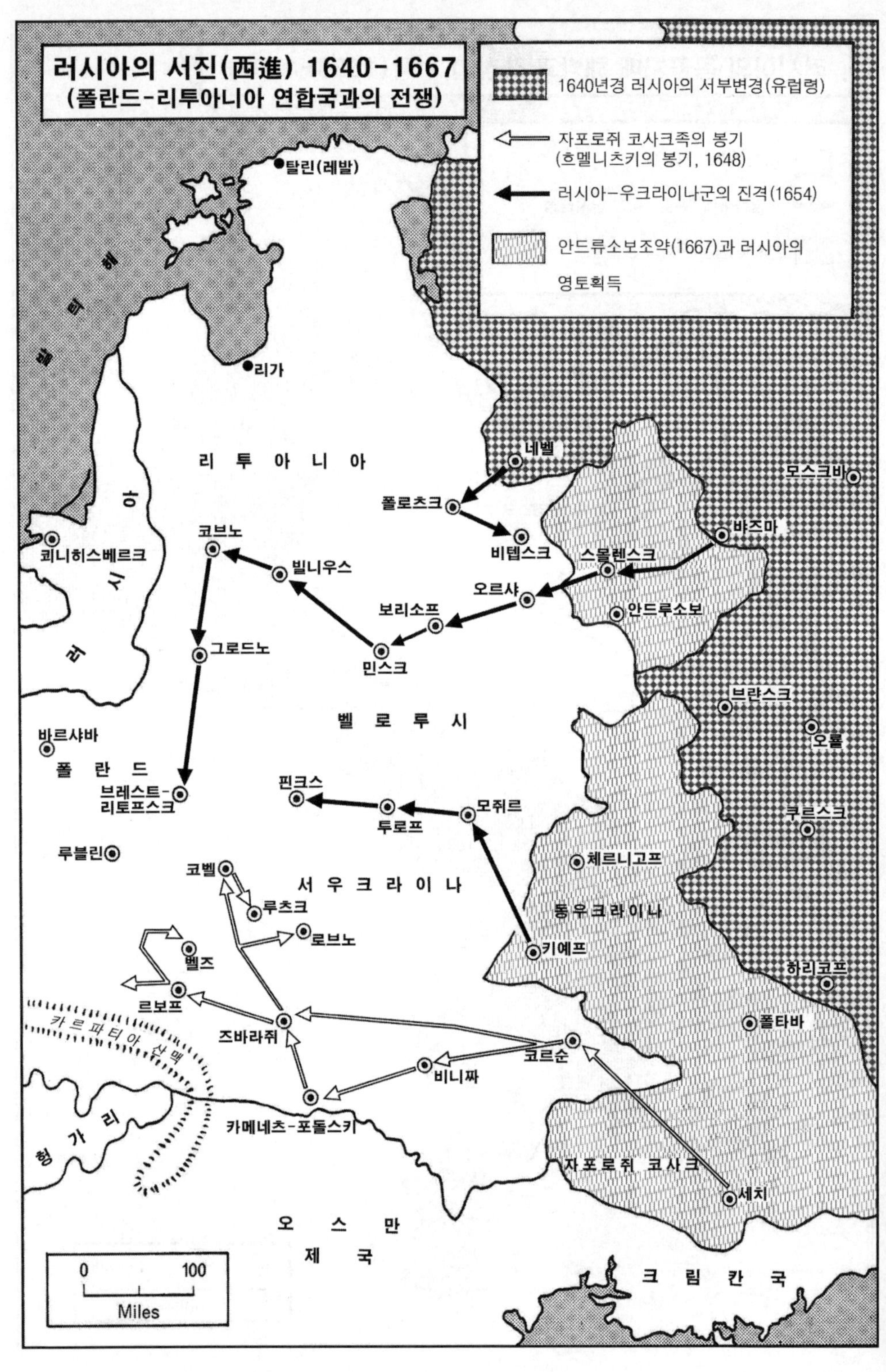

러시아의 서진(西進) 1640-1667
(폴란드-리투아니아 연합국과의 전쟁)
1640년경 러시아의 서부변경(유럽령)
자포로쥐 코사크족의 봉기
(흐멜니츠키의 봉기, 1648)
러시아-우크라이나군의 진격(1654)
안드류소보조약(1667)과 러시아의
영토획득
탈린(레발)
리가
리 투 아 니 아
네벨
모스크바
폴로츠크
뱌즈마
비텝스크
코브노
스몰렌스크
쾨니히스베르크
빌니우스
오르샤
안드루소보
보리소프
그로드노
민스크
벨 로 루 시
브란스크
바르샤바
오룔
폴 란 드
브레스트-
리토프스크
핀크스
모쥐르
루블린
투로프
코벨
서 우 크 라 이 나
체르니고프
쿠르스크
루츠크
로브노
동우크라이나
벨즈
르보프
키예프
카르파티아 산맥
즈바라쥐
하리코프
코르순
비니짜
폴타바
카메네츠-포돌스키
헝 가 리
자 포 로 쥐 코 사 크
오 스 만
제 국
세치
0   100
Miles
크 림 칸 국

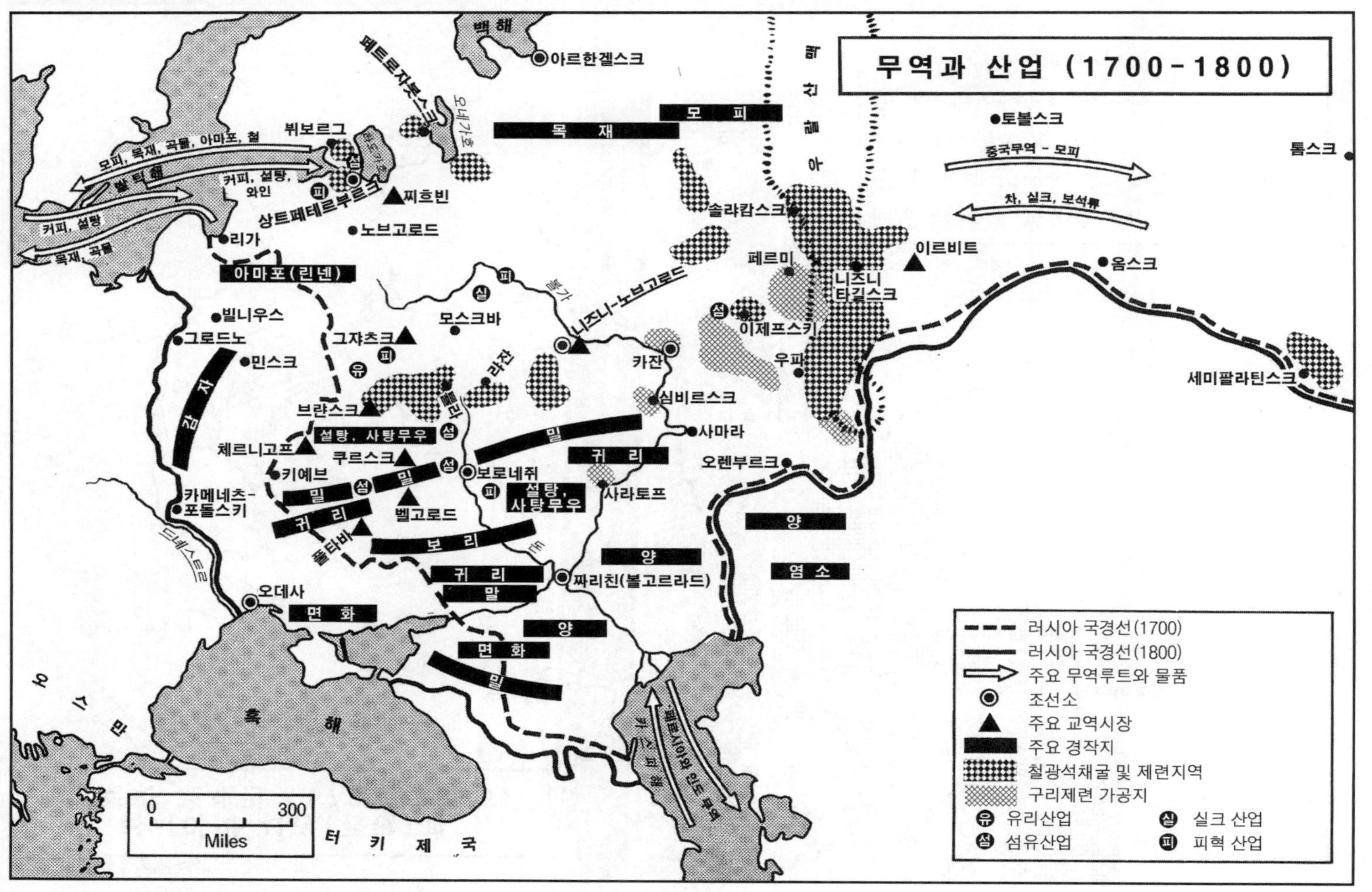

무역과 산업 (1700-1800)
백해
아르한겔스크
페트로자봇스크
뷔보르그
상트페테르부르크
찌흐빈
노브고로드
리가
아마포 (린넨)
빌니우스
그로드노
민스크
그쟈츠크
모스크바
브랸스크
설탕, 사탕무우
체르니고프
쿠르스크
키예브
보로네쥐
설탕, 사탕무우
카메네츠-포돌스키
벨고로드
폴타바
오데사
면화
면화
짜리친(볼고르라드)
드네스트르
흑해
터 키 제 국
오네가호
목 재
모 피
중국무역 - 모피
차, 실크, 보석류
톰스크
토볼스크
솔랴캄스크
페르미
니즈니 타길스크
이르비트
이제프스키
우파
옴스크
세미팔라틴스크
니즈니-노브고로드
카잔
심비르스크
사마라
라잔
귀 리
밀
오렌부르크
사라토프
양
양
염 소
볼가
밀
보 리
귀 리
말
밀
귀 리
밀
커피, 설탕, 와인
커피, 설탕
모피, 목재, 곡물, 아마포, 철
발틱해
목재, 곡물
페르시아와 인도 무역
카스피 해
0   300
Miles
러시아 국경선(1700)
러시아 국경선(1800)
주요 무역루트와 물품
조선소
주요 교역시장
주요 경작지
철광석채굴 및 제련지역
구리제련 가공지
유 유리산업
실 실크 산업
섬 섬유산업
피 피혁 산업

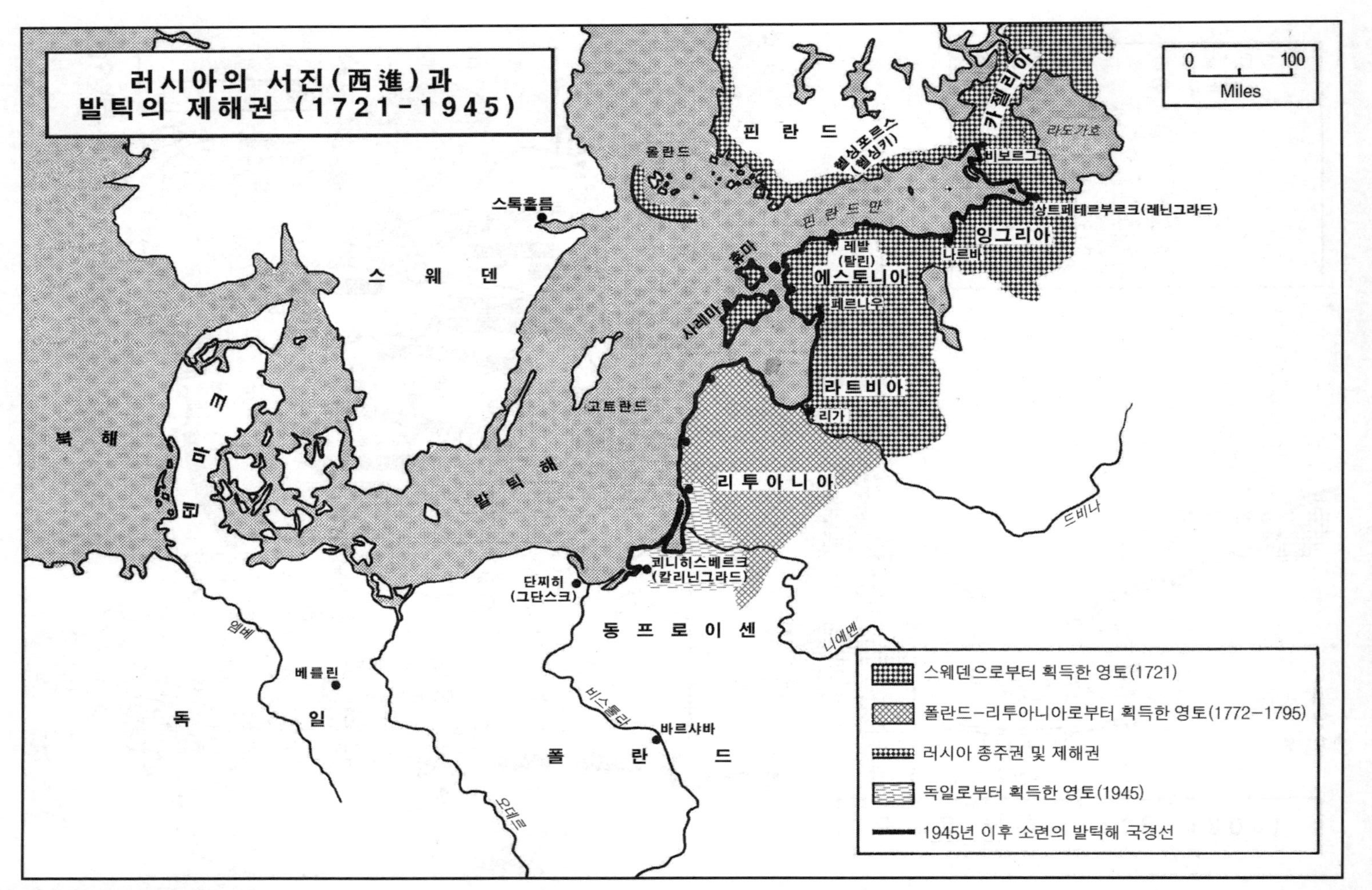
러시아의 서진(西進)과
발틱의 제해권 (1721-1945)

0   100
Miles

카렐리아
라도가호
핀란드
올란드
헬싱포르스(헬싱키)
비보르크
상트페테르부르크(레닌그라드)
핀란드만
잉그리아
레발(탈린)
나르바
외셀
에스토니아
페르니우
사레마
라트비아
리가
리투아니아
드비나
스톡홀름
스웨덴
고토란드
북해
덴마크
발틱해
엘베
베를린
독
일
단찌히(그단스크)
쾨니히스베르크(칼리닌그라드)
동프로이센
니에멘
비스툴라
바르샤바
폴란드
오데르

스웨덴으로부터 획득한 영토(1721)
폴란드-리투아니아로부터 획득한 영토(1772-1795)
러시아 종주권 및 제해권
독일로부터 획득한 영토(1945)
1945년 이후 소련의 발틱해 국경선

II

유라시아 국가형성과 전쟁

18세기 외교혁명과 '제국 만들기'

1. 러시아의 국민국가^{nation state} 형성과 전쟁[54]

'땅과 피의 신화'와 전쟁들

사회학자 틸리Charles Tilly는 유럽의 국가 형성의 기원과 관련하여, 16세기 이후 '전쟁들'이 '유럽 국가체계의 형태'를 결정하였고 '유럽의 대외정복의 발판'을 조성했다고 평가하였다. 그의 책 『유럽혁명European Revolution,1492~1992』에 따르면 국가의 '진정한' 역사는 '전쟁, 전쟁 전담기구, 인구' 사이의 상호작용에 의해 형성되었다. 국가의 팽창은 30년전쟁(1618~1648)과 그에 따른 베스트팔렌 조약을 거쳐 오스트리아왕위계승전쟁War of the Austrian Succession(1740~1748)이 종료된 1750년 이후, 산업화와 도시화, 그리고 인구 증가의 가속화를 토대로 하여 전쟁과 그 비용 부담에 따른 인플레이션과 더불어 시작되었다.

군대는 봉건귀족의 재량권에 속하던 것에서 국가 행정기구가 직접 관할하게 되었고 통치자들은 상비군 제도를 채택하는 등 군사 조직을 개편함으로써 간접통치에서 친정체제로 전환하였다. 그들은 대지주, 귀족, 성직자, 상인 등의 구 지배계층의 선의에 호소하는 대신 국가기구를 통해 직접적인 징집, 과세 등의 통치 수단을 동원하였다. 통치자들은 '자본, 노동, 상품' 등의 자원을 '국경선'이라는 경계에 가두고 경계선 밖으로의 이동을 통제하였다. 그들은 또한, 전쟁을 비롯한 자원의 집중적인 동원과 관련하여 국가 행위들을 결정하는 데 있어서 그 어느 집단보다도 국가가 우위에 있다는 권리주장을 정당화하였다.[55]

국가의 재편성 유형은 도시국가에서 제국에 이르기까지 다양한 변형태들이 존재하는데, 이러한 변형들의 차이는 '자본Capital(경제력)과 강압Coercion(군사력)'이라는 두 가지 요소 간의 상대적 집약도에 의해서 비롯되었다. 스위스, 네덜란드 등, 자본의 집중도가 높은 곳에서는 상인과 금융 자본가들이 국가의 형성과 재편에 중심적인 역할을 담당하는 '자본 집약적 경로'를 밟았다.

이와 유사하게, 상대적으로 집중된 자본과 자율적인 지주들이 관장하는 비교적 규모 있는 군대를 겸비한 지역에서는 귀족과 부르주아 간 경쟁 갈등을 활용하여 통치자가 자원을 동원해 내는 '자본화된 강압 경로'가 우세하였다. 영국, 프랑스가 그 대표적인 사례인데, 전쟁에 막대한 비용이 소요될 때 이 국가들은 민간이 보유한 자원과 인력을 동원하여 대규모의 상비군을 충원시키고 재정을 조달하는 데 있어서 어느 통치 형태보다도 탁월한 능력을 발휘하였다.

러시아는 헝가리, 폴란드 등과 같이 '강압 집약적 경로'를 거친 경우에 속한다. 이들 지역에서는 자본가의 형성이 미약하였고 상업무역은 제한되었으며 '정복과 왕조 정치'의 중요성이 부각되었다. 통치자는 자국의 군대를 건설하는 데 있어서 대지주들의 사병私兵들을 탈취하거나 징발하였다. 결과적으로, 대규모의 상비군체제가 형성되었을 때 거

대한 특권 귀족층과 국가 관료기구 간의 조합인 중앙 집중적인 군대 체계의 형태를 띠게 되었다.[56]

중앙집권적인 국가기구로서 상비군 제도는 봉건 영주들에 대한 통제뿐 아니라 피지배계층들로부터 세금 등을 비롯한 재원을 강제로 염출할 수 있는 유일한 최대의 동기를 제공해 주었고, 장기간에 걸친 유럽의 국가형성 과정에서 국가가 강압 통치를 행사하기 위한 가장 유력한 수단이었다. 군사체계의 이러한 변화는 관료제를 비롯한 행정 및 국가기구 개혁으로 이어졌으며, 국가의 강제에 대한 피지배계층의 반응 과정에서 동원 가능한 국가자원이 증대되었다. 이렇듯 전쟁 준비는 국가 건설의 토대로 작용하였으며, 전쟁은 유럽에서 근대적 의미의 국가와 국가들 간의 체계inter-state system, 국제체제'inter-national' system를 형성시켰다.[57]

틸리는 유럽의 국가 재편성이 주로 전쟁과 전쟁 준비의 결과로 초래되었다고 평가하면서 국가의 형성과 재편이 전쟁과 공유한 연계성을 가장 명확하게 드러내는 사례가 바로 '러시아의 제국적 팽창'이라고 단언하고 있다. 물론, 이러한 틸리의 주장이 러시아의 팽창을 '유일한 사례Russian uniqueness'로 해석되는 것은 경계해야 한다. 유럽국가들 또한 이러한 양자 간의 연계성으로부터 완전히 자유롭지 못하다. 틸리 자신도 러시아의 '팽창'에 대해 해석하면서 범할 수 있는 '목적론적 유혹'의 위험성을 지적하고 있다. 예를 들어, "유럽에 속한 러시아 지역의 변천을 마치 러시아가 어떤 매력적인 빈 공간을 끊임없이 불가피하게 채워가는 과정"인 것처럼 묘사한다면 목적론적 단순화와 왜곡을 초래할 수 있다.

러시아가 이웃 지역으로 '팽창'—러시아인들은 이것을 영토의 '회복'이라 부른다—하기 직전인 15세기에는 폴란드-리투아니아 연합왕국 등 러시아의 서쪽 경계의 정치단위 집단들이 경제적으로나 지정학적으로 보다 유리한 위치에 있었다. 유럽경제가 번창하고 인접국들이 강성해질 경우, 러시아보다는 이들 인접국, 예를 들어 스웨덴, 폴란드, 오스트리아 등은 러시아와의 접경 지역인 동쪽과 남쪽 방면으로 진출할 가능성이 더 크다는 것을 어렵지 않게 예상할 수 있다. 당시 오스만제국 또한 유라시아 보호령 확대를 위해 기회를 엿보고 있었음은 주지의 사실이다. 결과적으로 러시아는 이러한 막강한 경쟁 세력들과 투쟁을 통해 비로소 국민국가를 수립하고 제국으로서의 영토를 확립할 수 있었다.[58]

모스크바 공국의 '러시아 만들기 nationstate building'는 대외적으로 15세기 몽골지배로부터의 해방, 그리고 인접 국가들에 대한 '영토회복' 전쟁과 정복으로 시작되었다. 이에 따라, 이후 모스크바 공국을 계승한 러시아는 유럽에서 가장 '호전적인 국가 계보'에 속한다는 평판을 얻게 되는데, 이러한 혹평은 국가 또는 제국의 형성 과정에서 나타난 주변국과의 전쟁의 빈도수뿐 아니라 '표트르 대제의 유언 Testament of Peter the Great'이라는 위증된 문서의 유포가 유럽 국가들에 미친 부정적인 영향과도 무관하지 않다.

러시아의 근대국가 및 제국 형성 과정에서 전쟁이 중요한 역할을 했다는 틸리의 견해에는 동의할 수 있으나 '자본 강압적 통로'나 '강압 집약적 경로'를 밟은 국가들과 비교할 때 러시아의 사례가 러시아만의 독특한 것이라고 하기에는 무리가 있다. 러시아의 사례는 여타 유럽 국가들의 사례와 공통성이 존재하며, 호전성 근거의 하나로 거론될 수 있는 전쟁의 횟수 또한 러시아가 압도적이라고 하긴 어렵다. 예를 들어, 전쟁의 빈도수와 관련하여 유럽에서 제국을 지향했던 프랑스의 경우와 비교해 볼 수 있다.

틸리는 유럽과 아메리카가 하나의 세계로 연계 통합된 원년으로 상정한 1492년을 기점으로 하여 그 이후부터 탈냉전기가 시작되는 1992년까지 유럽에서 발생한 전쟁과 혁명 상황들을 연구하였다. 그가 작성한 전쟁 연표에 따르면, 1492년부터 러시아가 유럽에서 명실상부한 제국적 지위를 인정받은 1815년 나폴레옹전쟁 시기까지 320여 년 동안, 러시아가 직접 주도한 주요 전쟁의 횟수는 40여 회이며 간접적인 참여나 연루된 경우까지 포함하더라도 50여 회를 넘지 않는다. 이에 비해 프랑스의 경우, 같은 기간 동안 프랑스가 주도한 전쟁은 57회에 이른다. 물론 러시아가 제국의 기틀을 마련한 표트르 대제(1682~1725)의 재위 기간에 러시아의 전쟁 수행의 빈도나 집중도는 매우 현저하지만, 프랑스의 경우 역시 유럽대륙의 중심 국가이자 제국의 위상을 지향했던 루이 14세(1643~1715)의 치세 동안 거의 매년 하나 이상의 전쟁에 관여했다는 사실 또한 기억되어야 한다.

러시아의 국가 형성 과정이 여타 유럽 국가들과 다른 점은 전쟁 그 자체의 호전성이나 빈도수보다는 영토 확장의 속도와 규모에 있다. 러시아는 킵차크 칸국의 지배에서 벗어나 스스로 짜르라고 칭한 이반 3세(1462~1505)부터 제국에 조종弔鐘을 울린 1917년 10월 혁명까지 하루 평균 약 50 평방마일(약 130㎢)에 이르는, 약 567배의 영토 확장을 달성하였다. 전쟁과 정복(개척)을 매개로 한 러시아의 영토 확장에 있어서 특징적인 것은 동부와 남부 변경으로의 진출이 두드러진다는 점이다. 1648년 베스트팔렌체제의 수립으로 러시아가 유럽의 중핵 지역 core area으로 진출할 가능성은 희박해졌다. 당시 러시아의 국력이나 국가적 준비 태세 또한 이에 미치지 못했던 것 또한 사실이다.

러시아에 열려 있는 가능성의 공간은 베스트팔렌체제에서 비켜서 있던 유럽 주변부 지역과 근대적 의미의 영토 획정이 불분명한 접경 지역이었다. 러시아가 '회복'해야 할 선조들의 땅으로 주장하던 발틱해 연안 지역을 제외하면 가능성의 공간은 무엇보다도 동부의 시베리아와 남부 접경 지역southern frontier이었다. 특히, 남부 접경지대의 공간은 대체로 흑해 유역과 일치하였고 이후에 카스피해 유역으로 확대될 것이었다. 우크라이나 및 남러시아 스텝 지역, 발칸 일부 지역, 카프카스 지역 등이 이에 포함될 수 있으며 대체로 오스만제국과 페르시아의 영토 범위와 세력권sphere of influence 내에 포함되었다. 러시아는 18세기 표트르 대제와 예카테리나 여제 시기에 이 지역으로 본격적인 진출을 시도하였다.

틸리가 근대국가 형성 과정에서 전쟁의 역할을 강조한 것처럼, 러시아가 '국가 만들기'와 '제국 형성'에 있어서 전쟁이 중요한 역할을 한 것은 사실이다. 그러나 전쟁이 항상 성공적인 것은 아니었다. 17세기까지 러시아는 유럽국가들과 비교할 때 군사 면에서 구조적 취약성을 지니고 있었다. 러시아의 군사적 후진성은 매우 복합적인 성격을 띠는 것으로 정치·행정제도뿐 아니라 경제의 구조적 후진성과도 연계되었다. 러시아가 이러한 취약성을 극복하고 전쟁을 성공적으로 수행하기 시작한 것은 표트르 대제 시기부터이다.

풀러William C. Fuller, Jr.는 러시아의 성공 요인을 '후진성의 이점advantage of backwardness'으로 표현하고 있다. 풀러는 그의 책, 『러시아의 전략과 세력 *Strategy and Power in Russia, 1600~1914*』에서 18세기 표트르 대제와 예카테리나 여제 등이 17세기의 군사적 취약성을 후진성의 이점을 통해 어떻게 극복하였는지에 대해 서술하고 있다. 풀러는 17세기 러시아의 후진성으로 인한 군사적 실패의 대표적인 사례로 스몰렌스크전쟁Smolensk War(1632~1634)과 제1차 크림원정 Crimean Campaigns(1687~1689)을 지적하고 있다.[59]

짜르 보리스 고두노프Борис Годунов(1551~1605)의 왕위계승과 사망으로 루스민족의 국가를 개창한 류릭Рюрик왕조가 문을 닫고, 1613년 미하일 로마노프Михаил Романов(1596~1645)가 왕위를 계승하면서 제정 러시아 시기를 관통하는 로마노프 왕조가 시작되었다. 보리스 고두노프의 사망으로 러시아는 로마노프 왕조가 들어서기까지 왕위계승을 둘러싼 내전, 농민봉기, 인접국들의 군사적 개입 등, '동란의 시대Смута'를 겪었다. 이 과정에서 스웨덴은 스톨보보 조약Stolbovo Treaty(1617)을 통해 라도가 호수Ладога의 북서 연안 지역을 획득하여 러시아의 핀란드만 진출을 완전히 차단하였다. 폴란드-리투아니아 연합국Polish-Lithuanian Commonwealth은 러시아와 데울리노 정전협정Деулинское перемирие/Truce of Deulino(1618)을 체결하여 전략 도시인 스몰렌스크를 포함한 러시아의 서부 국경지대의 영토를 확보하였다. 동란의 시대는 내정의 안정뿐 아니라 상실한 영토의 회복이라는 대외적 성공 등, 로마노프 왕가에게 이중의 과제를 부여하였다.

러시아는 영토회복 전쟁을 수행하는 데 있어서 폴란드와의 전쟁을 우선적으로 선택하였는데, 이후 스몰렌스크전쟁으로 명명된 폴란드와의 전쟁 동기에 대해 풀러는 몇 가지 요인으로 설명하고 있다.[60] 먼저, 짜르의 친부이자 당시 러시아의 권력 실세였던 필라레트Патиарх Филарет(1554~1633) 총대주교Patriarch의 폴란드에 대한 적대감이다. 사적인 경험이 근대 전쟁에서 결정적 원인이 되긴 어렵지만, 정책결정에 있어서 제도적 규정성이 미약한 근대 국민국가의 태동기에 있던 당시 러시아의 조건에서는 필라레트의 개인적 동기가 대외정책 결정에 있어서 간과할 수 없는 비중으로 작용했을 것이다. 필라레트는 1611년 폴란드의 군사개입으로 체포되어 10여 년간 폴란드에서 유배 생활을 겪었다. 킵J. H. L. Keep은 미하일 로마노프의 재위 기간의 상당 부분 필라레트가 실질적인 섭정의 역할을 하였고, 정책 결정에서 그의 견해가

중요한 척도로서 작용했다고 평가한다.[61]

　다음으로, 로마노프 '왕조의 관심'이다. 동란의 시기에 러시아 왕위 계승 전쟁에 개입했던 폴란드의 지그문트 3세Zygmunt III Wasa(1566~1632) 는 자신의 아들 부아디수아프Władysław IV Wasa(1595~1648)를 러시아 왕 위계승자로 지명하여 미하일 로마노프를 비롯한 러시아 귀족들의 충 성 서약을 받은 바 있었다. 이에 따라, 지그문트 3세는 이후 미하일 로 마노프의 러시아 왕위계승을 인정하지 않았다. 이러한 폴란드의 외교 적 승인 거부는 로마노프 왕가에 있어서 러시아 귀족사회의 정치적 합 의에 대한 직접적인 공격이자 국내적 동요를 야기하는 중대한 사안으 로 인식되었다. 1632년 부왕 지그문트 3세가 사망하고 부아디수아프 (부아디수와프 4세)가 폴란드 왕위를 계승하자 통치자의 사망으로 폴란드 가 불안정하리라고 판단한 미하일 1세Михаил Фёдорович(1596~1645)는 4만 명에 달하는 군대를 동원하여 폴란드 동부 국경을 넘어 스몰렌스 크를 포위 공격하였다.

　셋째, 종교적 반감이다. 정교국가로서 구교에 속한 러시아는 오스만 튀르크의 이슬람은 물론이고 스웨덴의 루터교 등 개신교에 대해서도 경계심을 늦추지 않고 있었다. 그러나 같은 구교에 속하는 로마가톨릭 의 폴란드에 대한 반감은 어떤 측면에서 보면 역설적이라 할 수 있다. 그 원인은 간접적으로 비잔틴 제국의 계승자로서 '제3의 로마'를 자처 하는 러시아의 문명적 연원의 차별성에 기인한 것이기도 하지만, 16 세기 이래, 특히 동란의 시대에 폴란드가 군사적 개입과 병행하여 우 크라이나 지역의 정교도뿐 아니라 모스크바를 비롯한 러시아 중심부 에 이르기까지 로마가톨릭으로 개종시키려 한 것이 러시아에 직접적 인 정치적인 반감을 야기한 것이라 할 수 있다.

　또 다른 원인은 러시아의 역사적 정통성과 짜르의 통치적 정당성에

관한 것이다. 짜르는 '루스민족 전체의 통치자Самодержец всея Руси'라
는 칭호가 상징하듯이 통치적 정당성의 구현체이다. 이것은 루스민족
이 거주하는 땅과 짜르의 통치 범위가 일치해야 함을 의미한다. 루스
민족과 그들이 사는 땅의 일체성, 즉 '땅과 피의 신화'[62]를 구현하는 것
은 9세기 이래 키예프 루스의 강역에 대한 회복과 동시에 이후 상실한
영토에 대한 수복을 의미하였다.

이러한 주장이 과도할 경우, 국가를 포함한 사회 공동체의 정당한
토대가 시민권이나 주권적 합의보다는 혈연이나 공통의 민족적 연원
에 있다고 보는 배타적이고 낭만적인 민족주의 경향으로 흐를 위험이
있다. 이러한 경향과 일맥상통하는 것이 유대적 시오니즘이 대표적인
사례이다. 시오니스트zionist들은 자신들의 선조들이 태어나고 묻힌 땅
인 '가나안Canaan(팔레스타인Palestine)'에 대해 입증할 필요 없는 역사적 권
리를 주장하였다. 이러한 주장은 샤피라Anita Shapira와 같은 비판적 학
자들에 의해 '피와 땅의 신비주의'로 해석되기도 한다. 물론 당시 러시
아의 전쟁 동기가 시오니스트들과 동일한 것은 아니었지만 과거 선조
들의 땅에 대해 '역사적 권리'를 주장했다는 점에서 역사상 존재한 여
타의 실지회복주의irredentism나 재정복(레콩키스타reconquista)과 유사하
다고 할 수 있다.

이렇듯 루스민족의 '역사로의 복귀'는 '제국의 야망'이라는 현재와
미래의 프로젝트에 연계될 수 있었다. 러시아가 이러한 프로젝트를 달
성하는 데 있어서 폴란드-리투아니아 연합 국가는 건너뛸 수 없는 장
애물이었다. 따라서 폴란드-리투아니아 영역에 거주하는 루스민족을
통합하기 위해 러시아는 전쟁을 통한 해결의 길을 선택하였다.

그 외 요인으로 군사적 행동에 있어서 실용주의적 조건을 들 수 있
다. 군수물자와 보급선 등, 17세기 러시아의 군사적 준비 조건으로 볼

때, 카렐리아Karelia, 잉그리아Ingria와 같은 러시아 서북부 접경 불모지대에서 싸워야 하는 스웨덴과의 전쟁보다는 식량과 건초 등을 현지에서 쉽게 조달할 수 있는 폴란드 영역의 백러시아나 우크라이나 방면으로 진격하는 것이 러시아로서는 더 수월했을 것이다.[63]

'실지 회복irredentism' 전쟁의 서막序幕, 대對폴란드 전쟁1654~1667

17세기 전반기 러시아가 처한 대내외적 조건은 인접 국가들과 전면전을 수행하기에 결코 유리한 것은 아니었다. 전쟁을 수행하는 데 있어서 예상되는 여러 장애요인[64] 가운데 무엇보다도 심각한 것은 동란의 시기를 거치면서 고갈된 국가재정의 문제였다. 한 국가가 전쟁을 성공적으로 수행하기 위한 선결 요인은 재정의 확충인데, 동란의 결과로 겪고 있던 재정적 결핍상태에서 새로운 재원을 확보하는 문제가 용이하지 않았다는 점은 쉽게 예상할 수 있었다. 당시 러시아 정부가 국가재정의 75% 이상을 수입 관세와 선술집의 주류 판매세에 의존하고 있었던 점을 감안하면, 재정 확충을 위해 과도한 세율 인상과 직접세 비중을 확대하는 정책은 국가 경제의 근간이던 중소상인뿐 아니라 서민들의 경제적 부담을 가중시키는 결과를 초래할 수 있었다.

1620년대 중반 러시아 정부는 세수 확충의 일환으로 세제개혁을 실시하여 생산물에 부과하던 기존의 과세제도를 지역의 가구 수에 기초한 일종의 호구세戶口稅를 시행하였다. 세제개혁이 일시적으로 전쟁 자금을 조달하는 데 있어서 안정적인 기여를 한 것은 사실이다. 이러한 재정확충을 통해 러시아 정부는 1630~1632년 사이에 전쟁에 필요한 군수물자, 예를 들어 대포와 탄환주조에 필요한 100만 톤에 달하는 철과 납을 수입 비축할 수 있었다. 무기 구매사절단을 북유럽에 파견하여 대포나 소총 등의 구매에 진력하는 한편 서유럽의 군사전문가들

이나 심지어 단위부대 전체를 외국으로부터 고용하기도 했는데, 영국
과 독일로부터 고비용으로 충원된 용병들만 해도 3,800여 명에 달하
였다.

러시아가 전쟁을 수행하는 데 있어서 또 다른 장애요인은 군사 체계
의 문제였다. 동란의 시대를 겪으면서 기존의 군사체계가 병사들의 훈
련, 장비, 전술 면에서 시대에 뒤떨어진 것으로 드러났다. 당시 러시아
의 군제는 상비군체제가 아니라 소귀족дворяне으로 구성된 기병대를
근간으로 구성되었다. 이러한 소귀족들에게 국왕은 병역에 대한 보상
으로 토지를 하사하거나 소정의 현금을 지급하였다. 기병을 확대 보완
하는 기능을 담당한 것이 총기병Стрельцы/strel'tsy인데, 이들은 평상시
에 소규모의 경작이나 상업에 종사하였다. 그 외에 포병대가 편제되어
있었으나 화력 수준은 매우 낮았다.

러시아의 중세식 군사체계는 서유럽의 기준으로 볼 때 유지비용면
에서 비교적 저렴한 것이 사실이었고 기병 중심의 군사체계를 근간으
로 한 크림 칸국 등과의 전투에서는 다소 유리한 점은 있었으나, 근대
전의 맹아가 형성되는 17세기의 전쟁에서는 더 이상 기능하기 어려운
것 또한 사실이었다. 특히, 적극적인 정복 전쟁이나 지속적인 영토 점
령을 수행해야 할 경우에는 더욱 그러하였다. 더욱이 외국 용병들의
유지비용과 그에 따른 효율성 문제, 즉 전쟁에 대한 열정이나 충성 면
에서 용병들을 적극적으로 견인할 만큼 보상이 충분한 것은 아니었다.
용병들은 두툼한 봉급 이외에도 부수적인 혜택―부상이나 사망 시의 연
금 또는 생명수당 등―을 원했으며, 이에 대한 보장 정도는 그들이 전투
에서 발휘할 용맹성과 어느 정도 비례하는 것이었다.

중세식 군사체계의 장애요인을 궁극적으로 해결하는 것은 결국
군제개혁에 달려 있었고, 표트르 대제에 의해 전면화된 군제개혁은

국민국가와 제국 형성의 중요한 밑바탕이 되었다. 스몰렌스크전쟁(1632~1634) 직전에 실시된 군제개혁에서 두드러진 요소는 근대식 보병의 창설이다. 경제적 관점에서 용병 문제 해결의 일환으로 러시아 병사들을 서구식으로 훈련하여 편제하는 방법이 모색되었다. 1630년에 소위 '외국식 군대'라고 명명될 서구식 군대가 양성되기 시작하였다. 토지를 소유하지 못한 소귀족 자제들, 타타르 출신 귀화자, 농민들, 카자크인들 등으로 구성된 이 보병부대는 외국인 장교들의 감독 하에 훈련되었고 개전 초기에 8개 부대 9,000여 명에 달하였다.

지정학적인 장애요인 또한 무시할 수 없는 고려 사항이었다. 시베리아를 포함한 동쪽 변경을 제외하고 북방의 스웨덴, 서방의 폴란드-리투아니아 연합왕국, 남방의 오스만제국 등 전 방면에서 러시아는 강력한 잠재적 적국이자 경쟁자들에 의해 둘러싸여 있었다. 동란의 시대에 경험했듯이 당시 모스크바의 능력으로는 두 개의 전쟁을 동시에 수행하는 것이 비관적인 결과를 초래하리라는 것은 명백하였다. 다른 두 개의 국가와 동맹이나 중립을 통해 전략적 위험성을 회피하는 것이 러시아로서는 최선의 선택이었다. 그러나 '동맹 또는 중립'의 보증에 있어서 어느 국가도 러시아에 용이한 상대는 아니었다.

스웨덴의 경우, 견실한 철강산업 등 경제적 기반과 국왕 구스타프Gustaphus Adolphus의 군사개혁을 토대로 이미 북유럽에서 군사 최강국의 지위를 누리고 있었다. 스탈보보 조약 이래로 러시아에 대한 더 이상의 군사적 시도를 중지하고 비교적 평화로운 관계를 유지하고 있었지만 스웨덴 조정에는 러시아의 북유럽 중개무역 진출을 편치 않게 여기고 이를 독점해야 한다는 견해들이 존재하고 있었다.[65]

폴란드는 인구(약 8백만 명)나 영토 규모(약 40만 평방마일) 면에서 당시 유럽의 강국 중 하나였다. 군사 규모(약 6만 병력) 면에서 비록 두드러지지는 않았지만 경기병^{light cavalry} 중심의 폴란드 군대는 동유럽과 남유럽에서 상대 국가들을 압도하였다. 17세기 초 지그문트 왕의 서구식 군사 개혁으로 폴란드 군대는 한층 더 강화되었다.

오스만제국에 복속한 크림칸국^{Crimean Khanate (1431~1783)}의 경우 또한 간단치 않았다. 게라이^(기레이)Giray/Герай 왕조가 통치하던 크림의 타타르 칸국은 명목상 오스만 튀르크의 속국이었지만 실질적으로는 외교·군사 면에서 일정한 행동의 자유를 누리고 있었다. 티무르 제국의 후예이기도 한 크림칸국은 한때 카잔과 아스트라한의 칸들을 배출한 흑해와 카스피해 연안의 강국이었고, 오스만제국에 복속된 후에도 기라이 왕조는 오스만 왕조의 다음가는 왕가로서 크림 칸은 제국 내에서 오스만 황제에 이어 두 번째 의전 서열의 예우를 받았다.

한때 크림칸국의 조공국이었던 모스크바는 조공을 통해 크림칸국의 일정한 보호를 받긴 하였지만 남러시아 스텝 지역의 부랑민들의 약탈을 근절하는 데까지는 보장받기 어려웠다. 더욱이 인구과잉과 식량 부족 등 크림칸국의 경제적 곤란은 기라이 칸에게 전리품과 배상금을 비롯하여 약탈에 대한 끊임없는 유혹 요인을 제공하였다. 실제로 모스크바는 타타르로부터 16세기 내내 30여 차례의 침입을 받았으며, 1611~1617년간에는 매년 타타르에 의해 남러시아 일대가 약탈당했다. 크림 칸국이 단일 전투에 4만에서 최대 10만 명에 이르는 기마군단을 동원할 수 있는 군사적 역량을 보유하고 있었다는 사실만으로도 러시아는 위험을 느끼기에 충분했다.

이러한 지정학적 딜레마를 러시아는 외교적으로 돌파해 나갔다. 스웨덴 그리고 크림칸국과 외교교섭을 통해 러시아는 폴란드와의 결전에 유리한 국제환경을 조성하는 데 성공했다. 당시 스웨덴은 개신교 국가들 편에 서서 유럽의 종교전쟁(30년전쟁)에 개입 중이었으므로 러시아-폴란드 간의 전면전에 관여할 군사적 여유가 그리 충분치 못하였다. 종교적 동맹관계로 보더라도 러시아가 가톨릭 국가인 폴란드와 전쟁을 수행하는 것을 반대할 이유가 없었으므로 지정학적으로도 폴란드와 분할 점유하고 있던 스웨덴의 리보니아 지역을 안전하게 유지하는 데 이 전쟁이 도움이 될 것이라 스웨덴은 판단하였다.

크림칸국 또한 전쟁에서의 중립을 러시아에 약속하였다. 크림 타타르는 스몰렌스크전쟁이 궁극적으로 자신들의 접경 지역이자 전략 지역인 우크라이나 지방으로 진출하는 통로를 러시아에 열어줄 가능성을 배제할 수는 없었지만, 모스크바가 지속적인 조공을 약속한 점, 폴란드의 약화가 그들에게도 우크라이나 지역에 대한 새로운 기회를 제공해 주리라는 점 등을 고려하여 전략적 계산을 했을 것이다. 그밖에 폴란드와의 전쟁이 영토 팽창이 아니라 1618년 이전으로의 원상회복을 목적으로 한 것이라는 모스크바의 설득 또한 크림 타타르로 하여금 중립을 결정하게 한 주요 요인 중 하나였을 것이다.

1632년 4월 지그문트 3세가 사망하자 폴란드 조정은 왕위계승과 관련한 분쟁에 휘말려 정치적 공백이 발생하였다. 필라레트가 섭정하던 러시아는 드디어 개전의 기회를 포착했다. 당시 러시아는 29,000여 명의 병력과 158문의 대포를 동원할 수 있었다. 총사령관에는 쉐인Миихаил Борисович Шеин(1570경~1634)이 임명되었다. 그는 필라레트와 함께 폴란드에서 유배 생활을 겪었고 동란의 시기에 스몰렌스크 주둔군 사령관으로서 폴란드군에 대항했던 국가적 영웅이었다. 짜르 미하일 로마노프가 쉐인에게 내린 전쟁 칙령Наказ에 따르면, 전쟁의 목적은 데울리노Deulino 협정Деулинское перемирие(1618)으로 상실한 영토의 원상회복으로 제한되었으며 전략의 핵심은 스몰렌스크 점령이었다.

드네프르Днепр/Дніпро강 상류 지역에 위치한 스몰렌스크는 러시아에 있어서 유럽으로의 출구인 동시에 유럽으로부터 러시아 본토 침략의 입구에 해당하는 전략적으로 최전선 지역이었다. 1812년 프랑스가 러시아를 침입했던 나폴레옹전쟁 당시 프랑스군과 러시아군 간의 최초의 전면전이 벌어진 곳이 스몰렌스크였다. 제2차 세계대전 당시 1941년 독일의 히틀러 군대가 소련을 침공했을 때 소련군이 최초로 대규모 저항선을 설정한 곳 또한 스몰렌스크였다. 전투에서 패배한 소련군은 75만여 명의 포로를 남긴 채 퇴각하였고 독일군은 곧바로 모스크바를 위협할 수 있었다. 스몰렌스크전쟁에서 러시아가 설정한 작전 범위는 드녜프르강과 데스나Десна강 사이의 타원형 지역이었다. 이 지역의 점령은 우크라이나의 중심도시이자 루스민족의 모태인 키예프(키이우Київ)를 도모할 수 있음을 의미하였다. 전쟁을 개시하면서 모스크바는 폴란드 지배 하에 있는 정교도들에게 봉기를 선동하였다.

개전 초기 러시아는 성공적인 전과를 거두었다. 10월 중순 러시아군은 다로가부쉬Дорогобуж를 비롯한 20여 개의 국경 요새를 장악한 데 이어 스몰렌스크를 포위 공격하기에 이르렀다. 1633년 4월에는 스몰렌스크의 남쪽 방어 보루를 무너뜨린 데 이어 7월 중순 경에는 포병대의 공격으로 성벽의 일부를 파괴하는 데 성공하자 쉐인의 군대는 입성을 목전에 두고 있는 듯하였다. 그러나 1년여 기간 동안 지속된 스몰렌스크 공성전은 결국 러시아의 전쟁 영웅 쉐인에게 고통스러운 패배를 안겨주었다. 드녜프르강과 넓은 습지에 의한 유리한 자연 방어 지형은 물론이고 높이 50피트, 폭 15피트의 견고한 성벽과 38개의 보루는 러시아 군대에게 쉽게 도시를 허락하지 않았다.

폴란드 정책 결정자들의 위기 대처 능력 또한 돋보였다. 러시아군의 스몰렌스크 포위 소식이 전해진 1632년 11월 초, 폴란드 의회Diet는 전쟁 비용을 신속히 승인하였다. 폴란드-리투아니아 연합왕국의 귀족

들은 1572년 야기에우오 왕조Jagiellonian Dynasty (1386~1596)의 대代가 끊
어지고 귀족 가문들에 의해 선출된 신왕조가 시작된 이래로 의회를 활
용하여 국왕에게 거부권을 행사할 수 있는 '황금의 자유Liberum veto'를
누리고 있었다.

때로는 이 황금의 자유가 공위空位interregnum를 초래하는 정치적 불
안정을 초래하기도 하였다. 자신의 아들을 후계자로 지명하려는 지그
문트 3세와 이에 대해 거부권을 행사하려는 귀족들 간의 갈등이 대표
적인 사례인데, 이로 인해 지그문트 3세의 사후에 공위 사태가 발생하
였다. 그러나 폴란드 의회가 군주에 대해 누리는 법적인 특권이자 '자
유로운 거부권Liberum veto'을 포괄하는 '황금의 자유Aurea Libertas/Złota
Wolność'는 위기의 순간에 빛을 발하여, 전쟁 비용에 대해 폴란드 귀족
들은 만장일치의 승인과 재정적 공동책임을 결의하였고 지그문트 3세
의 왕위계승자로 그의 아들인 부아디수아프를 추대함으로써 정치적
불안정을 일시에 해결하였다.

1633년 8월 하순 부아디수아프 4세Władysław IV Vasa (1595~1648)는
23,000명의 병력을 이끌고 스몰렌스크에 도달하여 9월 초 스몰렌스크
북쪽과 서쪽에 각각 주둔하면서 폴란드의 보급로와 지원군을 차단하
고 있었던 러시아의 매티슨Colonel Mattison과 프로조로프스키Семён Вас
ильевич Прозоровский (1586~1659)의 부대를 격파하였다. 급기야 공성전
의 주력이었던 반담Van Damm과 데베르트d'Ebert 등의 외국인 용병부대
들이 폴란드군에게 투항하거나 전선에서 이탈하는 사태가 발생하자
10월 초순 쉐인은 최전선을 지키던 프로조롭스키에게 퇴각 명령을 내
림으로써 스몰렌스크를 포기하였다. 러시아 군대의 무질서한 퇴각으
로 상당량의 대포와 소총, 화약, 군수품들이 적군의 수중에 떨어졌다.
쉐인의 군대는 모스크바와 연락이 두절되었고 식수와 식량이 바닥 난

데다가 폴란드 군대의 살인적인 포격에 시달렸다. 병사들의 사기는 악화되었고 용병들은 최악의 상태에 있었다.

쉐인의 군대의 전황을 악화시킨 또 다른 요인이 있었다. 1633년 봄 이후 폴란드가 고용한 자포로쥐 카자크인들Запорожцы과 타타르인들이 러시아 영토로 대규모 침입을 시도하고 있었기 때문에 쉐인에게 구원부대나 보급품을 지원하기에 용이한 상황은 아니었다. 필라레트의 사망 또한 전황의 반전을 방해한 요인이었다. 1633년 10월 전쟁의 실질적인 지도부였던 필라레트가 사망하자 전쟁 수행의 구심점이 흔들리고 재정 문제 역시 불확실한 상태에 놓이게 되었다. 무엇보다도 모스크바가 우려한 것은 이러한 상황을 이용하여 폴란드가 러시아의 중심부로 진격해 들어올 가능성이었다. 모스크바는 불과 십수 년 전에 겪었던 '동란'의 악몽을 떠올렸다. 실제로 폴란드는 러시아와의 전면전을 배제하지 않았지만 오스만 튀르크가 폴란드에 전쟁을 계획하고 있다는 첩보로 인해 협상의 길을 선택하였다.

1634년 2월 마침내 쉐인은 부아디수아프 4세에게 항복하였다. 폴란드 군대의 지휘관들 앞에 러시아의 군기들이 던져졌으며 쉐인을 비롯한 러시아의 군 지휘관들은 말에서 내려 폴란드 국왕의 발밑에 엎드렸다. 외국 용병들은 폴란드 국왕에 충성 서약을 하거나 부대가 해체되었다. 참전한 2만 9천여 명 중 8천여 명의 병사들만이 모스크바로 귀환할 수 있었고 123문의 대포가 폴란드에 넘겨졌다.

같은 해 5월 러시아는 폴란드와 폴랴노프카Поляновка 평화협정을 체결하였다. 이 협정을 통해 러시아는 추가로 몇몇 도시를 폴란드에 양도하였고 데울리노 협정에 의한 영토 획정이 재확인되었다. 모스크바가 얻은 것이라고는 미하일 로마노프의 왕위계승(미하일 1세)이 정당함을 폴란드가 외교적으로 인정한다는 것이었다. 너무나 당연한 것

에 대한 대가치고 전쟁은 너무 참혹하였다. 스몰렌스크전쟁은 러시아
에 있어서 군사적 대참극이었다.[66]

스몰렌스크전쟁 이후 러시아는 제1차 크림원정(1687~1688)까지 대규
모 군사행동을 자제하였다. 이 기간은 러시아에 있어서 대외정책의 조
정기에 해당하였다. 실제로 러시아가 대규모의 반격을 위하여 질서 있
는 퇴각으로 계획적인 준비를 하였는지는 분명하지 않지만, 이후 상황
진전으로 보면 러시아가 '결정적인 때'를 기다린 것은 확실하다. 스웨
덴, 폴란드 등 경쟁국들의 내정 불안이나 국력 쇠진 등이 '러시아의 그
날'을 말해줄 것이었다. 1680년대가 러시아에게는 그러한 때였다.

1680년대 러시아와 주변국들 간의 세력 균형은 스몰렌스크전쟁 때
와는 다르게 상대적으로 러시아에 유리하게 전환되고 있었다. 무엇보
다도 '유럽의 전쟁(30년전쟁)'이 그러하였다. 1630년 7월, 국왕 구스타
프 아돌프가 28척의 전함과 만 3천여 명의 병력을 동원하여 유럽 문제
에 깊숙이 개입한 이래로 1648년 베스트팔렌에서 강화협정이 체결될
때까지 스웨덴은 많은 전과를 올렸음에도 불구하고 1632년 뤼첸전투
Battle of Lützen에서 구스타프가 사망하는 등 전쟁 피해 또한 적지 않았
다. 폴란드는 1650년대 왕위계승 문제(바사왕조 Wazowie)와 관련하여 스
웨덴과 군사적 충돌에 들어갔다. 그러나 폴란드에 대한 러시아의 군사
행동 재개는 무엇보다도 폴란드 내부의 반란, 즉 흐멜리츠키 봉기Восс
тание Хмельницкого(1648~1654)에 의해 촉발되었다.

흐멜니츠키 반란은 폴란드를 근간에서 흔들어 놨으며 러시아-폴란
드전쟁(1654~1677)으로 비화되었다. 1648년 4월 크림 타타르, 우크라이
나 농민 등과 합세하여 자포로지안 카자크의 수장 흐멜니츠키Богдан
Михайлович Хмельницкий(1595~1657)가 폴란드-리투아니아 연합에 대
항하여 반란을 일으켰다. 흐멜니츠키는 짜르 알렉세이Алексей Михай

лов檔(1629~1676)에게 지원을 요청했다. 1653년 젬스키 소보르民會 Земс кий Собор가 이를 승인하자 짜르는 폴란드-리투아니아와의 전쟁을 결행하였다.

자포로쥐 카자크의 대표들은 1654년 1월 카자크인들의 대표자 회의인 페레야슬라프 회의Переяславская рада를 통해 러시아에로의 통합과 '동방의 짜르'에 대한 충성을 서약하였다. 카자크인을 대표하여 흐멜리츠키는 카자크인이 러시아의 신민으로 되는 청원서를 '위대한 주권자, 기독교의 짜르'인 미하일 1세에게 바쳤다. 러시아는 우크라이나에 카자크 국가Cossack Hetmanate의 수립을 보장하는 대신 카자크 수장首長국은 러시아의 보호국이 될 운명이었다. 페레야슬라프 회의를 기점으로 키예프를 포함한 우크라이나 동부는 짜르의 영토로 간주되었다. 페레야슬라프 회의 직전인 1654년 10월에 러시아는 자포로쥐 카자크인들의 해방을 명분으로 폴란드-리투아니아에 전쟁을 선포하여 카자크인의 보호자로 선언한 것이다.

1654년 7월, 전쟁이 개시되어 체르카쓰키Яков Куденекович Черкасский(1600~1666), 오도옙스키Никита Иванович Одоевскиий(1605~1689), 호반스키Андрей Иванович Хованский(?~1682) 등이 지휘하는 41,000여 명의 러시아 군대는 다로가부쉬 등을 점령한 데 이어 스몰렌스키를 포위 공격하였다. 전쟁 패배 후 30년 만에 과거 스몰렌스크전쟁과 동일한 목적과 경로의 전투가 재개된 것이다. 리투아니아의 대수장大首長Great Lithuanian Hetman인 라지비우Janusz Radziwiłł(1612~1655)의 공세로 러시아군의 스몰렌스크 포위가 일시적으로 위험에 빠졌으나 8월 말 트루베츠코이공Алеексй Никитич Трубецкой(1600~1680)이 쉐펠레비치Шепелевич 전투에서 라지비우를 패배시킴으로써 공성전 3개월 만에 스몰렌스크는 러시아의 수중에 떨어졌다.

전선이 스몰렌스크를 넘어 르보프Lwow까지 확대되고 흐멜니츠키와
부투를린Боярин Васильевич Бутурлин(?~1656)부대가 루블린Lublin을 점
령하여 폴란드 본토 진격이 시작되자 스웨덴의 카를 10세가 폴란드를
침공하였다. 1656년 11월 3일 러시아는 폴란드와 빌나(빌니우스) 정전
협정 Truce of Vilna(Niemieża)을 체결하고 스웨덴의 리보니아 지역으로 진
군하여 리가Riga를 공격하였다.

러시아와 스웨덴 간의 전쟁(1656~1658) 개시로 상황은 반전되었다. 러
시아의 폴란드와의 정전 결정은 흐멜니츠키에게는 배신행위로 인식
되었고 동맹으로 여기던 스웨덴과 러시아가 전쟁을 개시한 것은 이러
한 감정을 더욱 부추겼다. 카자크인들은 폴란드인과 벨라루스 귀족들
과 연합하여 러시아에 대항하기 시작하였다. 이에 러시아는 1658년
12월 20일 스웨덴과 발리에사르에서 정전협정 Truce of Valiesar/Валиесарс
кое перемирие을 체결한 후 폴란드와의 전쟁을 재개하였다. 흐멜니츠
키 사후 우크라이나 카자크는 내부 혼란을 겪었으나 친 폴란드 경향의
계승자인 아타만 뷔홉스키Иван Евстафьевич Выговский(1608с~1664)와
보그단의 아들 유리 흐멜니츠키Юрий Хмельницкий(1641~1685) 등을 축
출한 솜코Yakym Somko가 아타만(수장)Hetman이 되면서 러시아와는 불
안한 동맹을 유지해 나갔다.

1660년 5월 3일(구력 4월 23일), 부아디수아프의 동생이자 폴란드 왕
위계승자인 얀 카지미에시Jan II Kazimierz Waza(1609~1672)는 스웨덴의 카
를 10세와 신성로마제국의 레오폴트 1세Leopold I(1640~1705) 등과 함께
올리바 조약Peace of Oliva을 체결하고 리보니아와 리가를 공식적으로
스웨덴에 양여하여 스웨덴과의 북방전쟁Northern Wars(1655~1660)을 종
결한 뒤 러시아 군에 대한 총공세를 단행하였다. 돌고루꼬프 공Юрий
Алксеевич Долгоруков(1602~1682)과 셰레메쩨프Фёдор Иванович Шереметев

(c.1570~1650)의 선전에도 불구하고 러시아군은 후퇴를 거듭하였다.

1660년 말, 폴란드-리투아니아군은 벨라루스를 탈환한 데 이어 1661년에는 빌니우스Vilnius를 손에 넣었고 리투아니아의 대부분을 회복하였다. 수세에 몰린 러시아는 스웨덴과 굴욕적인 카르디스 조약 Treaty of Cardis(1661)을 강요받아 스웨덴과의 전쟁에서 획득한 영토를 모두 상실하였고 해당 지역에서 건조된 전함을 비롯한 모든 선박을 포기하였다. 이로써 스웨덴과의 영토경계는 1617년의 스탈보보 조약Treaty of Stolbovo 당시로 복원되었다. 1663년 말경에 폴란드 군대는 드디어 드네프르강을 건너 우크라이나 동부 지역으로 쇄도해 들어갔다. 그러나 1665년 폴란드 귀족 류보미르스키 공Ежи Себастьян Любомирский (1616~1667)의 반란은 강화조약이 절실했던 러시아 군대를 구원하였다.

1667년 체결된 양국 간의 안드루소보 조약Truce of Andrusovo/Андрусовское перемирие으로 러시아는 스몰렌스크를 획득한 데 이어 키예프와 우크라이나 동부 지역을 잠정적으로 차지하는 성과를 거두었다. 결과적으로 러시아는 자신을 비롯한 우크라이나, 벨라루스 등 동슬라브 세 민족을 하나의 제국 안에 통합하기 위한 첫걸음을 내딛게 되었다. 나아가 폴란드는 오스만제국에 대항하여 러시아와 공동 방어를 약속하였다. 그럼에도 이 전쟁을 통해 판명된 것은 여전히 러시아가 단독으로 주변국과의 전쟁에서 압도적인 우위에 있지 않다는 점이다. 전쟁의 승리가 상대국의 내부 불안정이나 다른 국가와의 전쟁 연루 여부에 의해 결정되었다는 사실은 러시아의 군사적 취약성을 잘 드러내는 주고 있다.

신성연맹 Holy League**과 대**對**오스만 전쟁의 서장**序章: **크림원정**1686~1689

안드루소보 조약으로 러시아는 새로운 위협이자 기회에 직면하게 되었다. 러시아는 공식적으로 오스만제국과 국경을 함께하게 된 것이

다. 스몰렌스크전쟁 패배 직후만 해도 러시아는 오스만 튀르크와의 외
교관계에 있어서 심려 깊은 배려를 하지 않을 수 없었다. 예를 들어,
1637년 우크라이나 남부의 돈 카자크Донские Казаки(Don Cossacks)가
오스만 튀르크로부터 흑해 북부 연안의 아조프Азов를 탈환하여 모스
크바에 헌사하려 할 때 짜르는 오스만 튀르크와의 관계를 고려하여 이
를 거절하고 이에 대해 오스만 술탄Sultan에게 양해를 구한 바 있었다.

폴란드와의 전쟁을 전후로 하여 러시아의 대외정책은 다시 한번 전
기를 마련하였다. 폴란드, 스웨덴과의 전쟁에서 짜르의 전권대사로서
중요한 조약들을 성사시키며 러시아 대외정책을 관장했던 오르딘-나
쑈킨Афанасий Лаврентьевич Ордин-Нащокин(1605~1680)은 당시 '국가
의 확장ращирение государства'을 주장하였다. 실질적으로 러시아 최
초의 재상이기도 한 그는 러시아 외교에 서구적 방식을 도입한 17세
기 러시아 최고의 외교관이었다. 이러한 확장 전략은 오스만제국과의
충돌을 예고하는 것이었다.

'불멸의 제국Devlet-i Ebed-müddet'이라 칭하던 오스만 튀르크는 17
세기 중반, 개혁의 성공으로 중부유럽과 동유럽에 대한 전략적 이해
를 공공연하게 드러내고 있었다. 메메드 4세Mehmed IV, Meḥmed-i rābi
(1642~1693)는 제2차 비엔나 포위(1683) 등 오스트리아와의 전쟁 그리고
폴란드 및 러시아와 일련의 전쟁을 감행하였다. 러시아와 오스만 튀르
크는 유라시아적 제국의 경로를 운명적으로 공유하는 유라시아 평원
의 '두 마리의 사자'였다. 두 유라시아 국가의 문 앞에는 제국의 명운
을 건 두 세기에 걸친 기나긴 전쟁이 웅크리고 있었다. 이 기나긴 전쟁
의 서막은 우크라이나에서 시작되었다.

친오스만 성향의 우크라이나 카자크 수장 도로셴코Пётр Дорошенко
(1627~1698)의 반란 등, 폴란드의 국내적 불안정을 활용하여 1672년 8

월, 오스만의 재상 아흐메드 파샤Köprülü Fazıl Ahmed Pasha(1635~1676)가 지휘하는 8만의 군대가 우크라이나로 진격하면서 시작된 폴란드-튀르크전쟁(1672~1676)은 1676년 10월 주라브노 강화조약Peace of Żurawno으로 종결되었다. 이 조약을 통해 메메드 4세는 폴란드 국왕 얀 소비예스키Jan III Sobieski(1629~1696)로부터 우크라이나 서부의 중심도시 포돌스키Каменец-Подольский를 획득하는 등 우크라이나 서부의 대부분을 자신의 세력권 아래 두는 데 성공하였다.

폴란드-튀르크전쟁은 러시아-튀르크전쟁(1677~1681)으로 이어졌다. 폴란드와의 전쟁으로 고무된 메메드 4세는 러시아가 점령하고 있는 우크라이나 동부로의 진격을 결정하였다. 1677년 7월, 이브라힘 파샤Şeytan İbrahim Paşa/Melek Ibrahim Pascha(1595~1685)가 이끄는 12만 군대가 우크라이나 중앙 지역인 키예프 남부에 위치한 치기린Чигирин으로 향하였다. 드녜프르강 중류에 위치한 치기린은 키예프로 들어가는 길목에 있었고 드녜프르강을 건너면 바로 러시아의 영역이었다. 1678년 8월, 오스만의 대재상 카라 무스타파Grand Vizier Kara Mustafa(1634~1683)의 8만 군대가 치기린을 점령하였고, 러시아와 우크라이나 코사크 연합군 20여만 병력은 드녜프르강을 넘어 동부 지역으로 후퇴하였다. '치기린전쟁Chigirin War'으로 기록된 이 전쟁은 원상태status quo ante에 대한 상호인정으로 끝이 났다.

1681년 1월, 바흐치사라이 조약Treaty of Bakhchisarai이 체결되어 오스만과 러시아는 드녜프르강을 양국의 영토경계로 설정하는 데 동의하였다. 양국은 드녜프르강과 부크Південний Буг(Pletinis Bugas)강 사이를 군사적 완충지대로 설정하였다. 오스만은 드녜프르강 좌안(우크라이나 동부 지역)의 영토와 자포로지 코사크의 영역에 대한 러시아의 종주권을 인정하였고 키예프 남부 지역과 포돌리아Поділля 등은 오스만의 세력권에 편입되었다. 안드루소보 조약의 영토경계가 대체로 인정된 것이다.

이러한 결과는 상호 간의 군사력과 국력이 대등한 것에서 비롯되었다기보다는 오스만 튀르크가 중부유럽, 즉 합스부르크 제국에 대한 전략적 도모에 더 몰두했었기 때문에 가능하였다. 러시아가 제국으로 올라서기 위해서는 오스만과 승부를 갈라야 했다면 오스만은 제국을 '불멸하게' 유지하기 위해 러시아와 일전이 불가피하였다. 러시아에게 기회는 유럽의 전쟁이 마련해 주었다.

1683년 여름, 오스만제국은 오랜 숙원인 유럽으로의 길을 열기 위해 합스부르크 제국에 대한 군사행동을 개시하였다. 오스만의 제2차 비엔나 포위로 알려진 이 전쟁에 러시아가 군사적으로 개입함으로써 러시아는 유럽 국가들과 '동맹'이라는 새로운 형태의 외교적 지평을 열었고, 동시에 유럽의 전쟁에 본격적으로 '연루entrapment'되는 길을 열었다. 1683년 7월 메메드 4세의 20만 대군이 비엔나를 포위하기 6일 전에 이미 레오폴트 1세Leopold I는 비엔나를 버렸다. 술탄으로부터 최고 사령관의 상징인 '예언자의 녹색 깃발'을 건네받은 카라 무스타파Merzifonlu Kara Mustafa Paşa(1634/35~1683)가 지휘하는 오스만 제국군이 60일 간의 포위전을 수행하고 있는 가운데 레오폴트 1세는 독일의 제후들과 교황 인노켄트 11세Innocent XI에게 구원을 요청하였다.

인노켄트 11세의 '십자군' 호소에 8만여 명의 유럽군이 모였을 만큼 당시 유럽은 오스만 튀르크에 대한 두려움을 완전히 떨치지는 못하고 있었다. 튜튼Teuton 연합군의 지휘관은 폴란드 국왕 얀 소비예스키였다. 1594년과 1684년의 신성연맹Holy League 등 합스부르크와 폴란드의 동맹관계로 보나, 오스만에 대한 굴욕적인 패전 경험으로 볼 때 얀 소비예스키의 군사적 열정은 이해할 만하였다. 9월 13일 얀 소비예스키가 이끄는 폴란드와 튜튼 연합군이 비엔나에 입성함으로써 비엔나 포위전은 막을 내렸고 오스만 튀르크는 패주하였다. 그해 12월, 패전의 책임을 물어 오스만 술탄은 카라 무스타파를 처형하였다. 제2차 비엔나 포위의 실패는 오스만 튀르크에게 그만큼 충격으로 다가왔으며 이를 기점으로 제국은 그 정점을 지나게 되었다. 이것은 러시아에게 새로운 기회를 의미하였다.

오스만제국에 대항한 유럽의 성벽이던 합스부르크의 신성로마제국은 이제 오스만 튀르크를 유럽에서 구축驅逐하여 남동유럽을 자신의 세력권 아래에 두려는 야심찬 계획을 수립하였다. 그러나 발칸을 비롯한 이슬람 통치 하의 동남유럽을 '신성하고', '로마적인' 기독교-유럽 문명권에 전략적으로 재배치하려는 이러한 계획은 명목상의 제국에 불과한 신성로마제국 단독으로는 불가능한 것이었다. 1684년 3월, 인노켄트 11세의 주선으로 신성로마제국은 폴란드와 베네치아 공화국과 함께 오스만 튀르크에 대항하는 신성연맹(동맹)Holy League/Sacra Ligua을 체결하였다.

신성연맹에 러시아를 초대한 것은 폴란드와 베네치아였다. 특히 폴란드로서는 러시아의 지원이 절실했는데, 동유럽과 발칸에 대한 신성연맹의 군사적 시도에 있어서 폴란드는 본토와 배후지의 안전 문제가 중요한 고려 사항이었다. 폴란드-튀르크전쟁에서 경험했듯이 우크라이나 서부와 남부를 세력권에 두고 있는 오스만제국이 크림 타타르와 카자크 등을 동원하여 폴란드 동부 지역을 위협할 가능성이 상존하였다. 또한 비엔나 포위전에서처럼 크림 타타르의 공포스러운 경기병輕騎兵들이 발칸 지역에 동원될 수도 있었다. 이러한 전략적 취약성을 보완하는 방안이 러시아를 동맹세력으로 유인하는 것이었다.

러시아가 신성연맹에 참여하는 문제를 주도한 것은 실권자인 황녀 소피아Софья Алексеевна(1657~1704)의 측근 골리친Василий Васильевич Голицын(1643~1714)이었다. 그는 안드루소보 조약으로 점령하고 있던 우크라이나 동부 지역과 키예프를 러시아에 영구 병합하는 조건을 제시하였고 폴란드는 이를 받아들였다. 1686년 5월, 러시아와 폴란드는 영구 평화조약에 서명하여 러시아는 드디어 유럽의 동맹체제에 처음으로 발을 들여놓게 되었다. 신성연맹의 가입으로 러시아는 이후 자신의 대외정책에 있어서 핵심 개념이 될 '세력균형'의 중심축인 동맹 외교를 본격적으로 시작하게 되었다.

크림 타타르와의 전쟁(1687~1689)이 실패함에 따라 결과적으로 러시아 역사가들 사이에 신성연맹의 손익 문제가 논란이 되기도 하였다. 예를 들어, 19세기 러시아 역사가 중 밀류코프Павел Николаевич Милюков(1859~1943)는 폴란드와의 협상은 성공적이었으나 신성연맹 가입과 '크림원정'은 유럽의 이해관계에 모스크바가 활용된 측면이 있다고 판단한 반면에, 소련의 역사학자 바부슈키나Г. К. Бабушкина의 경우 크림원정이 전적으로 모스크바의 이해관계에 따라 수행되었음을 강조하고 있다.[67] 그러나 신성연맹 가입과 크림원정은 러시아로서는 불가피한 선택인 면이 없지 않았다.

폴란드와의 조약과 신성연맹 참여, 그리고 크림원정은 상호 분리해서 취사선택할 수 있는 성질의 것이 아니라 상호 연계된 전략적 패키지였다. 러시아에 있어서 소망스러운 우크라이나 동부와 키예프의 병합 문제는 신성연맹 가입을 전제로 한 것이었고, 신성연맹은 크림원정이 아니더라도 모스크바에 어떠한 형태로든 오스만에 대한 군사행동을 요구했을 것이다. 더욱이 모스크바가 신성연맹과 크림원정을 별건으로 간주하는 이기적인 분리 전략을 수행할 수 있었다 하더라도—실제로 그럴 수 있는 국력이 아니었지만— 폴란드와 맺은 평화조약은 오스만

제국과 크림 타타르가 세력균형에 대한 불안감을 느끼게 하기에 충분한 것이었다.

크림원정은 모스크바의 짜르와 마찬가지로 콘스탄티노플의 술탄에게도 불가피한 것일 수 있었다. 따라서 예견되는 오스만제국의 군사행동에 대비하기 위해서는 러시아 또한 동맹이 필요하였다. 신성연맹은 러시아에게 유럽 문제―장기적으로는 러시아 제국외교의 한 축이 될 '동방 문제Eastern Question'―에 대한 개입의 길을 열어준 동시에 동맹의 딜레마, 즉 유럽 문제에 '연루'될 가능성 또한 부여하였다.

모스크바는 콘스탄티노플이 받아들이기 어려운 요구를 주장하면서 전쟁의 명분을 쌓아갔다. 크림반도를 러시아에 양도하고 크림 지역의 타타르인들을 튀르크의 본토인 아나톨리아 지방으로 이주시킬 것, 타타르인들의 침입에 따른 피해 등에 2백만 금화로 배상할 것 등의 모욕적인 조건이었다. 이러한 모욕적인 최후통첩을 오스만 튀르크가 받아들일 리 만무하였다. 1686년 가을, 드디어 러시아는 오스만제국에 전쟁을 선포하였다. 전쟁의 명분은 '참을 수없는 모욕'―루스민족의 땅을 이교도와 이민족들이 지배하는 것―으로부터 러시아인들의 땅을 해방시킨다는 것이었다. '흙과 피의 신화'가 다시 재현되는 순간이었다.

러시아 군대는 스몰렌스크전쟁 당시보다 향상된 전력을 구비하고 있었다. 짜르의 친위대 스트렐치(소총병)Стрельцы를 포함한 4만여 명의 서구식 보병부대와 2만여 명의 창병과 서구식 기병대 등 10만여 명의 병력을 소집한 골리친Василий Васильевич Голицын(1643~1714)은 1687년 5월, 하리코프Харьков 근교의 메를로Мерло 강변에 진지를 구축하고 크림 칸국에 대한 원정(크림원정)Крымские походы을 단행하였다. 골리친의 작전은 서남쪽으로 나아가 자포로지 코사크와 연합하여 스텝 지역을 가로질러 페레코프Перекоп를 공략한다는 계획이었다. 페레코프는 크림반도를 우크라이나 본토에 연결하는 좁은 병목지점에 위치하여 크림 타타르를 질식시킬 수 있는 전략적 요충지였다. 이와 더불어 돈Дон 카자크인들은 아조프해의 동쪽에서 크림 칸국을 우회 공격하고, 일부 자포로쥐 카자크들이 드네프르강 하류를 방어하는 투르크의 요새들을 협공한다는 양동작전이 구상되었다.

문제는 행군 대형이었다. 골리친은 타타르의 불의의 공격에 대비하기 위해 2만여 대의 마차로 에워싸고 그 좌우 변에 기마부대를 배치한 장방형의 보병 대형을 유지하면서 진군하였다. 이러한 진군 대형은 기마군단의 습격에 대비하는 데는 효과적일 수 있으나 몇 가지 취약점이 있었다. 약 170만 평방미터에 달하는 규모의 장방형 대형은 진군을 결정적으로 방해하는 장애요인이었다. 개전 초기 예정된 전장으로의 신속한 병력 이동은 전투의 승패를 가름하는 중요한 요소였으나 비대한 진군 대형의 행군 거리는 하루 평균 6마일에 불과하였다.

골리친의 본대가 메를로 진지를 출발하여 자포로쥐 카자크의 아타만 사모일로비치Иван Самоилович(1630~1690)가 지휘하는 군대와 조우하여 페레코프를 공격하기 위해 가로질러야 하는 스텝지대의 초입인 콘스카Кінська(Конка)강까지 약 180마일을 행군하는 데 무려 36일이 소요되었다. 이것은 러시아 군대가 본능적으로 타타르 기마 군대의 습격을 그만큼 두려워하고 있었다는 점을 방증하는 것이기도 하였다. 콘스카강으로부터 페레코프까지는 불과 90여 마일 거리였지만 장방형 대형으로 진군할 경우에 보름은 더 가야만 했다. 다행히 아직 타타르군의 습격은 없었지만 크림 타타르의 셀림 칸Селим I Герай(1631~1704)은 러시아군의 느린 진군으로 인해 시간을 벌 수 있었다.

셀림 칸은 페레코프 지협과 콘스카강 사이의 광활한 스텝지대에 불을 지르는 작전을 폈다. 그럼에도 7월 초 골리친은 스텝지대로의 진군을 명하였다. 불과 90마일 앞에 있는 목표가 골리친을 조급하게 하였다. 불타오르는 초원은 러시아군의 거대한 진군 대형이 내는 먼지와 연기로 뒤덮여 숨쉬기조차 어려웠고 한여름의 타는 듯한 열기가 더해져 아비규환을 연출하였다. 장방형 대형은 화공火攻에 치명적이라는 사실이 드러났고 이로 인한 희생은 가중되었다. 병사들의 식량과 말 모이 건초는 화공에 버려졌고 기병대는 물론이고 이제 군수물자와 무기를 운반할 마차조차 이동시키기에 벅찬 상황이었다. 콘스카강으로부터 스텝 지역으로 불과 7마일 여 남짓 진군하던 골리친의 원정대는 퇴각을 결정하였다. 골리친의 제1차 크림원정은 3만여 명의 희생자를 낸 대재앙으로 끝났다.[68]

골리친은 제1차 원정의 실패 원인을 여름이라는 원정 시기의 부적절성, 보급로와 부대 운용의 비효율성, 진군 대형의 취약성 등으로 분석했다. 스코틀랜드 군사고문관 고든 장군Patrick Leopold Gordon (1635~1699)의 자문에 따라, 제2차 원정에서는 이에 대한 대비책으로 좀 더 이른 시기인 봄의 출정, 후퇴 시를 대비한 적절한 보급로 관리, 스텝 지역의 화공에 대비한 선발대의 파견, 6개 단위부대로 본대의 분리 운용 등, 변화된 전략을 수립하였다.

1689년 3월 초, 골리친은 7백여 문의 화포와 11만 2천여 명의 대군을 이끌고 진군을 시작하였다. 그러나 이번에도 기후가 문제였다. 이른 봄, 우크라이나 북동부에서 러시아군은 여전히 추위와 눈에 시달렸다. 3월 말이 되자 상황은 더욱 악화되었다. 녹는 눈과 흙이 뒤엉킨 행군로는 진흙탕(라스푸티차 Распутица/Бездоріжжя)이 되어 말과 병사들의 발목을 잡아끌었다. 해빙으로 강물은 범람하여 제방 위로 넘쳐흘렀고 교량들은 유실되었다. 고든 장군이 폴타바Полтава가 자리한 보르스클라Ворскла강을 건너는 데 일주일을 허비하였다. 더욱이 전쟁 비용이

완비되기 전에 출정한 연유로 골리친은 4월 초까지 군자금을 기다리느라 선발대인 고든 장군과의 거리가 점점 벌어졌다.

4월 중순, 사마라Самара강 유역에서 아타만 마제파Иван Степанович Мазепа(1639~1709)가 지휘하는 자포로쥐 카자크와 합류하면서 상황은 호전되기 시작하였다. 5월 15일 쵸르나야 돌리나Чёрная Долина에서 타타르의 군대와 대규모 첫 전투를 치른 후에 퇴각하는 적을 쫓아 5월 20일 드디어 골리친의 군대는 페레코프에 당도하였다. 페레코프에서 골리친을 기다리고 있던 것은 타타르인들이 지협을 가로질러 구축해 놓은 엄청난 규모의 해자垓子였다. 대규모의 전투에 연이은 40여 마일의 추격전과 식수 고갈 등으로 이미 지쳐 있던 말과 병사들이 돌파하기에 해자는 너무 깊고 아득하였다. 이제 골리친이 결정해야 하는 것은 오직 퇴각 명령뿐이었다.

후퇴의 명분으로 골리친은 셀림 칸에게 협상을 제안하였다. 크림 타타르가 러시아를 더 이상 침범하지 않겠다는 서약을 거부한다면 페레코프를 공격하겠다는 협박이었다. 셀림 칸은 러시아 군대의 사기가 최악임을 알고 이를 거절하였으며 골리친은 페레코프 요새를 목전에 두고 치욕적인 퇴각을 결정할 수밖에 없었다. 모스크바로 퇴각하는 과정에서도 타타르 군대의 추격과 습격으로 적지 않은 러시아 군의 희생이 뒤따랐다. 모스크바는 제2차 크림원정을 '승리'로 자축했지만 실제로는 목적한 바를 달성하지 못한 불명예스러운 원정이었다.[69]

표트르의 대개혁과 대북방전쟁 Great Northern War, 1700~1721

17세기에 러시아가 수행한 두 개의 전쟁(스몰렌스크전쟁과 크림원정)의 실패는 러시아로 하여금 국가 시스템에 대한 근본적인 질문을 던지게 하였다. 스몰렌스크전쟁은 러시아에게 군사적 비극이었고 제1차 크림

원정은 3만여 명의 희생자를 낸 대재앙으로 끝났다. 제2차 크림원정 또한 사실상 실패한 원정이었다. 이에 따라, 모스크바 조정에서는 과거의 봉건적인 체제에 대한 근본적인 회의와 근대적인 유럽적 표준의 도입이 진지하게 논의되었다.

W. 풀러는 17세기 러시아의 두 개의 중요한 전쟁이 소기의 성과를 거두지 못한 원인을 대략 네 가지, 즉 지휘 능력generalship, 군사기술, 전술, 내구력endurance으로 요약하였다. 이 중에서 전쟁의 지속성을 유지하고 전쟁의 성과를 외교적 성취로 전환하는 능력이라 할 수 있는 자원의 동원 능력, 즉 국가 역량과 직접 관련이 있는 것은 '내구력' 요인이다. 이것은 수송 체계와 재정 상태에 관련된 문제였다. 군수물자 수송 체계의 취약성은 무엇보다도 전쟁 수행에 치명적이었다.

스몰렌스크 전쟁의 경우, 1632년 10월에 이미 스몰렌스크까지 진군하여 이듬해 3월에야 본격적인 포위공격을 시작할 수 있었던 것은 공성전에 불가결한 화포 등 중화기가 제때 도착하지 않았던 것이 가장 큰 이유였다. 약 다섯 달 동안 러시아 군은 제대로 된 공성전을 수행하지 못하다가 1634년 7월에 들어서 전과를 올리기 시작하였으나 곧바로 8월 부아디수아프가 이끄는 구원부대가 스몰렌스크에 당도하면서 전세는 다시 역전되었다. 만약 폴란드 국왕의 구원병이 도착하기 전에 러시아군이 스몰렌스크를 장악했더라면 전황은 매우 달라졌을 것이고 이후 협상에서도 매우 유리한 위치를 차지했을 것이다.

크림 타타르 원정에서도 수송 체계의 문제는 여지없이 드러났다. 전선까지 보급로가 지나치게 길고 운송수단의 규모가 비대한 점은 군대의 이동 속도를 매우 더디게 할 뿐 아니라 전투의 기회비용을 상대적으로 증대시켰다. 예를 들어 이 원정에 동원된 수송 마차의 경우 2만여 대 이상이 소요되었는데, 병사 15인당 마차 1대인 서유럽 군대와 비교하면 러시아는 5인당 1대로 거의 3배 가까운 규모 차이가 있었다. 동원된 마차와 말의 규모만으로도 러시아의 전쟁 수행 비용이 서유럽에 비해 지나치게 고비용임을 알 수 있다.

이러한 수송 체계의 고비용 구조는 러시아의 경제 구조적 취약성뿐 아니라 지리적이고 인구학적인 측면에서 설명될 수 있다. 서유럽 군대의 경우 대부분의 전투가 인접 지역에서 벌어져 최소한의 식량과 건초만을 수송단에 포함하고 나머지는 최대한 현지에서 조달하는 보급체계를 운용하는 데 비하여 러시아 군대의 경우 전장의 특성상 이동 거리가 지나치게 멀고 주둔 지역의 인구 또한 희박하였다. 기후조건, 토양의 비옥도 등도 매우 열악하여 군수물자의 현지조달 가능성이 현저히 떨어졌다.

러시아 병사들은 모스크바에서 출정할 때부터 보급품을 대부분 전선까지 수송해야만 했고 이를 수송하는 축력의 규모—제1차 크림원정에만 약 6만 필— 또한 감당하기 어려운 규모였다. 병사들의 식량 수송을 위해 대규모 마차와 가축들이 동원되었고 이 축력 유지에 필요한 건초 수송용으로 또 다른 대규모의 축력이 동원되는 연쇄적인 악효과가 초래되었다. 게다가 풍부한 건초를 조달할 수 있을 것으로 예상했던 스텝 지역이 타타르의 화공으로 소실됨으로써 군수물자 수송 체계는 일순간 마비되어 더 이상의 진군과 전투 수행은 불가능해졌고 퇴각 과정 또한 재난적인 것이었다. 제2차 원정에서 대규모의 수송 체계와 늘어진 보급로는 더욱 치명적인 것으로 드러났다. 타타르의 끊임없는 습격과 대규모 수송 체계는 군대의 진군을 매우 더디게 하여 수송로 방어를 취약하게 하였고, 예상보다 현저히 느린 진군속도로 인해 식량은 일찍 고갈되었다.

군사 체계의 또 다른 문제는 군사훈련과 동원 체계에 관한 것이다.

1690년대까지 러시아의 군사자원 동원은 비상시적 동원 체계로 유지되고 있었다. 모스크바에 거주하는 봉직귀족 등 세습적인 전사계급 Дворянство은 국가가 생계를 보장하고 있었으나 일상적으로는 농업, 상업, 수공업 등 생업에 종사하고 있었다. 외국 용병의 운용에 있어서도 폴란드가 용병을 상비군체제로 운영하고 있었던 데 비해 러시아는 용병을 구식 군대인 스트렐치 체제에 편입시켜 비상설적으로 관리하였다. 서구식으로 훈련된 신식 부대도 정체성이 명확하지 않아 '군인정신esprit de corps'이 매우 희박했던 점을 지적할 수 있다. 또한 국가 내부의 구조적 개혁과 제도적 안정화를 수반하지 않은 채, 한 세기에 걸쳐 거의 매년 대내외적 군사행동―외침에 의한 것이든 원정이든―을 수행함으로써 군사체계의 내구력이 현격히 약화된 점도 지적될 필요가 있을 것이다.

군수물자의 수송, 그리고 군사훈련과 동원체계를 결정적으로 취약하게 한 요인은 무엇보다도 재정 문제에 기인한 바 크다. 상비군체제를 유지하고 병력 및 군수물자를 전선에 보충하는 후방지원 체제가 원활히 작동되어 전쟁 목적을 전취하기 위해서는 안정적인 재정 확보가 관건이었다. 15년에 걸친 내전과 '동란'의 시기, 그리고 전리품 없는 연이은 전쟁 시기를 겪으면서 바닥난 국가재정은 국가의 전쟁 수행 능력을 현격히 떨어뜨렸다.

17세기 여타의 유럽 국가들과 마찬가지로 러시아는 근대적 의미의 국민(민족)국가 형성, '국가 만들기nation-state building'에 민족의 명운을 걸었고 이러한 국가 프로젝트를 달성하기 위해 전쟁이라는 전략을 선택하였다. 전략의 현실화는 군사능력에 곧바로 결부되었다. 러시아가 전쟁을 수행하는 데 있어서 가장 큰 적은 바로 '국가의 빈곤'이었다. 이에 대한 근본적인 해결은 근대화(서구화) 문제로 직결되었고 이 역

사적 과제는 표트르 대제의 몫으로 넘겨졌다.[70]

표트르 대제는 '돈은 전쟁의 동맥'[71]이라고 말한 바 있다. 18세기 초, 러시아의 가장 핵심적인 고민이 이 표현에 모두 함축되어 있다. 앞서 살펴본 대로, 이전 세기 러시아의 연이은 전쟁 실패의 원인은 무엇보다도 불안정한 재정 상태에 기인한 것이다. 재정과 전쟁 간의 상호 불가분성을 이해하고 양자 간의 선순환 구조를 수립하는 것은 러시아가 제국의 길로 들어서는 입구를 여는 것에 비유될 수 있다. 이러한 문제를 근본적으로 해결하기 위해서는 '러시아적 후진성'을 극복해야 했다.

'후진성'이라는 개념 자체가 암시하는 주관주의적 함의나 문명론적 편향성을 감안하면 이러한 용어 사용이 적지 않은 논란을 불러올 수 있고, 실제로 러시아에서 역사적인 논란―슬라브주의와 서구주의―의 중심에 있었던 것이 사실이다. 그럼에도 성공적이라 말할 수 없는 17세기 러시아의 대외전략 수행에 있어서 대차대조표를 볼 때 서구적 표준에 어떻게 근접하느냐의 문제, 즉 서유럽 규준과의 비교 개념으로서의 후진성의 극복 문제는 '확장'과 '수복'을 통한 '국가 만들기'를 고민하던 러시아인들이 미룰 수 없던 과제였다. 1700년에 시작된 스웨덴과의 대북방전쟁Great Northern War은 개혁의 절실성을 드러내는 중요한 계기를 제공하였다.

집권 초기 표트르 1세의 고민은 전쟁에 있어서 스웨덴과 오스만 튀르크 중 누구를 첫 번째 상대로 선택할 것이냐 하는 문제였다. 그는 오스만 튀르크를 첫 번째 상대로 선택하였다. 유럽에서 합스부르크 제국의 주도로 신성연맹(1684~1699)이 체결되고 1686년 러시아가 이 동맹에 초청받음으로써 반反오스만 전선이 형성되어 러시아로서는 대對스웨덴전쟁보다는 오스만 튀르크를 겨냥한 유럽과의 협공이 전략적으로 수월한 선택이었을 것이다. 1696년 성공적인 아조프 원정을 통해 아조프해에 해군 함대를 창설함으로써 러시아는 흑해로 들어가는 입구에 닻을 내리고 오스만제국의 흑해 통제권에 도전할 수 있는 근거지를 마련함과 동시에, 오스만과 크림 타타르 간의 연계를 차단할 수 있는 전략적 가능성을 지니게 되었다.

그러나 유럽 국제정세의 변화는 러시아로 하여금 전략 전환, 즉 오스만 튀르크에서 스웨덴으로 전략적 관심을 전환하게 하였다. 1697년 스웨덴 국왕 카를 11세가 사망하고 15세의 나이 어린 아들 카를 12세Karl XII(1682~1718)가 왕위를 계승하자 덴마크의 프리드리히 4세와 폴란드의 아우구스트 2세는 스웨덴의 '발틱 제국'을 분할하여 재편성하려는 계획을 수립하였다. 또한 스페인 왕위계승 문제로 인해 프랑스와 오스트리아 합스부르크 왕가 간의 갈등이 고조되면서 유럽에서는 전운이 감돌고 있었다.

러시아는 덴마크, 폴란드와 프레오브라젠스코에Преображенское 조약을 통해 동맹을 약속하고 오스만 튀르크와 '30년 정전협정'을 체결한 직후, 1700년 8월 9일 스웨덴에 선전포고하였다. 개전 초기 카를 12세는 덴마크 군대를 연파하면서 폴란드 국왕(아우구스트 2세)이자 작센Saxony/Sachsen 선제후인 아우구스투스 1세Frederick Augustus I(1670~1733)의 군대를 프로이센으로 밀어냈다. 카를 12세는 1702년 7월 19일 클리쇼프Kliszow 전투에서 아우구스트 2세Augustus II the Strong/ August II Mocny의 폴란드-작센 연합군에 대승을 거두었다. 1700년 10월 스웨덴 군대가 리가만灣의 항구 페르나우Pernau에 상륙한 데 이어, 카를 12세는 자신의 생일인 11월 30일에 나르바Нарва에서 러시아 군대를 대파하였다.

개전 초기 스웨덴의 대승으로 기록된 '나르바 전투'는 대북방전쟁의 분기점이었다. 8천여 명의 스웨덴군이 3만 7천여 명의 러시아 군을 압도하여 러시아군은 8천여 명의 전사자를 냈으며 스웨덴 군의 전사자는 1천여 명에 불과하였다. 반反스웨덴동맹은 해체의 고비를 맞고 있었으나 나르바 전투의 승리 후 스웨덴은 자신에게 주어진 전략적 기회를 스스로 방기하였다. 예를 들어, 자신들의 국왕이 반스웨덴동맹에 적극적이었음에도 전쟁에서 중립적 입장을 고수하던 폴란드-리투아니아의 귀족 대표들이 카를 12세에게 아우구스트 2세와의 화해를 제안했을 때 그가 이를 수락했더라면 반스웨덴동맹은 회복 불능하게 해체되었을 것이다. 그러할 경우 유리한 조건으로 전쟁을 종식시킬 수 있었고, 그 결과 그는 발틱해의 패권국으로서의 영예를 획득할 수 있었을 것이다.

북방전쟁의 조기종식은 카를 12세가 스페인 왕위계승전쟁(1701~1714)에서 '유럽의 조정자'가 될 기회이기도 하였다. 그러나 카를 12세는 아우구스트 2세로부터 폴란드 왕위를 박탈하기를 원했으며 모스크바로의 진격을 계획하였다. 이에 비해 나르바 전투에서의 대패는 표트르 1세에게는 자극제이자 일대 전기를 마련해주었다. 이를 계기로 그는 군사분야를 비롯하여 체제 전반에 걸친 대대적인 개혁에 착수하였다.

역사학자 크라크래프트James Cracraft에 따르면 러시아의 근대국가 수립 과정에서 표트르가 행한 개혁들은 전쟁 수행과 불가분의 관계에 있었다.[72] 무엇보다도 '전쟁의 경제학'이라는 측면에서 경제개혁은 체제개혁에서 무엇보다도 우선시되었는데, 세제개혁, 군수산업, 수송부문 등에서 현저한 성과가 있었다. 조세수입을 보면, 1680년대 대략 1.5백만 루블이었던 것이 1701년에는 3.6백만 루블, 1724년에는 8.7백만 루블에 달하는 등, 세제개혁을 통해 직·간접세를 포함하여 러시아의 재정수입은 약 여섯 배의 성장을 기록하였다.

세수 증가에 수반된 부정적인 면 또한 부인할 수 없다. 굴뚝세, 턱수염세, 목욕세 등 비경제활동 영역에 대한 과세뿐 아니라, 상트페테르부르크 등의 도시 건설, 선박 건조, 동절기 군대 유지비용 등에 대한 다양한 특별세 부과를 통해 납세자들의 부담이 가중되었다. 예를 들어, 키예프주州의 경우 1719~1723년간 농민에게 부과된 전체 세금에서 특별세가 차지하는 비중이 무려 60%에 달한 점은 이 같은 사실을 뒷받침해 주고 있다.

과세 부담의 증가로 인한 폐해 중에서 농민들의 불만은 주목할 만하다. 아스트라한Астрахан 지역의 반란이나 농민들의 도주 등이 그 대표적인 사례이다. 이로 인해 18세기 초반, 과세 대상 농민 가구 수는 평균 20%가량 감소했고 지역에 따라 50%에 달하는 곳도 있었다. 과세 대상자가 감소함에 따라 정부는 특별세에 의존하는 비중이 더욱 높아졌고 1인당 과세 부담이 늘어나는 데 비례하여 세수 확보도 예상보다 지체되었다.

1718년 직접세를 폐지하고 인두세人頭稅제도로 전환하는 포고령이 발표되었고, 1724년에는 이를 효율적으로 관리하기 위한 통제 단위로 지역별 징세 관리 단위가 설정되었다. 전국을 35개 단위로 나누어 각 단위에 인두세 징수를 위한 공동책임과 더불어 단위공동체를 유지하는 데 필요한 세금 처분권을 부여하였다. 표트르 치세 말기에 인두세가 전국적인 차원에서 실효적으로 적용되어 징세 제도의 체계화가 이루어졌다.[73]

산업 분야의 성과는 더욱 두드러졌다. 군수산업 부문, 그중에서도 조선 부문의 성과는 현저하여 근대식 조선소 건설과 선박 건조 등을 기반으로 러시아 최초로 근대식 해군이 창설되었다. 아조프해와 카스피해에 해군기지를 건설하는 프로젝트가 진행되어 지중해와 중앙아시아로 진출할 수 있는 전략적 근거지가 마련되었다. 표트르의 치세 말기에 러시아 해군은 갤리선이나 소형함정을 제외하고 근대식 대형 전함Battleship 32척, 중형 호위함인 프리깃Frigate함 16척을 보유하여 발틱해에서는 이미 전력 면에서 스웨덴과 덴마크를 추월하였다.

금속제조 분야의 성장은 군수산업의 발전에 중요한 밑거름이 되었다. 1699년 우랄 지역에 건설된 네비얀스키Невьянский 주철공장의 경우, 1707년에 연간 2백만 톤 이상의 주철 생산을 기록하였다. 이에 힘입어 1711년에는 연간 4만여 정의 머스킷 소총을 생산하였고, 1710년경에는 화약을 자급자족하게 되었다. 이제 러시아 군대는 기존의 육군 중심의 전력 구성에 해군 전력을 추가하여 육·해군 통합작전 수행이 가능해졌다. 이를 기반으로 러시아는 유럽과 소아시아 그리고 중앙아시아로 진출할 수 있는 제국적 경로에 올라서게 되었다.

17세기 몇 차례의 전쟁에서 드러났듯이 수송 문제는 전쟁 수행에 있어서 긴급한 과제였다. 지리적이고 기후적인 장애요인으로 인해 식량을 비롯하여 전장에 필요한 군수물자를 적시에 공급하지 못하는 경우가 비일비재하였고, 해빙기의 범람 등으로 도로가 물에 잠기거나 진흙탕으로 변하여 군대의 진군마저도 불가능하게 되는 상태가 반복되었다. 혹한에도 불구하고 오히려 썰매 등을 이용한 동절기 진군 속도가 더욱 빨랐다는 사실은 수송 체계의 딜레마를 잘 말해준다. 당시 러시아는 대량 수송과 장거리 운송에 있어서 내륙수운 체계에 의존하고 있었는데 러시아의 하천이 남북으로 흘러 동서 방향의 운송이 거의 불가능했던 점은 극복해야 할 내륙 수운의 한계였다.

이러한 문제들을 해결하기 위한 표트르 1세의 계획은 운하 건설이었다. 남북 하천을 동서로 잇는 운하 건설은 러시아 남부 지역에 최초로 계획되었다. 1698년에 시작된 볼가Volga강과 돈Don강을 잇는 '볼가-돈 프로젝트'가 그것이다. 이 계획은 무엇보다도 당시 지속적으로 이어진 오스만제국과의 전쟁 수행을 염두에 둔 것이었다. 그러나 1700년에 스웨덴과의 북방전쟁이 시작되면서 표트르 1세의 전략적 관심은 러시아 북부 지역으로 전환되어 볼가강과 네바Neva강을 잇는 '비슈니 볼로첵Вышний Волочек 운하'가 1709년에 먼저 건설되었다. 1712~1719년간에 연간 2,100톤의 식량과 물자들이 이 운하를 통해 북방전쟁에 투입되었다.

　내륙 수운으로 감당할 수 없는 물류를 보완하기 위해 도로 건설이 병행되었다. 모든 화물의 집산지이자 군대 파견의 출발지인 모스크바로부터 러시아 전역으로 통하는 주요 간선도로가 착공되었다. 8개의 주요 간선도로 중 약 450마일(약 725km)에 이르는 모스크바-프스코프Псков간 간선도로가 먼저 건설되었다. 프스코프는 북방전쟁의 초기 단계에서 발틱해를 공략하기 위한 전략적 전초기지였다. 또한 이곳은 크림원정과 아조프 전투 등 수차례의 군사 원정, 폴란드와의 영구평화협정 Вечный мир/Grzymułtowski Peace (1686), 신성로마제국과의 동맹조약(1686) 등에 참여한 명문 귀족 셰레메쩨프Борис Петрович Шереметев (1652~1719) 백작의 부대 주둔지였다. 1703년 한해에만 4.7백만 파운드의 곡물이 셰레메쩨프 군대의 식량 보급을 위해 프스코프로 수송되었다.

　표트르의 경제개혁이 북방전쟁을 승리로 이끄는 데 중요한 역할을 한 것은 부인할 수 없지만 승리를 전적으로 담보한 것은 아니었다. 개혁을 선결적으로 달성하고 이를 토대로 전쟁을 안정적으로 수행했다기보다는 개혁과 전쟁이 동시에 진행됨으로써 개혁의 성과가 온전히 전쟁에 반영되기 어려운 상태였다. 군수산업 분야에서 적지 않은 성과가 있었으나, 군수물자의 보급은 여전히 요구량을 충족하지 못하였다. 소총의 경우 1706~1712년 사이 6만여 정이 수입되었고, 군복이나 군화 등도 지급이 지연되었다.

세수 확보에서도 농민들의 도주 등으로 적지 않은 미납분이 발생하여 전쟁에 필요한 적정한 예산을 확보하지 못한 채 스웨덴과 전쟁을 시작하였다. 군수산업 부문의 획기적인 성과, 볼가-네바 운하 등의 완공을 통한 수송체계의 안정화, 세제개혁의 완성을 통한 건전한 재정 확충의 제도화 등이 최종적으로 완수된 것은 북방전쟁이 종결된 이후였다. 표트르의 경제개혁이 전쟁 승리의 견인차였던 것은 사실이지만 '한계 충분성marginal sufficiency'의 측면이 있다는 W. 풀러의 견해는 참고할 만하다.[74]

여러 가지 한계에도 불구하고 개혁의 성과는 전쟁에 반영되었다. 러시아 역사가들이 북방전쟁의 기념비적 전투이자 전쟁의 일대 전환점으로 기록하고 있고, 스웨덴 역사에는 가장 재앙적인 전투로 기억되는 1709년 7월 8일의 폴타바 전투는 개혁 성공의 대표적 표상으로 러시아인들의 기억 속에 새겨져 있다. 폴타바 전투의 패배로 인해 카를 12세는 동원한 4만여 명의 총병력에서 전투에 직접 투입된 1만 4천여 명의 병력 중 불과 1,500여 명의 병사들만 수습한 채 오스만 튀르크로 패주하여 5년간의 치욕스러운 망명 생활을 시작하였다.

반反스웨덴 동맹과 대북방전쟁의 승리: 북유럽의 헤게모니

전쟁에 있어서 개혁 효과의 한계를 보완할 수 있었던 것은 표트르와 러시아 정책 결정자들이 선택한 전략 덕분이었다. 군사 운용에 있어서 효과적인 전술 구사—요새 방어술, 해군과 보병의 결합 전술 등—는 논외로 하더라도 전쟁과 외교의 연계 전략은 전쟁 승리의 다른 한 축이었다.

러시아는 지속적인 '반스웨덴 동맹전략'을 추구하였다. 스웨덴에 선전 포고하기 전, 유럽 '대순방'Great Embassy, Великое посольство (1698~1699) 을 통해 표트르 1세는 서유럽적 표준으로 '러시아 개조'를 단행하는 동력을 마련했을 뿐 아니라, 전쟁에서 자신을 지원해 줄 동맹자를 물색하였다.

전쟁과 외교를 연계하는 반스웨덴 동맹전략을 완성하기 위해 전쟁 중에도 그는 집요하게 카를 12세의 경쟁자들을 찾아 나섰다. 잠재적인 경쟁상대이거나 과거의 라이벌일지라도 표트르는 그들과 기꺼이 제휴하였다. 하지만 동맹전략은 본질상 위험이 수반되는 것이어서 동맹국이 시종일관 전쟁을 공동으로 수행할 수 있는 보장이 불투명한데다가, 전쟁의 승리가 동맹국에게는 예기치 않게 당혹스러운 결과를 가져올 수도 있었다. 승전국은 결국에 동맹국의 강력한 라이벌이 될 수도 있다는 것이 역사의 상례였기 때문이다.

그러나 러시아는 군사적으로 여전히 취약했으며 전선이 러시아 영토 밖에서 형성될 가능성이 농후했기 때문에 동맹전략은 합리적인 선택이었다. 그런 의미에서 1701년에 표트르 1세가 작센 선제후(프리드리히 아우구스트 1세Friedrich August I)이자 폴란드 국왕인 아우구스트 2세August II Mocny(the Strong)와 맺은 비르센Birsen협약은 북방전쟁에서 러시아가 거둔 귀중한 성과였다. 아우구스트 2세는 신성로마제국 황제의 섭정Reichsvikar이기도 하였다. 전쟁 승리 후 리보니아와 에스토니아에 대한 권리를 아우구스트 2세에게 보장하고 상당한 규모의 전쟁 비용을 러시아가 지원하기로 함으로써 동맹의 대가가 결코 가벼운 것이 아니었지만, 배신감에 빠진 스웨덴의 카를 12세가 아우구스트 2세를 향해 분출한 격노로 미루어 볼 때 동맹의 이익은 그 비용을 상쇄할 만한 것이었다.

전쟁 초기에 비록 카를 12세의 군대가 아우구스트 2세의 군대에 연승을 거두었지만, 스웨덴이 폴란드와 지속적으로 교전 중에 있는 한 러시아에 대한 전쟁 승리는 불가능하였다. 1704년 표트르 1세는 아우구스트 2세를 지원하기 위해 원정군을 파견한 데 이어 1705년에는 폴란드 귀족들의 충성을 담보하기 위해 그로드노Grodno를 점령하였다. 폴란드와 러시아의 전략적 제휴는 프리드리히 아우구스트 작센 선제후가 폴란드 왕위에 재위하는 한 지속될 것이었다.

1706년 2월 폴란드의 프라우슈타트Fraustadt에서 벌어진 전투에서 폴란드-작센과 러시아 연합군이 스웨덴에 대패하였다. 여세를 몰아 9월에 카를 12세의 군대는 작센으로 진군하였고 작센은 저항을 포기하였다. 카를 12세와 아우구스트 2세는 평화조약을 체결하였다. 10월 13일 카를 12세의 강압에 의한 알트란슈태트 조약Treaty of Altranstädt으로 아우구스트 2세가 폴란드 왕위에서 폐위되고 카를 12세의 후원을 받는 스타니수아프 레슈친스키Stanisław Leszczyński (1677~1766)가 폴란드 왕위에 올랐다. 알트란슈태트의 강화講和로 작센 선제후 프리드리히 아우구스트는 러시아와의 동맹을 부인하였다. 이 조약으로 프리드리히 아우구스트가 폴란드 왕위(아우구스트 2세)와 러시아와의 동맹을 포기함에 따라 폴란드와 작센Sachsen의 동맹이 일시적으로 흔들렸지만 산도미에르스키에Województwo Sandomierskie 지역 등의 폴란드 귀족들과 연합을 모색하는 등, 동맹의 대체 세력을 확보하는 러시아의 노력은 지속되었다. 1709년에는 러시아의 후원 하에 아우구스트 2세가 왕위를 회복하여 러시아-폴란드-작센 간의 동맹이 복원되었고, 1715년에는 프리드리히 빌헬름 1세Friedrich Wilhelm I (1688~1740)의 프로이센이 이에 합류하였다.

표트르 1세의 이러한 적극적인 동맹전략에 비해 카를 12세의 동맹 외교는 별다른 성과를 거두지 못하였다. 동맹의 관리라는 측면에서도 실효적인 성과를 거두지 못하였는데, 알트란슈태트 조약의 경우에 카를 12세와 협상의 여지가 있었던 아우구스트 2세의 입지를 원천 봉쇄하여 그가 표트르 1세에게 정치적으로 더욱 종속되게 하는 결과를 초래하였다. 카를 12세가 동맹으로 선택한 레슈친스키에게는 외부의 지원세력이 전무한 데 비해 아우구스트 2세에게는 배후에 프로이센-작센이라는 든든한 유럽의 지지 세력이 존재하였다. 카를 12세는 레슈친스키를 선택함으로써 폴란드 내전의 구렁텅이에 빠진 것은 물론이고 기껏해야 폴란드의 일부 귀족들을 얻을 수 있었던 반면에 표트르 1세는 아우구스트 2세를 지원함으로써 합스부르크 제국의 호의를 기대할 수 있게 되었다.

카를 12세는 1709년 6월 폴타바 전투에서 대패한 직후 오스만 튀르크로 도주하여 1709~1713년 동안 이스탄불에 머물면서 술탄에게 대對러시아 참전 결정을 재촉하였지만 소기의 성과를 거두지는 못하였다. 오스만 술탄으로서는 대對튀르크 신성동맹Holy League이 유효한 상태에서 러시아와의 전면전이 부담스러운 점도 있었고, 카를 12세의 사적인 분노 해소를 위해 준비 안 된 전쟁에 연루되는 것도 탐탁지 않았다. 카를 12세는 콘스탄티노플에 머물면서 1년여 동안 집요하게 오스만 술탄을 설득한 끝에, 마침내 1710년 11월 20일 술탄 아흐메드 3세Ahmed III는 러시아와의 전쟁을 결정하였다.

오스만 튀르크로서는 준비 안 된 전쟁이었으나 병력의 압도적 우월성을 바탕으로 1711년 7월 21일 몰다비아의 프루트Pruth강 전투에서 재상 메메트 파샤Baltacı Mehmet Paşa(1662~1712)가 지휘하는 오스만-타타르 연합군은 몰다비아의 통치자 칸테미르Dimitrie Cantemir의 성원 하에 셰레메쩨프 장군이 통솔하는 러시아 군대에 패배를 안겨주었다. 그러나 전쟁의 추이는 카를 12세가 의도한 바대로 진행되지 않았다. 7월 23일 술탄은 표트르와 프루트 조약Прутский мир을 체결하여 전쟁을 서둘러 종결하였다. 이 조약으로 러시아는 아조프를 오스만 튀르크에 반환하였다.

이제 러시아는 스웨덴과의 전쟁을 종결짓기 위해 다시 한번 군사력을 북방 지역에 집중하였다. 러시아 군대는 스웨덴이 점령하고 있던 폴란드의 포메라니아 지방Pomerania과 핀란드 방면으로 진격하였다. 1714년 7월, 아프락신 제독Фёдор Матвеевич Апраксин(1661~1728)의 러시아 함대는 핀란드 한코Cape Hanko에서 스웨덴 함대를 대파하여 대북방전쟁에서 결정적인 승기를 마련하였다. 이를 통해 러시아는 제한적이긴 하지만 발틱해에 대한 제해권을 획득하였고, 스웨덴에 대한 육해군 합동작전이 언제라도 가능하게 되었다.

반스웨덴 동맹에 폴란드, 작센, 프로이센, 덴마크, 노르웨이 등과 더불어 1717년 영국이 가세함으로써 전쟁 종결에 또 다른 압박 요인으로 작용하였다. 스웨덴은 종전과 강화조약 체결 이외에는 다른 선택의 여지가 없었다. 1718년 12월 11일, 덴마크령 노르웨이의 변경 도시에서 벌어진 할덴Halden전투에서 카를 12세가 사망하자 영국을 비롯한 동맹국들은 1719~1720년 사이 스웨덴과 개별적으로 종전협상을 진행하였고 러시아는 이러한 정세 변화를 받아들였다.

전통적으로 스웨덴의 외교적 동반자였던 프랑스의 군사적 지원이 기대 이하였던 점은 중요하게 지적되어야 한다. 당시 유럽에서 패권 국가의 지위를 누리던 루이 14세의 프랑스는 스페인 왕위계승전쟁(1701~1714)에 연루되어 오스트리아-합스부르크, 영국, 네덜란드의 '반프랑스동맹'에 대항하기에 여념이 없었다. 유럽의 전쟁이 러시아에 새로운 지평을 열어준 것이다.

스페인 왕위계승전쟁을 종결시킨 위트레흐트 조약Treaty of Utrecht (1713)으로 유럽의 국제질서에 '세력균형balance of power'이라는 개념이 처음 정립되었다.[75] 러시아는 북방전쟁을 통해 이를 몸소 체험하였고, 이후 표트르 1세의 대외정책의 핵심 개념이 되었다. 키신저Henry Kissinger는 17세기 유럽에서 영국이 주도한 반反프랑스 동맹이 세력균형의 출현으로 귀결되는 과정을 유럽의 가치가 '보편성universality'에서 '균형equilibrium'으로 전환되는 과정으로 해석하였다.[76]

표트르의 전략에서 돋보이는 점은 전쟁에 대한 현실주의적 접근이다. 전쟁과 정치의 병행, 전쟁의 정치학을 냉철히 관철한 점은 그의 현명한 식견의 소산이라 할 수 있다. 그는 '정치로서의 전쟁'을 실천하였다. 그는 결코 스웨덴에 대해 '완전한 승리'를 추구하지 않았다. 예를 들어 1711년에 러시아, 폴란드, 덴마크가 연합하여 스웨덴을 수세대에 걸쳐 회복 불능의 상태로 만들 수 있는 결정적인 군사작전을 감행하자는 덴마크의 제안에 대해 표트르 1세는 일언지하에 거절하였다. 러시아의 전쟁 목적은 스웨덴으로부터 발틱해 연안 지역을 획득하는 것, 즉 스웨덴 세력권의 잠식이지 스웨덴의 절멸이 아니었다.

1707년에 마련된 표트르의 외교 지침 초안에도 스웨덴이 평화교섭에 응할 경우에 러시아는 상트페테르부르크를 제외하고 점령한 모든 발틱 연안 지역을 반환할 용의가 있음을 밝히고 있다. 표트르가 페테르부르크를 제외한 이유는 페테르부르크가 자신의 이름을 부여한 러시아의 수도일 뿐 아니라 언제라도 스웨덴에 대한 군사적 압박을 도모할 수 있는 전략적 요충지인 핀란드만 주변 지역을 세력권에 둘 수 있는 근거지이기 때문이었다.

북방전쟁의 목적에서 영토 획득—러시아인들은 영토 회복이라 인식함—이 주요 목적 중의 하나였음은 분명하지만, 표트르의 전략은 지정학적 인식에 근거한 '제한 전쟁' 전략에 가깝다고 할 수 있다. 이러한 점은 전쟁 초기 단계인 1700~1704년 에스토니아, 잉그리아, 리보니아 등 발틱해 연안 지역에 대한 포위점령에서 드러난다. 포위점령의 목적이 스웨덴 군대를 궤멸시키기 위한 것이라기보다는 스웨덴의 발틱 군대의 발목을 잡아 무력화시키기 위한 것으로 해석할 수 있다. 1712~1714년 핀란드 원정에서도 러시아 해군 제독 아프락신의 목적은 스웨덴 해군의 작전 근거지인 핀란드 남부 지역의 주요 항구들을 점령함으로써 스웨덴 해군을 무기력하게 하는 것에 초점을 두었다.

이에 비해 카를 12세의 전략은 '무제한 전쟁'이었다. 전쟁에 이념이나 신념이 개입되면 그 전쟁은 '근본주의적 전쟁', 즉 적이 궤멸하기 전까지 전쟁을 멈출 수 없는 무제한전으로 변질되곤 한다. 중세와 현대의 '십자군'전쟁들, 제2차 세계대전, 민주주의라는 이름으로 치러진 여러 전쟁들이 그 사례들이라 할 수 있다. 카를 12세는 북유럽의 패권을 러시아와 공유하는 것은 물론이고 짜르의 정통성조차 용인하기 어려웠다. '동란의 시대'에 한동안 스웨덴이 신흥 로마노프 왕조를 외교적으로 승인하지 않았던 사실은 러시아에 대한 스웨덴의 혐오적 인식을 상징하는 사례이다.

1707년 스웨덴이 러시아에 대한 진격을 결정하면서, 카를 12세는 "모스크바에 입성하여 짜르를 폐위시키고 러시아를 소공국들과 지역들로 해체하고 분할"하려는 의지를 지니고 있었다. 1세기 전 '동란의 시대'에 형성된 러시아에 대한 역사적 편견—'러시아의 후진성'이라는 문명적 혐오—이 내면화된 스웨덴 카를 12세에게 러시아는 근대적 의미의 국가 정체성을 결여한 귀족 또는 정파들 간의 파편화된 정치 결사체로 보였을 것이다. 러시아를 향한 카를 12세의 인상은 국가성을 인정하기엔 불쾌하고 미숙한 '후진성' 그 자체였다. 카를 12세의 정체된

인식과 전략적 오류는 결과적으로 표트르 1세의 전략적 현실성을 높이는 데 일조하였다.[77]

이상에서 살펴본 바와 같이 체제 개혁을 통해 전쟁 수행 능력을 제고하고 유럽의 국제정세 변화를 적절히 활용하여 동맹 외교와 현실주의적 정책을 적절히 배합하여 운용한 표트르 1세의 전략은 북방전쟁에서 러시아를 승리로 이끌었다. 1721년 9월 10일 러시아와 스웨덴 간에 니슈타트 평화Ништадтский мир/Freden i Nystad(구력 8월 30일) 조약이 체결되면서 대북방전쟁은 최종적으로 종결되었다. 이로써 표트르 1세 Peter the Great는 추밀원으로부터 황제의 칭호를 헌상獻上받았다. 러시아가 공식적으로 제국을 선포하는 순간이었다.

2. 중상주의mercantilism와 유럽의 외교혁명: 유럽정치 속으로

18세기 외교혁명과 러시아의 동맹댄스quadrille

1725년 표트르 대제가 서거하고 1796년 파벨 1세Павел I(1754~1801)가 왕위를 계승한 시기까지 70여 년 동안 러시아는 약 아홉 번의 주요 전쟁을 수행하였다. 그중에서 세 번은 오스만 튀르크와의 전쟁(1735~1739, 1769~1774, 1787~1792), 스웨덴과는 두 번의 전쟁(1741~1743, 1788), 폴란드와 세 번의 전쟁(1733~1735, 1763, 1795), 그리고 유럽의 '7년전쟁Seven Years' War (1756~1763)'에 참여하면서 벌어진 프로이센과 한 차례의 전쟁(1757~1762)이 있었다.

이제 러시아 군대는 세 대륙을 가로질렀다. 유럽의 심장부에서 아메리카의 알래스카, 그리고 아시아의 태평양 해안에 이르기까지 러시아의 삼색 깃발이 나부꼈다. 뒤늦게 북동항로 개척에 합류한 러시아는 1740년 러시아 탐험가 베링Vitus Bering/Иван Иванович Беринг(1681~1741)

이 개척한 극동의 최북단이자 베링해에 위치한 캄차카Камчатка 반도
의 아바차Авача 만에 제국해군의 닻을 내리고 페트로파블롭스크Петр
опавловск-Камчатский에 요새를 구축하였다. 북미대륙의 알래스카를
마주보고 있는 이 지역은 현재 러시아 태평양 함대의 핵잠수함 기지로
사용되고 있다.

　1735년과 1748년, 두 차례에 걸쳐 러시아 군대는 폴란드의 비스툴
라Вистула강에서 라인강에 이르기까지 프로이센 영토를 가로질러 진
군하였다. '7년전쟁' 중이던 1760년에는 작센 출신 러시아 장군 토틀
레벤Готлиб-Генрих Тотлебен(1715~1773)이 이끄는 만여 명의 러시아 군
대가 프로이센의 수도 베를린에 입성하여 사흘간 점령하고 정복자의
지위를 과시한 후 철수하였다. 토틀레벤은 프리드리히 대왕Friedrich II,
der Große(1712~1786)과 벌인 이 전쟁에서 자신의 명성을 유럽에 각인시
켰고, 1769년에 오스만 튀르크와의 전쟁이 발발하자 오스만의 최전선
지역인 카프카스Caucasus에 대한 군사 원정을 지휘하였다. 베를린 입성
으로 러시아는 동프로이센의 병합을 선언하였으나 약 2년 후, 7년전
쟁의 막바지인 1762년 프로이센의 호헨졸레른Hohenzollern 왕가에 동
프로이센을 자진 반환하였다.

　18세기에 제국 러시아의 성장은 영토적 측면에서 두드러졌다. 유럽
지역의 경우, 북방으로는 핀란드 영토의 일부, 남쪽으로는 흑해 북부
연안의 광대한 영토, 서쪽으로는 폴란드 북동부 지역 등이 제국의 영
토에 편입되었다. 영토 확대에 비례하여 인구 규모 면에서도 표트르 1
세의 치세 말기인 1722년 1천 4백만 명에서 1796년 파벨 1세의 즉위
시점에 3천 6백만 명으로 증가하였다. 제국의 영향력은 영토 범위를
훌쩍 뛰어넘어 수백 마일에 이르기까지 드리워졌다.

　러시아는 18세기 빈발한 유럽의 왕위계승전쟁War of Siccession에 개입

하여 제국의 영향력을 관철하였다. 스웨덴 왕위계승에 개입하여 자신이 지지하는 후계자를 주장할 수 있었고, 오스만제국에 대해서는 발칸을 비롯한 오스만 영토 내 기독교도들의 보호자로 자처하여 술탄의 양보를 얻어냈다. 이어서 합스부르크 왕위계승 문제를 빌미로 한 오스트리아와 프로이센 간의 전쟁, 즉 오스트리아 왕위계승전쟁(1740~1748)을 종식하는 과정에서 러시아는 중재자 역할을 수행하였다. 처칠이 유럽 최초의 세계 전쟁이라 표현한 '7년전쟁'에 깊숙이 개입한 것은 물론이고 뒤이은 미국 독립전쟁에서 영국에 대항하는 '무장한 중립'이라는 슬로건 아래 무장중립동맹League of Armed Neutrality이라는 반反영동맹을 주도하였다. 제국 러시아는 이제 유럽 문제에 깊숙이 개입하여 유럽의 세력균형에 중요한 축을 담당하는 유럽의 균형자의 역할을 자임하게 되었다.

표트르 대제의 사후 러시아는 동유럽·발칸 지역과 흑해로의 진출에 박차를 가하였다. 18세기에 이미 유럽의 강대국으로 부상한 러시아는 유럽 동맹정치의 초청장을 거머쥔 동시에 주요 전쟁에 적극 개입하였다. 폴란드(1733~1735)와 오스트리아 등 유럽의 왕위계승전쟁과 7년전쟁(1756~1763), 그리고 오스만 튀르크 제국과의 전쟁을 통해 러시아의 제국적 팽창이 이루어졌다. 왕위계승전쟁과 7년전쟁은 러시아로 하여금 유럽에서 떠오르는 강대국rising power으로서 국제적 지위를 확인시켜 주었다.

18세기 내내 러시아는 유럽의 국제질서 재편에서 캐스팅 보트를 쥐게 되었는데, 이것은 전쟁을 통한 18세기 유럽의 동맹지형 재편 과정에 반영되었다. 당시 유럽정치는 끊임없이 변동하는 '유동적 동맹정치'를 특징으로 하였다. 네 명이 쌍을 이루어 파트너를 바꾸며 추는 무도회 댄스에 빗대어 유럽 외교가에서 '기품 있는 카드리유stately

quadrille’라고 불리는 유럽의 동맹정치에 러시아가 파트너로 정식 초청
된 것이다.

1529년 오스만제국의 군대가 신성로마제국의 수도 비엔나를 포
위(제1차 비엔나 포위)하면서 제국의 위세를 떨치고 있던 당시, 1535
년 프랑수아 1세 François I(1494~1547)가 술탄 슐레이만 1세 Süleyman I the
Magnificent(1494~1566)와 동맹을 체결한 이래로 프랑스는 유럽의 동맹정
치에서 오스만 튀르크와 제휴 관계에 있었다. 프랑스는 오스만이 제국
의 전성기를 지나 하강 국면에 있던 18세기에 ‘포르테 Sublime Porte’(오
스만 조정朝廷)에 가장 중요한 영향력을 행사할 수 있는 국가였다. 프랑
스는 전통적으로 유럽의 헤게모니를 놓고 오스트리아 합스부르크 그
리고 영국과 경쟁 관계에 있었다. 프랑수아 1세 이래로 유럽에서 프랑
스가 신성로마제국을 견제하기 위한 전략 중의 하나가 오스만과의 동
맹임을 감안한다면, 동남부 유럽과 발칸 지역에서 오스트리아와 오스
만의 대립이 프랑스로 하여금 오스트리아와 긴장 관계에 놓이게 한 또
다른 요인임을 알 수 있다.

동맹정치의 측면에서 프랑스로서는 러시아 또한 달갑지 않은 존재
였다. 18세기에 본격화된 러시아의 흑해 진출이 초래한 오스만 영토
의 잠식과 이로 인해 야기된 오스만제국의 불안정은 프랑스가 바라
던 바가 아니었다. 더욱이 16세기 이래 전통적으로 러시아는 프랑스
의 역사적 숙적관계인 영국과 우호적인 관계에 있었다. 동맹정치의 자
연스러운 결과로 러시아는 영국, 오스트리아 등과 전략적 제휴 관계를
유지하였고, 프랑스와 오스만 튀르크는 러시아와 갈등 관계를 형성하
였다.

18세기 초반까지 유럽의 정치지형은 프랑스, 스웨덴, 폴란드 그리
고 오스만 튀르크 등이 직접적 또는 암묵적인 동맹관계를 유지하고 있

었던 반면에, 영국, 오스트리아-합스부르크, 러시아, 덴마크 등이 상호 전략적 이해관계를 공유하고 있었다. 오스트리아-합스부르크의 카를 6세는 1726년 오스만 튀르크를 견제하기 위하여 러시아의 표트르 대제와 동맹을 맺었고, 양국은 1733년 폴란드 왕위계승전쟁에서 프랑스에 공동으로 대항하였다.

프로이센의 프리드리히 2세Friedrich II가 마리아 테레지아Empress Maria Theresa의 오스트리아 합스부르크 왕위계승에 문제를 제기하면서 발생한 오스트리아 왕위계승전쟁(1740~1748)에서 러시아, 오스트리아, 영국의 군대는 프로이센, 프랑스, 스웨덴, 스페인 등에 대항하여 지상전과 해전, 그리고 해외 식민지 등에서의 연합 전쟁을 수행하였다. 외무장관 베스투제프 류민Бестужев Михайлович Рюмин(1664~1743) 등 친 오스트리아 정치세력의 도움으로 짜르에 즉위한 엘리자베타Елизавета I Петровна(1709~1761) 여제는 친오스트리아-반反프로이센(반反프랑스정책)을 고수하였다.

1741년 프로이센의 동맹국인 스웨덴의 공격으로 러시아는 전쟁에 개입하게 되었다. 러시아는 1747년 북미 지역에서 프랑스와 전쟁 중이던 영국으로부터 러시아가 유럽에서 프랑스군과 개전한다는 조건으로 재정적 지원을 제안받기도 하였다. 영-러 간 이러한 합의로 인해 러시아와 전쟁 위험에 직면한 프랑스가 영국과 오스트리아와 엑스라샤펠 조약Treaty of Aix-la-Chapelle(1748)에 합의함으로써 오스트리아 왕위계승전쟁은 종결되었다.

베스트팔렌 조약 이후 유럽국가 간에 형성된 동맹정치는 7년전쟁을 통해 근본적인 재편, 즉 '동맹의 역전reversal of alliances'을 경험하게 되는데, 후에 외교사가들은 이 사건을 '외교혁명Diplomatic Revolution'으로 기록하고 있다. 오스트리아 왕위계승전쟁에 이어 7년전쟁은 유럽의 주요 국가들이 유럽, 아메리카, 서아프리카, 인도, 필리핀 등 네 개 대륙에서 격돌한 '18세기 세계전쟁'이다.

오스트리아 왕위계승전쟁에서 프로이센에게 상실한 실레지아Silesia 지방의 수복을 갈망하던 합스부르크의 마리아 테레지아는 영국의 전쟁 지원에 실망하여 25년간의 긴 동맹관계를 청산하고 적대국 프랑스에 동맹 제휴를 전격적으로 요청하였다. 북미, 인도 등 해외 식민지 쟁탈전에서 프랑스와 충돌하던 영국은 유럽에서의 동맹 상실을 보완해주고 유럽 문제에 프랑스를 묶어둘 파트너가 절실하였다.

하노버 선제후에서 연유한 영국의 하노버 왕가는 프로이센이 프랑스로부터 하노버Electorate of Hanover/ Kurfürstentum Hannover를 보호하는 것에 동의하면 영국도 오스트리아 왕위계승전쟁의 발단이 된 슐레지엔 Schlesien 상속권 문제에서 오스트리아를 지지하지 않을 것이라는 제안을 하였다. 1756년 1월 16일 영국과 프로이센은 중립 조약인 웨스트민스터 협정 Westminster Convention을 체결하여 이러한 합의를 확인하였다. 1758년 4월 11일 영국과 프로이센은 영–프로이센 협정Anglo-Prussian Convention으로 동맹을 공식화하였다.

왕위계승전쟁으로 프로이센에 상실한 슐레지엔Silesia을 수복하기 위해 영국에 지원을 요청하였으나 거절당하자 슐레지엔을 포기할 수 없었던 오스트리아는 영국과의 동맹이 유효하지 않음을 자각하고 프랑스에서 동맹 가능성을 발견하였다. 오스트리아와 프랑스는 1756년과 1757년 5월 1일 두 차례의 베르사유 조약Treaty of Versailles을 통해 방어 동맹을 체결하였다.

오스트리아로 인해 파트너(프랑스)를 상실한 프로이센과 영국의 동맹 결합은 이런 면에서 어쩌면 자연스러운 결과였다. 물론, 애초에 중립 조약으로 출발하였으나 1756년 8월 프로이센이 오스트리아를 선제공격함에 따라 영국은 프로이센에 군사동맹으로 묶이게 된 측면도 있다. 프로이센이 러시아와 스웨덴을 비롯한 프랑스-오스트리아 연합군에 포위되었기 때문이었다.

군사 전력의 특성으로 볼 때 영국과 프로이센, 그리고 프랑스와 오스트리아는 각각 상호 보강적이기도 하였다. 해군력 중심의 영국에게는 직업군인 중심의 강한 육군을 보유한 프로이센이 전력 면에서 훌륭한 상호 보완물의 역할을 하였다. 프랑스는 해군력의 취약성으로 인해 영국과 해외 식민지경쟁에서 드러난 열세를 상쇄하기 위해 유럽에서 오스트리아와 결합하여 전세를 역전시키려 하였다. 유럽 밖의 영토, 해외 식민지에서 영국과 프랑스 간에 '제국정책'이 충돌하고, 신성로마제국의 헤게모니를 쟁취하기 위해 오스트리아와 프로이센이 대립하는 두 개의 갈등 축이 7년전쟁의 골간을 이루었다.

러시아는 변화무쌍한 '동맹의 카드리유quadrille'에서 전세를 가름하는 결정자 역할을 담당하였다. 전쟁 초기 러시아는 오스트리아뿐 아니라 과거 적대국이던 프랑스와 동맹관계를 맺고 프로이센에 대한 공세를 단행하였다. 러시아 야전군 원수 아프락신Степан Фёдорович Апраксин(1702~1758) 백작이 지휘한 그로스-예거스도르프Gross-jägersdorf 전투(1757년 8월 30일), 프리드리히 2세에게 참패를 안겨준 쿤너스도르프Kunersdorf 전투(1759년 8월 12일)에서 거둔 살띠코프Пёжтр Семёнович Салтыков(1700~1772) 장군의 대승—6천여 명 사망, 1만 3천여 명 부상, 2만 6천여 명 도주, 대포 172문 손실— 등, 러시아는 7년전쟁에서 프로이센에게 결정적인 타격을 입혔다.

쿤너스도르프 전투에서 부상당한 프리드리히 2세는 절망적인 상황에 처해 패주하였고, 프리드리히 2세가 슐레지엔 방어에 몰두하고 있는 동안 토틀레벤 장군이 지휘하는 러시아 짜르의 군대와 러시아 태

생 오스트리아 백작 라씨Franz Moritz von Lacy(1725~1801)의 군대가 1760
년 10월 9일 프로이센의 수도 베를린을 점령하였다. 프리드리히 2세
의 프로이센을 구한 것은 동맹국 영국이 아니라 역설적이게도 적국 러
시아였다.

1762년 1월 5일 친오스트리아(반프로이센)정책을 견지하던 엘리자
베타 여제Елизавета Петровна의 사망으로 짜르에 즉위한 표트르 3세
Пётр III Фёдорович(1728~1762)는 홀스타인 공국 태생으로 친프로이센 성
향이 강하였고 유년기의 문화적 영향에 의해 프리드리히 2세에 깊은
호감을 지니고 있었다. 따라서 짜르에 즉위한 직후 표트르 3세는 프로
이센과의 전쟁을 중지하였고, 1762년 5월 5일 상트페테르부르크 조약
을 체결하였다. 표트르 3세의 러시아가 프로이센 점령 지역에서 자진
철군—프로이센이 스스로 '브란덴부르그 왕가House of Brandenburg의 기적'이라
부르는 러시아군 철수—하여 전쟁을 종결시킨 것이다.

영국과 러시아, 동맹에서 숙적으로: 7년전쟁[1756~1763]**과 무장중립동맹**

18세기 유럽의 외교혁명에서 러시아가 '동맹 댄스'의 기회를 잡을 수
있었던 배경에는 러시아와 영국의 경제 관계가 중요한 요인으로 자리
하고 있다. 18세기는 대외무역의 확장에 비례하여 러시아 경제가 팽
창하던 시기였다. 영토 확장과 연계된 이러한 경제 규모의 팽창은 또
다른 영토 전쟁의 물질적 원동력이 되었다. 1551년 캐봇Sebastian Cabot
(1474~1557)과 챈슬러Richard Chancellor(1521~1556), 윌러비Hugh Willoughby
(?~1554) 등이 미지의 땅과 중국으로 가는 북동항로 개척을 위해 설립한
뉴랜드모험상인회사Company of Merchant Adventurers to New Land가 러시아
무역의 독점권을 승인하는 메리 1세Mary I(1516~1558)의 칙허장(1555)에
따라 모스크바 회사Muscovy Company/Московская компания로 재설립된

이래로 영국 자본은 러시아 무역에서 주도적인 역할을 수행하였다.

영국 상인들은 당시 전략물자들―철, 구리, 칼륨원료(potash, 비누와 비료의 재료), 선박용 목재, 선박 로프 원료hemp와 린넨(아마亞麻섬유) 등―을 러시아로부터 수입하였고 이후 곡물이 추가되었다. 철의 경우, 1723년 기준으로 총수출량 36만 푸드пуд/pood―1푸드는 약 16.38kg― 중에서 영국으로 수출되는 규모는 약 10%에 달하였고 이후 빠르게 증가하였다. 1754~1793년간에는 러시아 철 수출량의 약 55~74%가 영국으로 수출되었다. 1776년 기준으로 원가가 0.45 루블인 러시아산 철근(iron bar 1 푸드)이 런던 시장에서 1.81 루블에 판매됨으로써 영국 상인들은 막대한 이윤을 남겼고 러시아 정부 또한 가격이 좋은 러시아산 철의 수요가 급증함에 따라 상당한 무역흑자 기조를 유지하였다.

경제적 관점에서 폴란드-리투아니아 연합국과의 전쟁 그리고 스웨덴과의 북방전쟁이 동유럽과 북유럽의 무역 주도권을 둘러싼 경쟁의 운명적인 결과로 해석할 수 있다면, 표트르 대제와 예카테리나 여제의 오스만제국과의 전쟁 또한 이러한 견지에서 설명이 가능하다. 북방전쟁 이전만 해도 네덜란드 선박이 1년에 500여척 이상이 덴마크와 노르웨이로 향하는 데 비해 러시아의 유럽 무역항이던 백해白海의 아르한겔스크Архангельск에는 불과 20~30척 미만의 선박 출입이 이루어졌다. 아르한겔스크의 화물 선적 규모는 네덜란드의 발틱해 무역의 1%에 불과한 것으로, 대부분의 러시아 무역은 스웨덴과 발틱해 연안의 독일 상인들에 의한 중개무역에 좌우되었다.

리가와 레발Reval(탈린Talin) 등 발틱 연안 도시들의 독일계 상인들은 스웨덴의 발틱해 무역통제에 직면하여 러시아의 발틱해 진출(대북방전쟁)이 스웨덴의 무역 통제권을 상쇄해 줄 것으로 기대하였다. 국가 주도의 관무역이 대외무역을 주도하였으므로 러시아 또한 발틱 무역에 직접 참여하기 위해서는 스웨덴과의 결전이 불가피하였다. 발틱해 연안의 독일계 상인들뿐 아니라 영국과 네덜란드 상인들 또한 '대북방전쟁'에 대한 관심이 적지 않았다. 러시아 무역의 성장이 주로 영국과 네덜란드 상업자본에 기여한 바가 컸으므로 영국과 네덜란드의 입장에서는 발틱해에 러시아 함대가 존재하는 것이 영국과 네덜란드 선박의 무역로 보호에 안전판이 될 수도 있었다.

18세기 전반, "유럽에서 러시아의 군사 정치적인 팽창에 대한 영국의 지원은 영국 외교의 공공연한 정통교리"였다고 K. 마르크스가 비판—물론 영국이 공식적이고 공개적으로 러시아의 영토 전쟁을 지지한 것은 아니지만—할 만큼, 영국은 러시아의 대외 확장에 있어서 관대하였다. 당시 영국의 친러정책은 자유무역의 지지자들인 휘그Whigs계 자유주의자들이 선도하였다. 결과적으로 대북방전쟁 과정에서 영국과 스웨덴의 무역은 영·러 간 무역의 증가에 비례하여 현저하게 감소하였다.

영국의 자본가들은 스웨덴 상인들의 중개 없이 러시아 시장으로 직접 진입하기를 원하였던 것이다. 비록 공식적으로 영국은 스웨덴과 우호 관계에 있었고 양국 간에는 1719년까지 상호 방어협정이 체결되어 있었으나 대북방전쟁에서 별다른 효과를 발휘하지는 못하였다. 오히려 영국은 표트르 군대의 무장과 훈련에 조력하였으며, 1776년에는 영국 함대가 네덜란드 서부 해안 지역인 질란드Zealand 해안에 접근함으로써 러시아와 덴마크 연합군이 스웨덴 영토를 공격하기 위한 상륙작전을 간접적으로 지원하려 하였다. 물론 영국이 러시아가 발틱해의 제해권을 장악하는 것을 원한 것은 아니었으므로 러시아에 대한 영국의 견제는 지속되었다.

리보니아전쟁Livonian War(1558~1583)과 대북방전쟁, 폴란드전쟁과 오스만전쟁 등을 통해 러시아는 폴란드로부터 유럽의 곡창지대인 우크라이나와 흑해로 가는 수로를 다시 확보한 동시에 발틱해로의 출로를 열었다. 16세기~18세기에 이르는 오랜 기간 영국과 네덜란드 상인들과 지속해 온 무역 관계를 기반으로 러시아는 정복 전쟁뿐 아니라 유럽의 전쟁들에 개입하여 발틱해와 흑해, 그리고 발틱해와 카스피해를 잇는 레반트와 페르시아 무역로를 연결하는 데 성공하였다.[78]

승리한 전쟁들에서 이룩한 러시아의 경제적 성과를 영국 자본이 공유한 것은 물론이다. 러시아는 영국에게 북미대륙과 더불어 18세기 영국의 자본주의 발전에 있어서 양대 원료.공급지 역할을 하였다. 미하일 포크로프스키와 보리스 카가를리쯔키Борис Юльевич Кагарлицкий의 견해에 따르면, 16세기에 '세계체제wold system'에 편입하기 시작한 이래로 러시아 경제는 18세기에 들어서 세계경제체제에 완전히 통합되어 '주변부periphery'로서의 특성이 고착화되고 주변부적 역할을 충실히 수행하기 시작하였다. 이 시기에 러시아는 군사적이고 외교적인 성취뿐 아니라 산업과 농업 면에서 빠른 성장을 달성하였는데, 이것은 영국 등 '중심부center'에 대한 원료와 식량 공급이라는 전형적인 중심부-주변부 경제관계를 통해 이루어진 것으로 해석할 수 있다.

향후 문제가 될 러시아 경제의 주변부적 특성을 극복하기 위해서 러시아는 두 가지 경로를 선택해야 했다. 하나는, 중심부가 그러했듯이 지속적인 전쟁을 통해 국내 산업 성장의 결과물을 소비시킬 수 있는 자신만의 독자적인 시장을 개척하거나, 러시아의 자본주의의 구조적 재편을 통해 선진 자본주의 국가들에 대한 경쟁력을 키워야 했다. 전자는 오스만 투르크 및 페르시아 제국과의 전쟁으로 이어졌고 후자는 한 세기 건너 알렉산드르 2세의 대개혁으로 귀결되었다.

관련 연구자들은 근대 러시아제국의 이러한 딜레마가 선진자본주의 국가들에 비교할 때 후발 자본주의 국가의 '상대적 후진성'에서 비롯된 것이라는 데 대체로 견해가 일치하고 있다. 그러나 카가를리쯔키 등은 러시아의 '상대적 후진성'이 몽골지배와 비잔틴 문명의 영향 등, 과거 서유럽 문명으로부터 고립된 데 기인하는 것이 아니라 오히려 러시아가 16세기 이래로 '세계체제'에 편입하면서 발생한 것, 즉 '주변부적 후진성'이라고 규정하고 있다.[79] 따라서 러시아의 '상대적 후진성'은 단순한 서구적 근대화만으로 달성될 수 있는 것이 아니라 세계체제의 '중심-주변부' 관계의 고리를 끊는 것으로 해소될 수 있다고 주장하면서 카가를리쯔키는 18세기 이후 러시아의 대외적 팽창과 대내적 개혁이 이러한 시도의 일환이었다고 설명하였다.

18세기 전반에 걸쳐 영국은 러시아의 주요 무역파트너였고 네덜란드는 최고의 투자자였다. 상트페테르부르크가 건설되고 항구에 입항한 최초의 무역선이 네덜란드 선박이었다는 사실이 이를 입증해 주고 있다. 네덜란드의 문화적 양식은 표트르의 러시아의 문화적 모델이 되었다. 네덜란드는 마르크스가 '러시아의 은행가'로 풍자할 정도로 암스테르담의 주식시장을 통해 러시아에 정기적으로 펀드를 제공해 주었다. 예를 들어 예카테리나 2세는 오스만제국과의 전쟁에 소요되는 대부분의 재정을 네덜란드로부터 조달하였다. 1769년의 경우 러시아는 전쟁 비용으로 750만 길더Gulden/Guilder에 달하는 차관을 네덜란드로부터 도입하였으며 당시 국가재정의 약 5%가 대외 채무상환에 소요되었다.

영국과 러시아가 '친선상호상업협력 조약(1734)'을 체결하면서 영국자본은 러시아에서 경제적 입지가 강화되었다. 관세의 대폭 인하라는 경제적 혜택뿐 아니라, 영국 상인들에게 볼가-카스피해 루트를 통한 페르시아 통과무역이 허용되었다는 점에서 이 조약으로 영국 자본에 돌아간 경제적 혜택은 당시로서는 파격적이었다. 이에 따라 페르시아 등지로 향하는 러시아의 카스피해 무역은 영국 상인에 현저히 의존하게 되었다. 러시아가 카스피해 연안을 장악한 후 활성화된 이 무역로는 해마다 번창하여 10년 만에 두 배 이상 증가하였다. 예를 들어, 러시아로 유입되는 실크 원료의 경우 1730년대 12만 루블에서 1740년대 29만 루블로 증대하였다.

양국의 친선 조약으로 영국은 새로운 시장의 확장은 물론이고 볼가 강과 카스피해 유역에 조선소를 건설하여 상선뿐 아니라 무장 선박 건조하는 등 러시아 영토를 활용하여 페르시아와 중앙아시아 그리고 인도에 대한 군사와 상업적 영향력의 발판을 마련하였다. 이러한 조치는 자신의 상업 경쟁국의 함대를 러시아 스스로 건조해 주는 셈이었다. 페르시아로 진출한 영국인들이 카스피해에서 페르시아의 상선뿐 아니라 함선까지 건조하는 비즈니스에 몰두함으로써 러시아의 카스피해 해상방위에 문제가 발생하였다.

영국이 건조한 함선으로 무장한 페르시아가 카스피해에서 해군력을 강화하면 러시아는 이에 대항하여 카스피해의 해군을 증강해야 하고, 이러할 경우 카스피해의 해군력 증강 경쟁이 불가피해져 러시아는 적지 않은 예산을 해군력 증강에 투여해야 했다. 이러한 상황에서 러시아는 1746년 볼가-카스피 무역로에 대한 영국 상인들의 러시아 통과무역권을 금지하는 조치를 취하였다. 이에 따라 영국 정부는 양국의 경제관계를 고려하여 페르시아에서 함선 건조사업을 중단하였다.[80]

영국과 러시아의 친선 관계는 경제 분야에만 국한된 것은 아니었다. 18세기 국제정치와 무역에 있어서 경쟁의 축은 영국과 프랑스였다. 영국은 경제적 파트너로서뿐 아니라 프랑스와의 경합에 있어서 러시아를 군사 외교적 파트너로도 필요하였다. 이미 영국은 러시아의 도움으로 카프카스의 아제르바이잔에 산업시설을 구축하였는데, 의류와 섬유 분야의 경우 카스피해를 통한 페르시아 무역에서 약 80%에 달하는 이윤을 창출하고 있었다.

러시아보다 월등한 재정적 원천과 동방무역의 경험을 이미 지닌 영국은 프랑스와의 갈등에서 러시아의 정치·군사적 지원이 필요하였다. 18세기 이후 유럽의 전쟁 양상이 보여주듯이 러시아가 전쟁을 통해 영토를 확장한 반면에 영국은 러시아를 전쟁으로 유인—북방전쟁, 폴란드전쟁, 오스만전쟁 등에서 중립과 방관을 통해—하거나 초대함으로써 러시아의 힘을 빌려 유럽을 재편해 나간 측면도 있다. 이러한 영국의 유럽정치는 러시아에 대한 '전쟁으로의 초대'라 해석할 만한 것이다.

영국과 러시아의 이러한 우호 관계에 균열이 가기 시작한 것은 7년전쟁에서 비롯되었다. 영국과 프랑스의 전쟁이 유럽 전체는 물론이고 아시아, 아프리카, 북미 식민지로 비화한 7년전쟁은 앞서 살펴본 바와 같이 전면적인 동맹 전환을 통해 외교사에서 '외교혁명'으로 기록되고 있다. 이 전쟁에서 러시아는 프랑스 편에 섰다. 그 사유는 동유럽에서 영국의 이중정책에 기인하였다. 대북방전쟁에서 보여줬던 영국의 '전략적 모호성'—스웨덴과 러시아 중 어느 쪽도 확실하게 지원하지 않는 전략—이 7년전쟁을 계기로 재현되었기 때문이다.

영국은 러시아의 경제·군사적 라이벌인 프로이센과 동맹을 맺음으로써 영국을 동맹으로 여기던 러시아에게 여전히 '모호성'을 표출하였다. 이러한 선택에는 러시아 엘리자베타 여제의 친 프랑스적인 정부 분위기가 좌우한 측면도 있었다. 그러나 본질적으로는 러시아가 영국의 전략적 모호성에 희망을 걸기보다는 유럽의 동맹정치에 본격적인 역할을 하려는 전략적 동기가 작용한 것으로 해석할 수 있을 것이다. 이러한 선택으로 러시아는 유럽의 전쟁에 개입함으로써 전쟁 비용은 물론이고 영국과의 무역 감소라는 이중적 피해를 입은 것은 사실이지만, 이를 통해 러시아는 유럽정치에서 '초대나 유인'에 의한 것이 아니라 영국과 동등한 전략적 지위에서 유럽정치에 관여 strategic engagement 할 수 있게 되었다.

표트르 3세를 폐위하고 제위에 오른 예카테리나 2세가 다시 친영정책으로 복귀하면서 양국 관계는 정상화되었다. 당시 영국의 자유무역 지지자들 또한 러시아와의 연계가 거역할 수 없는 본질적인 것이라고 호평했음에도 러시아는 유럽의 세력균형과 동맹정치의 메커니즘에 스스로 적응하였다. 미국의 독립전쟁에서 예카테리나 2세는 영국에 대항하여 유럽의 무장중립동맹 League of Armed Neutrality (1780~1783)을 성사시킴으로써 다시 한번 유럽의 동맹정치에서 러시아의 전략적 입지를 확인시켰다.[81]

이러한 유럽에서의 동맹변환에도 불구하고 영국과 러시아의 관계는 19세기 초까지 전략적 동반자관계를 유지하였다. 앞에서 '전쟁으로의 초청'을 말했듯이, 실제로 18세기에서 19세기 초까지 러시아가 벌인 크고 작은 영토 전쟁에서 러시아는 유럽 국가들의 심각한 저항에 직면한 적이 없었다. 18세기의 왕위계승전쟁들에서 유럽국가들이 치열하게 서로 격돌했던 것과는 매우 대조적이라 할 수 있다. 이러한 역사적 경험에 비추어 볼 때 러시아가 유럽의 대규모 전쟁에 정기적으로 개입한 것은 서유럽의 정치·경제 파트너들이 자신들의 목표 달성에 러시아의 군사적 능력을 활용하기 위해 러시아를 그들의 전쟁에 끌어들였기 때문으로 해석되기도 한다.[82]

18세기 후반 유럽의 곡창을 관장하던 폴란드를 분할—프로이센과 오스트리아의 제안으로 시작하여 1772년, 1793년, 1795년 세 차례에 걸쳐 분할—할 때 역시 러시아는 어떠한 심각한 유럽의 군사적 위협에도 직면한 바가 없었다. 폴란드 분할과 우크라이나 획득으로 '유럽의 곡창'으로

부상한 러시아는 산업혁명으로 곡물 수요가 급증한 영국에게 최대의 곡물 수출국이 되었다. 잉여곡물 생산과 상업자본주의의 정점에 오르고 있던 러시아에 있어서 최상의 선택은 지중해로 진출하는 것이었다. 숙명적으로 그 전략 경로는 오스만제국과 불가피하게 충돌하였다.[83]

이러한 러시아의 영토 팽창에도 불구하고 영국과의 관계는 19세기 초까지 여전히 협력적인 파트너 이상이었다. 예를 들어 프랑스 대혁명(1789)이 발생하고 1798년 나폴레옹 보나파르트의 군대가 이집트에 상륙했을 때, 영국은 프랑스 혁명군으로부터 인도를 방어하기 위해 러시아에 군사 지원을 요청하는 문제를 진지하게 검토한 바 있었다. 당시 유럽의 절대왕정 중에서 최악의 왕조 중의 하나였던 부르봉 왕가를 무너뜨린 프랑스의 민주주의 혁명에 대해 혁명(명예혁명)을 경험한 의회민주주의의 전형이던 영국이 군사개입을 결정한 것은 역설적이다. 물론 프랑스의 자코뱅Jacobin, Société des amis de la Constitution 식 혁명에 대한 영국의 두려움은 한편으로는 이해할 만 하지만, 프랑스 혁명에 대한 영국의 군사적 대응은 '전략적 모호성'이라는 영국식 유럽정치의 예외적 반응이기도 하며 본질적으로는 전형적인 대對프랑스 정치의 일환으로 볼 수 있다.

1798~1799년에 해군 제독 우샤코프Фёдор Фёдорович Ушаков(1745~1817)가 영국의 넬슨Horatio Nelson(1758~1805) 제독과 공조하여 지중해에서 프랑스 혁명군의 함대를 무력화하는 등, 러시아는 유럽의 전쟁에서 영국의 승리에 결정적으로 기여하였다.[84] 영국과 공조를 통해 승리한 대對프랑스 전쟁에서 러시아가 획득한 영토는 없었다. 다만 러시아의 참전은 영국과 동맹의 대가였을 뿐이다. 그러나 두 세기에 걸친 영국과 러시아의 동맹 또는 우호 관계가 적대적 관계이자 세계적 차원에서 한 세기에 걸친 전략경쟁 관계, 영-러 패권경쟁Anglo-Russian Rivalry

으로 전환된 계기 중의 하나는 19세기 중반의 '크림전쟁 Crimean War
(1853~1856)'이었다.

산업혁명으로 이미 유럽의 선진자본주의 국가들은 산업자본주
의 단계로 진입하였고, 19세기 전반을 지나면서 '과열된 번영 feverish
prosperity'을 구가하고 있었다. 영국은 새로운 형태의 시장과 새로운 파
트너가 필요하게 되었고 러시아는 이미 과거의 파트너였다. 물론 크림
전쟁 발발까지 영국은 보호무역주의라는 장애요인에도 불구하고, 여
전히 러시아와의 무역 관계가 필요하였으나 경제 논리가 전쟁을 막는
데 결정적 기여는 하지 못하였다. 19세기 중반 양국은 새로운 관계로
의 진입이 불가피한 것으로 상호 인식하게 되었다.

예카테리나 여제의 유럽정치와 폴란드 분할1772~1795의 서곡[85]

표트르 대제 사후 18세기 러시아 대외전략의 주요 대상은 폴란드
와 오스만제국이었다. 외교사가 사이에서 '그리스 계획 Greek Project'으
로 불리는 예카테리나 대제 Екатерина II Алексеевна/Catherine the Great
(1729~1796)의 제국 확장정책은 폴란드 문제 개입과 오스만 튀르크 전쟁
의 변주곡이었다. 유럽 강대국들이 직간접적으로 모두 연루된 두 문제
는 러시아의 제국적 운명과 유럽의 미래 정치지형을 가름하는 중대 사
안이었다.

폴란드 관계는 17세기 초 러시아 근대 정치사에서 최초의 국가 위
기를 초래한 '동란시대(1605~1613)'에 폴란드가 러시아 문제에 개입하
여 모스크바를 점령하였을 때, 그리고 러시아인들이 발틱해 방향으로
진출하기로 결정하였을 때 이미 운명적 충돌이 예정되었다. 동란의 시
대를 마감하고 새로 들어선 로마노프 왕조(1613~1917)는 다시 폴란드와
충돌하였다. 17세기 중엽, 23년에 걸친 폴란드전쟁에 이어 18세기 폴

란드왕위계승전쟁(1733~1738)에 개입한 러시아는 예카테리나 여제 치세에 세 차례의 폴란드 분할을 통해 유럽으로의 서진西進을 일단락하였다.

신성로마제국의 작센 선제후이자 폴란드 국왕으로 친러시아 성향인 아우구스투스 2세의 사후에 오스트리아 합스부르크 왕가와 헤게모니 경쟁자인 프랑스 부르봉 왕가가 폴란드 왕위계승 문제에 개입하면서 폴란드 내전이 발생하였다. 1733년 9월 12일 폴란드 의회의 다수파는 아우구스투스 2세의 계승자로 스타니수아프 레슈친스키Stanisław Leszczyński (1677~1766)를 선출하였다. 레슈친스키는 스웨덴의 개입으로 인해 아우구스투스 2세가 일시적으로 퇴위했을 당시 폴란드 국왕에 재임(1704~1709)하여 스웨덴의 국왕 카를 12세와 정치적 동맹관계에 있었다. 또한 그는 프랑스 루이 15세의 장인으로 왕위계승에서 프랑스의 지원도 받음으로써 팔츠-츠바이브뤼켄Palatinate-Zweibrücken 왕가와 부르봉 왕가로부터 동시에 정치적 후견을 받은 바 있었다.

발틱해와 북유럽에서 스웨덴의 라이벌이던 러시아와 프랑스의 경쟁자인 오스트리아가 과거 신성로마제국의 세력권이던 폴란드 문제에 이해관계를 공유한 것은 자연스러운 결과였다. 프랑스는 오스트리아, 스페인, 북이탈리아의 사르디니아 왕국과 개전하였고, 러시아는 레슈친스키의 폴란드와 충돌하였다. 1733년 10월 5일 폴란드 의회의 친러시아 파벌은 '반의회 연합'을 결성하여 아우구스투스 2세의 아들인 작센 선제후 프리드리히 아우구스트 2세Friedrich August II (1696~1763)를 폴란드 국왕 아우구스트 3세August III Sas로 선출하였다.

전쟁에서 별다른 성과를 얻지 못하고 있는데다, 영국과 네덜란드가 오스트리아 측에 가담하는 것을 우려한 프랑스는 1735년 10월 3일 오스트리아와 조약 체결에 합의하였다. 비엔나 조약의 결과, 아우구스트

3세는 폴란드 국왕으로 국제적인 승인을 받았고, 레슈친스키는 프랑스가 점령한 라인란트 지역의 로트링겐 공국Duchy of Lothringen을 부여받아 로트링겐 공에 임명되었다.

1762년 남편인 표트르 3세를 퇴위시키고 즉위한 예카테리나 대제 Екатерина II Великая(1729~1796)는 표트르 대제가 시작한 러시아의 제국정책을 확대 계승하였다. 외교사에서 다소 음모론적 함의로 통칭하는 예카테리나의 '그리스 프로젝트Greek Project'는 그리스와 발칸 지역으로 진출하는 것을 목표로 한 러시아의 지정학적 야심으로 해석되었다. 실제로 그리스 프로젝트로 명명되는 구체적인 대외전략이 공식적으로 수립된 증거는 없으며, '표트르 대제의 유언'처럼 러시아에 대한 외교·문화적 불신이 만들어낸 '상상의 정책'일 수 있다.

그러나 예카테리나 여제 통치 시기에 러시아의 영토 확장 범위와 진출 경로를 감안하면, 불규칙하고 무정형적인 정책에 의한 우연한 결과로만 보기에는 러시아의 영토 확장이 뚜렷한 전략적 벡터를 지닌 것처럼 보였다. 이른바 그리스 프로젝트는 폴란드 영토 분할과 오스만 튀르크와의 전쟁을 통해 수행된 것으로 유럽 외교가에서 해석되었다.

1763년 10월 폴란드 국왕 아우구스투스 3세의 사망은 예카테리나 2세에게 폴란드 개입의 계기를 제공하였다. 당시 외교 자문관이던 니키타 파닌Никита Иванович Панин(1718~1783)은 예카테리나 2세에게 '북방동맹'을 건의하였다. 러시아가 스웨덴, 프로이센, 폴란드 그리고 영국과의 동맹을 활용하여 프랑스와 오스트리아의 '부르봉-합스부르크 동맹'에 대항하려는 계획이었다. 흑해와 발칸 지역으로의 진출이 절실했던 러시아로서는 북방동맹이 가장 이상적인 계획이었으나 현실적인 계획은 아니었다.

북방동맹이 실현되면 16세기 이래 가장 치열했던 북쪽(스웨덴)과 서쪽(폴란드) 변경에서 군사적 갈등이 종식됨으로써 흑해와 발칸으로 진출하는 데 집중할 수 있었다. 이 과정에서 불가피하게 발생할 오스만 제국과 오스트리아 합스부르크와의 물리적 충돌이나 외교적 대립에서 북방동맹이 전략적 견제 역할을 할 수 있으리라 러시아는 판단하였다. 17세기까지 러시아에 대항하여 오스만과 군사적 협력관계에 있던 스웨덴이 최소한 중립을 유지하고, 프로이센이 오스트리아를 배후에서 견제하여 영국이 프랑스가 개입하는 것에 대해 단호한 입장을 취한다면, 북방동맹이 군사적 지원을 하지 않더라도 러시아는 오스만 투르크와의 전쟁에서 우위를 점할 수 있었다.

폴란드 왕위계승전쟁 당시 튀르크와 전쟁에서 겪은 동맹의 상처를 러시아는 잊지 않고 있었다. 1736년 10월에 개시된 오스만 튀르크와의 전쟁에서 러시아는 1739년 9월 몰다비아의 수도 야시(이아시)Яссы/Iaşi를 점령하여 오랫동안 고대하던 발칸으로의 입구를 확보하였다. 당시 동맹국이던 오스트리아가 개전 초 전쟁에 대한 소극적인 태도를 견지하면서 동맹으로서의 지원을 방기하다가 뒤늦게 참전을 결정하였다. 그러나 이로 인한 결과는 러시아의 패배였다. 동맹의 메커니즘이 의도한 대로 작동하지 않은 전략적 고립 상황에서 오스만의 동맹국인 프랑스가 적극 개입함에 따라 러시아는 튀르크와 불리한 조건에서 베오그라드 조약Treaty of Belgrade을 체결하였다.

베오그라드 조약으로 러시아는 흑해 북단의 아조프해를 확보하였으나 아조프해의 전략 거점인 타간로그Taranpor 요새를 해체하고 흑해에 함대를 둘 수 없다는 가혹한 의무 조항을 준수해야 했으며 처음으로 진출한 몰다비아로부터 철수를 감내해야 했다. 흑해 확보의 전략적 상징인 크림반도는 여전히 오스만 튀르크의 관할 하에 놓이게 되었다. '동맹의 역전(외교혁명)'과 7년전쟁에서의 전략적 성공으로 동맹의 상처를 극복하고 유럽의 동맹정치의 핵심 국가로 등장한 러시아는 흑해와 발칸 지역으로의 진출을 위해 다시 한번 '동맹의 재구성'이 필요하였다.

이러한 상황에서 예카테리나의 최측근인 파닌은 '북방동맹'을 강력한 대안으로 제기하였다. 그러나 북방동맹의 실현에 있어서 가장 중요한 변수인 영국의 입장이 불분명하였다. 7년전쟁의 성공으로 프랑스와 해외 식민지 쟁탈전에서 결정적으로 승리하여 북미와 인도에서 이미 프랑스로부터 방대한 영토를 획득한 영국은 프랑스를 고립시키는 문제에서 더 이상 러시아와 이해관계의 수준이 동일할 수 없었다. 또한 스웨덴에서 반프랑스 세력을 규합하려는 러시아의 외교적 시도가 구체적인 진척이 없던 상황에서 1772년 8월 프랑스의 지원을 받고 있던 구스타브 3세가 궁정혁명을 일으킴으로써 파닌의 북방동맹 계획은 최종적으로 좌절되었다. 따라서 러시아의 북방동맹은 프로이센과의 동맹 문제―오스트리아를 프로이센으로 대체―로 축소 전환되었고, 러시아 대외정책은 폴란드 개입과 튀르크 공략이라는 전통적인 문제로 회귀하였다.

러시아와 프로이센의 동맹은 폴란드에서 아우구스투스 3세의 후계 문제인 폴란드 왕위계승 문제가 쟁점이 되던 1764년 4월에 체결되었다. 예카테리나 2세는 프로이센의 프리드리히 2세의 지원 하에 스타니수아프 포냐토프스키 Stanisław August Poniatowski (1732~1798)를 폴란드왕에 즉위시키려 하였다. 러시아와 프로이센은 폴란드의 정치질서를 보존하고 종교적 소수자들을 보호한다는 명목으로 필요한 경우 폴란드 내정에 개입하기로 결정하였다. 특히 폴란드 가톨릭의 박해 아래 있던 종교적 소수자―프로이센과 러시아 출신의 비국교도 dissidents― 문제는 종교적 신심과는 거리가 먼 문제인 폴란드 내정에 개입하기 위한 정치적

인계철선tripwire으로 예카테리나와 프리드리히에 의해 활용되었다.

1764년 9월 7일 폴란드 최대 정치세력인 차르토리스키 가문the Czartoryskis의 동의를 획득한 러시아 군대가 포냐토프스키의 의회 장악을 지원하여, 같은 해 11월 25일 포냐토프스키는 폴란드-리투아니아 연방Polish-Lithuanian Commonwealth의 국왕의 지위에 오르게 되었다. 폴란드의 러시아 종속 경향은 1768년 2월 24일 러시아와 폴란드-리투아니아 연합국 간에 '영구우호조약Traktat wieczysty między Imperium całej Rosji i Rzecząpospolitą Polską'이 체결됨으로써 정점에 달하였다. 이 조약으로 폴란드는 러시아의 보호령이 되었다.

폴란드가 러시아의 피보호국protectorated state으로 전락하는 것에 맞서 그해 3월 귀족과 성직자들을 중심으로 '반러시아 정치연합Bar Confederation'이 결성되어 러시아-폴란드 간 4년 동안에 걸친 산발적인 전쟁이 시작되었다. 폴란드 역사에서 최초의 민족 봉기로 기록되기도 하는 반러시아 폴란드 내전은 러시아-프로이센 동맹에 반감을 지닌 프랑스와 오스트리아의 외교적 지지를 얻었으나 결국엔 '제1차 폴란드 분할(1772년 2월 19일)'로 귀결되었다.

제1차 폴란드 분할은 러시아의 전략적 상승에 두려움을 느낀 프리드리히 2세가 같은 처지의 오스트리아의 요제프 2세Joseph II를 추동하여 러시아의 분할 결정을 재촉한 결과로 발생한 사건이다. 폴란드를 보호국화하고 튀르크와의 전쟁(1768~1774)에서 승세를 장악하는 등 러시아가 약진함으로써, 폴란드와 오스만 튀르크에 대해 각각 지정학적 이해관계가 첨예했던 프로이센과 오스트리아는 러시아를 견제할 필요성에 상호 공감하고 있었다. 우크라이나 남부와 크림 지역에서 폴란드와 세력권을 접하고 있던 오스만 튀르크 또한 폴란드에서 거둔 러시아의 성공을 경계하고 있었다.

우크라이나 남부와 폴란드 분할 문제는 동유럽에서 '세력균형의 재구성'이라는 전략적 문제와 관련되어 있었다. 튀르크에 우호적이던 프랑스가 동유럽에서 영토를 재조정하여 세력균형을 회복하는 방안을 제안한 상황에서 프로이센 또한 세력균형의 재구성이 국가이익에 첨예한 문제로 인식되었다. 튀르크와의 전쟁에서 러시아가 성공을 거두기 시작하자 발칸의 이해관계에 위협을 감지한 오스트리아는 러시아와의 전쟁을 고려하기 시작하였다. 전쟁 발생 시 러시아의 동맹으로서 전쟁에 연루될 위험이 있던 프로이센은 오스만제국을 겨냥한 영토 팽창으로부터 러시아의 관심을 동유럽 영토의 재조정 문제로 전환시킬 필요가 있었다. 오스만제국을 향한 러시아의 영토 확장은 발칸 지역에서 오스트리아의 전략적 이해와 충돌하였기 때문이다. 부수적으로는 오스만제국이 유지됨으로써 경쟁국 오스트리아와 러시아를 견제하는 효과를 거둘 수 있다는 판단이었다.

7년전쟁으로 국력을 소진한 프로이센은 전쟁 연루 위험을 회피할 필요가 있었고, 오스트리아 영토였던 슐레지엔을 점령하여 초래된 오스트리아와의 불편한 관계를 폴란드 영토의 분할을 통해 해소하려는 전략적 고려도 하였다. 러시아가 다뉴브 공국Danubian Principalities—몰다비아Moldavia와 왈라키아Wallachia—을 점령하자 프리드리히 2세는 예카테리나 2세Екатерина II에게 폴란드 분할을 제안하였고 튀르크에 대한 오스트리아의 군사적 지원 가능성을 우려하던 러시아는 프로이센의 제안을 수락하였다.

예카테리나 여제의 외교 자문관 파닌은 폴란드 분할에 대해 비판적 입장을 견지하였다. 북방동맹을 통한 러시아의 전략적 상승을 꾀하던 파닌에게 있어서 폴란드의 분할은 북방동맹의 해체를 의미하는 것이었다. 그러나 예카테리나 2세가 분할안에 대해 긍정적인 데다가, 북방

동맹의 실현에 있어서 전략적 우선순위에 두었던 스웨덴마저 구스타
프 3세의 궁정 혁명으로 프랑스의 영향 아래 놓이게 됨으로써, 파닌은
폴란드 분할에 대한 동의를 압박받게 되었다. 파닌의 정치력은 쇠퇴하
여 그의 역할은 알렉산드르 베즈보로트코Александр Андреевич Безбор
одко(1747~1799) 백작으로 대체되었다. 이후 베즈보로트코는 폴란드-리
투아니아연방의 분할에 깊숙이 관여하였다.

1772년 8월에서 1773년 9월 사이 폴란드 의회를 매수하고 압박하
여 성사된 첫 번째 폴란드 분할로 프로이센은 대폴란드Greater Poland 북
서부 지역을 획득하였다. 이로써 프로이센은 폴란드를 바다로부터 격
리하고 폴란드 무역의 80%를 관리 통제하게 되었는데, 이로 인해 폴
란드의 붕괴는 가속화되었다. 오스트리아는 보흐냐Bochnia와 빌리츠카
Wieliczka 등 부유한 소금 산지와 소폴란드Lesser Poland 지역(폴란드 남부)
을 손에 넣었다. 러시아는 벨라루스와 리보니아Livonia 일부를 획득하
여 92,000km2의 영토와 약 130만 명의 인구 증가를 기록하였다.

러시아와 프로이센의 동맹관계는 1770년대에 지속되었다. 오스
트리아 합스부르크의 바바리아 공국Duchy of Bavaria 병합 시도에 작
센-프로이센 동맹이 대항한 '바바리아계승전쟁War of Bavarian Succession
(1778~1779)'에서 러시아는 중재자로 나섰다. 예카테리나 여제는 중재안
이 수용되지 않을 경우에 5만 명의 군사를 동원하여 프로이센 군대를
지원하겠다는 의사를 표명함으로써 오스트리아의 요제프 2세를 압박
하여 프로이센에 유리하게 테셴 조약Treaty of Teschen(1779)을 성립시켰
다. 오스트리아는 점령했던 바바리아 저지대Lower Bavaria를 반환할 수
밖에 없었다. 합스부르크의 마리아 테레지아의 중재 요청을 수용한 예
카테리나 2세의 러시아는 대외적으로 신성로마제국 헌정질서의 수호
자라는 위신을 얻게 되었다.

그리스 기획^{Greek Project}과 오스만 튀르크 전쟁

예카테리나 2세의 총신이던 그레고리 포템킨 Григорий Александрович Потёмкин (1739~1791)이 실권을 장악하면서 러시아의 대외정책 방향은 프로이센에서 예카테리나 여제를 존중하던 요제프 2세의 오스트리아로 이동하게 되었다. 청년장교 시절 예카테리나 2세의 궁정 쿠데타를 지지한 포템킨은 러시아-튀르크전쟁 Русско-турецкая война (1768~1774)의 영웅이기도 하였다. 이른바 예카테리나의 '그리스 계획'의 입안자로 알려진 포템킨은 오스만제국으로의 진출을 러시아 대외정책의 중심에 위치 지웠다.

포템킨은 비잔틴제국의 계승자인 러시아가 오스만제국의 영토에—대략 그리스와 발칸 지역에— 새로운 비잔틴제국을 세워야 한다는 제국적 열망을 실행에 옮기려 하였다. 계획에 따르면, 오스만제국과의 전쟁에서 승리를 담보하기 위해서 그리고 오스만제국의 유럽영토를 해체하고 재구성하기 위해서는 오스트리아 합스부르크의 협조가 필요하였다.[86] 1781년 5월 러시아는 오스트리아와 방어 조약을 체결하였다. 이 조약은 2년간 비밀에 부쳐졌는데, 오스만 튀르크가 선전포고할 때까지도 이 조약의 존재를 모르고 있었다는 주장도 제기되고 있다.[87]

'러시아-튀르크전쟁'에서 경험한 바와 같이 러시아는 전투에서 승리를 거뒀음에도 불구하고 오스트리아가 오스만제국을 외교와 군사적으로 지원할 가능성이 있었으므로 전쟁 중에 폴란드 분할 문제를 수용할 수밖에 없었다. 폴란드 분할로 합스부르크 왕가가 일정한 영토적 충족을 거둔 후, 1773년 러시아는 튀르크와의 전쟁을 재개하였으나 전투에서 별다른 성과가 없는 가운데 1774년 7월 10일 '퀴취크(큐추크)-카이나르지 Treaty of Kuchuk Kainarji/Küçük Kaynarca 조약'을 체결하였다.

퀴취크-카이나르지 조약으로 러시아는 점령했던 왈라키아와 몰다비아를 오스만제국에 반환하였고 크림칸국이 오스만제국으로부터 독립—1783년 러시아에 병합됨—하였다. 러시아는 아조프해의 완전한 관할권을 포함하여 케르치Керчъ, 예니칼레Еникале 등 흑해 북부 연안의 요새들을 획득한 것은 물론이고, 우크라이나 남부의 항구 헤르손Херсон을 포함한 드네프르 지역과 쿠반Кубан을 온전히 영토에 편입시킴으로써 흑해로의 안전한 진출로를 확보함과 동시에 코카서스 북부에 교두보를 마련하였다.

전쟁의 규모에 비해 러시아가 얻은 영토적 성과가 상대적으로 크지 않았던 것은 오스트리아를 전략적으로 의식한 탓으로 해석할 수 있다. 러시아가 바라던 세력권 설정은 그리스·발칸으로의 진출을 통해 가능한 것이었다. 당시 국제정치지형으로 보면 러시아가 그리스와 발칸 지역으로 진출하려는 시도는 오스트리아와 세력권 충돌을 감수해야 했다. 따라서 발칸 지역의 세력균형이라는 외교적 압박감에 의해 러시아는 발칸의 교두보인 왈라키아와 몰다비아를 오스만에게 반환하게 된 것이다.

퀴취크-카이나르지 조약에서 거둔 러시아의 상징적 성과는 다르다넬스Dardanelles 해협의 통항이 러시아 상인에게 허용되었다는 것과 그리스-발칸 지역의 기독교인들에 대한 보호권을 획득한 것이었다. 보스포루스Bosphorus와 다르다넬스 해협 통항권 문제는 흑해에서 지중해로 러시아가 진출하는 문제에 직결되는 것으로, 이후 19세기 내내 러시아와 유럽 열강 간에 대립하게 되는 '해협 문제'의 근원이 되었다. 모호하긴 했지만 오스만 영토 내의 기독교인 보호권은 발칸 지역으로의 진출계획에 도덕적 명분과 문명적 사명을 부여하였다.

폴란드에서 러시아의 성공을 우려한 오스만 튀르크가 이스탄불 주재 러시아 대사를 체포하면서 발생한 1768년의 전쟁에서 이미 러시아는 그리스-발칸 지역 기독교인들의 봉기와 오스만제국의 수도인 이스탄불 점령을 심각하게 고려한 바 있었다. 러시아-튀르크전쟁의 결과물인 '해협 문제'와 '발칸 기독교도 보호 문제'는 이후 19세기 러시아와 오스만 튀르크, 러시아와 유럽 열강 간의 세기에 걸친 대립을 야기한 '동방문제Eastern Question'의 핵심 쟁점이 되었다.

요제프 2세Joseph II(1741~1790)와 예카테리나 2세의 동맹은 크림칸국의 병합과 튀르크전쟁에 공동전선을 형성하여 대응하는 것으로 외화되었다. 1783년 포템킨의 주도 하에 강행된 크림칸국의 병합과 1787년 우크라이나 남부 지역으로의 성공적 진출 등은 요제프 2세의 강력한 지지를 기반으로 한 것이었다. 이러한 러시아의 영토적 공세는 이스탄불의 여론을 악화시켰다. 특히, 크림 지역의 병합은 크림칸국의 독립을 명시한 퀴취크-카이나르지 조약을 위반한 불법행위이자 오스만제국에 대한 무력시위로 해석되었다.

1787년 8월 오스만 튀르크는 러시아에 대해 전쟁을 선포하였고, 이스탄불 주재 러시아 대사 불가코프Яков Иванович Булгаков(1743~1809)를 투옥시켰다. 1788년 오스트리아는 러시아의 동맹국으로 참전하였다. 유럽의 외교사가들은 예카테리나 여제가 치세 동안에 수행한 첫 번째 튀르크전쟁(1768~1774)보다 더 야심찬 구상에 몰두하여, 오스트리아와 동맹한 제2차 전쟁을 통해 오스만 튀르크를 유럽 밖으로 완전히 밀어내려 했다고 해석하기도 한다. 이 전쟁을 통해 예카테리나 2세가 손자 콘스탄틴Константин Павлович을 콘스탄티노플의 그리스 왕위에 즉위시킴으로써 '비잔틴 제국의 회복'을 추구하려는, 이른바 '그리스 계획'을 수립하였다는 추론들이다. 그러나 동맹과 세력균형이 일상화된 18세기 유럽의 국제정치지형을 감안하면, '비잔틴 제국의 부활'이나 그리스-발칸 지역의 러시아 세력권 편입은 현실화되기 어려운 것이었다.

오스만과의 강화조약으로 오차코프Очаков 양도와 크림 병합을 인정하고 드네스트르Дністер강을 유럽국경선으로 설정한 야시 조약Treaty of Iaşi, Jassy을 보더라도, 전쟁 결과물이 주로 우크라이나 남부와 크림 지역—실질적으로 이미 러시아의 세력권이었던 지역—의 병합 인정 등에 국한되었다. 이러한 점을 감안하면, 예카테리나의 '그리스 계획'이 정식으로 입안되어 구체적인 전략적 매뉴얼에 따라 실행되었다고 평가하기엔 무리가 있다.

계몽군주를 자임하는 예카테리나 2세는 합스부르크와 작센-프로이센 동맹 간의 분쟁인 '바바리아 계승전쟁War of the Bavarian Succession (1778~1779)'과 미국독립전쟁에서 해상교역을 제한하는 영국해군의 전시정책에 대항한 '무장중립동맹League of Armed Neutrality (1780~1783)'에서 유럽의 중재자 역할을 추구하였다. 또한 예카테리나 2세는 발칸 지역 진출이나 폴란드 분할에서처럼 유럽 정치지형의 변형과 재구성에도 적극적인 역할을 하는 등 유럽 관여 정책을 수행하였다.

이러한 사실들을 복합적으로 고려하면, '그리스 계획'과 같은 무리한 대외정책 기조를 일관되게 유지하였다고 보기는 어렵다. '그리스 기획'을 성사시키기 위해서는 세력균형을 깨거나 유럽의 현상status quo을 구조적으로 변경시키는 무리한 시도를 해야만 했을 것이다. 그러나 앞서 살펴본 대로 유럽 관여 정책과 유럽정치의 중재자 역할을 수행한 예카테리나 2세가 계몽군주로서 그러한 정책을 강행하기는 적절치 않았을 것이다.

프로이센에 이어 오스트리아와의 동맹, 그리고 폴란드의 분할과 오스만 튀르크전쟁에서 연이은 성공에 힘입은 러시아의 상승에 대항하여 세력균형을 주도할 수 있는 국가는 영국이 유일하였다. 제2차 러시아-튀르크전쟁(1787~1792)이 발발했을 때 영국과 프랑스가 협력하여 오스만에 대한 외교적 지지를 표명하였으나 1789년 프랑스에서 대혁명이 발생함에 따라 프랑스는 유럽의 국제 문제에서 일시적으로 전면 퇴각하였다.

16세기 공식 외교관계가 수립된 이래로 영국과 러시아는 무역의 상호 의존이라는 경제적 측면과 프랑스에 대한 견제라는 지정학적 세력 균형 요인으로 인해 상호 우호적인 관계를 유지해 왔다. 러시아의 대북방전쟁과 폴란드 왕위계승전쟁에서 영국은 러시아와 외교·군사적 공동전선을 구축한 바 있었다. 그러나 7년전쟁 이후로 소원해진 양국 관계는 미국독립전쟁 중에 영국에 맞서 러시아가 주도해 결성한 '무장중립동맹'으로 심각한 상황에 처하게 되었다.

러시아는 영국이 교전국과의 무역을 봉쇄하기 위해 요구한 중립국 선박에 대한 무제한 통제 정책에 대항하여 1780년 3월 11일 무장중립을 선언하고 상징적 조치로서 지중해, 대서양, 북해에 군함 3척을 파견하였다. 무장중립동맹에는 스웨덴과 덴마크를 필두로 하여 프로이센과 네덜란드 등, 유럽 대부분의 국가들—영국과 교전 중인 프랑스와 스페인을 제외하고—과 오스만 튀르크가 망라되어 영국에게는 외교적 압박으로 작용하였다. 영국의 교전 당사국과의 무역 거래 물품을 포함한 중립국 선박의 선적 화물에 대한 전적인 안전보장을 명시한 '무장중립' 선언을 영국은 수용하기를 거부하였다. 미국독립전쟁 기간에도 양국 간의 무역 거래는 지속되었으나, 양국은 이후 적대관계로 나아가게 되었다.

제2차 러시아-튀르크전쟁에서 영국은 프로이센과 함께 북유럽에서 러시아의 군사적 충돌과 고립을 조장하였다. 영국의 외교 지원에 고무된 스웨덴의 구스타프 3세가 러시아-튀르크전쟁을 기회로 오스만과 동맹을 체결하고 1788년 6월 러시아에 선전포고하였다. 영국은 프로이센과 함께 1773년 이래로 러시아와 동맹관계에 있는 덴마크가 전쟁에 개입하는 것을 저지하여 북유럽에서 러시아를 고립시키려 하였다. 그러나 덴마크는 동맹조약에 따라 그해 8월 스웨덴에 선전포고하였다.

승세를 장악했던 러시아 해군이 1790년 7월 10일 '스벤스크준트Svensksund 해전'—역사상 발틱해 최대규모의 전투로 전함 500척과 수병 3만이 참전—에서 결정적인 일격을 당한 후, 러시아-스웨덴전쟁은 영토상의 변경 없이 8월 14일 베렐라 조약Treaty of Värälä으로 종결되었다. '전쟁 이전의 상태Status Quo Ante Bellum'로 복귀하려는 스웨덴의 희망과 오스만과의 전쟁에 자원을 집중해야 하는 러시아의 이해관계가 일치한 결과였다.

영국과 프로이센의 러시아 압박은 러시아-튀르크 전선에서도 지속되었다. 1788년 12월 러시아군이 흑해 북부의 해안요새인 오차코프Очаков를 점령하고 다뉴브강 유역의 몰다비아 수도 야시를 장악하자, 러시아 해군이 흑해를 통해 지중해로 진출하는 것을 우려하던 영국의 피트 수상William Pitt the Younger은 1791년 봄, 프로이센과 협력하여 오차코프Очаков의 반환과 영토 병합의 포기를 내용으로 강화조약 체결을 요구하는 최후통첩을 제시하였다. 그러나 당시 피트 수상의 토리당Tories과 대립하던 찰스 폭스Charles James Fox(1749~1806)의 휘그당Whigs은 피트가 계획한 발틱해의 해군시위는 러시아와 전쟁을 야기할 수도 있다는 이유로 '오차코프 문제'에 대한 영국의 무력시위 계획을 철회시켰다.[88]

제2차 러시아-튀르크전쟁에 대한 영국의 개입 시도는 별다른 성공을 거두지 못하였다. 이것은 휘그당과 협력관계에 있던 주영 러시아 대사 보론초프 백작Семёон Романович Воронцов (1744~1832)의 외교적 성공으로 평가되기도 하지만, 영국으로서는 프랑스 대혁명과 캐나다 식민지 분리 문제 등 국제적 급변 사태에 대한 대응이 더 급한 현안이었을 것이다. 러시아는 오차코프 병합을 비롯한 기존의 요구를 고수하여 1792년 1월 9일, 오스만 튀르크와 '야시 조약'을 체결하였다.

제2차 러시아-튀르크전쟁 개전 초기 러시아의 군사적 성공이 가시화되던 1788년 11월, 프리드리히 빌헬름 2세Friedrich Wilhelm II (1744~1797)의 프로이센은 영국의 지원 아래 폴란드 방어와 급진적인 사회·정치개혁―만장일치제 폐지와 중앙정부 강화, 러시아군 철수 등―에 대한 지지를 약속하였다. 프로이센은 1790년 3월 29일 폴란드와 동맹조약을 체결하였다. 폴란드의 대외환경은 폴란드에 호의적인 레오폴트 2세Leopold II의 오스트리아 왕위계승(1790)으로 호전되었으나 '혁명 프랑스'와의 전쟁으로 급전되었다.

1792년 4월, 프랑스에 프로이센과 오스트리아가 선전포고하면서 시작된 '프랑스혁명전쟁French Revolutionary Wars(1792~1802)'은 러시아에게 폴란드 문제에 대한 새로운 개입 기회를 제공하였다. 계몽군주를 자처하던 예카테리나는 계몽주의의 영향으로 1789년 프랑스에서 발생한 혁명의 파급을 우려하였다. 이에 따라 러시아는 1792년 5월 폴란드의 개혁 정부를 대체하기 위해 폴란드-리투아니아 대귀족들을 중심으로 타르고비스카 연방Konfederacja targowicka을 결성한 후, 1791년 5월에 수립한 폴란드 개혁 체제를 '쟈코뱅주의Jacobinism'로 규정하고 폴란드에 군대를 파견하여 구체제를 복원시켰다.

예카테리나 2세는 프리드리히 빌헬름에게 '프랑스혁명전쟁'에서 각각의 영토적 보상을 존중할 것을 제안하였다. 프로이센은 프랑스와의 전쟁에서 획득한 영토를, 러시아는 폴란드에서 혁명 세력을 제압하고 전리품을 획득하는 형식이었다. 그러나 프랑스와 전쟁에서 프로이센이 실패함에 따라 프리드리히 빌헬름은 대신에 폴란드에서 영토 보상을 요구하였고 예카테리나는 이에 동의하였다.

예카테리나 2세의 대외정책의 종결이자 18세기 러시아의 제국적 팽창의 완결은 폴란드에 대한 최종 분할을 통해 이루어졌다. 폴란드 역사에서 가장 불행하고 유럽 근대 국민국가체제에서 가장 무도한 국제적 결정으로 기록될 수 있는 폴란드 분할은 동맹정치의 기회주의적 극단성을 가감 없이 보여주었다. 1793년 1월 23일 양국은 폴란드 분할에 서명하였고, 7월에 폴란드 의회는 영토 할양에 강제로 합의하였다. 러시아는 폴란드 2차 분할로 우크라이나인과 백러시아인 등 약 300만 명의 인구를 포함하여, 민스크Мінск와 키예프Київ(Kiev), 빌나 Vilnius 지역, 그리고 포돌리아Podolia와 볼히냐Волинь(Wołyn) 일부 등 약 58,000km2의 영토를 병합하였다. 프로이센은 대폴란드의 서부 지역을 병합하였다.

두 차례에 걸친 강제 분할로 영토의 약 70%를 상실한 상황에서 미국독립전쟁에 참전했던 민족 영웅 안제이 코시치우슈코Andrzej Tadeusz Bonawentura Kościuszko(1746~1817)가 이끄는 반외세 무장봉기가 발생하였다. 코시치우슈코의 군대는 초반에 프로이센군을 몰아내고 러시아군에게 수차례 패배를 안겨주었으나, 라수아비스카Racławicka 전투에서 수보로프Александр Васильевич Суворов(1730~1800) 장군의 러시아 군대에 패하였다. 코시츄슈코가 체포되어 페테르부르크로 압송된 후 프라하전투를 마지막으로 폴란드 군대는 진압되었다.

러시아와 프로이센은 최종적으로 폴란드를 유럽 지도에서 삭제하기로 합의하였고 이에 오스트리아가 동참하였다. 1797년 1월 26일 삼국 간 분할에 관한 최종 협정이 체결되어 러시아는 인구 약 120만 명을 포함하여 발틱의 쿠를란트Kurland 공국, 포돌리아와 볼히냐 잔여 지역 등 약 115,000km2의 영토를 획득하였다. 프로이센은 바르샤바를 포함한 폴란드 중부 지역 약 55,000km2의 영토와 인구 100여만 명을 병합하였다. 오스트리아는 루블린Lublin과 크라코프Krakow 등 서갈리치아 지역Western Galicia 약 42,000km2(인구 120여 만 명)의 영토를 장악하였다.

처음 제위에 올랐을 때만 해도 유럽정치에서 '아마추어 호사가'로 치부되던 예카테리나 2세는 이제 유럽의 재상들 사이에서 '사악한 천재'이자 명실상부한 '여제'로 평판되었다. 세 차례에 걸친 폴란드 영토의 분할로 러시아는 서부국경의 획정을 실질적으로 종결함으로써 16세기 이반 4세의 서진정책 이래로 2백여 년에 걸친 유럽 지역에서의 영토적 공방을 일단락지었다.

명실상부한 유럽의 제국으로 부상한 러시아는 스스로 제국의 운명을 '제3의 로마'이자 비잔틴 제국의 법통을 계승한 적자嫡子로서의 문명적 사명과 동일시하였다. 오스만 이교도로부터 유럽 발칸 지역의 기독교 형제들을 보호하는 임무는 이러한 문명적 사명의 '신성한 정체성'으로 여기게 되었다. 러시아 스스로 자임한 이러한 문명적 사명과 정체성은 러시아의 '제국적 야망'의 토양이 되었고, 지정학적으로나 문화적으로는 '러시아 공포증Russophobia'의 자양분이 되었다.

18세기 러시아는 유럽에서 두 개의 바다를 얻었다. 니멘Niemen하구에서 비보르그Vyborg항에 이르는 발틱 해안과 드네스트르Дністер 하구에서 아조프에 이르는 흑해 연안을 장악함으로써 러시아는 유럽의 바다이자 문명의 바다인 지중해로 진출하는 '제국의 길'을 열었다.

러시아의 지중해 진출
(1798-1807)
르보프
카메네츠-포돌스키
포돌리아
러시아
갈리치아
베싸라비아
드네스트르
비엔나
오스트리아
오데사
크림반도
트란실바니아
세바스토폴
베니스
부쿠레슈티
다뉴브
흑해
베오그라드
파노
세니갈리아
안코나
오스만
로마공화국
(프랑스관할)
아드리아해
로마
파르데노파이아
공화국(프랑스관할)
만프레도니아
바리
데살로니카
(콘스탄티노플)
이스탄불
아드리아노플
보스포루스
나폴리
다르다넬스
제국
코르푸
파크소스
레우카스
에게해
세팔로니아
자킨토스
이타키
아테네
팔레르모
메씨나
키테라
지중해
아부키르
알렉산드리아
카이로
이집트
(프랑스관할)
나일강
프랑스혁명전쟁(나폴레옹전쟁)에 대항한
러시아흑해함대의 개입경로(1798-1800)
러시아-터키 연합함대에 의해 포격당한 프랑스
통제하의 항구(1798-1800)
러시아와 프랑스간 경합한 해양영토(섬) :
-프랑스가 오스트리아로부터 획득(1797)
-러시아군의 점령(1800-1807)
-프랑스에 양도(1807)
0   200
Miles

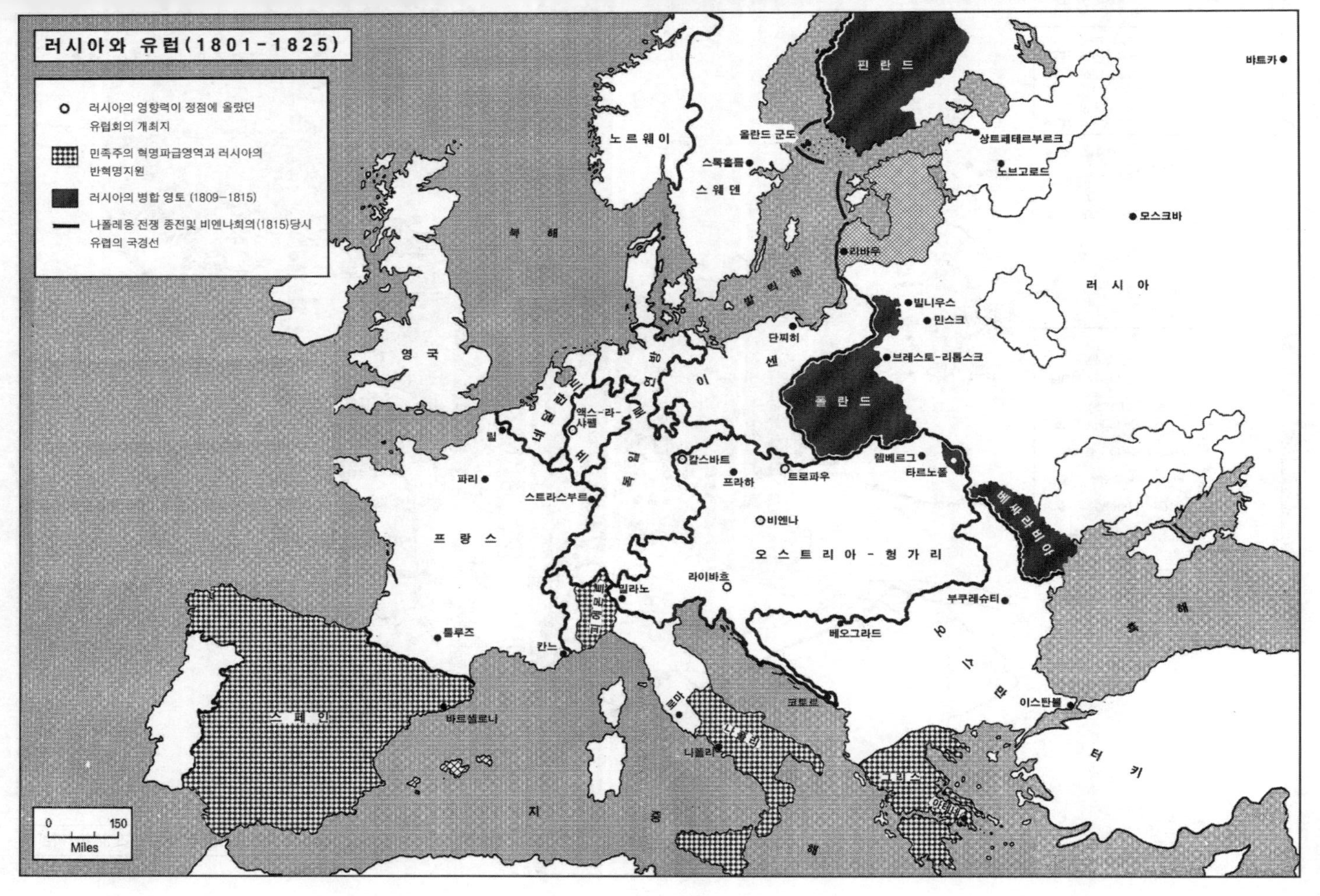

러시아와 유럽(1801-1825)

러시아의 영향력이 정점에 올랐던 유럽회의 개최지
민족주의 혁명파급영역과 러시아의 반혁명지원
러시아의 병합 영토 (1809-1815)
나폴레옹 전쟁 종전및 비엔나회의(1815)당시 유럽의 국경선

바트카
핀란드
노르웨이
올란드 군도
상트페테르부르크
스톡홀름
스웨덴
노브고로드
리바우
러시아
빌니우스
민스크
단찌히
센
브레스토-리톱스크
모스크바
발틱해
폴란드
액스-라-샤펠
칼스바트
트로파우
렘베르그
타르노폴
베싸라비아
파리
프라하
스트라스부르
비엔나
프랑스
오스트리아-헝가리
라이바흐
부쿠레슈티
밀라노
베오그라드
툴루즈
칸느
로마
이스탄불
스페인
나폴리
바르셀로니
니폴리
그리스
터키
영국
북해
흑해
지
중
해
0 150
Miles

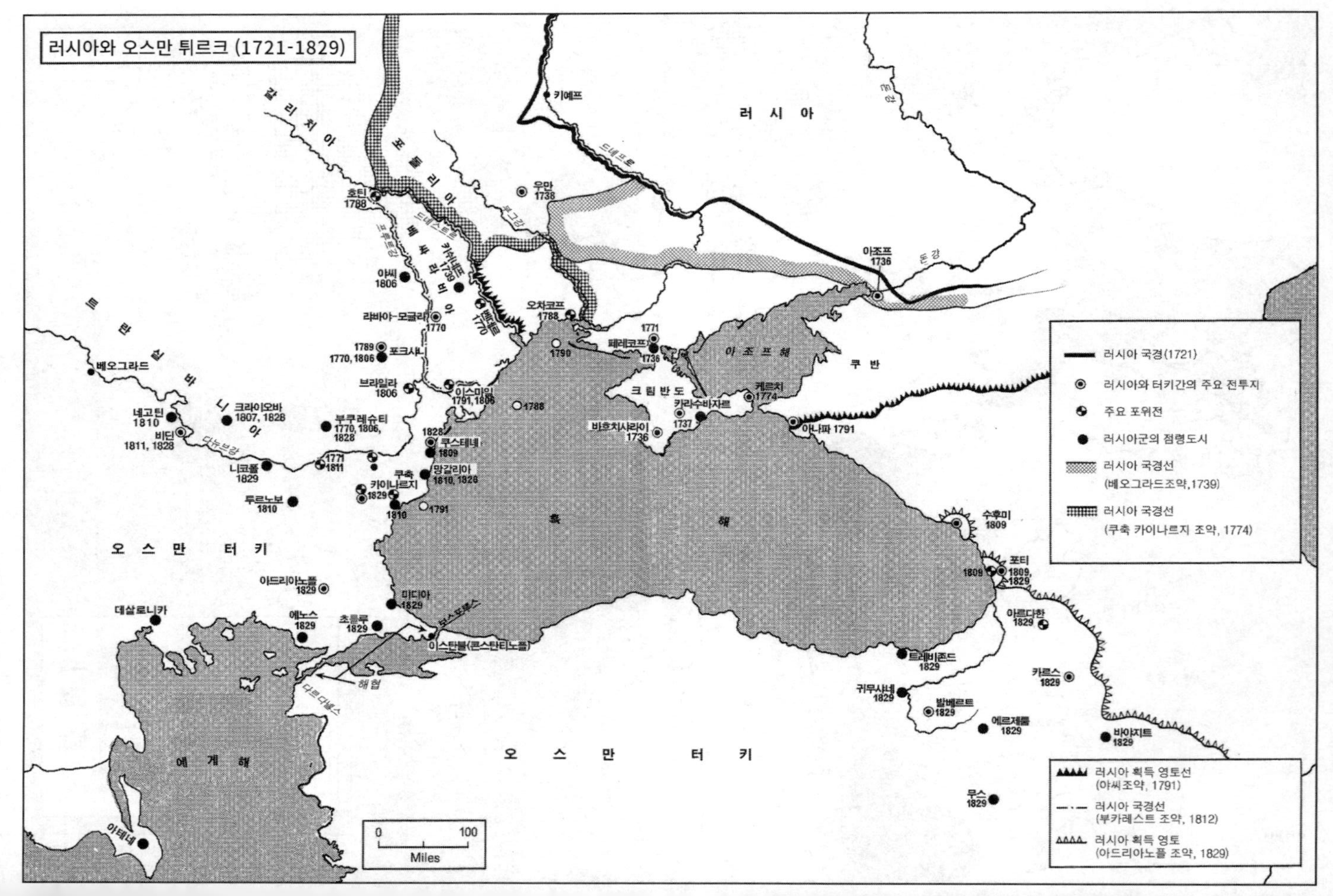

러시아와 오스만 튀르크 (1721-1829)
러시아
키예프
우만 1738
호틴 1788
아씨 1806
라쁘야-모굴라 1770
1789 포크샤 1770, 1806
베오그라드
네고틴 1810
비딘 1811, 1828
크라이오바 1807, 1828
부쿠레슈티 1770, 1806, 1828
브라일라 1806
1777 1811
니코폴 1829
투르노보 1810
쿠스테네 1828 1809
쿠축 카이나르지 1829
망갈리아 1810, 1826
1810 1791
이스마일 1791, 1806
오차코프 1788
1790
페레코프 1736
1771
크림 반도
바흐치샤라이 1736
키라수바자르 1737
아조프해
케르치 1774
쿠 반
아조프 1736
돈 강
아나파 1791
수후미 1809
포티 1809, 1829
아르다한 1829
트레비존드 1829
카르스 1829
귀무샤녜 1829
발베르트 1829
에르제룸 1829
바야지트 1829
무스 1829
오스만 터키
아드리아노플 1829
대살로니카
에노스 1829
초를루 1829
미디아 1829
이스탄불(콘스탄티노플)
해협
다르다넬스
예 계 해
아테네
오 스 만 터 키
0 100 Miles
러시아 국경(1721)
러시아와 터키간의 주요 전투지
주요 포위전
러시아군의 점령도시
러시아 국경선 (베오그라드조약, 1739)
러시아 국경선 (쿠축 카이나르지 조약, 1774)
러시아 획득 영토선 (아씨조약, 1791)
러시아 국경선 (부카레스트 조약, 1812)
러시아 획득 영토 (아드리아노플 조약, 1829)

III
유럽외교의 오리엔탈리즘

러시아 공포증^{Russophobia}의 기원

1. 표트르 대제의 위증된 '유언^{Testament}'

표트르 외전^{外典 Petrine apocrypha}과 유럽의 헤게모니

베스트팔렌체제가 성립하고 외교가 유럽 국가들의 중요한 정치적 일상이 된 이래로 러시아 외교만큼 과도하게 유럽 정치가들의 '혐오'와 '의혹'의 대상이 된 정치 행위는 없었다. 19세기 초 나폴레옹의 정복전쟁을 '유럽의 해방'으로 미화하기 불과 반세기 전인 18세기 중반에 프랑스는 당시 러시아의 영토 확장을 유럽을 지배하려는 계획, '유럽 정복전쟁'으로 규정하여 유럽의 경각심을 일깨우기 시작하였다. 러시아에 대한 이러한 의혹은 '거대한 게임^{Great Game}'으로 표현되는 19세기 영국과 러시아 간 전략경쟁^{England-Russia riverly}을 통해 '러시아 공포증(혐오증)'으로 구체화되었다.

러시아의 정체성에 관한 유럽의 인식은 이후 대서양 너머의 신대륙으로 건너가 냉전시대에 '공포증'을 넘어서 '악의 제국', '어둠의 세력'

이라는 종교적 정체성까지 부여되어 정치신학적 영역으로 비화되었다. 이제 러시아(소련)와의 관계 설정 문제는 외교라는 국가 간 상호작용의 객관적 행위 패턴의 측면을 넘어 인간의 종교적 심성을 자극하는 주관적 결단이자 신조credo를 요구하는 가치 문제로 변형되었다. 물론 냉전이 해체되고 미국이 러시아와 '평화적 동반자 관계Partnership for Peace'를 맺은 이래 러시아가 '악의 축'이라는 오명은 벗었을지라도 여전히 유럽국가들은 러시아 외교 문제와 관련하여 '공포증'을 거두고 있지 않은 것이 현실이다.

오레스트 서브텔니Orest Subtelny를 비롯한 외교사가들은 러시아 공포증의 기원을 '표트르 대제의 유언'에서 찾고 있다. 물론 표트르의 유언이 문서적 근거가 희박한 후대에 가공된 것이었다는 것이 정설이지만, 이 문건이 당시 러시아 외교를 평가하는 데 있어서 유럽의 정치가들에게 미친 영향이 적지 않았던 것 또한 부인하기 어렵다. 래그스데일Hugh Ragsdale은 표트르의 유언을 예카테리나 2세Catherine II의 이른바 그리스 프로젝트Greek Project와 함께 러시아 제국외교를 설명하는 분석 코드로 설정하고 있다. 그 또한 이 두 개의 '대기획grand projects'이, 진위 여부의 논란에도 불구하고, 유럽의 국가들로 하여금 당시 러시아의 대외적 팽창을 유럽 지배를 위한 정복전쟁으로 의심하게 한 계기가 된 점에 주목하고 있다.

레시스Albert Resis가 언급한 것처럼 "허위 문서들이 역사의 경로를 바꿀 수는 없지만 어떤 결과를 초래"하는 것은 사실이다. '시온 의정서 Protocols of the Learned Elders of Zion', '시쏭문서Sisson Documents', '지노비예프 서한Zinoviev Letter', '표트르 대제의 유언' 등이 그것이다. 이 문서들은 대부분 날조되거나 가공 윤색된 것으로 이미 밝혀지면서 학문적으로 폐기 처분되었다. 잘 알려진 바와 같이 '시온 장로 의정서Протоколы сионских мудрецов'는 1897년 스위스 바젤에서 개최된 제1차 시온주의자 회의에서 시온의 장로들이 세계 지배를 음모하여 채택한 것으로 날조된 위서偽書이다.

그럼에도 시온 의정서나 표트르 유언의 경우 현대에 이르기까지 역사적 음모론의 목록에서 여전히 그 명맥을 유지하고 있다. 표트르 유언이 기업인들의 사교모임에서 회자되는 것은 물론이고 국제정치나 외교처럼 제도적 영역에서조차 러시아의 세계전략을 판단하는 데 레퍼런스로 활용되고 있는 것은 부인할 수 없는 현실이다. 예를 들어 냉전시대 1970년대 후반 서남아시아의 정치 변동들에 대한 서구의 해석은 '유언'이라는 표트르의 유령이 세계정치 무대에서 여전히 배회하고 있다고 믿게 하였다.

서방 전문가들은 1979년 이란의 이슬람 혁명에 대한 러시아의 전략적 관심과 아프간 내전에 대한 러시아의 무력 개입 등을 세계 지배라는 표트르의 그랜드 디자인을 유훈으로 따르는 소련의 세계전략의 일환으로 해석하였다. 당시 이란을 비롯한 서남아시아의 정치 위기를 기획 보도하면서 『더타임즈 *The Times* 』는, 러시아(소련)가 해당 지역에서 정치적 위기 상황을 활용하여 자국의 영향력 확대를 의심할 나위 없이 지속적으로 추구해 왔다고 해석하였다. 이것은 러시아가 제정 시대 이래로 상황 판단에 거의 변함이 없기 때문이라고 『타임즈』는 평가하였다. '유언'을 통해 표트르가 그렇게 "미래의 러시아 통치자들에게 충고하고 있다"고 보기 때문이라는 것이다.[89] 그들은 소련의 아프간 무력 개입을 지켜보면서 박제되어 있던 '유언'의 다음과 같은 구절을 살려냈다:

"…가능한 한 콘스탄티노플과 인도 방향으로 전진해야 한다. 이곳을 통치하는 자가 세계의 진정한 주권자가 될 것이다.⋯이를 위해 터키뿐만 아니라 페르시아와도 지속적으로 결전을 해야 한다.⋯에욱시네Euxine(흑해)와 발틱에 닻을 내리고 그곳의 주인이 되어야 한다.⋯페르시아의 쇠락을 재촉하고 페르시아만을 압박해야 한다.⋯만약 시리아를 통한 레반트와의 고대 상업적 가치를 복원하고 인도로의 길을 열 수 있다면⋯그곳은 세계의 보고寶庫이다.⋯그곳에서 우리는 영국의 황금을 나눠 가질 수 있다.”

당시 서구의 러시아 전문가들은 소련이 아프간을 침공하고 이란 혁명에 전략적 관심을 기울이는 것을 표트르의 유언에서 언급된 페르시아와 인도로의 진출 문제에 귀결시켰다.

표트르의 유언이 유럽 정치무대에 등장하게 된 배경에는 프랑스의 정치적 의도가 자리하고 있다. 표트르 대제 사후 세간에 소문으로 떠돌던 ‘유언’은 1757~1760년간에 페테르부르크 주재 프랑스 공사관의 서기관으로 근무하던 슈발리에 데옹Chevalier d’Eon de Beaumont (1728~1810)[90]에 의해 세상에 나왔다. 1760년 데옹이 표트르 대제의 여름궁전Петергоф에서 ‘필사’했다고 주장한 사적인 메모가 슈와셀 공작 Duke de Choiseul(1719~1785)에게 보내져 프랑스 외무부 러시아 문서파일에 보관되면서 문서 형태로 편집되었다.

유럽의 18세기 국제정치는 제국으로 굴기屈起하고 있는 러시아를 향해 프랑스가 경계심을 품을 만한 환경을 마련해 주었다. 당시 오스트리아-합스부르크 제국과 유럽의 주도권을 놓고 대립하던 프랑스는 러시아의 자연 국경선natural borderline 확장, 즉 유럽으로의 확장이 프랑스의 동맹국들—스웨덴, 폴란드, 튀르크—의 영토를 필연적으로 가로지를 것으로 예상하였다. 따라서 러시아가 프랑스에 동맹 가능성을 타진했을 때 프랑스는 러시아가 오스트리아와 동맹을 추구하고 있다는 사실뿐만 아니라 동맹국들의 희생을 담보로 한 것이라는 판단에서 이를 거절하였다. 표트르의 유언은 이러한 프랑스의 판단을 자기 합리화할 수 있는 근거로 활용되었고 이로 인해 생성된 러시아와 프랑스 간의 외교적 대립은 러시아 공포증으로 비화되었다.

19세기 초 나폴레옹시대에 들어서 표트르의 유언은 프랑스의 러시아 정책 수립의 주요 토대로 공식적으로 활용되었다. 이 '유언'이 프랑스가 러시아와 전쟁을 시작한 1812년에 파리에서 레쉬르Charles Louis Lesur(1770~1849)에 의해 최초로 『러시아 세력의 진출Des Progrès de la Puissance Russe』이라는 명칭의 단행본으로 출판되었다는 사실은 정황상 나폴레옹이 이 문서를 프랑스의 제국정책에 활용하였을 것이라는 혐의에 신빙성을 부여하였다.[91] 나폴레옹이 '유언'에 주목하게 된 배경에는 당시 정책 자문 역할을 했던 레쉬르의 정치적 선동이 작용한 것이라는 평가가 우세하지만 레쉬르가 '상부의 지시'에 의해 책을 집필한 것이라는 견해도 있다.

영국의 군인이자 외교관이던 윌슨 경Sir Robert Wilson(1777~1749)은 레쉬르의 책이 프랑스 정부의 주도면밀한 감독 하에 출간되었다는 견해를 나폴레옹전쟁 당시 러시아의 최고 지휘부에 전달한 바 있다. 나폴레옹전쟁 후에 그 또한 "러시아의 정치권력과 군사력에 관한 스케치A Sketch of the Military and Political Power of Russia"라는 반反러시아적 서적을 출판하여 영국의 러시아 공포증에 일조하였다. 외교사가史家 사이에서 이 유언이 '언제, 왜, 누구에 의해' 작성되어 텍스트 형태로 발전하게 되었는지에 대해 견해 차이가 있으나 이것이 당시 유럽 국가들로 하여금 러시아 외교를 판단하는 데 있어서 결정적인 텍스트는 아닐지라도 중요한 레퍼런스로서 기능했다는 점에는 대체로 의견이 모인다고 할 수 있다.

서브텔니는 '유언'의 여러 버전을 조사하면서 제정 러시아 시대로 돌아가 소위 '표트르의 계획들'을 프랑스와 그 동맹국들이 어떻게 판단하고 있었는지를 작성 시기와 동기, 국제관계적 측면 등에서 다언어적 문헌 고찰을 통해 접근하고 있다.[92] 이른바 '표트르의 계획'은 18세기로 거슬러 올라간다. 당시 유럽 국제관계의 핵심 메커니즘인 세력균형의 주요 중심축이던 프랑스, 오스트리아 합스부르크, 오스만 튀르크 그리고 베스트팔렌체제에 뒤늦게 합류하여 유럽질서의 재편에 영향력을 행사하기 시작한 러시아 간 동맹과 세력균형 문제에 그 기원을 두고 있다.

러시아는 북방전쟁을 통해 발틱해로 진출하는 동시에, 남러시아 초원의 출로인 아조프해를 장악하고 지중해로 나가는 입구인 흑해로 세력을 확장하는 과정에서 프랑스의 동맹국이거나 전략적 제휴 관계에 있던 스웨덴, 오스만제국 등과의 충돌이 불가피하였다. 17세기 말 이래로 러시아는 스웨덴, 폴란드 등과 발틱해의 제해권, 우크라이나와 남러시아 초원의 종주권을 놓고 경쟁하였고, 오스만제국과는 흑해와 발칸 지역에 대한 세력권을 위해 대립하였다.

러시아가 흑해와 발칸 지역으로 진출하는 과정에서 오스만의 역사적 숙적인 오스트리아와 동맹을 추구한 것이 오스트리아와 유럽대륙의 헤게모니를 다투던 프랑스를 자극하여 표트르의 동맹 제안을 프랑스가 거부하는 빌미를 제공하였다. 아우크스부르크 동맹전쟁War of the League of Augsburg(팔츠계승전쟁 Pfälzischer Erbfolgekrieg)과 스페인 왕위계승전쟁 등은 루이 14세의 프랑스가 오스트리아와 대립한 대표적인 사례들이다.

'표트르의 유언'이라는 위증된 형태로 기록된 '표트르 외전外典'이 초기에 오스만제국의 술탄에 보고되고 이후 19세기 초 나폴레옹에 의해 정책적으로 완성되었다는 사실은 표트르의 유언이라는 출처 불명의 외경Apocrypha이 유럽 강대국들의 헤게모니 경쟁이라는 정치적 산물임을 방증하는 것이라 할 수 있다. 이러한 의미에서 백여 년에 걸쳐 표트르 유언이 '러시아 공포증Russophobia'으로 진화하는 과정에서 프랑스와 영국이 주도적인 역할을 한 것은 어쩌면 자연스러운 제국 경쟁의 결과이자 유럽의 헤게모니를 향한 투쟁의 산물이라 할 것이다.

러시아 공포증의 프랑스적 기원: 헝가리와 폴란드 버전들

1703년 합스부르크의 레오폴트 1세Leopold I가 중앙집권정책을 강압한 것에 반발하여 헝가리의 라코치 2세Ferenc Rákóczi II[93]가 반란을 일으켰을 때 프랑스는 신속하게 헝가리에 재정적·군사적인 지원―블레넘Blenheim 전투(1704) 등―을 단행하였다. 투쟁이 장기화하면서 외부로부터의 군사적 지원이 절실해지자 라코치 2세는 파파이János Pápai와 호르바트Ferenc Horváth를 오스만제국에 파견했다. 이들의 임무 중에는 이스탄불 주재 프랑스 대사인 페리올 남작Baron Charles de Ferriol(1652~1722)을 접견하여 포르테Porte(오스만 조정)의 군사적 원조를 이끌어내는 데 필요한 외교적 지원을 요청하는 것이 포함되었다. 이것은 당시 포르테에 대한 프랑스의 영향력을 감안할 때 근거가 충분한 조치였다.

라코치 2세의 전략적 의도는 합스부르크에만 한정된 것이 아니라 로마노프 왕조를 겨냥한 것이기도 하였다. 계획대로 헝가리의 의도가 관철되어 포르테가 러시아에 전쟁을 선포하게 되면 러시아의 동맹국인 오스트리아의 참전은 불가피하게 되고 헝가리에 유리한 국면이 조성될 것이라는 판단이었다. 예상대로 페리올은 파파이와 호르바트에게 포르테의 실력자를 접견할 수 있는 중요한 기회를 제공하였다. 비록 결과적으로 헝가리가 요청한 군사적 행동에 동의하진 않았지만 이를 통해 포르테는 헝가리 문제에 대해 깊은 관심을 표명하게 되었다.

헝가리 특사가 오스만 튀르크의 재상 알리 파샤Çorlulu Ali Pasha
(1670~1711)에게 상주한 두 개의 청원서에는 이스탄불 주재 러시아 공사
톨스토이Пётр Андреевич Толстой(1645~1729)와 오스트리아 공사 탈만
Leopold von Talmann(1703~1711 재임)이 외교적으로 곤경에 처할 만한 내용
이 담겨 있었다. 향후 '표트르 유언'으로 유포될 만한 내용이었다. 서브
텔니는 청원서의 핵심 주제를 다음의 세 가지로 정리하고 있다. 유럽
과 오스만제국에 대항하여 러시아가 오스트리아와 동맹하는 전략을
실행하고, 동방(발칸과 소아시아)에 전략 거점을 마련하여 오스만제국
의 몰락을 토대로 '동방의 모스크바 왕국'을 건설하려는 계획을 수립
하였다는 것이다. 이를 위해 러시아는 오스만제국 내의 정교도를 활용
할 것이라는 내용이었다. 청원서의 이러한 핵심 주제들은 표트르 계획
의 맹아적 형태를 띠고 있었다.

표트르 계획에 대한 또 다른 헝가리 버전은 탈라바 포가라쉬Talaba
Máté Fogarasi(1670~1714)에 의해 작성되었다. 호르바트와 파파이가 알
리 파샤에게 전달한 청원서의 내용을 탈라바가 이미 접했을 것이라
고 서브텔니는 추측하고 있다. 1708년 라코치가 표트르와의 관계 개
선을 위해 러시아 주재관으로 파견했던 탈라바는 2년여 동안 별다른
활동의 성과를 거두지 못한 채, 1710년 4월 프랑스와 관련한 스파이
활동 혐의로 추방되었다. 실제로 루이 14세가 카를 12세의 스웨덴에
파견한 특사이자 라코치의 자문이었던 데살뢰르Pierre Puchot des Alleurs
(1643~1725)백작과 탈라바 포가라쉬가 긴밀한 관계를 유지하고 있었다
는 것이 사실로 드러났다.

데살뢰르 백작 피에르 푸쇼는 표트르 계획 등 당시 유럽 사회에 '러
시아 음모론'을 열정적으로 유포시키던 프랑스 외교관이자 '헝가리 커

넥션'의 중심인물이었다. 추방된 직후 탈라바는 드네스트르강 유역에 있는 오스만의 국경도시인 몰다비아의 벤데르Бендер로 향했는데, 그 곳에는 1709년 폴타바 전투에서 표트르의 군대에 대패한 카를 12세가 머물고 있었다. 벤데르는 '베싸라비아(몰다비아)Besarabia의 문'으로 불리는, 발칸 지역으로 들어가는 전략적 요충지였다. 탈라바는 오스만에 대한 러시아의 군사행동 계획을 담은 이른바 '표트르 기획' 문서를 카를 12세에게 전달했다.

폴타바 전투의 패배로 인해 상실한 북유럽 강국의 위신 회복 문제로 부심하던 카를 12세는 이 '기획'이 오스만을 러시아와의 전쟁에 연루시킬 수 있는 절호의 기회라는 판단 아래 탈라바의 문서를 짜르의 호전적 계획의 증거로서 오스만의 술탄과 크림칸국의 데블레트 기라이(기레이)Devlet II Giray(1648~1718) 칸에게 제시하였다. 이를 근거로 오스만 술탄은 곧 러시아에 전쟁을 선포하였다. 탈라바 문서는 원본이 존재하지 않고 원문 요약 형태로 우크라이나어와 스웨덴어로 기록 보존되었다. 그중의 하나가 오를릭의 기록이다.

오를릭 Pylyp Stepanovych Orlyk/Filip Orlik(1672~1741)은 후스전쟁 Hussite Wars/Bohemian Wars(1419~1434) 때 폴란드로 망명한 체코 귀족 가문 출신으로 우크라이나의 키예프에 있는 모힐라 아카데미Могилянская академия에서 수학하였다. 오를릭은 남러시아 초원의 자포로쥐 카자크 귀족의 딸과 혼인하여 카자크 아타만(수장)인 마제파Hetman Mazepa의 휘하에 들어갔다.[94] 1708년 폴타바 전투에서 마제파와 카를 12세의 군대가 표트르의 군대에 의해 궤멸당한 후 오를릭은 마제파를 따라 국외로 망명했다. 1709년 마제파의 사망 후 오를릭은 카를 12세의 후원에 힘입어 아타만 직을 계승하였다.

1710년 카를 12세와 함께 우크라이나로 진격하려는 계획을 구상하던 오를릭에게 탈라바의 문서는 오스만의 군사적 지원을 획득하고 우크라이나인의 봉기를 선동할 수 있는 절호의 기회로 판단되었다. 이러한 정황으로 보아 오를릭이 탈라바의 문서를 유리하게 편집했을 가능성 또한 배제할 수 없다. 오를릭에 따르면 탈라바가 짜르의 문서고에서 '기획'을 비밀리에 입수하여 카를 12세에게 팔아넘겼다는 것인데, 실제로 이를 증명할 길은 없다.

'탈라바 문서'의 원본이 짜르의 문서고에 실재한다고 가정하더라도, 페테르부르크에서 인상적인 외교활동을 보인 바 없는 탈라바가 외교상 최고 기밀에 속하는 '짜르의 문서'에 접근하기란 불가능한 일이었다. '표트르의 기획'이 설사 존재했더라도, 밝혀질 경우에 러시아에게 족쇄로 작용할 수도 있는 논조와 형태로 성문화하진 않았을 거라는 점, 즉 문서화하진 않았을 것이라는 주장이 설득력이 있다. 따라서 탈라바의 판본 또한 당시의 루머를 정리한 위작이라는 것이 지배적인 견해이다. 그럼에도 탈라바의 문서가 완전한 허구라고 치부하기 어려운 것은 당시에 러시아와 오스트리아가 동맹을 추구하고 있었고 러시아의 팽창이 오스만제국의 후퇴를 담보로 한 것이 사실이기 때문이다.

일기형식을 취한 오를릭의 기록은 탈라바 문서에 대해 다음과 같이 기억하고 있다.

"…사망한 짜르(표트르 1세)가 동의하고 비엔나 조정에서 수립된 그 기획은 그 당시(1710)에 시작되었고 지금(1732) 효과가 나타나기 시작하고 있다.…그(표트르)는 스웨덴에 대항하여 러시아를 보호한다는 구실 아래 폴란드-몰다비아 국경 요새들을 군사 점령하였다.…타간로그와 아조프는 대규모 주둔군으로 강화하여 가능한 한 강한 함대가 흑해로 파견되어야 했다.…이 전쟁 후 그(표트르 1세)는 카자크를 탄압하고 자유를 짓밟았으며, 우크라이나의 드네프르강을 따라 요새를 건설하였다. 만약 그들, 카자크가 저항했더라면 그는 그들을…볼가강 너머로 추방했을 것이다. 그러는 동안 모스크바인들은 우크라이나에 정착하였다.…우크라이나와 폴란드 전역에 군대를 주둔시키면서 그는 육지와 바다를 통해 크림반도로 진출하였다. 이곳을 정복한 후에는 그루지아를 획득하고 콘스탄티노플로 가는 길을 열고 유럽과 아시아로부터 오스만 제국에 대한 공격에 착수하기가 수월할 것이다."[95]

탈라바 문서를 요약하고 있는 오를릭의 일기는 우크라이나 문제를 지나치게 중요하게 다루고 있다. 서브텔니의 분석에 따르면, 당시 우크라이나 문제가 러시아, 스웨덴, 폴란드 등에 있어서 중요한 국제적 사안이었던 것은 사실이지만 일기에 과도하게 강조되고 있는 점으로 미루어, 오를릭이 탈라바 문서를 우크라이나와 코사크의 관점에서 자의적으로 삽입하여 편집한 것이 아닌가 하는 의심이 들게 한다.

"표트르 1세가 우크라이나에서 카자크를 내몰고 모스크바인들을 이주시키려 한다"는 내용은 이미 마제파 추종자들이 퍼뜨린 오래된 루머였다. 오를릭의 기록은 18세기 후반에 출현한 일명 '표트르의 계획'들의 원형을 제시하고 있다. 이것은 후에 표트르 1세가 팽창을 위한 구체적이고 체계적인 계획을 수립했다는 주장을 뒷받침하는 장치를 제공했으며 역사 문헌들 속에서 '반러시아 프로파간다'를 위한 효과적인 도구로 활용되었다.

우크라이나가 러시아의 세력권에 들어간 후, 1714년 우크라이나 망명자들과 함께 카를 12세를 따라 스웨덴으로, 그리고 1721년에는 오스만제국으로 다시 들어가 연금 상태를 겪고 생을 마감할 때까지 오를릭은 유럽 정치가들에게 유럽과 아시아(오스만제국)를 위협하는 '러시아 공포론'을 조성하는 데 힘을 쏟았다. 그는 페르시아와 카스피해 주변 지역을 정복하려는 표트르의 목적이 동방과 서방 간 주요 무역로를 지배하고 이를 통해 러시아가 유럽에서 상업 주도권을 장악하려는 것이라고 역설하였다.

오를릭의 '반러시아 프로파간다'의 임무는 그의 아들 흐리호르 오를릭 Hryhor Orlyk/Grégoire Orlyk에게 넘겨졌다. H. 오를릭은 루이 15세가 장인인 S. 레슈친스키 Stanisław Leszczińsky를 폴란드 왕에 복위시키는 계획을 준비하는 과정에서 기회를 얻을 수 있었다. H. 오를릭을 루이 15세에게 천거한 것은 프랑스 주재 스웨덴 대사였다. 그는 루이 15세에게 레슈친스키의 복위를 반대하는 러시아에 대항하여 코사크인과 크림 타타르인들을 동원하는 데 오를릭이 유용할 것이라 조언하였다.

폴란드 가문 출신의 H. 오를릭은 카자크 아타만의 아들이자 카를 12세의 피후견인으로서 열성적인 '러시아 공포'의 전파자였다. 루이 15세는 그에게 비밀 임무를 부여하여 오스만 술탄과 크림 칸에게 파견하였다. 폴란드 왕위계승전쟁(1734~1735)이 러시아의 승리로 돌아가고 러시아와 오스트리아가 지지하는 작센 가문의 프리드리히 아우구스트 2세가 아우구스트 3세 August III Sas/Fryderyk August II (1696~1763)로서 폴란드 왕위를 계승하자 H. 오를릭은 카자크 아타만으로 복위하는 것을 포기하고 프랑스에 남아 관직에 복무하였다.

이후 H. 오를릭은 선친처럼 '러시아 공포증'을 확산시키는 데 여생을 바쳤다. 그는 지속적으로 러시아의 '음모와 계획'을 연구하여 프랑스 외무부에 보고하였다. 북방전쟁과 폴란드 왕위계승전쟁 등에서 연이어 상실감을 체험한 루이 15세로서는 오를릭의 도식이 위안 이상의 영감을 제공하는 외교적 상상력의 원천이었다. 특히 폴란드 왕위계승전쟁과 관련하여 발생한 러시아-튀르크전쟁(1736~1739)의 결과로 러시아가 아조프해를 최종적으로 확보하자, 그는 '표트르의 계획'이 계승되고 있는 중요한 증거라고 주장하였다.

H. 오를릭은 '계획'이 단지 표트르 시기에 국한된 것이 아니라 이반 뇌제Ivan IV the Terrible(1530~1584)로부터 기원하는 것, 즉 몽골 지배에서 벗어난 직후인 러시아 국가형성 초기로 거슬러 올라가는 것으로 확대 해석하였다. 이제 유럽에서 '표트르 기획'은 러시아의 '국가이성raison d'Etat'이자 존재 이유, 그리고 러시아 역사 그 자체로 동일시되었다.

H. 오를릭의 판단으로는, 러시아라는 국가가 존재하는 한 '기획'은 지속될 것이었다. 그는 러시아가 "북유럽을 넘어 유럽의 지배자로 군림하려는 계획을 프랑스가 좌절시켜야 한다"고 역설하였다. 이를 위해서 폴란드에 대한 프랑스의 전략적 지원이 중요하고 오스만과 페르시아 간의 갈등에서 프랑스가 중재자로 나서야 한다고 제안하였다. 1759년 프로이센과의 전투에서 H. 오를릭이 사망한 직후 프랑스 외무부는 오를릭 부자의 문서를 수집하여 문서고에 보관하였다. '오를릭 문서'가 이후 프랑스인들에 의해 표트르의 '기획', '유언' 등으로 명명되는 최종판본에 반영되었을 것이라 추측하기란 어렵지 않은 일이다.

루이 15세의 비밀조직, '왕의 밀정'의 음모와 위작들

그렇다면 누가, 어떤 과정을 거쳐 '기획'을 프랑스 버전으로 생산해 냈을까? 서브텔니는 루이 15세의 비밀 외교채널에 해결의 초점을 두고 있다. 루이 15세가 직접 관장하여 '왕의 밀정Secret Du Roi'이라 불린 비밀외교 채널에는 H. 오를릭을 비롯하여 앞서 언급한 데옹d'Éon과 드브로이Charles François comte de Broglie(1719~1781) 등이 소속되어 있었다. 유능한 장교이자 외교관이던 드브로이 백작(뤼펙 후작marquis de Ruffec)은 루이 15세가 비공식 외교 채널로 이용했던 '시크렛 뒤 루아Secret du Roi'를 이끌었다.

왕의 밀정들은 '반러시아적 경향'으로 잘 알려져 있었다. 회고록에서 데옹은 표트르의 기획에 대해 논한 바 있으며 이를 유포시키는 데 공헌하였다. '왕의 밀정'의 일원이자 폴란드사가인 룰리에르Claude-Caloman de Rulhière(1735~1791)는 표트르 기획에 대한 그의 버전에 러시아의 인도정복 계획을 추가하였다.

1812년 프랑스에서 출간된 표트르 유언의 집필에 일조한 또 다른 버전은 미할 소콜니츠키Michał Sokolnicki(1760~1816)의 비망록이다. 폴란드 군대에 대한 지원을 요청하기 위해 파리를 방문한 소콜니츠키 장군은 1797년 프랑스 외무부서에 '러시아에 대한 통찰Aperçu sur la Russie'이라는 메모랜덤을 제출하였다. 파파이나 호르바트, 카를 12세, 오를릭 등과 유사한 동기로 소콜니츠키는 메모랜덤에서 표트르의 야심찬 계획―단순히 구상이 아니라 구체적으로 문서codex화된 계획―에 대해 경고하고 있다. 탈라바나 데옹이 그랬던 것처럼 그 또한 '비밀스럽고 특별한 기회'를 통해 얻은 식견들에 근거했다는 식으로 이들과 유사한 진술패턴에 따르고 있다.

레비터L. R. Lewitter를 비롯한 대부분의 관련 학자들은 소콜니츠키의 메모랜덤이 그의 '풍부한 상상력의 소산'이라고 평가하고 있지만 서브텔니는 당시에 이미 떠돌던 '표트르 외전Petrine apocrypha'들을 소콜니츠키가 재구성한 것으로 보았다. 그는 P. 오를릭의 기록에서 아이디어를 얻었을 가능성을 제기하였다. 소콜니츠키도 자신의 비망록에서 "바르샤바에 보관된 러시아 문서들에 접근했던 자신의 동료들로부터 이러한 계획들을 입수하였다"고 적고 있다.

1734년 포르테의 연금 상태에서 풀려난 오를릭이 포토츠키Józéf Potocki와 같은 폴란드 지도자들에게 표트르의 기획에 따라 러시아가 폴란드를 부분 점령하려는 음모를 꾸미고 있다고 선동한 정황이나, 프랑스가 폴란드 필경사에게 외무부에 보관된 오를릭의 일기를 필사하여 폴란드로 반출하는 것을 허용한 사실로 미루어 보아 소콜니츠키가 폴란드에서 오를릭의 기록을 접할 수 있었으리라 충분히 짐작할 수 있다. 더욱이 소콜니츠키는 '오를릭 문서'가 보관된 차르토리츠키Adam Czartorycki 도서관의 애용자였으며 표트르의 '계획'과 관련한 서유럽의 자료들을 열성적으로 수집하는 콜렉터이기도 하였다.

이러한 사실은 1811년 나폴레옹에게 상주한 비망록에서 소콜니츠키가 러시아에 대항하여 카자크가 봉기할 가능성을 역설하면서 이것이 '중요한 양동兩動작전une diversion importante'이 될 것이라고 부연한 이유를 설명해 준다. 소콜니츠키가 카자크 아타만 오를릭의 견해를 모방한 것이다. 1812년 표트르의 유언이 책으로 출간되기까지 누가 최종원본의 작성자인가 하는 논란이 있었으나 소콜니츠키의 비망록이 1812년에 레쉬르가 출판한 책의 마지막 원고 역할을 했다는 견해가 신빙성이 있다.[96]

나폴레옹전쟁이 끝난 후 잊혀져 가던 표트르의 유언을 세상에 다시 불러낸 사람은 작가이자 언론인 가이야르데Frédéric Gaillardet (1808~1882)였다. 가야르데의 책『데옹 전기Mémoires du Chevalier d'Eon』는 1836년 파리에서 출간되었는데 그 시기가 미묘하였다. 당시 러시아, 프랑스, 오스트리아, 영국 등 유럽의 열강들은 오스만제국에 대해 독립을 주장하는 그리스인들의 봉기(1821)에 직면하여 '유럽의 균형' 문제를 심각하게 고민하고 있었다. '비엔나체제(1815)'로 상징되는 '유럽협조체제Concert of Europe'는 당시 유럽 국제질서의 근간이자 규범이었다.

영국의 외무장관인 케슬레이Robert Stewart, Viscount Castlereagh (1769~1822)와 오스트리아 외무장관 메테르니히Klemens von Metternich (1773~1859)는

러시아의 알렉산드르 1세Александр I(1777~1825)에게 그리스 독립전쟁에 참여하지 말 것을 요청하였다. 당시 신성동맹Holy Alliance의 주창자이자 유럽협조체제의 보호자를 자처하던 알렉산드르 1로서는 영국과 오스트리아가 유럽의 세력균형과 현상유지를 주장한 것은 이해할 만한 사안이었을 것이다. 특히, 오스만과 발칸을 경계로 대립하던 오스트리아는 발칸이 국제 문제화 되는 것, 그리하여 정교도와 슬라브인들이 다수인 발칸에 러시아가 개입하는 것에 전략적으로 민감한 반응을 보였다.

1825년 알렉산드르 1세를 계승한 니콜라이 1세가 오스만과의 전쟁(1828~1829)에 돌입하자 오스트리아는 반러시아 동맹을 형성하기 위해 영국과 프랑스를 설득하였으나 소기의 성과를 거두지 못하였다. 이미 영국과 프랑스는 그리스인들에 대한 지지를 결심한 상태였다. 그리스의 독립 문제에 연루된 러시아-튀르크전쟁은 러시아의 승리로 귀결되었다. 그리스독립전쟁(1821~1832)은 러시아와 오스만 튀르크 간에 아드리아노플 조약Treaty of Adrianople(1829), 콘스탄티노플 조약Treaty of Constantinople(1832)이 체결됨으로써 최종적으로 종결되어 그리스의 독립이 승인되었다.

이로써 발칸에서 러시아의 세력권이 형성되어 오스만제국의 운명과 발칸민족들의 독립 문제, 즉 동방문제Eastern Question가 제기되었다. 동방문제는 19세기에서 20세기 초에 이르기까지 유럽 열강들이 고심했던 국제관계의 핵심 문제였으며 그 소용돌이의 한가운데에 러시아가 있었다. 러시아의 전략적 상승을 경계하는 유럽의 두려움은 다시 한번 '유언'을 세상 밖으로 불러냈다. 가이야르데의 책은 이러한 배경에서 출현하였다.

가이야르데의 책은 두 가지 측면에서 신빙성이 약한 것으로 평가된다. 먼저, 저자의 소양과 작품 성향에 관한 것인데, 그 자신과 책의 성격이 전문적 지식이나 학문적 진지함과는 거리가 멀 뿐 아니라 스캔들과 센세이션에 주목하는 19세기 전형적인 문학적 모험주의자 부류에 속한다는 점이다. 책의 핵심 내용과 구성 또한 주로 데옹의 확인되기 어려운 비밀스러운 활동이나 허무맹랑한 로맨스—영국의 샬럿 왕비 Sophia Charlotte나 러시아 엘리자베타 여제 Empress Elizabeth와 데옹의 로맨스—등을 소재로 삼고 있다.

예카테리나 2세 Catherine the Great의 한 서신은 데옹의 로맨스가 사실무근임을 잘 말해주고 있다. 당시 프랑스에서는 이러한 로맨스 소문이 떠돌았을 것인데, 볼테르 등 프랑스 계몽주의자들과 교분이 있던 예카테리나 2세가 이들을 통해 이 소문을 직간접적으로 접했을 가능성이 크다. 예카테리나 2세는 프랑스 백과전서파 Encyclopedists인 디드로, 달랑베르, 루소 등과 절친한 사이인 그림 남작 Friedrich Melchior baron von Grimm(1723~1807)에게 보낸 편지에서 데옹에 관해 언급하고 있다. 데옹의 로맨스는 그가 엘리자베타의 개인교사였다는 허구를 매개로 하고 있었다. 예카테리나의 서신은 "엘리자베타가 한 번도 개인교사 lectrice를 둔 적이 없을 뿐 아니라 데옹을 잘 알지도 못했다는 것, 그리고 예카테리나 자신조차 그를 프랑스 대사 로피탈 Marquis de l'Hopital의 심부름꾼 정도로 알고 있었다"고 전하고 있다.

다음으로, 가야데르가 전거로 삼고 있는 데옹의 활동의 성격과 그 범위에 관한 것이다. 과연 가야르데가 평가하고 있는 것처럼 데옹이 표트르가 계승자들에게 남긴 것이라 주장하는 '유언'의 '정확한 복사본'을 입수할 수 있었을까? 러시아 궁정에서 그가 과연 그러한 위치에 있었을까? 앞서 말한 예카테리나의 서신에 따르면 그는 궁정에서 짜르의 '비밀문서'가 보관된 문서고에 비밀리에라도 출입할 수 있는 그러한 커넥션을 가진 바 없었다.

데옹은 러시아어에 문외한이었다. 표트르 대제도 프랑스어를 전혀 구사하지 못하였기 때문에 '유언문서'가 존재했다 하더라도 러시아어로 작성되었을 것이다. 이러한 점을 감안하면, 설령 데옹이 황제의 문서고에 비밀리에 들어갈 수 있는 일생일대의 행운을 접했을지라도 그가 프랑스 대사에게 전한 비밀 보고서에 명시하고 있는 것처럼 본인이 '직접 필사'하기란 불가능했을 것으로 서브텔니는 추론하고 있다.[97] 데옹은 앞서 언급한 바와 같이, 당시 폴란드와 우크라이나, 헝가리 등에서 유입되어 외교가에서 떠돌던 소문을 정리하여 보고했을 가능성이 농후하다는 것이 외교사가들의 견해이다. 그가 프랑스 국왕 루이 15세의 밀정이었다는 사실이 그러한 견해를 뒷받침해 준다.

데옹의 심리상태와 행위유형 등, 사적인 문제가 그의 활동의 진실성에 의문을 더해 준다는 평가들도 있다. 그에 관한 '성性정체성' 논란이 하나의 사례이다. 그는 때때로 여장을 하였고 자신이 남성인지 여성인지에 대해서도 모호한 행동을 취하였다. 1770년에는 런던에서 데옹의 성정체성에 대해 내기 도박—데옹이 여성이라는 의혹—이 벌어지기도 하였다.[98] 생을 마감할 때까지 데옹은 여성이라는 의혹 속에서 살아갔으며 사후 사체 부검에서 최종적으로 남자임이 밝혀졌다. 성정체성 문제가 데옹의 진실을 밝히는 데 기준이 되어서는 안 될 것이지만, 당시 외교가에서 이러한 문제가 데옹의 비밀스러운 활동의 진실성에 의혹을 더해 준 사실 또한 지적할 필요가 있을 것이다.

표트르의 유언과 관련하여 중요한 혼선 중의 하나는 용어적 정의와 관련된 것이다. 우리가 앞서 살펴본 레쉬르, 소콜니츠키, 데옹 등 '원본 조작자들' 중 누구도 '유언Testament, Will'이라는 용어를 사용한 적이 없다. 그들은 그들의 문서에서 '계획plan', '비망록secret memoire', '기획

projects' 등의 용어를 사용하였다. 이것 또한 '유언'이 명확히 완결된 형태로 존재한 것이 아니라는 증거이기도 하다.

'Testament(유언)'이라는 용어가 처음 실린 것은 레쉬르 책의 독일어 판(1825)이고, 'Will(유언장)'이라는 용어로 대중화된 것은 영국이 러시아와 크림전쟁 중이던 1854년에 런던에서 출간된 켈리Walter K. Kelly의 책 『러시아의 역사The History of Russia』에 의해서이다. 켈리는 가이야르데의 책을 인용하면서, '이른바' 유언장so-called Will이라는 표현을 사용하고 있다. 그는 가이야르데의 책과 '유언' 모두 그 진실성을 의심하면서도, 이와는 별개로 '유언장'이 18세기 이래로 러시아에 의해 추구된 대외적 행동 원칙을 체현하고 있는 것으로 당시 유럽인들의 본능적인 흥미를 끌고 있다는 점에 주목하였다. 그는 오늘날 회자되는 다음과 같은 14개 항의 표트르의 유언을 '정치적 유언Political Testament'이라는 챕터에서 '규훈Rules'이라는 타이틀로 싣고 있다:

규훈Rules

1. 러시아는 병사들을 용맹스럽게…유지하여 항상 전시체제를 갖추어야 한다.…이러한 수단에 의해, 러시아의 번영을 증대시키는…이익의 측면에서, 평화는 전쟁에 기여하고 전쟁은 평화에 공헌할 수 있다.
2. 자신의 본질을 잃지 않으면서 러시아가 다른 나라들의 성취에 동참하기 위해 가장 선진적인 유럽 국가들로부터 전쟁 시에는 지휘관들을, 평화 시에는 현자들philosophers을 받아들일 수 있는 모든 가능한 수단을 강구해야 한다.
3. 유럽 문제에 참여할 수 있는 어떠한 기회도 상실해서는 안 된다. 특히, 독일 문제의 경우 우리의 가장 직접적인 이해 관심사이다.
4. 폴란드는 분할되어야 한다.…우리는 그곳에서 동조자를 얻어야 하며, 러

시아 군대를 파견하여 그곳에서 영구히 주둔할 수 있는 구실을 마련해야 한다.

5. 우리는 스웨덴으로부터 가능한 한 많은 영토를 취해야 한다.…이러한 목적을 위해 우리는 스웨덴을 덴마크에, 덴마크를 스웨덴에 대립하게 하게 … 해야 한다.

6. 러시아 왕(자)비는 독일 왕녀 중에서 간택되어야 한다.…(그렇게 함으로써) 우리 왕조와 독일 간의 동맹이 증대되고…독일에 대한 우리의 영향력을 견고히…(할 수 있다.)

7. 우리는 영국과의 상업적 동맹을 사려 깊게 유지해야 한다. 왜냐하면 영국은 영국해군을 위해 우리의 생산물을 가장 필요로 하는 강대국인 동시에 우리 해군의 발전을 위해 최상의 공헌을 할 수 있는 국가이기 때문이다. 우리는 목재와 여타 품목 등을 영국의 금과 교환하기 위해 수출해야 하며 양국 수병 간 항상적인 관계를 유지해야 한다.

8. 우리는 우리의 국경을 북방으로는 발틱해로, 남방으로는 흑해 해안으로… 확장해야 한다.

9. 우리는 가능한 한 콘스탄티노플(오스만 제국)과 인디아 방면으로 진출해야 한다. 이러한 지점을 장악할 수 있는 자가 세계의 진정한 통치자이다. 이러한 관점에서 우리는 한편으로는 튀르크와, 다른 한편으로는 페르시아와 지속적인 쟁투를 벌여야 한다. 우리는 에욱시네Euxine(흑해)에서 정박지 wharves and docks를 마련해야 하며, 그에 따라 우리는 발틱에서뿐 아니라, 흑해의 주인이 될 수 있고, 이것은 우리의 계획을 성공시킬 수 있는 중요한 요소이다. 만약 시리아를 관통하는 레반트와의 고대 상업적 가치를 다시 회복하는 것이 가능하다면, 우리는 페르시아의 쇠락을 재촉하고 페르시아만으로 압박해야 하며, 세계의 금 저장고인 인디아로 우리의 진로를 강제해야 한다. 거기에 이르면 우리는 영국의 금을 나눠 가질 수 있다.

10. 우리는 독일에서 영향력 확대를 위한 오스트리아의 계획을 묵인하면서
    그들과의 밀접한 협력관계를 유지하는 것을 감내해야 하며…(그것은)오
    스트리아와 대립하는 소국들의 질시를 불러일으킬 것이다. 우리는 이런
    식으로 이러저러한 국가들이 러시아에 지원을 요청하고, 그럼으로써 우리
    가 그 국가에 대한 일종의 보호권protectorate을 행사할 수 있도록 할 것이며
    그것은 미래의 우월적 지위supremacy를 위한 길을 닦는 것이다.

11. 우리는 유럽으로부터 튀르크를 축출하는 것에 오스트리아 왕가가 관심
    을 갖도록 해야 하며, 콘스탄티노플 점유에 대한 그들의 질시를 중화시켜
    야 한다. (이를 위해) 오스트리아가 유럽의 전통 국가들old states과 전쟁이
    나 전리품 분배에 몰두하게…(해야 한다) 우리는 훗날 그것을…되찾을 수
    있다.

12. 우리는 헝가리, 튀르크 그리고 남폴란드 등지에 흩어져 있는 고립적인 그
    리스인 집단을 우리 러시아를 중심으로 결집시켜야 한다. 그들로 하여금
    우리의 지원을 고대하게 해야 하며…그리하여 일종의 교회적 최고지위
    ecclesiastical supremacy(정교세계Orthodox)를 수립함으로써 세계 통치권universal
    sovereignty을 위한 길을 놓을 수 있을 것이다.[99]

표트르의 유언은 크림전쟁Crimean War(1853~1856) 동안 영국과 프랑
스에서 널리 유포되었다. 특히 프랑스에서는 '유언'이 나폴레옹 3세에
의해 전국에 배포되었다. 이러한 가공된 신화는 러시아-튀르크전쟁
(1877~1878)시기에 영국에서, 제1차 세계대전(1914~1918) 동안에는 독일
에서 부활하는 등, 러시아가 관련된 중요한 역사적 사건이 발생할 때
마다 반복하여 출현하였다. 이 허위 문서는 반러시아 정서를 자극하는
선동적 역할을 훌륭히 수행해 냈으며 '러시아 공포증'의 형성에 기여
하였다.

크림전쟁의 막바지에 짜르 알렉산드르 2세가 얄타에 있는 자신의 리바디아Ливадийский дворец 궁전에서 영국 대사에게 이에 대해 언급할 정도로 이 문서의 진위는 러시아를 괴롭히고 있었다. 당시 제국 정책을 총괄하던 러시아 외무장관 고르차코프Александр Михайлович Горчаков(1798~1883)는 유럽 외교가에 회람한 자신의 공문에서 '표트르 대제의 유언'을 공식적으로 부인하였다. 개인의 창작물이자 근거 없는 고안품으로 판명된 '표트르의 유언'은 19세기를 거쳐 20세기에 이르기까지—어쩌면 현재까지도— 대중의 여론을 좌우했을 뿐 아니라 궁정 정치에 영향력을 발휘했다는 점에서 유럽과 세계정치의 유령으로 떠돌았다.

2. 영국의 제국 경쟁^{imperial rivalry}과 러시아 공포증

영국의 러시아 정체성^{identity}, '사악한 야만인의 세계 지배 열망'

흡스봄이 19세기를 '제국의 시대'[100]—더 정확하게 말하면 1870년대에서 제1차세계대전까지—로 정의한 것은 서유럽의 제국주의 정책을 주로 염두에 둔 것이었지만, 19세기는 그 어떤 국가보다도 러시아에게 '제국의 시대'라 할 만 하였다. 유럽에서 1815년 유럽협조체제Concert of Europe를 이끌어 유럽의 국제질서를 주도한 이래, 1895년 동아시아에서 삼국공조(삼국간섭)를 통해 중국에 대한 영향력을 확보하기까지, 시간적으로는 19세기의 시작에서 끝까지, 공간적으로는 유럽에서 극동 아시아에 이르기까지, 러시아의 삼색기는 19세기를 관통하여 유라시아 전역에서 휘날렸다. 19세기 러시아는 세계적 제국인 영국의 제국 정책에 유일하게 필적할 수 있는 국가로 부상하기 시작하였다.

제국의 시대 19세기는 러시아에 영광의 시대만은 아니었다. 현대에 이르기까지 국제질서에서 러시아를 배제하려는 힘이자 러시아에 대한 외교적 편견은 '러시아 공포증'에 기인한 바 크다. 역사적으로 러시아에게 숙명과도 같은 러시아 공포증—공포스럽고 혐오스러운 정치적이고 문화적인 심상으로 주조된 '서구의 러시아 정체성'—이란 용어가 유럽 외교가에서 현실적인 힘으로 작용하기 시작한 것 또한 19세기였다. 유럽에 유포된 러시아 공포증은 19세기의 산물이지만, 20세기 냉전시대를 거쳐 탈냉전기인 현재에 이르기까지 약 두 세기 동안 대서양 세계의 정책 커뮤니티에서 수 세대를 거쳐 유전된 러시아외교를 향한 끊임없는 경계와 의심의 원천이었다. 이러한 공포증은 서방의 일반대중들에게도 러시아를 해석하는 중요한 문화적 코드의 하나였다.

프랑스와 더불어 러시아 공포증의 또 다른 근대적 출처는 영국이었다. 영국과 프랑스 모두 19세기 식민 제국주의의 상징이자 제국을 지향한 유럽 열강의 대표격이었던 사실을 고려하면 러시아 공포증의 근원은 제국을 향한 열망이기도 하다. 영국외교사에 천착한 역사학자 글리슨John Howes Gleason에 따르면, 영국의 역사에서 러시아 공포증은 하나의 역설이다.[101] 중세 이후 근대에 이르기까지 영국의 역사를 일별해 본 사람이라면 아마도 러시아 공포증이 아니라 '프랑스 공포증Francophobia'이 더 적절하다는 생각이 들 것이다.

프랑스는 17세기 초, 재상 리슐리외Armand Richelieu (1585~1642)의 부국강병책을 통해 유럽의 헤게모니를 꾀하기 시작한 이래로 루이 14세의 '제국으로의 충동'을 실행에 옮기면서 유럽의 패자로 등장하였다. 프랑스는 여러 차례의 유럽의 왕위계승전쟁, 7년전쟁(1756~1763), 나폴레옹전쟁(1803~1815) 등을 주도하면서 유럽과 해외 식민지에서 세력권 재편에 결정적인 영향력을 행사하였다. 이 과정에서 유럽의 균형을 원했던 영국과 충돌하는 것이 불가피하였다. 영국과 프랑스의 대립 관계는 당시 유럽의 국제질서를 이해하는 키워드이자 국제정치 지형을 크게 가르는 기준선이었다.

이에 비해 영국과 러시아는 16세기 중반 처음으로 공식적인 접촉을 시작한 이래로 약 3세기 동안 비교적 우호적인 관계를 유지하고 있었던 것이 사실이다. 더욱이 근대 유럽이 겪었던 세 차례의 주요 전쟁들—나폴레옹전쟁과 두 차례의 세계대전—에서 영국이 러시아와 연합하여 승리한 것을 기억해 낸다면, 글리슨의 말대로 러시아 공포증이 영국인의 지속가능한 감정이 되기엔 납득하기 어려운 점이 있다.

그렇다면 문제는 어디에 있는가? 왜 하필이면 영국에서 러시아 공포증이 유포되었는가? 14세기 백년전쟁(1337~1453) 이래로 19세기 초 나폴레옹전쟁에 이르기까지 프랑스와의 수 세기에 걸친 적대관계를 감안할 때, 왜 영국에서 러시아 공포증이 '프랑스 공포증Francophobia'보다 극악한 형태로 발현하였는가? 비교적 쉽게 예상되는 대답 중의 하나는 양국 간의 '제국적 야망의 충돌'이라는 대답일 것이다. 이러한 답변은 대체로 수긍할 만하지만 현상을 기계적으로 단순화한 측면도 있다. 물론 항상 과학에 근접한 보편 명제들은 단순성이라는 공통된 특징이 있지만 지나친 단순화는 아무것도 말해주지 않는다는 함정 또한 있다.

양국 간의 관계를 '영-러 대결Anglo-Russian Riverly'이라는 이미 학문적으로 정형화된 개념 틀에 맞춰놓고 전략적 적대관계strategic antagonism라는 기정사실을 증명하려는 목적론적 유혹은 도처에 존재한다. 이러한 기계적이고 결정론적인 접근은 '영-러 숙적관계'의 장기 지속성과 러시아 공포증의 연원에 대해 근본적인 해명을 주지는 못한다.

글리슨은 이에 대해 두 가지 문제를 제기한 바 있다. 먼저, 19세기 전반기 영-러 간 전략적 경쟁의 주 무대는 근동지방이었는데 이것은 오스만제국의 쇠락과 깊은 연관이 있다. 러시아의 황제 니콜라이 1세가 '유럽의 병자'로 비유한 오스만제국에 대해 영국과 러시아는 정책 면에서, 서로 대립하거나 충돌한 것은 아니었다. 양국은 모두 오스만제국의 해체나 분할—나폴레옹 1세의 프랑스가 이 정책을 선호하여 러시아에 제안한 바 있다—보다는 제국의 유지가 유럽의 안정에 도움이 된다는데 견해가 일치하였다. 따라서 오스만 튀르크에 대한 양국의 '정책적 대립'이라는 일반적인 해석은 영국의 러시아 공포증을 만족할 만하게 설명해 주지는 못한다.

다음으로, 이 시기에는 러시아보다 영국의 정책이 더 도발적이었다는 사실은 러시아 공포증에 대한 반론을 더욱 선명하게 부각시킨다. 19세기 전반前半, 영국인들은 북미대륙을 논외로 하더라도, 유럽의 발칸에서부터 근동의 시리아와 북아프리카의 이집트를 거쳐 페르시아와 아프가니스탄 그리고 인도에 이르기까지 세력권이나 식민지를 이미 확보하고 있었다. 더 나아가 영국의 제국정책은 당시 세계의 동쪽 끝으로 간주되었던 극동의 중국 양쯔강 유역에 닻을 내리고 있었다. 당시 세력권을 현저히 확장하고 있던 것은 러시아가 아닌 영국인 셈이다. 이 시기에 이르면 이미 영국의 대외정책은 러시아의 영토 확장과는 다르게 세계적 규모의 식민 제국주의 정책이라 규정할 수 있다. 더욱 역설적인 것은, 러시아 공포증이 빠르게 성장한 1815~1841년간을 살펴보면 외교면에서 영국과 러시아는 기본적으로 조화를 이루고 있었다는 사실이다.

그렇다면 러시아 공포증은 어디에서 발생했는가? 글리슨은 정책과 여론의 상호작용에서 그 해답을 찾고 있다. 간략히 말하면, 여론이 정책에 미치는 일반적인 효과들처럼 19세기 영국에서 발간된 러시아를 주제로 한 책이나 팜플렛 그리고 잡지 등 출판물들이 대중들 사이에서 긍정적이거나 부정적인 반향을 일으켰다. 이러한 경로를 통해 형성된 러시아에 대한 여론은 궁극적으로 정치가들의 대러시아정책에 영향을 미쳤다는 것이다. 예를 들어 "에딘버러 리뷰Edinburgh Review"나 "쿼털리 리뷰Quarterly Review"가 대표적인 경우인데, 이러한 시사교양 잡지들은 지식인과 대중들 사이에서 '준^準공식적인 정책문서'와도 같은 대단한 사회적 공신력을 지니고 있었다.

학자들뿐 아니라, 정치가와 외교관 등 외교정책 결정 과정에 참여하거나 이 과정에 영향을 미치는 인물들이 앞다투어 이러한 잡지들에 글을 기고하였고, 이 글들은 대중에게 중요한 영향력을 행사하였다.[102] 영국 왕립지리학회 회장이자 인디아 위원회 위원이던 H. 롤린슨 Sir Henry Rawlinson(1810~1895), 그리고 솔즈베리 총리의 개인비서 출신으로 외무차관과 인도총독을 역임한 커존George N. Curzon, Marquess Curzon of Kedleston(1859~1925) 등이 쿼털리 리뷰의 주요 필진이었다는 사실들이 이를 증명해 준다.

소아시아, 근동, 중앙아시아에서 영국의 외교적 목표와 러시아와의 전략대결Anglo-Russian Riverly, 이른바 거대한 게임(대게임)Great Game을 현장에서 실현하고 몸소 돌파한 육군 소장 출신의 정치가였던 롤린슨은 러시아에 대한 전략적 경계의 필요성을 설파한 그의 책『동방에서의 영국과 러시아: 중앙아시아의 정치 지리적 조건』(1875)[103]을 통해 대중들에게 제국 러시아의 중앙아시아로의 진출을 제국의 '영토적 야심'으로 폭로하면서 러시아 공포증을 유포하였다.

커존의 경우도 이와 유사한 전철을 밟았다. 1888~1889년 동안 러시아와 중앙아시아를 여행하면서 저술한『중앙아시아에서의 러시아』[104]에서 커존은 상트페테르부르크의 분위기가 런던에 대해 매우 우호적이라는 점을 소개하면서도, 중앙아시아에 대한 러시아의 영토적 야심과 영국의 전략적 이해의 충돌 가능성에 대해 독자들로 하여금 주목하도록 하여 러시아 공포증에 대해 은연중에 환기시키고 있다. 커즌의 이 책은 앞서 언급한 롤린슨의 책에 대한 '오마주hommage'였다.

두 저작은 책으로 출간되기 전에 쿼털리 리뷰에 먼저 게재되었던 글이었다는 점에서 매우 흥미롭다. 이러한 잡지들이나 팜플렛 등은 대중 감정의 지표 역할을 했다는 점에서 신문의 가치 있는 보완재 역할을 하였다. 이렇듯 러시아 공포증에는 여론매체를 통해 엘리트와 대중의 교호작용으로 형성된 상대방 러시아에 대한 '타자적 인식', '러시아적 정체성에 대한 인식perception'이 중요한 요인으로 작용하였다.

러시아가 영국과 경쟁하게 된 것은 역사적 필연이라고 할 수 있겠지만 영국이 러시아를 처음 접하게 된 것은 우연의 소산이었다. 영국과 러시아가 최초로 직접 접촉한 것은 16세기 중반이다. 대항해시대 영국의 모험가들은 '북동항로Northeast Passage' 발견에 자신의 인생을 건 도박을 하고 있었다. 국왕 또한 영국이 유럽의 주변부 국가에서 탈피하여 에스파니아처럼 해외로부터 막대한 부를 축적한 화려한 유럽의 중심국가로, 더 나아가 제국으로 발돋움하기를 열망하였다.

문제는 무역이었고 항해권을 장악하는 것이었다. 이미 에스파니아는 서쪽 바다를, 포르투갈은 동쪽의 바다를 발견하여 인도에 이르렀다. 이제 발견해야 할 항로는 북방으로의 진출뿐이었다. 전설 속에 내려오는 북동항로를 발견하여 중국에 도달할 수 있다면 에스파니아와 포르투갈이 장악하고 있는 기존의 인도항로를 뒤엎을 수 있을 것이다. 특히 16세기 들어 레반트 무역이 오스만제국에 의해 장악되면서 유럽은 인도와 중국으로 가는 바닷길 개척에 몰두하였는데, 동방무역의 후발주자라 할 수 있는 영국은 새로운 항로를 통해 동방무역에서 역전을 노리고 있었다. 만약에 북동항로 개척에 성공한다면 리스본처럼 런던에도 인도의 향신료와 중국의 도자기가 넘쳐날 것이었다.

1553년 북동항로 탐험대를 태운 모험상인 챈슬러Richard Chancellor (1521~1556)의 배가 러시아의 백해白海를 표류하던 중에 무르만스크Mypманск를 거쳐 지금의 아르한겔스크Архангельск에 도달하면서 영국과 러시아 관계는 시작되었다. 챈슬러는 1551년 아시아로 가는 북극항로(북동항로)를 개척하기 위해 런던에 설립한 합자회사인 '뉴랜드 모험상인 회사Company of Merchant Adventurers to New Lands'의 공동창업자였다. '뉴랜드 회사'는 1555년 왕실 칙허장Charter of Incorporation으로 창립된 '모스크바회사'의 모태 회사였다.

1555년 챈슬러 등 영국 상인들이 양국 정부의 허가 아래 러시아 무역의 독점권을 소유한 '모스크바 회사Muscovy Company'—'동인도 회사'보다 50여 년 정도 앞서 설립—를 설립함으로써 250여 년에 걸친 양국 간의 협력관계가 시작되었다. 양국 간에 무역 분야에서의 상호 보완성은 물론이고, 정치 군사 분야에서의 협력 또한 시도되었다. 16세기 중반 이반 4세는 엘리자베스 1세에게 동맹을 제안한 바 있었고, 17세기 말 표트르 대제는 영국으로부터 해군창설에 관한 기술 자문을 받았다. 18세기 중반 폴란드 계승 전쟁에서 영국은 러시아에 재정적 지원을 하였다. 18세기에 이르러 영-러 무역은 이미 영국해군의 유지에 결정적인 요인으로 작용하고 있었다.

이러한 호혜 협력인 관계가 정치적인 면에서 갈등 관계로 전환되기 시작한 시기는 18세기 말경이다. 7년전쟁과 무장중립동맹League of Armed Neutrality에서 이미 러시아는 영국의 반대 진영과 동맹을 맺은 경험이 있다. 그러나 양국 관계가 심각한 갈등 관계로 전환되기 시작한 것은 1791년 러시아-튀르크전쟁에서 러시아가 거둔 군사적 성공을 우려한 영국의 토리당이 러시아에 대한 군사적 개입을 심각하게 고려하면서부터이다.

러시아가 흑해 연안의 전략 요새인 오차코프를 점령하자 영국의 피트 William Pitt the Younger 총리는 오차코프에서 철수하도록 러시아를 압박하였고 이에 응하지 않으면 발틱해에서 러시아와 개전을 불사하는 계획을 고려하였다. 물론 '오차코프 문제'가 발생하기 이전 양국의 호혜적 교류 관계에도 불구하고 러시아인에 대한 영국인의 정서적 태도는 호의적이지만은 않았다. 1782년 발간된 브리태니커 사전에는 러시아가 '매우 크고 강력한 유럽의 왕국'으로 설명된 동시에, 러시아인들은 '잔혹하고 사악한 주정뱅이 야만인'으로, 러시아정치는 폭군적 전제정치 despotism로 묘사되었다.[105]

오차코프 문제는 하원에서 피트가 이끄는 토리당과 피트 총리의 계획에 반대하는 휘그당 간의 격렬한 논쟁을 불러일으켰다. 더불어 당시 발행된 팸플릿 등을 매체로 하여 격렬한 반대 여론이 조성되었다. 논쟁의 핵심은 러시아의 오차코프 점령 등, 오스만제국에 대한 당시 러시아의 군사적 성공이 영국에 전략적 위협요인인가, 러시아와의 전쟁 개시가 무역 관계 파탄 등 영국에 재난적 결과를 초래하진 않는가 등이었다. 결과적으로 토리당은 러시아와의 개전 계획을 철회하였다. 영국인들은 확인되지도 않은 러시아의 위협을 제거하려고 현재 번성하고 있는 양국의 무역을 희생하고 싶지는 않았다.

오차코프 문제는 오차코프 자체의 전략적 가치의 중요성보다는, 다음 세기 동안에 영국에 의해 확산된 러시아에 대한 부정적 인식이 형성되는 계기를 제공하였다는 점에서 중요하다. 오차코프 문제를 놓고 논쟁하던 당시 영국의 정치 엘리트들이 정작 러시아에 대해 구체적이고 포괄적인 지식은 결여하고 있었다는 점은 흥미로운 사실이다. 예를 들어, 미래의 영-러 관계를 좌우할 오차코프 문제의 개입을 제안한 피트 수상조차도 오차코프가 드녜프르 하구 유역의 상업적이고 전략적인 통제를 좌우하는 전략 요새인지 여부에 전혀 식견이 없었으므로 네덜란드 전문가의 자문에만 의존하고 있었다.

이후 19세기 초까지 영국에서 여러 권의 기행문 성격의 러시아 입문서들—투크William Tooke의 『러시아 제국 개관 *View of the Russian Empire*』(1800)이 대표적 입문서—이 발간되어 러시아에 대한 구체적인 정보가 영국에 소개되기 시작하였다.[106] 당시 러시아를 다룬 책 중에는 폴란드 분할의 부당성과 관련하여 러시아를 비난하는 글들이 적지 않다. 피트의 계획에 반대했던 휘그당의 지도자 찰스 그레이Charles Grey/2nd Earl Grey(1830~1834) 총리조차도 러시아의 폴란드 분할을 맹비난하면서, 폴란드인의 봉기를 '폭정과 압제에 대한 고귀한 민족의 투쟁'으로 동조하였다.[107]

17세기까지 영국에게 있어서 러시아는 전략적인 계산을 해야 할 만큼 위험하지는 않고, 유럽의 분쟁에서 제쳐둘 만큼 미약하지도 않았으며, 적개심이나 호의를 갖기엔 잘 모르는 그런 국가였다. 그러나 18세기를 지나면서 러시아는 이미 영국에게 중요한 존재로 각인되었다. 러시아는 무역 등 '하위정치low politics' 수준을 넘어 '상위정치high politics'—외교 안보 분야 등— 수준에서 우선 고려되어야 할 대상이 되었다. 오차코프 문제를 비롯하여 무장중립동맹, 폴란드 분할 등 러시아의 외교 군사적, 영토적 성공은 영국에서 전략적 위협감과 문화적 이질감을 동시에 잉태시키는 계기로 작용하였다.

18세기 말부터 부각하기 시작한 러시아에 대한 영국인들의 '정체성 인식'은 매우 혼종적인 것이었다. 19세기 초 나폴레옹전쟁에서 러시아가 겪은 전쟁의 참화와 러시아인들의 불굴의 투쟁에 영국인들은 동정심과 경의를 표하기도 하였으나 대체로 러시아에 대한 인식은 결코 호의적인 것은 아니었다. 19세기 들어서 러시아의 전략적 진출로 인해 세력권sphere of influence의 균열―지중해와 인도에 대한 러시아 영향력 침투―이 초래될 것으로 인식한 영국은 러시아가 관련된 국제 문제들―19세기 전반 유럽에서는 동방문제, 19세기 중반 중앙아시아의 그레이트 게임, 19세기 후반 극동의 만주문제― 등에 대해 유라시아 전역에 걸쳐 직간접적인 개입을 시도하였다.

19세기 전반에 걸친 세계적 차원의 영―러 간 전략대결Anglo-Russia Rivalry은 러시아에 대한 지정학적이고 다분히 문화·인종적인 '신화', 즉 '조야하고 유럽의 변종 문화적인 러시아의 세계 지배'에 대한 '문명인들의 우려'를 의미하는 러시아 공포증을 기반으로 하였다. 이러한 신화는 18세기를 경과하면서 형성되어 19세기에 영국을 넘어 유럽과 세계로 확산 유포되었다.

영국에서 러시아 공포증은 동방문제와 밀접한 연관이 있었는데, 이의 대표적인 사례 중의 하나로 러시아와 오스만 간에 체결된 운캬르 이스켈레시Unkiar Skelessi/Hünkâr İskelesi 조약(1833)을 들 수 있다. 운캬르(운키아르) 이스켈레시 조약에서 결정된 해협 문제에 관한 유럽 국가들의 평가에서 러시아 정책에 대한 부정적 선입견과 러시아 공포증의 일단을 발견할 수 있다. 조약 원문의 추가 조항에는 "어떠한 외국 전함에도 해협 통항을 불용하기 위해 다르다넬스를 폐쇄한다"라고만 명시되어 있을 뿐이다. 이것은 포르테의 전통적인 해협정책과 동일선에 있고, 영국―오스만 간의 1809년 조약에 명시된 해협 조항과 사실상 일치한다. 영국―오스만 조약의 11조항에 보면 "콘스탄티노플의 해협―다르다넬스와 보스포루스―으로의 전함의 통항을 금지"한다고 적시되어 있는데, 운캬르 이스켈레시 조약이 이러한 원칙을 변경시킨 것으로 보기는 힘들다.

운캬르 이스켈레시 조약의 비밀조항이 러시아 전함의 해협통항을 허용할 여지를 남겨두고 있다고 비판하는 논자들은 구체적인 문서에 의거하기보다는 경험적 판단이나 불안감에 의존하고 있었다. 예를 들어, 프랑스 루이 필립Louis Philippe I 정부에서 외무장관(1840~1847)과 총리(1847~1848)를 역임한 귀조François Pierre Guillaume Guizot는 운캬르 이스켈레시 조약을 비난하면서, "튀르크가 러시아의 속국으로, 흑해가 러시아의 호수로 되었고, 해협의 자유로운 항행을 통해 지중해로 러시아 군대를 실어 나를 수 있게" 되었다고 주장하였다. 영국인들의 평가도 이와 유사한데, 영국의 정치가이자 역사학자인 메리어트John Arthur Ransome Marriott의 경우도 이 조약에 대해 "러시아 전함의 자유로운 해협 통항이 보장되었고, 흑해로의 외국 전함의 관문이 폐쇄"되었다고 비판적으로 서술하였다.

이후 19세기 후반에 이러한 의혹을 확대시키는 데 일조한 것은 러시아 외교관 고랴이노프Сергей М. Горяинов(1849~1918)의 저작이다. 그의 책에 따르면, "포르테(오스만 정부)가 지중해로부터 영국 전함의 다르다넬스 진입을 폐쇄하고 흑해로부터 지중해로 러시아 군함의 자유 통항을 허용"했다는 것이다. 그러나 모즐리는 고랴이노프의 견해가 문서에 근거하지 않은 사후적 추측이자 외교관으로서의 희망을 피력한 것에 불과하다고 평가하였다.[108]

러시아 공포증, 지정학적 오리엔탈리즘

글리슨은 19세기 러시아 공포증이 1830년대 성숙되어 1840년에 '실용적으로 완결pragmatically complete'되었다고 평가하고 있다. 그에 따르면 19세기 전반에 형성된 러시아 공포증의 뿌리는 대략 7가지 정도로 분류되는데, 요약하면 다음과 같다.[109] 먼저, 경제적 이해관계의 부정적인 변화를 들 수 있다. 대외무역이 빠르게 팽창하여 영국경제와 대외정책에서 차지하는 비중이 매우 높아진 시점에 영-러의 상업 교류는 역으로 점점 쇠퇴하게 되었다. 양국 간 상품교역 제고에 대한 영국 정치가들의 별다른 노력이 없는 가운데 중근동 지역에서 양국의 상업적 이익 경쟁은 심화되었다.

경제적 유대관계의 잠재력이 여전히 높았음에도 16세기 이후 지속된 양국의 경제적 유대가 약화 또는 해체되기 시작한 것은 19세기 들어 세계 경제체제의 변화와 영국경제의 팽창이 근본적인 원인이겠지만, 양국이 상호 배려 없이 실시한 보호관세 정책이 직접적인 원인이 되었다. 또한 영국의 주요 상공업도시─뉴캐슬, 맨체스터, 글래스고 등─의 상공인 사회에서 폴란드 망명 세력에 의해 조성된 '반러시아' 정서는 러시아와의 무역에 대한 영국 경제계의 부정적인 분위기 형성에 일조하였다.

다음으로 국내 정치, 특히 정당 간의 대결이 '러시아 공포증'의 성장에 일정한 역할을 하였다. 외교정책 결정 과정에서 러시아 문제는 토리(보수당)와 휘그(자유당) 간의 대립에 얽혀 객관적이고 공정한 판단이 어려웠다. 러시아에 대한 토리당의 격렬한 비난은 라이벌인 휘그당에 대한 정치적 공세와 구분하기 어려웠다. 토리당이 러시아를 비난하는 것과 휘그당을 비판하는 것이 유사한 양상을 보였다. 토리당 시절 파머스톤이 러시아를 비판한 정견과 정책들은 토리당 계열의 언론인들에 의해 무분별하게 채택되었다. 토리와 휘그의 이러한 정파 투쟁에서 러시아 문제는 한편에게는 더 심각하게 부풀려지는 동시에 다른 편에게는 더 안일하게 축소되는 '위험의 왜곡' 현상이 일반화되었다.

나폴레옹전쟁 이후 급속히 증가한 러시아와 그 인접국들에 대한 정보는 러시아에 대한 부정적인 인식을 강화하는 데 일조하였다. 러시아를 여행한 사람들이 출간한 책에서 19세기 초반 러시아의 사회, 정치

체제는 그로테스크하게 묘사되었다. '귀족들의 악행', '농노의 비참함', '전제정치'와 '정부의 부패' 등이 특히 주목되었다. 17세기 의회혁명('명예혁명')과 18세기 산업혁명의 연이은 성과를 토대로 근대 자본주의와 유럽 문명의 리더를 자처하던 영국인들에게 러시아는 봉건적 후진성에 아시아적 정체성이 중첩된 '유럽의 돌연변이'로 인식되었다.

러시아의 중앙아시아 원정에 얽힌 이러저러한 소문과 의심들은 영국의 러시아적 정체성에 지정학적 공포를 부가하였다. 이러한 러시아 정체성은 '표트르 유언'과 결합하여 영국의 정치 엘리트들로 하여금 러시아의 유라시아 지배를 저지하려는 '그레이트 게임'으로 증폭되었다. 영국인들은 러시아인들의 중앙아시아 진출이 미래 시점에 인도 침략으로 이어질 것으로 상상하였다. 이러한 지정학적 상상력은 유라시아 대륙 전역에 걸쳐 그레이트 게임이라는 지전략적 대게임으로 산출되었다. 러시아의 카프카스 정복 과정도 영국에서 러시아 정체성 형성에 동일하게 작용하였다. 예를 들어, 카프카스전쟁(1817~1864)에서 러시아인들과 투쟁하는 체르케스인들Circassians/Адыги—카프카스전쟁 후 대부분 추방됨—은 폴란드인만큼이나 영국에서 유명해졌다.

러시아의 경제·군사 현황에 대한 포괄적인 보고서들은 정책결정그룹과 엘리트 계층의 주목을 끌기에 충분하였으나, 군비 상태—특히, 발틱과 흑해 함대 등 러시아 해군—의 분석은 다소 과장된 측면이 있었고 러시아의 군사적 약점은 제대로 규명되지 않았다. 이럴수록 러시아의 위협은 영국인들에게 긴박하고 구체적인 것으로 인식되었는데, 이미 존재하고 있던 러시아에 대한 스테레오 타입의 인식은 더욱 증폭되었다.

짜르를 비롯한 러시아인들의 특성에 대한 부정적 선전이 러시아를 향한 영국인들의 인식에 미친 영향은 간과할 수 없다. 예를 들어, 하원의원을 역임한 어커트David Urquhart (1805~1877)는 니콜라이 황제Николай

I Павлович(1796~1855)의 성격을 반러시아 정서를 선동하는 데 활용하였다. 어커트는 니콜라이 1세를 폴란드인의 압제자이자 미래의 체르케시야 Черкесия와 인도의 정복자로 묘사하였다. 또한 1830년 11월, 폴란드 의회가 러시아 니콜라이 1세의 폴란드 왕의 지위를 박탈하면서 발생한 '카데드Cadet혁명(폴란드 11월 봉기)'과 이로 인해 발발한 러시아-폴란드전쟁(1830~1831) 등의 사건들은 영국에서 러시아인을 사악하게 묘사하는 최초의 조직적인 선동에 실제적인 촉매제로 작용하였다.

영국인의 반러시아 인식이 조직되는 과정에서 어커트 등 반러시아 그룹의 정치적 선동은 '러시아 위협론'을 영국인들에게 더욱 생생하고 손에 잡히는 문제로 인식시키는 데 성공하였다. 대부분의 여론기관들은 "포트폴리오Portpolio"라는 정기 간행물을 창간한 언론 출판인이기도 했던 어커트의 선동으로부터 자유롭지 못하였다. 어커트 그룹의 직접적인 영향 아래 있지 않았던 여론매체들도 러시아 관련 기사나 칼럼, 논문들에서 어커트 그룹의 '위협론'을 따르곤 하였다.

러시아에 대한 여론에 영향력을 행사하는 요인 중에서 당파적 충성은 주목할 만하다. 저널이나 평론지들은 상대방의 정책조치에 찬사를 보내야 하는 경우일지라도 가능하면 특정 지지정당에 유리하도록 상대방을 종종 폄훼하는 방식을 선호하였다. 예를 들어 러시아-튀르크전쟁(1828~1829)의 종전과 아드리아노플 조약—러시아의 다뉴브 하구로의 진출과 조지아(그루지아) 점령을 인정—이 체결된 1829년, 토리당 정부 기관지들은 러시아의 위협에 대해 열변을 토하고 있었던 반면, "크로니클the Chronicle"과 "글로브the Globe"는 러시아의 위협을 축소하였다.

친 토리당 언론매체들은 제1차 아프간전쟁(1839~1842) 직전에 이 문제에 대해 윌리엄 램William Lamb, Viscount Melbourne(1779~1848) 총리의 휘그당 내각(1835~1842)이 침묵하고 있다고 비난하였으나, 후에 이들은 휘그당보다 러시아 위협에 대해 더 완화된 입장을 취하였다. 정파적 입장으로부터 독립적인 신문 중에 초보수적인 성향의 『모닝포스트 *the Morning Post*』는 러시아에 대한 비난을 거의 인정하지 않았던 반면, 『더 타임즈』는 러시아 위협론에 대해 양당의 정파적 입장에 상대적으로 독립적인 입장을 견지하였다.

영국 언론매체들의 정파적 다양성과는 별개로, 1829년 이후 이러한 유력 언론매체들은 대체로 어커트 식의 논리를 채택하여 러시아 위협에 대한 경계론을 지속적으로 개진하였다. 러시아 위험의 긴박성 정도에 대해서는 의견의 불일치가 있었음에도 휘그와 토리 모두 러시아의 야망에 대한 심각한 불신을 품고 있었다는 점에서 공통된 견해를 견지하였다.

사건의 개연성이 러시아 공포증의 증대에 기여한 점 또한 주목받을 만하다. 러시아와 관련된 국제 문제들에 대해 영국인들은 사건의 우연성이 아니라 사건의 필연성 측면에서 판단하기 시작하였다. 모스크바의 입장에서는 인과관계가 명확하지 않은 우연한 사건들이 런던에서는 일련의 연속성을 지닌 인과적 사건으로 해석되면서 국제 문제에 대한 러시아인들의 전략적 의도가 영국인들에게는 불신으로 각인되었다.

영-러 관계에서 결정적으로 중요한 시기였던 1830년대, 니콜라이 1세의 오스만 정책은 오스만제국의 해체가 아니라 유지라는 점에서 영국과 동일하였다. 그러나 영국은 토리 또는 휘그 정부를 막론하고 러시아의 오스만 정책을 신뢰하지 않았다. 이러한 배경에는 모스크바의 외교 담론과 이후 발생한 일련의 사건들과의 불일치, '담론과 행동'의 불일치가 존재한다는 런던의 확신이 자리하고 있었다.

예를 들어 1826년 4월의 페테르부르크 의정서 Protocol of St. Petersburg,
1827년 7월의 런던 조약 등에 대해 영국은 러시아가 그리스 독립 문
제를 활용하여 오스만제국으로부터 전략적 이익을 취하지 않는다는
약속으로 해석하였다. 그러나 그리스독립전쟁의 개입 결과로 튀르크
와 맺은 아드리아노플 조약으로 러시아가 오스만으로부터 카프카스
와 도나우강 하구 등 흑해 연안의 영토점유권과 '해협(보스포루스와 다
르다넬스)'의 자유통항권을 획득하자, 영국은 이것이 조약의 조항 위반
은 아닐지라도 조약의 정신에 위배되는 것으로 판단하였다.

결과적으로 영국은 1826~1828년의 페르시아, 1828~1829년의 튀
르크, 1831~1832년의 폴란드, 1833년의 튀르크, 1836~1838년의 페
르시아 등, 러시아가 수행한 일련의 군사적 개입을 전략적 일관성에
따라 진행된 오스만제국 해체 프로그램인 동시에 예카테리나 여제의
소위 '그리스 기획'의 완성으로 해석하였다. 영국의 정치 엘리트들은
이러한 러시아의 전략적 기획과 개입이 동방에서 영국의 전략적 이익
에 대한 중대한 위협으로 인식하였다. 그러나 러시아의 정치 엘리트들
은 이러한 일련의 사건들을 의도적 연속성보다는 개별성, 즉 개별적인
사건으로 인식하고 있었다는 점에서 동일한 사건들에 대한 양국의 정
책 결정자들 간의 인식의 격차를 확인할 수 있다.

우발적 연속성으로 표현할 수 있는 이러한 일련의 사건들에 대해
영국인들은 사건의 '연속성'에 주목한 반면 러시아인들은 사건의 '우
발성'을 강조하였다. 정치 군사적 사건이나 정책 결과물에 대한 이러
한 인식의 격차가 그것이 우연의 산물이든 필연적 결과이든 간에 이
후 양국 간의 전략적 오해와 갈등의 또 다른 요인이 된 것이 사실이다.
1853년 크림전쟁—러시아는 '동방전쟁'이라 호칭하기도 함—을 목전에 두
고 러시아는 영국이 전쟁에 개입하지 않을 것으로 판단한 적이 있는

데, 이것 또한 영국에 대한 러시아의 중대한 오판이었다고 할 수 있을 것이다.

주목해야 할 또 다른 요인으로 양국의 사회·정치체제의 차별성—영국은 입헌군주정, 러시아는 전제군주정—이 개인의 범주를 넘어 사회 차원에서 러시아 공포증이 형성되는 데 일조하였다는 점이다. 영국과 러시아의 정치 엘리트들은 각자의 체제 정체성에 입각하여 상대방의 정책에 대해 평가하였다. 영국의 정치가들에게 러시아의 대외정책은 '극도로 비밀스럽게 결정하여 은밀하게 집행하는 것'으로 인식되어 항상 의혹의 대상이었다.

국가들 간의 조화로운 관계가 체제 정체성과 이념의 상호 공통성에 달려 있다는 견해는 어느 정도 타당할 수도 있다. 19세기 초중반, 러시아 공포증이 영국에서 영향력을 발휘하기 시작할 당시, 유럽에서 '자유로운 서유럽liberal West'과 '전제적인 동유럽autocratic East' 간의 '관념의 전쟁guerre des idées'이라는 계몽주의적 편견이 통용되고 있었던 것은 사실이다. 이러한 계몽주의적 편견이 '관념의 전쟁'을 넘어 전략적 경쟁과 군사적 대결로 진화한 것이 19세기 영·러의 전략적 숙적경쟁Anglo-Russian Rivalry이고 그레이트 게임이었다. 이렇듯 국가 간 정체성 갈등은 '관념의 전쟁'에서 머무르지 않고 군사적 충돌, '군인들의 전쟁'으로 상승할 수 있다.

현대의 신칸트주의자neo-Kantian들이 주장하듯이 민주주의 국가들 간에는 서로 전쟁을 하지 않는다는 주장(민주평화론Democratic Peace Theory)은 일면 타당할 수 있다. 그러나 이념적 공통성과 전쟁 가능성 간에 필연적 상관성 또는 인과관계를 증명하기란 쉽지 않다. 제2차 세계대전, 이라크전쟁, 아프간전쟁 등, 현대 전쟁의 경험적 사례들은 자유민주주의라는 이념이 개입된 전쟁이 지속성과 치열성 측면에서 더 심각하다는 것, 그리고 민주정이나 공화정을 채택한 국가가 전쟁을 유발하지 않는다거나 덜 호전적이라는 가정에 결함이 있다는 것을 보여준다.

따라서 러시아와 영국의 체제 정체성과 이념상의 차이는 영국인들 사이에 러시아 공포증이 형성되는 데 초기에 일조한 점은 분명하지만 러시아 공포증의 지속성에 물적 조건과 토대를 제공한 것은 앞서 살펴본 여러 요인들의 상호 복합적인 상승작용에 기인한 것으로 판단된다. 정작 러시아인들에게는 '영국 공포증'이 존재하지 않는다는 사실은 체제의 '정체성과 이념'의 차별성이 상대방에 대한 혐오나 반감 형성의 필수조건이 아니라는 점을 역으로 보여주는 것이다.

이밖에 1815년 이후, 유럽에서 영국과 러시아가 차지한 우월적인 강대국 지위로 인해 야기된 '전략적 라이벌' 관계가 고려되어야 한다. 당시 영국과 러시아는 프랑스 나폴레옹의 유럽 지배에서 벗어나 있었고, 유럽 이외 중요한 지역의 영토들을 통제하고 있던 유일한 국가였다. 영국과 러시아는 나폴레옹전쟁에 승리함으로써 유럽에서 우월적 강대국 지위를 확고히 하였다. 알렉산드르 1세의 러시아 군대가 나폴레옹 군대를 격파하고 유럽을 해방하며 개선문을 통해 파리에 입성하는 광경은 강대국 러시아의 출현을 영국과 유럽에 각인하기에 충분하였다.

비엔나회의(1814~1815)로 형성된 유럽의 국제질서인 '유럽협조체제 Concert of Europe'에서 당분간 프랑스가 과거 강대국의 역할을 완전히 수행할 수 없는 상황에서, 영국에게 러시아는 당면한 주요 위협의 원천으로 인식될 수 있었다. 물론, 19세기 팍스 브리태니카Pax Britanica를 구가하던 영국의 국력에 비춰볼 때 영국에 대한 러시아 위협론에 회의를 표명하는 주장들도 있었다. 그중에서 영·러 관계를 풍자하여 '고래와 코끼리의 싸움'의 비현실성을 주장한 비스마르크의 견해는 인상적인 주장이었다. 결과적으로 19세기 동안 성장한 영-러 간의 적대감, 엄밀히 말하면 영국의 러시아 공포증이 나폴레옹전쟁 과정에서 형성된 유럽질서에 대한 양국의 합의와 전략적 협조관계를 해체시키는 데 기여한 것은 부인할 수 없다.

IV
유럽협조체제^{Concert of Europe}와
비잔틴의 유산들

1. 동방문제^{Eastern Question}의 기원: 러시아의 명백한 숙명[110]

오스만제국의 운명과 영국의 '인도로 가는 길'[111]

오스만제국의 운명을 가름하는 동방문제는 발칸과 해협에 관련한 문제였다. 전자가 발칸의 민족주의와 정교회라는 종교적이고 이념적인 문제라면, 후자는 지정학적인 문제였다. 프랑스대혁명과 나폴레옹전쟁으로 유럽에 전파된 자유와 평등, 우애fraternity(박애)와 같은 혁명적 가치들은 발칸에서 민족들의 독립과 자치 운동으로 확산되었다. 개인의 자유와 평등은 제국에 맞선 민족들의 자유와 독립으로, 우애는 독립이라는 혁명전쟁을 공유하는 동지애로 진화하였고, 정교도들의 종교적 권리와 결합하여 발칸의 이념, 발칸의 민족주의로 발전하였다.

해협 문제는 지중해로 향하는 흑해의 진출입로에 관한 문제였다. 콘스탄티노플의 현관인 마르마라해의 두 해협 보스포루스와 다르다넬스는 문명의 바다로 가는 관문이었다. 또한 과거 비잔틴 로마가 문명

세계를 통제하던 관문이자 제국의 수도 콘스탄티노플의 운명을 결정하는 지정학적 열쇠였다. 두 해협은 비잔틴 로마에 이어 오스만 튀르크가 제국의 위세를 보전할 수 있었던 지정학적 비결이기도 하였다. 따라서 문명의 바다이자 제국들의 바다였던 지중해로 나아가기 위해 러시아는 해협을 자유롭게 통항하거나 관장해야 했다.

그러나 마르마라의 해협, 보스포루스와 다르다넬스의 역사적이고 지정학적인 가치가 이처럼 출중하였으므로 제국적 열망이 충만했던 프랑스나 특히 영국이 해협 문제를 도외시하는 것은 상상하기 어려웠을 것이다. 게다가 영국은 '인도로 가는 길'을 사수하기 위해서라도 '해협들'을 관장할 필요가 있었다. 이렇듯 오스만제국의 운명과 결부된 '발칸과 해협' 문제들에 여타 열강과는 달리 모두 직접 결박된 러시아는 한편으로는 자발적으로, 다른 한편으로는 마지못해 어느덧 동방 문제에 빠져 들어갔다.

18세기 100여 년에 걸친 끊임없는 군사적 모험을 통해 러시아가 흑해에 닻을 내리는 데 성공한 이후로, 흑해의 방어 문제는 러시아의 대외정책에 있어서 전략적 관건이 되었다. 흑해 방어 문제는 러시아의 정책결정자들이 보기에 지리적으로 흑해를 에워싸고 있는 발칸과 코카서스 지역에 대한 세력권 설정 문제로 자연스럽게 연결되었다. 이 지역이 공식적으로는 여전히 오스만제국의 영토였던 점을 상기하면, 흑해 문제는 본질적으로 지정학적 라이벌인 오스만과 러시아 간에 영토와 세력권을 재조정하는 문제인 동시에 영국, 프랑스, 오스트리아 등 이해 당사국들과 전략적 협조관계를 설정하는 문제였다.

19세기 초반 나폴레옹전쟁으로 인해 일시적으로 군사적 영향력의 축소를 경험한 프랑스를 제외하면, 흑해 문제는 영국과 오스트리아와 전략적 협조나 동의를 통해서만 안정적 관리가 가능한 것이었다. 영국과 오스트리아뿐 아니라 러시아의 정치가들도 어느 한 국가도 흑해 문제를 포함한 동방문제를 단독으로 결정할 수 없다는 사실을 체감하고 있었다.

영국은 19세기 내내 유라시아 전역에 걸쳐 러시아와 갈등과 대립의 전선을 구축한 러시아 최대의 전략적 라이벌이었다. 유럽에서는 동방문제, 중앙아시아에서는 그레이트 게임, 동아시아에서는 만주문제를 축으로 하여 영국과 러시아 사이에는 유럽의 지중해에서 극동의 태평양 연안에 이르는 세계 최장의 전략적 경쟁선이 가로지르고 있었다. 18세기 후반 7년전쟁을 통해 프랑스와의 식민지경쟁에서 1차 승리하여 세계적인 '대★식민제국'을 구축한 영국은 미국 독립전쟁에서 패배하여 식민 제국의 서쪽 날개west flank인 북미대륙의 중심부(미국)를 상실하였다. 그리하여 동쪽 날개인 서아시아의 인도가 19세기 들어서 영국의 식민제국에서 사활적인 전략적 가치─'제국 왕관imperial state crown'의 핵심인 '흑태자 루비'에 비유되는 가치─를 담보한 제국의 엔진으로 등장하였다.

따라서 19세기 유럽과 식민지에서 전략적 지형이 변동함에 따라 영국으로서는 식민지 경략經略을 구상하는 데 있어서 런던에서 델리에 이르는 안정적인 경로 확보가 필연적인 선택이었다. 인도로 연계되는 전략 경로가 여전히 오스만제국의 영토와 세력권 안에 있다는 점─특히 1865년 수에즈 운하(오스만제국의 속령)의 개통으로 더욱 중요하다는 점─에서 영국은 오스만제국의 급속한 해체가 초래할 수 있는 전략적 불확실성을 우려하였다. 게다가 런던에서 델리에 이르는 식민제국의 경로가 오스만제국의 영토를 가로지르는 지정학적 현실을 고려하면, 오스만제국과 세력권을 다투는 러시아의 진출 경로가 영국과 충돌할 가능성이 높다고 영국의 정책결정자들은 판단했을 것이다.

오스만제국의 영토적 통합성을 유지하려는 영국의 대對오스만 정책 기조가 유럽의 현상유지와 인도로의 전략 경로 확보라는 점에서 러시아와 운명적인 대결의 가능성은 항상 내재하였다. 오스만제국의 해체를 부정적으로 평가하고 있었다는 점에서 영국과 러시아는 서로 동조하였으나 전략적 경로의 확보라는 측면에서 양국은 상충되었다. 영국의 경로가 동지중해와 소아시아·근동 지역을 잇는 '동진東進정책'이라면 러시아의 경로는 흑해와 발칸, 그리고 동지중해를 잇는 '남진南進정책'으로 해석할 수 있다.

영국에게 지중해와 이집트, 그리고 수에즈 운하의 확보가 식민제국 경략의 관건이었던 데 비해, 러시아는 흑해와 발칸의 다뉴브 공국들 Danubian Principalities, 그리고 해협(보스포루스와 다르다넬스)의 확보가 제국의 생존을 위한 '명백한 숙명 manifest destiny'이자 슬라브 민족의 신성한 사명으로 여겼을 것이다. 영국의 동진정책과 러시아의 남진정책은 유라시아 전역에서 충돌하였다.

영국의 동진정책에 따라 설정된 지중해에서 인도양을 지나 극동의 태평양에 이르는 동서횡단 전략라인은 결과적으로 러시아 남진전략의 남방한계선이자 대對러시아 봉쇄라인이 되었다. 상호 경쟁적인 두 라인은 유럽과 아시아의 3개의 지역—동유럽의 발칸, 중앙아시아의 아프가니스탄, 극동의 만주와 한반도—에서 충돌하여 각각 발칸과 동방문제, 그레이트 게임, 만주와 한국(조선)문제로 외화되었다. 이 중에서 양국 간 대립의 시발점은 동방문제였다. 동방문제에 서로 대응하는 과정에서 향후 세계사를 바꾸어 놓을 세계전략의 갈등이 양국 간에 잉태되었다.

동방문제의 핵심 쟁점은 발칸 민족들의 운명, 다시 말하면 발칸 민족의 독립 문제와 흑해 관할권, 해협의 자유통항권에 관한 문제였다.

종교적이고 민족적인 친화성과 지정학적 연계성에 의해, 그리고 영국의 발칸 독립에 대한 부정적 인식 때문에 발칸 민족의 운명은 자연스럽게 러시아의 세계전략에 연계되었다. 발칸에서 독립 국가들이 수립될 경우 이들 국가가 러시아의 세력권으로 편입될 수 있다는 우려를 이유로 영국은 오스만제국으로부터 발칸 민족의 독립에 부정적인 입장을 견지하고 있었다.

영국의 상시적인 견제에 직면한 러시아는 전략적 급소에 해당하는 흑해가 압도적인 영국의 해군력에 군사적으로 취약한 지역이라는 판단 아래, 흑해 연안 지역―발칸의 다뉴브 공국들과 카프카스의 그루지아 Georgia 등―의 세력권 설정 문제와 보스포루스와 다르다넬스에 대한 통제 문제에 관심을 집중하였다. 흑해는 러시아에게 세계로의 진출 관문이자 러시아에 대한 침략 입구라는 이중적 의미가 있었기 때문이다.

발칸 민족들의 운명은 또한 오스만제국의 운명과도 연계되었다. 18세기 동안 러시아와의 잇따른 전쟁 패배 등을 통해 드러난 오스만의 제국적 취약성으로 인하여, 유럽 열강은 오스만제국의 미래에 드리워진 불확실성의 그림자를 우려하게 되었다. 오스만제국의 붕괴가 유럽에 미칠 영향을 예측하는 데 어느 누구도 확신할 수 없는 가운데, 어느 한 국가가 오스만제국의 운명을 결정할 수도 없다는 사실에 모두 공감하였다.

이러한 정세와 관련하여 러시아 정치가들은 대략 세 가지의 전략적 옵션[112]을 판단해야 했다. 첫 번째 옵션은 오스만제국의 영토적 통합성 유지였는데, 영국과 프랑스 또한 선호하는 옵션이었다. 이 경우 러시아는 포르테Porte(오스만 조정朝廷)에 대한 우월적 영향력을 확보하기 위해 이스탄불에서 영국과 프랑스와의 경쟁이 불가피하였다. 한 국가가 포르테에 대해 우월적인 영향력을 행사할 경우, 여타의 두 국가가 이에 대항하는 결과들이 발생하였다.

두 번째 옵션은 오스만제국의 공동 분할이었다. 실제로 나폴레옹이 알렉산드르 1세에게 프랑스와 러시아가 오스만제국을 공동 분할하자는 제안을 했을 때 러시아는 이를 거절한 바 있다. 공식적으로는 러시아, 영국, 프랑스 등이 오스만제국의 해체에 반대하는 태도를 취하고 있었으나, 전략적 이해관계에서 제국의 분할 가능성을 완전히 배제한 것은 아니었다. 영국과 프랑스는 북아프리카—튀니지, 모로코, 알제리, 이집트 등—와 시리아를 비롯한 소아시아 연안 그리고 아라비아와 메소포타미아 등지에서 세력권 설정 또는 영토 병합을 고려하고 있었다. 영국과 프랑스의 세력권과 영토병합 계획은 발칸을 제외한 오스만제국의 거의 전 영역에 걸친 것으로 상호 경쟁적이었다. 영국과 프랑스 간 이집트에 대한 세력권 설정을 둘러싼 군사적 충돌이 그 대표적 사례이다.

러시아와 오스트리아 합스부르크에게는 발칸 지역—러시아는 루마니아 등 다뉴브 공국들, 오스트리아는 세르비아 등 서발칸 지역—에서 세력권을 설정하거나 영토 병합하는 것이 주요 관심사였다. 합스부르크의 오스트리아는 세르비아 등을 오스만제국에 대항하는 문명적 최전방이자 영토적 완충지대로 간주하였다. 러시아에 있어서 몰다비아, 루마니아, 불가리아 등 동발칸 지역은 유럽을 관통하는 다뉴브강 하구 유역과 흑해 서안의 대부분을 점유하는 흑해방어의 요충지이자, 오스만제국의 심장부인 이스탄불로 가는 최단 경로를 의미하였다.

세 번째 옵션은 발칸 지역에서 독립국가나 자치정부들을 수립하고 이 정치 단위체들과 러시아가 정치적 특수관계를 유지하는 것이다. 발칸과 러시아는 중세 초기부터 상업 교류와 군사 접촉 등 역사적 경험을 공유하고 있었고, 정교회Orthodoxy 등 비잔틴 제국의 문명적 유산을 계승하였다. 러시아의 관점으로는 서유럽에 구별되는 역사와 문명적 유대를 토대로 한 여타의 유럽 열강과 차별되는 전략적 이점이 발칸 지역에 있었다.

1856년 크림전쟁 패배 직후 러시아에서 발흥한 범슬라브주의Pan-Slavism는 발칸과 공유하는 정교회적 공통 자산을 활용한 것이었다. 당시 동유럽으로 확대되고 있던 민족주의 열풍에 편승하면서 발칸 지역에서 슬라브 민족주의를 배양하여 발칸 민족국가를 수립하려는 러시아식 근대국가 프로젝트의 핵심 이념으로 범슬라브주의가 활용되었다.

발칸 지역의 정교 신자들이 약 1,200만에 달하였고 이 지역의 주요 민족 중 하나였던 세르비아인들이나 불가리아인들은 종족적으로나 언어적으로 러시아에 친화적인 슬라브족이었다. 발칸과의 관계 설정에 있어서 크림전쟁 이전에는 정교라는 문명적 유대가 종족이라는 생물학적 연계성보다 우선시되었다. 그러나 1856년 크림전쟁 패배 이후 서유럽에 대한 배신감으로 인해 러시아에서 민족주의적 정서가 강화되어 슬라브주의가 문명적 의미를 차용하게 됨에 따라 발칸에 대한 러시아의 '문명적 사명'은 종교적인 동시에 민족적인 가치과 동일시되었다.

세 번째 옵션은 러시아에 특히 중요한 옵션이었다. 발칸 지역에서 러시아와 긴밀한 관계를 유지하는 독립 국가들이 출현하는 것은 오스만제국의 발칸 지역에서 러시아가 배타적인 영향력을 행사할 수 있다는 것을 의미하였다. 이 옵션은 한편으로, 러시아에 유리한 만큼 유럽의 여타 강대국들이 쉽게 동의하기 어려운 해결 방식이었다. 다른 한편으로, 독립국가 수립이라는 옵션은 러시아에 전략적 비용이 가중될 수 있는 것이기도 하였다. 발칸 민족들의 독립 과정에서 초래될 오스만과의 전쟁은 일차적으로 러시아가 감당해야 할 것이므로 군사와 재정적인 부담이 결코 가볍지 않은 옵션이었다.

이 세 가지 옵션은, 하나를 선택하면 다른 것을 포기해야 하는 상호 배제적인 것은 아니었다. 실제로 유럽 열강도 세 가지 가능성을 모두 열어놓고 있었으나 공식적으로는 첫 번째 옵션—오스만 제국의 영토적 완결성 유지—을 지지하였다. 오스만제국의 급격한 해체로 인해 유럽의 세력균형 체제에 초래될 구조적 변동은 유럽의 미래에 감당할 수 없는 불확실성을 안겨줄 수도 있었다. 따라서 유럽 열강은 근동, 북아프리카 그리고 발칸에서 각자의 영토적 이익을 '비공식적으로' 충족시키면서, 공식적으로는 오스만제국의 영토적 완결성을 서로에게 강조하였다.

앞서 언급했듯이 러시아는 동방문제에 대해 독자적인 결정을 내리거나 단독적인 해결 방식을 제시할 수 있다고 생각하지는 않았다. 애초에 동방문제는 '공식적으로' 유럽의 문제는 아니었다. 지정학적으로나 역사·문화적인 측면에서는 오히려 인접한 러시아나 오스트리아 합스부르크의 문제였을 것이다. 제국주의 시대가 개막되기 전인 19세기 초반 상황으로 보면, 특히 지리적으로 유럽의 동쪽 끝 너머에 있던 오스만에 가장 원격해 있는 유럽의 서쪽 끝의 영국은 이해 당사국이라 하기에는 러시아에게 충분한 설득력이 없었을 것이다. 그럼에도 동방문제는 '현실적으로' 러시아가 유럽의 여타 열강들의 전략적 이해관계를 고려해야 하는 '유럽의 문제'였다.

유럽 열강 중에서 발칸 문제와 관련하여 러시아가 가장 먼저 고려한 국가는 오스트리아-합스부르크였다. 한때 '유럽의 종가宗家'로 빛나던 합스부르크 왕가는 지정학적으로, 그리고 문명적으로 오스만제국으로부터 유럽을 방어하는 '유럽의 최전선' 국가라는 자부심을 지니고 있었다. 1529년과 1683년 두 번에 걸친 오스만 술탄의 비엔나 포위에 저항하여 합스부르크의 오스트리아는 무슬림 오스만의 유럽 진격으로부터 기독교 세계를 수호하였다는 자부심뿐 아니라, 오스만과의 국경지대(발칸 지역)의 사태발전에 대해 항상 예의주시할 필요성을 느끼고 있었다.

18세기 오스트리아는 오스만에 대한 외교·군사적 대응에서 러시아와 전략적 공조를 취한 결과, 오스만에 대한 러시아의 전쟁 승리로 체결된 퀴취크 카이나르지 Kucuk Kainarji (1774) 조약 등에 힘입어 1775년 부코비나 Bukovina 병합 등, 적지 않은 영토 병합의 성과를 얻은 바 있었다. 그러나 19세기에 들어오면서 오스트리아는 러시아에 비해 발칸 지역에서 종교·민족적 열세—오스트리아가 종교적으로 카톨릭이고 민족적으로는 게르만임을 감안하면—에 있다는 현실을 자각하게 되었다. 영국과 프랑스 등의 반대로 인해 발칸 지역의 영토 병합이 불가능할 경우에 러시아가 선호하는 발칸 민족들의 독립국가 수립 방안이 자국에 불리한 결과를 초래할 것이라 판단하여 오스트리아는 영국, 프로이센 등과 공조하여 발칸의 현상태 status quo를 유지하는 것으로 정책을 변경하였다.

발칸에 대한 프랑스의 관심은 주변적인 것이었다. 프랑스의 주된 관심은, 주로 근동(레바논)과 북아프리카에 있었다. 프랑수아 1세 François I (1494~1547)와 슐레이만 1세 Suleiman the Magnificent (1494~1566)가 카를 5세 Karl V (1500~1558)가 통치하는 신성로마제국에 대항하기 위해 체결한 프랑스-오스만동맹(1536) 이래로, 프랑스는 전통적으로 오스만제국의 우방 역할을 자임하였다. 당시 카를 5세의 '신성로마'는 이베리아반도의 아라곤 왕국에서 중부유럽에 이르기까지, 유럽을 넘어 남미와 필리핀에 이르기까지 광대한 영토를 보유한 '해가 지지 않는 나라'로 통칭되었다.

유럽에서 '백합과 초승달의 신성모독동맹sacrilegious union'[113]으로 경멸의 대상이 되었던 프랑스-오스만 동맹Franco-Ottoman alliance (1536)은 외교사에서 기독교와 비기독교(이슬람)국가 간에 체결된 최초의 '비非이념적 외교동맹'으로 평가되기도 한다.[114] 이러한 동맹관계로 인해 프랑스는 어느 국가보다도 이스탄불에서 영향력이 가장 확고하였다. 그러나 혁명과 나폴레옹전쟁으로 오스만과 갈등 관계에 처하여 프랑스는 오스만과의 외교에서 영향력이 불안정하게 되었다.

나폴레옹의 프랑스는 오스만제국의 속령인 이집트와 레바논의 병합을 원하는 등 오스만제국의 분할을 구상하였다. 오스트리아와 러시아의 발칸에 대한 영향력이 명목상 종교적인 보호자의 역할로부터 연유한 것인데 비해 프랑스의 발칸에서의 잠재력은 이념적 영향력에 근거하였다. 혁명 프랑스의 이념적 수출품인 '민족주의'는 발칸 민족의 마음을 뒤흔들어 독립국가 수립을 향한 열정에 휩싸이게 하였다. 발칸의 혁명 지도자들은 프랑스 혁명원리를 본받아 '자유롭고 독립적인 민족국가 수립'을 꿈꾸었다. 제정 러시아와 긴밀한 협력관계에도 불구하고, 발칸 민족에게는 혁명 프랑스가 자신들의 독립을 향한 항해에서 나침반이자 등대였다.

이렇듯, 발칸 지역에 있어서 열강들의 직간접적인 이해利害와 영향력으로 인해 러시아는 발칸 정책 수행에서 열강들—특히, 오스트리아와 영국—의 이해관계를 고려해야만 하였다. 1812년 모스크바가 함락되었던 나폴레옹전쟁(조국수호전쟁Отечественная война)에서 체험하였듯이, 러시아는 유럽이 러시아에 대항하여 단결하는 악몽은 피해야 했다.

'제3의 로마' 모스크바: 신성동맹과 발칸 정교도의 보호자[115]

나폴레옹전쟁 이후 러시아의 황제들과 상층 엘리트들은 자유주의와 민족주의라는 두 가지 혁명 원리에 대처해야만 했다. 자유주의와 관련하여 그들은 혁명적인 수단에 의한 자유주의 제도의 도입을 원칙적으로 거부하였다. 민족주의 문제에 있어서는 입장이 나뉘었는데, '민족적인 것'에 관한 낭만주의적 정의—언어, 혈연, 관습적 정체성으로 민족성을 정의—를 찬성하지 않았다는 것만은 확실하였다.

러시아는 상층에서 하층에 이르기까지 본질적으로 다민족국가였으므로 대외관계에 있어서 러시아 정치가들은 민족국가라는 관념에 명확한 지지나 입장을 표명할 수 없었다. 이러한 러시아의 다민족성에도 불구하고 러시아의 통치 세력은 공식적으로 다민족성을 언급하거나 의식한 적이 없었다. 오히려, 그들은 대외관계에 있어서 러시아가 응집력 있는 단일한 단위인 것처럼 말하고 행동하였다.

당시 러시아 사회에는 "공통의 역사적 경험과 관습, 신념, 그리고 국가 수호에 대한 애국적 헌신 등을 공유"하고 있다는 자기 확신이 퍼져 있었다. 슬라브 정교, 미르Мир 공동체(농민 공동체), '조국수호전쟁(나폴레옹전쟁)'을 통해 형성된 애국주의의 사회적 공유는 러시아 민족주의의 기반이 되었다. 비록 러시아의 민족주의가 발칸의 영토 회복주의자들이 주장하는 민족주의와는 구별되었으나, 다민족 복합체인 식민제국들의 엘리트들이 향유하는 민족주의 관념과는 친화성이 존재하였다.

러시아의 정치 엘리트들에게 있어서 오스만제국의 지배 하에 있었던 발칸의 민족주의가 민족의 해방과 독립을 의미하는 '소극적 민족주의negative nationalism'이라면 러시아의 민족주의는 국가의 영광을 의미하는 '적극적 민족주의positive nationalism'였다. 이러한 러시아 민족주의는 애국주의, 범민족주의(범슬라브주의), 세계주의 등으로 변형되었다. 그러나 대외정책 결정에 영향을 미친 관념적 요인 중에서 민족주의 등이 중요한 요인인 것은 분명하나, 19세기 전반기에 러시아의 발칸 정책에 영향력을 압도적으로 행사한 관념적 요인은 종교적 요인, 즉 정교Orthodoxy였다.[116]

러시아의 발칸 정책에 영향을 미친 요인들은 슬라브인이라는 인종적 요인과, 정교라는 종교적 요인, 그리고 종교에 따른 정치·행정단위 구획과 권력관계라는 정치적 요인으로 나눌 수 있다. 발칸에서 종교는 서유럽 정치체제와는 다르게 통치 체제와 관련하여 중요한 의미를 지닌다. 발칸 지역에서 오스만제국의 신민들은 종족이나 지리적 특성에 의해 행정적으로 구분되지 않고 종교적 특성에 따라 정치·행정단위에 편입되었다. 오스만 술탄은 발칸의 기독교인들에게 개종을 강요하지는 않았지만 무슬림과 동등한 권리를 부여하지도 않았다.

발칸 기독교도는 비잔틴 제국의 관례에 따라 정교회의 수장이 될 수 있었다. 오스만의 관리들이 정치·행정 체계와 지방 정교회 체제의 수장이 되었으나 콘스탄티노플의 정교회 총대주교는 오스만제국의 기독교인들에게는 정신적 영역뿐 아니라 세속적 영역의 지도자로 인정되었다. 오스만 술탄은 비잔틴제국 시기에 총대주교가 행사하지 못한 기독교인들에 대한 세속적 권한을 콘스탄티노플의 총대주교에게 부여하였다.[117]

러시아와 발칸인들의 정신적이고, 문화적인 연계성을 지탱해 주는 것은 종교적 유대였다. 이 유대는 콘스탄티노플 총대주교의 세속적 권한 등, 제도적 요인으로 인해 러시아의 발칸 정책에 '관계적 복잡성'을 발생시켰다. 이러한 관계적 복잡성은 비잔틴 제국의 멸망에 따라 초래된 비잔틴 세계에 있어서 헤게모니의 소재 문제, 즉 '누가 비잔틴 세계의 주재자主宰者인가?' 하는 헤게모니 문제와 관련한 것이었다.

1453년 비잔틴 제국이 '이교도'에 의해 멸망한 이후, 모스크바 정교회는 콘스탄티노플의 영향력에서 벗어났다. 1470년 모스크바 교회가 콘스탄티노플 총대주교의 영향력 밖에 있다는 이반 3세(이반대제)의 선언 이래로 모스크바 교회는 러시아 정교회의 독립과 헤게모니를 추구하였다. 1598년 모스크바 교회는 총대주교좌로 스스로 격상하여 정교회 세계의 명실상부한 수장─모스크바 총대주교가 총대주교 서열에서 1순위─의 역할을 자임하게 되었다.

'누가 비잔틴 제국의 진정한 계승자인가?', '누구에게 비잔틴 세계의 기독교도를 돌볼 책임이 있는가?'라는 질문에 스스로 답한 이반 대제(1440~1505)는 비잔틴 제국의 마지막 황녀와 혼인하면서 비잔틴의 쌍두 독수리 문장紋章과 제정帝政 등 비잔틴 제국의 모든 유산을 모스크바로 돌렸다. 정교적 세계관에 몰두했던 러시아인들은 이교도에 의한 비잔틴 제국의 멸망을 러시아인에 대한 신의 선택으로, 즉 콘스탄티노플이 다하지 못한 신의 섭리를 모스크바가 완성하도록 하늘이 사명을 부여한 것으로 해석하였다.

'비잔틴 제국의 계승자, 신의 섭리'라는 러시아인의 신념을 보여주는 것이 프스코프 소재 옐리자로프Спасо-Елеазаров монастырь 수도원의 수도사 필로페이Филофей(Philotheus)의 '제3의 로마'[118]라는 예언적 담론이다. 그는 "제1의 로마와 제2의 로마(콘스탄티노플)는 몰락하였고 제3의 로마(모스크바)는 이미 존재하므로 제4의 로마는 결코 도래하지 않을 것"이라고 선언하면서 정교도인 짜르가 통치하는 '기독교 왕국 Christian Tsardom'의 영원성을 축복하였다.

제3의 로마라는 개념으로부터 러시아의 통치자들이 기독교 왕국의 세속적이고 정신적인 지도자이자, 로마와 비잔틴 '제국의 복원'이라는 역사적 사명을 수행해야 하는 문명적 계승자라는 관념이 도출되었다. 이러한 '신성한 사명'을 지나치게 강조할 경우에 양 극단의 이념적 파생물이 산출될 수 있다. 내부적으로는 러시아인의 지나친 역사적 사명의식이나 선민의식, '러시아식 예외주의Russian exceptionalism'로 흐를 수 있다. 예를 들어, 스탈린식 사회주의나 소련 해체 이후 등장한 '신유라시아주의Neo-Eurasianism' 등이 그 변형들이다.

다른 극단은, 외부적으로는 러시아의 대외정책을 '세계지배정책', 팽창정책으로 경계하는 이른바 '러시아 공포증' 류의 편견이다. 19세기 내내 영국이 집착한 러시아의 '남하정책'에 대한 저지 전략, 그리고 20세기 미국의 소련 봉쇄정책 등이 그러한 정책적 결과물이다. 러시아와 발칸의 관계에 이를 대입하면, 제3의 로마라는 개념인식은 발칸에 대한 러시아의 정신적이고 정치적인 지배를 암시할 수 있다. 발칸 기독교도는 물론이고 그들의 구심적 지도자인 콘스탄티노플 총대주교 또한 이를 받아들이기는 어려웠다.

오스만제국의 통치 하에 있던 발칸의 정교도와 종교 지도자들은 "더 많은 자율과 궁극적으로는 독립을 위해 러시아의 재정적이고 군사적인 지원이 절실하였으므로 러시아에 복종의 언어를 구사하는 데 주저하지 않았으나 러시아 정교의 우월적 지위를 인정하지는 않았다." 발칸 정교도에게 정교의 중심은 콘스탄티노플이었고, 과거 비잔틴이 러시아에 기독교 세례를 준 사실은 그들에게 역사적 자부심이었다. 이들에게 기독교 세례는 곧 문명적 세례를 의미하였다.

이러한 정교적 우월성은 콘스탄티노플 총대주교에게 특별한 것이었다. 콘스탄티노플의 총대주교는 발칸 기독교인들에 대해 종교뿐 아니라 정치적 지도력을 행사하고 있었다. 총대주교좌, 총대주교라는 직위는 이미 오스만제국의 정치·행정 체계의 일부로서 기능하고 있었고 무슬림 통치자들의 정책과 조화를 이루고 있었다.

발칸기독교의 복잡성은 러시아 정교를 향한 발칸과 콘스탄티노플의 정서적인 태도에 국한된 것만은 아니었다. 이것은 성직 체계에 관련된 문제로서 특정 민족의 성직 독점의 문제였다. 로마의 교황직을 이탈리아 성직자들이 거의 독점하였듯이, 콘스탄티노플 총대주교직을 비롯하여 오스만제국의 총대주교좌는 파나리오트Phanariots라 통칭되는 콘스탄티노플 거주의 그리스 유력 가문들이 독점하였다. 또한 파나리오트들은 다뉴브 공국들의 통치자로 임명되었을 뿐 아니라 세르비아, 불가리아, 루마니아 교회 등 발칸 지역 교회 전체에 대한 통제권을 행사하였다.

프랑스 대혁명의 여파로 19세기 초 민족주의의 파도가 발칸으로 밀려들어 왔을 때 발칸의 민족운동 지도자들이 제일 먼저 시도한 행동이 오스만 정치·행정 체제가 아니라 파나리오트의 독점체제를 전복시키는 시도였다는 것은 매우 역설적인 사실이다. 러시아 발칸정책의 중요한 수단이자 궁극적인 목적이기도 했던 '정교적 단일성과 연대'는 앞서 말한 러시아 정교도와 발칸 정교도 사이의 정서적 부조응이라는 외적 요인뿐 아니라, 발칸 기독교인들 사이의 권력 갈등이라는 내적 요인에 의해 이미 불안정해지고 있었다.

콘스탄티노플 총대주교는 오스만 포르테Porte와 협력하는 오랜 전통을 지키고 있었고, 포르테는 기독교도의 종교 문제에 특별한 개입을 하지 않았다. 총대주교는 현상유지를 원하였다. 그는 러시아가 원한 것처럼 '정교의 단일성'에는 호의적이었으나 현상유지에 도움이 되는 선에서 그러하였고, 러시아의 지원을 원하였으나 보호나 지배는 사양하였다.

러시아 정부로서는 포르테와의 현상유지 정책이 최선의 선택일 수 있었다. 그러나 발칸에서 '정교도의 내부 갈등'은 러시아 정부로 하여금 선택의 딜레마에 빠지게 하였다. 러시아-발칸의 '범정교회 pan-Orthodxy 세계'를 구축('정교적 단일성')하는 일과 오스만제국으로부터 발칸의 독립(발칸 민족의 자율성)을 지향하는 러시아의 발칸 정책은 상황에 따라 상충되었다.

콘스탄티노플교회는 "그리스 혁명과 같은 위기—정교도들에 대한 일시적 탄압 등—상황에서는 러시아의 지원을 필요로 하였으나, 발칸 지역의 자율성 제고(자치나 독립)를 위해서 러시아가 지원하는 것은 반대하였다. 왜냐하면 발칸 지역에서 자율성이 증대되면 개별 민족의 독립적 성직 체계 수립이 조장되어 파나리오트의 영향력이 감소할 수 있기 때문"이라는 것이 콘스탄티노플교회의 입장이었다.

러시아와 발칸인들의 이러한 복잡한 태도는 짜르의 발칸정책에 혼동을 초래하였다. 오스만 튀르크와 체결한 조약에서 발칸의 정교회 문제는 항상 중요한 부분을 차지하였다. 정교회 관련 조항은 이미 러시아 조약 체계의 당연한 조항이었다. 러시아 황제들은 오스만제국과의 조약에서 특정한 이권을 획득하기에 앞서 "발칸 기독교인들의 정신적이고 세속적인 이익을 방어해야 하는 권리와 의무에 대해 확신"하였다.

그러나 러시아의 공식적인 태도는 "메시아적 성향이라기보다는 보호자적 의미"가 더 강하였다. 때때로 '세계저 사명'으로 오해하기도 하는 이러한 "종교적 의무와 책임감이라는 관념적 요인은 지정학적 이해관계와 연계될 경우 러시아를 발칸 문제에 스스로 깊숙이 빠져들게" 하였다. 19세기에 들어서면서 러시아 황제와 관리들의 공식적인 담론에는 러시아의 발칸 기독교인들에 대한 특수한 조약상의 권리뿐 아니라 광범위한 보호권을 시사하는 표현들이 빈번하게 등장하였다.[119]

발칸 정교회와의 특수관계가 국제적으로 공인되었다고 주장하는 러시아의 '발칸 보호권'은 그와 동시에 러시아의 '의무'를 발동시켰다. 발칸기독교도들에 대한 러시아의 특수한 관계가 국제법적으로 인정받았다고 러시아 정부가 주장하는 근거는 퀴취크(큐추크) 카이나르지 조약의 7조, "포르테는 기독교도와 교회를 보호할 것을 약속"한다는 다소 모호한 조항이었다. 오스만 술탄이 조약을 통해 러시아의 짜르에게 발칸 민족에 대한 권리(보호권)를 양도해 주었다고 가정하면, 논리적으로 발칸 민족의 보호를 위해 러시아가 마땅히 해야 할 어떤 의무가 발생하는 것이다.

러시아에 있어서 이러한 '의무'의 이행 문제는 짜르의 명예와도 관련된 것이었다. 만약에 오스만 술탄이 조약 의무를 방기하여 제국 내에서 발생한 기독교도 탄압이나 학살 등—예를 들어, 아르메니아인 대학살Armenian genocide(1894~96/1915~17)—과 같은 사태를 방조한다면 러시아는 어떻게 대응할 것인가? 이러한 권리와 의무의 문제들은 이후 러시아가 발칸 문제에 위험스럽게 빨려 들어가는 계기로 작용하였다.[120]

이밖에 러시아 정부가 주장하는 '보호권'의 정확한 범주가 부재하다는 문제, 즉 정치적 보호냐 종교적 보호냐 하는 문제가 존재하였다. 발칸 민족들의 입장에서는 정치적 보호가 소망스럽지 않은 것일 수 있으나, 러시아 정부의 입장에서 보면 오스만 치하에서 러시아의 종교적 보호는 정치적 함의를 수반할 수밖에 없는 것이었다.

발칸인들에 대한 러시아인들의 문명적 태도 또한 문제로 될 소지가 있었다. 러시아 정치가들은 발칸인들이 피보호자로서 러시아의 지원을 절실히 원하고 있다고 확신하였다. 그들은 발칸의 내부 문제에 관한 적절한 정보도 없이 발칸인들이 미숙한 조건에서 살고 있다고 믿었고, 러시아의 후견이 없이 스스로 정치·사회 제도를 수립할 능력이 있는지를 신뢰하지 않았다. 유럽문명이라는 '마법의 써클' 밖에 있는 땅과 사람들을 향한 이러한 비하적 태도는 모든 유럽의 강대국들이 공유하던 인식의 반영물이었다. 그러나 역설적으로 서유럽 국가들이 보기엔, 러시아도 '마법의 써클' 밖에 있었던 것이다.

19세기 전반, 러시아는 나폴레옹전쟁 이전의 유럽질서로 복귀하는 것을 목적으로 수립된 유럽협조체제를 고수하고, 프랑스 혁명의 영향으로 인해 유럽에서 혁명운동이 확산하는 것을 저지함으로써 유럽의 세력균형을 유지하는 '유럽의 균형자'이자 '유럽의 경찰' 역할을 자임하였다. 나폴레옹전쟁을 승리로 이끌고 유럽을 '구원'한 것으로 자각한 러시아의 알렉산드르 1세Александр I Павлович의 유럽 인식에서 이러한 러시아 역할의 당위성이 상징적으로 드러나고 있다.

예카테리나 여제의 손자이기도 한 알렉산드르 1세는 예카테리나 치세에 러시아 궁정의 계몽주의적 분위기 속에서 자라나 개혁적 인식을 수용한 계몽 군주였다. 그는 추밀원Негласный комитет(Privy Committee)[121]을 설립하여 개혁 정책을 추진하였다. 알렉산드르의 개혁은 러시아 자유주의의 선구자로 불리는 스페란스키]Михайл Михайлович Сперанский(1772~1839)에 의해 추진되었는데, 근대적인 관료제와 의회 제도의 개혁으로 입헌주의 전통에 입각한 입헌군주제의 수립을 목표로 하였다.

스페란스키의 개혁은 정치제도의 개혁뿐 아니라 농노제도 등 사회제도 전반에 대한 근본적인 개혁을 의도하였다. 알렉산드르의 이러한 계몽주의적 개혁 시도들은 나폴레옹전쟁을 겪으면서 종교적 열정에 입각한 신성한 사명으로 전환되었다. 나폴레옹의 모스크바 침공은 알렉산드르 1세에게 지워지지 않을 정신적 트라우마를 입혔다. 알렉산드르 1세는 "불타는 모스크바가 내 영혼을 계몽시켰고, 동토의 땅에 대한 하느님의 심판은 나의 심장을 신념으로 가득 채웠다"고 고백하였다.

프랑스대혁명과 나폴레옹전쟁을 목도하면서, 자신이 신봉하던 계몽주의 사상의 구현자들이 유럽과 조국을 혁명과 전쟁의 소용돌이로 몰아간 것이라 각성한 알렉산드르 1세는 이제 종교적 구원이나 종교적 사명에 몰두하게 되었다. 그는 혁명에 대해 '악의 제국', '사탄의 영혼' 등으로 경멸하였으며, "신의 섭리는 나의 야망을 위해서가 아니라 종교와 정의를 보호하고 인간사회의 질서 원칙을 보존하기 위하여 80만의 군대를 허락한 것"이라는 신념 아래 유럽질서를 회복하고 유지하는 '신성한 사명'을 견지하였다.[122]

혁명에 대한 부정적 인식에도 불구하고 알렉산드르 1세는 여전히 계몽주의적 사고를 견지한 것으로 보인다. 예를 들어, 1820년 7월 나폴리 왕국에서 일어난 자유주의 입헌 혁명(나폴리 봉기)이 비엔나체제에 반하는 것으로 오스트리아의 재상 메테르니히가 반대—메테르니히는 무력개입을 통해 입헌주의적 시도를 저지—했음에도 알렉산드르 1세는 나폴리 국왕의 헌법 승인에 굳이 반대하지 않았다. 당시 '헌법 Constitution'이라는 용어가 자유주의의 슬로건이었다는 사실을 고려하면 그는 개인적으로 입헌주의적 인식을 수용했던 것으로 해석할 수 있을 것이다.[123] 정작 그가 반대한 것은 계몽주의 사상 자체가 아니라 '정당하지 않은' 방법으로 정부를 전복하는 폭력혁명이었다.

알렉산드르 1세의 '신성한 사명'은 러시아가 1815년 비엔나회의 당시 유럽 최강의 국가였음에도 유럽 열강들과 협력을 전제로 한 것이었다. 러시아가 구상한 유럽협력모델, 즉 '유럽협조체제Concert of Europe'는 1815년 러시아, 오스트리아, 프로이센 간에 체결한 신성동맹Holy Alliance과 이에 영국을 포함한 4국동맹Quadruple Alliance을 기본 축으

로 하였다. 러시아의 황제가 주창한 신성동맹은 그 종교적 이상주의
―정의, 기독교적 박애, 평화―로 인하여 영국의 외무장관 캐슬레이Robert
Stewart Castlereagh (1769~1822)의 완곡한 거절에 직면하였다. 그러나 유럽
의 혁명을 저지하는 반혁명의 보루이자 비엔나체제의 유지를 유해
필요하다는 오스트리아의 외무장관 메테르니히Klemens von Metternich
(1773~1859)의 판단으로 성사되었다. 신성동맹은 1853년 크림전쟁으로
와해되었으나 1872년 독일의 비스마르크Otto von Bismarck (1815~1898)에
의해 삼제동맹Dreikaiserabkommen/Союз трёх императоров (1873~1887)으로
부활하였다.

유럽의 질서 유지와 현상유지라는 러시아의 대외전략 목표는 기독
교도 보호와 후견이라는 발칸정책과 상충할 가능성이 높았다. 발칸민
족들은 오스만제국으로부터 자치권을 획득하기를 원하였고 경우에
따라서는 혁명을 통한 독립의 쟁취를 추구하였다. 19세기 초 나폴레
옹전쟁 과정에서 프랑스 혁명의 자유주의와 민족주의 이념이 동유럽
으로 확대 전파된 결과 발칸 지역은 세르비아를 필두로 하여 그리스에
이르기까지 독립을 목적으로 한 혁명과 전쟁의 소용돌이 속으로 빨려
들어갔다.

발칸 민족들의 후견을 자처해 온 러시아는 동유럽에서의 혁명과 독
립 전쟁이 유럽의 현상유지―나폴레옹전쟁 이전 상태의 회복과 오스만제국
의 영토적 통합성 유지―라는 측면에서 달갑지 않은 사태였으나, 발칸의
보호자로서 발칸 민족들의 독립 열망을 외면할 수는 없었다. 러시아는
'혁명과 현상status quo' 간의 딜레마 속에서 혁명을 비난하면서도 발칸
민족들을 위한 외교·군사적 지원을 수행하였다. 발칸 문제의 해결에
있어서 러시아는 유럽 열강의 위임 아래 독자적으로 해결하길 희망하
였으나 무망한 것으로 판명났다.

러시아가 추구한 유럽전략은 신성동맹과 사국동맹(1815)으로 프랑스를 견제하고 발칸 동부에 대한 세력권 설정을 전제로 오스만제국의 영토적 통합성을 유지하는 것과 이를 통해 유럽의 '현상status quo'을 유지하는 것이었다. 이러한 유럽전략, 특히 동방문제의 성패는 유럽 열강의 협조—신성동맹과 사국동맹의 협조—, 그중에서도 영국의 협조에 달려 있었다. 따라서 러시아는 오스만과의 양자관계를 통해 발칸 문제의 해결을 시도함과 동시에 영국의 외교적 동의를 얻기 위해 노력하였다.

2. 발칸의 화약고: 세르비아와 그리스 혁명[124]

나폴레옹전쟁과 세르비아의 봉기

19세기 동유럽과 발칸의 혁명운동은 세르비아에서 시작되었다. 프랑스 혁명정부의 제1통령 나폴레옹 보나파르트가 스스로 황제로 즉위하면서 프랑스대혁명을 배신한 1804년, 세르비아에서 봉기가 일어났다. 당초 봉기의 성격은 오스만제국으로부터 민족을 해방하거나 독립을 쟁취하기 위해서라기보다는 권력집단화되어 술탄의 권위에 도전하던 술탄의 친위대 예니체리yeniçeri의 폭력적 행위들에 대항한 세르비아 지방 유력자들—카라조르제(조르제 페트로비치Đorđe Petrović, 1768~1817) 등—의 저항[125]이었다.

세르비아인들의 요구는 오스만제국의 개혁을 시도한 술탄 셀림 3세 Selim III(1761~1808)가 약속했던 세르비아의 자치권을 보장하라는 것이었다. 세르비아인들은 다뉴브 공국들과 유사한 자치적 지위를 원하였다. 술탄의 개혁 시도는 예니체리의 반란으로 장애물에 봉착하였고 세르비아 지위 문제의 해결도 진척이 없었다. 이에 세르비아인들은 외국의 원조가 절실했으므로, 대가로 세르비아에 대한 관할권을 제시하면서 오스트리아 합스부르크에 지원을 요청하였다. 합스부르크 제국의 세르비아에 대한 영향력은 오스만제국과의 전쟁을 통해 형성된 지리적·인적 관계의 결합물이었다. 오스트리아 합스부르크의 남부 국경지역은 인종적으로도 세르비아계가 우세하였다.

합스부르크 제국과 인접한 세르비아의 유력 가문들이 과거 오스만과의 전쟁 결과로 합스부르크 제국으로 탈출했을 때 합스부르크 왕가는 이들에게 근거지를 제공해 주었다. 이러한 연유로 러시아를 비롯한 유럽 열강은 서西발칸 지역에서 세르비아에 대한 오스트리아의 영향력을 관례적으로 인정해 주었다. 그러나 나폴레옹전쟁에 몰두해 있던 오스트리아가 러시아의 행동 권유에도 불구하고 세르비아에 대한 책무를 떠안기를 거절하였으므로, 이제 세르비아인의 선택은 러시아의 황제에게 탄원하는 것뿐이었다.

세르비아인들은 러시아인들과 같은 슬라브 종족―당시엔 슬라브적 동질성에 대한 확고한 인식은 서로 없었지만―이자 정교도로서 동질성을 지녔지만 18세기까지 러시아는 세르비아를 합스부르크의 세력권으로 인정해 온 것으로 추정할 수 있다. 1722년 로마가톨릭교회의 압박 아래 있던 세르비아 정교회가 러시아에 정신적이고 물질적인 지원을 요청하였고 표트르 대제가 이에 응하여 정교회 차원의 지원을 수락하면서 합스부르크 세르비아인들에 대한 러시아의 문화적 연계와 영향력이 형성되었으나 정치적 영향력으로 확대되진 않았다.

1804년 당시에도 오스만 영토 내의 세르비아인들은 러시아에 관해 거의 무지에 가까웠다. 1804년 페테르부르크를 여행한 세르비아인 네나도비치 Prota Matija Nenadovic (1777~1854)가 그의 회고록에서, "아메리카를 유럽에 알린 콜럼버스의 심정으로 어디에 있는지조차 모르는 러시아를 세르비아에 소개하러"[126] 페테르부르크에 갔다고 자신의 심정을 밝힌 바 있다. 네나도비치는 제1차 세르비아 봉기(1804~1813) 당시 세르비아군의 사령관이자 세르비아 통치위원회의 초대 의장을 역임한 세르비아의 민족지도자였다.

러시아인들 또한 세르비아에 관하여 구체적인 정보가 부재하였다. 러시아 관리들은 콘스탄티노플이나 비엔나, 부쿠레슈티 등에서 입수한 간접적이고 추상적인 정보에 의존하고 있었다. 1805년 5월, 제1차 봉기 중에 세르비아인들이 슬라브 동족이자 정교도 형제인 러시아에 요청한 청원[127]이 이스탄불 주재 러시아 대사 이탈린스키Андрей Яков левич Италинский를 통해 알렉산드르 1세에게 전달되었다. 퀴취크 카이나르지 조약(1774), 야시(이아시) 조약(1792) 등을 통해 다뉴브 공국에서 우세한 통제권을 확보한 후, 1798년 나폴레옹의 이집트 침공으로 프랑스와의 오랜 동맹관계가 좌절된 오스만과 동맹을 추구하던 러시아로서는 세르비아인들의 청원이 달가운 것은 아니었다.

세르비아의 청원에 러시아의 태도가 긍정적이지 않았던 이유[128]는 세 가지였다. 첫째, 러시아는 서발칸 지역의 세르비아에 대한 오스트리아의 영향력을 존중하였기 때문에 오스트리아가 행동할 것으로 기대하였다. 다음으로 오스만 튀르크와의 관계이다. 퀴취크 카이나르지 조약과 야시 조약으로 이미 오스만제국과 기본적인 관계 설정이 매듭지어진 바 있다. 1796년 즉위한 파벨 1세는 오스만제국의 영토를 보전한다는 원칙 아래 오스만에 대한 프랑스의 영향력을 대체하여 주도적인 영향력을 행사하려는 오스만 우호정책을 실시하였다. 또한 1798년 나폴레옹의 몰타점령과 이집트 침공으로 프랑스가 오스만의 당면한 적대국이 됨으로써 1799년 신조약을 체결하여 러시아와 오스만 튀르크는 우호 관계에 들어갔다.

마지막으로, 러시아는 세르비아인들의 봉기가 발칸 전체로 파급되는 것을 우려하였다. 발칸의 총체적인 혁명은 유럽의 질서뿐 아니라 오스만제국을 급격히 약화시킬 수 있었기 때문이다. 물론 러시아가 원한 것은 '강한 오스만'이 아니라 '안정된 오스만'이었지만 오스만의 급격한 해체는 유럽 질서의 불안정을 의미하기에 '유럽의 경찰' 러시아는 이를 방치할 수 없었다. 앞서 모두冒頭에서 언급한 발칸 정교도의 보호자로서 '권리와 의무' 사이의 상충 가능성뿐 아니라 궁극적으로는 동방문제의 딜레마이기도 하였다.

이러한 부정적인 측면에도 불구하고 외무장관 차르토리스키Адам Ежи Чарторыйский(1770~1861)는 세르비아 반란군에 대한 재정·군사적 지원을 알렉산드르 1세에게 건의한 데 이어, 이탈린스키 대사를 통해 세르비아에 자치적 지위를 부여하는 방안을 셀림 3세에게 제안하였다. 오스만 포르테는 세르비아에 자치권을 부여할 의도가 없었으나 러시아 정부는 세르비아 문제를 조속히 해결하고 군사력을 나폴레옹전쟁으로 돌릴 것을 오스만 조정 '포르테'에 권고하였다.

19세기 전반 내내 러시아가 겪었던 '혁명과 질서' 사이의 딜레마는 세르비아에서 시작되었다. 이것은 '권리와 의무' 간의 딜레마이기도 하였다. 러시아와 발칸 관계사에서 가장 중요한 문서이자 발칸에서 러시아의 지위에 대한 기본 프레임을 설정한 퀴취크 카이나르지 조약의 7항을 러시아는 '오스만제국의 기독교인(정교도)에 대한 러시아의 보호권' 획득으로 해석하여 발칸에 이해관계와 영향력의 근거를 마련하였다. 조약상의 권리를 유지하기 위해 논리상 러시아는 발칸의 정교도를 위한 보호 의무를 수행해야 했으므로 정교도 세르비아의 운명에 무관심할 수는 없었다.

이러한 딜레마 외에도 세르비아 사태와 관련하여 러시아가 우려한 사항은 프랑스의 개입 가능성이었다. 1802년 3월 26일 영국과 아미

앵 조약Treaty of Amiens으로 일시적인 평화를 획득한 프랑스는 오스만과의 동맹재개와 영향력 회복을 시도하고 있었다. 1805년 8월 콘스탄티노플 주재 프랑스 대사로 부임한 세바스티아니Horace François Bastien Sébastiani de La Porta(1771~1851)는 셀림 3세에게 영국 함대의 다르다넬스 해협 통항권을 박탈하고 러시아에 강경한 입장을 취하도록 요청하였다. 세바스티아니는 러시아가 다뉴브 공국들의 반反오스만 음모의 배후이며 이들이 세르비아 반란군과 협조 관계에 있다고 역설하면서 나폴레옹의 편에 설 것을 촉구하였다.

유럽에서 나폴레옹 군대의 연이은 승전보와 신성로마제국의 해체로 귀결된 1805년 12월 2일 아우스터리츠 전투Battle of Austerlitz의 완승으로 프랑스 주도의 유럽질서 재편에 직면한 오스만은 프랑스와 관계 회복을 고려하기 시작하였다. 신성로마제국의 해체로 오스트리아가 한층 약화된 상황에서 세르비아가 자신의 요구가 수용되지 않을 경우 프랑스에 보호를 요청할 수도 있다는 점을 우려한 러시아 정부가 1806년 3월 31일 콘스탄티노플 대사 이탈린스키를 통해 프랑스의 위협을 경고하는 메시지를 오스만 정부에 전달하였으나 수포로 돌아갔다. 유럽의 급격한 세력 재편에 주도적으로 대처할 능력이 없었던 오스만제국은 유럽의 변동에 수동적으로 적응할 수밖에 없었다.

다뉴브 공국 등 발칸 지역을 향한 러시아의 영향력 확대 압력에 우려해 오던 포르테는 유럽질서의 변동을 활용하여 오히려 러시아와의 관계를 근본적으로 재조정하려 시도하였다. 삼제회전三帝會戰/Battle of the Three Emperors이라 불리는 아우스터리츠 전투에서 러시아-신성로마제국 연합군이 나폴레옹 군대에 패배하여 '제3차 대프랑스동맹'이 사실상 와해되자, 1806년 12월 27일 프랑스의 사주를 받은 셀림 3세는 알렉산드르 1세에게 선전포고하였고 다르다넬스 해협을 봉쇄하였다.

달마치아Dalmatia를 점령한 프랑스는 다뉴브 공국으로의 진격을 위협
하였다. 러시아는 프랑스가 발칸으로 진격해 오는 것에 대비하여 약 4
만 명의 병력을 왈라키아와 몰다비아로 진군시켰다.

　나폴레옹의 프랑스는 콘스탄티노플에서 다시 주도권을 획득하였
고 세르비아 사태는 새로운 국면에 들어갔다. 러시아-튀르크전쟁
(1806~1812)은 세르비아 문제에서 오스만과 러시아의 근본적인 입장 변
화를 야기하였다. 이제 러시아는 세르비아 혁명이 지속되기를 원하였
고, 오스만은 세르비아의 요구를 수용하려 하였다. 러시아-튀르크전
쟁은 세르비아 봉기의 지도자들에게 새로운 기회로 작용하였다. 세르
비아 지도자들이 포르테와 합의에 이르고 프랑스와 협력관계를 맺는
것은 러시아에 최악의 상황을 의미하였다.[129]

　1807년 6월 세르비아인들의 상태를 확인하기 위해 러시아 정부는
프랑스 장교 출신인 파울루치Филипп Осипович Паулуччи(1779~1849) 대
령을 베오그라드에 파견하였다. 파울루치는 프랑스와 오스만에 협력
할 경우 처할 수 있는 위험들을 세르비아에 설명하였고 무기와 재정
등 러시아의 확고한 지원을 약속하였다. 세르비아의 지도자들은 이미
포르테와의 협상을 포기하면서 봉기의 목적을 자치권이 아닌 완전한
독립으로 최대화하였다.

　파울루치는 세르비아 지도자들과 협정을 맺었는데, 협정 1항이 "세
르비아의 통치자 임명과 헌법제정 시에 알렉산드르 1세의 동의 하에
이루어진다"[130]는 내용인 것으로 보아 세르비아에 대한 러시아의 후견
적 의도—다뉴브 공국들에 대한 보호권과 유사한—를 유추할 수 있다. 세
르비아 지도자들이 당시 러시아의 정치적 보호를 선택한 것은 '혁명
의 대의'나 전황으로 볼 때 적절한 선택이 아니었다고 할 수 있겠으나,
중장기적으로 나폴레옹전쟁이 프랑스의 패배로 종결되고 비엔나체제

하에서 오스만제국의 위세가 급격히 약화된 것을 감안하면 프랑스와 오스만이 세르비아의 대안이 될 수는 없었다.

파울루치와 세르비아 혁명 지도자들이 '독립과 후견'에 합의할 즈음인 6월 14일, 독일 출신 백작 레온티예비치 베니그센Levin August von Bennigsen/Леонтий Леонтьевич Беннигсен(1745~1826) 장군이 지휘하는 러시아 군대가 쾨니히스베르그Königsbergs 남동쪽 프리드란트Friedland 에서 제국 원수인 장 란느Jean Lannes(1769~1809)와 미셸 네이Michel Ney(1769~1815)가 이끄는 프랑스 군대에 패배함에 따라 제4차 동맹전쟁(1806~1807)은 종결되어[131] 7월 7일 틸지트Tilsit 조약이 체결되었다. 조약을 통해 러시아와 프랑스가 동맹관계에 들어감으로써 나머지 유럽 국가들은 거의 무기력한 상태에 처하게 되었다. 프로이센도 영토의 거의 절반을 프랑스에 양도하여 제6차 대對프랑스 동맹전쟁(1812)까지 프랑스의 영향력 아래 놓이게 되었다. 이제 영국과 스웨덴, 그리고 신성로마제국의 해체로 약화된 오스트리아-합스부르크 정도가 프랑스의 영향력 너머로 살아남게 되었다.

프랑스는 오스만과의 관계에서 러시아에 지원을 약속하였고, 러시아는 1806년 5월 영국 해군이 내각의 '평의회 명령Order-in-Council(OIC)'에 따라 프랑스 해안을 봉쇄하자 이에 대응하여 11월 21일 나폴레옹의 베를린 칙령Décret de Berlin으로 프랑스가 포고한 '대륙 봉쇄령'에 참여하기로 하였다. 틸지트 조약은 대체로 러시아에 유리한 것은 아니어서 러시아 궁정에서 환영받지 못하였다. 러시아는 오스만과 전쟁(1806~1812) 중이었음에도 다뉴브 공국에서 철수하기로 약속하였고, 아드리아해의 이오니아 섬들을 프랑스에 양도하는 동시에 크로아티아의 달마치아Dalmacija 등에 대한 프랑스의 권리를 인정하였다.

프로이센과 오스트리아가 분할하였던 폴란드 영토가 반환되어 바르샤바 공국이 수립됨으로써 폴란드가 다시 부활하였다. 러시아는 비교적 프랑스와 무관한 핀란드에서 재량권을 인정받았고, 황제와 인척 관계에 있던 독일 북부의 올덴부르크Oldenbrug 공국 등의 주권이 보장된 정도의 성과가 있었다. 3년 후인 1810년 올덴부르크Oldenbrug 공국은 프랑스가 병합하였다. 나폴레옹이 의도한 것은 프랑스가 중부유럽을 장악함으로써 유럽 전체의 패권을 획득하고 러시아로 하여금 영국, 스웨덴과 분쟁 관계에 들어가도록 유도하는 것이었다.

러시아는 프랑스가 주도하는 대영국 경제봉쇄에 참여하여 영국과의 전쟁(1807~1812)으로 휘말려 들어갔다. 핀란드에서의 재량권은 러시아로 하여금 스웨덴과 '핀란드전쟁(1808~1809)'을 불가피하게 하였다. 러시아는 의도하지 않은 대륙 봉쇄 참여로 자신의 최대 무역 파트너인 영국과 갈등 관계에 처하게 되었다. 틸지트 조약에서 주권이 보장되었던 북부 독일의 공국들과 소국들을 프랑스가 병합하는 등, 프랑스가 유럽 동쪽으로 제국 팽창을 기정사실화하면서 러시아와 프랑스의 동맹관계는 균열이 가기 시작되었다.

틸지트 조약 이후 프랑스와 러시아 간에 세르비아의 지위에 관한 논의가 진행되었다. 1808년 3월 상트페테르부르크에서 프랑스 대사 꼴랭꾸르Armand Augustin Louis de Caulaincourt(1773~1827)와 러시아 외무장관 루만쩨프Николай Петрович Румянцев(1754~1826)는 세르비아의 지위를 협의하였는데, 러시아나 프랑스 혹은 오스트리아의 보호 아래 자치정부를 수립하는 방안과 독립국가 수립안, 오스만제국의 분할을 전제로 세르비아와 마케도니아를 오스트리아에 할양하는 방안 등이 거론되었다. 1808년 9월 독일 튀링겐Thüringen의 에르푸르트Erfurt에서 회동한 알렉산드르 1세는 나폴레옹 1세가 제안한 오스만제국 분할(해체)론을 거절하였고 세르비아는 여전히 오스만의 주권 하에 놓이게 되었다.[132]

쿠데타로 셀림 3세를 폐위한 무스타파 4세 Mustafa IV (1807~1808)의 짧은 재임 동안 정치적 위기가 심화된 오스만 정부는 세르비아의 자치권 요구를 수용하려 하였다. 셀림 3세의 적통 계승자였던 개혁 군주 마흐무드 2세 Mahmud II (1785~1839)는 1808년 7월 즉위한 직후에 세르비아에 공세를 강화하기 시작하였다. 유럽의 상황 또한 오스만에게 유리하게 전개되었다. 러시아와 오스만 간 협상이 지지부진한 가운데 유럽의 국제관계는 러시아에 불리하게 형성되었다.

1812년 2월과 3월 프랑스는 프로이센, 그리고 오스트리아와 동맹을 맺고 러시아 원정을 시작하였다. 9개국—프랑스 제국(프랑스, 라인 연방, 바르샤바 공국(폴란드), 이탈리아 왕국, 나폴리 왕국, 스위스), 프로이센, 오스트리아, 스페인 등—으로 구성된 약 69만 명의 나폴레옹 군대 '그랑 아르메 Grande Armée'—문자 그대로 당시까지 근대 유럽 역사상 가장 대규모의 군대—는 6월 24일 녜만 Neman 강을 넘어 러시아를 침공하였다.

나폴레옹은 이 전쟁을 제2차 폴란드전쟁으로 명명하여 폴란드인들의 애국심과 동맹국들의 의무감을 자극하였다. 러시아가 병합한 폴란드 영토를 해방한다는 명분이었다. 러시아의 역사에서 가장 중요하게 기억되는 두 개의 전쟁—조국전쟁(나폴레옹전쟁)과 대大조국전쟁(제2차 세계대전)— 중 하나인 '조국(방어)전쟁'이 시작된 것이다.

러시아는 발칸 민족들을 동원하여 대對프랑스 동맹전선에 균열을 가하려는 방책이 실현 가능하지 않게 되자 유럽 전선에 집중하기 위해 부득이 오스만과 화해할 수밖에 없었다. 1812년 5월 28일 부카레스트(부쿠레슈티 Bucureşti) 조약'이 체결되어 지루했던 '러시아-튀르크전쟁 (1806~1812)'은 종결되다. 이 조약은 러시아군 총사령관 쿠투조프 Михаил Илларионович Кутузов (1745~1813) 원수와 오스만의 전권대표인 메메드 사이드 갈립 Ghalib Effendi/Mehmed Said Galip-Paşa (1763~1829)이 서명하였다. 사이드 갈립은 세르비아의 요구를 전면 수용하는 것은 거부하였는데, 그럴 경우에 '발칸의 여타 정교도들이 동일한 양보를 요구할 것'이라는 점과 세르비아 문제는 오스만의 '내정 문제'라는 것이 그 이유였다.[133]

16개의 공개 조항과 2개의 비밀조항으로 구성된 부카레스트(부쿠레슈티) 조약Бухарестский мирный договор(1812)을 통해 혁명과 전쟁에 참여한 세르비아인들에게 관용과 사면이 베풀어졌다. 조약에 따라, 세르비아인들이 구축한 성과 요새들은 해체하거나 튀르크에 양도하고, 오스만 군대가 주둔하게 되었다. 또한 조약은 오스만 제국령領 이오니아Ionia/İyonya 등이 향유하는 것과 동일한 '자치'를 세르비아인들에게 부여하기로 결정하였다. 그러나 이러한 결과는 세르비아인들의 기대와 거리가 먼 조치였다. 그나마 러시아가 프랑스와 전쟁에 몰두하던 1813년 7월, 마흐무드 2세Mahmud II(1785~1839)의 군대가 전쟁을 재개하고 10월 베오그라드에 입성하여 카라조르제 등 세르비아의 혁명 지도자들이 오스트리아로 탈출함으로써 세르비아 혁명은 종식되었다.

1814년 3월 31일 탈레랑Charles Maurice de Talleyrand(1754~1838)이 알렉산드르 1세에게 '파리의 열쇠'를 바친 그날, 알렉산드르 1세가 동맹군의 선두에서 개선문을 통해 파리로 입성하면서 나폴레옹전쟁은 실질적으로 종결되었다. 비엔나 회의가 진행 중이던 1814년 12월 세르비아인을 대표하여 세르비아 통치위원회 의장 네나도비치는 "러시아가 세르비아의 희망이며 보호자이자 인도자"라고 강조하면서, 세르비아 문제가 회의에 반영될 수 있도록 오스만과 유럽 열강들을 중재해 줄 것을 러시아에 청원하였다.[134]

1815년 2월, 러시아의 노력으로 회의의 공식 안건에 포함되어 있지 않았던 세르비아 문제에 대해 두 개의 메모랜덤이 작성되었다. 러시아의 황제가 "오스만제국 내 그리스 정교도의 보호자로서 그들을 보호할 권리"와 "포르테에 의해 행해진 위반 행위들에 대해 항의할 권리"를 보유하고, "세르비아인을 지원하기 위한 종교적이고 양심적인 의무"를 지니고 있다는 내용 등이 메모랜덤에 명시됨으로써, 퀴취크(큐추크) 카이나르지 조약에서 명확하지 않았던 발칸 민족들에 대한 러시아의 지위와 권리가 명확히 언명되었다. 이것은 동시에 발칸에서 러시아의 의무를 분명히 한 것으로 이에 따라 러시아는 발칸 문제에 적극적인 연루의 길로 빠져들게 되었다.

부쿠레슈티 조약의 8조항, '세르비아와 휴전과 자치권 부여' 합의를 이행하라는 러시아의 강한 압력과 내정 개혁의 자체 필요성 등으로 포르테는 세르비아와 협상을 서둘러 1815년 11월 세르비아에 '준準자치적 지위'를 부여하였다.[135] 아래로부터의 압력에 의해 수세적으로 진행된 '수동혁명passive revolution'이 결국 근본적인 혁명으로 치닫게 되듯이 이러한 자치적 지위를 부여하는 조치는 세르비아인의 상향된 기대와 요구를 충족시키기엔 미흡하여 여전히 세르비아를 불명확한 지위에 놓이게 함으로써 독립혁명의 불씨가 되었다. 따라서 세르비아 문제는 그리스 혁명을 거쳐 1830년 유럽과 발칸의 혁명을 기다려야 했고, 러시아 또한 이 문제로부터 자유롭지 못하였다.

입실란티와 필리키 에테리아의 봉기: 그리스 혁명1821의 단초

일반적으로 그리스 독립전쟁(1821~1829)으로 불리는 그리스 혁명은 1820년 스페인 혁명 등과 더불어 유럽협조체제의 균열의 전조前兆로 해석될 수 있다. 1822년 베로나Verona 회의에서 유럽 질서의 복고주의 열풍을 주도하던 메테르니히가 스페인 혁명을 진압하기 위해 영국의 신임 외무장관 캐닝George Canning(1770~1827)의 반대를 무릅쓰고 프랑스

군대를 파견하기로 결정함으로써 무력 개입에 반대한 영국이 유럽협
조체제에서 이탈하려는 빌미를 제공하였다. 오스트리아가 군사적 여
력이 없는 상태에서 러시아의 군사개입을 꺼렸기 때문에 메테르니히
가 내린 결정이었다.

그리스의 독립(1830)과 유럽의 '1830년 혁명들'은 동유럽과 발칸에
서 자유주의와 민족주의 운동의 확산에 기여하였다. 프랑스의 7월 혁
명을 필두로 폴란드의 독립 선포, 이탈리아 봉기 등 유럽에서 발생한
일련의 혁명들은 유럽협조체제의 시험대이기도 하였다. 1830년 유럽
의 혁명운동은 19세기 전반, 유럽협조체제의 근간을 뒤흔드는 균열
요인인 동시에 유럽협조체제를 유지하려는 대륙동맹의 응집 요인으
로 동시에 작용하였다.

그리스 혁명의 불씨는 1814년 러시아 제국의 흑해 연안 도시 오데
사Oдeca에서 그리스 해방을 목적으로 결성된 그리스인 비밀결사 '친
우회 필리키 에테리아Filiki Eteria'에 의해 만들어졌다. 1821년 3월 6일,
필리키 에테리아의 지도자이자 그리스 파나리오트 출신으로 러시아
후사르 여단гусарская бригада의 여단장을 역임한 입실란티Alexandros
Ypsilantis/Александр Константинович Ипсиланти(1792~1828) 소장이 프루
트강을 건너 다뉴브 공국으로 진입하면서 혁명의 횃불이 타올라 펠레
폰네소스와 그리스 전역으로 확산되었다. "강력한 제국(러시아)이 지
원할 것"[136]이라고 호언한 입실란티는 루마니아에 입성히여 모든 그리
스인과 기독교도의 봉기를 촉구하였다.

당초 입실란티와 필리키 에테리아는 발칸 전체 기독교도의 봉기를
촉발하고 러시아의 개입을 유도한다는 목표 아래 다뉴브 공국, 그리
스의 펠레폰네소스, 콘스탄티노플에서 혁명 봉기를 일으킨다는 계획
을 수립하였다. 그러나 콘스탄티노플 총대주교 그레고리 5세Gregory V/

Patrik Gregorios V(1746~1821)는 혁명에 대한 확고한 반대가 정교회의 정책이라는 회칙回勅들을 발하여 입실란티와 혁명에 가담한 몰다비아의 수쭈 공Mihail Suṭu(1784~1864)을 파면하였다.[137]

러시아가 그리스 혁명에 연루된 이유는 종교, 정치, 경제 등의 측면에서 조명해 볼 수 있다. 그리스 문제 역시 러시아에 세르비아 문제와 유사한 딜레마를 부여하였다. 정교를 신봉한다는 종교적 동질성 외에도 러시아는 유럽 열강 중 어느 국가보다도 오스만제국의 그리스인들과 밀접한 연계를 형성하고 있었다. 러시아가 그리스를 이해하는 정책적 인식의 원천은 예카테리나 여제의 흑해와 발칸으로의 진출전략—이른바 '그리스 기획'—과 그 결과물인 퀴추크 카이나르지 조약으로 형성된 러시아의 발칸 보호권에서 유래한다.

18세기 이래로 러시아는 오스만과의 외교관계에서 그리스 출신 관료들을 통역 등 기능적 역할로 활용하였을 뿐 아니라, 발칸의 교두보인 왈라키아와 몰다비아 등 다뉴브 공국들을 관리하는 데 있어서도 현지 행정 책임자인 파나리오트(파나리오테스Phanariotes) 그리스인들과 협력을 유지하였다. 경제적으로도 러시아는 그리스 상인들과 밀접한 연관을 맺고 있었다. 당시 오스만제국의 무역을 주도하던 그리스인들은 흑해를 통해 러시아의 곡물 무역을 관장하였고, 그리스 상선은 러시아 국기를 게양할 수 있는 권리를 부여받았다. 그리스인들은 오데사를 비롯한 흑해 연안의 상업 도시에 집중적으로 거주하였고 러시아 정부는 그리스인들을 발칸 지역의 영사로 임명하였다.

러시아로 이주한 그리스인들과의 관계 또한 러시아 정부가 그리스 문제를 다루는 데 중요한 요인이 되었다. 귀화한 파나리오트 출신 가문들은 러시아 정부에서 관료와 장교로 복무하였고 러시아 귀족 가문들과 혼인 관계를 맺었다. 그리스계 러시아 고위 관료 중 대표적인 인

물이 알렉산드르 1세의 총신으로 짜르와 함께 비엔나 회의에 참여한
외무장관 카포디스트리야(카포디스트리아스) Иоанн(Иван Антонович)
Каподистрия(1776~1831)와 그리스 혁명을 주도한 입실란티이다.

육군 소장 입실란티에게 그리스 혁명단체인 필리키 에테리아의 의
장직을 권유한 사람이 카포디스트리아스였고, 그 역시 의장직을 제안
받았으나 두 차례나 거절하였다. 이들은 발칸 문제와 '그리스 문제'에
지대한 관심을 지니고 있었다. 카포디스트리아스는 1803년에 러시아
의 영향력 아래에 있던 그리스 이오니아의 헌법제정 과정에 참여한 적
도 있다. 또한 러시아 관료들은 오스만 정책 수립과 관련하여 여전히
콘스탄티노플에 근거지가 있는 유력한 그리스인들―교회 성직자, 은행
가, 상인, 관리들 등―과 접촉을 유지하고 있었다.

그리스인들의 러시아 이주는 예카테리나 대제 치세에 본격적으로
시작되었다. 오스만으로부터 새로이 획득한 흑해 연안 지역으로 유럽
의 기독교인들을 이주시킨다는 목적뿐 아니라, 현지 거주자인 무슬림
주민들을 대체하려는 의도로도 진행되었다 그리스인들은 흑해 연안
과 발칸 접경 지역에 주로 거주하였다. 이러한 이주 그리스인들과 변
경 지역의 그리스인들은 그리스 혁명의 발발 과정에서 주요한 역할을
담당하게 되었다. 이러한 사실들을 감안하면 러시아가 왜 1821년 그
리스 '혁명 음모'의 중심이 되었으며, 왜 적지 않은 러시아 관료들이
이에 연루되었는지 이해할 수 있다.

러시아의 지원이 절실했던 그리스 혁명은 시기적으로 적절한 것은
아니었다. 비엔나 회의 이후 유럽의 현상유지라는 그랜드 디자인을 수
립한 러시아와 삼제동맹국들은 1820년의 스페인, 포르투갈, 시칠리
아, 나폴리 등에서 발생한 봉기 등을 고려할 때, 1815년 이후 점증하는
혁명적 교의들이 유럽의 평화를 위협하는 요인이라 우려하였다. 필리

키 에테리아가 1817년과 1820년 두 차례에 걸쳐 카포디스트리아스에게 혁명 결사의 지도자로서 혁명을 지원해 주도록 요청하였을 때 그가 요청을 거절한 것은 이러한 러시아의 상황인식에 연유한 것이었다.

유럽의 질서를 나폴레옹전쟁과 프랑스 혁명 이전으로 복구하려는 복고주의자 메테르니히는 알렉산드르 1세의 우려에 공감하여 유럽의 현상유지에 주력하고 혁명의 확산을 저지하는 것을 주도하였다. 현상유지와 혁명 저지의 취지에서 1820년 8월 러시아, 오스트리아, 프로이센 등 신성동맹이 트로파우Troppau에서, 그리고 1821년 1월 라이바흐 Лайбах(Liubljana)에서 회합하였다. 신성동맹은 정당한 정부가 혁명에 의해 전복된 경우에 군사적으로 개입할 수 있는 권리를 확인하고 나폴리 왕국에 대한 오스트리아의 군사개입을 허용하였다. 알렉산드르 1세는 유럽혁명을 지휘하는 일종의 '혁명 중앙위원회'가 존재하는 것이 아닌가 하는 의혹을 품을 정도로 유럽의 혁명적 현상에 우려를 품고 있었다.

봉기 직후인 1821년 3월 7일, 카포디스트리아스와 함께 공동 외무장관이던 네셀로데Карл Васильевич Нессельроде(1780~1862)는 콘스탄티노플 대사 스트로가노프Григорий Александрович Строганов(1770~1857)에게 트로파우와 라이바흐에서 삼제동맹이 '혁명의 홍수를 막는 제방'의 역할을 하기로 한 결정 사항을 고수하도록 지시하였다. 카포디스트리아스는 알렉산드르 1세의 명에 따라 입실란티에게 보낸 서신에서, 러시아의 지원을 기대하지 말 것과 혁명세력의 행동을 '체제전복', '재앙'이라는 표현으로 비난하였다. 그는 이러한 혁명적 행동이 그리스인들을 불행으로 인도할 것이고, 입실란티가 군대의 명부에서 제명되었음을 통보하였다. 카포디스트리아스는 입실란티에게 무장해제하고 본국으로 귀환할 것을 명령하였다.

입실란티에게 보낸 카포디스트리아스의 서신으로 인해 루마니아의 혁명 지도자 블라디미레스쿠Тудор Владимиреску(1780~1821)를 비롯한 왈라키아 봉기의 주도 세력과 입실란티의 필리키 에테리아 간에 갈등이 노정되어 혁명 진영이 분열되었다. 블라디미레스쿠는 6월 7일에 필리키 에테리아에 의하여 처형당하였고 마흐무드 2세의 군대가 왈라키아에 개입하자 루마니아의 동맹 세력을 상실한 그리스 혁명세력은 패배하였다. 6월 19일 드러거샤니Drăgăşani 전투에서 대패한 입실란티는 합스부르크의 오스트리아로 망명하였다.[138]

그리스 혁명의 발발과 전쟁의 문턱: 그리스인 학살

왈라키아Wallachia(루마니아) 등지에서 일실란티의 필리키 에테리아 세력이 패배한 것으로 그리스 혁명이 일단락된 것은 아니었다. 펠레폰네소스를 비롯하여 그리스 반도에서는 육상과 해상에서 혁명전쟁이 지속되고 있었다. 알렉산드르 1세가 입실란티를 비난하고 혁명전쟁에 반대하였음에도 그리스 혁명이 지속되면서 러시아와 오스만 간의 갈등은 증대되었다.

오스만 조정은 다뉴브 공국들의 봉기에서 러시아 정부의 암묵적인 지원이 그 배후에 있는 것으로 의심하였다. 이러한 이유는 영국 대사 스트랭포드Percy Smythe Strangford(1780~1855)가 자국의 이익을 위한 기회로 활용하기 위해 의혹을 부추겼기 때문이기도 하다. 영국은 오스만 튀르크에 그리스 문제를 중재하면서 대륙동맹의 갈등과 러시아 영향력의 약화를 의도하였다. 러시아 정부는 발칸의 혁명과 무관함을 강조하면서 포르테에 해명을 시도하였으나 상황은 점점 악화되었다.

그리스에서 발발한 혁명은 오스만 정부를 더욱 곤경에 처하게 하였다. 1820년 12월, 오스만제국의 유럽영토Pashalik of Janina를 통치하던 알리 파샤Ali Pasha of Yanina/Tepedelenli Ali Paşa(1740~1822)가 반란을 일으키자
이를 진압하기 위해 2만여 명의 군사가 알리 파샤와의 전투에 집중되
어 있던 상황에서 다뉴브 공국과 그리스에서 혁명이 발생한 것이다.
알바니아의 통치자 알리 파샤의 반란은 그리스·발칸의 봉기에 자극
제가 되기도 하였다.

혁명이 발생한 그리스와 다뉴브 공국들에서 기독교인들이 무슬림
수백 명을 학살한 것에 보복으로 대응하여 무슬림들은 교회를 파괴하
고 사유재산을 약탈하였다. 콘스탄티노플에 거주하던 정교도들과 파
나리오트들 또한 혁명 음모에 연루된 것으로 단죄하여 처형되었다. 보
복 학살의 임계점이 된 사건은 콘스탄티노플 총대주교 그리고리오스
5세Grigorios V의 처형이었다. 1821년 4월 22일 부활절 전야에 일군의
예니체리들이 그리고리오스 총대주교를 교회 문에 매달아 살해한 후
시신을 보스포루스 해협에 던져버렸다. 기독교도 학살 사건은 이들에
대한 보호권을 주장하던 러시아를 자극하기에 충분하였다.

그리스인 망명자와 무기를 색출한다는 명목으로 진행된 러시아 선
박에 대한 오스만 정부의 일제 수색은 양국 관계의 긴장을 고조시켰
다. 오스만 정부가 러시아 깃발을 단 선박을 수색한 것은 이해할 만한
이유가 있었다. 러시아 정부가 그리스인의 선박에 러시아기를 게양하
도록 특별히 허용했기 때문에 러시아 깃발을 게양한 선박일지라도 선
박 소유주는 그리스인일 가능성이 있었다. 또한 그리스 해적들에 의해
콘스탄티노플로 향하는 식량의 운반 루트가 차단당할 수 있다는 우려
에서, 오스만 정부는 해협을 통과하는 모든 곡물 선박에게 곡물의 판
매를 강제하였다. 이러한 포르테의 조치는 러시아의 상업적 이해에 직
접적인 영향을 미쳤다.

러시아는 혁명에 부정적인 입장이었으므로 오스만의 혁명 진압을

반대하지 않았다. 그러나 오스만 정부의 혁명 진압에 수반된 이러저러한 조치들은 러시아의 상업적인 이해뿐 아니라 종교적이고 인도적인 이해와 상충하였다. 4월 12일 스트로가노프 대사를 통해 오스만 술탄에게 전달한 혁명에 대한 알렉산드르 1세의 입장은 '봉기'를 지지하지 않을 것이지만, '사태의 희생자들(정교도)', 즉 정교라는 '신성한 유대'로 러시아와 결합된 민족들의 불행에 대해 러시아가 깊은 관심을 갖고 있다는 사실을 포르테가 명심해야 한다는 것이었다. 특히, 총대주교의 살해는 러시아의 종교적 정서로나 동방정교에 대한 러시아의 특수한 지위로 볼 때 충격적인 사건이었다. 이 사태로 오스만 정부가 퀴취크 카이나르지 조약 등에 명시된 '오스만제국 내 기독교도들을 보호할 의무(제7항)'를 위반하였다는 것이 러시아 정부의 입장이었다.

스트로가노프 대사는 봉기 발생 초기에 오스만 정부가 다뉴브 공국들을 점령한 것은 수긍하였으나 러시아 정부와 합당한 협의 없이 군대를 진입시킨 것에는 반대 의사를 분명히 하였다. 사태 초기에 러시아 정부는 다뉴브 공국들의 내정 문제, 흑해 무역의 장애, 그리스 정교에 대한 처우 등, 개입할 국제법적 권리를 소유하고 있다고 판단한 문제들을 활용하여 지속적으로 오스만 정부에 압력을 행사하였다.

라이바흐 회동에서 귀국한 즉시, 알렉산드르 1세는 각계각층으로부터 그리스 혁명에 개입할 것을 요청받았다. 예카테리나 대제의 발칸 개입 정책에 여전히 향수를 지닌 군인들부터, 종교인, 민족주의지, 그리고 스스로 인문적 고전 교양과 그리스인을 동일시하는 '그리스 애호주의자Philhellene'인 자유주의자에 이르기까지 사회의 여론은 혁명에 개입하도록 요구하였다.

양국의 긴장 관계는 7월 18일 스트로가노프 대사가 외무장관 카포디스트리아스로부터 받은 외교문서를 오스만 정부에 전달하면서 고조되었다. 당시 동방정책을 주관하던 카포디스트리아스는 러시아의 요구가 유럽의 대의명분에 입각한 것이며, "유럽이 막대한 희생을 치르고 이룩한 평화를 위협하는 국가"라는 암시적인 표현으로 오스만제국을 비난하였다. 카포디스트리아스의 문서에는 훼손된 정교회 재산의 복구, 반란에 참여하지 않은 그리스인들에 대한 공정한 처우, 기독교의 보호, 다뉴브 공국들의 내정 문제를 조직하는 데 있어서 러시아와의 협력 수용 등의 요구들이 포함되어 있었다. 오스만 정부 포르테가 이를 수용하지 않는다면 러시아 정부는 봉기에 참여한 그리스인들에게 피난처를 제공할 수밖에 없다는 의사가 표명되었다. 오스만 정부로부터 8일 기한의 답변을 듣는 데 실패한 스트로가노프 대사는 콘스탄티노플을 떠났다.

러시아의 최후통첩에 오스만이 응하지 않았으므로 러시아 정부는 군사적 행동—전쟁 선포와 다뉴브 공국들의 점령—을 심각하게 고려하였다. 최후통첩의 확고한 어조에도 불구하고 알렉산드르 1세는 전쟁과 같은 극단적인 조치를 선호하지는 않았다. 오스만에 대한 군사적 제재의 묵인 등 여타 유럽 열강의 외교적 지원이 없는 상태에서, 특히 오스트리아나 프로이센의 동의 없이 수행하는 오스만과의 전쟁은 명분이 약했을 뿐 아니라 배후의 위험 또한 존재하였다.

알렉산드르 1세가 원한 것은 유럽의 중재가 아니었다. 이탈리아 혁명을 저지하고 정치질서를 복원하기 위해 오스트리아가 삼제동맹으로부터 대리인 역할을 위임받은 것처럼 오스만 문제를 해결하는 데 있어서 동맹국들의 위임을 받는 것이었다. 러시아 정부는 배타적인 이익을 추구하지도 열강과의 협력 없이 행동하지도 않을 것이라는 점을 강조하였다. 군대의 동원이 국경의 확장이 아닌 '유럽의 균형 equilibrium'을 위한 것이라는 사실을 역설한 것이다.

러시아의 오스만에 대한 협박과 유럽 열강을 향한 설득은 소기의 성과를 거두지 못하였다. 유럽의 평화와 기독교 수호를 위한 알렉산드르 1세의 진정성이나 열망과는 별개로 오스트리아의 메테르니히와 영국의 캐슬레이는 러시아의 정책을 동방의 지배를 의도하는 것으로 해석하였다. 10월 하노버 회합에서 메테르니히와 캐슬레이는 러시아의 동방정책에 대해 공동보조를 취하기로 결정하였다.

외무장관 캐슬레이는 영국 정부가 향후 알렉산드르가 요청한 어떠한 종류의 협력도 거절할 것이라는 점을 분명히 하였다. 메테르니히 또한 지원에 대한 조건적 제약을 복잡하게 하여 알렉산드르의 행동을 제지할 것이라는 점을 강조하였다. 영국과 오스트리아는 러시아의 군사행동을 억제하는 한편, 오스만으로 하여금 러시아의 주요 요구들 중 일부를 수용하도록 압력을 행사하였다.[139]

러시아 정부의 요구안이 오스만 정부에 의해 거부되고 유럽 열강의 지지도 획득하지 못한 상태에서 발칸의 상황은 여전히 호전되지 않았다. 1822년 1월 반란을 일으켰던 알리 파샤가 살해되자 포르테의 군대는 그리스 혁명 진압에 집중할 수 있게 되었고, 그리스인들에 대한 학살 행위는 지속되었다. 외교관뿐 아니라 군대의 고위지휘관 등 러시아 정부의 영향력 있는 그룹들[140]은 알렉산드르 1세에게 무력 개입을 포함한 단호한 조치를 상주하였다. 그러나 알렉산드르 1세는 협조체제의 유지라는 기존의 유럽정책을 고수하여 오스만과의 전쟁을 유보하였다.

1821년 8월 알렉산드르 1세는 발칸혁명에 군사적으로 개입하는 것과 오스만과 전쟁에 돌입하는 행위는 '질서의 적들'인 유럽의 혁명 세력을 유리하게 할 수 있다는 우려를 카포디스트리아스에 하달하였다. 9월에 러시아 황제는 "전쟁은 유럽의 혁명주의자들의 게임을 방조하는 셈"이라는 캐슬레이의 의견에도 동의하였다. 알렉산드르 1세의 이러한 유럽정책은 전쟁의 결과에 부정적인 견해를 피력하던 재무장관 구리예프Дмитрий Александрович Гурьев(1758~1815)와 네셀로데에 의해 추진되었다.

1822년 5월, 알렉산드르 1세의 유럽정책에 따라 러시아 정부는 오스만 조정 포르테에 대한 요구를 대략 2가지로 구분하여 정리하였다. 하나는, 전반적인 평화 구축이 필요하고 그리스 문제는 유럽 정부들과 동의하여 해결한다는 것, 다른 하나는 조약에 명시된 '다뉴브 공국에 대한 러시아의 권리'에 관련된 문제들은 상트페테르부르크와 콘스탄티노플 간에 직접 협의한다는 내용이었다. 이 두 가지는 상호 불가분한 것이었으므로 두 가지 문제를 분리하여 다룬다는 결정은 동방문제에서 유럽 열강과 러시아 간의 이해관계의 긴장을 편의적으로 해석한 셈이 되었고, 실질적으로 발칸 문제에서 러시아의 일정한 전략적 철수를 의미하였다. 이러한 상태가 고착화될 경우, 그리고 알렉산드르 1세의 유럽정책이 장기적으로 구조화될 경우, 18세기에 체결한 조약들이 설정한 지위로 러시아가 후퇴할 가능성도 배제할 수 없었다.

영국의 개입과 이집트 알리 파샤의 참전: 악케르만 협정[1826]

알렉산드르 1세가 1822년에 한 결정은 카포디스트리아스의 동방정책이 붕괴되었음을 의미하였다. 영국과 오스트리아 정부는 카포디스트리아스를 오스만에 대한 강경정책의 핵심으로 지목하였다. 보수주의자이기도 한 카포디스트리아스는 종교적 유대와 조약상의 권리를 근거로 그리스에서 학살을 중지시키기 위해 러시아가 개입해야 하며, 그리스인들은 혁명을 수행하고 있는 것이 아니라 민족 절멸의 위기에 처해 저항하고 있는 것이라는 입장을 견지하였다. 그 또한 혁명적 방식에 의한 문제 해결에 대해 부정적이었고 러시아가 그리스 문제에 개입하는 것에 유럽 열강의 지지를 얻기 쉽지 않다는 사실을 명확히 이해하고 있었음에도, 카포디스트리아스는 러시아의 독자적인 동방정책을 선호하였다.

그가 선호한 독자적인 정책이란, 러시아가 오스만제국과의 관계에서 유럽 열강의 중재나 개입을 허용해서는 안된다는 것을 의미하였다. 그는 과거의 경험상 온건하고 이성적인 정책은 콘스탄티노플에서 나약함의 상징으로 해석될 것이라 우려하였다. 강경한 정책 채택을 주저함으로써 오스만 조정에서 러시아의 위신이 손상되고 있고, 러시아의 조약상 권리가 훼손되어 지난 반세기 동안 여러 차례 전쟁의 희생으로 획득한 외교적 성과들이 사라지고 있다는 판단이었다. 그는 동맹과 유럽에서의 협조, 전반적인 평화 구축과 동방의 이익의 확보라는 이중적 목표를 동시에 획득할 수는 없다고 판단하였다. 이 지점에서 짜르와 카포디스트리아스는 정책적으로 결별하였다.[141]

1822년 10월 베로나 회의에서 알렉산드르 1세를 수행한 타티셰프 Дмитрий Павлович Татищев(1767~1845)는 오스만과 관계를 재개하는 조건으로, 열강과 오스만 간의 협상 또는 러시아의 조약상 권리(기독교 보호권)에 대한 존중을 통한 그리스의 평화 구축, 다뉴브 공국에서 완전한 철수와 신임 통치자 임명, 흑해의 자유 항해와 무역 제한 조치의 철회 등 세 가지 사항을 제시하였다.

1822년 캐슬레이의 후임이 된 외무장관 캐닝 George Canning(1770~1827)은 전임자와는 달리 적극적인 개입에 별 관심은 없었으나, 러시아가 발칸에서 진전된 지위를 확보하는 것에는 우려하였다. 캐닝은 1823년과 1824년 그리스 혁명 세력에게 결과적으로 유리한 결정을 하였다. 그리스 혁명 세력을 교전국으로 인정한 것, 그리고 런던 금융가가 그

리스에 대해 공채를 발행하는 것에 대해 영국 정부가 반대하지 않는다는 것 등이었다.[142]

　캐닝은 유럽 문명의 근원으로 고전 시대 그리스를 동경하는 영국 지식인 사회의 압력, 그리고 오스만의 영토적 완결성에 러시아가 위협요인이라고 판단하는 정치가들의 우려를 동시에 고려해야 했다. 캐닝을 비롯한 영국의 정치가들은 봉기의 배후에 러시아가 있다는 우려가 해소된 후에도 여전히 러시아 정부가 전쟁을 부추기고 있다는 의혹을 거두지 않았다. 전쟁을 통해 수립될 독립국 그리스가 러시아의 통제 아래 놓이게 되거나 최악의 경우 오스만제국의 붕괴가 시작될 것이라는 우려가 사그라들지 않았다. 1822년 알렉산드르 1세의 결정과 카포디스트리아스의 사임은 이러한 상황 하에서 외부의 의혹을 해소하기 위해 내려진 결정이었다.

　1824년 말경, 유럽 열강의 지지에도 불구하고 오스만은 그리스 혁명 세력과의 전쟁에서 결정적인 승리를 거두는 데 실패하여 전쟁은 소강상태로 접어들었다. 그러나 1825년 2월 술탄 마흐무드 2세가 맘루크Mamluk 출신 이집트 총독인 야심가 무함마드 알리Muhammad Ali (1769~1849)에게 군사적 지원을 명하면서 국제정세가 급변하게 되었다. 알리는 크레타, 키프로스, 펠레폰네소스, 시리아 등에 대한 통치권을 대가로 그의 아들 이브라임 파샤Ibrahim Pasha(1789~1848)가 지휘하는 군대를 그리스에 파견하였다. 이브라힘의 군대는 크레타와 펠레폰네소스를 점령하는 등 연승을 거두었다. 이러한 상황의 급전은 그리스 문제에 대한 러시아와 유럽 열강의 재평가에 결정적인 영향을 미쳤다.

　열강 중에서 러시아 정부의 정책 입지가 가장 곤경스러운 것이었다. 1822년 알렉산드르의 결정 이래로 러시아의 외교적 선택지는 매우 협소하였다. 러시아 외무장관 네셀로데는 그리스 문제가 열강의 도움 없이 독자적으로 해결될 수 없는 것으로 판단하여 비엔나협조체제Congress System를 통한 해결 방식―강대국들의 위임을 획득하는 방식―을 가장 이상적인 접근으로 상정하였다. 최종 해결 단계에서 그리스의 정치 체제와 영토 범위의 결정에 있어서 유럽협조체제의 참여국들―주로 러시아, 오스트리아, 영국, 프랑스, 프로이센 등 5개국―의 공동결정권이 보장되면 러시아 정부의 제안이 양해되리라는 기대가 작용한 것이기도 하였다. 그러나 러시아 정부는 '유럽의 협조'를 얻지 못하였다.

영국은 대륙 문제에 연루되는 것을 회피하려는 의도로 대륙동맹체제로부터 철수하여 우회적으로 대륙동맹의 갈등을 조장하고, 오스만을 협상 전면에 내세워 자신이 중재하면서 오스만에서의 전략적 지위를 높이는 것에 관심의 초점을 두었다. 오스트리아는 여전히 동방문제에 대한 적극적인 개입을 꺼렸고, 프랑스는 이집트와 지중해에서의 이해관계 때문에 오스만과의 적대를 원치 않았다. 프로이센은 발칸 문제에 대해 비엔나체제(유럽협조체제) 참여국들의 입장에 동조하면서 러시아를 회유하였다.

러시아의 제안을 유럽 열강이 거부한 핵심적 사유는 그리스 혁명에 대한 부정적 인식뿐 아니라 러시아의 전략적 의도에 대한 의혹―그리스를 러시아의 보호국화할 것이라는 의혹―이었다. 이에 대해 알렉산드르 1세가 여러 차례에 걸쳐 해명하고 제안을 재조정했음에도 18세기 예카테리니아 대제의 '그리스 기획', 그리고 '표트르의 유언'이라는 망령이 여전히 유럽에 떠돌고 있었다. 유럽은 '그리스 기획'의 실체를 다뉴브 공국들에서 확인한 것으로 확신하였고 그리스에서 재현되고 있다는 의혹을 품고 있었다.

1824년 1월 21일, 러시아 정부는 열강을 설득하기 위해 고육책으로 '그리스 3분할론'을 제시하였다. 이 제안은 그리스를 세 개의 공국으로 분할하여 오스만의 종주권을 인정하되 자치를 허용하고 이에 대해 동맹국들의 보장을 받는 방안이었으나 영국의 의도적 무관심과 열강의 냉담한 반응에 직면하였다. 더욱이 러시아의 '3분할론'이 그리스 문제 해결에 적극적이던 러시아로부터 그리스 혁명세력을 이탈하게 하였다.

1825년 7월 이른바 '순종법 Act of Submission'을 통해 주요 그리스 혁명세력은 그리스 문제에 냉담하던 영국에게 정식으로 보호를 요청하였다. 영국은 그리스의 보호 요청을 그리스 문제를 다루는 상트페테르부르크 회의에 더 이상 참가하지 않기 위한 명분으로 삼았다. 알리의 이집트 군대가 그리스에 개입한 직후인 1825년 3월에 개최된 상트페테르부르크 회의는 러시아에 좌절감을 안겨주었다. 영국의 불참으로 오스만에 대한 비엔나체제의 집단적인 결정은 불가능하다는 것이 분명해졌다. 포르테의 입장은 더욱 강경해져 "제국 내의 문제에 외부의 개입을 결코 허락하지 않을 것이고, 피 한 방울까지 국경을 방어할 것"이라는 결의를 표명하였다.

러시아 정부는 더 이상 상트페테르부르크 회의를 개최하지 않기로 결정하였다. 이제 러시아에게는 오스만과의 전쟁을 선포하든가, 아니면 지난 4년간의 유화정책의 종말을 지켜보든가 하는 선택만이 남아 있었다. 지난 반세기 동안 조약들을 통해 발칸에서 확보한 러시아의 권리는 위기에 직면하였다. 8월 외무장관 네셀로데는 4개국에 회람하는 외교 서신을 통해, "만약 행동하지 않는다면 유럽은 그리스인들의 파멸 또는 혁명정부에 직면할 것"이라 경고하였다.

콘스탄티노플 주재 대리대사 마트베이 야코블레비치 Матвей Яковлевич Минчаки (1769~1852)는 4개국의 우호적인 개입에 포르테의 동의를 확보하라는 훈령을 받았다. 서로 상이한 이해관계에 있음에도 오스트리아, 영국 그리고 오스만이 동방문제에 있어서 러시아에 맞서 자연스러운 동맹을 형성했다고 야코블레비치가 확신한 바와 같이, 발칸에서 러시아의 전반적인 지위는 사실상 악화되었고 그리스에서 영향력은 실질적으로 사라졌다. 이러한 위기상태에서 러시아 정부가 처한 최대의 곤경은 영국이나 오스트리아에 비해 정작 자신이 보호하려 하는 지역의 상황에 무지하다는 것이었다. 이것은 그리스뿐만 아니라 발칸 지역 전반에 해당하였다.

1825년 12월 비엔나체제와 발칸 문제를 주도하던 알렉산드르 1세의 사후, 왕위를 계승한 니콜라이 1세는 헌법에 의한 통치(입헌주의)를 주장하는 러시아 청년 장교들의 반란—'12월 당원들Декабристы'의 반란—에 직면하면서 유럽의 혁명주의에 더욱 강경한 입장을 고수하였다. 그리스에 개입한 무함마드 알리의 군대가 연승을 하며 그리스 반도를 장악해 나가자 캐닝은 러시아와의 협력이 불가피하다는 판단 아래 영국의 중재를 수용하지 않는다면 러시아와 협력할 것이라고 포르테를 압박하기 시작하였다.

러시아의 단독행동을 제어하고 러시아와 오스트리아의 외교관계를 약화시키려 노력하던 캐닝은 니콜라이 1세Николай I Павлович (1796~1855)의 즉위를 새로운 기회로 활용하였다. 캐닝은 그리스 문제의 공동 해결을 논의하기 위해 니콜라이 1세의 대관식에 영국군 총사령관 웰링턴 공작Arthur Wellesley, Duke of Wellington (1769~1852)을 파견하였다. 1826년 4월 4일 웰링턴, 네셀로데, 리벤 등이 참석한 가운데 양국 간에 상트페테르부르크 협정이 체결되었다. 양국은 그리스에서 "내정에 완전한 통제권을 지니는 자치적인 조공국을 수립"하는 것을 목적으로 중재에 나서기로 합의하였다.[143]

영국과 러시아는 만약 중재에 실패할 경우 오스만과 그리스 사이에

'공동 또는 개별적인 개입'을 할 수 있다는 여지를 두었다. 외무장관 네셀로데는 협정에 매우 만족하였다. 그는 러-영 간의 협정체결을 이 탈리아 문제의 해결에서 러시아-프로이센-프랑스 간의 합의, 그리고 스페인 문제에서 프랑스와 러시아의 협력에 비유하면서 러시아와 영 국이 오스만 문제를 다루는 데 가장 적절한 국가임을 강조하였다. 협 정은 러시아의 승리로 간주되었다. 페테르부르크 협정은 러시아가 갈 망하던 영국의 협력을 이끌어 냈고 러시아의 군사력 동원을 배제하지 않았으며 이후 오스만에 대한 최후통첩 외교의 근거가 되었다.

완고한 보수주의자이자 러시아주의자인 니콜라이 1세가 즉위하고 영국과의 협력이 가시화되면서 네셀로데 또한 오스만 정책의 전환을 시도하였다. 이 정책 전환의 부수적인 계기 중 하나는 세르비아 문제 였다. 세르비아인들은 1815년 이후 지속적으로 부쿠레슈티 조약의 8 항, '자치권 부여'의 완전한 이행과 더 많은 자치권—통치자로 파나리오 트 대신에 세르비아인을 임명하는 권한 등— 획득을 위해 술탄과 교섭하 였다.

1820년 4월 콘스탄티노플에 파견된 대표단에 이어 두 번째로 파견 된 대표단이 그리스 혁명에 세르비아인들이 동참할 것이라는 포르테 의 우려로 인해 체포 구금되자 러시아 정부는 대리대사 민차키를 통해 '조약 8항'의 보장을 포르테에게 촉구하였다. 1826년 2월 네셀로데는 니콜라스 1세를 위해 외교정책 전반을 다룬 새로운 메모랜덤을 작성 하였다. 이 문서에서 네셀로데는 동방문제의 근본적인 경로변경을 제 안하였다.

이러한 정책 전환의 주요 계기가 영국과의 협정 타결이었다는 것은 주지의 사실이다. 알렉산드르 1세의 러시아가 일방적 행동이나 무력 의 사용을 자제하고 열강과의 협력을 선호했음에도 유럽의 불개입 원칙을 수용한 '유화정책'이나 발칸 문제에 대한 불개입을 전제로 한 유럽의 '평화 정책'은 결국 실패했다고 네셀로데는 판단하였다. 그는 발칸 문제에 군사력을 동원하는 방침을 지지하게 되었고 강압적 수단을 사용해야 할 경우 러시아는 '제한적 목적을 추구'하는 한 "열강의 개입을 두려워할 필요가 없다"고 주장하였다.

네셀로데는 오스만제국에 대한 최후통첩문을 작성하였다. 이 통첩문은 당시 상트페테르부르크에 체류 중이던 웰링턴 공작에게도 회람되었다. 4월 5일자로 작성된 최후통첩의 주요 요구사항에는 다뉴브 공국들을 1821년 봉기 이전으로 원상회복시킬 것, 세르비아 수감자들의 석방, 여타의 문제 해결을 위한 전권 대표단의 구성 등 세 가지가 포함되었다. 정예부대인 예니체리의 해체 등, 개혁 중이던 오스만의 군대는 매우 취약한 상태에 처해 있었으므로 마흐무드 2세는 최후통첩을 수용할 수밖에 없었다.

1826년 10월 7일 양국 간에 악케르만 협정Convention of Akkerman이 체결되어 기존의 조약들이 부여한 다뉴브 공국들과 세르비아의 특권, 그리고 다뉴브 공국들과 세르비아에서 러시아의 권리가 재확인되었다. 협정의 본체는 러시아와 오스만 간 '배타적 문제'의 해결을 제시한 것으로, 그리스 문제는 전혀 언급되지 않았고 부쿠레슈티 협정의 조건들이 재확인되었을 뿐이었다. 오스만 튀르크는 그리스전쟁에 집중하기 위한 시간이 필요하였으므로 아케르만 협정은 그러한 의미에서 일시적인 것이었다.

그리스 독립1829, 러시아의 '전리품': 아드리아노플 조약1829
러시아 정부는 오스만 정부 '포르테Sublime Porte/Порта'와 협상을 진행하는 동안 그리스 문제에 대해 영국 및 대륙동맹체제 구성국들과 함께 지속적으로 협의하였다. 영국의 극적인 협력을 획득한 러시아는 이를 기반으로 유럽의 참여를 이끌어 내려 하였다. 오스트리아는 어떠한 유형의 군사력 사용도 반대함으로써 상트페테르부르크 의정서에 동의하기를 거부하였고[144] 프로이센이 이를 따랐다. 그러나 1827년 7월 6일 프랑스가 페테르부르크 협정의 연장인 런던 조약에 참여하면서 당시로서는 가히 외교혁명이라고 할 수 있는 러시아-영국-프랑스 간의 협력관계가 형성되었다.

상트페테르부르크 협정과 런던 조약이 체결되는 사이에도 그리스의 상황은 호전되지 않았다. 알리의 이집트 군대는 1826년 8월~1827년 6월까지 아테네를 점령하였고, 그리스인들이 상트페테르부르크 의정서에 의거하여 요청한 중재는 오스만 조정에 의해 거부되었다. 이브라힘 파샤의 군대가 승세에 있는 상황에서 오스만 정부는 의정서를 수락하거나 전쟁을 포기할 의사가 없었다.

오스트리아 또한 자유주의 혁명운동을 진압한다는 명분으로 그리스 문제의 개입에 반발하자 영국과 러시아는 행동을 위한 새로운 조치를 강구하게 되었다. 이 과정에서 프랑스의 지지는 상황 전개에 촉진제 역할을 하였다. 프랑스에게는 그리스독립전쟁의 지지가 러시아와 오스트리아 중심의 비엔나협조체제에 균열을 내고, 비엔나체제가 프랑스에 부과하고 있는 구속적인 상황으로부터 자유롭게 되는 길이기도 하였다.

런던 조약에는 개입을 위한 조항들이 강화되었는데, "만약 포르테가 조약국들의 중재를 수용하지 않을 시, 조약국들은 그리스 혁명세력과 직접 연계를 맺을 것이고, 만일 양자(오스만과 그리스)가 예비 휴전을 수용하지 않을 시에 정전을 달성하기 위한 모든 수단을 행사할 것"이라는 점을 명확히 하였다. 그리스 문제에 무력을 사용하는 것을 반

대하던 영국 정부는 그리스와 이집트 사이의 군수물자 연결을 차단한
다는 명목으로 해군을 동원하는 계획을 수립하였다. 악케르만 협정과
런던 조약으로 러시아의 입지는 강화되어 양국 간 쟁점에 대해 오스만
에 직접적인 압력을 행사할 수 있게 되었고 조약국들은 그리스의 평화
를 확보할 수 있는 조건을 마련하였다.

이러한 낙관적인 상황이 전쟁이라는 가장 강압적인 수단에 의존하
게 된 이유는 무엇보다도 오스만 튀르크가 런던 조약과 악케르만 협정
을 받아들일 수 없었다는 데 있었다. 오스만에 있어서 이 두 협정의 수
용은 제국으로서 위신은 물론이고 제국의 유럽영토를 실질적으로 상
실하는 것을 의미하기 때문이었다. 1827년 7월 말 이집트 알리 파샤의
해군이 증강되어 펠로폰네소스의 나바리노Navarino에 있는 튀르크-이
집트 연합 함대에 합류하기 위해 출항하자 8월 23일 마흐무트 2세는
런던 조약의 수용을 거부하였다.

영-프-러 연합 함대가 런던 조약에 의거하여 이집트의 이브라힘 함
대와 튀르크 함대 간의 연결을 차단하기 위해 나바리노 근해에 파견
되었다. 10월 20일, 영-프-러 연합 함대와 이브라임 함대 간의 나바리
노 해전에서 연합군은 압도적인 승리를 거두었다. 연합군의 경우 181
명이 사망하였지만 전함 손실은 없었었던 데 비해, 전함 57척을 잃
고 8,000여 명의 사망자를 낸 오스만 함대는 거의 궤멸적 패배를 당하
였다.

나바리노 해전의 승리로 고무된 니콜라이 1세는 오스만 정부가 그
리스 문제에 대한 협상에 응할 수밖에 없을 것이라 낙관하였으나 마흐
무드 2세는 여전히 완강하였다. 술탄은 나바리노 전투를 '전쟁 행위(전
면전)'로 간주하여 악케르만 협정의 타당성에 회의를 표명하였다. 이
스탄불에서 12월에 개최된 지방행정장관회의에 내린 조칙詔勅에서 술

탄은 러시아를 '이슬람의 불공대천의 원수'로 지목하였다.

술탄의 조칙은 그동안 악케르만 협정이 대부분 실행되었다는 점을 강조하면서 다음과 같이 강경한 어조로 경고를 표하였다. "열강의 압력에 따라 그리스 문제를 해결한다면 아나톨리아와 루멜리아 등 다른 지역의 그리스인들의 연쇄적인 권리 요구에 직면하게 될 것이다. 과거 전례로 보아 해당 지역에 거주하는 다수 무슬림의 운명이 보복과 학살 등의 위기에 처할 것이다. 그러므로 더 이상의 양보는 불가능하며, '민족의 생존과 신앙'을 위해 제국이 투쟁할 것"임을 조칙은 분명하게 명시하였다.[145]

러시아는 외교적으로 교착상태에 처하였다. 영국 정부는 의회개혁, 가톨릭교도 사면 등 국내 문제에 몰두하고 있었다. 1828년 1월 캐닝의 후임으로 총리에 임명된 웰링턴 공작 아서 웰즐리Arthur Wellesley (1769~1852)는 상트페테르부르크 협정의 조인 당사자임에도 그리스 문제에 대해 강압적인 수단을 사용하는 것에 소극적이었고 러시아와의 협력 정책에서도 후퇴하였다. 영국 정부와 의사소통 라인은 와해되었고 오스만 조정은 굴종적인 악케르만 협정을 거부하였다.

런던 조약에 따라 1827년 12월, 영국 및 프랑스와 공조하여 오스만이 조약 내용을 수용할 때까지 관계를 단절하고 오스만 관련 사무를 네덜란드에 위임한 러시아는 오스만 정부와 협상할 직접적인 통로도 없는 상태였다. 니콜라이 1세는 전쟁이 불가피하다는 판단으로 기울고 있었고 마흐무드 2세 또한 이러한 사실을 회피하지 않았다.

러시아는 전쟁을 준비하면서 유럽 열강과 외교적 채비를 강화하였다. 러시아는 조약들의 준수를 강조하면서 "영토 정복을 추구하지 않으며, 그리스 문제에 관해 열강과 협의할 것" 등을 언급하면서 유럽협조 정책을 재확인하였다. 1828년 4월 26일 전쟁을 선포하는 조서에서 니콜라이 1세는 "러시아의 명예와 제국의 존엄성 그리고, 제국의 권리와 민족적 영광의 불가침성"을 위하여 싸울 것임을 선포하였다.

러시아가 '외교적 보장'을 재확인하였으나 영국의 외무장관 더들리 공작John Ward, Earl of Dudley(1781~1833)은 "러시아가 자신의 배타적인 목적을 위해 전쟁을 선포"했다고 비난하였다. 오스만과의 전쟁이 런던 조약 당사국들과 협의 하에 결정된 것이 아니라는 것이 그 이유였다. 실제로 러시아로서는 오스만이 파기한 악케르만 협정 등 '유럽의 오스만' 영토에 관련된 조약들이 러시아와 오스만 양국 간의 조약이기 때문에 조약 위반과 권리침해 문제의 해결 방식 또한 양자 간의 사안으로 파악하고 있었다. 전쟁이라는 물리적 해결 방식도 영토 정복이 아니라 조약의 준수와 실행을 목적으로 한 것이기 때문에 정당화될 수 있다고 판단했을 것이다.

러시아의 대對오스만 전쟁이 유럽의 지지를 받지 못한 것은 사실이나 전쟁 동안에 런던 조약에 의한 협력관계는 유지되었다. 러시아, 영국, 프랑스 등 동맹 세력은 러시아-튀르크전쟁과 그리스 문제를 분리하는 정치적 접근을 유지하였다. 러시아의 오스만전쟁에 의혹과 불만을 표명하던 영국과 프랑스가 오히려 러시아보다 그리스 문제에 대해 '배타적으로' 유리한 위치에 있었다. 러시아가 오스만과의 전쟁에 주의를 집중하는 동안 영국과 프랑스는 그리스에 대한 영향력을 확대할 수 있었다. 프랑스 군대는 이미 펠레폰네소스에 상륙하여 이집트 군대의 철군을 압박하고 있었고 영국 정부는 혁명 지도부와 직접적인 연계를 유지하고 있었다. 유럽의 우려와는 달리 러시아에게는 이러한 정치적, 군사적 기반이 그리스에서 전무하였다.

러시아는 오스만과의 전쟁(1828~1829) 중에 유럽 열강의 전략적 이해에 관해 심모원려深謀遠慮하였다. 러시아는 동맹국들의 지원 없이 전쟁을 단독으로 수행하면서도 발칸 기독교도들에게 총봉기를 호소할 수 없었다. 그것은 유럽의 반발, 특히 오스트리아 '합스부르크의 질시嫉視'를 러시아가 우려했기 때문이었다. 이에 따라 야전사령관 디비치Иван Иванович Дибич(1785~1831)는 오히려 세르비아인들을 진정시키고 오스만 군대를 보스니아 지역에 묶어두기 위해 세르비아 무장력을 집중시키는 것에 주력하였다.

1829년 8월에 3만 5천여 명의 러시아 분견대가 이스탄불 외곽 68km까지 진격하여 오스만제국의 옛 수도인 에디르네(아드리아노플) Edirne(Adrianople)[146]를 점령하는 결정적인 승리를 거두었으나 '유럽협조'를 준수하기 위해 이스탄불 점령은 포기하였다. 러시아 정부는 오스만제국의 '파괴'로 '평화'를 구축할 수는 없다는 것을 인지하고 있었다. 위기에 처한 포르테는 1829년 9월 14일, 아드리아노플에서 강화 조약을 수용할 수밖에 없었다.

아드리아노플Edrine 조약으로 기존에 논란이 되거나 무력 분쟁의 빌미를 제공한 영토와 세력권에 대한 양국 간의 재합의가 진행되었다. 러시아는 다뉴브 하구의 진입권을 확인하였다. 오스만은 러시아-페르시아전쟁(1826~1828)의 종결로 맺은 '투르그만차이Turkmanchai 조약'에서 보장한 러시아의 권리를 인정하였다. 1828년 2월 21일 페르시아와 체결한 투르그만차이 조약은 그루지아Georgia, 예레반 칸국Erevan Khanat(아르메니아)과 나흐치반 칸국Nakhchivan Khanate(아제르바이잔) 등을 러시아의 속령으로 인정하였다.

아드리아노플 조약은 다뉴브 공국들에게는 기존의 권리 확인(5조)과 포르테에게 바치던 조공의 폐지 등 추가적인 특권을 부여하였다. 세르비아에게는 자치의 확약과 더불어 분쟁 지역이던 여섯 개 지역의 반환(6조)이 결정되었다. 러시아는 다뉴브 공국들과 세르비아에서 전략적 입지를 강화하였고 유럽 열강은 다르다넬스 해협에서 상선의 자유통항권을 획득하였다.

오스만은 런던 조약을 수용하기로 결정(10조)하여 3월 22일 그리스의 자치를 인정하는 추가 협정에 동의하였다.[147] 1830년 2월 3일에 러시아, 영국, 프랑스 대표 간에 채택된 런던 의정서는 그리스의 독립을 보장하였다. 영국과 프랑스가 '그리스의 자치국 지위'를 고수하던 기존의 주장에서 독립국 수립으로 입장을 변경함으로써 그리된 것이기도 하다. 1827년 체결한 런던 조약에 근거하여 그리스 영토의 제한과 3개국의 공동 보호를 결정하였다.

그리스 혁명 지도부가 선호한 입헌체제에 대해서는 러시아, 영국, 프랑스가 정치적 불안정을 우려함에 따라 정치체제는 군주정이 채택되었고 왕위는 바바리아(바이에른Bayern)의 루드비히 1세 Ludwig I of Bavaria (1786~1868)의 차남인 오토 Otto Friedrich Ludwig von Wittelsbach (1815~1867)에게 돌아갔다. 그리스의 초대 국왕이 된 오토는 1862년 민중봉기로 폐위될 때까지 계몽군주를 자처하였으나 그리스인들이 보기엔 절대군주였다. "두려움을 받을 만큼 무자비하지도 않았고, 사랑받을 만큼 자비롭지도 않았으며, 존경 받을 만큼 유능하지도 않았던" 오토(오톤Othon)Otto of Greece는 그리스에 올 때와 같은 행색으로 고향인 독일의 바이에른으로 돌아갔다.

아드리아노플 조약은 러시아에 있어서 오스만정책의 또 다른 분기점이었다. 1830년 5월 외무장관 네셀로데의 비밀 회람장에서 아드리아노플 조약이 오스만 관계에서 '새로운 시대'의 분기점이 되어야 한다는 점이 강조되었다. 네셀로데는 오스만제국을 해체하기보다 러시아의 압도적인 영향력 아래 제국을 유지하도록 해야 한다는 견해를 역설하였다. 그의 견해는 "오스만제국의 운명이 러시아의 수중에 있음"

에도 "승리를 활용하여 제국을 전복"하기보다는 러시아의 진정한 이익에 따르는 '짜르의 관용'으로 제국을 보전할 수 있다는 논리였다. "만약 오스만제국의 지속성을 러시아가 허용한다면 그것은 러시아의 우월적인 영향력 아래에 있는 정부가 파괴 이후 세워질 정부보다 러시아에 더 유익하기 때문"이라는 점을 피력하였다.

결과적으로 보면, "러시아가 오스만과의 전쟁에 승리하여 유리한 평화를 획득하였을지라도 발칸 커넥션이 국가이익에 위험 요인이라는 사실은 1820년대의 발칸의 위기들이 보여준 것"이라는 B. 젤라비치의 견해에 일정하게 공감할 수 있을 것이다. 아드리아노플 조약은 네셀로데가 비밀회람장에서 강조한 것만큼 러시아에게 물질적 보상을 제공하였다고 평가하긴 어렵다. 유럽이 우려하고 불신의 의혹을 거두지 못할 만큼 러시아가 대규모 영토를 획득했거나 전쟁배상금(약 475만 파운드)이 막대한 것도 아니었다. 오히려 전쟁으로 인해 "러시아의 금전적, 인적 손실(12만 명의 사상자)은 적지 않았다. 이러한 희생의 대가가 왈라키아, 몰다비아 등 다뉴브 공국들과 세르비아 문제에 대한 권리를 재확인하고 이전의 상업적 관계와 권리들을 재수립한 것에 지나지 않는다"는 평가는 나름의 설득력이 충분하다고 할 수 있다.

그리스 독립이 러시아-튀르크전쟁의 중요한 결과임에도 러시아의 영향력은 오히려 영국과 프랑스에 의해 축소되었다. 그리스 독립 전쟁에 개입함으로써 향후 영국과 프랑스는 동東지중해에서 가장 영향력 있는 해군력을 보유하게 되었다. 그리스 혁명의 개입과 러시아-튀르크전쟁의 가장 중요한 성과는 콘스탄티노플과 발칸의 기독교도에 대한 러시아의 영향력이 강화된 것이라 할 수 있다. 러시아와 발칸 기독교도의 관계가 새로운 단계로 발전함으로써 러시아는 발칸 커넥션을 오스만제국에 영향력을 행사하는 데 주요한 수단으로 활용하게 되었다. 그러나 발칸 문제는 역으로 오스만제국과의 갈등의 마르지 않는 원천으로 작용하였고 러시아를 향한 여타 열강들의 정치적 의혹에 지치지 않는 영감을 불어 넣어 주었다.[148]

유럽의 혁명과 크림전쟁(1825-1855)

0 200
Miles

러시아-터키 전쟁(1826-1829)과 러시아군의
공격로

폴란드 혁명운동에 대한 통제 합의 영역
(러시아, 오스트리아, 프로이센 간의 뮌헨 그래츠
협정,1833)

동유럽 혁명진압을 위한 러시아의 군사개입 :
폴란드봉기(1831, 1848),
크라쿠프공화국(1815-1846) 봉기(1846),
몰다비아 민족주의운동(1848), 헝가리혁명(1848)

크림전쟁(1854-1855)시 영국, 프랑스,
오스만 터키 연합군의 공격로

상트페테르부르크

모스크바

베를린

프로이센

바르샤바

보브류스크
브레스트
리톱프스크

키예프

크라쿠프공화국

부다페스트

오스트리아

타간로그

이스마일
오데싸

오스만
터키

포크사니
부쿠레슈티
브라일리
크라이노바
쿠스텐니에
실스트리아
바르나
세바스토폴

아드리아노플
미디아
이스탄불

티플리스

카르스
에레반

오스만 터키

에르제룸

V

동방문제와 크림전쟁

유럽혁명과 신성동맹의 파경

1. '유럽의 경찰' 러시아: 유럽혁명의 파도

니콜라이 1세의 통치 철학, '관제 민족주의': 외교적 교의^{dogma}

19세기 전반前半, 알렉산드르 1세와 니콜라이 1세의 러시아는 유럽과 근동에서 가장 위세를 떨치는 지위를 차지하였다. 유럽에서 최대 규모의 육군을 보유하였고 1815년경에 이미 서유럽 변경에서 최대한의 팽창한계선에 도달하였다. 러시아-튀르크전쟁(1828~1829)과 그리스 혁명은 비엔나체제의 새로운 재편을 야기하였다. 1830년 당시, 가장 수세에 처한 국가는 수수방관하던 오스트리아였다.

유럽협조체제의 지휘자임을 자처하던 메테르니히는 러시아-튀르크전쟁의 결과를 오스만제국의 종말 조짐으로 간주하였다. 전쟁의 결과로 러시아가 다뉴브강의 하구를 확보함으로써 중부와 남동 유럽을 관통하는 다뉴브유역을 관장하던 합스부르크의 상업적 이익이 결정타를 맞은 것으로 판단하였다. 메테르니히의 판단으로는 1826년 영-러 간에 채택된 페테르부르크 의정서와 1827년의 런던 조약으로 1815년의 유럽동맹과 비엔나체제가 사실상 붕괴한 것으로 보였다.

이에 따라 그는 오스트리아의 새로운 전략적 지위를 수립하여야 한다고 프란츠 1세Franz I—마지막 신성로마제국 황제로서는 프란츠 2세—에게 역설하면서 러시아에 대항하기 위한 협조 행동을 영국과 프랑스에 제안하였다. 영국 총리 웰링턴 공작 웰즐리Arthur Wellesley, Duke of Wellington (1769~1852)는 메테르니히의 제안에 대해 "튀르크는 이미 회복 불가능한 치명타를 입었고 그리스가 자연스러운 계승자"라고 답하였다.

1830년 7월 혁명으로 퇴위당할 운명인 프랑스의 절대군주 샤를 10세는 나폴레옹전쟁으로 상실한 영토의 회복에 전전긍긍하여 오히려 니콜라이 1세의 협조가 필요한 상황이었다. 프로이센의 협력 또한 무망하였다. 프로이센은 관세동맹을 통해 독일 지역의 소국들을 접착시켜 '미래의 헤게모니'—프로이센 주도의 게르만 통일(독일제국)—를 실현하기 위한 작업에 몰두하고 있었다. 이에 따라 프로이센의 프리드리히 빌헬름 3세Friedrich Wilhelm III (1770~1840)는 니콜라이 1세의 베를린 방문을 계기로 로마노프 왕가와 혈연적 유대를 강화하였다.

1829년 프리드리히 빌헬름 3세는 차남 빌헬름 왕자와 니콜라이 황제의 사촌 누이인 작센 바이마르 아이제나흐Saxe-Weimar-Eisenach 대공국의 공주 마리 루이스Marie Luise Alexandrina의 혼인을 성사시켰다. 빌헬름 왕자Wilhelm Friedrich Ludwig von Preußen는 후일 게르만을 통일하여 독일제국Deutsches Reich의 초대 황제로 즉위한 빌헬름 1세Wilhelm I (1797~1888)였다. 따라서 1830년경, 유럽은 '1815년 비엔나체제'의 재편, 또는 새로운 국제체제의 형성이 불가피한 것으로 보였다.[149]

19세기 전반, 러시아의 국위가 정점에 있었던 1830년대, 니콜라이 1세의 유럽정책은 여전히 '균형과 현상equilibrium and status quo' 유지였

고, 동방정책은 러시아의 헤게모니 하에 오스만제국의 영토적 통합성
과 발칸 기독교도의 보호권을 유지하는 것으로 요약할 수 있다. 러시
아의 유럽정책과 동방정책은 직접 연동되었으며 전자는 후자의 외교
적 방호벽을 의미하였다. 또한 오스만에 대한 러시아 영향력의 주요
원천은 다뉴브 공국 등 발칸 기독교도의 보호권이었다.

유럽 열강에 맞서 러시아가 콘스탄티노플과 발칸에 영향력을 유지
하는 것이 결코 용이한 일이 아니라는 사실은 근대 러시아에 군사적
재앙과 국가적 치욕을 안겨준 크림전쟁에 이르는 과정이 웅변해 주고
있다. 1830~1850년 사이 러시아가 막대한 희생을 치르고 획득한 유
럽에서의 지위가 심각한 위험에 처하게 되어 니콜라이 1세의 통치력
이 시험대에 오르게 되었다. 유럽에서 니콜라이 1세의 외교적 리더십
에 대한 시험은 1830년 7월에 시작되었다. 그 유명한 파리의 바리게이
트전戰으로 상징되는 프랑스 7월 혁명의 파도가 전 유럽을 다시 한번
휩쓸어 비엔나체제의 '균형'을 뒤흔들어 놓았던 것이다.

러시아 대외정책의 기본 개념을 제공한 니콜라이 1세의 통치철학
은 '관제 국민성 Official Nationality(관제 민족주의 official nantionalism)' 3대 요
소인 '정교 orthodoxy, 전제주의 autocracy, 국민(민족)성 nationality(народно
сть)', 즉 전제정치적 원리(황제)에 대한 충성, 정교회 신앙의 수호, 그
리고 '러시아적 문화유산'과 국가에 대한 헌신이었다.[150] 이러한 관제
민족주의(국민주의)는 프랑스대혁명의 3대 가치인 '자유 Liberté, 평등
Égalité, 우애(박애) Fraternité' 등 유럽 자유주의 사조思潮의 영향력을 상쇄
하기 위한 러시아의 이념적 대안이라 할 수 있다.

특히, '인민성'으로도 번역되는 '나로드노스찌 народность'는 유럽
의 민족이나 국민 개념과는 뉘앙스가 다른 러시아 특유의 개념—folk와
nation 그리고 계급적 의미가 혼합된, 문화적일 뿐 아니라 사회·경제적이고 정

치적인 개념—이라고 할 수 있다. '나로드노스찌'의 '인민'이라는 의미는 후에 러시아 혁명 과정에서 슬라브주의의 길을 지향한 '인민주의Народ ничество'로 이어져 '인민주의자(나로드니끄народник)'들을 이끌었다.

교육부장관 세르게이 우바로프Сергей Семёнович Уваров (1786~1855) 가 제안한 '3대 요소Triad'는 대외정책의 중요한 원리로 작용하였는데, 첫 번째 요소인 정교 신앙은 발칸 기독교도에 대한 러시아의 기본 관계를 규정한다. 니콜라이 1세는 오스트리아 대사인 피켈몬트Karl Ludwig von Ficquelmont가 알현한 자리에서 정교회를 보호하는 것은 '천부적 사명'이며, '만일 (발칸)기독교도가 자신에게 도움을 요청한다면 신이 자신에게 부여한 모든 힘을 다할 것'이라는 점을 피력하였다.

두 번째 요소인 '전제정을 향한 충성'이라는 원칙에 입각하여 니콜라이 1세는 혁명운동에 대해 정통왕조를 위기에 몰아넣은 반역 행위로 규정하였다. 이로 인해 니콜라이 1세의 외교는 그리스 혁명에 대해 부정적인 방향으로 실행되었다. 그는 프랑스 7월 혁명으로 왕위에 오른 루이 필리프Louis Philippe(1773~1850)의 7월 왕정을 경멸—'평등한 자의 아들Égalité fils', '프랑스 국민의 왕'으로 비하—하였다.

혁명에 대한 니콜라이의 혐오감은 오스만 술탄을 지원하여 1831~1833년 발생한 이집트의 무함마드 알리Muhammad Ali Pasha의 반란을 진압한 군사행동들로 표출되었다. 이러한 군사행동은 결과적으로 오스만제국에 대항한 그리스인들의 봉기에 부정적으로 작용하였다. 그의 유럽정책이 보수적 질서를 위협하는 혁명적 활동을 억압하는 정부들과 협력하는 것을 주요 목적으로 삼았던 것은 '왕조적 정통성(왕권신수설)'을 향한 신념 등에서 연유한 것이다.

세 번째 요소인 러시아 민족(국민)성, 국가에 대한 헌신'은 좀 더 복잡한 의미를 담고 있다. 니콜라이 1세는 혁명운동의 민족주의적 요소

—특히, 인민주권의 관념—에 거부감을 지니고 있었다. 그의 인식에는 다민족 국가인 러시아로 민족주의적 혁명 열풍이 파급될 것이라는 우려와 더불어 정통의 파괴를 의미하는 혁명에 대한 혐오가 동시에 작용한 것으로 보인다.

니콜라이 황제는 폴란드와 헝가리의 독립 국가 자격을 부인하였고 헝가리의 반란 등 민족주의 운동으로 풍전등화에 처한 합스부르크 왕가를 구원하였다. 그럼에도 니콜라이 1세의 통치철학에는 역설적으로 유럽 민족주의의 영향이 잠재되어 있었다. 비판자들은 니콜라이의 '3대 원칙'에 관해 러시아 제국 내 다양한 민족들에게 '러시아화 Russification'를 강요하는 수구적인 것으로 해석한다.

그러나 '3대 원칙'은 오히려 몽골 지배로부터 완전히 벗어난 16세기 이래로 최초의 국가이념의 수립, 또는 근대로의 이행을 위한 '국민성의 형성'이라는 측면에서 평가[151]하는 것이 타당할 것이다. 니콜라이 1세의 통치철학을 정당화하는 사람들은 러시아의 문명적 독특성—정교회와 짜르에 대한 충성, 대가족으로서의 국가 개념 등—과 특별한 역사적 지위(독자적인 역사 경로 등)를 강조하였다. 이러한 관념들은 발칸을 정치·군사적으로 후견하는 과정에 투영되어 현실적인 힘으로 작동하였다.

니콜라이 1세의 통치철학은 좌파(서구주의 Западничество)와 우파(슬라브주의 Слабянофильство) 모두로부터 비판을 받았다. 자유주의적 사회개혁 프로그램을 주장하는 서구주의자들에게 니콜라이 1세는 그들이 배척하는 가치를 대표하는 개혁의 대상으로 상징되었듯이, 혁명 세력의 새로운 근거지로 떠오른 발칸의 자유주의와 민족주의 운동 세력에게도 니콜라이 정부의 통치 방식은 쉽게 융화되기 어려운 것이었다. 이러한 정황에서 발칸에서의 러시아 관료들의 활동은 매우 복잡한 양상을 띠고 전개되었다.

그러나 슬라브주의가 '관제 국민주의(민족주의)'라는 통치철학에 비판적이었다는 사실은, 제정 러시아의 상트페테르부르크학파이자 소련 과학아카데미의 역사가였던 플라토노프Сергей Фёдорович Платонов (1860~1933)가 지적하였듯이 쉽게 이해하긴 어렵다. 왜냐하면 '관제 국민성'의 3대 요소가 각각 교회체제, 정치체제, 사회체제라는, 서구와는 구별되는 러시아 특유의 체제적 기반을 의미하는 것이기 때문에 이를 해명하고 추동하는 임무는 슬라브주의자에게 고유한 것일 수 있었다. 그러나 문제는 슬라브주의자들이 '관제 국민성론'을 니콜라이 왕정과는 다르게 이해하고 있었다는 점이다.

니콜라이 왕정의 대표자들은 '정교'와 '전제'라는 요소를 동시대의 체제, 즉 '니콜라이 체제'로 규정한 데 비해 악사코프Константин Сергеевич Аксаков(1817~1860)의 표현대로 슬라브주의자들은 국가가 "권력의 힘은 정부에, 의사議事의 힘은 인민의 것"인 '국민(인민)적 국가'로 여겨지던 과거 '모스크바 시대'에서 정교와 전제정의 이상을 보았으므로 관료에 의한 교회와 국가의 지배라는 통치 형태는 '국민(인민)적 국가'를 왜곡하는 것으로 인식하였다.

슬라브주의자에게 '국민성'은 모든 '슬라브인들 속에 내재화된 특성'으로서의 '국민정신'—'나로드народ'로서의 인민의 내재적 특성—을 의미하였다. 이에 반해, 니콜라이 1세의 '공인된 국민성'이 의미하는 바는 '러시아 종족의 국가'에 있어서 '지배적인 특성들의 총체'일 뿐이었다. 따라서 슬라브주의자들은 '관제 민족주의(국민주의)'와 친화적인 모든 것에 적대적인 태도를 취하였다.[152]

니콜라이 1세 시기에 슬라브주의가 특정한 정치운동에 연결되어 있던 것은 아니었음에도 슬라브주의자들의 사상이 대내외 정책에 미치는 영향 때문에 짜르에게는 거부감을 일으켰다. 19세기 전반前半에 슬라브주의는 서구주의보다도 외교 문제, 특히 발칸 문제에 더 많은 함의를 내포하고 있었고 크림전쟁 이후 대외정책에 일정한 영향력을 행사하였다.

니콜라이 1세는 슬라브주의의 대표적 지도자인 악사코프 Иван Сергеевич Аксаков (1823~1886)와 사마린 Юрий Фёдорович Самарин (1819~1876)을 비판하면서 슬라브주의에 다음과 같은 인식을 드러내었다. "슬라브주의자들이 슬라브인들의 가상의 피압박 상태를 상정해 놓고 이에 대한 동정심을 가장하여 이웃의 정통 정부(동맹국들)에 대항하는 반역의 사상을 은폐하고 있으며, 이러한 사상은 결국 러시아를 황폐하게 만들 것"이라고 역설하였다.[153]

이러한 '관제 국민주의'가 대외정책에 적용되었을 때, 구성요소 간의 상호 갈등이 초래되었고, 특히 동방문제와 관련하여 니콜라이 1세는 통치 시기 내내 '정교와 전제정'의 원리 사이에서 딜레마에 처해 있었다. 니콜라이 1세의 대외정치는 선왕인 알렉산드르 1세의 신성동맹을 토대로 한 정통주의의 원리에 입각한 것으로, 발칸의 정교도들을 억압하는 이슬람교도들의 '정통' 정부인 포르테를 지지할 수밖에 없었다. 그러나 오스만에 대한 유화정책이 외교적 효용을 상실하고 발칸기독교들에 대한 튀르크인들의 탄압을 묵인하기 어려운 상태에 이르자 니콜라이 1세는 이른바 '불법적인' 기독교 반란 세력을 위해 '적법한' 정부(오스만 튀르크)에 무력으로 개입하게 되었다.

1830년 7월 혁명과 오스만제국의 균열: 쿠타햐Kütahya 협정1833

1830년과 1848년 두 차례의 혁명이 유럽을 휩쓸었을 때 혁명의 파도에 가장 취약한 세력은 신성동맹이었는데, 이 동맹의 리더인 러시아는 외교적 하중을 더욱 심각하게 느꼈다. 프랑스대혁명(1789) 당시 혁명에 가담하여 '평등한 필리프Philippe Égalité'로 개명한 오를레앙 공작Louis Philippe II, Duke of Orléans(1747~1793)의 아들인 루이 필리프Louis Philippe I (1773~1850)가 1830년 7월 혁명 세력의 옹립으로 프랑스 왕에 즉위하였다.

시민의 왕the Citizen King 루이 필리프의 즉위로 샤를 10세의 전제적 복고주의에 맞서는 신흥 부르주아 계급이 주도한 자유주의의 승리가 확실시되는 듯하였다. 프랑스의 새로운 통치자는 프랑스 국가의 왕이 아니라 프랑스 국민의 왕을 상징하였고 세습귀족제는 폐지되어 국민주권의 가치는 고양되었다.[154] 1789년의 대혁명에 이어 1830년 7월 혁명은 유럽의 자유주의 세력에게 저항의 정당성과 추동력을 제공하여 벨기에, 이탈리아, 폴란드 등으로 파급되었다.

프랑스의 7월 혁명이 일으킨 자유주의의 파도는 신성동맹을 삼킬 만한 기세는 아니었지만, 러시아에게는 외교적 파국의 전조였다. 아드리아노플 조약(1829) 이후 자치권이나 독립을 획득한 발칸의 기독교 (공)국들에서 러시아의 내정간섭이나 토착 정치세력의 분열—친러파, 친영파, 자주파 등— 등의 정세 변화로 러시아에 반발하는 분위기가 형성되었다. 유럽혁명의 진동이 전해진 이집트 무함마드 알리의 반란(1831)을 비롯하여 소아시아에서도 오스만제국의 불안정이 재현되는 가운데 러시아는 유럽혁명운동의 진전을 예의주시하면서 폴란드 문제를 관리하였다.

1830년 11월 폴란드에서 봉기가 발생하여 러시아 총독이 추방되었다. 폴란드는 1795년 제3차 분할로 러시아에 최종 병합된 이래로 폴란드의 입헌군주가 되기를 원한 알렉산드르의 계몽주의 정책에 따라 의회와 헌법 그리고 군대를 자체 보유하고 있었으며 종교와 출판의 자유

등도 누리고 있었다. 그러나 군 장교와 소귀족, 지식인들 사이에서는 서유럽의 자유주의 사상이 만연해 있었다.

세 차례의 분할 과정에서 태동한 민족주의는 나폴레옹전쟁 등의 영향으로 지속적으로 성장하였다. 이에 '7월 혁명'의 불꽃이 튕겨지자 독립의 열정이 다시 분출되었다. 마침내 1831년 1월 25일 폴란드 의회는 독립을 선언하였다. 폴란드 혁명의 성공은—니콜라이 1세의 '계몽주의적 자비'를 기대하기 어려운 조건에서— 전적으로 외부로부터의 지원에 달려 있었는데, 그것이 프로이센과 오스트리아로부터 오지 않으리란 것은 자명한 것이었다.

7월 혁명이 발생하자 애초에 신성동맹을 탐탁지 않게 생각하던 오스트리아의 메테르니히는 프랑스 혁명에 초조해진 나머지 러시아의 네셀로데를 칼스바트Karlsbad로 초청하여 행동계획 수립을 요청하였다. 그에 따르면 프랑스 국내 문제에는 불개입하되, 프랑스가 유럽협조체제의 조건을 위반하지 못하도록, 그리고 혁명이 프랑스 국경 밖으로 넘어가지 못하도록 프랑스를 견제하는 수단을 채택하자는 것이었다.

오스트리아의 재상으로 유럽협조체제를 조율하던 메테르니히의 제안은 나폴레옹전쟁 이후 프로이센의 심각한 약화로 인해 동면 상태에 있는 신성동맹의 회복을 의미하였다. 그러나 신성동맹의 지지자였던 니콜라이 1세조차도 이를 쉽게 수용하려 하지 않았다. 왜냐하면 짜르 니콜라이의 판단에 따르면, 오스트리아는 국운이 걸린 사태에 처해 여러 차례 러시아의 군사 지원을 받았음에도 동맹의 신의를 저버렸기 때문이다. 게다가 오스트리아 합스부르크가 러시아의 동방정책을 대단히 질시하여 러시아에 대항하는 동맹을 추진하려는 중이었다는 점에서 러시아로서는 신뢰하기 어려운 국가였다.

이러한 사실들을 감안하면, 짜르가 판단하기에 프랑스 문제를 비롯하여 오스트리아와 동맹관계에 휘말려 들어가지 않는 것이 국익에 유익한 것이었다. 그럼에도 네셀로데가 주청하였듯이 제국의 평화는 유럽의 평화와 결합되어 있었고, '전제정'과 '정통'이라는 짜르의 통치철학에도 부합하였다. 이렇듯 제국의 평화와 유럽의 평화, 유럽협조체제의 보전이 제국의 보루일 수 있다는 점에서 니콜라이 1세는 오스트리아 합스부르크 관계에서 러시아 외교정책의 초석인 신성동맹을 적용하기로 네셀로드의 주청을 수용하였다.

1833년 니콜라이 1세는 프로이센의 프리드리히 빌헬름 3세 Friedrich Wilhelm III와 브란덴부르크의 슈베트 Schwedt에서, 오스트리아의 프란츠 요제프 1세와는 보헤미아의 뮌헨그래츠 Münchengrätz/Mnichovo Hradiště에서 회동하여 신성동맹의 복원을 합의하였다. 이와 관련하여 프란츠 요제프와 니콜라이는 9월 뮌헨그래츠에서 두 개의 비밀협정을 체결하였다. 하나는 동방문제의 전반적인 이해利害에 관한 것이었고 다른 하나는 폴란드 안정의 보장과 정치범들의 인도에 관한 합의였다. 두 황제는 오스만제국의 영토적 통합성에 균열을 초래하는 이집트의 팽창에 반대하였고, 만일 오스만제국이 붕괴하면 세력균형을 토대로 한 새로운 질서 수립에 협력할 것 등을 확인하였다.

10월에 베를린에서 삼국 간 체결된 세 번째 협정은 1815년에 이미 공인된 신성동맹의 구속력에 관한 것이다. 신성동맹의 세 군주는 베를린에서 국내 반란이나 외국의 공격에 처한 조약국이 조약 참가국들에 지원을 요청할 수 있는 권리를 재확인하였다. 오스트리아와 프로이센은 러시아와 인접한 국경을 폐쇄하여 폴란드에 호응한 외부의 지원 가능성을 사전에 봉쇄하는 등의 조치를 취하였다.

삼국의 군주들은 이러한 협정들이 방어동맹으로서 기능할 것이라는 데 암묵적으로 동의하였다. 프로이센에게는 신성동맹에 대한 프랑스의 공격에 대비하여 서유럽의 국경을 방어하는 과제가 주어졌고, 오스트리아는 이탈리아 등 남유럽에서 공동이익을 수호하는 임무를 맡았다. 두 국가는 공동으로 독일의 소국들이 자유주의에 동조하는 것을 저지하는 보수적인 관여 정책을 시행하였다.

러시아는 동맹의 주축이자 예비전력이었고 폴란드와 헝가리의 감독자였으며, 프루트Prut강—몰다비아와 루마니아의 접경—에서 보스포루스 해협에 이르기까지 발칸반도에서 유럽 평화의 보장자였다. 니콜라이 1세는 폴란드 자치령과 동방에서 독립적으로 행동할 수 있는 권리를 내용적으로 보유하였다. 이러한 삼국 간의 동맹이 막대한 부담—혁명과 외침으로부터 나머지 두 국가를 보호해야 하는—을 러시아에 부과했음에도 오스트리아와 프로이센은 끊임없이 영국과 프랑스에게도 구애하고 있었다.[155]

근대 유럽사에서 자유주의의 본류이자 혁명의 모델인 프랑스와 영국은 체제의 성격이나 기존의 외교적 언행으로 본다면 폴란드 독립 문제에 대해 호의적일 수 있는 국가들이었다. 그러나 양국 모두 국가이익의 충돌을 원치 않는다는 이유로 폴란드 문제에 불간섭주의를 표명하였다. 체제의 이상과 국제관계의 이익은 별개의 문제였다.

영국의 외무장관 파머스톤Lord Palmerston, Henry John Temple (1784~1865)은 폴란드 문제에 개입하는 것이 '혁명의 종주국'인 프랑스에 유리하게 작용할 수 있다고 판단하였다. 프랑스의 외무장관 세바스티아니Horace Sébastiani de La Porta (1771~1851)는 혁명 프랑스가 유럽에 '혁명의 전파'가 아니라 평화적인 의도를 지니고 있다는 것을 확신시켜야 했다. 이러한 연유로 프랑스 정부는 1823년 스페인에 대한 군사개입처럼 유럽의 동의가 없는 상태에서 군사적으로 개입하는 것은 사실상 불가능하다는

입장을 견지하였다.[156]

러시아, 프로이센, 오스트리아 삼국이 신성동맹을 재확인하고, 영국과 프랑스가 불개입 방침을 견지함에 따라 폴란드는 국제적으로 고립무원인 상황에 처하게 되었다. 1831년 9월 러시아 군대가 바르샤바에 입성하였고 봉기는 실패로 돌아갔다. 폴란드 봉기의 실패로 파리로 망명한 폴란드 망명객들은 정치활동을 하면서 유럽 사회에 러시아 공포증을 확산시켰다. 이로써 니콜라이 1세의 러시아는 유럽의 자유주의들에게 혁명의 적으로 인식되었다.

유럽에서 혁명이 파급될 즈음 오스만제국에서도 혁명과 유사한 위기가 재현되었다. 1826년 술탄 마흐무드 2세의 요구로 그리스 독립 전쟁에 개입했던 이집트의 파샤pasha(태수) 무함마드 알리가 참전의 대가로 팔레스타인과 아라비아를 포함하여 시리아를 요구하면서 동방문제는 본격적인 국면에 들어간다. 천재적인 모험가로 알려진 알리 파샤의 영향력이 포르테와 러시아의 현상유지 정책에 점증하는 위협요인으로 성장하였다. 이로 인해 오스만제국의 내부로부터 해체 가능성이 현실화되자 러시아는 오스만제국의 해체 위기를 봉합하면서도 제국해체라는 파국적인 사태에 대비하여야 했다.

이렇듯 오스만제국의 해체는 외부가 아니라 제국 내부로부터 발생하였다. 발칸 기독교도들의 반란뿐 아니라 술탄이 임명한 봉신封臣들이 위기의 원인이었다. 1831년 10월 31일 알리 파샤의 아들 이브라힘 파샤가 지휘하는 이집트 군대가 시리아를 침공하면서 제1차 튀르크-이집트전쟁의 막이 올랐다. 2만 7천여 병력의 이브라힘의 군대(총병력 5만여 명)는 아나톨리아로 진격해 들어가 1832년 12월 21일 코냐Konya 전투에서 5만 4천여 병력의 레시드 파샤Reshid Mehmed Pasha(1780~1836)의 군대(총병력 8만여 명)를 대파하였다. 800여 명의 사상자를 낸 이집트 군대는 오스만 군대 3천여 명의 전사자와 5천여 명의 포로를 포획하고 대재상Grand Vizier 레시드 파샤를 생포하는 등 대승을 거두었다. 과거 중세 유럽 십자군의 숙적인 셀주크 튀르크Seljuk/Selçuklu Hanedanı (1037~1194) 제국의 수도였던 아나톨리아 남부의 코냐를 점령한 이브라임 파샤는 이스탄불로 육박해 들어가 오스만제국을 벼랑 끝으로 내몰았다.

술탄 마흐무드 2세가 비엔나협조체제 구성국들Concert powers에게 지원을 호소하였으나 이에 응한 국가는 러시아가 유일하였다. 영국과 프랑스는 이집트에서의 이해관계 때문에 알리 파샤에게 호의적이었다. 니콜라이 1세는 몰다비아를 통해 보병 24,000여 명을 파견하였고, 1833년 2월 17,000의 병력이 승선한 러시아 함대가 보스포루스 해협 서안에 도착하였다. 러시아 정부의 군사지원과 강화 설득이 주효하여[157] 알리 파샤는 마흐무드 2세와 강화조약(퀴타히아 협정Convention of Kutahya)을 체결하였다.

퀴타히아 협정의 결과 오스만의 술탄은 이집트 제후국에게 아나톨리아의 아다나Adana를 비롯하여 팔레스타인을 포함한 시리아와 아라비아를 양도하였다. 이로써 알리와 이브라힘 파샤는 시리아의 다마스쿠스Damascus와 트리폴리Tripoli, 알레포Alepo, 레바논의 시돈Sidon, 사우디의 제다Jeddah 등 고대 실크로드의 주요 도시들, 그리고 예루살렘과 메카Mecca 등 이슬람 성지들의 통치자로 인정되었다. 그러나 협정은 오스만과 그 제후국인 이집트 모두에게 만족스럽지 못한 것으로 판명났으므로 이후 제2차 튀르크-이집트전쟁(1839~1841)으로 비화되었다.

러시아-오스만 동맹과 해협 문제: 운캬르 이스켈레시 조약[1833]

퀴타히아 협정으로 러시아가 획득한 보상은 없었으나 러시아와 오스만은 1833년 7월 8일 동맹조약(운캬르 이스켈리시 Treaty of Hünkâr İskelesi)[158]을 체결하여 러시아는 오스만제국의 보호자—모든 공격으로부터 러시아가 오스만을 보호하기로 합의—가 되었다. 영국 등의 우려와는 별개로, 앞서 살펴본 대로 오스트리아와 프로이센은 뮌헨그래츠 등의 협정을 통해 이에 동참하는 것을 선택하여 오스만제국의 영토적 통합성을 보장하기로 하였다.[159]

8년을 기한으로 한 공동방어 조약인 운캬르 조약은 비밀조항을 통해 체결 당사국의 의무를 규정하였다. 러시아가 공격당할 경우에 오스만이 감당해야 하는 군사적 의무(오스만의 대對러시아 군사지원 의무)를 면제해 주는 대신, "어떠한 구실로도 외국 전함의 다르다넬스 통항을 허용하지 않을 것"이라는 '해협 폐쇄' 의무가 러시아의 군사적 의무에 상응하여 오스만의 의무 조항에 추가되었다. 통례적으로 군사 방어 조약에서 상호 의무 사항으로 규정하는 군사지원의 의무와 해협 폐쇄를 맞교환한 것이다.[160]

러시아는 오스만을 방어해야 하는 군사적 의무를 진 데 비해 오스만은 '해협 폐쇄'의 의무 외에는 군사적 의무가 없었다. 외국 전함의 해협 통항을 통제하는 것은 오스만으로서는 어쩌면 자국의 안전을 위한 당연한 조치일 수도 있었다. 그러나 해협 폐쇄에 관한 이러저러한 소문이 유럽 외교가에 퍼지면서 운캬르 이스켈레시 조약의 비밀조항은 영국과 프랑스가 개입하는 빌미가 되었다.

운키아르 스켈레시(운캬르 이스켈리시)Hünkâr İskelesi 조약에 항의하여 영국과 프랑스는 다르다넬스 해협이 폐쇄됨으로써 흑해가 러시아의 내해內海가 되었고 콘스탄티노플의 운명이 러시아의 자비 아래 놓이게 되었다고 경고하였다. 이와 반대로 러시아로서는, 1704년 영국이 스페인 왕위계승전쟁에 개입하여 지중해의 입구이자 대서양 출로인 스페인의 지브롤터Gibraltar를 점령한 이후, 1713년 유트레히트Utrecht 조약으로 할양받아 지브롤터 해협을 장악하고[161] 있으므로 지중해가 점점 영국과 프랑스의 내해화되는 것이 우려할 만한 사항이었다.

만일의 경우 영국과 프랑스가 다르다넬스-보스포루스와 지브롤터 해협들을 봉쇄한다면 '유럽의 바다'로의 접근이 불가능해지고 흑해는 하나의 연못에 불과하게 될 것이었다. 이뿐만 아니라, 다르다넬스-보스포루스가 외국 함대에 개방되면 외국 전함이 흑해를 통해 러시아로 진격할 수 있는 관문의 역할을 할 것이라는 우려는 타당하였다. 이러한 우려는 1854년 영국과 프랑스의 크림전쟁 개입으로 현실화되고 1904년 러일전쟁에서 재현되었다. 두 전쟁 모두 제국 러시아의 운명에 결정적인 영향을 준 사건임은 역사가 증명하고 있다.[162]

운키아르 스켈레시 조약은 퀴췩크 카이나르지 조약(1774)을 시작으로 하여 1799년 신조약 등으로 이어지는 러시아의 해협에 대한 우려와 이해관계가 최고조에 이른 결과물로 해석될 수 있다. 이제 러시아의 우려나 이해관계의 타당성 여부와는 상관없이 운캬르-이스켈리시 조약으로 '해협 문제'가 동방문제의 핵심으로 부상하게 되었다.

모슬리Philip Mosely에 따르면, 다르다넬즈와 보스포루스는 러시아에 있어서 '희망과 공포가 뒤섞인' 지중해의 열쇠였다. 러시아의 흑해 함대 기지가 보스포루스에서 불과 나흘거리에 있어서 콘스탄티노플에서 비상사태가 발생할 경우에 해협을 장악할 수 있는 유리한 위치에 있다는 희망적인 판단과 함께 이러한 과감한 시도가 여타 열강에 대한 전쟁을 촉발할 수 있다는 두려움이 공존하였다.

러시아에게 더 치명적인 것은 오스만제국의 붕괴라는 파국적인 상황이 러시아로 하여금 해협을 장악하도록 강제할 수 있다는 것이다. '자신의 집으로 들어오는 열쇠'인 보스포루스를 영국과 프랑스가 장악하지 못하도록 스스로를 보호해야 하기 때문이었다. 러시아 군대가 아드리아노플에 주둔하고 있던 1829년 9월 당시, 러시아가 해협을 장악할 수 있는 유리한 순간에 파리 주재 러시아 대사 뽀쪼 디 보르고Карл Осипович Поццо ди Борго(1764~1842)가 해협의 통제를 제기한 바 있다. "다르다넬스와 보스포루스를 장악하여 흑해로부터 지중해로 통하는 경로를 러시아의 확고한 통제 아래 두고 콘스탄티노플을 자유항으로" 하는 '동방문제의 러시아식 해결'을 주장한 것이다. 그러나 객관적인 정세의 미성숙으로 실행에 옮기지는 못하였다.

러시아가 해협의 독자적인 통제를 철회한 배경에는 외국군의 간섭 가능성을 우려한 전략적 고려가 자리하고 있다. 당시 러시아 주둔군은 예상보다 오래 지속된 전쟁 탓에 보급물자 고갈과 재정 상태 악화를 겪고 있었던 데다가, 트란실바니아에서는 오스트리아 군대가 주둔하고 있는 상황이었다. 또한 마르마라해 인근에서는 영국 함대가 러시아 군대의 상황을 예의주시하고 있었고 콘스탄티노플에서는 프랑스 대사가 러시아의 진격을 방해하는 공작을 진행하고 있었다.[163]

그러나 무엇보다도 니콜라이 1세의 '유럽 협조Concert of Europe' 준수의 의지가 강했다는 점이 간과되어서는 안 될 것이다. 이러한 외교적이고 군사적인 요인들이 복합적으로 작용하여 콘스탄티노플로의 진격과 이에 따른 해협 장악 등 모험적인 시도는 이루어지지 않았다. 콘스탄티노플의 해협 문제는 오스만제국의 해체가 기정시실화 되는 다음 세기 초까지 동방문제의 중요한 관건으로 작용하였다.

운키아르 스켈레시 조약으로 말미암아 "러시아와 전쟁하는 모든 국가의 전함에게 해협이 폐쇄되는 반면에, 러시아 전함만 통항이 허용될 것이므로, 1809년의 조약(다르다넬스 조약Treaty of the Dardanelles/차나크(차나칼레Çanakkale) 조약Treaty of Çanak)이 훼손될 것"이라는 점을 역설한 영국 외무장관 파머스톤의 발언은 당시 러시아에 대한 영국의 부정적 여론을 주도한 대표적인 사례이다. 이에 대해 런던 주재 러시아 대사 리벤Христофор Андреевич Ливен(1774~1839)이 파머스톤에게 전달한 서한(1833년 8월 17일자)을 통해 네셀로데는 "해협의 통항은 모든 외국 군함에 예외 없이 금지되었고, 오스만과의 동맹조약은 러시아에 유리한 특권을 부여하고 있지 않다"고 해명하였다.

운키아르 스켈레시 조약을 설계한 네셀로데는 해협 관련 조항이 오스만의 전통적인 해협정책과 1809년 조약의 원칙에 위배되는 어떠한 규정도 포함하고 있지 않다고 확신하였다. 따라서 네셀로데는 유럽 열강에 보내는 외교 서한에서 "비밀조항이 어떠한 부담 조건이나 새로운 의무도 오스만 정부에 부과하지 않았고, 오스만 정부가 견지해 온 해협 정책을 확인한 것"일 뿐이라는 점을 분명히 하였다. 조약을 통해 러시아가 획득한 편익은 당대의 정치가들이나 이후 역사가와 국제법학자들이 상상한 대로 막대한 것이거나 가시적이고 구체적인 것이라기보다는 상황 조건에 의존하는 파생적 산물이었다.

네셀로데의 서한에 따르면 러시아는 "1830년대에 지중해에 있는 흑해 함대를 활용할 의도가 없었으며, 그리스 왕국의 독립 보장국(영국, 프랑스, 러시아) 중 하나로서 1833년과 1834년에 발틱 함대를 에게해Aegean Sea로 파견"[164]했을 뿐이었다. 외무장관 네셀로드의 판단으로는, 이집트에 전략적 관심이 깊은 영국이 우려하는 바와는 다르게 러시아 정부는 "흑해 함대가 이집트 문제를 근본적으로 해결할 수 있다고 보지 않았다. 오히려 영국과 프랑스가 자국 함대와의 합동작전을 하도록 러시아에 요청한 것에 대해 러시아 함대를 볼모로 하여 영국과 프랑스의 주도 아래 러시아의 행동을 제약하려는 계략으로 간주"하였다.[165]

해협 문제에 관한 네셀로데의 확고한 입장은 1838년 초, '해협에서의 러시아 특권' 문제를 다룬 내각 고위 관료들의 토론 평가에서 명확히 드러나고 있다. 니콜라이 1세와 해군장관 멘쉬코프는 발틱 함대를 지중해로 파견하여 다르다넬스를 통과하여 흑해로 귀환하는 결정을 한 바 있었다. 네셀로데는 짜르에게 보내는 기밀보고서에서 이러한 결정이 부당함을 지적하였다. 그는 해협 문제를 다룬 협정들의 법적 구속력뿐 아니라 정치적 의미에도 주목하였다. 논지의 핵심은 러시아 동방정책의 지도적 원칙이 다르다넬스의 감시를 통해 남부 국경지대를 보호하는 것이지 러시아 함대의 통항이라는 특권 획득이 되어서는 안 된다는 것이다.

네셀로데의 보고서에서 운키아르 스켈레시 조약은 국제법적 측면에서 어떠한 외국 전함에 대해서도 다르다넬스 통항 금지를 규정한 것이지 러시아 전함만 허용한 것은 아니라는 점이 지적되었다. 네셀로데의 보고서에서 주목할 만한 점은 해협 문제와 조약의 정치적 측면을 분석한 것으로 국제정치에 대한 현실주의적 판단력이 돋보이는 대목이다. 그는 튀르크가 동맹인 러시아의 요청—전함의 해협 통항—을 수용할 경우와 반대할 가능성 모두에서 정치적 판단을 이끌어 내고 있다.

한편으로 만약 튀르크가 수용하지 않을 경우, 이는 "국제법적인 근거—1809년 조약이나 1833년 조약 등—를 지니고 있기 때문에 러시아는 이에 대해 반박할 수 없을 것"이지만, 이러한 결정은 "동맹으로서 러시아의 특권과 양국의 동맹관계에 신가한 아영향을 초래"할 것이다. 다른 한편으로 튀르크가 러시아의 요청을 수락할 경우, "영국이나 프랑스가 자국 함대의 동일한 특권을 요구할 것이고 그러할 경우 해협 폐쇄의 원칙은 붕괴"될 것이다. 만약, 튀르크가 러시아 함대의 통항을 허용하고 영국과 프랑스 함대의 통항을 불허한다면 "러시아는 가장 바람직하지 않은 전쟁에 직면할 것이고 막대한 상업적 이익의 손실을 경험"할 것이다.

그러나 오스만 조정 포르테가 영국과 프랑스의 요구에 응한다면 "러시아는 자신의 안전을 확보하기 위한 장치(통항금지)를 스스로 허물 수밖에" 없으므로 러시아로서는 자신의 "동맹을 상실하고 튀르크를 영국과 프랑스에 넘겨주는" 결과를 보게 될 것이다. 네셀로데는 해협통항 문제를 단순히 법률적 문제가 아닌 정치적 측면에 주목하여 유럽세계의 전쟁 문제로 인식함으로써 러시아와 유럽 열강 간의 전쟁이 발발할 경우 튀르크가 열강의 편에 서게 될 가능성을 배제하지 않았다. 러시아 함대의 해협 통항을 수용하거나 거부하는 것 모두 심각한 결과가 초래될 수 있었다. 네셀로데의 이러한 우려는 1853년 크림전쟁으로 현실화되었다.[166]

운키아르 스켈레시 조약을 평가하면서 파머스톤은 오스만의 러시아 속국화를 초래한 것으로 단정하였다. 그의 이러한 주장은 조약의 비밀조항을 잘못 해석한 것이다. 파머스톤은 "러시아가 유럽의 어떤 국가들과 전쟁할 경우에도 포르테는 러시아를 지원"하기로 합의한 것으로 해석하였다. 물론 이러한 제안도 있었으나 러시아 대표들은 이러한 제안이 불가피하게 러시아와 튀르크를 유럽 열강과 전쟁으로 이끌 수 있었으므로 협정 과정에서 제외하였다. 러시아 측의 해석에 따르면, 조약의 취지와 내용은 "튀르크는 러시아에 적대적인 정치적 협정을 체결할 수 없으며 분쟁이 발생할 경우 제일 먼저 러시아에 자문을 구하고 지원이 필요할 경우 러시아에 먼저 원조를 요청"하는 것을 의미하였다.

1833년 조약에서 네셀로데의 목표는 해협의 폐쇄나 통항 등 직접적인 이익을 획득하는 것이 아니었다. 튀르크에서 최상의 이익과 기존의 개입 권리 인정, 그리고 여타 열강의 개입이나 동맹—튀르크와 열강 간의 동맹─ 가능성의 배제 등, 튀르크에서 러시아의 총체적인 우월적 지위─'동방문제의 주체'로서 지위─를 확인하는 것이 조약의 목표였다. 동시에 이러한 지위가 조약에 구체적으로 명시된 조항이 없다는 점에서 이 조약은 러시아에 잠재적인 이익을 의미할 뿐이었다.[167]

이집트의 독립선언[1838]: 신성동맹과 영국─프랑스의 이해관계

1833년 이후 러시아와 영국, 그리고 프랑스 간의 경쟁은 서로에게 불리한 위치를 조성하려는 계략으로 나타났다. 러시아의 목표는 무엇보다도 영국과 프랑스가 오스만제국을 향한 러시아의 야망에 대항하기 위해 연합하지 못하도록 하는 것이었다. 다음으로 신성동맹을 보전하여 영국─프랑스와 분리하는 것, 즉 오스트리아를 영국과 프랑스로부터 고립시켜 러시아의 편에 서도록 하는 것이었다.

영국과 프랑스는 러시아─오스만동맹의 국제법적 근거인 운키아르 스켈레시(운캬르 이스켈리시) 조약의 무효화를 목표로 하여 다르다넬스 해협을 겨냥한 군사적 관측을 장기간 실행하였다. 아나톨리아 서부 해안(에게해 동안)에 위치한 스미르나Smyrna와 트로아스Troas 기지를 기반으로 프랑스와 영국 함대는 기동훈련을 연례적으로 시행하였다. 양국은 튀르크를 러시아와의 동맹으로부터 이탈시키려 하였다.

영국과 프랑스의 외교적 목표는 동방문제를 '유럽의 협조Concert of Europe'에 결부시켜 오스만에 대한 러시아의 권리를 유럽의 합의 아래에 두도록 하는 것이었는데, 러시아는 이를 거부하였다. 러시아의 판단으로는, '동방문제의 유럽적 성격'은 이해하지만, 영국과 프랑스의 의도가 관철되면 동방문제의 직접적인 이해 당사자인 오스트리아와 러시아 간에 체결된 뮌헨그래츠 협정─동방문제에 대한 양국의 이익의 합의─에 영국과 프랑스가 개입할 수 있게 되어 동방문제에 관한 러시아

의 자율권이 침해될 것이었다.[168]

러시아, 영국, 프랑스 간의 갈등은 1838년 5월 25일 이집트의 파샤 알리가 독립을 선언하였을 때 시험대에 올랐다. 같은 해 7월, 벨기에 문제의 진전과 폴란드 혁명운동의 억압 등을 다루기 위한 체코의 테플리체Teplice-Šanov 회동에서 니콜라이 1세와 프란츠 1세는 유럽 문제와 이집트의 독립선언에 대한 입장을 정리하였다. 폴란드 혁명운동 등 유럽의 혁명 분위기를 진압하고, 필요할 경우 이집트의 독립에 따른 모험적 군사행동에 단호한 응징을 강구한다는 방침이었다.

네셀로데는 이집트 문제에 있어서 메테르니히와 완전한 합의에 도달하였다. 네셀로데의 냉소적인 평가에 따르면, "경박한 메테르니히는 한 달 전의 친구들—불과 한 달 전인 6월에 협력을 논의하던 영국과 프랑스—에게 완전히 등을 돌린" 셈이 되었다. 메테르니히는 네셀로데에게 "오스트리아 군대를 소아시아에 파병하자는 파머스톤의 계획을 '기괴한 생각monstrous idea'으로 폄훼하고 영국 외무장관의 지리적 무지를 비웃었다." 메테르니히의 '외교적 이간질'을 네셀로데는 경박하다고 비웃은 것이다.

19세기 러시아 국제법학자인 마르텐스Фёдор Фёдорович Мартенс (1845~1909)—1907년 헤이그 평화회의 러시아 대표—의 평가에 의하면, 당시 "오스트리아 정부는 영국 정부에 공공연히 적대감을 표출하였고, 점차 러시아의 정책을 따르기로 결정"한 것으로 보였다. 테플리체 회동으로 러시아 정부는 이집트의 알리 파샤에 대항하기 위해 영국이나 프랑스가 선택한 어떠한 조치도 환영하며, 알리 파샤가 정당치 못한 공격을 감행할 경우에 동맹인 포르테가 요청하면 어떠한 지원도 불사할 것임을 피력하였다. 이것은 1833년의 조약을 이집트와 유럽 열강에게 동시에 환기시키려는 의도였다.[169]

1838년 이집트가 독립을 선포했을 당시 즉시 동원 가능한 러시아의 군대는 세바스토폴 기지에 있는 보병 제5군단을 비롯하여 2군단과 3군단 등 3개 군단이었는데, 러시아 정부는 그중에서 3군단과 5군단, 총 8만 명을 먼저 파병할 계획이었다. 이에 비해 영국이 동원할 수 있는 병력은 4만 명 정도―당시 영국 보병은 대부분 반란 진압과 미국의 공격에 대비에 캐나다에 파병됨―에 불과했으므로 러시아를 견제하기 위해서 영국은 프랑스와 연합군을 결성할 필요가 있었다. 러시아도 만일의 경우 급변 사태가 발생하여 해협을 점령하게 되면 영-프 연합군과 군사적 충돌이 예상되었으므로, 최악의 경우 유럽에서의 전쟁―러시아에 대한 영-프의 공격―에 대비해야 했다.

니콜라이 1세는 만약 마흐무드 2세의 요청이 있을 경우, 또는 영국과 프랑스 연합 함대가 다르다넬스로 쇄도해 올 경우에 해협의 점령을 고려하고 있었다. 니콜라이 1세는 프로이센과 독일 제후국들을 순방하여, 만약 해협에서 고전하는 영국과 프랑스 연합군이 러시아를 상대로 대륙 전쟁을 일으킨다면 프로이센과 독일연방의 제후국들이 제일선에서 영-프 연합군의 공격을 맞받아 주도록 요구하였다.

니콜라이 1세가 판단하기에 알리 파샤의 독립 주장으로 튀르크에서 군사적 행동을 실행할 수 있는 충분한 조건이 성숙한 듯 보였으나, 보스포루스의 점령은 비록 오스만 술탄이 동의하더라도 영국과 프랑스의 외교·군사적인 반격을 초래할 것으로 예상되었디. 그러나 이리한 최악의 경우는 아직 발생하지 않았다.

이집트의 알리에 대항하여 유럽 열강들이 공동전선을 취하기로 결정하자 알리는 독립을 강행하지 못하였다. 당시 영국과 프랑스는 스페인·벨기에 문제로 불화 중이었다. 네셀로데가 예상했듯이, 러시아와 영-프 연합군 간 전쟁이나 유럽으로의 확전은 '가장 바람직하지 않은 전쟁'이 될 것이었다. 프랑스 주재 러시아 대사인 호전적인 포쪼 디 보르고가 판단하기에도 전쟁으로 인한 오스만제국의 붕괴와 그 여파는 '두려운 재난'임에 틀림없었다.[170]

1830년대 초반 영국과 프랑스 간의 화친은 러시아, 프로이센, 오스트리아 간의 보수동맹을 우려한 프랑스 주도로 형성되어 비엔나협조 체제의 균열에 하나의 구조적 요인으로 작용하였다. 그러나 1835년 경, 루이 필리프의 프랑스 정부가 오스트리아-프로이센과 적극적인 화해 정책을 시도하여 프랑스와 영국 간 관계는 소원해지지 시작하였다.

스페인, 그리스, 벨기에 등의 문제에서 양국이 견해 차이로 갈등하여 1838~1839년 이집트 독립 문제로 동방문제가 과열되었을 때 영국과 프랑스는 러시아와 협력을 모색하는 중이었다. 영-프 간의 긴장 관계로 동방문제에 있어서 러시아의 입지가 유리하게 조성되었으므로 영국과 프랑스는 동방문제 해결을 위해 러시아에 협력을 제안하였다.

모슬리Philip E. Mosely에 따르면, 프랑스는 러시아의 해협 장악을 원칙적으로 반대하였으나 해협 장악이 프랑스에 불리하지만은 않을 수 있다고 판단한 듯하다. 만약 러시아가 해협을 장악할 경우 지중해에는 영국, 프랑스, 러시아 3개국 함대가 공존하게 되어, 이제 프랑스 해군이 영국 해군을 홀로 견제할 필요가 없으며, 위기 시 두 국가가 연합하여 다른 한 국가를 대적할 수 있는 유리한 환경이 조성될 수 있다는 것이다.

이러한 가능성을 예측한 파머스톤은 프랑스 주재 영국대사 그랜빌 백작Granville Leveson-Gower, Earl Granville(1774~1846)에게 보낸 서한(1838.7.4.)에서 "유럽의 가장 큰 위협은 러시아와 프랑스의 연합"이라고 강조하면서 동방문제에 있어서 프랑스를 영국과 협조 아래에 두어야 한다는 점을 상기시켰다. 영국과 프랑스의 대對러시아 연합, 신성동맹을 견제하는 영-프 연합에 균열이 가는 듯하였다.

1838년 6월 동방문제에 관해 니콜라이 1세와 루이 필리프는 서로 입장을 교환하였다. 루이 필리프는 니콜라이 1세에게, 프랑스 정부가 이집트의 알리 파샤가 자제하도록 영향력을 행사하고 러시아 정부는 알리 파샤가 독립을 선언할 경우에 오스만의 마흐무드 2세가 무력 대응을 하지 못하도록 하여, 이집트의 독립선언으로 발생한 오스만제국의 분쟁을 영-러-프-오 4국의 공동 해결에 맡길 수 있도록 하자는 제안을 하였다. 이것은 오스만 술탄에게 불리한 문제 해결이 될 수도 있었다.

러시아 정부가 오스만 포르테에게 '총독의 반란'—알리 파샤의 독립선언—에 대해 군사적 조치를 취하지 말 것을 요구한다면 양국의 동맹은 결렬될 것이고 운키아르 스켈레시 조약은 붕괴될 것이다. 또한 프랑스와 러시아가 이런 방식으로 포르테를 압박하는 상황을 이집트의 파샤가 인지하는 순간 알리 파샤는 이집트 독립을 강행할 가능성이 농후하였다. 루이 필리프의 전쟁 회피 정책은 튀르크의 희생—경우에 따라는 영국과 러시아의 희생—을 담보로 한 것이었다.

루이 필리프는 오스만 술탄이 이집트 파샤를 응징하기 위해 군사력을 동원하여 전쟁이 발생한다면 술탄을 지원하기 위해 유럽 열강의 군사적 개입이 불가피해지므로 술탄의 양보—알리의 아들 이브라힘 파샤의 계승권 보장 등—를 통해 문제를 해결하려 했던 것이다. 루생 제독 Albin Reine Roussin (1781~1854)—1840년과 1843년 해군장관—에게 보낸 서한 (1838.7.11)에서 "최소한의 소요騷擾를 통해 이집트의 독립을 수용하는 방법을 준비"해야 한다는 프랑스 총리 몰레 Louis-Mathieu Molé (1781~1855) 의 표현에 루이 필리프의 의중이 압축적으로 드러나 있다.

프랑스는 러시아와 공동보조를 제안하는 한편으로 알리 파샤를 압박하기 위해 함대를 공동으로 파견하자는 영국의 제안에도 동의하였다. 영국과 프랑스가 유럽 문제에 있어서 이해의 불일치를 보이고 있음에도 동방문제에 있어서는 공동보조를 취할 가능성이 더 크다는 러시아의 우려는 여전히 불식되지 못하였다.[171]

1838년의 위기에 대한 러시아의 공식적인 정책은 1838년 7월 보헤미아의 테플리체Teplice에서 선언되었다. 니콜라이 1세의 선언은 이집트 총독을 압박하기 위한 '5국 공동선언'이었다. 이 선언은 오스만 술탄에 대한 이집트 파샤의 복속 관계 확인, 이집트 파샤의 부당한 공격 시에 술탄이 요청한 원조를 제공하고 이집트 문제에 개입할 것 등을 명시하여 영국과 프랑스에 통보되었다.

니콜라이 1세의 정책에 대한 영국과 프랑스의 입장은 확연히 달랐다. 영국 총리 파머스톤은 러시아가 술탄을 위한 군사지원과 이집트 문제에 개입을 표명한 것을 의혹적으로 주시하였다. 러시아의 이러한 행동을 시리아에 대한 군사적 공격을 염두에 둔 사전 포석으로 비약하여 판단한 것이다. 만약 러시아가 시리아를 공격한다면 시리아와 이집트에서 영국의 전략적 이해가 침해될 것이라는 우려였다.

파머스톤은 동방문제의 해결을 위한 국제회의를 서둘러 개최하길 원했는데, 해협에서 러시아의 행동을 이 회의의 결정에 묶어 놓기 위해서였다. 러시아가 이를 거부할 경우 영국, 프랑스, 오스트리아의 연합전선에 직면하게 할 계획이었다. 파머스톤은 러시아를 영국의 통제 아래 놓기 위하여 지중해에 있는 영국과 프랑스 함대에 러시아도 동참할 것을 권유하였다. 동방문제를 다루는 회의에서 파머스톤은 해협에서 러시아의 행동의 자유를 모든 수단을 동원하여 제지할 생각이었다.

그리스독립전쟁에서 유럽의 공동 대응을 지속적으로 요구했던 러시아의 주장을 도외시하던 영국이 동일한 성격의 이집트 문제(이집트 독립)에서는 집단적 공동 대응을 표방한 것이다. 프랑스의 몰레Mathieu Louis de Molé(1781~1855) 총리는 파머스톤의 '집단적 대응' 방안에 반대 입장을 취하여 러시아의 '개별적 행동'에 공감을 표명하였다. 몰레는 이미 메테르니히가 니콜라이 1세에 동조하여 러시아에 적대적인 행동을 할 가능성이 없다는 것, 자국의 행동을 제약할 영국 주도의 집단행 동을 러시아가 수용하지 않을 것이라는 점을 간파하였다.

프랑스 총리 몰레가 판단하기에 파머스톤이 영국의 이해관계를 위 해 상대방이 수용할 수 없는 제안들—오스트리아 군대를 소아시아에 파병 하라거나 러시아를 속박하려는 제안 등—을 제기하고 있었으므로, 그는 동 방문제를 러시아의 우월적 지위에 대항하는 투쟁으로 합리화하는 영 국의 의도에 동의할 수 없었다. 몰레는 영국이 제안한 대로 이집트 문 제에 집단 대응을 할 경우 오스만 술탄과 이집트 파샤 간의 미래의 분 쟁에 유럽 열강을 얽매이게 할 것으로 우려하였다.

마티외 몰레는 7월 혁명 이후 외교 원칙에 있어서 오스트리아와 러 시아의 지지를 획득한 유일한 프랑스 총리였다. 러시아와 프랑스가 동 방문제에 이해관계를 공유하고 있다고 인정하는 것은 그에게 양국 협 력의 시작을 의미하였다. 만약 프랑스가 7월 혁명 이후 영국으로부터 획득하기를 원하던 유럽 문제의 외교적 지원을 러시아가 보장해 줄 수 있다면 러시아와 프랑스는 동방문제의 합의에 이를 수 있을 것이다.

프랑스 몰레 정부의 외교적 구애에 러시아가 적극적으로 화답하지 않은 이유는 불분명하지만, 몰레가 고백하였듯이 "영국과 러시아 간 전쟁 발발 시 프랑스가 러시아에 대항하여 영국과 공동전선을 구축할 수밖에 없는 상황이 예측"됨에도 불구하고 프랑스와의 동맹이라는 위 험을 무릅쓸 만한 절박성이 러시아에게는 없었을 것이다. 이외에도 상트페테르부르크에서 러시아-프랑스 협상을 지지하는 그룹(포쪼 디 보르고)과 러시아-영국의 협력을 중시하는 그룹(네셀로데) 간 경쟁에서 후자가 우세한 위치를 점하고 있었던 이유도 있다.

니콜라이 1세는 프랑스 7월 왕정의 안정성과 정책 능력을 신뢰하지 않았고 오히려 영국의 국가 역량에 깊은 관심을 기울이고 있었다. 1830년대 후반 러시아는 스페인과 벨기에 문제에서 노정된 영국과 프랑스의 갈등을 적절히 활용하여 프랑스의 지지 획득이라는 외교적 성과를 거두었다. 러시아는 영국이 제안한 그리스의 헌법제정(입헌 군주정) 문제에서 프랑스의 도움으로 영국의 주장을 굴복시켰다. 러시아를 통제하기 위해 동방문제를 다룰 강대국 회의를 소집하려는 영국의 시도도 프랑스에 의해 좌절되었다.

그러나 러시아는 이러한 소극적인 협력 이상의 관계 발전을 시도하지 않았다. 이것은 앞서 언급한 대로, 영국과의 전쟁 시에 프랑스의 지원 가능성을 러시아가 확신할 수 없었기 때문이었을 것이다. 그럼에도 프랑스의 지원은 보스포루스 해협에서 러시아의 행동의 자유를 구속하려는 영국의 계획을 좌절시키는 데 필수적인 요소였다. 프랑스와의 동맹에 자신의 외교적 생명을 쏟아부은 포쪼 디 보르고 대사가 역설했던 것처럼, 영국은 "프랑스의 협력 없이 러시아에 대항하는 어떠한 계획도 성사시킬 수 없다"는 사실이 당시 유럽의 세력균형 지도를 단적으로 묘사하고 있다. 프랑스 주재 러시아 대사 포쪼 디 보르고의 외교적 예언은 영국과 프랑스가 연합한 크림전쟁에서 파국적으로 실현되었다.[172]

누가 '유럽의 병자' 오스만의 보호자인가: 영국-오스만 동맹의 결렬
1838년 7월 영국의 러시아 견제가 본격화되면서 이집트 문제는 해협 문제에 가려져 이듬해 3월까지 휴지기에 들어갔다. 영국의 정책 초점은 '해협'에서 러시아의 우월적 지위를 박탈하고 운키아르 스켈레시 조약을 사문화하는 것에 맞춰졌다. 이러한 영국의 러시아 견제책을 더욱 부추긴 요인은 페르시아에서 진행된 영-러 간의 경쟁이었다. 러시아의 지원에 힘입은 페르시아의 모하마드 샤Mohammad Shah Qajar(1808~1848)가 영국이 점령하고 있던 아프간의 헤라트Herat를 회복하기 위해 암중모색 중인 가운데 페르시아에서 영-러 간의 경쟁은 점점 치열해지고 있었다.

러시아와의 전략경쟁에서 외교·군사적 위기를 의식한 영국은 페르시아의 동방 라이벌인 오스만 튀르크와 협력 필요성을 절감하였다. 이스탄불 주재 영국대사 폰즌비John Ponsonby, 1st Viscount Ponsonby(1770~1855)는 러시아-튀르크 동맹을 무효화 할 수 있는 영국-튀르크 동맹 수립과 튀르크의 외교정책 대전환을 목표로 세 가지 과제를 추진하였다.

첫 번째 과제는 파머스톤의 계획—동방문제를 다룰 열강 회의 소집—을 실행하기 위하여 오스만 외무장관 레시드 파샤Mustafa Reşid Pasha(1800~1858)를 유럽으로 초청하는 것이었다. 레시드 파샤는 오스만 튀르크의 자유주의적 근대화를 추진하기 위한 탄지마트Tanzimat/Reorganization(1839~1876) 대개혁의 주도자였다. 레시드의 런던 방문은 영국과 튀르크 간의 긴밀한 융화를 상징하게 될 것인데, 이는 러시아-오스만동맹의 무효화를 겨냥한 것이다. 레시드 파사가 유럽 열강에 이집트 문제의 '공동 해결'을 주장한다면 러시아는 열강회의에 속박될 것이었다.

두 번째는 이집트의 파샤에 대한 술탄의 분노를 이용하여 영국에게 유리한 상업적 이익을 획득하는 과제였다. 이후 양국은 새롭게 통상조약을 체결하였다. 세 번째 과제는 군사협력에 관한 것으로, 영국은 튀르크 함대를 지중해의 영국 해군 함대에 합류시키기로 허용함으로써 술탄으로 하여금 양국의 함대가 이집트 파샤에 대항하여 운용될 수 있을 것이라는 희망을 품게 하였다.

러시아에 대한 영국의 견제 의지와 이집트에 대한 오스만의 응징 의지가 상승 작용하여 유럽의 갈등과 동방문제의 위기를 초래하였다. 오스만 술탄 마흐무드 2세가 파머스톤 총리의 계획을 수락하여 영국과 튀르크의 앙땅뜨Entente가 성립된 배경에는 퀴타이아 조약(1833)에 대한 술탄의 불만이 자리하고 있었다.

오스만 술탄은 퀴타이아 조약으로 알리 파샤에게 할양한 시리아 등의 영토를 회복하고자 원하였으므로 영국과의 앙땅뜨를 통해 이집트 파샤와의 전쟁에서 유럽의 공세적 지원을 이끌어 낼 수 있을 것으로 판단하였다. 술탄은 유럽의 '부당한 중재'로 형성된 퀴타이아 조약의 '현상status quo'을 무너뜨릴 필요가 있었고, 유럽 열강은 오스만 술탄과 이집트 파샤 모두에게 '현상' 유지의 존중을 원하였다.

8월 초 유럽순방과 관련하여 레시드 파샤가 러시아 대리대사 뤼크만R. A. Rükmann에게 해명한 내용은, "이집트 알리 파샤의 호전적인 태도가 술탄으로 하여금 장기간의 현상유지를 위해 일방적인 희생을 강요"하고 있고, "이러한 영속적인 양자 간의 긴장 상태는 유럽 열강의 평화적 전망에 모순되는 결과를 초래"할 것이라는 판단이었다. 그러므로 이러한 교착상태를 해결하기 위한 대안으로 해군 강국인 영국과 프랑스의 외교적 협력을 수용하는 것으로 결정하였다는 해명이었다.

이와 더불어, 레시드는 튀르크가 여전히 러시아, 오스트리아, 프로이센의 지원을 기대하고 있다는 점을 강조하였다. 대사대리 뤼크만은 알리 파샤는 결정적 순간에 무력에 의해서만 굴복할 것인데, 알리에 대한 무력 대응에서 영국과 프랑스는 공동으로 행동을 할 수 없을 것이라 평하였다. 프랑스 대사 루생 제독은 레시드의 외교적 시도가 현상status quo을 교란하려는 것이라고 포르테에게 경고하였다.[173]

1838년 8월 16일 영국과 튀르크의 통상조약 체결을 시작으로 영국-튀르크 앙땅뜨가 본격화되었다. 비밀리에 진행된 협상에서 영국과 동맹이 절실했던 오스만 정부가 영국이 요구한 독점제도 폐지와 상호 불평등하게 조정된 수출입세[174]에 서둘러 합의해 줌으로써 제국의 경제는 결정타를 입게 되었다.

러시아 정부는 이 통상조약이 정치적 비밀조항을 담고 있는 것은 아닌지 등, 그 정치적 의도와 여파에 대해 고심하였다. 포쪼 디 보르고가 판단하기에, 페르시아에서의 영-러 대결, 동방문제를 다룰 회의 소집, 러시아 함대의 규모 제한 등, 러시아를 압박하는 '파머스톤의 계획'이 통상조약의 체결에서 정점에 이른 듯하였고, 영국의 전쟁 선포가 임박한 것으로 보였다. 그에게는 이 통상조약이 영국과 튀르크의 동맹으로 여겨졌고, 영국과 오스트리아의 통상조약 또한 러시아에 대항하려는 연합 시도로 보였다. 프랑스 또한 이 조약을 승인할 수밖에 없을 것이었다.

튀르크를 향한 영국과 러시아의 영향력 경쟁은 그해 9월과 10월, '영국 함대의 다르다넬스 해협 통항 허용' 소문이 콘스탄티노플 외교가에서 떠돌면서 시험대에 올랐다. 이 소문이 사실이라면 모든 외국 전함에 대한 해협 폐쇄를 명시한 운키아르 스켈레시 조약은 사문회될 것이고 이것은 영국이 지속적으로 시도했던 바였다. 러시아 대사 부테뇨프Аполлинарий Петрович Бутенёв(1787~1866)는 이 소문에 대해 포르테 측에 사실관계를 조회照會하면서 "영국 함대의 다르다넬스 입항은 그럴듯한 핑계로 윤색하더라도 짜르를 경악시킬 것이고 동방에서 대참사의 신호가 될 것"이라는 점을 분명히 하였다.

부테뇨프의 조회에 직면하여 오스만 술탄은 자문관 무스타파 베이 Mustapha Bey를 통해 어떠한 이유로도 영국 함대의 다르다넬스 입항을 허용하지 않을 것이며 만일 그런 시도가 불시에 이루어진다면 튀르크에 대한 적대행위로 간주하여 러시아와 사태를 논의할 것임을 표명하였다. 술탄은 오스만 함대가 영국 함대에 합류하기로 한 결정이 "이집트의 파샤를 억제할 목적으로 지중해에서 어떠한 수단의 동원도 환영할 것이라는 니콜라이 2세의 테플리체 선언에 따른 것"이라고 재차 강조하였다.

이로써 콘스탄티노플에 드리워진 영국 영향력의 그림자를 러시아가 걷어내는 데 일단 성공한 셈이 되었고, 포르테는 러시아가 용납할 수 없는 레드라인이 영국 함대의 다르다넬스 통항임을 확인하였다. 러시아 대사가 환기시킨 바와 같이, 포르테의 악몽은 영국 함대의 해협 통항 허용이 러시아와 이집트가 술탄을 공격하도록 직접적으로 자극하여, 합세한 러시아와 이집트가 각각 콘스탄티노플과 아나톨리아로 쇄도해 들어와 오스만제국이 해체되는 상황에 처하게 되는 것이었다.

10월 중순, 영국과 튀르크 함대가 이집트의 알렉산드리아를 공격할 것이라는 뉴스를 접하면서 러시아 정부는 튀르크 함대의 귀환을 독촉하였다. 러시아 외무장관 네셀로데는 "튀르크 함대를 파머스톤의 계획에 볼모로 내맡기는 것이 술탄의 위엄과 이익에 도움이 된단 말인가"라고 반문하면서, 양국의 공동 해상작전의 중지와 영국 함대의 몰타Malta기지로의 복귀, 그리고 튀르크 함대의 보스포루스로의 귀환을 요구하였다. 실제로 영국은 이집트에 대한 해상 무력시위보다는 튀르크 함대와 다르다넬스로의 공동입항에 주요 관심이 있었다.

영국 대사 폰즌비는 파머스톤에게 보낸 서한에서 "영국 함대가 다르다넬스를 떠나서는 안 되고, 함대는 만일의 사태에 즉각 러시아에 대항할 준비를 해야”한다고 건의하였다. 영국 함대가 에게해의 스미르나Smyrna에서 다르다넬스에 이르는 항로를 순항하면서 시간을 보냈으므로, 알렉산드리아에 대한 무력시위를 원하던 파머스톤이 다르다넬스 주변 해역을 배회하는 영국 함대의 기동작전에 불만을 품고 12월에 함대의 복귀를 결정함으로써 튀르크를 회유하기 위한 튀르크 함대와의 해상 공동작전은 무위로 돌아갔다.

실제로 알렉산드리아에 대한 영국과 튀르크 함대의 일방적인 군사행동과 다르다넬스 해협 입구에서의 영국 해군의 기동훈련 등, 파머스톤의 결정이 운키아르 스켈리시 조약을 위반하는 것으로 이해한 술탄은 짜르의 요구대로 해협 폐쇄에 대한 서면 약조를 확인하였다. 이 외에 오스만 해군 훈련을 위해 영국 교관을 파견하는 민감한 문제도 러시아의 반발로 무산되었다.

튀르크에 대한 러시아의 우월적 지위에 도전하는 ‘파머스톤의 계획’ 중에서 이제 남은 과제는 동방문제를 위한 열강 회의의 소집 문제였다. 이집트 문제에 관한 튀르크와 러시아의 의견 불일치를 영국은 러시아를 겨냥한 도전의 기회로 이용하였다. 파머스톤은 이집트 문제를 해결하기 위해 열강의 공동 대응을 획득하려는 술탄의 열망을 활용하여 술탄의 동맹인 러시아의 반대를 무릅쓰고 유럽회의의 소집을 강행하였다.

외무장관 네셀로데는 부테뇨프 대사에게 포르테가 동방문제를 위한 영국의 열강 회의 소집에 동조하지 못하도록 하는 지침을 내렸다. 네셀로데는 마흐무드 2세에게 서면으로 유럽회의에서 이집트 문제를 다루는 것이 오스만 제국에게 불리함을 역설하였다. 그는 “그리스와 벨기에 문제를 다룬 유럽회의에서 두 속국의 독립이 결정된 사례를 지적하면서 이집트 문제를 다루는 유럽회의에서도 이와 유사한 결정이 내려질 가능성을 배제할 수 없고, 더욱이 이 회의에 이집트의 대표파견이 허용된다면 술탄의 이익과 위엄은 더욱 손상을 입게 될 것"이라는 점을 상기시켰다. 이에 따라 술탄은 레시드 파샤에게 회의에 참여하지 말 것을 지시하였다.

1839년 1월, 마흐무드 2세가 돌아오는 봄에 알리 파샤에 대한 군사공격을 감행할 것이라는 계획이 알려지면서 유럽회의 소집 문제는 다른 국면에 진입하였다. 영국, 러시아, 프랑스, 오스트리아, 프로이센 등 유럽 5개 열강의 대사들은 술탄에게 평화유지를 촉구하면서 공격행동이 초래할 재난적 결과에 대해 경고하였다. 러시아 정부는 부테뇨프 대사에게 술탄의 군사 공격 저지를 위해 열강의 대사들과 공동협력할 것을 허용하면서도 이 문제를 다루는 유럽회의를 소집하는 것에는 반대할 것을 지시하였다.

러시아의 고민은 동방문제에 대한 유럽의 집단적 해결이라는 경로—영국이 선호하는 '집단적 경로'—와 각국의 독자적인 접근을 통한 해결—'독립적 경로'로 러시아가 선호함— 사이에서 혼선을 피하고 사안을 정확히 구분하여 정교한 대응을 하는 데 있었다. 영국대사 폰즌비와 프랑스 대사 루생은 포르테에게 현상을 유지하도록 강요할 것이고, 이것은 포르테에 대한 그들의 영향력 약화로 귀결될 것이지만 부테뇨프는 이에 동참하지 않을 방침이었다. 왜냐하면 러시아는 튀르크가 이집트로부터 시리아를 회복할 권리에 대해 부정하지 않았으므로, 술탄의 군사 공격의 위험성에 대해 지적하는 것으로도 충분하였다.

동방문제의 양 측면, 즉 그리스 독립이라는 유럽적 측면과 이집트 문제라는 소아시아적 측면에 있어서 영국과 러시아는 각각 다른 이해관계와 접근법을 취하였다. 러시아는 그리스 문제에 영국보다 지정학적으로 밀접한 이해관계에 있었기 때문에 현상유지를 선호하였다. 이에 비해 영국과 프랑스는 시리아를 포함한 이집트 문제에 러시아보다 전략적 이해관계가 깊었으므로 현상유지를 고수하였다. 이로 인해 그리스 독립 전쟁 초기 과정에서 러시아의 공동대응 호소에 영국은 소극적인 태도로 일관하였고, 이집트 문제에서는 러시아가 영국의 공동 대응 시도에 부정적이었던 것이다.[175]

이집트 문제의 공동 해결을 호소하기 위한 레시드의 유럽순방은 의도했던 소기의 성과를 거두지 못하였다. 레시드의 제안은 비엔나에서 미숙한 것으로 메테르니히의 조소와 냉대를 받았고, 베를린에서는 프로이센 외무장관 베르테르Heinrich Wilhelm von Werther (1772~1859)가 러시아와의 동맹이 주는 막대한 이익을 레시드에게 강조하면서 튀르크의 공동 해결안이 무용함을 간접적으로 설득하였다. 메테르니히와 베르테르는 레시드에게 시간을 두고 신중하게 이집트 문제를 해결하도록 충고하였다. 레시드의 임무에 거는 오스만 정부의 기대치가 저하되고 영국을 향한 실망감이 확인되면서[176] 러시아는 레시드의 '특별한 임무'—영국과 공수攻守동맹을 맺는 것—에 대한 공포에서 벗어나기 시작하였다.

술탄의 총신인 외무장관 무스타파 레시드가 부테뇨프에게 확신시켜 주었듯이, 오스만 조정은 영국이 튀르크와 협력을 서두른 주요 동기가 페르시아와의 분쟁이었으므로 페르시아 문제가 진정될 기미를 보이면서 튀르크와의 동맹에 관한 영국의 열의가 누그러지고 있는 것이 아닌가 하고 의심하였다. 이에 따라 포르테는 1839년 1월 런던에서 진행된 레시드의 협상에 큰 기대를 걸지 않았다. 영국 대사 폰즌비 또한 런던에서의 협상을 술탄이 극단적인 결정(이집트에 대한 군사행동)을 하지 못하도록 지연시키는 수단으로 보았으므로 술탄에게 런던협상의 결과 도출 이전까지 결정적인 행동을 자제해줄 것을 요구하였다.

파머스톤은 레시드 파샤에게 동맹조약 체결을 제안하였다. 튀르크가 이집트 문제에서 영국의 협력을 원한다면 양국이 공식적인 동맹협정을 맺어야 한다는 것이 그의 논리였다. 동맹조약을 통해 영국은 이전 해에 실시한 바 있는 양국 해군의 합동 해상시위를 재개할 것이고, 술탄에 위험이 되지 않을 수준으로 해군력을 축소하도록 이집트의 파샤를 강제할 것이다.

부테뇨프 대사는 오스만 조정을 설득하여 레시드의 협상권을 제한하는 지시를 내리도록 하였다. 3월 8일, 레시드에게 내려진 비밀 지시에 따르면, 영국이 튀르크와 러시아의 관계를 체계적으로 침해하려 시도하고 있으므로 튀르크와 러시아의 협약에 위배되는 조항이 조약에 삽입되어서는 안 된다는 것이었다. 4월 첫째 주, 런던발 레시드의 보고서에는 파머스톤의 제안 내용이 구체적으로 명기되어 있었다.

이집트의 무함마드 알리가 독립을 선언할 경우에 영국이 튀르크에 제공할 원조들은 다음과 같았다. "이집트와 시리아 해안에서 양국 함대의 기동작전과 봉쇄, 술탄에게 이집트 선박을 인계할 것 등." 프랑스는 이집트에 대항하여 무력을 사용하는 것에 동의하지 않을 것이고, 영국이 이집트에 독자적으로 대항하면 러시아와 프랑스가 영국에 공동으로 대항할 것이므로 영국과 프랑스가 함께 튀르크와 방어동맹으로 결합하는 것이 영국에게는 핵심적인 사안이었다.

그러나 영국과 프랑스와 방어동맹을 체결하고 상황이 성숙될 때까지 기다릴 필요가 있다는 파머스톤의 제안을 지연전술로 파악한 술탄은 알리 파샤가 장악한 영토를 군사력에 의존하여 직접 회복하기로 결심하였다. 이러한 정황에서 공격동맹 이외 어떤 것도 그에게는 호소력이 없었다. 오스만 술탄은 현상의 타파를 원했던 것이다.

파머스톤의 제안에 실망한 술탄은 두 가지 중요한 결정을 내렸다.

하나는 디야르바키르Diyarbakır주와 시바스Sivas주의 주지사인 하피즈 파샤Hafiz Mehmed Pasha/Çerkes Hafız Mehmed Paşa (?~1866) 원수Müşîr/Mushir에게 시리아 영토로 진격 명령을 내리는 것이었고 다른 하나는 동맹국 러시아에게 영-튀르크 협상의 전체 내용을 공개하는 것이었다. 4월 10에서 16일 사이에 술탄과 각료들은 향후 진로에 관해 격렬한 토론을 한 끝에 파머스톤의 제안이 오스만제국의 이해에 전적으로 부적합한 것이라는 결론에 도달하였다. 4월 16일 술탄은 시리아 영토의 회복이 파머스톤에 의해 제안된 동맹의 조건에 포함되어야 한다는 새로운 지시를 레시드 파샤에게 내림으로써 협상은 결렬될 운명이었다.

영-튀르크 간 협상 결렬에는 콘스탄티노플 주재 러시아 대사의 외교적 활약뿐 아니라 런던에 파견된 오를로프 공Алексей Фёдорович Орлов(1787~1862)과 알렉산드르 대공Царевич Александр Николаевич—1855년 알렉산더 2세Александр II에 즉위—의 역할이 주요하게 작용하였다. 4월 26일 포르테의 결정 사항이 도착하기 전까지 레시드 파샤는 파머스톤에게 최종안을 교환할 것을 종용하고 있었는데, 최종안 교환은 오를로프의 방문과 영국 내각의 위기—빅토리아 여왕과 의회의 대립—때문에 늦춰지고 있었다.

아드리아노플 조약의 전권대표이자 1833년에 보스포루스에 상륙한 러시아군 사령관을 역임하면서 콘스탄티노플에서 개인적 명성을 쌓았고, 술탄의 신임이 높았던 오를로프 백작의 발언은 레시드에게는 기부하기 어려운 단호한 압박으로 다가올 것임이 분명하였다. 5월 4일 네셀로데로부터 지시 서한을 접수한 오를로프는 레시드를 면담하여 영국, 프랑스와 조약을 체결하려는 그의 열망을 좌절시키려 하였다. 레시드는 본국으로 귀환을 결정함으로써 이에 답하였다. 이로써 영국과 튀르크 간 지루한 동맹 협상은 일단락되어 원점으로 돌아갔다.

2차 오스만-이집트전쟁: 러시아-오스만 동맹의 해체

영국과 튀르크의 협상 결렬에는 러시아의 외교적 책략이 작용한 것 외에도 영국의 입장 변화도 주요 요인으로 작용하였다. 영국이 1838년 8월에서 1839년 2월 사이에 튀르크와 협상을 서둘러 추진한 직접적인 원인은 러시아와 페르시아에 대한 위협 수단으로 활용하기 위해서였다. 러시아와의 전쟁 위험성이 잦아들고 1839년 2월 페르시아 문제가 일시적인 안정에 들어가면서 영국은 튀르크와의 동맹 협상에 흥미를 잃게 되었다.

다른 한편으로 영국 정부가 런던 협상을 이집트 파샤에 대한 오스만 술탄의 군사행동을 지연시키는 수단으로 활용한 측면도 있다는 점도 지적될 필요가 있다. 이러한 이유로 파머스톤은 1839년 1월부터 조약의 최종안 마련을 미루고 있었다. 당시 영국은 캐나다, 중국, 아프가니스탄, 아덴 등지에 군사개입하고 있었기 때문에 레반트(근동 소아시아)에서 새로운 무력 분쟁을 야기할 수 있는 '공격동맹'을 체결하기를 꺼렸던 것이 사실이다.

1838~1839년의 위기 동안 러시아는 콘스탄티노플에 드리워진 영국의 영향력을 거두어내고 파머스톤의 계획을 일단 좌절시켰으나 튀르크와의 동맹 토대가 불안정함을 확인한 셈이 되었다. 포르테에 의해 추진된 영국과의 일련의 협상 과정과 이에 대한 러시아의 대응을 통해, 튀르크-러시아 동맹관계가 '신뢰의 동맹'이 아니라 러시아를 향한 튀르크의 두려움으로 묶어진 '공포의 동맹', 러시아를 대체할 동맹관계의 부재로 인해 튀르크가 불이익을 감내해야 하는 '비대칭동맹'이라는 사실이 드러났다.

결과적으로 러시아는 튀르크와의 동맹이 아드리아노플 조약과 운키아르 스켈레시 조약에서 기대했던 오스만제국에 대한 배타적인 영향력을 보장하지 않는다는 사실을 인정하게 되었다. 동방문제는 러시아가 독립적인 경로를 통해 해결할 수 없는 여전히 유럽 열강의 이해와 밀접하게 연동된 '유럽의 문제'였던 것이다.[177]

1839년 6월 하순, 마흐무드 2세의 명령으로 프로이센의 군사 자문관 몰트케 Helmuth von Moltke the Elder(1800~1891)—클라우제비츠와 함께 독일 최고의 전략가이자 독일제국의 초대 참모총장(1871~1888)을 역임— 대위가 조력하고 하피즈 파샤 Hafiz pasha가 지휘하는 술탄의 군대가 알리의 이집트 군대를 공격하면서 동방의 위기는 새로운 국면에 진입하였다. 6월 24일 시리아 접경지대에서 이집트 이브라힘 파샤의 군대가 하피즈의 군대를 대패시킨 니지프(네지브) 전투 Nizip Muharebesi 며칠 후, 마흐무드 2세가 사망하였고 술탄의 해군은 무함마드 알리에게 투항하였다.

러시아-오스만동맹의 주역인 마흐무드 2세가 사망하고 압둘메시드 Abdülmecid I(1823~1861)가 왕위를 계승함으로써 튀르크의 정세는 급변하였다. 압둘메시드는 즉위하자마자 탄지마트 개혁에 박차를 가하였다. 이어 그는 제2차 오스만-이집트전쟁 Egyptian–Ottoman War(1839~1841)에서 영국-프랑스와 전략적 제휴를 추진하였다. 이를 통해 후일 크림전쟁(1853~1856)에서 러시아에 대항한 공동전선을 구축할 수 있는 토대를 마련하게 되었다.

마흐무드 2세의 무모한 군사적 시도가 실패하자 동방문제와 관련하여 영국은 니지프 전투의 패배를 새로운 기회로 활용하였다. 영국과 프랑스는 이집트 문제에 다시 개입하기로 결정하여 영국과 프랑스 함대가 다르다넬스 해협으로 입항하였고 이로 인해 운키아르 스켈레시 조약은 무효로 되었다. 운키아르 스켈레시 조약이 의도적으로 무시(조약 위반)됨으로써 이 조약에 근거한 러시아-오스만동맹도 동일한 상황에 처하게 되었다. 조약 위반을 들어 만약 러시아가 영국과 프랑스 함

대의 해협 진입을 물리적으로 저지하려 했다면 영국, 프랑스와 러시아
는 전쟁으로 치달았을 것이다.

동방문제에 이해가 얽힌 유럽 5개국(러시아, 오스트리아, 프로이센, 영
국, 프랑스)은 1839년 7월, 튀르크를 집단적 보호 아래 두기로 한 공동
외교 각서를 발표하였다. 술탄이 무모한 군사작전을 시도함으로써 발
생한 이 돌출적 사건은 동방문제 해결을 위한 '유럽회의' 소집이라는
파머스톤의 계획을 결과적으로 실현해 주었다. 오스만 술탄과 이집트
파샤 간의 투쟁은 근동에서 오스만제국의 운명뿐 아니라 유럽에서 세
력균형의 미래를 결정하였다. 니콜라이 1세는 1939년 9월과 12월 두
차례에 걸쳐 브룬노프Филипп Иванович Бруннов(1797~1875)—세 차례 영
국 주재 러시아 대사를 역임(1840~54, 58~79, 70~74)—를 런던에 파견하여 러
시아가 1차 기한이 1841년인 운키아르 스켈레시 조약을 연장하지 않
을 것과 '해협' 폐쇄에 관한 집단적 합의를 수용할 것을 보장한다는 의
사를 파머스톤과 멜버른William Lamb, Viscount Melbourne(1779~1848) 내각에
확인시켰다.[178]

1840년 7월 런던에서 개최된 유럽회의에서 루이 필리프의 프랑스
는 이집트 문제에서 영국과 상이한 입장을 취하여 무함마드 알리를 오
스만 술탄으로부터 독립시키길 원하였으므로, 회의는 프랑스를 제외
한 영국, 러시아, 오스트리아, 프로이센 등 4개국이 이집트 문제와 해
협 문제에 관한 해결에 합의하였다. 1840년 9월 영국의 네이피어 제독
이 이끄는 영국-오스만 함대(러시아와 오스트리아 함선도 합류)와 육군의
합동작전으로 레바논의 베이루트와 시돈Sidon 등지에 상륙하여 이브
라힘 군대를 격파하고 항복을 받아내는 등 4개국의 이집트에 대한 군
사·외교적 압박이 강화되었다.

11월 27일 이집트의 무함마드 알리 파샤는 네이피어Charles John

Napier(1786~1860) 제독의 협상 조건을 수락하였다. 무함마드 알리는 시리아, 메카를 비롯한 성지, 제다, 아다나, 지중해의 크레타 등지를 포기하고, 오스만 함대를 반환하였다. 이의 대가로 오스만 술탄이 부여한 것은 이집트와 수단에 대한 무하마드 알리의 세습 통치권을 재확인해주는 것뿐이었다. 이로써 이집트의 영역은 제1차 오스만-이집트전쟁(1831~1833) 이전으로 복귀, 즉 퀴타히아 협정 이전과 유사하게 축소 환원되었다.[179]

제2차 오스만-이집트전쟁의 전황이 이렇게 흐름에 따라 프랑스는 독자적으로 이집트 문제를 해결할 수 없음을 인정하고 다시 '유럽협조체제'에 복귀하였다. 1841년 7월 14일 프랑스를 포함한 유럽 5개국은 '런던해협협정 London Straits Convention'에 서명하였다. 이 조약은 다르다넬스의 국제적 통제를 보장하였다. "오스만제국의 유구한 고대의 관례древнее правило/ancient rule에 따라 다르다넬스와 보스포루스 해협의 항행이 평시에 모든 국가(외국) 전함에게 항상 폐쇄"된다는 원칙에 5개국이 합의하였다.

런던해협협정에는 전시 해협의 운영 방식에 대해서는 아무런 언급이 없었으나 해협 폐쇄에서 '전시戰時에 동맹국 함대는 제외'하는 것으로 해석할 가능성이 있었다. 만약 그렇게 해석한다면 전시에 동맹국의 압력이나 오스만 조정의 필요에 따라 외국 전함에 해협을 개방할 수 있게 될 것이고 그러한 경우에 흑해국가들은 직접 영향을 받을 수 있다. 최악의 경우에 흑해국가에는 해협이 폐쇄되고 결과적으로 지중해국가들에만 해협이 개방될 수도 있다.

이러한 예외적 개방에 가장 전략적 이점을 누릴 수 있는 국가는 흑해국가인 러시아보다는 비非흑해국가인 프랑스, 특히 영국일 것이다. 전시에 해협이 열릴 경우, 지중해 밖 북해北海 국가인 영국이 함대를 이끌고 러시아의 입구인 흑해로 진입하여 러시아 본토를 위협할 수 있을 것이다. 이러한 러시아의 전략적 재앙은 십여 년 후 크림전쟁으로 현실화되었다.

전시에 해협이 열리게 될 경우, 나아가 지중해의 해상 패권을 위한 전략적 관건인 두 개의 해협, 지브롤터와 다르다넬스-보스포루스를 영국이 동시에 관장하게 될 것이다. 이러한 정세가 조성되면 영국은 대영제국의 존재 이유인 '인도로 가는 길'을 재량껏 안전하게 할 수 있을 것이다. 이렇듯 런던해협협정은 운키아르 스켈레시 조약의 폐기로 동맹관계가 해소된 러시아보다는 영국과 프랑스에 유리한 협상 결과물이었다.

실제로 런던협정 이후로 오스만 튀르크는 영국과 프랑스의 보호에 점점 더 의지하게 되었다. 영국은 러시아 함대의 지중해 진출을 저지함으로써 지중해에서 영국에 유리한 세력균형, 즉 해군력의 압도적 우위를 차지하게 되었다. 이로써 영국은 지중해에서 공세적인 해군 정책을 추진할 수 있게 되었다. 1841년의 런던해협협정은 1936년 7월 21일 스위스 몽트뢰에서 체결된 협약Convention Regarding the Regime of the Straits으로 대체되어 현재에 이르고 있다. 몽트뢰협정Montreux Convention 은 1841년의 협정과는 다르게 "평시에 흑해국가들의 모든 전함에 해협 통항을 허용"하였다.[180]

1840~1841년 런던회의를 경험하면서 니콜라이 1세는 '오스트리아와 프로이센의 양해'를 기반으로 동방문제를 러시아가 독립적으로 관할—동방문제 해결의 '독립적 경로'—할 수 있었던 러시아의 역량이 유럽회의의 집단적 결정으로 제약되었다는 점을 인정하였다. 러시아는 이제 영국과의 협력을 통해 해결 방안을 모색하는 방향으로 정책을 전환하기 시작하였다. 영국과의 협력 정책에는 두 가지 동기가 자리하고

있었다.

먼저, 프랑스의 고립이다. 1830년 프랑스 7월 혁명 이후 니콜라이 1세는 루이 필리프의 '7월 왕정'을 '반란 세력'에 의해 추대된 정통성 없는 군주정이라는 경멸스러운 태도로 대하였다. 니콜라이 1세가 파리에 대해 유럽협조체제를 뒤흔드는 유럽혁명의 본거지이자 사령부라는 의혹을 품고 있었던 것이 사실이다. 페르시아와 오스만 튀르크 등 근동에서 영-러 간의 대결이 표면화되던 상황에서 프랑스의 영국 견제가 동방문제에 대한 러시아의 독립적 경로 추진에 일조할 것이라는 판단에 따라 일시적으로 러시아는 프랑스와 협력을 모색하였다. 그러나 런던회의 이후 현실적으로 '독립적 경로'를 수정할 수밖에 없게 됨으로써 러시아는 영국과 협력을 통해 프랑스를 고립—혁명파급의 저지를 위해—시키는 정책으로 선회하였다.

다음으로, 경각에 달린 오스만제국의 운명에 대한 공동 대응이다. 니콜라이 1세가 오스만제국에 죽음을 목전에 둔 '병자sick man'[181]라는 정치적 진단을 내리고, 제국의 안락사와 생명 연장 사이에서 갈등하기 시작한 것이 이 무렵인 것으로 추정된다. 러시아 정부가 판단하기에 제국의 운명殞命이라는 최악의 경우에 유럽과 근동 세계가 혼란에 휩싸이지 않도록 '병자'의 마지막 유언장을 러시아와 영국이 공동으로 작성해야 할 필요가 있었다.

유럽의 역사에서 한 시대의 마감, 유럽에서 근대의 부분적 종결로 상징될 수 있는 이러한 역사의 과제를 군사·외교적으로 감당해 낼 수 있는 책임 있는 국가는 영국이었다. 니콜라이 1세는 영국방문을 통해 오스만제국의 운명에 대하여 영국 정부와 빅토리아 여왕에게 허심탄회하게 상의하고자 하였다. 러시아의 황제 니콜라이의 입장은, "'병자'의 운명이 다가오고 있으며 이에 대비해야 한다"는 견해, 생명 연장보다는 '제국의 안락사'였다.

니콜라이 1세의 계획에 최대 장애물은 영국의 여론이 러시아에게 호의적이지 않다는 데 있었다. 틸지트에서 운키아르 스켈레시에 이르는 일련의 조약에 관해 영국 정치가들과 식자층들은 러시아가 오스만제국을 해체하려는 의도가 있는 것으로 불신하고 있었다. 이러한 잠재적 적대감에도 불구하고 니콜라이 1세는 영국과 러시아의 전반적인 이해관계가 결국 양국 간에 상호 양해와 합의에 이르게 할 것이라고 확신하였다. 이에 따라 짜르는 영국 사회의 여론을 진무鎭撫하고 영국 정부의 호의를 획득하기 위하여 오스트리아–프로이센 등과 동맹으로 얻은 동방문제에서의 우세한 지위를 포기하는 데 주저하지 않았다.

1844년 6월 1일부터 9일간 니콜라이 1세의 런던 방문은 빅토리아 여왕을 비롯하여 영국의 정치가와 귀족들에게 그의 진정성을 확인시키고 그들의 선입견을 걷어내는 데 일정 정도 성공한 듯하였다. 때마침 멜버른William Lamb, 2nd Viscount Melbourne(1779~1848) 총리의 내각이 교체되어 '자유주의적 개입주의자'로 평가되는 파머스톤을 대신하여 애버딘Earl of Aberdeen, George Hamilton-Gordon(1784~1860)이 외무장관에 임명된 것도 러시아에게는 좋은 기회였다. 빅토리아 여왕은 애버딘에 대해 "엄격하고 신중한", 그리고 "독단적인 행동조차도 솔직한", 그러면서도 "사태 전반에 대한 이해와 정책 수단은 장악하고 있으나 구체적이고 세부적인 실상에 대해서는 파악하지 못하는" 인물로 평가하였다.[182]

런던방문 동안 니콜라이 1세는 빅토리아 여왕과 내각 구성원들과의 접견에서 동방문제에 관해 솔직한 견해를 밝혔다. 그는 오스만제국이 "조각나고 있고 그 운명의 날이 다가오고" 있다고 확신—러시아 외무장관 네셀로데는 이에 동의하지 않았지만—하면서, 러시아는 오스만제국의 영토에 "추호의 열망도 없으며 여타 열강이 오스만 영토를 탐내는

것 또한 허용하지 않을 것"이라는 점을 분명히 하였다. 니콜라이 황제
는 "지금으로서는 오스만제국의 붕괴 시 무엇을 할 것인가를 결정하
는 것은 불가능하지만, 현상을 유지하는 데 전력할 것이고, 러시아와
오스트리아의 경우처럼 양국 간에 공정하고 견실한 합의에 도달해야"
한다는 것을 강조하였다.

2. 유럽의 혁명과 전쟁: '러시아의 십자가'

1848년 유럽혁명과 '제국들'의 균열: 전쟁의 그림자

니콜라이 1세는 영국과의 협력 강화로 인하여 러시아, 오스트리아, 프
로이센, 삼국 간의 동맹이 손상되는 것을 원치 않았다. 신성동맹 Holy
Alliance/ Grand Alliance (1815) 이후, 보헤미아의 뮌헨그래츠에서 재확인된
러시아-오스트리아-프로이센 간 동맹은 1846~1848년에 재현된 유
럽의 혁명 열기에 의해 시험대에 올랐다. 러시아는 삼국동맹의 외교·
군사적 후견자이자 보호자로서의 역할을 여전히 고수하였다. 주지하
듯이 신성동맹은 나폴레옹전쟁의 결과를 처리하고 '유럽의 새로운 평
화'를 논의한 비엔나회의 Congress of Vienna (1814~1815)가 종결된 직후에
체결된 '유럽의 정통 질서에 관한 세 군주의 합의'이다.

   신성동맹은 프랑스대혁명과 나폴레옹전쟁의 여파로 유럽에서 자
유주의를 비롯한 혁명 사조가 확산·전파되는 것을 억제하고 혁명
과 전쟁 이전의 '정통 질서(구체제 Ancien régime)'를 수호하기 위해 알
렉산드리아 1세가 주도한 삼국 간의 동맹으로서 19세기 유럽의 국제
질서였던 '유럽협조체제 Concert of Europe'의 근간을 이루었다. 크림전
쟁으로 파탄난 신성동맹은 19세기 후반에 독일의 재상 비스마르크
Otto von Bismarck (1815~1898)의 중재로 삼제동맹 League of the Three Emperors/

Dreikaiserbund(1873~1887)'으로 재편되었다.

비엔나회의의 결과로 오스트리아로부터 자유시 자격을 획득한 폴란드 갈리치아의 크라쿠프Krakow가 1846년 2월 독립을 주장하며 봉기를 일으켰을 때, 러시아 군대가 이를 진압하는 데 앞장서 크라쿠프를 오스트리아에 재병합시켰다. 독립운동 세력이 성직자와 귀족들을 학살한 것이 러시아의 군사 개입 결정에 빌미를 제공하기도 하였다. 이 사건을 계기로 무력 개입을 반대한 영국과 묵종黙從으로 일관한 프랑스의 관계가 분열되어 삼국의 동맹(신성동맹)에 맞설 수 있는 두 해군 강국의 협력 가능성은 희박해졌다. 이에 프랑스는 영국과 결별하고 오스트리아에 접근하여 러시아에 대한 공동 견제를 제안하였다.

영-프 간의 앙땅뜨Entente가 파경에 이른 직접적인 이유는 루이 필피프 1세의 아들 몽팡시에Antoine d'Orléans, Duke of Montpensier(1824~1890) 공과 스페인의 이사벨라 여왕과의 혼인 문제라는 유럽에서 민감한 왕위계승 문제와 연관되었다. 왕조 간에 혼인 관계로 복잡하게 얽혀 있는 유럽에서 왕위계승 문제는 국가 차원에서 영토와 영향력 확장의 기회였고, 그 결과로 유럽의 세력균형이 변경될 가능성이 농후한 문제였기 때문이었다. 1846년 6월 러셀John Russell, 1st Earl Russell(1792~1878) 내각이 들어서면서 외무장관으로 복귀한 파머스톤은 친영파였던 프랑스 외무장관 귀조François Guizot(1787~1874)—1848년 2월혁명으로 2년간의 수상직에서 축출됨—와 온건파 애버딘 간의 합의를 파기하였다.

파머스톤은 위트레흐트Utrecht 조약(1713)을 거론하며 스페인과 프랑스 왕실 간의 연합(결혼)이 금지된 것을 지적하였다. 그러나 루이 필리프는 귀조와 애버딘George Hamilton-Gordon, Earl of Aberdeen(1784~1860)의 합의에 따라 몽팡시에를 이사벨라 여왕의 동생인 루이자 왕녀Infanta Luisa Fernanda(1832~1897)와 혼인시키는 방침을 강행하였다. 스페인과의 혼인 문제로 외교적인 지원이 절실하던 루이 필리프는 과거 신성로마제국의 합스부르크 황실 계보를 스페인과 공유한 오스트리아가 크라쿠프를 재병합하는 것을 암묵적으로 동의하는 등, 오스트리아와의 협상을 시도하였다. 이 사건은 영국과 프랑스의 앙땅뜨를 파탄시키는 결과를 초래하였다.

다가오는 유럽의 정치적 지각변동은 삼국동맹의 운명에 직접적인 영향을 미쳤다. 프로이센의 개신교 군주 프리드리히 빌헬름 4세 Friedrich Wilhelm IV (1795~1861)는 유럽 국제질서의 재편 과정에서 프로이센이 게르만 민족을 통합—독일제국의 수립—해야 한다는 어렴풋한 계획을 구상하고 있었다. 게르만의 종가를 자부하던 합스부르크의 오스트리아는 프로이센의 이러한 구상에 호의적일 수 없었으므로, 프리드리히 빌헬름은 오스트리아를 지지하는 러시아보다는 영국으로 향함으로써 미래를 위한 보장을 설계하길 희망하였다.

유럽의 1848년 혁명은 프랑스대혁명의 쌍생아인 자유주의와 민족주의라는 두 시대적 사조가 지지 계층과 정치세력 등, 물리적 토대를 확보하여 유럽의 진행 방향을 주도하려는 과정에서 분출된 사건이다. 혁명의 쌍생아지만 세기를 넘어 상이한 역사적 경로로 진화한 이 두 사조는 19세기 중반 동유럽과 남유럽에서 이념적 효소작용을 하였다.

1846년 유럽에 밀어닥친 경제위기—흉년에 의한 곡물가 상승, 구매력 감퇴로 인한 산업생산력 저하와 실업·재정 위기 등—는 혁명운동의 발효 작용에 적합한 온도와 환경을 제공하였다. 1847년에는 유럽 전역에 걸쳐 위기의 징후들이 만연하였고 이 속에서 자유주의는 민족주의적 요구와 자연스럽게 결합하여 '민족의 자유'라는, '시민의 자유'와 '민족의 독립'이 융합된 단일한 구호가 탄생하였다. 민족과 시민의 권리는 헌법이라는 열망으로 표출되었고, 헌법은 자유주의자와 민족주의자의 숭고한 경전이었다.

1848년 1월 5일 오스트리아가 지배·통치하고 있던 이탈리아 북부의 롬바르디아Lombardia에서 오스트리아에 대항한 납세 거부 운동이 발생하였다. 이 운동은 시칠리아와 나폴리 등지에서 헌법제정 등 본격적인 정치운동으로 발전하면서 2월 22일 프랑스에서 발발한 2월혁명과 상승 작용하여 3월 18일에는 밀라노와 베네치아에서 오스트리아를 축출하고 이탈리아 통일을 주장하는 혁명이 발발하였다.

오스트리아가 혁명군으로부터 롬바르디아를 방어하기 위해 라데츠키Joseph Ladetzky(1766~1858)가 지휘하는 이탈리아 주둔 오스트리아 군대를 동원하기로 결정하였다. 이에 대해 1846년 이후 지속적으로 이탈리아 통일운동의 비밀단체인 까르보나리Carbonari를 지원하던 파머스톤은 메테르니히에게, "만약 오스트리아가 이탈리아 내부 문제에 개입함으로써 전면전을 야기한다면 영국과 오스트리아는 서로 반대편에서 싸우게 될 것"이라고 압박하였다. 파머스톤이 이탈리아의 봉기를 이탈리아의 '내부 문제'로 지칭한 것은 이탈리아 북부의 오스트리아 종주권을 인정하지 않는다는 것으로 해석되었다.

영국을 두려워한 메테르니히는 프랑스와 프로이센을 신뢰하지 않았으므로 롬바르디아 문제를 해결하기 위해 니콜라이 1세에게 지원을 요청하였다. 니콜라이 1세는 군사·재정적으로 오스트리아에 1,200만 실링을 지원하였다. 이와 동시에 니콜라이 1세는 영국 정부에 보낸 서한에서 "이탈리아에서 현재의 정치적 조건과 질서를 유지하기로 결정"한 사실뿐 아니라, "만약 어떤 국가가 오스트리아에 대해 공격을 감행한다면 러시아는 동맹국을 보호하기 위해 전군을 동원"할 것이라는 의지를 피력하여 영국을 압박함으로써 오스트리아를 외교적으로 지원하였다.[183]

프랑스, 오스트리아, 프로이센, 이탈리아 등 유럽 주요 국가들을 포함하여 유럽과 라틴아메리카 50여 국가들에 영향을 끼친 1848년 혁명의 발발로 유럽에서 러시아는 심각한 '세력의 역전'에 직면하게 되었다. 러시아의 유럽정치는 1815년 수립된 비엔나체제의 유지라는 정치적 원칙을 공유한 오스트리아와 프로이센과의 동맹체제(신성동맹)에 기반한 것이다. 그러나 1848년 1월 오스트리아가 지배하는 북부 이탈리아의 롬바디아와 시칠리아 등지에서 일어난 반란으로 동맹인 오스트리아가 곤경에 처하게 되면서 러시아의 유럽정책은 위험한 상황에 직면하기 시작하였다.

2월 24일 파리의 바리케이트전戰이 시작된 지 불과 사흘 만에 루이필리프가 왕위에서 축출되어 공화정이 선포되었고, 3월 12일 비엔나에서 벌어진 혁명 시위로 메테르니히는 사임하고 망명하였다. 프로이센의 빌헬름 4세가 헌법제정 등 혁명 세력의 요구에 양보하였고, 오스트리아 황제 페르디난트 1세Ferdinand I(1793~1875) 또한 혁명 지도부에 굴복하여 헌법제정 요구를 수용한 후에 조카인 프란츠 요제프 1세Franz Joseph I(1830~1916)에게 양위하고 인스부르크로 피신하는 등, 1848년 혁명 초기에 신성동맹은 와해되는 듯하였다.

혁명의 진전과 관련하여 영국과 프랑스 그리고 러시아의 태도는 결정적 중요성을 지니고 있었다. 공화국 프랑스의 신임 외무장관 라마르탱Alphonse de Lamartine(1790~1869)이—'영투조항은 존중'한다는 단서 아래—나폴레옹전쟁 처리를 위한 유럽적 합의의 결과물인 비엔나 조약을 폐기하기로 선언함으로써 신성동맹과 유럽협조체제, '유럽의 현상status quo' 유지는 기로에 서게 되었다. 프랑스 공화정의 혁명정부는 이탈리아 국경으로 군대를 집결시켰다.

파머스톤은 프랑스의 군사적 개입을 통한 이탈리아의 독립에 대해서는 용납하지 않으면서도 오스트리아로부터 이탈리아의 해방은 반대하지 않았다. 동시에 그는 메테르니히 체제의 붕괴를 신성동맹 체제의 약화라는 측면에서 한편으로는 유리하게 판단하였으나, 러시아에 대한 견제라는 측면에서 오스트리아 합스부르크 제국의 해체는 바라지 않았다. 유럽의 총체적인 지각변동을 초래한 1848년 혁명을 저지하는 것은 짜르 니콜라이 1세의 반혁명 의지에 달려 있었다. 파리의 혁명 소식이 전해지던 날 밤, 겨울 궁전에서 개최된 무도회에서 짜르가 외쳤던 선동적인 외침—"말안장에 오르라, 프랑스가 공화국이 되었다"—은 1848년 유럽혁명에 대한 러시아의 부정적 인식과 개입 의지를 단적으로 드러내고 있다.

그럼에도 러시아는 직접적인 군사개입을 자제하고 있었다. 그 이유는 비록 러시아가 유럽혁명의 파도에서 벗어나 있었으나 국내로의 파급 가능성을 배제할 수는 없었고, 프랑스와 영국이 군사행동을 결정하지 않은 상황에서 러시아가 단독으로 군사행동을 개시하기란 쉽지 않았기 때문이다. 특히 프랑스 혁명정부의 결정은 영국과 러시아의 태도에 가장 중요한 요인이 될 것으로, 만약 혁명 프랑스가 유럽의 혁명을 군사적으로 지원하기로 결정한다면 영국과 러시아는 이에 대한 군사적 대응을 심각하게 고민해야 했다. 프랑스 정부가 혁명의 확산을 위한 군사적 지원을 유보하고 있는 상태에서 영국과 러시아는 직접적인 개입을 자제하고 사태의 추이를 관망할 필요가 있었다. 그러나 프랑스의 혁명이 세력권 내에 있던 다뉴브 공국으로 확산하고, 헝가리의 봉기에 직면한 오스트리아가 군사 지원을 요청하자 러시아는 군사개입을 결정하였다.

1848년 6월 루마니아 남부 왈라키아Wallachia와 몰다비아에서 혁명이 발생하여 이 지역의 태수hospodar들이 권좌에서 물러나고 혁명 지도

부가 구성되었다. 몰다비아에서는 미하일 공Михаил Стурдза(1795~1884)
이 혁명을 진압하고 관련자들을 국외로 추방하여 비교적 조기에 국면
이 진정된 반면에, 왈라키아에서는 프랑스 혁명정부와 강한 유대를 지
닌 혁명 지도부가 러시아를 겨냥한 혁명 프로그램을 수립함으로써 러
시아에 개입의 빌미를 제공하였다. 7월에 러시아 군대는 몰다비아에
진주하여 합스부르크 제국 내의 혁명 상황과 왈라키아를 비롯한 다뉴
브 공국들의 사태 진행을 예의주시하였다. 특히 러시아는 헝가리 부다
페스트의 사태 진전에 매우 예민했는데, 헝가리의 봉기가 인접한 러시
아의 속령 폴란드에 미칠 파급력과 이것이 다뉴브 공국과 연계될 가능
성에 우려하지 않을 수 없었다.

9월 헝가리에서 발생한 무장봉기에 반란군 출신 폴란드인 만여 명
이 가세하면서 헝가리 무장봉기의 여파가 러시아령 폴란드와 리투아
니아 등으로 퍼져 러시아 본토에 이를 수 있다는 니콜라이 1세의 우려
가 현실화되는 듯하였다. 러시아 군대는 9월, 오스만 군대와 함께 왈
라키아로 진공하여 혁명 지도부를 와해시키고 다음 해 5월, 양국은 발
타 리만Balta Liman협정을 체결하여 다뉴브 공국들에서 러시아의 우월
적 지위를 확인하였다. 협정에는 7년 임기의 다뉴브 공국의 군주를 선
출할 양국의 권리와 향후 유사 사태의 발생 시 양국의 군사개입 허용
등이 명시되었다.

왈라키아에서 혁명을 진압한 후 러시아 정부는 주둔군과 다뉴브 공
국들에 대한 특권적 지위 등을 활용하여 오스트리아 합스부르크 제국
내의 혁명적 사태에 개입해 들어갔다. 헝가리 독립전쟁에서 오스트리
아 군대가 연패하여 짜르의 우려가 높아가는 상황에서 1849년 4월에
헝가리 의회가 러요시 코슈트Lajos Kossuth(1802~1894)를 수반으로 하는
공화국을 선포하자 5월에 합스부르크의 프란츠 요제프 1세의 요청을

수락하여 니콜라이 1세는 헝가리에 대한 군사개입을 결정하였다.

같은 해 7월에 이반 파스케비치Иван Фёдорович Паскевич(1782~1856) 장군이 지휘하는 10만여 명의 러시아 군이 폴란드의 갈리치아Galicja 지방을 통해 헝가리로 진격하였고, 8월 13일 파스케비치는 빌라고스 Vilagos에서 헝가리 괴르게이 장군Artúr Görgey(1818~1916)의 항복을 받아 들여 빌라고스 강화협정(1849.8.22)을 체결하였다. 빌라고스 협정으로 헝가리 혁명은 막을 내리게 되어 헝가리는 프란츠 요제프의 합스부르 크 제국에 다시 복속되었다.

유럽 정부들에 회람된 서한에서 오스트리아의 황제 프란츠 요제프 는 "러시아가 자신의 희생과 승리를 통해 추구한 유일한 이익은 오스 트리아의 통합 유지였다"고 역설하면서 러시아가 비엔나체제(1815)를 보존하기 위해 한 결정적인 역할에 대해 찬사를 표하였다. 의문의 여 지가 없는 방대한 군사력에 기반한 국가적 위세로 인해 러시아는 '유 럽 대륙의 주재자主宰者'의 지위에 오르게 하였다.

'1848년 독일혁명'으로 수립된 입헌 기관으로서 게르만 민족의 통합을 위한 통일국가 헌법을 기초하려 한 프랑크푸르트 국민의회 Frankfurter Nationalversammlung(1848.5~1949.5)가 1849년 4월 '독일연방 Deutscher Bund(1815~1866)'의 왕관을 프로이센의 왕 프리드리히 빌헬름 4 세에게 제안했을 때, 프로이센 주도의 독일연방 통합을 반대하던 오스 트리아의 견해를 반영하여 니콜라이 1세는 프랑크푸르트 의회의 결정 을 지지하지 않았다.

프리드리히 빌헬름 4세는 '혁명의 썩은 냄새'가 나는 '시궁창에서 건 진 왕관'184을 수락할 수 없다는 핑계로 프랑크푸르트 의회의 제안을 거절함으로써, 결과적으로는 짜르의 견해를 수용한 셈이 되었다. 이듬 해인 1850년에도 프리드리히 빌헬름 4세는 슐레스비히Schleswig와 홀스타인 공국들을 덴마크 왕국으로부터 분리하려는 시도를 짜르의 압력으로 포기하여야 했고, 이들 공국은 짜르의 지원 아래 1852년 런던 조약(5월 8일)에 의해 지위가 보장되었다.

'1848년 유럽혁명'의 과정에서 주목할 만한 사실은 강대국 간에 혁명으로 인한 군사적 충돌이 발생하지 않았다는 점과 혁명에의 대응 과정에서 러시아의 영향력이 다시 한번 확인되었다는 점이다. 이 두 가지 사실은 상호 연관성이 깊은 것으로, 프랑스는 유럽 '혁명의 사령부'로 인식되었음에도 국내적 불확실성으로 인해 혁명의 확산에 몰입할 수 없었다.

2월혁명 공화정에 대통령으로 취임한, 나폴레옹의 조카 샤를 루이 보나파르트Charles Louis Napoléon Bonaparte(1808~1873)(나폴레옹 3세)는 자신의 삼촌에 비해 견고한 통치 기반이 결여되었고, 혁명이념 전파의 신념 또한 희박하였다. 뉴욕에서 발행되던 『혁명*Die revolution*』에 게재된 글 「루이 나폴레옹 브뤼메르 18일*Der 18te Brumaire des Louis Napoleon*(1852)」의 도입부에서 마르크스Karl Marx(1818~1883)가 냉소적으로 밝혔듯이, 삼촌인 나폴레옹을 모방하여 황제에 오른 샤를 루이 보나파르트는 반복된 '역사의 희극'이었다. 명색이 '혁명의 아들'이었던 루이 보나파르트는, 나폴레옹전쟁의 파산을 최종적으로 확인하는 판결이자 프랑스에 대한 유럽의 족쇄를 의미하는 1815년의 '비엔나조약체제'를 폐기하고 싶었으나 그에겐 함께할 국내외의 동맹도, 그리고 이를 관철할 수 있는 정치적 자질도 부재하였다.

불투명했던 그의 삶이 보여주듯이 루이 보나파르트는 신념에 찬 혁명 지도자나 카리스마를 지닌 공화국의 국부라기보다는 공화혁명에 편승한 기회주의적 선동가에 가까웠다. 리더십이 불안정한 조건 하에서, 샤를 루이 나폴레옹의 여러 시도에도 불구하고, 프랑스가 적극적인 대외 군사개입을 성사시키기란 쉽지 않았다. 혁명에 동조적이었고 '구체제(앙시앵 레짐 Ancien Régime)'에 대해 추호의 정치적 연민도 갖지 않은 파머스톤조차 유럽대륙 문제에 개입을 꺼리게 되면서 니콜라이 1세는 유럽 문제에 상대적인 자율성을 누리게 되었다.

독일연방의 통일 주도권을 둘러싼 프로이센과 오스트리아의 무력 시위에서 오스트리아가 완승한 '올뮈츠의 굴욕 humiliation of Olmütz (1850)' 은 니콜라이가 군사개입 가능성을 암시하여 프로이센으로 하여금 백기 항복을 하게 함으로써 러시아의 위세를 드러낸 상징적인 사례였다. 당분간 독일의 제후나 군주들은 니콜라이의 가신그룹을 형성하게 되었다. 중부유럽은 그의 확고한 영향 아래 있었고, 유럽혁명의 불길 또한 그의 위세에 잦아들게 되었다. 러시아는 1815년의 우위, 스스로 자부하던 '유럽의 수호자'의 지위를 다시 회복한 듯하였다.

19세기 중엽 러시아는 안정되고 강력한 위치에 있었다. 1850년 11월의 한 보고서에서 러시아 외무장관 네셀로데는 25년에 걸친 니콜라이 1세의 통치 성과를 요약하면서, 1814년 나폴레옹전쟁을 승리로 이끈 이래로 유럽에서 "러시아와 그 통치자의 지위가 더 호감스럽거나 더 고귀하게 된 것은 아니었으나", 짜르의 역할이 '군주정 이념의 방어자'이자 '유럽의 세력균형의 수호자'였다는 점을 강조하였다. 오스만 제국과의 관계에서도, 과거 여러 차례에 걸친 정복 전쟁으로 인해 조성된 러시아에 대한 비우호적인 정서에도 불구하고 지속적인 러시아의 근접 외교와 원조로 양국 관계는 매우 긴밀하게 재조정되었다.

네셀로데의 보고서에서, 향상된 러시아와 튀르크 관계가 러시아의 상업적이고 정치적인 이익을 달성하는 데 유리한 토대를 제공하였다고 평가되었다. 네셀로데는 "이전에 튀르크의 천적으로 간주되 오던 국가(러시아)가 그의 가장 강력하고 신뢰할 만한 동맹이 되었다는 것,

지난 6년 동안 두 차례에 걸친 속국의 반란으로 제국이 거의 붕괴의 지경에 이르렀을 때 두 번 모두 짜르의 단호한 개입으로 튀르크가 구원되었다는 것"을 지적하면서, 그럼에도 러시아는 튀르크로부터 특별한 영토적 대가를 얻으려 하지 않았다는 점을 강조하였다. 외무장관 네셀로데의 보고서에서 주목할 만한 것은 영국과 우호적인 관계를 강조하고 있는 데 반해, 프랑스와의 협력은 무익하다고 역설한 점이다. 네셀로데는 프랑스를 "러시아의 이익에 적대적이고 체제 수호적인 정부에 치명적인" 것으로 규정하였다.

니콜라이 1세는 영국과 긴밀한 관계를 유지하는 데 현저한 노력을 기울이고 있었다. 그는 동방문제의 협조를 위해 합스부르크 제국과 맺은 뮌헨그래츠 협정과 유사한 합의, 즉 또 다른 동방의 위기가 발생할 경우에 공동으로 대응한다는 합의를 영국에 기대하였다. 더 나아가 러시아의 짜르는 오스만제국이 와해에 직면하게 될 경우에 제국 영토의 처리에 관해 사전에 상호 이해를 구한다는 구체적인 합의를 영국과 도출하기를 원하였다. 동방문제에 있어서 영국과의 이러한 합의는 프랑스를 고립시키는 것을 의도한 것이었다.

프랑스 제2공화국의 대통령 루이 보나파르트는 상원에 보낸 메시지에서 "프랑스는 1815년 유럽이 파괴한 것을 재건하고 과거에 대해 평화로운 복수 중"이라고 강조하면서 '현상 변경'에 대한 강한 의지를 표명하였다. 1852년 12월 그는 자신의 삼촌(나폴레옹 황제)의 전례를 좇아 황제(나폴레옹 3세)에 등극하였다. 니콜라이 1세는 '국민투표에 의한 제국'을 경멸하였고 오스트리아와 프로이센으로 하여금 승인을 거부하도록 압박하였다. 이렇듯 나폴레옹 3세의 프랑스는 니콜라이 1세의 러시아와 태생적인 적대관계에 놓이게 되었다.[185]

이 무렵, 말년의 니콜라이 1세는 오스만제국의 해체가 임박해 왔다는 강박관념에 사로잡힌 듯했는데, 제국의 해체라는 동방문제의 파국적 결말에 관해 영국과 공동의 이해와 해결을 도출하려 시도하였다. 오스만제국의 영토보전을 위한 러시아의 여러 시도에도 불구하고 발칸 기독교도의 민족주의 운동뿐 아니라 이집트 등에서 무슬림 민족주의의 분리주의 경향이 심화하였다. 제국 해체의 위험이 점증함에 따라 러시아 정부는 오스트리아, 특히 영국과 '제국의 미래'에 관한 합의를 모색하였다.

1844년 9월에 이미 니콜라이 1세는 상트페테르부르크 주재 오스트리아 대사 피켈몬트Karl Ludwig von Ficquelmont (1777~1857)에게, 오스만제국이 해체될 경우 "오스트리아는 콘스탄티노플과 다뉴브 너머의 발칸 전 지역을 취할 수 있고, 러시아는 다뉴브강을 넘어가지 않을 것, 그리고 영국은 이집트를 병합하고, 그리스 섬들을 프랑스와 분할 할 수 있을 것"이라고 언급한 바 있다. 이러한 발언과 관련하여 니콜라이 1세의 의중은 러시아가 오스만제국에 배타적인 영토 야욕이 없다는 것, 그리고 영국과 오스트리아 등 오스만제국에 대한 이해 상관 국가들의 이해관계를 존중한다는 데 있었다.

오스만제국의 운명과 그 대책에 관한 니콜라이 1세의 언명은 유럽, 특히 영국의 불신의 핵심이었던 예카테리나 여제의 이른바 '그리스 기획'—러시아 주도의 '비잔틴 제국의 부활'—이 실체가 없음을 반증하는 것이다. 러시아는 스스로뿐 아니라 영국과 프랑스가 콘스탄티노플을 장악하는 것을 허용하지 않았으며, 다수의 독립 국가의 수립, 열강의 세력권으로의 분할, 직접적인 영토 병합 등 다양한 대안을 모색하고 있었다.

오스만제국의 해체와 관련하여 가장 중요한 마지막 발언은 1853년 1월~2월 사이 네셀로데의 참석 하에 영국대사 시모어George Hamilton

Seymour(1797~1880)와 가진 니콜라이 1세의 비공개 대화에서이다. 니콜라이 1세는 "비잔틴 제국의 부활은 없을 것이고 영국이 이집트와 크레타를 병합하는 것에는 동의하며, 유럽의 혁명가들에게 도피처를 마련해줄 발칸을 소국으로 분리 독립하는 것은 허용하지 않을 것, 세르비아와 불가리아에 다뉴브 공국과 유사한 지위를 부여할 것" 등에 대해 언급하였고, 오스트리아 또한 러시아와 동일한 견해임을 강조하였다.[186] 더 나아가 니콜라이 1세가 "영국과 러시아가 합의에 이른다면 다른 국가들이 어떻게 생각하는지는 상관없다"라는 말로 영국에 기대하는 합의의 중요성을 강조하였다. 그럼에도 영국의 애버딘 총리 George Hamilton-Gordon(1784~1860)와 러셀John Russell 외무장관은 이러한 제안에 어떠한 명백한 반대나 동의를 표명하지는 않았다.

시모어 대사나 러셀 외무장관이 니콜라이 1세의 발언을 액면 그대로 받아들이지 않은 것은 분명하다. 오히려 이러한 발언으로 "짜르가 오스만제국을 향해 또 다른 어떤 호전적인 조치를 강구하고 있는 것은 아닌지"하는 의혹이 증폭되었을 가능성이 있다. 러셀이 시모어에게 보낸 비밀 서한(1853.2.9)에서 밝힌 영국 정부의 입장은, "오스만제국의 해체는 20년이나 50년, 멀게는 100년 내에 올 수는 있지만 제국이 긴급한 해체 위기에 처해 있다고 보지 않으며, 이에 대한 어떠한 양해도 오스트리아나 프랑스를 포함해야 한다"는 것이었다.

그러나 서한에서 주목할 만한 점은, "영국은 러시아와 우선적인 상의 없이 오스만제국의 운명과 관련한 어떠한 협정도 체결하지 않을 것"이라는 의도를 분명히 밝힌 것 그리고 오스만에 대한 '러시아의 예외적인 보호'라는 러시아의 지위를 인정한 것 등이다. 이러한 애버딘 정부의 모호한 태도는 니콜라이 1세로 하여금 러시아의 제안을 영국이 거부하지 않은 것으로 간주하는 오류를 범하게 하여 크림전쟁 발발의 한 계기로 작용하였다.

러시아는 영국으로부터 확실한 동의를 받아낸 것은 아니었지만, 젤라비치Barbara Jrlavich의 주장대로, 동방의 위기가 발생할 경우에 영국이 신성동맹과 상의를 할 것이고 프랑스는 고립될 것이라고 확신하면서 '1853년의 동방 위기', 크림전쟁의 소용돌이 속으로 끌려 들어갔다. 러시아의 이러한 환상은 런던 주재 러시아 대사 브룬노프의 낙관적인 보고서에 기인한 바 크다. 브룬노프는 애버딘 내각에 대한 분석 보고서에서 만일 전쟁이 발발한다면 프랑스와 오스만 튀르크만이 러시아에 대항할 것이고, 러시아는 영국, 오스트리아, 프로이센으로부터 적극적이거나 소극적인 지원을 받을 것으로 예측하였다.

러시아와 프랑스의 관계는 앞서 언급한 대로, 1848년 2월 공화혁명으로 루이 보나파르트가 집권하고 1851년 친위쿠데타를 주도하여 황제에 등극하면서 더욱 악화되었다. 샤를 루이 보나파르트의 황제 즉위(1852)가 나폴레옹 가문의 프랑스 왕위 계승을 금지한 1814년의 비엔나 조약을 위반한 것이었으므로, 니콜라이 1세는 루이 보나파르트의 황제 즉위에 대한 유럽의 개입을 조직하려 하였으나 무위로 끝났다. 특히, 나폴레옹이라는 단어는 러시아인들에게 프랑스의 제국적 침탈과 전면전을 연상시키는 악마의 주문과도 같았다.[187]

크림전쟁의 서막: 예루살렘의 '성소 관할권'

동방문제를 둘러싼 러시아와 서구열강 간 구조적 갈등에 불씨를 제공한 것은 '예루살렘의 성소聖所 관할권 분쟁'이었다. 이 '성소 관할권 분쟁'을 발단으로 하여 러시아-오스만 간에 발생한 크림전쟁에서 영국과 프랑스가 러시아에 선전포고함으로써 러시아의 악몽은 현실이 되었다. 로스토프스키A. Lobanov Rostovsky가 지적하듯이, 성소(성지) 관할권 분쟁은 크림전쟁의 직접적인 원인이었으나 "러시아에 대한 영국과 프랑스의 적대감에 비하여 부차적이고 사소한 위치를 차지할 뿐"이었다.

1850년경 예루살렘은 거주민이 12,000~15,000명 정도의 소도시로 지정학적으로나 지경학적 측면에서 그리 중요한 도시는 아니었다. 그러나 예루살렘은 문명적으로 이슬람과 유대교의 성지이자 기독교 세계의 수도와도 같은 곳으로, 평화 시에는 이른바 '아브라함 종교'들의 화합이라는 문명적 융합의 상징이 될 수도 있지만 분쟁 시에는 문명충돌의 표본이 될 수 있는 곳이었다. 십자군전쟁 초기에 로마교황과 기독교 군주들은 군사·상업적으로 별다른 의미가 없는 예루살렘 점령을 기독교 신앙의 승리이자 권세의 상징으로 합리화하였다.

당시 매년 12,000여 명의 순례자들의 압도적 다수가 정교도—가톨릭교도는 수백 명에 불과—였고 그중에서도 러시아와 슬라브계 순례자들이 대부분이었던 점을 고려하면 '기독교(정교도)의 보호자'를 자처하던 러시아의 짜르가 성소 관할권에 민감했던 점은 이해할 만한 것이다. 운키아르 스켈레시 조약(1833) 이후로 19세기 전반기 내내 러시아가 발칸의 분쟁에 개입하거나 연루된 명분과 이유가 '기독교의 보호자'로서의 국제법적 권리와 의무였다는 점을 상기할 필요가 있다.

베들레헴의 '예수탄생교회 Church of the Nativity'의 열쇠 관할권과 예루살렘의 '성묘교회 Church of the Holy Sepulchre'의 지붕 수리 권한 등을 둘러싼 예루살렘 주재 가톨릭과 정교회 사제들 간의 성소 관할권 분쟁은 일면 사소한 측면이 있었으나 오스만 튀르크와 프랑스, 그리고 러시아에 있어서 삼국 간 외교사의 요약본과도 같았다. 중세 전반에 아랍과 페르시아 세력으로부터 예루살렘을 방어하는 수호자 역할을 담당한 비잔틴 제국처럼, 이후 예루살렘을 장악한 이슬람 제국 또한 예루살렘의 보호자로서 예루살렘의 기독교 성소의 관할권을 정교도에게 부여하였다.

1099년 제1차 십자군이 예루살렘에 입성하여 예루살렘의 성소 관할권이 로마 가톨릭으로 넘어가 가톨릭 성직자가 예루살렘에 거주하게 되면서 가톨릭과 정교 간에 공존과 갈등이 시작되었다. 1187년 살라딘이 예루살렘을 탈환한 후로 기독교 성소 관할권은 다시 정교도에게 반환되었다가, 16세기 오스만제국의 술탄 슐레이만 대제Suleiman the Magnificent와 프랑스의 프랑수아 1세 간 동맹 체결의 결과, 슐레이만이 프랑스에 근동 지역에서 가톨릭의 보호자 지위를 부여함에 따라 정교도와 가톨릭교도 사이에 예루살렘 성소 관할권의 분쟁 소지가 마련되었다.

성소 관할권에 연관된 술탄의 칙령이 정교도와 가톨릭교도의 관할권에 세부적인 구분을 해놓지 않아 관할권의 경계는 불분명하였다. 관례적으로 공동 관할하는 성소의 경우 전례 방식을 가톨릭 교리대로 할 것인지 정교회 예규로 할 것인지에 논란과 갈등이 상존하였다. 1808년 화재로 소실된 '구세주 교회Church of the Saviour'의 재건축 권한을 오스만 술탄이 정교회 사제들에게 허용한 것을 문제 삼아 이스탄불 주재 프랑스 대사가 강력하게 항의한 사건은 성소 관할권이 외교 문제로 비화한 대표적인 일례였다.

대대로 러시아의 황제들은 정교회의 수호자를 자처하였고, 한때 가톨릭의 종주국을 자부한 프랑스의 군주들도 그러하였다. 니콜라이 1세의 러시아와 명목상이나마 가톨릭의 보호자였던 루이 나폴레옹—가톨릭의 정치적 지지가 필요했던—의 프랑스가 기독교의 상징인 예루살렘에서 충돌한 것은 어쩌면 당연하였다. 성소 관할권 분쟁은 로마 가톨릭과 동방 정교회 사제들 간의 주도권 다툼을 넘어서 러시아와 프랑스

의 외교 분쟁으로 확대되었고, 나아가 러시아와 튀르크 간에 전면전으로 비화하였다.[188]

1851년 9월 니콜라이 1세가 현상을 유지하고 프랑스의 요구를 거절할 것을 요구하는 서한을 오스만 술탄 압둘 메지드Abdul Medjid에 보냈다. 이에 답하여 술탄은 칙령(1852년 1월)을 통해 정교회의 권리 요구를 인정하여 베들레헴 예수탄생교회의 열쇠를 관리하는 가톨릭의 권한을 보류하였다. 그러나 이 칙령은 공식적으로 선포되지 않았던 반면, 1852년 12월 술탄은 베들레헴 성소의 열쇠를 프랑스에 허용하는 또 다른 칙령을 발표하였다.

성소 관할권이 프랑스로 기운 배경에는 프랑스 대사를 역임한 친프랑스 유력자 레시드 파샤Mustafa Reshid Pasha(1800~1858)가 재상grand vizier에 복귀한 것과 프랑스 2월혁명(1848)에 영향을 받은 자유주의 개혁 성향의 '친프랑스 신정치 세대'가 등장한 사실 등이 작용하였다. 오스만제국의 걸출한 정치가이자 개혁가였던 레시드 파샤와 그가 추진하던 탄지마트Tanzimat—1939년 시작된 오스만제국의 근대화 개혁—를 추종하는 친프랑스 신진 정치세력은 러시아에 적대감을 지니고 있었다.

니콜라이 1세는 레시드 파샤의 재상 복귀와 푸아드 파샤Mehmed Fuad Pasha(1814~1869)의 외무장관 임명이 친프랑스 세력의 오스만 내각 장악이자 러시아에 대한 프랑스 영향력의 승리라고 판단하여 비상수단을 강구하였다. 니콜라이 1세는 나폴레옹 3세의 프랑스가 새로운 정치세대가 장악한 콘스탄티노플에서 우월한 지위를 차지하려 한다는 의구심을 지니고 있었다. 탄지마트 개혁으로 주요 관직을 장악한 튀르크의 신진 세대와 오스만 정부가 프랑스와 밀접한 연계를 활용하여 러시아를 견제하려 한다는 의심이었다.

나폴레옹 3세는 프랑스의 영광을 재현하기 위해 신성동맹과 비엔나

체제를 무력화할 필요가 있었는데 신성동맹의 약한 고리는 동방문제였다. 동방문제로 인해 비엔나와 상트페테르부르크 간에 균열이 발생하면 프랑스는 오스트리아, 영국과 함께 러시아에 대항하는 동맹을 형성할 기회로 활용할 수 있을 것이다. 이러한 프랑스의 의도를 간파한 러시아는 나폴레옹 1세의 유럽 지배 전략이 지속되고 있음을 폭로하려 하였다.

러시아 외무장관 네셀로데는 루이 보나파르트가 그의 삼촌 나폴레옹 1세처럼 오스만제국을 해체하려는 의도를 지니고 있다는 사실을 유럽 열강에 설득하려 하였다. 그가 판단하기에 오스만제국이 해체되면 프랑스가 제국 전체의 유산을 확보할 능력은 없을지라도 모로코, 튀니지, 이집트, 시리아 등, 북아프리카와 근동 일부 지역을 획득하려 할 것이고, 더 나아가 벨기에, 라인란트Rheinland 등 유럽 지역에서 보상을 요구할 수도 있을 것이라 우려하였다. 열거한 전략 대상들은 나폴레옹 1세 이래로 프랑스가 지정학적으로 주목하는 근동과 유럽의 나라들이었다.

러시아 정부는 친프랑스 성향의 오스만 정부가 프랑스의 압력에 자의반 타의반 굴복하리라 예상했으므로, 프랑스가 튀르크에서 행동한 방식을 따라서 멘쉬코프를 오스만 특사로 파견하였다. 이러한 결정 과정에서 러시아 정부가 영국과 오스트리아 합스부르크에 구체적인 협의나 통보를 하지 않은 사실에 유의할 필요가 있다. 아마 니콜라이 1세는 오스트리아-프로이센과의 뮌헨그래츠협정, 유럽 열강의 런던회의, 런던 방문 등, 기존의 외교적 성과로 미루어 영국과 오스트리아가 러시아의 행동을 지지해 줄 것으로 확신하고 있었을 것이다.

예를 들어, 1853년 2월 합스부르크의 요제프 프란츠 황제에게 보낸 서한에서 니콜라이 1세가 "오스만 튀르크의 몬테네그로 공격을 저지하려는 오스트리아 합스부르크의 노력을 지지하며, 만일 오스만이 합스부르크에 전쟁을 선포하면 곧 러시아에 선전포고하는 것과 동일하다"는 입장을 요제프 프란츠에 확인해 준 것은 이스탄불에서 러시아가 프랑스와 갈등할 경우에 오스트리아가 러시아를 지지해 줄 것을 재확인하는 의미로 해석할 수 있었다. 니콜라이 1세는 오스트리아 황제가 이러한 정치적 함의를 이해하고 수용할 것으로 확신했을 것이다.[189]

니콜라이 1세의 특명전권을 받은 해군장관 멘쉬코프Александр Сергеевич Меншиков(1787~1869) 제독은 1853년 2월28일 이스탄불 주재 프랑스 대사 라발레트 후작Charles, marquis de La Valette(1806~1881)가 그랬던 것처럼 전함에 승선하여 제5군단 참모장이자 해군 부제독인 코르닐로프 장군을 대동하고 이스탄불에 장대하게 도착하였다. 도착에서부터 이후 교섭 과정에 이르기까지 멘쉬코프가 이스탄불에서 보여준 행동에는 당시 러시아 정부의 불만과 단호함이 그대로 표출되었다.

멘쉬코프 특사단 일행이 도착하였을 때 이미 선착장은 러시아와 그리스인들로 이루어진 환영인파로 붐비고 있었다. 멘쉬코프 일행을 따르는 정교도들과 성직자들의 행렬로 러시아 대사관으로 통하는 길은 북새통을 이루었다. 3월 2일 술탄에게 올리는 신임장을 제출하러 정부를 방문한 멘쉬코프는 고의로 의전상의 결례를 범하였다. 의전에 맞는 정식 예복이 아닌 평상복차림으로 방문하여 친프랑스 개혁 성향인 당시 오스만의 내각을 존중하지 않는다는 메시지를 분명히 하였디.

외교 프로토콜과 관련하여 멘쉬코프가 범한 결례 중 대표적인 사례는 외무장관을 고의로 우회했다는 것이다. 재상 레시드 파샤를 접견한 후에 멘쉬코프는 외무장관 푸아드 파샤가 외교 담당관들과 함께 멘쉬코프를 영접하기 위해 대기하고 있던 재상실 옆 집무실을 보란 듯이 지나쳐 나가버렸다. 이러한 멘쉬코프의 계산된 모욕은 친프랑스, 반러시아파로 분류되던 푸아드 파샤를 해임하라는 압력으로 작용하여 결국 술탄은 푸아드 파샤를 해임하고 러시아에 좀 더 온건한 리파트 파샤Rifaat Pasha/Sâdık Rıfat Paşa(1807~1857)로 교체하였다.

러시아의 압력에 위협을 느낀 술탄은 외무장관 경질 직후, 프랑스와 영국에게 러시아의 위협에 대항한 군사적 지원을 요청하였다. 공교롭게도 영국 대사와 프랑스 대사가 동시에 이스탄불을 비우고 있던 관계로 영국 대리대사 로즈 대령이 초계정을 몰타의 영국 해군기지로 파견하여 영국의 지중해 함대를 스미르나만으로 발진시킬 필요가 있음을 본국에 보고하였다.

프랑스 대리대사는 멘쉬코프 행보의 결과와 의미를 긴급히 계산해 볼 필요성이 있음을 외무장관 드루인 드루이스Edouard Drouyn de Lhuys (1805~1881)에게 보고하였다. 영국 정부와 프랑스 정부의 반응은 서로 선명하게 대비되었다. 영국 정부는 지중해 몰타Malta기지에 정박해 있을 것을 함대에 지시함으로써 로즈의 개입요청을 묵살한 반면에, 프랑스 정부는 그리스의 살라미스만Salamis bay으로 발진한 후 새로 부임한 이스탄불 주재 프랑스 대사 드라꾸르Edmond de Lacour(1853 재임)의 지시를 기다리며 현지에서 긴급 대기하라는 명령을 함대에 내렸다.

프랑스의 기민한 대응은 황제 루이 나폴레옹이 오스만 튀르크에서 영향력 확보를 집요하게 추구하고 있다는 사실과 향후 프랑스의 제국주의 정책의 일단을 암시해 주었다. 영국 정부는 나폴리에 있는 프랑스 함대의 기동을 자제하도록 루이 나폴레옹에게 요청하였다. 이러한 움직임들은 이스탄불에서 멘쉬코프 특사단의 행동이 야기한 패닉에 가까운 정황을 잘 묘사하고 있다. 멘쉬코프가 본국의 지시 사항을 오스만 정부에 관철하려 하는 과정에서 튀르크의 외교정책은 실질적으로 영국과 프랑스 대사들의 수중으로 넘어갔다.

멘쉬코프 특사단은 본국 정부로부터 3가지 지침을 부여받았다. 먼저, 외무장관 푸아드 에펜디Fuad Effendi(푸아드 파샤)의 해임, 그리고 예수탄생교회Church of the Nativity의 열쇠 관리권과 성묘교회Church of the Holy Sepulchre의 지붕 수리권을 온전히 정교회에 부여할 것, 다음으로, '1월 칙령(1852)'에 위반되는 '가톨릭에 부여한 양허'의 철회, 끝으로, 더 이상 유사한 분쟁이 발생하지 않도록 향후 정교회의 권리를 특별한 조약(Sened) 형태로 보장할 것 등이었다.

특사단장 멘쉬코프는 협상의 재량권과 7개 항의 협정 초안을 니콜라이 1세로부터 부여받았다. 만약 술탄이 루이 나폴레옹에 대한 두려움으로 인해 니콜라이 1세의 제안을 수용하지 못할 경우를 대비하여 튀르크에 한시적인 방어동맹을 제안하기로 하였다. 프랑스와 긴급사태 발생 시 러시아가 담당할 군사적 지원의 대가는 위의 세 가지 요구사항을 오스만 정부가 준수하는 것이었으며 여타의 추가 요구조건은 없었다. 5월 4일에서 16일 사이에 멘쉬코프는 신임 외무장관 리파트 파샤와 면담에서 멘쉬코프가 제출한 러시아 정부의 요구 중 첫 번째와 두 번째 안을 오스만 정부가 수용할 것으로 확인하였다. 세 번째 요구사항은 영국대사 캐닝Stratford Canning(1786~1880)의 자문에 따라 리파트 파샤가 거절하였다. 최종적으로 오스만 정부는 러시아와 특별한 협정인 '세네드Sened(Charter)' 형태로 향후 정교회의 권리를 보장하는 방식은 영국과 프랑스 대사의 자문에 따라 수용하지 않기로 결정하였다.

멘쉬코프는 5일의 최후통첩 기한을 설정하여 여타의 종파들에 부여된 새로운 특권들의 범위 내에서 "정교회가 가톨릭교회 등 여타 종파들이 향유하는 것과 동일한 권한을 지닐 수 있도록 보장해 줄 것"을 요구하였다. 또한 그는 "정교회의 재산과 지위에 영향을 미치고 있는 현재의 '현상'status quo은 칙령에 따라 '유지'되어야 하며, 러시아 정교회와 순례자들을 위한 편의시설을 예루살렘에 건립할 수 있는 권한도 부여해 줄 것"을 요구하였다.

그러나 이러한 요구를 문서의 형태로 온전히 수용하지 않을 경우에 외교관계가 단절될 수 있을 것이라는 멘쉬코프의 위협에도 불구하고 술탄과 포르테는 이를 거부하고 일부만 수용할 의사를 밝혔다. 이에 멘쉬코프는 튀르크 정부의 완고함의 배후에 영국대사 캐닝이 있다는 사실을 비판하면서 5월 21일 상무관商務官 한 명만을 남기고 대사관원들을 모두 대동하여 콘스탄티노플을 떠났다.[190]

멘쉬코프의 외교 임무는 아드리아노플 조약 이래로 러시아 정부가 실행한 '근동에서의 현상유지와 오스만제국의 영토적 통합성 유지'라는 동방문제에 대한 러시아의 접근 원칙을 고수하고 콘스탄티노플에서 러시아 영향력의 우세를 유지하는 것이었다. 그러나 멘쉬코프의 외교는 예기치 못한 적수를 만났다. 영국대사 캐닝은 멘쉬코프의 외교를 오스만제국의 영토적 통합성과 정치적 자율성에 대한 위협으로 판단하여 술탄과 포르테로 하여금 멘쉬코프의 요구안을 거부하도록 영향력을 행사하였다.

팔레스타인에서 종교적 권리분쟁으로 시작된 러시아와 프랑스 간의 갈등은 오스만제국에서 정교회의 권리 문제를 둘러싼 러시아와 영국의 갈등으로 비화하였다. 오스만제국에 있는 정교도들의 '보호권' 문제는 러시아에게는 종교적 신념의 문제인 동시에 발칸에 대한 러시아의 세력권 문제로서 동방문제의 기본 원칙이자 전략적 출발점이었다. 발칸 정교도 보호권 문제는—조약 해석에 논란의 여지는 있으나— 퀴취크(쿠추크) 카이나르지 조약Treaty of Küçük Kaynarca(1774) 이래로 발칸 정교도 보호(와 러시아의 수위권) 문제가 러시아와 오스만 간에 핵심사안이었던 것은 분명한 사실이었다. 조약은 러시아아인이 베들레헴을 비롯한 기독교 성지로 여행할 수 있는 권한과 러시아와 튀르크 상선의 자유로운 통항, 그리고 러시아인들의 자유로운 상업활동 등을 명시하였다.

퀴취크 카이나르지 조약은 오스만제국에 굴욕적인 것이긴 하였으나 양국 관계의 새로운 분기점이자 동유럽 발칸 역사에서 하나의 전환점이라는 점에 그 의미를 둘 수 있을 것이다. 1683~1699년 신성연맹과의 전쟁(대大튀르크 전쟁 Großer Türkenkrieg)에서 실패하여 체결한 카를로비츠 조약Treaty of Karlowitz이 오스만 튀르크의 역사에서 '제국의 성장'을 종결한 분수령이었다면, 퀴취크 카이나르지 조약은 오스만제국이 정점을 지나 쇠퇴의 길로 들어섰음을 확인해 준 조약, 제국 쇠퇴의 시작을 알리는 조약이었다. 카를로비츠 조약으로 합스부르크의 신성로마제국은 헝가리와 크로아티아 등 동유럽 발칸 방면으로 당시로서는 최대의 영토 확장을 달성하였다. 퀴취크 카이나르지 조약이 이전의 조약들을 무효로 하고 '영원한 친선'을 약정함으로써 오스만 튀르크와 러시아는 국제 관계에서 새로운 단계로 진입하였다.[191]

영국이 러시아의 입장을 지지할 것이라는 주영대사 브룬노프Филипп Иванович Бруннов (1797~1875)의 지나친 낙관주의적 보고서와는 다르게, 영국 정부는 이스탄불에서 러시아에 대한 적대 정책으로 빠르게 이동하고 있었다. 이러한 영-러 갈등은 영국과 프랑스 간에 유럽의 문제와 동방문제에 있어서 여러 가지 불일치가 존재했음에도 불구하고, 영국과 프랑스의 결속을 촉진시켰다. 이에 따라 혁명 프랑스를 고립시키려던 러시아의 정책은 위기에 처하게 되어 유럽에서 러시아의 전반적인 전략적 이익은 수세에 놓이게 되었다.

영-러 간 갈등의 초점은 19세기 전반부 내내 동방문제에 있어서 러시아와 영국, 프랑스, 오스트리아 등 유럽 열강 사이에 논란이 되어오던 퀴취크-카이나르지 조약의 제7항, 즉 '오스만제국의 기독교도에 대한 보호 약속' 문제였다. 또한 16항과 17항에서 보장한 '기독교 신앙의 자유'도 이에 부가된 조항으로 해석되었다. 러시아 정부는 퀴취크-카이나르지 조약과 그 이후 일련의 조약과 협정들을 통해 오스만제국의 기독교들, 특히 발칸 지역의 정교도에 대하여 러시아의 대표성을 획득한 것으로 확신하였다.

이러한 사실은, 영국의 빅토리아 여왕에게 보낸 니콜라이 1세의 서한(1853년 12월 15)에서 '(퀴취크-카이나르지) 조약이 오스만제국의 기독교도들(정교도)을 위해 오스만 당국이 보호 의무를 이행하는 것에 관해 감시할 권리를 러시아에 부여해 온 것은 명백하다'라고 강조되고 있는 데서 확인된다. 니콜라이 1세에게 조약의 권리 문제는 극히 중요한 것으로, 전통적 국제법 학파를 지지하는 전제군주로서 그는 유럽의 조약 체계, 조약의 정신, 그리고 조약의 완수에 관한 확고한 신봉자였다. 그는 조약 관계를 옹호하는 행위에서 자신과 러시아의 명예를 발견하였고 이러한 행위가 러시아의 안전과 특권을 보장해 주는 것으로 확신하고 있었다.

퀴취크 카이나르지 조약의 7항에 대한 니콜라이 1세의 이러한 입장은 멘쉬코프가 포르테에 제시한 세 차례의 초안에서 주요 골자를 이루고 있었다. 이 초안의 목적은 이러한 러시아의 권리를 문서 형태로 재확인하는 의미였으므로 이를 통해 오스만제국의 국제법적 지위가 변동되지는 않을 것이었다. 그러나 오스만 술탄은 멘쉬코프의 초안에 대하여, "오스만제국 신민들의 종교적 권리를 전적으로 보장할 수는 있으나 특정 국가와 이에 관한 협정을 체결하는 것은 주권국가로서의 토대를 파괴하는 것"이라 주장하면서 반대 의사를 피력하였다.

러시아에 있어서 발칸의 기독교도(정교도)와 관련한 러시아의 '특수한 지위'는 지금까지의 관례—유럽 열강은 이를 공식적으로 부인한 적이 없음—로 볼 때 새삼스러운 문제는 아니었다. 그들은 지금까지 그들이 실질적으로 행사해 온 '보호권'을 문서 형태로 재확인하자는 것일 뿐, 오스만 정부의 권위나 오스만 왕조의 정통성에 대한 공격에 그것을 활용할 의도가 전혀 없다는 점을 강조하였다. 그러나 영국에게는 발칸 정교도에 대한 러시아의 '보호권' 문제가 단순히 국제법 이론상의 문제가 아니라 오스만제국에 대한 실질적인 통제의 문제로 확대 귀결될 수있는 정치적 문제임이 분명하였다. 러시아 외교관들은 러시아가 추구하는 것이 '종교적 보호'이지 '정치적 보호'가 아니라는 점을 분명히하였으나 영국과 프랑스의 의혹은 지속되어 멘쉬코프의 초안을 오스만 술탄이 거부하는 것으로 귀결되었다.[192]

5월 31일 러시아 외무장관 네셀로데는 튀르크 외무장관 리파트 파샤Sadık Rıfat Pasha에게 멘쉬코프의 초안을 8일 이내에 수용하지 않을 경우, 러시아 군대를 다뉴브 공국으로 진군시키겠다는 통첩 문서를 발송하였다. 이에 정교회의 지위 보호를 약속하는 술탄의 칙령을 발표하는한편으로 오스만 정부는 네셀로데의 최후통첩에 대하여 튀르크는 군사행동으로 맞대응할 것임을 선언하였다. 이제 상트페테르부르크와이스탄불의 하늘에는 새로운 전운이 감돌기 시작하였다.

처음부터 러시아가 튀르크와 전면전을 염두에 두고 군사적 시위를공언한 것은 아니었다. 네셀로데의 최후통첩에서도 오스만 군대와의적대행위나 군사적 충돌보다는 멘쉬코프의 제안을 수용하도록 오스만 정부를 압박하기 위한 물리적 담보물로서 군사행동이 계획되었다.네셀로데의 최후통첩에 대항하여 영국과 프랑스가 무력시위로 맞서면서 러시아와 영국-프랑스 간 군사적 긴장은 고조되었다.

6월 13일 영국과 프랑스 함대가 다르다넬스 해협 근처 튀르크의 항구로 발진하자, 6월 26일 다뉴브 공국을 점령하라는 러시아 황제의 포고령이 발표되어 총사령관 고르차코프Михаил Дмитриевич Горчаков (1793~1861)의 명령 아래 196문의 화포로 무장한 5만 명의 보병이 기동하였다. 7월 3일에는 리데르스 장군Александр Николаевич Лидерс (1790~1874) 휘하의 안레프Иосиф Романович Анреп (1796~1860) 백작이 이끄는 선발대가 프루트강을 건너 몰다비아로 진입하였다.

유럽 열강에 회람된 네셀로데 명의의 7월 2일자 회람장을 통해 러시아 정부는, 다뉴브 공국을 향한 군사행동이 '멘쉬코프 안'을 수용하도록 압박하기 위한 잠정조치이자 영국-프랑스 함대의 해상 점령에 대응하도록 물리적 수단을 확보하기 위한 것이라 해명하였다. 또한 러시아는 어떠한 영토 확장 의도도 없고 오스만 튀르크의 영토적 통합성을 보장한다는 점, 그리고 술탄에 저항하도록 발칸 기독교도들의 봉기를 선동할 의사도 없고 러시아군이 공격당하지 않는다면 군사적 적대행위를 할 의사가 없다는 점 등을 회람장에 명시하였다.

러시아 정부는 튀르크가 러시아의 요구안을 수용하도록 오스트리아가 중재하거나 압력을 행사해 줄 것과, 튀르크가 거절할 경우에 필요하다면 오스트리아 군대가 헤르쩨고비나Herzegovina와 세르비아를 점령하는 것에 러시아가 동의할 수 있다는 양국의 공동협력행동에 관한 훈령을 오스트리아 주재 러시아 대사 메이엔도르프 남작Пётр Кази мирович Мейендорф(1796~1863)에게 내렸다. 이러한 훈령은 뮌헨그래츠 협정 등에 기초하여 합스부르크의 요셉 프란츠와 러시아의 니콜라이 1세 간의 동방문제의 공동합의에 따른 것이다.

7월 28일 오스트리아, 영국, 프랑스, 프로이센의 대표들이 참석한 비엔나 국제회의에서 오스트리아 외무장관 부올-샤우엔슈타인Karl Ferdinand von Buol-Schauenstein (1797~1865) 백작의 주도 아래 튀르크와 러시아의 이해를 동시에 만족시킬 만한 절충안인 '비엔나 각서'가 작성되었다. 비엔나 각서는 러시아와 오스만이 전쟁으로 가기 전 마지막 문서였을 뿐 아니라, 유럽 열강들이 모두 합의한 문서였으므로 이 각서의 수용 여부는 다가오는 전쟁 또는 평화를 선택하는 실마리였다.

비엔나 문서에는 "러시아 황제들이 항상 우려하는 오스만제국 내 정교회의 면책특권 유지 문제에 술탄은 자신의 기독교 신민들을 향한 고래古來의 자비를 엄숙한 법령을 통해 재차 확인한다"는 것과, "술탄의 정부(포르테)는 기독교 보호와 관련한 퀴취크 카이나르지와 아드리아노플 조약의 정신과 문구들을 충실히 이행"할 것 등이 명시되었다.[193] 비엔나 각서는 기존의 조약들에 포함된 튀르크의 의무 규정들을 반영하고 있고 술탄의 이름으로 이를 보장하고 있다는 점에서 러시아의 요구에 부합하였고, 기존의 조약 내용을 확인하는 것 외에 러시아와 별도로 양자 협정을 체결하지 않아도 된다는 점에서 튀르크의 이해에도 일치하였다.

1853년 7월의 비엔나 회의에서 유럽 열강들의 일치된 메시지에 경각심을 느낀 니콜라이 1세는 8월 5일, 오스만 술탄이 다른 요구조건을 제기하지 않을 것, 즉 '비엔나 문서'를 수정하지 않는다는 것을 조건으로 수용하였다. 그러나 술탄은 "러시아가 튀르크에 개입할 권리를 가져서는 안 된다는 것을 명시하도록 문서를 수정할 것"을 요구하였다. 발칸 정교도 문제 등을 고려하면 술탄의 이러한 수정 조건은 러시아가 수용할 수 없는 요구였으므로 문제 해결을 위한 열강들의 시도는 실패로 끝났다. 전쟁은 피할 수 없는 것으로 보였다.

크림전쟁1853~1856과 신성동맹의 훼절毁折

오스만 정부 포르테Sublime Porte는 튀르크의 외교적 위치가 유리한 지점에 있다는 것을 잘 알고 있었다. 튀르크와 러시아가 대립하는 위기 국면에서 영국과 프랑스는 러시아에 대항하여 연합하고 있는 것으로 보였고, 이러한 비상한 기회를 활용해야 한다는 유혹을 포르테가 뿌리치기란 쉬운 일이 아니었다. 10월 23일 술탄은 전쟁을 선포하였고 다뉴브 공국들에 대한 러시아의 점령은 정당화되었다. 다르다넬스의 입구에 있는 베시카(베지크)만Beşik Bay에 정박 중이던 영국과 프랑스 함대가 다르다넬스를 통과해 보스포루스 해협으로 진입함으로써 동방문제의 핵심 쟁점이자 유럽의 합의인 '해협 협정'은 무력화되었다.

11월 30일 나히모프Павел Степанович Нахимов(1802~1855)가 지휘하는 러시아의 흑해 함대는 시노페Sinope에서 튀르크 함대를 급습하여 궤멸시키자 영국과 프랑스 함대는 흑해로 진입하였다. 이에 대해 짜르는 선전포고 없이 영국과 프랑스 함대가 임의로 '흑해 침범'을 감행한 것은 명백한 국제법 위반이라고 항의하였다. 1854년 3월 12일 영국과 프랑스는 튀르크와 동맹조약을 체결하고 27일과 28일 마침내 영국과 프랑스는 러시아에 각각 전쟁을 선포하였다.

애초에 니콜라이 1세가 전쟁을 원했던 것은 아니었다. 6월 말 영국과 프랑스 함대가 튀르크 영해로 발진함에 따라 이에 대응하여 다뉴브 공국의 점령을 명령하였을 당시에 니콜라이 1세는 러시아의 요구를 수용하도록 튀르크에 군사 및 외교적 압박을 가하는 것을 목표로 하였다. 튀르크가 러시아의 무력시위에 굴복하지 않을 경우 러시아는 압박의 단계를 상승—보스포루스 해협의 봉쇄와 튀르크 함선의 억류, 다뉴브 공국과 세르비아의 독립, 필요할 경우 합스부르크의 세르비아 점령 허용 등—시킬 예정이었다. 러시아 군대가 오스만제국의 실질적인 국경선인 다뉴브강을 넘는 계획은 마지막까지 제외되었으나, 오스만 정부가 이에 반응하지 않을 경우에 러시아 군대는 다뉴브강을 넘을 수밖에 없으며 이것은 오

스만제국 붕괴의 시작이 될 것이라고 짜르 니콜라이는 판단하였다.[194]

영국과 프랑스와의 전쟁이 임박하면서 러시아는 오스트리아와 프로이센을 영국과 프랑스에서 분리하려 하였다. 니콜라이 1세는 1854년 1월 오를로프 백작을 비엔나에 파견하여 프란츠 요제프 황제에게 중립을 요구하였다. 이러한 요구가 러시아로서는 뮌헨그래츠협정과 신성동맹 등에 의거하는 최소한의 당연한 요구였으나 다뉴브 하구에 대한 러시아의 영향력 확대를 우려한 오스트리아로서는 그대로 수용하기 어려웠다.

1849년 헝가리 혁명으로 인한 제국 해체의 위기 상황에서 니콜라이 1세의 결정적인 군사 지원에 힘입어 합스부르크 왕조가 구원받은 역사적 부채를 잘 알고 있었음에도 프란츠 요제프 1세는 니콜라이 1세의 중립 요구를 거절하였다. 프란츠 요제프 1세는 러시아 군대가 다뉴브 공국으로부터 철수하는 것이 선행되어야 한다고 주장함으로써 니콜라이 1세가 수용하기 어려운 전제 조건을 제기하였다. 프로이센의 프리드리히 빌헬름 4세 또한 유사한 답변으로 니콜라이 1세의 중립 요청을 거절하였다.

프란츠 요제프는 오를로프 백작의 설명대로, 러시아 군대가 다뉴브 강을 넘고 이에 호응하여 기독교도의 봉기가 발생하는 경우 인접한 오스트리아로 봉기가 확산하는 것을 우려하였다. 그는 니콜라이 1세가 제시한 발칸에서 국가들을 독립시키고 이들을 양국의 공동 보호 아래 놓는 것, 그리고 콘스탄티노플을 자유시로 하는 제안 등에 관심은 있었으나 오스트리아 영향력의 절대적 약세에 비추어 볼 때 실현 가능성을 확신할 수 없었다. 프란츠 요제프는 다뉴브강이 러시아의 강이 되는 것을 원치 않았고 독립한 발칸 국가들이 러시아의 동맹국이 되지 않을까도 의심하였다.

따라서 오스트리아와 프로이센은 러시아에 대항한 연합에 참여하라는 영국과 프랑스의 권유 또한 거절한 채, 4월 9일 비엔나에서 러시아의 계획에 구애받지 않는 공동 행동을 취하고 오스만제국의 영토적 통합성을 지지한다는 의정서를 체결하였다. 4월 20일, 양국은 각각의 영토를 방어하고 쌍방의 동의 없이 전쟁이나 강화를 선언하지 않는다는 조약을 체결하였다. 조약의 비밀조항에서 오스트리아와 프로이센은 러시아가 다뉴브 공국을 병합하거나 발칸을 넘어 진군하는 것이 '전쟁의 원인casus belli'이 될 것이라고 러시아에 대한 선전포고의 명분을 확인하였다.[195]

1854년 봄 영국, 프랑스, 튀르크, 이탈리아 피에몬테Piemonte 등의 동맹 연합에 직면하였을 때, 러시아는 신성동맹 파트너들로부터는 아무런 지원을 받을 수 없는 고립무원 상태에 있음을 발견하였다. 니콜라이 1세가 프란츠 요제프 1세의 중립 거부에 대해 '세계가 경악할 만한 배은망덕'이라 분노한 사례는 당시 러시아의 전략적 곤경 상태를 가감없이 드러내 주고 있다. 영국과 프랑스 등 해양 세력의 개입으로 전선이 흑해와 발칸뿐 아니라 발틱해와 극동 지역에 이르기까지 확대된 상황에서 오스트리아의 행동 여부는 발칸에서 러시아의 지상전 승리의 관건이 되었다.

다뉴브강과 발칸산맥을 넘어 콘스탄티노플로 진격하기 위해서는 트란실바니아와 갈리치아Galicia에 집중되어 있는 오스트리아 군대의 협조가 필요하였다. 당시 네셀로데가 비엔나 주재 메이엔도르프 대사에게 보낸 서한(5월 24일)에서 밝히고 있듯이 오스트리아는 '러시아의 머리에 드리워진 다모클레스Damocles의 검'이었다. 오스트리아는 오스만제국이 발칸에서 통제력을 당분간 유지하는 것이 자국에 여전히 유리하므로 러시아의 전쟁 승리가 바람직하지 않다는 판단과, 러시아에 협력할 경우 프랑스가 이탈리아를 향한 군사행동에 돌입할지 모른다는 우려에서 결국 '러시아에 적대적인 중립'을 선택하였다.

러시아가 튀르크와 그 동맹국들에 대항하기 위해서는 오스트리아, 프로이센 등 신성동맹의 협조와 발칸 기독교도의 봉기가 절실하였다. 러시아는 오스트리아와 프로이센에게 협조와 중립을 요구하면서 발칸 기독교도의 봉기 가능성을 강조하였다. 결과적으로 보면, 발칸 정교도의 봉기 가능성은 그리 희망적이지 않았고, 뮌헨그래츠협정에 따른 오스트리아와 프로이센의 공동 행동도 무망하였다. 1854년 4월 오스트리아와 프로이센은 협정을 통해 중부유럽을 전장화하는 것에 대해 분명한 반대를 표명하였다. 이어 6월에는 다뉴브 공국들로부터 군대를 철수할 것을 러시아에 요구하였고, 튀르크와는 공동 행동을 위한 협정을 체결하였다. 그러나 정작 7월에 러시아가 다뉴브 공국들로부터 철수를 단행하자 오스트리아 군대는 튀르크 군대와 함께 다뉴브 공국으로 진격하였다.

이러한 오스트리아의 이율배반적인 행동은 1855년 러시아에 대한 선전포고 행위와 더불어 크림전쟁에서 러시아인들의 마음속에 쓰라린 상흔으로 남았다. 니콜라이 1세는 오스트리아 특사인 에스테르하지Valentin Ladislaus Esterhazy에게 "프란츠 요제프는 지금까지 베풀어준 것을 완전히 저버렸고, 두 군주 간의 신뢰는 무너졌으며 이러한 긴밀한 관계는 더 이상 존재할 수 없을 것"이라 선언하였다.

전쟁에 대한 발칸 기독교도의 반응 또한 러시아에 유리하게 조성되지 않았다. 짜르와 자문관들은 러시아 군대가 다뉴브강을 넘기만 하면 오스만제국에 대항하여 기독교도가 봉기를 일으킬 것으로 기대하였다. 당시 러시아 정치가들은 러시아가 발칸 기독교도의 지지를 받고 있고 러시아 또한 그들의 이해를 대변하고 있다고 확신하고 있었다.

실제로 불가리아 등 튀르크의 직접적인 지배 아래 있던 지역들에서 러시아를 향한 대단한 지지가 존재한 것은 사실이다.

그러나 러시아의 영향력이나 보호 아래 있던 세르비아와 다뉴브 공국들의 상황은 러시아에 유리하게 조성된 것은 아니었다. 러시아 군대가 주둔하고 있던 왈라키아와 몰다비아에서 주민들은 러시아 당국의 보급물자 현지조달, 대중집회 통제, 검열 등에 불만을 품고 있었다. 그들은 1820년대 그리스 독립 전쟁 당시와는 다르게 종주국인 오스만제국에 대항해 전쟁을 수행할 준비가 되어 있지 않았고 러시아를 위해 싸울 의사도 없었다. 이들은 크림전쟁의 영웅 고르차코프 장군Михаил Дмитриевич Горчаков(1793~1861)의 보고서에 '싸울 의지가 없는' 사람들로 묘사되어 있다.

러시아의 영향력 아래 있던 세르비아의 상황 또한 이와 유사하였다. 민족주의와 '반反범슬라브주의' 성향으로 인하여 1853년 3월 러시아의 압력으로 해임된 세르비아의 총리 가라샤닌Ilija Garašanin(1812~1874)은 러시아의 발칸 지배가 범슬라브주의에 의한 세르비아의 병합을 초래할 것이라고 경고하면서 오스만과 합스부르크, 영국, 프랑스 등이 요구한 중립 정책을 수용할 것을 세르비아 군주 알렉산다르Aleksandar Karađorđević(1806~1885)에게 상주하였다.

1854년 3월, 러시아는 다뉴브강을 건넌다는 계획을 포기하였고 8월에는 다뉴브 공국들로부터 철군하였다. 이제 전투는 지상에서 바다로 넘어왔다. 발틱해의 올란드Åland 군도와 크론슈타트Кронштадт, 백해White Sea의 솔로프키Соловки, 아르한겔스크Архангельск, 흑해의 오데사Одесса와 세바스토폴Севастополь, 카프카스 지역, 극동의 캄차카의 페트로파블롭스크 등 유라시아 대륙의 동쪽과 서쪽 끝에서, 러시아의 동서남북의 모든 바다에서 전쟁이 벌어졌다.

1855년 벽두 니콜라이 1세는 러시아를 둘러싼 '적대적인 세계'에 홀로 서 있었다. 1854년 12월 2일 비엔나에서 러시아에 대항하는 동맹조약이 영국-프랑스-오스트리아-프로이센 간에 체결되고, 이듬해 1월 26일 이탈리아의 사르데냐-피에몬테Sardinia-Piedmont 왕국의 군주 엠마뉴엘 2세Victor Emanuel II(1820~1878)가 총리 카부르Camillo di Cavour(1861~1861)의 책략에 따라 러시아에 선전포고함으로써 러시아는 오스만제국과 범유럽 열강의 공동전선에 직면하여 역사상 초유의 고립무원 상태에 처하게 되었다.

전쟁을 실질적으로 주도한 영국의 입장은 전쟁의 진로와 관련하여 두 가지로 나뉘었다. 하나는, 이 전쟁이 유럽을 위해 러시아에 대항하는 '유럽의 전쟁'이므로 동맹군의 주 공격로는 발틱해를 통해 상트페테르부르크로 진격하는 것으로 설정되어야 한다는 발틱 방면 함대사령관 네이피어Charles John Napier(1786~1860)의 견해가 대표적이었다. 다른 입장은 전쟁을 동방문제로 제한하는 것으로 러시아에 대항하여 튀르크를 군사적으로 지원하는 것을 지지하였다.

영국 언론의 동향은 후자와 일치하여 크림 지역을 튀르크에 반환하고 코카서스와 발칸을 러시아에서 분리하는 흐름이었는데, 영국 정부는 이 방안을 선택하였다. 따라서 영국 정부는 전쟁의 주목적을 함대를 비롯하여 흑해에 있는 러시아의 모든 무장력을 해체시키는 것으로 설정하였다. 함대, 해군기지, 요새 등 러시아의 흑해 무장력은 아드리아노플 조약과 운키아르-스켈레시 조약 이래로 지중해를 장악하려는 영국에게 눈엣가시와 같은 존재였다. 이러한 전략 하에 영국이 주도하는 동맹군은 러시아 흑해 함대의 본거지인 크림반도의 세바스토폴을 점령하기 위해 1854년 9월 18일 크림반도 엡파토리아Евпатория에 상륙하였다. 1855년 9월 9일, 1년여에 걸친 공방전 끝에 세바스토폴 요새가 반러시아 연합군에 의해 점령되면서 크림전쟁은 사실상 러시아의 패배로 막을 내렸다.

애초에 의도한 대로 영국은 흑해에서 러시아 해군력을 궤멸시키는 전쟁의 주목적을 달성하였다. 영국과 프랑스 연합군은 세바스토폴의 모든 요새와 부두를 파괴하였고 러시아의 흑해 함대는 바다에 수장되었다. 당시 프랑스 전쟁장관(육군장관) 바양Jean-Baptiste Philibert Vaillant (1790~1872) 원수의 보고서에 따르면, 세바스토폴 전투에 파병된 프랑스군은 연인원 309,286명으로 7만여 명이 사망하거나 실종되었고, 영국군은 약 22,000~27,000명, 튀르크군은 약 35,000명, 러시아 군은 약 110,000~153,000명의 사망자가 발생하였다.

세바스토폴 포위전은 장장 334일에 달하는 19세기 최대의 공방전으로 기록되었다. 영국-프랑스 연합군은 827문의 대포를 동원하였고 러시아군은 800문의 대포로 무장하였으며, 연합군은 외인부대를 제외하고 약 229,000명의 병사가 세바스토폴 포위전에 동원되었다. 1855년 3월 니콜라이 1세가 병사한 후, 명분도 동맹도 없었던 예기치 못한 비극적인 전쟁의 처리는 알렉산드르 2세에게 맡겨졌다. 1856년 3월 30일 파리에서 연합국과 러시아 간에 강화조약이 체결되어 동방문제는 유럽 열강들의 의도대로 처리되었다.[196]

파리 평화조약의 내용 중 러시아에게 가장 충격적인 것은 '흑해의 중립화(무장해제, 10~14조항)' 조항이었다. 이 조항에 따라 자국의 영해와 영토(흑해와 그 연안)에서 해군과 모든 무장력의 배치가 금지되었고 해군기지와 해안요새, 그리고 저탄소에 이르기까지 폐쇄되거나 해체가 결정되었다. 처참한 조치에 대한 러시아의 반발과 최소한의 체면을 고려하여, '흑해의 비무장화'가 흑해 연안 국가들에 공히 적용되었지만, 이 조항이 러시아를 겨냥한 것이라는 점은 조약 당사국들 모두에게 명백한 사실이었다. 이 조항은 자국 영토에서 자위적 방어 행동조차 제약당하는 국가적 모멸감과 민족적 수치를 러시아에 안겨주었다.

파리 조약의 흑해조항에 따라 영국과 프랑스 등 지중해 해양 강국들과 군사적 갈등이 발생할 경우 동지중해를 장악한 해양 강국들의 함대에 러시아는 항구적인 무방비 상태에 처하게 되었다. 러시아인들은 이 조항으로 러시아의 국가적 '명예와 안보'가 동시에 유린당한 셈이 되었다. 게다가 흑해의 입구인 다르다넬스와 보스포루스 해협에 주둔이 허용된 튀르크 함대는 영국-프랑스의 지중해 함대와 함께 합동작전을 수행할 수 있고 비상시 흑해로의 스윙전략이 가능하였다. 영국-프랑스-오스만 해군의 합동 가능성과 지중해와 흑해 사이를 스윙할 수 있는 역량 등, 러시아가 판단하기에 복합적으로 연계된 전략적 위협은 흑해 연안은 물론이고 카프카스뿐 아니라 카스피해와 중앙아시아 지역까지도 확산될 것이었다.

러시아는 다뉴브강 하구의 통항에 대한 통제권을 상실(15~19조항)하였고, 드네스트르와 프루트강 사이의 베싸라비아Bessarabia는 몰다비아에 양도되었다. 포르테는 기독교도와 무슬림에 대한 동등한 대우와 개혁을 약속함으로써 발칸 기독교도에 대한 러시아의 보호권을 박탈하였고(7~9조항) 다뉴브 공국들에서는 오스만 술탄의 종주권이 관철되었다. 조약 당사국들은 오스만제국의 영토보전과 독립성을 보장하였다(7항). 특히 조약 당사국 중 특정 국가(러시아)가 튀르크와 분쟁할 경우 나머지 조약 당사국들이 개입할 수 있다는 것을 명시함으로써(8조항) 아드리아노플 조약 이래로 러시아가 행사해 온 동방문제와 튀르크에 대한 '독자적 행동권'은 '유럽의 공동 행동'으로 대체되었다.

이로써 오스만 튀르크는 '유럽협조체제Concert of Europe'의 일원으로 인정받게 되었고 동방문제는 공식적으로 유럽 문제화 되었다. 파리 조약으로 인하여, 러시아가 19세기 전반부 50여 년 동안 견지해 온 동방정책의 두 가지 전략 원칙—튀르크 관계에서 우월적 지위와 발칸기독교의 보호권—은 허물어졌다. 오스만 술탄은 영국, 프랑스, 오스트리아가 발칸반도에서 영향력을 행사하는 것을 허용하였는데, 생전에 니콜라이 1세가 우려했던 것은 영국이나 프랑스가 러시아를 대체하여 발칸 민족의 보호권을 행사하는 바로 이러한 상황이었다.

파리 조약은 퀴취크 카이나르지 조약 이후 약 반세기 동안 지속된 러시아와 튀르크, 그리고 러시아와 유럽 간 길항관계에 있던 동방문제의 1단계가 종결되었음을 의미한다. 이 시기에 군사행동을 포함한 러시아의 적극적인 발칸 개입이 정치·경제·군사적으로 막대한 비용과 희생을 초래했음에도 발칸 민족에 기여한 것도 긍정적으로 평가되어야 한다. 예를 들어 그리스의 독립을 비롯하여 세르비아와 다뉴브 공국들이 자체 군대를 보유하고 자치권 행사 등 정치적 자율성을 획득하였다. 또한 법령 등 근대적 유럽제도가 도입되고 독립을 위한 민족주의가 진전된 것 등에는 서유럽의 지원이 요원한 가운데 결과적으로 러시아의 외교·군사적 개입이 결정적인 역할을 한 것이 사실이다.

이러한 긍정성과는 별도로 러시아 발칸정책의 한계를 설명하자면, 발칸에서 근대적 입헌제도의 적용에 있어서 정통주의적 질서를 고수한 짜르의 집착과 이에 반발한 발칸 민족들의 저항 등이 지적될 필요가 있다. 러시아의 지원에 대한 보답으로 발칸 민족이 러시아를 지지하고 러시아적 발전경로를 따를 것이라는 러시아 관료들의 지나친 낙관주의도 러시아 발칸정책의 한계로 작용하였다.

크림전쟁이 종결된 지 한 세대가 지난 후 당대 프랑스의 외교사가 데비두르Antonin Debidour는 "러시아는 패배한 것으로 보이지만, 그의 적들에게 영예롭게 대항하였다. 러시아는 전쟁에서 모욕적으로 벗어난 게 아니며 여전히 그 영토는 거의 침범당하지 않은 채 유지되었다. 짧은 기간의 만회 후에 러시아는 앞으로 행진을 시작하였다. 전쟁의 실질적인 패배자는 러시아가 아니라 오스트리아였으니, 오스트리아는 유럽을 이간질한 것이다"라고 19세기 유럽외교사를 다룬 책에서 기록하고 있다.[197]

알렉산드르 1세가 주창하고 니콜라이 1세가 추진하였던, 유럽 정통질서 체제의 수호와 발칸 기독교도(정교도)의 보호라는 러시아의 '신성한 사명'은 크림전쟁의 참패로 인해 파국적 결말을 맞게 되었다. 이로 인해 '신성하지도 동맹스럽지도 않았던' '신성동맹'은 와해되었고, 두 명의 짜르가 외교의 근간으로 삼았던 러시아 주도의 '유럽협조체제'는 '반러시아동맹'으로 변질되었다.

1854년 4월 11일 니콜라이 1세가 영국과 프랑스의 선전포고에 맞서 발표한 선언에서 '전쟁의 종교적 기원'을 강조하였듯이, 시대착오적인 십자군적 감흥이 없지 않았던 크림전쟁은 기독교의 영국-프랑스가 이슬람의 튀르크와 동맹하여 기독교 형제국인 러시아에 대항하는 '참혹한 현실'을 러시아인들에게 강요하였다. 이로 말미암아 러시아 사회가 받은 정신적 충격은 막대하였다. 특히, 서구 기독교 국가들의 '종교적 배신'에 대한 러시아 인텔리겐치아들의 반감은 격렬한 것이었다.

러시아 인텔리겐치아의 격렬한 반응은 도스토옙스키Фёдор Михайлович Достоевский(1821~1881)가 발표한 유일한 시, "1854년 유럽의 사건들에 대하여"에서 크림전쟁을 "러시아의 그리스도를 십자가에 못 박은 것"으로 묘사한 데서 극명하게 드러나고 있다.[198] 전쟁에 투사된 종교적 열정이 부과한 이러한 사회적 충격과 더불어, 서유럽 열강에 패배함으로써 표출된 체제 역량의 한계는 사회의 근본적인 개혁이라는 알렉산드르 2세의 '대개혁'의 경로로 러시아를 추동하였다. 크림전쟁 이후 러시아는 외무장관 고르차코프Александр Михайлович Горчаков(1798~1883)가 '지금 러시아는 침잠(묵상)recueillement 중'이라고 은유적으로 표현했듯이, 20여 년 동안 대외 문제로부터 철수하여 국내 문제에 몰입함으로써 '대개혁'을 통해 체제 역량을 제고하는 국내 '집중의 경로'로 들어갔다.

VI
유라시아 제국의 이념

비잔틴주의^{Byzantinism}와 범슬라브주의

1. 비잔틴 문명과 정교^{正教 Orthodoxy}, 그리고 슬라브인

'신성 러시아^{Holy Russia} 제국'의 신성한 사명

크림전쟁의 충격은 러시아 인텔리겐치아로 하여금 외부 세계를 대하는 사유양식을 근본적으로 전환하도록 강권하였다. 크림전쟁의 결과로 유럽에서 '협조체제^{Concertacion}'가 작동하고 있다는 환상이 사라졌으며 러시아가 유럽 기독교 세계의 일원이라는 정체성에 메우기 어려운 균열이 발생하고 유럽적 정체성에 대한 근본적인 회의가 일어났다.

16세기 프랑스의 프랑수아 1세^{François Ier(1494~1547)}가 오스만의 쉴레이만 1세^{Süleyman I, the Magnificent(1494~1566)}와 신성로마제국에 대항하기 위해 체결한 프랑스-오스만동맹을, 기독교도가 이교도 무슬림과 맺은 '신성모독동맹'이라 비난했던 카를 5세의 신성로마제국과 헨리 8세의 영국을 비롯한 유럽의 국가들이 19세기 크림전쟁에서 이교도와 동맹하여 기독교 형제국인 러시아를 공격한 부조리한 현실에 러시아의 인

텔리겐치아와 정교도들은 절망하였다. 도스토예프스키가 '십자가에
못 박힌 러시아'로 표현하였듯이, 인텔리겐치아와 정교도들은 기독교
문명적 정체성에 대해 혼란스러웠을 것이다. 러시아 정치엘리트들도
이와 유사한 유럽적 정체성의 혼란, 흡사 이슬람과 연합한 '배교자 유
럽'에 좌절감을 느꼈을 것이다.

이러한 결과로 러시아인들이 선택한 방식은 매우 독특하였는데―
외무장관 고르차코르가 말했듯이― '묵상recueillement'의 길, 자신에게로의
'침잠'의 길이었다. 러시아의 정체성에 대한 질문, 그리고 유럽의 정체
성에 대한 질문이었다. '러시아에게 유럽은 무엇인가', 그리고 '유럽에
게 러시아는 무엇인가'라는 '관계 정체성'을 묻는 근본적인 질문이 러
시아 사회에서 대두하였다. 이것은 결국 '러시아, 그리고 러시아인이
란 무엇인가' 하는 자신들의 존재론적 질문으로 귀결되었다.

이러한 움직임은 러시아의 정체성에 대한 근본적인 질문과 결합하
여 러시아에 대립하는 서유럽에 맞서 인문지리적인 완충지대 또는 슬
라브 문명권을 구축하는 문제로 연결되었다. 크림전쟁은 러시아 인텔
리겐치아로 하여금 '인접한 타자'인 발칸의 슬라브인들을 재발견하게
하였다. 이에 따라 그들과 정신적이고 전략적인 연계 속에서 러시아의
미래를 발견하고자 하는, '범슬라브주의Pan-Slavism'라는 대안 이념적
사회운동이 등장하게 되었다.

미국학계에서 동유럽·슬라브학의 선구자인 페트로비치Michael Boro
Petrovich식으로 표현하자면, 범슬라브주의는 "종족적 친족관계에 대한
문화·정치적 인식을 밝히는 슬라브인들의 역사적 태도"를 의미한다.
다시 말하면, 슬라브인들이 슬라브라는 종족에 대해 문화와 정치적으
로 공통의 친족관계에 있는지 여부를 판단하는 역사적으로 형성된 인
식 태도를 말한다. 사회운동으로서의 범슬라브주의는 근대의 산물이

다. 이 개념을 처음 사용한 사람은 러시아인(동슬라브)이 아니라 서슬
라브인인 슬로바키아 출신의 헤르켈Jan Herkel[199]이었는데, 이 용어는 크
림전쟁을 계기로 러시아에서 사회운동의 개념으로 주목받고 정치적
의미로 사용되기 시작하였다.

러시아인들은 국가 형성 초기(키예프 루스Kyivan Rus'/Киевская Русь)
부터 자신들이 슬라브인이고 문화적 의미의 슬라브 종족의 구성원 중
하나로 인식하고 있었던 것으로 보인다. 키예프 루스의 수도사 네스
또르Saint Nestor the Chronicler (1056~1114)가 편찬한 러시아 최초의 연대기
Повесть временных лет에 따르면, 당시 루스(루시)인들Русь/Rus'people은
슬라브인(종족)이 모라비아인Moravians(체코 동부), 체코인, 백白크로아
티아인White Croats/Hrovate Belii(갈리치아Galicia), 세르비아인, 카린시아인
Carinthians (오스트리아 남부), 폴란드인Liakhs, 그리고 여러 루스(루시) 부
족들로 나누어진다는 것과 '슬라브어를 사용'한다는 것을 알고 있었
고, 이를 통해 슬라브족의 외연성과 정체성을 이해하고 있었다.

슬라브인의 기원적 공통성을 다룬 수도사들의 기록과 민간설화가
다수 존재한다는 사실은 러시아인들이 슬라브적 동족성을 오랫동안
간직해왔다는 것을 의미한다. 그러나 19세기 전까지만 해도, 이러한
슬라브적 동족 관념이 러시아인들로 하여금 슬라브 동족성의 명목 아
래 여타의 슬라브인들과 공동 행동을 하도록 추동했다는 증거는 없다.
오히려 러시아의 중세사는 가장 인접한 슬라브족 폴란드인들과의 관
계가 상호 적대적이었음을 증명하고 있다.[200]

19세기 근대 민족주의의 파도가 밀려오기 전까지, 여타의 슬라브인
들을 대하는 러시아인들의 태도는 종족적 관심보다는 종교적 열정에
영향을 받은 것이다. 민족주의가 러시아에 유입된 19세기에 조차도
러시아인들에게 슬라브인은 대체로 '정교도' 슬라브인으로 이해되었

고, 동방문제에 있어서도 러시아가 보호권을 주장한 발칸 기독교도들 또한 실제적으로는 발칸 정교도를 의미하였다. 러시아와 발칸 슬라브인들 간의 정교회적 유대감은 비잔틴 제국의 운명과 밀접한 연관성이 있다.

1453년 이교도 오스만 튀르크에 의해 정교회의 수호자인 비잔틴 제국이 붕괴하자 러시아는 비잔틴의 정통성과 정교회 법통의 계승자로서 비잔틴 제국을 대신하여 발칸 정교도를 수호하는 신성한 임무를 자임하였다. 이렇듯 범슬라브주의의 구성요소이기도 한 '메시아주의 messianism'는 발칸 정교도와 비잔틴의 운명에 그 기원을 두고 있으며 이후 러시아의 외교정책에 있어서 이념적 구성물로 작용하게 되었다.

1472년 6월 1일, 이반 대제(이반 3세)Иван III Великий(1440~1505)가 비잔틴의 황녀 소피아Sofia Palaiologos(1455~1503)—공식적으로는 로마의 마지막 황제인 콘스탄티노스 11세 Kōnstantinos XI Dragasēs Palaiologos(1404~1453)의 조카—와 혼인하여 비잔틴 제국의 공식 문장紋章인 쌍두 독수리를 모스크바 대공국의 문장으로 채택하고 1480년경부터 외교관계에서 '모스크바 대공' 대신에 '짜르(차르)Царь'—로마 황제를 지칭하는 라틴어 '카이사르(시저)Caesar'에서 어원 유래—라는 칭호를 사용한 것은 콘스탄티노플의 계승자로서 모스크바를 위치 지우기 위한 의식적인 행위였다.

제국의 계승자이자 정교회 수호자를 자임한 러시아의 메시아주의는 프스코프Псков의 옐레자로프Елеазаров 수도원장 필로페이Филофей Псковский(1465경~1542)가 주장한 '제3의 로마'라는 신비화된 형태로 발전하였다. 비록 19세기 전까지 직접 실행되지는 않았으나 '제3의 로마'라는 관념은 짜르를 비롯한 집권층의 국가 인식에 뚜렷하게 내재화되어 20세기 초 로마노프 왕조의 마지막까지 러시아의 국가성으로 체현되었다.

초기 근대, 최초의 범슬라브주의자로 기록되는 사람은 모스크바에 파견된 크로아티아 출신 가톨릭 사제 크리쟈니치Juraj Križanić(1618~1683)이다. 슬라브 출신 가톨릭 사제로서 가톨릭과 정교의 연합을 추구한 크리쟈니치는 짜르 알렉세이 Алексей Михайлович(1629~1676)에게 "러시아가 슬라브인들의 본향이며 게르만족에 의해 이산된 슬라브인들을 해방하여 슬라브의 언어와 정신을 회복시키고 자신의 보호 아래 두어야 할 거룩한 사명이 러시아에 있다"고 탄원하였다.

샤를마뉴(카롤루스대제)Charlemagne/Carolus Magnus(742~814)가 세운 로마제국의 국호에 '신성Holy'이라는 왕관을 씌운 사람은 신성로마제국의 황제 바르바로사Frederick I Barbarossa(1122~1190)였다. (서西)로마 황제 프레데릭 바르바로사는 자신의 제국에 '신성한' 왕관을 씌워 스스로 신성로마제국이라 부른 셈이다. 이에 비해 러시아 제국에 '신성한Holy' 후광을 부여한 이들은 평범한 이들, 발칸의 기독교도와 성직자들이었다. 발칸 정교도에게는 러시아 제국이 '신성러시아제국'이라는 기의記意 signifié로 읽혔던 것이다.

당시 오스만제국의 통치 하에 있던 동방 기독교도들은 '신성로마'가 아닌, '신성 러시아Holy Russia'를 자유로운 정교회의 유일하고 강력한 중심으로 평가하였다. 따라서 17세기에 들어서 동란시대Time of Troubles/Смута(1598~1613/1618)가 종식되고 로마노프 왕조가 성립되어 러시아가 안정을 회복하면서 러시아에 정교도 보호를 탄원하기 위해 발칸의 성직자들이 모스크바로 향하였다.

소피아 황녀Софья Алексеевна(1657~1704)와 표트르 1세의 공동 통치 시기에, 오스만 튀르크로부터 세르비아 해방을 갈망하던 세르비아의 대주교 아르세니예 3세Arsenije III Čarnojević(1633~1706)는 오스만제국에 대항한 유럽의 '신성연맹전쟁War of the Holy League(1683~1698)'에서 다뉴브 지역으로 러시아 군대를 진군시켜 줄 것과 자신이 세르비아의 지도자임을 인정해 줄 것을 짜르에게 탄원하였다. 그는 "러시아 군대가 다뉴브 지역에 다다르면 세르비아인, 불가리아인, 몰다비아인 등 발칸의 정교도들이 봉기할 것이고 아무런 장애 없이 콘스탄티노플로 가는 길이 열릴 것"이라고 장담하였다. 이후 러시아는 튀르크와 전쟁 (1686~1700)을 선포하고, '대對튀르크 전쟁 Great Turkish War (1667~1698)'의 후반부를 장식한 '신성연맹전쟁'에 동참하게 되었다.[201]

표트르 1세가 황위를 계승한 후, 18세기의 러시아는 발칸 슬라브인들과 종족적 친화성을 점차 의식하게 되었다. 러시아와 발칸의 정교도 슬라브인들 간 종교적 공감이 러시아의 국가이익과 결합하면서 발칸의 슬라브적 요소는 외교정책에서 명맥이 유지되었다. 짜르를 비롯하여 러시아인들이 당시 발칸에 관한 구체적인 지식과 정보가 거의 부재한 상태에서 러시아 정부가 발칸정책을 추진하기란 불가능한 것이었다.

표트르 1세는 1697년 10월 2일 측근인 오스트롭스키에게 슬라브인들이 산다고 알려진 스클라보니아Sclavonia—헝가리, 세르비아 등지—에 대한 '탐사'를 명하였고, 발칸 슬라브인에 관한 외국의 서적을 수집하고 번역하는 특별위원회를 수립하였다. 짜르의 특별위원회는 슬라브인의 기원에 관한 연구를 독일의 철학자 라이프니츠Gottfried Wilhelm von Leibniz (1646~1716)에게 요청하였다. 표트르 1세의 발칸 진출 시도는 무위로 끝났으나 그의 후계자들에 의해 수행된 튀르크와의 일련의 전쟁을 통해 18세기에 러시아는 흑해를 손에 넣고 발칸 지역에 교두보를 마련하게 되었다.

18세기 중반에 이미 발칸 슬라브인들이 봉기할 가능성이 있다는 것, 그리고 이들이 러시아에 도움을 요청할 것이라는 기대감 등이 러시아 외교관들 간에 공공연히 회자되었다. 엘리자베타 여제(1709~1762)는 러시아 군대가 다뉴브 지역으로 진군하면 그리스인들을 비롯한 모든 발칸인과 콘스탄티노플이 봉기하여 십자가를 들고 러시아에 합류할 것이라는 콘스탄티노플 대사인 베쉬냐코프Алексей Андреевич. Вешняков(1700~1745)의 지나치게 낙관적인 보고를 전적으로 신뢰하지는 않았다. 그럼에도 베쉬냐코프 대사의 주청奏請을 승낙하여, 엘리자베타는 많은 발칸 슬라브인들, 특히 보이보디나Vojvodina 지역의 세르비아인들이 오스만제국의 통치에서 벗어나 러시아 남부로 이주하는 것을 허용하였다.

슬라브의 종족적인 요인과 정교회라는 역사·문화적 요인이 국가이익과 결합하여 발칸정책이라는 국가전략으로 승화된 것은 예카테리나 대제의 동방정책—이른바 '그리스 기획'—에 의해서이다. 실제로 이러한 지정학적 프로젝트가 러시아 정부에 의해 국가전략으로 공식 채택된 바는 없지만, 발칸 지역의 슬라브 정교도에 짜르가 남다른 관심을 표명한 것, 그리고 이 지역으로 지속적인 진출을 시도한 것 등은 결과적으로 유럽 열강으로 하여금 '그리스 기획'을 '상상의 기획'이 아닌 러시아의 '제국적 팽창'과 동일시하게 하였다.

범슬라브주의와 비잔틴주의의 접맥이라는 측면에서 보면, 예카테리나 대제의 발칸정책이 '자유로운 슬라브인의 세계'를 구축하기보다는 '슬라브 국가Slavdom'라는 비잔틴 제국의 정신적이고 물질적인 계승자로 러시아를 만드는 데 더 많은 관심이 있었다고 평가할 수 있다. 러시아 발칸정책의 초석으로 평가되는 예카테리나 치세의 '퀴취크-카이나르지' 조약이 비잔틴 제국의 계승자로서 러시아의 권리와 의무, 즉 발칸 '슬라브인들'이 아니라 발칸 '정교도'에 대한 러시아의 보호권을 명시하고 있다는 점에서, 슬라브라는 종족적 유대감보다는 정교회라는 종교적 연대감이 우선시되었다.

그러나 이러한 종교적 유대감이 슬라브인이라는 종족적 공통성과 결합하여 관념적 친화성을 깊게 하고 전략적 선호도를 증대시켰다는 점은 부인하기 어렵다. 발칸 슬라브인을 향한 관심이 다시 일어난 것은 19세 초 알렉산드르 1세의 치세였다. 특히 나폴레옹전쟁을 승리로 이끈 알렉산드르 1세는 유럽에서 러시아의 역사적 사명뿐 아니라 발칸에서도 기독교도에 종교적 연민과 신성한 사명을 지니고 있었다. 이때부터 발칸 슬라브 문제는 외교정책에서 실질적인 고려 대상이 되었다.

비잔틴 세계와 슬라브 연방: 러시아 애호주의 Russophilia

유럽이 나폴레옹전쟁에 휩싸이고 신성로마제국이 나폴레옹에 의해 해체되는 와중이던 1804년과 1807년, 러시아 범슬라브주의의 형성 초기에 이정표가 될 만한 두 개의 문서가 당시 외무장관인 차르토리스키 Адам Ежи Чарторыйский (1770~1861) 공에게 전달되었다. 하나는 세르비아계 우크라이나 사상가인 카라진 Василь Назарович Каразін (1773~1842)의 1804년 서한인데, 카라진은 알렉산드르 1세를 '정교회 최고의 지도자', '자유로운 슬라브족'의 '신성한 해방자'이자 '구원자'로 칭송하면서 러시아의 주도로 '슬라브 왕국'—세르비아, 불가리아 등을 포함한 대부분의 발칸 지역—을 건설할 것을 탄원하였다. 그에 따르면, '신의 섭리'로 예정되어 러시아와 종교·혈연·왕실 계보로 연결된 '슬라브 왕국'은 러시아의 '시장'이자 대對유럽 관계에서 러시아를 위한 자연스러운 '지원 거점'이 될 것이었다.

또 다른 구상인 '대슬라브연방'은 해군 장교였던 브로네프스키 Влад имир Богданович Броневский (1784~1835)가 제기한 것이다. 그는 나폴레옹전쟁 시기에, 나폴레옹의 함대가 아드리아해로 진출하는 것을 봉쇄하고 오스만 해군의 에게해 진출을 무력화시킨 센야닌Дмитрий Николаевич Сенявин(1763~1831) 제독의 지중해 해전에 참전하면서 동방문제와 발칸 슬라브인의 문제를 처음으로 접하게 되었다. 외무장관 차르토리스키에게 보낸 비망록에서 브로네프스키는 튀르크와 오스트리아의 슬라브인들을 보호하기 위하여 러시아의 후견 하에 '슬라브 연방'을 수립해야 하며, 이것이 나폴레옹의 '제국 체제'와 같은 서유럽의 동맹체제에 대한 대항 체제로서 역할을 할 수 있을 것이라는 견해를 피력하였다.

이 밖에도 브로네프스키는 발칸에 관한 두 권의 책을 출간하여 러시아인들에게 타 지역의 슬라브인들을 소개하였다. 그중에서 1810년 아드리아해의 항구도시 트리에스테Trieste에서 슬로베니아, 크로아티아, 헝가리, 폴란드, 벨라루스Белая Русь/Ruthenia Alba를 경유하여 상트페테르부르크에 이르는 기행문『1810년 트리에스테에서 상트페테르부르크로의 여행』은 외부 슬라브인들의 일상과 자연에 관한 동질감과 이질감이 혼재한 체험담을 당시 러시아인들에게 생생하게 전달하였다.

1804년 헤르체고비나 피바Пива의 수도원장 가고비치Arsenije Gagović/Архимандрит Арсеније Гаговић(1750~1817)는 상트페테르부르크를 방문하여 러시아 군주의 통치 아래 중세 세르비아 왕국을 복원시켜 줄 것을 청원하였다. 같은 해 6월 1일, 세르비아 정교회 대주교이자 제1차 세르비아 봉기(1804~1814)의 열렬한 지지자였던 스트라티미로비치Стеван Стратимировић(1757~1836)는 알렉산드르 1세에게 보낸 비망록에서 러시아 군주의 영도로 범 세르비아 지역을 통합해 줄 것을 탄원하였다. 이러한 청원 중에서 주목할 만한 것은 네나도비치 사절단의 정치활동이었다.

1804년 10월 26일, 세르비아의 혁명 지도자 카라조르제 Karađorđe/ Đorđe Petrović (1768~1817)의 밀명을 받은 네나도비치 Jakov Nenadović (1765~1836)를 포함한 세 명의 세르비아 사절단—프로티치 Jovan Protic와 노바코비치-차르다클리야 Petar Novakovic-Cardaklija—이 상트페테르부르크에 도착하여 차르토리스키를 접견하였다. 로마 가톨릭 신자였던 차르토리스키는 "신성 러시아가 세르비아의 유일한 희망"이라는 세르비아 사절단의 간절한 요청에 대해, "세르비아는 너무 멀고, 튀르크는 우호국"이라는 표현으로 세르비아 봉기를 위한 지원 요청을 완곡히 거절하였다. 그러나 1807년 러시아와 튀르크 간에 전쟁이 발발하자 알렉산드르 1세는 자금과 외교적 승인, 그리고 군사적 지원을 카라조르제에게 제공하였고, 1812년 5월 28일 부쿠레슈티 조약을 통해 오스만 술탄으로 하여금 봉기에 가담한 세르비아인들을 사면 조치하도록 하였다.

나폴레옹전쟁은 발칸 슬라브인들을 향한 러시아의 관심을 제고시켰다. 몰다비아 주둔군 사령관이던 치차고프 Павел Васильевич Чичагов (1767~1849) 제독은 나폴레옹 군대의 힘을 분산시키기 위하여 '슬라브적 기원을 지닌 사람들'—세르비아인, 보스니아인, 달마티아인, 몬테네그로인, 크로아티아인, 일리리아인 Illyrians 등—의 무용武勇을 활용할 것과 이것이 성공할 경우, 슬라브 왕국의 수립과 슬라브 민족의 독립을 약속하도록 본국으로부터 지시를 받았다. 당시에 "러시아에 대항한 프랑스의 전쟁은 피를 나눈 형제인 슬라브인들에 대한 전쟁과 동일"하다고 표명하며 나폴레옹전쟁과 '슬라브전쟁'을 동일시한 알렉산드르 1세의 선언은 발칸 슬라브인들을 향한 러시아의 정치적 매니페스토 manifesto였다.

그러나 나폴레옹전쟁의 종결과 함께 등장한 비엔나체제—유럽협조체

제ー와 신성동맹체제로 인해 러시아의 국가이익이 발칸 슬라브인들과
의 종족적이고 종교적인 유대감보다 우선시되는 분위기가 형성되었
다. 알렉산드르 1세는 비엔나 회의에서 발칸 정교도에 대한 러시아의
보호권을 유럽 열강에 확인시키는 동시에 오스만 술탄을 비롯한 유럽
군주제의 정통성을 지켜야 하는 이중의 딜레마에 처하게 되었다.[202]

알렉산드르 1세의 통치 후반, 서유럽으로부터 수입된 낭만적 자유
주의가 러시아의 인텔리겐치아와 젊은 귀족들에게 민족주의적 열정
을 불어넣은 결과 두 개의 범슬라브 단체가 러시아에서 최초로 결성되
었다. 하나는 '통합슬라브 Les Slaves réunis'라는 비밀결사였고 다른 하나
는 '연합슬라브회 Общество соединённых Славян'였다. 두 단체 모두 러
시아 자유주의자들, 특히 나폴레옹전쟁에 참여하여 서유럽의 낭만적
민족주의의 세례를 받은 청년 장교들이 조직하였다. 프리메이슨 지부
Masonic lodge 형태로 운영된 '통합슬라브'는 주로 폴란드 출신들로 구성
ー1818년 3월 12일 키예프에서 결성ー되어 구체적인 활동이 외부에 거의
알려진 바 없었으므로 러시아 사회에 미친 영향을 평가하기 어렵다.

상대적으로 지명도가 비교적 높았던 단체는 '연합슬라브회'인데
1825년 12월 14일의 '데카브리스트 Декабрист (12월 당원) 혁명'에 연
루되면서 세상에 알려졌다. 이 단체는 혁명 직전인 1823년, 비밀단체
였던 '자연 친우회(자연의 친구들) Общество друзей природы'을 모태로 하
여 두 명의 포병장교 보리소프 형제ー표트르 Пётр와 안드레이 Андреи
Борисов ー에 의해 결성(약 36명의 회원)되었는데, 주로 몰락한 귀족들과
인텔리겐치아들이 주도하였다.[203]

민주적인 멤버십을 특징으로 하는 연합슬라브회는 서구의 계몽주
의적인 지적 전통에 입각하여 농노제 폐지를 통한 슬라브인의 해방
과 슬라브인의 단일한 자율적인 (민주)연방을 주장함으로써 프랑스 혁

명정신을 일정하게 계승하고 있었다. 회원들은 프랑스대혁명의 이념적 가치인 '자유'와 '우애(박애)'에 입각하여 슬라브 연방의 수립을 위한 헌신 서약과 함께 17개 조항의 '교리' 준수 의무를 기꺼이 감내하였다.[204]

자유주의적 민족주의와 결합한 정치적 범슬라브주의는 니콜라이 1세의 러시아에서 파문破門과 동일시되었다. 자신의 즉위식에 발발한 데카브리스트의 봉기로 인해 니콜라이 1세는 전제주의적 정통성과 유럽 정통 질서(구체제)의 수호에 더욱 열정적으로 매달리게 되어 슬라브 자유주의를 선동과 폭동의 의미로 등치하고 불온시하였다. 그는 정통성의 수호라는 측면에서 발칸 슬라브인들보다는 이들을 지배하던 튀르크의 술탄과 합스부르크의 황제에게 더 연민과 동질감을 느꼈다. 이러한 연유로 니콜라이 1세는 그의 치세 기간 내내 동방문제에서 신성동맹체제와 유럽협조체제의 유지, 그리고 비잔틴주의Byzantinism의 구현 사이에서 지속적인 딜레마를 겪게 되었다.

문화적 범슬라브주의는 정치적 범슬라브주의가 발흥하는 데 정신적 토양 역할을 하였다. 19세기 들어와 남슬라브인들(세르비아 등 발칸 슬라브인)과 서슬라브인들(체코와 폴란드인 등)이 민족 정체성을 자각하게 된 것은 정치 지도자들이 아니라 인문학자나 종교 지도자들이 행한 문화적인 지적 운동 덕분이었다. 그들은 민족적 존엄성이 박탈당한 비참한 상태에서 망각한 영광스러운 과거를 불러내 옴으로써 자신들의 미래를 키워나갔고, 현재의 공통된 불행이라는 동병상련뿐 아니라 위대한 문화유산을 공유한 형제들이라는 동질감을 점차 회복하게 되었다.

이러한 범슬라브주의는 정치적이고 문화적인 것을 막론하고 러시아보다는 서슬라브인이나 남슬라브인들 사이에서 먼저 발아하였다.

왜냐하면, 제국의 피압박 상태에 있던 이들이 강력한 제국의 러시아인
들보다 더 절실하게 연대와 단결을 통한 해방을 갈구한 것은 자연스
러운 동기로 볼 수 있다. 러시아 사회가 슬라브 세계에 관심을 갖게 된
것도 이러한 발칸과 오스트리아 제국 내의 슬라브인들 사이에서 낭만
적 민족주의가 등장하면서부터이다.

범슬라브주의는 독일의 관념 철학에 부채를 지고 있다. 헤르더와 슐
뢰처가 이룩한 철학과 역사 분야의 학문적 성과가 대표적인 사례이다.
헤르더 Johann Gottfried von Herder (1744~1803)는 18세기 후반 독일의 '질풍
노도 Sturm und Drang 운동'을 대표하는 계몽주의 철학자이자 문예 비평
가였다. 독일의 게르만 언어와 민담, 민요에 관한 비교 연구 등, 독일
의 민족 정체성이라는 질문에 계몽주의적 접근을 시도한 헤르더는 그
의 문화이론뿐만 아니라 슬라브인의 문화적 단일성을 이론적으로 인
정하는 등, 범슬라브주의의 형성에 중요한 학문적 동기를 부여하였다.

역사학 분야에서는 독일의 역사가 슐뢰처 August Ludwig von Schlözer
(1735~1809)의 영향이 두드러진다. 1761~1767년 러시아에 체류할 당
시 예카테리나 2세로부터 과학아카데미(학술원) 정회원 자격과 역사
학 교수 지위를 부여받은 슐뢰처는 '바랑고이 Varangians/Varangoi/Варяги
의 도래'와 같은 종족기원을 둘러싼 중세의 설화적 역사서술을 과학적
역사서술로 대체한 최초의 러시아사가이다. 『러시아 연대기 조사 *Probe
russischer Annalen*』(1768)와 『북방통사 *Allgemeine nordische Geschichte*』(1771)에서 그
는 러시아인들의 슬라브 종족적 특징이 폴란드와 체코인 등 여타의 슬
라브인들과 친족관계에 있다는 사실을 해명하였고, 슬라브족을 9개
방언 군群으로 분류하였다. 네스토르 연대기의 비평 판본(1802)에서 그
는 "지구상의 어떤 민족도 슬라브족처럼 그들의 역할과 언어를 세계
에 광범위하게 퍼뜨리진 못하였는바, 지중해에서 발틱해까지, 북극에

서 극동의 캄차카까지 슬라브인들을 발견할 수 있다"라고 슬라브인들의 잠재력을 웅변하였다.[205]

러시아에서 슬라브 역사에 관한 연구는 니콜라이 1세 치세에 들어와서 발전하게 되었다. 초기의 슬라브사가史家 중에서 주목할 만한 인물은 카람진 Николай Михайлович Карамзин (1766~1826) 이다. 『러시아 국사История государства Российского』에서 그는 슬라브인들을 "이민족들에게 둘러싸이고 때론 종속되어 언어적 통일성을 상실한 채 유럽에 퍼져있는" 종족으로 묘사하고 있다. 카람진은 슐뢰처의 슬라브 방언 분류체계, 그리고 네스토르 연대기의 분류와 유사하게 슬라브인들을 유형화하고 있다. 이러한 슬라브 연구의 발전은 러시아 언어와 역사에 관한 연구가 전제된 것이었는데, '모스크바 고대역사학회(1804)' 등 관련 연구단체들이 설립되고 루먄체프 백작Николай Петрович Румянцев (1754~1826) 등이 막대한 후원을 함으로써 가능하게 된 것이다.

정치적 범슬라브주의의 입장에서 니콜라이 1세 시기는 고난의 시기였다. 니콜라이 1세는 설사 러시아에 적대적인 왕조라 할지라도 정통 왕조들에 대항한 반란 행위를 혐오하였다. 폴란드인들을 노래한 푸슈킨의 시 "서슬라브인들의 노래Песны западных славян"에서 러시아 대중들이 슬라브적 연민을 느끼고 있었던 데 반해, 러시아 정부는 슬라브 종족을 향한 러시아인의 동족감에 침묵하였다.

1830년 니콜라이 1세의 신민이던 폴란드인들이 봉기를 일으켰을 때, 슬라브적 동족성을 언급하는 행위는 역모와 동일시되었다. 1832년 슬라브주의자였던 호먀코프Алексей Степанович Хомяков (1804~1860) 가 독일, 오스트리아, 오스만 튀르크 제국에 있는 슬라브인들을 위하여 보호의 날개를 펴는 러시아 제국을 묘사한 '독수리Орёл'라는 시는 발표하자마자 금지되었다. 범슬라브주의가 슬라브인들의 문화적 자유와 정치적 해방을 지향하고 있다는 점에서 니콜라이 1세는 이 사상적 조류를 불온한 것으로 간주하였다.

1825년 12월, 데카브리스트 사건에 연루되어 '연합슬라브회'가 붕괴되고, 1846년에 우크라이나의 애국주의자 소그룹을 중심으로 '성 키릴과 메토디우스 형제단Brotherhood of Saints Cyril and Methodius'이 결성되었다. '형제단'의 강령에는 슬라브 민족들의 정치적이고 정신적인 통합과 이를 통한 모든 슬라브인의 독립, 그리고 슬라브 시민들의 완전한 평등, 궁극적으로는 '전全슬라브 민족 의회'의 구성 등이 제기되었다. 러시아 정부의 범슬라브주의에 대한 공식적인 입장에는 범죄적이고 위험한 선동'이라는 이념적 불온성과, 러시아의 신성한 신념과 정신을 구현하고 있다는 슬라브주의의 순수성이 공존하고 있었다. 러시아 전제정에 있어서 슬라브주의는 '순수하지만 불온한' 사상이었다.

교육장관 우라노프는 이러한 위험성을 상쇄하기 위해 슬라브주의가 정교와 전제정에 충성을 표시해야 한다고 지시하였다. 니콜라이 1세는 1848년 유럽에서 발생하고 있는 일련의 사태에 분노를 표명하였다. 그가 판단하기에 혁명이라는 유령이 유럽을 떠돌며 차례로 왕정을 무너뜨리고 있었다. 합스부르크 제국의 슬라브인들은 이러한 혁명 상황을 자신들의 교의를 달성하는 데 활용하려 하였다. 당시 프랑크푸르트에서 개최된 게르만 성향의 의회Vorparlament(프랑크푸르트 국민회의)에 대항하여 슬라브인들은 '1848년 혁명'의 와중에 프라하에서 자신들만의 의회를 소집하였다. 만약 니콜라이 1세가 이를 지지하였다면, 오스트리아 합스부르크 제국은 완전히 해체되었을 것이다. 니콜라이 1세는 슬라브인들의 행동들을 진압하기 위해 헝가리에 군대를 파견함으로써 오스트리아 제국을 구원하였다.

슬라브 해방 사상에 대한 러시아 정부의 공식적인 혐오는 슬라브주의자들을 겨냥한 사상 탄압으로 귀결되어 1849년에 두 명의 저명한 슬라브주의자—악사코프 Иван Сергеевич Аксаков (1823~1886)와 사마린Юрий Фёдорович Самарин (1819~1876)—가 체포되었다. 이들은 외국의 슬라브인들과 어떠한 연계도 없다는 해명과 함께 풀려났다. 니콜라이 1세는 슬라브주의자들을 혐오하였다. 그들이 "피압박 슬라브인들을 향한 연민을 가장하여 정당한 정부에 대한 전복을 획책하고 신의 의지가 아닌 혼란을 이용하여 슬라브 통합을 이루려는 불온한 사상을 은폐"하고 있다고 그는 확신하였다.

슬라브주의에 대한 의혹의 눈초리에서 벗어나려 했던 역사가 포고진Михаил Петрович Погодин (1800~1875)은 일찍이 니콜라이 1세의 통치 이념인 '민족성, 정교, 전제정' 원칙에 사상적으로 충실하면서 모든 슬라브인을 하나로 통합하는 단일한 통합 슬라브 국가를 꿈꾸었다. 1838년 비망록에서 그는 "역사는 선택받은 민족들의 계승으로 전진하므로 미래는 슬라브 민족에 속해 있으며 인류 발전의 사명은 러시아에 운명적인 것"이라 고백하였다.

대표적 범슬라브주의자인 포고진이 판단하기에 러시아는 인류의 9분의 1에 달하는 광대한 제국과 통합 슬라브 왕국을 주도해야 할 역사적 사명이 있었다. "유럽 민족의 시대는 이미 지나갔고 그들의 에너지는 소진되어 더 이상 인류의 진보에 기여하기 어려우므로, 슬라브 민족을 대표하는 러시아가 고대와 근대의 문명을 융합하여 인류의 목표인 자유, 학문 예술, 평화 등의 가치를 고양하고 더 나아가 기독교 정신을 발양해야" 할 것이라고 역설하였다.[206]

포고진은 1839년 오스트리아 합스부르크 제국의 슬라브 민족들 속으로 여행한 후 러시아 정부에 보낸 서신에서 '아드리아해에서 태평양에 이르는 슬라브 제국의 굴기屈起'를 예견하였다. 포고진은 "러시아에게 슬라브인들을 구원할 진정한 친구가 유럽에는 없다"고 확신하면서 특히, "러시아가 정통왕조를 보전하고 슬라브 민족들의 독립을 반대하는 등의 합의를 해체의 벼랑 끝에 몰린 오스트리아 제국과 한 것이 가장 부적절한 것"이라 경고하였다. 그는 "러시아 정부가 오스트리아와 튀르크라는 허물어지는 제국에 속한 슬라브인들에 깊은 관심을 표명해야" 한다고 촉구하였다.

그러나 알렉산드르 2세에게 건의하여 설립한 슬라브자선협회Слав янское благотворительное общество의 위원장이던 포고진은 관제민족주의와 범슬라브 사이에서 사상적으로 동요하였다. 포고진조차도 그러한 범슬라브주의적 이상의 실현에서 러시아 정부의 적대감을 넘어서지 못하였다. 그는 이제 집필활동을 통해 사회적 관심을 끌어내기 위해 노력하였으나, 지식인 대중들의 무관심은 정부의 불신보다 더 깨기 어려웠다. 러시아 정부와 사회의 완고함을 일깨우기 위해서는 외부로부터의 근본적인 충격이 필요하였는데, 1853년에 이러한 대변동이 발생하였다.

크림전쟁에서 러시아에 대항한 유럽의 동맹은 러시아로 하여금 유럽에 진정한 우방이 단 하나도 없는 고립무원의 처지를 깨닫게 하였다. 1849년 러시아가 헝가리 봉기를 진압한 덕분에 제국을 유지하게 된 오스트리아조차도 자신의 채무를 '악의적 중립'과 '군사적 협박'으로 러시아에 되돌려 주었다. 크림전쟁은 알렉산드르 1세와 특히, 니콜라이 1세가 외교정책의 근간으로 고수하던 '유럽적 연대성'이라는 개념을 붕괴시켰고 러시아의 인텔리겐치아와 식자층을 지적 권태로움에서 각성시켰다.

1853~1854년 포고진은 연이은 웅변적인 글들을 통해 '어디에서 동맹을 찾을 것인가?'라는 절망적 질문을 던지고 유럽에서 유일하고 소

망스러운, 가장 강력한 동맹은 슬라브 민족임을 열정적으로 토로하였다. 더 나아가 그는 러시아가 모든 슬라브 민족을 해방하여 나폴레옹이 완충지대로 수립했던 '라인연방Rheinbund(1806~1813)'과 유사한 슬라브 연방을 창설할 것을 제안하였다. 이 슬라브 연방의 수도는 콘스탄티노플이 될 것이고, 러시아가 '연방'의 자연스러운 선두가 될 것이었다.

그에 따르면 나폴레옹이 말했듯이, '콘스탄티노플은 세계의 수도'이며, 이 도시는 운명적으로 동방에 속해 있고 동방의 대표는 러시아였다. '슬라브 연방'에는 슬라브 민족뿐 아니라 동유럽 발칸의 정교도들 —그리스, 헝가리, 몰다비아, 왈라키아, 트란실바니아인들—도 포함될 것인데, 내정의 완전한 자율권이 주어진다면 이들도 반대하지 않을 것이라고 단정하였다. 포고진의 슬라브 연방은 러시아의 정치적 현실주의를 내포한 '정교와 슬라브의 문화적 유기체'였다.

범슬라브주의자 포고진의 지적 헌신에도 불구하고 당시 러시아는 그의 이상을 실현할 수 있는 처지에 있지 않았다. 니콜라이 1세는 포고진의 노고를 치하하면서도 그의 범슬라브주의적 관점들이 논리적 정합성과 상황적 현실성 면에서 실현되기 어렵다는 판단을 한 것으로 보인다. 무엇보다도 니콜라이 1세가 지향했던 대외적 목표가 슬라브 세계의 방어가 아니라, 정교회의 보호자로서 러시아의 전통적인 역할을 완수하는 것이었다는 데 범슬라브주의자들은 절망하였다.

그럼에도 크림전쟁의 대재난은 러시아 범슬라브주의가 비밀결사나 사적인 집필활동에서 벗어나 사회 대중운동으로 전환되는 계기를 마련해 주었다. 종교적 감성과 결합한 메시아적 전통, 그리고 낭만적 민족주의와 슬라브 연구의 결합, 러시아의 범슬라브주의와 이에 대한 동유럽 슬라브인의 '러시아 애호주의Russophilia'라는 호응은 모든 슬라브인에게 장밋빛 미래를 약속하는 듯하였다. 게다가 독일과 이탈리아에서 시대정신이던 통일운동이 고양됨으로써 슬라브인들의 통합 열망은 그 역사적 정당성이 확인되는 듯하였다.[207]

슬라브주의자의 매니페스토 ^{manifesto}: '동방은 서방이 아니다'

나폴레옹전쟁이 초래한 민족주의의 충격으로 인하여 러시아에서 슬라브인들에 관한 연구 열정은 배가되었다. 19세기 초반 러시아의 인텔리겐치아에게 지적 방황을 강요했던 운명적인 문제는 러시아의 민족적 정체성 문제였다. 이것은 러시아와 (서)유럽과의 관계, '러시아의 유럽성'이라는 문명사적 연관성에 관한 문제이기도 하였다. 서구와 러시아의 문명적 유대는 이미 표트르의 서구화 개혁 이후로 18세기 내내 러시아 인텔리겐치아에 있어서 중요한 학문·사상적인 선결과제였다.

비록 서구사회에 대한 비판과 서구에 대비되는 러시아 사회의 차별성 등, 러시아의 문명적 특수성이 강조되었을지라도 이러한 정체성 논쟁은 대체로 계몽주의적 보편성의 원칙과 가치를 기반으로 하고 있다는 점에서 유럽 사회와 공통적인 맥락을 공유하고 있었다. 그러나 19세기에 들어와 낭만주의의 문화적 영향과 프랑스 혁명의 정치적 충격, 그리고 나폴레옹전쟁을 통한 이러한 이념과 혁명의 확산으로 러시아의 정체성 문제는 민족적 유일성과 배타적인 민족 가치 등 민족적 교의의 문제로 급진화되는 경향을 보이게 되었다.[208]

초기 민족주의의 대표자 중에서 슬라브주의의 원형을 제공한 쉬슈코프 Александр Семёнович Шишков (1754~1841)—비판적인 학자들로부터 '경멸적인' 의미에서 최초로 '슬라브주의자'라는 칭호를 받은 정치가이자 사상가—는 러시아어가 모든 언어의 가장 기본적 형태이고 모든 언어가 러시아로부터 도출되었다는 논리를 폄으로써 러시아의 언어적 근원성과 순수성에 관해 낭만주의적 평가를 내렸다. 그는 러시아어가 외래어와 결합하여 언어적 순수성이 오염되었으므로 외래어를 제거해 내야 한다는 언어적 민족주의를 강하게 주장하였다.

앞서 언급한 카람진의 『러시아 국사』에 이어 서술한 『러시아 민중사 *История Русского народа* 』(1829~1833)에서 폴레보이 Николай Алексеевич Полевой(1796~1846)는 러시아의 민족적 업적들을 향해 진정한 찬사를 보냈다. 그는 러시아 역사를 유럽적인 것과 아시아적인 것 간의 대립 ─유럽성과 아시아성의 갈등─으로 표현하였다. 이들은 상호 비판적이었으나, 러시아 사회가 역사 문화적으로 독특하고 유일한 민족적 기풍에 의해 생동하고 있고, 이로 인해 여타의 민족들과 근본적으로 구별된다는 공통의 확신을 지니고 있다.[209]

러시아의 정체성 논쟁이 이렇듯 극적인 변화를 경험하게 된 것은 나폴레옹전쟁이 전파한 이념적 영향뿐 아니라, 전쟁 그 자체가 초래한 민족적 자각에서 연유한 바 크다. 1812년 모스크바를 점령한 나폴레옹의 '그랑 아르메 Grande Armée'─60~100만 다국적 '대군'으로 당시 유럽 최대·최강의 군대─를 물리치고 파리에 입성한 알렉산드르 1세의 러시아에서는 이 전쟁을 '조국(수호)전쟁'이라 부르는 것처럼 애국주의적 열정이 고취되었고, 이러한 열정은 민족주의 정서와 결합하였다. 불타버린 모스크바를 재건하는 일은 그 자체로 기념비적인 사업이자 민족적 자긍심을 고취하는 국가적 이벤트였다. 구시가지의 소실된 목재 건물들은 신고전주의적 석조건물로 대체되었다. 일시적으로나마 사실상 '유럽의 황제'였던 나폴레옹에 대항한 승리를 기념하기 위한 기념비적 공공 건축물은 제국의 위용과 민족적 자부심의 상징으로 대중적인 관심을 이끌어 냈다.

전쟁의 승리에서 분출한 문화적 고취라는 사회적 소명은 세계 근대 문학사에서 가장 위대한 작품 중의 하나인 톨스토이Лев Николаевич Толстой(1828~1910)의 『전쟁과 평화』를 낳았다. 이렇듯 러시아 문학가와 사상가들은 여러 작품을 통해 역사상 가장 강력한 군대를 패배시킨 이 '위대한 민족'에 대해 이제 자신들의 민족어, 즉 러시아어로 열변하기 시작하였다. 더욱 유려하고 풍부해진 러시아어가 연대기와 민담 등에 체현된 이야기들을 재구성하고 아름답게 윤색함으로써 민족의 자부심을 드라마틱하게 표현하게 되었다. 민족적 자의식이 개화한 초기에, 이러한 문화적 성취는 카람진이나 폴레보이의 역사서술에서 그리고 러시아의 삶과 역사를 문학으로 승화시킨 푸쉬킨Александр Сергеевич Пушкин(1799~1837)의 작품에서 그대로 재현되었다.

프랑스대혁명에 의해 역사에 헌정되고 나폴레옹에 의해 유럽에 확산된 '민족la nation'이라는 세속적 개념은 이제 스스로 혁명을 배반한 나폴레옹의 제국에 저항하는 비非프랑스 민족들의 구호, 민족해방과 독립의 표어가 되었다. 프랑스대혁명이 창출한 '민족'이라는 개념은 '조국la patrie'이라는 용어보다 덜 가부장적이고 더 참여적인 공동체, 즉 그 속에서 자유와 평등이 '박애(우애)fraternity'의 정신을 통해 구현되는 자유 평등의 통일체를 의미하였다.

국가는 더 이상 불평등하고 계층화된 백성들의 신분에 맞는 차별화된 충성으로 유지될 수 없었다. 이제는 민족과 국민이 국가와 동일시되어야 했다. 러시아의 전제주의는 처음에는 민족주의의 이러한 혁명적 호소력에 대항하여 기독교 이념의 수호를 시도하였다. 알렉산드르 1세가 주창한 '신성동맹'은 민족주의를 비롯한 혁명이념의 확산을 저지하고 정교의 로마노프Романов, 가톨릭의 합스부르크, 프로테스탄트의 호헨졸레른Hohenzollern(프로이센), 이 세 기독교 왕가가 삼위일체가 되어 세속적 이념에 맞서 기독교적 질서를 수호하려는 의도를 내포하고 있었다.

이러한 계몽주의적 민족주의를 러시아화함으로써 이념적 순화와 토착화를 시도한 사람이 니콜라이 1세였다. 1831년 폴란드에서 발생한 민족주의 봉기를 진압한 후에, 니콜라이 1세는 서구식 민족주의 개념을 러시아의 전통적인 개념인 '전제정專制政'과 '정교'에 접맥하여 '전제정, 정교, 민족성народность(국민성)'이라는 제국 통치철학의 이념적 3원칙으로 발전시켰다.

서구의 민족주의 개념에 대응하여 사용된 러시아 버전의 민족주의 용어인 '나로드노스찌народность(민족성 또는 국민성)'는 '나로드(인민, 민중)'라는 단어에서 파생된 것으로, 태생적으로 '반反전제주의적' 의미를 함축하고 있다는 점에서 역설적으로 혁명성을 내포하고 있다. 니콜라이 1세의 계승자인 알렉산드르 2세가 주창한 대개혁의 분위기에서 성장한 러시아의 혁명주의자들은 그들의 이념을 '나로드니체스트브народничество(인민주의)'로 정의함으로써 인민에게 정서적 호소를 끌어내고 있었다.

니콜라이 1세의 특유한 성향의 프리즘으로 굴절된 '민족성'이라는 용어는 매우 독특한 의미를 지니게 되었다. 니콜라이 1세의 '민족성'은 '전제정'이라는 제1의 통치 원칙에 결부되어 제국의 위대성을 발휘하는 도구적 요소로 변용되었다. 프랑스 혁명정신으로서의 민족주의, 자유롭고 평등한 공동체로서의 민족이 아니라 로마노프 왕가의 의지와 전제정에 절대적으로 복속되는 개념으로서의 '민족성(국민성)'을 의미하게 되었다.

이러한 절대적인 복종과 위계질서에 순응하는 통치 원칙에 열광한 니콜라이 1세의 정치적 집착은 사회 차원에서뿐 아니라 대외관계에 있어서 비타협적인 군사적 열정으로 표출되었다. 비타협적인 성향으로 특징되는 그의 강고한 통치를 추동했던 주요 요인은 국내 문제뿐 아니라 대외 문제에 있어서 '무조건적인 현상유지'였다. 유럽과 오스만제국의 정통왕조들을 '혁명'으로부터 보전하는 것은 니콜라이 1세시기 러시아 외교의 주요 목표 중 하나였다.

국내적으로 니콜라이 1세의 정책 초점은 사회조직과 제도를 전통적 형태로 고양하고 보존하는 데에 맞춰져 있었다. 예를 들어, 농노제와 같은 중세 제도가 사회 유지의 제도적 기초로서 인식되었다. 외교 문제에서도 니콜라이 1세의 정책은 왕조적 정통성의 원칙이 대외적으로 더욱 신성시되어야 한다는 왕권신수론divine right of kings적 확신에 의해 좌우되었다. 이것은 공식적으로는 나폴레옹 이전의 유럽 질서를 복원하려는 비엔나체제Concert of Europe를 관철하기 위한 노력으로 표출되었다.

니콜라이 1세의 외교정책은 전全유럽을 휩쓸고 급기야 1848년 유럽 혁명을 야기한 거역할 수 없는 자유주의와 민족주의의 점증하는 파도에 맞부딪히게 되었다. 이러한 정책 원칙에 따라 니콜라이 1세는 1848년 혁명을 정통성과 기성질서에 대한 위협으로 인식하여 군사적으로 진압하려 했다. 혁명 진압을 위한 군사적 시도는 궁극적으로 러시아를 외교적으로 고립시켰고, '유럽의 경찰'이라는 오명을 러시아에 씌우는 계기가 되었다.

러시아의 역사가 프레스냐코프Александр Е. Пресняков가 비판했듯이, 니콜라이 1세의 '나로드노스쯔', 즉 국민성(민족성)의 핵심은 '관제 애국주의'이자 정부를 향한 무조건적인 존중, 군사력에 대한 경외, 그리고 무엇보다도 공적 실체로서의 '러시아를 향한 경의敬意'를 의미하였다.[210] 자율적 실체로서의 '나로드народ(인민)'이라는 다소 축복적인 의미가 아니라, 니콜라이 1세의 '나로드노스찌, 국민성(민족성)' 개념에는 '나로드'가 수동적인 대중으로 해석되었다. 조국을 향한 나로드의 헌신은 전제정에 대한 무조건적인 헌신에서 가장 적절하게 표현될 수 있었다. '3대 원칙Триада'을 창작한 우바로프가 주장했듯이 '조국과 짜르는 불가분'의 관계에 있으며, 인민들은 짜르에게서 자신들의 행복과 힘, 그리고 영광을 발견하게 된다는 것이다.

러시아의 모든 사유체계에 '이념적 구속복'을 채우고 모든 독립적인 사상의 흔적을 근절시키려 한 니콜라이 1세의 의도는 결과적으로 관철되지 못하였다. 니콜라이 1세가 채택한 '나로드', '나로드노스찌'라는 개념을 역으로 활용하여 니콜라이 1세의 통치 이념에 저항하는 사조思潮(슬라브주의 Славянофильство)가 1830년대에 이미 형성되기 시작하여 1840년대에는 러시아 지성계에서 꽃피우기 시작하였다. 이러한 사조의 중요한 부분으로서 민족주의 정서는 러시아 지식사회에 유례없이 광범위하게 전파되었다.

유럽에서처럼 러시아의 민족주의 운동은 19세기 전반에 형성되었는데, 전술한 바와 같이 1830~40년대 유럽의 혁명적 전변 과정의 한 부분을 이루고 있었다. 유럽 사회의 혁명적 변화라는 실천적 활동뿐아니라, 민족 정서에 관한 학문적 정교화 작업 또한 러시아에서 민족주의가 형성하는 데 지대한 영향을 미쳤다. 특히, '인민(민중)Volk', '정신Geist' 등의 개념을 전파한 독일 관념철학과 낭만적 이상주의는 러시아의 민족주의 이념 형성에 있어서 지우기 어려운 지적知的 흔적을 남겼다.

프랑스 혁명에서 부각되어 독일의 관념 철학이 주목한 '인민'이라는 개념은 러시아 민족주의 이념의 중심 개념으로서 국가의 가장 중요한 '원천'이자 고귀한 전통과 역사적 경험의 '담지자' 그리고 국가 에너지의 '근원'으로 여겨졌다. 유럽 민족주의자들의 공통된 인식이 대중의 사회경제적 조건을 향상시키고 문맹 해소 등 공공교육의 개선과 정치·사회적 시민권을 제고시키는 데 있었던 것처럼, 러시아의 민족주의자들 또한 농노제의 폐지 등, 정치적 권리 확대뿐 아니라 인민들을 위한 사회경제적 대개혁을 주목적으로 삼았다는 점에서 상호 이념적 보편성을 담지하고 있었다.

러시아 민족주의는 민주적 사회변혁과 민족의 개조 등을 위한 진보적 운동이라는 특징을 유럽의 민족주의와 공유하고 있었다. 러시아 민족주의자들은 이러한 사회개혁과 민족 개조의 첫걸음이자 '필수불가결한 조건conditio sine qua non'으로 농노제 폐지를 상정하였다. 러시아 민족주의는 농노제 폐지를 비롯한 사회개혁과 민족 개조를 통하여 니콜라이 1세의 보수주의로 인해 상실된 창조적 역동성에 다시 원기를 불어 넣고, 러시아를 더 평등하고 통합된 사회로 변환시키려는 목표를 지향하였다.[211]

민족주의라는 이념이 역사·사회 발전 단계에 따라 상이한 국가에서 상이한 형태로 생성되고 발현되듯이, 러시아 민족주의의 유럽적 보편성에도 불구하고, 러시아 민족주의자들 또한 러시아를 이상화하고 서구에 대항적인 이념으로 민족주의를 변형시키고 토착화하였다. 유럽에 대한 러시아의 관계성이라는 문제는 애초에 민족주의 기획에 있어서 근본적인 질문이었다. 유럽과 러시아 관계의 정체성(관계 정체성) 문제는 유럽에서 러시아 민족주의를 차별화하는 데 기여하였다.

러시아 민족주의자들의 정서에는 18세기 이후로 러시아가 최선의 국가를 지향하고 사회적 역량을 서구사회에 제공해 왔음에도 불구하고 돌아온 것은 러시아에 대한 모멸이었다는 감정이 자리하고 있었다. 러시아인들은 유럽 사회에서 그들의 지위가 정치뿐 아니라 사회문화적으로도 '하위 구성원'으로 치부되고 있다는 사실을 자각하게 되었다. 동의할 수 없는 이러한 현실로 인해 러시아의 진정한 정체성에 대한 실존적 질문이 제기되었다.

1830~1840년대 니콜라이 1세 시기 민족주의자들은 '러시아의 유럽성'이라는 주장이 유럽과 러시아 간에 존재하는 사회문화적 차별성이라는 구조적 간극을 억지로 메우려는 이념적 위장이자 철학적 환상이라고 단언하였다. 그들에게 있어서 러시아는 서구와 차별되는, 어쩌면 화해하기 어려운 가치와 신념 체계에 의해 작동되는 특별하고 유일한 사회였다. 당시 모스크바대학에서 역사학을 강의하던 포고진Михаил Петрович Погодин(1800~1875)은 러시아 민족주의를 상징하게 된 유명한 말, '동방은 서방이 아니다'라는 간결한 문장으로 특유의 러시아적 정체성을 역설하였다. 그는 러시아가 '기후, 기질, 생김새, 혈통, 심상, 신념' 등에서 서방과 '모든 것이 다르다'라고 단언하였다.

이제 민족주의자들에게는 '서구와의 문명적 결별'이 점점 분명해지는 듯하였고, 니콜라이 1세가 자임한 유럽 수호자의 역할은 불필요한 것으로 보였다. 러시아는 자신의 정체성에 대한 내면적 성찰이 필요하였고, 문명 진보의 독립적인 경로를 모색해야 하는 시기가 도래한 듯하였다. 그러나 유럽과 러시아를 묶고 있는 다양한 유대는 오랜 시간 동안 숙고의 노력에 의해 형성된 것으로 의지적 행동 하나로 단순히 해소될 만한 것은 아니었다. 특히 민족주의 운동의 상층부를 형성하고 있는 교육받은 엘리트들은 그들의 반 서구적인 성향에도 불구하고, 그들이 자라나고 교육받은 환경이 유럽적인 것이었으므로, 이미 유럽의 언어에 익숙하고 유럽의 가치에 물든 '유럽인'이기도 하였다.

따라서 유럽으로부터의 유산을 일순간에 거부하는 일은 민족주의 엘리트들에게 심각한 딜레마였고 이러한 딜레마 상태를 해소하기 위해서는 '러시아적인 어떤 것', 즉 러시아에 고유하고 서구적인 것을 대체할 수 있는 긍정적인 '가치와 형질'을 창출해내야 했다. 이러한 러시아적 '가치와 형질'은 민족적 탁월성을 발현시키고 국가의 영광스러운 미래를 수립하기 위한 '러시아 미래의 씨앗'이 될 것이었다.

태동하는 러시아의 민족주의는 러시아적 기풍의 다양한 특성에 따라 각양각색으로 분화되었고 이러한 분화 과정에 어떠한 질서 있는 체계나 논리가 작용한 것은 아니어서 때로는 각기 주장하는 러시아적 특질 요소 간에 상충이 발생하기도 하였다. 예를 들어, 전통주의적인 슬라브주의자의 경우, 러시아(슬라브)적 속성으로 '소보르노스찌соборность(공동체적 일체성)'라는 개념을 강조하면서, 표트르 대제의 서구화 대개혁 이전 시기 러시아가 체화한 유기체적 조화를 강조하였다. 이들은 러시아의 농촌공동체인 '옵쒸나община' 제도에 주목하여, 이 제도를 통해 타락한 서구적 가치와 도덕의 영향으로부터 러시아 사회를 보호할 수 있는 전통적 공동체주의 원칙을 보존해야 한다고 제안하였다.

민족주의의 어떤 분파는 러시아 문명이 서구 문명보다 오래된 더 근원적인 문명이라고 주장한 반면에, 다른 분파는 세계 문명에 아직 구체적으로 공헌한바 없는 러시아 문명의 상대적 유년성幼年性을 강조하였다. 상대적 유년성이라는 개념은, 차다예프Пётр Яковлевичаадаев (1894~1856)에게는 조국 러시아에 대한 독설—러시아가 세계 문명에 기여한 바 없다고 확신한 지식인으로서의 치욕감—로 나타나기도 하지만 게르쩬(헤르첸)Александр Иванович Герцен (1812~1870)에 있어서는 결함 있는 선진 사회인 서구가 경험한 바람직하지 않은 발전경로를 피해갈 수 있는 일종의 '후발성의 이점'으로 해석되었다.

결국 러시아의 민족주의자들은 자신들의 조국 러시아가 타락한 서구와 나머지 세계를 구원해야 하는 특별한 사명을 부여받았다는 신념에 이르게 되었다. 이것은 역사발전 과정에서 '세계정신Weltgeist'의 구현이라는 역사철학적 명제를 러시아 민족에 의한 역사적 사명의 완성에 접맥시킨 것으로 헤겔철학의 영향을 시사하는 것이다. 사회개혁과 민족회복운동으로서 러시아 민족주의는 니콜라이 1세의 반동적인 '공식(관제) 민족(국민)성 Official Nationality'이라는 개념의 반명제antithesis가 되었다. 1830~40년대 니콜라이의 전제적 보수주의에 맞선 민족주의적 이상은 당시 러시아 지식사회의 일종의 '시대정신Zeitgeist'이었다. 이 시기는 러시아의 정치계와 지성계 모두에 있어서 '질풍노도Sturm und Drang'의 시대였으며, 다양한 사상적 조류와 경향 간에 갈등과 대립을 경험한 시기였다.

그러나 슬라브주의자, 서구주의자, 온건 자유주의자, 공상적 사회주의자들에 이르기까지, 이들 간에 차이는 깊었고 미래에 대한 전망 또한 편차가 컸음에도 불구하고, 러시아 민족주의적 이상이라는 공통의 신념을 공유하고 있다는 점에서 지적 연계성이 있었다. 게르쩬이 고백하였듯이, 이들에게는 "러시아 인민, 러시아적 마음가짐, 러시아적 삶 등에 대한 무한한 사랑"이 공감되어 있었고, 러시아의 상징인 쌍두 독수리처럼 서로 다른 곳을 응시하지만 민족주의라는 '하나의 사상적 심장'이 고동치고 있었던 것이다.[212]

범슬라브주의, 양날의 검: 슬라브 왕국, 상상된 공동체

러시아의 범슬라브주의는 러시아 슬라브주의의 이념적 계승자였다. 다시 말하면, 러시아의 범슬라브주의는 러시아의 슬라브주의가 여타 슬라브 민족들을 향한 정치 문화적 관계로 확장된 것을 의미하는 슬라브주의의 대외(관계)적 확장 개념이다. 따라서 범슬라브주의는 태생적으로 대외관계의 성격을 내포하는데, 이것이 국가 범주로 확장할 경우 외교적 의미를 파생시켰다.

러시아의 범슬라브주의와 슬라브주의의 연계성은 앞서 확인한 바와 같이 사상적 측면뿐 아니라 인적·조직적 연계에서도 확인된다. 크림전쟁의 여파로 러시아에서 처음으로 결성된 범슬라브주의 단체인 '모스크바 슬라브자선협회 Славянское благотворительное общество (1858)'의 창립회원(31명)에는 포고진, 호먀코프, 사마린, 악사코프 형제 Константин(1817~1860) и Иван(1823~1886) Сергеевич Аксаков 등 당시 저명한 슬라브주의자들이 망라되어 있었다. 창립 제안자인 포고진은 제2대 위원장이 되었다. 역사학자이자 비교 신학자인 코얄로비치 Михаил Осипович Коялович(1828~1891)가 러시아 슬라브주의의 창시자 중 하나인 사마린의 영전에 바친 헌사에서 "범슬라브주의자들은 의식적으로 슬라브주의자들"이라는 표현은 양자 간의 관계를 간명하게 정리해 주고 있다.

이와 더불어, 시공간적 특수성으로 인해 범슬라브주의와 슬라브주의를 동일시하기엔 양자 간의 부정합성 또한 존재한다는 사실을 인정해야 한다. 원초적 형태로서의 슬라브주의는 니콜라이 1세의 치세에 러시아에서 형성된 특수한 사상적 생성물이며, 창시자들인 호먀코프, K. 악사코프, 키레예프스키 형제 Иван(1806~1856) и Пётр(1808~1856) Васильевский Киреевский 등이 생을 마감함으로써 그 초기 시대는 막을 내렸다. 게르쩬의 표현대로 "그들의 생의 마감과 더불어 러시아 사상의 새로운 전환기가 도래"하였다.

전환기의 범슬라브주의는 대체로 알렉산드르 2세 치세의 역사적 시공간에 해당한다. 범슬라브주의가 크림전쟁(1853~1856) 이후 러시아-튀르크전쟁(1877~1878) 사이에 러시아의 대외관계에 있어서 하나의 사상적 행동주의였다면, 슬라브주의는 범슬라브주의라는 몸체(실천)의 정신(이상)에 해당하였다. '제헌의회 당Кадет(1905)'의 지도자였던 밀류코프 Павел Николаевич Милюков(1859~1943)가 지적하였듯이, "슬라브주의는 그 자체로는 동시대 여타 슬라브 민족들을 향한 공감이 거의 없었"으며, 주요 관심사 또한 국내 문제, 전통 제도와 관습, 러시아적 가치의 복원 등에 있었다.

19세기 중반 프랑스의 러시아사가 르로아-보리외H. J. B. Anatole Leroy-Beaulieu(1842~1912)에 따르면, 슬라브주의는 "외교정책이나 발칸의 슬라브인들과 어떠한 연관도 없고 러시아적인 경향에만 관심이 있으며 범슬라브주의와 부합하지 않는다"는 것이다. 영국의 러시아 연구자 페어스Bernard Pares 또한 "슬라브주의는 순전히 러시아 사상의 생산물인 데 비해 범슬라브주의는 러시아 외교정책의 무기"라고 규정함으로써 양자 간의 부정합성을 주장하였다.[213] 그럼에도, 슬라브주의가 러시아의 범슬라브주의에 적지 않은 영향을 미친 것은 부인하기 어렵다. 예를 들어 세계사에서 각 시대를 주도할 운명과 사명을 지닌 민족들이 시대적으로 계승되고 선택된다는, '선택된 민족'이라는 개념을 범슬라브주의에 전한 것도 슬라브주의였고, 인류 문화에 있어서 '로마-게르만 문화'라는 서유럽적 기준과 구별되는 '슬라브 문화의 분화'라는 논리를 제공한 것도 슬라브주의였다.

슬라브주의는 러시아의 범슬라브주의자들에게 외국의 슬라브 민족들을 판단하는 슬라브적 생활양식의 전형을 제공해 준 반면, 슬라브 민족의 정교적 일체성에 관한 지나친 강조는 오히려 범슬라브주의적 교의敎義를 비현실적이고 분열적인 것으로 만든 측면도 있다. '낡고 부패한 서구'와 '빛나는 미래의 러시아'라는 슬라브주의의 예언은 범슬라브주의자들에게 열정적인 메시아주의를 심어주었다. 슬라브주의는 "초기 범슬라브주의자들이 이론적으로 수용하였지만 후기 범슬라브주의자들이 실천에 있어서 포기한 이상들—보편적 문화, 내면적 정의, 문화적 자기 결정성 등—을 유산"으로 남겼다.[214]

러시아 민족주의의 대표적 사조인 슬라브주의는 19세기 초반에 이미 그 사상적 표현들이 발견되지만 사상체계의 면모를 갖춘 것은 1839년 두 개의 논문이 지식인들의 사교모임에서 비공개 발표되면서이다. 하나는 호먀코프의 「옛것과 새로운 것에 대하여 О старом и новом」이고 다른 하나는 이에 대한 답 글인 I. 키레예프스키(1806~1856)의 「호먀코프에 대한 답변 В ответ А. С. Хомяков」이다. 전자는 슬라브주의 운동의 가장 위대한 사상가로서, 후자는 서구 문명과 러시아(슬라브) 문명 간의 대비를 통한 탁월한 슬라브 문화 연구자로서 당대에 이름을 날렸고 후세에 기억되고 있다.

1841~1843년 사이에 두 명의 뛰어난 사상가인 사마린 Юрий Фёдорович Самарин(1819~1876)과 콘스탄틴 악사코프 Константин Сергеевич Аксаков(1817~1860)가 슬라브주의의 대열에 참여하였다. 이 두 사람은 슬라브 문화의 형성과 보전에 있어서 국가와 사회의 역할을 비교하고 양자의 상대적인 역할에 대해 정의하였는데, 앞서 언급한 대로 러시아 슬라브 문화의 담지자이자 '미래의 씨앗'인 농민공동체('옵쒸나')에 대해 주목하였다. 1847~1848년에는 I. 키레예프스키의 동생인 표트르와 코셸료프 Алексей И Кошелёв가 합류하였다. 뒤를 이어 러시아의 유명한 헤겔주의자들의 연구모임인 '스탄케비치 써클 Circle of Stankevich'의 회원이던 이반 악사코프 Иван Сергеевич Аксаков(1823~1886)—콘스탄틴 악사코프의 동생—가 슬라브주의 대열에 동참하여 그 누구보다도 왕성한 학술 및 출판활동을 통해 슬라브주의의 확산에 지대한 공헌을 하였다.

초기 슬라브주의자들은 크림전쟁 이전까지만 해도 비러시아계 슬라브인들에 실질적인 관심을 기울이지는 않았다. 물론, 크림전쟁 이전에도 호먀코프는 폴란드 등 억압받는 슬라브 민족들을 위한 동정의 글들을 집필한 바 있다. 푸쉬킨, 레르몬토프Михаил Юрьевич Лермонтов(1814~1841)와 더불어 19세기 러시아 3대 낭만주의 시인 중 하나인 표도르 튜체프Фёдор Иванович Тютчев(1803~1873)도 1828년 러시아-튀르크 전쟁과 1830년 폴란드 봉기에서 발칸과 폴란드의 슬라브인들에게 형제애를 표하는 여러 편의 시를 발표한 적이 있다.

이렇듯 슬라브 민족들을 향한 형제애를 표명한 바 있는 호먀코프와 표트르 키레예프스키, 튜체프 등은 외국의 슬라브 민족들이 사는 지역을 여행하면서 이들의 문화와 생활을 체험한 적이 있거나 이들과 연락을 유지하고 있었다. 그러나 이들과 같은 초기 슬라브주의자들은 러시아의 슬라브 문화 이외에 외부의 슬라브 민족을 아우르는 보편적인 연구에는 별다른 업적을 남기지 않았다.

초기 슬라브주의자들이 이방異邦의 슬라브인들에 거의 관심을 기울이지 않았던 이유는 당시 러시아의 시대 상황과 밀접한 관련이 있다. 앞서 몇 차례 지적한 바와 같이, 니콜라이 1세는 유럽의 정통 질서를 유지하는 유럽협조체제의 열렬한 옹호자로서 자신의 신민들이 비러시아계 슬라브 동족들의 해방 문제에 깊이 관여하는 것을 위험한 행위로 간주하였다. 짜르 니콜라이는 이들이 슬라브 민족들의 해방과 독립이라는 대외 문제에 관심을 기울이는 것을 달갑게 생각하지 않았다.

이렇듯 니콜라이의 시대에 범슬라브주의는 슬라브인들의 종족적이고 정교적인 문화적 동질성을 기반으로 비잔틴 세계에서 러시아의 문명적 정통성을 입증하고 전파하는 사상적 나팔이었던 것과 동시에 유럽 외교가에서는 러시아 외교의 무기로 경계하는 양날의 검이었다. 그러한 의미에서 범슬라브주의는, 평등한 인민들(나로드)의 공동체로서의 러시아를 상상함으로써 전제정에 위험한 사상으로 간주된 '순수하지만 불순한' 슬라브주의와 더불어 제국 러시아의 사상적 에너지이자 동시에 정치적 딜레마였다.

이방異邦의 슬라브인들에 사상적 초점을 두지 않은 보다 더 근본적인 이유는 슬라브주의자들이 철학자, 민속학자, 언어학자 등 문필가였다는 사실이다. 모스크바에 있는 문인 써클이라는 점에서 활동 영역의 제한성으로 인하여, 슬라브주의자들에게 유럽의 슬라브 민족들로 구성되는 '슬라브 왕국'(범슬라브주의의 핵심 개념)이라는 개념은, 실제로 체험하거나 확인하기 어려운 상고시대에 근원을 둔 슬라브적 생활양식이나 문화적 원리와 관련된 일종의 추상적인 '상상된 공동체imagiend community'를 의미하였다.

슬라브주의자들이 이러한 슬라브적 생활양식이나 문화 원리의 복원과 보전을 주장하는 경우에도 슬라브적 가치를 통해 동유럽·발칸의 슬라브 공동체의 형성이나 슬라브 민족들의 연대를 목적으로 한 것은 아니었다. 다시 말하면 슬라브 공동체라는 범슬라브주의적 통찰의 결과라기보다는 슬라브적 양식과 문화가 당시 러시아의 사회 내적 모순을 해결하는 데 최적의 방법과 경로를 제시할 수 있다고 확신했기 때문이었다.

이렇듯, 러시아의 슬라브주의자들은 대체로 국경 너머에 있는 외부의 슬라브 동족들이 아닌 러시아인들 스스로를 대변하는 데 사상 운동적 방향이 맞춰져 있었다. 그리하여 슬라브주의는 범슬라브주의의 시각에서 보면 러시아 민족주의적 경로 의존성이라는 한계를 지녔다고 할 수 있을 것이다. 범슬라브주의에 대한 회고에서 코셀료프조차도 러시아 슬라브주의자들은 "슬라브 동족들을 향한 동정과 애정에도 불구하고 이러한 정서가 슬라브주의의 본질적인 특성은 아니다"라고 술회하였다.

러시아 슬라브주의자들이 말하는 '슬라브'의 의미는 전통적인 '러시아적인 것'을 의미하였고, 범슬라브주의의 가능성을 판단하는 중요한 기준 중의 하나는 '정교' 신앙이었다. 1849년 사마린과 I. 악사코프가 황제의 비밀경찰에 의해 체포되어 슬라브주의와 범슬라브주의의 연관성에 관해 심문받았을 때, 악사코프는 범슬라브주의의 실현이 불가능하다는 견해를 피력하였다. 악사코프는 '슬라브 왕국'과 정교회를 동일시하였는데, 범슬라브주의를 실현하기 위한 기반으로 종교적 통일성을 관건으로 상정하였다.

그러나 현실적으로는 슬라브인들 간에 종파적 차별성이 존재함으로써, 예를 들어 보헤미아인과 폴란드인들은 가톨릭을 신봉하여 정교를 신봉하는 대부분의 슬라브인들과 합치하기 어려운 분열적 속성을 지니고 있다는 것이다. 대부분의 동유럽 슬라브인은 이미 자유주의 등 퇴폐적인 서유럽 문화에 오염되어 러시아인들의 순수한 슬라브적 정신에 접목되기 어렵게 되었으므로 이미 진행된 문화적 이질성을 되돌리기가 쉽지 않다는 사실이 강조되었다.

이러한 악사코프의 소극적인 답변은 니콜라이 1세의 범슬라브주의적 위구심危懼心으로 인한 사상 탄압의 험악한 분위기를 감안하여 해석할 필요가 있다. 또한 러시아 중심적 슬라브주의라는 러시아 슬라브주의자들의 민족주의 성향이 이방異邦의 슬라브인들과 범슬라브주의에 대한 사상적 흥미를 약화시킨 것으로도 설명할 수 있을 것이다.[215]

슬라브주의와 서구주의: 하나의 심장을 가진 쌍두 독수리

정치적 실천으로서의 범슬라브주의에 정신(이념)적 토대를 마련해 준 슬라브주의는 하나의 완결된 사상체계라기보다는 서구주의Западичество와 사상투쟁 과정에서 사상적 형태와 요소를 갖추면서 진화하였다. 페트로비치가 '동족상잔의 사상적 복수전'이라고 명명한 19세기 중반의 슬라브주의와 서구주의 간의 사상투쟁은, 게르쩬(게르첸)의 표현대로 "하나의 심장을 가졌으나 서로 다른 방향을 주시하고 있는" 제정 러시아의 상징인 '쌍두 독수리'에 비견되었다.

근대 러시아의 사상적 양대 조류인 슬라브주의와 서구주의는 동일한 학문적 환경을 공유하였다. 그들의 사상적 준거는 독일의 민족주의와 낭만주의, 그리고 이상주의였다. 러시아의 인텔리겐치아들은 '세계관Weltanschauung'을 궁구窮究하는 데 있어서 학문적 갈증으로 인해 흡사 "종교 개종자의 열정으로 이러한 사상들을 통째로 삼켜버린 듯" 하였다. 특히 슬라브주의자들에게는 이성적으로 차가운 칸트류의 비판철학이나 피히테Johann Gottlieb Fichte(1762~1814)의 실천이성에 근거한 무신론적 형이상학과 이성적 신비주의보다는 셸링 Friedrich W. J. Schelling (1775~1854)의 심정적 신비주의와 헤겔의 보편 법칙에 관한 통찰력이 더욱 매력적으로 작용하였다.

슬라브주의와 서구주의는 모두 헤겔의 개념에 기반하여 세계관을 '이데아(이념)의 변증법적 자기실현 과정'을 통해 해석하였다. 이러한 '이데아의 자기실현 과정'을 수행하는 것이 '절대정신'이다. 인류의 역사는 보편적 '절대정신Absoluter Geist'의 단계적 구현을 의미하며, 이 절대정신은 다양한 민족들에 의해 시대적 비약 없이 계승적으로 발전한다는 것이다. 헤겔은 독일 민족이 인류사의 최종적 완성과 보편 문명의 궁극적 성취의 사명을 지니고 있고 이를 쟁취해 낼 수 있으리라 확신하였다.

벨린스키Виссарион Григорьевич Белинский(1811~1848), 게르첸, 그라노프스키Тимофей Николаевич Грановский(1813~1855) 등, 서구주의자들은 서구 문명이 성취하고 있는 보편적 문명에 부합하지 않는 생활양식

들을 거부해야 한다는 입장을 취하였다. 게르첸은 "슬라브주의자들의 오류는 러시아가 독자적인 개별 문명을 지니고 있었다고 상상하는 데 있다"고 보고, 기나긴 역사가 구현된 "서구 사상만이 슬라브인들의 가부장적 양식에 잠들어 있는 문명의 씨앗들을 발아시킬 수 있다"고 확신하였다. 그는 '후진적인' 러시아가 '아시아적' 유산을 거부하고 서유럽이 경험한 발전 단계들을 신속히 통과해야 한다는 점을 역설하였다.

슬라브주의자들은 보편 문명(서구 문명)의 연속적 발전 단계라는 개념을 수용하여 정반대의 결론을 도출하였다. 헤겔은 역사 발전 단계에서 슬라브 민족의 역할을 부정적으로 인식―역사 발전 동력이 결핍된 '어두운 민족'으로 인식―하였지만 슬라브주의자들은 '선택된 민족選民'이라는 개념을 차용하여 보편 문명과 인류 역사의 완성이라는 시대적 사명을 게르만 민족에게서 슬라브 민족의 어깨로 옮겨왔다. 이러한 개념 변용을 통해 슬라브주의는 러시아 범슬라브주의 운동의 핵심 교의 중 하나를 창조해 냈다.

슬라브주의가 러시아의 범슬라브주의에 기여한 가장 중요한 공헌은 러시아가 로마-게르만적 문명과 다를 뿐 아니라, 양립하기 어려운 독자적이고 본원적인 자기 완결적 문화를 가지고 있다는 관념이다. 악사코프가 지적하였듯이 러시아는 "유럽과 결코 유사하지 않은 고유의 생활양식, 즉 독자성Самобытность"을 지니고 있고, 시인 튜체프가 읊었듯이 인류 중에서 '독특한 운명'을 지닌 민족이었다.

물론 슬라브주의자들은 대부분 그들의 철학에서 러시아의 구원이라는 희망을 발견하고자 했던 것이 사실이다. 니콜라이 1세에 의해 광인狂人이라는 법적 판결을 받은 비관적인 슬라브주의자였던 차다예프가 「철학서한(1836)」에서 "러시아는 서방과 동방 어디에도 속해 있지 않다"고 토로한 비탄적 선언은 슬라브주의의 철학적 경계선을 말해주고 있다. 게르첸이 '한밤중의 총성'이라고 극적으로 표현했듯이, 차다예프의 글은 러시아 지성계뿐 아니라 제정 권력에 일대 정신적 충격을 가하였다. 그는 "과거도 없고 미래도 없는 죽은 듯한 고요 속에 러시아가 있고, 낯선 운명의 힘에 의해 인류 발전으로부터 격리된 러시아의 역사는 인류의 문명 진화가 미치지 않은 전제 체제의 역사"라고 고백하면서, 동방과 서방에 걸쳐있는 러시아는 "스스로 계몽하고 지구상의 모든 역사적 운명을 통합했어야 했으나 신은 러시아에게 이런 역할을 주지 않았다"고 비탄하였다.

차다예프는 러시아가 표트르 대제가 던져준 '문명화의 망토'를 집어 들었으나 자신을 계몽하지는 못하였다고 자조하면서도 러시아의 문명적 성취는 모방을 통해서가 아니라 '내면적 발전과 자연적 진보'를 통해 이루어야 한다고 역설하였다. 차다예프의 글은 러시아의 모든 '사색하는 사람들'을 동요시킴으로써 당대 지식인들로 하여금 러시아의 '후진성과 비정상성'에 관한 논쟁을 불러일으켰다. 문제의 근원과 해결 방법, 그리고 러시아가 취해야 할 문명적 진로 등에 대한 일대 논쟁은 러시아 지성계를 슬라브주의와 서구주의로 분기시켰다.

슬라브주의자들은 서구주의자들이 로마의 고전적 전통에 기반한 서구의 형식주의와 법률주의 등에 대한 잘못된 숭배를 사상적 원천으로 삼고 있다고 비판하였다. I. 키레예프스키의 주장대로 이러한 로마-게르만 문명의 현실적 계승자인 신성로마제국은 인위적인 통합체의 성격으로 인해 오래 지속될 수 없으며, 서구사회의 탈출구는 '또 다른 저주'인 '혁명'일 수밖에 없다는 것이다. 이에 비해 러시아는 기독교적 질서와 사회질서의 진정한 연대를 통해 조화로운 생활양식을 완성하였다고 평가하였다. 슬라브주의자들은 러시아 고유문화의 핵심(공동체적 일체성 Соборность)이자 조화로운 생활양식의 본질로서 종교를 강조하였다. 슬라브주의자들은 '슬라브 왕국'의 진정한 종교는 정교Orthodoxy여야 한다는 도그마를 범슬라브주의자들에게 물려주었다.

범슬라브 왕국을 주도해야 하는 러시아인들의 역사적 사명을 도출해 낸 슬라브주의는 범슬라브주의의 역사관과 세계관에 결정적 영향을 주었는데, 이것은 민족주의에 대한 슬라브주의의 견해를 통해 드러나고 있다. 슬라브주의자들이 주장하는 민족주의는 니콜라이 1세가 국가이념—전제주의, 정교, 민족주의의 삼위일체—으로 선포한 '관제 민족주의(국민주의)'와는 차별성이 존재한다.

슬라브주의자들의 민족주의와 니콜라이의 '관제 민족주의'의 차별성은 무엇보다도 어원적인 문제와도 관련이 있다. 러시아어에는 '인민people/folk'과 '민족nantion'이라는 두 개의 개념이 '나로드народ'라는 하나의 용어에 집약되어 있다. 다시 말하면 '나로드'라는 하나의 단어는 '인민'으로도, '민족'으로도 모두 사용할 수 있다. 둘 중 어느 의미를 선택하여 부착시키느냐에 따라 슬라브주의자들은 본인의 의지와는 무관하게 '민족주의자nationalists'가 될 수도 있고 '인민주의자populists'가 될 수도 있다.

전자의 경우에는 니콜라이 1세의 관제 민족주의를 지지하는 그룹으로 오인할 소지가 있고, 후자의 경우에는 19세기 후반 러시아의 혁명 그룹인 '인민주의자(나로드니키)народники'의 계보로 '기계적으로' 분류할 것이다. 관제 민족주의가 '국가state/государство'라는 공적이고 법률적인 제도 개념에 기반하고 있는 데 비해, 슬라브주의의 '민족주의народничество'는 '나라country, страна'라는 의미에서 삶의 터전을 중시하는 '땅land, земля'이라는 비공식적이고 정서적인 문화개념에 근거를 두고 있다.

이러한 연유로 관제 민족주의는 대내외적으로 법률적 대표성을 지니는 공식적인 '러시아 제국'을 향한 충성을 표현하고 있는 데 비해, 슬라브주의는 루스pycь 민족의 '성스러운 러시아'를 찬양하였다. 또한 관제 민족주의는 관료제도, 상비군, 국가기구화 된 교회 등으로 구성된 '정부правительство'에 체화되어 있지만 슬라브주의자들의 민족주의는 '나로드(인민)people', 즉 러시아의 농민이자 '민중'에서 전형화되는 것이다.

앞서 언급한 대로 '인민, 민족, 국민', 그리고 '국가와 나라' 등 문화·사상적인 개념들의 기호작용semiosis뿐 아니라 정치적 의미에서 발휘하는 이중적 속성, 이러한 속성이 사회와 정치 현실에서 표출되는 의미에 슬라브주의자들은 주목하였다. 슬라브주의자들은 과거에는 '국가'와 '땅'이라는 개념이 '인민'들 속에서 서로 조화롭게 공존하고 있었으나, 18세기 표트르 대제의 서구화 이후에 러시아에서 슬라브 영혼의 분열이 초래되었다고 주장하였다. '오염되지 않은 순수한' 슬라브 원칙들을 향한 추종과 서구를 모방하려는 열정 사이에서 슬라브 영혼이 분열되었으며, 악사코프가 강조하듯이 "모스크바는 러시아 민중(루스 민족)의 수도이고, 상트페테르부르크는 황제의 거처일 뿐"이었다.

슬라브주의자들은 교육장관 우바로프가 주창한 국가이념 중 하나인 '전제주의'에 호감을 갖지 않았다. 슬라브주의자들은 러시아의 과거 역사에서 이상적인 모델을 찾았다. 서구화 이전에 '나라의 집회', '모든 러시아인의 의회'로 상징되는 '젬스키 소보르земский собор'—각 계층을 대표하는 신분제 의회—를 주재하던 '러시아 민중의 자애로운 아버지'인 '짜르'라는 용어로 전제주의적인 '황제'라는 서구적 개념을 대체하려 했다. 슬라브주의자들은 러시아의 '황제'가 '짜르'로 다시 태어난다면 '신성 러시아Holy Russia'는 성스러운 힘을 다시 회복할 수 있을 것으로 예견하였다.

슬라브주의자들은 이러한 희망을 니콜라이 1세의 후계자인 알렉산 드르 2세에게서 찾기를 갈망하였다. 악사코프는 알렉산드르 2세의 총 신인 블루도프Дмитрий Николаевич Блудов(1785~1864)를 활용하여 황제 를 슬라브 전통 원리에 따라 계몽하려 하였다. 그에 따르면 짜르는 정 치적 권리를 전적으로 행사할 수 있고 인민들은 생각하고 말할 수 있 는 자연권을 보유하고 있는바, 국가가 자신의 정치적 영역에서 온전한 권력을 소유하고 있듯이 민중들은 자신의 사회적 영역에서 권리를 소 유하고 있으므로, 이 두 영역은 상호 신뢰와 자문, 불간섭 등의 가치로 연결되어 있다는 것이다.

슬라브주의자의 민족주의는 민중을 신비로운 경외심으로 바라본다. 악사코프가 언급하였듯이 그들에게 있어서 "민족의 토양 바깥에는 어 떠한 토대도 존재하지 않고 민중의 바깥에는 어떠한 실제적이고 생명 력 있는 사상도 존재하지 않으므로, 민족의 토양이나 민중에 근거하지 않은 제도는 어떠한 결실도 맺을 수 없는" 유기적 연관성을 상실한 단 순히 인공적인 기구나 장치—서구적 국가를 의미함—에 불과한 것이다. 따라서 슬라브주의자들은 러시아의 역사를 국가와 민중들 간의 '관계 의 기록'으로 보았다.

인민(민중)에 관한 견해에서 슬라브주의와 서구주의자는 결정적인 인식적 대립을 표출하고 있다. 서구주의자인 그라노프스키는 인민대 중은 본성적으로 "역사와 자연결정론에 의해 정체되어 오직 개별 존 재만이 자신을 지적으로 해방시킬 수 있고 역사는 지성인들에 의한 대 중의 해체 과정으로 이루어져 있다"고 보았으므로, 민중이나 인민대 중이 아니라 엘리트의 역할을 역사 발전의 중심에 두었다. 이에 반해 슬라브주의자 호먀코프는 "민중은 모든 것을 의미하고 역사의 위대한 현상들은 전체 민중의 보편적인 열망에 의해서 창출된 것"이라고 주장하였다.

I. 악사코프는 이러한 논리를 계승·발전시켜 "인간의 사회적이고 사적인 이상은 가장 완벽한 정부의 이상보다 더 높은 지위"에 있다는 점을 강조하였다. 민중이라는 개념에 사회적 의미와 동시에 형이상학적 가치를 부여하는 슬라브주의에 있어서 민중 또는 인민은 인류 보편사라는 역사 사슬의 고리에 해당하였고, 헤겔의 '절대정신'은 개별 민족들에 의해 진전되는 역사정신을 의미하였다.

악사코프가 지적한 대로, 인간이 고유한 개성 없이 존재할 수 없듯이 '나로드'도 고유의 민족성 없이는 존재할 수 없으므로, 고유한 '독창성 самобытность'를 보유하는 것은 보편이념에 대한 개별 민족의 책무이며, 이럴 때 만이 인류의 진보에 그들만의 특별한 공헌을 하게 되는 것이기에 각 민족은 문화적 자기 결정권이라는 자연권을 지니고 있다는 논리였다.

따라서 슬라브주의자들은 역사적 민족과 비역사적 민족, 다시 말하면, 민족적 존재와 문화 그리고 보편적 사명을 명백히 자각하고 있는 민족과 그렇지 않은 종족집단을 구별하였다. 슬라브주의자들은 모든 민족을 향한 존중을 표명함에도, 보편문명적 이념(슬라브주의의 보편적 사명)을 추종함으로써 소수민족들의 문화적 자기 결정권 요구에 대해서는 부정적인 입장을 취하였다. 그 근거는 소수민족이 보편적인 민족적 사명을 수행할 만한 물질적 수단을 보유하지 못하였다는 것이었다. 이리하여, 러시아의 슬라브주의자들은 러시아 범슬라브주의자들에게 역사(세계사)에 대한 관점, 로마-게르만 문명과의 비양립성, 범슬라브 세계를 대표하는 러시아 민족의 역사적 사명 등 인식론적 유산을 남겨주었다.[216]

2. 유럽의 미래와 '범슬라브 연방'

러시아는 유럽인가?: 로마·게르만 대 그리스·슬라브 문명

러시아의 범슬라브주의는 포고진, 악사코프, 사마린, 라만스키Влади
мир Иванович Ламанский (1833~1914), А. 힐퍼딩 Александр Фёдорович
Гильфердинг (1831~1872), 다닐렙스키 Николай Яковлевич Данилевский
(1822~1885) 등에 주로 사상적으로 의존하고 있다. 이들에 의해 러시아
에서 범슬라브주의는 경건하고 성찰적이며 낭만적인 철학이 대외적
인 개입을 옹호하는 전투적 강령으로 발전되었다. 러시아의 범슬라브
주의는 유럽이 서로 양립하기 어려운 두 개의 세계─로마·게르만 문명
과 그리스·슬라브 문명─로 분리되어 있다는 슬라브주의의 사상적 전제
에 기반하고 있었다.

범슬라브주의자들은 슬라브적인 러시아가 보편적 역할을 수행하기
에 서구문화보다도 더 고귀한 독자적인 문화를 보유하고 있다고 주장
하였다. I. 악사코프는 그의 정기 간행물 『날Day, День』 1861년 10월호
에서 "슬라브 정교세계에 대한 서구의 본능적인 혐오는 일시적인 정
치적 대립이 아니라 깊게 감추어진 이유로부터 유래하는데, 그것은 상
호 대립하는 정신적이고 도덕적인 두 원칙 간의 적대감에 기인"한다
고 주장하였다. 이에 따라, 세계사에서 자신의 영광스러운 사명을 이
미 완수한 '소진된 서구'가 동유럽에서 새로운 문명 세계가 발흥하는
것을 방해하려는 목적으로, 이 새로운 문명 세계를 주도할 러시아의
물질적이고 도덕적인 역량을 차단하려 한다는 것이다.

이러한 연유로 (서)유럽은 "이슬람의 폭정에 맞서 기독교 신앙과 자
유를 지키려 투쟁하는 발칸의 정교도를 철저하게 외면하였다(День
1862년 35호)." I. 악사코프는 서구사회가 '슬라브 민족성'을 인정하지

않는다고 주장하였다. 서구사회가 "슬라브인들을 '값싼 영혼anima vilis'으로, (서)유럽인들의 하층민으로, 로마-게르만적 문명화 사명의 한갓 '퇴비Düngmittel'의 역할로 멸시"할 뿐 아니라, "러시아의 존재 자체가 오류로서 유럽에 대한 범죄이자 죄악으로 간주"하고 있다는 비평(신문 『모스크바인Москвич』1868년 1월 26일자)이었다.

시인 튜체프는 서구가 러시아에 대해 음모적 생각이나 해악적인 시도 외에 어떤 것에도 흥미를 지니고 있지 않기에, 러시아를 위한 정책을 상정하면 서구는 단지 결별의 대상일 뿐이고 "러시아와 유럽 사이에는 어떠한 동맹도 존재할 수 없다"고 냉소하였다. 그는 이러한 유럽과의 결별 또는 분리 정책을 '악의적 중립malevolent neutrality'이라 불렀다. 상트페테르부르크 대학 역사학자로서 범슬라브주의를 행동강령으로 전환시킨 라만스키 또한 "동방과 서방의 상호 증오와 불화가 너무 심대하여 두 적대적인 진영 간의 화해와 일치는 둘 중 하나가 투쟁에서 결정적으로 패배하기 전까지는 무망하다"고 단정하였다.

다닐렙스키(다닐레프스키)는 '로마·게르만 세계에 대한 슬라브 세계의 정치·문화적 관계에 관한 시선(견해)'이란 부제가 붙은 그의 역작 『러시아와 유럽Россия и Европа』(1869)의 서두에서 '왜 유럽은 러시아를 적대시하는가?' 하고 항의하고 있다. 다닐렙스키의 이러한 항의의 배경에는 1864년 슐레스비히-홀스타인Schleswig-Holstein 문제로 프로이센이 덴마크를 침공한 사건이 자리하고 있다. 다닐렙스키는 "프로이센의 부당한 침입으로부터 약소국 덴마크를 보호하는 데 주저했던 유럽과, 조약을 수호하고 기독교도의 종교적 자유를 방어하기 위한 크림전쟁에서 러시아에 대항하여 이교도 터키를 지원하기에 몰두했던 유럽을 보며 고통스런 역설을 인식"하게 되었다.

덴마크 홀스타인 문제와 크림전쟁을 대하는 유럽의 이율배반적 행위를 비교하면서 범슬라브주의의 대표 사상가인 다닐렙스키는 "문명적이고 자유로운 덴마크에 대한 외면과 야만적이고 횡포한 튀르크를 향한 연민은 도대체 어디에서 비롯된 것인가?" 하고 반문하였다. 그는 이러한 현상이 "우연적이거나 특정 정파의 음모라기보다는 전 유럽의 집단적인 외교 행동의 결과"라는 데 근원적 심각성이 존재한다고 진단하였다.[217]

다닐렙스키는 나폴레옹전쟁과 1848년의 유럽혁명전쟁 시에 유럽에서 러시아의 군대가 유럽을 위해 싸워온 것을 상기시키면서 로마-게르만 세계가 러시아를 두려워할 이유가 없다고 강조하였다. '러시아는 자유와 계몽주의의 적'이라는 서구의 책망을 반박하면서 다닐렙스키는 예카테리나 2세와 알렉산드르 1세가 유럽에서 가장 걸출한 계몽군주였다는 사실을 강조하였다.

알렉산드르 2세가 농노제 폐지(1861)라는 계몽주의적 대개혁을 단행했음에도 유럽이 러시아에 다가오지 않은 것은 유럽의 편견이 근원적인 것이라는 사실을 반증한다고 주장하였다. 더 나아가 러시아를 잘 알지 못한다는 '유럽의 변명'에 다닐렙스키는 "산스크리트어에서 이로코이족Iroquois(북미 원주민)의 언어에 이르기까지, 천체의 법칙에서 미생물의 구성에 이르기까지 모든 것을 파악하고 있는 문명화된 유럽이 단지 러시아에 대해서만 무지한 것인가?" 하고 비꼬면서 "알려고 하지 않기 때문에 모르는 것"이라고 냉소하였다.

그렇다면 (서)유럽이 러시아를 혐오하는 진정한 이유는 무엇인가? 다닐렙스키는 "유럽이 러시아를 자기 것으로 인정하지 않기 때문"이며, 보다 현실적으로는 "유럽이 북미나, 중국, 인도, 아프리카에서 한 것처럼, 자신의 이익을 위해 착취하고 자신의 형상과 이미지대로 조형할 수 있는 재료로 러시아를 활용할 수 없기 때문"이라고 단언하였다. 그러나 무엇보다도, 러시아에 대한 유럽의 적대감은 자유의 억압이나, 세력균형, 제국주의 등을 이유로 한 것이라기보다는 '민족들의 역사적 본능'을 구성하는 끝 모를 열렬한 '동정과 반감'에 기인한다는 것이다.[218]

크림전쟁이 발발하였을 때, 식민주의를 찬양하고 동방 진출을 옹호한 영국의 계관시인Poet Laureate이자 노벨 문학상(1907) 수상자이기도 한 키플링Joseph Rudyard Kipling(1865~1936)—영국의 제국(주의)정책의 열렬한 찬양자이자 오리엔탈리즘의 선구자—이 태어나기 한 해 전에 이미 포고진은 러시아 범슬라브주의 상징적인 구절인 "서방은 서방이고 동방은 동방"일 뿐이라고 선언하였다. 포고진은 "러시아는 기후, 지형, 기질, 혈통, 골상, 외모, 사고방식, 신앙, 열정, 희망, 관계성, 역사 등 모든 것이 서구와 다르다"고 단언하였다.

I. 악사코프는 '동방과 서방'이라는 개념이 단순히 "지리적인 개념이 아니라 인류 역사에서 실질적인 힘으로 작용하는 문화적인 차이를 규정하는 질적인 개념"이라고 정의하였다. 이와 관련하여, 다닐렙스키는 "러시아가 유럽인가?"라고 물은 뒤 "다행이든 불행이든 러시아는 유럽이 아니"라고 답하였다. 그 또한 유럽과 러시아의 차별성이 지리적 개념과 관계없다고 밝히면서, "유럽은 라틴-게르만 문명의 영역이며, 러시아는 봉건제, 가톨릭, 종교개혁 등 유럽의 역사발전 과정에서 참여하지 못하였으므로 러시아는 유럽에 속해 있지 않고 유럽임을 가장하거나 자임할 이유도 없다"고 주장하였다. 포고진처럼 그에게도 동방은 서방이 될 수 없는 것인데, 동방과 서방이 분리된 이유가 단순히 지리적 편의성에 의한 것이 아니라, 인간의 의지를 형성시키고 인간의 의지보다 강한 규정력을 발휘하는 역사·문화적 원칙에 의한 것이기 때문이었다.

다닐렙스키 이전의 초기 범슬라브주의자들은 슬라브주의의 영향 아래, 동방과 서방이라는 분리된 개별적 '세계'에 주목하고 이 세계를 문화의 체계로 파악하였다. 문화 체계로서 각각의 세계들은 다른 문화 체계와는 구별되는 독자적인 세계를 의미하였다. 라만스키에 있어서 세계를 구분하는 '문화'는 슬라브주의자들처럼 종교와 동일시되었다. 그에게 각각의 종교는 하나의 문명 체계로서 독자적인 세계를 이루는 것으로, 불교 문명 세계, 유교 세계, 이슬람 세계 등으로 구현되는 것이었다.

그렇다면, 문화 체계로서의 이러한 '세계들'은 어떻게 형성 발전되었는가? 언어·민속학자 알렉산드르 힐퍼딩Александр Гильфердинг(1831~1872)은 "인간의 역사는 그것의 내적 발전을 직접 결정하는 자체의 고유한 유기적인 법칙에 의해 창조된다"고 진술하여 세계의 형성·발전 과정의 우연성을 배제하였다. 악사코프 또한 인간의 역사발전의 법칙성을 인정한 바 있었다. 그럼에도 초기 범슬라브주의자들은 역사발전에 관한 이러한 견해들을 슬라브적 시각에서 이론화하거나 법칙화하는 데까지 이르지는 못하였다. 시의적절하게 비로소 역사발전에 대한 범슬라브주의적 이론화를 시도한 사람은 다닐렙스키였다.

자연과학자이기도 했던 다닐렙스키는 자연과학의 성과를 활용하여 인간문명은 '역사문화적 유형들'이라는 실체들에 따라 분류된다는 이론을 폄으로써, 보편역사를 '절대이념의 단선적인 발전unilinear development of Absolute Idea'으로 간주한 슬라브주의의 헤겔철학적 편향을 거부하였다. 다닐렙스키는 인간사회를 살아 있는 유기체에 비유하여 설명하였다. 이에 대해 러시아 출신 현대 사회학자 소로킨Pitirim A. Sorokin/Питирим Сорокин(1889~1968)은 생물학적 분류체계에 기반한 다닐렙스키의 역사이론을 사회철학적 관점에서 분석하였다. 소로킨에 따르면, 동식물학이 동식물의 단일한 위계적 발전이라는 단선적인 분류 방식을 폐기하고 다양한 유형으로의 분화 발전이라는 유기체의 '다선적 발전multilinear development'과 각각의 진화경로의 완결성을 인정하듯이, 인간사회('세계')에도 다양한 '역사·문화유형' 또는 '문명'이 존재하며, 각각의 문명은 독자적인 경로와 완결성을 지닌다는 것이다.[219]

다닐렙스키는 "모든 생물에게는 특정한 수명이 주어져 결국 사멸에 이르게 되듯이, 지질학과 고생물학은 모든 생물종이 생성·성장·쇠퇴·소멸의 과정을 겪는다는 사실을 증명해 주고 있으며, 이러한 생성·소멸의 과정이 인간에게도 적용된다는 것을 역사가 말해준다"[220]는 '유기체적 역사발전론'을 피력하였다. 이러한 다닐렙스키의 유기체적 역사발전론은 문명의 생성과 소멸 과정으로 역사를 서술한 유기체적 역사 서술방식의 효시 또는 대표작으로 되는 슈펭글러Oswald Spengler(1880~1836)의 『서구의 몰락*Der Untergang des Abendlandes*』(1918~1922)과 토인비 ArnoldJ. Toynbee(1889~1975) 『역사의 연구*Study of History*』(1934~1961)보다 반세기 이상 앞선 것이다.

다닐렙스키는 인류를 언어·인종적 대분류에 기초하여 10개의 역사·문화유형 또는 독창적인 문명 유형으로 분류 설정하였는데, 이 유형에 슬라브 문화유형을 포함하지는 않았다. 왜냐하면 그가 판단하기에 세계사에서 슬라브 문명의 시대가 아직 도래하지 않았기 때문인데, 이제 슬라브인들에게 이러한 문명적 사명을 짊어져야 할 시간이 다가오고 있다는 의미일 것이다. 이러한 문명 유형에서 중추적인 역할을 하지 않은 지구상의 나머지 종족들, 다시 말하면 세계 인류사에서 긍정적이거나 부정적인 어떠한 역할도 하지 못한, 역사적 개성을 지니지 못한 인종들은 역사적 유기체(역사·문화유형) 속에서 '비유기체적 존재'임을 의미하는 '비역사적 민족들'이자 단지 생물학적인 '인종체'일 뿐이며 쇠락한 문명의 잔여물로서 존재할 뿐인 것이다.[221]

다닐렙스키에 따르면 역사·문화유형들과 그에 고유한 문명들은 운동·발전하는 데 있어서 다섯 가지 법칙에 따라 규정된다. 첫 번째 법칙은, 모든 인종 또는 민족 집단은 개별언어 또는 언어군에 의해 구별되며 이를 통해 그 동족성이 바로 확인될 수 있다. 두 번째, 문명이 형성 발전되기 위해서는 그에 속한 민족들이 독립을 향유해야 한다. 세 번째, 특정 역사·문화유형에서 문명의 근본 토대와 원칙은 다른 역사 문화유형의 민족들에게 전달될 수 없다. 왜냐하면, 각각의 문화유형들은 과거와 현재의 여타 문명으로의 영향 아래, 자기 스스로 이러한 토대와 원칙을 창조하기 때문이다. 넷째, 문명은 그것을 구성하는 다양한 인종적 요소들이 자주성을 향유하면서 연방이나 국가들의 연합 체계를 창설할 때 완전성, 다양성, 풍부성 등을 획득할 수 있다. 다섯째, 역사문화유형의 발전경로는 '일임성一姙性 다년생 식물monocarpic perennial plants', 즉 다년생 식물로서 전 생애에 한 번만 개화하고 결실하는 식물의 경로와 유사하다.

이 다섯 가지 법칙이 지향하는 바는, 공통의 언어를 통해 문화적 동족성이 확인된 사람들은 보편적인 문화적 단일체 내에서 내적 다양성을 보전해 주는 정치적 연합체를 형성해야 한다는 것이다. 다시 말하면, 로마-게르만 문명(서구문명)이 소진하여 해체의 마지막 단계에 있고 슬라브 민족이 영광스러운 미래의 문턱에 있다는 판단 아래, 역사적 발전단계에서 아직 자신의 시대가 개화되지 않은 슬라브 역사문화유형이 이제 역사 전면에 부상할 때라는 범슬라브주의자들의 열망이 표출된 것으로 볼 수 있다.[222]

범슬라브주의의 정교·슬라브 세계: '제국의 정체성'
19세기 유럽 문명의 대단한 성취가 역설적으로 그 창조적 원동력이 이미 쇠퇴의 경로에 진입하기 시작했다는 것을 의미한다고 다닐렙스키가 강조했듯이, 이제 독자적인 슬라브 문명의 시대가 도래하고 있다는 것이 범슬라브주의자들의 주장이었다. 이러한 문명의 발전은 역사적으로 예정된 것이므로, 만약 슬라브인들이 이러한 문명적 사명을 방기한다면 역사적 기회가 다시는 그들에게 주어지지 않을 것이라고 경고하였다.

그러나 슬라브 민족의 문명적 사명을 강조하고 있음에도 다닐렙스키를 비롯한 범슬라브주의자들은 당시 서구에서 유행하던 생물학적 인종 분류 개념에 기반한 인종 우월주의는 배척하였다. 다만 드물긴 하지만 호먀코프 등 일부 범슬라브주의자들은 슬라브 민족이 단일한 '생리학적 실체 집단'이라는 점을 강조하기도 하였지만, I. 악사코프 등 대부분의 범슬라브주의자는 신체적이고 인종적인 친족성 문제에서는 부정적인 견해를 분명히 하였다. 악사코프는 "생리학적인 특징은 민족성과 자결권을 구성하지 못하며, 민족성은 도덕적이고 정신적인 개념"이라고 반박함으로써 민족성을 역사·문화적 개념으로 설명하고 있다.[223]

범슬라브주의자들이 대체로 생물학적 인종 분류에 부정적인 이유는 그들 자신이 당시 유럽에서 유행하던 생리학적 인종 분류학의 희생물이 될 개연성이 컸기 때문이다. 이후 생물학적 인종주의로 변질되는 이러한 인종 우생학적 연구 경향이 결과적으로 슬라브인들을 희생양으로 한 것—예를 들어 히틀러의 슬라브 인종청소론—이라는 사실은 역사가 증명하고 있다. 이러한 배경에서 다닐렙스키도 신체적 특성 등 생리학적 특징에 의한 종족적인 친족관계 또는 민족성 구분에 이의를 제기하였다.

다닐렙스키는 인간의 두개골 형태(크기와 각도)—단두短頭 brachycephalic

와 장두長頭 dolichocephalic로 구분— 등을 기준으로 인류를 구분한 레치우스Anders Adolf Retzius(1796~1860)의 인류 유형분류 연구가 유럽에서 '장두長頭' 유형의 인종(게르만 등 아리안 계통의 민족들)이 진보된 문명 창출에 적합하다는 인종적 민족 우월주의 경향으로 해석되는 것에 비판적이었다. 레치우스의 연구분석 체계는 다닐렙스키에게는 인류의 수직적 위계질서를 증명한 것이 아니라 인류의 수평적 유형분류를 의미할 뿐이었다.[224]

실제로 러시아 슬라브인들은 생물학적 민족성 연구를 활용한 정치적 선전의 희생물이기도 하였다. 폴란드 민족지학자ethnographer이자우크라이나 애호주의자Ukrainophile였던 두친스키Franciszek Henryk Duchiński(1816~1893)가 유럽에 퍼트렸듯이, 러시아인들은 진정한 슬라브인이 아니라 슬라브어를 말하는 '슬라브와 몽골 및 핀족Finns의 잡종'이라거나, "러시아인을 살짝 벗겨내면 타타르(몽골)인이 드러난다"거나 하는 이른바 '우랄 알타이 어족론Turanian Theory'이 당시 유행하였던 점을 감안하면 생리학적 인종주의에 대한 러시아인들의 거부감을 이해할 수 있을 것이다.

폴란드 분할에 따른 민족 감정을 고려하면 러시아인을 겨냥한 두친스키 류의 이러한 인종적 혐오주의를 이해할 만하다. 그러나 공교롭게도 폴란드인들도 유럽 문명에 완전히 귀속되지는 못하였다. 유럽 인종주의자들에게 폴란드인과 러시아인은 그저 그렇게 비슷한 슬라브인이었을 뿐이다. 이러한 의미에서 폴란드인들 또한 러시아인들과 함께 반反슬라브 인종주의의 희생양이 되었다. 인종주의의 인류적 상징인 히틀러가 학살을 자행한 대표적인 두 슬라브 민족이 폴란드인과 러시아인이었다는 사실이 그 문명적 반증이라 할 수 있다.

도덕적 단일체로서 슬라브 민족을 지칭한 A. 힐퍼딩은 종족의 특성이 '정신적이고 사회적인 근본 개념들'에 의해 결정된다고 보고, 이러한 도덕적 자질들은 교육 등의 영향을 통해 시대와 환경에 따라 변하지만 항상적으로 존재하는 민족의 속성들이라는 입장을 견지하였다. 그는 진정한 슬라브 세계의 뚜렷한 특징은 농업적 생활양식에 기반한 공동체성—러시아의 '옵쒸나Община'와 발칸의 '자드루가Задруга'—이라고 지적하고, 이러한 농민공동체가 구성원의 평등과 조화에 토대를 둔 이상적이고 도덕적인 통합체로서, 그 구성원인 농민들에게 도덕적 독립의 자각과 인간의 존엄감을 부여하는 물질적 안전을 제공한다고 주장하였다. 힐퍼딩은 슬라브 공동체가 구성원의 자유와 공동체의 권위 간의 갈등 문제를 만장일치라는 공동체적 합의 방식을 통해 슬라브적 가족생활의 존엄성과 슬라브적 사회 민주주의를 보존하고 있다고 평가하였다.[225]

범슬라브주의 또 다른 이념적 기둥은 정교회 신앙인데, 정교회만이 슬라브적 삶과 진정으로 일치한다는 것으로 범슬라브주의가 슬라브주의로부터 물려받은 어쩌면 골치 아픈 유산이기도 하다. 왜냐하면 정교회 신앙을 슬라브 민족의 기본적 규준으로 삼는 것은 정교도나 가톨릭교도를 불문하고 모든 슬라브인을 통합해야 한다는 낭만적인 범슬라브주의에는 물론이고, 슬라브인들의 다양한 종교 구성비—로마 가톨릭 약 1,960만 명, 그리스 가톨릭과 우니아트 315만 명, 프로테스탄트 144만 명, 무슬림 90만 명 등—라는 현실적인 조건에도 부합되지 않기 때문이다.

그럼에도 범슬라브주의자들에게는 "동유럽 세계는 정교-슬라브 세계이며 그 대표는 러시아(I. 악사코프)"였고, "가톨릭은 라틴 문명의 구현체(I. 사마린)"였으며, "슬라브의 유럽은 정교적 유럽(V. 라만스키)"를 의미하였다. 따라서 그들에 있어서 슬라브 공동체의 우월성은 생물학적인 인종적 특징에 의해 설명되는 것이 아니라 정교회에 기반한 그리스-슬라브 세계의 문화적 독특성에 의해 해명되는 것이다. 따라서 그들은 성 끼릴Saint Cyril과 성 메토디우스Saint Methodius를 숭앙했을 뿐 아니라 로마 가톨릭에 저항한 체코의 순교자 후스John Huss(1369~1415)를 정교회의 순교자로서 슬라브인들의 역사 문화적 유대의 상징으로 숭배하였다.

그러나 실천적인 면에 있어서 대부분의 범슬라브주의자는 종교적 단일성에 연연하지 않았으며, 가톨릭 슬라브인들과의 관계에서도 유연한 입장—폴란드 가톨릭교도는 제외하고—을 취하였다. 1867년 '모스크바 범슬라브주의자 대회'에서 포고진이 기념사를 통해 던진, "우리 러시아인들은 그가 누구인지 무엇을 믿는지 묻지 않는다"고 한 발언은 범슬라브주의자들의 정치적 세속성을 일정하게 드러낸 것으로 평가된다. 실제로 러시아의 범슬라브주의 단체들은 비러시아계 슬라브인들 중에서, '비非정교도 슬라브인'들이 정교로 개종하는 문제에 그다지 흥미를 나타내지 않았다.

그러나 그들은 논리적 필연성에서 슬라브인들의 정교적 단일성을 주장해야 했다. 범슬라브주의자들은 슬라브인들을 위한 이상적인 삶의 양식에 관해 슬라브주의자들의 정의를 수용하면서 종교적 규준을 문명의 핵심 요소로 인정했기 때문이다. 심지어 강경한 현실주의자인 다닐렙스키조차도 "어떻게 정부가 그리스도로부터 자유로울 수 있단 말인가?" 하고 반문한 바 있으며, I. 악사코프 또한 "민족성이 신앙보다 위에 있다는 생각보다 치명적인 것은 없다"고 토로하였다.[226]

이 밖에도 이상적인 슬라브적 삶의 양식을 파악하는 데 있어서, 비러시아계 슬라브인들에 관한 인식과 평가는 러시아 범슬라브주의의 특성을 설명하는 중요한 기능을 하고 있다. 무엇보다도 폴란드인들을 대하는 범슬라브주의자들의 편견은, 스스로가 주장하는 '슬라브인들

의 진정한 수호자이자 해방자'라는 러시아의 대외적 자부심과 슬라브
적 관용에 박힌 '정서적 가시'였다. 러시아 범슬라브주의자들이 보기
에 슬라브 통합체 창설에 관한 이상적인 청사진—평등하고 독립적인 슬
라브인들의 자발적인 평화공동체—을 그리는 데 있어서 폴란드 문제는 가
장 성가신 부분이었다.

폴란드인들은 이미 러시아 제국에 복속된 속민이고, 과거에 러시아
의 땅을 피로 물들게 한 역사적 원수이자 로마 가톨릭 신봉자들, 그중
에서도 가장 열렬한 교황권 지상론자들이라는 편견이었다. 또한 폴란
드는 슬라브 민족의 국가임에도 불구하고 라틴 문명의 성직자와 봉건
귀족, 그리고 부르주아 인텔리겐치아의 영향 아래 서구주의에 오염된
로마 가톨릭의 '슬라브 요새'였다. 이렇듯 폴란드는 러시아의 범슬라
브주의자들에 있어서 '서구문명의 희생양'이 아니라 '아첨하는 배교
자'였으므로, 폴란드인들은 범슬라브주의자들이 상정한 슬라브 민족
의 척도에서 동등하게 평가되기 어려웠다.

신성로마제국과 합스부르크 제국의 퇴행적 유산인 오스트리아-헝
가리 제국에 복속된 슬라브인들은 서구 제국주의의 희생자로서 동정
을 받았다. A. 힐퍼딩에 따르면, 이 슬라브인들은 비록 다소 손상되긴
하였지만 슬라브적 정체성을 여전히 보존하고 있었으며, 19세기 초반
에 부흥한 그들의 탁월한 민족운동이 이러한 슬라브적 정체성의 힘을
증명해 준 것이다. 다른 한편으로, A. 힐퍼딩과 러시아 범슬라브주의자
들은 오스트리아-헝가리 제국 내의 슬라브인들에 이념적 비판의식을
지니고 있었다. 그들은 이 지역으로의 여행 경험을 통해 오스트리아 제
국 내 슬라브인들의 삶의 양식이 러시아와 다르다는 것을 체험하였다.

이러한 연유로 러시아가 슬라브적 전통의 순전한 담지자이며 '서구
슬라브'인들은 이미 독일화되거나 또는 유럽화되고 있다고 비판하였

다. 특히, 라만스키는 체코 여행을 통해 보헤미아인들이 "외견상으로
는 러시아와 유사한 슬라브적 양식을 보존하고 있었으나, 토지의 공동
소유와 공동체의 공동 관할 등 슬라브의 핵심적인 공동체 운영 원리가
존재하지 않는다"고 한탄하였다.

체코 모라비아 지방으로 여행한 A. 힐퍼딩(길페르딩)은 라만스키와
는 약간 다른 인상을 남겼는데, 도시의 모라비아인들과는 다르게 농촌
의 모리비아인들은 전통적인 슬라브 생활양식을 비교적 잘 보존하고
있었다. 그러나 보다 본질적인 문제인 서구적 슬라브인들의 민족 정체
성 인식에 관해서는 힐퍼딩도 혹평하였다. 그에 따르면, 서구적 슬라
브 지식인들은 언어와 관습 등 슬라브의 외향적인 표시는 보존하고 있
지만, 사회·종교·지적 영역에서는 이미 다른 세계, 즉 서구문명적 표
준을 받아들였으며 이것은 '슬라브적 삶의 유기적 발전'을 파괴하고
있다는 것이다.

발칸 정교도 슬라브인들을 향한 러시아 범슬라브주의자들의 유대
감은 '라틴화된 슬라브인들'보다는 더욱 각별한 것이 사실이다. 따라
서 발칸 슬라브인들에 대한 러시아인들의 비판적 인식은 역설적으로
양자관계에 존재하는 역사적이고 정치적인 이해관계의 긴밀성에서
비롯된 것으로 해석할 수 있다. 생의 마감을 목전에 두고 호먀코프가
쓴「세르비아인들에게: 모스크바로부터의 서한(1860)」은 위대한 슬라
브주의자의 유작이자 당대 모스크바의 저명한 슬라브주의자와 범슬
라브주의자들이 공동 서명한 발칸 슬라브인들에 대한 비판과 권고를
담은 문서이다.

'코린트인에게 보낸 서간(고린도서)'과 유사한 신약성서의 서간 형
식으로 서술한 이 서한은 슬라브주의자들의 신념을 담은 유일한 공동
선언이자 러시아 범슬라브주의자들이 비러시아계 슬라브인들의 내부

문제에 개입을 시도한 최초의 사례이기도 하다. 다시 말하면 I. 악사코프가 이 서한이 결코 정치적인 것이 아니고 러시아 슬라브인들의 실패 경험을 반복하지 않도록 하기 위한 '정신적인 충고'라고 해명했음에도, 당시 유럽 문제 및 국제관계와의 밀접한 연관성 아래 집필된 것이 사실이다. 「모스크바로부터의 서한」은 당시 세르비아 공국에서 발생한 정치적 사건들의 반전을 목격한 러시아 범슬라브주의자들의 깊은 실망을 반영한 것이다.

알렉산다르 카라조르제비치 Aleksandar Karađorđević (1806~1885) 통치 하의 세르비아는 크림전쟁 동안 중립을 유지하여 러시아를 낙담시킨 바 있다. 이로 인한 대가로 세르비아는 서구열강으로부터 안전보장을 부여받았다. 알렉산다르 공이 폐위되고 친러시아 성향의 밀로스 오브레노비치 Miloš Obrenović (1780~1860)가 군주로 복귀함으로써 러시아는 세르비아에서 영향력을 회복할 수 있을 것으로 기대하였으나 군주권 회복 1년여 만에 오브레노비치가 사망함으로써 기대가 무산되었다.

밀로스 공을 계승한 미하일로 공 Mihailo Obrenović (1823~1868)은 서구식 교육을 받은 세르비아 근대화론자로서 세르비아의 서구화를 위하여 오스트리아에서 교육받은 세르비아인들을 대거 정부 관리로 임명하여 근대적인 행정체계 수립을 추진하였다. 이에 러시아의 범슬라브주의자들은 러시아와 세르비아를 역사적으로 맺어준 정치·문화적 유대가 약화되는 것을 우려하여 '세르비아의 서구화'가 슬라브적 생활양식에 끼치는 치명적인 독소적 영향에 대해 경고하였다.

「모스크바로부터의 서한」은 '속세의 혈연적 형제이자 그리스도 안의 형제'인 세르비아인들에게 러시아인들이 품고 있는 특별한 애정을 확인시키면서 '참된 시작'을 준비하라는 '죄 많은 장자長子'의 입장—서구주의를 허용한 러시아를 비유—에서 서술한 권위 있는 충고라고 할 수 있을 것이다. 서한은 "슬라브 형제들에 대해 우월감을 지녀서는 안 되며, 정교 신앙을 견결히 하되 비非정교 슬라브인들에게 관용을 베풀어야 하고, 슬라브인들 간에 사회적 불평등을 용인해서는 안 되며, 외래의 지식(서구의 지식)에 지나친 의존을 삼가할 필요가 있다"고 세르비아인들에게 충고하고 있다. 호먀코프가 강조하고 있듯이, 외래의 지식 등 서구주의가 아무리 "질서 있고 조화로운 것일지라도 다른 법칙과 원리에 기반하고 있는 다른 어떤 것에 접목시키면 무질서와 부조화의 시작이 된다"는 우려였던 것이다.

1862년 세르비아와 몬테네그로로의 여행에서 복귀한 I. 악사코프는 "세르비아 정부가 세르비아인들의 완전한 독립과 해방을 추구하기보다는 외면적인 유럽의 부르주아적 생활양식을 도입하기에 급급하다"고 비판하였다. 포고진과 더불어 그는 불가리아인들을 거론하면서, 일부 불가리아 지도자들이 같은 정교도인 그리스인들에 대항하기 위하여 서구에 도움을 요청하고 있다고 비판하였다.[227]

결과적으로 볼 때, 러시아의 범슬라브주의는 러시아가 슬라브 민족들 사이에서 수위를 차지하고 있으며, 러시아 제국에게 그의 보호 아래 모든 슬라브인을 통합하는 운명이 부여되었다는 전제에 기반하고 있다. 범슬라브주의가 야기한 것은 애초의 의도와는 상관없이, 단순히 사상적인 영향력뿐만 아니라 정치적 영향력이었다.

러시아의 범슬라브주의는 유럽이 경계할 만큼 체계화된 정책이라기보다는 오히려 정치적 '태도'이자 사상적 '견해'에 가까웠으며 모든 범슬라브주의자가 공식적으로 옹호하는 단일한 정치 강령도 존재하지 않았다. 이것은 부분적으로 당시 러시아 정부의 범슬라브주의에 대한 감시통제에 기인한 것이기도 하다. 이러한 한계에서도 슬라브주의가 국내적 수준에서 사회·정치적 영향력을 발휘하여 역사 사회발전에 뚜렷한 충격을 가한 것처럼, 범슬라브주의 또한 대외적인 측면에서 러시아 제국의 정체성을 형성하는 데 일조한 것은 분명하다.

범슬라브 동방東邦연방: 태평양에서 아드리아해까지

유럽에서 러시아 제국의 팽창―'그리스·비잔틴 프로젝트'의 연장―으로 오해되는 '범슬라브 연방'이라는 정치적 통합체의 창설에 관한 두 가지 유형의 견해는 범슬라브주의의 정치강령을 규명하는 데 논리적 틀을 제공하였다. 범슬라브 정치통합체에 관한 초기의 시각이 범슬라브 통합체의 구성요소로서 범슬라브 문자와 정교회 등 문화적 대상들을 강조한 데 비해, 1867년 '모스크바 슬라브 민족대회' 이후 힘을 얻기 시작한 두 번째 견해는 "정치적 통합을 통해서만이 슬라브인들의 문화적 단일성을 복원할 수 있다"는 정치적 실천에 관한 것이다.

크림전쟁 이후 초기 10여 년 동안, 슬라브주의자이자 슬라브학 연구자들인 I. 악사코프, 호먀코프, 포고진, 라만스키와 A. 힐퍼딩 등이 주도하던 초기의 러시아 범슬라브주의는 슬라브 민족의 통합 문제를 정신적이고 지적인 측면에서 주로 천착하여 '육체의 통합(정치적 통합)'보다는 '정신의 통합(문화적 통합)'을 더 근본적인 것으로 중시하였다.

힐퍼딩(길페르딩)은 '범슬라브주의는 평화적인 문화운동'이므로 "러시아 독수리를 아드리아해와 엘베강(동유럽·발칸 지역)에 내려앉게 하지는 않을 것이다"라고 설명하면서 범슬라브주의의 정치적 파급력을 우려하던 독자들을 안심시키려 애썼다. 당시 범슬라브주의 운동의 본류이던 모스크바 슬라브자선협회의 의장 포고진은 회원들 앞에서 "우리 누구도 범슬라브주의를 슬라브인에 대한 러시아인의 통치라고 의도한 적이 없다"고 강조하였다. 1867년 모스크바 슬라브 민족대회 폐회 직후에 그는 "슬라브 (정치)통합을 위한 꿈을 포기한 지 오래"되었다고 토로하였다.

슬라브 민족의 '정치적 통합'을 부인하거나 이에 관한 명백한 견해를 밝히기 주저했던 초기 범슬라브주의의 문화적 경향은 한편으로, 범슬라브주의를 유럽 국제질서의 수정을 초래할 러시아의 '현상변경' 전략으로 인식하는 서유럽 사회의 우려에 직면하여 사상적 방어기제가 작동한 것으로 해석할 수 있다. 다른 한편으로는, 당시 알렉산드르 2세의 러시아 정부가 니콜라이 1세 치세와 유사하게 범슬라브주의의 정치강령(슬라브연방 창설)이 공식 유포되는 것에 찬성하지 않았기 때문이기도 하다. 이러한 연유로, 크림전쟁 중에 "비러시아 슬라브인들의 해방과 러시아 보호 하의 정치 통합"이라는 러시아의 사명을 역설한 비밀 서한을 니콜라이 1세에게 전달했던 포고진조차도 이러한 정치강령을 스스로 부인하게 된 것이다.

크림전쟁의 여파로 러시아 범슬라브주의자들의 가슴에 용암처럼 흐르던 정치적 주장은 "외교적으로 고립된 러시아가 적대적인 서구에 대항하여 비러시아계 슬라브인들을 동맹세력으로 끌어들여야 한다는 것"이었다. 범슬라브주의자들에게는 '동방문제'가 곧 '슬라브 문제'와 동일시되었다. 슬라브인들의 진정한 적은 오스만제국이 아니라 서구였으며, 크림전쟁에서 서유럽의 동맹으로 이루어진 러시아를 배제한 유럽협조체제가 슬라브 왕국에 대한 본원적 압제자이자 러시아에 대항한 십자군이었다.

1858년 『러시아 담화Русская Беседда』라는 저널에서 「동방문제에 관한 두 개의 단어」라는 글을 통해 체르카쓰키Владимир Александрович Черкасский(1824~1878)는 크림전쟁 이후 동시대의 슬라브인들에 관한 최초의 정치적 논의를 시도하면서, 동방문제를 '정교적인 그리스-슬라브 세계'에서 벌어지고 있는 '러시아와 서구 간의 투쟁'으로 묘사하여 발칸의 정교도들을 '러시아에 대항한 서구의 마지막 십자군에 의한 최초의 희생자들'로 규정하였다. 따라서 그에게는 "동방의 그리스-슬라브 세계의 해방이 러시아의 정당한 사명"이었으므로 러시아는 동방에서 명확한 정치활동 강령을 마련할 필요가 있었다. 1859년에는 『러시아 담화』에 실린 편집장의 글에서 1839년의 포고진의 비밀서한의 한 구절, "비러시아 슬라브인들은 태평양에서 아드리아해까지 러시아가 영도하는 슬라브 왕국을 꿈꾸고 있다"는 내용이 인용되었다.[228]

1867년 모스크바 슬라브 민족대회에 즈음하여, 라만스키는 '러시아 보호 하의 슬라브 민족의 통합'을 주장한 슬로바키아 민족주의 지도자인 슈투르Ludevít Velislav Štúr(1815~1856)의 글을 인용하였다. 그는 "러시아 제국 없이는 슬로바키아의 미래도 없으며, 러시아 영도 하의 슬라브 연방에서 슬로바키아의 정체성을 보전할 수 있다"는 슈투르의 호소를 범슬라브주의 정치강령의 정당성을 입증하는 데 활용하였다.[229]

I. 악사코프는 슬라브 민족성이 게르만과 튀르크에 의해 억압당하고 있으므로, 이러한 슬라브인들의 열망에 부응하여 '러시아 독수리의 강력한 날개 아래' 슬라브인들의 정치적 존립을 보장하는 것이 러시아의 정치적 소명이자 도덕적 권리라고 강조하였다. 그러나 악사코프에게 이러한 러시아의 보호가 슬라브 민족들을 러시아에 병합시키는 것을 의미하는 것은 아니었다.

초기 러시아의 범슬라브주의자들은 슬라브 통합의 수단이나 경로, 정치적 형태 등을 구체적으로 명시하지 않았으나 대체로 러시아를 배제한 슬라브 연방의 건설에 대해서는 부정적인 입장이었다. 예를 들어, 라만스키는 1865년 말경에 한 강연에서 러시아를 배제한 모든 형태의 슬라브 통합안들—우크라이나 연방주의, 남슬라브 일리리안 통합운동 Illyrianism, 체코-오스트리아 슬라브주의 등—을 비난하였다. A. 힐퍼딩은 특히, 체코의 팔라스키František Palacký (1798~1876)가 주도하던 '오스트리아 슬라브주의Austro-Slavism'[230]를 '오스트리아 슬라브인들의 비현실적인 희망'이라고 공격하였다.

1848년 유럽혁명 당시 오스트리아 제국의 슬라브인들은 합스부르크 왕가를 도와 오스트리아 합스부르크 제국의 지배 민족이던 "게르만과 헝가리인들과 평등한 관계를 유지하는 오스트리아 연방을 창설"하려는 열망을 표출하였다. 1860년 10월 20일 오스트리아가 연방 정책을 발표하자 A. 힐퍼딩은 체코인들에게 '평등한 오스트리아 연방'이 창설될 것이라는 허망한 희망을 품지 말 것을 충고하면서 러시아인들의 참여 없이는 슬라브 세계의 미래(슬라브 연방)는 불가능하다고 확신하였다. 그의 예언처럼, 오스트리아와 헝가리 지배계층이 선택한 것은 '평등한 오스트리아 연방'이 아니라 '오스트리아-헝가리 제국(1867~1918)'이라는 '게르만과 마자르인Magyar의 이중왕국'의 창설이었다.

1863년 I. 악사코프는 "만약 러시아가 없다면 (비러시아계)슬라브인들의 미래 또한 생각하기 어려울 것이며, 러시아가 없다면 슬라브인들의 운명은 게르만에 예속된 서유럽 켈트인들의 전철을 밟게 될 것"이라고 선언하였다. 그에게 있어서 동방문제는 곧 슬라브 문제였다. 러시아의 사명이 이토록 엄중할지라도 결코 전쟁을 통해 이루어 서는 안 된다는 것이 범슬라브주의자들의 신념이었다.

악사코프는 슬라브 연방의 두 가지 전제 조건에 대해 강조하였다. 슬라브인들은 정복이나 강압으로 통합해서는 안 되며, '슬라브적 덕목'으로 일치를 이룬 이후에야 물리적 통합이 가능하다고 주장하였다. 러시아는 이러한 슬라브적 덕목의 대표적 담지자일 뿐이었다. 그러나 힐퍼딩이 반박했듯이 서구의 슬라브인들은 '러시아의 사명'이란 것을

비러시아계 슬라브인들에 대한 정치적이고 군사적인 개입으로 해석
하였다.[231]

러시아 범슬라브주의의 전환점은 유럽 국제질서의 구조적 변동으
로 인해 마련되었다. 19세기 중후반에 분출한 일련의 사건들—이탈리
아의 통일(1861~1871), 프로이센-오스트리아전쟁(1866), 북독일연방(1866)과 오
스트리아-헝가리 제국 수립(1867), 프로이센-프랑스전쟁(1870)과 독일제국 수
립(1871) 등—은 유럽질서의 근본적인 재편을 초래한 역사적 분기점인
동시에 범슬라브주의의 정치강령(슬라브연방)을 공식화하는 계기로 작
용하였다. 특히 프로이센-오스트리아전쟁으로 창설된 게르만인들의
'북독일연방'은 범슬라브주의자들의 정치적 상상력을 한껏 자극하였
다. 이 전쟁의 결과 슬라브인들의 정치적 희생 아래 수립된 오스트리
아-헝가리 이중왕국은 동족의 정치적 운명과 관련하여 범슬라브주의
자들을 재촉하게 하였다.

북독일연방의 수립을 목도하면서 악사코프는 흩어졌던 게르만 세
계를 하나로 통합한 '게르만의 소명'에서 슬라브 세계의 통합이라는
'러시아의 소명'의 구체성을 발견하였다. 바르소프 Николай Иванович
Барсов(1839~1903)가 역설하였듯이, 범슬라브주의자들이 보기에 당시의
시대정신은 '민족의 통합'이었다. 라틴 민족이 통일을 추구하고 게르
만 민족이 통합을 달성하는 것이 '역사의 법칙'이라면 슬라브 민족이
이에 뒤처질 이유가 없었다.

대부분의 범슬라브주의자는 자신들의 문화적 규범과 이상을 정치
적이고 군사적인 행동강령에 예속시킬 필요성을 느끼게 되었다. 독일
의 '제국건설 Reichsgründung'과 이탈리아의 '통일부흥 Risorgimento'에 고
무된 범슬라브주의자들에게 동방문제와 슬라브 문제는 '고르기아스
Gorgias의 매듭'처럼 단칼에 내리쳐 풀어야 할 문제였고, 비스마르크가

게르만의 통합—북부 독일연방과 독일제국의 수립—에서 한 것처럼 '철과 피'로 해결해야 할 문제였다.

슬라브 통합에 있어서 문화적 규준을 강조했던 다닐렙스키조차도 세속적인 정치적 통합에 집중할 것과 서구와의 물리적 투쟁이 슬라브 운동을 구원할 진정한 수단임을 역설하였다. 분출되고 있던 동방문제는 가까운 미래에 이러한 투쟁을 불가피한 것으로 만들었고, 이에 범슬라브주의지들은 발칸에 무기와 지원병들을 파견하였다. 예건대, 파제예프 장군Ростислав Андреевич Фадеев(1824~1883)이 말했듯이 동방문제는 힘—무엇보다도 러시아의 힘—에 의해서만 해결될 수 있는 것이었고, 범슬라브주의는 '국가이념이 될 때 눈부시게 빛나는' 정치강령이었다.[232]

범슬라브주의자들 가운데 사상가나 학자 외에 현실정치에서 주목할 만한 인물은 이그나티예프Николай Павлович Игнатьев(1832~1908)였다. 외교관이자 정치가였던 그는 아시아와 동방문제에 있어서 때론 실무적으로 때론 정책 결정으로 깊숙이 개입한 바 있었다. 크림전쟁을 종식시키면서 러시아에 치욕을 안겨준 파리 강화회의(1856)에서 외교사무를 시작한 이래로, 1858~1859년 중앙아시아에서의 임무(부하라 Bukhara와 우호조약)를 마치고 1860년 베이징조약(연해주 획득)에 참여한 명실상부한 '동방주의자'였다.

또한 이그나티예프는 외교부 아시아국장(1861~1864)을 거쳐 콘스탄티노플 대사(1864~1877)를 역임하여 슬라브 문제의 전환점이자 크림전쟁을 넘어 러시아의 제국적 위상을 공고히 한 러시아-튀르크전쟁(1877~1878) 등 동방문제를 주도한 범슬라브주의자이기도 하였다. 유럽 외교가에서 '슬라브 왕국(슬라브 연방)'의 옹호자로 인식된 그의 외교 활동은 범슬라브주의를 러시아 외교정책의 원천으로 각인시키는 데

일조하였다.[233]

　이그나티예프는 러시아 외교정책이 다음의 세 가지 목표에 초점을 맞추어야 한다고 확신하였다. 파리 조약의 폐기, 콘스탄티노플과 해협들에 대한 통제, 러시아 주도의 슬라브 민족들의 연합전선 등 상호 연관된 이 세 가지 목표 중에서, 특히 범슬라브주의와 직접 관련된 세 번째 목표의 가장 큰 장애물은 오스트리아-헝가리 제국이었다. 과거 오스트리아 합스부르크 제국이 러시아의 동맹이었다면, 오스트리아-헝가리 이중왕국은 발칸에서 주도권과 '신성한 사명'을 위해 결사의 투쟁을 벌여야 하는 러시아의 운명적인 라이벌이었다.

　이그나티예프가 판단하기에 러시아의 역사적 소명을 달성하기 위해서는 오스트리아와 오스만제국 내의 슬라브인들이 러시아의 동맹세력이 되어 게르만에 맞서는 러시아의 정책 수단이 되어야 했다. 이를 위해 러시아는 발칸 슬라브인들의 해방을 위한 희생을 무릅써야 했다. 동시에 발칸 슬라브인들이 개별적인 독립과 분산을 통해 다시 게르만의 영향력 아래 들어가거나 러시아에 맞서는 것—가톨릭을 신봉하는 슬라브 민족의 경우—을 방지하기 위해 러시아 주도의 슬라브 연합전선에 묶어두어야 했다. 이그나티예프가 추구한 것은 동방문제의 자주적인 해결이었다.

　프로이센-오스트리아전쟁이 발발하자 이그나티예프는 발칸에서 행동을 개시할 것을 본국에 건의하였고 동방의 정교도와 슬라브인들의 공수攻守동맹을 준비하면서 발칸의 총궐기를 활용하려 하였다. 외무장관이던 고르차코프에게 보낸 비밀서한(1866.12.27)에서 그는 재정상의 어려움과 국내 개혁에 집중하고 있는 국내정세를 감안할지라도, "발칸의 사건들은 러시아의 군사·경제적 준비를 기다리지 않을 것이려니와, 만약 발칸의 민족들이 러시아의 지원 없이 오스만제국으로부터 독립을 쟁취한다면, 이들은 서구의 영향력 아래 놓이게 되어 러시아에 맞서는 데 활용될 것"이라 확신하였다.

이그나티예프가 추구한 외교 목표는 비스마르크가 게르만 민족을 위해 실현한 '북부독일연방'과 유사한 것으로 슬라브 민족을 위한 '동방연방'이었다. 콘스탄티노플은 이 슬라브 연방의 수도이자 다국적군이 주둔하는 '자유시'로서, 통합이 완성되는 일정 단계까지 러시아 황실의 통치 하에 두도록 예정되었디. 이러힌 이그나쩨프의 범슬라브주의 계획은 고르차코프에 의해 수용되지는 않았으나, 1870년 프랑스-프로이센전쟁의 발발과 독일제국의 수립으로 새로운 전기를 맞게 되었다.[234]

범슬라브 연방과 미합중국: '연방'이라는 상상력

군 출신으로 범슬라브 운동의 지지자 중에서 카프카스Caucasus의 영웅인 파제예프 장군과 '중앙아시아의 사자'로 유명한 체르냐예프Михаил Григорьевич Черняев(1828~1898) 장군을 필적할 만한 인물을 찾기란 쉬운 일이 아니다. 이들은 모두 '슬라브 자선위원회'의 상트페테르부르크 지회의 열렬한 지지자였으며, 특히 파제예프 장군은 범슬라브주의자로서 활발한 저술 활동을 벌였다. 그는 『동방문제에 대한 견해』(1870)에서 동유럽의 슬라브인들은 러시아의 천부적인 동맹이며, 러시아가 슬라브와 정교 세계의 중심이라는 확고한 신념을 피력하여 광범위한 관심을 불러일으켰다.

파제예프는 슬라브인과 정교도를 제외하고 신뢰할 만한 동맹이 유럽에는 없으며, 발칸과 다뉴브의 슬라브인들은 러시아 없이는 아무것도 할 수 없다면, 러시아 또한 이들 없이는 많은 일을 할 수 없다는 점을 분명히 하였다. 러시아는 이미 민족적 범위를 넘어 성장하였으나 슬라브와 정교 세계의 중심으로서 이에 걸맞은 법적 정당성과 지위를 부여받지 못하였는데, 이것은 모두 슬라브 문제의 해결에 달려 있다는 것이다. 그에게 유일한 선택은 "아드리아해로 진출하느냐, 아니면 드녜프르강 너머로 후퇴하느냐"하는 것이었다. 유럽과는 다르게 러시아에 있어서 동방문제는 슬라브 문제였던 것이며 이것은 유럽과의 전쟁을 불가피하게 만들 것이었다.

범슬라브 연방Всеславянскийсоюз의 구성과 경로 등에 대한 구체적인 창설계획을 수립한 사람은 다닐렙스키이다. 그에 따르면, 범슬라브 연방은 다음과 같은 여덟 개의 단위 국가들로 구성된 연방체(연방국가)가 될 것이다. 러시아 제국과 이에 부속된 폴란드 갈리치아와 카르파티아-러시아Carpatho-Russia(угорскойруси), 체코-모라비아-슬로바키아 왕국(인구 약 9백만), 세르비아-크로아티아-슬로베니아 왕국(세르비아, 몬테네그로, 보스니아, 헤르체고비나, 크로아티아, 달마티아, 북알바니아 등 포함, 인구 약 8백만), 불가리아 왕국(루멜리아, 마케도니아 등, 인구 6백~7백만), 루마니아 왕국(왈라키아, 몰다비아, 트란실바니아의 절반, 베싸라비아 서부 등 포함, 인구 7백만), 헬레닉Hellenic 왕국(테살리Thessaly, 에피루스Epirus, 마케도니아 남서부, 그레타, 키프러스, 에게해의 군도 등 포함, 인구 약 4백만), 마자르 왕국(트란실바니아와 헝가리 일부, 인구 약 7백만), 황제의 도시 콘스탄티노플 짜레그라드Цареград 관구(루멜리아 인접 지역, 보스포루스와 다르다넬스 주변의 소아시아, 갈리폴리 반도 등) 등 여덟 개의 구성체였다.[235]

다닐렙스키의 구상에 따르면, 슬라브인들의 정신적 수도(정교회 본산)인 콘스탄티노플을 통합의 구심으로 하여, 종족적이고 문화적인 동질성을 공유한 인구 1억 2,500만(러시아 8,200만 명과 비러시아 4,300만 명)에 이르는 '범슬라브 연방'의 창설은 동방문제를 완전히 해결할 수 있는 유일한 방안이었다. 범슬라브 연방의 창설에서 비슬라브계 민족들(헝가리, 루마니아, 그리스인 등)과의 관계 문제, 그리고 러시아의 지위 문제 등이 논란이 될 만하였다.

다닐렙스키는 동유럽의 비슬라브계 민족들과 슬라브인들은 게르만과 오스만제국에 대항하는 과정에서, 그리고 더 나아가 독립투쟁 과정에서 역사적으로 이미 동일한 운명공동체가 된 것이라는 입장을 견지하면서 양자 간의 논리적 긴장을 피하였다. 그는 연방에서 차지하는 러시아의 지위 문제에 관하여 지도력의 관점에서 러시아의 지위를 설명하였다. 러시아는 동등하거나 우월한 위치에서 서구열강을 다뤄본 역사적 경험이 풍부하고, 국가 역량이 슬라브 민족 중에서 가장 우수하므로 연방에서 지도력을 발휘할 수 있는 이점을 지니고 있다는 것이다. 러시아는 이러한 우월한 역량을 이용하여 연방의 자율성을 파괴하거나 러시아 제국으로 병합할 수도 있다는 유럽의 우려를 불식시켜야 했다. 다닐렙스키는 러시아가 "4,300만의 우호적인 동맹 대신에, 4천 3백만의 적대적인 신민을 얻을 것인가?" 하고 반문하면서 러시아는 형제국들의 통합성과 독립성을 존중할 것이고, 러시아의 지도력은 위협이 아니라 물질적인 이익이 될 것이라 강조하였다.[236]

파제예프가 설명하였듯이, 연방은 독립적인 구성 국가들이 개별적인 통치자와 정치제도를 보유하는 형태로 창설될 것이었는데, 내정內政의 자율성은 보장하되 외교나 군사 분야는 연방의 수장(러시아의 짜르)과 연방위원회가 관장하도록 계획되었다. 내정의 충분한 자율성에 비하여 군사와 대외관계에서 연방 구성단위들이 완전한 자율성을 보유하기 어려운 이유는 소규모 군대를 보유한 슬라브 소국들이 개별적으로 열강을 상대로 전쟁을 선언하거나 평화를 교섭할 여지를 허용하지 않는 당시 유럽 국제관계의 논리 때문이었다.

특히 동유럽·발칸의 소국들이 완전한 독립을 유지하는 것은 과거 그들을 통치한 유럽 열강의 끊임없는 지배 열망 때문에 불가능하다는 것이다. 이러한 정치·법률제도와 통치의 자율성과 더불어, 연방 구성 국가의 모든 시민에게 전全연방의 시민권을 부여하는 등, 범슬라브 연방은 당시 미합중국의 연방 형태를 모델로 하여 군주정 형태를 혼합한 것으로 해석할 수 있다. 범슬라브 연방은 반세기 지나 '소비에트 연방(소련)'으로, 한 세기 지나 '경제상호원조회의COMECON/СЭВ(1949)'과 '바르샤바조약기구Организация Варшавского договора(ОВД,1955)'의 형태로 변형하여 체현되었다.

범슬라브 연방을 수립하기 위한 경로는 유럽과의 불가피한 투쟁이었다. 콘스탄티노플을 연방의 수도로 정한 것은 그것이 상징하는 정신적이고 역사적인 정통성—정교회의 본산이자 (동)로마 제국의 수도—과 세계무역의 교차로이자 부의 집산지라는 경제적 중심성만은 아니었다. 크림전쟁으로 재확인되었듯이 지정학적으로 콘스탄티노플은 러시아의 아킬레스건이므로 이 도시를 범슬라브 연방에 통합하는 것만이 러시아의 안전을 보장할 수 있다는 전략적 의미도 고려된 것이다. 이것은 '유럽의 병자'와 '신성로마제국의 유해遺骸'를 넘어야만 도달할 수 있는 길이었다.

범슬라브 연방이 걸어야 할 길은 세계의 지배가 아니라 '세계의 균형'이었다. 다닐렙스키가 예측하였듯이, 당시 세계 역사의 3대 주역(서유럽, 미국, 슬라브 연방) 중의 하나로 발돋움할 범슬라브 연방은 토크빌의 예언—"언젠가 세계 절반의 운명을 자신들(미국과 러시아)의 손에 쥐게 될 것"—대로 적대적인 서유럽에 맞서 미국을 유일한 동맹으로 선택할 것이었다. 이러한 '슬라브 왕국'이 건설되면 동방문제는 완결되고 세계평화가 실현될 것으로 범슬라브주의자들은 희구하였다. 떠오르는 미국과 강력한 슬라브 연방이 협력한다면 서구 열강의 호전적인 경향을 견제하고 유럽이 전쟁의 경로로 빠져드는 것을 막을 수 있다는 것이 러시아 범슬라브주의자들의 이상이었던 것이다.[237]

러시아의 범슬라브주의가 정치현실에서 많은 한계를 지니고 있었던 것은 사실이다. 니콜라이 1세의 정부는 초기 (범)슬라브주의를 불온시하였고, 뒤를 이은 알렉산드르 2세도 크림전쟁 패배의 후과를 해결하기 위해 국내 개혁 농노해방(1861) 등의 '내개혁'—에 몰두함으로써 범슬라브주의에 별다른 관심을 기울이기 어려운 처지였다. 이러한 상황에서도 정부에서 범슬라브주의에 대한 옹호그룹이 형성되기 시작한 것 또한 간과해서는 안 된다.

범슬라브주의는 국내외적으로 두 가지 주요한 한계를 지니고 있었다. 국내적으로는 광범위한 대중적인 지지도를 조직하지 못했다는 것이다. 이것은 러시아의 시민사회가 일천하고 농민이 국민의 절대다수를 차지하는 사회경제적 조건에 따른 결과였다. 인구 대부분을 차지하는 농민들도 이제 겨우 농노 신분을 벗어난 수동적이고 비참여적인 대중이었다. 대중들이 느끼는 비러시아계 슬라브인들을 향한 동정심 또한 슬라브 '동족'으로서의 연민이 아니라 정교도로서 느끼는 종교적 동질감에 가까웠다. 그러나 무엇보다도 정책 결정에 중요하게 영향을 미칠 수 있는 상층 엘리트의 이해관계에 결정적인 동기를 부여하지 못했다는 점에서 범슬라브주의의 한계가 드러났다.

대외적으로는 러시아의 범슬라브주의와 비러시아계 슬라브인들의 목표 간에 부정합성이 존재한다는 점에 주목할 필요가 있다. 러시아의 범슬라브주의자들은 러시아의 지도력과 헤게모니를 전제로 한 동유럽 차원의 범슬라브 연방이 목표였다면, 비러시아계 슬라브인들은 러시아를 배제한 중소범위의 연방을 상정하였다. 연방 구성 범위와 작동 메커니즘 상의 차별성뿐 아니라, 서유럽적 생활방식과 문화양식에 '오염'된 비러시아계 슬라브인들은 러시아의 슬라브 문화양식에 '치명적인' 매력을 느끼기 어려웠다는 점 또한 한계로 들 수 있을 것이다.[238]

이러한 한계들에도 불구하고 범슬라브주의는 몇 가지 측면에서 현실적인 힘을 지니고 있었다. 먼저 유럽의 지식인이나 정치가들은 범슬라브주의에 대해 '표트르의 유언', 예카테리나의 '그리스 기획' 등 러시아의 지난한 제국 팽창을 떠올리며 러시아 외교정책의 이념적 도구로 판단하였다는 점이다. 이러한 우려는 '러시아 공포증'을 부추겨 러시아에 대항한 전략적 견제로 현실화되었다.

다음으로 범슬라브주의는 비록 러시아의 상층 엘리트가 범슬라브 연방에 열광하도록 하지는 못하였으나, 크림전쟁 이후 러시아의 민족주의적 열정을 자극하여 러시아가 중앙아시아와 코카서스, 그리고 동아시아로의 진출을 적극화하는 전략적 동기를 제공하였다. 이렇듯 범슬라브주의자와 '동방주의자'는 사상적으로뿐 아니라 전략적으로도 맞닿아 있었다.

마지막으로 정치 이념으로서의 잠재력인데, 러시아의 범슬라브주의는 크림전쟁의 패배로 상처받은 러시아의 국가적 자부심에 사상적 치유를 수행하여 러시아인들에게 '신성한 사명'을 다시금 일깨워준 '사상의 나팔'이었다. 섬너Benedict H. Sumner가 평가했듯이, 러시아의 범슬라브주의는 모스크바 지주 출신들의 소규모 동인 모임에서 지적知的이고 종교적인 분투로 시작하여 민족주의적 대중정서를 향한 호소로 발전되었다. 범슬라브주의는 러시아인들에게 부단히 애국주의를 고취하는 '제국의 이념적 나팔'이었다.[239]

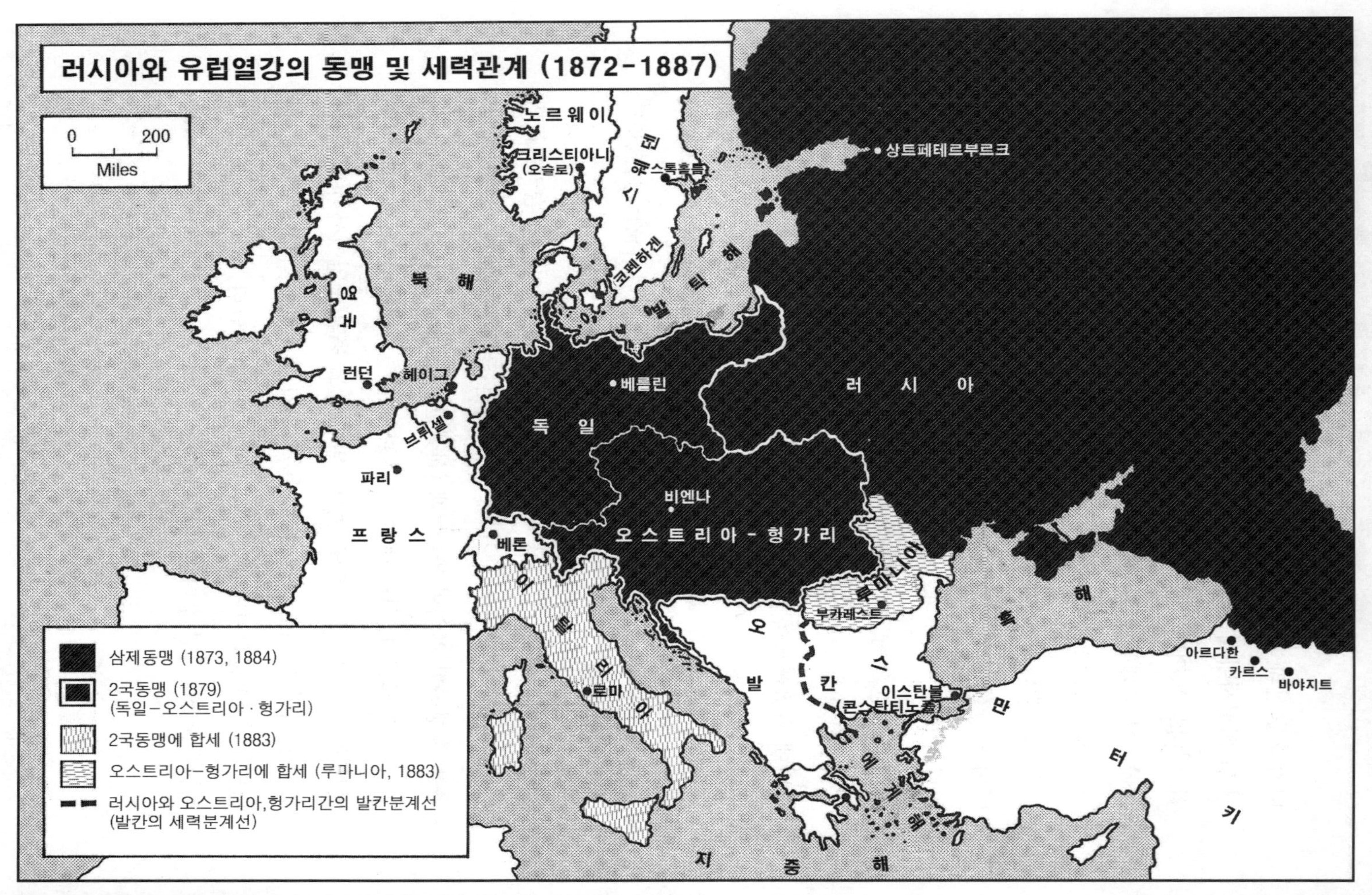

러시아와 유럽열강의 동맹 및 세력관계 (1872-1887)
0 200
Miles
노르웨이
크리스티아니
(오슬로)
스톡홀름
상트페테르부르크
덴마크
코펜하겐
발트해
북해
아일랜드
영국
러시아
런던
헤이그
베를린
독일
브뤼셀
파리
비엔나
프랑스
오스트리아 - 헝가리
베론
이탈리아
흑해
투마니아
부카레스트
오발칸스
로마
이스탄불
콘스탄티노플
아르다한
카르스
바야지트
만
터키
지중해
삼제동맹 (1873, 1884)
2국동맹 (1879)
(독일-오스트리아 · 헝가리)
2국동맹에 합세 (1883)
오스트리아-헝가리에 합세 (루마니아, 1883)
러시아와 오스트리아,헝가리간의 발칸분계선
(발칸의 세력분계선)

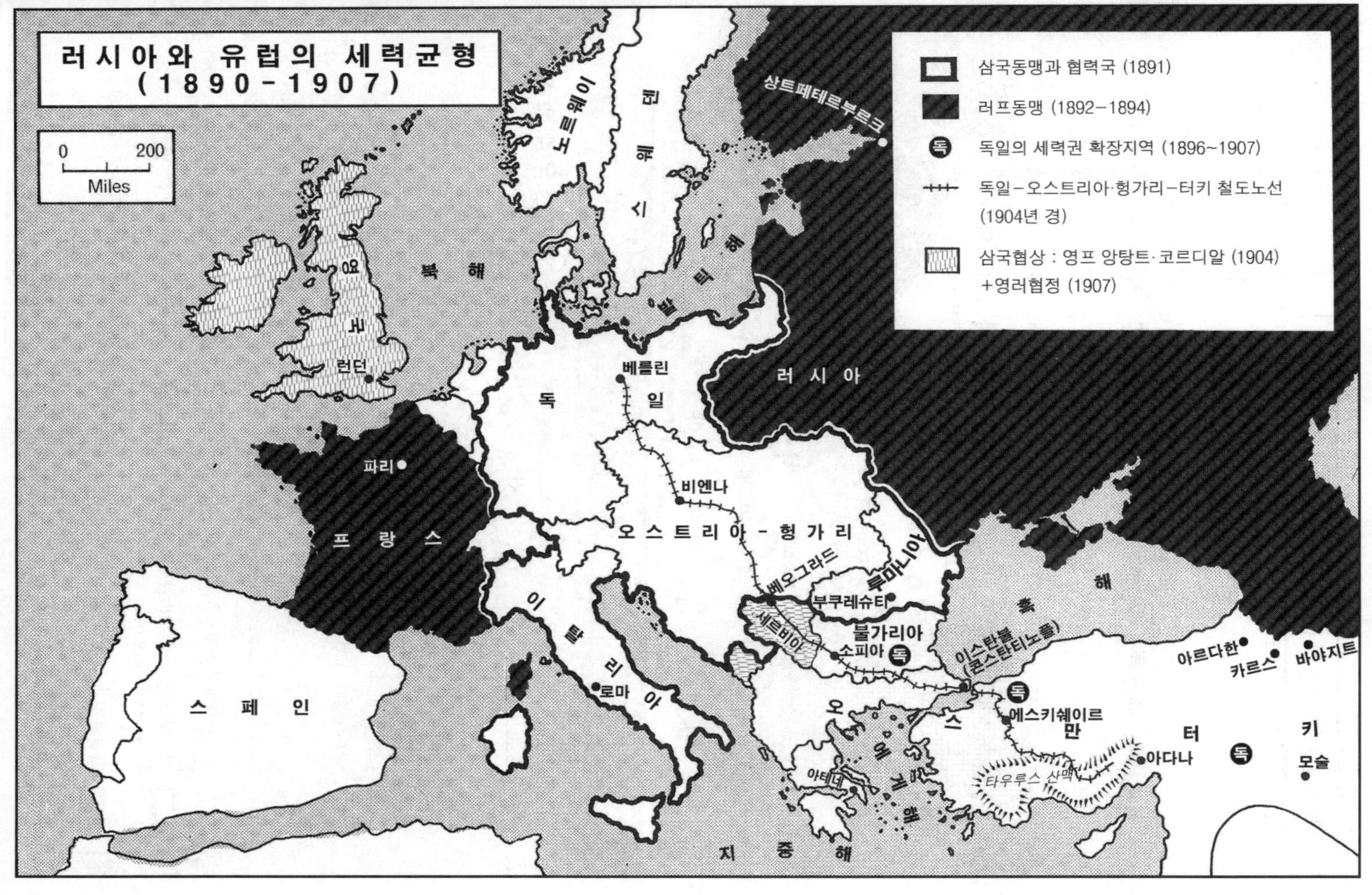

러시아와 유럽의 세력균형
(1890-1907)
0 200
Miles
삼국동맹과 협력국 (1891)
러프동맹 (1892-1894)
독 독일의 세력권 확장지역 (1896~1907)
독일-오스트리아·헝가리-터키 철도노선
(1904년 경)
삼국협상 : 영프 앙탕트·코르디알 (1904)
+영러협정 (1907)
노르웨이
발트 해
북 해
상트페테르부르크
러 시 아
영국
런던
베를린
독
일
비엔나
파리
프 랑 스
오 스 트 리 아 - 헝 가 리
베오그라드
루마니아
부쿠레슈티
세르비아
불가리아
소피아 독
흑 해
이스탄불
(콘스탄티노플)
독
이 탈 리 아
로마
스 페 인
오
스
만
에스키쉐이르 독
아르다한
카르스 바야지트
독
모술
터 키
아다나
타우루스 산맥
아테네
지 중 해

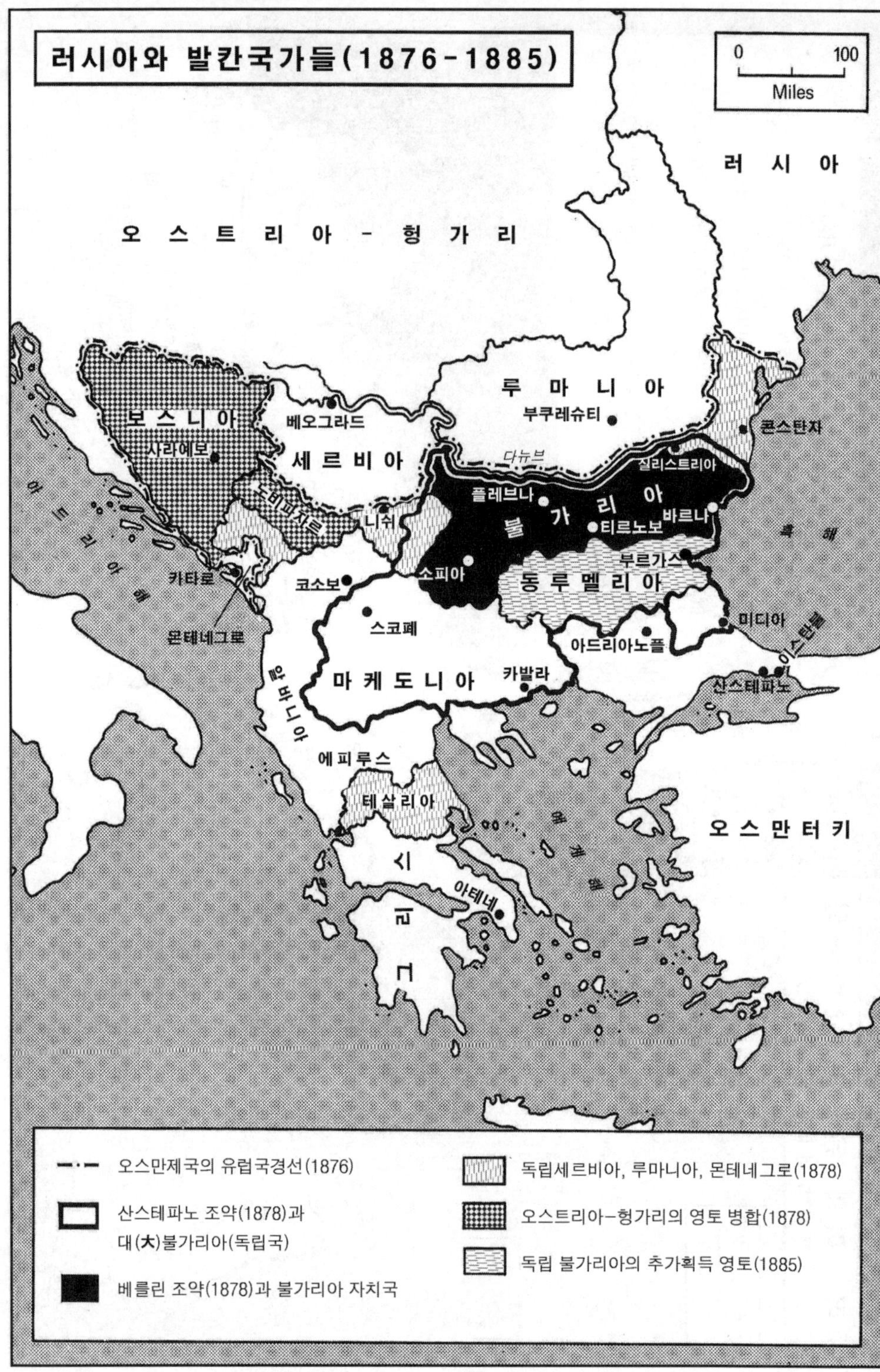

러시아와 발칸국가들(1876-1885)
0 100 Miles
러 시 아
오 스 트 리 아 - 헝 가 리
루 마 니 아
부쿠레슈티
콘스탄자
보 스 니 아
사라예보
베오그라드
세 르 비 아
다뉴브
질리스트리아
플레브나
불 가 리 아
바르나
티르노보
흑 해
니쉬
몬테네그로
소피아
부르가스
코소보
동 루 멜 리 아
카타로
아드리아노플
미디아
몬테네그로
스코페
이스탄불
마 케 도 니 아
카발라
산스테파노
에피루스
오 스 만 터 키
테살리아
그
리
스
아테네
오스만제국의 유럽국경선(1876)
독립세르비아, 루마니아, 몬테네그로(1878)
산스테파노 조약(1878)과
대(大)불가리아(독립국)
오스트리아-헝가리의 영토 병합(1878)
베를린 조약(1878)과 불가리아 자치국
독립 불가리아의 추가획득 영토(1885)

<h1 style="text-align:center">VII</h1>

<h1 style="text-align:center">유럽의 재균형</h1>

삼제동맹과 삼국동맹

1. 알렉산드르 2세의 대개혁과 집중^{recueillement}정책

'해방자 알렉산드르'의 농노해방[1861]: '해빙 оттепель'과 근대화의 입구

크림전쟁 패배 이후 알렉산드르 2세의 러시아는 국내 문제에 '몰입 recueillement'하는 중이었다. 러시아사가들이 대체로 동의하듯이 1860~1870년대에 진행된 '대개혁 Great Reforms'은 러시아 역사에서 결정적인 전환점이었다. 특히 농노해방(1861)은 '새로운 러시아'의 출발점이자 '새로운 시대'의 개막을 의미하였다. 농노제 폐지라는 근본적인 사회개혁이자 농업개혁은 러시아의 자본주의 발전에서 필연적인 시대적 요구였는바, 서구의 자본주의 발전사에서 알 수 있듯이 자본의 본원적 축적과 증식 과정에서 토지 및 노동의 해방과 자유로운 거래는 필수적인 전제 요건이었다.

러시아의 경제학자 티모쉬나Татьяна М. Тимошина가 지적하였듯이 러시아에서는 이미 18세기 후반부터 노비코프Николай Иванович

Новиков (1744~1818), 라디쎼프 Александр Николаевич Радищев (1749~1802) 등 계몽사상가들과, 19세기 초 데카브리스트들(12월 당원)Декабристы/Decembrist에 이르기까지 농노제 폐지 등 근본적인 농업개혁에 대한 요구가 지속적으로 제기되어 왔다. 티모쉬나에 따르면, 19세기 중반 농업개혁을 위한 객관적 전제 조건이 성숙한 데에는 몇 가지 요인이 자리하고 있다.

민저, 농민을 대상으로 한 경제외석 노동 상제에 기반했던 지주 경영의 비효율성이 위기상태에 처하여, 자연경제에서 시장경제로 농업경제의 전환이 절실하였다. 다음으로, 궤도에 오른 자본주의적 산업 발전은 농업 부문의 봉건적인 관계—지주와 농노관계—와 모순되었다. 농노와 농민이 대다수를 이루는 경제구조에서 시장구매력이 매우 낮아 공업 생산 잠재력에 비해 상품 판매시장이 협소하였고, 농노를 비롯한 예속 농민들이 토지와 지주에 법적으로 묶여 있어 제조업 등 생산 현장에서 필요한 유휴 노동력이 절대적으로 부족하였다.

셋째, 크림전쟁의 전반적 여파이다. 크림전쟁은 18세기 초 대북방전쟁을 비롯한 표트르 대제의 군사적 성공 이후 130여 년 만에 처음으로 러시아 군대의 완전한 패배로 종결된 전쟁으로 러시아인들에게 각인되었다. 크림전쟁으로 인해 러시아인들이 정신적 충격과 문명적 고립감에서 쉽게 헤어나기 어려웠던 것은 물론이고, 러시아의 경제 및 기술적 한계가 적나라하게 드러남에 따리 근본적인 개혁의 필요성이 러시아 사회에서 대두되었다.

마지막으로, 1856년 알렉산드르 2세가 "위에서 자발적으로 농노제를 폐지하는 것이 아래로부터 강제로 폐지(혁명이나 봉기)되기를 기다리는 것보다 나을 것"이라고 귀족들에게 개혁의 당위성을 역설하였듯이 당시 제국 인구의 약 80%를 차지하던 농민들의 반봉건 시위가 증가일로에 있었다. 1856년 당시 러시아의 농노가 4,700만 명에 이를 것으로 추정한 기록도 있으나, 농노제 폐지와 농업개혁을 위한 예비조사 형식으로 1857년에 실시한 '제10차 인구조사'—폴란드와 핀란드는 제외된 것으로 추정되는 농노 통계— 결과에 따르면, 러시아의 농노는 약 2,369만 명이었다. 제국 전체 인구에서 농노의 비율은 제2차 인구조사에서 제8차 인구조사(1747~1837년)까지 45%로 거의 변함없었으나, 제10차 인구조사(1857년)에서는 이 수치가 37.5%로 떨어진 것으로 조사되었다. 통계수치에서 확인되듯이 산업의 비중뿐 아니라 인구구성으로보더라도 농노해방과 농업개혁은 체제 안정의 관건이었다.[240]

1856년 '해방자Освободитель 알렉산드르'(알렉산드르 2세Alexander the Liberator)가 대개혁을 알리는 성명을 발표하면서 러시아 사회에서는 '해빙оттепель'과 '개방гласность'이라는 개혁을 상징하는 단어들이 회자되었다. '무거운 돌을 벗어던진 것' 같은 분위기에서 슬라브주의자, 서구주의자, 자유주의자, 보수주의자, 귀족, 장군, 관료 모두가 발언의 자유와 사상의 자유를 누리게 되었다.

1861년 2월 19일 알렉산드르 2세는 짜르 명의의 '최고 칙령Высочайший манифест' 형식으로 발표된 '농노적 예속에서 벗어난 농민들에 관한 법령О всемилостивейшем даровании крепостным людям прав состояния свободных сельских обывателей' 외 17개 개혁 법령에 서명하여 농노해방을 선포하였다. 이에 따라 모든 예속 농민은 인신의 자유와 시민권을 획득하였다. 그들은 재산과 민사상의 거래를 체결하고, 노동력 거래나 기업의 창설 등 자본주의 시장경제에 자유롭게 참여할 수 있는 법적인 권리를 획득하였다.[241]

니콜라이 1세의 전제정을 철학적으로 정당화한 교육장관 우바로프가 확언하였듯이, 당시 러시아의 농노제는 러시아 전제정과 '단일한 역사적 기원과 동일한 정당성'을 지니고 있으며, '러시아 체제에 견고히 뿌리를 내리고 있어서 뿌리 뽑혀질 수 없는 것'으로 인식되었다.[242] 농노제의 이러한 사회구조적 성격으로 인해 농노제의 폐지는 계몽적인 개혁 관료들과 인텔리겐치아들 사이에서 대규모 정치·사회적 변동을 수반할 것으로 기대되었다. 농노해방으로 시작된 대개혁은 사회의 하층 구조에 영향을 미쳐 시민사회를 강화하는 데 기여하였으며, 독립적인 사법 체계 그리고 상대적으로 자유로운 언론, 지방자치 등과 군주정이 공존하는 체제를 창출하였다.

농노제 폐지로 대표되는 1861년의 대개혁은 러시아 봉건주의에서 역사적 종결을 의미하는 진보적인 조치이자 새로운 경제 관계의 수립 등 국민경제의 발전을 촉진하는 획기적인 사건이었다. 이러한 역사적 기획으로서의 의의에도 불구하고 대개혁이 부정적인 결과도 파생시켰다는 사실 또한 간과할 수 없을 것이다. 농민들에게 부여한 분여지의 토지 대금이 과중하였고, 토지 대금 완불 시까지 농민들은 소작료를 지불하거나 부역노동을 수행해야 했으며, 분여지들은 지주들에 의해 20% 이상 '절취'되었다.

1861년 당시 농민에게 부과된 분배농지대금 총액(8억 6,700만 루블)은 시장가격(5억 4,400만 루블)보다 월등히 높았다. 이에 따른 결과로 1907년 분여 농지의 대금 지불제도가 폐지되었을 당시, 농민들은 최초의 대금―국가가 지주에게 대납한 80%의 토지 대금―을 세 배 상회하는 15억 루블에 상당하는 금액을 국가에 이미 지불한 상태였다. 토지가 전혀 없거나 최소한의 분여지를 받고 해방된 예속농민이 약 400만 명에 이르는 등, 심각한 토지 부족 현상으로 인해 극동·중앙아시아로의 이주와 식민정책 추진에 있어서 하나의 중요한 계기가 마련되었다.[243]

이러한 한계적인 요인들에도 불구하고, 농노제 폐지가 상징하는 역사적 의미는 심대하다. 농노제 폐지는 앞서 언급한 시장가격으로 환산된 비용과 채무를 뛰어넘어, 자유로운 농민과 노동자의 탄생이자 자본주의로의 이행 등 새로운 시대를 여는 '대개혁'의 상징적인 선언이었다. 농노해방을 비롯한 대개혁이 러시아 전제정에 가져온 역사적 대전환은 이후 러시아 사회가 때로는 진화하고 때로는 혁명으로 이행하는 과정에서 온전히 실현되었다.

농노제 폐지 등 농업개혁의 결과 1880년대~1890년대에 농업 부문으로 자본과 임노동 등 시장 관계의 유입이 강화되었다. 계층분화가 현저하게 진행되어 농민들이 부농(쿨락кулак)과 빈농으로 분화되기 시작하였으며 '쿨락'은 빈농들을 고용하고 기업적 농업생산 방식을 채용하여 시장을 위한 생산을 늘려 나갔다.

빈농들 대부분은 부업을 겸하였고 이들 중에서 '탈농화'된 빈농들은 일용 농업노동자로 부농에 고용되거나 도시로 떠나 공장 노동자로 전락하여 경제적 독립성을 상실하였다. 노동시장을 형성한 빈농 출신의 노동자들은 생산 노동력의 제공뿐 아니라 소비재의 일정한 수요 창출을 통해 국민경제의 발달에 공헌하였다. 부농계층 또한 농기계, 비료, 종자, 가축 등의 안정적인 수요 창출을 촉진하여 다양한 산업 부문의 발전에 영향을 미쳤다.

시장경제에 적응하기 위하여 전통적 (대)지주들은 새로운 농기계, 종자, 비료를 비롯하여 새로운 영농기법을 도입해야 했다. 이를 위해서는 대규모 자본이 소요되었으므로 적지 않은 수의 지주들이 자신들의 영지를 농민은행 등 대부 기관에 담보로 잡히거나 매각하여, 1895년에는 지주 토지의 40% 이상이 저당 설정되어 있었다. '쿨락'들이 이러한 저당이나 경매에 부친 토지를 구입하는 사례가 증가하여, 부농의 규모는 20세기 초반 제정 러시아 말기까지 꾸준히 증가하였다. '쿨락'

은 소련 시대에 들어와 1929년 농업 집단화 정책으로 소멸하였다. 농업개혁의 이러한 결과들을 바탕으로 1860년대~1890년대 곡물 생산 규모는 1.7배, 감자는 2.5배, 사탕수수 생산은 20배 증가하였다.[244]

농노제 폐지에 이어 1864년 1월 1일에는 젬스트보земство(지방의회)를 설치하는 칙령(주와 군 지방자치기관 법)이 발표되어 지주와 농민 등 모든 계층에 의해 선출된 대표(3년 임기)들이 지방행정과 지방의회 기능을 담당하는 농촌의 지방자치제가 실시되있다. 젬스트보의 설치는 농노해방에 직결된 결과물이었다. 농노제 폐지 이전에는 지주들이 농노를 대상으로 급양과 교육, 보건 등의 사회부조 의무를 제공해왔으나, 농노제 폐지 이후에는 이러한 사회부조扶助의 수요가 증가하여 지주를 대신해 이를 담당할 제도(지방자치기관)의 필요성이 제기되었다.

다른 한 편으로는, 자본주의 경제 성장에 비례하여 농업 부문에 있어서 건강한 숙련 노동력의 수요가 증대한 것도 지방자치제 실시의 배경을 이루었다. 당시 러시아 농민의 높은 문맹률과 전문적 농경법에 대한 무지, 그리고 빈번한 전염병의 발병 등을 감안할 때, 농촌에서 교육과 보건 등 공적 서비스의 제공 문제는 선결해야 할 과제였으나 관료 기구는 이러한 공적 부조sozilahilfe를 농촌에 제공할 수 있는 역량이 없었다.

지방자치제 실시의 또 다른 이유는, 정부가 당시 절정에 이르렀던 입헌주의 운동의 열기를 지방의회 제도로 해소―입헌 운동이라는 정치적 요구를 사회·경제적 관심으로 전환하는 효과―하려는 의도를 지니고 있었다는 것이다. 당시 내무장관이던 발류예프Пётр Александрович Валуев (1815~1890)가 냉소하였듯이 젬스트보는 "할 일이 없기 때문에 말썽을 일으키는 언론과 사회 불평분자들에게 일거리를 제공할 것", 다시 말

하면 비판적 지식인들의 소일거리쯤으로 관료들은 경시하였다.[245]

그러나 이러한 예상과는 달리 초기의 젬스트보 개혁은 농노제가 폐지된 러시아의 유럽 지역 34개 주에서만 실시되었다가 1880년에 전국으로 확대되어 완결되었다. 젬스트보 활동은 시민사회와 정치사회의 결합을 통해 개혁운동을 한 층 더 고양시켰다. 농촌에서 젬스트보를 창설한 데 이어 1870년 6월 16일, '도시법'에 따라 도시의 자치제도인 '시市두마дума(시의회)'—4년 임기제, 유산有産계층에 선거권 부여—가 설치됨으로써 지방자치 제도의 창설은 일단락되었다.

당시 대표적인 자유주의자였던 까벨린Константин Дмитриевич Кавелин(1818~1885)이 평가하였듯이, '입헌주의 운동의 성패는 젬스트보에 달려'있었다. 입헌주의가 젬스트보의 토대 위에서 성장했기 때문이었다.[246] 개혁 입안 초기에 젬스트보의 대표 구성에 있어서 정부에는 상이한 프로그램들이 존재하였다. 1859년에 설치된 위원회를 주도하던 밀류틴Николай Алексеевич Милютин(1818~1872)과 내무부의 개혁적 관료들은 지방의 젠트리—가장 부유하고 교육받은 계층—를 중심으로 농민 등 중하위계층이 적정한 균형을 이루게 하여 궁극적으로는 젬스트보가 모든 계층을 명실상부하게 대표할 수 있는 자치제도로 발전시키는 프로그램을 구상하였다.

이에 반해 내무장관이던 발류에프의 구상은 영국식 모델, 즉 지방의 젠트리가 주도하는 상층 계층의 대표 방식을 선호하였다. 그의 젠트리 대표 체제는 폴란드와 발틱 지역 등 제국 변방의 비러시아계 귀족들을 포함하여 젬스트보의 젠트리 주도성을 보완하는 프로그램이었다. 결과적으로 1864년의 젬스트보 개혁은 밀류틴이 제안한 프로그램을 원칙적으로 반영하였다.

통계상으로 살펴보면 젬스트보의 효과를 보다 분명히 알 수 있을 것이다. 1865~1867년에 실시된 최초의 젬스트보 선거 결과, 도시의 구역 젬스트보와 지방 젬스트보에서 젠트리는 각각 41.6%와 74.2%, 농민은 38.5%와 10.6%, 상인은 10%와 11%, 성직자는 6.5%와 3.8%의 의석을 차지하였다. 선거 결과에 나타나듯이 다양한 계층들이 젬스트보에 진출하여 사회 계층의 이해관계가 반영될 수 있는 대표 체계의 기초가 마련되었다.

러시아에서 자본주의가 발전함에 따라 젬스트보의 의석 비율은 시장에서의 경제 관계를 반영하여 변화하였다. 예를 들어, 1886년경에 상인 계층의 의석은 모스크바의 구역 젬스트보들의 경우 15%에서 24%로, 니즈니 노브고로드의 경우 7%에서 14%로 각각 증가하였다. 1864~1913년간 젬스트보는 4만여 개의 학교, 2천여 개의 병원을 설립하였고, 공공교육과 보건 분야의 지출 증가로 젬스트보의 예산은 1,470만 루블에서 2억 5,380만으로 증대되었다.[247]

지방자치 개혁뿐 아니라 사법개혁 또한 중요한 정치적 의미를 지니고 있다. 1864년의 사법개혁(11월 20일 법령)으로 재판에서 귀족들의 특권이 일정하게 제한되었다. 개혁 이전의 신분제 법원제도와 서유럽의 사법제도를 혼합하려는 일부 고위 관리들의 시도에도 불구하고, 사법부 중심의 계몽된 관료들은 신분적 차별에 근거한 폐쇄적 법원제도를 모든 신분과 계층에게 동등하게 적용되는 서유럽의 개방적 법원제도로 일신할 것을 주장하였다.

사법개혁의 대표적인 사례가 소규모의 민·형사 소송을 전담하는 중재법원의 설치였다. 이 법원 판사는 대도시의 시의회나 구의회에서 선출되었다. 중재법원이 담당하는 소송들은 상대적으로 소소한 사건들임에도 불구하고 러시아인들의 일상 생활상의 문제를 다루고 있어서 러시아인들의 법률적 체감 효과는 그만큼 높았다고 할 수 있다. 이러한 사법개혁은 일상생활과 사회관계에 적용되어 개인의 권리뿐 아니라 러시아 대중들의 법문화 수준을 한층 더 올렸다.

이러한 사법제도가 러시아의 유럽 지역에만 적용되었다는 한계를 감안하더라도, 법원이 행정부로부터 독립적 지위를 유지하였다는 점에서, 그리고 행정부의 관여 없이 배심원제—젬스트보와 시의회가 선발—가 유지되었다는 점 등에서 상당히 민주적인 요소를 포함하고 있었다. 특히, 배심원의 구성은 개혁된 사법제도의 민주적 성격을 말해주는데, 1883년을 기준으로 할 때 농민이 배심원의 57.3%, 귀족과 공무원이 14.9%, 상인 9.4%, 소시민 18.3%로 당시 국민의 대다수였던 농민과 소시민이 전체 배심원의 75.6%를 차지—모스크바와 페테르부르크를 제외하고—하였다.[248]

이 밖에도, 1860년대에 교육개혁도 진행되어 도시에 초등교육기관이 설립되었고, 전통적인 중등교육기관인 '김나지아Гимназия/Gymnasia'와 더불어 수학, 자연과학, 기술 등의 학습에 치중하는 실업계 중등교육기관들이 창설되었다. 1865년 4월 6일에 단행된 언론개혁으로 신문과 잡지 등, 비정기 간행물의 예비 검열이 폐지되어 언론매체들은 출간된 이후에 심사를 받으면 되었고, 문제가 될 경우 법원에서 정당성을 다툴 수 있었다.

1866년, 언론 관련 재판들에서 피고인(매체 발행인)들은 무죄를 선고받거나, 가벼운 형량을 선고받았다. 심사 기능이 기존의 공공교육부에서 내무부로 이관된 것은 '대개혁'으로 언론매체의 성격이 학술·교육적인 측면에서 대중적이고 정치적인 측면으로 변화되어 사회·정치적인 쟁점에 대한 문제 제기의 횟수나 강도가 뚜렷이 증가하였기 때문이다. 알렉산드르 2세의 대개혁을 전공한 역사가 쟌쉬예프Григорий Аветович Джаншиев가 묘사했듯이 이제 "러시아인들은 더 이상 치고받고 싸우지 않게" 되었고, "법정에서 모든 이가 동등하게" 되었다.

대개혁의 결산: '혁명의 씨앗', 자본주의적 발전 경로

러시아 사회에서 대개혁의 변화를 상징하는 시대적 징표는 인텔리겐치아의 사회활동과 혁명운동이 활성화된 것이었다. 특히, 이 중에서 젬스트보가 관장하는 학교와 병원 등 사회기관에 종사하거나 젬스트보에 고용된 교사, 의사, 농업 전문가, 통계 진문가 등 '젬스트보 인텔리겐치아'들이 대규모 농민대중들과 일상적이고 전면적인 접촉에 들어가면서 러시아의 공적 생활은 근본적인 변화를 겪게 되었다.

젬스트보 인텔리겐치아들은 서유럽의 지식인이나 전문가들이 자신의 고객과 맺고 있는 상업적 관계를 넘어 직업적 책임감 이상의 공적인 사명을 지니고 있었다. 예를 들어, 젬스트보 설립병원에 근무하는 의사들의 경우, 서유럽에서 의료행위가 환자의 비용 지불에 근거하여 상업적 원칙이 관철되는 사적인 문제이자 시장적 행위로 인식되는 데 비해, 젬스트보 의사에 있어서 의료행위는 박애주의와 공적 봉사와 같은 사회적 문제이자 공적 행위로 인식되었다. 이러한 사회적 활동을 통해 일상적으로 민중들의 빈곤과 절망을 대면하게 되면서 직업적 이타주의에 '구세救世적인 요소'가 결합하여 젬스트보 인텔리겐치아들의 활동은 급진화되고 혁명화되었다.

젬스트보 인텔리겐치아들이 정부의 정책결정 과정에서 배제된 것 또한 이들을 반정부 성향의 사회활동에 결합시킨 주요 원인 중 하나였다. 혁명 활동가들은 농민들에게 혁명적인 사상을 전파하기 위하여 의사나, 조산원, 교사 등 젬스트보 기관의 직업을 구하려 애썼다. 이 밖에도 젬스트보 의원들에게서도 행정부와의 갈등으로 인한 반정부적 정서—비록 대다수가 자유주의적 경향을 지니고 있었지만—를 발견할 수 있었다. 젬스트보는 '급진주의와 자유주의 세력의 학교' 역할을 한 것이다.

혁명 운동가나 급진적인 사회활동가들은 언론매체뿐 아니라 공개 법정을 활용하여 그들의 사상을 전파하였다. 1866~1878년 사이에 정치범 재판에서 433명의 피고인 중 무려 165명이 무죄를 선고받았다. 이러한 사회적 지표는 사법제도의 개혁이 가져온 성과이자 젬스트보 인텔리겐치아의 성장 등 시민사회의 발전에 따른 결과물이라 할 수 있다. 정치범의 판결뿐 아니라 재판 과정에서도 사상의 자유가 상승하는 추세에 있다는 사실이 확인되었다. 재판 과정에서 혁명 활동가들과 그의 변호인들은 자신들의 혁명사상을 공개적으로 주장하여 언론을 통해 공공연히 전파하였다.

대표적인 여성 혁명가로서 상트페테르부르크 시장 트레포르Фёдор Фёдорович Трепов(старший)(1812~1889)의 암살 미수범이던 베라 자술리치Вера Ивановна Засулич(1849~1919)의 재판이 그 상징적인 사례였다. 이 정치재판에서 자술리치의 변호인은 '1864년 개혁 법령'을 십분 활용하여 자술리치의 사상적 정당성을 입증하려 하였다. 암살 미수사건의 동기가 되었던 '트레포프가 정치범을 채찍질하도록 명령한 행위'는 사법 개혁으로 제정된 '체벌금지법' 위반이었다. 후일 자유주의 성향의 법률가로 인정받은 재판장 코니Анатолий Фёдорович Кони(1844~1927)는 자술리치와 그 변호인의 진술을 '평가'하여 법무부장관 팔렌Константин Иванович Пален(1830~1912) 백작 등, 정부의 압력에 굴하지 않고 법률에 따라 공정한 재판을 진행하였다. 공판 전에 '유죄 판결의 보증'을 요구하는 팔렌 장관에게 "보증할 수 있는 것은 이 사건에서 완전한 공정성과 적절한 정의 구현에 대한 모든 보장을 준수한다는 것"이라 반박하였다.

재판장 코니는 자수리치의 재판이 사상적 편견에 의한 정치재판이 되지 않도록 유의하면서 배심원단에 '진실의 정신'을 판결에 반영하도록 권고함으로써 배심원단의 평결에 결과적으로 영향을 미쳤다. 1878년 4월 12일(구력 3월 31일)에 열린 선고공판에서 배심원단은 피고인 자술리치에게 무죄를 평결하였다. 회고록에서 토로하였듯이, 법률가로서 코니가 판단하기에 "러시아가 신이 축복한 통치 방식(전제정)으로는 오래 존속할 수 없다"는 것이 확실해졌다. 그가 목격하였듯이, 개혁은 이미 시대정신이었다. '시대가 변하고 있다(Tempora mutantur!)'는 것이 그의 고백이었고, 자수리치에 대한 무죄선고는 이의 결과였다.[249]

법원의 이러한 자유주의적 경향을 우려한 보수적인 언론과 고위 관료들의 압력에 의해 '1864년 사법개혁'의 적용에서 정치재판을 제외하려는 시도들이 행해졌다. 이에 따라 1878년 8월 9일 정부는 국가에 대항한 모든 범죄의 소송을 군사법정으로 이관하였다. 알렉산드르 2세가 암살되면서 이러한 반동적 경향은 강화되어, 1881년 8월 14일 '국가안보와 공안조치 규정'의 발표로 정점에 달하였다.[250]

알렉산드르 2세 사후, 1880년대~1890년대 초에 비록 대개혁의 후퇴가 상당하였으나, 하버드의 러시아 역사학자 파이프스Richard Pipes 가 비관적으로 단정한 것처럼 1881년 조치 이후의 러시아를 '경찰국가'[251]로만 보기는 어렵다. 왜냐하면, 대개혁의 원칙들이 침해되기는 했지만 지방자치, 사법, 언론 등을 망라한 '대개혁'이 사회에 미친 근본적이고 포괄적인 효과는 여전히 지속되었기 때문이다.

프로이센 군대에 의해 프랑스군이 예상외로 참패하자 충격을 받은 러시아 정부는 1874년에 군사 분야의 개혁을 단행하였다. 주지하다시피, 프랑스는 프로이센에 대패하여 베르사유 궁전에서 프로이센이 독일제국을 선포(1871)하는 것을 무기력하게 바라보는 역사적 수모를 감수해야 했다. 군사개혁은 대對오스트리아전쟁(1866)과 프랑스전쟁(1870~1871)을 승리로 이끈 프로이센 군대를 전형으로 하여 전쟁장관 밀류틴Дмитрий Алексеевич Милютин(1816~1912)이 수행하였다.

군사개혁은 복무제도 분야에서 두드러져 복무기간과 사병교육 등에 있어서 서유럽의 혁신적인 제도를 도입하였다. 병역의무가 21세 이상 모든 러시아인에게 확대되어 국민 개병皆兵제가 실시되었으며, 복무기간 또한 육군은 4년, 해군은 7년—이전에는 약 25년—으로 단축되었다. 국민개병제는 표트르 3세의 '귀족의 자유에 관한 선언'(1762)과 예카테리나 2세의 '귀족헌장'(1785)에 명시된 군복무와 그 혜택에 관한 귀족의 특권을 일정하게 축소하는 효과도 있었다.

장교 양성에 있어서 장교의 지휘력과 전문성을 높이기 위해 군사학교의 전문화와 체계화를 단행하여 초급장교를 양성하는 하사관 학교와 중고급 장교를 양성하는 군사 아카데미가 설립되었다. 모든 병사를 대상으로 초급교육이 실시되었다. 이러한 군복무 제도의 개혁은 군대의 질을 높였을 뿐 아니라 러시아의 근대화와 민주화에 기여하였다. 1905년과 1917년 혁명에서 드러났듯이 '병사 소비에트(평의회)Совет'의 사례에서처럼, 계몽된 사병들은 역설적으로 전제 군주정을 타파하는 데 중요한 역할을 하였다.

대개혁의 여파는 경제 분야에서 두드러졌다. 개혁 관료들은 고용노동, 기업가 정신, 사적소유, 자유경쟁 등 시장경제의 원칙을 수용하여 서구 자본주의적 발전경로를 추구하였다. 시장 판매를 위한 곡물 생산과 임금노동자들, 농기구와 농기계 생산의 규모가 현저히 증가하였다. 1860~1890년대 계절 농업노동자의 수는 70만 명에서 360만 명으로 약 5배 이상 증가하였고, 1870~1890년대 사이 철제쟁기의 연간 생산 또한 약 5배 이상 증대되었다.

사적 토지 소유의 구성변화 역시 러시아 경제의 자본주의적 진화를 특징하고 있다. 농노해방으로 인해 비젠트리 출신 농민의 토지 소유가 증가하고 귀족들의 토지 소유 비중이 현격히 축소되어, 농노제 폐지 당시 귀족의 토지 소유가 8,700만 데샤티나Десятина(전체 토지의 80%)이던 것이 토지 분배 대금상환이 종결된 1905년경에는 5,200만(전체 토지의 약 50%) 데샤티나—1데샤티나는 1.09헥타르—로 줄었고, 농민의 토지 소유는 5%에서 20%로 증가하였다.[252]

농업경작은 점점 상업적이고 기업적인 성격을 띠게 되었다. 농업 생산물뿐 아니라 토지와 노동력 또한 상품화되었으며 우크라이나, 그리고 흑해와 볼가 지역 등이 상업적 곡물 생산의 중심지가 되었다. 그러나 행정당국이 농업에 부과한 여러 가지 규제들—개별 농민의 농민공동체(미르Мир) 이탈금지 등—로 인해 농민들이 대규모 기업농으로 전환하는 것이 어려웠기 때문에 러시아 농업의 막대한 잠재력에도 불구하고 러시아 농민들은 미국 등 서구의 곡물 생산자들과 경쟁하기 어려웠던 것 또한 사실이다. 당시 러시아의 농업 전문가이자 지주였던 엥겔가르트Александр Николаевич Энгельгардт(1832~1893)는 "미국인들은 잉여작물을 팔고, 우리는 일용할 양식을 판다"고 러시아의 농업 현실을 날카롭게 비판한 바 있다.[253]

대개혁의 결과 1880년대에 러시아의 자본주의 경제는 매뉴팩처manufacture(공장제 수공업)단계에서 기계제 대공업에 의한 공장제 기계공업 단계로 전환되어 산업혁명이 완료되었다. 19세기 후반부터 석탄과 원유 채굴, 석유정제, 기계공업, 화학공업 등이 급속히 발전하기 시작하여 러시아령 유럽 지역과 우랄 지역 등 전통적인 공업지역 외에 돈바스Донбасс 등 우크라이나 남부 지역에 대규모 공업지대가 형성되었다.

1875년부터 1892년 사이 러시아에서 증기기관의 수는 약 2배, 동력은 약 3배 증가하였다. 이에 힘입어 1860~1895년에 이르는 기간에 주철 정련은 4.5배, 석탄 채굴은 약 30배, 1870~1890년 원유 채굴은 170만 푸드pood/пуд(1푸드 = 16.38kg)에서 2억 4,300만 푸드로 140배 증가하였고, 19세기 말에는 6억 3,300만 푸드로 증대되어 러시아는 당시 세계 최대 원유생산국의 지위를 차지하였다.

노동시장의 변화 또한 두드러졌다. 숙련공이나 공업 노동자는 농민 공동체에서 독립하여 도시로 영구 이주한 자유인들로 주로 구성되었는데, 1865~1890년에 이르는 기간에 숙련공의 수는 70만 6천 명에서 143만 2천 명으로 증가하였다. 19세기 말 러시아의 총고용 노동자는 약 1,000만 명에 달하였고 총인구는 약 1.5배 증가하였다. 노동자의 증가는 도시인구의 증가를 초래하였다. 1863년 최초의 도시인구 센서스에서 600만 명이던 도시인구가 1897년 최초의 전국인구 센서스에서 1,700만 명으로 2.8배 증가하여 전체 인구의 13.5%를 차지하게 되었다.[254]

재정 분야의 개혁 또한 인상적이었다. 자유무역을 지지한 경제적 자유주의자(또는 재정 자유주의자fiscal liberalist)로서 애덤 스미스 류의 맨체스터학파의 신봉자였던 재무장관 레이테른Михайл Христофорович Рейтерн(1820~1890)은 영국이나 미국에서와 같이 '진취적이고 개화된 기업' 들이 러시아에 부재하다는 것을 자각하였다. 그는 기업창설의 환경을 조성하기 위하여 개인 융자시스템을 창출하고 일부 국유부문을 민영화하였으며, 비생산적인 프로젝트에 대한 국가 지출을 제한하는 경제 시스템의 변혁을 주도하였다.

또한 국가재정 개혁을 통해 균형예산을 수립하게 되었고, 새로운 조세제도는 소득세에 기반하여 통화안정에 기여하였다. 1862년에는 정부가 예산 수입과 지출의 목록을 발표하기 시작하여 국민들은 국가의 재정 상태에 관한 정보에 다가갈 수 있게 되었다. 정부 예산공고는 국내외적으로 정부에 대한 신뢰를 한층 제고시켜 국제금융시장에서 러시아의 신용을 향상시키는 결과를 가져왔다.

레이테른은 사기업의 경제활동을 고취하기 위해 1862년 광산업과 염전 등 국가전매사업 등을 민간에 허용하고, 1863년에는 주세를 폐지하는 등 국기 독점사업과 징세 시스템을 개혁하였다. 이러한 경제개혁 조치는 기업활동의 활성화를 통해 결과적으로 국고 수입을 증대시켰고, 사적 자본의 괄목할 만한 성장을 자극하여 가장 생산적인 분야들—은행, 철도, 유전개발, 무역 등—에 대한 투자로 이어지게 하였다.

1860년에 수립된 국가은행이 민간 상업뱅킹 네트워크의 중심 역할을 하여 1862년 정부는 지방은행의 설립에 동의하였다. 1864년에는 '상트페테르부르크 상호신용협회'가 최초로 민영 단기 융자기관으로 허가되었다. 1870년경에 이르면 러시아는 40여 개 이상의 민간은행이 설립되어 국가 전체 예금의 약 40%를 관장하게 되었다. 은행의 자본 집중이 진행되어 1875~1881년에 5대 거대은행이 전체 은행 자본의 약 절반, 12대 은행이 전체의 75%를 차지하게 되었다.

1890년대 회사설립의 두 번째 붐의 시기에 일정 규모 이상의 신규 주식회사 등록 건수가 급속히 증대하여 1893~1900년 사이에 648개에서 1,369개에 달하였다. 1881년에는 금융자본과 산업지본 간에 리시아 최초의 대규모 자본독점체인 카르텔이 형성되어 철도용 강철레일 생산을 거의 독점하였다. 대규모 카르텔의 성립에는 외국자본의 역할이 상당하였다. 예를 들어, 철압연 가공 등의 제조 산업 카르텔(1886)에는 독일 자본이, 석유산업에는 노벨 형제들의 자본과 프랑스의 유대계 자본 로췰드de Rothschild Frères/Banque Rothschild가 참여한 신디케이트가 형성되었다.

그러나 1874년에 유럽의 산업·금융 위기가 러시아로 파급되어 기간산업의 성장률이 일시적으로 하락하고 상업활동이 일정 기간 위축됐던 것 또한 지적할 필요가 있다. 예를 들어, 모스크바에서 두 번째 규모의 상업은행이 파산하여 예금의 대량 인출 사태가 발생하였고 1876년에는 철도 기금이 고갈되어 정부는 신규 철도사업 혜택을 중단하기도 하였다.

국내시장 규모와 대외무역 또한 현저한 증가세를 보였다. 국내 상품거래는 1873년 24억 루블에서 1900년 110~120억 루블로 증가하였다. 전체 곡물 거래는 농업개혁 이후 30여 년 동안 약 2배 증가하였고, 전체 거래량의 40% 정도가 외국으로 수출되어 곡물 수출이 약 5.5배가량 증가하였다. 19세기 후반 대외무역량이 급속히 증가하여 1861~1900년 기간 동안 수출입 무역 총액은 4억 3,000만 루블에서 13억 루블로 3배 정도 증가하였다. 러시아 대지주들에 의해 최초의 카르텔이 형성된 제당산업은 농업생산에서 가장 수익성이 높은 부문이었는데, 1890년~1900년 사이 설탕 수출은 330만 푸드에서 1,250만 푸드로 4배 증가하였다.[255]

1862년 폴란드의 총독으로 파견된 콘스탄틴 대공Константин Николаевич Романов(1827~1892)의 자유주의 정책이 실패하고, 1866년 4월 카라코조프Дмитрий Владимирович Каракозов(1840~1866)의 알렉산드르 2세 암살 기도가 발각되면서 정부 내 반反개혁론자들의 영향력이 상승하였다. 개혁론자이던 교육장관 골로브닌Александр Васильевич Головнин(1821~1886)과 법무장관 자먀트닌Дмитрий Николаевич Замятнин(1805~1881) 등이 직위해제 되고, 1866년 보수적 성향의 발루예프 내무장관의 정치적 동지인 슈발로프 백작Пётр Андреевич Шувалов

(1827~1889)이 황제 직속의 비밀감찰기구인 '제3국Третье отделение'의 책임자가 되어 비공식적으로 총리 역할을 자임하면서 개혁프로그램에 제동을 시도하였다.

그러나 알렉산드르 2세의 지속적인 개혁 추진 의지에 고무된 재무장관 레이테른은 1866년 재정 개혁을 위한 중장기 계획을 입안하여 정부 정책으로 채택하였다. 그는 중장기 계획을 통해 지속적인 개혁과 재정 안정성 간의 연관성을 긴밀히 하였고, 이것이 러시아의 자본유출을 방지하고 외자 유치를 활성화할 것이라 확신하였다. 또한 정부로 하여금 소모성 예산지출을 최대한 자제하여 생산 영역에 투여하도록 하였고, 이러한 견지에서 국제분쟁에 개입하지 않는다는 방침을 수립하였다. 재무성의 이러한 불개입 정책은 당시 외무장관이던 고르차코프의 대외정책 원칙에 상응하여 러시아가 국내 문제에 집중할 수 있는 여건을 조성하였으며, 이후 1890년대에 재상 비테Сергей Юльевич Витте(1849~1915)의 '평화적 침투peaceful penetration' 정책으로 계승되었다.

1860년대~1870년대 초 레이테른이 지휘한 러시아 재무성의 가장 긴급한 프로젝트는 철도 건설이었다. 크림전쟁의 패배로 러시아에서 철도 건설 문제는 경제적인 문제일 뿐 아니라 전략적인 입지와 관련된 시급한 과제였다. 재무성은 과거의 실패—국가 주도의 철도 건설—를 경험 삼아 민간 자본에 건설을 위탁하고 국가는 가능한 모든 지원을 제공하는 절충 방식을 수립하였다.

1867년 정부는 민간 주도의 철도부설 사업을 지원하기 위해 알래스카 매각 대금 일부와 국가 소유 철도 일부의 매각 대금 등으로 특별기금을 조성하였다. 정부는 투자자들에게 이윤을 보장하는 것뿐 아니라 레일, 기관차, 차량 제조 등 철도 관련 산업에 정책 및 금융지원을 제공하였다. 러시아와 같은 광대한 영토를 지닌 국가에서 철도산업은 모든 산업 경제의 토대이자 엔진 역할을 수행하였다.

철도는 러시아 경제가 공간·지리적 제약과 이에 따른 생산적 연관의 장애를 극복할 수 있게 하였고, 막대한 생산유발효과를 파생시켰다. 철도부설 사업은 철강, 기계, 석탄, 석유, 노동력 등의 수요를 증대시켜, 시베리아 철도부설 사업이 추진된 1890년대에 석탄 생산의 36%, 석유의 44%, 금속 40%가 철도 건설에 소요되었다.[256]

철도노선의 우선순위와 관련하여 정부 내에서는 경제 관련 부처와 군사 관련 부처 간의 갈등이 존재하였다. 전자의 경우는 경제적 용도를 강조하였고 후자는 전략적 중요성에 입각한 노선 설정을 견지하였다. 절충적으로, 1870년대 부설된 철도들은 곡물 생산지역과 강이나 바다(흑해와 발틱해)의 항구를 연계하는 것에 병행하여 유럽의 서부전선으로의 병력 수송도 고려한 것으로, 19세기 말에는 총 화물의 약 70% 이상을 철도운송이 소화하였다. 모스크바는 이러한 철도 연결망의 중심이 되었다.

민간 기업을 위한 정부의 유리한 보장 등에 힘입어, 철도부설 사업은 1870년대 중반까지 붐을 형성하여 서유럽국가들을 훨씬 능가하는 신장세를 보였다. 철도사업과 관련하여 수십여 개의 회사가 신규로 설립되었고 외국자본이 대규모로 유입되었다. 1861~1891년 동안 철도망은 1,500베르스타—1베르스타는 약 1.067km—에서 28,000 베르스타로 증가하여 1899년에는 철도의 총연장이 58,000베르스타에 달하였다. 1880년대의 산업 성장에 힘입어 해당 기간 동안 러시아 총 육상 교통로의 3분의 1에 달하는 21,000 베르스타 이상의 철로가 건설되어 철도 총연장에 있어서 러시아는 미국에 이어 세계 2위를 차지하였다.[257]

1870~1873년 철도 붐의 정점에서 39개의 상업은행과 14개의 토지은행을 포함하여 총자본금 5억 1,600 백만 루블에 달하는 259개

의 합자회사가 설립되었다. 이러한 철도 붐은 도네츠크(돈바스)와 바쿠Baku 등 신흥 공업지역의 성장을 자극하였다. 이러한 성과에 힘입어 1867~1875년간 국가의 금 보유고는 약 3배 증가하여 통화개혁을 위한 기반이 조성되었다.

철도사업이 부정적인 결과도 초래한 것은 사실이다. 대부분의 민간 기업이 이윤을 내지 못하여 정부융자의 상환이 지연되거나 불가능하게 됨에 따라 정부의 철도 건설 기금이 부실화되었다. 민자 노선에 대한 이윤 보장에 충당되는 연간 수백만 루블에 달하는 정부 보조금이 1781~1881년 사이에 약 4배 상승하여 외채와 예산적자를 증가시켰다. 수십여 개의 민간 기업들이 개별적으로 운영하는 철도망은 전체적으로 통합되지 못하였고, 이들에 의한 철도수송의 노선별 독점으로 인해 러시아 경제는 일정한 손실을 감수하지 않을 수 없었다.

그럼에도 대개혁의 효과는 이러한 한계들을 사소하게 만들 만큼 뛰어났다. 알렉산드르 2세의 대개혁으로 인해 국민경제 전반에 걸쳐 봉건제가 해체되고 시장경제의 급속한 발전을 통해 새로운 사회집단들이 형성되어 새로운 형태의 사회 및 경제적 관계들이 확립되었다. 이뿐만 아니라, 대개혁으로 인하여 정치, 문화 전반에 걸쳐 러시아인들의 생활양식modus vivendi의 근본적인 변화가 야기되어 근대성의 확립이라는 역사적 기획이 완결되었다.

고르차코프의 '재균형' 전략: 러-프랑스의 결렬과 러-프로이센 동맹

크림전쟁 이후 러시아 외교정책의 기본 틀은 1856년 네셀로데의 후임으로 외무장관에 임명된 고르차코프Александр Михайлович ГорчаковB (1798~1883)에 의해 윤곽이 드러났다. 고르차코프는 유럽 각국 정부에 보낸 회람장circular에서 러시아의 황제는 "제일의 관심을 러시아 신민의 행복과 안녕에 두고, 대외 문제는 핵심적 국익에 부합할 경우에만 고려할 것"이라는 국내 문제 중심의 정책 원칙을 분명히 하였다. 이 회람장에서 고르차코프는 러시아가 더 이상 유럽 문제의 해결에 동원되거나 연루되지 않겠다는 의지를 완곡히 표현하였다.

회람장에서 고르차코프는 "러시아는 화가 난 것이 아니라 몰입(집중)recueillement 중"이라는 유럽외교사에서 각인된 명구名句를 남겼다. 알렉산드르 2세의 치세 동안 러시아의 외교정책을 사실상 주도한 고르차코프의 이러한 원칙은 이후 유럽의 국제질서와 세력균형을 전변시킨 '두 개의 전쟁'(프로이센-오스트리아 전쟁과 프로이센-프랑스 전쟁)과 독일제국의 탄생 과정에서 '중립'적인(불개입적인)—결과적으로는 친프로이센정책— 정책으로 산출되었다.

고르차코프는 귀족 등 명문가 자제들을 위한 엘리트 교육기관인 짜르스코예 셀로의 리체움(리쩨이)lyceum/Лицей 출신으로 푸시킨 등이 그의 동료였다. 1821년 외교부에 들어간 이후로 당시 유럽외교의 중심지이던 런던과 비엔나에서 근무한 바 있는 그는 국제적 감각과 합리적 인식을 겸비한 탁월한 외교관이었다. 크림전쟁 동안에 비엔나에 머물면서 고르차코프는 영국과 프랑스의 지지를 받는 튀르크와의 전쟁이 무익함과 평화협정의 필요성을 자각하여 러시아의 외교 방향을 현실주의적으로 재설정하는 것을 모색하였다.

굴욕적인 파리회의(1856)에 참석하였으나 의도적으로 서명을 회피한 고르차코프는 파리회의의 굴욕적인 조항들, 즉 흑해에서 러시아 해군의 무장해제를 의미하는 '흑해의 무장 중립화' 조항들을 폐기하는 것과 '배신자' 오스트리아를 응징하는 것을 러시아 외교의 당면 목표로 삼았다. 이 외교 방침은 크림전쟁 이후 러시아-튀르크전쟁(1877~1878)까지 20여 년 동안 유지되었다.

대개혁을 준비하면서 국내 문제에 집중해야 했던 러시아로서도 개혁의 성공을 위해 외교적인 고립은 피해야 했으므로 최소한의 동맹관계는 유지될 필요가 있었다. 크림전쟁 종결 후 네셀로데가 주장했던 프로이센-오스트리아와 '신성동맹'의 재현이 불가능한 것으로 판명됨에 따라 고르차코프는 새로운 외교 체제를 수립하여야 했다. 알렉산드르 2세의 의중을 파악한 고르차코프는 고립을 피하고 최소한의 동맹을 유지하기 위해 프랑스와 협력을 모색하였다.

이러한 외교적 전환은 크림전쟁 이전, 19세기 전반에 걸친 러시아의 외교 원칙을 근본적으로 수정하는 것을 의미하였다. 왕조적 전통성 면에서 나폴레옹 3세에 대한 니콜라이 1세의 개인적인 경멸뿐 아니라, 러시아 정부의 프랑스 혁명정부에 대한 불안과 불신으로 인해 양국의 외교관계는 동맹의 조건을 갖추지 못했었다. 그러나 외교적 고립 탈피는 물론이고 '흑해 중립화(무장해제)'의 폐기를 달성하기 위해서는 프랑스의 지원이 긴요하였다.

러시아가 프랑스와 화해를 모색하던 당시, 크림전쟁이 끝난 지 불과 1년도 채 되지 않아 유럽에서는 새로운 전운이 감돌았다. 1857년 9월 고르차코프를 대동한 알렉산드르 2세는 스투트가르트Stuttgart—짜르의 누이인 올가 여왕이 통치하는 뷔르템베르그Würtemberg의 수도—에서 외무장관 왈레프스키Alexandre Joseph Colonna-Walewski(1810~1868)(나폴레옹 1세의 서자庶子)를 대동한 나폴레옹 3세와 회동하였다.

나폴레옹 3세는 이탈리아의 통일운동Risorgimento과 발칸 문제를 자신이 통제하기 위해 영국과 러시아를 포함한 동맹관계 형성에 관심을 기울이고 있었다. 이에 따라 루이 나폴레옹은 알렉산드르 2세에게 이탈리아에서 전쟁이 발발할 경우 러시아가 프로이센과 독일 제후국들을 견제해 줄 것을 희망하였다. 이탈리아에 세력권을 보유한 오스트리아를 독일 국가들이 군사적으로 지원하는 것을 막고 프랑스의 라인 국경을 안전하게 하기 위한 의도였다. 알렉산드르 2세는 확답을 피하면서 '유럽 문제에 대한 미래의 협조'라는 모호한 답변을 주었을 뿐이었으나, 이 회동은 '러시아-프랑스 화해'의 첫걸음으로 유럽에서 센세이션을 일으켰다.

1858년 7월 12일, 나폴레옹 3세와 이탈리아 샤르데냐-피에몬테Regno di Sardegna-Piemonte의 총리인 카부르Camillo Benso Conte di Cavour(1810~1861)는 프랑스 북동부의 플롬비에레Plombières-les-Bains에서 비밀회동을 가졌다. 양자 간에 오스트리아에 대항한 이탈리아 통일 전쟁에서 피에몬트-사르디니아 왕국을 지원해 주는 대가로 니스Nice와 사보이Savoia/Savoie를 프랑스에 양도한다는 비밀조약이 체결되었다.

나폴레옹 3세는 협조의 대가로 오스트리아령 갈리치아Galicia를 러시아에 넘겨주겠다고 제안하였으나 러시아의 답변은 낙관적인 것은 아니었다. 1859년 상트페테르부르크에 특사로 파견된 라 론시에르-르 누리Camille Clément de La Roncière-Le Noury(1813~1881)의 보고에 따르면, 알렉산드르 2세가 동맹을 위한 조건으로 군사적 준비를 위한 2년의 소요, 파리회의(1856)의 수정, 폴란드 문제에 대한 불간섭 보장 등을 제시하였다는 것이다. '폴란드 문제의 불간섭 보장'은 러시아와 오스트리아 그리고 프로이센 등의 분할지배로부터 폴란드를 떼어내어(폴란드 통합) 중·동부유럽을 프랑스에 유리하게 재편하려는 야심찬 계획을 루이 나폴레옹이 포기하는 것을 의미하였다.

이러한 러시아와 프랑스의 화해 움직임에 대해 영국의 더비Lord Derby 내각은 우려의 눈초리를 보내고 있었으나, 프랑스 외무장관 발레브스키가 예리하게 지적하였듯이, 프랑스가 러시아로부터 얻을 수 있는 것은 군사적 지원이 아니라 우호적 중립뿐이었다. 이에 비해 러시아는 라인 국경의 안전에 관해 프랑스에 어떠한 보장도 하지 않은 채 파리 조약의 수정 문제를 제기하는 기회를 얻을 수 있었다. 고르차코프는 프랑스와의 관계에서 유럽위기에 연루되기보다는 유보적인 태도를 취하면서, 영국, 프랑스, 오스트리아, 샤르데냐-피에몬테 등 과거 러시아의 적들이 모두 휘말려 들 수도 있는 유럽의 사태 진전을 예의 주시하고 있었다.

항상 그래왔듯이 유럽대륙의 문제에 비켜 서 있으면서 중재자로서 자신의 이익을 획득하던 영국은 유럽의 사태 진전에 다급해진 나머지 중립적인 유럽 열강들로 하여금 다가오는 전쟁을 중지시키게 하려는 외교적 시도를 주도하였다. 1859년 1월, 상트페테르부르크 주재 영국 공사 크램튼Sir John Crampton (1805~1886)은 고르차코프에 접근하여 오스트리아에 대한 프랑스와 사르데냐의 전쟁 계획을 좌절시키기 위해 러시아의 협조를 구하였다.

고르차코프는 "러시아에게 프랑스와 오스트리아의 비중이 동일한 것이 아니며, 프랑스와의 관계가 우호적인 데 비해 오스트리아와의 관계는 그렇지 않다"는 점을 공공연히 드러냈다. 그는 "예전에 러시아가 (영국에게) 사심 없는 조언을 해주었으나 기만당한 사실을 언급하며 더 이상 해줄 충고가 없다"고 단정하는 한편, 유럽 문제에 있어서 "러시아가 국외자로 남아 있을 것이라고 확신할 수 없다"라는, 여전히 러시아가 '행동의 자유'를 보유하고 있다는 사실을 암시하였다.

러시아에 거절당한 영국이 프로이센에 외교 공조를 요청하고 프로이센이 영국의 주도적인 역할에 적극 동의하자 러시아는 관망하던 태도를 바꾸어 1859년 3월 18일, 전쟁 위기를 해소하기 위한 국제회의의 소집을 제안하였다. 러시아는 영국, 오스트리아, 프로이센을 회의에 초청하였는데, 이 제안을 프랑스가 지지함으로써 사태 해결의 외교적 주도권은 러시아로 넘어갔다. 이 회의에서 오스트리아는 북부 이탈리아의 통치에 있어서 부당한 사례들을 공개할 것 등의 압박을 받으며 유럽 국가들 앞에서 피고인의 지위로 전락할 수도 있었다.

나폴레옹 3세에 대한 불신과 전쟁 의혹, 주도권 상실의 외교적 리스크 등에도 불구하고 영국은 러시아의 제안을 수락하였고, 프로이센과 오스트리아가 뒤를 이었다. 그러나 4월 19일, 오스트리아는 돌연 사르데냐 왕국Kingdom of Sardinia/Regno di Sardegna(1720~1861)에 최후통첩을 보냄으로써 평화를 위한 모든 시도는 무위로 끝났고 전쟁은 불가피해졌다. 1859년의 전쟁(제2차 이탈리아 독립전쟁) 동안 러시아는 나폴리 왕국의 안전보장 문제—중립 유지의 조건으로 한 러시아의 주장—를 제외하고 무관심한 중립을 유지하였다.

1859년 7월 '빌라프랑카의 강화armistice of Villafranca' 이후 성장한 사르데냐 왕국이 중부 이탈리아를 빠르게 흡수해 가는 것은 러시아에게 별다른 우려를 자아내지 않았다. 러시아는 나폴리 왕국의 안전이 보장되는 한에서 오스트리아 합스부르크 왕가와 친족관계로 연결되어 있던 중부 이탈리아 소국들의 입지와 정치적 운명에 대해서는 별다른 관심이 없었다. 단지 러시아는 이탈리아의 통치자들과의 우호적 원칙을 선언하면서도 불간섭 원칙은 수용하기를 거부하는 입장, 다시 말하면 서유럽 문제에 있어서 종래의 '거만한 중립haughty impartiality'을 유지하였다. 그러나 가리발디의 군대가 마르살라Marsala에 상륙하고, 이에 조응하여 사르데냐-피에몬테Piedmont-Sardinia 군대가 나폴리로 진격하자 러시아는 사르데냐-피에몬테와의 우호 관계를 철회하였다.

같은 해 10월 20일, 알렉산드르 2세와 오스트리아의 프란츠 황제, 프로이센의 섭정 황태자가 이탈리아의 사태 진전을 논의하기 위하여 바르샤바에서 회동하였을 때, 서유럽은 과거의 '신성동맹'을 떠올렸으나 프랑스와의 화해에 전념한 알렉산드르 2세의 노력—'동맹'이 아니라 '조정'하러 바르샤바에 간다고 프랑스에 확인시켜 줌—으로 프랑스가 우려한 '신성동맹'은 성사되지 않았다. 고르차코프는 나폴레옹 3세의 이복동생인 몽니 공작Charles, Duc de Morny(1811~1861)에게 보낸 서한에서 "러시아가 바라지 않는 한, 프랑스에 대항한 어떠한 동맹도 불가능"하다는 점을 분명히 하였다.

바르샤바 회동은 결코 평화롭지 않았나. 바르샤바에 오기 전에 이미 프란츠 요셉은 오스트리아 군대에 이탈리아 국경으로 진격할 것을 일방적으로 하달했음에도 불구하고, 러시아에게는 프랑스가 자제하도록 압박해 줄 것을 요구하였다. 프랑스와 화해를 고려한 알렉산드르 2세는 프란츠 황제의 계략을 수락하지 않았다. 프로이센의 섭정 황태자 또한 이탈리아에서 전쟁이 발발할 경우에 오스트리아의 베네치아 소유권을 보장할 수 없다는 점을 분명히 하였다.

프란츠 요셉의 자의적인 결정은 러시아로 하여금 과거의 쓰라린 경험을 상기하게 하면서 '외교적 후안무치'로 여겨져 오스트리아에 대한 분노를 증강시킬 따름이었다. 이탈리아 문제는 러시아가 일시적으로나마 유럽 문제에 전면적으로 개입하도록 하는 계기로 작용하는 듯하였으나 궁극적으로는 이에 연루되지 않으면서 프랑스와의 관계를 강화하는 결과를 낳았다.[258]

1859년 5월, 프랑스 군대의 절반에 가끼운 13만 명의 군사를 동원—당시 사르데냐를 중심으로 한 이탈리아 연합군은 약 7만 군사—하여 오스트리아와 전쟁(제2차 이탈리아 독립전쟁)에 돌입한 나폴레옹 3세는 고르차코프의 호의 아래 알렉산드르 2세로부터 전폭적인 외교적 지지를 획득하였다. 러시아는 독일의 제후들에게 프랑스로부터 군사적 안전을 보장한다는 회람장을 돌려 이들 국가가 오스트리아에 군사적 협력을 제공하는 것을 예방하였다.

나폴레옹 3세가 이탈리아 독립전쟁을 지원한 대가로 사르데냐 왕국으로부터 니스와 사부아(사보이)를 병합하자 이를 우려한 영국이 오스트리아와 프로이센을 자극하여 프랑스에 대항한 동맹을 결성하려 시도했을 때도, 알렉산드르 2세는 이에 참가하기를 거부하였다. 러시아의 짜르는 나폴레옹 3세와 국제 문제에 있어서 전반적인 상호 이해에 도달하는 데 적극적이었고, 특히 동방문제에 있어서 전략적 공조가 돋보였다.

튀르크와 몬테네그로의 전쟁, 헤르체고비나Hercegovina/Херцеговина의 봉기(1858), 시리아 소요 사태와 레바논에서의 기독교인 대학살(1860) 등에서 알렉산드르 2세는 나폴레옹 3세와 공동 행동을 취하였다. 짜르 알렉산드르는 1860년 파리회의에서 유럽 열강들로 하여금 시리아 문제를 평정하도록 프랑스에 위임하는 결정을 주도하였다. 동년 가을, 고르차코프와 나폴레옹 3세는 튀르크의 독립이 가능한 한 보존되어야 하며, 만약 오스만제국이 해체될 경우, 발칸의 국가들은 콘스탄티노플을 수도로 하여 종족 구분선에 따라 연방을 이루어야 한다는 데 동의함으로써 동방문제에 관해 거의 완전한 합의를 이루었다.

그러나 사르데냐 왕국의 교황령 침공에 대한 나폴레옹 3세의 암묵적인 동의, 사르데냐의 시칠리아Sicilia 왕국 병합에 대한 프랑스의 동의 등 이탈리아에서 새로운 사태가 진전됨에 따라, 유럽의 세력균형을 염두에 두고 '정통주의적 본능'을 지닌 알렉산드르 2세를 자극하여 러시아와 프랑스의 전략적 협조는 균열되었다. 더욱이 러시아로부터 적지 않은 외교적 지원을 받았음에도 프랑스는 파리 강화회의(1856)를 수정하려는 러시아의 외교적 열망을 충족시키는 데 적극적이지 않았다.

프랑스와 화해 협력을 주도한 고르차코프조차도 비난하였듯이, "러

시아에 대한 나폴레옹 정부의 지원은 매우 제한적이고 무성의"하였
다.[259] 고르차코프가 판단하기에 나폴레옹 3세는 러시아와의 협조에
있어서 자신의 목적에만 몰두하였는데, 1863년 폴란드 봉기에 대한
반응에서 이러한 태도가 결정적으로 확인되었다. 폴란드 문제가 러시
아에서 차지하는 전략적인 비중을 고려하면, 러시아가 폴란드 봉기에
대해 외부의 간섭 없이 독자적인 해결을 원한다는 것은 주지의 사실이
었다. 그러나 나폴레옹 3세가 폴란드 문세를 나루넌서 알렉산드르 2
세에게 중재를 자청하여 폴란드에 광범위한 자치권을 부여하는 문제
를 제기하여 '러·프 화해'는 파국에 이르렀다.

폴란드의 봉기와 러·프 협력관계의 파열로 인해 러시아와 프로이
센사이에 상호 접근의 계기가 조성되었다. 이 과정에서 유럽 국제질서
의 근본적인 재편을 초래한 고르차코프와 비스마르크의 운명적인 조
우가 이루어졌다. 비스마르크Otto von Bismarck (1815~1898)는 주駐러시아
대사(1859~1862)를 역임하면서 정치체제와 정치문화의 유사성(관료제적
위계질서와 전제 군주정), 그리고 러시아와 프로이센 왕실 간의 오래된
인척 관계—예를 들어, 알렉산드르 2세의 생모인 알렉산드라 표도로브나Алек
сандра Фьодоровна (1798~1860)는 프로이센 국왕 프리드리히 빌헬름 4세의 누
이— 등의 영향으로 러시아 친화적 성향을 지니게 되었다.

비스마르크는 러시아문화 애호가이기도 하였다. 폴란드 문제가 폭
발하기 직전인 1862년 9월, 비스마르크는 외무장관에 임명되이 폴란
드 봉기의 해결 과정에서 프로이센과 러시아의 외교 공조를 주도하였
다. 폴란드 봉기는 유럽 열강의 러시아에 대한 전략적 태도가 명확히
드러나는 리트머스 시험지였다. 1863년 1월 27일 러시아와 폴란드 반
군 간 최초의 전투가 발발하자, 프로이센 인접 국경에서 전투가 벌어
지고 있는 상황을 고려하여 비스마르크는 러시아와 공동 행동을 취하

기 위한 상호원조협약을 체결하기 위해 알벤스레벤Gustav von Alvensleben (1803~1881) 장군을 파견하였다.

무엇보다도 비스마르크는 러시아령에서 발생한 폴란드 봉기가 프로이센령 폴란드로 파급되는 것을 우려하였다. 2월 8일 체결된 '알벤스레벤 협약Alvensleben Convention'은 상호 정보 교환과 지휘관 파견, 상호 국경으로 군대의 자유로운 통과 등이 보장되었다. 여론의 부정적인 분위기와 의회의 격렬한 비판, 러시아에 대한 유럽 열강의 적대적인 태도에도 불구하고 비스마르크는 프로이센의 외교관계를 러시아와 지속적인 우호 관계에 견고하게 결속하였다. 비스마르크가 주도한 이러한 친러시아정책은 이후 프로이센의 독일통합 과정에서 막대한 정치적 배당금으로 돌아왔고 프로이센이 가장 우려하던 러-프동맹을 좌절시키는 데 결정적인 공헌을 하였다.

알벤스레벤 협정Конвенция Альвенслебена은 러시아에서 복잡한 반응을 야기하였다. 러시아 궁정의 분위기는 대체로 긍정적이었으나 군장교들의 반응은 냉정하였다. "프로이센의 지원이 필요할 정도로 러시아가 쇠약하진 않다"는 것뿐 아니라 본질적으로는 폴란드 문제는 러시아의 독자적인 문제라는 인식에 근거한 반응이었다. 이런 연유로 고르차코프 또한 이 협약에 비판적이었으나 알렉산드르 2세의 적극적인 추진 의사를 확인한 후에 조약에 서명하였다.

고르차코프와 알벤스레벤이 합의한 협정은 폴란드 문제에 대한 공조 이상의 의미를 지니고 있다는 것이 당대 언론과 후세 사가들의 공통된 평가이다. 당시 오스트리아의 유력 신문인 '오스트도이체 포스트 Ostdeutsche Post'는 알벤스레벤 협정이 '양국 동맹의 시작'이라고 예견하였다. 프로이센은 이후 프로이센-오스트리아전쟁(1866), 프로이센-프랑스전쟁(1870)에서 확인되었듯이 러시아의 굳건한 지지(외교·군사적 중립)에 힘입어 두 개의 전쟁에서 승리하여 게르만의 통합과 독일제국의 수립을 달성하게 되었다.

알벤스레벤 협정은 러시아와 프로이센(독일)의 외교관계뿐 아니라 독일의 운명과 관련하여 중대한 분기점이었다. 만약 알벤스레벤 협정이 없었더라면, 그리하여 그 전쟁들에서 러시아가 오스트리아나 프랑스를 지지하였더라면 프로이센의 승리는 불확실했을 것이고 독일제국의 탄생 또한 실현되기 어려웠을 것이다. 19세기 이래로 러시아는 게르만 민족의 운명을 좌우한 결정적인 전쟁들에서 직·간접적으로 프로이센을 구원―나폴레옹전쟁, 1848년 유럽의 혁명과 전쟁, 프로이센-프랑스전쟁, 프로이센-오스트리아전쟁 등―하였고, 이후 세계사가 증명하듯이 러시아의 지지를 이끌어 내지 못한 독일의 전쟁(두 차례의 세계대전)은 참패로 끝났다.

러시아는 알벤스레벤 협정을 통해 오스트리아를 견제하면서 유럽 방면 서부국경의 안전을 확보하여 국내 개혁에 집중할 수 있게 되었고, 동쪽으로의 팽창으로 전략적 주의를 돌릴 수 있게 되었다. 소비에트 사회경제사학자인 포크로프스키Михаил Н. Покровский가 평가하였듯이, 중앙아시아의 정복이 알벤스레벤 협약의 체결 직후에 본격화된 것은 우연한 결과로 보기 어렵다.

고르차코프 자신도 이 협약에 대해 적극적이지는 않았으나 동방으로 확장하고 오스트리아를 견제하는 전략적 의두에서 협약을 확대 저용하려는 시도를 한 바 있다. 러시아 외무장관 고르차코프가 사적으로 오스트리아를 혐오한 사실―"오스트리아는 국가가 아니라 하나의 정부일 뿐"이라는 발언―이 유럽의 재상들에게 낯선 일이 아니었을 만큼, 러시아 정부는 오스트리아에 대항한 방어동맹 체결을 원하였으므로 1863년 여름 내내 러시아 정부는 프로이센 정부에 협약의 확대를 제기하였다.

당시 폴란드 문제를 대하는 오스트리아의 태도는 매우 모호하여 러시아의 의구심과 혐오감을 더욱 증폭시켰다. 오스트리아는 갈리치아 Galicia의 소요 사태에 직면하여 계엄령을 선포하면서도 폴란드 봉기를 지지하는 나폴레옹 3세의 '통합 폴란드' 계획을 부추기고 있었다. 고르차코프의 '대對오스트리아 방어동맹'론을 실현하는 데 결정적인 열쇠를 지닌 비스마르크는 전략의 기본 구상에는 동의하였으나 시기상조라고 판단하였다. 왜냐하면 현시점에서 오스트리아에 대한 러시아-프로이센의 승리가 프랑스와 전쟁을 초래할 수도 있다는 우려였다.

프랑스의 태도는 초기에 매우 혼란스러웠다. 여론과 의회가 폴란드 봉기를 동정한 것에 비해 나폴레옹 3세는 러시아와의 동맹을 염두에 두면서도 러시아와 전쟁을 감수하고라도 폴란드 해방의 대리자가 되고자 하는 다소 모순적인 판단을 하였다. 동시에 그는 '황제'로서 혁명 운동을 선호하지는 않았으나 쿠데타로 집권하여 정통성이 취약했으므로 의회나 여론을 무시할 수는 없었다.

알벤스레벤 협정이 체결되고 이에 대항하여 영국이 공조를 제기하자 프랑스와 오스트리아는 영국과 더불어 4월 17일에 러시아에 항의 각서를 발송하였다. 전쟁도 불사하겠다는 오스트리아의 제안과는 달리 영국은 외교적 해결을 시도하여 스페인과 신생 이탈리아 왕국 등 유럽의 중소 국가들을 추동하여 '비엔나 조약(1815)'을 준수할 것을 요구하였다. 러시아에 있어서 폴란드 문제가 국내 문제—분쟁 지역이 러시아령이므로—였음에도 영국의 외교 전술은 폴란드 문제를 유럽의 문제로 치환하는 것이었다.

그러나 러시아가 볼 때, 러시아령 폴란드 문제가 유럽 문제라면, 영국이 병합한 아일랜드(1800년 연합법 Acts of Union) 또한 유럽 문제여야 했다. 1863년 4월 6일 고르차코프는 영국의 외무장관 러셀Lord John Russell(1792~1878)에게 보낸 답신에서 "유럽 열강들이 평화로운 폴란드를 이루는 최선의 방법은 각자 집안을 잘 단속하는 것"이라 지적하였다. 그에 따르면 유럽에서 "문제의 진정한 근원은 끊임없이 세계혁명을 선동하는 것에 있는데, 이것은 유럽사회 내에 존재하는 정신적이고 물질적인 타락과 무질서에 기인한 것이므로 국내적으로 이러한 폐해를 완화하는 데 각자의 노력을 경주해야" 한다는 것이다. 폴란드 문제가 러시아의 국내 문제라는 점을 분명히 하면서, 이것이 서유럽의 무질서에서 비롯된 것임을 책망하려는 의도였다.

6월 17일, 이에 대해 영국-프랑스-오스트리아 '3강強'은 6개 요구안—대사면, 의회의 복원, 폴란드인의 공직 임명, 가톨릭의 자유, 통치에 폴란드어만 사용, 폴란드 문제를 다룰 유럽 회의 소집 등—을 담은 새로운 각서를 러시아에 전달하였다. 이에 대한 고르차코프의 답변(7월 13일)은 간명하였다. 그는 폴란드 문제가 러시아 국내 문제라는 이유로 유럽회의 소집을 거절함과 동시에, 과거 폴란드 분할을 주도했던 당사국들—러시아, 오스트리아, 프로이센— 간 회의를 역 제안하였다. 이러한 제안은 아무도 예상하지 못한 것이어서 '당사국회의'에 개입할 여지가 없는 영국과 프랑스를 격분시켰다.

더비Earl of Derby 내각에서 외무장관을 지낸 바 있는 맘스베리 백작 James Harris, Earl of Malmesbury(1807~1889)은 러시아와의 외교단절을 제기하기도 했다. 지금까지 망설이던 프랑스는 전쟁을 불사하고서라도 러시아에 집단적인 통첩을 보내도록 주장하였으나, 지금까지 그래왔던 것처럼 영국은 폴란드인들을 구하기 위해 전쟁까지 감수할 준비가 되어 있지 않았다.

영국의 진정한 의도는 폴란드의 해방이나 통합이 아니라 러시아에 대한 견제에 있었다. 예를 들어 러시아가 개입하지 않은 1862년 9월 덴마크 문제—덴마크 영토인 홀슈타인Holstein과 슐레스비히 등에 대한 덴마크와 프로이센 간의 주권 분쟁—에서는 여론의 비판에도 불구하고 홀스타인을 프로이센에 양도하고 슐레스비히에는 자치권을 허용하는 등, 영국의 러셀 장관이 덴마크의 4분할을 제기한 바 있었다.

결과적으로 폴란드 문제는 영국과 프랑스 등 서구 열강에 대한 러시아의 국내 여론—러시아에 대한 내정간섭으로 간주—을 악화시켰다. 영국, 프랑스, 오스트리아 등이 전달한 집단적인 외교 각서는 고르차코프에 의해 거부되었다. 비엔나 조약(1815)을 수정하려는 나폴레옹 3세의 제안이 기각되었을 뿐 아니라 러시아를 위협하는 파머스톤 총리의 문서도 결국 철회되는 등, 외교적 우여곡절을 겪으면서 서구열강의 공동 행동은 좌절되었고, 폴란드 봉기는 러시아의 승리로 막을 내렸다. 폴란드 문제의 결과로 러시아와 영국의 관계는 악화되었고, 사태의 진전 과정에서 행동을 자제한 프로이센과는 우호 관계가 강화되었다.

1863년 11월 의회 연설에서 나폴레옹 3세가 러-프 간 동맹의 불씨를 살리기 위하여 안간힘을 썼으나 러-프 관계는 이미 종말을 고하였고, 양국 간 동맹 담론은 앞으로 30여 년을 더 기다려야 했다. 이제 러시아와 프로이센—1871년 이후는 독일제국—의 동맹관계는 고르차코프와 비스마르크의 의중에 달려 있었고, 19세기 후반의 유럽질서는 대체로 이들의 협력과 갈등 관계에 따라 변동되었다.[260]

독일제국의 탄생과 이탈리아의 통일 Risorgimento(1861~1871) **: 유럽의 재편**

폴란드 문제 해결 이후, 프로이센이 러시아로부터 얻어낸 '정치적 배당금'은 결과적으로 유럽 열강의 상상을 초월한 것으로 판명되었다. 프로이센이 독일제국의 건립으로 가는 노정에는 세 개의 전쟁이 기다리고 있었다. 그 첫 번째가 덴마크와의 전쟁이었다. 뒤에 연이어 수행할 전쟁들―프로이센-오스트리아전쟁(1866)과 프로이센-프랑스전쟁(1870~1871)―에 비해 규모나 위상 면에서 다소 중요성이 떨어질지 모르지만, 이 전쟁은 프로이센이 '올뮈츠의 굴욕(1850)'―러시아의 지원에 힘입은 오스트리아에 당한 외교적 패배(올뮈츠 협약Olmützer Punktation)― 이후 독자적으로 처음 시도한 전쟁이자 승리라는 점에서, 그리고 게르만 통합의 서막을 알리는 전쟁이라는 점에서 적지 않은 의미가 있다.

이른바 '덴마크 문제'는 1459년 이래로 덴마크 왕의 통치권이 인정되어 오던 홀슈타인, 슐레스비히, 라우엔부르크Lauenburg 등의 공국들에 대한 주권 문제였다. 이 공국들은 당시 비엔나회의 등을 통해 국제법적으로 덴마크의 주권이 인정되었으나 홀스타인과 라우엔부르크 공국 사람들이 게르만인이라는 사실로 인해 독일연방의 일원으로 간주되었다. 그러나 "비엔나 조약에 따른 프로이센의 국경선이 국가의 생존에 적절하지 않으며, 이는 다수결이 아닌 철과 피로 해결해야" 한다는 비스마르크의 신조에 따라 덴마크 문제는 전쟁을 피하기 어려운 형국에 처하였다.

1848년 유럽혁명의 파도가 덴마크의 민족주의자들('Eider Dansk')을 자극하여 홀슈타인 공국 등의 완전한 병합 문제가 제기되었을 때, 덴마크 왕 프리드리히 12세가 공국들을 통합하는 공동헌법의 초안을 발표하자, 1849년 5월 프로이센은 홀슈타인을 침공하였다. 프로이센이 국경을 넘어 덴마크 본토인 유스란트Jusland를 점령하자 덴마크는 러시아, 영국, 스웨덴에 지원을 호소하였다. 이에 호응한 러시아는 전함을 키엘Kiel에 파견하여 비엔나 조약의 준수와 유스란트로부터 철군할 것 등으로 프로이센을 압박하였다. 프로이센은 러시아의 전쟁 위협에 굴복하여 1850년 7월 2일 '베를린 강화조약'을 체결하였고, 전쟁배상금도 받지 못한 채 슐레스비히-홀슈타인과 라우엔부르크에서 완전히 철군하였다.

비스마르크로서는 과거의 이러한 굴욕을 반복하지 않기 위해서 러시아의 협조나 중립이 절실하였다. 러시아는 영국이 종종 행사하던 유럽의 균형과 질서유지라는 명분뿐 아니라 왕위 계승권에 있어서도 덴마크 문제에 개입할 수 있는 법적이고 역사적인 권한이 있었다. 러시아의 표트르 3세를 비롯한 로마노프 왕가가 덴마크 올덴부르크Oldenburg 왕가의 방계혈족인 '홀슈타인 고토르프Holstein Gottorp' 가문의 후손이기도 했으므로, 1773년 체결된 '짜르스코에 셀로Царское Село' 조약은 덴마크왕이 친자가 없을 경우 러시아의 로마노프 왕조에도 덴마크 왕위계승권이 있음을 명시하였기 때문이다.

1851년 6월, 니콜라이 1세는 홀슈타인-슐레스비히 문제를 해결하기 위하여, '바르샤바 의정서'를 통해 자신의 덴마크 왕위 계승권을 자진 포기하고 후사가 없는 프리드리히 7세의 계승자로 존덴부르크-글뤽스부르크Sondenburg-Glüksburg 가문의 크리스티안Christian 공(크리스티안 9세)을 지지함으로써 다른 국가들이 홀슈타인-슐레스비히 문제를 비롯하여 덴마크의 왕위계승 문제에 개입하는 것을 저지하였다.

그러나 프리드리히 7세의 통치가 막바지에 이르러 공국들의 문제는 점점 더 첨예해졌다. 이에 위기의식을 느낀 크리스티안 9세는 '아이더 단스크 당'의 압박으로 1863년 11월 18일에 독일연방에 속하지 않은 슐레스비히를 홀슈타인으로부터 분리하고, 공국들을 덴마크에 병합하는 공동헌법으로 귀결될 '기본법fundamental law'을 선포하였다. 1849년의 경우처럼 덴마크의 이러한 결정은 독일연방의 프랑크푸르트 국민의회에 빌미를 제공하여 독일의회는 '연방의 응징'을 결의하였다.

홀슈타인에서 봉기가 발생하자 12월 26일, 독일연방 소속 삭소니

(작센)Sachsen/Saxonia와 하노버Hanover 공국의 군대가 홀슈타인으로 진격하였고, 12월 30일 홀슈타인-슐레스비히 가문의 방계인 아우구스텐부르크Augustenburg 공작은 홀슈타인의 주도州都인 키엘을 점령하였다. 전쟁을 저지하기 위하여 영국과 러시아 등이 크리스티안 9세에게 '기본법'을 폐지할 것을 권유하였으나, 1864년 1월 1일을 기해 '기본법'이 효력을 발휘하자 1월 18일 비스마르크의 주도 하에 프로이센과 오스트리아는 공동으로 덴마크에 최후통첩을 보냈다.

전쟁은 프로이센-오스트리아의 승리로 끝나고 1864년 10월 30일, 비엔나 평화조약에 의하여 슐레스비히, 홀슈타인, 라우엔부르크 공국 등은 프로이센과 오스트리아의 공동 지배 하에 들어갔다. 이 전쟁에서 고르차코프는 비스마르크에 동의하거나 중립을 지켰다. 러시아가 이 공국들의 왕위 계승권을 여전히 보유하고 있었음에도, '바르샤바 의정서'에 근거하여 슐레스비히-홀슈타인 공국의 왕위 계승권에 집착하지 않음으로써 비스마르크는 영국 등 유럽 열강과 공국들을 자신의 의도대로 다룰 수 있었다.[261]

덴마크전쟁이 종결되자마자 잠재되어 있던 또 다른 위기가 유럽과 러시아 앞에 떠올랐다. 덴마크로부터 획득한 공국들에 대해 양국 간에 세력권을 설정하는 문제—프로이센은 슐레스비히를, 오스트리아는 홀슈타인을 획득—가 제기되었으나 비스마르크는 홀슈타인을 양보할 의사가 없었으므로 양국의 협상은 실패하였다.

1866년 4월 6일 프로이센은 이탈리아와 동맹을 체결하여 오스트리아를 위협하였다. 비스마르크는 오스트리아를 '독일연방'으로부터 떼내어 프로이센 중심으로 게르만을 통합하는 '소독일주의'를 실행하기로 이미 결심하였고, 프로이센과 오스트리아의 정치적 콘도미니엄은 이렇듯 단명에 끝났다. 고르차코프는 오스트리아에 대한 분노와 프랑스에 대한 냉정함으로 인해 비스마르크의 예정된 '제국의 길'에 기꺼이 동참하고자 했다.

나폴레옹 3세가 베네치아를 이탈리아에 양도하는 대신 오스트리아에 루마니아를 양여하는 '영토 교환'으로 문제를 해결하기 위해 유럽회의를 소집할 것을 제안하였다. 비스마르크는 다가오는 전쟁의 책임을 오스트리아에 떠넘기는 기회로 유럽회의를 활용하였다. 유럽회의 소집 직전인 6월 10일에 비스마르크는 오스트리아를 독일연방 Deutscher Bund(1815~1866)에서 축출하는 연방헌법 수정안을 연방의회 Confederal Diet에 제출하였다. 이것은 비스마르크가 의도한 대로 오스트리아를 전쟁으로 유인하였다.

회의 소집 당일 오스트리아가 프로이센과의 국교단절을 선언하고 나흘 후에 프로이센에 선전포고하게 함으로써 유럽이 오스트리아의 전쟁 선언을 목격하도록 유도한 것이다. 프로이센에 대한 러시아의 호의적인 중립, 비스마르크의 영토 양도―벨기에와 룩셈부르크를 포함한 라인강 좌안 지역의 양도― 약속에 따른 나폴레옹 3세의 중립선언, 이탈리아와 프로이센의 동맹 등으로 오스트리아는 외교적으로 고립되었다. 전쟁이 시작된 지 보름만인 7월 3일에 개전한 쾨니히그래츠(흐라데츠크랄로베)Königgraetz/Hradec Králové 전투에서 오스트리아 군대가 괴멸되어 오스트리아의 완패를 바라지는 않았던 유럽이 개입할 틈도 없이 전쟁은 종결되었다. 쾨니히그래츠 전투의 승리에 고무된 빌헬름 1세가 비엔나로의 진격을 원하였으나 프랑스에 대한 전쟁을 이미 계획하고 있던 비스마르크의 만류로 8월 23일에 프라하에서 평화조약이 체결되었다.

프랑스와의 전쟁에서 오스트리아를 중립에 서게 하려면 비엔나를 점령하여 오스트리아에 모멸감을 주기보다는 오스트리아의 마지막 자존심을 존중하여 프로이센에 복수의 칼을 들이대지 않게 하는 것이 관건이었다. 전쟁의 결과 오스트리아를 제외하고 프로이센을 수장으로 하는 '북독일연방'Norddeutscher Bund(1866~1871)이 결성되어 독일제국의 모태가 되었다. 독일연방에서 축출된 오스트리아는 헝가리와 연합하여 '오스트리아-헝가리왕국Österreichisch-Ungarische Monarchie/ Austro-Hungarian Empire'을 수립하였다.

프로이센-오스트리아전쟁이 종결된 후, 프랑스와 프로이센 간에 '룩셈부르크 공국 문제'가 발생하여 전운이 감돌게 되었다. 전쟁 중립에 대한 보상으로 약속받은 라인강 좌안左岸 지역을 양도받지 못함으로써 위신이 추락하자, 나폴레옹 3세는 룩셈부르크 공국만이라도 획득하여 체면을 유지하려 했다. 비엔나 조약에 따라 명목상 룩셈부르크가 네덜란드Holland에 속해 있었기 때문에 나폴레옹 3세는 금전적 보상을 통해 룩셈부르크를 양도받는 협상을 네덜란드와 진행하였다.

비스마르크는 북독일연방에 포함되지 않은 룩셈부르크에 중요한 이해 관심은 없었다. 그러나 그는 룩셈부르크가 과거 독일연방의 구성원으로서 프로이센 군대가 주둔해 있던 도시라는 점 등을 활용하여 협상에서 철수하도록 네덜란드를 압박함으로써, 이 문제를 국제 문제로 비화시켰다. 룩셈부르크 문제에서 그의 목적은 프랑스와의 전쟁이 불가피함을 강조하여 북독일연방의 군비 태세를 시험하는 동시에, 남부독일의 동맹국들과의 다소 불안한 동맹관계를 강화하는 데 있었다.

이러한 위기에 즈음하여, 러시아는 프로이센을 향한 공감과 프랑스에 대한 적대감 등이 공존해 있었다. 그러나 유럽에서 새로운 전쟁을 원한 것은 아니었으므로 러시아의 태도는 초기에 매우 유보적이고 신중하였다. 오스트리아의 재상 보이스트Friedrich von Beust(1813~1889)가 위기를 해결하기 위한 실질적인 제안을 했을 때, 고르차코프는 미리 개입하지 않을 것임을 분명히 하였다.

그러나 프랑스와 프로이센 간 전쟁 가능성이 높아지자, 고르차코프는 룩셈부르크에 대한 프로이센의 권한은 다툼의 여지가 있다고 판단하여 유럽회의를 소집하여 문제를 해결하도록 제안하였다. 특히 프랑스가 전쟁할 만한 상태에 있지 않았던 점도 고려되었다. 프랑스 국방장관 니엘Adolphe Niel(1802~1869) 장군이 자인했듯이 멕시코전쟁 등 무리한 식민지 모험으로 인해 프랑스 군은 소진한 상태에 있었다. 비스마르크는 러시아의 제안을 수용하였고, 1867년 5월 7일 런던에서 회의가 소집되었다. 보이스트의 협상안이 받아들여져 프로이센 군대가 철수하고 룩셈부르크가 중립국이 됨으로써 위기는 일단락되었다.

프랑스에 대한 러시아의 외교적 지원에도 불구하고 양국 관계는 파리에서 발생한 알렉산드르 2세의 비극적인 에피소드로 인해 악화되었다. 룩셈부르크 문제로 야기된 유럽의 위기가 가라앉은 후, 1867년 7월 초 파리 박람회에 알렉산드르 2세가 초청에 응하면서, 불편한 외교관계로 인해 이러저러한 핑계로 불참할 예정이었던 프로이센과 이탈리아의 국왕을 비롯하여 튀르크의 술탄, 벨기에, 독일의 중소국 군주들이 파리에 서둘러 도착함에 따라 파리 박람회는 성황리에 진행되었다.

그러나 폴란드에 동정적이던 파리 시민들은 알렉산드르에 냉담한 반응을 보였다. 알렉산드르는 최고재판소Palais de Justice를 방문하던 중에 일단의 법률가들로부터 '폴란드 만세'라는 외침을 들어야 했다. 이보다 최악의 사건은 프랑스 군대의 사열 후에 나폴레옹 3세와 함께 숙소인 엘리제궁으로 돌아오는 길에 발생하였다. 폴란드 청년 베레조프스키Antoni Berezowski가 알렉산드르 2세를 저격하였으나 호위 장교의 침착한 조치로 생명을 구할 수 있었다. 저격 사건으로 외교계는 경악하였다. 그날 밤 예정된 대사관 만찬 연회가 철회되었음에도 불구하고, 프랑스인들의 정서를 자극해서는 안 된다는 알렉산드르의 배려에 따라 만찬이 재개되어 평상시처럼 짜르는 연회에 참석하였다.

그러나 알렉산드르 2세가 러시아로 귀국한 후 열린 재판에서 폴란드 동정론이 법정 분위기를 주도함에 따라—변호는 당시 최고의 변호사인 아라고Arago가 맡았다— 베레조프스키는 가벼운 수감형을 선고받았다. 이러한 재편 결과는 러시아 황제에 대한 모욕으로 산주되어 러시아 정부와 여론의 분노를 일으켰다. 프랑스와 화해하고 우호를 다지기 위해 유럽의 여타 군주들보다 앞서 파리방문을 결정했을 뿐 아니라 이들의 파리방문을 재촉하게 한 알렉산드르 2세의 프랑스 외교는 파국으로 치닫게 되었다.

2년여가 지난 후 1869년 나폴레옹이 러시아의 적대감을 뒤늦게 자각하고 친선 회복을 위해 총애하는 조력자 플뢰리Emile Felix Fleury (1815~1894) 장군을 대사로 파견하였으나 이는 때 늦은 것으로, 러시아와 프로이센의 관계가 이미 최고조에 이른 뒤였다. 프랑스 대사 플뢰리가 '독일주의'의 파고가 러시아 발틱 지역의 리보니아와 쿠를란트를 에워쌀 것이고, 프로이센의 호엔촐레른Hohenzollern 왕가 출신의 카롤 1세Carol I of Romania (1839~1914)가 통치하는 루마니아는 발칸에서 독일주의의 쐐기가 될 것이라 경고하였으나 이제 러시아 정부는 귀담아듣지 않았다. 1869년 12월, 알렉산드르 2세는 빌헬름 1세에게 러시아 최고의 영예인 '성 게오르기 대십자 훈장'을 수여하였고, 빌헬름 1세는 '대공적大功績 훈장Grand Order of Merit'으로 답례하였다.[262]

1868년 9월 이사벨라 여왕이 폐위되고 스페인 의회가 입헌군주제를 선포함에 따라 18세기에 이어 스페인 왕위계승 문제가 또다시 유럽을 전쟁의 위기로 몰아넣었다. 비스마르크는 이를 프랑스에 대한 전쟁 기회로 활용하였다. 프로이센 호엔촐레른 왕가의 방계인 레오폴드 공이 유력한 후보로 등장하자 프랑스는 이에 반발하였다. 비스마르크의 강력한 지지에도 불구하고, 알렉산드르 2세의 제안에 따라 빌헬름 1세는 레오폴드의 왕위계승 추진하는 것을 포기하였다.

그러나 1870년 7월 13일 프랑스 여론의 압력으로 나폴레옹 3세가 베네데티 Vincent, comte Benedetti(1817~1900) 대사를 통해 엠스Ems에서 빌헬름 1세에게 호엔촐레른 왕가가 스페인의 왕위 계승권을 포기하는 것을 문서로 보장하도록 요구하였으나 이를 외교적 결례로 여긴 빌헬름은 단호히 거절하였다. 비스마르크는 이 사건을 프랑스의 결정적인 외교적 실수라고 판단하여 프랑스를 전쟁으로 몰아갈 기회로 삼았다.

비스마르크는 엠스의 면담 내용과 지시 사항을 담은 빌헬름 1세의 전보문('엠스전보')을 일부 내용을 생략한 채 의도적으로 편집하여 프로이센의 국왕이 프랑스로부터 참을 수 없는 모욕을 받은 것—프랑스 대사의 무례한 요구(문서 보장을 강요)에 프로이센 국왕이 분노했다는 것—만을 부각하여 발표하였다. 이와는 반대로, 프랑스 정부는 황제를 대리한 자국 대사가 프로이센 국왕에 의해 '접견 거부'의 모욕을 받은 것으로 오해하였다.

엠스 면담 사건의 실제 전말은 불행한 것은 아니었다. 예방禮訪 일정도 없이 불쑥 찾아와 이미 종결된 왕위계승 문제를 문서로 보장하는 사안을 재론하려는 프랑스 대사의 알현 방식에 빌헬름 1세가 불쾌했던 것은 사실이었으나 해당 문제와 관련하여 양국이 대사를 통해 상호 소통하기로 양해하였고, 베네데티 대사도 수긍하면서 마무리한 면담이었다. 조작·편집된 '엠스 전보'(엠스전보사건)는 프랑스 정부를 격앙시킴으로써 프랑스는 7월 15일 의회의 열렬한 지지 아래 프로이센에 선전포고하였다.

엠스 사건이 있기 전에 이미 러시아와 프로이센은 완전한 의견일치를 확인하였다. 6월에 라인란트-팔츠Rheinland-Pfaltz의 온천휴양지 엠스 Bad Ems에서 가진 알렉산드르와 빌헬름의 회동이 대표적인 사례였다. 엠스전보사건이 발생한 당일 비스마르크는 고르차코프와의 회동에서 1866년 전쟁의 경우처럼 러시아의 중립을 확신하였으며, 더 나아가 러시아가 오스트리아로 하여금 프랑스를 지원하려는 계획을 포기하도록 강제하는 방안을 염두에 두었다. 다만 1866년과 다른 점이라면, 고르차코프가 판단하기에 1863년의 폴란드 봉기에 프로이센이 중립을 지킨 것에 답하여 러시아가 1866년의 전쟁(프로이센-오스트리아)에서 '호의적인 중립'이라는 보상을 제공했으므로 다가올 프로이센-프랑스전쟁에서 러시아는 이제 자신의 보상을 프로이센에 요구할 수 있었다. 그것은 고르차코프가 갈망하던 파리 조약에 규정된 '흑해의 무장해제' 조항을 폐기하는 것이었다.

여전히 스스로 독일연방의 통치자로 여기던 오스트리아-헝가리 제국의 프란츠 요셉은 다가올 전쟁에서 자신의 권위를 회복할 기회를 찾고 있었다. 재상 보이스트 등의 자문을 통해 프로이센과의 전쟁을 갈망하던 프란츠 황제는 러시아의 개입 가능성 때문에 전쟁 결정을 자제하고 있었다. 1869년 초에 이미 고르차코프는 보이스트에게 "현재 러시아는 프로이센과 동맹관계는 아니지만 미래의 동맹 체결이 금지된 것은 아니며, 프로이센-프랑스전쟁에서 프로이센이 저들 중에 오스트리아를 발견한다면, 오스트리아 또한 적들 중에서 러시아를 발견하게 될 것"이라고 경고하였다. 러시아를 두려워한 재상 안드라시Gyula Andrassy(1823~1890)가 보이스트와 심각한 의견충돌을 감수하면서 전쟁 개입에 반대하여 오스트리아 정부는 7월 18일 전쟁 중립을 선언하였다.

오스트리아의 군사적 공조를 얻는 데 실패한 프랑스는 7월 24일 친프랑스적 여론 분위기가 조성된 덴마크에 함대를 파견하였다. 프로이센에 복수할 기회를 보던 덴마크로부터 지원을 유도하려는 프랑스의 전략 시도는 영국과 공조한 러시아의 압력에 따라 덴마크가 중립을 취함으로써 실패하였다. 러시아는 표면상으로 중립이었으나 실질적으로는 프로이센을 지지한 것이다. 전쟁이 개시되기 전 수개월 동안 나폴레옹 3세가 프로이센과의 우호 관계로부터 러시아를 되돌리기 위해 노력하였으나 수포로 돌아갔다.

이러한 배경에는 여러 가지 요인이 자리하고 있었다. 무엇보다도 크림전쟁의 쓰라린 기억이 그러하였고, 1863년 폴란드 봉기에서 보여준 프랑스의 이율배반적인 태도, 호엔촐레른 왕가의 카를 프리드리히 Karl Eitel Friedrich가 루마니아의 군주(카롤 1세)가 되는 것을 프랑스가 부추긴 사실, 그리고 파리에서 벌어진 알렉산드르 저격 사건으로 확인된 러시아에 대한 프랑스의 악의적인 여론 등이 양국 관계를 파탄으로 몰아갔다.

프로이센 군대가 파리를 봉쇄하고 포격할 때, 파리를 프랑스와 유럽의 문명적 상징으로 자부하던 프랑스는 파리의 파괴를 야만적 행위로 분개하였다. 프로이센의 파리포격에 경악한 프랑스 정부가 "이 포격은 문명국들의 의분을 불러일으킬 것"이라고 항의했다는 보고를 받은 알렉산드르 2세는 반세기 전 나폴레옹의 모스크바 침공을 회상하면서 "그러면, 크레믈린을 폭파한 그들의 만행은 어떤가?"라고 냉소하였다. 이러한 에피소드에는 프랑스에 대한 러시아의 신랄한 정서가 단적으로 드러나 있다.[263]

전투에서 프랑스의 열세가 분명해지면서 오스트리아는 뵈르트 Wörth/Froeschwiller 전투 직후 러시아로 급속히 기울게 되었고 프랑스에게는 이탈리아가 유일한 희망이었다. 당시 이탈리아 국왕 엠마누엘과 외무장관 비스콘티 베노스타Emilio Visconti-Venosta, 그리고 군 장교들은 프랑스와의 군사협력을 지지하고 있었다. 그러나 러시아 정부는 "만약 이탈리아가 중립을 거부한다면 러시아 또한 똑같이 할 것", 즉 전쟁에 개입할 수 있다는 것을 암시하면서 이탈리아의 중립을 압박하였고 이탈리아는 이를 수용하여 '신중한 중립'을 결정하였다. 유럽에서 프랑스의 주도권 획득이 국익에 부합하지 않았던 영국 또한 '중립국 연합'을 제안하면서 프랑스의 마지막 통로를 봉쇄하였다. 러시아는 이러한 영국의 제안에 적극적으로 동의하였다. 빌헬름 1세의 서한(1870년 7월 19일)에 드러나듯이, 러시아는 "호의적인 중립뿐 아니라 더 많은 희망을 프로이센에 부여"하였다.

빌헬름 1세는 전쟁 중에 "프로이센은 러시아에 빚을 졌다는 사실을 결코 잊지 않을 것"이라고 알렉산드르에게 깊은 사의를 표명한 바 있다.[264] 바이마르 대공이 '흑해 문제의 양보'를 통해 러시아에 보상할 필요성이 있다고 제안하자, 10월 31일 고르차코프는 파리 조약의 '흑해의 무장해제' 조항을 폐기하는 회람장을 유럽 정부들에 회람시켰고, 베르사유의 프로이센 사령부에 안넨코프Михаил Николаевич Анненков (1835~1899) 장군을 파견하여 이를 설명하였다.

알렉산드르 2세의 절대적 지지 아래 고르차코프는 이 일방적인 조약의 폐기를 위해 전력을 다하라는 훈령을 유럽 주재 모든 외교관에게 내렸으며, 자신 또한 조약 폐기에 모든 것을 걸었다. 1866년 런던 주재 러시아 대사 브룬노프Филипп Иванович Бруннов (1797~1875)의 한 보고서에 따르면, 영국이 몰다비아 동부의 베사라비아Basarabia를 러시아에 반환하는 것에는 궁극적으로 동의할 수 있어도 '흑해의 무장해제'는 여하한 경우에도 허용하지 않을 것으로 예상되었다. 오스트리아는 이탈리아전쟁(1859)과 프로이센전쟁(1866)에서 러시아의 지지를 획득하기 위하여, '흑해의 무장해제' 조항이 '러시아에 모욕적이고 불공정'한 것임을 인정하려 했으나 영국의 압력으로 결정적인 행동을 취하지는 못하였다.

1870년 8월, 러시아 대사 이그나티예프와의 면담에서 튀르크의 알리 파샤Ali Pasha는 영국의 입장을 좇아 베사라비아Бессарабия의 양도는 가능할 수 있지만 흑해의 지위는 변경이 불가하다고 주장하였다. 이에 따라 이그나티예프는 흑해 문제가 콘스탄티노플에서가 아니라 유럽에서 해결해야 하는 문제라는 결론을 본국에 보고하였다. 러시아는 프랑스-프로이센전쟁에서 절호의 기회를 포착하였다. 앞서 언급한 회람장을 통해 고르차코프는 파리 조약 이후의 경험으로 보아, 유럽의 갈등 회피와 러시아의 안전보장을 목적으로 설정했다는 '무장해제' 조항이 환상임이 드러났다고 비판하였다. 왜냐하면, 러시아는 흑해에서 무장해제를 당한 데 비해 튀르크는 해협(보스포루스와 다르다넬스)에서 무제한적인 무력을 유지하고 있었다.

영국과 프랑스도 해협 입구인 동지중해에 대규모 해군력을 집중시켰을 뿐 아니라, 외국 함대가 이미 흑해를 침범하였기 때문에 파리 조약의 흑해 관련 조항은 부당하고 실효失效적 상태라는 것이 고르차코프의 판단이었다. 게다가 루마니아가 열강의 동의 없이 러시아의 항의를 무시한 채 공국 독립을 선언했을 때 이미 파리 조약은 효력을 상실하였다는 것이 그의 판단이었다. 고르차코프는 "흑해에서 러시아의 주권을 제한하는 파리 조약의 조항에 더 이상 얽매이지 않을 것"이라는 외교 각서를 유럽 열강에 전달하였다.

비스마르크가 러시아 정부의 이러한 시도를 '시기상조의 우매한 행동'이라 짜증을 내며 당황한 데 반해, 고르차코프는 "프로이센이 승리한 뒤에는 비스마르크가 고분고분하지 않을 것"임을 간파하고 있었다. 오스트리아전쟁에서 비스마르크가 나폴레옹에 제안한 룩셈부르크 등의 양도 약속이 프로이센의 승리 후에 지켜지지 않았던 사실을 고르차코프는 잊지 않았다. 고르차코프는 비스마르크가 선호한 대로 프로이센이 승리할 때까지 기다리기보다는, 전쟁이 진행 중인 지금이 비스마르크를 러시아에 묶어 둘 수 있는 최적의 시기로 판단하였다.

영국 정부는 리셀Odo Russell, Baron Ampthill(1829~1884) 외무차관을 베르사유에 있는 비스마르크에 파견하여 영국, 프로이센, 오스트리아 3국이 러시아에 대항하여 외교동맹을 형성할 것을 제안하였다. 비스마르크는 고르차코프의 행동 결과로 발생할 수 있는 전쟁을 회피하기 위해서는 대對러시아 동맹이 아니라 유럽회의 소집이 해결책이라고 답변하여 러셀의 동의를 얻었다. 그러나 비스마르크와 고르차코프는 영국의 이러한 외교적 시도 이전에 이미 국제회의를 통한 해결에 합의하였다.

1871년 1월 17일 프랑스가 불참한 가운데 런던에서 개최된 회의에서 러시아가 제기한 '무장해제' 조항의 폐지 요구가 관철되었다. 회의에서 영국은 러시아를 견제하기 위해 전력을 다하였다. 영국 대표단은 러시아 해군력에 대한 역균형을 위해 튀르크의 흑해 항구를 사용할 수 있는 권한을 파리 조약 당사국들이 가져야 한다고 주장하였으나 러시아의 반대에 부딪혔다. 튀르크의 안전이 위협받을 때 러시아를 제외한 외국 함대의 해협 출입을 허용해야 한다는 영국의 수정 제안 역시 러시아 대표단의 반대로 무산되었다.

2월 7일, 이탈리아의 중재안에 따라, 1856년 4월 15일에 체결한 오스만제국의 통합을 보장하는 영국-프랑스-오스트리아의 특별 조약을 준수할 필요가 있을 경우에만 튀르크가 해협을 외국 함대에 개방한다는 해결 방안이 회의에서 채택되었다. 이러한 내용들을 포함하여 3월 13일에 '흑해 무장해제'와 관련된 파리 조약(11항, 13항, 14항)의 폐기를 공식 선언하는 협약이 체결되었다.

크림전쟁 이후 러시아의 '집중' 정책과 이를 기반으로 한 고르차코프의 '재균형rebalancing' 전략은 이탈리아의 통일(1870)과 독일제국의 탄생(1871)으로 귀결되었다. 19세기 후반 유럽 질서의 근본적인 재편을 초래한 이 두 사건은 상호 연동된 역사적 기획이었다. 러시아의 고르차코프와 프로이센의 비스마르크는 유럽 질서를 재편하고 새로운 유럽의 국제체제를 구축한 공동 건축가였다. 고르차코프와 비스마르크는 이탈리아의 엠마누엘 2세Vittorio Emanuele II di Savoia(1820~1878), 그리고 카보우르Camillo Benso, conte di Cavour(1810~1861)와 더불어 이탈리아 민족의 통일과 게르만 민족의 통일이라는 19세기 민족주의의 대기획을 완성하였다. 이렇듯 15년에 걸친 고르차코프의 기나긴 외교 여정은 러시아를 국가적 모멸감으로부터 해방하였다. 이로써 러시아는 유럽 강대국의 지위를 재확인하였고, 유럽의 제국으로 복귀하는 데 성공하였다.[265]

2. 유럽의 두 제국: 독일과 러시아의 동맹과 반동맹

유럽의 화약고, 발칸 문제의 점화: 불가리아인 학살 [1876]
프랑스와의 전쟁에서 승리하고 독일제국을 선포하는 등 연이은 성공을 거둔 비스마르크는 이제 독일제국의 방어를 고민해야 했다. 독일제국에 대항하여 이웃 열강들이 연합하는 '동맹의 악몽Le cauchemar des coalitions'에 시달리면서 그의 외교정책은 점점 더 보수화되었다. 영국의 냉정한 태도와 프랑스의 적개심으로부터 독일을 안전하게 하기 위해서 비스마르크는 러시아와 우호적인 관계를 지속하면서 오스트리아를 포섭하여 독-오-러 삼국 간 삼제三帝동맹을 구축하고, 궁극적으로는 이탈리아를 끌어들여 독일 주도의 새로운 유럽질서를 구축하려는 '동맹 아키텍쳐architecture'를 구상하였다.

비스마르크는 1871년 6월 초 베를린에서 고르차코프와 면담하여 동맹구상에 원칙적인 동의를 얻었다. 오스트리아의 재상 보이스트가 이에 호응하여 "독일은 이제 오스트리아의 친구이므로, 러시아는 친구의 친구이며, 이딜리아는 좋은 이웃"이라고 밝히면서 삼제동맹의 분위기가 조성되었다. 비스마르크의 동맹 외교에 따라, 1871년 7월 11일 독일의 빌헬름 1세와 오스트리아의 프란츠 요셉이 오스트리아의 온천휴양지 이슐Bad Ischl에서 회동하여 우호조약에 서명하였다.

1872년 9월 5일 빌헬름 1세의 초청으로 알렉산드르 2세가 베를린을 방문하고, 다음날 프란츠 요셉이 이슐 회동에 상응하여 베를린을 답방함으로써 독일제국의 수도는 전례 없이 영광스러운 환영 분위기에 휩싸였다. 러시아 재상 고르차코프, 파리 주재 러시아 대사 오를로프Николай Алексеевич Орлов(1827~1885), 베를린 주재 러시아 대사 우브리Павел Петрович Убри/Paul d'Oubril(1818~1896), 러시아 외무차관 죠미니Александр Генрихович Жомини(1814~1888), 그리고 오스트리아의 신임 재상 언드라시 쥴러Gyula Andrássy(1823~1890) 백작을 비롯한 거물급 정치가들과 외교관들이 이 회동에 참석하여 다른 열강들의 우려 섞인 호기심을 자아내기에 충분하였다. 비록 명확한 조약이 체결된 깃은 아니지만 애초 '삼제동맹'Dreikaiserbund/Союз трёх императоров(1873~1887)은 이렇게 탄생하였다.

공교롭게도 비스마르크가 주선한 삼제동맹League of the Three Emperors에 러시아가 참여하면서 그의 주도권은 불가피하게 시험대에 오르게 되었다. 동맹이 진행되는 동안 그와 고르차코프 간의 10여 년에 걸친 외교적 공조에 균열이 일어나기 시작하였다. 주지하는 바와 같이, 흑해 무장해제 조항의 폐기와 관련하여 '파리 조약(1856)'을 수정하면서 이미 비스마르크와 고르차코프는 갈등을 겪었는데, 과거 신성동맹에서 삼제동맹으로 재편하는 과정에서 두 사람의 갈등은 점차 심화하였다.

고르차코프에 대한 비스마르크의 부정적인 태도는 무엇보다도 동맹 재편 과정에서 러시아가 프로이센의 의도대로 움직이지 않는다는 전략적 불일치에서 연유한 것이지만 고르차코프가 자신을 '아랫사람 대하듯 가르치려' 한다는 비스마르크의 심정적 거부감에서 비롯된 것이기도 하다. 비스마르크의 이러한 태도는 삼제동맹의 진행 과정에서 러시아와 군사조약을 체결하는 것에 반대 의사를 표명한 데서 잘 드러나고 있다.

삼제동맹이라는 외교적 이벤트에만 열중해 주길 바라던 비스마르크의 바람과는 다르게, 알렉산드르 2세는 베를린 방문에서 자신의 외교를 화려하게 펼쳤다. 알렉산드르는 베를린 주재 프랑스 대사 공토-비롱Élie de Gontaut-Biron(1817~1890) 자작Viscomte을 접견하여, "러시아는 프랑스를 직접 겨냥한 어떠한 행동에도 참여하지 않을 것"이라는 점을 밝힘으로써 프로이센전쟁에서 패배한 이후 프랑스의 전략적 우려를 진정시키는 한편, 프로이센과 프랑스 간에 전략적 균형을 유지하려 하였다.

비스마르크는 알렉산드르 2세가 프랑스 대사를 접견한 것이 프랑스와 러시아 간의 화해 가능성을 보여주는 것이라는 점에서 격분하였다. 결과적으로 프로이센이 프랑스와의 화해 기회를 러시아에 주선한 형국이 된 것이다. 삼국 황제들의 베를린 회동은 외형적으로는 화려했으나, 러시아와 오스트리아가 완전한 신뢰를 회복하기엔 더 많은 시간이 필요하였다. 동맹의 핵심축인 러시아-프로이센 관계가 구조적으로 취약한 상태에서 삼제동맹은 출발하였다.

특히, 왕위계승 문제와 관련하여 발생한 스페인 내전에서 러시아와 프랑스가 협력하여 왕당파 까를로스주의자들Carlismo/Carlista을 지지한 데 반해, 프로이센은 내전으로 성립한 공화정의 총리가 된 세라노Francisco Serrano Domínguez(1810~1885)를 지지함으로써 러시아와 프로이센의 간극은 더욱 벌어지게 되었다. 고르차코프는 유럽 정부들에 회답장을 돌려 세라노 정부를 지지하지 않는다는 점을 분명히 함으로써 스페인 문제에서 비스마르크의 주도권을 인정하지 않았고, 1874년 12월 30일 알폰소 12세가 왕위에 복귀함에 따라 비스마르크의 스페인 정책은 좌절되었다.

1875년 전쟁배상금을 완전히 청산하고 공화정을 수립함으로써 안정을 되찾은 프랑스 의회가 14만 명의 병력 증강을 승인하는 등 프랑스의 상승세가 현저해지자, 비스마르크는 무력으로 프랑스를 견제할 가능성을 열어 두기 시작하였다. 이를 위해 오스트리아와의 전쟁에서 활용했던 것처럼, 전쟁의 명분을 쌓고 프랑스를 '무력 충돌로 유인'하기 위해 사소한 분쟁거리를 확대하기 시작하였다. 1873년 프로이센 정부가 프로이센령 포즈난스카(포젠)Posen/Poznańska 지방의 교육에서 폴란드어 사용을 금지하는 등 '문화전투Kulturkampf'를 실시한 것이 대표적인 사례였다.

프로이센 정부는 이러한 정책에 저항하던 폴란드의 가톨릭 대주교 레두호프스키Mieczysław Halka-Ledóchowski를 체포하여 가톨릭 국가인 프랑스(주교들)의 반발을 유도하였다. 당시 독일 언론들은 전쟁이 임박한 것으로 내다보았고, 비스마르크는 러시아에 거래를 제안하였다. 영국의 언론들이 판단했듯이 전쟁과 평화의 운명은 독일과 러시아 사이에서 결정될 것이라는 사실을 비스마르크는 명백히 인지하고 있었다. 비스마르크는 후에 외무장관이 된 라도비츠Joseph Maria von Radowitz Jr.(1839~1912)를 특사로 상트페테르부르크에 파견하여 독일이 러시아에 '동방에서의 행동의 자유'를 보장해 주는 대신 러시아는 '서유럽에서 행동의 자유'를 독일에 보장해 달라는 제안을 하였다.

이러한 비스마르크의 시도는 허사로 끝났는데, 러시아는 오히려 프랑스에 호의를 베풀 준비가 되어 있었다. 고르차코프는 프랑스 대사Adolphe Le Flô(1804~1887)에게 "프랑스는 매우 강해져야 한다"고 격려하였고, 영국 주재 러시아 대사인 슈발로프Пётр Андреевич Шувалов(1827~1889) 백작은 비스마르크에게 '매우 신중할 것'을 충고하였다. 영국의 러셀Lord Odo Russell은 친영주의자 슈발로프의 견해를 적극적으로 지지하였고 전쟁의 위기 속에서 영-러 간의 협력이 확보되었다.

프랑스의 재무장에 대한 비스마르크의 집요한 질문이 지속되자 프랑스 외무장관 루이 데카즈Louis, duc Decazes(1819~1886)는 알렉산드르 2세에게 평화를 위한 중재를 요청하였다. 1875년 4월 29일자 전신에서 데카즈는 "만일 독일이 프랑스를 공격한다면 그러한 불의를 용납하지 않겠다는 것을 독일에 공언함으로써 러시아가 세계의 평화를 수호할 수 있다"고 호소하였다. 이 내용은 최악의 경우 프랑스를 방어하기 위해 러시아가 군사적 조치를 취해야 하는 것을 의미하였다.

고르차코프는 "우리는 칼을 뽑지 않고 목적을 달성할 것"이라 답변함으로써 군사력 개입을 통한 문제 해결에 반대하는 입장을 분명히 하였다. 전하는 바에 따르면, 5월 10일 고르차코프를 대동하고 베를린을 방문한 알렉산드르 2세는 비스마르크를 접견하는 자리에서, "러시아의 중립 없이는 독일은 무기력할 것인데, 러시아가 더 이상 중립적이지 않을 것이라는 점을 이제 명심하라"고 경고하였다. 철혈재상 비스마르크가 활용할 수 있는 방법은 더 이상 없었으므로 자신의 계획을 철회할 수밖에 없었다. 그는 전쟁 의사가 없음을 선언하였고 모든 책임을 참모총장 몰트케Helmuth von Moltke the Elder(1800~1891)에게 돌렸다. 알렉산드르가 그의 누이인 뷔르템베르크Württemberg의 왕후에게 보낸 전신에서 "내가 베를린에서 평화를 쟁취하였다"고 표현했듯이, 베를린에서 벌어진 평화 중재 외교는 러시아의 명백한 승리였다.

고르차코프는 평화가 보징되었음을 알리는 회람장을 유럽 성부들에 돌렸다. 비스마르크는 자신의 정치 경력에서 치욕적인 패배로 기록될 이번 사건으로 사임을 표명하였으나 반려되었다. 비스마르크는 훗날 고르차코프에 대한 원한을 표명하면서, "나는 군사전략가들과는 다르게 어디에서 멈출 줄을 알고 있었으나, 고르차코프는 이를 이해하려 하지 않은 채 나를 희생으로 하여 자신의 외교적 성공을 쟁취하였다"고 비난하였다. 비스마르크는 고르차코프에 대한 복수의 기회를 러시아의 아킬레스건인 '동방문제'에서 발견하였다. 발칸 문제를 놓고 러시아가 19세기 들어 튀르크와 네 번째 전쟁(1877~1878)에 휘말리게 되자, 비스마르크는 고르차코프의 발칸 재편 계획을 좌절시키면서 다시 한번 유럽 외교의 주도권을 회복하였다.[266]

크림전쟁 이후 파리 조약의 구속을 받는 상황에서 러시아는 발칸 문제에 대해 두 가지 원칙을 견지하고 있었다. 하나는, 발칸의 기독교도(정교도)에 대한 연대의 원칙이었고, 다른 하나는 파리 조약에 따른 오스만제국의 영토보전이었는데, 모두 '대내적 집중과 대외적 불개입'이라는 고르차코프의 외교 대원칙에 의해 밑받침되었다. 발칸에 대한 러시아의 영향력은 봉쇄되어 일정기간 동안 영국과 프랑스 등에 의해 대체되었다.

대표적인 사례로, 전쟁 이전까지 러시아의 중요한 전략적 이해관

계 지역이던 다뉴브 공국들Danubian Principalities(몰다비아-왈라키아 연합
공국)에서 프랑스가 주도한 정치적 변화들—루마니아 연합공국Romanian
United Principalities 수립 등—은 러시아의 영향력 상실을 단적으로 상징하
였다. 발칸 정교회의 통합성을 유지하기 위한 러시아의 중재 노력에도
불구하고 1865년 1월 루마니아가 콘스탄티노플의 총대주교로부터 종
교적 독립을 선언하자 러시아의 입장은 더욱 곤경에 처하게 되었다.

 1862년 10월, 그리스에서 쿠데타가 발생하고 오톤(바이에른 출신의
오토)Othon, Otto of Greece 국왕이 망명하면서 발생한 그리스의 왕위계승
문제에서도 고르차코프가 손 쓸 여지도 없이 영국이 지지하는 덴마크
의 빌헬름 공Prins Vilhelm(게오르기오스 1세Geórgios I)이 추대되었다. 이후
로 영국은 그리스에 대한 영향력을 담보로 하여 동지중해의 해상권을
확보하게 되었다. 튀르크-몬테네그로전쟁(1861~1862)과 크레타의 봉기
(1868)에서도 러시아는 군사적 개입을 자제하였고, 오스만제국의 보전
이라는 외교 원칙을 견지하였다.

 러시아의 발칸정책에서 중심을 차지하던 세르비아는 발칸의 평화
유지(현상유지)를 지향하던 러시아의 정책에 대립하였다. 세르비아는
몬테네그로(1866), 그리스(1867), 그리고 루마니아(1868)와 차례로 협약을
체결하여 발칸 기독교도의 봉기와 튀르크와의 전쟁, 그리고 궁극적으
로는 오스만제국의 해체를 의도하였다. 발칸동맹의 형성은 발칸의 통
합성을 증진하려는 러시아의 이해에 부합할 수 있었음에도, 세르비아
의 발칸협약은 발칸사태의 결과를 통제할 만한 준비가 되어 있지 않은
러시아가 판단하기에 성급하고 위험한 결정이었다. 러시아가 원했던
것은 '발칸전쟁'이 아니라 '발칸동맹'이었다.

 러시아가 발칸의 현상유지 정책과 군사적 불개입 원칙을 변경한 배
경에는 몇 가지 요인이 작용하였다. 먼저, 오스트리아-헝가리 이중왕

국의 수립, 이탈리아의 통일, 독일제국의 수립 등 유럽질서의 근본적인 재편으로 인해 발칸 내·외부로부터 '현상변경'의 에너지가 요동치고 있었다는 점이다. 다음으로, 러시아의 대내외적 조건의 변화이다. 대외적으로는 파리조약의 수정으로 발칸에서 군사작전의 조건이 현저히 호전되어 러시아 행동의 제약이 어느 정도 해제되었다는 점을 들 수 있다. 대내적으로는 대개혁의 결과로 외교·군사행동을 뒷받침할 만한 체제 역량이 증대되었다는 점이다.

그 밖의 다른 요인으로 범슬라브주의의 영향을 들 수 있다. 이탈리아의 통일과 게르만 민족의 통합(독일제국) 등에 자극받은 러시아 사회에서 크림전쟁 패배의 모멸감이 슬라브 '통합' 운동으로 발전하여 발칸 정교도를 위한 정치·군사적 지원 여론이 러시아 정부를 압박하였다. 이러한 요인들이 상승 작용하면서 1870년대 중반, 발칸에서 연쇄적인 봉기가 발생하자 러시아는 발칸의 분쟁에 휩쓸려 들어갔다. 1875년 여름, 헤르체고비나의 한 마을 네베시녜Nevesinje에서 흉작과 과도한 세금 징수에 시달리던 슬라브 농민 165명이 무슬림 지주들에 대항하여 일으킨 무장봉기는 헤르체고비나 전역으로 확산하여 인접한 보스니아로 확대되었다. 더 나아가 헤르체고비나의 봉기는 세르비아와 몬테네그로를 뒤흔들었고, 불가리아 혁명운동과 결합하여 그리스를 제외한 발칸 전체로 비화하였다.

1875년 12월 30일 오스트리아-헝가리의 언드라시Andrássy 외무장관의 제안에 따라 기독교 농민들을 구제하기 위해 삼제동맹국들과 영국, 프랑스, 이탈리아 등이 제출한 농업개혁안을 술탄이 이의 없이 수용(1876년 2월 10일)하였으나, 봉기를 막기에는 역부족이었다. 발칸의 봉기를 극적으로 반전시킨 사건은 1876년 5월 2일에 발생한 가장 대규모의 불가리아 봉기였다. 불가리아 봉기를 진압하는 과정에서 발생한 불가리아인 학살 사건은 유럽의 여론을 흔들었다. 이 불행한 참사는 러시아로 하여금 전쟁 참여를 고심하게 하는 단초를 제공하였다.

어느덧 종교 전쟁으로 비화한 봉기를 진압하는 데 비정규군이 동원됨에 따라 진압 행위가 더욱 잔혹해졌다. 진압에 동원된 비정규군이 주로 체르케스Cherkess와 알바니아인으로 구성된 '규율 없는 잔악한 산적'으로 악명 높은 바시바주크Bashi-bazouk 비정규 군인들로 조직됨에 따라 봉기의 진압은 학살로 전변하였다. 예를 들어, 1876년 5월 바탁 학살Batak massacre에서만 바시바주크들에 의해 살해된 희생자는 여자와 어린아이를 막론하고 최대 8천여 명에 달하였다. 7월에 영국정부의 요청에 따라 불가리아 학살을 조사한 이스탄불 주재 미국 총영사 스카일러Eugene Schuyler(1840~1890)의 보고서에 따르면 1만 5천여 명의 불가리아인들이 학살되고 58개 마을이 파괴된 것으로 전해졌다.[267]

'불가리아 학살'의 규모에 관해서는 오늘날까지 논란이 있지만, 런던의 "데일리 뉴스Daily News" 등 당시 유럽의 언론에 대서특필된 학살의 참혹한 상황만으로도 유럽의 지식인들이나 정치엘리트들에 충격적인 인상으로 각인되었을 것이다. 이제 유럽의 여론은 불가리아로 기울게 되었다. 굳이 첨언하면, 불가리아 학살에 등가적인 것은 아니겠으나, 불가리아 봉기 과정에서 그리고 뒤이은 러시아-튀르크전쟁에서 살해된 튀르크 민간인들의 적지 않은 희생 또한 기억되어야 할 것이다.

사태의 본질이 '정통 군주에 대항한 불의한 혁명인가, 아니면 기독교도들에 대한 도발적인 학살인가'를 판단할 만한 정확한 정보의 부재로 알렉산드르 2세가 망설이는 동안, 발칸의 대학살은 범슬라브주의적 분노와 열정을 자극하여 러시아의 범슬라브주의적 십자군 운동에 고귀한 명분을 마련해 주었다. 6월 5일 보고서에서 콘스탄티노플 대사 이그나티예프는 불가리아의 봉기가 "정통 군주에 대항하는 혁명이 아니라 튀르크의 부당한 통치로 인해 발생한 사건"이며, "봉기에 참여하지 않은 무고한 사람들에 대한 비정규군의 잔악 행위"라고 지적하였다.

당시 외무부 아시아 국장 기르스Николай Карлович Гирс(1820~1895) 또한 "튀르크의 어느 지역보다도 불가리아의 슬픈 운명에 관심을 두고 있다"고 불기리아 문제에 공감하였다. 오스트리아 주재 러시아 대사 노비코프Евгений Петрович Новиков(1826~1903)도 "기독교도의 피 흘리는 고난, 특히 불가리아인들의 기나긴 고통은 비통스럽다"는 심정을 토로하였다. 그럼에도 유럽 열강은 발칸 서부의 세르비아-몬테네그로 문제에 열중하고 있었고, 이그나티예프 대사조차도 불가리아의 상황을 튀르크의 국내 문제로 여겨 러시아나 유럽의 개입을 요청하지는 않았다.[268]

유럽의 여론과 러시아의 범슬라브주의의 지원에 힘을 얻은 세르비아와 몬테네그로는 7월 말, 마침내 오스만 튀르크에 선전포고를 결정하였다. 세르비아 정부는 중앙아시아 원정의 영웅인 러시아의 체르냐예프 장군에게 세르비아 군의 지휘를 요청하였고, 체르냐예프는 발칸전쟁에 휘말리는 것을 우려한 고르차코프의 반대에도 불구하고 군 지휘를 수락하였다. 범슬라브주의자인 전쟁 영웅 체르냐예프Михаил Григорьевич Черняев(1828~1898) 장군이 발칸전쟁에 참전함에 따라 발칸인을 향한 러시아인의 동정심은 더욱 높아갔다. 수천 명의 러시아 병사와 시민들이 세르비아 군대에 자원입대하였고, 모스크바 시의회가 세르비아를 위해 2만 루블을 책정한 것을 비롯하여 범슬라브 단체들의 주관 하에 기금 모금을 위한 위원회들이 조직되었다. 러시아의 언론매체들은 박해받는 슬라브 형제들에 무관심한 정부를 연일 비판

하였고, 정교회와 사회단체들은 튀르크에 대항하는 '십자군' 활동을
지지하였다.

알렉산드르 2세와 고르차코프가 발칸의 전쟁을 바라지 않았던 것은
분명하다. 전쟁은 국내 개혁에 장애가 될 것이고 재무장관 레이테른의
개혁 조치로 구축된 안정적인 재정구조를 무너뜨릴 수 있었다. 게다가
1875년에 철도 체계를 대규모로 확장하는 철도 건설계획에 러시아 정
부가 착수하여 막대한 국가 재원이 소요될 예정이었다. 범슬라브주의
와 별다른 인연이 없던 고르차코프는 발칸전쟁이 대對유럽 정책을 곤
경에 처하게 할 것이라 우려하였으나, 여론의 압박에 따라 "튀르크의
도발적인 정책에 대한 러시아의 인내에는 한계가 있다"고 선언하면서
제한적인 개입으로 입장을 선회하였다.

비스마르크는 발칸 문제에 중재를 자청하였다. 불가리아 봉기 이전
1876년 1월 5일에 제기한 그의 방안은 러시아가 베사라비아의 조차租
借를 대가로 오스트리아에 보스니아-헤르체고비나를 양여하고, 영국
에게 수에즈 운하의 안전을 보장하는 데 동의한다는 것을 전제로 하였
다. "러시아가 영국과 충돌할 경우 독일이 영국을 따를 것인가?" 하는
러시아 대사 우브리의 질문을 비스마르크가 단호하게 부인하였음에
도 고르차코프는 비스마르크의 제안에 대해 "비스마르크가 과연 정직
한 중재자인가" 하는 의혹을 품었다.

1876년 11월 2일자 서한에서 알렉산드르 2세는 빌헬름에게, "러시
아가 정당하고 인도적이라 생각하는 것을 성취하도록 유럽이 허용하
지 않으므로(러시아의 정당한 일을 유럽이 원하지 않으므로), 외교라는 헛
된 일을 통해 시도하기보다는 홀로 이를 수행할 것"이라는 점을 밝혔
다. 고르차코프 또한 서한을 통해 비스마르크에게 이와 유사한 감정을
전달한 바 있다. 비스마르크는 "러시아를 향한 독일의 우의가 독일의

이익 밖에 있는 문제(발칸 문제)에 의해 영향받지 않을 것"이라는 점을 분명히 함으로써 고르차코프를 만족시켰다.

5월 13일, 고르차코프의 주재 하에 베를린에서 삼국의 재상Chancellor 회의가 개최되어 발칸 기독교도들에 대한 적대행위를 중단할 것과 외국 파견단의 감독 하에 개혁을 실시하는 내용 등이 담긴 최후통첩 형식의 각서(베를린 각서Berlin Memorandum)가 채택되었다. 열강의 공동 대응이 예정된 최후통첩안을 프랑스와 이탈리아 정부는 동의한 반면, 영국 정부는 이러한 대응이 전쟁을 불가피하게 할 것이라는 판단 아래 원칙적으로 거부하였다. 5월 26일 영국은 다르다넬스 해협의 입구인 차낙칼레Çanakkale의 베시크만Beşik Bay으로 함대를 파견하여 삼제동맹의 공동 행동에 대비하였다.

러시아는 결국 발칸 문제의 공동 이해당사자인 오스트리아의 협조가 불가피하게 되어 독일의 동의 하에 오스트리아와 10여 개월에 걸친 협상에 들어갔다. 1877년 1월과 3월에 체결된 협정 등에서 양국은 "오스트리아 국경을 따라 슬라브 대국을 수립하지 않을 것, 러시아는 베사라비아, 오스트리아는 보스니아-헤르체고비나를 각각 할양받고, 불가리아, 루멜리아Rumelia, 알바니아 등은 오스만제국으로부터 독립시킬 것, 콘스탄티노플은 자유시로 하고, 아시아에서 러시아가 획득할 영토는 협정 밖의 사항"이라는 점 등을 확인하였다. 이 협정은 전쟁이 오스만제국의 해체를 초래하거나 오스만 영토의 타국 양여가 불가피할 경우에만 작동할 것이었다. 또한 양국은 만약 이러한 비상사태로 인해 유럽 열강의 집단적 협의가 필요할 경우 외교적으로 상호 협력하기로 합의하였다.

삼제동맹에서 동방문제에 대한 합의가 진행되는 동안, 콘스탄티노플에서는 오스만제국 해체의 징후로 보이는 정변들이 속출하였다.

1876년 5월 30일 술탄 압둘 아지즈Abdülaziz(1830~1876)가 폐위되어 5
일 후에 살해되었고, 계승자 무라드 5세Murad V(1840~1904)는 국가부도
위기에 처하여 지불불능을 선언하는 등 국가재정을 파탄 상태에 이르
게 하고 8월 31일에 폐위되었다. 뒤를 이은 압둘 하미드Abdul Hamid II
(1842~1918)는 영국의 위호 아래 유럽에 약속한 개혁프로그램을 지연시
키고 있었다. 베를린 메모랜덤의 채택 등 유럽의 군사개입 가능성이
고조되는 상황에서 오스만제국의 혼란을 활용하여 7월 말, 세르비아
와 몬테네그로는 러시아의 동의 없이 튀르크와 전쟁에 돌입하였다. 그
러나 훈련과 체계를 갖추지 못한 세르비아-몬테네그로 반란군이 무흐
타르 파샤Ahmed Muhtar Pasha(1839~1919)가 지휘하는 튀르크 군대에 연패
하면서, 러시아 정부는 세르비아를 위한 중재에 나서게 되었다.

튀르크에 우호적이던 영국 여론이 '불가리아 학살'을 계기로 발
칸 기독교도에 동정적으로 호전됨에 따라, 고르차코프는 영국에 외
교적 공조를 제안하였다. 당시 영국의 언론과 정계에는, 문필가로 명
성을 얻은 철학자 칼라일Thomas Carlyle(1795~1881)를 비롯하여 총리 사
임 후 언론인으로 활동하던 자유당의 글래드스톤William Ewart Gladstone
(1809~1898) 등 친러시아적 성향의 인사들, 그리고 보수당의 디즈레일리
Benjamin Disraeli(1804~1881) 총리와 더비 외무장관 등 반러시아적 정치가
들이 공존하고 있었다. 글래드스톤의 '불가리아의 공포'라는 팜플렛과
격정적인 연설 등은 튀르크에 대한 우호적인 분위기를 반전시켰다. 이
러한 영국의 여론 분위기를 활용하여 고르차코프는 영국 외무장관 더
비Edward Stanley, 15th Earl of Derby(1826~1893)에게 발칸 문제에 대한 개입을
요구하였다. 더비 백작은 러시아의 외교적 압력뿐 아니라 영국 사회여
론의 압박에 직면하였다.

1876년 9월, 유럽 6개국—러시아, 독일, 오스트리아, 영국, 프랑스, 이탈리

아—이 세르비아와 몬테네그로에서 현상status quo의 회복, 보스니아-헤르체고비나의 자치 허용, 내정 개혁 등을 요구하는 외교 각서를 전달하였으나, 오스만 술탄 압둘 하미드는 이를 수용할 의사가 없었다. 11월 1일 러시아 정부는 군사개입을 위협하여 오스만 정부로부터 2개월의 휴전을 받아내었고, 영국으로부터는 유럽회의의 개최에 대한 동의를 획득하였다. 발칸 문제에 개입하기를 원하는 범슬라브 단체들과 전생상관을 비롯한 군 고위 관료들, 그리고 사회여론 등의 압박을 받던 알렉산드르 2세와 고르차코프는 만약 유럽회의에서 합의가 도출되지 않는다면 러시아가 단독으로 행동해야 하는 상황을 우려하였다.

12월 5일, 유럽 열강들의 대사들이 참석한 콘스탄티노플 국제회의에서 내정개혁을 비롯하여, 오스트리아-헝가리가 보스니아-헤르체고비나를 획득하고 러시아에 베사라비아 지역을 할양하며, 오스만제국의 해체 시에 불가리아와 루멜리아를 독립시키는 등 합의안이 도출되었다. 그러나 오스만 정부는 유럽 열강의 합의안을 수용하지 않았다. 콘스탄티노플 회의 직전인 11월 10일, 외무장관 더비 백작이 길드홀Guildhall에서 한 연설에서 "영국은 오스만제국의 보전을 위하여 싸울 준비가 되어 있다"고 선언한 것이 오스만 정부가 개혁안을 거부하는 데 일조하였다. 1877년 1월 오스만 정부는 유럽의 합의안이 강고한 동의에 기반한 것이 아니라는 점을 확인한 후, 유럽 열강의 내정간섭으로는 어떠한 개혁도 수행하지 않을 것이라 신언하였다.

이제 영국의 해군과 육군 장교들이 튀르크 군대를 지휘하기 위해 콘스탄티노플에 도착하고 있었고, 러시아는 동원령을 내리기 시작하였다. 러시아는 외교적 노력을 지속하여 1월 19에는 고르차코프가 사태해결을 위한 유럽 정부들의 향후 계획을 묻는 회람장을 발송한 데 이어, 2월에는 이그나티예프가 파리, 베를린, 런던, 그리고 비엔나에 특사로 파견되어 러시아가 동원령을 해제할 수 있는 조건을 상의하였다. 이러한 노력의 결과로 3월 31일, 러시아의 동원령 해제를 결정하기 위해 튀르크의 즉각적인 내정 개혁을 요구하는 '런던 의정서'가 채택되었으나 4월 12일 포르테Porte에 의해 거부되었다.

러시아와 열강의 마지막 노력은 수포로 돌아가고, '외교의 포기'가 선언되었다. 이미 2월에 소집된 한 국무회의에서 알렉산드르 2세는 "전쟁이 비록 국가이익에 부합되지 않을지라도 개인의 삶에서처럼 국가도 명예의 수호를 제외한 그 밖의 것은 잊어야 할 때가 있다"고 말하면서, '명예 수호를 위한 전쟁'의 불가피성을 역설하였다. 과거의 전례처럼, 러시아는 발칸 기독교도에 대한 '의무와 연루entrapment'의 그물망을 돌파하지 못한 채 전쟁에 포획되었다.

러시아와 오스만, 두 제국의 결전: 산스테파노 조약[1878]

1877년 4월 24일, 알렉산드르 2세는 베사라비아에 위치한 러시아 군사령부에서 튀르크에 전쟁을 선포하였다. 19세기의 네 번째 러시아-튀르크전쟁이자 마지막 전쟁이었다. 이 전쟁으로 오스만 튀르크는 '제국'으로서는 사실상 해체의 길로 들어서게 되었다. 알렉산드르 2세는 전쟁을 선포하면서 "러시아는 튀르크의 박해받는 기독교인들의 운명을 위해 항상 헌신"해 온 것을 강조하였다. 그는 포고문에서 발칸 기독교도의 운명을 위해 헌신한 러시아가 그동안 유럽과 외교적 공조를 추구해 온 사실에 주목하면서 전쟁을 선택해야 하는 상황을 정치적으로 정당화하였다.

이에 따라 알렉산드르 2세는 전쟁을 선포하면서 "포르테(오스만 정부)가 발칸 기독교도의 안전에 대한 실질적인 보장을 거부"함에 따라 러시아의 노력이 좌절되었다는 점을 분명히 하였다. 이전처럼 이번의 발칸전쟁 또한 러시아에 적지 않은 군사·재정적인 희생이 따를 것으로 예상되었다. 러시아 정부안에 군사 개입에 대한 의견 대립도 있었다. 예를 들어 1876년 10월 재무장관 레이테른은 러시아가 전쟁에 개입하면 "외자도입이 중단될 수 있으며, 과거와 비교할 수 없는 위기 상황이 초래될 수도 있다"는 우려를 황제에게 진언한 바 있었다.[269]

개전 초기에 이미 열강들의 속내가 드러나기 시작하였다. 동맹국 러시아가 전쟁을 선포하면서 튀르크에서 대사를 철수시킨 데 비해, 독일과 오스트리아는 콘스탄티노플에 있는 대리대사를 대신하여 전권대사로 승격 교체하였다. 이것은 전쟁 이후 협상과 중재 외교에서 유리한 위치를 선점하기 위한 포석으로 해석될 수 있었다. 비스마르크는 이러한 비우호적인 외교 조치에 대해 베를린 주재 러시아 대사에게 당황스럽게 해명하였다. 영국에게 보다 중요한 것은 오스만제국의 운명이나 발칸의 기독교도가 아니라 수에즈 운하였다. 개전 직후인 5월 6일, 영국 외무장관 더비는 러시아 대사 슈발로프와의 면담에서 "러시아가 수에즈 운하의 안전을 위협하거나 이집트를 공격할 경우, 또는 콘스탄티노플을 점령한다면 영국은 전쟁에서 중립을 포기할 것"이라 표명하였다.

이러한 열강의 방침들에 접하여 러시아 정부는 "이집트나 수에즈를 위협하거나, 콘스탄티노플을 점령할 의도가 없으며, 콘스탄티노플 문제는 유럽 공동의 합의에 따라 처리되어야 할 사안"이라는 답변을 제시하였다. 이와 더불어 해협 문제에 관하여 "해협의 정치적 지위가 공정하게 개정되어야" 함을 분명히 하였다. 러시아 정부는 "평화 시에 폐쇄된 흑해가 전시에 러시아의 적국 함대에 개방되는 협정은 러시아에 적대적인 것"으로 인식하였다. 더 나아가 "만약 유럽 열강이 중립을 지킨다면 발칸의 경계선을 넘어 진격하지 않을 것이고, 이 선에 도달하기 전에 튀르크가 평화를 요청하면, 불가리아의 자치와 보스니아-헤르체고비나를 위한 개혁과 세르비아와 몬테네그로를 위한 일정한 영토 보상, 그리고 러시아에 베사라비아를 반환하는 것 등에 기반하여 평화조약을 체결할 수 있다"는 것이 개전 초기 러시아의 목표였다.

영국 정부는 이에 대해 부정적이었으므로 러시아 군대가 다뉴브강을 건너자, 영국은 콘스탄티노플의 자국민을 보호한다는 명분 아래 함대를 해협 입구의 베시크 만과 몰타에 병력을 집결시키는 동시에 오스트리아에 공동 행동을 제안하였으나 거절당하였다. 영국군 장교들이 튀르크의 육군과 해군에 공공연한 지원을 제공함으로써 영국은 러시아에 대해 공개적인 적대행위를 취하는 셈이 되었다.

러시아-튀르크전쟁(1877~1878)의 전세를 결정지은 5개월여에 걸친 '플레브나Plevna 포위전'이 러시아의 승리로 돌아가자, 유럽 열강은 전쟁이 실질적으로 종결되었다는 판단을 내렸고, 오스만 정부는 평화 중재를 요청하였다. 12월 12일에 개최된 국무회의에서 러시아 정부는 평화의 토대가 마련되기 전까지는 정전停戰을 수용하지 않으며 니콜라이 대공에게 정전 협상과 평화의 조건들에 대한 협상 권한을 부여한다는 결정을 내렸다. 플레브나의 함락 소식은 영국 정부 내의 갈등을 심화시켰다. 디즈레일리 수상은 플레브나 전투 내내 중재하거나 개입하도록 더비 외무장관을 들쑤신 바 있었다. 12월 13일 슈발로프 대사에게 전달한 메모랜덤에서 더비 백작은 과거에 했던 경고, 즉 러시아가 콘스탄티노플을 점령한다면 "영국은 국익을 보호하는 데 필요한 어떠한 조치를 취할 수밖에 없다"라는 입장을 다소 정중하게 반복하였다.

디즈레일리 총리는 튀르크 대사에게 영국의 지원이 곧 결정될 것으로 격려하였으나 더비 장관은 영국이 즉각 개입하는 결정을 지연시켰

다. 콘스탄티노플 주재 영국대사 레이어드 Austen Henry Layard (1817~1894)
의 계책 아래 튀르크 정부가 열강의 중재를 요청하였으나 빌헬름 황제
에 의해 거부당하자, 더비는 오스트리아-헝가리의 외무장관 언드라시
Gyula Andrássy (1823~1890)를 설득하여 영국과 함께 중재에 나설 것을 요
청하였으나 역시 거절당하였다. 12월 28일 고르차코프 또한 슈발로프
를 통해 외무장관 더비에게 "콘스탄티노플의 운명은 유럽과의 합의를
통해 결정될 문제"라는 종전의 입장을 재확인하면서도 "짜르 군대의
행동의 자유를 제한할 수는 없다"고 유보적인 태도를 취함으로써 콘
스탄티노플의 점령 여부는 여전히 확인해 주지 않았다. 이제 콘스탄티
노플 점령 문제는 러시아 군대의 결정에 달려 있었다.[270]

이렇듯 러시아와 튀르크 사이에서 정전을 위한 직접 협상을 제안함
으로써 콘스탄티노플 점령을 막으려던 영국 외무장관 더비의 때늦은
시도들은 철저히 거절당하였다. 이러는 와중에 1월 20일 스코벨레프
Михаил Дмитриевич Скобелев (1843~1882) 장군이 이끄는 러시아 기병대
가 아드리아노플을 점령하고 마르마라해까지 쇄도하였다. 불가리아
인들은 불가리아를 해방한 스코벨레프를 국가 영웅으로 추앙하였다.
히바와 코칸트 점령 (1873~1876)뿐 아니라, 러시아-튀르크전쟁 종결 후
에 아할테케 원정 Ахал-текинская экспедиция (1880~1881)을 지휘하여 투
르크메니스탄을 정복함으로써, 스코벨레프는 중앙아시아 원정을 사
실상 완수한 '군신軍神'의 칭호를 받았다.

플레브나 전투 Обсада на Плевен 이후 한 달도 채 안 되는 시간 동안
스코벨레프가 지휘하는 러시아 군대는 눈 덮이고 얼어붙은 발칸을 돌
파하여 두 개의 튀르크 군 armies을 궤멸시켰다. 짜르의 군대는 거의 3
백 마일을 진군하여 1월 31일 콘스탄티노플의 관문에 이르렀으나 콘
스탄티노플 입성을 10여 마일 앞둔 채 진격을 멈추고 정전에 서명하

504

였다. 콘스탄티노플 점령을 목전에 두고 진군을 멈춘 것은 유럽 열강의 부정적 반응—예를 들어, 영국 해군의 무력 대응—뿐 아니라 '유럽협조 Concert of Europe'를 고려한 러시아 정부의 정치적 결정이었다.

정전 결정이 지연된 배경에는 튀르크의 저항이 완전히 분쇄된 상황에서 튀르크로부터 확실한 협상 조건을 획득하려는 짜르의 계획과, 영국의 지원을 기대한 술탄 압둘 하미드의 지연작전, 그리고 디즈레일리 내각의 러시아 저지 시도 등이 복합적으로 작용하였다. 12월 중반 발칸 전선의 절망적인 전황을 확인한 야전군 원수 술레이만 파샤Süleyman Hüsnü Pasha(1838~1892)는 술탄에게 유럽의 개입을 요청하지 말고 짜르와 직접 협상할 것을 진언하였다. 영국의 지원이 결정된다 해도 최소한 한 달 이상 소요될 것이고 그러는 사이 러시아 군이 콘스탄티노플로 진격해 들어올 것이라는 판단이었다.

술레이만의 예측은 독일 대사 레우스 공Heinrich VII Reuß zu Köstritz (1825~1906)의 강한 지지를 받았으나, 압둘 하미드는 신뢰하지 않았다. "영국이 비밀리에 지원을 준비하고 있고 디즈레일리 총리가 곧 선전포고할 것"이라는 런던 주재 튀르크 대사 무수루스Kostaki Musurus Paşa (1807~1891)의 보고와 영국 대사 레이어드의 격려를 굳게 믿었다. 포르테는 영국의 중재와 지원을 얻기 위해 사력을 다했으나 결과적으로 술레이만의 판단이 정확한 것으로 판명되었다. 영국의 군사적 지원을 획득하는 데 실패한 오스만 정부는 1월 13일 니콜라이 대공과 본격적인 접촉을 시작하여 1월 30일, "러시아가 원하는 모든 것을 수용할 것"이라고 선언하였다.

영국의 전략적 우려는 러시아가 승리하면 과거 크림전쟁 승리로 확보한 콘스탄티노플에 대한 영향력이 사라질 것이라는 데 있었다. 흑해 함대와 상선이 지중해로 진출입할 수 있는 핵심 관건인 보스포루스 해협 통항권은 러시아의 안보와 통상에서 사활적인 것이었다. 범슬라브주의자인 콘스탄티노플 대사 이그나티예프는 튀르크와의 양자 협상을 통해 해협의 통제권을 실질적으로 확보하려 하였다. 따라서 디즈레일리 내각은 러시아의 지중해 진출을 견제하기 위해 해협의 통제권이 러시아로 넘어가는 것을 필사적으로 저지하려 하였다.

해군장관 콘스탄틴 Константин Николаевич(1827~1892) 대공이나 이그나티예프(이그나쩨프)의 주장대로 동방문제에 대한 지루한 승부를 영국과 끝내기 위해서는 콘스탄티노플이나 보스포루스를 점령하는 것이 최선의 방안일 수 있었다. 당시 러시아군의 준비 태세와 전황으로 볼 때, 이것이 불가능한 것만은 아니었다. 실제로 해군 제독 콘스탄틴 대공은 "콘스탄티노플을 점령하여 기독교도에 대한 튀르크의 지배를 중단시킬 것"을 제안하였다.

그러나 러시아-튀르크전쟁의 총사령관이자 종전 협상의 총책임자였던 야전군 원수 니콜라이 Николай Николаевич Старший(1831~1891) 대공은 영국과의 전쟁을 초래할 수 있다는 점에서 콘스탄티노플과 보스포루스의 점령을 거부하였다. 전쟁장관 밀류틴 Милютин, Дмитрий Алексеевич(1816~1912)과 고르차코프는 콘스탄티노플의 점령이 오스만제국의 붕괴를 야기할 수 있다는 점을 지적하면서 알렉산드르 2세를 설득하여 콘스탄티노플의 점령을 철회시켰다.[271]

이 외에도 고르차코프가 여러 차례에 걸쳐 해협과 콘스탄티노플의 운명에 대해 유럽의 공동합의를 존중할 것을 약속했음에도 불구하고 디즈레일리는 이를 신뢰하지 않았다. 1월 30일 내각에 제출한 메모랜덤에서 디즈레일리는 경멸적인 투로 "오스만제국을 유지하려는 영국의 정책은 불가능해졌고, 이제 문제는 오스만제국의 붕괴 결과로부터 어떻게 유럽을 보호하느냐 하는 것"이라고 주장하였다.[272]

오스만제국의 해체로 '민족들의 감옥'이 열릴 때 유럽에 대혼란이 초래될 것이라는 판단에 영국과 러시아가 대체로 공감하고 있었던 것은 사실이었다. 게다가 러시아는 비록 오스만제국이 지정학적 경쟁자였음에도, 군주정이라는 정통 질서의 옹호자로서 혁명이나 봉기 등 오스만의 정통성을 근본적으로 부정하는 행동에 대해서는 원칙적으로 동의하기 어려웠다. 그러나 결국 발칸의 지정학적 이해관계뿐 아니라, '기독교 슬라브 형제들의 보호'라는 대외정책의 이념 원칙에 의해 러시아는 발칸의 봉기와 민족들의 독립과 자치를 지원하였다.

이에 비해, 오스만의 전제정치에 항거한 발칸의 혁명이나 봉기에 영국이 공감하는 것이 절대군주에 저항한 명예혁명의 유산으로나 자유주의 이념과 제도 등에 견주어 볼 때, 보다 더 자연스럽고 합당한 것이었다. 그러나 발칸 민족들의 독립이 결과적으로 오스만제국의 해체를 초래할 수 있다는 점을 두려워한 영국은 오히려 발칸에서 현상유지를 선호하는 모순된 정치 행보—자유주의를 신봉하는 의회민주주의 국가가 전제국가를 옹호하고 피압박민족의 자유를 외면하는—를 선택하였다.

러시아와 튀르크의 정전 조건들 속에 발칸 민족들의 독립과 자치가 포함되어 있다는 사실을 확인한 영국은 오스만제국의 해체가 시작되었다고 우려하였다. 영국이 진정으로 염려한 것은 오스만제국의 안위였다기보다는 제국의 해체가 초래할 수 있는 영국의 전략적 손실이었다. 오스만제국의 해체로 유럽이 불안정해질 경우, 당시 정점을 향해 가던 영국의 제국 팽창정책—빅토리아 여왕의 인도 황제 즉위(1876년 4월 28일)—에 있어서 후방교란이라는 역작용이 초래될 수 있었기 때문이다.

오스만제국의 해체가 초래할 중동 및 근동의 지정학적 변동—이집트 등 북아프리카의 변동은 차치하고서라도—이 식민정책의 핵심인 인도의 안정적 통치에 부정적인 영향을 미칠 것으로 영국 정부는 판단하였다. 지중해-수에즈(해로), 그리고 근동 페르시아-인도(육로)로 이어지는 영국의 제국 진출로(동진東進정책)가 불안정해지면 제국의 생명선이 위험에 처하기 때문이었다.

오스만제국이 해체되면 독립된 발칸 국가들과 코카서스 지역에 러시아의 세력권이 형성될 것이고, 그러할 경우 흑해가 러시아의 내해가 되어 근동 지역은 러시아의 남하정책(종축)과 영국의 동진정책(횡축)이 교직·충돌하는 전략적 교차로가 될 것이었다. 당시 영국은 동지중해와 수에즈 운하를 장악한 동시에 오스만제국의 운명을 틀어쥐고 근동 지역에서 유리한 전략적 위치를 점유하고 있었다. 그러나 러시아와 튀르크 간 평화 협상이 타결되면 이로 인해 이러한 전략적 지위가 흔들릴 것을 가장 우려하였다.

정전 협상에 따라 러시아 군은 마르마라해Marmara Denizi에 접한 산스테파노San Stefano를 점령하여 콘스탄티노플 성벽으로부터 6마일 지점까지 진출하게 되었다. 보스포루스와 콘스탄티노플 점령 가능성으로 인해 영-러 간에 군사적 긴장이 높아지고 있는 가운데, 3월 4일 러시아와 튀르크는 산스테파노 조약을 체결하였다. 산스테파노 조약 체결로 양국 관계는 다시 정상화되었고 레우프Reouf Pasha가 주러시아 대사로 파견되었다.

고르차코프는 산스테파노 조약 체결로 파리 조약(1856)과 런던협약(1871)을 대체하려 했으므로 이에 대한 열강의 반대를 피하려 열강과의 협조를 중시하면서 후속 조약에서 이들의 동의를 받을 만한 조건을 마련하는 데 더 많은 주안점을 두었다. 이 과정에서 그는 발칸 민족들의 완전한 독립과 러시아와의 동맹—예를 들어, 루마니아와의 방어동맹—을 선호한 이그나티예프와 대립하였다. 결국 이그나티예프의 동맹 안은 기각되었고 자치와 독립을 병행하는 절충안이 마련되었다.

1878년 3월 3일 체결된 산스테파노 조약으로 몬테네그로와 세르비아 그리고 루마니아는 완전한 독립을 획득하였고, 특히 몬테네그로와 루마니아에게는 약간의 영토 확장이 허용되었다. 조약 내용 중 가장 논란을 불러온 조항은 대불가리아Greater Bulgaria의 탄생 문제였다. 불가리아는 형식상 오스만제국의 조공국이었으나 신민들에 의해 선출된 군주—열강의 동의 하에 술탄이 재가裁可—가 통치하는 실질적인 자치국이었다.

발칸에서 가장 강력한 국가가 될 대불가리아는 바다로는 흑해와 에게해에 동시에 면해있고 콘스탄티노플에 인접한 전략적 요충지였다. 영토로 보면 현재의 불가리아 영토에 마케도니아의 대부분과 알바니아의 일부가 포함될 것으로 중세 초기 짜르 시메온Simeon의 불가리아 제국과 규모 면에서 거의 동일하였다. 불가리아의 자치정부 수립 과정에서 러시아의 감독권이 허용되었고 민병대가 창설되는 동안 러시아군(약 5만 명)의 주둔이 예정되었다.

전쟁배상금으로 14억 1천 루블(약 2억 3,500만 파운드)이 결정되었는데, 튀르크의 재정 파산 상태를 감안하여 일부는 영토 할양—발칸의 도브루쟈Dobrudja, 아시아 지역의 바투미Batum, 아르다한Ardahan, 카르스Kars, 바야지드Bayazid 등—으로 대체하기로 하였다. 보스니아-헤르체고비나의 지위는 1876년 콘스탄티노플 회의에서 결정된 경계선에 따라 러시아, 튀르크, 오스트리아-헝가리 3국이 공동으로 해결하기로 하였다.

해협 문제와 관련하여 이그나티예프는 매우 중요한 비밀조항을 추가하고자 하였다. 만일 열강이 해협의 개방을 요구한다면 평시에는 개방하고 유럽 열강 간의 전시에는 흑해 연안국을 제외한 모든 전함에 해협을 폐쇄한다는 조항이었다. 러시아와 튀르크는 외국의 어떠한 장악 기도에도 대항하여 해협 방어를 보장하는 공동 조치에 합의를 이루며 이를 위해 양국이 방어동맹을 체결한다는 것이었다.[273] 그러나, 결국 해협 문제는 러시아의 이익에 부합하는 방식으로 새로운 협정을 체결하여 해결하기로 하였다.

산스테파노 조약의 내용이 알려지자 영국과 오스트리아는 즉각 반발하였다. 반발 이유는 '보상'에 관한 것이었다. 오스트리아는 전쟁 전에 약속한 발칸 서쪽 지역—세르비아와 보스니아·헤르체고비나 등—에서 영토적 보상이 지켜지지 않은 것에 분노하였다. 보상 문제와 더불어, 영국은 해협과 콘스탄티노플 그리고 에게해 연안에 인접한 중소국들의 독립이 오스만제국에 대한 러시아의 통제력을 제고시켜 줄 것이라는 두려움을 지니고 있었다.

오스트리아는 3월 27일 군 동원령에 대비한 비용을 조달하기 위해 영국에 차관借款을 교섭하고 있었다. 영국의 인도 주둔군은 지중해 몰타기지로 소환되었고, 러시아의 중앙아시아 주둔군 일부는 인도와 접경한 아프간 국경으로 진군하였다. 영-러와 오-러 간의 전쟁이 임박한 듯하였다. 그러나 현실적으로 러시아는 튀르크와의 전쟁으로 피로감을 느끼고 있었고, 영국과 오스트리아 또한 가능하면 전쟁 없이 목표를 달성하기를 원하였다.

1878년 3월 29일자 슈발로프 대사의 보고서를 통해 "이집트를 제외한 지중해 지역에 있는 해군기지(항구)들을 보상으로 제공한다면 합의에 이를 수 있다"는 더비 장관의 견해가 확인되었다. 또한 더비15th Earl of Derby(1826~1893) 백작의 후임으로 외무장관에 임명된 솔즈베리Robert Gascoyne-Cecil(1830~1903)는 고르차코프에게 교착상태에 있는 모든 현안을 다루기 위해 유럽회의를 소집할 것을 제안하였다. 이로써 결국 영국 정부의 관심이 항구(부동항) 또는 영토 보상이라는 점, 러시아 주도의 현안 해결의 저지에 있다는 것이 드러났다.

러시아 대사 슈발로프 백작과 외무장관 솔즈베리3rd Marquess of Salisbury 후작은 5월 30일과 31일 양일에 걸쳐 세 개의 외교 각서 memoranda에 서명하였다. 첫 번째 각서에는 불가리아의 분할―불가리아 남부를 튀르크에 반환―이 다루어졌고, 두 번째 문서에는 해협의 현상유지, 세 번째에는 러시아의 영토 할양 문제 등이 구체적으로 논의되었다. 이 '영·러 협정'을 통해 양국 간에 논란이 되던 주요 문제들의 합의가 이루어져 유럽 회의(베를린회의)에 상정을 앞두게 되었다. 7월 4일 영토적 보상을 갈망하던 영국은 마침내 튀르크와 사이프러스 협정 Cyprus Convention을 비밀리에 체결하여 지중해의 전략 요충지인 사이프러스(키프로스)를 손에 넣었으며 러시아에게는 비밀에 부쳐졌다.[274]

고르차코프와 비스마르크, 두 재상宰相의 전쟁: 베를린회의[1878]

섬너B. H. Sumner가 '베를린회의(1787)'를 '오스만제국에 관한 19세기의 가장 중요한 회의'로 기록하고 있듯이, 베를린회의의 중요성은 유럽 외교를 다룬 여러 주요 저작들에서 이미 충분히 강조되고 있다. 그러나 로바노프-로스토프스키Алексей Борисович Лобанов-Ростовский (1824~1896)는 베를린 회의 이전의 세 개의 조약―산스테파노 조약(1878), 러·오 협약(1877), 영·러 협정(1878)―에서 대부분의 중요한 이슈들이 이미 해결된 점을 지적하며 베를린 회의에 대한 지나친 강조를 경계하였다. 그럼에도 그는 두 가지 사실에 주목하고 있는데, 베를린회의가 러시아의 외교정책뿐 아니라 유럽의 운명에 '심리적으로' 중요한 자취를 남겼다는 점, 그리고 유럽의 운명을 바꾼 '두 재상의 전쟁war of the two chancellors'으로 비유되는 '비스마르크와 고르차코프의 외교 경쟁'이 이회의에서 정점에 이르렀다는 점이다.

베를린회의는 비스마르크의 회의였다. 1878년 6월에서 7월 사이 한 달간 베를린에서 개최된 이 회의에 참석했던 튀르크의 협상 대표 카라 토도리(카라테오도리 Karatheodori) Aleksandır Karatodori Paşa(1833~1906)의 보고 서에 따르면 "회의는 비스마르크에 의해 완전히 장악되었고, 의정서 나 조약문 등 회의 결과물들은 모두 그의 생각과 열망의 표현물이며, 그를 제외하고 어느 누구도 회의가 어떻게 될지 확신할 수 없었다." 베 를린회의에서 거둔 외교적 성과로 카라토도리는 외무장관에 임명되 었다.

비스마르크는 1875년 프랑스에 대한 자신의 전쟁 계획을 고르차코 프가 좌절시킨 것을 잊지 않았다. 그는 1877~1878년의 튀르크전쟁에 서 러시아에 확신을 주지 않고 모호한 입장으로 일관함으로써 고르차 코프에 대한 되갚음을 시작하였다. 비스마르크는 이 응분의 행동을 베 를린회의에서 발휘하였다. 비스마르크는 이미 러시아와 오스트리아 간에 전쟁이 발발할 경우 오스트리아 편에 서는 것으로 결심하여 오스 트리아의 관심을 '1866년(프로이센전쟁)의 굴욕'으로부터 발칸 문제로 전환하는 데 성공하였다. 이로 인해 오스트리아는 발칸에서 상실한 위 신을 회복하고 러시아를 견제할 수 있게 되어 비스마르크에게 감사할 것이고, 이것은 역으로 독일에 전략적 이익으로 작용할 것이었다.

동방문제를 다룰 유럽 회의가 개최된 장소는 당시 유럽의 세력 관 계를 단적으로 드러내고 있다. 베를린은 "영국이 수용할 수 없는 페테 르부르크와 러시아에게는 부적절한 런던" 사이에서 타협안으로 선택 되었고, 유럽 문제를 다루기엔 이미 그 시대가 가버린 비엔나는 제외 되었다. 비스마르크는 반세기 전 유럽협조체제를 이끌어낸 '비엔나 회 의'를 설계했던 오스트리아 재상 메테르니히의 위치에 자신이 서 있다 는 것을 자각하였다. 비스마르크의 전략 구상에는 베를린회의가 과거 비엔나회의처럼 '유럽의 최고재판소'의 위상을 차지해야 했다.

비엔나와 베를린, 두 회의는 모두 '패배자'—비엔나회의에서는 프랑스, 베를린에서는 튀르크—에 대항한 회의가 아니었다. 공교롭게도 두 회의 모두 승리한 러시아에 '대항한' 회의였다. '정직한 중개인honest broker' 를 자처한 비스마르크는 러시아가 보기에 진실한 중재자가 아니었다. 두 회의의 차이점은 비엔나회의가 당시 유럽 열강의 군주들에 의해 주도된 데 비해, 베를린회의는 영국, 러시아, 독일, 오스트리아-헝가리 등 4개국의 재상과 총리들—디즈레일리, 고르차코프, 비스마르크, 언드라시 —이 주도하였고, 대부분의 협의가 이들 간의 사적인 비밀 회동으로 이루어져 회의 결정 과정에 관한 정확한 기록이 존재하지 않는다는 점이었다. 고르차코프가 80세의 고령이었던 점, 귀먹고 지팡이에 의지하는 노쇠한 비콘스필드 백작 디즈레일리Benjamin Disraeli, 1st Earl of Beaconsfield (1804~1881) 총리의 건강 상태 등을 고려하여 실질적인 협상 진행은 이들의 하급자인 슈발로프와 솔즈베리가 담당하였다. 이러한 사정으로 베를린회의에서는 노련한 연장자인 비스마르크가 독일제국의 유럽정책을 관철하기에 더욱 유리한 조건이 조성되었다.

그 외에 프랑스를 비롯하여 튀르크와 발칸의 국가들에게는 별다르게 주목할 만한 역할이 주어지지 않았다. 근대 유럽정치에서 현실(주의)정치Realpolitik의 창시자라 할 만한 비스마르크는 베를린회의를 통하여 19세기 후반부 국제정치 지형의 재편에서 유럽질서의 설계자이자 세력균형의 주재자가 되고자 하였다. 비스마르크가 첫 번째 회의에서 "산스테파노 조약의 결정 사항을 파리 조약(1856)과 런던 협약(1871년)의 체결국 간 자유토론에 일임"하는 것을 회의의 목표로 확정하여, 베를린회의는 영국과 러시아 간 양자 회의가 된 셈이었다.

베를린회의에서 첨예한 쟁점 중의 하나는 불가리아의 영토 범위와 지위 문제였다. 이에 대한 실질적인 합의는 이미 한 달 전인 5월 솔즈베리와 슈발로프 사이에 영·러 협정으로 이루어진 바 있었다. 그러나 소피아София(불가리아의 수도)를 튀르크에 반환하는 것을 포함하여 불가리아 축소 문제가 디즈레일리 총리에 의해 베를린회의에서 심각하게 재론되었다. 비스마르크는 이 문제를 영-러-오 삼국 간 합의로 결정하도록 제안하여 영국과 친영 오스트리아 대對 러시아라는, 러시아에 불리한 2대 1 구조가 형성되었디.

전쟁을 피하라는 짜르의 교지敎旨에 따라 고르차코프는 불가리아 문제에 최종적으로 양보하였다. 불가리아 문제에 러시아가 완고하게 반대했더라면 영-러 간에 전쟁이 발발했으리라고 보긴 어려우나, 러시아의 양보로 베를린회의는 기사회생하였다. 결국 러시아의 '대大불가리아 계획'은 좌절되어 불가리아는 세 개 지역으로 분할되었다. 북부 불가리아는 자치국 지위를 획득한 반면에 동루멜리아Eastern Rumelia와 마케도니아Macedonia, 그리고 트라키아Thracia는 튀르크에 반환되었다.

불가리아 문제에 협조해 준 오스트리아에게 영국은 영토 보상으로 답하여, 보스니아-헤르체고비나의 운명은 오스트리아의 점령으로 결정되었다. 6월 28일 '오스트리아에 점령권을 위임'한다는 솔즈베리의 서면 제안을 비스마르크는 즉시 보증하였고, 이어 프랑스 외무장관 웨딩턴William Waddington(1826~1894)이 동의하였다. 이러한 결정에 오스만의 협상 대표 카라토도리가 항의하였으나, 아이러니하게도 디즈레일리는 오스만제국의 영토인 두 지방(보스니아-헤르체고비나)의 할양이 "오스만제국의 분할을 막기 위한 열강의 우호적 행동"이라고 강변하였다.

루마니아와 세르비아는 독립을 획득하였다. 특히 세르비아는 대大불가리아의 분할로 약간의 영토 확대의 성과를 거두었다. 이 과정에서 불가리아를 희생으로 한 세르비아의 영토 확대에 대해 러시아가 이의를 제기하였으나 오스트리아가 세르비아를 지원하였다. 이에 대한 보상으로 세르비아는 철도 건설 등 경제적 이익을 오스트리아에 제공하여 향후 오스트리아-세르비아 동맹의 초석을 놓았다. 이밖에 키프러스Cyprus를 영국에 양도한다는 비밀 협정이 밝혀졌고, 튀니지를 프랑스에 양도하는 거래에 암묵적인 동의가 이루어졌다.

이제 남은 것은 코카서스(카프카스) 지역의 영토 문제였다. 베사라비아를 제외하면 코카서스 문제는 러시아에게 유일한 영토 보상 문제였다. 프랑스 참석자가 평가하였듯이, "마케도니아와 불가리아의 절반을 튀르크의 치욕스러운 창날 아래 놓이게 하더니, 영국은 이제 와서 반대로 코카서스 산악 민족들을 러시아로부터 구하려" 들었다. 영국 외무장관 솔즈베리는 러시아에 반대하는 것이 "당당한 무슬림 민족을 방어하기 위한 영국의 도덕적 임무"라고 주장하였다.[275]

오스만제국의 트레비존드 빌라예트Trebizond Vilayet 총독이 관할하던 흑해 남동 연안의 라지스탄 산자크Lazistan Sanjak 지역 등의 경계 설정 문제로 갈등이 야기된 결과 타협안이 마련되었다. 러시아는 산스테파노 조약에서 제기한 튀르크 북동부(아르메니아 서부 접경지)의 카르스Kars와 아르다한Ardahan을 획득하였다. 라지스탄 산자크의 수도인 흑해 동부 연안의 바투미Batumi(조지아의 항구도시)는 자유항이 되었고, 아르메니아 서부에 위치한 아그리Ağrı 주의 바야지트Doğubayazıt는 튀르크에 반환되었다.

마침내 7월 13일 베를린 조약이 체결되어 튀르크 정부가 "제국 내의 기독교도에 대한 완전한 종교적 자유와 무슬림과 동등한 권리"를 보장함으로써 러시아는 그들이 표방한 전쟁의 목표를 원칙적으로 달성하게 되었다. 베를린 조약은 이전의 조약들을 폐기하는 전혀 새로운 조약이라기보다는, 파리 조약(1856)과 런던 협약(1871) 등 동방문제에 대한 국제 합의들의 연쇄 고리 중 하나였으므로 유럽외교의 혁명적 변화를 의미하는 것은 아니었다. 영국 주재 러시아 대사 슈발로프는 "러시아가 유럽과의 전쟁을 치를 수 있는 위치에 있지 않았기 때문에 베를린의 타협은 필연적이었다"고 평가하였다.[276] 친영파 슈발로프 백작은 영국에 일대 양보한 것으로 평가된 베를린회의에 대한 문책으로 이듬해 해임되었다.

1879년 11월 한 연설에서, 베를린회의와 관련하여 영국의 전 총리 글래드스톤은 "베를린 조약을 유럽 역사의 신기원으로 만든 것은 오로지 러시아의 칼날 때문"이었다고 주장함으로써 베를린 조약이 러시아를 전략적으로 견제하려는 목적으로 한 것이었음을 고백하였다. 산스테파노 조약에 명시된 발칸지방의 자치와 독립, 그리고 속령을 위한 술탄의 개혁 약속과 이에 대한 러시아의 감독권 등이 러시아의 발칸 세력권 확대로 귀결될 것으로 판단한 영국은 러시아의 배타적인 영향력을 축소하는 것을 회의의 가장 중요한 목적으로 설정하였다.

따라서 러시아를 제외하고 유럽 어느 열강도 '새로운 삶을 이룩하기 위한 발칸 민족들의 투쟁'에 어떠한 동정심도 표현하지 않았다. 튀르크가 비록 패전했을지라도 미래에 여전히 러시아에 저항할 수 있을 것으로 판단하였으므로, 영국 정부는 발칸에서 범슬라브주의의 위험에 맞서 콘스탄티노플을 기반으로 하여 싸울 것을 결정하였다. 이로써 영국은 "아테네를 헬레니즘 세계의 중심으로 강화하는 제안"을 오스만 제국을 약화시킬 수 있다는 이유로 거부하였다.[277]

로바노프-로스토프스키는 "산스테파노 조약이 동방문제를 완전히 해결할 수 있었던 방법―발칸의 안정적인 균형 체제 수립―이었으나, 유럽의 세력균형이라는 미명 아래 모순적인 베를린 조약으로 대체됨으로써 문제 해결의 가능성이 실종되었다"고 평가하였다. 그는 더 나아가 "디즈레일리와 솔즈베리가 베를린 조약을 통해 러-오의 대립과 발칸의 불안정, 그리고 독-러의 갈등이라는 다음 세대의 미래를 저당 삼아 조국인 영국에 '영예로운 평화'를 안겨주었지만, 이것은 결국 유럽을 두 개의 진영으로 쪼개 놓았다"고 분개하였다. 그에 따르면 "만약 비콘스필드 백작(디즈레일리 총리)이 미래의 발칸전쟁과 두 차례의 세계대전을 예견하였더라면, 베를린회의가 강력한 요인으로 작용한 이러한 연쇄적인 사건들에 전율했을 것"이라고 비판한 점은 한 번쯤은 되새길 만한 가치가 있다.[278]

베를린회의 20여 년 전 알렉산드르 2세는 크림전쟁 패배와 파리 조약(1856)이 안겨준 모멸감과 악몽으로 그의 통치를 시작하였다. 이러한 사건은 유럽 열강이 러시아의 동방문제를 유럽의 관심사로 취급하고 개입하는 것을 막는 데 실패한 러시아의 내부적 취약성과 무능력을 증명하는 것이기도 하였다. 그러나 알렉산드르 2세는 대개혁을 기반으로 하여 외교 전략과 군사행동의 성공 등에 힘입어 1878년 7월 베를린 조약에서 1856년에 그에게서 앗아간 모든 것들을 되돌려 놓았을 뿐 아니라 오스만제국의 아시아 일부를 그의 영토 목록에 더하였다.

그러나 명백하게 "베를린 조약이 튀르크의 패배를 명시하고 있고 튀르크의 패배는 러시아의 승리 결과물이었음에도, 베를린 조약이 러시아의 승리를 의미하는 것은 아니"라는 데 문제의 복잡성이 있었다. 베를린회의에 대한 공식적인 평가에서 알렉산드르 2세는 "베를린회의는 동방문제의 최종 해결을 위한 어려운 도정에서 단지 숨 쉴 공간이자 잠깐의 휴식"에 불과하다고 불만족을 표명하였다. 러시아가 설정한 애초의 강화조건이자 동방문제에 관한 근본 구상이라 할 수 있는 산스테파노 조약이 구조적으로 변경된 데 대해 러시아의 국내 여론은 베를린 조약에 일종의 환멸감을 느끼고 있었다.

범슬라브주의자이자 저명한 문필가인 I. 악사코프는 베를린회의가 진행 중이던 7월 4일 '슬라브 자선협회'에서 한 연설에서 서구 열강과 무엇보다도 독일에 대한 환멸감을 표출하여 대중에게 큰 반향을 일으킴으로써 모스크바로부터 추방되었다. 그는 콘스탄티노플 직전까지 진군한 스코벨레프와 플레브나 전투를 승리로 이끈 구르코Иосиф Влад имирович Гурко(1828~1901)의 군사적 성공에도 불구하고 콘스탄티노플 점령이라는 '승리 중의 승리'을 '포기'한 것에 대한 러시아인들의 분노를 대변하였다. 외교 문제, 그중에서 동방문제의 해결과 관련한 러시아 여론의 분노는 국내적 갈등과 상승 작용하였다.

대개혁의 결과이기도 한 사회·경제적 요구의 분출, 그리고 사상적 쟁명爭鳴은 러시아 시민사회의 확장과 역량 강화라는 발전적 측면과 더불어, 대외적 요인과 결합하여 대개혁으로 응집된 정부의 에너지를 일시적으로 소진하는 역행적 결과를 초래하기도 하였다. 국내적으로 짜르를 비롯한 정부 요인要人에 대한 테러의 위협—예를 들어 개혁 군주 알렉산드르 2세의 암살(1881)— 등, 이념과 계급 갈등에 노출된 정부는 국내적 갈등이 대외적 요인과 상승 작용하여 강화되는 것을 저지해야 했으므로, 베를린회의를 '외교적 실패'의 상징으로 비판하는 사회여론에 어떤 식으로든 대응해야만 하였다. 알렉산드르 2세는 베를린회의를 "러시아에 대항한 비스마르크 주도의 유럽동맹"으로 규정하고 회의 초반부터 비스마르크가 러시아 측 대표였던 주영대사 슈발로프를 '봉'으로 취급하였다고 분개하였다.

짜르 알렉산드르의 친견에서 슈발로프는 "비스마르크의 노력이 없었더라면 베를린회의는 결렬되어 전쟁으로 귀결되었을 것"이라고 언급하면서 비스마르크의 역할을 적극 변호하였다. 슈발로프는 삼제동맹이 여전히 필요하고 이를 위해서는 독일과의 협력이 중요하다는 점을 역설하였으나 고르차코프 등의 유보적 행동으로 인하여 그의 의견은 수용되지 않았다. 슈발로프는 독일과 오스트리아-헝가리의 비밀 동맹(1879) 체결에 대응하기 위해 베를린과 비엔나에 파견되었으나 별다른 성과를 거두진 못하였다. 1879년 10월 외교적 실패 등의 이유로 슈발로프 대사를 해임함으로써 짜르는 국내 여론 비판의 예봉을 피해 갔다.

1878~1879년 겨울, 당시 러시아의 국제적 고립이 불가피함을 인정하면서 고르차코프는 국면전환을 위해 비스마르크와 독일을 비판하도록 여론을 자극하는 한편, '와신상담臥薪嘗膽'의 고립정책을 선택하였다. 고르차코프의 '상처 입은 고립'은 장기적 국면에서 볼 때 도약을 위한 후퇴라는 측면에서 당시 최고 발행 부수를 자랑하던 『모스크바 뉴스Московские ведомости』의 편집장이자 범슬라브주의자인 카트코프 Михаил Никифорович Катков(1818~1887)가 주장하던 동방문제의 '자유 재량 정책'과 일맥상통한 것이었다.

고르차코프의 고립정책은 1870년 이후의 외교기조와도 일정하게 절연한 것으로써, 프랑스 제3공화국과도 새로운 유대관계를 수립하려는 의지를 표명하지 않았다. 이러는 동안 러시아와 독일 사이에 '두 재상의 전쟁'은 확대일로에 있었다. 비스마르크는 『더타임즈The Times』와의 인터뷰에서 대對프랑스전쟁 시도에서 러시아에 당한 '1875년의 치욕'과 관련하여 러시아를 비난하였고, 고르차코프는 언론을 통해 이에 대한 비판 기사를 유도하였다.

독일 정부는 러시아산 옥수수, 목재, 가축 등에 새로운 관세를 부여하였고, 러시아에서 전염병이 발생한 것을 이유로 러시아 화물의 검역과 격리 조치를 강행하였다. 비스마르크는 베를린회의의 후속 조치를 다루는 실무위원회에서 독일 대표들로 하여금 러시아에 대한 지지를 유보하거나 철회하고 오스트리아-헝가리와 영국의 입장을 두둔하게 하였다. 이러한 비스마르크의 행위는 '정직한 중개인'으로 자처한 비스마르크의 '부정직함'을 신랄하게 공격하도록 알렉산드르 2세를 자극하였다.

비스마르크는 러시아가 독일을 공격할 가능성이 있다거나, 튀르크와의 전쟁으로 러시아가 국력을 소진하였다고 확신한 것 같지는 않았다. 그러나 1879년 4월경 비스마르크는 필요하다면 "러시아와의 우호 관계를 희생하고서라도 오스트리아-헝가리와 동맹을 추구할 필요"가 있다는 입장을 표명하기 시작하였다. 베를린회의에서 자신을 일관되게 지지해 주던 슈발로프가 고르차코프와 밀류틴, 이그나티예프 등의 '불경한 동맹unholy alliance'에 의해 밀려났다고 분개한 비스마르크는 '페테르부르크의 명예회복 정치'에 대항하여 '오스트리아와의 동맹 댄스'를 선택하였다. 오스트리아-헝가리 제국이라는 존재는 독일에 있어서 여전히 '제일의 안보 조건'이었던 것이다.

B. H. 섬녀의 평가대로 당시 비스마르크는 러시아의 외교적 반격에 대한 지나친 두려움으로 인해 평정심을 상실한 것 같았다. 예를 들어 비스마르크가 단정했듯이, 후일 외무장관직을 수행할 기르스Николай Карлович Гирс (1820~1895)는 '고르차코프에 종속된 심복'이라기보다는 독일과의 우호 관계를 러시아 외교정책의 초석으로 여기는 친독일 노선을 여전히 견지하고 있었다. 전쟁장관 밀류틴Дмитрий Алексеевич Милютин (1816~1912) 또한 비스마르크가 생각하는 것처럼 호전적인 범슬라브주의자는 아니었고, 이그나티예프의 권력 복귀 또한 확고한 것은 아니었다.

어찌 되었든 비스마르크는 고르차코프와 러시아에 격앙되어 있었고, 반러시아주의자였던 헝가리 재상 언드라시가 퇴임하기 전에 오스트리아-헝가리 제국과 동맹을 성사시키려 하였다. 카이저 빌헬름에게 보낸 짜르의 항의 서한(8월 15일자)은 독일과 러시아의 긴장을 고조시켜 비스마르크가 러시아를 배제한 독·오동맹 체결에 흔쾌하지 않았던 빌헬름 황제를 설득하는 데 일조하였다. 1879년 10월 7일에 독일과 오스트리아-헝가리 간에 '양국동맹Zweibund'이 체결되어 러시아는 완전히 고립되었다.

후일 디즈레일리 총리가 베를린회의에 참석한 영국 정부의 목적이 '삼제동맹을 영구히 결렬시키는 것'이었다고 밝혔듯이, 독·오동맹이 체결됨으로써 디즈레일리 내각의 목적이 달성된 듯하였다. 그러나 디즈레일리가 영국 외교의 승리를 공공연히 구가하던 1880년 11월경에 신임 주독대사 사부로프Пётр Александрович Сабуров(1838~1918)와 기르스, 그리고 밀류틴 등의 외교에 힘입어 러시아와 독일 간에는 새로운 협상 분위기가 조성되기 시작하였다. 러시아에 의해 시작된 2년여 간의 긴 협상 끝에 1881년 6월 18일 러시아, 독일, 오스트리아-헝가리 삼국 간 조약이 체결되어 '삼제동맹'이 복원되었다. 조약이 성사된 뒤 10개월 뒤 고령과 건강상의 이유로 퇴임한 당시 고르차코프의 나이는 84세였다. 그의 후임으로 기르스가 외무장관에 임명되었다.[279]

고르차코프의 대외정책은 러-튀르크전쟁(1877~1878)을 분기점으로 하여 이전과 이후 시기로 나눌 수 있다. 전쟁 이전 고르차코프의 국내 '집중'정책은 러시아를 크림전쟁의 악몽에서 벗어나게 한 성공적인 외교로 증명되었다. 고르차코프의 정책은 비스마르크에게는 '1875년 굴욕'으로 각인된 프랑스에 대한 독일의 무력 행동계획을 좌절시킴으로써 유럽을 새로운 전쟁의 위험에서 벗어나게 하였다. 그러나 발칸의 전쟁으로 밀려들어가는 과정에서, 그리고 이후 평화 협상 과정에서 고르차코프는 대외적으로는 비스마르크라는 숙명의 라이벌을 만났고, 대내적으로는 이그나티예프라는 급진적인 범슬라브주의자와 대립하면서 정치적 곤경에 처하게 되었다.

1881년의 삼제동맹은 결과적으로 고르차코프의 고립정책의 실패를 의미하는 것인가? 훗날 기르스는 베를린회의와 1870년대 후반부를 회상하면서 "고르차코프가 그들—슈발로프와 기르스 등 친독 협상파—을 매우 이렇게 만들었고, 잘못된 외교적 본능만 시니고 있었다"고 비판하였듯이, 말년에 고르차코프의 외교는 연령상 또는 그 밖의 이유로 판단력이 흐려진 것인가? 비스마르크가 삼제동맹, 삼국동맹Dreibund, 독·러 재보장조약Rückversicherungsvertrag/Reinsurance Treaty(1887~1890) 등을 주도하던 때가 그의 나이 70대였음을 고려하면 노령의 문제는 아닐 것이다.

기르스 등의 비판에는 고르차코프와의 외교 노선 불일치가 어느 정도 반영된 것임을 감안할 필요가 있다. 고르차코프의 고립정책은 비스마르크와의 외교적 경쟁에서 비롯된 것으로, '두 재상의 제국정책'이 충돌한 불가피한 결과이기도 하였다. 당시 유럽의 국제질서를 근본적으로 재편하려 했던 비스마르크의 수정주의 전략(독일제국의 완성)과 유럽의 세력균형을 전제로 러시아의 부흥을 시도한 고르차코프의 '유럽협조Concert of Europe' 정책 간의 불안정한 동거는 발칸전쟁과 평화협상 과정에서 파국을 맞게 되었다.

비스마르크는 유럽 국제관계의 기본 메커니즘을 '러시아에 대한 균형'으로 전환하여 다양한 세력균형을 도모하였다. 고르차코프에게 놓인 선택지는 세 가지였다. 독일과 동맹을 재개하거나 프랑스와 전략적 유대를 강화하는 것, 아니면 고립을 선택하는 것 등이다. 독일과의 동맹은 비스마르크에 대한 신뢰 문제에서 확신하기 어려웠고, 프랑스의 제3공화정에 대한 이념적 친화성이 부재한 상태에서 프랑스와 전략적 유대강화를 시도하는 것도 추동력을 갖기 어려웠다.

디즈레일리 정부가 '러시아의 고립'을 외교의 최우선 순위에 설정한 점을 고려하면, 당시 고르차코프가 스스로 고립정책을 선택한 것은 일면 이해하기 어려운 부분이 있다. 독일이나 프랑스 중 어느 한 국가와 동맹을 맺는 것이 현실적인 대안이었겠지만, 정작 고르차코프는 동맹의 불안정성에 주목했던 것인지도 모른다. 십여 년 전 고르차코프가 삼제동맹을 추진하던 시기와 비교하면, 1881년의 삼제동맹은 외견상의 우호적인 분위기에도 불구하고 '1878년과 1879년의 불화'가 채 가셔지지 않은 기반 위에 불안하게 유지되고 있었다는 점에서 그의 선택이 비현실적인 것이라고 매도할 수는 없을 것이다.

유럽의 동맹과 전쟁: 삼제동맹과 삼국동맹, 그리고 발칸동맹

1881년 3월 알렉산드르 2세가 암살되어 알렉산드르 3세Александр III Александрович(1845~1894)가 제위를 계승하였다. 그의 치세 초기, 자유주의 성향의 밀류틴이 전쟁장관직을 떠나고 강경파인 이그나티예프가 내무장관에 임명되었으나, 러시아의 방어적 외교정책에는 실질적인 변화가 없었다. 선제先帝와 비교할 때 알렉산드르 3세의 대외정책 목표는 분명하였다. 새로 등극한 짜르는 목표 실행을 위한 현실적인 대비책을 중요시하였다. 알렉산드르 3세가 추진한 대외정책의 주요 지향점 중 하나인 동방문제의 최종적 목표는 '콘스탄티노플의 장악'이었다. 이러한 목표를 달성하기 위해서는 '해협들'에 대한 최종적인 통제가 필요하였다. 그러나 알렉산드르 3세는 이러한 목표가 조기에 달성되리라는 환상을 품지는 않았다.

선제의 암살과 전쟁의 후과를 뼈저리게 체감한 알렉산드르 3세는

1876~1877년 튀르크전쟁 당시 "대중과 함께 간 것은 실수였고, 러시아의 황제는 정부를 상대로 해야" 한다고 확신하였다. 이러한 분위기는 베를린회의 직후부터 강해지기 시작하였다. 대개혁의 여파로 분출한 사회·경제적 요구와 이에 조응한 혁명적 사상의 영향으로 인해 국내적으로 사회적 불안정이 점증하는 가운데, 베를린회의에 대한 분노와 전쟁 수행으로 인한 재정 고갈 등 전쟁의 여파가 이러한 분위기를 심화시켰디.

1878년 1월 혁명주의자 자술리치Вера Ивановна Засулич(1849~1919)의 상트페테르부르크 시장 트레포프Фёдор Ф. Трепов(1812~1889) 저격 사건으로 시작된 '테러와의 전쟁'은 1881년 3월 알렉산드르 2세의 암살로 한층 강화되었다. 당국의 눈에 대중들은 역사상 유례없이 위험한 사람들로 여겨졌고, 러시아의 유럽 지역은 실질적인 계엄 상태에 놓이게 되었다. 외부의 시각으로는, 발칸전쟁이 러시아에서 혁명적 분위기를 촉진한 것으로 보였다. 비스마르크조차 '비틀거리는 제국'은 합스부르크가 아니라 로마노프(러시아)가 아닌가 하는 의문을 지니고 있었다.

이러한 대내외적인 분위기에도 불구하고, 러시아 당국이나 외국 정부가 우려하는 것만큼 실제 상황이 혁명적인 것은 아니었다. 1877~1878년의 전쟁이 크림전쟁이나 러일전쟁만큼 러시아 사회에 정치 및 사회적인 재난적 결과를 초래한 것은 아니었다. 사회 구성원의 대다수를 차지하던 농민의 경우 농노해방과 대개혁 전에 비해 생활이 상당히 호전된 것이 사실이었고, 크림전쟁 직후처럼 대규모 봉기의 조짐도 없었다. 공장 노동자들은 혁명운동의 공고한 토대가 되기엔 수적으로 미약하였고 혁명운동을 선도할 그룹 또한 이제 형성되는 초기 단계에 있었다. 그러나 러시아의 내부 문제가 점점 첨예해지고, 특정

산업분야—특히 면화산업—에서 전후戰後 수요에 따른 경기호전이 불투
명한 것으로 드러났다.

　전쟁으로 인한 재정 위기가 명백해짐에 따라 대외 문제는 부차적
인 위치로 밀려나게 되었다. 예외적으로 중앙아시아에서는 경제적 이
해관계와 동방문제에서 좌절한 민족주의적 정서의 보상 심리에 힘
입어 군부가 대외정책을 여전히 주도하였다. 발칸 국가들은 러시아
에서 정서적 호소력을 거의 상실해 가고 있었고, 범슬라브주의는 국
내적 위기에 의해 압도되었다. 그러나 범슬라브주의는 소멸되었다
기보다는 '대★러시아주의'와 결합하여 알렉산드르 3세의 '러시아화
Russification' 정책 속에 구현되었다. 이러한 민족주의적 정서는 '불가리
아 위기(1885~1887)'가 발생하자 카트코프Михаил Никифорович Катков
(1818~1887) 등 슬라브주의자들의 민족주의 캠페인으로 전환되었다.

　1756년 제국 칙령으로 창간된『모스크바 베도모스찌(모스크바 뉴스)
Московские ведомости』의 편집자이자 정치 저널리즘의 창시자 격인 카
트코프 등이 독일에 대항하여 프랑스와 동맹할 것을 주장하는 등 민족
주의 캠페인이 고조됨에 따라 러시아는 다시 한번 전쟁의 가시권에 들
어가게 되었다. 카트코프는 언론 매체를 통해 알렉산드르 3세의 '러시
아화' 노선과 반개혁적 정책을 이념적으로 지원하였다. 불가리아 위기
는 1885년 9월 6일 동루멜리아Eastern Rumelia/Източна Румелия가 봉기
하여 불가리아와 합방을 선언함에 따라 대불가리아 수립을 위한 불가
리아 민족주의자들의 의지를 자극하면서 발생하였다.

　산스테파노와 베를린회의에서 대불가리아 수립을 주도했던 러시아
는 이 봉기에서 불가리아 민족주의자들의 지원 호소를 거부하였다. 알
렉산드르 3세가 지원을 거절한 배경에는 대불가리아 수립에 부정적이
었기 때문이 아니라 "누가 대불가리아의 통치자가 될 것이며 이것을

누가 결정할 것인가, 그리고 러시아의 지속적인 영향력이 보장될 수 있는가” 하는 현실정치realpolitik적 문제가 자리하고 있었다. 독일과 오스트리아, 프랑스 등도 러시아에 동의하여 발칸에서 현상status quo유지를 선호하였다.

그러나 봉기 초기에는 부정적인 입장이었으나, 불가리아 민족주의자들이 러시아에 대항할 준비가 되어 있다는 사실을 확인한 영국의 솔즈베리 내각은 베를린회의에서 자신의 가장 핵심적인 어젠다였던 ‘대大불가리아 반대’ 결정을 변경하였다. 솔즈베리는 불가리아와 루멜리아의 합방에 동의하였고 불가리아 민족주의자들을 지지하여 1878년에 이어 다시 한번 러시아의 구상을 흔들었다. 1886년 4월 5일 오스만제국과 베를린회의 당사국들인 영국, 러시아, 독일, 오스트리아-헝가리, 프랑스, 이탈리아 간에 체결한 톱하네(토파넨) 협정 Tophane Agreement/Топханенски акт에 따라 오스만 술탄은 불가리아의 통치자(알렉산드르 바텐베르크Александър I Батенберг(1857~1893)에게 동루멜리아의 총독 권한을 부여함으로써 동루멜리아의 불가리아 병합이 ‘사실상de facto’ 승인되었다. 톱하네 협정과 관련 조치들은 동루멜리아가 ‘법적de jure’으로는 오스만제국의 영토지만 행정 또는 정치적으로는 불가리아에 통합(불가리아 통일)되었다는 것을 의미하였다. 재론하여 정치적으로 해석하면, 오스만 튀르크는 제국의 현상태status quo를 유지하였고 불가리아는 통일을 달성하였다는 사실을 국제적으로 승인받았음을 의미하는 것이다.[280]

동루멜리아 봉기와 불가리아 통합 과정에서 러시아는 1877~1878년 러시아-튀르크전쟁의 최대 성과 중 하나인 불가리아에 대한 영향력을 상실하는 위험을 감수하였다. 러시아는 동루멜리아 봉기에서 불가리아인들의 지원 호소에도 불구하고, 1876년 불가리아 봉기를 지원했던 것과는 다르게 1886년 봉기에서는 튀르크와 전쟁을 고려하지 않았다. 알렉산드르 3세는 대大불가리아를 건설하는 계획이 발칸의 '현상 변경'을 주도할 준비가 아직 되지 않은 러시아에 전략적 부담인 데다가 1878년의 베를린 조약에 위배된다고 타산하였다. 따라서 러시아는 불가리아 문제에 대해 '유럽협조체제Concert of Europe'의 가동, 즉 유럽의 합의concertación를 통한 해결을 선택한 것이다. 동루멜리아의 봉기로 인해 '불가리아 위기'가 발생함으로써 악화된 러시아와 불가리아의 관계는 1896년에 가서야 정상화되었다.

작센–코부르크와 고타Saxe-Coburg and Gotha 가문 출신의 불가리아 군주 페르디난트 1세Фердинанд I〔царь Болгарии (1861~1948)〕는 1896년 러시아와 화해하기 위해 보리스 왕자(보리스 3세)Борис III (1894~1943)를 가톨릭에서 정교회로 개종시켰고 러시아 황제 니콜라이 2세는 보리스 왕자의 대부代父가 되었다. 가톨릭 군주로서 페르디난트 1세가 프랑스 등 가톨릭국가들과 오스트리아–합스부르크를 비롯한 가톨릭 왕조들의 비호감이나 로마 가톨릭교회의 반감을 감내한 결정이었다. 그 결과 페르디난트 1세는 교황 레오 13세Leone XIII (1810~1903)에 의해 파문당하였다.[281]

1908년 10월 오스만제국으로부터 독립을 선언한 페르디난트 1세는 1909년 2월 10일 처음으로 상트페테르부르크를 공식 방문하였다. 이듬해 2월에도 러시아를 방문하여 페르디난트 1세는 불가리아의 성 키릴과 메토디우스 기사단 훈장орден Святых Равноапостольных Кирилла и Мефодия을, 니콜라이 2세는 러시아의 성 알렉산드르 네프스크 대공 훈장орден Св. Благоверного Великого Князя Александра Невского을 교차 수여하였다.[282] 1912년 2월 29일 불가리아는 러시아의 외교적 지원에 힘입어 발칸의 경쟁국인 세르비아와 화해하고 동맹조약을 체결하였다. 러시아의 주선으로 불가리아와 세르비아는 그리스와 몬테네그로를 견인하여 발칸동맹League of the Balkans/Балкански съюз(1912~1913)을 수립하였다.

발칸동맹국들은 1912년 10월 오스만제국에 대항하여 제1차 발칸전쟁을 일으켰다. 동맹국들은 오스만제국의 잔존 유럽영토를 거의 모두 점령하였고 알바니아는 독립하였다. 제1차 전쟁의 승리로 획득한 영투의 분할에 불만을 품은 불가리아가 1913년 6월 동맹국인 그리스와 세르비아를 공격하면서 발발한 제2차 발칸전쟁으로 발칸동맹은 와해되었다. 두 차례의 발칸전쟁의 여파는 급기야 이듬해 제1차 세계대전(1914~1918)의 발발로 이어져 세계사에서 발칸 문제Balkan troubles, 즉 발칸은 '유럽의 화약고powder keg of Europe'로 각인되었다.

불가리아 위기의 초입 단계를 제외하면, 1875~1878년의 발칸 위기 이후 30여 년 동안 러시아는 동방문제에 지속적인 노력을 기울이지는 않았다. 러시아는 한동안 발칸 문제에서 철수하여, 오스만 정부의 해협 통제가 붕괴에 직면하지 않는 한 해협 문제를 러시아가 주도하는 것은 기대하기 어려웠다. 러시아의 전략적 관심은 1880년대에는 중앙아시아, 1890년대에는 동아시아로 분산되었다. 러시아가 유럽에 집중하여 전략적 복귀를 결정하는 계기는 1900년대 초 그레이트 게임의 종결과 러일전쟁의 파국으로 마련되었다.

이제 오스트리아-헝가리나 독일보다는 영국이 러시아의 제국 경영에서 최대 라이벌이 되었다. 유럽과 발칸에서 이미 확인된 영-러의 전략 경쟁rivalry은 콘스탄티노플을 넘어 페르시아의 테헤란과 아프간의 카불을 지나 베이징에 이르기까지 유라시아 전 대륙에 걸쳐 확대되어 양국 간에는 세계 전략에 있어서 최장의 대립 전선이 형성되었다. 그레이트 게임Great Game으로 상징되는 유라시아의 영-러 전략대결Anglo-

Russian Rivalry이 본격화된 것이다.[283]

베를린회의 이후 비스마르크는 균열한 삼제동맹을 대체할 대안을 모색하였다. 1879년에는 독일과 오스트리아-헝가리 간에 양국 동맹 Zweibund이 형성되었고, 1882년에는 이에 이탈리아를 끌어들여 삼국동맹 Dreibund이 체결되었다. 독일과 오스트리아-헝가리동맹의 출범 이전에 1870년대 유럽의 동맹 제휴패턴은 두 국가 간의 연쇄적인 경쟁·대립으로 결정되었다. 독일과 프랑스 사이에는 알사스-로렌 Alsace-Lorrain, 러시아와 오스트리아는 발칸 지역, 프랑스와 영국은 식민지 쟁탈 문제, 오스트리아와 이탈리아는 남티롤 South Tyrol 회복 문제, 그리고 러시아와 영국은 콘스탄티노플에서 베이징에 이르는 제국적 경쟁이라는 '그레이트 게임'을 통해 각각 대립하고 있었다. 비스마르크의 독일은 삼국동맹으로 삼제동맹의 대안을 마련하는 한편으로, 동맹 없이 견디기 어려웠던 러시아의 동의 아래 1881년 삼제동맹을 갱신하고 문서 형태로 보장하였다. 삼국동맹과 삼제동맹 레짐 regime의 형성으로 유럽에서 동맹이 과거에는 전쟁 시에 일시적으로 형성되던 것에서 이제 '상시적인 동맹체제'로 전환되어 유럽 국제질서에서 새로운 현상 status quo이 출현하였다.

삼국동맹과 삼제동맹 레짐은 전시가 아닌 평시에 형성된 유럽 최초의 '상시동맹체제'이자 공식 동맹들 formal alliances 간의 경합체제로서 20세기 초 삼국동맹과 '삼국협상 Triple Entente'이라는 경합적인 양대 동맹체제의 효시가 되었다. 유럽의 동맹체제는 두 차례의 세계대전을 거쳐 삼국동맹과 삼국협상의 양대 동맹체제에서 북대서양조약기구 NATO와 바르샤바조약기구 ОВД라는 냉전시대 대립적인 양 진영을 대표하는 양대 '집단동맹' 체제로 진화해 갔다.

정치학자 스나이더 Glenn H. Snyder에 따르면, 이러한 경쟁 패턴을 교직하고 갈등선을 교차하는 요인들은 이해관계interest, 이념ideology, 민족성ethnicity에 밀접히 관련되어 있었다. 동유럽의 군주국 러시아, 독일, 오스트리아-헝가리 간에는 전제주의라는, 서유럽의 영국과 프랑스는 의회민주주의라는 이념적 친화성이 존재하였다. 반면에, 영국은 오스트리아, 이탈리아와 지중해에서 전략적 이해를 공유하고 있었고 독일과는 갈등이 없었다. 종족적 측면에서 보면 독일과 오스트리아는 실질적으로 민족적 친화성을 지니고 있었고, 영국과 독일 간에는 이론상－고대 게르만 일파로서의 앵글로 색슨Anglo-Saxons 론의 관점－으로 그러하였다. 게다가 강력한 영국과 독일, 러시아, 그리고 상대적으로 열세인 오스트리아와 이탈리아 등 주요 국가들 간 힘의 불균형은 동맹형성의 중요한 요인이었다. 하나의 동맹은 대항동맹counter alliance을 야기하여 '동맹'과 '대항동맹'의 반복적인 패턴이 형성되었다. 동맹패턴은 동맹 세력의 강화보다는 힘의 불균형을 보정하는 것으로 짜였으며 힘과 이익 그리고 이슈의 우선순위 변화에 연동되었다.

　19세기 후반, 유럽과 식민지 문제 사이에서 유럽 열강의 동맹패턴은 관계 조건에 따라 변동하였다. 대체로 식민지 문제에서 지배적인 동맹구도는 통상적으로 영국 대 러시아·프랑스였고, 유럽대륙에서는 독일·오스트리아 대 러시아·프랑스였다. 영국은 1900년대 초까지는 독일을 지원했던 반면에 러시아-프랑스와 식민지 문제를 정리한 이후에는 러시아와 프랑스로 제휴를 변경하였다. 1892년 러시아외 프랑스가 사실상 동맹관계에 들어간 이래로, 1904년 4월 8일 영국과 프랑스는 '앙탕트 코르디알Entente Cordiale'이라는 우호(화해) 협약Cordial Agreement을 체결하였다. 마침내 1907년 8월 31일 영국과 러시아가 '협약 Anglo-Russian Convention'을 맺음으로써 영국, 프랑스, 러시아 간에는 '삼국협상 Triple Entente'이라는 동맹체제가 형성되었다.[284]

1870년대 이후 유럽 동맹패턴의 변화와 러시아의 동맹패턴 변화는 밀접하게 연동되었다. 러시아의 동맹 교체 시도가 유럽의 동맹패턴을 바꾸는 등, 러시아는 유럽의 동맹패턴 변화에 결정적 행위자로 기능하였다. 독·오동맹 체결을 계기로 러시아는 고립을 피하고 유럽의 균형을 위해 동맹정치에 복귀하여 유럽과 발칸에서 현상을 유지하면서 아시아 지역에서 본격적인 제국정책을 추진하는 메커니즘으로 동맹정치를 활용하였다.

베를린회의 이후 러일전쟁(1905)까지 러시아의 동맹정치는 대략 두 시기로 나뉜다. 첫 번째 시기는 1881년 삼제동맹 체결부터 1890년 독일과의 '재보장조약' 폐기까지 10여 년의 시기, 두 번째 시기는 1891년 프랑스와 사실상의 동맹형성부터 러시아가 러일전쟁에 실패하고 유럽의 동방문제로 다시 복귀하기까지 약 15년의 시기이다. 주로 첫 번째 시기에 주목하여 유럽에서 러시아의 동맹정치와 유럽 동맹패턴의 변화를 분석하여 베를린회의 이후 러시아의 유럽정치를 간략히 정리하면서 이 장을 마치도록 할 것이다.

독·러 재보장조약[1887]과 러시아–프랑스 동맹[1894]

베를린회의의 후속 조치 과정에서 발생한 1879년 독·오동맹이 삼제동맹의 체결로 귀결되는 과정은 이미 위에서 언급한 바와 같다. 1880년대 유럽 동맹체제의 특징은 비스마르크의 독일을 중심으로 복수의 동맹들이 상호 경합하거나 보완하는 '교차cross-cutting동맹'의 성격을 띠고 있었다. 이 교차 동맹체제를 주도한 것은 비스마르크였고 러시아는 불안정하게 이에 결합되어 있었는데, 주로 독일을 매개로 한 삼제동맹과 '재보장조약(1887)'에 전적으로 의존하였다.

러시아는 이미 유럽을 넘어 아시아로 제국정책의 중심을 이동시키고 있었으므로 유럽에서의 관심사는 고립 회피와 '균형'에 있었다. 러시아를 견제하는 동맹들로는 독일, 오스트리아-헝가리, 이탈리아 간의 삼국동맹과 삼국동맹에 영국이 참여한 형태인 '지중해 협정(1887)'이 있었다. 비스마르크의 독일을 매개로 하거나 축으로 하여 영국, 오스트리아-헝가리, 이탈리아가 러시아를 견제하는 형국이었다. 1880년대는 이러한 동맹패턴이 형성되어 관리되는 시기였으며, 1890년대 들어와 동맹패턴의 변동이 초래되었다.

1880년대 동맹체제의 관리에 있어서 1884년이 기한인 삼제동맹 Dreikaiserabkommen/Союз трёх императоров과 1887년이 기한인 삼국동맹의 갱신 문제가 주요 일정에 들어 있었다. 삼제동맹의 구성국인 러시아로서는 동맹국인 독일과 오스트리아-헝가리가 주도하는 삼국동맹으로부터 지원이나 호의적 중립을 받는 것이 논리적으로 타당했을 것이다. 그러나 독일과 이탈리아는 주로 프랑스를 그리고 오스트리아는 러시아를 견제할 목적으로 삼국동맹을 결성하였으므로 러시아는 삼국동맹과 실질적으로는 대립 관계에 있었다.

영국-프랑스 협정(1881)에 따라 프랑스가 튀니지를 점령하자, 인접한 알제리에 식민지 관심이 있던 이탈리아가 위협을 느끼고 프랑스를 경계하던 독일에 접근하였다. 삼제동맹을 대신하여 러시아를 견제하는 동맹체제—영국 또는 이탈리아를 가입시키는 대안 레짐—를 선호하던 오스트리아-헝가리는 이탈리아를 끌어들여 대對러시아 방어동맹을 수립하길 원하였다. 삼국동맹 체결로 인해 러시아는 역설적으로 자신의 동맹국들(삼제동맹)에 의해 견제당하는 형국에 처하게 되었다.

1880년대 초반, 비스마르크는 프랑스 페리 Jules Ferry (1832~1893) 정부의 관심을 유럽 밖으로 돌리기 위해 프랑스의 식민지 팽창을 격려하였다. 강한 식민주의적 지향을 지닌 페리 정부를 향한 비스마르크의 지지는 독일에 대한 프랑스의 복수심을 무마하고, 식민지에서 영국과 이탈리아에 대항한 프랑스의 갈등을 유도하기 위한 것이었다. 비스마르크의 의도는 궁극적으로 프랑스가 러시아와 동맹을 체결하는 것을 예방하려는 것이었다.

그러나 프랑스와 짧았던 화해의 시기는 1885년 페리 정부가 몰락하고 1886년 러시아-프랑스동맹의 옹호론자이자 강경 민족주의자인 불랑제Georges Ernest Boulanger(1837~1891)가 국방장관에 임명되면서 종결되었다. 불랑제가 군사개혁을 단행하여 프랑스를 군사대국으로 복귀시키는 계획을 시도함으로써 프랑스와 독일은 군비경쟁에 돌입하였고 러시아 또한 군비 증강을 지속하였다. 이러는 과정에서 1884년 삼제동맹이 갱신되었고, 1885년 6월 영국에서는 러시아에 우호적인 자유당의 글래드스톤 내각이 솔즈베리 내각으로 교체됨으로써 유럽 차원의 동맹패턴에 변화 요인이 발생하였다.

동루멜리아 봉기로 시작된 불가리아 위기(1885~1887)'는 이러한 동맹패턴 변화에 촉매제로 작용하였다. 오스트리아-헝가리가 영국과 함께 불가리아를 지원하게 되자 불가리아에 영향력을 행사하던 러시아는 이를 삼제동맹 위반으로 판단하였다. 1877년의 튀르크전쟁과 산스테파노 조약에서 가장 중요하게 다루어졌듯이, 콘스탄티노플과 해협 문제를 통제하는 데 있어서 가장 중요한 흑해 연안의 발칸 국가인 불가리아에서 영향력을 상실하게 된 러시아는 오스트리아를 비난하게 되었고, 독일 또한 비난의 범주에서 벗어나진 못하였다. 이에 따라 러시아에서는 반反독일, 반오스트리아 정서가 비등해졌고 러시아는 오스트리아와 (삼제)동맹을 갱신하지 않겠다는 의사를 명확히 하였다.

당시 비스마르크의 동맹구상(삼제동맹)은 동방문제에 대한 러시아의 이해관계를 지지하는 동시에 러시아와 오스트리아가 동방문제로 전쟁에 돌입할 경우에 오스트리아를 지원한다는 명백히 모순적인 구조에 의지하고 있었다. 이러한 삼제동맹의 구조적 딜레마를 해소하기 위하여 비스마르크는 영국에 주목하였다. 영국은 동방문제에 대하여 오스트리아-헝가리와 이해관계를 공유하고 있었고, 지중해에 있어서는 이탈리아와 함께할 준비가 되어 있었다.

1887년 2월 12일 비스마르크의 주선으로 영국, 이탈리아, 오스트리아-헝가리, 스페인 등 4국은 '지중해 협약Mediterranean Agreement'을 체결하여 지중해에서 현상status quo이 변경될 경우에 반드시 사전에 상호 합의해야 한다는 데 동의하였다. 이탈리아는 이집트에서 영국을 지원하고, 영국은 북아프리카에서 이탈리아를 지원하기로 하였다. 1887년 7월 불가리아 의회가 친오스트리아 계열의 페르디난트Фердинанд I (1861~1948)를 불가리아 군주로 임명하여 러시아가 이에 반발하자, 같은 해 12월 영국, 오스트리아, 이탈리아는 제2차 지중해 협약을 체결하여 발칸에서 불가리아와 튀르크에 대한 러시아의 공세적 행동을 방지하고 오스트리아를 위한 지원을 구체화하였다. 이로써 독일은 지중해협정 체결을 중재하여 발칸에서 러시아에 대항하여 오스트리아를 지원해야 하는 딜레마와 북아프리카에서 프랑스에 대항하여 이탈리아를 지원해야 하는 부담을 해결할 수 있었다.

이러한 지중해 합의는 삼국동맹 참여국들의 협상력을 보완하는 효과를 가져왔다. 오스트리아와 이탈리아는 영국의 지원을 확보함으로써 독일에 덜 의존하게 되었고, 독일 또한 오스트리아에 대한 의무를 줄이게 되었다. 비스마르크는 영국과 러시아 간에 적당한 긴장을 조장함으로써 이들이 독일에 더욱 의존하도록 하여, 결과적으로 동맹국들에 대한 독일의 협상력을 제고하였다. 1887년 2월 20일 삼국동맹이 갱신되었다.[285]

삼국동맹과 지중해협정 체제가 바쁘게 작동하고 있을 때, 삼제동맹 또한 갱신을 목전에 두고 있었다. 그러나 삼국동맹과는 달리 삼제동맹은 원형대로 갱신되기가 쉽지 않았는데, '불가리아 위기'로 인해 오스트리아-헝가리와 러시아 관계가 악화되었기 때문이었다. 알렉산드르 3세가 오스트리아를 조약 갱신에서 배제할 것을 주장함으로써 비스마르크와 슈발로프 백작이 양자동맹이라는 대안을 마련하여 삼제동맹의 기한이 끝나는 1887년 6월 18일 양국 간에 '재보장조약 Rückversicherungsvertrag/Договор перестраховки'이 체결되었다.

비밀중립조약인 재보장조약Reinsurance Treaty은 오스트리아-이탈리아와 동맹을 체결하여 프랑스와의 전쟁에 대비하여 보호조치를 마련한 독일이 러시아와 조약을 체결하여 자국을 '재보호'하기 위한 것이기도 하였다. 조약의 핵심은 '중립 조항'이었다. 조약 당사국이 제3국으로부터 공격당할 경우에 제3국에 유리할 수 있는 어떠한 행동도 취하지 않고 중립을 유지한다는 것이다.

그러나 이 중립의 범위에는 독일이 프랑스를 공격할 경우와 러시아가 오스트리아를 공격할 경우는 포함되지 않았는데, 이것은 독일과 오스트리아, 러시아와 프랑스 간의 특수한 관계를 반영한 것이었다. 조약에 첨부된 특별의정서에는 다르다넬스와 보스포루스 해협에 대한 러시아의 이해관계가 반영되었다. 해협 문제에서 독일은 흑해의 입구를 방어하기 위한 러시아의 해협 통제권을 사실상 인정하여 이에 대한 외교적 지원을 제공하기로 합의하였다.[286]

재보장조약에 따라 양국은 '발칸의 영토적 현상유지'를 변경해서는 안 된다는 것을 확인하였다. 비스마르크가 '이중의 보호'를 추구한 재보장조약은 몇 가지 측면에서 재보장조약은 러시아에도 유리하게 작용하였다. '과거의 관례'대로 러시아가 불가리아 정부를 재구성하는

것을 지원하고, 1886년 폐위된 친오스트리아계 바텐베르크 공Алексан
дър I Батенберг(1857~1893)이 불가리아 군주로 복위하는 것에 동의하지
않는다는 것을 약속함으로써 독일은 불가리아에 대한 러시아의 '우월
하고 결정적인 영향력'을 인정하였다.

비스마르크는 오스트리아가 침략 전쟁을 시도한다면 지원하지 않
을 것이며, 독일 또한 프랑스에 대해 어떠한 침략도 감행하지 않겠다
는 견해를 피력하였다. 발칸에서 러시아의 영향력을 독일이 일정하게
지지함을 확인한 것 외에도, 러시아는 영국, 오스트리아 등과 전쟁을
치를 경우—오스트리아가 개전했을 경우—에 독일의 중립을 획득하는 성
과를 거두었다.[287] 알렉산드르 3세가 재보장조약을 외교적 승리로 여
길 만큼 러시아는 재보장조약의 수혜자였다. 러시아의 희망에 따라 이
조약은 엄격한 비밀에 부쳐졌고, 비스마르크는 단지 오스트리아에만
통보해 주었을 뿐이었다.[288]

독일 또한 일정한 성과를 거둔 것은 사실이다. 독일이 프랑스와 전
쟁을 치를 경우—프랑스가 개전한 경우—에도 러시아에 동일한 중립의
무가 적용되었다. 또한 재보장조약이 러시아와 프랑스의 동맹을 명백
하게 금하고 있지는 않으나, 재보장조약으로 인해 러시아가 프랑스와
의 동맹 옵션을 자제하는 정치적 판단을 내릴 것이라고 비스마르크는
기대하였다. 이렇듯 러·프동맹의 가능성이 축소된다면 오스트리아에
대한 독일의 의존 또한 현격히 줄어들 것이었다. 프로이센의 유력 가
문 출신이자 비스마르크의 측근이던 델브뤽Rudolf von Delbrück(1817~1903)
의 재보장조약에 대한 논평에 따르면, 오스트리아가 러시아에 먼저 전
쟁을 개시하면 조약에 따라 독일이 오스트리아를 지원해 줄 수 없고
중립을 지켜야 하므로, 홀로 러시아를 상대할 역량이 없는 오스트리아
는 러시아가 불가리아에서 자신들의 프로그램을 강행하는 것을 수수

방관할 수밖에 없었다. 이러한 관점에서 재보장조약의 최대 희생자는 오스트리아였다.

그러나 독일이 '전쟁을 자극한 국가도 침략국'이라고 조약을 해석한 다면 러시아가 불가리아 등에서 오스트리아를 자극하는 행동을 하지는 못할 것으로 예상되었다. 결과적으로 불가리아는 독립을 유지하였고 러시아의 승인 없이 자신들의 군주를 선택하였다. 앞서 설명한 바와 같이, 델브뤽의 예상과는 달리 러시아와 전략적 제휴를 선택한 것은 불가리아였다. 페르디난트 1세의 불가리아는 이러한 외교적 성과들을 토대로 하여 오스만제국으로부터 독립을 선언하였다.[289]

재보장조약에도 불구하고 1887~1888년 동안 '불가리아 위기 Bulgarian Crisis(1885~1888)'가 심화하여 러시아와 독일 관계는 악화되었다. 비스마르크는 슈발로프 대사와의 면담에서는 불가리아에 대한 알렉산드르 3세의 조치에 경탄하면서도 실질적으로는 러시아의 불가리아 정책에 부정적이었다. 불가리아에서 일어난 일련의 사건—동루멜리아의 병합(1886), 세르비아와의 전쟁(1886), 반反러시아 친親독일 성향의 스탐블로프 Стефан Стамболов의 섭정(1886~1887), 페르디난트 1세의 즉위(1887) 등—은 러시아의 반감을 심화시켰는데, 독일은 이와 관련하여 러시아와 다른 입장을 취하였다.

첨언하면, 반러시아 성향의 스탐블로프(1854~1895)는 페르디난트 1세의 즉위 직후인 1887년 9월 총리에 임명되어 1894년까지 정부의 수반으로서 실질적으로 불가리아 정국을 이끌었다. 그는 권위주의적 성향으로 비판을 받았으나 러시아의 영향력을 견제하여 불가리아의 독립적인 국가 지위를 유지하는 데 기여하였다는 평가를 받기도 하였다.

삼제동맹이 만료되기도 전에 이미 러시아의 여론은 삼제동맹에 부정적으로 일변하였다. 예를 들어, 러시아의 유력 신문인 『모스콥스

키에 베도모스티*Московские ведомости*』는 오스트리아-헝가리의 정책
이 러시아에 적대적이므로 삼제동맹에 구속되지 말고 프랑스와 제휴
할 것을 주장하는 등, 러시아 언론은 독일에 대한 공격을 주장하였다.
이러한 분위기를 반영하여 러시아 군대가 폴란드에 집결하기까지 하
였다.

삼제동맹을 신뢰하던 친親독 성향의 외무장관 기르스Николай Карл
ович Гирс조치도 1887년 2월 삼국동맹이 갱신되었을 때 독일-오스트
리아의 동맹이 러시아에 적대적임을 인정하고 프랑스와의 전략적 화
해의 필요성에 공감하였다. 결과적으로 '불가리아 위기'는 러시아와
독일의 동맹관계를 악화시켜 러시아와 프랑스의 전략적 제휴(동맹)를
촉진시키는 하나의 계기가 되었다.[290]

빌헴름 2세의 즉위로 독일과 러시아 관계는 더욱 경색되었다. 러시
아를 진정시키려는 비스마르크의 시도는 새로 즉위한 젊은 빌헬름 2
세에게 반러시아 정서를 고취하려는 호전적인 군부 인사들에 의해 좌
절되었다. 러시아와 독일의 무역과 경제 협력관계는 현저하게 악화하
였다. 예를 들어, 폴란드에 거주하는 독일인 지주에 대해 러시아 정부
가 차별 정책을 집행하자 독일 제국은행은 융자 대부용 러시아의 담보
물을 거부하였다.

독일은 프랑스에서의 사태 발전에 더욱 우려하고 있었다. 1889년 1
월 독일에 대한 군사적 보복을 주장하는 불랑제주의자들Boulangist의
쿠데타와 내전이 임박한 것으로 보였다. 후일 프랑스 총리로서 제1차
세계대전을 종결하는 베르사유 강화조약Treaty of Versailles (1919)을 주도
한 조르주 클레망소Georges Benjamin Clemenceau (1841~1929)의 후견과 급진
주의자들의 지지를 기반으로 정치에 입문한 전쟁장관 조르주 블랑제
자신도 '복수 장군Général Revanche'으로 별칭되었다. 쿠데타 소문이 한

동안 파리에 유포된 가운데 1889년 4월 1일 반역 행위로 기소가 결정된 블랑제는 파리를 떠나 브뤼셀을 거쳐 런던으로 망명하였다. 블랑제는 고등법원에서 반역죄로 궐석재판을 받았고, 1889년 8월 14일 추방 선고를 받았다.[291]

나폴레옹을 추종하는 보나파르트주의자들과 합세하여 쿠데타를 기획하던 블랑제주의자들은 1889년 7월에 치러진 총선에서 참패한 데 이어 1890년 선거에서도 대중들의 지지를 얻는 데 실패하였다. 극좌와 극우 급진주의가 혼재되었던 블랑제주의 운동은 블랑제의 정치적 실패 후로도 얼마간 명맥을 유지하였다. 블랑제주의는 대중 선동과 군사주의적 성향으로 인해 쟈크 샤스테네Jacques Chastenet, 장-마리 메리외르Jean-Marie Mayeur, 마들렌 레베리우Madeleine Reberioux 등 일부 역사학자들 사이에서 파시즘의 원형, 즉 '원형 파시즘protofascism'으로, 또는 모리스 바레스Maurice Barres, 찰스 스튜어트 도티Charles Stewart Doty 등에 따르면 '파시즘의 서문preface to Fascism'으로 규정되었다.[292]

1891년 블랑제의 사망으로 블랑제주의 운동은 소멸하였으나 프랑스에서 그 잔영은 잔존하여 독일에 대한 경계심은 여전하였다. 1889년 블랑제주의가 프랑스에서 정점으로 향하는 동안 러시아와 프랑스의 군사협력이 움트고 있었고 프랑스 금융시장이 러시아 국공채로 넘쳐난다는 소문은 잦아들지 않았다. 이에 비스마르크는 영국의 솔즈베리에게 프랑스에 대항하는 방어동맹을 제안하였으나 시기가 적절치 않다는 완곡한 거절만을 확인했을 뿐이다. 결과적으로 독일은 1889년 동안 오스트리아에 대한 지원강화 외엔 별다른 선택이 없었다. 8월에 오스트리아-헝가리의 프란츠 황제가 빌헬름 2세와 회동하였을 때, 독일의 카이저는 "오스트리아가 어떠한 이유로든 군대를 동원한다면 독일도 함께 동원할 것"을 확약하였다.[293] 마침내 독일이 러시아와 재보장조약을 갱신하지 않기로 결정함에 따라 독일은 오스트리아에 대한 동맹 의존도가 증대되었다. 재보장조약의 갱신을 비롯한 대對러시아 정책 등에서 빌헬름 2세와 정책 갈등이 현저해지자 비스마르크가 사임하게 된 것이다.

신임 재상인 카프리비Leo von Caprivi(1831~1899)가 외교를 주도하였다. 카프리비는 재보장조약이 독·오동맹과 양립할 수 없고 러시아에 한층 더 유리한 조약이며, 조약이 갱신되면 러시아가 이를 공개하여 영국과 오스트리아를 소원하게 만들 것이라고 판단하였다. 또한 "독일이 러시아에 대항해 명확한 대립 입장을 취한다면 영국이 오스트리아를 위한 공식적인 보장을 제공하고 궁극적으로는 삼국동맹에 참여할 것"이라는 희망을 피력하기도 하였다. 무엇보다도 독일의 새로운 지도부는 독일의 동맹체계를 단순화하기를 원하였다. 영국이 동맹으로서 러시아를 대체하는 것을 비롯하여 빌헬름 1세는 대외정책의 근본적인 전환을 시도하였다. 비스마르크의 반발에도 불구하고, 이러한 맥락에서 재보장조약은 1890년 6월 18일 종료되었다.

이는 결과적으로 독일의 대실수였다. 재보장조약이 러시아와 프랑스의 동맹을 금지한 것은 아니지만 '조약'이 유효함으로써 러시아는 독일에 대항하는 동맹을 체결하는 것에 어떠한 유인 동기도 없었기 때문이다. 조약을 갱신하지 않은 행위는 그 자체만으로도 다소 적대적인 행위로 간주할 수 있었다. 당시 독일이 러시아를 견제하던 영국에 적극적으로 접근함에 따라 이러한 행위가 증명되는 듯하였다. 독일의 외교적 전환은 '신新경로Neuer Kurs'정책의 출범을 유럽에 알렸다.

독일의 '신경로정책'은 영국과 긴밀한 전략 관계를 유지하고 러시아에 대항하여 오스트리아에 지속적인 지원을 제공하는 것을 목표로 하였다. 독일의 재상 클로드비히 호헨로헤 공Chlodwig, Prince of Hohenlohe-

Schillingsfürst(1819~1901)은 "설사 독일이 반대하던 일을 강행했더라도 오스트리아가 치명적인 위험에 처한다면 신속히 지원해야 한다"고 제국 의회에서 역설하였다. 이러한 '신 경로'는 러시아와 오스트리아 사이에서 균형과 불편 부당성을 유지하고 영국에 대해 냉철한 정책을 고수한 비스마르크의 외교 원칙을 전면 수정하는 정책 전환이었다. 이것은 동맹국들을 향한 독일의 의존을 증대시켰고 러시아와의 연줄을 절단하는 결과를 초래하였다.

1891년 7월 발틱해 연안의 러시아 해군 요새 크론슈타트Кронштадт(상트페테르부르크)로 프랑스 함대가 방문한 극적인 사건은 독일로 하여금 러시아와 프랑스의 동맹이 임박했음을 알리는 위험신호로 여겨지기에 충분하였다. 독일은 러시아에 다시 접근하여 러·프 동맹 수립을 저지하려 하였다. 독·러 관계가 개선됨에 따라 신 경로 정책의 핵심인 영·독 관계는 약화되었다. 러시아 또한 독일과 무역 관계를 개선하고 자본시장에 진입하기를 갈망하였으므로 독일을 향한 우호적인 태도를 견지하려 하였다.

독일은 이제 신 경로 정책에서 모든 옵션을 열어 두는 '자유행동the free hands' 정책으로 이동하였다. 독일은 식민지 문제에서 러시아와 프랑스를 영국에 대항하게 함으로써 어부지리를 얻으려 하였다. 불가리아와 콘스탄티노플 문제에서도 독일은 러시아를 지지하는 정책으로 복귀하여 오스트리아를 자제토록 하였다. 이제 오스트리아-헝가리의 외무장관 칼노키Gustav S. Kálnoky(1832~1898)는 "러시아가 콘스탄티노플로 진격한다면 영국과 독일이 어떤 조치를 취할 것인가?" 하는 동방문제에 대해 근본적인 판단을 해야만 했다.

1893년 9월 헝가리의 쾨섹Kőszeg/Güns을 방문했을 때 이 문제를 접한 빌헬름 2세는 "그것(러시아의 콘스탄티노플 점령)이 개전의 이유Casus belli가 되지는 못한다"라고 단언하여 오스트리아를 좌절하게 하였다. 독일의 카이저가 보기에, 만일 그런 사태가 발생한다면 오스트리아에 테살로니카Thessaloniki로 보상하면 그만이었다. 역사학자 랑거(랭거) William L. Langer는 이러한 카이저의 태도를 '비스마르크정책(친러시아정책)'으로의 복귀, 다시 말하면 러시아와 오스트리아 간에 '근동近東의 전리품'을 분할한다는 과거의 아이디어를 제시한 것으로 해석하였다.[294]

1893년 10월 13일 아벨란 제독Фёдор Карлович Авелан(1838~1916)이 지휘하는 다섯 척의 러시아 함대가 프랑스의 툴롱Toulon에 기항하여 러시아 사절단이 파리, 리옹, 마르세이유 등지를 방문하였을 때, 프랑스인들은 이들을 열렬히 환영하였다. 이제 러시아와 프랑스의 동맹은 기정사실화되었다. 러시아 함대가 지중해에 상주할 것이란 소식이 전해지자, 삼국동맹과 지중해 협상Mediterranean entente 체제에는 위기가 촉발되었다.

오스트리아는 영국이 프랑스-러시아 연합 함대에 압도된 나머지 지중해를 포기할 것으로 우려하였다. 그럴 경우, 더 이상 영국 해군의 보호를 필요로 하지 않는 이탈리아가 프랑스에 의탁할 가능성이 있었다. 이에 따라 독일과 오스트리아-헝가리는 삼국동맹 등 동맹체제에 더욱 의존하게 될 것이므로 동맹 참여국들은 '동맹의 포기abandonment'의 위험에 처하는 동맹의 딜레마에 더욱 노출될 수 있었다. 공교롭게도 이에 대한 독일의 대응은 동맹국인 오스트리아가 아니라 경쟁자이자 '적국'인 러시아에 더욱 근접하는 것이었다.

러시아와 독일의 관세협정은 순조롭게 진행되어 1894년 1월경에 조약이 체결되었다. 1893~1894년 겨울 동안 러시아와 독일은 비스마르크 사임 이후 어느 때보다도 친근한 관계를 유지하였고 이에 연동하여 프랑스와 독일과의 관계 또한 개선되었다. 러시아와 프랑스의 동맹을 방지하기 위한 독일의 시도들은 결국 수포로 돌아갔다.

툴롱을 방문한 러시아 함대와 사절단에 대한 프랑스 국민의 열렬한 환영에 고무된 알렉산드르 3세는 프랑스와의 군사협정을 맺기로 결정하였다. 1893년 12월 16일 짜르는 상트페테르부르크 주재 프랑스 대사에게 이러한 의향을 전달하였고, 같은 달 30일 프랑스 대사는 러시아 외무장관 기르스의 동맹조약에 관한 서한(27일자)을 본국에 전달하였다. 1894년 1월 4일 러시아와 프랑스 간에 마침내 군사동맹이 비준되었다.[295] 역사가 W. L. 랑거는 러시아와 프랑스의 동맹이 유럽정치와 식민지 문제에 구조적인 지각변동을 초래하였다고 평가하였다. 러·프동맹은 19세기 중후반 국제정치를 주도한 비스마르크 체제를 대체하였고 유럽에서 독일의 제국 헤게모니를 종식시켰다. 이로 인해 영국 대외정책의 근본적인 수정, 즉 '영광의 고립splendid isolation' 정책의 수정이 불가피하게 되었다.

'유럽의 세력 재정렬', 다시 말하면 '두 그룹의 강대국들'로 유럽이 분리되고 세력균형이 재편됨으로써 유럽정치는 당분간 안정적인 교착상태를 유지하게 되었다. 러시아는 독일과 동맹국들을 겨냥한 어떠한 공세적인 정책도 지지하지 않을 방침이었다. 영국을 향해 칼끝을 겨누게 된 러시아와 프랑스는 지중해와 아시아, 나아가 세계적 차원에서 영국을 차단하는 공동의 이해관계를 확인하였다. 러·프동맹 이후로 전략적 옵션이 현저히 축소된 영국은 삼국동맹과 자신을 동일시하는 정책을 포기할 수밖에 없었고, 삼국동맹에 대한 지원을 더 이상 추진할 수 없었다.[296]

1893년 7월 13일 프랑스 전함 두 척이 방콕을 봉쇄하고 메콩강 좌안(베트남과 라오스)을 요구하는 최후통첩을 요구하면서 발생한 '샴Siam

위기'에서 영국이 보인 우유부단함에 실망한 독일은 더욱 러시아에 집
착하게 되었다. 만약 '샴 위기'에서 영국이 삼국동맹에 의지하였다면
독일의 태도는 달라졌을 것이고 '4국동맹'이 형성되었을지도 모른다.
당시 영국은 인도의 동쪽으로는 샴(태국)을 완충국가로 하여 인도차이
나에서 프랑스의 영향력을 중화시키려 했고, 인도의 북쪽으로는 아프
가니스탄을 완충지대로 하여 러시아와 세력권을 분리하려 하였다. 그
러니 인도치이나반도에서 프링스의 공세가 두드러짐에 따라 영국이
체감하는 전략적 압박감은 적지 않았다. 영국을 외교적 고립정책('영광
의 고립')에서 최종적으로 끌어낸 동아프리카 남수단의 '파쇼다Fashoda
위기(1898)' 이전에 이미 샴에서 영국은 프랑스와 식민지 문제로 충돌
을 겪게 되었다. 식민지에서 프랑스가 공세 정책을 시도한 배경에는
러시아와의 동맹이 자리하고 있었다.

　1890~1894년에 수립된 러시아와 프랑스 간 앙탕트와 동맹은 '새로
운 세계정치로의 이행'을 촉진하였다.[297] 이로써 크림전쟁 패배로 인해
유럽정치로부터 철수한 러시아가 다시 유럽에서 자국의 정치적 위상
과 세력균형을 완전히 복원했을 뿐 아니라 중앙아시아와 동아시아 정
치로 외교의 지평을 확장하였다. 유럽정치는 일면 소강상태에 들어갔
고, 바야흐로 본격화된 '제국(주의)의 시대'에 러시아는 아시아로 눈을
돌리게 되었다. 19세기 후반 유라시아 외교의 시대는 이렇게 도래하
고 있었다.

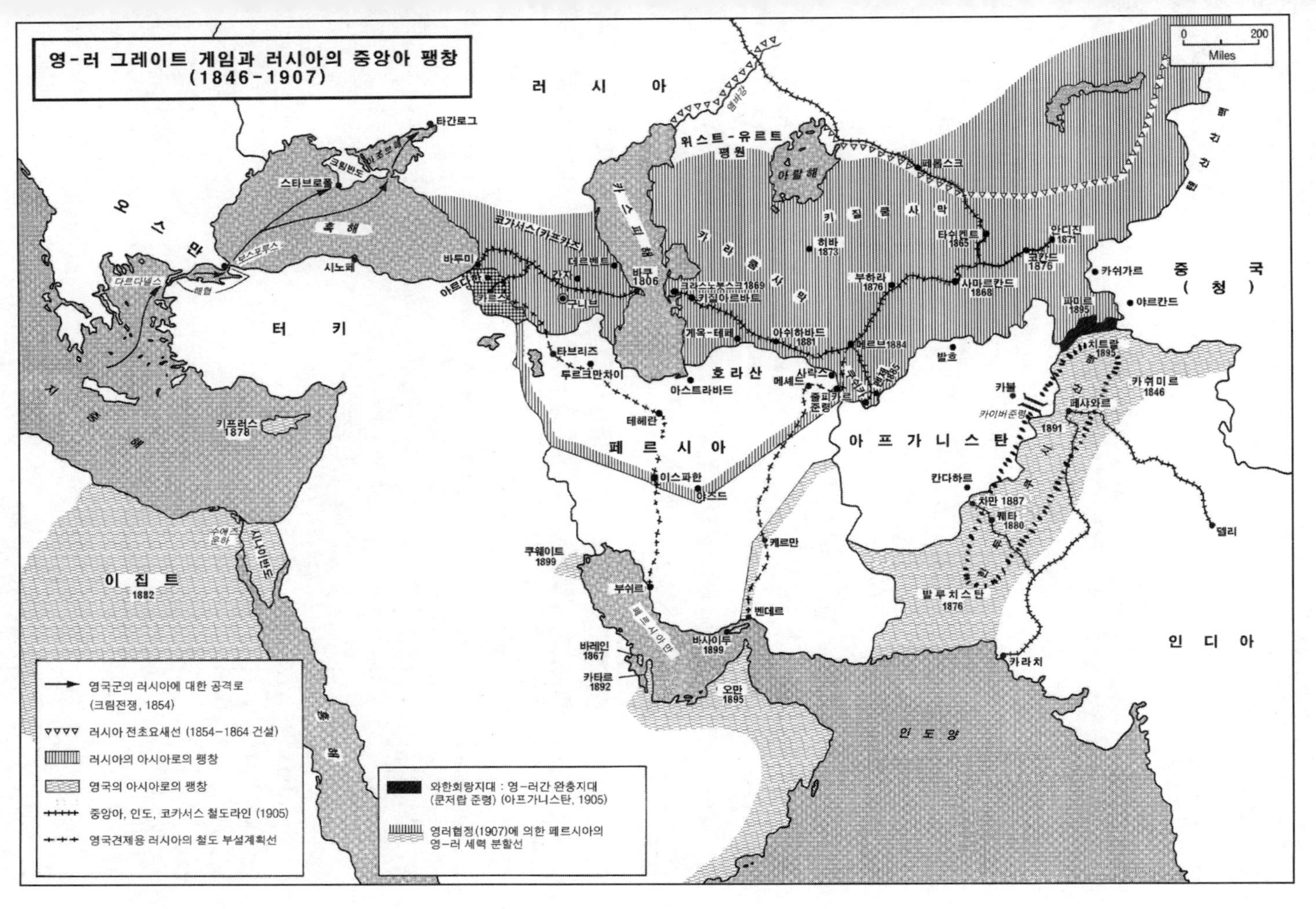

영-러 그레이트 게임과 러시아의 중앙아 팽창 (1846-1907)
러 시 아
오 스 만
터 키
이 집 트 1882
페 르 시 아
아 프 가 니 스 탄
인 디 아
중 국 (청)
타간로그
크림반도
스타브로폴
흑 해
보스포루스
다르다넬스
시노페
바투미
아르다한
카르스
구니브
가자
데르벤트
바쿠 1806
코가서스(카프카즈)
위스트-유르트 평원
아랄 해
페롭스크
키질쿰 사막
히바 1873
타쉬켄트 1865
안디잔 1871
코칸드 1876
카쉬가르
야르칸드
부하라 1876
사마르칸트 1868
크라스노봇스크 1869
키질아르바트
게옥-테페
아쉬하바드 1881
메르브 1884
발흐
파미르 1895
치트랄 1895
카쉬미르 1846
타브리즈
두르크만차이
아스트라바드
호라산
메셰드
사락스
쿨피카르
준령
카이버준령
1891
폐사와르
카불
테헤란
이스파한
야즈드
케르만
칸다하르
차만 1887
퀘타 1880
발 루 치 스 탄 1876
델리
카라치
쿠웨이트 1899
부쉬르
바레인 1867
카타르 1892
오만 1895
벤데르
바사이두 1899
수에즈 운하
시나이반도
인 도 양
0 200 Miles
영국군의 러시아에 대한 공격로 (크림전쟁, 1854)
러시아 전초요새선 (1854-1864 건설)
러시아의 아시아로의 팽창
영국의 아시아로의 팽창
중앙아, 인도, 코카서스 철도라인 (1905)
영국견제용 러시아의 철도 부설계획선
완한회랑지대 : 영-러간 완충지대 (쿤저랍 준령) (아프가니스탄, 1905)
영러협정(1907)에 의한 페르시아의 영-러 세력 분할선

VIII
중앙아시아의 그레이트 게임

‘세기의 경쟁 Anglo-Russian Rivalry’

1. 그레이트 게임의 기원: 인도로 가는 길

인도 원정의 기획들: 페르시아 경로와 투르케스탄 경로

유럽의 국제정세 변화는 러시아로 하여금 중앙아시아에서 지정학적인 대안을 모색하도록 추동하였다. 크림전쟁의 패배와 1856년 파리강화조약으로 흑해와 발칸에서 기존의 세력권을 상실한 러시아는 유럽에서 당분간 철수하여 아시아로 관심을 전환하였다. 특히, 1860년대~1880년대 러시아의 중앙아시아 진출은 두드러졌다. 영국의 인도정책과 관련하여, 당시 인도로 가는 무역로를 찾아 중앙아시아로 진출하던 러시아와 아프가니스탄에서 서로 충돌할 가능성을 영국의 인도총독부가 제기하면서 ‘러·영 간의 세기의 대결 Anglo-Russian Rivalry’이 연출되었다.

영-러 간에 벌어진 ‘세기의 전략경쟁’은 19세기 초 유럽과 근동에서 형성된 국제질서의 구조적 재편과 밀접히 관련되어 있었다. 1814

년 나폴레옹의 패배로 유럽에서 수립된 비엔나체제는 유럽의 압도적인 두 강대국, 즉 영국과 러시아의 등장을 목격하였다. 유럽의 지배적인 두 강대국은 유럽질서의 근본적인 재편을 주도했을 뿐 아니라 근동과 서아시아에서 세력권sphere of influence 확장에 몰두하기 시작하였다.

1813년 10월 24일 페르시아와의 전쟁 Russo-Persian War(1804~1813) 결과로 체결한 굴리스탄 조약Treaty of Gulistan으로 러시아는 그루지아(조지아)Georgia와 아제르바이잔Azerbaijan 등 트란스 카프키스 지역으로 진출하는 동시에, 카스피해를 세력권으로 편입하여 중앙아시아 진출의 전략적 교두보를 마련하였다. 영국은 근동과 서아시아의 주변부를 따라 횡으로 형성된 식민기지의 그물망을 확대함과 동시에 인도 서북부의 콜카타Kolkata로부터 인도 중심부로 전진(동진東進전략)하기 시작하였다. 러시아가 중앙아시아로 남진하면 아프가니스탄을 위협할 것이고, 아프간이 러시아에 점령되면 인도가 위험해진다는 가정에 입각한 영국의 북진정책은 급기야 아프간을 침공하는 제1차 '영국-아프간전쟁 Anglo-Afgan War(1838~1840)'으로 현실화되었다. 영국의 아프간전쟁은, 아직 실현되지도 않았고 미래에 발생할지도 불분명한 러시아의 인도 진격 가능성에 대한 과도한 반응이었다.

러시아의 중앙아시아 진공은 크림전쟁 이후인 1860년대 중반에 본격화되었다. 19세기 초반부터 20세기 초입 1907년 8월 31일 체결된 '영·러 협정 Anglo-Russian Convention'에 이르기까지 한 세기에 걸쳐 중앙아시아를 두고 벌인 영국과 러시아의 전략적 경쟁은 영국에서 '거대한 게임Great Game'이라 명명되었다. '대게임' 또는 '위대한 게임'이라는 뉘앙스로 각색된 '그레이트 게임'이라는 명칭은 당시 동인도회사 소속 경기병대 정보장교인 코놀리Arthur Conolly(1807~1842)가 1839년에 오리엔탈리스트이자 러시아 저지론자인 동인도회사 소속 롤린슨Sir Henry

Rawlinson(1810~1895) 소령에게 보낸 서한에서 "영국이 러시아를 다루어야 하는 그랜드 게임grand game의 필요성"을 언급하는 대목에서 유래하고 있다.

'그레이트 게임'이라는 용어는 영국의 계관시인이며 열렬한 식민주의자이자 제국주의 찬양자로 유명한 키플링Rudyard Kipling(1865~1936)이 19세기 후반 중앙아시아에서 영-러의 전략경쟁을 문학적으로 재구성한 소설 '킴Kim(1901)'에서 처음 사용하면서 세상에 널리 알려지게 되었다. 결과적으로 중앙아시아에 국한하여 말하면, '그레이트 게임'은 전혀 위대하지도 거대하지도 않았다. 중앙아시아에서 양국의 전략경쟁은 주목할 만한 군사적 충돌이나 전쟁 없이 끝났기 때문이기도 하다.

당시 '그레이트 게임'에 대한 러시아의 반응은 영국과는 달랐다. 외무장관 네셀로데는 이를 실체가 없는 전쟁이라는 사실에 주목하여 '그림자전쟁Война теней'이라 명명하였다. 오히려 '그레이트 게임(대게임)'을 동방문제에서 중앙아시아를 거쳐 극동 만주문제에 이르기까지 유라시아 전역에서 벌인 영국과 러시아의 전략경쟁rivalry, '유라시아 대전략경쟁'의 측면에서 정의한다면 명실상부하게 '거대하고 위대한' 대게임으로 부를 만할 것이다.

영국과 러시아의 적대관계는 애초에 근대 유럽 열강의 피어린 전쟁들의 원인이던 민족 또는 종교적인 갈등이나 왕조의 영광과 국가적 자존심의 충돌이라는 문화적이고 이념적인 산물이 아니었다. 16세기 런던과 모스크바 간에 직접 교역이 시작된 이래로 약 2세기 동안 양국은 경제적으로 상호 보완적인 관계를 유지해 왔을 뿐 아니라 정치적으로도 우호적인 관계를 지속해 왔다. 두 국가의 세기에 걸친 경쟁은 유럽의 주변부에서 서서히 시작되어 이제는 유라시아 대륙 전체에 이르는 전선에서 작동하는 영·러 관계에서 제2의 본질이 되었다. 지정학적으로 보면, 인구밀도가 희소하고 영토가 방대함으로 인해 영토 확장에 대한 절박한 필요성이 상대적으로 강하지 않았음에도, 러시아는 그 폐쇄적인 대륙적 특성(대륙성)으로 말미암아 바다나 새로운 시장으로의 진출이 절실하였다. 이와는 대조적으로, 사면이 바다라는 개방성과 섬이라는 폐쇄성(해양성)을 동시에 지닌 영국은 과밀인구와 영토적 협소성으로 인해 영토 확장이 절실하여 해양으로부터 내륙으로의 진출을 모색하였다.

러시아의 시베리아 개척과 영국의 인도 진출은 시기적으로 겹치는 부분이 많다. 시베리아와 인도에서 각각 자신들의 일에 몰두하던 17~18세기 동안 양국은 서로 충돌할 만한 이유를 발견하지 못하였다. 그러나 아시아에서 각자의 영토가 확대되어 세력권 간의 거리가 좁혀지면서 양국 간에는 지정학적 충돌 가능성이 상승하게 되었다. 이러한 연유에서 그레이트 게임과 아시아에서의 세력권을 향한 본격적인 대결은 양국의 세력권이 아프간 지역을 매개로 인접하게 되는 19세기 중반에 시작되었다고 할 수 있다.

엄밀하게 말하면, 그레이트 게임의 직접적인 배경에는 영국의 인도 전략이 자리하고 있었다. 중앙아시아에 대한 전략적 헤게모니를 놓고 영국이 러시아와 경쟁한 동기는 중앙아시아 자체의 정치·경제적 가치가 뛰어났기 때문이라기보다는 식민지 인도의 방어에 중앙아시아가 전략적으로 중요한 것이라는 판단에 있었다. 영국은 러시아의 중앙아시아 진출이 칸국들의 병합에서 멈추지 않고 인도로 이어질 것이라는 의구심을 지니고 있었다.

러시아가 국가의 자원 동원 능력을 현실적으로 타산하고 인도 원정 계획을 구체적으로 수립하여 체계적으로 실행에 옮긴 적은 없다. 그러

나 '인도 원정'이라는 아이디어가 러시아에서 약 두 세기에 걸쳐 산발
적이지만 지속적으로 언급됨으로써, 실질적으로는 인도 원정이 정책
의지와 실현 가능성이 매우 낮은 계획이었음에도 영국의 지나친 경각
심을 불러일으켰다. 러시아의 세계전략을 '탐욕스러운 남하정책과 부
동항 확보'라고 스테레오 타입stereotype으로 유포하던 영국은 러시아의
중앙아시아 진출을 인도 원정에 연결함으로써, 러시아의 '남하정책'의
위험성을 환기시키는 데 활용함과 동시에 러시아 견제를 위한 전략적
정당성을 합리화하는 데 성공하였다.

　러시아의 인도 전략 도안은 영토적 동기보다는 상업적 이해관계
의 측면에서 구성되었다. 이른바 '인도 기획'은 기록상으로 대략 여섯
번의 사례가 알려져 있다. 표트르 1세가 무역을 타진하기 위해 1695
년 대장大藏성(재정부)령 Приказ Большой казны에 따라 상인 말렌코이
Семён Мартынович Маленькой(?~1702)를 인도로 파견한 것이 공식적인
첫 상업 사절단이었다. 말렌코이 사절단은 페르시아의 수도 이스파한
에 도착한 후 페르시아의 항구 반다르 압바스Bandar Abbas를 출발하여
1698년 1월 인도의 서부 구자라트Gujarat주 수라트Surat에 도착하였다.

　말렌코이 사절단은 1698~1701년 동안 인도에 약 2년간 체류하였
다. 말렌코이 사절달은 무굴제국의 황제 아우랑제브Aurangzeb/Alamgir I
(1618~1707)로부터 인도 도시에서의 자유 통행과 면세 무역에 관한 칙서
(헌장)를 하사받았다. 인도 상품을 대량으로 구매한 말렌코이는 1701
년 1월 바다를 건너 페르시아로 출발하여 귀국길에 아제르바이잔의
샤마히 Şamaxı에서 사망하였다.[298]

　말렌코이 상업 사절단을 필두로 하여, 1791년 예카테리나 여제에
게 부하라와 히바를 통해 육로로 인도에 도달하는 원정을 제안한 생
제니에스A. M. de St. Geniès의 계획, 1800년 파벨 1세Павел I Петрович

(1754~1801)의 인도 원정 계획, 1807년 나폴레옹의 인도 원정 제안, 1854년 니콜라이 1세에게 진언한 듀가멜(두하멜 Duhamel) Александр Осипович Дюгамель(1801~1880)의 계획, 1878년 스코벨레프 Михаил Дмитриевич Скобелев(1843~1882)의 계획 등이 대표적으로 거론되고 있다.

인도와의 접촉을 공식적으로 시도한 최초의 사례는 앞서 설명한 대로 표트르 1세가 실행한 말렌코이 상업사절단의 파견이다. 중앙아시아 남쪽 힌두스탄Hindustan에 막대한 부를 지닌 나라가 있다는 소문에 자극받은 표트르 1세가 인도와 교역 관계를 수립하려는 의도로 말렌코이 상단商團을 파견하였으나 말렌코이가 귀국길에 횡사하면서 첫 번째 시도는 절반의 성공으로 끝났다. 말렌코이 상단이 중앙아시아를 우회한 경로, 즉 카프카스와 페르시아만을 경유하는 해로海路를 통한 페르시아 경로를 선택하였다면, 이번에는 중앙아시아를 경유한 육로를 탐색하려 하였다. 표트르 1세는 중앙아시아 칸국의 유력자들을 상트페테르부르크로 초청하여 입수한 인도에 관한 정보를 참고하여 중앙아시아 투르케스탄을 통과하여 인도로 가는 경로를 탐색하는 계획을 수립하였다. 이를 토대로 1717년 중앙아시아와의 교역과 인도로의 경로를 확인하기 위해 파견된 베코비치-체르카쓰키 Александр Бекович-Черкасский(?~1717)의 히바 원정은, 역사에 기록된 것처럼 '재앙'으로 종결되었다.

한 세기 지나 인도로 향한 '원정'을 최초로 제안한 사람은 생제니에스였다. 그는 예카테리나 여제에게 인도 원정계획을 상주하였으나 재가를 받지 못하였다. 인도 원정에 대해 누구보다도 열정적인 관심을 표명했던 사람은 파벨 1세였다. 1799~1800년 오스트리아와 영국의 동맹관계가 와해되면서 나폴레옹의 프랑스와 화해한 파벨 1세는 인도 원정을 지나치게 낙관적으로 생각하였다. 그는 나폴레옹에게 러시아와 프랑스의 공동원정을 제안했는데, 당시 프랑스가 이집트와 인도 일부를 세력권으로 확보하고 있었으므로 공동원정은 실현 가능성이 높을 것으로 보였다.

파벨 1세는 두 가지 경로의 원정을 계획하였다. 하나는 러시아와 프랑스의 혼성부대가 페르시아와 아프가니스탄을 경유하여 인도에 이르는 페르시아 육상 경로, 다른 하나는 러시아군 단독으로 히바 칸국Khiva Khanat과 부하라 칸국Bukhara Khanate을 경유하여 인도 북부에 이르는 서투르케스탄(중앙아시아) 경로였다. 파벨 1세의 계획은 영국이 육지와 해양에서 러시아를 공격하려는 의도가 있으므로 러시아가 미리 선수를 칠 필요가 있다는 판단 아래 인도로 진격하여 영국과 전쟁을 개시한다는 내용이었다.

1801년 1월 12일에 내린 파벨 1세의 칙령Рескрипт에 따라 돈 카자크의 아타만 오를로프Василий Петрович Орлов (1745~1801)가 지휘하는 4만 명의 러시아 병력이 1801년 3월 1일 서투르케스탄 경로로 진군할 예정으로 유빙流氷이 흐르는 볼가강을 건너 카자흐 초원의 오렌부르크Оренбург로 출발하였다. 1801년 5월 진군을 시작한 프랑스군 35,000여 명은 다뉴브강에서 돈강과 볼가강을 따라 카스피해에 도달한 후, 페르시아의 아스트라바드Astrabad로 종단하여 동일한 수의 러시아군과 합류할 예정이었다. 그러나 러시아 원정군이 오렌부르크에 도착할 즈음에 파벨 1세가 개혁에 반발한 귀족들에 의해 암살되면서 인도 원정계획은 종결되었다.

원정 계획이 무산된 원인 중에 국내 정치 변동을 제외하면 무엇보다도 파벨의 원정이 무모했다는 것을 지적할 필요가 있다. 당시 러시아에게 미지의 땅인 중앙아시아 투르케스탄을 지도도 없이 행군하여 우스튜르트Ustyurt 사막과 힌두쿠시 산맥 등 파미르를 넘어 인도에 도달

하는 것은 무모하고 불가능한 계획이었다. 파벨 1세조차도 원정 지휘
관인 오를로프에게 지도를 하사하면서 '내가 소유한 지도는 히바와 아
무다리야강까지'라고 말한 것은 원정의 비현실성을 상징하는 사례였
다. 원정에 필요한 그 이상의 정보는 인도 원정 과정에서 '영국기관이
나 그들의 지배를 받는 인도인들로부터 얻어야 하는 것'으로, 오로지
'오를로프의 몫'으로 돌려졌다.[299]

예카테리나 대제가 기각한 인도 원정계획이나 파벨 1세의 원정계
획 외에, 1807년 나폴레옹 1세가 알렉산드르 1세에게 제안한 인도정
복 계획은 짜르 알렉산드르 1세에 의해 거절되었고, 1854년 크림전쟁
와중에 듀가멜 장군이 니콜라이 1세에게 제안한 원정계획 또한 기각
되었다. 이렇듯 인도원정에 관한 계획은 러시아 정부 차원에서 논란을
야기하고 경계할 만한 메가 프로젝트였다.

파벨 1세의 계획 이후 비교적 가시화된 인도 원정계획은 트랜스-카
스피Trans-Caspi 총독 스코벨레프의 구상이었다. 튀르크전쟁 종전 직후
인 1878년경 스코벨레프Михаил Дмитриевич Скобелев(1843~1882)가 히
바 원정과 코칸트 원정, 그리고 튀르크전쟁 승리의 경험을 바탕으로
인도 원정을 구상한 것으로 추정된다. 튀르크전쟁에서 불가리아를 오
스만제국으로부터 '해방'하여 불가리아인들에 의해 국가 영웅으로 기
억되는 스코벨레프는 1880년 투르코마니아Turkomania 원정의 총사령
관으로 임명되어 테케인들Tekkes을 정복하였다.

스코벨레프는 중앙아시아 유목 전사들을 원정군에 합류시켜 아프
간을 통해 인도로 진격한다는 계획을 수립한 것으로 알려졌다. 스코벨
레프가 오스만제국의 동쪽 투르코마니아(투르크메니스탄)Turkomania 정
복에 이어 카불과 헤라트 등 아프간을 점령하고 영국의 식민 통치에
대항하는 인도 원주민 저항 세력을 규합하여 영국을 인도에서 축출하

려는 계획을 세운 것으로 영국의 인도총독부는 판단하였다. 그러나 이른바 스코벨레프 계획은 외교적 방식을 선호하는 알렉산드르 3세가 즉위하면서 사라졌다. 계획의 진위와 실현 가능성 여부를 떠나서 유럽 외교가에 떠돌던 러시아의 인도 원정 기획은 19세기 내내 영국의 주요 관심사 중 하나였다. 이러한 기획은 영국에게 아프간전쟁의 빌미를 마련해 주었고 그레이트 게임의 배경이 되었다.[300]

페르시아의 운명과 표트르 대제: 볼린스키 사절단과 아프간 호타크 왕조

러시아의 중앙아시아 원정과 페르시아로의 진출은 지정학적 측면과 더불어 상업적 이해관계 측면에서 밀접히 연계되어 있었다. 히바 칸국을 비롯한 중앙아시아의 칸국들은 당시 형식적으로나마 국제관계에서 페르시아 사파비 왕조Safavid Dynasty (1576~1736)의 속국으로 간주하였다. 이에 따라 1717년 8월 히바 칸국이 러시아 원정대를 궤멸시킨 공으로 페르시아의 후사인 샤Shah Husayn (1694~1722)는 히바 칸에게 2만 루블에 상당하는 하사금을 내렸다.

표트르 대제는 부하라와 히바에 원정대를 파견하기로 결정한 즈음에 볼린스키Артемий Петрович Волынский (1689~1740)를 페르시아 수도 이스파한Isfahan에 파견하였다. 볼린스키의 주요 임무는 두 가지였다. 1712년 트란스-카프카스에 위치한 샤마히Şamaxı에서 다게스탄Дагестан 출신 산악 부족 레즈긴족лезгины이 자행한 러시아와 아르메니아 상인들의 학살 사건에 대한 보상 문제와 러시아-페르시아의 상업 교류 문제를 협상하기 위한 것이었다. 이와 더불어 카스피해가 페르시아를 통해 수로로 인도에 연결되는지 탐색하는 임무도 포함되었다.

1715년 7월 페테르부르크를 출발한 볼린스키는 아스트라한에서 해상으로 다게스탄의 데르벤트(1716년 8월 28일), 아제르바이잔의 샤마히(9월 27일~12월 4일), 페르시아의 타브리즈(12월 27일) 등을 거쳐 페르시아의 수도 이스파한에 도착하였다. 볼린스키 사절단은 1717년 8월 14일부터 9월 1일까지 이스파한에 머물렀다. 러시아 원정대가 히바 칸국을 향해 강행군 중이던 1717년 8월 볼린스키 사정단은 이스파한에서 사파비 왕조의 솔탄 후세인 Soltan Hoseyn (1668~1826)으로부터 러시아 상인이 페르시아 전역에서 자유롭게 상업활동을 할 수 있는 권리 (무역특권)를 부여빈있다. 그러나 그는 표트르 대제가 하명한 상주 대표권을 획득하는 문제는 해결하지 못하였다. 볼린스키는 귀국길에 샤마히에서 6개월여 동안 체류(1717년 12월 12일~1718년 6월 16일)한 후 1718년 12월 페테르부르크로 귀국하였다.[301]

역사학자 레돈 John P. LeDonne의 평가로는, 러시아의 상주 대표권 요구가 거부된 것은 페르시아 조정이 러시아의 요구를 '인도에 대한 공세'의 일환으로 판단했기 때문이었다. 상술하면, 페르시아를 통해 인도로 가는 길을 확보하고자 하는 것으로, 하나의 경로는 카잔 Kazan–아스트라한, 그리고 샤마히-타브리즈 Tabriz를 통해 페르시아로 가는 경로(카스피-카프카스 Кавказ 경로)이다. 다른 하나는 우랄 Урал강, 카자흐 초원과 아무다리야강 Amu Darya을 경유하여 페르시아의 북동부 변경 지대인 제라프샨 Zeravshan으로 가는 중앙아시아 경로(투르케스탄 경로)였다.

따라서 이 두 경로 모두 페르시아 영토를 지나는 경로이므로 페르시아는 이를 저지하려 했다는 것이다. 이 두 경로기 '인도에 대한 공세'로 수렴되는 구체적인 프로그램에 입각한 것이라고 암시하는 J. 레돈의 입장[302]에는 수긍하기 힘들지만, 당시 페르시아가 러시아의 공세적 진출을 환영했다고 단정하기도 어렵다. 히바 칸에 대한 솔탄 후세인 Soltan Hoseyn 샤의 하사금으로 유추해 보면, 상업 거래를 제외하고 러시아의 군사적 진출에 대해 사파비의 페르시아가 경계했던 것은 사실일

556

것이다.

　트란스 카프카스의 쉬르반 칸국(아제르바이잔)Shirvan Khanate/Ширван ское ханство에 체류한 후 페테르부르크로 복귀한 볼린스키는 표트르 대제에게 당시 페르시아의 북서 변경 지대인 트란스 카프카스(남코카 서스)Transcaucasia/Закавказье의 병합을 통해 페르시아로의 진출이 가져올 군사·상업적 이익에 관해 설명하였다. 1719년 봄, 표트르 대제는 볼린스키를 카스피해의 아스트라한 총독으로 임명하여 아스트라한을 페르시아 진출의 거점으로 삼았다.

　러시아의 트란스 카프카스South Caucasus 병합계획에 대해 그루지아 (조지아)의 통치 세력은 환영의 뜻을 표하였다. 기독교도인 그루지아 군주는 러시아의 군사적 지원에 힘입어 그루지아의 일부 귀족 세력을 견제함과 동시에 궁극적으로는 페르시아의 지배로부터 완전히 벗어 나기를 희구하였다. 러시아로서는 그루지아와 아르메니아가 페르시 아와의 전쟁에서 러시아를 지원한다면 전쟁의 승산뿐 아니라, 카프카 스 지역에 대한 러시아의 세력권을 안정적으로 수립하고 카스피해를 러시아의 내해로 만들 수 있는 전략적 기회가 마련될 것이었다.

　이러한 즈음에 유럽과 소아시아에서 동시에 러시아에 유리한 정세 가 형성되었다. 1718년 발칸에서 오스트리아에 대패한 오스만 튀르크 는 1720년 11월 러시아와 콘스탄티노플 조약을 체결하고 1721년 8월 에는 러시아가 스웨덴과 니슈타트 조약을 체결함으로써 '대북방전쟁' 이 최종적으로 종결되어 러시아는 페르시아와 중앙아시아에 대한 군 사적 여력을 지니게 되었다.

　1709년 4월 아프가니스탄 칸다하르Qandahar의 길자이-파슈툰 Ghilzay(Ghilji)-Pashtuns 족장 미르 바이스Mirwais Khan Hotak(1673~1715)가 페 르시아의 사바피 왕조에 대항하여 봉기를 일으켰다. 파슈툰족의 봉기로 칸다하르의 페르시아 총독 구르긴 칸Gurgin Khan(1651~1709)—이슬람으로 개종한 그루지아 왕족 게오르게 6세George XI of Kartli[303]—이 살해당하였다. 봉기의 결과 미르 바이스가 아프가니스탄에 호타크 왕조Hotak Dynasty(1709~1738)를 개창함으로써 사파비의 페르시아는 혼란과 붕괴의 길로 들어서게 되었다.

전통적으로 페르시아는 서쪽으로는 오스만제국과 경쟁하였고, 중앙아시아로부터는 명목상 신민인 우즈벡인들의 지휘과 침입에 시달려 왔으며, 남쪽으로부터는 아프간으로 진출하려는 인도 무굴제국의 도전에 직면하였다. 18세기에 들어와 사파비왕조는 무엇보다도 강력한 경쟁상대인 러시아인들이 카프카스와 카스피해, 그리고 중앙아시아 방면으로 진출하는 위험에 노출되어 있었다. 그밖에 페르시아는 카프카스와 아프간 등 변경 지방에서 속주민들의 끊임없는 독립 위협에 시달리고 있었다.

미르 바이스의 사후, 왕위를 계승한 숙부 압둘 아지즈Abdul Aziz Hotak를 시해하고 왕위에 오른 미르 바이스의 장남 마흐무드Shāh Mahmūd Hotak(1697~1725)가 1722년 5월 이스파한을 포위 공격하면서 페르시아 사파비왕조는 붕괴의 길로 접어들었다. 10월 23일 페르시아의 샤 후세인은 호타크의 마흐무드에게 양위하였는데, 사파비의 왕세자인 미르자(타흐마스프 2세)Tahmasp Mirza, Tahmasp II(1704~1740)가 마흐무드의 왕위계승을 인정하지 않고 11월, 자신을 유일한 정통 계승자로 선언함으로써 제국의 분열이 불가피하게 되었다. 러시아는 페르시아 제국의 혼란을 기회로 활용할 만하였으나, 오스만 튀르크가 페르시아 문제에 개입하여 러시아, 오스만 튀르크, 페르시아 삼국의 이해관계가 중첩된 페르시아의 카프카스 영토를 분할하려 할 것이라 우려하였다.

1722년 5월 표트르 대제와 그의 원정대는 오스만 튀르크를 견제하고 샤 마흐무드를 응징하여 정통 질서를 회복한다는 명분으로 페르시아령 트란스 카프카스를 점령하기 위해 아스트라한으로 향하였다. 역사가들이 '러시아-페르시아전쟁(1722~1723)'이라 명명하고 있지만, "적이 페르시아 사파비 왕조도 아니고 전쟁이라 하기엔 변변한 전투도 없었던" 이상한 전쟁이 시작되었다. 7월에 아스트라한에 도착한 짜르의 원정대는 약 22,000명의 양대 전대戰隊로 나뉘었다. 보병은 아프락신 제독Фёдор Матвеевич Апраксин(1661~1728) 지휘하는 274척의 함선에 분승하여 카스피해 서부 연안을 따라 카프카스 남부를 향해 항해하였고, 기병은 카스피해 서안의 육로를 따라 동일한 코스로 남하하였다. 8월 23일 러시아군은 다게스탄 남부의 데르벤트Дербент에 입성하였으나 태풍과 폭염에 시달리고, 습기에 젖은 밀가루 등 식량 보급이 악조건인 상황으로 인해 10월에 아스트라한으로 복귀하였다. 표트르 대제는 제2차 원정을 준비하면서 11월에 카스피해 함대를 창설하였다.

러시아가 오스만 튀르크의 의중을 의심하였듯이 오스만 튀르크 또한 러시아의 동기에 대해 우려하였으므로, 오스만 정부는 카프카스로 가는 길목에 위치한 에르주룸Erzurum의 파샤에게 그루지아 동부를 점령하도록 명하였다. 또한 다게스탄의 레즈긴족 수장에게는 크림 칸과 동일한 지위를 부여하여 페르시아 영토를 선점하고 러시아 군을 저지하도록 하였다. 1723년 봄, 오스만의 군대는 카프카스 남부의 페르시아 영토를 침공하였다. 카프카스 북쪽으로 진격하려던 오스만 군대는 남진하는 러시아의 제2차 원정대와 마주칠 운명이었다.

1722년 12월, 마튜슈킨Михаил Афанасьевич Матюшкин(1776~1737) 장군 휘하의 제2차 원정대가 카스피해 남부의 페르시아 해안 도시 레슈트Rèsht를 점령한 데 이어, 1723년 7월에는 아제르바이잔의 바쿠를 점령하였으므로 오스만 군대는 군사작전을 포기할 수밖에 없었다. 오스만은 페르시아 문제를 위해 러시아와 전쟁을 감수할 준비가 되어 있지 않았다. 이러한 군사적 성공에 힘입어 9월 12일, 표트르 대제는 페르시아의 타흐마스프 2세Tahmasp II(1704~1740)와 동맹조약(페테르부르크 평화조약Петербургский мирный договор)을 체결하였다.

페테르부르크 조약은 1724년 러시아와 오스만 간에 체결한 콘스탄티노플 조약으로 다시 한번 확인되었다. 페르시아 역사에서 페테르부르크 조약은 페르시아령 카프카스와 카스피해 연안의 일부 지역을 러시아에 영구히 할양하는 치욕스러운 사건이었다. 그럼에도 이 조약은 러시아와 페르시아 양국 관계에서 또 다른 정치적 의미를 포함하고 있다. 오스만제국이나 아프간 등이 침공할 경우 페테르부르크 조약에 따라 러시아가 페르시아를 군사적으로 지원할 것이라는 공약이었다. 교전국이던 러시아와 페르시아는 동맹의 시원始原을 이렇게 열었다.

타브리즈Tabriz로 피신한 타흐마스프 2세는 아프간 호타크 왕조의 '마흐무드가 찬탈한' 페르시아의 통치권을 회복하기 위해서 러시아의 군사적 지원이 절실하였으므로 조약의 대가로 러시아가 점령한 데르벤트, 바쿠, 쉬르반Shirvan 등 카프카스 동부 지역과 길란Gilan, 마잔다란Mazadaran, 아스트라바드Gorgan 등 카스피해 남부 연안 지역을 러시아에 양도하였다. 그러나 이듬해인 1724년 6월, 러시아와 오스만 튀르크 간의 조약(콘스탄티노플 조약)으로 트란스 카프카스(코카서스 남부) 영토는 결국 양국에 의해 재분할되었다.

오스만 튀르크를 진정시키기 위해 표트르 대제는 타흐마스프 2세가 러시아에 양도한 카스피해 연안의 영토를 제외한 남南카프카스의 페르시아 영토를 오스만제국이 병합하는 안에 동의해 주었다. 1723년 조약으로 러시아에 양도된 페르시아의 영토는 러시아-튀르크전쟁 발발 직전인 1735년, 페르시아의 지지가 필요했던 러시아의 안나 여제

Анна Ивановна(1693~1740)에 의해 페르시아에 공식적으로 반환되었다. 그러나 1725년경에 이미 이 지역은 러시아 원정대가 지속적으로 점령하기에 결코 쉽지않은 것으로 판명되었다.

러시아 주둔군에 호전적이던 가프카스 산악 부족들의 적대행위로 말미암아 원정대의 사령부였던 아스트라한과의 교통로가 차단되는 위험에 노출되었다. 카스피해 남부 연안인 페르시아 길란 지방의 경우 러시아 원정대가 도착하자 이미 현지 주민 대부분이 도주한 상태여서 주둔비용에 충당할 세금을 징수하는 것조차 불가능하게 되었다. 러시아 주둔군은 카스피해의 고온 다습한 기후로 인해 열병과 열사병으로 죽어갔다. 사망 병사들을 보충하기 위해 반복적으로 충원병을 파견함으로써 트란스 카프카스의 새로운 영토는 역사가 솔로비요프Сергей Михайлович Соловьев(1820~1879)의 표현대로 러시아 '주둔군의 무덤'[304]이 되어 갔다.[305]

사파비왕조의 적통자 타흐마스프 2세가 여전히 생존해 있고 페르시아인들의 저항이 끊이지 않자 이에 두려움을 느낀 아프간 출신 마흐무드 샤가 선택한 것은 선정이 아니라 폭정이었다. 호타크 왕조의 마흐무드는 통치 초기에는 페르시아 귀족과 평민들에게 호의를 베풀었으나, 왕권이 불안정해지자 페르시아의 대신과 귀족들을 연회에 초대하여 학살하였다. 3천여 명에 이르는 페르시아 근위대를 처형한 데 이어, 마흐무드는 볼모로 있던 사파비 왕자들을 모두 처형할 것을 명령하였다. 마흐무드의 폭정과 심리적 피폐가 심해져 가던 1725년 4월 22일, 대신들의 사주를 받은 일단의 장교들에 의해 궁정 쿠데타가 발생하여 아프간 신민들의 신망을 받던 압둘 아지즈의 아들 아슈라프 칸Ashraf Khan이 샤에 옹립되었다. 마흐무드는 사흘 후 사망했는데, 측근들에 의해 질식사했다는 소문이 돌았다.[306] 자신이 살해한 숙부의 아들에 의해 보복을 당한 마흐무드, 그의 나이 27세였다.

1722년 3월 8일, 사파비의 후세인Soltan Hoseyn 샤를 생포하여 페르시아 정복의 결정적인 계기가 되었던 유명한 굴나바드Gulnabad 전투에서 아프간 군대를 지휘한 아슈라프Shah Ashraf Hotak(1700~1730) 샤는 즉위 초기에 러시아와 오스만제국의 협공을 막아내는 데 성공하는 듯하였다. 케르만샤Kermanshah 전투에서 오스만 군대를 대파한 데 이어, 아슈라프 샤는 하마단Hamedan 평화협정을 통해 1727년 12월 오스만 포르테로 하여금 자신을 '동東이슬람의 칼리프Caliph'—오스만 술탄이 서이슬람 세계의 칼리프—로 각인시켰다.

그러나 막대한 희생을 담보로 한 아슈라프 샤의 성공은 그리 오래가지 않았다. 수니파Sunni인 아프간인들이 시아파Shiah인 페르시아를 지배하는 데 있어서 통치의 지속 가능성이 보장되기란 쉽지 않았다. 페르시아 제국의 아프간 변방 부족인 파슈툰 지배 세력이 드러낸 정치적 미숙함 또한 통치의 불안정에 일조하였다. 변방 민족이 제국의 중심부를 장악한 후, 제국의 계승자로서 안정적인 토대를 마련할 최소한의 시간적 여유도 없이 러시아와 오스만 등 자신보다 더 강력한 제국들로부터 무력간섭을 받은 것이 아프라프 샤와 호타크 왕조의 쇠락에 더 결정적인 사유였을 것이다.

『제국의 탄생』[307]에서 진화생물학자이자 클리오다이내믹스(역사사회 동역학적 계량 분석과 통계 모델링)Cliodynamics 연구자인 터친Peter Turchin이 주장하였듯이, 제국 형성 초기에 주로 발생하는 외부의 거센 공격과 도전을 막아내면 그 변방 민족은 기성 제국의 계승자이자 새로운 제국의 창시자로서 어느 정도 성공할 것이지만, 그렇지 못한 경우 일반적으로 그 국가는 제국의 문턱을 넘지 못하고 붕괴하였다. 호타크 왕조는 페르시아에서 후자의 운명에 처해 있었다.

사파비의 적통자인 타흐마스프 2세는 페르시아 북부, 아프샤르 부족Afsharids 출신인 나디르 벡Nader Qoli Beg/Nâdir Šâh(1688~1747)—샤 등극 후에 나디르 샤로 호칭—의 군사적 지원을 받아 페르시아 제국의 탈환에 나섰다. 1729년 9월 29일 나디르 벡이 담간Damghan전투에서 아슈라프 샤의 군대를 대파함으로써 호타크 왕조는 제국의 수도 이스파한을 버리고 1730년 아프간의 칸다하르로 철수하였다.

아슈라프 샤는 패주 중에 발루치Baluci인들—이란과 파스키탄 접경지대인 발루치스탄 사람들—에 의해 살해되었다. 일설에는, 아슈라프 샤의 살해가 칸다하르에 남아 있던 마흐무드 샤의 동생인 후세인Shah Hussain Hotak(?~1738)—마흐무드의 사후, 칸다하르에서 호타크 왕조의 계승자로 자처함—의 지시였다고 알려졌다.[308] 복수가 또 다른 복수를 낳은 것이다. 1738년 3월 25일 나디르 샤가 지휘한 칸다하르 포위전에서 후세인 샤가 항복함으로써 페르시아에서 호타크 왕조는 종식되었다.

페르시아의 알렉산더, 나디르 샤: 굴리스탄[1813]과 투르크만차이[1828] 조약

페르시아가 재통합하고 표트르 대제가 서거함에 따라 페르시아와 중앙아시아에서 러시아의 지위는 불확실성에 노출되었다. 황위 계승자인 안나 여제는 해당 지역에서 불확실성을 회피하기 위하여 페르시아와 히바 칸국을 대상으로 외교교섭을 재개하였다. 1731년 4월 러시아와 페르시아 간에 러시아 군대의 철수 협상이 시작되어 1732년 1월 21일 레쉬트Rasht 조약으로 종결되었다. 이로써 당분간 페르시아 영토에 대한 러시아의 관여 시도는 중단되었다.

레쉬트 조약 결과, 러시아는 데르벤트와 바쿠를 제외하고 레쉬트를 포함하여 전쟁으로 획득한 페르시아 북부—카스피해 서남부의 트란스 카프카스 지역—의 3개 지방을 포기하였고, 양국은 그루지아와 아제르바이잔을 관통하는 쿠라Kura강을 경계로 설정하였다. 점령 영토를 포기한 대가로 조약은 러시아인들에게 페르시아 영토 내에서 러시아 상품의 관세 면제권과 자유로운 상업활동권, 그리고 인도나 여타 국가로 통과할 수 있는 통행과 통관권을 부여하였다. 양국은 각각 공사를 상주 대표로 파견하기로 동의하였고, 페르시아는 샤의 신민들이 유발하는 러시아인들의 손실에 대해 보상하기로 결정하였다.

타흐마스프 2세기 예레반Yerevan(아르메니아의 수도)을 탈환하기 위해 오스만 튀르크와 벌인 전쟁에서 실패하고 그루지아와 아르메니아를 오스만제국에 할양하여 1730년 나디르 벡이 오스만과 전쟁에서 회복한 영토의 대부분을 상실하게 되었다. 이에 나디르 벡은 타흐마스프 2세에게 퇴위를 강요하여 1732년 9월 타흐마스프의 어린 아들(압바스 Abbas 3세)을 제위帝位에 올렸고 자신은 섭정이 되었다.

나디르 벡은 오스만 튀르크로부터 1734년에는 쉬르반Şirvan 칸국을, 1735년에는 간자Ganzha, 동그루지아, 아르메니아를 각각 재탈환하였다. 러시아로부터는 1735년 3월 간자 조약을 통해 바쿠와 데르벤트를 반환받았다. 영토를 재통합한 나디르 벡은 일약 페르시아의 영웅으로 부상하였고, 운명이 다한 사파비왕조를 완전히 폐하여 새로운 왕조를 개창하려는 계획을 수립하였다. 나데르 벡은 티무르 제국의 후예답게 칭기스칸과 티무르Amir Temur(1336~1405)의 전통적인 대칸의 추대 방식을 따랐다.

1736년 1월 아제르바이잔의 모간Moghan 평원에서 개최된 유목민 전통의 대부족회의인 쿠릴타이Khuriltai에서 나디르 벡은 페르시아의 새로운 군주로 추대되어 그해 3월 8일 샤Shah에 즉위하였다. 결과적으로, 러시아가 아스트라한 병력의 카스피해 서안 상륙기지이자 트란스카프카스의 주둔 기지 역할을 하던 바쿠와 데르벤트를 상실함으로써

18세기 초반 10여 년 동안 공들여온 트란스 카프카스(남南코카서스)로 세력을 확장하려던 시도는 무위로 돌아갔다.[309]

이즈음, 우랄산맥 남쪽 바쉬키르 지역 Башкирия(카자흐 초원 북쪽)에 러시아의 정착촌과 카자크 Казаки(코사크 Cossacks)의 국경 요새가 확대되면서 중앙아시아 방면의 러시아 국경선인 '오렌부르크 라인'이 시베리아 방면의 국경선인 '옴스크 Омск 라인'—옴스크에서 중국 국경선까지—과 연결되었다. 이로써 중앙아시아-시베리아 지역의 러시아 변경지대가 국경 요새와 정착촌을 잇는 국경선의 면모를 갖추게 되었다. 이러한 결과로 카자흐 초원과 중앙아시아 칸국들에 대한 러시아의 압박과 영향력이 증대되었다.

오렌부르크 라인은 러시아인들로 하여금 카스피해에서 텐샨산맥 사이의 초원지대에서 활동하던 키르기즈인 Kirghiz—혹은 우즈벡인—[310]과 직접적인 접촉을 가능하게 하여 중앙아시아로의 진출에 유리한 지리적 환경을 제공하였다. 당시 키르기즈인들은 대, 중, 소 세 개의 호르드 horde로 나뉘어져 있었다. 킵차크 칸국의 주요 영역을 세 부분으로 나눈 3대 호르드였다. 이 세 호르드는 대호르드(Senior jüz)인 울리 Ұлы жүз/Ūly Jüz, 중호르드(Middle jüz) 오르타 Орта жүз/Orta Jüz, 소호르드(Junior jüz) 키쉬 Кіші жүз/Kışı Jüz로 통칭되었다.

각각의 호르드(쥬스 жүз)는 독립적인 지도자가 실질적으로 통치하는 몇 개의 부족들로 구성되었고, 호르드의 칸은 도덕적인 권위를 행사하였다. 당시 유럽인에 의해 우즈벡인, 혹은 키르기즈인으로 기록된 중앙아시아 초원 민족들은 부족이나 호르드 간에 협력뿐 아니라 갈등에 일상적으로 노출되어 있었다. 이러한 연유로 호르드의 칸들은 불안전한 일상을 회피하기 위하여 러시아에 보호를 요청하기도 하였다. 짜르 정부는 이를 수용하여 카자흐 초원지대와 오렌부르크 라인을 안정시키는 데 활용하였다.

1730년 코칸트인들Kokandis로부터 압박을 받던 소小호르드ЖYЗ/Jüz의 칸인 압둘 카이르Abū'l-Khair Khan(1693~1748)는 러시아에 보호를 요청하였다. 그는 러시아 국경선에서의 질서유지와 러시아 대상隊商들caravans을 위한 호위를 약속하였고 반대급부로 러시아는 압둘 카이르 가문의 칸의 계승권을 인정하였다. 1732년 안나 여제는 압둘 카이르의 충성 서약을 확인하기 위해 특사를 파견하였고, 압둘 카이르뿐 아니라 여타 주요 부족장들도 충성 서약에 동참하였다.

초원의 호르드의 입장에서는 이러한 서약이 속국의 지위를 수용하겠다는 법률적 의미라기보다는 명목적이고 정치적인 것이었을지라도, 이러한 행위가 러시아에게는 키르기스인들이 러시아의 신민으로 복속된 것으로 해석되었을 가능성이 크다. 러시아는 카자흐 초원의 키르기스인들을 보호하는 명목으로 2천여 명의 별동대를 파견함으로써 중앙아시아 문제에 대한 공식적인 개입의 기회를 마련하였다.[311]

러시아의 중앙아시아 진출 역시 페르시아에 의해 제지당하였다. 1736년 페르시아의 샤에 오른 나디르는 인도와 중앙아시아로 진격하여 제국의 확장과 재통합을 단행하였다. 나데르 샤는 1738년 아프간의 칸다하르Kandahar를 점령하여 아프간 호타키 세력의 침입(1722)에 대해 복수한 데 이어 힌두쿠시Hindu Kush 산맥 너머로 진격하여 인도를 압박하였다. 1739년 2월 13일 카르날Karnal 전투에서 나디르 샤의 군대는 사아다트Saadat Ali Khan I(1680~1739) 칸이 지휘하는 무굴 제국의 군대를 대파하여 페르시아 전사자는 약 2,500명인 데 비해 무굴의 전사자가 약 3만 명에 이르는 대승을 거두었다. '아시아의 마지막 정복자'로 기록된 나디르 샤는 무굴의 수도 델리에 입성하여 무굴황제 무함마드 샤Muhammad Shah(1702~1740)를 볼모로 잡았다. 무함마드 샤는 무굴제국 황제의 옥좌인 '공작의 좌Tachte Tavus'를 나데르 샤에게 바쳤다.

1740년 인도 원정 후 나디르 샤는 환로還路에 중앙아시아의 재병합을 단행하여 아무다리야강을 거슬러 올라 부하라로 진격하였다. 부하라의 칸은 나디르 샤에게 신하의 예를 갖추었으나 히바의 칸은 순종하지 않았으므로 나디르 샤는 히바 칸을 처형한 후, 압둘 카이르를 히바 칸에 임명하였다. 그러나 히바 칸이 된 압둘 카이르는 과거 안나 여제에게 충성 서약을 한 바 있었으므로 중앙아시아 칸국들의 종주宗主임을 자처하던 나디르 샤의 분노를 사지 않을까 우려하였다. 히바 칸에 즉위한 지 며칠 후, 나디르 샤가 그에게 입조入朝할 것을 명하자 나디르 샤의 처벌을 두려워한 압둘 카이르는 러시아 장교들의 호위 하에 히바를 버리고 도주하였다.

히바 칸의 지위는 압둘 카이르의 아들이자 친러시아 성향의 누르 알리Nūr Ali Khan(1704~1790)에게 계승되었다. 1747년 6월, '페르시아의 나폴레옹', '페르시아의 알렉산더'라는 칭호[312]를 후대에 받은 나디르 샤가 자신의 호위대에 의해 시해되어 페르시아 제국이 재차 불안정하게 되면서 중앙아시아와 카프카스의 정치지형은 다시 한번 재편 국면에 돌입하게 되었다. 페르시아는 나디르 샤에 의해 마지막으로 제국의 풍모를 유지하였다.

러시아가 중앙아시아로 본격적인 진출을 시도한 것은 19세기에 들어와서이다. 18세기 후반부에 러시아는 '7년전쟁' 등 유럽 문제에 몰입하였다. 19세기 전반부 또한 나폴레옹전쟁과 이에 따른 전후 유럽 질서의 재편 문제, 발칸 지역을 비롯한 '동방문제' 등에 전념하였으므로 중앙아시아에 집중하는 전략은 19세기 중반부에나 가능하게 되었다. 흑해와 카프카스에 대한 군사적 개입이 극적으로 증대되던 1797년 2월, 러시아 외무성 산하에 제국 내 아시아계 민족들의 사무와 제국과 주변 민족들과의 관계 문제를 담당하는 부서가 비로소 신설되었다.

1819년 4월, 아시아 사무 부서가 발칸에서 태평양에 이르는 지역을 관할하는 자율적인 독립부서가 되면서 아시아 문제가 외교에 있어서 공식적이고 독립적인 사무affairs로서 기능하게 되었다. 아시아 문제에 대한 당시 러시아 상층 정치 엘리트들의 인식은 1816년 4월, 외교 담당 국무위원(외무장관) 네셀로데가 런던 주재 러시아 대사에게 하달한 문서에서 잘 드러나 있다. 문서에 따르면, "러시아의 아시아 정책은 유럽 열강과의 관계 조정과는 다른 원칙에 의해 통제되는 별개의 영역"이었다. 아시아 문제는 "외국 열강에 의한 어떠한 조정이나 개입, 또는 선의의 중재일지라도 허용될 수 없는 것으로, 사실상 러시아의 국내 문제"라는 점을 분명히 하였다.

'잉글랜드의 팽창'이 결코 무심결에 일어난 일이 아니라 네덜란드의 대외 팽창에 대한 '의식적인 모방'이었다고 강조한 니얼 퍼거슨Niall Ferguson의 말을 상기하면, 러시아 또한 영국의 팽창을 모방한 것으로 보아도 무방할 것이다. 외무장관 네셀로데는 러시아의 아시아정책을 설명하면서, "러시아는 단지 영국을 모방한 것뿐으로, 영국이 인도 문제를 국내 문제로 간주하고 이에 대한 외부의 간섭을 허용하지 않는" 것처럼, 러시아 또한 아시아 문제(카프카스와 중앙아시아)에 대해 그러하다는 입장을 분명히 하였다.[313]

이렇듯 19세기 들어와 러시아는 유럽의 국제체제와 질서의 전면적인 재편을 초래한 나폴레옹전쟁에서 주도적으로 승리하여 유럽질서의 조정자로 등장하면서 유럽정책과 더불어 아시아 정책의 병행을 통하여 명실상부한 유라시아 제국으로서 전략적 면모를 갖추게 되었다. 나폴레옹전쟁 이후 공식화된 아시아 정책의 시발점은 카프카스와 중앙아시아로의 진출이었다.

나디르 샤가 1747년 시해되어 아프샤리드Afsharid 제국이 분열된 이후 페르시아를 재통일Reunification of Iran(1779~1796)한 모하메드 칸Agha Moḥammad Khān Qājār(1742~1797)이 1794년 샤에 등극하면서, 1722년 이래로 비교적 평화로운 관계를 유지하던 러시아와 페르시아는 전쟁 국면으로 돌입하게 되었다. 모하메드 칸은 나디르 샤의 사후 분열된 제국을 수습하고 실지 회복을 명분으로 대외 팽창을 단행하여 카프카스로 진군함으로써 러시아와 결전이 불가피하게 되었다.

1795년 봄, 카자르 왕조의 페르시아는 쉬르반, 데르벤트, 바쿠 등 트란스 카프카스 지역에 대한 지배를 확립하여 러시아의 카스피해 서안 통항을 봉쇄하였다. 그해 9월, 모하메드 칸은 동그루지아를 침공하여 황폐화시키고 3만여 명의 포로를 대동하고 환도하였다. 그루지아의 왕 헤라클리우스Heraclius II/Erekle II(1720~1798)가 모하메드 샤의 신속臣屬 요구를 거절한 데 대한 보복이었다. 모하메드 칸의 대외 팽창은 중앙아시아 방면으로도 진행되었다. 그는 1796년 호라산을 정복하고 나디르 샤의 손자이자 호라산의 통치자인 샤루흐Shahrukh Shah Afshar(1730~1796)를 고문하여 죽였다.

페르시아의 영토 회복과 확장에 대한 러시아의 반응은 전쟁이었다. 1796년 3월 예카테리나 대제가 카프카스 원정을 명령한 이래로, 1813년 굴리스탄 조약 그리고 1828년 투르크만차이 조약에 이르기까지 러시아는 페르시아에 대한 공세를 지속하였다. 1802년 그루지아 왕족 출신인 치치슈빌리(찌쨔노프)Павел Дмитриевич Цицианов/ Paata Tsitsishvili(1754~1806)가 러시아 원정군의 사령관을 맡아 그루지아의 반反러시아 세력을 평정하면서 러시아의 카프카스 공세는 강화되었다.

카프카스전쟁의 영웅 코틀랴렙스키Пётр Степанович Котляревский

(1782~1851)가 지휘하는 러시아 군이 1812년 10월 31일 페르시아의 왕세자 미르자 Abbas Mirza(1789~1833)가 지휘하는 수적으로 열 배 우세한 페르시아 군대를 아슬란두즈 Aslanduz에서 대파하였다. 1813년 10월 24일 양국은 굴리스탄 Gulistan에서 강화조약을 체결하였다. 굴리스탄 조약으로 페르시아는 카프카스에 대한 지배력을 영원히 상실하게 되었고, 러시아는 그루지아, 아제르바이잔, 아르메니아 등 남南카프카스 Trans-Caucasus의 실효적 지배권을 확인히였다.

페르시아는 카스피해의 통항권을 상실하였고 자국의 연안에서 함대를 유지하는 것이 금지되었다. 러시아는 카스피해에서 함대의 배타적 항해권을 획득하여 카스피해가 러시아의 실질적인 내해가 되었으며, 아락스(아라스) Araks/Aras강이 러시아 제국의 남부 국경이 되었다. 양국의 상인에게는 러시아와 페르시아 전역에서 자유로운 상업활동권을 보장하였다. 마지막으로 페르시아의 왕세자인 압바스 미르자의 왕위 계승을 지원하도록 명시함으로써 러시아가 페르시아 왕위 계승에 대해 영향력을 행사할 수 있는 여지를 남겨두었다. 페르시아 근대사에 서 굴리스탄 조약은 투르크만차이 Turkmenchay 조약과 더불어 가장 굴욕적인 조약으로 기억되고 있다.

1825년에 러시아-페르시아 간에 재발한 전쟁을 종결지은 투르크만차이 조약(1828.2.21)은 러시아가 외교정책에 있어서 페르시아 문제를 러시아의 '배타적인 이익'으로 정의한 사건으로 기록되었다. 러시아는 영국의 중재를 거절하고 페르시아와 단독으로 강화조약을 체결하였다. 이 조약은 러시아인들에게 치외법권을 부여한 대표적인 불평등 조약—영국과 프랑스가 아시아에서 그랬듯이—으로 평가된다. 러시아는 전쟁배상금으로 페르시아가 감당할 수 없는 2천만 은銀루블(혹은 3천만 루블)을 요구하여 페르시아에 지속적으로 압력을 행사하는 정치적 수단으로 삼았다.

굴리스탄 조약에서 합의한 내용을 재확인한 투르크만차이 조약은 페르시아 전함의 카스피해 정박을 불용하였으며, 흑해 남서부 해안의 작은 모퉁이를 제외하고 카프카스 전역이 실질적으로 러시아에 양도되었다. 투르크만차이 조약은 페르시아가 러시아에 더욱 의존적인 관계로 전락하는 결과를 초래하였다. 페르시아의 샤는 두 번의 전쟁 패배를 통해 러시아의 의지에 반하는 행동이 무익한 것으로 판단하여 러시아의 열망에 부응하는 태도를 취하게 되었다. 이로 인해 페르시아는 페테르부르크의 배타적 이익을 존중하여 러시아의 세력권으로 편입되는 듯하였다.[314]

러시아와 페르시아 간의 전략적 주종관계는 무엇보다도 영국과 러시아의 전략경쟁에 직접 반영되었다. 페르시아가 아프간의 회복과 헤라트Herat로의 진공을 계획하자 영국은 아프가니스탄을 방어하기로 결정하였다. 그러나 영국의 방어 제안을 아프간 통치자가 거부하면서 영국과 아프간 간에 전쟁(제1차 아프간전쟁 1839~1842)이 발발하였다. 이로써 러시아와 영국의 '그레이트 게임'은 현실화되었다.

페로프스키의 히바 원정[1839]과 영국의 제1차 아프간 전쟁[1839~1842]

영국은 투르크만차이 조약으로 페르시아에 대한 러시아의 영향력이 증대함에 따라 인접한 아프가니스탄으로 파급될 것을 우려하였다. 지정학적으로 아프가니스탄을 '인도의 열쇠Key of India'로 상정하였으므로, 영국은 아프가니스탄을 향한 러시아의 접근을 경제적인 이해관계가 아닌 전략적인 것으로 판단하였다. 영국은 러시아가 중앙아시아를 통해 아프간으로 접근하는 것을 저지하기 위해 무엇보다 먼저 투르케스탄의 칸국들에 접근하였다.

1831년 독일인 선교사 요제프 볼프Joseph Wolff(1795~1862)가 메르브
Merv를 방문한 후 이에 관한 글들을 런던에서 출판하여 칸국들의 정황
을 알렸고, 1832년에는 정보장교 번스Sir Alexander Burnes(1805~1841)가 부
하라에 밀파되어 중요한 정보들을 취합하였다. 번스의 보고에 따르면
투르케스탄의 칸국들은 러시아의 진출을 저지하기 위한 영국의 중요
한 전진기지가 될 것이었다. 러시아는 아프가니스탄으로 영향력을 확
대하기 위해 외교 관계 설정을 모색히였디. 1837년 비드케비치Ян Вик
торович Виткевич(1808~1839) 대위가 처음으로 아프간의 카불에 파견된
이래로 해당 지역에 대한 정보탐사를 지속적으로 추진하였다.

파벨 1세의 계획을 비롯한 러시아의 인도 원정 기획이 군수물자 계
획을 포함하여 전쟁계획의 실현 가능성이나 국가적 의지가 미약했음
에도 불구하고, 영국 정부는 러시아의 인도 원정에 대해 우려하였다.
러시아가 중앙아시아 투르케스탄과 아나톨리아Anatolia 동쪽의 투르코
마니아Trukomania를 점령하는 것이 영국의 전략적 이해관계에 결정적
인 영향을 미치진 않지만, 만약 중앙아시아의 러시아 군대가 페르시아
와 아프가니스탄의 국경을 넘으면 오스만제국의 배후와 인도 북부가
위험에 노출되어 영국의 전략적 이익은 중대한 위협에 처하게 된다는
것이다.

막대한 지하자원이 발견되기 전인 19세기 중반, 중앙아시아를 보는
유럽의 시각은 대체로 회의적이었다. 대부분 지역이 건조지대(사막과
황무지)로 이루어져 자연조건이 열악하고, 인구가 희박―트랜스카스피
의 경우 1 평방마일 당 1명―하여 노동력이 극히 부족한 점 등에서 경제
적 효용가치가 매우 낮은 것으로 알려졌다. 이렇게 열악한 상태임에도
러시아가 중앙아시아를 점령하고자 하는 이유는 인도 원정을 최종 목
표로 하기 때문이라고 영국인들은 추정하였다. 19세기 러시아의 아프

간 진출 시도에 대항하여 영국은 두 차례의 '아프간전쟁'을 일으켜 러시아에 호의적인 군주들을 폐위시키려 하였다.

러시아는 페르시아에 대한 영향력 확대에 병행하여 중앙아시아로의 진출을 재개하였다. 중앙아시아를 향한 러시아의 조직적인 원정은 1839년 오렌부르크 총독 페로프스키Василий Алексеевич Перовский (1794~1857)가 이끄는 원정대에 의해 재개되었다. 1716년 비극적인 베코비치-체르카쓰키Бекович-Черкасский의 원정 이후 120여 년만의 원정이었다. 페로프스키의 원정 목표는 식민과 정복 등 전략적인 것이었다기보다는 비적 퇴치 등 안정적인 교역환경을 확보하고 노예로 잡혀 있는 러시아인들을 구출하려는 당면 문제를 해결하기 위한 것이었다.

1816년 4월 6일자 알렉산드르 1세의 칙서에 따라 그루지아 주둔 카프카스 군단Отдельный Кавказский корпус 사령관이자 카프카스 Caucasus 총독으로 부임한 러시아의 예르몰로프Алексей Петрович Ермолов (1777~1861)는 1819년에 페르시아의 샤에게 중앙아시아의 비적들을 소탕하기 위해 아무다리야로 원정대를 파견하는 제안을 한 바 있었다. 카스피해 동부 연안의 탐사 과정에서 히바 칸국에 포로로 잡혀 있다가 풀려난 무라비요프Николай Николаевич Муравьёв-Карсский (1794~1866) 대위의 보고서에 따르면, 당시 러시아 포로들이 부하라와 히바 칸국의 노예시장에서 비싼 값에 팔리고 있었다.

중앙아시아의 튀르크 종족 출신의 비적들은 러시아 상인이나 여행자들을 약탈하고, 이들을 히바 등의 노예시장에 내다 팔거나 러시아에 비싼 몸값을 요구하는 경우가 허다하였다. 러시아에 있어서 히바는 한편으로는 인도로 가는 징검다리—히바가 우호적일 때—였지만, 다른 한편으로 중앙아시아 교역을 가로막는 걸림돌이기도 하였다. 러시아 상인들이 카자흐 초원을 가로질러 중앙아시아로 들어갈 때 당하는 기습과 약탈이 대부분 히바 칸국에 연결된 것이라고 러시아인들은 확신하고 있었다.

히바 원정은 페로프스키 백작에 의해 계획되었다. 황제 니콜라이 1세의 친구이자 오렌부르크 총독이던 페로프스키는 1833년 카스피해 동부 연안에 '노보-알렉산드로프스크Ново-Александровск' 요새를 세우고 히바 원정을 준비하였다. 원정계획은 애초부터 비현실적이었다. 화포 20여 문 남짓과 5,200어 명의 보병으로 구성된 원성대는 주로 폴란드 유형자들로 이루어졌고 참전 경험이 있는 군인들, 즉 베테랑은 소수에 불과하였으며 정규군의 대다수는 신병으로 구성되었다.

페로프스키 원정대 앞에는 여름의 폭염과 겨울의 혹한과 함께 약 1,400km의 행군이 기다리고 있었다. 더 큰 문제는 병참 문제였다. 초원과 사막을 종단해야 했으므로 원정대에 필요한 식량과 물, 그리고 낙타와 말의 여물 등은 직접 수송해야 했고, 이 병참 대열을 유지하기 위해서는 수많은 낙타가 필요하였다. 1839년 6월 18일 7,700여 대의 수레를 대동한 선발대가 오렌부르크를 출발하여 7월 15일 1차 캠프인 아크 불락Ak Bulak에 도착하였다. 이미 행군 과정에서 중앙아시아의 폭염에 수레바퀴는 녹아 뒤틀어졌고 수많은 보급품들이 버려졌다. 식수는 고갈되었고 군마와 가축들은 죽어갔다. 아크 불락에서 키르기스인들과 낙타를 협상하는 동안 시간은 흘러 가을경에야 낙타 10,400여 마리가 확보되었다.

11월 29일 오렌부르크를 출발한 페로프스키의 본대는 12월 12일 아크 불락에 도착하였다. 히바를 향해 행군을 재개하였을 때, 혹독한 기후 탓에 이미 원정대의 3분의 1은 병자에 가까웠고 이미 6백여 명이 사망한 상태였다. 페로프스키가 동계원정을 결정한 것은 폭염으로 인한 식수 고갈 등으로 인해 참사로 끝난 베코비치-체르카쓰키 원정대의 운명을 피하려는 심모원려에 의한 것이었다. 그러나 카자흐 초원과 우스튜르트Üstyurt 사막의 겨울은 그가 상상한 것 이상으로 혹독하였다. 이듬해 4월 초까지 9천여 마리의 낙타가 동사하였고, 5월 초에는 약 80명의 장교를 포함하여 800여 명의 사망자를 헤아리게 되었다. 오렌부르크와 히바의 중간 지점에 당도하였을 때 페로프스키는 철군을 명하였다. 1840년 6월, 결국 전투 한번 없이 천여 명의 사망자를 낸 페로프스키 원정대는 본대의 약 3분의 1만이 낙타 천여 마리와 함께 다시 '문명세계'로 생환할 수 있었다.

페로프스키 원정대가 오렌부르크로 비참하게 철수하던 시점에 영국 정부는 '아프간전쟁'의 와중에도 불구하고, 러시아인 포로 노예를 석방한다는 러시아의 원정 명분을 일소하기 위해 헤라트에서 활동 중이던 정치 자문관 리치몬드 셰익스피어Sir Richmond Campbell Shakespear (1812~1856)를 애보트 대위Augustus Abbott (1804~1867)와 함께 히바 칸국에 파견하였다. 셰익스피어는 히바 칸에게 압력을 행사한 끝에 노예 상태에 있던 러시아인 416명을 석방하여 1840년 말에 오렌부르크로 생환시켰다. 이 공로로 셰익스피어는 상트페테르부르크로 초청되어 니콜라이 1세를 알현하였고, 빅토리아 여왕으로부터는 기사 작위를 제수받았다.[315]

비참한 결과와는 상관없이 페로프스키의 원정은 '제1차 아프간전쟁(1839~1842)'과 더불어, 영국에게는 절박한 그러나 러시아가 보기엔 다소 과장된[316] 표현인 '그레이트 게임'이라는 영-러 간의 전략경쟁의 발화점이 되었다. 앞서 언급했듯이, 당시 러시아 외무장관 네셀로데는 '그레이트 게임'을 실체가 없는 싸움이라는 의미에서 '그림자 시합TурнирТеней'이라 칭하였다.

'그레이트 게임'이라는 용어의 실질적 창시자인 동인도회사의 정보장교 아서 코놀리Arthur Conolly(1807~1842)가 아프간의 칸다하르에 파견된 롤린슨 소령에게 러시아와의 '그랜드 게임'의 절박성에 관한 서한을 보낸 시점이 바로 페로프스키 원정의 막바지 무렵이자 영-아프간전쟁이 한창이던 1840년 7월이었다. 당시 인도에 있던 영국 정보장교들과 총독의 정치 자문관들은 러시아의 위협과 중앙아시아 정치 상황에 관해 과도한 판단을 한 것으로 추정된다.[317]

굴리스탄 조약(1813)과 두르크만차이 조약(1828)으로 페르시아에 대한 러시아의 영향력이 확대되면서 러시아의 세력권이 인도의 국경으로 확대될 것이라는 우려로 영국이 전전긍긍한 것은 사실이었다. 테헤란에 파견된 러시아 전권공사 시모니치Иван Осипович Симонич(1794~1851)는 과거 페르시아의 영토였던 아프가니스탄을 회복하기 위해 헤라트를 재정복할 필요가 있음을 1832년에 파트 알리 샤Fath-Ali Shah(1772~1834)에 건의한 데 이어 1834년 새로 즉위한 모하메드 샤Mohammad Shah(1808~1848)에게도 재차 진언하였다.

카자르Qajar의 페르시아군은 1837년 11월에 헤라트를 포위 공격하였다. 러시아 대사 시모니치의 정치적 부양浮揚이 페르시아 샤의 군사적 시도에 적지 않은 영향을 미쳤을 것이다. 테헤란 주재 영국공사 맥닐Sir John McNeill(1795~1883)은 자신의 최후통첩이 수포로 돌아가자 테헤란에서 철수하였고, 영국은 페르시아만으로 원정군을 파견하였다. 영국 정보장교 포틴저Eldred Pottinger(1811~1843)의 자문을 받은 아프간 군대의 견결한 저항과 영국의 군사적 시위 등으로 페르시아 군은 1838년 6월 헤라트 포위를 풀고 철수하였다.[318] 헤라트 공격 지원을 문책하여 러시아 외무장관 네셀로데는 시모니치를 소환하고 듀가멜Duhamel 장군을 파견함으로써 헤라트 포위 사건은 종결되었다. 그러나 '헤라트 포위'와 연이어 발발한 '영-아프간전쟁'은 결과적으로 러시아에 유리한 정세를 조성하였다.

1837년에 인도의 식민총독 이든George Eden(Lord Auckland)(1784~1849)은 번스 대위('부하라의 번즈Bokhara Bunres')를 아프간의 통치자 에미르Emir 무함마드 칸Dost Mohammad Khan(1793~1863)에게 파견하여 동맹을 제안하였으나 협상이 결렬된 바 있다. 당시 무함마드 칸은 동맹의 조건으로 1834년 시크Sikh의 통치자 란지트 싱Maharaja Ranjit Singh(1780~1839)에 상실한 페샤와르Peshawar를 회복할 수 있도록 지원해 줄 것을 번스를 통해 제안하였으나 이든 총독에 의해 거절당하였다. 동맹 협상이 결렬되자 이든 총독은 무함마드 칸을 폐위시키고 친영파인 슈자 샤Shuja Shah Durrani(1785~1842)를 복위시킨다는 계획을 세웠다.

영국의 폐위 음모는 무함마드 칸과 카불의 분노를 사기에 충분하였다. 무함마드 칸은 러시아에 지원을 요청하려 하였고, 이든 총독은 카불을 공격하기로 결정하였다. 1838년 10월 아프간에 대한 군사적 개입을 결정하면서 이든 총독이 발표한 '시믈라 포고문Simla Manifesto'은 아프간전쟁을 합리화하기 위해 명분을 축적하는 용도였다. 포고문은 '인도의 안녕'과 '슈자 샤의 복위'를 위한 결정으로 아프간전쟁을 정당화하고 있으나, 모두 아프간을 대영제국에 병합하기 위한 구실로 해석될 수 있었다.[319] 21,000여 명에 달하는 영국과 인도 혼성군의 카불침공으로 도스트 무함마드Dost Mohammad Khan는 1840년 부하라로 탈출하다가 체포되어 인도로 압송되었고, 1839년 8월 7일 영국군의 지원 아래 슈자 샤는 아프간 왕으로 즉위하였다.

그러나 슈자 샤의 복위 후 철수하겠다던 애초의 약속과는 달리 영국군의 카불점령이 지속되고 영국인 이주가 시작되자 이에 반발한 아프간인들은 도스트 무함마드의 아들인 아크바르 칸Wazir Akbar Khan (1816~1847)의 주도 아래 1841년 11월 2일 무장봉기를 일으켰다. 영국

점령군은 정치 자문관 맥나튼Willianm Hay Macnaghton(1893~1841)을 파견하여 영국군과 민간인들의 안전한 퇴각 문제로 아크바르 칸과 교섭하려 했으나 12월 23일 맥나튼은 아크바르에 의해 처형되었고, 이를 계기로 아프간의 공세가 더욱 치열해졌다.

1842년 1월 6일 엘핀스톤William G. K. Elphinstone(1782~1842) 장군의 지휘 아래 동인도회사 소속 4,500여 명의 병사와 12,000여 명의 군속과 민간인들이 카불에서 철수를 시작하였다. 그러나 철수 과정에서 투항자들 대부분이 학살된 엘핀스톤의 부대는 1842년 1월 12일 '간다막Gandamak 전투'에서 아크바르 칸의 군대에 의해 최종적으로 궤멸되었고, 생환한 사람은 군의관 윌리엄 브라이든Wlliam Brydon이 유일했다. 이후 '엘핀스톤 부대의 학살'로 명명된 영국군의 비극적인 카불 철수작전은 제1차 아프간전쟁의 참상과 무익함을 웅변해 주고 있다.

아프간전쟁을 끝내기 위해 이든 총독을 교체하여 엘렌버러 백작Edward Law, 1st Earl of Ellenborough(1790~1871)이 인도총독으로 부임하였다. 그는 '아시아의 평화 회복Pax Asiae restituta'이라는 명분으로 파견되었으나 정작 재임 기간 내내 전쟁에 전념하였다. 부임하자마자 '엘핀스톤 부대의 학살' 소식을 접한 그는 1842년 3월 15일 포고문을 발표하여 아프간에 대한 '보복 전쟁'을 선언하였다. 엘렌버러 총독의 지시에 따라 폴락 장군George Pollock(1786~1872)은 카이버 준령峻嶺Khyber Pass을 넘어 아프간을 침공하였다. 9월에 폴락은 노트 장군William Nott(1782~1845)과 세일 장군Robert Sale(1782~1845) 등과 함께 카불을 황폐하게 파괴한 후, 약 115명의 영국인 포로—장교 32명과 사병 50여 명, 어린이 21명과 부녀자 12명 등—를 대동하여 델리로 귀환하였다. 포로 중에는 세일 장군의 부인도 포함되었다.[320]

아프간전쟁 포로 중 극소수 생존자의 한 명인 글레이그George R. Gleig

는 그의 회고록에서 "어떠한 현명한 목적도 없이 시작된 아프간전쟁은 대재난으로 끝났고, 어떠한 정치 군사적 이익도 거두지 못하였다"라고 고백하였다.[321] 1839년 3월 19일 외무장관 애버딘이 하원에서 아프간전쟁을 '조급하고 사려 깊지 못하며 부당한 경로'라고 비판하였다. 에버딘의 발언에는 영국이 러시아에 대한 위협인식과 그 대처방식이 전략적으로 미숙했음이 잘 드러나고 있다.[322]

영국이 제1차 아프간전쟁을 결정했을 때, 영국이 우려하던 '인도를 향한 러시아의 남진 전략'은 중앙아시아에서 아직 실현되지 않은 가상의 위협이었다. 당시 러시아군의 전진기지는 아랄해 밖의 카자흐 초원 초입에 있었다. 러시아 군이 타슈켄트와 사마르칸트를 병합하고 아무다리야 유역을 완전히 장악한 것은 그 후로 30여 년이 지난 뒤였고, 투르케스탄을 정복하여 아프간 국경에 육박한 것은 40여 년 후였다. 제1차 아프간전쟁은 러시아 위협을 방지한다는 명분으로 감행된 위한 일종의 '예방 전쟁preventive war'으로 해석할 수도 있다. 역사적으로 예방 전쟁은 '예방'이라는 개념의 모호성으로 인해 흔히 침략 전쟁을 정당화하는 수단으로 활용되었기 때문에 현대 국제법에서는 실질적으로 금지되었다.

아프간전쟁의 비극적 교훈에도 불구하고 러시아에 대한 영국 토리Tory(보수당)의 전략적 불신은 점증하였다. 1853년 7월, 아일랜드 총독을 역임한 휘그Whig(자유당)의 클라렌든George Villiers, 4th Earl of Clarendon (1800~1870) 백작에게 보낸 서한[323]에서 파머스톤Viscount Palmerston은 러시아 정책에 대해 깊은 적대감과 극도의 불신을 드러내었다. 러시아는 "언제나 다른 국가들의 무관심과 우유부단함을 최대한 활용하여 신속하게 영토를 잠식해 가는데, 결연한 저항에 부딪히면 일시 퇴각하여 다음 기회를 기다린다"는 것이다.

파머스톤에 따르면 러시아 정부는 대외정책이라는 활에 '두 개의 활시위'를 걸어두고 상황에 따라 어느 것을 선택할지 결정한다. 만약 현지에서 침공이 성공하면 러시아 정부는 의도하지 않은 성과로 이를 기정사실화하고, 실패하면 현지 책임자들을 소환하여 정부의 지시를 어기고 자의적으로 행동한 것으로 문책함으로써 러시아 정부는 스스로 면책한다는 것이다. 이러한 사례가 있었던 것은 사실이지만, 이것이 파머스톤이 비판하듯 '두 개의 활시위' 논리에 근거하여 러시아 정부가 의도적으로 실행한 양가兩價 ambivalence적인 정책의 결과물이라고 보기에는 지나친 감이 있다.

슈자 샤가 살해된 후, 1843년 영국에 의해 아프간의 통치자로 복위된 도스트 무함마드는 1855년 3월 페샤와르에서 영국과 동맹조약을 체결하였고 영국의 후원 아래 통치력을 아무다리야까지 확대하였다. 아프간은 아무다리야에서 부하라 칸국과 접경하게 되었고 새로 획득한 지역은 '아프간 투르케스탄'으로 불리게 되었다. 1863년 도스트 무함마드가 서거하고 그의 아들인 셰르 알리Sher Ali Khan (1825~1879)가 계승하였으나, 왕위계승 분쟁으로 인해 한때 카불, 헤라트, 칸다하르 등에서 세 명의 아미르Amir가 즉위하는 등 아프간은 통치의 분열을 겪게 되었다.

페로프스키 원정의 비극을 접한 니콜라이 1세는 1841년 니키포로프Александр Макарович Никифоров (1800~1854) 소장을, 그리고 1842년에는 다닐렙스키Григорий Иванович Данилевский (1800~1858) 소령을 특사로 각각 파견하여 히바 칸으로부터 러시아에 대한 적대행위와 약탈행위를 금하겠다는 조약을 받아냈다. 또한, 1844년 영국방문 중에 니콜라이 1세는 외무장관 애버딘Lord Aberdeen (1784~1860)과 면담한 후에 중앙아시아 칸국들을 러시아와 인도 사이의 중립지대로 남겨둘 것이라 표명하였다. 그러나 히바 칸의 약속에도 불구하고 러시아 상인과 여행자들, 그리고 명목상 러시아의 보호를 받던 키르기스 상인들에 대한 약탈이 지속되자 러시아 주둔군은 안전 확보라는 미명 아래 키르기스 초원(카자흐 초원)을 장악해 갔다.

키르기스 초원이 매우 불안정했던 것은 일면 사실이었다. 당시의 기록으로 보면 중앙아시아 투르케스탄에는 명확한 국경이 존재하지 않았고, 주요 도시마다 실질적인 독립 왕국들Khanates과 통치자들이 존재하는 형국이었다. 그들 간에 전쟁은 끊임없이 지속되어 새로운 오아시스 왕국들이 흥망을 거듭하였으므로 왕국 간의 경계는 매우 유동적인 상태였다. 예를 들어, 안드후이Andkhui, 발흐Balkh, 훌름Khulm, 쿤두즈 Kunduz, 카쉬가르Kashgar, 야르칸드Yarkand, 호탄Khotan 등의 도시국가들은 일시적으로 독립적 지위를 누리거나, 부하라나 아프간 또는 청 제국의 속국이 되길 반복하였다. 1840~1850년대에 걸쳐 지속된 중앙아시아의 주요 세 국가인 부하라, 코칸드, 히바 칸국의 영토와 왕위계승전쟁은 이러한 불안정을 가속화시켰다.

러시아 주둔군은 약탈에 연루된 부족들의 가장 좋은 목초지를 몰수하거나 몇몇 마을을 황폐화하는 등, 초원 부족들의 약탈 행위에 무자비하게 보복하였다. 러시아 주둔군의 이러한 조치들로 인해 부하라의 카라반들은 더 이상 약탈을 당하지 않고 카자흐 초원을 건널 수 있었다. 1845~1847년 오브루체프Владимир Афанасьевич Обручев (1795~1866) 장군은 우랄산맥에서 아랄해에 이르는 카자흐 초원을 정복해 나가면서 아랄해와 시르다리야Syr Daria강 유역에 라임스크(아랄스크 Aralsk)Raimsk와 코스 아랄Kos-Aral 등, 요새와 항구를 건설하였다. 당시 러시아는 유럽정책과 영국의 여론을 고려하여 영국을 지나치게 자극하지 않으려고 점진적으로 카자흐 초원에 진입하였다.

그러나 러시아 주둔군은 시르다리야강 건너 요새에 주둔하고 있던 코칸트 칸국의 부대가 러시아의 신민으로 복속된 키르기스인들을 침략하러 도강渡江을 시도하자, 이를 빌미로 시르다리야 유역과 아랄해의 코간트 요새들을 공격하였다. 1849년 초 보그다노프Дементий Иванович Богданов(1791~1879) 장군은 코칸트인들을 공격하여 코스 쿠르한 Kos Kurhan 요새를 점령하였고, 블라람베르크Иван Фёдорович Бларамберг(1800~1878) 장군은 몇 개의 소규모 요새를 획득하였다.

1853년 오렌부르크 총독으로 재부임한 페로프스키는 750명의 보병, 우랄 카자크 기병 400여 명, 바쉬키르 기병 200여 명 등과 23문의 포대로 구성된 부대를 이끌고 코칸트의 난공불락 요새이자 시르다리야 유역의 가장 중요한 요새 중의 하나인 아크 메체트Ак-Мечеть를 함락시킨 후 페로프스크 요새를 건설하여 시르다리야 요새선을 구축하였다.[324] 1850년 니콜라이 1세의 즉위 25주년에 즈음하여 오렌부르크 총독은 니콜라이 1세의 치세 동안 러시아가 중앙아시아에서 프랑스와 스페인을 합한 규모의 영토를 획득하였다고 자랑스럽게 공표하였다.

카자흐 초원의 서쪽인 페로프스크 요새Кызылорда/форт Перовск와 동쪽의 일리Ili강伊犁河의 요새 사이에는 600여 마일 이상의 단절과 방어 공백이 존재하였다. 방어 공백지대에 요새들을 세움으로써 시르다리야 요새선과 시베리아 방어 라인을 연결하는 작업은 새로 정복한 남부 변경지대를 안전하게 방어하는 데 필수적이었다. 오렌부르크 총독과 서시베리아 총독이 참여한 페테르부르크 회의에서 시르다리야 라인과 시베리아 라인을 연결하는 군사작전이 결정되어 니콜라이 1세의 재가를 받았다. 그러나 크림전쟁의 발발로 인해 러시아는 중앙아시아에 대한 적극적인 개입을 중단할 수밖에 없었으므로 본격적인 군사적 시도는 1860년대로 미뤄지게 되었다.

2. 중앙아시아 정복과 '문명적 사명'이라는 신화

부하라[1873]와 코칸트 칸국[1876]의 병합

크림전쟁 막바지인 1855년 니콜라이 1세가 사망하고 알렉산드르 2세가 즉위하자, 1857년 히바 칸과 부하라의 에미르[Emir]는 알렉산드르 2세의 즉위를 경축하기 위해 상트페테르부르크에 사절단을 파견하였다. 이듬해 러시아 정부는 이그나티예프[Николай Павлович Игнатьев(1832~1908)]를 히바와 부하라에 파견하여 중앙아시아의 정세를 탐색하려 도모하였다. 이그나티예프는 파리강화회의[1856]에서 활약한 무관 출신 외교관이었다. 시튼 왓슨[Hugh Seton-Watson][325]에 따르면 이그나티예프는 런던 주재 러시아 대사관의 무관참사로 있으면서 접한 인도의 '세포이 항쟁[Восстание сипаев(1857~1859)]' 소식에 고무되어 이를 중앙아시아로 전진하는 기회로 활용하려 했다는 것이다. 식민지배에 대한 대대적인 저항으로 인도에서 최초로 정치·군사적 위기에 직면한 영국이 중앙아시아 문제에 개입할 물리적이고 정신적인 여유가 없을 것이라는 판단이었다.

이그나티예프의 중앙아시아 임무가 의도했던 만큼의 성과를 거두지 못하였으나 유용한 탐색 결과를 거둔 것은 사실이다. 1858년 9월 히바 칸 사이드 무하마드[Sayyid Muhammad(1823~1864)]는 이그나티예프 등이 승선한 러시아 선박이 아무다리야를 거슬러 올라 히바 칸국을 가로지르는 통항을 허용하지 않았다. 그러나 무함마드 칸은 결국 이그나티예프를 히바로 영접하였고, 그를 볼모로 잡으려던 계획 또한 수포로 돌아갔다.

같은 해 10월, 이그나티예프는 부하라에서 에미르[Emir]인 나스룰라 칸[Nasr-Allah bin Haydar Tora/Nasrullah Khan(1827~1860)]으로부터 양국 간 무역

증진과 러시아 포로 석방에 관한 동의를 획득하였다. 잔혹 행위로 악명 높았던 나스룰라 칸[326]과의 합의를 전적으로 신뢰하기엔 미심쩍은 부분이 있는 것은 사실이었으나, 이를 통해 형식적으로나마 부하라가 러시아인들에게 적대행위를 하지 않을 것이라는 점을 확인한 것은 일정한 성과였다고 할 수 있다. 크림전쟁의 패배로 국내정세가 불안정하던 러시아 정부는 중앙아시아 변경지대의 안정이 필요했기 때문이다.

러시아와 중앙아시아 칸국들 간의 평화는 오래가지 않았다. 러시아가 크림전쟁의 여파로 국내 문제에 몰두하게 되자 코칸트는 러시아에 상실한 요새들을 회복하기 위해 카자흐 초원으로 진격하였다. 러시아를 저지하기 위해 고심하던 부하라Emirate of Bukhara는 이러한 코칸트의 군사적 시도에 동정적이었다. 1860년 나스룰라 칸의 사망으로 왕위를 계승한 무자파르Muzaffar bin Nasrullah (1819~1885)는 선왕보다는 덜 사악하였으나 책략이 일천하였다. 그는 시르다리야를 따라 전진하는 러시아에 대해 반감을 지니고 있었다.

오렌부르크-시베리아 변경라인의 러시아 주둔군 또한 자체적으로 카자흐 초원 동부에서 약간의 전진을 시도하였다. 1858~1860년 찜메르만Аполлон Эрнестович Циммерман (1825~1884) 대령은 키르기스스탄과 카자흐스탄의 경계인 추Чуй강 계곡의 소규모 코칸트 요새들(톨막Tolmak과 피쉬펙Pishpek)을 점령한 후 정찰대를 아우리에 아타Aulie Ata(타라스Тараз/Talas)까지 파견하였다. 코칸트 군대가 러시아의 시베리아 변경지대인 발하쉬Балкаш 호수 주변에 위치한 세미레치에(제티수)Семиречье/Жетісу 지역으로 진격한 것은 이즈음이었다. 15,000여 명의 코칸트 군대는 콜파콥스키Герасим Алексеевич Колпаковский (1819~1896) 대령이 이끄는 불과 800여 명의 러시아 주둔군에게 격퇴되었다. 이에 고무된 체르냐예프Михайл Григорьевич Черняев (1828~1898)는 상부의 지시에 따라 부하라의 침켄트Чимкент(쉼켄트Шымкент)—현재 남카자흐스탄주의 주도州都—를 공격할 계획을 수립하였다.

시튼 왓슨은 1860년대 러시아에서 중앙아시아에 관한 관심이 제고된 것에는 경제적 동기가 작용하였다고 설명한다. 남부 변경지대의 불안정성 해결이라는 지정학적 동기보다는 경제적 동기를 강조하는 평가들에 따르면, 미국의 남북전쟁(1861~1865)으로 인해 북미대륙으로부터 면화 원료의 수입이 어려워지면서 원료의 대체 공급지로 중앙아시아를 다시 주목하게 되었다는 것이다. 이 외에 주변적인 이유로는 중앙아시아 변경지대에서 지속되고 있던 약탈과 군사적 충돌 등이 거론되기도 한다. 영국의 중앙아시아에 대한 전략계획이 여전히 유효하다고 러시아 정부가 판단하고 있었다는 점 또한 간과할 수 없을 것이다. 그 밖에도 왓슨은 1863년 1월에 발생한 폴란드 대봉기를 러시아가 성공적으로 진압하면서 군사적 자신감을 회복한 점이 중앙아시아로 향하는 본격적인 원정을 결정한 정치·군사적 배경이라고 진단하였다.[327]

1864년 9월 침켄트에 울려 퍼진 포성은 러시아군의 본격적인 중앙아시아 원정을 알리는 신호탄이었다. 베르노예Верное 요새(알마아타 Alma Ata)를 출발한 체르냐예프 소장의 원정대(2,500여 명)와, 페로프스크 요새(키질오르다Қызылорда)를 출발한 베료프킨Николай Александрович Верёвкин(1820~1878) 대령이 지휘하는 원정대(1,200여 명)는 침켄트에서 합류하여 이를 함락시킨 후 타슈켄트로 진격하였다. 타슈켄트의 저항은 예상외로 격렬하였고, 도시를 둘러싼 성벽이 약 16마일에 달하여 포위하기도 불가능하였다.

수개월에 걸친 치열한 공방전 끝에 체르냐예프는 타슈켄트의 상수원인 치르치크Chirchiq강 상류를 둑으로 막아 식수 공급을 끊음으로써 타슈켄트 주민들을 혼란에 몰아넣고 성을 공략하여 1865년 6월 17일 무조건 항복을 받았다. 러시아 정부는 체르냐예프에게 타슈켄트를 점령하지 말 것을 지시하였으나 이 지시가 도착하기 전에 타슈켄트는 이미 함락되었다. 체르냐예프는 단지 1,950명의 병력으로 7만여 명의 타슈켄트를 점령하였는데 러시아군의 손실은 195명에 불과하였다. 이것은 화력 면에서 러시아군의 압도적 우세를 보여주는 것이기도 하지만, 유럽 열강의 식민지 병합 또는 영토 팽창에 있어서 군사력의 비대칭성, 또는 압도적 일방성을 시사하는 것이기도 하다.

러시아의 코칸트 공격에 위협을 느낀 부하라의 무자파르 칸은 코칸트 영내로 선제 진격하여 후잔트Khudjand/Хучанд를 점령하였다. 무자파르 칸은 러시아의 공격을 활용하여 부하라의 세력을 코칸트로 확장하는 기회로 삼으려 하였다. 체르냐예프는 무자파르와 교섭하기 위해 일단의 장교들을 파견하였으나 감금되었다. 체르냐예프의 지휘권을 승계한 로마노프스키Дмитрий Ильич Романовский(1825~1881) 장군은 무자파르와 협상을 시도하였으나 결렬되어 이르자Irdjar에서 교전하였다. 3,600여 명의 러시아군에 의해 부하라 군대는 패주하였고 후잔트는 러시아군의 수중에 들어갔다. 이에 부하라 칸은 강화교섭에 응하여 러시아가 점령한 영토에 대한 인정과 배상금 지불과 러시아 상인들의 상업권 보장 등을 약속하였다.

러시아 정부는 중앙아시아 군사작전을 합리화하기 위해 유럽 열강에 외교 서한을 발송하였다. 1864년 11월 21일자 고르차코프의 회람장[328]에는 러시아의 정당화 논리가 잘 드러나 있다. 재상 고르차코프는 회람장에서 문명론을 역설하였다. 회람장의 골자는 "중앙아시아에서 러시아의 입장은 반야만적인 유목인들과 접촉한 유럽 문명국들의 입장과 동일하며, 다른 문명국들처럼 변경지대의 안정과 상업활동의 안전에 관심을 기울여야 하므로 침략과 약탈은 진압되어야 하고 이를 위해 야만 부족들은 복속되어야 한다"는 내용이었다.

러시아의 중앙아시아 원정이 지속적으로 확대된 이유로 고르차코프는 야만 민족들에 의해 초래된 변경지대의 연쇄적인 불안정을 들었다. 회람장에 따르면, 맨 처음에 러시아가 변경지대에서 접촉한 야만 부족들(카자흐와 키르기스인들)을 복속시키고 그곳에 요새를 구축하여 초원지대에 문명 질서를 부여하였다. 그러나 문명화된 부족의 경계 너머에 있는 다른 야만 부족들이 교화된 부족들(카자흐와 키르기스인)뿐 아니라 러시아의 요새들을 공격하고 지속적으로 약탈함에 따라 이에 대한 보호와 방어 차원에서 변경 너머로 군대를 반복적으로 파견하게 되었다는 것이다.

이에 따라 이러한 조치가 변경지대 너머에 거주하는 다른 부족들(코칸트와 부하라)과 연쇄적인 충돌로 이어져 불가피하게 '문명의 경계가 확장'(러시아의 영토 확장)되었다고 강조하였다. 러시아는 두 가지 선택이 있었는데, '한없는 노고'를 그만두고 중앙아시아 변경의 끊임없는 혼란에 방치하거나, 원정 때마다 증가하는 고충과 비용을 감내하면서 야만 민족들의 문제에 뛰어드는 것이다. 고르차코프의 회람장대로라면, 러시아는 후자, 즉 '막대한 희생을 감내'하면서 변경의 안정과 '야만 민족의 문명화'를 선택하였고, 이러한 선택은 '모든 문명국의 운명'이라는 논리였다. 이 문명화 과정은 안전을 위협하는 야만인들을 문명 세계로 흡수하여 국경을 확장했던 여타 유럽 열강의 확장경로와 동일한 것이었다. 북미대륙에서 미국의 서부개척(정복), 프랑스가 알제리를 병합한 것, 그리고 영국이 인도로 팽창한 것 등과 동일한 목적으로 러시아가 중앙아시아에서 그러한 임무를 수행하고 있다고 고르차코프는 '문명적 사명'을 주장하였다. 문제는 단지 어디에서 멈출 것인가였다.

변경지대의 자연지리적 측면에서도 러시아의 아시아 남부국경은 지나치게 열려 있었고, 우랄에서 시베리아로 이어지는 아시아 국경의 방어 라인은 단속적斷續的으로 설정되어 있었다. 당시 고르차코프는 중앙아시아의 고유 국경선을 시르다리야 하류의 페로프스크에서 이식쿨Иссык-Куль/Ысык-Көл 호수까지로 상정하였다. 시베리아와 몽골초원을 거쳐 캄차카로 이어지는 동부 라인은 이식쿨 호수에서 끊어지며, 카프카스와 카스피해를 거쳐 아랄해를 잇는 아시아 서부 라인은 시르다리야 하류의 페로프스크에서 멈추었다. 이뿐만 아니라 카스피해와 아랄해 사이 또한 불안정하였다.

따라서 고르차코프의 주장은 아시아 동부와 서부 변경지대 사이의 방어라인을 잇는 과제가 변경지대 안전을 위해 결정적 중요성을 지님으로써 '변경을 확장할 의도가 없는' 러시아 정부로 하여금 중앙아시아 원정에 착수하게 하였다는 것이다. 이러한 프로젝트가 카자흐 초원의 식민지화와 변경지대의 안정적인 관리(식량 보급 등)뿐 아니라, 이웃한 코칸트 칸국과 상업 관계 수립에 좋은 환경을 마련해 줄 것이기 때문에 알렉산드르 2세의 관심을 끌게 되었다는 것이 고르차코프의 논리였다. 고르차코프의 회람장은 러시아의 아시아 정책의 원칙과 명분을 유럽에 공표한 최초의 공식적인 문서라는 데 중요한 의의가 있다.

러시아는 어떠한 호전적인 계획도 지니고 있지 않으며 단지 문명과 질서의 수호라는 임무를 수행할 뿐이라고 강조하였다. 이러한 문명화의 사명은 "약탈보다는 무역이 더 많은 것을 가져다준다는 점을 야만인들이 깨닫게 하는 것"이었다. 러시아 외무장관 고르차코프의 이러한 논리는 식민지 건설에서 최선두 국가인 영국이 원칙적으로 반박하기 어려운 것이었다. 고르차코프가 보기에 러시아는 문명적 사명으로 영국 등의 선례에 따라 이제 식민지 건설을 시작했을 따름이었다.

유럽 열강의 식민지 팽창정책에서 약한 고리를 건드린 고르차코프의 전략은 주효하였다. 고르차코프의 주장은 식민지 건설과 제국적 팽창을 문명적 사명으로 합리화하던 당시 유럽 상층계급의 일반적인 태도와 일치하였으므로 러시아의 중앙아시아 공략을 겨냥하여 주목할 만한 어떠한 반대도 이루어지지 않았다. 비교적 논리가 정연했던—중앙아시아 병합을 정당화한—이 회람장은 결과적으로 고르차코프의 외교적 승리로 평가되었다.[329] 파머스톤 수상이 이끄는 영국 자유당 정부는 고르차코프의 회람장을 러시아가 중앙아시아 문제에 더 이상 개입하지 않는다는 약속으로 해석하고 수용하였다. 이에 따라 중앙아시아 문제를 둘러싼 영국과 러시아의 긴장은 일단 해소되었다.

1867년 러시아 정부는 타슈켄트에 투르케스탄 총독부를 수립하여 콘스탄틴 카우프만Константин Петрович фон-Кауфман (1818~1882)을 총독으로 임명함으로써 중앙아시아를 제국의 영토로 병합하기 위한 공식 계획에 착수하였다. 카우프만은 이후 20여 년 동안 중앙아시아에 대한 제국주의적 통치의 실권자로서 토지개혁을 비롯하여 식민통치의 기반을 이루는 정책을 실시하였다. 그에게 부여된 임무는 중앙아시아 정복의 완수였는데, 중세 티무르 제국의 수도였던 사마르칸트의 점령이 상징적인 사례였다.

카우프만의 군대는 1868년 4월 사마르칸트Samarkand로 진격하였다. 카우프만은 도시를 포기하고 조약을 체결할 것을 부하라의 에미르에게 요구하기 위해 전령을 파견하였다. 무자파르의 답신은 러시아 측의 제안에 전혀 부합하지 않은 것이었으므로 카우프만은 최후통첩을 보냈다. 협상을 위해 부하라의 칸에게 주어진 시간은 단지 두 시간뿐이었다. 부하라 칸은 교전을 선택하였다. 부하라 토후국Emirate of Bukhara의 군대가 전투에 패배한 다음날 아침에 사마르칸트의 대표단은 러시아

군에게 그들의 보호를 요청하여 1868년 5월 2일 카우프만은 사마르칸트에 입성하였다.[330]

2만여 병력을 동원한 사마르칸트 수복전修復戰이 실패로 돌아가자 부하라의 칸 무자파르는 6월 18일 카우프만과 평화조약—러시아와 부하라의 최초의 조약—을 체결하였다. 조약에는 125,000 금 틸라gold tilla[331]의 전쟁배상금, 사마르칸트를 포함하여 '우즈벡의 황금 수도golden capital'라 불리는 자라프샨Zarafshon/Зарафшан 지역의 할양, 러시아인들의 자유로운 상업권과 통행권 등이 포함되었다. 칸의 아들들은 선진교육을 명목으로 상트페테르부르크에 볼모로 보내졌다. 카우프만은 부하라 토후국의 도시들을 점령하거나 '욕되게' 하지 않을 것을 약속하였다.[332] 굴욕적인 조약에 반발하여 칸의 아들이 일으킨 반란은 무위로 끝났고, 샤르Шар와 키탑Kitob 두 도시의 봉기는 아브라모프Александр Константинович Абрамов(1836~1886) 장군에 의해 진압되었다.

실크로드 상인들의 중간 기착지인 카라반사라이Caravanserai/Караван-сарай였던 코칸트의 쉼켄트(침켄트)Шымкент와 타슈켄트에 이어 부하라의 사마르칸트를 러시아의 카우프만 군대가 점령하자 인도총독부의 우려가 고조되었다. 글래드스톤 정부는 고르차코프의 회람장에 대한 확인을 요구하였다. 영국의 외무장관 클라렌든George Villiers, Earl of Clarendon(1800~1870)은 고르차코프 외무장관과 공식적인 교섭을 통하여 향후 러시아의 영토 확장 문제를 확실히 정리하길 원하였다. 클라렌든은 아프가니스탄을 러시아와 인도 사이의 '중립지대'로 설정할 것을 제안하였다.

고르차코프는 클라렌든의 제안을 흔쾌히 수락했다. 왜냐하면 이러한 제안은 결과적으로 러시아의 중앙아시아 점령을 기정사실화 해주는 것이기 때문이었다. 고르차코프의 판단에 따르면 알렉산드르 2세는 이미 아프가니스탄을 러시아의 세력권 밖에 있다고 인식하고 있었다. 2년여에 걸친 교섭 끝에 양국 정부는 아프간 북부 국경을 획정하는 문제에 동의하였다. 러시아는 "영토가 확대되면 약점(위험)도 확대된다"는 표현으로 더 이상의 남진은 없을 것이라 확인해 주었다. 1873년 1월 31일 그랜빌 외무장관Granville Leveson-Gower(1815~1891)이 제안한 사락스Sarakhs에서 아무다리야 유역의 호자 살레와 콕차Koktcha에 이르는 국경선을 고르차코프가 수용하였다.

히바 칸국의 병합1873: 요무트 투르코만Yomut Türkmen의 비극

러시아가 부하라와 코칸트 칸국를 병합하는 과정에서, 1867년 동투르케스탄 예티샤르(카슈가리아)Yettishar/Kashgaria의 통치자 야쿱 벡Магомет Якуб бек Бадаулет(1820~1877)이 주도하는 무슬림 봉기 세력이 중국의 신장新疆 위구르를 장악함에 따라 러시아는 동東투르케스탄에 대한 군사적 관심을 기울이게 되었다. 당시 중국은 만주족의 청왕조에 대항하는 '태평천국의 난(1850~1864)'이 막바지에 이르러 매우 혼란스러운 상태였다. 1862년 중국의 섬감지방(섬서성과 감숙성)에서 발생한 '회족 전쟁(1862~1877)' 또는 '회족 반란Dungan Revolt'이 신장 위구르 지역으로 파급되었다.

1865년 러시아가 타슈켄트를 점령한 직후에 탈출한 야쿱 벡이 이에 합류하여 카슈가르Kashgar 등을 장악하고 신장 위구르의 통치자로 선언하면서 '회족혁명'은 동투르케스탄 전역으로 확대되었다. 회족 반란 초기 러시아는 아직 군사적 개입을 결정하지 못하였다. 1865년 타쳉塔城이 함락된 후 청조정이 러시아에 군사적 지원을 요청하였으나, 러시아 정부는 사태가 유동적이라는 판단 아래 직접적인 군사적 지원은 피하고 청국 군대에게 수송과 군수물자 보급을 지원하기로 결정하였다.

당시 집중하고 있던 코칸트 칸국과 부하라 칸국에 대한 군사적 원정 또한 러시아로 하여금 동투르케스탄(신장 위구르)에 대한 군사적 개입을 망설이게 한 요인이기도 하다.

1865년 2월, 신장 위구르와 접경한 세미레치예Семиречье의 군사령관인 콜파코프스키Герасим Алексеевич Колпаковский(1819~1896)는 변경인 중가리아Dzungaria 초원을 넘어 타림분지로 들어가 무슬림 반군이 장악한 쿨자Kulja(이닝伊寧)와 카슈가르 등지를 점령하는 군사 공격을 건의하였다. 그러나 외무장관 고르차코프는 그러한 군사적 점령이 이후 청국과의 관계를 악화시킬 수 있다는 이유로 반대하였다. 1867년 청국조정은 '회족봉기'를 진압하기 위해 줘종탕左宗棠을 섬감총독으로 파견하였고 젱궈판曾国藩이 지원군을 이끌고 이에 합류하였다.

1851년 청국과 맺은 쿨자 조약에 따라 일리Ili강 유역의 쿨자(이닝伊寧)와 추구착Chuguchak(타쳉) 등 신장 위구르에서 상업적 이해관계를 지니고 있던 러시아는 친영국 성향으로 알려진 야쿱 벡의 세력 확장으로 인해 영국의 영향력이 동투르케스탄과 이에 접경한 자국의 변경지대로 쇄도해올 것을 우려하였다. 오스만 튀르크와 영국은 1873년과 1874년 야쿱 벡의 정통성을 외교적으로 각각 승인하였고, 오스만제국은 야쿱 벡에게 소총 3천 정과 대포 30문, 3명의 군사 자문관을, 그리고 영국은 수천 정의 전장식 머스킷Musket 장총을 제공하였다.[333]

러시아 정부의 판단으로는, 영국과 오스만제국을 배후에 둔 야쿱 벡이 동투르케스탄을 기반으로 부하라나 히바 칸국 등과 합세하여 이교도 러시아에 대항하는 성전을 선포한다면 중앙아시아 서西투르케스탄에 대한 정복 계획에 막대한 차질이 초래될 수 있었다. 이에 따라 콜파코프스키 장군과 발리쯔키Игнатий Семёнович Балицкий 소령은 2천여 명의 병력을 이끌고 중가리아 초원을 넘어 일리伊犁 지역을 점령하였다. '회족봉기'가 진압된 후, 1878년부터 청국군과 러시아 점령군 간의 긴장이 고조되었다. 쥐종탕은 신장 지역으로부터 러시아군이 철수할 것을 요구하여, 거부할 경우에 전쟁을 불사할 것이라는 강경한 입장을 표명하였다. 쿨자 등, 러시아가 점령한 중가리아의 일부 지역은 1881년 2월에 체결된 상트페테르부르크 조약에 의해 중국에 반환되었다.

중앙아시아 칸국들의 병합 과정에서 마지막 제물은 히바 칸국이었다. 러시아는 히바 칸국의 백성인 투르코만인Turkomans을 사주하여 칸에 대항하여 봉기하도록 부추겼다. 히바 칸의 폭정에 시달려 러시아에 호의적이던 트란스 카스피Закаспийская область 변경지대의 유목민들은 히바의 조세 징수를 거부하였다. 히바 칸 무함마드 2세Muhammad Rahim Bahadur Khan II(1847~1910)가 봉기 진압 등 내정에 몰두하게 됨에 따라 카스피해 연안에 주둔하던 러시아군은 히바 원정을 시도하였다.

14개 중대, 300여 코사크 기병, 20여 문의 야포로 구성된 마르코조프Василий Иванович Маркозов(1838~1908)의 원정대는 크라스노보트스크Красноводск를 출발하여 1872년 10월 히바의 영내인 키질 아르바트Kyzyl Arvat/Gyzylarbat에 별다른 저항 없이 도착하였으나, 이그디Igdy/Uzboy에서 히바 군대의 기습을 당하여 수송 수단 대부분을 상실하고 퇴각하였다. 카우프만 총독은 마르코조프 원정대의 실패를 타산한 후에 히바 칸국에 대한 대규모 전면 공격이 필요하다는 결론을 내렸다. 1840년 참극으로 끝난 페로프스키의 원정 이후 30여 년 만에 다시 수립된 제2의 히바 원정계획은 카우프만에 의해 주도면밀하게 준비되었다. 대규모 히바 원정을 승인받기 위해 카우프만은 상트페테르부르크로 향하였고, 원정 결정을 위한 일련의 위원회가 개최되었다.

카우프만 총독이 상트페테르부르크에 도착할 당시, 유럽은 정치 지형과 국제질서의 재편 등 전환기에 있었다. 프로이센-프랑스전쟁

(1870~1871)에서 프로이센이 승리하여 독일제국을 선포함으로써 독일은 유럽의 강자로 부상하게 되었다. 비스마르크와 고르차코프의 협력 하에 독일, 러시아, 오스트리아-헝가리 제국 간에 삼제동맹 Dreikaiserbund(1873)이 가시화되어 신성동맹(1815)이 부활하는 듯하였다. 프랑스와의 전쟁에서 프로이센을 지원한 보답으로 고르차코프는 파리 조약(1856)의 굴욕적인 '흑해조항'(흑해 함대의 무장해제)을 폐기하는 데 있어서 비스마르크의 외교적 지원을 획득하였다.

유럽 정치지형의 구조적 재편이 이루어지고 있는 가운데, 고르차코프의 외교적 성공과 알렉산드르 2세의 대개혁에 힘입은 러시아는 대내외적으로 세력을 회복하기 시작하였다. 러시아의 회복이 현저해지는 시점에서 대규모 히바 원정은 유럽 열강, 특히 영국이 양해하도록 유도할 필요가 있었다. 유럽대륙에서 독일제국의 부상과 프랑스의 참패, 독일과 러시아의 동맹형성으로 인해 초래된 영국의 불안감을 러시아의 히바 원정으로 가중시킬 필요는 없었다. 히바 칸국은 영국이 인도와 완충지대로 설정한 아프가니스탄에 접경하고 있었으므로 판단하기에 따라 중앙아시아에서 인도로 가는 길목에 해당하였다.

페테르부르크에서 짜르의 주재 아래 히바 원정에 관한 논의가 진행되었다. 어전회의에서 투르코만인들의 약탈 행위에 책임을 물어 히바 칸을 책벌할 것인가 아니면 히바 칸국을 점령할 것인가 하는 문제가 표결에 부쳐져 9대 35표로 군사 점령하는 방안이 결정되었다. 표결에서 고르차코프는 영토 점령에 반대하였고, 짜르는 결과적으로 찬성하였다. 고르차코프는 히바 원정에 대해 영국에 양해를 구하려 슈발로프 백작을 파견하였다.

1873년 1월 런던에 도착한 슈발로프는 그랜빌 Lord Granville과 여러 차례 면담을 통해 러시아가 중앙아시아를 병합하거나 영구히 점령할 의사가 없음을 밝혔다. 영국 의회에서 그랜빌이 낭독한 슈발로프의 성명서에는 러시아의 중앙아시아 원정의 목적이 "투르코만들의 약탈 행위를 응징하고, 50여 명의 러시아인 포로들을 구출함으로써 그러한 무도한 행위는 결코 용서될 수 없다는 교훈을 히바 칸에게 각인시키기 위한 것"이라고 설명되었다. 이로써 히바 원정은 대내외적으로 기정사실화 되었다. 1873년 히바 원정군은 총 9,000여 명의 보병과 기병 3,000여 명, 그리고 대포 40여 문으로 구성되었다.[334]

1873년 3월 타슈켄트, 오렌부르크, 망기슐락Мангышлак, 크라스노보트스크 등 카스피해 동안東岸에서 톈산 서사면에 이르는 중앙아시아 북부 전역에 걸친 지역으로부터 4개의 군 대열이 각기 출발하여 히바 근처에서 합류하기로 예정되었다. 타슈켄트를 출발한 부대는 카우프만의 지휘 하에 있었고, 5,500여 명의 병사와 18문의 대포 등으로 구성되었다. 치키슐라르Chikishlar/Чикишляр를 출발하여 카스피해 동안을 따라 행군한 마르코조프 대령의 부대는 3,000여 명의 병사로 구성되었다. 우랄 남부 오렌부르크에서 출발하여 카자흐 초원을 가로질러 행군한 베료프킨 장군은 2,000여 명의 병사와 6문의 대포를 휘하에 두고 있었다.

카우프만 총독이 몸소 히바를 점령하는 영예를 누리길 원했으므로 원정군은 행군 속도를 하루 27~30마일로 조절하며 도착 시기를 서로 맞추었다. 러시아 원정군에 대한 전갈을 접한 히바 칸은 러시아에 대항하는 동맹을 인도와 페르시아에 제안하였으나 무산되었다. 히바에 도착하기까지 러시아 원정군은 이렇다 할 저항 없이 순조롭게 행군하였다.

5월 26일 베료프킨 부대가 아무다리야강에 이르렀을 때 히바인들은 사절단을 보내 허위로 항복을 제안하여 시간을 벌면서 그들의 주요 요새들을 버리고 도주하였다. 호제일리Khodjeili에 베료프킨이 도착한 것은 히바인들이 마을을 버리고 도주한 뒤였고, 잔류한 카자흐인들은 러시아 군대에 복속을 간청하였다. 5월 20일, 다수의 요무트Yomud/Yomutlar 투르코만인들이 공격해 왔으나 베료프킨 부대는 손쉽게 격퇴하였다. 6월 2일에는 다수의 히바인들이 베료프킨에게 항복을 자청하여, 자신들을 약탈하는 동족들로부터 러시아군이 보호해 주도록 요청하였다. 베료프킨은 이들로부터 히바 칸의 잔류군대가 7,000여 명에 불과하다는 첩보를 확보하였다.

6월 6일 히바 칸은 히바에 선착하여 카우프만 총독의 부대를 기다리던 베료프킨에게 강화를 요청하고 평화 교섭을 위해 그를 성안으로 초청하였다. 그러나 베료프킨은 과거 히바 칸의 계략에 속아 몰살당한 '베코비치-체르카쓰키의 운명'을 상기하여 이를 거절하였다. 히바 근교에 야영하면서 카우프만의 본대를 기다리던 베료프킨 부대는 히바의 소부대들의 지속적인 공격과 성벽에 배치된 대포들의 위협에 노출되었다. 6월 9일 카우프만 부대의 소식이 확인되지 않은 가운데 베료프킨은 이러한 곤경을 타개하기 위하여 공격을 개시하였다.

히바군대는 야포들을 버리고 패주하였고 러시아 부대의 선두는 성문 앞 50여 야드까지 전진하였다. 이제 히바의 운명이 자신의 자비 앞에 놓여 진 긴박한 시점에서 베료프킨은 퇴각을 명령하였다. 몸소 점령하여 첫 번째로 히바 입성을 원하는 카우프만의 지시를 준수해야 했기 때문이다. 베료프킨의 장교들이 성벽에 대한 일제 공격을 명령하려던 순간 베료프킨은 퇴각 명령을 내렸다. 러시아 부대의 포격이 멈추자 히바 칸이 사신을 보내 휴전을 요청하여 조건부 휴전이 이루어지기도 했으나 곧이어 약속을 파기하여 러시아 군의 포격이 재개되었다.

9일 밤 카우프만 총독으로부터 7마일 밖에 진주해 있다는 서한

이 당도하였으므로, 다음날 오전 로마킨Николай Павлович Ломакин (1830~1902)과 사란쵸프Саранчёв Владимир Семёнович(1841~1916) 대령 등은 카우프만을 영접하러 갔다. 6월 10일 카우프만 사령관은 그의 진영에서 히바 칸 무함마드 2세의 숙부이자 특사인 에미르 오므라Emir Omra와 평화조약의 조건에 대해 교섭하였다. 강화조약에는 아무다리야 유역과 강 우안右岸(북쪽)의 모든 영토의 할양, 220만 루블의 배상금, 러시아 상인들에 대한 관세 면제, 짜르의 신하로 히바 칸의 복속 등이 포함되었다.

강화조약의 조건에 합의한 직후 카우프만 장군은 히바에 입성하였다. 8월 12일 조인된 강화조약[335]에서 히바 칸은 외국과의 모든 교섭을 러시아를 통해 수행(외교권 박탈)한다는 데 동의함으로써 히바 칸국은 공식적으로 러시아의 보호국(속국)이 되었다. 같은 해 9월 16일—또는 10월 10일—조약에 따라 부하라 칸국 또한 러시아의 보호국이 되었다.

히바 칸국의 정복 과정에서 발생한 요무트 투르코만인[336]의 비극은 원정에 참여한 장교들의 논공행상과 카우프만에 대한 반발, 그리고 히바인들에 대한 완전한 제압 등과 관련되었다. 원정대 장교들의 판단으로는 히바의 점령이 전적으로 베료프킨과 그의 부대의 공로였으나, 전쟁의 성과는 카우프만과 타슈켄트 부대가 차지해 버린 것이다. 그들이 보기에 카우프만 부대가 한 것이라고는 히바 함락 직전에 도착하여 입성하는 영광을 누린 것뿐이었다. 원정에 대한 장교들의 열정이 자신들의 영예와 진급 등 전리품에 대한 갈망에서 주로 비롯되었음은 주지의 사실이었다. 장교들의 불만은 일련의 회의로 이어졌고, 이를 무마하기 위해 카우프만은 모종의 결정을 하였다.

카우프만의 음모는 요무트 투르코만에 대한 '미필적 고의dolus eventualis'의 학살로 귀결되었다. 요무트인들은 카우프만이 입성하였을 때 복종의 표시로 부족의 장로들을 파견한 최초의 투르코만 부족들 중 하나였다. 카우프만 사령관은 "투르코만인들이 러시아의 힘을 온전히 체감하지 못한다면 평화는 불가능할 것이므로 그들의 자부심과 권리를 제압함으로써 기존의 관행과 질서를 근본적으로 변경해야 할 필요가 있다"는 내용의 회람장을 장교들에게 돌림으로써 요무트인들에 대한 탄압을 정당화하려 하였다.

7월 17일 카우프만은 요무트인들의 장로들을 초청하여 30만 루블을 배상금으로 지급하도록 강요하였다. 이 중에서 3분의 1은 10일 안에, 나머지는 그 뒤 5일 안에 마련해야 했고, 모두 현금으로 지급해야만 했다. 목축에 종사하여 현금을 거의 보유하지 않는 유목민들의 특성상 보름 안에 30만 루블을 마련하기란 애초에 불가능한 일이었다. 다음날 카우프만은 골로바쵸프 Николай Никитич Головачёв (1823~1887) 소장에게 요무트 부족이 있는 하자바트 Hazavat 로 출발할 것을 지시하면서, "만일 요무트인들이 지불금을 모으지 않거나, 러시아군에 대항하려 하거나, 나라 밖으로 도주하려 할 경우에 그들을 몰살하고 재산을 압수할 것"을 명령하였다.

하자바트에 진주한 골로바쵸프 부대의 보고서(7월 21일)에 따르면, 카우프만이 예상한 대로 요무트인들은 어떠한 배상금도 마련하지 못하였고, 도주하거나 러시아군에 저항하려 하였다. 요무트인들은 골로바쵸프의 부대에 격렬히 저항하였다. 이로 인해 첫 번째 배상금 지급이 예정된 27일경에는 골로바쵸프 부대와 히바 성안에 있는 카우프만 간 교신이 두절되었다.

요무트 부족을 진압하기 위하여 카우프만은 몸소 부대를 이끌고 일랴리 Ilyali 로 진군하였고, 이에 절망한 요무트인들은 평화를 간청하였다. 카우프만은 이를 수용하였으나 배상금을 31만 루블로 증액하여

12일 안에 지불하도록 강압하였다. 절박했던 요무트인들은 부녀자들의 목걸이와 팔찌 등 모든 귀중품을 러시아인들에게 팔아 현금을 마련하였으나 기한 내에 3분의 1의 액수밖에 채우지 못하였다. 8월 14일, "성별이나 나이에 구애받지 말고 모두 죽이라"는 원정대 사령관의 명령은 철저하게 실행에 옮겨졌고, 5일 간의 학살로 초원과 사막은 피로 물들었다.

히바 원정에 성공한 1873년 후반, 카우프만은 새로 정복한 히바 칸국을 통치할 새로운 군관구—카스피해와 아랄해 사이—를 수립할 필요가 있다는 제안을 짜르의 동생이자 카프카스 총독인 미하일 대공Михаил Николаевич(1832~1909)을 통해 알렉산드르 2세에게 상주하였다. 알렉산드르 2세는 카우프만의 제안을 수용하여 히바 원정에서 공을 세운 로마킨 대령을 장군으로 승진시켜 새로운 군관구인 '트란스 카스피아 Закаспийская область'의 총독으로 임명하였다. 총독부는 크라스노보트스크(투르크멘바시)Türkmenbaşy로 정해졌다.[337]

영국 정부는 러시아의 히바 칸국 병합에 대해 공식적으로 항의하지 않았다. 크라우스Alexis Sidney Krausse는 이러한 영국의 무반응을 이 사건의 전략적 중요성을 인식하지 못한 영국 정부의 순진성 탓으로 돌렸다. 그의 냉소적 표현에 의하면, '19세기 통틀어 가장 온순한 영국 외무장관'인 그랜빌이 여전히 러시아 외교의 진정성에 대해 변함없는 신뢰를 지니고 있었기 때문이었다. 그랜빌은 상원에서 러시아의 히바 원정과 관련한 사태에 대한 면밀한 조사를 요구받았으나 회의적인 반응을 보였다.[338] 그러나 메르브Merv/Mary 문제가 불거지면서 영국의 정치 사회에서 러시아 위협론이 다시 비등하게 되었다.

1875년 코칸트에서 일어난 카자흐인들의 우연한 봉기는 러시아가 코칸트 칸국을 공식적으로 병합하는 데 일조하였다. 코칸트의 후다야

르 칸Muhammad Khudayar/Худояр-хан(1835~1886)의 부가 징세에 반발하
여 카자흐인들이 일으킨 소요는 후다야르의 실책으로 인해 코칸트 칸
국 전역과 러시아 영토로 확대되었다. 소요가 발생하자 후다야르 칸
은 정황을 파악한다는 명분으로 카자흐 족장들을 소환하여 그들이 코
칸트에 입성하자마자 체포하여 처형하였다. 이러한 무도한 행위가 당
시 카자흐 초원지대의 대다수를 차지하는 카자흐인들과 킵차크인들
Kipchaks(폴로베츠인Половцы)의 분노를 일으켰다.

후다야르 칸은 타슈켄트 총독 카우프만에게 특사를 파견하여 봉기
를 일으킨 카자흐인들이 러시아의 신민임을 강조하면서, 이를 진압하
기 위한 군사적 지원을 요청하였으나 일단 거절당하였다. 카우프만은
상트페테르부르크에 사태를 보고한 후, 봉기를 진압하기 위해 코칸트
를 점령하고 궁극적으로 러시아에 병합하기 위한 군사작전을 허용하
도록 요청하였으나 정부의 승인을 받지 못하였다.

후다야르 칸의 동생 나스리딘Насриддин-хан/Nasruddin Khan(1850~1893)
이 반란군에 동참하고 코칸드 군대가 이에 합류하자 후다야르 칸은 러
시아 주둔군에 보호를 요청하기 위해 타슈켄트로 탈출하였다. 칸에 등
극한 나스리딘은 카우프만 총독에게 특사를 파견하여 봉기의 원인이
후다야르의 폭정에 있음을 알리는 한편, 러시아와의 평화로운 공존을
요청하였다. 카우프만은 나스리딘이 러시아와 체결한 조약과 약속을
준수한다면 왕위계승의 정통성을 인정할 것을 약속하였다. 그러나 나
스리딘은 코칸트인들에게 러시아인들에 저항하는 성전을 명하였고,
러시아인들에게는 무슬림으로 개종할 것을 포고하였다.

골로바쵸프 장군과 스코벨레프 대령이 지휘하는 5천여 병사의 부대
가 승리한 후잔트Худжанд와 마크람Makhram 전투에 힘입어 카우프만
의 군대는 1875년 9월 7일 코칸트로 진군하였다. 코칸트가 점령되었

600

음에도 마르길란Marghilan, 나망간Namangan, 안디잔Andijan 등 코칸트 칸국 전역에서 코칸트인들의 저항은 지속되었다. 1876년 1월 안디잔이 러시아군에 의해 점령된 후, 3월 2일 코칸트 칸국은 러시아 제국에 공식적으로 병합되었다. 코칸트 칸국은 페르가나Fergana 지방으로 명칭이 변경되었고 스코벨레프가 장군 승진과 함께 초대 총독에 임명되었다.[339]

아할테케 원정과 괵데페의 참극: 실크로드의 여왕, 메르브의 병합[1884]

세 칸국을 병합한 이후, 중앙아시아에서 러시아에 복속되지 않은 유일한 지역은 호라산Khorasan의 아할Akhal과 메르브Merv—투르크메니스탄과 아프가니스탄 접경지—였다. 그곳은 테케 투르코만인들Teke taýpasy/Teke Turkomans이 거주하고 있었는데, 그들은 용맹하고 부유한 것으로 알려져 왔다. 투르크메니스탄 남부의 테케인들은 북부의 요무트인들과 인접하고 있었으므로, 러시아인들은 요무트인들을 복속시킴으로써 테케인들에 직면하게 되었다. 1874년 트란스카스피아 군관구Закаспийскaя область가 설치되면서 테케인들에 대한 정복이 시작되었다. 몇 차례에 걸친 아할 테케에 대한 탐사가 실패로 돌아가자 로마킨 총독은 1878년 8월 3일 24문의 야포를 대동한 6천여 명의 원정군을 발진시켰으나 호자 칼라Khoja Kala에서 테케 투르코만인들에게 대패하였다.

로마킨이 실패함에 따라 러시아 정부는 1879년 초 아할 테케를 향해 본격적인 대규모 진공, '아할 테케 원정Ахал-текинская экспедиция'을 결정하였다. 로마킨을 대신하여 원정군 사령관에 카프카스 군관구의 라자레프Иван Давидович Лазарев(1820~1879) 장군을 임명하였다. 라자레프는 짜르의 가장 용맹스러운 장군 중의 하나로 꼽혔고 매우 호전적인 성격의 소유자였다. 총독부에 당도하자마자 그는 테케인 포로 18명 전원을 불러 모은 후 다음과 같이 말하였다. "너희를 모두 풀어

줄 것이니 돌아가서 내가 곧 갈 것이라 전하라. 18명의 투르코만인들은 내게 아무런 의미 없는 숫자이므로, 내가 그곳에 당도하면 (항복하지 않을 경우) 마을 하나 남기지 않을 것이다.”

테케 투르코만에 대한 러시아의 원정에 임박하여 영국 의회는 러시아 대사에게 메르브Мерв/Mary 문제를 조회하였다. 당시 메르브 문제는 '러시아 위협론'에 경도된 일부 영국 정치인들이 우려하던 일이었다. 그들이 판단하기에 메르브를 장악하면 아프간의 헤라트Herat를 통제할 수 있고, 헤라트를 장악하면 인도로 가는 입구를 통제할 수 있다고 판단했기 때문에 그들은 러시아가 메르브를 장악하는 것을 저지하는 데 몰두하였다.

인도총독부의 영국군 정보 책임자인 맥그리거Charles MacGregor(1840~1887)가 지적하였듯이 메르브는 헤라트를 기습할 수 있는 거리에 있었다. 1870년 러시아와 페르시아 간의 국경선 획정 논의 과정에서 고르차코프가 메르브를 아프간 속국에서 제외한 것은 러시아 공포론자들Russophobist에게 빌미를 제공하여 메르브를 장악하려는 포석으로 해석되었다. 러시아가 히바를 점령한 직후인 1875년 롤린슨Sir Henry Rawlinson은 “러시아의 메르브 점령은 인도에 위협을 가져올 것”이라 경고하였다. 그는 “러시아는 메르브 원정이라는 매우 위험한 사업을 단지 상업적 이익만으로 시도하지 않을 것이고 그 목표는 헤라트일 것이며, 그곳으로부터 인도는 심각한 위협을 받을 수 있을 것”이라고 주장하였다.

1879년 7월 9일 러시아 대사 슈발로프는 영국 외무장관 솔즈베리에게 “러시아 정부는 메르브를 점령할 목적으로 원정군을 파견할 의도가 없으며 목표는 오직 테케 투르코만인들에 대한 징벌”임을 확인시켜 주었다. 더 나아가, “설사 러시아가 인도로 가는 디딤돌로 헤라트를 점령할 의도가 있다고 가정하더라도 메르브는 러시아의 헤라트 원정로의 최단코스에 있지 않다"고 주장하였다. 7월 16일 페테르부르크 주재 영국 대사인 더퍼린 후작Marquess of Dufferin and Ava(1826~1902) 또한 러시아 외무장관 기르스로부터 메르브를 점령할 의도가 없음을 보장받았고, 8월 19일에는 '황제의 재가를 받아' 다시 한번 이를 확인받았다.

기르스의 이러한 확약을 전하면서 보수당 하원의원 스탠호프Arthur Philip Stanhope(1838~1905)는 의회에서 "러시아는 메르브를 점령할 의도가 앞으로 전혀 없다"고 진술하였고 의회는 이를 흔쾌히 수용하였다. 다음날 기르스는 슈발로프를 통해 라자레프 원정대의 목표가 메르브가 아님을 거듭 확인함과 동시에, 스탠호프가 하원에서 사용한 용어 중에서 '앞으로 전혀'라는 표현을 지적하면서 메르브를 점령하지 않는다는 러시아 정부의 보장이 '영원히' 메르브로 향하지 않겠다고 확약한 것으로 의도적인 해석을 해서는 안 된다는 견해를 전달했다. 이러한 기르스의 견해에 영국 정부와 의회는 별다른 이견을 제시하지 않았다.[340]

라자레프 원정군은 1879년 8월 11일에 진군을 시작하였다. 라자레프의 군대는 기병 3천 명, 36문의 야포를 포함하여 총 18,000여 명에 이르고, 보급품을 수송하는 낙타와 말은 각각 15,000마리와 6,000여 필에 달하여, 당시 중앙아시아에서 작전한 러시아 군대 중 최대 규모였다. 라자레프 장군은 정부의 지시와는 다르게 상황이 허락한다면 메르브로 진격하기를 원하였다. 8월 27일 과로로 인해 라자레프가 급작스럽게 사망하여 로마킨이 다시 사령관에 임명되었고 선발대는 여전히 돌고루코프 공Владимир Андреевич Долгоруков(1810~1891)이 지휘하였다.

돌고루코프와 비트겐슈테인 공Пётр Львович Витгенштейн(1831~1887)

휘하의 선발대는 카스피해 남동 연안과 이에 연이은 코페트다그
Köpetdag/Kopet Dag 산맥(이란과 투르크메니스탄의 국경선)을 따라 우회하
여 테케 투르코만인들의 근거지이자 아시가바트(아쉬하바트) Aşgabat/A
шхабад 북서쪽 약 28마일에 위치한 괴데페 Gökdepe를 남쪽으로부터 위
협하였다. 9월 7일 로마킨은 선공을 통해 과거 세 차례의 패배를 만회
하기 위하여 선발대에 합류하였고, 보르흐 Юрий Александрович Борх
(1836~1911) 소장이 지휘하는 본대(약 3,790명)는 멀리 그 뒤를 따르고 있
었다. 러시아 원정군은 5만여 명의 테케인들이 집결해 있는 것으로 추
정되는 아할 Akhal 지역의 괴데페를 향해 행군하였다.

보르흐의 본대가 뒤처져 선발대와 단절된 상태에서 테케인들의 매
복 공격을 당하고 있다는 소식을 접하자 초조해진 로마킨 사령관은 공
격 명령을 내렸다. 본대와 선발대가 합류하지 못한 불안한 상태에서
로마킨은 중앙아시아에서 가장 규모가 크고 강력한 요새인 괴데페를
포위 함락시키려는 무리한 시도를 함으로써 그의 전력에 패배와 불명
예를 더하였다. 원정대의 사령관 로마킨 소장은 괴데페 요새를 향해
일제 포격을 명령하였다.

로마킨 부대는 요새로부터 테케인들이 탈출하는 것을 원천 봉쇄하
여 탈출하려는 부녀자와 아이들의 퇴로를 차단하여 요새로 되몰았다.
로마킨은 테케인들에게 어떠한 항복도 요구하지 않았고 평화 조건도
일절 내걸지 않았다. 항복을 논의하기 위해 테케인들의 부족장 테크메
사르다르 Tekme Sardar가 제안한 두 시간의 휴전도 거부되었다. 탈출과
항복, 가능한 선택이 모두 봉쇄된 절망적인 상태에서 테케인들은 결사
항전이라는 최후의 선택을 하였다. 보르흐의 본대가 합류하자 로마킨
은 총공격을 결정하였다.

요새에 집중포화가 퍼부어지는 가운데 그는 착검한 1,200~1,400여

보병들에게 요새를 점령하라는 무모한 명령을 내렸다. 러시아군의 포화로 부녀자들이 학살되는 것에 분노한 18,000~20,000여 명의 테케 민병대는 필사적으로 요새를 사수하였다. 러시아 카자크 병사들은 외부 성벽 중 일부를 점령하였으나 격퇴되었다. 그들은 사다리도 없는 가운데 서로 인간 사다리를 만들어 성벽을 맹렬히 기어올랐으나 위에서 쏟아지는 불덩이와 돌덩이, 뜨거운 물세례에 해자垓字 아래로 추락 사하였다.

결국 러시아 병사들은 퇴각하였고, 테케 군사들은 이들을 추격하여 러시아의 포화선까지 육박하였다. 쫓기던 카자크 병사들이 포대 앞에 이르러 일제히 착검을 하고 대항하려 하자 테케인들은 이들에게 무모하리만큼 용감하게 달려들었고 러시아 병사들의 대형은 순식간에 무너졌다. 사생결단으로 달려드는 테케 군사들이 러시아 병사들에게는 '지옥에서 온 악마'처럼 보였다고 기록되었다. 수천 명의 군인들이 무기를 들고 뒤엉켜 싸우고 있었으므로 러시아 포병들은 포격을 감행할 수 없었으나, 테케 군사들이 포대로 육박하여 포병들과 칼끝을 맞대게 되자 포격을 개시하였다. 러시아군의 일제 포격은 테케 군사들이 요새로 퇴각한 후에도 당분간 지속되었으나 별다른 소득 없이 끝났다. 당일 전투에서 러시아 측 사망자는 모두 454명에 이르렀다.[341]

러시아군의 사망자는 공성전에 참여한 보병의 3분의 1에 달하는 숫자였다. 주로 칼로 무장한 테케 투르코만인들에 비하여 근대식 총검과 대포로 무장한 러시아군의 454명에 달하는 희생은 뼈아픈 것이었다. 행군에 연이은 전투로 지친 러시아 병사들은 부상자 수송뿐 아니라 막사를 세울 기력조차 없었다. 그날 전투에서 테케 군사들의 용맹에 압도된 러시아 병사들은 밤새 테케 군사의 기습에 대한 불안감에 시달렸다.

로마킨 사령관이 총퇴각을 결정한 그날 밤, 공교롭게도 테케 투르코만인들은 정작 항복을 논의하고 있었다. 4천여 명에 이르는 희생자―절반이 부녀자와 아이들―를 감안할 때, 더 이상의 전투는 부족의 절멸에 이르게 할 것이라는 판단에서였다. 이튿날 아침에 4명의 부족 대표가 항복을 교섭하러 약 1마일여 떨어진 러시아 진지에 당도하였을 때, 이미 진지는 비어 있었고 러시아군은 퇴각한 뒤였다. 로마킨의 원정군은 두 달여의 고통스러운 행군 끝에 11월 초 트란스카스피 군관구 사령부가 있는 투르크멘바시(크라스노보트스크)의 치키슐라르Chikishlar로 귀환하였다.[342]

러시아 정부는 로마킨의 참패에도 불구하고 다시 한번 원정군을 조직하기로 결정하였다. 로마킨의 원정 실패로 추락한 러시아군의 위신 회복뿐 아니라, 테케인들의 신승辛勝에 고무된 트란스카스피아 지역의 부족들이 러시아인들과 친러시아적인 유목민들에 대한 약탈과 공격을 재개하였기 때문이다. 1880년 초, 러시아 정부는 로마킨을 직위해제하고 스코벨레프 장군을 트란스카스피 총독으로 임명하여 원정의 의지를 일신하였다.

스코벨레프 장군은 히바원정과 코칸트원정 등을 진두에서 지휘하였고 결정적인 승리에는 항상 선두에 그가 있었다. 그는 1877년 튀르크전쟁에서도 불가리아의 플레브나Плевен 점령 등 혁혁한 공을 세웠다. 스코벨레프는 튀르크전쟁 후 창설된 제4군단의 초대 사령관으로 임명되는 등 러시아에서 가장 유명한 장군 중 하나였을 뿐 아니라 유럽에서도 그의 명성이 알려진 바 있었다. 따라서 스코벨레프를 트란스카스피 총독으로 임명한 것은 러시아 정부가 투르코만인들에 대한 최후의 일격을 준비한다는 의미였다.

1880년 5월 25일 크라스노보트스크의 치키슐라르에 부임한 스코벨레프 총독은 천여 명의 정찰대를 대동하고 테케인들의 전력을 탐색하기 위해 괵데페로 진격하여 7월 11일 로마킨이 좌절한 뎅길 테페 DengilnTepe/Динглидепе 요새(괵데페의 전초 요새) 앞에 당도하였다. 그는 요새를 향해 포탄이 바닥날 때까지 포격하여 테케인들의 수비 태세를 시험한 후 정공법으로만 요새를 함락할 수 있다는 확신을 얻고 치키슐라르로 복귀하였다. 이러한 용의주도한 계산 아래 스코벨레프는 카프카스 군관구에서 병력 12,000여 명과 100여 문의 야포를 마련하였고, 행군의 주요 길목에 요새들을 건립하여 원정군의 안전을 도모하는 등 치밀하게 원정 준비를 완료하였다.

사마르칸트로부터 합류한 쿠로파트킨 Алексей Николаевич Куропат кин(1848~1925) 대령이 배속된 스코벨레프 원정군은 1881년 1월 1일 3개의 부대로 나뉘어 총공격을 단행하였다. 8천여 명의 러시아 보병부대는 최신식 후장식 소총(후장총後裝銃)으로 전원 무장하였고, 보병부대는 52문의 대포와 11문의 호치키스Hotchkiss 기관총을 비롯한 다수의 기관총과 발사포 등으로 구성되었다. 이에 비해 뎅길-테페 요새에서 항거 중인 3만여 명의 테케인들의 무장은 비교하기 어려울 만큼 비루한 것이어서 테케 군사들은 정규 훈련은 물론이고 변변한 대포조차 배비配備하지 못한 상태였다.

1월 1일과 2일 두 차례에 걸친 전투 끝에 러시아군의 첫 번째 대열이 요새의 800여 야드까지 전진하였고 그동안 테케 군사들은 메르브로부터 5천여 명이 증원되었다. 7일에는 두 번째 대열이 약 400야드까지 전진하였으나, 9일 밤 테케인들이 기습을 감행하여 러시아군의 보루를 점령하고 소총 4자루와 박격포 3문을 획득하였다. 10일 오전에 시작된 러시아군의 포격은 이튿날 새벽까지 지속되었다. 이러한 와중에도 테케인들은 러시아 진지를 공격하여 치열한 접전 끝에 보루 하나를 점령하고 러시아 포병대열을 깨뜨려 놓았다.

치열한 공방전은 18일까지 지속되었다. 18일에 테케인들이 이전과는 다르게 대규모 공격을 시도한 결과 한 시간여의 전투 끝에 많은 사상자를 내고 패배하였다. 치열한 전투로 인해 러시아군의 공격 대열과 요새의 성벽 사이에는 수백 구의 시체가 놓여있었으므로 스코벨레프는 시신을 수습하기 위해 한 시간의 휴전을 제안하여 테케인들이 이에 동의하였다. 스코벨레프에 따르면, 시신의 수습 과정과 짧은 휴전 동안 테케인들은 매우 명예롭게 행동하였다.

20일과 23일 사이에 러시아군의 공격 제1선은 다이너마이트로 성벽 일부를 부순 끝에 테케인들에 최후의 일격을 가하였다. 24일 오전 7시에 공격이 개시되어 11시경 폭파된 남서쪽 성벽 모퉁이로 러시아 병사들이 밀고 들어왔다. 요새 안의 테케인들은 한 시간여 동안 필사적으로 저항하였으나 허사였다. 생존한 테케인들은 요새를 버리고 6,500여 구의 시신들을 뒤로 한 채 평원을 가로질러 탈출하였다.[343]

스코벨레프는 도주하는 테케인들을 추격할 것을 명하였다. 보병들은 탈주하는 테케인들을 7마일까지, 기병대는 11마일까지 추적하여 모조리 학살하였다. 스코벨레프의 보고서(1881)에 따르면, 학살된 사람은 남녀노소 포함하여 모두 8천여 명에 달하였다. 괵데페 포위공격으로 총 2만여 명의 테케인들이 전사한 것으로 추정되었다. 러시아군의 손실은 수적으로 보면 테케인들에 비해 미약하였으나 전력상의 우세나 과거의 사례에 비교하면 상당한 피해로 평가되었다. 러시아 원정군은 괵테페 포위공격에서만 54명이 사망하고 669명이 부상하였다. 스코벨레프의 원정에서 러시아군의 총손실은 사망자 268명, 부상자 1,200명으로 기록되었다.

후일 인도총독(1898~1905)을 역임한 커즌George Nathaniel Curzon, Marquess

of Kedleston(1859~1925)은 괵데페 포위공격이 '궤멸'이 아니라 '대학살'이고 '패배'가 아니라 '절멸'이라고 혹평하였다. 그는 탈주하던 테케인들이 '문명 전파라는 명분 아래 살육'되었다고 비난하였다. 추격전을 끝낸 러시아 병사들에게는 나흘간의 약탈이 허용되어 50만 파운드 이상에 달하는 전리품을 약탈하였다.[344] 그 후 괵데페에는 이날의 희생자들을 기리는 모스크가 세워졌고, 오늘날 투르크메니스탄에서는 이날을 국가적 애도哀悼일로 추념하고 있을 만큼 괵데페의 저항을 위대한 민족적 자부심으로 기리고 있다.

스코벨레프는 아할 테케 원정 중에 무공을 인정받아 보병 총사령관(대장)Генерал от инфантерии으로 승진하였으나 '괵데페 학살'에 대한 책임으로 사령관직에서 면직되었다. 그는 1881년 4월 트란스카스피 총독부 크라스노보트스크Красноводск(투르크멘바시Туркменбаши)를 떠나 모스크바로 송환되었다. 이러한 혹평과 과실에도 불구하고 세계 전쟁사에서 스코벨레프는 위대한 지휘관으로 기억되고 있다. 제2차 세계대전의 영웅인 영국의 몽고메리Bernard Law Montgomery(1887~1976) 원수는 그의 회고록에서 "1870~1914년 시기에 스코벨레프는 세계에서 가장 유능한 지휘관이자 영감을 주는 지도자였다"고 높이 평가하고 있다.[345] 스코벨레프는 민스크로 전출된 후에 전장보다는 정치에 열중하여 '범슬라브주의'의 신봉자가 되었다. 알렉산드르 3세의 '러시아화 정책'을 상징하는 '러시아인들을 위한 러시아Россия для русских'라는 슬로건은 스코벨레프의 민족주의적 창안물로 알려져 있다.

이제 투르크메니스탄에서 남은 것은 실크로드의 고도古都인 메르브Merv 정도였다. 1881년 2월 9일 스코벨레프가 아할 테케Akhal-Teke를 점령하고 아시가바트와 메르브를 향해 진군하는 도중에 알렉산드르 2세의 암살 소식이 전해졌다. 새로 즉위한 알렉산드르 3세(1845~1894)는 전쟁보다는 외교를 더 선호하는 외교 신봉자였다. 그는 투르코마니아(투르크메니스탄)의 미정복지는 전쟁이 아닌 평화적인 수단으로 획득할 수 있다고 판단하였다. 협상을 통해 나머지 지역을 병합하면 정복 전쟁이 초래할 유럽의 경계와 주목을 피할 수 있다는 것이다. 따라서 무력에 의한 정복 계획은 폐기되었고 스코벨레프의 진군은 중단되었다.

투르코만인들과 협상하고 관계를 재개하는 임무는 알리하노프Максуд Алиханов-Аварский(1846~1907) 중위에게 부여되었다. 그와 동료 장교들은 상인으로 위장하여 메르브 지역에 관한 조사를 수행할 예정이었다. 메르브에 도착하여 알리하노프 일행은 족장들에게 메르브와 교역을 원한다는 서한을 보냈고, 이에 화답하여 메르브의 장로들은 회합을 마련하였다. 회합은 메르브에서 가장 규모가 큰 키비트카(유르트)кибитка에서 열렸는데, 알리하노프는 자신을 러시아의 대상인 세베린 베이Северин Бей의 대리인으로 소개하였다. 알리하노프는 참석자들에게 세베린이 러시아에서 매우 영향력 있는 인물로서 군 참모부와 정부 고위 인사들과 친분을 지니고 있으며 러시아 정부가 메르브와 교역관계를 수립하기를 원하므로 세베린이 상단商團을 파견한 것이라고 설득하였다.

이러한 설득에도 불구하고 장로들은 여전히 우려를 거두지 않았다. "러시아 상단이 초원과 사막지대를 횡단할 때 투르코만 비적들에 의해 약탈을 당한다면 러시아 정부는 동족인 메르브인들의 책임을 물어 군대를 파견하여 자신들을 처벌하려 하지 않겠는가" 하고 반문하면서 돌아갈 것을 요구하였다. 알리하노프는, 자신이 정부의 특사가 아니라 메르브인들이 러시아 관할지역에서 교역하듯이 메르브와 교역을 원하는 상인일 뿐이며, 만일 교역에 실패하고 돌아가 이 사실을 트란스카스피의 러시아총독에 알리면 총독부는 메르브인들이 러시아 관할

지역에 발도 못 붙이게 할 것이라고 위협하였다.

이에 장로들은 사실은 자신들이 칸의 대리인이고 여러 칸들이 러시아 상인들에 경쟁적으로 관심을 기울이고 있다고 솔직히 밝히면서 도성으로 그들을 초청하였다. 양털 가죽 복장으로 위장한 알리하노프는 성벽의 둘레가 8킬로미터(5마일)에 달하고 높이가 24미터(80피트)에 이르는 메르브인들의 견고한 '칸의 요새Kaushid Khan Kala'에 입성하였다. 도성에 3일간 머무르면서 알리하노프는 메르브에 관한 상세한 정세보고서를 작성하였다.

알리하노프의 메르브 임무 외에도, 벤후스키에게 아프가니스탄의 카불 탐색 임무가, 레싸르Павел Михайлович Лессар(1851~1905) 대위에게는 아칼Akhal 지역과 페르시아 접경지대에 대한 탐색 임무가 맡겨졌다. 특히, 레싸르에게는 트란스카스피 라인에서 아프가니스탄에 이르는 철도지선 건설의 타당성 조사에 관한 지시가 내려졌다. 그는 1882년 아시가바트(아쉬하바트)를 출발하여 아프가니스탄 헤라트Herat에 이르는 하리 루드Hari Rud 지역을 조사하였다. 헤라트는 기원전 4세기 마케도니아의 알렉산드로스가 도읍인 알렉산드레이아Alexandreia Areion를 건설한 이래로 15세기 티무르 제국의 수도였으며, 페르시아와 중앙아시아로 이어지는 2천여 년 이상 동서 간 교통과 군사의 요충지였다.

1883년 코마로프Александр Виссарионович Комаров(1830~1904) 장군이 트란스카스피의 총독으로 부임한 후, 알리하노프는 다시 한번 메르브로 파견되었다. 코마로프는 전임 총독 스코벨레프의 투르크메니스탄 정복 계획을 계승하였는데, 희생자 없이 완수하겠다는 점이 다를 뿐이었다. 알리하노프는 메르브에 도착하여 족장들과 장로들을 뇌물로 매수한 후, 진군 태세를 마친 코마로프 총독에게 이를 알렸다. 코마로프의 군사작전은 메르브인들이 저항할 태세를 갖추기 전에 무혈로 '칸의 요새'에 입성하는 계획이었다. 일부 장로들의 저항은 카자크 기병들의 위협사격으로 잠재워졌다. 러시아 군대는 '칸의 요새'의 최초 유럽 점령군이 되었다. 고대 실크로드의 역사에서 '세계의 여왕'으로 칭송되던 메르브는 1884년 2월 14일 러시아 짜르의 영토로 병합되었다.

레싸르 대위의 정찰 결과를 토대로 코마로프는 전략적 요충지인 사라흐스Sarakhs를 장악하였다. 페르시아 샤의 통치 하에 있는 사라흐스는 헤라트와 메셰드Meshed로 가는 교차로이자 투르크메니스탄에서 페르시아의 호라산으로 향하는 최적의 진출입로였다. 제2차 영국-아프간전쟁(1878~1880)에 군수사령관으로 참전하여 누구보다도 보급수송로에 민감했던 찰스 맥그리거Sir Charles MacGregor(1840~1887) 장군은 당시 영국의 인도 방어와 그레이트 게임에서 사라흐스가 매우 심각한 영향을 미칠 수 있다고 주장하였다. 그는 "만일 영국이 사라흐스를 인도 방어에 활용하지 못한다면 러시아가 인도 공격에 그곳을 활용할 것"이라 경고하였다.

1884년 5월 6일 러시아와 페르시아 간에 사라흐스에 관한 협정이 체결되어 코마로프가 의도한 대로 무르갑Murgāb 지역의 판제Panjdeh와 하리 루드 지역의 풀리 하툰Puli Khatun이 트란스카스피 총독의 관할로 인정되었다. 이 지역은 아프간의 영역이었으므로 카불의 아미르는 이러한 조치에 강력히 반발하였다. 영국 정부는 국경선 확인을 러시아에 요구하여 러시아 정부의 동의 하에 영국의 인도장관Secretary of State for India의 자문기구인 인도평의회 위원 럼스덴Sir Peter Lumsden이 주재하는 '경계조사위원회Boundary Commission'가 조직되었다.

이러한 접경지대에서 러시아군과 아프간군 간에 충돌은 불가피하였다. 1885년 3월 30일 러시아군은 53명, 아프간군은 수백 명의 인명 손실을 당한 악타파Ak Tapa 전투가 그 대표적인 사례였다. 전투 결과 러시아군이 아프간의 판제를 점령하였다. 코마로프가 짜르에 상신한 보고에 따르면, 러시아 원정대는 '4천 명의 병력과 8문의 대포로 무장한 아프가니스탄 정규군을 대파하여 500여 명을 사살하는 전과를 올렸다. 판제 사건Pandjeh incident/Бой на Кушке은 영국과 러시아를 전쟁 직전에까지 이르게 하였다.[346]

영국의 솔즈베리 내각에서는 판제 사건을 방관하면 러시아가 아프가니스탄에 대한 군사개입을 본격화할 것이라는 우려가 제기되었다. 아프간의 에미르 압둘 라만Abdur Rahman Khan(1844~1901)은 러시아와 전쟁을 원하지 않았으므로 영국 정부에 판제 사건을 사소한 국경 충돌로 설명하여 영국을 무마하였고, 러시아의 알렉산드르 3세 또한 영국의 중재를 수용하였다. 8월 22일 모스크바의 지시에 따라 코마로프는 아프간, 페르시아, 러시아 삼국이 접하는 줄피카르 준령峻嶺Zulfikar Pass에서 철수하였다.

9월 10일 영국과 러시아 정부는 런던에서 분쟁 해결을 위한 '영-러 의정서Protocol'를 체결하였다. 의정서에 따라 판제Pandjeh는 러시아에 양도되었고 국경 획정을 위한 공동위원회(1885.11.12~1886.7)가 구성되었다. 공동위원회는 러시아와 아프간 국경의 전 구간 약 350마일을 조사하였다. 1887년 7월 10일 상트페테르부르크에서 '러-아프간 국경협정Russo-Afghan Boundary Convention'을 체결하여 영국과 러시아는 해당 분쟁 지역에서 문제가 해결되었음을 확인하였다.[347]

그 후로 그롬체프스키Бронислав Людвигович Громбчевский(1855~1926) 중령과 요노프Михаил Ефремович Ионов(1846~1919) 대령 등이 파미르고원으로 진출하였으나 아프간인들과 무력 충돌하고 구르카 용병을 앞세운 영국의 저항에 직면하면서 진퇴를 반복하였다. 1891년 8월 아프간 바다흐샨Badakhshan 지방의 바자이 곤바드 Bazai Gonbad에서 요노프 대령은 영국의 영허즈번드Francis Younghusband (1863~1942) 대위, 정보장교 데이비슨Davidson 중위 등과 접촉하여 파미르 지역의 러시아 소유 문제를 타진하였으나 거절당하였다.

요노프 부대의 파미르 정찰은 정부의 승인 없이 결정된 것으로 1892년 2월 러시아 정부는 이에 대해 사과하였다. 1895년 3월 11일 영국과 러시아가 파미르 지역에서의 '세력권 협정'에 합의하고 동년 9월 파미르 지역에서 국경 획정을 위한 공동위원회의 임무가 완결됨으로써 중앙아시아에서 양국의 세력권이 최종적으로 확정되었다. 이로써 러시아의 중앙아시아 정복이 완결되었고, 중앙아시아의 그레이트 게임은 일단락되었다. 당대의 한 평가에 따르면 중앙아시아 문제와 관련하여 러시아는 모든 전략적 전진을 유지하는 데 성공한 반면에, 영국은 어떠한 전술도 의도한 효과를 거두지 못한 것으로 결산할 수 있다.

'그레이트 게임', 신화와 현실

16세기 이래로 러시아인들이 제국을 형성하는 과정에서 주목할 만한 현상은 300여 년에 걸친 부단한 영토 확장이라 할 수 있다. 그중에서도 시베리아를 관통하여 아시아의 극동으로 진출한 모험사업은 그 범위와 규모 면에서 전례를 찾아보기 힘든 것이다. 러시아 '동방정책'의 기원이라 할 수 있는 아시아 진출은 영토 확장을 위한 모스크바의 계획된 정책이었다기보다는 비정치적 동기이거나 우연의 산물인 경우가 많았다.

러시아가 지속해서 아시아로 팽창한 배경에는 세 가지 동기가 자리하고 있었다. 하나는 상인들의 경제적 동기였고, 다음으로 불안정한 변경에 대한 문제 해결이 또 다른 동기였다. 나머지 하나는 변경을 수비하는 군 지휘관들이 추구한 입신양명의 동기였다. 16세기 중반, 카자크인 예르마크가 우랄산맥을 넘어 시베리아에 진출한 것은 모피를 비롯한 타이가 삼림지대의 산물과 새로운 시장에 접근하는 것이 주요 목적이었다. 대표적으로 베코비치-체르카쓰키의 원정처럼, 18세기 들어서 중앙아시아에 진출하려 했던 것도 페르시아와 인도로 이어지는 새로운 무역 루트를 찾으려는 경제적 이해가 주요 동기였다.

이러한 경제적 진출 시도들은 상단을 호위하는 무장력을 동반하게 되었으므로, 진출 과정에서 처음 접한 이교도 또는 이민족과의 관계 방식은 때론 평화로웠지만 대부분의 경우 무력 충돌로 귀결되었다. 이러한 결과로 개척한 러시아의 새로운 변경은 험난한 산맥이나 범접하기 어려운 자연 지형에 의해 경계 구분된 것이라기보다는 시베리아 삼림지대의 남부와 북아시아 스텝지대 사이에 점점이 산재한 요새들로 이루어져 있어서 삼림부족과 초원민족의 공격에 상시적으로 노출되어 있었다.

변경지대의 불안정성은 이 지역을 통과하는 러시아 상인들을 표적으로 하여 초원의 약탈자들이 자행한 약탈 행위로 인해 심화된 것으로 기록되었다. 변경의 불안정을 극복하는 방법에는 두 가지 선택이 있었다. 하나는 변경지대의 수비를 강화함으로써 국경 방어에 치중하는 것이고, 다른 하나는 일종의 '미래를 위한 선택'이었다. 후자는 변경지대의 이민족은 물론이고 이민족의 배후나 후방에 있는 부족 또는 왕국들에 대한 공세적 원정을 통해 현재 또는 미래적 시점에서 반복되는 약탈 행위 등 변경의 불안정성을 근원적으로 해결하는 것, 다시 말하면 '정복'을 의미하였다.

아시아로의 팽창에 있어서 또 다른 동기는 군장교들의 무공武功과 승진을 향한 갈망으로 표현될 수 있다. 이것은 표트르 대제 이후 제정 러시아 사회제도의 특성에서 기인한 것이다. 서유럽에 비해 귀족제도보다는 관료의 관등제도(14등급)가 현저했던 러시아 사회에서 고위 세습 귀족이 아닌 관료들이 출세할 수 있는 지름길은 특출한 공훈을 세워 짜르의 낙점을 받는 것이었다. 표트르 대제가 출신 가문보다는 능력과 자질, 그리고 공훈을 근거로 작위와 관등을 부여한 것에서 유래한 이러한 관행은 군장교들로 하여금 전쟁의 성공과 무공에 집착하게 하는 중요한 계기가 되었다.

특히, 아시아의 변경지대에 배치된 군장교나 지휘관들에게 승진과 입신의 기회는 근무연한이 아니라 전쟁을 통해서만 획득될 수 있는 것이었다. 귀족들과 중앙정치인들이 보기에 상트 페테르부르크로부터 수천 마일 떨어진 아시아의 어디쯤엔가 있을 것이라 여겨지던 변경 지역의 수비대 장교들은 이러저러한 이유로 좌천된 자신의 처지를 한탄하며 중앙으로의 복귀를 꿈꾸고 있었을 것이다. 유배 생활이나 다름없는 곤궁한 처지를 탈출하기 위한 확실한 수단은 아마도 전쟁에서의 공훈, 그것도 드라마틱한 성공이었을 것이다.

A. S. 크라우스는 중앙아시아 원정에서 변경의 장교들이 성취한 공훈의 부정적인 측면을 설명하고 있다. 예를 들어, 히바 칸국의 정복 과정에서 자행된 카우프만의 요무트인 학살은 전투의 치열함을 연상시켜 원정군 사령관의 드라마틱한 성공을 역설적으로 부각시키는 효과를 의도하였다는 것이다. 베료프킨이 이미 확보해 놓은 승전에 뒤늦게 합류한 카우프만이 학살을 통해 전투를 더 연장시켜 공훈을 가공한 측면이 있는 것은 사실이지만, 중앙아시아 원정 자체가 가공의 공훈으로 얼룩졌다고 하기엔 무리가 있다. 카우프만은 히바원정의 성공으로 성 게오르기 십자훈장Георгиевский Крест을 수여 받았는데, 이것은 이후

군장교들이나 지휘관들에게는 추종하거나 모방하고 싶은 충동을 자극하는 대표 사례가 되었다.

젊어서는 동인도회사 장교로 아프간전쟁에 참전하였고 노년에는 왕립아시아학회Royal Asiatic Society 회장을 역임한 그레이트 게임의 추종자 롤린슨Sir Henry Rawlinson은 근동과 중앙아시아에서의 경험을 토대로 한 그의 저술에서 러시아 군대의 전투 양상에 대해 매우 비판적으로 써내려갔다. 그에 따르면 카프카스전쟁의 경우, 러시아 군대의 지휘관들이 "자신들의 영예와 승진의 원천을 풍부하게 만들기 위하여" 전쟁의 완급을 자의적으로 조절하였다는 것이다.[348]

이러한 견해는 한편으로 러시아 대외정책과 전쟁의 목적에 대한 깊은 불신에서 연유한 것이고, 다른 한 편으로는 대외정책에 행사한 러시아 군부의 영향력을 강조하는 것이기도 하다. 헨리 롤린슨 등이 주장하는 만큼 러시아에서 군부의 영향력이 상당했는지는 논란의 여지가 있지만, 중앙아시아 정복 과정에서 군대의 역할, 정확히 말하면 변경지대의 군장교와 지휘관이 주도하는 힘과 결정이 두드러졌던 것은 사실이다.

아시아로의 팽창 과정에 관해 설명하면서, 혹자는 러시아 정책 결정라인의 비일관적이고 비체계적 특성을 지적하기도 하고, 다른 이들은 이와 반대로 짜르에 의한 위계적 정책 결정을 강조하기도 한다. 그러나 중앙아시아 정복 과정에서는 변경의 지휘관과 장교들의 역할과 의지가 현저하게 작용하였다. 예를 들어, 중앙정부가 히바원정을 결정한 것은 무엇보다 카우프만 총독의 설득이 주효한 것이었다. 히바 점령 후 알렉산드르 3세의 외교적 해결 방침을 거스르면서 메르브로 진격을 강행한 것도 트란스카스피 군관구의 주도적 결정에 의한 것이었다.

영국이 끊임없는 의혹의 눈초리를 거두지 않고 있는 가운데, 고르차코프 외무장관이 중앙아시아 원정을 "초원과 사막의 야만적 약탈 민족에게 교훈을 주기 위한 것일 뿐, 중앙아시아 전체를 정복할 의도는 없다"고 유럽 외교가에 해명한 것은—'문명론적 위장'이기도 하지만— 고르차코프가 중앙아시아에 대한 구체적인 정복 계획을 수립한 적이 없다는 점에서 일부 사실일 수 있다. 그러나 보는 이에 따라서는 중앙정부의 이러한 행위가 원정의 책임을 변방의 모험적인 장교들에게 전가하려는 전술로 해석되기도 한다.

결과적으로 비록 중앙아시아 정복이 중앙정부의 체계적인 계획에 의한 것은 아니었고, 짜르의 결정에 대한 불복종이 일부 있었을지라도, 사후에 원정의 성공과 함께 이러한 모험적인 행위들은 승진과 훈장으로 모두 보상되었다. 역사 속에서 시공을 초월하여, 영토 확장 등의 전리품으로 실현되는 '성공의 결과물'을 국가 간의 신뢰라는 도덕적 잣대에 견주어 포기할 만한 도덕적 용기를 지닌 군주는 흔치 않을 것이다. 러시아의 짜르 또한 그러하였다.

러시아의 중앙아시아 진출에 대항하기 위한 영국의 대응 전략은 인도 방어를 골간으로 하여 수립되었다. 페로프스키의 원정 실패로 고무된 방어 정책은 두 가지 방향으로 구체화되었다. 하나는 국경 너머로 러시아가 전진하는 것을 총력 저지하는 것이었고, 다른 하나는 러시아와 인도 사이에 중립지대, 또는 완충지대를 설정하는 것이었다. 제1차 아프간전쟁(1838~1842) 종결 직후인 1844년 영국과 러시아는 중앙아시아 칸국들을 중립지대로 설정하는 데 동의하였고, 1871~1873년에는 이를 변경하여 아프간을 완충국가로 설정하였다.

이러한 과정을 통해 아프간 문제는 중앙아시아에서 영국과 러시아 간의 전략경쟁에서 핵심 문제로 등장하게 되었고, 영국을 두 차례의 아프간전쟁으로 몰아넣었다. 훗날 자신에 이어 총리를 역임한 러셀 백작Lord John Russell(1792~1878)에게 보낸 서한(1847년 6월)에서 외무장관 파머스톤은 "러시아가 아프간을 점령하게 되면 그곳을 전진기지로 활용(하여 인도로 진격)할 것"이라 주장하였다. 이러한 비관적 견해들에 따르면, 러시아의 전진을 저지하는 최선의 방책은 영국이 아프간과 반러시아 동맹을 맺거나 아니면 러시아에 앞서 아프간을 점령하는 것이었다.

치명적인 오류로 평가된 제1차 아프간전쟁 이후 아프간과의 불안한 동맹을 맺는 데 성공했으나 영국은 동맹의 대가를 치러야 했다. 영국의 후원 아래 도스트 무함마드를 계승한 아프간의 아미르Amir 셰르 알리Sher Ali Khan(1825~1879)는 영국에게 동맹에 대한 보상으로 두 가지를 요구하였다. 러시아 침략에 대한 보호와 후계자에 대한 승인을 확약하는 두 가지 안전보장의 문제였다. 셰르 알리는 1870년 암발라Ambala 회담에서 인도총독 메이오백작Richard Bourke, Earl of Mayo(1822~1872)에게 이 두 가지 문제를 제기했으나 총독은 확답을 거절하였다. 전임 수상이던 디즈레일리의 방침과는 다르게, 후임자인 글래드스톤은 메이오 백작에게 러시아를 자극할 수 있는 어떠한 조치도 취하지 말라는 지시를 내렸기 때문이었다. 영국과의 확고한 공수攻守동맹을 위해 암발라 회담에 임했던 셰르 알리는 좌절한 채 카불로 돌아왔다.

이러는 와중에 러시아가 사마르칸트에 이어 히바를 점령하자 셰르 알리의 우려는 점증하였고, 그는 신임 인도총독 노스브룩Thomas Baring, Earl of Northbrook(1826~1904)에게 다시 한번 위급한 상황임을 호소하였다. 그러나 셰르 알리의 우려에 동의할 수 없다는 런던 정부의 답변은 그에게 충격으로 다가왔다. 셰르 알리는 마지막 시도로 중앙아시아의 급박한 정세를 설명하기 위해 누르 무함마드Sayyid Nur Muhammad Shah를 노스브룩 총독에게 파견했으나, 결과는 아프간이 러시아의 세력권 밖에 있다는 러시아 측의 발언을 재차 확인해 주는 수준이었다. 셰르 알리는 인도총독의 답변에 분노하였다.

셰르 알리의 요구가 사실상 거부됨에 따라 영국에 대한 아프간의 불신과 피로감은 고조되었다. 인도총독으로 새로 부임한 리튼Robert Bulwer-Lytton(1831~1891)이 회담을 제의했을 때 이미 양국 관계는 냉담한 상태였다. 1877년 봄 페샤와르에서 개최된 회담에서 아프간 특사는 셰르 알리의 지시에 따라 총독의 특사 루이스 펠리Sir Lewis Pelly(1825~1892)의 제안을 모두 거절하였다. 대안으로 셰르 알리는 러시아와의 제휴를 모색하였고 알렉산드르 3세는 이에 화답하였다.[349]

1878년에 들어서면서 러시아와 아프간 관계는 급격히 호전되었다. 인도 국경에 이르는 경로를 탐사하기 위해 그로데코프Николай Иванович Гродеков(1843~1913) 소령이 헤라트로 파견되어 후한 영접을 받았고 헤라트에 대한 유용한 정보를 획득하였다. 같은 해 여름, 규모 있는 참모단을 대동한 스톨레토프Николай Григорьевич Столетов(1831~1912) 장군은 헤라트를 경유하여 수도 카불에 도착하였다. 셰르 알리의 영접을 받은 스톨레토프는 러시아의 아프간 보호를 제안하여 셰르 알리 칸의 수락을 얻어내는 성과를 거두었다. 대사관 설치 등을 통해 상트페테르부르크와 카불의 전략적 제휴가 현실화되자, 영국은 이를 아프간에 대한 러시아의 세력권 확대로 우려하여 '제2차 아프간전쟁(1878~1880)'을 일으켰다.[350] 만일 러시아가 아프가니스탄을 점령하려 한다면 이를 확실하게 저지할 수 있는 유일한 방법은 영국이 먼저 아프가니스탄을 점령하는 것이라는 판단이었다.

적절한 외교능력을 발휘했더라면 피할 수 있었던 제2차 아프간전쟁은 영국의 아프간 정책이 총체적으로 실패한 증거이자 파국적 외교의 산물이었다. 러시아에 주기는 아깝고 자신이 갖기는 싫은('dog in the manger') 아프간을 영국 정부는 '전략적 계륵'으로 처리하였다. 1880년 9월 1일 칸다하르 전투에서 로버츠 소장Sir Frederick Sleigh Roberts (1832~1914)이 승리를 거두면서 제2차 아프간전쟁은 종결되었으나, 영국 정부는 전쟁으로 획득한 아프간 전진기지 칸다하르를 유지할 의사가 없었다.

글래드스톤 총리는 방어하기 어려운 카불은 물론이고 군사기지로 불필요한 칸다하르를 소유하는 것이 영국 정부에 책무만 가중시킬 것이라는 판단 아래 칸다하르를 포기하기로 결심하였다. 아프간전쟁이 한창이던 1879년 11월 27일, 글래드스톤은 "러시아의 영토적 팽창에 대한 두려움이 전혀 없으며, 그것은 노파심에 불과하다"고 주장하면서 러시아의 인도 침공에 대한 우려를 일축한 바 있었다. 1881년 3월 칸다하르 문제는 의회에서 논쟁에 부쳐졌고, 상원에서 89표로 점령안이 발의되었으나 하원에서 120표로 부결되어 칸다하르로부터의 철수가 결정되었다. 공교롭게도 러시아가 아할 테케Akhal Teke 원정과 메르브 점령을 시도하는 와중에 철수 결정이 이루어져, 아프간인들로 하여금 영국이 러시아의 진군 소식을 듣자마자 철수했다고 믿게 하는 계기가 되었다.[351]

영국 정부는 러시아의 인도 원정이 실현 가능하다고 확신했을까? 러시아의 인도 원정 문제가 수면에 떠오르고 있던 당시, 인도총독 하딩Henry Hardinge(1785~1856)—1855년 육군 원수로 진급—은 파머스톤 외무장관으로부터 인도와 중앙아시아 정세에 대한 자문을 요청받았다. 하딩 총독은 파머스톤에게 보낸 서한에서 "러시아가 인도에 어떠한 적대적인 시도도 하지 않을 것으로 확신하며, 러시아의 인도 침략은 군사적으로는 실현되기 어려운 단지 정치적 악몽일 뿐"이라고 그의 우려를 불식시켰다. 하딩의 이러한 입장에 관해 1847년 6월 3일자 기록에서, 두 차례 총리를 역임한 영국군 총사령관 웰링턴 공작Arthur Wellesley, Duke of Wellington(1769~1852)은 '완전히 동의'하였다.[352]

인도총독 커존George Nathaniel Curzon(1859~1925)이 단언하였듯이, 러시아의 인도 원정 프로젝트는 "유례없이 끔찍하고 질질 끄는 최악의 전쟁"이 될 것이므로 실현가능하지 않은 '터무니없는' 계획으로 평가되었다. 두 차례의 '영국-아프간전쟁'의 경험에 비추어 러시아의 인도 원정이 성공하려면 20여만 명의 전투병을 포함하여 총 30여만 명이 동원되어야 했고, 군수품 수송에 필요한 말이나 낙타만 해도 15만여 필에 달하는 것으로 추산되었다.

어디에서 이러한 인원을 대규모로 동원할 것인가? 중앙아시아에 주둔한 러시아 군이 약 4만 5,000여 명이었으므로 대다수의 병력은 중앙아시아에서 현지 충원되어야 했다. 당시 중앙아시아 전체 인구가 약 4백만 명임을 감안하면 25만여 명을 징발하기란 쉬운 일이 아니었다. 만일 대규모 동원에 성공한다고 하더라도 인도까지 머나먼 원정에 소요되는 식량과 마량馬糧을 조달하는 것도 심각한 문제였다. 중앙아시아 대부분이 사막이나 황무지 등 건조지대였으므로 대규모의 식량과 여물을 조달하기에는 부적절하였다.

험준한 힌두쿠시산맥과 열악한 황야의 자연조건은 물론이고 외부의 침입을 불허하는 강인하고 호전적인 민족 특성을 고려할 때, 인도로 가는 입구인 아프가니스탄을 정복하는 것은 더더욱 어려운 일이었다. 설령 러시아의 인도 원정에 아프간의 군주가 협력을 약속할지라도 앞서 언급한 보급품 조달 문제는 여전히 심각할 것이다. 아프간에는 건조한 자연조건으로 인해 헤라트를 제외하고 대규모 식량과 마량을 조달할 만한 경작지나 목초지가 매우 협소하였다.

만약 이러한 난관을 뚫고 아프간을 통과했더라도 인더스강에 도달하려면 험준한 힌두쿠시 산맥의 카이버 준령峻嶺 Khyber Pass과 볼란 준령Bolan Pass에서 당대 최강의 영국 군대를 상대해야 했다. 자연 지리적 환경이나 기후 조건, 식량 조달과 병사의 징발 등 여러 가지 정황상으로 보면 러시아의 군사지휘부가 이러한 곤란한 조건들을 모두 고려하고 있었던 것으로 판단된다. 러시아가 마지막으로 기대할 수 있는 유리한 조건은 영국이 유럽에서 전쟁에 휘말려 인도 문제에 개입할 수 없는 상황이 발생하는 경우였다. 이 경우에 영국이 인도에 병력 증강을 비롯한 군사 지원을 하는 것이 불가능해지고, 이에 더하여 러시아의 예상대로 '세포이 항쟁'과 같은 인도 원주민의 봉기가 발생하면 영국은 심각한 곤경에 처할 것이다.

1873~1874년 펀자브Punjab를 비롯하여 아프가니스탄과 인도를 탐사 여행한 제국지리학회Imperial Geographical Society 회원이자 동양학자 파쉬노Пётр Иванович Пашино(1836~1891)는 "몰락한 영국 귀족 출신들이 통치하는 인도의 총독부가 원주민들을 희생으로 부를 축적함으로써 원주민들이 영국인들에 대항하여 봉기할 가능성이 있다"고 보고하면서 영국의 인도 통치의 취약성을 지적한 바 있었다.

인도에서 영국의 식민통치가 흔들릴 경우, 러시아는 인도 원정에 성공하지는 못하더라도 아프간과 페르시아에서 세력권을 확립할 수 있는 비교적 자유로운 위치에 설 수 있을 것이다. 왜냐하면 영국은 오스만제국에서의 특수한 지위와 인도에서의 식민 통치를 기반으로 페르시아에 대한 영향력을 유지하고 있었으므로, 인도에서 영국의 특권적 지위가 약화되거나 소멸할 경우 투르케스탄에 주둔 중인 군대를 기반으로 러시아는 인접한 페르시아에 영향력을 확장하여 페르시아만으로 진출할 것으로 예측되었다.

이와 동시에 영국은 러시아가 페르시아를 활용하여 우회적인 방법으로 오스만제국을 압박하여 결국엔 보스포루스 해협을 장악할 것이라 우려하였다. 『뉴욕 헤럴드*New York Herald*』의 상트페테르부르크 특파원으로 러시아의 히바원정을 생생히 취재한 종군기자 맥거핸Januarius MacGahan은 러시아가 "중앙아시아를 점령하면 곧 인도를 위협할 것"이고 "만약 영국이 유럽 전쟁에 휘말리면 러시아는 인도에 일격을 가할 것"이라고 경고하면서 반러시아 여론을 조성하였다.

영국이 러시아의 인도 원정과 보스포루스 해협 문제(동방문제)가 페르시아를 매개로 밀접히 연관된 것으로 보고 이를 저지할 필요가 있었던 데 비해, 러시아는 영국의 인도 통치, 그리고 페르시아와 오스만제국에 대한 영향력이 상호 밀접히 연관된 것으로 우려하여 이를 잠식할 필요가 있었다. 제1차 세계대전 이전까지만 해도 영국이 유럽에서 전쟁에 몰두한다는 가정 자체가 당시의 유럽 상황을 고려할 때 성립되기 어려운 것이었다. 그러나 설사 이러한 경우를 상정한다고 하더라도 영국이 우려하는 바대로 러시아의 성공을 확신하기란 쉽지 않았을 것이다. 영국이 유럽의 전쟁에 연루될 경우에도 이를 기회로 삼아 러시아가 행동을 개시한다면, 여타 유럽 열강의 완강한 저항에 직면하게 될 것은 자명한 일이었기 때문이다.

이상에서 살펴본 바와 같이, 무분별한 파벨 1세의 계획을 제외하고 러시아 정부가 인도 원정을 진지하고 체계적으로 준비한 적이 없고, 영국 정부에도 러시아의 인도 원정이 실현되기 어려운 군사 프로젝트라는 판단이 내부적으로 있었음에도, 영국이 유럽 외교가에 러시아의 '인도원정 기획'—남하정책이나 부동항이라는 용어에 결부시켜—을 지속적으로 유포시키는 동시에 군사적 행동(아프간전쟁)을 불사한 이유는 무엇일까? 그 이유는 아마도 런던의 중앙정부보다 중앙아시아 문제에 더 민감했던 인도총독부의 전략적 우려, 그리고 본국에서 수천 마일 떨어진 인도라는 아시아 변방에 근무하던 영국군 장교들의 무공과 승진을 향한 열정이 작용한 탓이기도 할 것이다. 그러나 무엇보다도 중요한 요인은 유라시아 대륙에서 영국의 전략적 진출 경로와 러시아의 경로 간의 상호 충돌에 기인한 것이라 할 수 있다. 전략적 라이벌이라는 측면에서 보면, 영국에게 있어서 러시아는 '무도한 숙적'이라기보다는 '사악한 천재'였던 것이다.[353]

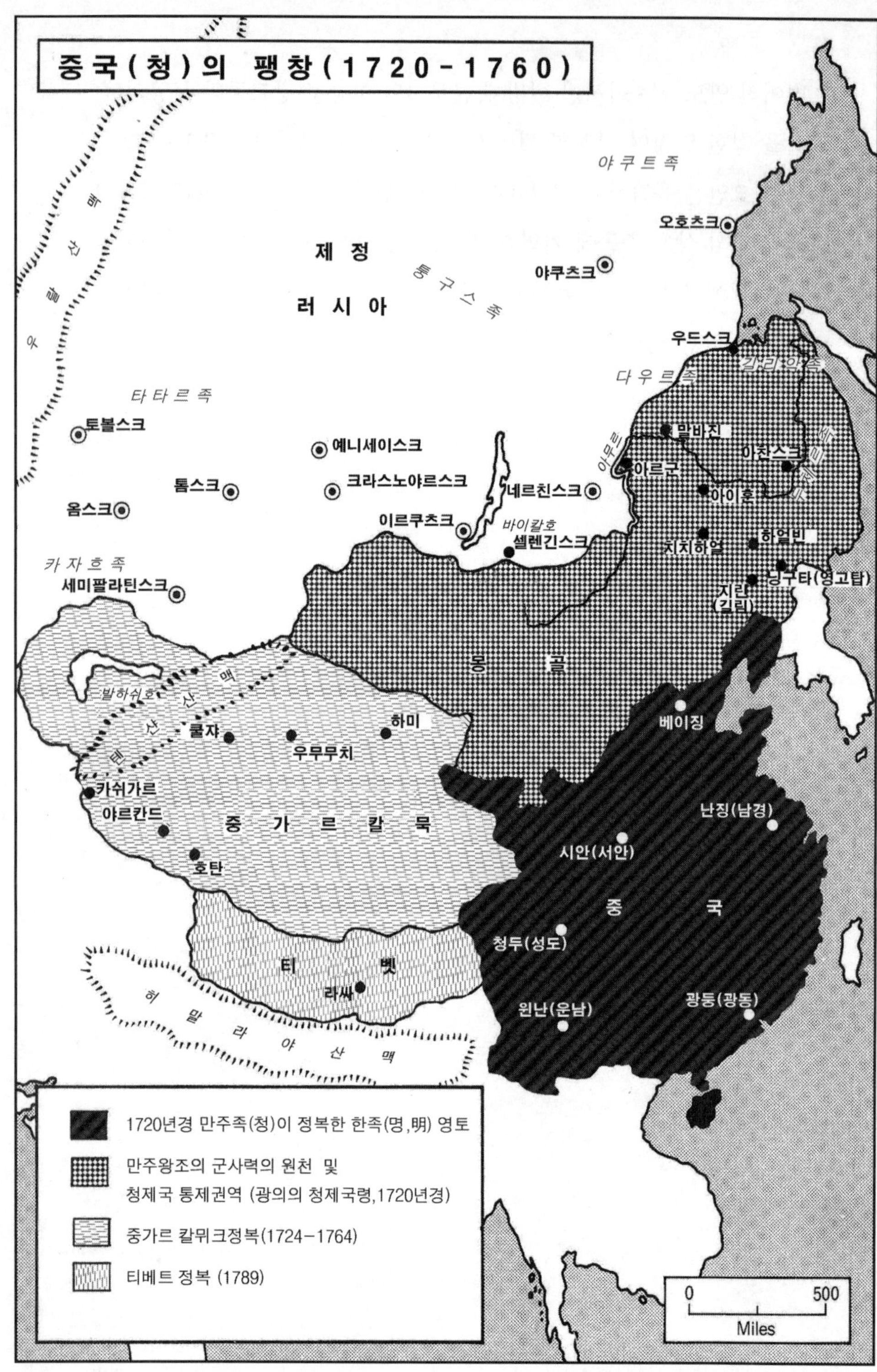

중국(청)의 팽창(1720-1760)
제 정 러 시 아
야쿠트 족
통구스 족
오호츠크
야쿠츠크
우드스크
다우르 족
길리약 족
타타르 족
토볼스크
말비진
아친스크
예니세이스크
아르군
톰스크
크라스노야르스크
네르친스크
아이훈
옴스크
이르쿠츠크
하얼빈
바이칼호
셀렝긴스크
치치하얼
카자흐 족
지린(킬린)
세미팔라틴스크
닝구타(영고탑)
발하쉬호
산 맥
몽 골
쿨자
하미
베이징
텐 산
우무무치
카쉬가르
난징(남경)
야르칸드
중 가 르 칼 묵
시안(서안)
호탄
중 국
청두(성도)
티 벳
라싸
윈난(운남)
광둥(광동)
허 말 라 야 산 맥
1720년경 만주족(청)이 정복한 한족(명,明) 영토
만주왕조의 군사력의 원천 및
청제국 통제권역 (광의의 청제국령,1720년경)
중가르 칼뮈크정복(1724-1764)
티베트 정복 (1789)
0   500
Miles

IX
중국과 러시아 외교의 기원

'극동의 신질서'

1. 유라시아 육상루트와 중·러관계의 서막

카라반 외교: 페틀린[1618]–바이코프[1654]–페르필리예프[1659] 사절단

러시아가 중국이라는 아시아의 관문을 두드린 방식은 영국을 비롯한 서구열강과는 매우 달랐다. 영국의 중국 교섭은 1792년 64문의 대포를 장착한 군함("HMS Lion")을 앞세운 매카트니 George Macartney (1737~1806) 사절단이 베이징을 방문한 사건을 전주곡으로 하여 아편전쟁(1839~1842)으로 귀결되었다. 군함을 동원하여 중국을 강제로 '개방'한 영국의 포함砲艦 외교와는 다르게 러시아는 17~19세기 250여 년에 걸친 전략적 인내를 감수하였다.

러시아의 외교적 인내와 적응은 당시 중국을 국력으로 압도하지 못하던 조건에서 세력 관계에 대한 현실정치realpolitik적 판단에 기인한 것이기도 하지만, 러시아의 '동방적 유산oriental heritage'에 기인한 것이기도 하다. 몽골제국의 영토적 계승자이면서 비잔틴 문명의 상속자로 자임한 러시아의 '동방적 유산oriental heritage'은 근대 유럽제국 러시아로 하여금 중세적 아시아제국인 중국의 제도와 관례를 이해하고 이에 적응하는 데 일조하였다.

극동 정착기지의 카자크Cossacks 등 러시아 수비대가 수행한 아무르 유역 탐사와 그에 따른 만주인들과의 무력 충돌과는 별도로, 짜르의 중앙정부는 중국과의 외교교섭을 선호하였다. 외교교섭의 주요한 동기는 무엇보다도 상업적인 관심이었다. 중상주의 시대(16~18세기 중반)에 유럽 국가들이 한편으로는 아메리카대륙(특히 중남미)의 약탈을 통해, 다른 한편으로는 향료무역을 통해 금과 은을 획득하려 경쟁하고 있었던 것처럼 모스크바 또한 모피 무역을 통해 중국의 재화에 접근하려 하였다.

1498년 5월 20일 포르투갈의 항해가 바스쿠 다 가마Vasco da Gama (1460~1524)가 인도 벵골의 콜카타Kolkata에 도착하고, 1513년 5월 포르투갈인 알바레스Jorge Álvares(?~1521)가 해로를 통해 중국 땅(광둥廣東)에 처음 발을 들여놓은 이래로 유럽의 모험가, 상인들은 시베리아 북쪽 바다를 통한 북동항로뿐 아니라 중국으로 가는 또 다른 루트(육상 루트) 개척을 시도하였다. 이들은 러시아를 경유하는 유라시아 육상 루트에 주목하여 모스크바로 향하였다.

유럽의 '대항해 시대' 개막은 러시아로 하여금 중국과 인도 무역에 관한 관심을 불러일으켰다. 과거 몽골 지배 하에서 러시아는 중앙아시아를 통해 중국과 간접적으로 상업 거래를 한 바 있으나 몽골제국이 해체되면서 유라시아의 동서횡단 육상 무역로는 단절된 상태였다. 1468년 모스크바 북쪽 트베리Тверь의 상인 니키틴Афанасий Никитин (?~1475)은 페르시아, 인도, 튀르크 등 세 나라를 여행(1468~1474)하면서— 러시아 최초의 러시아어학 박사이자 민족지학자 스레즈네프스키Izmail Ivanovich

Sreznevsky(1812~1880)는 니키틴의 여행 기간을 1466~1472년으로 기록— 접한 동방의 문물들에 관해 기록하였다.

특히, 니키틴의 인도여행은 바스쿠 다 가마가 아프리카 희망봉을 돌아 인도항로를 개척하여 인도 서남부 케랄라의 캘리컷에서 최초로 상거래를 성사시킨 1498년보다 30년 앞선 상업 활동이었다. 러시아의 역사가 카람진 Николай Михайлович Карамзин(1766~1826)이 『러시아 국사 История государства Российского(1816~1817)』에서 유려하게 묘사한 문장을 인용하면, "바스코 다 가마가 오로지 아프리카로부터 힌두스탄으로 가는 항로를 찾을 가능성만 생각하고 있을 때, 트베리 사람 니키틴은 이미 말라바르 해안에서 무역을 하고 주민들과 그들의 신앙 교리에 대해 이야기하고 있었다."[354]

니키틴의 기행문 『삼해三海 유람기(세 바다 너머의 여행)Хожение за ри моря』는 이들 세 나라뿐 아니라 중국 문물에 대한 모스크바의 호기심을 자극하였다. 주로 인도 중부 데칸고원의 바흐마니 왕국Bahmani Kingdom(바흐마니 술탄국Бахманийский султанат)에서 활동했던 니키틴의 여행기는 러시아 문학에서 '순례'를 목적으로 하지 않고 외국의 사회 문화와 경제생활을 주제로 한 최초의 상업적 기행문이었다. 바스쿠 다 가마에 앞서 포르투갈의 탐험가 바르톨로메우 디아스Bartolomeu Dias(1450경~1500)가 인도로 가는 항로를 개척하기 위해 희망봉을 발견(1488)하기 20여 년 전에 이미 러시아 트베리 출신 니키틴은 '말라바르Malabar 해안의 상인'이었다.

스웨덴과 폴란드에 대항한 리보니아전쟁Livonian War(1558~1583) 등으로 인해 재정 문제와 국고 확충을 고민하던 이반 뇌제(이반 4세)Ivan the Terrible는 1557년 중국행 아시아 횡단 루트를 열기 위해 영국 상인 젠킨슨Anthony Jenkinson(1529~1610)에게 러시아를 경유하여 부하라로 가는 여행을 허가하였다. 젠킨슨은 러시아에 대한 외교와 통상을 전담하는 '모스크바회사'Muscovy Company의 첫 대표가 되었다. 1555년 설립된 모스크바회사는 영국의 인도 무역과 식민정책을 관장하던 동인도회사(1600)보다 50년 정도 앞선 것이다. 젠킨슨 일행은 1558년 카스피해를 건너 노가이 호르드Ногайская Орда의 망기슐락에 도착하였다. 젠킨슨은 부하라에 도달하긴 하였으나 현지의 불리한 사정으로 인해 중국과 인도로 가는 여정을 지속하지 못하고 1559년 모스크바로 귀환하였다.[355]

젠킨슨은 1558년과 1561년 두 차례의 탐사를 통해 중앙아시아와 페르시아로 가는 무역 루트를 개척하였다. 부하라 등 중앙아시아 탐사는 별 소득이 없었으나, 페르시아 업무는 일정한 성과를 거두었다. 젠킨슨은 사파비 페르시아의 수도 이스파한에 입경하여 모스크바회사를 대신하여 우대적인 무역 거래를 성사시킴으로써 이반 4세의 관심을 끌기도 하였다.

1587년 류릭왕조Rurikids/Рюриковичи(862~1610)의 마지막 군주 표도르 1세Фёдор I Иванович(1557~1598)가 리투아니아와 폴란드 상인들에게 러시아를 경유하여 중국으로 가는 길을 허용한 것 등은 중국 루트를 개척하기 위한 대표적인 사례였다. 그러나 이러한 모스크바의 시도들은 '동란의 시대(1605~1613)'를 거치면서 중단되어 로마노프 왕조의 성립(1613)까지 기다려야 했다.

신생 로마노프 왕조는 외국 상인들을 통한 루트 개척이 아니라 중국과 직접 접촉하는 방식을 선택하였다. 1617년 짜르 정부는 영국의 모스크바 회사 대리인인 메이릭John Meyrick(1559~1639)이 영국 상인들의 특권과 중국 루트 개척을 위해 특허장을 요구한 것을 거절하였다. 모스크바에서 '모스크바무역회사Muscovy Company'의 대표이자 영국대사로 활동한 메이릭은 1611년 초부터 서시베리아의 오브강과 볼가강 루트에 관심을 갖기 시작하여 러시아에서 상업 활동하는 영국 상인들에게 볼가강을 통해 페르시아로 여행하고 오브Обь강을 통해 중국과 인도로 가는 길을 모색할 수 있도록 특별 허가를 요청하였으나 거부된 것이다.

짜르 미하일 1세Михаил Фёдорович (1596~1645)는 베이징으로 러시아 사절을 직접 파견하기로 결정하였다. 사절단 준비의 총괄 책임은 토볼스크Тобольск의 최고책임자(보예보다воевода) 쿠라킨Иван Семёнович Куракин (?~1632) 공에게 주어졌고, 사절단장에는 통역관이던 톰스크의 카자크 페틀린Иван Петлин이 임명되었다. 서시베리아의 중심도시였던 토볼스크는 아시아 교역을 총괄하는 수도의 역할을 하고 있었다. 미하일 1세는 이들에게 정치적 임무나 공식적인 사절의 지위를 부여하지는 않았다. 1618년 토볼스크를 떠나 페틀린 일행은 몽골초원을 거쳐 만리장성을 통과하여 1619년 베이징에 당도하였다.

페틀린은 보고서[356]에서 베이징을 '경이로운 것들로 가득한 아름다운 도시'로 묘사하였다. 페틀린은 예부禮部 관할의 숙소에 배정되었는데, 그곳은 조공 사절의 거처였다. 명나라 예부의 관리들은 페틀린 일행으로부터 천자에게 바칠 진상품을 확인하려 했으나 아시아의 조공제도에 관해 파악하고 있던 페틀린은 이를 거부하였고, 이로 인해 페틀린의 입조入朝와 천자 알현은 좌절되었다.

페틀린의 성과 중 하나는 예부의 하급 관리가 작성한 것으로 추정되는 '만력제萬曆帝의 서한'이었다. 당시 한문을 번역할 수 있는 러시아인이 부재했으므로 1675년에야 정확한 내용이 밝혀진 이 서한은 명의 천자가 짜르에게 조공무역을 윤허하는 칙서였다. "그대가 보유한 가장 값진 물건들을 가져오라, 그러면 짐은 훌륭한 비단을 하사하겠노라" 하는 조공체제의 논리가 칙서의 핵심 내용이었다. 1618~1619년 중국과의 관계에서 러시아 최초의 사절단 임무를 맡은 페틀린의 시도는 명나라의 쇠락과 함께 빛이 바랬고, 이후로 30여 년 동안 중국과의 공식 교섭은 사실상 중단되었다. 새로운 외교교섭은 청의 건국까지 지체되었다.[357]

러시아가 중국과 교섭하는 과정에서 봉착한 난제는 서로 지향하는 가치가 달랐다는 점이다. 러시아는 교섭의 목표를 상업적 이익에 두었던 반면, 중국은 중화적 가치의 확인을 목적으로 하였다. 이에 따라 중국은 조공제도나 삼배구고두三拜九敲頭 의례 등의 실행을 교섭의 관건으로 주장하였고 러시아는 근대식 외교 관례를 요구하였다. 17세기 네덜란드의 인문주의자이자 유럽 국제법의 토대를 마련한 그로티우스Hugo de Groot/Hugo Grotius의 『전쟁과 평화의 법 *De jure belli ac pacis libri tres*』(1625)이 발표되어 신이 아닌 인간의 이성에 기초하여 자연법적 질서에 의해 규정되는 동등한 주권 국가 간의 국제관계가 유럽에서 태동할 즈음, 로마노프 왕조의 러시아도 유럽의 근대적 국제관계를 제도적으로 수용하였다. 반면에, 중국을 석권한 청제국은 북방 유목민족의 실용적 관습―교역을 중시하는 개방적인 관습―에서 탈피하여 통치의 방편으로 중화적 세계관에 몰입하였다. 러시아와 중국의 갈등은 '외교와 예법'의 충돌로 표출되었다.

명의 멸망과 청제국의 수립 소식을 접한 모스크바는 1653년 베이징에 공식 사절을 파견하기로 결정하였다. 당시 러시아의 주요 무역상대국이던 영국과 네덜란드가 전쟁―제1차 영국-네덜란드전쟁(1652~1654)―중이었고, 영국과 프랑스의 식민지 정착민들이 수렵한 북미산 모피가 유럽 시장으로 유입됨으로 인해 러시아의 유럽무역은 감소 추세에 있었다. 이와 더불어 러시아와 페르시아와의 교역은 정체상태에 있었다.

중국과의 외교관계에서 러시아 최초의 공식 사절로 기록되는 바이
코프Фёдор Исакович Байков(1612~1663) 사절단에 주어진 주 임무는 외
교보다는 교역이었다. 짜르 알렉세이Алексей I Михайлович(1629~1676)
는 청황제(순치제順治帝)에게 보내는 서한과 함께 교역자금 5만 루블을
바이코프에게 하사하였다. 서한에서 짜르는 프세볼로드 1세Всеволод
I Ярославич(1030~1093)와 블라디미르 모노마흐Владимир II Мономах
(1053~1125)를 통해 아우구스투스와 콘스탄티누스에 이르는 로마 제국
의 황제 계보에 연결된 자신의 유구한 혈연적 유대를 설명하면서 로마
제국의 후예로서 청황제에게 양국 간의 '영원한 친선'을 제의하였다.
중국 황제에 대한 칭호를 알지 못했던 짜르 알렉세이는 청제국이 몽골
과 유사한 만주족의 나라라는 판단 아래, 서한(1654년 2월 16일자)에서
몽골식 황제 칭호를 접목하여 '짜르 부그디칸бугдыхан-царь'이라는 호
칭을 사용하였다.[358]

짜르로부터 바이코프는 청황제를 단독 알현할 것, 황제 외에는 어느
누구에게도 하례를 올리지 말 것, 황제의 발에 입을 맞추지 말 것, 바
닥에 엎드려 머리를 땅에 닿게 조아리는 '고두의례敲頭儀禮'를 행하지
말 것 등, 중국과의 최초 공식적인 외교 접촉에서 견지해야 할 의전에
관해 구체적으로 하교 받았다.[359] 관세와 거래 품목의 조사와 러시아
상품의 경쟁력 등, 중국의 시장 상황에 대한 조사가 사절단의 주요 임
무로 강조되었다.

짜르 알렉세이의 하교에 따라 1654년 바이코프는 베이징으로 출발하
기에 앞서 사절단의 공식 방문을 미리 알리고 국경에서 수도까지 의전
수행을 중국 측이 예비할 수 있도록 '토볼스크의 부하라인тобольский
бухаретин(бухарец)' 아블린Сейткул Аблин을 사절단에 앞서 베이징으
로 파견하였다. 청 조정의 관리들은 아블린을 러시아로부터 온 공식적

인 최초의 조공 사절로 오인—아마 의도적으로 조공 사절로 인식하려 했을 수도 있다—하였다. 순치제는 '중화의 법도에 귀의'한 이방인에게 황제의 은사를 베풀어 조공의 답례로서 짜르에게 '충성과 복종'을 치하하며 하사품을 내렸다. 순치제의 칙어와 하사품 등으로 미루어보아 아마도 아블린은 청 조정이 요구한 모든 조공예법—'삼배구고두'를 포함하여—을 수용한 것으로 추측된다.[360]

아블린이 의도치 않게 행한 전례로 인해 청은 러시아의 조공을 기정사실화하였다. 러시아의 첫 공식 사절의 전도前途는 이것으로 이미 결정되었다. 1654년 6월 과거 시비리 칸국Сибирское ханство의 수도(카쉴릭Qashliq)이자 예르마크의 카자크 원정대가 시베리아 정복의 전진기지로 활용했던 서시베리아 남부의 토볼스크Тобольск를 출발한 바이코프는 신장의 북쪽 중가리아Dzungaria/züün gar 초원과 고비사막을 거쳐 1656년 3월 3일 베이징에 도착하였다.

바이코프 사절단은 도중에 국경지대인 칼간(장쟈커우)Kalgan/张家口市에서 청의 변경 수비대에게 입경 제지를 당하였다. 청국 수비대는 러시아의 공식 사절이 이미 다녀간 것으로 알고 있었다. 이러한 연유로 칼간에는 베이징으로 바이코프 사절단을 공식 수행할 어떠한 중국 관리들도 없었고, 여행에 필요한 운송수단과 양식 또한 준비되지 않았다. 천신만고 끝에 도착한 베이징에는 도성 밖 약 1.5km에 2명의 이번원理藩院 관리를 포함하여 10여 명이 영접 나왔을 뿐이었다.[361]

짜르의 교시를 충실히 이행하려는 바이코프의 의지는 중국 측과 처음부터 충돌하였다. 자금성 성문에서부터 실랑이가 벌어졌다. 그는 고두 의례를 거부하였고, 그날이 부활절 금식일이었으므로 청황제가 내린 수태차를 마시지 않고 찻잔을 받기만 하였다. 조공 사절을 관할하는 기관인 이번원이 마련한 숙소에 배정된 바이코프 일행은 중국의 조공 절차 중 핵심 문제에 봉착하였다. 이번원 관리들은 천자를 알현하기 전에 짜르의 서한과 진상품을 먼저 건네줄 것을 바이코프에게 요구하였다.

바이코프는 청 관리들의 회유와 강압에 맞서 짜르의 예물과 신임장을 유럽식 의전에 따라 직접 입조入朝하여 천자에 친전親傳하려 하였다. 이에 이번원의 관리들은 강제로 짜르의 예물을 압수하였고, 짜르의 신임장을 이번원에 제출할 것을 요구하였다. 바이코프는 천자에게 자신이 친전할 것 주장하며, 때론 생명의 위협을 겪으면서 여섯 달 동안 버틴 끝에 9월 4일 베이징에서 추방되었다. 1658년 7월 31일 러시아의 첫 외교 사절인 바이코프 사절단은 아무런 결실 없이 토볼스크로 귀환하였다.

6개월의 베이징 체류 동안 바이코프는 그가 직접 경험한 중국의 문물에 대해 상세하게 작성하였다. 화강석으로 포장된 베이징 시내의 대로와 기와집들은 그에게 경탄할 만한 것이었고 시장에서 거래되는 온갖 종류의 채소와 과일, 향신료들은 그의 관심을 끌기에 충분하였다. 그러나 금과 은, 진주 등 귀금속과 보화 등은 러시아에 비해 순도가 떨어지거나 값이 비싸다고 기록되었다. 그에 따르면 담비, 수달, 붉은 여우 모피 등은 이미 베이징시장에 풍부하므로 북방족제비ermine나 북극여우 모피 등이 러시아의 경쟁력 있는 상품이 될 수 있을 것이었다. 이외에도 바이코프는 식생활—그가 보기에 혐오스러운[362]—과 전족專足풍습 등 중국의 일상생활, 그리고 한족과 만주족의 관계 등에 관해 상세히 기록함으로써, 그동안 중앙아시아 상인들을 통해 전해 들었던 중국에 관한 정보를 구체화하여 향후 중국 외교를 수행하는 데 기여하였다.[363]

바이코프의 보고를 통해 처음으로 중국에 관한 구체적인 정보를 획득한 짜르 알렉세이는 중국과의 교섭 목표를 상업 무역에 두고 아블린

과 예니세이스크Иван Максимович Перфильев의 카자크 보예보다 페르필
리예프Иван Максимович Перфильев를 두 차례에 걸쳐 베이징에 파견하
였다. 바이코프의 실패를 거울로 삼아 모스크바는 베이징의 외교 절차
에 대해 적응하려는 실용적인 태도를 보였다. 짜르는 서한을 통해 청
황제에게 최초로 상업 거래를 제안하면서 아블린 등으로 하여금 서한
을 황제 알현에서 직접 전하지 못할 경우 황제의 측근을 통해 전달하
도록 윤허하였다.

  1660년 6월 베이징에 도착한 아블린 일행은 짜르의 서한 내용이 중
국의 예법에 맞지 않다는 이유로—내용이 무례하고 중국식 연호를 사용하
지 않았다는 사유로— 황제의 알현이 거절되었다. 그러나 중요한 소득은
러시아에 대한 청의 일정한 태도 변화가 감지되었다는 점이다. 순치제
는 "비록 차한 칸Khan(짜르)의 청원서가 무례하나 조공국을 위한 관대
함을 표시하기 위해 예부로 하여금 만찬을 베풀고 진상품을 수령할 것
과 짜르에게 하사품을 내릴 것"을 하교하였다. 비록 공식적인 외교 절
차를 완수하지는 못하였으나 페르필리예프와 아블린의 카라반(상단商
團)은 1천여 루블의 이익을 남김으로써 중국교역의 풍부한 가능성과
가치를 확인해 주었다.[364]

  아블린과 페르필리예프의 첫 번째 카라반 외교에서 상업적 이익을
확인한 후, 모스크바는 중국정책에서 공식 외교와 교역을 분리하기 시
작하였다. 짜르 알렉세이는 페르필리예프와 아블린 일행을 상단商團
자격으로 다시 베이징에 파견하기로 결정하여 중국과의 교역을 위해
4,500루블에 달하는 다양한 물품을 마련하도록 지시하였다. 교역품
의 약 절반을 모피가 차지함으로써 본격적인 모피 교역이 시작되었다.
10인의 몽골인을 포함한 27명의 카라반은 1668년 7월 13일 토볼스크
를 출발하여 1669년 6월에야 베이징에 도착하였다.

청조정의 전통 의례를 준수한 끝에 페르필리예프와 아블린 일행은 두 차례에 걸쳐 강희제康熙帝(1654~1722)를 비공식적으로 알현하는 데 성공하였다. 강희제는 러시아와의 교류에 관심을 표명하면서 짜르에게 보낼 '하사품'을 내렸다. 아블린 일행은 베이징에 한 달 정도 체류하면서 조정 대신들이 주재한 세 차례의 황궁 만찬에 초청되었고, 자유로운 교역이 허용되었다. 강희제는 이번원 관리들을 통해 "러시아 사절과 상인들을 영접하고, 모든 배려와 편의를 제공하라"고 하교하였다.

페르필리예프와 아블린 상단은 만리장성에 이르는 변경까지 청 관리들의 수행을 받으며 1672년 10월 11일 토볼스크로 복귀하였다. 페르필리예프와 아블린의 카라반 활동은 대단한 상업적 성공을 거두었다. 초기 투자금 4,500루블 중, 진상품 등을 제외하고 3,484루블 상당의 러시아 상품을 베이징시장에 내다 팔아 구매한 비단과 보석 등 중국상품은 모스크바 시장에서 18,715루블에 상당하였다. 이렇듯 페르필리예프와 아블린의 두 차례에 걸친 중국 원행遠行은 카라반의 상업적 가능성을 확인해 주었다.[365]

대對중국 정책에서 모스크바의 정경분리 원칙은 결과적으로 성공적이었다. 모스크바는 베이징과의 관계에서 새로운 방식을 고안해 냈다. 러시아는 상업적으로 접근하였고 중국은 정치적으로 판단하였다. 러시아인들은 공식 외교 사절이 아닌 상인자격으로 정치적 결과에 구애됨이 없이 중국의 조공 절차에 적응하며 소기의 목적을 달성할 수 있었고, 중국은 자신들의 법도를 관철하며 명분을 유지하였다. 이에 따라 러시아는 적지 않은 상업적 이익을 취할 수 있었고, 중국은 실록에 "러시아의 차한 칸(짜르)이 조공 사절을 보냈다"라고 만족스럽게 기록할 수 있었다.[366]

아블린의 카라반이 두 번째로 베이징에 당도할 즈음에 청 조정은 아무르 지역을 침범한 코사크인들이 러시아인임을 확인한 것으로 추정된다. 모스크바는 이에 앞서 아무르 지역에서 코사크인들과 만주인들이 충돌하고 있음을 어렴풋이 알고 있었다. 1667년 청제국에 조공을 바치던 기마 퉁구스족의 에벤키와 다우리아 부족장 간티무르Гантимур/根特木가 그의 일족 40여 명과 20여 개 씨족 7천~8천여 명을 이끌고 러시아에 귀화를 요청하면서 청 조정은 네르친스크Нерчинск와 알바진雅克薩이 러시아의 통제 하에 있음을 심각하게 인식하게 되었다.

네르친스크의 기원이 된 네르차Нерча강 지역에서 출생한 간티무르는 시베리아-자바이칼의 에벤키Эвенки/Tungus족과 몽골계 다우리아Даурия부족의 통치자로서 러시아로 귀화하여 러시아 간티무로프 가문Гантимуровы의 시조가 되었다. 정교회 세례를 받은 간티무르에게 표트르 1세는 1686년 귀족 작위(Князь)와 러시아식 이름(표트르Пётр)을 하사하였다. 현대 추상표현주의abstract expressionism 회화의 창시자인 러시아 미술가 바실리 칸딘스키Кандинский, Василий Васильевич(1866~1944)는 간티무르 가문의 모계 후손으로 알려졌다.[367]

청 조정朝廷은 1669년 4명의 만주인을 상인으로 위장시켜 네르친스크로 정찰을 보낸 데 이어, 이듬해 4월 천자의 서한을 소지한 만주의 현지 지방관 샤란다Sharanda를 네르친스크의 보에보다 아르쉰스키Даниил Данилович Аршинский(?~1676)에게 파견하였다. 탕구트Tangut 어로 작성한 천자의 서한을 해독할 수 없었던 아르쉰스키는 만주군이 이틀 거리에 주둔하고 있던 급박한 상황을 고려할 때 중앙정부에 문의할 여유 없다고 판단하였으므로 짜르의 서한을 임의로 작성하여[368] 1670년 4월 19일 밀로바노프Игнатий Михайлович Милованов를 베이징에 파견하였다.

서한에서 아르쉰스크는 청황제에게 '짜르에게 복속할 것'을 요구하였는데, 러시아어를 독해할 수 없었던 청 조정은 짜르가 복속의 예를 표하는 서한인 것으로 판단하고 접수하였다.[369] 1670년 8월 11일 밀로바노프가 네르친스크로 귀환하면서 베이징으로부터 받은 청황제의 서한에는, "아무르 지역에 토벌대를 파견하려 했으나 아무르 카자크인들이 짜르의 신민임을 알고 자제하였으니, 평화를 깨지 않도록 부디 아무르 카자크인들을 잘 통제할 것"을 짜르에게 요구하는 내용이 들어 있었다.

밀로바노프가 베이징에 체류하는 동안 청의 관리들은 그에게 청 제국의 군사력을 과시하는 한편으로 베이징과의 교역의 이점을 제시하였다.[370] 네르친스크에서 러시아어로 번역하는 과정에서 강희제의 서한이 짜르를 존중하는 예법으로 각색되었음을 감안하더라도 러시아에 대한 청 조정의 입장은 무력 충돌보다는 회유와 상업 거래를 통한 관계 조정에 더 관심이 있었던 것으로 추정할 수 있다.

유럽외교 대對 중화외교: 밀레스쿠 사절단[1675]과 '예법의 충돌'

페르필리예프와 아블린의 카라반이 성공함에 따라 이에 고무된 모스크바는 본격적으로 중국과 외교교섭에 착수하였다. 제3차 영국-네덜란드전쟁 Anglo-Dutch War (1672~1674) 등으로 인해 백해 White Sea 연안의 항구도시 아르한겔스크 등 해상로를 통한 유럽무역이 불안정해지고, 우크라이나에서 동시에 벌어진 폴란드-오스만전쟁 Polish–Ottoman War (1672~1676)과 러시아-튀르크전쟁 Русско-турецкая война (1672~1681)으로 근동의 레반트 무역이 단절됨에 따라 러시아는 새로운 육상 무역로 개척이 필요하였다. 모스크바는 육로를 통한 중국과 인도와의 교역을 추진하여 1674년 인도와 중국에 사절단을 동시에 파견하였다.

1674년 7월 13일 짜르 알렉세이는 그동안 실험적으로 시도하던 교역을 제도화하고 동등한 외교관계를 수립하기 위해 유럽 외교의 의전에 정통한 밀레스쿠Николае Гаврилович Милеску/Спафарий (1636~1708)를 중국에 파견하기로 결정하였다. 밀레스쿠(스파파리)는 17세기 그리스 정교회의 르네상스 운동의 선구자 중 한 명이었다. 몰다비아의 귀족 가문 출신인 밀레스쿠는 콘스탄티노플 총대주교좌 부설 신학교에서 수학하였다. 서구 지향적이던 총대주교좌 학교는 그리스 철학과 라틴어 교육을 하는 유럽 정교 세계의 지적 본산이었다.

밀레스쿠는 고국 몰다비아의 군주 게오르게Gheorghe Ştefan (?~1668)의 비서를 시작으로 스톡홀름과 파리의 궁정외교를 경험하면서 루이 14세의 외무장관이자 당대 유럽 최고의 외교관 중 한 명인 시몽 아르노Simon Arnauld de Pomponne (1618~1699)의 신임을 받기도 했다. 밀레스쿠는 외교문서의 번역과 작성을 위해 짜르 알렉세이의 초청으로 1671년 5월 21일 러시아에 입국하였다. 같은 해 12월 14일 그는 당시 러시아 외교를 총괄하던 대사국Ambassadorial Department에 종신 고용되었는데, 이때 짜르의 눈에 띄어 러시아 외교관으로서 새로운 기회를 얻었고 나아가 베이징 사절로 파견되었다.[371]

1675년 2월, 밀레스쿠에게 내린 짜르의 교서는 총 14개 항목(14개 문장)으로 구성되었는데, 그중 절반 이상이 교역 조건에 관한 내용이었던 것으로 볼 때 당시 러시아의 중국 정책에서 교역이 핵심 사항이었음을 재차 확인할 수 있다. 외교의전의 맥락에서 교서에 공식 호칭과 관련하여 중국의 황제에게 각각 동등한 공식 호칭—중국은 황제, 러시아는 짜르—을 사용할 것을 제안한 점 등으로 미루어 러시아가 중국 예법—'하나의 황제와 그 주위의 왕들'이라는 중화적 세계관—에 대해 아직 심각하게 인식하지 않은 것으로 보인다. 또한 아무르 지역의 분쟁이 양국 관계에 심대한 문제를 야기할 것으로 판단하지 않았다. 이 외에도 밀레스쿠는 당시까지 베이징으로부터 접수한 천자 명의의 서한(4개)을 베이징 방문을 통해 정확히 번역해 오도록 하는 임무도 부여받았다.[372]

밀레스쿠 사절단은 이전의 어떠한 러시아 사절단보다도 외교의전과 예법의 맥락에서 중국 측과 근본적인 논쟁에 휘말렸다. 중국과 본격적인 공식 외교관계를 시작하려는 의도에서 유럽식 외교원칙에 입각하여 베이징에 동등한 외교관계를 기대한 모스크바로서는 당연히 거쳐야 할 관문이기도 하였다. 더욱이 이 임무를 담당한 양국의 실무 대표들이 각자 이 분야에 정통한 관리들이었으므로 양보할 수 없을 만큼 논쟁의 치열성은 증폭되었다.

앞서 말한 바와 같이 밀레스쿠가 유럽외교에 능숙한 러시아 외교관리였다면, 중국 측 상대방이었던 마라瑪喇/Mala (1632~1692)는 주변 속국과의 관계(조공관계)를 총괄하는 예부禮部 관할이던 이번원의 낭중理藩院郎中이었다. 그는 후일 공부상서工部尙書(1677~1681 재임)로 영전하였다. 예부시랑禮部侍郎 마라瑪喇는 팔기군八旗軍 중 황제 직속인 양백기鑲白旗 소속의 만주 귀족 가문 출신이었고[373] 청 태조 누르하치를 보필하던 이번원 상서尙書(1647~1653 재임) 니칸尼堪/Nikan의 조카이기도 하였다. 마라는 이번원에서 관리 생활을 시작하여 우시랑에 오를 때까지 조공국을 다루는 다양한 경험을 쌓았을 뿐 아니라 반청反淸 반란 진압에서도 능력을 발휘하였다.

변방 민족을 다루는 데 이론과 경험을 겸비한 청 왕조 최고의 조공 의례 전문가인 마라는 1676년 2월 26일 밀레스쿠 사절단을 영접하기 위해 아무르강(헤이룽장黑龍江) 변경 헤이허黑河의 넌장(눈강현嫩江县)에 도착하였다. 넌장현은 강희제 29년(1690년)에 헤이룽장성을 총괄(총독)

하는 헤이룽장 장군(헤이룽장 장군아문)黑龍江將軍/黑龙江将军衙门이 설치될 만큼 중요한 국경의 요충지였다.

넌장에 50여 일간 머물면서 마라瑪喇는 사절단의 목적과 베이징에서의 절차, 협상 어젠다 등을 탐색하였다. 마라와 밀레스쿠, 청과 러시아를 대표하는 노련한 외교관인 두 사람은 당면한 임무뿐 아니라 양 제국 간에 개재된 다양한 문제들에 대해 국경에서부터 지루한 논쟁과 기싸움을 시작하였다. 양국의 두 대표 간 논쟁의 핵심은 대략 두 가지로 정리할 수 있는데, 하나는 의전에 관한 것이었고 다른 하나는 아무르 문제였다.

넌장에 도착하자마자 마라는 칭병불출稱病不出하며 인편으로 자신의 거처로 방문하라는 의향을 밀레스쿠에게 전달하였다. 오는 도중에 말에서 낙상하여 다리를 다쳤다는 것이 그 이유였다. 밀레스쿠는 자신이 묵고 있는 "숙소가 멀지 않으니 가마를 타고 오면 될 것"이라 전하면서 의전상 마라의 상위上位를 인정할 수 있는 어떠한 행위도 거절하였다. 이에 마라는 양 측 숙소의 중간지점에 공관을 만들 것이니 그곳으로 방문하도록 밀레스쿠에게 요구하였다. 밀레스쿠는 황제의 안전案前에 신임장을 제출하기 전에 만주 관리의 공관을 방문하는 것은 '만국萬國의 관례'에 비추어 부적절한 것이라 주장하였다. 마라가 "러시아 측이 야외 공지空地에 막사를 세우면 그곳으로 방문하겠다"는 의향을 다시 제기하자, 밀레스쿠는 "러시아의 빈 막사로 방문할 수 있다면 러시아의 숙소로 또한 방문할 수 있는 것 아닌가" 하고 반문하였다.

3월 2일에 양측은 넌장현 외곽에 막사를 세우고 그곳에서 동시에 회동하기로 합의하였다. 마라는 합의에 이르지 않을 경우 베이징으로 철수하여 밀레스쿠의 완고한 행동을 천자에게 보고할 것이라고 협박하는 한편, 모스크바로 답방할 중국 사신들이 러시아의 예법에 따르도록 할 것이라고 서면으로 보장하여 밀레스쿠를 회유하였다. 밀레스쿠 또한 합의가 지연됨에 따라 사절단 내부의 불만이 일어나자 마라의 제안을 일부 수정하여 수용하였다.

두 번째 논쟁은 짜르의 친서를 미리 확인하는 문제에서 발생하였다. 마라는 러시아 사절단이 입경하기 전에 사전절차로서 짜르의 친서 내용을 확인해 보라는 지시를 베이징의 조정으로부터 받았으므로 친서의 확인을 요구하였다. 밀레스쿠는 "어떠한 관리도 외국 대사를 공식적으로 접견하기 위해서는 군주의 위임을 받아야 하는 것이 국제관례인데, 마라는 그러한 위임을 증명하는 어떠한 문서도 제시하지 않았다"고 반박하면서 마라의 요구를 거절하였다.

더 나아가, 만약 중국 측이 강제로 짜르의 친서를 개봉하여 확인하려 든다면 이를 지키기 위해 "카자크 군대를 동원하여 죽기로 대항할 것"이라고 결연히 맞섰다. 밀레스쿠에 있어서 짜르의 친서를 상대 군주에게 친전親傳하는 행위는 "모든 군주가 행하는 외교 사절을 대하는 관례"로서 유럽식 외교의전이자 국제관례였다. 이에 비해 마라에게는 외국의 조공 사절은 입조하기 전에 이번원에 모든 문서를 먼저 제출하는 것이 중국의 조공예법이었다.

예법 논쟁 이면에는 '아무르 문제'라는 현실정치적 문제가 자리하고 있었다. 마라가 입조入朝 전에 밀레스쿠로부터 확인하려 했던 것은 러시아로 귀의한 퉁구스족 통치자 간티무르의 송환과 러시아인들의 '아무르 침범' 문제였다. 마라는 1670년 청황제가 보낸 칙서의 핵심 내용인 아무르 문제에 대해 러시아가 수용했는지를 짜르의 친서에서 확인하고자 하였다. 밀레스쿠는 짜르의 전권대사로서 청황제의 전권을 위임받지 못한 마라의 부적격을 이유로 친서 확인을 거절하였다.

청의 변경인 넌장에서 러시아 사절단과 논쟁하면서 한 달이 지나도록 일이 진척되지 않고 교착상태에 이르게 되어 마라가 조정에 문의한 결과 청 조정은 밀레스쿠 사절단의 입경을 일단 허락하였다. 당시 중국 남부에서 일어난 삼번의 난三藩之亂(1673~1681)이 진압되지 않은 상황에서 국내정세의 불안정을 고려할 때 북부 변경에서 동시에 러시아와 무력 충돌에 돌입하는 것은 청 조정으로서는 버거운 일이었기 때문이었을 것이다.

100대의 수레와 156명 규모의 밀레스쿠 사절단은 4월 17일 넌장을 출발하여 29일 만에 베이징에 도착하였다. 사절단은 예부가 제공한 자금성 근처에 있는 숙소에 머물렀다. 개국 초기 전란 상황을 반영하듯 숙소는 매우 황량한 것으로 기록되었다. 베이징에서도 예법 논쟁은 지속되었다. 청 조정은 밀레스쿠가 천자를 알현하기 전에 미리 짜르의 친서를 제출할 것을 요구하였다. 밀레스쿠는 여섯 가지 이유를 들어 청황제가 짜르의 친서를 친전親展해야 함을 주장하였다. 티베트, 몽골, 부하라, 포르투갈, 네덜란드 등 중국과 교역하려는 모든 나라가 그동안 중국의 예법에 따랐다는 마라의 주장에 대해 밀레스쿠는 네덜란드인들과 포르투갈인들은 소국小國 출신들이기 때문에 유럽식 의전에 맞지 않음에도 불구하고 중국의 예법에 따른 것이라고 반론하였다.

그러나 마라가 이해하기 어려운 점은 러시아가 네덜란드 등과는 다른 대국大國—마라는 러시아가 대국이라는 사실은 이해하고 있었다—이라는 밀레스쿠의 주장이 아니라 중국과 러시아가 '동등'하다는 개념이었다. 중화세계에서 나라 간에 '동등'이라는 개념은 존재하지 않았기 때문이다. 이에 유럽의 의전에 관한 전형을 예로 들면서 밀레스쿠는 국가 간에 통용되는 올바른 예법에 관해 마라를 설득하려 하였다. 그가 거론한 국제 외교의전의 전형은 로마의 교황이나 오스만 튀르크 제국의 술탄, 그리고 페르시아의 샤 황제의 예법 등인데, 러시아의 대사는 황제

들에게 짜르의 친서를 직접 전달(친전親傳)하고 황제들은 이를 몸소 펴

본다(친전親展)는 요지였다.

따라서 러시아의 짜르는 청황제에게 새로운 예법을 요구하는 것이

아니라 '세상이 생긴 이래로 성행하고 있는 외교 관례'를 준수하라는

취지였다. 밀레스쿠는 신념과 관습을 구분한 후, 종교 등 신념은 불변

의 것이지만 관습은 시간에 따라 변할 수 있는 것이라는 유럽적 사유

思惟 방식을 제시하였다. 이에 대해 마라는, 관습은 고래의 불변적인 것

으로 황제조차도 바꿀 수 없다는 유교적 사유 논리로 맞섰다. 만약 천

자가 러시아 사절단을 배려하기 위해 관습을 훼상한다면 사람들은 천

자가 짜르를 두려워하여 그리한 것으로 생각할 것이라고 마라가 주장

하였다.[374]

청 조정이 밀레스쿠의 요청을 최종적으로 거절하였으므로, 임무를

포기하고 귀국하거나 청 조정의 요구를 수용하는 양자택일의 기로에

선 밀레스쿠는 결국 후자를 선택하였다. 다만, 짜르의 예물을 '조공'으

로 해석해서는 안 된다는 단서를 전제로 예부를 통해 짜르의 친서를

전달하는 것에 동의하였다. 밀레스쿠는 "짜르는 조공품을 수락하기는

해도 누구에게도 진상한 적이 없다"는 사실을 주지시키면서 "러시아

사절단이 조공품을 진상하러 왔다"는 말들이 베이징에 떠돌고 있다고

항의하였다. 이에 마라는 조공이라는 용어에 괘념치 말라는 당부와 함

께, 사실에 무지한 세간의 말에 신경 쓸 필요가 없다고 밀레스쿠를 진

정시켰다.

6월 5일 조정 대신들이 지켜보는 가운데 궁궐 문 앞에서 거행된 짜

르의 친서와 예물을 전달하는 입궐 의례는 중국의 조공 의례와 흡사하

였으나 양측 모두 침묵 속에 의식을 거행했다는 점에서 일반적인 조공

의례와는 달랐다. 그러나 강희실록은 러시아 사절단의 입궐 의례를 조

공 의례로 기록하였다. 실록에 따르면 "아주 먼 곳에 있어 중국과 교유한 적이 없고 중국어도 모르기에 적절한 상소上疏의 관례를 인지하지 못한 올로수(러시아)의 차한 칸(짜르 알렉세이)이 이제 문명에 귀의하여 조공 사절을 보내왔다"고 기록하고 있다.

입궐 예식에 관한 밀레스쿠의 기록은 이와 다르지만, 정황상으로 볼 때 양측은 일정한 타협을 한 것으로 보인다. 의례가 진행되는 동안 양측 모두 조공 의례에 수반되는 호명呼名이나 선창先唱 등을 한마디도 하지 않은 채 침묵 속에 입궐 의식을 거행하였다. 러시아 사절단은 의례에서 조공이라는 말이 공식 표명되는 것을 예방함으로써 러시아의 외교적 프로토콜을 견지했고, 중국 측은 실록에 '러시아의 조공'으로 기록함으로써 그들의 '신념'을 지켰다.

6월 15일 마침내 천자에 대한 알현을 윤허 받은 밀레스쿠에게 남은 문제는 '삼배구고두'였다. 마지막 순간까지 거부하던 그는 '삼배구고두'를 수용하였다. 그러나 정식으로 의례를 준수한 것이 아니라 변칙적으로 삼배구고두를 실행하였다. 밀레스쿠는 천자와 사절단 사이에 조정 대신과 여러 신하들을 두고 멀리 떨어져 '일배一拜 이배二拜'를 외치는 관리가 미처 따라가지 못할 정도로 매우 빠르게 몸을 완전히 굽히지도 않은 채로 삼배구고두를 끝냈다.[375]

밀레스쿠에게 여전히 남겨진 가장 중요한 과제는 전권대사로서 짜르 알렉세이의 교시를 실행하는 것이었다. 밀레스쿠는 6월 8일 베이징에 주재하던 예수회 소속 신부 베르비에스트Ferdinand Verbiest(1623~1688)의 도움으로 교시 14개 항을 만주어로 요약 번역(12개 항)한 후, 16일 마라를 통해 천자에게 전달하였다. 그 주요 내용은 다음과 같았다. 청 조정은 밀레스쿠가 모스크바로부터 되가져온 4개의 중국 측 서한에 대한 공식 번역문을 제공해 줄 것, 향후 양국의 소통을 위해 하나의 공용어를 선정하는 것에 합의할 것, 양측은 상대국 군주의 호칭을 합의된 형식으로 기록할 것, 천자는 밀레스쿠 사절단에 동행하여 모스크바로 대사를 파견해 줄 것, 양국 간에 상인들의 자유로운 여행을 허용해 줄 것, 청국이 원하는 러시아 물품과의 교환을 위해 매년 4만 푸드pood/пуд의 은을 모스크바에 보낼 것, 러시아인들이 베이징에 가져간 물품으로 중국 물품을 구매할 수 있도록 허용하고, 거래는 공개된 시장에서 이루어져야 하며, 관세를 부과할 것 등이었다.

밀레스쿠의 12개 항은 6월 26일 상소문의 형식으로 천자에게 전달되었고, 천자의 하교에 따라 관련 부서에서 검토한 후, 40여 일 만인 8월 6일 이번원 상서尙書 아무훌랑阿穆瑚瑯(1671~1684 재임)이 천자에게 정책 방안을 최종 보고하여 9일 최종 재가를 받았다. 청국 관리들은 천자가 재가한 내용을 밀레스쿠에게 고지하는 것을 지연시킴으로써 밀레스쿠 사절단의 심신을 소진케 하였다. 밀레스쿠는 8월 초부터 수차례에 걸쳐 인편으로 예부에 자신의 12개 항에 대한 협의를 문의하였으나 아무런 답변도 들을 수 없었다.

12개 항에 대한 가부可否 결정은 차치하고라도 이에 대한 답변이 문서로 작성되어 자신에게 건네질 것인지 조차도 밀레스쿠는 알 수가 없었으나, 7월 1일에 이미 청국조정은 답서 형식의 외교문서나 짜르에 대한 친서를 작성하지 않기로 결정하였다. 이러한 사실을 모르는 밀레스쿠는 8월 28일까지 두 달여 동안 답서를 고대하고 있었다. 동의하거나 거부당하든지, 어떠한 결정이 나더라도 천자의 결정을 문서 형태로 모스크바로 가져가는 것이 밀레스쿠의 본연의 임무였기에 일이 지체됨에 따라 중압감은 더욱 가중되었다.

8월 29일 마침내 밀레스쿠는 예전의 그 궐문 앞으로 소환되어 이번원 관리로부터 문서가 아닌 칙어 봉독을 들었다. 청 관리는 밀레스쿠

에게 조공국에 대한 포고는 이번원에서 발하는 것이 통례이나 특별히
천자의 재가를 받은 칙령이므로 황공의 예의를 갖춰 부복俯伏하여 교
시와 하사품을 받을 것을 요구하였다. 밀레스쿠는 입궐 의례에서 경
험했던 딜레마에 다시 봉착하였다. 그는 천자의 칙어에 짜르의 칙서와
12개 항에 관한 내용이 들어 있는지 여부를 청 관리가 확인해 주지 않
으므로 부복하기를 거부하였다.

두 달 전에 이미 청 조정은 밀레스쿠의 요구에 대해 구체적인 서면
답변을 부여하지 않기로 결정하였으므로, 8월 29일 궐문에서 이번원
상서는 천자가 짜르에게 친서를 보내지 않는 이유에 대해서만 구두로
밀레스쿠에게 두 가지로 답하였다. 하나는, 밀레스쿠가 중국의 예법에
불복하였기 때문이고, 다른 하나는, 짜르가 퉁구스 부족장인 간티무르
를 청국으로 송환시키지 않았기 때문이라는 것이다. 요약하면, 이번원
상서는 러시아와 청국의 관계가 재개되는 조건으로 다음의 세 가지를
제시하였다. 러시아 대사가 간티무르를 압송하여 베이징에 입조할 것,
대사는 청국의 예법에 충실할 것, 양국의 국경선 사이에 평화를 유지
할 것 등이었다.

청 황제의 칙어에 12개 항에 대한 답변과 짜르에게 보내는 친서의
내용이 포함되어 있지 않았다는 것은 밀레스쿠의 임무가 실패하였다
는 사실을 의미하였다. 밀레스쿠는 사절단과 이번원 관리들이 보는 가
운데 이번원 상서와 논쟁하였다. 그는 부복하지 않는 이유가 천자를
모독하기 위한 것이 아니라 짜르의 명예를 지키기 위한 것이라 주장하
였다. 이번원 상서는 이에 대해 중국의 예법을 완강히 고집하였고, 간
티무르의 송환 문제에 대해 천자가 짜르에게 다시 한번 친서를 보낼
것을 제기한 밀레스쿠의 새로운 제안도 거절하였다.

이러한 와중에 청 관리 중의 한 사람이 천자의 친서와 12개 항에 대

한 문서 답변을 재차 요구하는 밀레스쿠를 외면하고 사절단 일행에게 중국 예법에 따를 것인지를 직접 물어보면서 상황은 급전하였다. "만일 천자가 짜르에게 친서를 보내기로 한다면 중국의 예법에 따를 것인가" 하는 여러 차례의 질문에 사절단 일행은 거듭하여 그리하겠다고 답하였다. 이러한 행동은 짜르의 대사인 밀레스쿠의 권위를 손상시켰고 밀레스쿠는 타협할 수밖에 없었다.

사절단 일행이 무모한 항명을 하게 된 배경에는 장기간에 걸친 청 조정의 압박과 지연술로 인해 사절단의 심신이 매우 지쳐있었기 때문이었다. 베이징에 도착한 이래 세 달여 동안 러시아 사절단은 출입이 엄격히 통제되어 사실상의 연금 상태에 있었고 베이징의 무더위와 열악한 주거 조건으로 인해 건강 악화와 질병에 시달리고 있었다. 따라서 이들은 고통스럽고 견디기 힘든 지루한 임무가 빨리 끝나길 간절히 원하였다. 밀레스쿠가 고육책으로 "천자의 친서에 짜르의 명예를 훼손하는 불경스러운 단어가 하나라도 있을 경우 이를 수령하지 않겠다"고 일행에게 반박하였으나 사절단 일행은 "만일 대사가 천자의 친서를 접수하지 않는다면 그 내용이 무엇이든지 간에 자신들이 손수 받을 것"이라고 항변하였다. 밀레스쿠는 결국 청 조정의 요구에 따를 수밖에 없었다.

다음날, 이번원 상서 아무훌랑과 마라는 통역으로 베르비에스트를 대동하고 러시아 사절단의 숙소를 방문하였다. 그들은 중국의 예법을 러시아 사절단에게 공인시키길 원하였다. 마라는 밀레스쿠에게 천자의 친서를 원한다면 청 조정이 공표하는 예법을 수용할 것을 요구하였다. 마라가 제시한 청 조정의 포고 내용은 다음과 같았다. 베이징에 입조하는 모든 사절은 열등한 위치에서 우월한 지위를 대하는 상명하대上命下待의 언행 예법을 취할 것, 천자 알현 시 삼배구고두를 실행할

것, 모든 예물은 공문서에 조공으로 기록할 것, 조공에 대한 천자의 답
례품은 하사품으로 기록할 것 등이었다.

마라는 포고문 낭독 말미에 "하늘에 신이 하나이듯 땅 위의 신 또한
하나인데, 세상의 중심에 자리한 중국의 천자"를 일컫는 말이라는 것
을 짜르에게 전할 것을 밀레스쿠에게 요구하였다. 이에 대해 밀레스쿠
는 "친선의 뜻으로 보낸 예물을 조공으로 칭하는 것은 놀라운 일이며,
짜르는 조공을 받기는 하되 보내지는 않는다는 것은 세상이 다 아는
일"이라며 담담하게 응수하였다. 마라는 처음으로 속내를 드러내어,
"짜르가 천자의 신하가 아닌 것은 스스로 잘 알고 있으며, 다만 고래로
중국의 예법에 따라 세상의 모든 나라에 대해 그런 식으로 쓰고 말한
다"고 언급하면서 신념이 아닌 현실을 논하였다.

밀레스쿠는 중국 예법에 따른 천자의 친서를 수령할 것인지를 숙고
하는 데 하루의 시간 여유를 줄 것을 요구하였다. 8월 31일 마라가 밀
레스쿠의 결심을 확인하기 위해 러시아 사절단의 숙소를 방문하였으
나 결론을 얻지 못하였다. 청 조정은 밤새 숙의 끝에 러시아 사절단의
체류를 더 이상 허용하지 않기로 결정하고 9월 1일 오전에 즉시 베이
징을 떠날 것을 명하였다. 떠날 채비를 위해 하루 동안의 여유를 요청
한 밀레스쿠의 제안이 받아들여지지 않았으므로 러시아 사절단은 당
일 국경으로 향하였다.[376]

예법 논쟁을 제외하면 밀레스쿠 사절단을 대하는 청 조정의 정치적
판단은—예수회 소속 사제 베르비에스트에 따르면— 대략 세 가지로 분류
된다. 먼저, 청 조정은 러시아인들이 네르친스크와 알바진에 정착기지
를 건설한 목적이 아무르 주변의 원주민들로부터 공물을 징수하는 것
이므로 이러한 행위는 청국의 권위에 강력히 도전하는 것이라는 점,
다음으로, 그럼에도 '삼번의 난'으로 인해 러시아인들을 패퇴시키기

위한 대규모의 출병이 어렵다는 점, 셋째, 만일 러시아가 간티무르의 송환에 동의한다면 목전의 문제가 해결될 수 있다는 점이다. 왜냐하면, 아무르 일대 퉁구스인들의 최고 수장인 간티무르가 청에 다시 복속한다면 그 일대의 모든 부족민이 청에 귀의하거나 흩어질 것이므로 그 지역에서 정착촌을 유지할 가치가 없어질 것이기 때문이다.

따라서 청은 예법의 준수 여부를 통해 러시아의 의중을 탐색하고 만일 간티무르를 송환하지 않는다면 삼번의 난을 진압한 후에 이를 명분으로 알바진에 대한 대규모의 출병을 결정할 것이라는 판단이었다.[377] 실제로 청 조정은 러시아에 대해 일말의 두려움을 갖고 있었음에도 러시아 사절단에게 예법을 강요함으로써 러시아를 두려워하지 않는다는 것을 한족들에게 알리려 하였다. 당시 만주인들은 윈난雲南의 우산구이吳三桂와 광둥廣東의 상지신尙之信 푸젠福建의 겅징중(경정충)耿精忠 등이 주도하는 삼번의 반란 세력과 그 추종 세력이 북방의 러시아와 소통하거나 러시아의 협공을 기대하는 것을 막아야 했기 때문이다.

이러한 정치적 판단 하에 청 조정은 예법 논쟁으로 밀레스쿠 사절단을 시험하였고 결국 공식적인 양국 관계는 일정 기간 단절되었다. 밀레스쿠의 실패는 단지 러시아의 실패일 뿐 아니라 전통적으로 취약한 북방에서 강력한 우호 국가를 얻을 수 있었던 청국의 실패이기도 했다. 청국은 불과 한 세기 건너 닥칠 근대적 국제질서에 미리 적응하고 대비할 기회를 흘려보낸 것이다.

2. 네르친스크 · 캬흐타 체제: 짧은 전쟁, 긴 평화

강희제의 알바진 원정과 표트르의 네르친스크 조약[1689]

17세기 후반 러시아와 중국은 두 가지 점에서 서로 유사한 정치적 상황에 처해 있었다. 하나는 양국 모두 왕조 교체기에 있었다는 점이다. 러시아에서는 비록 새로운 국가가 수립된 것은 아니지만, 9세기 건국(키예프와 노브고로드 공국) 이래로 지속되던 류릭Рюрик 왕조의 명맥이 끊기고 로마노프 왕조가 개창開創되었다. 중국에서는 명나라가 멸망하고 만주족이 청을 건국하였다. 다른 하나는, '동란의 시대Смутное время(1598~1613)'와 폴란드가 모스크바를 침공한 폴란드-러시아전쟁Polish-Russian War(1609~1618) 등, 17세기 내내 러시아는 대내외적으로 침입과 반란에 시달리고 있었고, 청 또한 중국 정복을 완성하지 못한 채 만주족에 저항하는 삼번의 난 등에 시달리고 있었다는 점이다.

따라서 새로이 개창한 만주 왕조의 중국과 로마노프 왕조의 러시아는 군사적 충돌을 통한 대립이나 정복보다는 화평을 선호할 충분한 객관적인 조건을 공유하고 있었다. 다만, 어떤 방식과 과정을 통해 화평관계를 수립할 것인가 하는 문제가 관건이었다. 상호 접근방식과 과정에서 이러저러한 갈등이 발생하였으나 양국은 결국 '조약'이라는 제도적 해결을 선택하였다. 양국은 네르친스크 조약(1689)을 체결하여 근대적 국제관계의 기초를 마련하였다.

만주족이 중국을 정복한 직후인 17세기 후반, 변경 문제와 관련하여 청이 직면한 현안은 두 가지였다. 변경 문제는 청이 당면한 국제 문제를 의미하였고 모두 러시아와 밀접한 연관성을 지니고 있었다. 먼저, 북방변경의 문제인데 아무르 유역에 정착해 있는 러시아인들을 정벌하고 중국인 정착촌을 세움으로써 식민화를 통해 청 왕조의 근거지인 만주 지역의 안전을 확보하는 것이다. 다음으로 서부변경 문제로서, 청은 신장과 몽골을 포함하여 동투르케스탄(신장·위구르 지역)에서 배타적인 세력권 설정을 원하였다.

당시 시베리아 남부에 정착기지를 운영하던 러시아는 지리적 인접

성과 전략적 필요성에 의해 몽골과 긴밀한 접촉을 유지하고 있었으므로 필요할 경우 투르케스탄 문제에 개입할 수 있는 위치에 있었다. 더욱이 남시베리아의 러시아 정착기지는 중앙아시아 상인들과 교역 관계를 지속하고 있었다. 따라서 몽골과 동투르케스탄(중앙아시아와 신장·위구르)에 대한 종주권을 청국이 배타적으로 향유하기 위해서는 러시아의 중립이 필요하였다.

청 조정은 교역 문제와 변경 문제를 연동시켜 해결하기를 원했다. 러시아는 무역을 원하고 청은 아무르 유역으로부터 러시아의 철수를 원했으므로 '이익'과 '안보' 간의 맞교환이 가능하다고 판단한 것이다. 이러한 판단의 기저에는 고래古來로 구사된 중국의 '오랑캐 전략'이 자리하고 있었다. '오랑캐'들은 항상 중국의 재화를 탐하므로 힘으로 제압하는 것이 여의치 않으면 교역(조공무역)을 허용하여 화평케 한다는 것이다.

그러나 청 조정의 러시아에 대한 '오랑캐 외교'는 일차 실패로 판명되었다. 무엇보다도 청이 러시아를 조공체제의 틀 안에 가두어 두는 것이 가능하지 않았다는 것이고, 러시아는 무역과 변경 문제에 대해 분리하여 대응하기를 원했기 때문이다. 또한 아무르 유역에 진출한 러시아 정착민들이 자연 지리적인 제약요인으로 인해 중앙정부의 직접적인 통제에서 상당 부분 벗어나 있었으므로 모스크바가 베이징의 요구를 즉시 수용하는 것은 어려운 일이었다.

러시아의 중국정책은 청의 판단과는 매우 상이하였다. 17세기 러시아의 국내외 정세는 매우 혼란스러웠다. 왕조의 교체와 농민반란, 스웨덴과 폴란드 등의 침공, 정교회의 분열, 오스만 튀르크와 페르시아 등 카프카스 변경과 우크라이나에서의 전쟁 등 여러 내우외환에 시달렸으므로 러시아가 시베리아와 극동 변경에서 중국과 충돌하는 것은 바람직한 선택이 아니었다. 이러한 정세에서 로마노프 왕조의 개창 초기에 다소 개혁적이고 평온한 성품의 짜르 알렉세이가 단지 무역관계뿐 아니라 정치적으로도 중국과 우호적인 관계를 유지하기 위해 밀레스쿠를 전권대사로 파견한 것은 그 성과와는 별개로 시의적절하고 현명한 결정이었다고 평가할 수 있다.

러시아사에 17세기는 '반란의 시대'로 기록되고 있다. 1598년 이반뇌제의 아들 짜르 표도르 Фёдор I Иванович(1557~1598)의 사망으로 류릭 왕조가 단절되어 왕조 교체기에 들어간 러시아는 17세기를 농민반란으로 시작하였다. 1601년 극심한 기근에 의한 농민반란과 왕조 계승에 얽힌 '가짜 드미트리 사건1601~1610(왕위계승자 참칭 사건)'이 중첩되어 전국적인 반란으로 확대된 가운데, 1609년에는 폴란드가 모스크바를 침공한 데 이어 1611년에는 스웨덴이 핀란드만 연안의 영토를 점령하였다.

1612년 로마노프 왕조가 수립된 이후 대외적으로는 폴란드와의 전쟁(1632, 1654~67)을 시작으로 튀르크와의 전쟁 Русско-турецкая война(1672~1681)—치기린 원정 Чигиринский поход(1677~1678), 크림칸국전쟁(1678, 1687~89)—이 이어졌다. 국내적으로는 '소금반란(1648)', '곡물반란(1650)', '동전(화폐)반란(1662)' 등에 이어 국가 기반을 위태롭게 한 '스테판 라진(스텐카라친 Стенька Разин)의 반란(1667~1671)'이 발생하였다.

잘 알려진 바와 같이 스테판 라진 Степан Тимофеевич Разин(1630~1671)의 반란은 규모와 성격 면에서 가장 심각한 것으로써 한 지역에서만 11만여 명에 달하는 반란 가담 및 추종 세력이 처형되었다. 이외에도 '교권과 속권(짜르권력)의 대립', '교회의 대분열 Раскол Русской церкви'과 관련된 구교도 старообрядческие группы들의 봉기 등—솔로베츠크 수도원 반란(1668~1676) 등—으로, 1675~1695년 동안 20여만 명의 구교

도들이 자살하였고 다수가 처형되었다.[378]

청은 변경 문제에 대해 무력을 통한 해결을 선택하였다. 군사적 시위를 통해 러시아와의 협상에서 유리한 위치를 점하여 아무르 철수와 상업적 특혜를 맞교환한다는 계획이었다. 이러한 계획의 성사로 러시아와 중국 간에 정기적인 무역 관계가 형성되면 러시아는 투르케스탄 무역에 관심이 저하될 것이므로 동투르케스탄(신장 위구르 등지)에 대한 러시아의 개입 가능성은 현저히 줄어들 것이라는 정치적 계산의 결과였다.[379] 청은 러시아가 강대국이라는 것을 인지하고 있었으나 아무르에서 멀리 떨어져 있으므로 러시아의 대규모 군사개입은 어려울 것이라는 판단 아래 1685년 본격적인 군사원정을 단행하였다.

청 조정은 밀레스쿠 사절단이 중국에 파견되기 이전부터 북방 변경 문제에 대한 군사적 해결을 준비하였다. 기존의 만주를 총괄하는 장군부將軍府인 닝구타寧古塔(닝안寧安, 발해 상경용천부上京龍天府)가 지리적으로 아무르 원정에 불편하였으므로 1675년 봄에 기린우라吉林烏拉(지린吉林)를 닝구타 장군부이자 원정본부로 건설하였고, 1683년에는 아이훈愛琿에 전초 요새가 구축되었다. 원정을 위해 1682년에 랴오허遼河와 쑹화강松花江을 잇는 운하를 건설하기 시작하였다. 원정군을 위한 식량은 1668년부터 이미 32개의 곡창 지역을 선정하여 지속적으로 준비하였다.

보급물자는 호부戶部에서 구매하거나 주변 속방屬邦으로부터 공물을 징수하여 충당하였다. 예를 들어, 1685년 3월에는 몽골 부족들로부터 소와 양 등 공물을 징발하였다. 삼번의 난이 평정된 직후인 1682년 9월 강희제는 아무르 러시아인들의 군비 태세와 알바진으로 가는 수로를 탐색하기 위해 만주 정백기正白旗 출신 장군 랑탄郎坦(1634~1695)과 만주 정홍기正红旗 출신 장군 펭춘朋春(?~1700)을 수렵대로 가장하여 파견함으로써 아무르 원정을 시작하였다.

1685년 봄 강희제는 알바진의 수비대장 보에보다 톨부진Алексей Л
арионович Толбузин(?~1686)에게 아무르 지역을 떠나 야쿠츠크Якутск
로 돌아갈 것을 명하는 최후통첩을 보냈다. 강희제의 목적은 러시아인
들을 무력으로 일소一掃하는 것이 아니라 청의 군사적 위세를 보여줌
으로써 힘으로 '오랑캐 러시아인들'을 교화시키려는 것이었다. 명분과
실익을 결합한 그의 전략은 매우 현실 타당한 것이었다. 알바진을 무
력으로 일시 점령하더라도 언젠가 러시아인들이 다시 아무르 지역으
로 다시 전진해 올 것이므로 아무르 변경의 위기는 지속될 것이라는
판단이었다.

따라서 아무르의 러시아인들이 최후통첩을 받아들인다면 청의 원
정대가 아이훈에 상주하고 알바진을 점령하는 대신에 러시아인들에
게 아무르 지역에서 무역을 허용하여 아무르 문제를 안정적으로 해결
한다는 전략이었다. 강희제의 표현으로는 '변경의 평화'였다. 그가 평
화적 해결 가능성을 선호한 것은 사실이었다. 그러나 '변경의 평화'라
는 외교적 해결을 원했다면 천자가 향해야 할 상대는 '오랑캐'인 알바
진의 보에보다가 아니라 문명국의 짜르였을 것이다. 변경의 하급 호족
에 불과한 톨부진은 외교의 대상이 될 수 없었다.

청의 천자가 군사 원정과 외교적인 해결을 병행한 데 비해 러시아의
짜르는 외교적 해결을 선택하였다. 앞서 설명한 국내외적 정세와 극동
변경의 취약한 상황을 고려한 것이었다. 1685년 후반, 짜르는 네르친
스크를 통해 보내온 천자의 친서를 수락하여 골로빈Фёдор Алексеевич
Головин(1650~1706)을 전권대사로 파견하기로 결정하였다. 모스크바의
결정이 네르친스크를 통해 베이징에 도달하기까지는 몇 달에서 1년여
의 시간이 걸릴 수도 있었다. 이러한 와중에 톨부진이 항복 의사를 보

이지 않자 모스크바의 결정 여부를 확인하기도 전에 강희제는 공격 명령을 하달하였다. 그에게 러시아는 힘으로 교화시켜야 할 오랑캐의 나라였을 것이다.

1685년 6월 12일, 200문의 대포를 갖춘 1만여 명의 만주군이 알바진을 포위하였다. 1685년 6월 23일 팽춘이 지휘하는 3천 명의 병력이 수십 문의 대포와 화승총으로 무장하고 수륙 양면에서 알바진을 공격하였다. 알바진 기지의 가용 병력은 농민 97명과 350여 명의 노역자, 장인, 코사크 병 등을 합해 모두 447명에 불과했고 3문의 대포와 몇 문의 선회포旋回砲 swivel gun가 전부였다. 5일 동안 지속된 전투로 러시아인 100여 명과 청국 병력 150여 명이 사망하였다. 탄환과 화약이 모두 소진되자 톨부진은 항복을 제의하였고 팽춘은 이를 수락하였다. 팽춘은 원주민 식솔을 제외하고 러시아인들을 대동하여 네르친스크로 철수하도록 톨부진에게 허락하였다. 청의 기록에 따르면, 러시아인 수십 명(45명)이 청에 귀의하기를 원하여 목단과 베이징으로 압송되었다. 그들은 베이징에서 조직된 '알바진 카자크부대'의 중추를 이루었다.[380]

1685년 8월경 만주군은 알바진에서 아이훈과 넌장 등지로 철수하였다. 먼 변경의 알바진에 주둔군을 유지하는 비용을 감당하길 원치 않았기 때문이다. 1685년 7월 10일, 톨부진 등은 네르친스크 보예보다(보이보드voivode) 블라소프Иван Евстафьевич Власов(1628~1710)에게 봄에 파종한 곡식의 추수와 정착촌 재건을 위해 알바진으로 복귀하는 것을 허락하도록 요청하였다. 정찰대를 파견하여 만주군이 철수한 것을 확인한 블라소프는 만성적인 식량부족에 시달리던 네르친스크의 경제 사정을 감안하여 톨부진 등의 복귀를 허락하였다. 톨부진은 블라소프가 지원한 5문의 대포와 탄약 등을 보유하고 669명의 정착민들을 대동하여 8월 27일 알바진으로 복귀하였다.

톨부진은 황폐화된 정착촌과 요새를 재건한 후 이전처럼 아무르강을 따라 원주민들로부터 공물을 징수하기 시작하였다. 알바진으로 복귀한 이듬해인 1686년 3월 7일 톨부진은 공물 징수와 원주민 파악을 위해 300여 명의 탐사대를 파견하였다. 탐사대가 아무르 유역을 탐색하는 과정에서 만주군 정찰대와 전투가 발생하여 수십 명의 사망자─만주군 30여 명, 러시아인 7명─가 발생하였다. 탐사대는 3월 20일에 알바진으로 복귀하였다. 생포한 만주인을 심문한 결과, 청 조정은 러시아인들이 알바진 정착촌을 재건한 것으로 이미 파악하였고 군사 출정을 준비하고 있다는 사실이 확인되었다. 이제 다시 한번 전쟁이 임박해 오고 있었다.

1686년 3월 3일 강희제는 두 번째 원정을 명하였다. 원정 출발에 앞서 선발대를 책임진 랑탄에게 러시아인들이 항복하지 않으면 알바진을 점령한 후 네르친스크로 진군하여 아무르 문제를 최종적으로 해결하도록 지시하였다. 1686년 7월 7일, 각각 20~50여 명의 병력과 인부를 태우고 40여 문의 대포를 탑재한 150여 척의 배를 이끌고 만주의 대규모 원정군이 알바진 앞에 출현하였다. 알바진의 러시아 병력은 정착민 포함 826명이었고 12문의 대포로 무장하고 있었다.

알바진에 대한 포위공격은 5개월 동안 지속되었다. 포위전 동안 요새 수비대 826명은 적군 6,500여 명에 성공적으로 저항하였다. 1686년 11월 30일, 만주족 지휘관들은 황제로부터 포위를 해제하라는 명령을 받았다. 공식적인 이유는 모스크바에서 아무르 지역으로 파견된 러시아 사절단이 평화 협상을 위해 출발하였다는 소식이 베이징에 당도하였기 때문이었다. 그러나 이 결정을 내린 데에는 또 다른 중요한 이유가 있었는데, 알바진을 포위한 만주군이 곤경에 처했기 때문이다. 12월경 만주군은 기아와 질병, 전투로 인한 피해 등으로 1,500여 명

이상을 잃었고, 수군의 병선兵船들은 혹한에 강물이 얼어붙어 작전을 수행할 수 없게 되었다.

해를 넘겨 1687년 5월, 아무르강이 해빙되면서 만주군은 알바진에서 철수하기 시작하였다. 만주군은 러시아 정착민들이 곡물을 파종하지 못하도록 알바진에서 4마일 떨어진 곳에 주둔하였다. 만주군은 2,500여 명의 군사를 잃었고, 알바진 정착민들의 상황은 더욱 비극적이었다. 전투와 괴혈병 등으로 정착민 대부분이 희생되어 1687년 5월까지 알바진에는 66명만이 살아남았다. 전사한 톨부진을 대신하여 예니세이스크에서 파견된 카자크 분견대 지휘관인 베이튼Бейтон, Афанасий Иванович(?~1701)은 네르친스크의 보예보다(총독) 블라소프에게 알바진의 처참한 상황을 보고하였다.[381]

첫번째 원정 때와는 달리 알바진의 저항이 거세고 포위가 길어짐에 따라 불안해진 강희제는 자신의 제안에 대해 모스크바가 어떤 선택을 한 것인지를 포함하여 여러 변수를 판단하고자 하였다. 자신의 편지가 모스크바에 아직 당도하지 않은 것인지, 알바진의 러시아인들이 모스크바의 통제를 벗어난 무법자들인지 등이 숙고의 내용이었다. 만약 짜르가 외교적인 해결을 선택한 것이 확인된다면 강희제 역시 동일한 방식을 선택해야 했다.[382]

모스크바에서는 밀레스쿠의 보고와 네르친스크의 보예보다 보예이코프Фёдор Дементьевич Воейков(1680~1684 재임)가 시베리아 총국에 보낸 1681년의 보고 서한 등을 통해 청이 아무르 지역에 대한 군사 원정을 준비 중이라는 사실이 알려졌다. 아무르 유역의 러시아 병력은 청국 군사에 비해 현저히 열세였다. 알바진의 병력은 노역자와 장인 등을 포함하여 350여 명, 네르친스크를 관할하는 예니세이스크Енисейск의 가용한 지원 병력은 233명에 불과했으며, 각각 대포 3~5문이 고작이었다. 1682~1683년 사이에 병력을 증원하여 아무르 지역을 사수하려던 모스크바의 시도는 무위로 끝났다. 이익이 나지 않는 사업에 대한 시베리아 보예보다들의 무관심과 너무 먼 보급로, 유능한 지휘관의 부재, 그리고 중앙정부의 약한 통제력 등이 이유였다.

청이 알바진을 점령한 소식을 접한 모스크바는 변경 문제를 최종적으로 해결하기 위해 사절단을 파견하였다. 1685년 17세의 표트르 1세(표트르 대제)와 그의 이복형 이반Иван V Алексеевич(1666~1696)이 공동통치하여 일상적인 권력투쟁으로 불안정했던 러시아 정부는 아무르 지역을 포기하기로 결정하였다. 1685년 모스크바 정부는 아무르 문제와 관련하여 네르친스크로부터 세 통의 중요한 서한을 접수하였다. 하나는 블라소프가 보낸 알바진 함락 소식이었고, 나머지 두 통은 강희제가 짜르에게 보낸 친서(5월 6일자)였다. 친서는 알바진과 아무르 유역으로부터 러시아가 철수한다면 원정군을 거두겠다는 내용이었다.

그러나 강희제의 친서는 11월 15일에야 짜르에게 도착하였다. 강희제는 짜르에게 친서를 보낸 지 한 달 반 만에 알바진을 공격한 것이다. 네르친스크를 거쳐 모스크바에 친서가 도달한 뒤 다시 베이징으로 회신하기까지에는 턱없이 모자란 시간이었다. 강희제가 진정으로 화평교화와 외교적인 해결을 원했다면 모스크바로부터의 회신을 기다려야 했을 것이다. 11월 26일경 모스크바 정부는 아무르 문제에 관한 조약을 체결하기 위해 골로빈Фёдор Алексеевич Головин(1650~1706)을 전권대사로 파견하기로 결정하여 5백여 명의 소총부대와 대규모 수행원을 대동한 골로빈 사절단은 이듬해 1월 23일 모스크바를 출발하였다.

1685년 12월 21일 골로빈 사절단에 앞서 베뉴코프Никифор Данилович Венюков(?~1695)와 파보로프Иван А. Фаворов 등 두 명의 외교관이 골로빈의 파견소식을 통보하기 위해 베이징에 파견되었다. 외교관 베뉴코프는 예르마크의 시베리아 정복 과정, 시베리아에 거주하는 원주민들의 삶, 시베리아의 토양과 산물 등에 관한 흥미로운 이야기를 담은 "시비리 국(시베리아 국)의 새로운 땅(영토)에 관한 설명, 그 영토가 모스크바 국에 함락된 시기와 수단, 그리고 그 땅의 지위Описание нов ыя земли Сибирского государства, в какое оно время и каким случаем дос талось за Московское государство и какое той земле положение(1685)"라는 긴 제목의 책을 저술한 것으로 추정되기도 한다.

1685~1687년에 걸친 베뉴코프와 파보로프의 임무는 골로빈이 알바진 사태를 조사하고 관련자들을 처벌하기 위해 아무르로 파견될 것이니 적대행위를 중단하고 철군하라는 제안을 베이징에 전하는 것이었다. 이듬해인 1686년 10월 31일 베뉴코프 등이 베이징에 도착했을 때는 이미 만주군의 2차 원정으로 알바진 포위공격이 세 달여 동안 지루하게 진행되고 있었다. 평화 교섭을 제안하는 짜르의 친서를 접한 천자는 11월 3일 알바진 포위를 풀 것을 명하였고 베뉴코프 등에게 이러한 결정을 짜르에게 알리도록 하였다. 랑탄의 만주군이 포위를 거둘 즈음 알바진 요새에서 생존한 사람은 66명—청의 첩보로는 20여 명—에 불과했고 대부분이 병들거나 영양결핍에 시달리고 있었으며 알바진의 보예보다 톨부진은 만주 군사의 포격으로 이미 사망(11월 21일 이전)한 뒤였다. 1687년 8월 19일 강희제는 알바진 근처의 전략 거점에 분견대만 남겨 놓은 채 본대를 아이훈으로 철수시켰다.[383]

강희제는 임박한 협상에서 최대한 유리한 위치를 점하기 위해 마지막으로 군사적 압박을 단행하기로 하였다. 이를 위해 몽골은 중요한 전략 파트너였다. '동아시아의 제3세력'[384]인 몽골은 러-청 간의 갈등 과정에서 균형자 역할을 할 수 있는 유리한 전략적 위치에 있었다. 러·몽관계와 러·청관계, 청·몽관계는 전략적으로 상쇄 또는 보완관계에 있었다. 유구한 갈등의 역사와 지정학적 운명을 공유한 몽골과 청은 북동아시아에서 주종관계이면서도 경쟁관계에 있었다. 러-몽 간에는 러시아의 남시베리아 식민화가 진행됨에 따라 부족민 관할권과 공물 징수 문제 등을 놓고 변경에서 갈등이 발아하고 있었다. 러시아가 몽골에 복속된 변경 부족들에게 몽골을 대신할 대안세력(동맹 또는 귀화)이 될 수 있었기 때문이다. 실제로 부족민들 일부가 러시아의 셀렌긴스크Селенгинск로 귀화하기 시작하였고 자바이칼 지역, 몽골 북부 변경 지역 일대의 부족민들—부랴트Бурят, 탕구트Tangut, 에벤키Эвенки족 등—은 셀렌긴스크에 공물을 바치고 있었다.

남부시베리아 자바이칼 지역에서 확장되고 있는 러시아 세력을 우려한 동몽골의 투셰트 칸Chakhundorj, Ochirai Tüsheet khaan(1655~1699 재위) 등 몽골의 칸들은 이러한 상황에 항의하기 위해 1672년과 1675년, 1684년에 모스크바로 대표단을 파견한 바 있었다. 모스크바는 셀렌긴스크 등 남시베리아의 안전과 중국으로 가는 루트를 확보하기 위해 이들을 달랠 필요가 있었다. 러시아와 몽골은 변경에서 충돌과 외교적 교섭을 병행하며 관계를 그럭저럭 유지해 나갈 수 있었다.

1687년 10월 셀렌긴스크에 도착한 전권대사 골로빈은 코로빈Степан Я. Коровин과 카차노프Иван Р. Качанов 등을 청·몽 변경 지역을 관장하는 청의 관리에게 파견하여 러시아 특사단의 도착을 알리고, 평화교섭을 위하여 청의 대표단을 셀렌긴스크로 파견해 줄 것을 천자에게 전하도록 하였다. 귀로에 코로빈 등은 투셰트 칸의 아들이자 할흐(할하)Халх/Khalkha 몽골의 영적 지도자 운두르 게겐Öndör Gegeen Zanabazar/Bogd Gegeen(1635~1723)에게 우호적인 관계를 요청하기 위해 몽골의 우르가Urga(현 울란바토르)를 경유하였다.

그러나 이즈음에 러시아에 대한 협공을 성사시키기 위해 우르가에 머물던 중국 사신의 제안을 받아들인 투셰트 칸 등은 1687년 12월 7일에서 1688년 2월 2일까지 러시아의 특사를 억류하였다. 동몽골(할하 몽골)의 투셰트 칸은 부랴트인 등을 포함하여 러시아로 귀화한 자국의 속민들을 송환하라는 요구를 걸고 1688년 1월 25일 바투르Батур-Очирой хан를 지휘관으로 삼아 5천여의 병력으로 셀렌긴스크에 대한 포위공격을 시작하였다. 5백여 명의 모스크바 소총부대와 1,500여 명의 시베리아 증원군 등을 포함하여 셀렌긴스크의 러시아인들(294명의 카자크 소총수)은 비교적 견결히 방어하였다.

할하(할흐)Халх/Khalkha 몽골인들의 포위가 지속되는 와중에 몽골에서 정변이 발생하여 러-몽 간 전세가 급전하였다. 중가리아의 오이라트 부족이 할하 몽골인들을 공격해 들어오자 이에 바투르는 3월 25일 셀렌긴스크의 포위공격을 풀고 급히 몽골로 복귀하였다. 투셰트 칸 차쿤도르지Chakhundorj가 오이라트 부족장 갈단 보쉬그트 칸Галдан бошигт хаан(1644~1697)의 보호 하에 있던 야삭투 칸Shar, Zasagt Khan(1686~1687)의 영토를 침범하는 과정에서 갈단의 형제가 전사하였다. 이에 대한 복수를 위해 갈단은 할하 몽골의 영토를 공격하였다. 서몽골의 강자인 갈단과의 전쟁에서 할하 몽골인들은 분열하였으며 대패한 투셰트 칸을 비롯한 할하 몽골인 수만 명은 내몽골로 패주하여 청에 복속을 자청하였다.

몽골에서의 전쟁은 내륙 아시아의 국제관계에 중요한 영향을 미쳤다. 갈단의 중가르 칸국Dzungar Khanate이 승리함에 따라 몽골 전체의 지배권은 친만주계인 할하 몽골인들에서 친러시아 경향의 오이라트로 넘어갔다. 청은 북방의 전략 파트너를 상실하여 더 이상 러시아를 압박하는 데 몽골인들을 동원하기 어려웠다. 오히려 아무르 유역, 북방 변경뿐 아니라 서부 변경인 동투르케스탄에서 러시아와 중가르 칸국의 연합이라는 전략적 악몽에 시달리게 되었다.

오늘날 신장·위구르 자치구의 수부首府 우루무치烏魯木齊가 위치한 오이라트의 본거지인 중가리아는 신장·위구르 지역의 출입구인 동시에 중앙아시아의 관문으로서 러-몽-중 사이에 중요한 전략적 위치를 차지하고 있었다. 갈단 칸은 청을 상대로 투셰트 칸과 운두르 게겐 등 할하 몽골인들의 송환을 요구하면서 전쟁을 준비하였다. 이러한 상황으로 러시아에는 매우 유리한 전략적 조건이 조성되었다. 다수의 할하인들이 러시아로 귀화하였고 몇몇 몽골 부족장들은 러시아에 조공을 약속하였다. 무엇보다 중요한 전략적 이익은 중가르 칸국의 갈단 칸을 통해 중국을 견제할 수 있는 동맹의 기회를 러시아가 얻게 된 것이었다.

이렇듯 내륙 아시아의 세력균형이 급전하여 형성된 '반청反淸 러시아-중가리아 동맹'을 막기 위해 청은 극동에서 러시아를 중립화시킬 필요성이 있었으므로 러시아와의 평화 교섭을 조속히 진행하였다. 강희제의 전략적 우려는 현실로 드러났다. '네르친스크의 평화'를 교섭하기 직전인 1689년 7월 갈단 칸은 이르쿠츠크의 러시아인들에게 예물과 함께 특사를 파견하여 동맹을 요청하였다. 러시아인들은 갈단의 특사를 우호적으로 영접하였지만 동맹은 사양하였다. 왜냐하면, 몽골의 내전에 개입하는 것이 내키지 않았고, 갈단 칸과의 동맹으로 중국과의 협상을 망치고 싶지 않았기 때문이었다. 그 후로도 갈단 칸은 러시아와의 동맹을 포기하지 않았다.[385]

골로빈은 네르친스크를 협상 장소로 선택하였다. 알바진을 직접 관할하는 아무르 유역의 주요 전략 거점이라는 사실뿐 아니라 베이징에서의 경험에서 볼 때, 예법 논쟁에서 자유로운 장소라는 점도 고려되었다. 강희제가 이 평화 교섭을 얼마나 중요시했는지는 청국 대표단의

구성을 보면 알 수 있다. 예를 들어, 상서尚書를 지낸 송고투Songotu/Сум
куту(1636~1703)는 천자의 시위 대장이자 황후의 숙부였고, 퉁궈강Tong
Guegan은 천자의 외숙부였다.

몽골의 전쟁으로 국제정세가 급전하자 강희제는 협상 원칙을 수정
하였다. 원안은 알바진과 네르친스크를 즉각 포기하고 궁극적으로는
아무르 유역에서 철수하라는 '포고문'을 러시아인들에게 일방적으로
전달하고, 만일 이를 거부할 경우 협상 결렬을 선언하고 즉시 베이징
으로 복귀하라는 것이었다. 수정안은 두 가지 면에서 원안과 차이가
있었다. 먼저, 네르친스크에서 '교섭'에 임하고 '타협'의 가능성을 열어
두라는 것이다. 다음으로, 네르친스크에 대한 러시아의 권한을 인정하
고 교역을 허용하겠다는 것이다. 원안에는 네르친스크를 포기할 경우
에만 교역특권을 허용하기로 했었다.[386]

1689년 7월 20일(구력) 청의 대표단이 네르친스크에 먼저 도착하였
다. 천자의 위세를 과시하기 위해 랑탄 장군을 지휘관으로 4천 마리의
낙타와 15,000마리의 말이 수송하는 대규모의 보급대, 그리고 대포를
탑재한 함선에 승선한 1,500여 명의 수군, 그리고 1,400여 명의 보병
등으로 구성된 만여 명의 만주군이 불과 6백여 명이 상주하는 네르친
스크의 근교에 대표단과 함께 주둔지를 마련하였다. 이렇듯 만주군의
주둔지는 흡사 하나의 도시를 방불케 하였다. 마치 만주군이 네르친스
크를 포위한 형국이었고 이러한 위세는 러시아인들을 위협하기에 충
분하였다.

전권대사 골로빈 일행은 8월 1일 약 1,500명의 병력을 대동하고 네
르친스크에 도착하여 네르친스크 보예보다 이반 블라소프Иван Евст
афьевич Власов(1628~1710)의 영접을 받았다. 골로빈은 블라소프 총독,
서기дьяк 코르니츠키Семён Корницкий와 함께 협상에 임하였다. 예법

논쟁 없이 의전에서 상호 평등과 존중의 원칙을 준수하여 양측 대표단의 회합은 8월 22일에 처음 시작되었고, 9월 7일에 조약이 체결되었다. 조약은 세 가지 중요한 결정을 포함하였다. 먼저, 국경과 영토 문제이다. 국경은 아르군Аргун강을 따라 시작되어 쉴카Шилка강으로 선회한 뒤 고르비차Горбица강을 거쳐 스타노보이Становой(와이싱안링外興安嶺) 산맥을 따라 오호츠크로 흘러들어가는 우다Уда강까지로 설정되었다. 이에 따라 러시아인들은 아르군 우안의 요새를 좌안으로 철수해야 했고 알바진 요새는 파괴되어 만주인에게 넘어갔다.

비록 네르친스크는 러시아인들의 수중에 남게 되었으나 아무르 중상류 전 유역과 하류의 우안(남쪽)은 실질적으로 청의 영토로 편입되었으며, 아무르 하류의 좌안 지역(우다강까지)은 경계 미설정(제1조) 지역으로 남겨졌다. 탈주 망명자의 처리 문제는 상호 송환 없이 조약 체결 당시 망명자가 체류 중인 영역에서 거주할 수 있도록 허용하도록 해결되었고, 교역 문제는 통행 허가증을 소지한 양국 신민에게 자유롭게 상행위가 허용되도록 조치되었다.

조약 체제와 중·러의 평화 : 아메리카 진출

베르나드스키Георгий Владимирович Вернадский(1887~1973) 등 저명한 러시아의 역사가들은 네르친스크 조약으로 러시아가 영토를 포함하여 전략적 손실을 감수한 것으로 기록하고 있다. 아무르 유역의 상실로 인해 러시아는 태평양으로 통하는 최선의 루트를 잃었고 이러한 결과는 '아메리카 사업'에 상당한 지장을 초래했다는 것이다.[387] 조약으로 획정된 변경의 경계선을 기준으로 하면 러시아는 극동 영토에서 30~50년 전으로 후퇴—네르친스크(1654)와 우드스크Удск(1639) 등의 경계선으로 후퇴—한 셈이었다.

그러나 네르친스크 조약은 당시 러시아와 청에 있어서 상호 최선의 결과였을 것이다. 당시 오스만제국과 전쟁(크림칸국전쟁 1687~1689) 중이던 러시아는 극동에서 또 다른 전쟁은 바람직하지 않았을 것이다. 게다가 열망하던 중국과의 교역권을 획득하였고 극동 영토와 그 경계에 대해 중국과 공식적으로 합의한 것은 적지 않은 성과라 할 수 있다. 무엇보다도 네르친스크 조약으로 중국을 국제법 체제로 유도한 것은 의도하지 않은 성과였다. 이러한 전례를 기반으로 네르친스크 조약은 이후 캬흐타 조약으로 이어져 여타 유럽국가들과는 달리 러시아와 중국 관계는 조약체제에 의한 외교관계로 제도화되었다. 이로써 시베리아 극동 변경의 안정으로 러시아는 유럽의 문제에 집중할 수 있는 전략적 여유를 얻게 되었다.

네르친스크 조약 이후 이어진 표트르 1세의 과감한 대외정책—아조프해 원정(1695~1696), 유럽 대순방(1697~1698), 대북방전쟁(1700~1721)—의 성공으로 러시아는 근대 유럽식 제국을 선포하였고 유럽의 새로운 강자로 부상하게 되었다. 청 또한 조약을 통해 불안정하고 유동적이던 북방 변경에 대해 국제적으로 공인받았고 몽골 전체가 청의 세력권에 편입되는 성과를 얻었다. 강희제는 서부 변경과 동투르케스탄 문제에 전략자원을 집중할 수 있게 되었다. 조약의 효력은 중가르 칸국과의 전쟁에서 즉각 발휘되었다.

1690년 2월 갈단 칸이 골로빈—외무장관이자 최초의 재상(1699~1706)—에게 반청동맹을 제의하여 네르친스크 조약 체결 전에 골로빈은 이를 심각히 고려하였으나 조약 위반이라는 청 조정의 항의와 내륙 아시아의 정세를 고려하여 이를 거절하였다. 이후 강희제는 1696년 중가리아의 갈단 칸과의 전쟁에서 대승하여 서부 변경의 안정을 확보하였다. 갈단 칸의 사망과 강희제의 승리로 인해 몽골의 부족장들은 청의 종주권을 인정하고 복속하였다.[388] 이로써 내륙 동아시아는 중국과 러시아 양국으로 세력 관계가 재편되었다. 네르친스크 조약은 외교적 관점에서 보면 양국 간 기나긴 국경을 안정화하는 데 있어서 비교적 성공한 교섭으로 평가될 수 있을 것이다.

네르친스크 조약은 '과거 문제의 해결이 아니라 미래에 대한 약속'[389]이었다. 조약의 이런 특성으로 인해 양국은 관계를 지속하고 문제들을 체계적으로 관리하기 위한 제도적 틀을 발전시킬 필요성을 인식하게 되었다. 이러한 제도적 틀은 양국의 전략적 인식과 수단을 조정할 뿐 아니라 상호 이익을 산출할 수 있는 방향으로 주조될 필요가 있었다. 중국은 전략적 이익에 치중하였고 러시아는 경제적 이익에 더 관심을 쏟았다. 그 이유는 강희제와 표트르 대제 간 대외정책의 상이한 동기 때문이었다. 강희제가 중국의 완정完征을 이룬 지 얼마 되지 않은 시점에서 변경의 안정을 최우선적인 전략과제로 선정한 것은 합당한 선택이었다.

이에 비해 표트르 대제의 대외정책은 '전쟁과 팽창'을 특징으로 한다. 물론 당시 러시아인들에게 '표트르의 전쟁'은 영토팽창이 아니라 '실지회복失地回復(irredentism)'의 의미가 강했다. 13세기~17세기, 몽골의 침입과 러시아의 내란 동안에 스웨덴과 폴란드, 오스만제국 등이 차지한 '루스의 땅'을 되찾는다는 명분이었다. 왕위 계승과 함께 시작된 크림칸국전쟁, 아조프해 원정, 북방전쟁 등 30여 년에 걸친 전쟁은 북동유럽뿐 아니라 오스만제국을 포함하여 유럽 국제질서의 근본적인 재편을 초래하였다. 표트르의 전쟁 정책에서 가장 핵심적인 근간은 재정이었다. 장기간의 대규모 전쟁은 막대한 재정지출로 이어졌고, 표트르 정부는 재정수입이 절실하였다. 표트르가 원로원Правительствующий сенат에서 세금 징수를 독려하며 '돈이 전쟁의 동맥'이라고 강조한 사실에서 이러한 절실함이 잘 드러나고 있다.

대외정책 수행과 이에 따른 재정적 필요성에서 표트르는 국내 세수의 증가뿐 아니라 대외 교역을 통한 재정 확충을 시도하였다. 국내적으로는 징세 대상의 확대뿐 아니라 소금, 담배, 생선 기름, 캐비어 등 다수의 품목에서 국가 전매 사업을 확장함으로써 재정 증대를 꾀하였다. 대외적으로는 무역에 대한 국가의 독점을 강화함으로써 재정 확충을 모색하였는데, 내륙 아시아에서는 중국무역에서 국가 독점을 강화하고 중국과의 교역을 증대하는 것이 대표적인 관심 사항이었다. 1684년 모피무역의 국가 독점 사업화를 시작으로 대對중국무역의 독점화가 강화되면서 공公무역(정부)과 사私무역(상인) 간의 갈등이 증가하였다. 국가의 무역 독점이 시작될 즈음인 1697년에 러시아의 중국 수출 규모는 약 24만 루블에 달하여 중앙아시아와의 총 교역규모를 크게 상회하였다.

네르친스크 조약과 캬흐타Кяхта 조약 사이의 과도기는 세 시기로 구분될 수 있다. 이 시기는 외교와 무역이 기능뿐 아니라 구조적으로 상호 결합(카라반 외교)되어 있었다는 점에서 네르친스크 이전 시기와 전근대적 연속성이 있는 동시에, 이 시기에 외교와 무역이 분리되는 과정을 겪는다는 점에서 근대적 외교의 시작을 알리는 과도기적 성격을 지니고 있다. 첫 번째 시기(1689~1697)는 러시아의 민간 교역이 중국교역을 주도한 시기이다. 두 번째 시기(1698~1705)는 중국교역에 에서 국가 독점이 수립되고 교역이익이 증가한 시기이다. 세 번째 시기(1706~1727)는 국가 독점이 강화되고 교역이익이 하락하는 시기이다. 중국교역에서 이익의 하락 경향은 공무역으로 러시아 상품이 과잉 공급된 것뿐 아니라, 시베리아 당국이 묵인한 사무역의 불법적인 경쟁으로부터 생성된 것이기도 하다.[390] 중국교역을 국가가 주도한 시기에 모스크바는 총 아홉 차례의 국영 카라반을 베이징에 파견하였다.

이데스Эверт Избрант Идес (1657~1709) 카라반(1692~1695)과 랸구조프 Спиридон Яковлевич Лянгузов 카라반(1697~1699) 등의 보고로 미루어 추정하면, 베이징시장에서 러시아 상품의 가격 하락 경향은 이미 1690년대 후반부터 감지되기 시작하였다. 1698~1717년 사이, 베이징시장에서 중국상품은 거의 동일한 가격수준을 유지하고 있는 것에 비해 러시아 상품 가격은 50~60% 하락하였다. 또한 중국인들의 러시아 상품 수요가 여전히 모피류 등 특정품목에 고정되어 러시아 상인들은 교역품을 다양화하기 어려웠으므로 공급과잉이 해소되기 어려운 상황이었다.

1710년경에 모스크바 시장에서도 이윤 하락 경향이 반영되었는데, 국가독점무역이 이러한 경향을 주도하였다. 모스크바 정부 또한 중국 물품의 과잉 공급으로 인해 처리 곤란에 빠져 해결책으로 이들 물품을 발틱 지역으로 재수출하는 방안을 강구하기도 했다. 중국무역의 국가독점이 시행된 지 20여 년 만에 국영 카라반 시스템은 소진되어 더 이상 이윤을 창출하기 어렵게 되었고 러시아의 카라반 무역은 중국에 또한 부담으로 작용하기 시작하였다.[391]

중국교역의 정체와 하락은 러시아의 국가 독점, 그리고 공무역과 사무역의 갈등 등의 결과이기도 했지만, 중국의 대외무역 원칙(조공무역) 자체의 한계에서 비롯된 것이기도 했다. 러시아의 경제 규모를 감안하면 매우 제한된 조공무역 형태로는 뚜렷하게 무역 규모를 증대시키거나 획기적인 재정 기여를 도출하기 어려웠다. 따라서 중국과 러시아는 양국 관계를 해소하거나 지속 가능한 체계로 발전시키는 전략적 선택에 직면하였다. 표트르의 러시아는 아시아에서 중국무역을 대체할 대안무역—예를 들어, 인도나 페르시아, 중앙아시아 무역 등—을 창출하거나 새로운 부의 근원을 찾아내야 했다. 만약 러시아가 대안적인 무역 상대를 발견한다면 중국과 전략 파트너 관계의 변경은 불가피할 것이다. 이러한 대안 상대가 중국의 경쟁자일 경우 중국은 전략적 딜레마에 처할 수도 있었다.

카라반 무역의 쇠퇴로 인해 청 조정이 '러시아를 가둬놓으려는 경제적 유대의 그물망'은 약화되었다. 이 그물망을 통해 동투르케스탄의 정치지형에서 러시아를 중립화시키려 강희제가 의도했던 '정치적 이익과 경제적 이익 간의 균형'정책은 무너지고 있었다. 이 과정에서 중가리아의 위협이 재현되고 중앙아시아에 대한 모스크바의 관심이 제고되면서 러시아가 반청동맹에 참여할 가능성이 제기되자 베이징은 모스크바와 협상을 재개하였다. 협상의 핵심의제는 변경 문제의 확정뿐 아니라 경제적 참여기회를 러시아에 확대하는 것이었다. 따라서 네르친스크 조약에 대한 근본적인 개혁을 통해 양국 관계의 제도적 틀을 완성하기 위해서는 새로운 조약이 필요하였다.

갈단 칸—칸의 칭호가 아니라 콩타이지Qong Tayiji/皇太子라는 칭호를 사용했다고도 함—을 계승하여 중가리아의 통치자가 된 체왕 랍탄Tsewang Raptan/策妄阿拉布坦(1643~1727)은 중가리아의 세력권을 서부 몽골과 동투르케스탄 전역으로 확장하였고 티베트를 점령하였다. 체왕 랍탄은 러시아에게 반청동맹의 가능성을 타진하였는데, 이러한 시도는 표트르의 중앙아시아로의 선회旋回정책과 조응하였다. 표트르는 네르친스크 조약 이후에도 지속적으로 중앙아시아 상인(부하라인)들에게 시베리아 무역특권을 부여하고 있었다. 이러한 조치는 중앙아시아와 러시아의 무역 연계를 여전히 유지시켜 주었을 뿐 아니라 부하라 상인들의 후원자인 중가리아 통치자와의 관계 복원에 있어서 중요한 매개 요인이 되었다.

중국무역이 소강상태에 이르고 페르시아나 중앙아시아와의 대안무
역으로 러시아가 관심을 전환할 즈음에, 카자흐 초원 근처에 대량의
금이 매장되어 있다는 소문이 모스크바에 전해졌다. 전쟁 수행을 위해
금과 은이 절실했던 표트르는 1714년 5월 22일 투르케스탄에 프레오
브라젠스키 근위연대Преображенский лейб-гвардии полк 출신의 부흐
골츠Иван Дмитриевич Бухгольц(1671~1741) 중령을 파견하였다. 보병 2
개 연대와 광산 기술자, 말 1,500필 등을 포함한 2,932명의 부흐골츠
탐험대는 이르티쉬Иртыш강을 따라 이동하여 10월 1일 중가리아 초
입의 야미셰프스키 호수에 도달하여 요새Ямышевская крепость를 세
웠다. 중가르 칸국의 체왕 랍탄은 부흐골츠에게 철수를 요구하였으나
불응하자 1만여 병사로 요새를 공격하고 포위하였다. 체왕 랍탄 군사
의 요새 포위로 인한 보급품 차단으로 굶주림과 질병에 시달리던 부흐
골츠 원정대는 혹독한 겨울을 나며 대다수의 대원을 잃었고, 1716년 4
월 26일 야미셰프스카야 요새를 포기하여 700명 남짓의 대원만이 토
볼스크로 생환하였다.[392]

금의 매장지로 추정되는 곳이 중가르 칸국의 영토 또는 세력권이었
으므로 러시아는 중가르의 협력이 필요하였고 만일 중가르 칸국이 금
맥탐사와 금광개발에 협조한다면 중가리아와 동맹을 체결할 용의가
있었다. 중가르 또한 청과 몽골, 청과 러시아 간의 '반反중가르 동맹'
이 두려웠으므로 동맹을 조건으로 러시아의 금광 탐사에 협조할 의향
이 있었다. 1720년 티베트에서 강희제의 군사에 대패하고 청의 종주
권을 강요받던 체왕 랍탄은 1721년 사절단을 상트페테르부르크에 파
견(9월 6일 도착)하였다. 표트르 1세는 중가르의 복속을 전제로 동맹
을 사실상 허용하였다. 1722년 운콥스키Иван Степанович Унковский
(1681~1755)의 중가리아 파견 임무는 중가르의 복속을 문서로 확인하기

위한 것이었다.

중가르 칸국과의 동맹 가능성을 열어두는 가운데 러시아는 무역 확대와 제도개선을 최종적으로 청에 타진하였다. 표트르 대제는 1719년 7월 16일 프레오브라젠스키 연대의 이즈마일로프Лев Васильевич Измайлов(1685~1738) 대위를 베이징에 파견하였다. 이즈마일로프는 1720년 11월 18일에서 이듬해 3월 2일까지 베이징에 체류하면서 자유무역과 상주 대표부의 개설 등을 포함한 양국 관계의 획기적인 재편에 관한 러시아의 요구사항을 전달하였다. 청조정은 자유무역 등의 요구는 거절하였으나 스웨덴 출신 러시아공병대 중위 로렌츠 랑Лоренц Ланг(1690년경~1752)의 베이징 체류는 허용하였다. 그는 2년 가까이 베이징에 주재하면서 사실상 최초의 상주 대표가 되었다.

청조정은 러시아와의 관계 조정—네르친스크 체제의 유지 또는 폐기 문제—에 임박하여 '압박과 협상'이라는 전통적인 방식을 활용하였다. 표트르가 중앙아시아와 중가리아로 정책을 전환하려 모색하고 있다는 것을 파악한 청조정은 압박을 통해 러시아를 다시 중국의 경제 그물망 안으로 유인하려 하였다. 이러한 책략은 1717~1719년 사이 이번원이 시베리아 총독들에게 보낸 세 통의 서한에 잘 드러나 있었다. 1719년의 이번원의 편지에는 "러시아와의 무역이 불필요하고 이익도 나지 않으므로 금지할 것"이라고 압박하면서 중앙아시아 문제가 언급되었다.

중가르와 러시아의 협력이 최고조에 오른 1722년 드디어 청조정은 중가리아 문제 등을 포함한 변경 문제가 해결될 때까지 러시아와의 무역 관계를 단절하기로 결정하고 베이징에 체류 중인 로렌츠 랑을 7월 12일 추방하였다. 러시아 상주 대표인 랑의 추방은 러시아를 협상 테이블로 불러들이기 위한 책술이었다. 이제 남은 것은 양자 간에 네르

친스크 체제에 대한 근본적인 재검토와 협상이었다.[393]

네르친스크 조약 이래로 러·청의 갈등이 고조되던 1722년에서 해결점인 1727년 캬흐타 조약까지 내륙 아시아에서 최고 권력의 교체―강희제의 사망(1722), 표트르 대제의 사망(1725), 체왕 랍탄의 사망(1727)―가 동시적으로 발생하면서 러시아와 청 사이에 협상을 위한 새로운 국제환경이 조성되었다. 강희제를 계승한 옹정제雍正帝(1678~1735)는 동투르케스탄 문제에 몰두하기를 원하였다. 예카테리나 1세 Екатерина I Алексеевна(1725~1727 재위)는 주로 유럽 문제에 관심이 있었고 페르시아와의 전쟁(1722~1723) 여파도 해결해야 했다. 러시아와 청은 네르친스크 정신에 입각하여 양국 관계의 체계적 재편과 제도적 질서의 구축을 위해 1727년 8월 27일 부라Бура 조약에 이어 1727년 10월 21일 캬흐타 조약을 체결하였다.

총 11개 조항으로 이루어진 캬흐타 조약은 양국 관계에 있어서 예상 가능한 모든 분야―국경, 무역, 범죄, 외교, 문화 등―의 문제 해결 원칙을 포괄하고 있다. 국경획정 문제―현재의 러·몽 국경이 확정됨―를 제외하면 조약의 핵심은 무역시스템의 재편이었다. 러시아가 동투르케스탄에서 중립을 유지한다는 암묵적 동의 하에 국경무역과 카라반 무역을 결합하는 무역체제를 수립하였다. 카라반 무역이 재개되었고 변경지대에 두 곳의 정기적인 교역장(네르친스크와 캬흐타)이 개설되었다. 이와 더불어 슬라브 정교의 활동이 허용되어 베이징에 선교사가 주재할 수 있게 되었으며 언어 습득을 위해 러시아인들(6명)이 베이징의 '러시아관Olossu館'에 체류할 수 있게 되었다.

캬흐타 조약은 네르친스크의 제도적 완성을 의미하였다. 조약 제1항에 '양 제국의 평화는 더 굳건하고 영원할 것'이라고 명기되었듯이, 양대 조약에 기반한 '네르친스크-캬흐타 질서'는 19세기 중반 동아시아 국제질서의 근대적 재편(중화질서의 해체)이 시작될 때까지 약 140~170여 년간 평화적으로 지속되었다. 네르친스크-캬흐타체제에 힘입어 청은 1757년 중가리아에 대한 종주권을 확립할 수 있었고 티베트를 포함한 동투르케스탄 전체에 대한 지배권을 최종적으로 확정하였다.

네르친스크-캬흐타 체제 수립 이후 러시아인들은 베르나드스키의 표현대로, ‘태양을 향하여 против сольнца’—유럽인들의 대항해와 서부개척이 ‘태양의 길을 따라’라는 모토(서진西進)였다면— 동쪽으로 나아가 태평양을 건넜다. 베링 Витус Ионассен Беринг (1681~1741)과 치리코프 Алексей Ильич Чириков (1703~1748)는 오호츠크를 출발하여 캄차카를 지나 1741년 알래스카에 도착하였다. 베링과 치리코프의 탐험 준비 과정에서 탐험대의 일원이던 슈판베르크 Мартын Петрович Шпанберг (1696~1761)는 1739년 오호츠크에서 일본으로 가는 경로를 개척하였다. 스페인 국왕 카를로스 Carlos III de España (1716~1788)의 명에 따라 캘리포니아 초대 총독으로 임명된 포르톨라 Gaspar de Portolá (1716~1786)가 1769년 ‘알타 캘리포니아 Alta California/Nueva California’를 점령한 것은 러시아의 아메리카 진출에 경각된 스페인의 지정학적 반응이었다.

이르쿠츠크 출신의 탐험가이자 상인으로 모피무역을 관장하는 ‘북동회사 Северо-Восточная компания’의 창립자인 쉘리코프 Григорий Иванович Шелехов (1749~1795)가 1784년 북아메리카에 최초의 러시아 식민 정착지(코디악 Kodiak Island)를 개척하였다. 쉘리코프는 1798년 ‘북동회사’를 영국과 네델란드의 동인도회사의 전례를 따라 ‘러시아-아메리카 회사 Российско-американская компания’로 전환하여 파벨 1세로부터 아메리카 무역에 대한 특권을 보장한 칙허장을 부여받았다. 1810년에는 샌프란시스코 인근에 러시아인 정착촌 포트 로스 Форт-Росс/Fort

Ross(소노마Sonoma 카운티)가 건설되었고, 1816년에는 하와이에 세 개의 러시아 요새가 구축되었다. 하와이섬 중 하나를 점령(병합)하려는 러시아-아메리카 회사의 청원은 알렉산드르 1세에 의해 기각되었다.

소련의 역사가 오쿤Семён Бенцианович Окунь(1908~1972)에 따르면, (북)태평양을 러시아의 내해內海로 만드는 임무가 러시아-아메리카 회사에 부여됐다는 것이다.[394] 캘리포니아와 하와이 제도를 포함한 북미 서부 해안을 따라 알래스카를 경유하여 알류샨 열도Алеутские острова, 캄차카, 쿠릴열도, 사할린, 그리고 궁극적으로는 연해주에 이르는 북태평양 전역에 세력권을 설정하는 것을 의미한다.

태평양으로의 본격적인 진출을 위해 아무르강의 확보는 더욱 중요한 전략적 관건이었다. 이러한 계획의 실현 가능성 논란과는 별개로, 당시 극동 시베리아의 러시아 개척단이 태평양과 북아메리카로의 진출에 열광하였다는 점과 이 과정에서 일본의 개항 문제를 둘러싸고 미국과 경쟁했다는 점이 지적될 필요가 있을 것이다. 이러한 과정을 통해 극동의 러시아는 내륙 아시아를 넘어서 조선, 미국, 일본 등 한 세기 후 러시아의 제국적 운명을 좌우할 사건(청일전쟁과 러일전쟁)에 연루되거나 개입하게 될 아시아 태평양 지역의 국가들과 조우하게 되는 것이다.

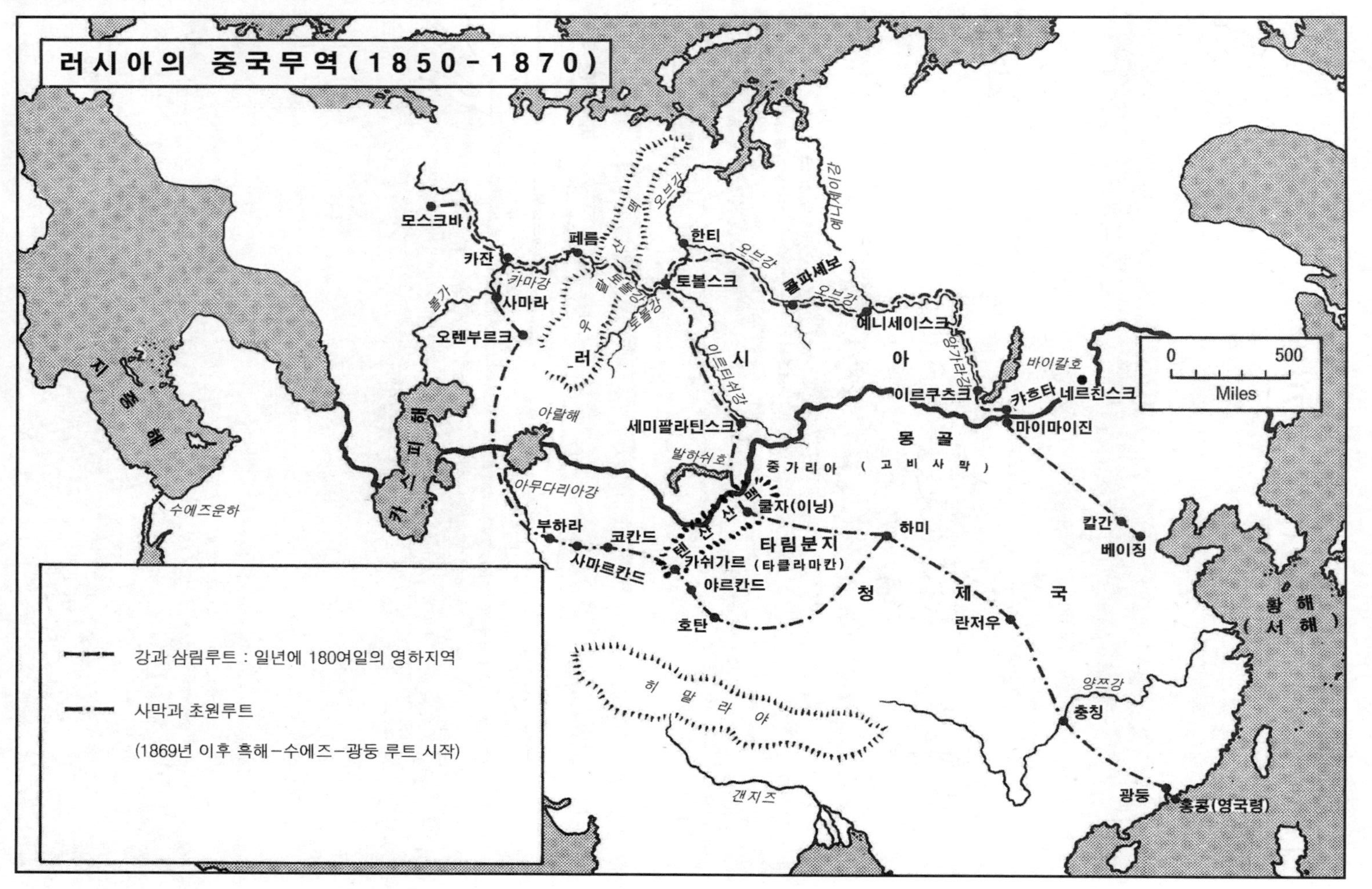

러시아의 중국무역 (1850-1870)
모스크바
카잔
카마강
사마라
페름
오렌부르크
볼가
우랄산맥
벨로에강
오브강
한티
토볼스크
토볼강
오브강
콜파셰보
오브강
러
시
예니세이스크
앙가라강
바이칼호
이르쿠츠크
캬흐타
네르친스크
마이마이진
아
아랄해
아무다리아강
세미팔라틴스크
이르티쉬강
발하쉬호
중가리아
몽 골
(고 비 사 막)
쿨자(이닝)
하미
칼간
베이징
부하라
코칸드
사마르칸드
카쉬가르
야르칸드
타림분지
(타클라마칸)
산 맥
호탄
청
제
국
란저우
양쯔강
충칭
황 해
(서 해)
수에즈운하
히 말 라 야
갠지즈
광둥
홍콩(영국령)
0   500
Miles
강과 삼림루트 : 일년에 180여일의 영하지역
사막과 초원루트
(1869년 이후 흑해-수에즈-광둥 루트 시작)

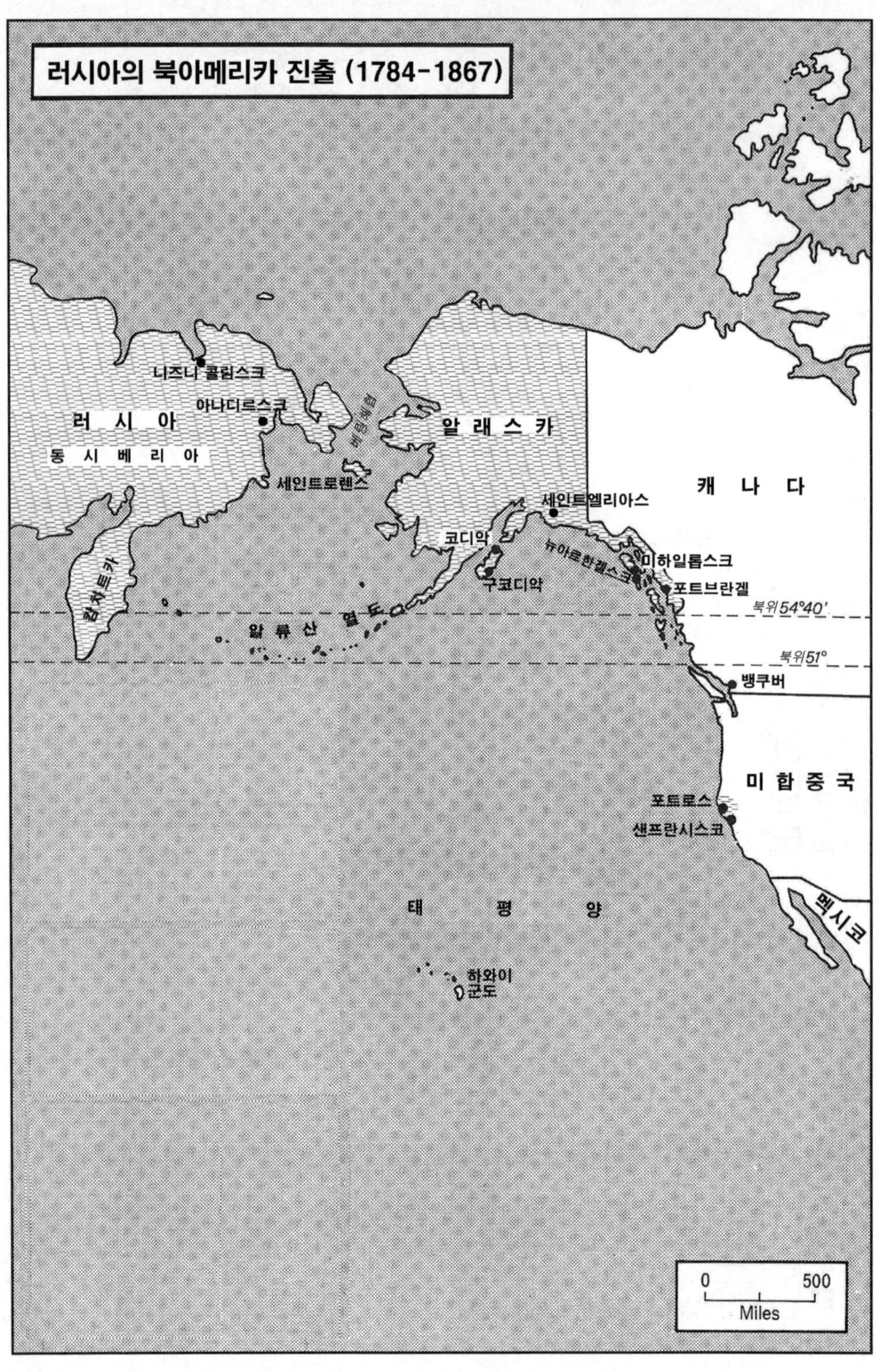

러시아의 북아메리카 진출 (1784-1867)
니즈니 콜림스크
아나디르스크
러 시 아
동 시 베 리 아
세인트로렌스
캄차트카
알 래 스 카
세인트엘리아스
코디악
구코디악
뉴아르한겔스크
미하일롭스크
포트브란겔
캐 나 다
북위 54°40'
북위 51°
뱅쿠버
미 합 중 국
알류산 열도
포트로스
샌프란시스코
멕시코
태 평 양
하와이 군도
0 500
Miles

X

중화질서의 해체

근대 동아시아 국제체제의 재편

1. 불평등조약들: 극동의 신질서

아편전쟁[1839~1842, 1856]**: 동부국경의 정초**定礎**, 아이훈**[1858]**—베이징**[1860] **조약**

아편전쟁(1839~1842)과 그에 따른 난징 조약(1842) 직후인 1843년 니콜라이 1세는 중국 정세의 급변과 교역 조건 악화를 타개하기 위해 특별위원회를 소집하였다. 애초 특별위원회의 취지는 캬흐타 무역을 회복시키는 방안을 모색하는 것이었다. 위원회의 중론은 캬흐타를 비롯하여 중국과 접경한 동부 변경지대의 경계가 매우 불확실하고 네르친스크—캬흐타 조약 당시 미확정된 국경—아무르 중·하류 유역 사이의 변경—이 여전히 존재하므로 극동의 변경에 대한 구체적인 탐사가 우선될 필요가 있다는 것이었다. 변경 지역에 대한 정확한 정보와 국경 설정이 선행되어야 러—청 간 육상무역을 확대하는 방안—새로운 국경 교역도시 설정과 무역로 개척 등—을 강구할 수 있다는 판단이었다.

특별위원회는 1846년 아무르 탐사를 위해 오호츠크해를 탐험한 해군 중위 가브릴로프 Александр Михайлович Гаврилов (1818~1848)를 파견하였다. 가브릴로프의 아무르 하구 탐사는 러시아-아메리카 회사 (1799~1881)의 후원을 받아 진행되었다. 제국 과학아카데미(제국 학술원) Императорская Академия Наук의 요청으로 동물학자이자 탐험가인 미덴도르프 Александр Федорович Миддендорф (1815~1894)[395]는 1842~1845년 북극해의 타이미르 Таймыр 반도와 오호츠크해, 아무르-제야 고원 Амурско-Зейское плато, 스타노보이 산맥 Становой хребет, 그리고 아무르 유역에 이르는 지역을 탐사한 후 『북극과 시베리아 동부 기행 *Reise in den äußersten Norden und Osten Sibiriens*』이라는 책을 출간하였다.

동부 시베리아에 관한 종합 연구서―지리, 수로, 기후, 인종, 자원, 생물 등―로서 학문적 성과를 담은 그의 책이 지적하고 있듯이, 아무르강은 시베리아 수송의 동맥인 것은 사실이지만, 1803~1804년의 크루젠슈테른 Иван Фёдорович Крузенштерн (1770~1846)의 탐사를 비롯한 이전의 탐사들과 유사하게 아무르 하구가 사구砂丘에 막혀 있어 바다(태평양)로의 진출이 어렵다는 탐사 결과가 보고되었다.[396] 미덴도르프와 크루젠슈테른 등의 이러한 결과 보고서를 확인하기 위해 파견된 가브릴로프의 탐사 결과도 동일하였다. 오호츠크해의 남서쪽에서 사할린 북쪽 해안으로 진입하는 코스를 선택한 가브릴로프도 아무르 하구의 항행 가능한 수로를 발견하지 못하였다.

19세기에 들어서서 40여 년 동안 수행된 아무르 탐사로 두 가지 중요한 결론이 도출되었다. 하나는 동서로 흐르는 강이 거의 부재한 시베리아에서 아무르강은 남북 방향의 주요 하천들을 동서로 잇고 동부 시베리아를 횡으로 관통하는 중요한 동맥 역할을 한다는 것이고, 다른 하나는 하구에 모래가 쌓여 항해 가능한 충분한 깊이의 수로를 발견하지 못했다는 것, 즉 아무르강에는 바다로의 출로가 없다는 것이다. 후자의 경우, 바다로 항행이 어렵다는 것은 외부의 적이 바다를 통해 동부 시베리아로 침입할 수 없어서 극동 시베리아의 자원 보전에 안전한 반면에, 아무르의 지정학적이고 경제적인 가치가 낮다는 것을 의미하였다.

아무르에 대한 부정확한 정보로 인해 러시아의 정책 결정자들은 아무르의 가치에 대해 확신하지 못하였고 이것은 극동정책에 대한 논쟁으로 비화하였다. 논쟁은 극동정책에 대한 소극적 견해와 적극적인 견해로 갈라져, 전자는 외무장관 네셀로데, 재정장관 브론첸코Фёдор Павлович Вронченко(1779~1852) 동시베리아 총독인 표트르 고르차코프 Пётр Дмитриевич Горчаков(1790~1868)가 주도하였고, 후자는 해군장관 멘쉬코프 Александр Сергеевич Меншиков(1787~1869)와 내무장관 페로프스키Лев Алексеевич Перовский(1792~1856)가 대변하였다.

소극적인 세력은 동부 시베리아가 근동 지역과 중앙아시아 등 다른 지역에 비해 지정학적으로나 경제적으로 별다른 가치가 없으며, 중국에서 점증하는 영국의 우세를 따라잡기에는 극동 시베리아의 조건이 열악하다는 입장이었다. 따라서 중국과의 관계를 복잡하게 하고 영국을 자극할 수 있는 아무르 탐사를 중단할 것을 주장하였다. 이에 비해 적극적인 극동정책을 옹호하는 그룹은 극동 국경의 취약성과 영국의 극동 진출 가능성에 대해 우려하였다.

산업혁명의 여파로 고래기름에 대한 수요가 급등하여 1820년대부터 포경산업이 급속히 팽창하면서 영국을 비롯한 유럽의 포경선들이 경쟁적으로 북태평양에 진출하였다. 당시 유럽의 포경선들이 오호츠크해에 빈번히 출몰하면서 유럽 열강들이 극동 시베리아의 해안에 포경기지를 건설할 수 있다는 극동 안보에 대한 우려가 점증하였다. 또한 난징 조약으로 중국의 중남부 해안에 무역 거점을 확보한 영국이 향후 중국의 북부로 진출할 경우 만주와 아무르 지역이 영국의 영향권 아래에 처할 가능성을 배제할 수 없으므로 이를 예방하는 조치를 취할 필요가 있다는 주장이었다.[397]

러시아의 극동정책은 두 가지 요인의 작용으로 선회의 계기를 마련하였다. 하나는 무라비요프 Николай Николаевич Муравьёв-Амурский (1809~1881)의 동시베리아 총독 임명과 해군 중령 네벨스코이 Геннадий Иванович Невельской(1813~1876)의 아무르강 해양 출로 발견이었다. 다른 하나는 크림전쟁(1853~1856)의 여파이다. 카프카스 Caucasus와 중앙아시아, 그리고 시베리아 진출사례에서 이미 살펴보았듯이 러시아의 변경 문제는 중앙정부의 계획적인 정책집행보다는 대체로 변경을 관장하던 장교들, 또는 외교의 최전선에 있던 관료들에 의해 좌우되었다. 19세기 아무르 문제와 극동정책 또한 이들에 의해 결정될 운명이었다.

1858년 8월 아무르 유역을 병합하는 아이훈 조약의 성사로 '아무르스키'(아무르 백작 графа Амурский)라는 칭호를 하사받은 무라비요프–아무르스키 총독은 베이징 조약(1860)을 주도한 이그나티예프 Николай Павлович Игнатьев(1832~1908)와 더불어 19세기 러시아 극동정책의 초석을 세운 인물로 기록되고 있다. 무라비요프는 32세에 최연소 장군 승진을 기록한 인물로 "아무르 하구를 통제하는 자가 시베리아를 지배할 것"이라는 신념을 지닌 야심찬 신예 장군이었다. 무라비요프가 동시베리아에서 변경 문제를 군사적 방식으로 해결했다면, 이그나티예프는 베이징에서 러·청 간의 관계 메커니즘과 제도를 외교적 방식을 통해 구조적으로 전환시켰다. 이후 이그나티예프는 주오스만 대사(1860~1871)직을 수행하면서 튀르크전쟁의 처리와 산스테파노 조약(1878) 체결을 주도하였다.

무라비요프는 제국 과학원이 조사한 동부 시베리아의 막대한 자원 —금 매장량의 경우, 러시아 전체의 약 80%로 추정—에 주목하여 영국 등 유럽 열강의 쟁탈로부터 극동을 방어해야 한다는 확고한 의지가 있었다. 1848년과 1849년, 내무장관 페로프스키 등에 보낸 보고서들에서 그는 인도 장악 과정처럼 영국이 머지않아 중국 북부로 무역의 관심을 확대하여 수로와 해로를 장악하면 시베리아의 자원과 안전이 위협당할 것이므로, 아무르 유역을 선점하여 캄차트카(캄차카)Камчатка 요새(페트로파블롭스크Петропавловск-Камчатский)와 연결하는 극동 시베리아-오호츠크 방어선을 구축해야 한다는 문제를 제기하였다. 영국이 금 매장량 등 시베리아의 자원 상황에 대한 정보를 확인하게 되면 이러한 쟁탈 가능성이 증가할 것이다. 극동 방어선 구축을 통해 영국이 아무르와 시베리아로 진출하는 것을 예방하고 아무르와 이에 연계된 수로 등을 이용하여 중국내륙으로의 수송에 성공하면 러시아 상품의 경쟁력이 향상될 수 있을 것이라는 주장이었다. 무라비요프의 이러한 계획은 네벨스코이의 아무르 탐사가 성공하면서 한층 힘을 얻게 되었다.

1849년 7월 아무르 원정대(1849~1855)를 지휘한 네벨스코이는 특별위원회의 지시를 무시하고 아무르 탐사를 강행하여 아무르의 하구가 사구에 의해 막혀 있지 않고 대형 선박이 드나들 수 있기에 충분한 해양출로라는 사실을 확인하였다. 그는 사할린의 북쪽의 타타르 해협 Татарский пролив이 본토에 연결된 만灣이 아니라는 것을 확인하였고 사할린과 본토 사이에 통항이 가능한 가느다란 해협(네벨스코이 해협 Пролив Невельского)이 있음을 발견한 것이다. 네벨스코이는 아무르 유역에 중국의 수군水軍이나 전초기지 등이 존재하지 않는다는 사실을 확인하고 아무르 점령이 중국과 종주권 문제를 야기하지 않을 것이라

보고하였다. 네벨스코이의 보고는, "중국이 아무르 유역에 대한 국경 시찰을 매년 실시하고 있고 만주족들이 아무르 유역에 거주"하고 있다는 미덴도르프의 보고서와는 전혀 다른 내용이었다. 종합하여 판단하면 미덴도르프가 확인한 내용은 주로 아무르강 중·상류 지역의 정황이었는 데 비해, 네벨스코이의 보고는 하류 지역에 대한 현황에 강조점을 둔 것으로 보인다.

청이 실시하던 변경 시찰은 주로 눈강嫩江/Amur-Nun(Nenjiang)을 따라 아무르강의 상류를 거슬러 쉴카강과 고르비차강 등 아무르 서부 지역에 집중되었고 네벨스코이가 보고서에 기록한 만주족의 거주지역도 쑹화강과 우수리강 상류 사이(아무르 중류 지역)에 집중되어 있었다. 아무르를 관장하는 헤이룽장 장군부도 이미 1700년에 눈강에서 치치하얼로 철수하였으므로 당시 아무르 유역에 청의 전초기지는 존재하지 않았고,[398] 아무르 하류 지역—예를 들어, 오늘날 하바롭스크 변강주 등—에는 만주군이나 만주인들이 정주하지는 않았을 것이라는 점을 두 보고의 비교를 통해 유추해 볼 수 있다. 네벨스코이는 아무르 탐사 중에 조우했던 아무르 유역의 퉁구스계 원주민들이 중국에 공물을 바치고는 있었지만 사실상 독립적으로 정착 생활을 하는 것으로 판단하였다.

1850년 초, 무라비요프와 네벨스코이의 아무르 탐사 결과 보고에도 불구하고 특별위원회는 이를 신뢰하지 않았고 중국의 우려를 반영하여 아무르 탐사를 중단할 것을 재차 지시하였다. 당시 러시아 정부 내에는 '네르친스크-캬흐타체제'를 존중한다는 견해가 우세하였으므로 특별위원회는 항명을 이유로 동년 12월 네벨스코이를 해군 사병(수병)으로 강등시켰다. 그러나 무라비요프의 청원에 공감한 니콜라이 1세는 네벨스코이의 직위를 회복시켰다. 짜르는 "러시아 깃발이 한번 휘날린 곳에서 그 깃발을 내려서는 안 된다"는 말로 대신하여 자신에게 바쳐진 아무르 하구의 전초기지 니콜라예프스크Николаевск-на-Амуре를 유지하도록 명하였다. 황제의 원로원Правительствующий сенат은 아무르 탐사 사실과 외국선박의 아무르 통항을 반대하는 메시지를 베이징에 전달하였다.[399]

1852년부터 니콜라이 1세의 의중은 극동정책으로의 선회로 기울어지는 듯했다. 1852년 8월, 무라비요프의 정치적 후견인이던 짜르의 차남 콘스탄틴 대공Константин Николаевич Романов(1827~1892)이 극동문제를 총괄하는 시베리아 위원회를, 그리고 1853년에는 네셀로데를 대체하여 아시아 위원회를 맡게 된 사실은 이러한 변화의 시작으로 해석될 수 있다. 오스만제국과의 전쟁이 임박할 즈음인 1853년 중반에 니꼴라이 1세는 캄차카에서 사할린을 거쳐 아무르를 연결하는 '오호츠크-아무르 방어선'을 구축할 것을 지시하였다.

1853년경 러시아 정부의 공식 입장은 네셀로데가 청의 이번원에 보낸 서한(6월 29일자)에 나타나듯이, 네르친스크 조약에 의한 국경을 준수하는 동시에 미획정 구간(아무르 동부유역)에서 경계를 설정하는 것이었다. 그러나 1853년에 발발한 크림전쟁은 아편전쟁과 더불어 러시아의 극동정책 수정에 있어서 중요한 단초가 되었다. 1853년 9월 영국과 프랑스 함대가 러시아 흑해 함대의 지중해 진출을 봉쇄하기 위해 흑해로 전진하고 1854년 9월 크림전쟁에 본격적으로 개입하면서 극동 방어에 대한 필요성이 긴박해졌다. 영·프연합 함대가 흑해와 북태평양에서 러시아를 압박해 들어오자 1854년 5월 러시아 정부는 아무르강에 대한 전면적인 원정을 단행하였고 이를 청 조정에 통보하였다. 청 조정의 항의에도 불구하고 러시아 함대는 아무르 유역을 항행하여 영·프 연합 함대가 오호츠크해를 경유하여 아무르로 진입하는 것에 대비하였다.

1854년 8월 18일 캄차트카의 페트로파블롭스크 기지가 영·프 연합 함대에 의해 포위공격 당하면서 극동 안보에 대한 무라비요프의 우려가 현실로 드러났다. 해군 소장 푸탸틴Евфимий Васильевич Путятин(1803~1883)제독이 지휘하는 페트로파블롭스크 기지의 전력은 영국 해군 소장 프라이스David Price(1790~1854) 제독과 프랑스 해군 소장 페브리에-데스뿌앙테Auguste Febvrier-Despointes(1796~1855) 제독이 지휘하는 영·프 연합 함대에 비해 매우 열세였다. 연합 함대가 대포 218문으로 무장한 데 비해 러시아 요새는 67문이 전부였고, 연합 함대의 주력전함은 영국 로열 함대 소속의 배수량 1,633톤 '피크HNS Pique' 등 6척과 프랑스 전함 포르테Forte 등 4척을 포함하여 총 10척인 데 비해 푸탸틴은 팔라스Паллас, 오로라Аврора, 드비나Двина 등 3척뿐이었다. 9월 5일 영·프 연합군은 페트로파블롭스크에 상륙하였으나 러시아 수비대의 격렬한 저항으로 208명의 사상자를 내고 후퇴하였다.[400] 영·프 연합군은 사할린과 쿠릴열도 등에 일시 상륙하였으나 1855년 4월 오호츠크와 아무르 주변 해역으로부터 완전히 철수하였다.

중국의 '태평천국의 난(1851~1868)'은 크림전쟁으로 타격받은 외교적 손상을 중국에서 상쇄할 수 있는 기회를 러시아에 제공하였다. 베이징 주재 러시아 정교회는 태평천국의 난으로 전변된 중국의 정세를 1851~1858년 동안 상세하게 상트페테르부르크에 보고하였다. 이를 통해 러시아 정부는 네르친스크-캬흐타체제를 구조적으로 변경하려는 최종결정을 내리게 되었다. 1856년 5월 베이징 주재 러시아 정교회 원장인 팔라디Архимандрит Палладий(Кафаров)(1817~1878)가 무라비요프 동시베리아 총독에게 보낸 서한에 따르면, 태평교도의 반란이 중국 전역으로 확산되어 '청 제국의 해체 또는 붕괴의 조짐'이 보이며, '제국의 분할이 시작'될 것으로 예측되었다.[401]

러시아 정부는 청 제국의 해체로 인해 유럽 열강의 개입이나 새로운 왕조의 수립 등으로 극동의 변경 문제가 더욱 복잡하고 불확실한 상황으로 빠져들기 전에 청 조정과 동부변경 문제에 대해 담판을 짓기로 결정하였다. 청 조정의 거듭된 항의에도 러시아 정부는 1855~1856년까지 아무르강을 따라 항행하는 등 세 차례의 대규모 탐사대를 파견하였다. 1856년 12월 아무르와 우수리 사이의 유역은 '동부시베리아·연해변강주'로 병합되었고, 캄차트카 함대는 '시베리아·태평양 함대'로 확대 개편되었다. 1858년 1월에는 무역과 수송, 선박 제조 등을 관장하는 '아무르회사'가 설립되었다.[402] 1840년대부터 무라비요프와 네벨스코이 등이 추동한 극동 전략은 러시아 정부의 공식 정책으로 현실화되어 아이훈 조약(1858)과 베이징 조약(1860)에 의해 확인되었다.

태평천국의 난 와중에 발생한 제2차 아편전쟁 Arrow War (1856~1860)은 러시아의 극동 정책을 더욱 촉진시켰다. 중국무역이 정체상태에 이르자 영국은 프랑스, 미국과 함께 아편 무역의 합법화, 상선과 군함의 양쯔강揚子江 자유항행, 관세 폐지, 베이징에 상주공관 허용, 내지內地 개방 등 난징 조약(1842)의 전면 수정을 요구하며 청 조정을 압박하였다. 영국 등이 요구한 중국의 실질적인 전면 개방과 자유무역은 청 조정이 수용하기에 버거운 것이었으므로, 영국은 우연한 계기—1856년에 발생한 애로호 사건亞罗号事件/Arrow Incident과 파리외방선교회 신부 샤프들랭 Auguste Chapdelaine (1814~1856) 처형 사건—를 활용하여 중국에 대한 군사 행동을 재개하였다. 하원의 전쟁 반대에 직면한 영국 총리 파머스톤 Henry John Temple, Viscount Palmerston (1784~1865)은 하원을 해산시키고 다시 의회를 구성하여 전쟁 결의안을 통과시켰다.

하원 해산을 무릅쓴 제2차 아편전쟁은 그만큼 치열하고 집요하였다. 청의 지원요청을 거절한 미국이 일부 전투에 합세하고 영·프 연합군이 주도한 절체절명의 전쟁에서, 1857년 12월 광저우廣州가 함락되고 1858년 5월 베이징의 관문인 톈진天津이 점령되자 청 조정은 러시아가 연합군에 합세하지 않고 중재하도록 러시아에 요청해야 했다. 전통적으로 중화사상에 입각한 '이이제이以夷制夷'에 익숙했던 중국은 오랑캐와의 동등한 '동맹'은 불가능한 것이었다.

중국이 중재자로 러시아를 선택한 이유는 대략 두 가지였다. 하나는 러시아의 군비 상황에 대한 평가 오류였고, 다른 하나는 러시아인에 대한 상대적인 선호였다. 전자의 경우, 청 조정은 1856년 크림전쟁에서 러시아가 영국과 프랑스를 대파하고 승리한 것으로 잘못 판단하였다. 앞서 서술한 극동 해전의 승리를 러시아의 크림전쟁 승리로 오인하여 러시아의 군사력이 영국과 프랑스에 대적할 수 있을 것이라 예단한 것이다. 당시 영국은 해군력이 우세하고 프랑스와 러시아는 육군이 상대적으로 우세하여 전체적으로 한 국가가 여타의 국가를 압도할 만한 군사력을 갖추고 있지는 않았기 때문에 삼국 간의 군사력은 정확히 비교 판단하기 어려울 정도였다. 그럼에도 크림전쟁의 패배로 러시아의 군사력 상황이 이전보다 악화된 것은 사실이었다.

후자의 경우, 1689년 이후 170여 년간 지속된 '네르친스크-캬흐타 질서'는 관계의 비대칭성과 내면적 불신이 존재했음에도 불구하고 공식적으로 양국 관계가 장기적인 평화를 지속할 수 있는 제도적 기반이 되었다. 함풍제는 러시아에 대해 "애초부터 문제를 유발한 영국과 프랑스와는 다르게 한 세기 이상 평화를 유지"해 온 우호적인 관계로 인식하였다. 이제 비록 러시아가 단순한 북방의 오랑캐가 아니라 유럽과 동일한 문명을 공유한 '서양 오랑캐'로 파악하고 있었으나, 청은 러시아를 영국과 프랑스와는 다른 부류, 즉 평화를 이해하는 국가로 인식하고자 하였다. 중국의 이러한 인식은 19세기 후반 미국에 대한 상대적 호감—중국에 불평등조약을 강제하지 않은 나라라는 오해—에도 반영된 바 있다.

이 외에도, 중국이 러시아를 선택한 이유는 태평천국의 난과 제2차 아편전쟁으로 제국의 해체가 운위되는 상황에서 러시아가 영·프 연합군에 합류하지 않고 중립을 지킬 수 있도록 러시아를 무마할 필요가 있었기 때문이다. 이러한 이유를 배경으로 청은 러시아가 지속적으로 제기하던 국경 문제와 무역 문제를 해결하는 데 동의하여, 아이훈 조약(1858)과 텐진 조약(1858), 그리고 베이징 조약(1860)을 연이어 체결하였다. 러·청관계를 전변시킨 일련의 조약 과정을 주도한 것은 무라비요프 총독과 푸탸틴 전권대사, 그리고 이그나티예프였다.

1857년 전권대사로 임명된 푸탸틴은 1853~1854년 동안 수 차례의 일본탐사를 주도하고 일본과 최초로 무역 및 항해에 관한 '시모다 조약Treaty of Shimoda (1855)'을 체결한 전력이 있다. 푸탸틴은 아이훈 조약 등 중국 사무의 성공적인 수행으로 1858년 해군 제독으로 영전하였다. 1859년 베이징에 급파된 이그나티예프는 크림전쟁을 처리하는 파리강화회의(1856)에 파견되어 오스만 튀르크와 국경협상에 참여한 후, 1858년에는 부하라 칸국과 우호조약 체결을 주도하는 등 중대한 협상과 실전 외교에 능한 베테랑 외교관이었다. 페테르부르크의 외교 사령탑에는 이후 러시아 제국의 부흥을 이끈 고르차코프가 임명되었다. 무라비요프 총독은 청 조정의 경고를 무시하고 아무르강의 항행뿐 아니라 아무르 유역으로 정착촌을 확대하면서 동부 변경지대의 실질적인 장악력을 제고하였다.

함풍제는 러시아인들을 설득하되 충돌은 불허했는데 태평천국의 난과 영·프와의 전쟁 때문에 군사적 여력이 없었던 것이 가장 큰 이유였다. 1857년 봄, 국경과 무역 문제를 중심으로 러·중 간의 모든 현안을 해결하기 위해 중국에 파견된 푸탸틴은 입경이 거부된 바 있었다. 중국 예법에 따라 조공 사절만 베이징에 들어올 수 있고 국경 문제는 변경에서 다룰 문제라는 논리였다. 영국과의 협상을 중재해 줄 수 있다는 푸탸틴의 제안에 대해서도 '오랑캐'를 다루는 데 있어서 다른 나라의 도움은 전례가 없는 일이라며 거절하였다.[403]

1858년 5월 영프 연합군에 의해 톈진天津의 타쿠 진지大沽炮台가 점령되자 푸탸틴은 톈진에 들어와 러시아의 중재를 제안하였고 청 조정은 이를 수락하였다. 러시아가 영·프 연합군이 베이징으로 진격하는 것을 막을 수 있을 것이라는 확신보다는 러시아의 제안을 거부할 힘이 없었기 때문에, 그리고 러시아가 영국과 프랑스에 합세하면 만주 왕조가 붕괴될 수도 있다는 절박함에서 청 조정이 중재를 수용한 것으로 해석할 수 있다. 톈진 조약을 주재한 즈리(직예)直隷/Chihli 태수 단팅샹 譚廷襄은 "러시아와 미국은 중국이 영국과 프랑스에 굴복하는 것을 앉아서 바라보며 떨어진 과실을 나눠 먹었다"고 당시 정황을 기록하고 있다.[404]

1858년 6월 13일 러·청 간 톈진 조약 체결로 양국은 국제법적으로 동등한 관계로 전환되어 러시아 사무가 이번원에서 최고 정무기관인 군기처軍機處로 이관되었다. 러시아는 최초로 개항장 체제treaty port system에 편입되어 개항장에서 영국, 프랑스 등과 동일한 최혜국대우를 인정받았다. 톈진 조약으로 양국 간에 외교와 교역 문제가 해결되었다면, 이에 앞서 5월 28일에 체결된 아이훈 조약은 국경 문제를 다루었다.

아이훈 조약 체결 과정에서 청 조정이 확인한 중요한 사실은 네르친스크-캬흐타 조약에서 미설정되고 러시아 측이 결정을 요구하던 만주 북동부 해안과 아무르 하류 유역에 관한 기본적인 지리 인식이 부재하다는 사실이었다. 예를 들어, 쟁점 지역인 우수리강과 수이펀허綏芬河 등이 정확히 어디에 위치해 있는지조차 베이징에서는 전혀 파악하지 못하고 있었다. 러시아인들이 보기에 중국은 자신의 제국의 북쪽 영토 범위에 대해 무지했다는 것이다. 이러한 사실은 아무르 유역에 대한 청 조정의 막연한 종주권 주장에 반발하던 러시아의 견해를 뒷받침해 주는 근거로 작용하였다.[405]

조약 협상 과정에서 무라비요프는 러시아의 제안을 수용하지 않을 경우 아무르 유역에서 만주인들을 몰아내겠다고 압박하는 한편, 아이훈에 주둔시킨 러시아 군대의 철야 화력 시범으로 위압적 분위기를 조성하여 구舊조약 체제의 기본 틀을 유지하려던 청의 의지를 굴복시켰다.[406] 이러한 '힘을 통한 협상'은 강희제가 네르친스크 조약에서 사용했던 방법을 170여 년 만에 러시아가 역으로 활용한 것이었다. 네르친스크에서 청이 그러했던 것처럼 러시아도 아이훈에서 영토적 양보를 획득하였다. 양국의 국경선은 "아무르강을 기준으로 좌안(북쪽)은 러시아가, 우안(남쪽)은 중국이 관할 하되, 우수리강에서 해안(동해)까지의 영토(연해주)는 국경이 최종 획정될 때까지 양국이 공동관리하는 것으로 결정되었다. 아무르강과 쑹화강 항행권은 러시아와 중국에만 부여되었으며, 아무르, 우수리, 쑹화강 유역에서 양국 상인과 주민에게 자유로운 상거래가 허용(제1조)"되었다.

아이훈 조약에서 베이징 조약에 이르는 과정에서 러시아와 중국의 상호 불신은 점증해 갔다. 함풍제는 아이훈 조약을 받아들일 의사가 없었으므로 비준하지 않고 조약의 존재를 무시하려 하였다. 그는 아이훈 조약을 러시아를 달래기 위한 '편의적이고 일시적인 조치'로 간주하였다. 적당한 시기에 조약을 수정하거나 폐기하려 했으나 여의치 않게 되자 협상 대표인 헤이룽 장군黑龍江將軍이자 진국 장군鎭國將軍인

이샨奕山(1790~1878) 등을 희생양으로 삼았다. 이샨은 형틀에 묶여 베이징 러시아공관 앞으로 압송되어 조약에 대한 항의 시위를 의도한 청 조정의 제물이 되었다.[407]

1859년 6월 27일 러시아 정부는 톈진 조약과 아이훈 조약의 실행에 관한 추가 협정을 체결하도록 이그나쩨프를 베이징에 파견하였다. 영국의 공세적인 중국정책에 맞서 러시아의 이권과 안전을 확보하기 위해 베이징에서 톈진 조약과 아이훈 조약의 조속한 실행을 추진하던 이그나티에프는 영국에 대한 적대감처럼 공공연한 것은 아닐지라도 러시아에 대한 청의 적대감이 조성되고 있음을 감지하였다. 그의 판단처럼 1856~1859년 사이 아무르에 대한 러시아의 공세적 행동들이 불신의 근원이었다.

그러나 러·중 관계가 불신의 관계로 전환되고 있다는 사실보다 러시아에게 더 우려스러운 것은 중국이 영국에 의탁하는 것이었다. 중국과 러시아는 서로 상대방이 영국과 합세할 가능성을 최악의 전략적 딜레마로 상정하고 있었다. 1859년 말, 무라비요프가 평가했듯이 "베이징 점령의 위기를 목전에 두고, 중국이 북방 변경에 대한 보호와 러시아로부터의 보호를 조건으로 영국이나 프랑스와 이권 양도 조약을 체결하여, 영국과 프랑스가 조선과 만주의 항구와 만을 점령하고 거주의 자유를 획득하게 되면 시베리아 극동의 상황은 극도로 어려워질 것"으로 예측되었다.

영·프 연합군의 베이징 진군을 앞둔 1860년 8월 21일 이그나티예프는 외교부 아시아국에 보내는 서한에서, "영국은 극동 지역에서 러시아의 영토 획득이 자국 해군의 지배력에 위협이 될 수 있으므로 러시아의 이러한 시도가 중단되기를 원한다"고 서술하면서 중국에서 러시아의 불안정한 전략 상황에 대해 우려를 표명하였다. 1859년 여름 내내 청 조정은 러시아와의 영토갈등에 대해 영국에 상세히 알린 바 있었다. 동아시아에서 100여 척의 함선과 21,000여 명의 병력을 가동할 수 있는 영국이 중국과의 협약을 통해 군사력을 중국의 북방에 투입한다면—실제로 그럴 가능성은 전무하였지만— 러시아의 극동 지역에서 영·러 간 전쟁이 불가피해질 것이다.[408]

영·프 연합군의 무자비한 강경책은 이그나티예프의 외교적 입지를 강화시켜 주었다. 제2차 아편전쟁의 협상 결과인 톈진 조약(1858)에 대해 청 조정이 불평등조약으로 항의하며 비준을 거부한 것에 반발하여 1860년 9월 베이징을 점령한 영·프 연합군은 중국과 극동 담당 고등판무관 겸 전권대사 엘긴 백작James Bruce, 8th Earl of, Elgin(1811~1863)의 명령으로 원명원圓明園/御园을 비롯한 궁정들을 방화 약탈함으로써 함풍제로부터 강화講和 제의를 받아냈다. 엘긴 대사는 아테네의 보물 파르테논신전의 대리석 조각상들을 철거하여 영국박물관에 기증한 '엘긴 마블 컬렉션'의 주인이자 그리스인들에게는 악명 높은 제8대 엘긴 백작의 아들이기도 하다.

최후통첩에 몰리자 피신한 함풍제를 대리하여 공친왕은 1년여 지속된 이그나티예프의 중재 제안을 수락하였다. 크림전쟁의 여파로 본국으로부터 대규모의 군사와 재정 원조가 곤란한 상황에서 이그나티예프는 자신의 외교 역량을 총동원하여 상황을 돌파하였다. 그가 인내력을 가지고 추진한 외교술은 영국과 중국 사이의 적대적 불신 관계를 적극 활용하는 것이었다. 이그나티예프는 전쟁에서 완전한 승리를 원하는 영국의 비타협적 태도를 부각하여 청 조정으로 하여금 러시아가 상대적으로 온건하다는 인상을 줌으로써 제국의 생존이 러시아의 협력에 달려 있다고 확신하게 하여 러시아의 요구를 쟁취한 것이다.[409]

11월 4일에 체결된 베이징 조약에서 청과 러시아는 아이훈 조약을 확인하고 톈진 조약을 이행하기로 합의하였다. 우수리강을 따라 두만 강까지 동부 국경이 확정되어 우수리 변경 지역이 모두 러시아 영토에 편입(중·소련 국경의 원형)되었다. 또한 역사상 처음으로 러시아와 중국 의 서부 국경이 획정되었다. 몽골초원 서부 사얀Sayan산맥의 샤빈다바 가 령Shabin-Dabaga Pass에서 톈산天山산맥을 따라 중앙아시아 코칸트에 이르는 러·청 서부 국경은 카자흐초원–신장 지역을 접경으로 하였다. 서부 국경은 여전히 불투명한 부분—지리상뿐 아니라 인식적으로—이 많 아 구체적인 조사를 통해 확정될 필요가 있었는데, 이로 인해 1870년 대 양국 간에 영토갈등이 초래되기도 하였다.

조약 제1조 말미에 명시된 '양국 간 국경선은 영원히 변경되어서는 안 된다'고 하는 문구는 양국 관계에 있어서 베이징 조약의 역사적 규 정성을 상징적으로 표현하고 있다. 베이징 조약의 체결 과정에서 양국 간 상호 인식은 더욱 악화되어 민족 정체성에 대한 편견으로 고정화되 었다. 베이징 조약의 협상 대표였던 공친왕은 러시아인에 대해, "영국 인들이 가장 무도하고 어찌 할 수 없는 오랑캐이지만 러시아 오랑캐들 은 가장 교활하다"고 혹평하였다. 이에 반해 러시아 측의 실질적 협상 책임자였던 이그나티예프는, "중국인들은 자신들이 가장 두려워하는 상대와 마주할 때, 어떤 대가를 치르더라도 목표를 달성하려는 강인한 힘과 마주했을 때, 그리고 자신들을 거만하게 대했을 때, 중국인들은 공손하고 친절해지며 순종적이지만, 상대방의 힘이 압도적이지 못하 다는 것을 확인하면 그들은 더 거만하고, 뻔뻔하며, 완고해진다"고 냉 소하였다.[410]

동투르케스탄新疆 위기: 서부국경의 정초, 상트페테르부르크 조약[1881]

중국과 러시아 간 외교적 균열은 1870년대 동투르케스탄 위기—무슬림 봉기Dungan revolt(1862~1877)—를 해결하는 과정에서 확대되었다. 중국 섬서성과 감숙성에서 시작된 무슬림들의 봉기가 신장으로 확산하고 코칸트의 야쿱 벡 세력이 이에 개입하면서 동투르케스탄 국경의 불안정이 증대되었다. 이로 인해 중국의 서부국경획정을 위한 '타르바가타이Tarbagatai 조약(1864)'을 실행하기 위한 국경 조사와 설정 작업이 중단되었고, 양국은 봉기 진압을 위한 협력 가능성을 모색하게 되었다.

동투르케스탄 변경의 불안정과 영국의 개입을 우려한 알렉산드르 2세는 1871년 4월 청 조정에 무슬림 봉기를 공동 진압할 것을 제안하였다. 러·청 협력 작전계획이 결정될 즈음 러시아의 국경분견대가 일리(이리)Ili/伊犁 지역Илийский край—1871년에서 1881년까지 러시아의 투르케스탄 군관구Туркестанское генерал-губернаторство의 관할 지역—에서 '타란치 술탄국(일리 술탄국)Taranchi Sultanate/Илийское султанство'의 술탄 알라한Аля-хан(Алахан) султан Абиль-оглы(1867~1871/1881 재위)으로부터 공격을 당하는 사건이 발생하였다. 7월 4일 이를 기회로 삼아 동투르케스탄 총독 카우프만은 쿨쟈(이닝)Kuldja/伊寧를 포함한 일리Ili계곡을 점령할 것을 지시하였다. 위구르와 키르기스인들의 약탈이 지속되고 일리 술탄이 부추기는 투르케스탄 국경의 불안정을 근원적으로 해결해야 한다는 것이 카우프만의 생각이었다.

일리 유역(약 1,200평방마일)은 카자흐 초원과 신장을 연결하는 전략적 요충지였으므로 청 조정은 러시아 정부에 점령 지역에서 철수할 것을 요구하였다. 1872년 12월 21일 알렉산드르 2세는 일리 지역의 안전과 무역이익의 보장을 조건으로 철수를 지시하였다. 당시 러시아는 중앙아시아에 군사 원정 중이었으므로 동투르케스탄 변경 지역의 불안정이 이에 악영향을 미치지 않도록 제어하기 위해 이 지역의 불안정을 군사적으로 통제할 수 있도록 적절한 규모의 군대를 파견해 줄 것을 청 조정에 요구하였다.[411]

중앙아시아에서 진행 중인 영국과의 그레이트 게임이 동투르케스탄으로 확산하여 러시아가 중앙아시아 남부와 동부로부터 포위 협공당하는 것을 예방하는 차원의 조치 또한 필요하였다. 코칸트 출신 야쿱 벡 Muhammad Yakub Bek(1820~1877)은 카슈가리아Kashgaria/Yettishar(신장 위구르 지역)를 정복하여 동투르케스탄에 자신의 왕국을 건설하려는 야망을 지녔고, 영국과 오스만 튀르크는 야쿱 벡을 활용하여 러시아를 압박하려는 의도로 야쿱 벡에게 무기를 제공하였다.

무슬림 봉기 와중에 중국이 일리 계곡을 군사적으로 안정화할 수 없었고, 또한 러시아군의 철군 조건에 중국이 동의하지도 않았으므로 일리 지역에서의 철군이 지연되다가 1876년 3월 31일 러시아 전쟁부(육군부)의 주도로 철군이 결정되었다. 결정의 핵심은, 동투르케스탄의 상당 부분을 점령하고 카슈가르 토후국Kashgar Emirate/Yettishar(1866~1877)을 세운 야쿱 벡이 러시아 변경지대에 무슬림 국가를 수립하는 것을 막기 위해 중국이 일리 지역의 군사적 방어를 책임져야 하고 이에 대해 러시아는 군량미 지원을 약속한다는 것이었다. 이러한 조치에 연계하여 러시아에게 내지內地시장으로의 접근권 등을 부여해 줄 것을 제안하였다.[412]

청 조정이 러시아의 군수물자와 식량 제공에만 관심을 보일 뿐, 러시아의 제안을 회피하는 것에 항의하기 위해 러시아 정부는 베이징에 특사를 파견하여 다른 열강들이 했던 것처럼 러시아도 호전적으로 행동할 수 있다고 위협하였다. 일리 지역에서 철수하고 이에 상응하여 무역 개방 도시와 영사관의 수를 확대하는 등 중국교역 조건을 호전시키기 위한 러시아의 전략적 시도는 경제적 이권 확보뿐 아니라 국가적 위신의 문제로 발전하였다.

무슬림 봉기가 진압되고, 오스만 튀르크와의 전쟁(1877~1878)이 종결됨으로써, 러시아는 1879년 일리 철군과 무역확대 문제 등을 포함한 현안들을 해결하는 협상을 시작하여 동년 9월 15일 청과 리바디아 조약Treaty of Livadia을 체결하였다. 러시아에 대한 배상금─약 80만 파운드, 약 5백만 루블─ 지불 문제는 차치하고서라도, 영사업무를 포함한 무역 특권과 영토 문제가 논란이 되어 청 조정은 리바디아 조약의 비준을 거부하고 무효화를 주장하였다.

조약 내용을 보면, 러시아는 일리 지역의 일부에서만 철군하고 신장과 가슈가리아로 가는 주요 관문인 탈키 준령峻嶺 Talki pass과 텐산산맥을 가로지르는 무자르트 준령峻嶺 Muzart/Музарт pass을 장악하게 되었다. 신장과 몽골에 대한 무역특권이 확대되어 몽골의 홉도Khobdo, 울리아수타이Uliastai와 신장의 우루무치, 쟈유콴(가욕관嘉峪關), 하미哈密, 투루판吐魯番, 우루무치, 가오창高昌 등에서 영사업무 권한이 부여되고 가욕관에서 하북성의 쟝자커우張家口까지 연결되는 만리장성 이남의 북서 무역로가 허가될 예정이었다. 이러할 경우 궁극적으로는 북서 무역로를 통해 양쯔강의 한커우漢口까지 연결되는 중국 횡단 무역로가 러시아에 열리게 될 것이다.[413]

청 조정은 협상 대표인 종호우崇厚가 천자의 칙령을 따르지 않고 자의적으로 체결한 것이므로 조약이 무효라는 논리를 주장하였다. 역사적으로 리바디아 조약은 러시아와 중국에 자세한 기록이 남아 있지 않아 사라진 조약이 되었다. 협상 과정에서 조약 내용과 관련하여 당시 청 조정 신료들이 올린 적지 않은 상주문들은 모두 기록에서 삭제되거나 어디론가 사라졌다. 광서제光緒帝는 협상 과정에서 "교시를 따르지 않았고, 허락 없이 자의로 귀국"하였다고 종호우를 책벌하였다.

그러나 톈진 조약과 아이훈 조약 등에 대한 책임을 물어 양광총독兩廣總督—광서廣西와 광동廣東를 관할하는 총독—을 역임하고 황실 종친이자 대학사(정일품)大學士였던 치잉(기영耆英)과 공부상서工部上書 화샤나花沙納 등이 천자에 의해 자결을 강요당하거나 극형에 처한 사례를 잘 알고 있던 종호우가 천자의 교시를 무시하고 자의적으로 조약 내용을 타협할 수는 없었을 것이다. 더욱이 줘종탕左宗棠의 상주문(1879년 10월 9일)에서 협상 중인 종호우가 올린 상주문이 청 조정에서 회람되고 숙의된 사실들이 언급된 것으로 미루어보아, 협상 과정과 내용에 대해 청 조정이 상세히 파악하고 있었고 이에 대한 지시를 내리는 교신이 이루어지고 있었다고 유추할 수 있다.

이러한 정황을 고려할 때, 종호우가 그토록 중차대한 문제를 혼자 자의적으로 결정하기는 힘든 상황이었다고 할 수 있다. 한 가지 유추할 수 있는 것은 외교를 총괄하는 총리아문이 협상 실패의 책임을 종호우에 떠넘기려는 의도로 그를 외교적 희생제물로 삼은 것으로 해석되기도 한다. 아이훈 조약의 실패를 물어 이산을 책벌하였고, 톈진 조약에 대해 화샤나의 목숨을 담보했듯이 종호우 또한 같은 패턴의 처리 방식으로 단죄한 것으로 해석할 수 있을 것이다. 본질적인 문제는 총리아문 자체에 있었다. 베이징 조약의 후속 조치로 조공체제를 폐지하고 근대적 외교 사무를 관장하기 위해 새롭게 설치된 총리아문은 내부 분열과 권력투쟁 등으로 책임있는 정책 결정이 이루어지기 힘든 무능력한 기구라는 것이 당시 베이징 외교가의 공통된 견해였다.[414]

리바디아 조약의 문제점에 대해 의견을 상신하라는 서태후西太后/慈禧太后(1835~1908)의 지시에 따라 1880년 1월 21일 184인의 고위 대신 명의의 상주문이 제출되었다. 상주문은 리바디아 조약의 수용 불가로

의견이 수렴되었다. 이를 계기로 청 조정에서 러시아에 대한 외교 논쟁이 벌어져 러시아가 조약 비준을 강행하면 전쟁을 불사해야 한다는 견해가 우세하였다. 강경론자들은 대부분 국제정세에 문외한들이었고, 국제 문제에 접해본 온건론자들은 열세에 있었다.

리훙장李鴻章 등과 함께 '청나라 후기 사四대신後淸四大臣'으로 칭해지는 섬감총독陝甘総督 쥐종탕左宗棠(1812~1885)의 경우, 중국의 북서변경(동투르케스탄)의 방어를 중시하는 대다수의 전통주의자들의 견해를 대표하였다. 무슬림 봉기의 성공적인 진압에 고무된 쥐종탕은 동투르케스탄 지역에 주둔 중인 군사력을 활용하여 러시아를 일리 지역에서 몰아내야 한다는 전쟁 불가피론을 주장하였다. 반면에 톈진을 포함하여 발해만과 황해를 관장하는 즈리(직예)총독 리훙장李鴻章(1823~1901)은 해안 방어에 주력할 것을 진언하였다. 매년 은화 수백만 량이 소요되는 신장 방어의 무용함을 거론하며 가용자원의 한계를 고려하여 필요할 경우 일리를 포기하고 일본 등 해양 세력에 대한 방어를 강화할 필요가 있다는 판단이었다.[415]

리훙장의 견해에 의하면 열강과 체결한 여러 조약을 통해 이미 중국의 개방이 현실화되었고 향후 교역의 개방이 더욱 확대되는 것이 대세라는 것이다. 이에 따라 리훙장은 러시아와 전쟁을 벌여 방어하기도 어렵고 생소한 변경 지역을 탈환하기보다는 베이징을 비롯한 중국의 중심부를 방어하기 위해 자원을 해양 세력에 대한 대응에 집중하도록 제안한 것이다. 근대 이래로 국가의 존망存亡을 가름하는 결정적인 도전들이 북방으로부터 온 것이 아니라 영국이나 일본 등 해양 세력으로 온 사실을 상기하면 리훙장의 판단은 시사하는 바가 크다고 할 수 있다.

청 조정은 리바디아 조약을 비준하지 않으면 국제법적 효력이 발생하지 않는다는 사실에 주목하여 1880년 2월 19일 공식적으로 조약을 무효로 선언하였다. 청 조정은 쳉지체曾紀澤를 전권대사로 파견하였다. 청의 협상전략은 '강경과 유화책'을 병행하는 것이었다. 쳉지체는 최악의 경우에 군사적 시위를 포함한 모든 수단을 강구할 것이라는 강경한 주장도 염두에 두라는 상세한 협상 지시를 받았다. 협상 과정에서 쳉지체는 배상금 지불 문제에 대해서는 유연한 태도를 취하였으나 리바디아 조약의 여타 내용에 대해서는 원칙적으로 수용하기 어렵고 근본적인 재논의가 필요하다는 강경한 입장을 고수하였다.

중국이 조약의 내용을 전면 거부한 것은 러시아로서는 '국가의 위신'에 대한 모독으로 여겨졌다. 러시아의 협상 원칙은 '국가적 위신이 손상되지 않는 조약 수정'이었다. 러시아의 고민은 외무성 자문관 죠미니Алексндр Генрихович Жомини(1814~1888)와 외무장관 직무대리 기르스Николай Карлович Гирс(1820~1895) 간의 서한에서 확인할 수 있다. 죠미니는 기르스에게 보내는 서한(1880년 9월 22일자)에서, 중국의 요구대로 "명확한 보상 없이 리바디아 조약을 전면 수정하면 중국의 위협에 굴복한 것으로 비치고, 일리 점령이 애초에 부적절했던 것으로 비난받을 것"이므로 러시아의 위신을 위해 중국으로부터 특정한 양보를 받아내야 한다는 주장이었다.

이에 대해 기르스는 죠미니에게 보낸 답신(10월 25일자)에서, 중국이 조약의 무효화를 주장하고 완고한 입장을 고수하고 있는 상황에서 중국에 보상이나 양보를 요구하는 것은 '전쟁과 평화' 중에 선택하라는 질문과 유사하다고 비유하였다. 중국과 협상에 동의하면 전쟁을 피할 수는 있으나 이러할 경우 국가 위신을 손상케 하는 양보가 불가피할 것이다. 중국이 전쟁을 고려하고 있다면 러시아 또한 이에 대비하기 위해 군비 지출을 늘려야 할 것인데, 양국 간 긴장이 고조되어 교역이 중단되고 협상이 길어질수록 재정적 손해는 늘어날 것이다. 따라서 러시아에게 가장 본질적인 문제는 국가 위신을 손상하지 않으면서 재정비용을 최소화하는 것이므로 그것은 바로 전쟁을 피하는 선택이었다.[416]

기르스는 '위험한 전쟁과 불안한 평화' 중에서 선택해야만 하는 '혐오스러운 일'에 곤혹스러워하며 '보상을 통한 위신의 유지'를 제안하였다. 만약에 이를 중국이 수용하지 않는다면 군사적 행동이 불가피하다고 판단하였다.[417] 그러나 다행히도 청과 러시아는 서로 전쟁을 준비하고는 있지만 실행하지는 않을 것이라는 점을 잘 알고 있었다. 기르스는 중국과의 협상을 최대한 신속히 종결하고 베를린 조약(1879)의 후속 조치와 '동방문제'의 종결을 위해 유럽에 외교 역량을 집중시킬 필요가 있었다.

그러나 문제는 일리의 반환이 러시아의 일방적인 '양보'로 비쳐서는 안 된다는 사실이었다. 만일 일리 반환이 중국에 대한 러시아의 양보나 외교적 굴복으로 유포되면 유럽에서 러시아의 위신이 손상될 뿐아니라 향후 중국과 조약 체결에 있어서도 러시아가 곤란한 지경에 처하게 되는 것이었다. 이에 대한 죠미니의 우려에 기르스도 공감하였으므로, 일리 반환을 상업적 특권이나 배상금—10년간의 주둔 비용과 재산손실—과 교환하는 대안이 차선으로 제기되었다. 경제적 '이익'을 통해 국가적 '위신'을 보상받는다는 방침이었다.

1880년대까지 여전히 유럽과 근동 문제가 러시아 외교에 있어서 가장 핵심적인 어젠다이자 전략적 최우선 순위에 있었으며 대對중국 문제는 1890년대 청일전쟁과 시베리아 횡단철도 프로젝트를 계기로 러시아의 전략적 관심이 동아시아로 이동할 때까지 기다려야 했다. 또한 중앙아시아의 그레이트 게임, 러시아-튀르크전쟁과 유럽의 동맹 재편 움직임 등은 이러한 타협적 결론을 도출하는 데 중요한 외부요인으로 작용하였다.

러시아는 알렉산드르 2세의 '대개혁' 등 20여 년간 국내 '집중' 정책을 통해 체제 역량을 제고한 후, 오스만 튀르크와의 전쟁을 승리로 이끌어 베를린 조약에서 크림전쟁의 치욕―흑해 함대의 무장해제와 흑해의 폐쇄 등―을 상쇄할 만한 성과를 거둔 것은 사실이었다. 그럼에도 여전히 전쟁으로 인한 재정압박에 시달리고 독일과 오스트리아와의 삼제동맹을 추진하고 있었기 때문에 일리 문제에 전념할 수 없었다. 러시아는 유럽과 중앙아시아에서 영국과의 전략경쟁이 중국으로 비화하는 상황에 대처할 준비가 아직 되어 있지 않았다.

러시아의 기대(5백만 루블)를 훨씬 상회하는 청의 배상금(9백만 루블) 제안은 러시아의 위신을 유지하고 취약한 재정을 충당하기에 수용할 만한 타협의 성과로 간주하기 충분하였다. 1880년 8월 4일 시작된 협상은 햇수를 넘겨 1881년 2월 23일까지 52차례의 회의를 개최한 끝에 종결되었다. "더 이상 중국의 영토 양보는 없을 것"이라는 각오로 협상에 임한 쳉지체의 결의가 결과적으로 주효하였다. 카자흐 변경에 인접한 서단西端부를 제외하고 러시아 주둔군은 일리 지역에서 철수하였다.

타르바가타이 조약―몽골 서부와 카자흐 초원 인근의 국경 획정―의 국경 관련 조항은 러시아가 요구한 대로 수정되었다. 러시아가 영사업무와 교역 개시를 요구한 서부 변경 도시 7곳 중 2곳(가욕관과 투루판)이 허용―투루판은 영사 사무만 허용―되었고 나머지 다섯 곳은 가능성을 열어두었다. 러시아의 철군과 더불어 중국은 러시아가 요구한 교역특권을 축소하는 데 성공하였고, 러시아가 획득한 성과는 배상금 외에도 유리한 우호적인 관세 혜택이었다. 차茶 무역의 경우, 러시아의 육상무역이 영국과 프랑스 등의 해상무역에 비해 38% 이하의 관세만 부과하

도록 허용되었다.[418]

리바디아 조약을 대체한 상트페테르부르크 조약(1881)은 아편전쟁 이후 중국이 협상 과정에서 최초로 서양의 후퇴를 받아낸 외교적 성공 사례로 기록되었다. 그러나 페테르부르크 조약의 '우연한 성공'—압도적인 힘이나 외교술에 의한 승리라기보다는 상황적 산물이라는 의미—은 청 조정으로 하여금 객관적인 정세 인식을 흐리게 한 측면도 있다. 청국은 페테르부르크 조약의 성과를 '러시아를 힘으로 밀어붙인 결과'로 평가하는 오류를 범하였다.

청 조정은 유럽 열강에 대해 '힘에 의한 압박론'을 적용하여 1884년 베트남 문제를 다루는 데 있어서 프랑스를 역시 힘으로 압박하다 전쟁으로 비화하였고, 결과적으로 청국이 승리에 이르지 못하여 베트남은 프랑스의 식민지가 되었다. 비록 중국은 프랑스에 전쟁배상금을 지불하지는 않았으나 전쟁 비용으로 10억 량 이상의 은銀을 지출하였다. 청국과 프랑스의 베트남전쟁(청·프淸佛전쟁)은 한반도에도 중대한 정치적 사건을 초래하였다.

청국과 프랑스 간에 전쟁이 발발하자 1884년 5월 임오군란(1882)으로 조선에 진주한 청국의 한성 주둔군 3천의 병력 중 천오백의 병력이 베트남으로 이동하였다. 1884년 8월 푸젠福建 해전에서 프랑스 함대가 청의 푸젠 함대를 대파했다는 소식에 고무된 김옥균 등의 개화파는 한성 주둔군이 청·프전쟁에 파병된 기회를 포착하여 일본의 지원 하에 갑신정변을 일으켰다. 페테르부르크 조약의 체결에 이르는 정책 결정 과정에서 외무성 자문관 죠미니가 예측하였듯이, 조약의 결과에 상관없이 이미 '양국의 우호 관계는 환상'으로 치부되기 시작하였고, 러시아와 중국은 향후 '의심스럽고 불안정한' 갈등 관계로 나아갔다.[419]

1858~1860년의 세 개의 조약과 1878~1881년의 두 개의 조약의

결과, 중국과 러시아는 '정체성 identity'과 '세력 power'이라는 측면에서 근본적인 관계 변화를 겪었다. 중국의 조공체제가 폐기되고 양국은 근대적 국제법 질서 하의 동등한 국가관계로 공식 전환하였다. 러시아는 조약으로 획득한 동부 국경의 영토(아무르 유역과 연해주 등)로 인해 명실상부한 태평양 국가로 자리 잡을 수 있었고 동아시아에 영향력을 투사할 수 있게 되었다.

일련의 조약 체결 과정에서 양국의 전통적인 힘의 관계가 러시아의 우위로 역전된 것으로 드러났고 러시아와 중국의 상호 인식은 점증적으로 악화되었다. 양국 간 정체성에 대한 부정적인 인식의 근저에는 영토 문제가 자리하고 있었다. 중국에게 러시아는 영토팽창 야욕에 사로잡힌 '혐오스러운 오랑캐'였고, 러시아에게 중국은 강자에 약하고 약자에 오만한 '야만족 원숭이'였을 뿐이다.

2. 중 · 러 관계의 신화: 원교근공遠交近攻 과 화평교린和平交隣

주권과 영토, 그리고 조공체제: '예외적 평화'

19세기 중반 양국 관계의 조정 과정에서 몇 가지 오해와 신화가 확인되었다. 중국과 러시아를 연구하는 새라 페인Sarah C. M. Paine은 양국 간에는 영토에 대한 '고유한 주권 original sovereignty'이라는 개념과 '우호 평화'의 개념이 부정합적으로 얽혀있다고 지적하면서, 두 가지 개념 모두 현실 정합성이 부재한 모호한 자기 확신이며 관계에 대한 '신화'라고 비판한 바 있다.[420] 확인되지 않은 이러한 '관계의 신화'들은 양국 간에 오해와 불신의 촉진 요인으로 작용하였고 때로는 현실을 반영하지 않은 의제擬制된 관계를 서로 강요하는 결과를 초래하기도 하였다.

'고유한 주권'이라는 측면에서 보면, 양국 모두 문제가 된 변경 지역에 대해 역사적으로 통치권, 즉 '주권적 권리'를 지니고 있다고 주장하였다. 청은 아무르 유역 등 북방 변경의 종주권을 주장하였으나 네르친스크-캬흐타 조약 이후 청은 북방의 전초기지를 아무르 이남으로 철수하였다. 1800년 이전까지 청국은 아무르 북쪽 유역에 대해서는 1765년 단 한 차례만 답사했을 뿐이며 당시의 보고에도 아무도 거주하지 않는 무주지無住地로 기록되었다.

러시아는 17세기 이후 종주권을 주장하였다. 17세기 아무르 유역에 진출했을 때 원주민들을 제외하고 중국인들의 정착촌이나 국경 전초기지들이 존재하지 않은 무주지였다고 확신하고 있었다. 러시아인들은 알바진 등 아무르 중·상류 지역에 전초기지와 정착촌을 건설하여 변경의 원주민들에게 공물을 정기적으로 징수하면서 자신의 영토주권을 기정사실화 하였다. 러시아 정부는 네르친스크-캬흐타 조약에 대해 알바진 등 50여 년 동안 개척한 아무르 유역의 영토를 중국에 양보한 것으로, 즉 영토적 상실로 인식하였다. 그러므로 19세기 들어 중화질서가 해체되는 과정에서 러시아는 국제법에 따라 국경을 재획정하기로 결정하였다.[421]

청과 러시아 모두 원주민들에게 공물을 징수한 경험을 근거로 영토적 권리를 주장함으로써 종주권의 충돌이 발생하였다. 그러나 러시아의 주장과는 다르게 아무르와 우수리강 사이 연해 지역의 경우 당시에 만주인들이 분명히 거주하거나 유목하고 있었기에 아무르 하류와 연해 지역에 대한 청의 종주권 주장은 강력했던 반면에, 아무르 북부나 그 내륙 쪽에 대한 종주권 요구는 상대적으로 약했다고 할 수 있다. 러시아의 동부 국경 재획정 제안에 대해 해당 지역의 종주권을 확신하는 중국이 영토적 야욕으로 인식한 것은 어쩌면 당연하였다.

쿨자와 일리 문제로 불거진 신장 지역에 대한 '고유한 주권' 개념은 더욱 복잡하다. S. 페인은 중국학자 래티모어Owen Lattimore의 주장을 인용하여 동투르케스탄(신장)이 중국에 영토로 통합된 적이 없었고 단지 다양한 조공국들이 중화 세력권의 강약에 따라 이합집산하는 매우 유동적인 지역이었다고 평가한다. 래티모어는 신장을 포함한 투르케스탄 지역은 역사적으로 초원의 제국들이 서로 경쟁해 오던 유동적인 지역이고, 과거 이천여 년 동안에 이 지역을 중국이 효과적으로 통제한 것은 425년 동안에 불과했으므로 중국 종주권의 배타성을 인정하기 어렵다고 해석하고 있다.[422]

예를 들어, 기원전 2세기의 한무제漢武帝 시기 한반도 북부에 한사군漢四郡의 일부가 있었다는 사실만으로 한반도에 대한 중국의 영토적 주권을 주장할 수 없듯이, 2,200여 년 전 한사군과 동일한 시기에 지금의 신장에 설치되었던 하서사군河西四郡의 존재가 이 지역이 중국의 영토라는 것을 증명하지는 못한다. 1,400년 전의 당唐 시기에 신장과 한반도에 각각 일시적으로 설치된 안서도호부安西都護府와 안동도호부安東都護府 또한 마찬가지 사례이다. 청 제국 이전에 중국이 이 지역들을 효과적으로 통제한 시기의 대부분이 한漢과 당 시대였다는 사실을 헤아리면, 동투르케스탄 신장은 '대부분의 시기에' 중국의 영토적 주권 밖에 존재하였다는 것이 래티모어 등의 주장이다

굳이 첨언하면, 조공체제에 속해있다는 것만으로 영토적 주권을 주장하거나 이러한 주권을 보증받을 수는 없다. 아무르 유역과 신장 지역의 부족들이 조공을 바치고 있었다는 사실은 제국과 속방의 관계—주종관계나 세력권—일 뿐이지 제국 영토로 통합된 것을 의미하는 것은 아니다. 영토적 주권이 관철되는 범위 내에 거주하는 백성들은 국가에 세금을 낼 뿐이지 조공을 바치지는 않는다. 따라서 조공을 징수하는 행위는 조공국 또는 조공부족이 제국의 영토 밖에 '독립적으로' 존재

함을 인정하는 정치적 행위로 해석될 수 있다. 과거 조공국인 조선, 베트남 등은 중국의 속방이었으나 이들 국가에 대한 영토적 주권을 중국이 주장한 적은 없으며, 제국의 해체나 왕조의 교체에 따라 속방들은 조공체제를 탈피하거나 다시 편입되거나 할 뿐이었다.

근대적 의미의 국경은 두 가지 절차를 거쳐 확정된다. 먼저, 조약에 따라 국경이 '획정'되고 다음으로 공동위원회가 구성되어 현지에 국경표지를 '설정'하고 확인해야 최종 확정되는 것이다. 만약 이러한 절차를 거치지 않았다면 국제법에 의해 국경으로 인정받기 어려우며 분쟁의 대상이 될 수 있다. 따라서 러시아 측에서 보면 근대적 국경설정원칙에 따라 '네르친스크-캬흐타체제'에 대한 지리적 확인 작업과 현지조사를 통한 검증 작업이 필요하였다.

앞서 언급하였듯이 청 조정이 변경 지역에 관한 지리적 정보와 국경 개념에 대해 모호했던 사실은 러시아로 하여금 국경의 재설정을 강하게 주장하게 하는 빌미가 되었다. 양국 간 쟁점이 된 변경 지역의 대부분은 이전까지 "역사적으로 중국이나 러시아의 영토로 정식 편입된 적이 없는 '경쟁의 땅'이었고 문화적으로도 러시아나 중국은 아니었다"고 S. 페인이 주장한 바 있다. 페테르부르크 조약(1881) 이후 중국은 변경을 직접 통치하기로 결정하였고, 변경 지역을 다루는 데 있어서 서양의 제국주의적 방식을 모방하였다.

1884년 청 조정은 신장을 중국영토에 공식 편입시켜 지방행정 단위로 편제하고 한족 이주정책을 통한 식민정책을 실행하였다. 이러한 식민정책을 통해 신장은 '새로운 강역(新疆)'이라는 명칭이 상징하듯이 처음으로 중국의 공식 영토가 되었다. 현재 신장 위구르 지역이 중국의 영토인 것은 분명하고 "중국이 근대 서양 제국주의의 피해자인 것은 분명한 사실이지만, 이와 동시에 신장의 무슬림들과 초원 민족들

또한 중국의 때늦은 제국주의 정책의 희생자라는 사실을 간과해서는
안 된다"[423]는 역사학자 페인의 주장은 한 번쯤 주목할 필요가 있는 대
목이다.

신장 위구르 지역의 중국 복속이 시작된 건륭제의 중가리아 정복
(1757) 과정에서 중가르인 전체의 약 80%가 학살당하였고, 19세기 후
반 무슬림 봉기의 진압을 비롯하여 신장 지역에 대한 군사 원정으로
백만에 가까운 현지인이 희생된 사실은, 두 차례의 아편전쟁으로 희생
된 중국인들이 수백에서 수천 명이라는 통계에 견주어 볼 때 '중국 피
해자론'을 무색하게 한다고 S. 페인은 주장하고 있다.

중국과 러시아 사이의 '우호와 평화'라는 신화 또한 양국 관계를 규
정하는 주요 요인이다. 양국이 상호 인정하듯이 양국 간에 공식적인
관계가 수립된 네르친스크-캬흐타 체제 이후, 우호 관계가 최고조에
오른 오늘날까지 지난 삼백여 년 동안 중국과 러시아는 단 한 차례의
'전쟁'도 치르지 않은 예외적인 강대국 관계에 속한다고 할 수 있다.
양국 간에는 사소한 '전투'는 있었을지라도 전면적인 '전쟁'은 없었다.
특히, 근대적 국제질서의 수립 과정에서 유럽에서 강대국 간에 전쟁이
빈번했던 사실에 비추어 볼 때 더욱 그러하다.

러시아는 19세기 이래로 이러한 예외적인 평화 관계에 중요한 의미
를 부여하고 있다. 근대 러시아의 저명한 국제법학자 마르텐스Фёдор
Фёдорович Мартенс (1845~1909)는 당시 러시아와 중국과의 관계를 "시작
부터 예외적인 평화우호 관계"로 표현하였다.[424] 마르텐스는 러·일전
쟁을 결산하는 포츠머스 강화조약에 러시아 대표로 참석한 바 있는 러
시아의 저명한 법학자였다. 니콜라이 2세 시기에 전쟁 장관을 지낸 쿠
로파트킨Алексей Николаевич Куропаткин (1848~1925)은 "아시아 국가
중에서 러시아와 중국만이 가장 오래된 평화 관계를 유지하여 이백여

년 동안 한 번도 평화가 깨진 적이 없으며, 제2차 아편전쟁을 비롯하여 여러 차례 러시아는 중국을 지원"하였음을 강조하였다.[425]

중국 또한 1858~1860년 이전까지 이와 유사한 인식을 견지하고 있었다. 아이훈 조약의 협상이 막바지에 이른 1858년 4월 함풍제가 말했듯이, "중국과 러시아는 한 세기 넘도록 우호와 평화 관계를 유지"하고 있었다는 것이 청 조정의 중론이었다. 그러나 중국의 이러한 평가는 동등한 국제관계로서의 '우호와 평화'를 의미하는 것이라기보다는 '네르친스크-캬흐타 체제'라는 조공체제가 유지되는 범위 내에서, 즉 '조공체제에 의한 평화'를 의미하는 것으로 러시아의 '우호평화'와는 다른 개념이었다.

따라서 근대적 조약이나 만국공법(국제법) 등 조공체제를 해체하려는 시도나 제도들은 중국에게 '우호와 평화'의 파괴행위로 각인되었다. 이런 시도들이 무력을 통한 것이라면 더욱 그러할 것이며, 영국과 프랑스가 자행한 무력을 통한 근대적 제도의 강제가 정당화될 수 없는 것은 물론이다. 1858~1860년 사이의 국경 획정 조약들은 중국의 러시아에 대한 우호적 인식을 부정적으로 전변시키는 데 결정적인 역할을 하였고, 러시아의 일리 지역 점령은 중국의 의구심을 증폭시켰다. 무엇보다도 극동 연해주 영토의 할양으로 러시아에 대한 중국의 적대감과 혐오감은 점증하여 국가 위신과 민족 자존심에 헤아릴 수 없는 상처로 후대에까지 전해졌다.

러시아에 대한 중국의 의구심은 1860년대~1890년대 초반까지 삼십여 년 간 지속되었다. 당시 조선의 대외정책 또한 이에 결정적인 영향을 받아 러시아에 대한 부정적인 편견을 지니게 되었다. 일본 주재 청국 참사 황준셴(황준헌黃遵憲)이 수신사로 일본에 파견된 김홍집에게 조선의 대외정책 모색의 준거 틀로 제시한 「조선책략私擬朝鮮策略」

(1880)은 '중국의 책략'을 의미하였다. 이러한 연유에서 「조선책략」은 주변 열강 중에 러시아를 가장 경계해야 할 대상―"진나라와 같은 탐욕스러운 이리狼秦"로 표현―으로 지목한 것이다. 「조선책략」에는 러시아의 과거 삼백여 년의 역사가 '탐욕스러운 정복의 역사'로 기술되었다. 러시아를 견제하기 위해 조朝-중中-미美-일日의 '사四국 연합론'을 제시한 「조선책략」은 오판된 전략이었음이 청일전쟁(1894)을 통해 판명되었다.

17세기 네르친스크 조약에서부터 20세기 페레스트로이카에 이르기까지의 장기적인 역사 주기로 판단해 보면, 러시아는 '무도한 침략자'는 아니었다. 단지 '교활한 파트너'였을 뿐이다. 러시아는 '수정주의 세력revisionist state'―전쟁을 무릅쓰고 '현상status quo'을 타파하고 국제질서의 구조적 재편을 추구하는 국가(나찌 독일과 군국주의 일본 등)―은 아니었다. 러시아는 단지 동아시아의 중화질서를 근본적으로 수정하고 새로운 국제질서를 수립하려는 영국의 수정주의 전략에 편승했을 뿐이었다.

처음에 청 조정은 '지리적 인접성과 북방의 위협'이라는 전통주의적인 안보관 아래 원거리에 있는 영국과 프랑스가 인접한 러시아보다는 덜 위험하다는 '원교근공遠交近攻'의 논리를 고수하였다. 그러나 중국의 대외적 위기의 본질은 '북방 오랑캐의 위험'이 아니라 누가 '수정주의 세력'이냐 하는 근대적 국제정치 개념과 관련한 전략적 판단의 문제였다. 19세기~20세기 동안 중국을 침략하고 동아시아 질서를 수정한 것은 북방세력이 아니라 해양세력―아편전쟁, 청일전쟁(1894), 중일전쟁(1937) 등―이었다.

러시아가 '현상 유지'와 '세력균형'을 선호한 것은 부인하기 어렵다. 그럼에도 19세기 중반부터 중국에서 형성되기 시작한 러시아에 대한 부정적 인식은 중국인들의 역사적 기억 속에 넓고 깊게 자리하게 되어

유럽의 '러시아 공포증russophobia'과 유사한 '러시아 관계증후군'으로
고착화 되었다. 유럽에서와 같이, 중국 버전 '루소포비아Russophobia'는
양자관계의 중요한 국면마다 역사적 기억 속에서 끊임없이 호출되어
러시아를 괴롭히는 '정체성 장애요인'으로 작용하였다.

시베리아횡단철도와 한국(조선)문제: 거문도사건[1885]과 조·러밀약

시베리아철도 계획의 배경에는 여러 요인이 중첩적으로 작용하였다.
극동 지역을 방어할 필요성이라는 안보적 요인, 중국 시장의 진입에서
경쟁력을 확보하기 수단이라는 경제적 요인, 발칸과 중앙아시아 문제
가 해결되면서 영·러 간 전략적 경쟁이 극동으로 이동한 것으로 설명
하는 전략적 요인 등이 복합적으로 작용하여 시베리아철도 계획이 변
형되고 확대되었다. 시베리아철도는 애초에 극동 지역의 안보 우려에
서 비롯되었다.

극동 지역에서 국경 설정이 미확정 상태였던 1856년 초, 무라비요
프 총독이 극동 지역의 효과적인 방어를 위해 철도의 필요성을 처음
언급한 이래 간헐적으로 시베리아철도 건설이 논의되다가, 1880년대
동아시아 정세의 변화가 가속화되면서 건설계획이 가시화되었다. 시
베리아철도 건설계획이 현실화된 가장 중요한 동기는 대對중국 방어
문제였다. 내륙 아시아의 국경 지역—아무르와 동투르케스탄—에서 중국
의 공세가 강화됨에 따라 러시아는 자신의 변경이 중국의 군사력에 취
약하게 노출되어 있다고 판단하였다.

시베리아철도와 관련하여 '일리伊犁위기(1879~1881)'는 예기치 않은
결과를 초래하였다. 일리사태의 해결 과정에서 줘종탕의 군사적 성공
등으로 중국은 아편전쟁과는 다르게 현저히 군사적 자신감을 회복하
였다. 이에 청조정은 만주와 신장 등 변경지대에서 식민화 정책을 본격

화하면서, 조선과 베트남 등 조공국에 대한 세력권을 재확인하는 공세 정책을 추진하였다. 이러한 정세에서 러시아는 중국의 군사적 회복과 공세 정책이 러시아 변경지대의 안보 불안으로 연계될 것으로 우려하였다. 1880년 10~11월 외무성 자문관 죠미니가 기르스에게 보낸 서한들에 이러한 입장이 잘 드러나 있다. 서한에는 "중국의 군비증강에 따른 위협에 대비하기 위해 블라디보스톡에서 해군 방어력을 구축하고 시베리아 국경에 군사력 배치를 강화할 필요가 있는데, 이를 위한 가장 효과적이고 경제적인 수단은 시베리아철도"라고 확언하고 있다.[426]

당시는 중국과의 전쟁 가능성이나 변경 지역에서 중국의 군사적 우위가 심각하게 보고되는 상황이었다. 동투르케스탄에 주둔하는 쥐종탕의 군대는 약 14만 명에 육박하였고, 1883년 10월까지 일리 지역의 국경이 확정되지 않아 일리에 주둔 중인 러시아 부대와 긴장 상태를 유지하고 있었다. 만주인들은 러시아 선박의 쑹화강 항행권―아이훈 조약(1858)에 명시되었고 페테르부르크 조약(1881)에서 이미 재확인된 권리―을 거부하였다. 우수리 남부에서 일부 국경이 미확정되어 불안정했던 만주 지역에는 중국 군대 85,000여 병력이 주둔하고 있었다. 1883년 리홍장의 지휘 하에 북양 함대가 창설됨으로써 러시아의 극동 해군력은 이전의 우위를 상실하게 되었다. 이에 비해 러시아의 극동 병력은 약 15,000 정도였고 그나마 그중 11,000여 명은 블라디보스톡 인근의 연해주에 집중되어 있었다.

따라서 비상사태시 병력을 요청할 수 있는 군사기지는 약 4천 마일 밖에 있었으므로 유럽에서 극동 연해주까지 병력 이동에 육로로 약 18개월이 소요될 것으로 예상되었다. 특히 1882~1885년 종주권과 관련하여 중국의 동부와 남부의 변경인 조선과 베트남에 중국이 군사개입을 단행하는 것을 목격하면서, 러시아 정부는 만주와 인접한 북부 변경에서 사태가 발생하면 중국이 전쟁을 선택할 수도 있을 것이라는 판단을 하게 되었다.

1880년대 만주로의 이주 정책은 인구가 매우 희박하고 4,200여km에 달하는 기나긴 국경선을 접한 러시아 극동 지역에서 또 다른 안보 위협으로 떠올랐다. 청 조정은 동북東北 지역의 봉금封禁을 해제하고 식민국을 설치(1880)하여 만주 지역으로 한족의 이주정책을 본격화하였다. 이주정책의 주요 전략 대상으로는 러시아 접경 지역인 우수리 지역과 아무르 지역이 선정되었다. 1882~1890년 기간에 북만주 지역으로 이주한 중국인은 아무르와 연해주 전체에 정착한 러시아인의 30여 배에 달하였다.

더욱이 중국은 이주정책의 연장으로써 연해주와 한반도의 동부 해안으로 확장 진출하려는 계획을 시도하였다. 훈춘 등 이주정착지의 동해 출로를 확보하기 위해 청 조정은 1885년 포시에트Посьет 항과 인근 지역을 반환할 것을 러시아에 요구하였다. 러시아 정부가 이를 거절하자 청은 두만강 우안 지역 조선만朝鮮灣 Chosunman Gulf(나진·선봉羅先, 고슈케비치 만灣 Гошкевича)을 양도할 것을 조선에 요구하였고, 궁극적으로는 영흥만을 점령하려는 계획도 수립하였다. 1886년 노보키예프스크(크라스키노)Новокиевск/Краскино 의정서protocol 체결로 포시에트 반환 문제는 해결하였으나 중국의 공세 정책이 러시아의 극동을 겨냥한 것으로 러시아 정부는 우려하였다.

극동에서의 이러한 전략적 우려를 근본적으로 해소하는 방안은 시베리아철도의 부설이었다. 철도를 통해 극동 지역으로의 병력 배치와 이동을 원활하게 하고 경제활동인구의 유입을 확대하여 안보와 경제 간에 상보관계를 수립함으로써 극동 지역의 자족적 시스템을 구축해야 한다는 계획이 요구되었다. 1886년 아무르 총독 코르프Андрей Николаевич

Корф(1831~1893)와 이르쿠츠크 총독 이그나티예프H. П. Игнатьев가 알렉산드르 3세에게 대중국 방어를 위해 시베리아철도 건설이 필요하다는 청원을 하면서 시베리아횡단철도 계획이 가시화되었다.

러시아화 정책, '러시아인을 위한 러시아Россия для русских'[427]를 모색하던 알렉산드르 3세는 소외된 극동의 청원에 귀를 기울이게 되었다. 짜르의 지시로 1887년 시베리아철도의 타당성 조사가 진행되어 시베리아횡단철도 프로젝트의 윤곽이 드러나게 되었다.[428] 재정 조달 문제로 인한 재정상 비쉬네그라드스키Иван Алексеевич Вышнеградский(1831~1895)의 반대와 페르시아철도 건설 문제 등으로 프로젝트가 지연되다가, 1890년 7월 청 조정이 러시아와 조선 국경에 인접한 남만주 철도에 대한 타당성 조사에 착수할 즈음에 실질적으로 결정되었다. 1891년 2월 23일 국무회의에서 시베리아 전 지역을 유럽 지역과 연결하기로 횡단철도 건설계획이 확대 결정되었고 3월 17일에 황제 조칙을 통해 공식 발표되었다. 시베리아횡단철도의 애초 동기는 기르스의 서한(1890년 8월 31일자)에 드러나 있듯이 중국과 관련한 러시아의 전략적 입지의 문제였다.[429]

시베리아횡단철도의 전략적 동기인 '중국 요인'은 러시아의 전략적 관점에서 보면 '한국(조선)문제Korean Question'와 긴밀히 연계되었다. 베이징 조약(1860) 등으로 한반도와 접경하게 된 러시아에게 조선朝鮮은 극동의 안보에 있어서 이미 지정학적 실체였다. 1880년대 들어서 중국이 조선에 대한 종주권을 재강화하기 시작하고 일본과 영국 등이 한반도에 경제적이고 지정학적인 이익을 관철하기 위한 책략을 실행하기 시작함에 따라 러시아 또한 이에 대한 대비가 필요하게 되었다.

1880년대에 러시아는 조선문제(한반도 문제)에 능동적인 관여engagement정책을 실행하지는 않았다. 당시 러시아의 주요 전략적 관심

714

은 발칸 문제와 중앙아시아 문제의 마무리에 있었으므로 아직 극동으로 전략의 중심축 이동pivot to Far East이 이루어지지 않은 상태였다. 러시아는 한반도에서 중국과 일본 간 전략적 균형을 인정하는 선에서 영국을 비롯한 특정한 열강이 '조선문제'를 압도하지 못하도록 견제하는 역할로 스스로 제한하였다. 그러나 조선문제의 전략적 추이가 점차 러시아의 안보 딜레마로 연결되면서 시베리아횡단철도 프로젝트가 추동력을 확보하게 되었다.

당시 한반도 문제에 대하여 이해 관련국들은 '교차승인을 통한 국제적 보장체제cross system of international assurance'의 수립에 대체로 동의하거나 반대하지는 않는 입장을 취하였다. 중국의 주도 하에 진행된 '교차승인과 국제적 보장'에 관한 해석은 나라마다 해석의 차이가 있었다. 일본이 운요호雲揚號 사건(1875)을 빌미로 강화도 조약(1876)을 체결하여 무력으로 개항을 압박해 오자, 리훙장은 자국의 경험에 비추어 서구열강 간에 영향력을 상쇄할 필요가 있다고 판단하였다. 조선에 대한 중국의 종주권을 전제로 하여 리훙장은 대원군 등 수구파의 저항에도 불구하고 고종으로 하여금 서구 국가들과 연쇄적으로 조약을 체결할 것을 권고하였다.

청 조정은 조선문제에서 일본과 러시아를 견제하는 것을 최우선 과제로 설정하였다. 리훙장은 조선이 조약을 통해 국제적 보장을 획득하지 못한다면 '러시아가 공격할 경우에 고립될 것'이라고 경고하였다. 조선은 청의 권고에 따라 미국(1882), 영국과 독일(1883), 러시아와 이탈리아(1884), 그리고 프랑스(1886)와 각각 수호통상조약을 체결하였다. 일본은 교차보장에 대해 거부하지 않으면서도 강화도 조약으로 조선에서 선점한 통상권을 강화하여 청을 견제하는 동시에 조선에서 청국과 양자 간 세력균형을 당분간 유지하기로 하였다. 궁극적으로는 조선을 독립시켜 청으로부터 분리하여 자신의 세력권으로 편입(식민화)하려는 계획을 수립하였다.

동아시아에서 시장쟁탈전의 후발주자였던 미국은 대륙진출의 교두보로 조선에 관해 흥미를 갖기 시작하였으므로 중국의 조선 종주권을 인정할 이유가 없었고 누구보다도 '국제적 교차보장 체제'를 선호하였다. 이에 따라 조·미수호통상조약朝美修好通商條約의 체결 과정에서 "청의 명을 받들어 조약을 체결한다"는 문구, 즉 '조선은 청의 속방'임을 의미하는 내용을 조약에 명시(제1조)하는 문제에 대해 미국은 조약 당사국의 국제법적 평등이라는 원칙을 고수하면서 이 조항의 수용 거부 의사를 표명하였다. 조선과 청국은 '속방조회문屬邦照會文'—조선이 청의 속방임을 알리는 공문—을 미국에 따로 제출하는 것으로 의전을 마무리하였고 이에 따라 조선의 외교권이 제한되는 선례를 남기게 되었다. 미국은 조선의 독립적 지위를 강조하였으나 일본이 조선에 세력권을 설정하는 것에는 전략적 여지를 남겨두었다.

중국에서 정치·경제적으로 전략적 우세를 점하고 있던 영국은 '조선문제Korean Question'가 자국의 '중국특권'에 부정적인 영향을 미치지 않도록 예방하는 전략을 구사하였다. 예방의 대상은 러시아였으므로 영국은 조선에서 중국과 일본 간의 균형과 현상유지를 선호하였고 궁극적으로는 조선이 일본의 세력권임을 인정하면서 극동에서 일본을 통해 러시아를 전략적으로 견제하는 전략을 추구하였다.

1880년대 러시아는 조선에 대해 확고한 전략적 방침을 수립하지는 않은 상태였다. 궁극적으로는 조선의 독립을 선호하였으나 중국과의 갈등을 자제한다는 측면에서 당분간 중국의 종주권을 염두에 두는 한편, 톈진 조약(1885) 등으로 한반도에서 형성된 청-일 간의 균형이 조선문제를 근원적으로 해결하기는 어렵다는 정세 판단을 하였다. 이에 따라 러시아는 영국이 한반도에서 영향력을 확대하는 것을 예방하는 것과 '현상status quo'을 유지하는 것을 선호하였다.

청일전쟁 이전까지 조선에 대한 러시아의 입장이 현상유지와 세력 균형이었음에도 중국과 일본, 영국과 미국 등 동아시아에서 이해관계나 종주권을 주장하던 국가들은 필요한 국면마다 러시아라는 '도깨비bugbear'을 불러내어 활용하였다. 이러한 국가 중에서 특히 영국은 팽창 욕구에 굶주린 러시아가 시베리아에서 극동으로 '남하'하여 태평양에 '부동항'을 확보하려 한다는 신화를 유포하였다. 영국은 근동과 중앙 아시아에 이어 극동에서 러시아의 '남하'와 '부동항'이라는 주술로 극동의 국가들을 러시아에 대항하도록 이끌었다. 중국과 일본이 조약 체결과 관련하여 조선 조정에 '러시아의 위협'을 활용한 것과, 조선의 개항을 시도하던 미국 제독 슈펠트R. W. Shufeldt가 영국과 합세하여 조선 조정에 러시아가 조선의 북동부 지역을 점령하려 한다고 경고한 것 등이 그 사례라 할 수 있다.

'부동항'론은 특히 극동에서 러시아를 끊임없이 괴롭혔던 문제인데, A. 말로제모프가 지적한 바와 같이 '부동항'론의 기원은 분명치 않으며 이에 대한 문서적 근거 또한 희박한 것으로 평가할 수 있다. 다만 만주문제와 한국문제가 전개되는 과정에서 결과적으로 발생한 사안으로 추정된다. 이 경우에도 문제의 본질은 '부동항'이 아니라 '항구' —영국이나 프랑스 등도 아편전쟁을 통해 확보한 바 있는—의 필요성 여부였다. 제국주의 시대에 영국을 필두로 한 모든 유럽 열강은 식민지 쟁탈에서 항구의 획득이 성공의 관건이었고, 이들에게 항구는 당연히 '부동항'을 의미하였다.

혹자는 무라비요프-아무르스키의 동시베리아 총독 시기(1840~50년대)로 거슬러 올라가거나 1861년 러시아 함대의 대마도對馬島 점령을 부동항 확보를 위한 최초의 시도들로 해석하지만, 무라비요프-아무르스키 시기에는 러시아의 극동 함대가 정식으로 창설되기 전이었고, 후자의 경우도 영국이 대마도를 선점하려 한다는 첩보에 따른 예방적 조치로 볼 수 있다. 1878~1879년 막대한 재정을 투여해 개발한 블라디보스톡 기지에 만족하지 못해 한국에서 '부동항'을 절실히 추구할 만큼 러시아 극동 해군력의 규모가 크지 않았고 그럴 만한 경제적이고 지정학적인 동기 또한 불분명했던 것이 사실이다.[430] 중국에서도 그러했지만, 한국에서도 개항을 요구하며 함대의 무력시위를 강행—신미양요(1867), 병인양요(1866) 강화도 조약(1876)—한 것은 러시아가 아니라 미국, 프랑스 그리고 일본이었고, 1885년 거문도를 점령한 것 또한 영국이었다.

러시아가 '한국문제'에 관여하게 된 계기는 조선의 통리아문統理衙門 협판協辦 묄렌도르프의 친러정책과 거문도사건이었다. 1884년 12월 4일 일본의 지원에 의존한 개화파의 갑신정변이 청국 군대의 진압으로 무산되고, 이에 따른 일본의 피해보상 요구로 1885년 1월 9일 한성 조약(1885)이 체결되는 등, 청·일 간의 갈등에 휘말리게 되면서 조선의 국권이 불안정해지자, 리훙장의 천거로 외교와 통상을 담당하던 묄렌도르프Paul Georg von Möllendorff(1848~1901)는 청과 일본의 조선 쟁탈 상황을 타개하기 위해 러시아의 관여를 요청하기로 고종에게 윤허를 받았다. 한성 조약에 의거하여 일본에 사의謝意를 표명하기 위한 사절단의 부사副使로 일본에 파견된 묄렌도르프는 일본 주재 러시아 공사 다비도프Александр Петрович Давыдов(1838~1885)에게 조선에 20여 명의 러시아 군사교관을 파견해 주는 조건으로 영흥만을 조차租借해 주기로 제안하였다.

소위 '제1차 조·러밀약'으로 알려진 묄렌도르프의 제안이 영국의 거문도 점령의 빌미로 작용한 것은 사실이지만, 본질적인 원인은 막바지에 이른 중앙아시아의 그레이트 게임에서 러시아를 압박하기 위해 러시아의 전략적 취약지인 극동에서 영국이 러시아를 겨냥한 군사행동을 취한 것이 '거문도 점령' 사건이다. 1885년 3월 30일 접경 지역에서 러시아와 아프간 부대 간에 충돌한 악타파Aktapa 전투(판제Pandjeh 사건)는 영국이 거문도를 점령하기로 결정하는 데 중요한 계기로 작용하였다. 러시아와 영국 간에 세력권과 국경 획정이 확정되지 않은 상태에서 발생한 중앙아시아 접경지대의 군사적 충돌로 인해 영국이 후견하던 아프간 군 수백 명이 사망하자 영국은 국경 협정이 성립될 때까지 러시아를 군사적으로 압박할 필요가 있었다.

이에 따라 4월 15일 영국은 블라디보스톡의 봉쇄를 겨냥하여 대한해협을 통제할 수 있는 조선의 거문도를 점령하였다. 영국은 이미 1875년 7월에도 거문도 점령을 고려한 적이 있었다. 영국은 거문도 점령을 장기화하여 조차할 계획을 수립하기도 하였으나 중앙아시아 상황이 마무리되면서 거문도에서 철군을 결정하였다. 러시아 군대가 분쟁 접경 지역인 줄피카르에서 8월에 자진 철수하고, 9월에는 영국과 러시아 간에 분쟁 해결을 위한 '영-러 의정서Protocol'가 체결되는 등, 아프간 문제 해결이 진전되자 영국은 거문도 철수 의사를 밝히기 시작하였다. 중앙아시아 국경을 획정하기 위한 양국공동위원회의 활동이 원활히 진행되자 영국해군은 1887년 2월 27일 거문도에서 철수하였다.

극동의 그레이트게임과 시베리아횡단철도: 부동항론의 허상

거문도사건으로 한국(조선)문제는 새로운 국면으로 진입하였다. 영·러의 그레이트 게임이 극동으로 확산하는 징후들이 표면화되었고, 한국(조선)문제가 중국과 일본의 범위를 넘어서 국제 문제로 전환되기 시작하였다. 러시아는 '한국문제의 국제화' 과정에서 애초의 전략적 의도와는 상관없이 관여의 길로 들어서게 되었다. 러시아로서는 그것이 영국에 대한 '전략적 인내strategic patience'나 '전략적 회피strategic hedge' 등, 어떤 것이든 간에 한국문제에 대응전략을 모색해야 했다. 이러한 점에서 거문도사건은 러시아의 극동 전략에 근본적인 문제를 시사하였다.

지정학적 측면에서 거문도와 불과 850마일 정도 떨어져 있는 블라디보스톡은 영국의 동아시아 함대의 공격에 매우 취약하였다. 영국이 수에즈 운하를 통제하고 거문도를 발판으로 대한해협을 봉쇄하면 러시아의 극동 함대는 무력화되어 시베리아횡단철도가 부재한 상태에서 러시아의 극동 전력은 심각한 열세에 처할 것으로 판단되었다. 이러한 상황은 극동에서 '제2의 보스포루스-다르다넬스'라는 해협 문제―흑해 함대의 지중해 진출을 위한 튀르크 해협 통과 문제―의 악몽을 떠올리게 하는 것이었다. 영국은 거문도를 점령하여 대한해협을 극동의 '다르다넬스'로 만들어 발칸과 지중해에 이어 극동과 동해에서 러시아를 봉쇄할 가능성을 염두에 두었던 것으로 보인다. 이러한 영국의 의도가 실현되면 한국문제는 '극동의 동방문제'로 비화될 수도 있었다.

거문도 점령 소식이 동아시아의 영국 공사관들에 전해진 직후인 4월 18일 청국과 일본은 톈진 조약을 체결하여 조선에서 양국의 세력 균형을 잠정적으로 확인하였다. 영국은 거문도 점령을 합리화하기 위해 러시아가 거문도를 점령할 것에 대비한 예방조치로서 '잠정 점령'한 것이라는 주장을 유포하였다. 중국은 러시아에 대한 불신과 경계에서 차라리 영국이 점령하는 것을 선호하였다. 거문도사건과 톈진 조약으로 한반도에 대한 국제적 개입력이 한층 높아짐에 따라 고조된 긴장을 해소하고 청과 일의 영향력을 상쇄하기 위해 조선 조정은 다시 한 번 러시아에게 군사적 보호를 요청하였다.

고종의 외교전략은 '한성 주둔 청국 군대의 영구적 배치'와 '러시아 함대의 파견'을 청국과 러시아에 동시에 요청함으로써 상호 견제하게 하는 일종의 '이이제이以夷制夷' 전략이었다. 그러나 '오랑캐들' 간에 정보를 공유하거나 합의에 이를 경우 이 전략은 더 이상 작동할 수 없다는 것이 아편전쟁 이후 19세기 중국의 경험에서 드러난 바 있었다. 그럼에도 리홍장은 여전히 '이이제이'를 고수하고 있었고 고종 또한 이러한 청국의 전략을 충실히 추종하였다.

리홍장의 조선정책의 핵심은 조선이 청국의 속국임을 국제적으로 보장받으려는 것이었으나, 일본과 미국은 이를 거부하였다. 일본은 조선을 자신의 세력권으로 편입시키려는 의도에서 그러하였고 미국은 고립주의 정책의 일환이었다. 이에 리홍장은 러시아에 접근하여 조선의 종속적 지위를 확인받으려 하였다. 1886년 9월과 10월 베이징 주재 러시아 대리공사 라디젠스키 Николай Фёдорович Ладыженский (1852~?)와의 다섯 차례의 대담―9월 12일, 25일, 29일과 10월 24일―을 통해 조선에 대한 러시아의 입장을 확인하였다.

라디젠스키의 초안은 대략 세 가지로 구성되었는데, "러시아는 청국의 조선 종주권을 수용하되 청국은 조선이 체결한 조약상의 지위를 인정하고, 러시아와 청국은 조선의 영토보전을 존중하며, 조선의 기존 체제는 러시아와 청국의 동의 하에서만 변경될 수 있다"는 내용이었다. 리홍장은 세 번째 조항을 거부하였고 라디젠스키는 청국의 종주권을 보장하는 것에 대해 부정적이었다. 9월~10월 교섭에서 리홍장과 라디젠스키는 조선에 대한 양국의 입장을 정리하여 "조선의 영토보전 문제에 대해 양국은 어떠한 요구도 자제한다"는 비밀 구두 협약에 합

의하였다.[431]

리홍장은 러시아와의 합의를 토대로 영국공사 월샴Sir John Walsham (1830~1905)에게 "조선의 영토보전과 거문도의 제3국 양도에 대한 불허"를 공식적으로 보장하였고, 영국은 이를 명분 삼아 거문도로부터 철수하였다. 1886~1887년 영국의 거문도 점령 사건을 평가하면서 러시아 해군은 "조선의 어떠한 항구도 러시아가 점령한다면 동아시아에서 러시아의 방어력 약화를 초래할 것"이라는 결론을 내렸다. 영국의 거문도 점령을 통해 러시아 해군은 극동 함대가 동해에서 영국 함대에 의해 쉽게 봉쇄될 수 있다는 사실을 절감하였고, 극동 함대 또한 영국 함대에 비해 전력상 열세에 있었다. 따라서 러시아는 해군보다는 육군에 의한 동아시아 방어로 당분간 전략을 전환하여 극동 함대가 최소한으로 축소됨에 따라 블라디보스톡은 해군기지로서의 중요성이 하락하였다.[432]

영국의 거문도 점령에 맞서 러시아가 '조선의 항구'를 점령하겠다고 주장한 것은 구체적인 '부동항론'에 입각한 정책 의지의 표현이라기보다는 영국에 대한 전술적 대응 차원으로써 일정한 효과를 거두었다. 그러나 이를 통해 유포된 러시아의 '부동항 위협론'은 향후 한반도를 포함한 동아시아 외교에서 러시아의 걸림돌로 작용하게 되었다. 육군 중심의 동아시아 방어 전략은 극동으로의 원활한 병력 배치와 내륙 방어체계의 안정적 구축을 토대로 한다는 측면에서 시베리아횡단철도 계획에 군사적 요인으로 작용하였다.

세르게이 비테Сергей Юльевич Витте (1849~1915)가 재정장관에 임명되면서 시베리아횡단철도 계획에는 중국 동북(만주) 지역의 시장에 대한 배타적 접근, 즉 '평화적 침투peaceful penetration'라는 경제적 요인이 중요하게 부각되었다. 철도운송 분야의 전문가였던 비테는 1892년 2

월 교통장관에 임명되면서 시베리아철도에 비상한 관심을 표명하였고, 같은 해 재정장관—실질적으로 재상Chancellor의 역할—으로 영전되면서 가장 중요한 재정 계획을 입안하고 책임지게 되었다. 전임자인 비쉬네그라드스키Вышнеградский는 1891년의 심각한 기근을 비롯하여 재정위기 등으로 인한 국내경제 불안정이 완전히 회복되지 않은 상태에서, 금 보유량의 확충 등 국내 재정 안정성의 확보가 담보되지 않은 대규모 철도 건설사업에 대해 강한 반대 의사를 표명하였다.

알렉산드르 3세가 비쉬네그라드스키를 경질하고 비테를 재정장관에 임명한 것은 시베리아횡단철도 건설에 중요한 분기점이 되었다. 비테는 자신의 전임자가 우려했던 재정 문제의 해결이 불가능하지 않다고 판단하였다. 1891~1892년 사이 러시아와 프랑스 간에 동맹이 현실화되면서, 그는 프랑스 자본의 대규모 유입을 통해 시베리아철도 프로젝트의 실행이 가능할 것으로 확신하였다. 프랑스 자본 또한 베트남 전쟁(1885)을 계기로 인도차이나에서의 리스크를 분산하기 위해 다른 투자처를 물색하였으므로 러시아에 대한 투자를 진지하게 고려하던 중이었다. 또한 시베리아철도 프로젝트의 수행을 위해 설립된 특별위원회에 차기 황위 계승자—니콜라이 2세로 등극—가 의장이 되었고 니콜라이 스스로 시베리아 철도계획의 열렬한 지지자였다는 사실은 프로젝트의 추진에 결정적인 추동력으로 작용하였다.

비테는 시베리아횡단철도를 통해 유럽과 아시아 극동을 연결하는 대안적 물류 루트의 창출뿐 아니라 대서양과 태평양이 하나의 내륙 수송체계로 연결되는 세계적 차원의 물류 루트의 혁명을 구상하였다. 예를 들어, 그는 캐나다 대륙횡단철도에서 그 단초를 발견하였다. 횡단철도의 건설에 힘입어 이전에 버려졌던 캐나다 중부 지역이 농업 이주와 물류 지원 등을 통해 고도의 농업 발전을 이루어 연간 약 3천만 부쉘bushel의 잉여 곡물을 수출할 수 있게 되었고, 철도 노선을 따라 대도시들이 건설되어 상업 발전이 촉진되는 등, 약 8백만 달러의 이익을 거두고 있는 것으로 비테는 평가하였다.

당시 인도양과 수에즈 운하를 통해 유럽에 수송되던 중국의 비단과 차 등의 물류가 북태평양과 캐나다 횡단철도를 통한 루트로 일부 전환되면서 유럽과 상하이 간의 수송기간이 45일에서 30일로 축소되었는데, 시베리아 횡단 철도를 통할 경우 물류 수송기간이 18일~20일로 단축될 것으로 예측되었다. 유럽과 아시아·극동 사이에 물류 운송 시간의 단축이나 중간 매개의 기회뿐 아니라 지리적 인접성이라는 유리한 조건을 지닌 러시아가 시베리아철도를 통해 대규모의 생산자이자 소비자로서의 기회를 누릴 수 있을 것으로 예측되었다.

극동에는 중국과 조선, 그리고 일본 등 삼국의 인구가 당시 약 2억 6천만 명에 달하는 방대한 시장이 존재하였다. 인구 규모에 비해 이 지역의 국제 무역 거래액은 약 5억 금 루블에 불과하여 교역의 성장 잠재력이 무한한 것으로 전망되었다. 따라서 비테는 중국과 경제동맹을 체결하여 시베리아철도 프로젝트를 계기로 궁극적으로는 "중국무역의 3분의 2를 장악하고 인도산 차의 독점적 공급을 통해 중국 시장의 우월적인 경쟁자로 떠오른 영국을 견제"할 필요가 있으며, 이것은 러시아뿐 아니라 중국에도 유익할 것이라 타산하였다.

당시 8천~9천만 금 루블에 이르는 중국의 수입 공산품 규모에서 러시아산 공산품이 차지하는 비중은 약 300만 루블에 불과하였고, 극동의 변경무역도 약 1,800만 루블 정도였다. 시베리아철도 개통으로 러시아산 면화나 모직제품 등의 수출증대와 극동 내륙무역의 활성화가 예상되었다. 시베리아횡단철도를 통해 "거리가 단축될수록 러시아의 힘은 증가할 것"이고, 극동의 국가들과 "경제적 유대에 비례하여 정치적인 우호 관계가 증진될 것"으로 비테는 전망하였다.

이렇듯 1892년 11월 6일 시베리아철도 특별위원회 의장에게 상신한 그의 보고서—비테의 시베리아철도 프로젝트 원안—에는 극동에 대한 정치적 의도나 외교적 동기가 중요하게 고려되지는 않았다. 비테의 '11월 계획안'에는 중국과 영국이 중요한 대상으로 고려되었고 일본이나 조선은 중국과의 시장 연계성 수준에서 다루어져 계획안의 중심 틀 밖에 있었다.[433]

1880년대 후반, 이러한 경제적이고 안보적인 동기들과 더불어 발칸 및 근동과 중앙아시아 지역의 사태 진전은 러시아로 하여금 극동으로 전략적 관심을 전환하게 하는 국제적 요인으로 작용하였다. 1880년대 초중반까지 러시아는 불가리아에서 친러시아 성향의 바텐베르크의 알렉산드르 공Александър I Български—러시아의 알렉산드르 2세의 조카—을 불가리아 왕위에 추대하여 발칸에서 세력권 확장의 기회를 여전히 모색하였다. 그러나 영국이 이탈리아, 오스트리아 등과 지중해협정(1887)을 통해 연합하여 러시아를 압박한 결과 1888년 1월 러시아는 불가리아의 현상유지를 수락할 수밖에 없었고 발칸 문제로부터 당분간 철수하게 되었다. 중부유럽에서 추진하던 독일-오스트리아와의 삼제동맹은 독-오 비밀협정(1879)이 밝혀짐에 따라 사실상 종결되어 러시아는 독일과의 '재보장조약(1887)'에 만족해야 했다.

유럽 문제 외에도, 테헤란 주재 공사 지노비예프Иван Алексеевич Зиновьев(1835~1917)가 외무성 아시아 국장에 임명됨에 따라 한동안 러시아의 아시아 정책은 페르시아에서 러시아의 세력권을 공고히 하는 문제에 주력하게 되었다. 페르시아 정책의 일환으로 지노비예프의 아시아국은 페르시아철도 건설 문제에 집중하였다. 1890년 11월 8일 러시아의 동의 없이 철도 건설을 추진하지 않는다는 내용의 철도 협정이 양국 간에 체결되면서 페르시아 프로젝트는 일단락되었다.

중앙아시아에서 영국과의 전략경쟁 또한 1880년대 후반에 들어서면서 해소 국면에 들어가고 있었다. 1887년 7월 10일 상트페테르부르크에서 러시아와 영국은 '러시아-아프간 국경 협정'을 체결하여 중앙아시아 국경분쟁 지역에서 문제가 해결되었음을 확인한 이래로, 1895년 3월 11일에 마지막 쟁점이던 파미르 지역에 대한 '세력권 협정'에 합의함으로써 중앙아시아에서 양국의 세력권이 최종적으로 확정되었다. 이로써 19세기 동안 전념해 오던 동방문제와 발칸 문제, 중앙아시아 문제 등이 일단락되면서 러시아에게는 동아시아, 극동으로 전략적 관심을 전환할 수 있는 국제적 조건이 마련되었다. 이에 따라 러시아는 '청일전쟁'을 계기로 동아시아 문제에 대한 본격적인 관여정책을 추진하게 되었다.

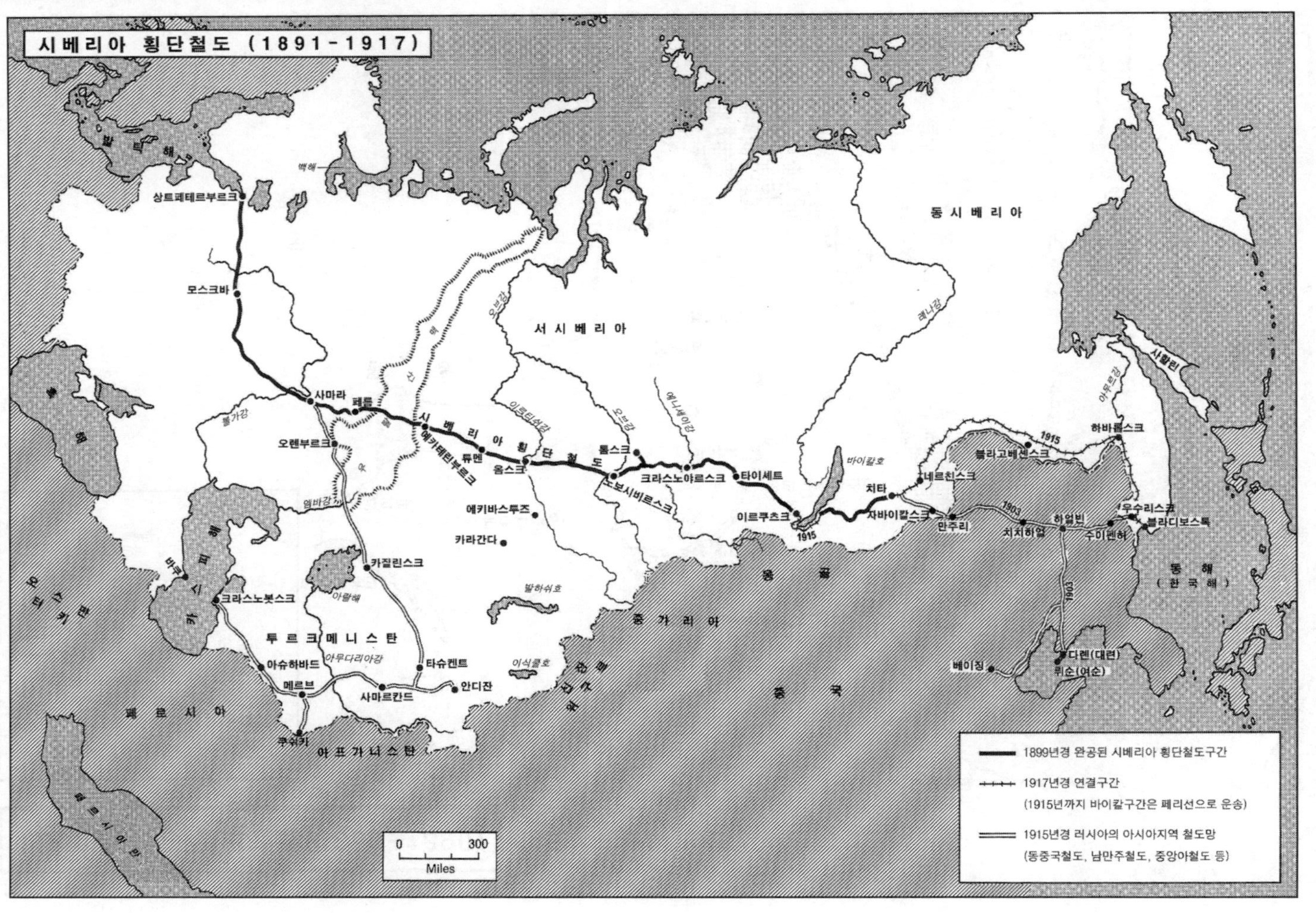

시베리아 횡단철도 (1891-1917)
상트페테르부르크
모스크바
사마라
페름
오렌부르크
에카테린부르크
튜멘
옴스크
노보시비르스크
톰스크
크라스노야르스크
타이세트
이르쿠츠크
자바이칼스크
치타
네르친스크
만주리
블라고베셴스크
치치하얼
하얼빈
주이펜허
우수리스크
블라디보스톡
하바롭스크
에키바스투즈
카라간다
카질린스크
크라스노봇스크
아슈하바드
메르브
타슈켄트
사마르칸트
안디잔
쿠쉬키
베이징
다롄(대련)
뤼순(여순)
동 시 베 리 아
서 시 베 리 아
투 르 크 메 니 스 탄
페 르 시 아
아 프 가 니 스 탄
몽 골
중 가 리 아
중 국
발트해
백해
볼가강
아무다리야강
엠바강
아랄해
이식쿨호
발하쉬호
바이칼호
동 해 (한 국 해)
사할린
1915
1903
시베리아 횡단철도
1899년경 완공된 시베리아 횡단철도구간
1917년경 연결구간
(1915년까지 바이칼구간은 페리선으로 운송)
1915년경 러시아의 아시아지역 철도망
(동중국철도, 남만주철도, 중앙아철도 등)
0   300
Miles

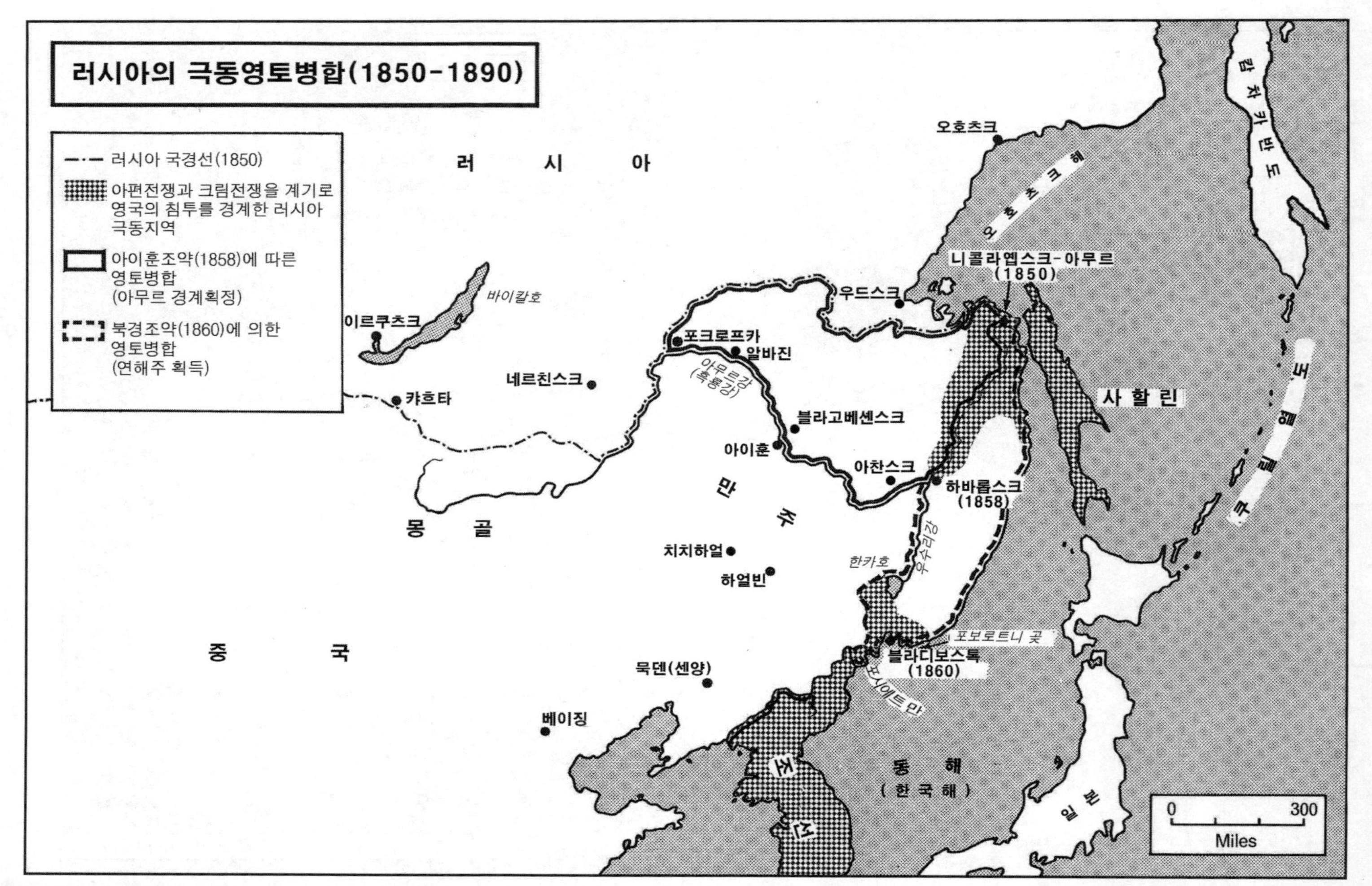

러시아의 극동영토병합(1850-1890)
러시아 국경선(1850)
아편전쟁과 크림전쟁을 계기로 영국의 침투를 경계한 러시아 극동지역
아이훈조약(1858)에 따른 영토병합 (아무르 경계획정)
북경조약(1860)에 의한 영토병합 (연해주 획득)
러 시 아
몽 골
중 국
만 주
사 할 린
캄차카반도
오호츠크해
오호츠크
우드스크
니콜라옙스크-아무르 (1850)
이르쿠츠크
바이칼호
포크로프카
알바진
네르친스크
캬흐타
아무르강 (흑룡강)
블라고베셴스크
아이훈
아찬스크
하바롭스크 (1858)
우수리강
한카호
치치하얼
하얼빈
포보로트니 곶
블라디보스톡 (1860)
포시에트만
묵덴(센양)
베이징
조선
동 해 (한국해)
일 본
0 300 Miles

동아시아 '제국의 시대'

동아시아 최초의 동맹 레짐^{Regime}

1. 러시아와 프랑스의 동맹: 극동정책의 금고金庫

독일과 러시아의 관세전쟁과 재보장조약

청일전쟁 이전까지 러시아는 동아시아에서 현상유지와 비관여정책 nonengagement policy을 선호하였다. 특히, 전쟁장관을 비롯하여 러시아 군 장성들은 취약한 유럽 지역 방어를 위해 유럽 문제에 집중하는 것 을 제기하였다. 1880년대 러시아의 재정 책임자들 또한 유럽의 '장기 침체Long Depression (1873~1897)'가 심화함에 따라 러시아의 재정건전성 유지에 몰두하였다. 1882~1886년 사이에 무역수지 흑자는 연평균 약 6,600만 루블 규모를 유지하고 있었음에도 국제수지는 약 7억 6,500 만 루블의 적자를 기록하였고, 1887년을 기준으로 러시아의 루블화 채권은 약 55.7% 평가 절하되었다.

러시아 정부는 1880년대 내내 재정적자에 시달렸다. 1886년의 국 가재정 수입이 약 9억 6,000만 루블임을 감안할 때 49억 루블에 달하는 대외채무는 러시아 국가재정에 적지 않은 부담으로 작용하였다. 본질적인 문제는 러시아-튀르크전쟁 등 1870년대의 발칸전쟁 수행을 위한 비용 조달에 따른 대외부채의 증가와 이에 연동된 자본의 결핍 현상, 그리고 유럽의 장기침체에 수반된 보호무역주의 등이 연계된 것이었다. 이러한 요인들이 결합한 러시아의 경제 침체는 대외정책에도 반영되어 군사비 지출의 억제 등 수세적이고 현상유지적인 외교전략으로 귀결되었다.

러시아 정부의 재정 긴축정책은 군사 분야에서 두드러졌다. 전쟁부의 예산은 1881년 약 2억 2,600만 루블에서 1883년에는 약 2억 루블로 감소하여 1880년대 내내 비슷한 수준을 유지하였고 1891년에 들어서야 비로소 1881년 수준을 회복하였다. 1880년대 방어적 외교전략을 수행하는 데 있어서 최우선적인 파트너는 독일이었다. 당시 독일은 자본조달, 대외채무, 무역 문제 등 러시아 경제의 핵심 문제뿐 아니라 군사·안보 문제에 이르기까지 중요한 이해상관자였다.

1885년 기준으로 러시아 유가증권에 대한 독일 자본의 투자는 약 20억 마르크에 달하였다.[434] 독일은 러시아산 곡물의 최대 시장이었고, 러시아 산업에서 독일산 원료와 기계 장비 등은 최고의 비중을 차지하였다. 양국은 산업부문의 상호 보완성을 기반으로 군사 안보 면에서도 최적의 동맹 파트너가 될 수 있었다. 그러나 관세전쟁 등 보호무역주의의 강화와 비스마르크의 실각에 따른 독일의 대외전략 노선변경 등으로 양국은 되돌리기 어려운 길로 나아갔다.

베를린 협정(1878) 이후로도 러시아 정치가들은 영국과의 전쟁 가능성이 여전히 상존한다고 인식하였다. 주독 프랑스 대사관을 통해 독일과 오스트리아-헝가리 제국이 비밀 군사동맹 조약을 체결(1879)한 소식을 접한 러시아 정부가 독-오 양자동맹을 러시아에 대항한 '공수政

⟨동맹'으로 규정하였듯이 유럽 지역에서 러시아의 전략적 취약성은
가중되었다. 이러한 러시아의 우려를 불식시키기 위해 비스마르크는
삼제동맹의 갱신을 제안하였다.

외무장관 대리 기르스를 비롯한 러시아 외교정책 결정자들은 삼제
동맹에 회의적이었다. 이들은 삼제동맹이 러시아와 오스트리아 사이
에서 독일의 조정력과 개입력을 증대시켜 독일에 '완전한 안보'를 제
공하는 반면에 러시아에는 '혐오스런 오스트리아와 동맹을 강요하는
일방적인 책략'이라는 부정적인 견해를 지니고 있었다. 그러나 베를린
조약을 통해 드러났듯 러시아는 독일과의 외교협상에서 강자의 지위
를 주장할 수 있는 처지가 아니었다.

키신저 Henry Kissinger가 평가하였듯이, 비스마르크의 현실정치
realpolitik는 베를린 조약을 전환점으로 이미 러시아의 전략적 범주를
넘어서고 있었다. 비스마르크에게 삼제동맹의 전략적 가치는 하락하
였고 러시아에 대한 전략적 의존성은 상대적으로 저하되었다.[435] 만약
러시아가 삼제동맹을 거절한다면 독일이나 오스트리아와 적대 가능
성은 증대될 것이고, 독일과 오스트리아의 '게르만동맹'의 위협을 관
리하기 위해서라도 삼제동맹의 갱신이 불가피한 듯하였다.[436]

새로운 삼제동맹 Dreikaiserbund(1881)의 최대 수혜자는 비스마르크였
고 러시아는 삼제동맹의 영속성에 대해 부정적으로 평가하였다. 1884
년 외무장관 기르스가 베를린의 러시아 대사관으로 보낸 비밀문건에
드러나듯이, 삼제동맹은 "독일이 프랑스를 공격하거나 오스트리아가
발칸을 잠식하는 데 활용될 가능성이 잠재되어 있으며 어느 경우도 러
시아의 국익에 상충"하였다. 러시아는 군사적 취약성을 상쇄하기 위
해서는 삼제동맹을 통해 시간을 벌어야 했다.

러시아-튀르크전쟁(1877~1878)으로 인한 재정적 내핍상태에서 러시

아의 군사비 지출은 삭감되었고, 러시아의 상비군 병력은 863,000명에서 756,000명으로 감축되었다. 게르만동맹(독일-오스트리아)의 공격에 대비하여 1881년에 계획한 유럽 방면의 군사용 철도부설과 포장도로 건설은 예산 긴축으로 사실상 중단되었다. 1883년 참모총장 오브루체프Николай Николаевич Обручев(1830~1903)와 외무장관 기르스와의 대화(10월 27일)에서 인정했듯이, 러시아 군부는 "러시아 국경이 완전히 열려 있다"는 비관적인 평가를 내렸다.[437]

러시아가 우려한 바대로 삼제동맹은 영국과의 갈등에서 외교적 역량을 발휘하지 못하였다. 1885년 3월 30일 아프가니스탄 북부에서 러시아와 아프간 간에 군사적으로 충돌한 사건(판제Panjdeh 사건, 쿠슈카 전투Бой на Кушке)이 발생하자 중앙아시아 쟁탈전에 한창이던 영국과 러시아는 전면전 예비 상태에 들어갔다. 기르스가 전쟁 대비의 일환으로 흑해 방면으로 영국 함대의 침입을 방지하기 위해 비스마르크에게 '해협의 중립화(보스포루스 해협 폐쇄)'를 튀르크 측에 관철해 주도록 요청하였으나 거절당함으로써 삼제동맹의 무용성이 확인되었다. 오히려 독일은 오스만 튀르크에 군사와 재정 고문들을 파견하여 '해협'과 발칸의 다뉴브 유역 등으로 영향력을 확대함으로써 근동 지역에서 러시아의 전략적 경쟁자가 되어가고 있었다.

오스트리아-헝가리 또한 불가리아위기(1885~1888)와 관련하여 전쟁을 거론할 정도로 러시아와 대립하였다. 1887년 3월 전쟁장관 반노프스키Пётр Семёнович Ванновский(1822~1904)가 알렉산드르 3세에게 상신한 보고서에 따르면, 오스트리아는 러시아와의 전쟁에서 필수적인 폴란드의 비스툴라Vistula 방면 철도의 부설을 완료하였고, 약 30만 벌의 군복을 발주하였으며, 갈리치아Galicia 지방(우크라이나-폴란드 접경 지역)에 240여 개의 병영을 구축하였다.

1887년 프랑스 전쟁장관에 임명된 불랑제George Ernest Boulanger(1837~1891) 장군은 '독일에 대한 복수'—독·프전쟁 패배(1871)에 대한 설욕—를 공공연히 주장하였고 비스마르크는 독일군대의 증강으로 이에 대응하였다. 블랑제는 이러한 언행으로 '복수 장군Général Revanche'이라는 별칭을 갖기도 하였다. 실제로는 독일과 프랑스 간의 전쟁은 현실 가능성이 높지 않았고 오스트리아와의 전쟁 위험도 불가리아 문제가 해소되면서 가라앉았으나, 러시아는 그동안 발생한 일련의 국제적인 사건들을 통해 삼제동맹의 무용성을 자각하게 되었다. 삼제동맹은 1887년 갱신되지 않고 해소되었으며 비스마르크는 '재보장조약Reinsurance Treaty(1887)'을 러시아에 제안하였다.[438]

애초에 러시아가 선호한 것은 삼제동맹의 갱신이 아니라 독일과의 보장조약이었다. 러시아의 동맹외교사에 있어서 중요한 분기점 중의 하나인 '재보장조약'은 두 부분으로 요약된다. 하나는 양국 중 하나가 제3국과 전쟁에 돌입할 경우 중립을 취할 것(중립동맹), 단지 독일이 프랑스를, 러시아가 오스트리아-헝가리를 각각 공격할 경우는 예외로 한다. 다른 하나는 비밀조항으로, 러시아가 '해협 문제(보스포루스와 다르다넬스)'에 개입할 경우 독일은 중립을 지킨다는 것이다.

비스마르크는 무엇보다도 재보장조약을 통해 러시아가 프랑스와 동맹을 체결할 기회를 차단함으로써 프랑스를 외교·군사적으로 고립시켜 악몽이 될 '두 개의 전선'에서의 전쟁 가능성—러시아 및 프랑스와의 동시 전쟁—을 봉쇄하고자 하였다. 이와 더불어 러시아가 지중해로 확장하는 것을 막고, 오스트리아와의 무력 갈등을 방지하는 목적도 있었다. 알렉산드르 3세는 러시아의 전략적 불확실성을 최소화하는 데 최우선적인 목적이 있었다. 아시아에서 영국과 여전히 분쟁 중이었고 유럽에서 안보적 취약성이 해소되지 않은 상황에서 동유럽을 비롯한 발칸과 근동 지역에서 전략적 지위를 안정화하기 위해서는 오스트리아-헝가리에 대한 전략적 견제가 필요하였고 독일의 중립이 필수적이었다.

비스마르크의 '재보장조약'은 1880년대 중반에 고조된 관세전쟁으로 균열한 독일과 러시아의 동맹지형을 봉합하려는 미봉책이기도 하였으나, 당시 독일의 동맹정치의 도형을 유지하는 중요한 접점이었다. 정치·경제적인 상호 연계 구조를 통해 형성된 양국의 전략적 상호 의존은 비대칭적인 불균등 관계였다. 유라시아 전역에서 영국과 전략적 대경쟁 구도에 처해 있던 러시아는 유럽에서 독일과의 동맹 이외의 대안이 부재하였고 경제적으로도 독일에 비해 매우 취약하였다. 재정장관 분게 Николай Христианович Бунге (1823~1895)는 재정적자와 대외채무의 축소를 경제정책의 최우선 순위에 배치하였고 수입관세 인상 등 보호주의 정책을 수립하였다.

러시아 정부는 1885년과 1887년, 두 차례에 걸친 수입관세 인상—선철 등 금속원자재와 기계 장비, 농기계 등 산업부문에서—을 단행하였고 이에 대응하여 독일 정부 또한 같은 해 농업 부문에서 수입관세를 각각 인상하였다. 러시아의 관세 인상률은 공업완제품의 경우 1881년 가격 대비 21.2%에서 24.9%(1885), 32.9%(1887)를 각각 기록하였고, 독일은 러시아산 곡물수입 관세를 1885년 100kg 당 1마르크에서 1887년 3마르크로 대폭 인상하였다.[439] 더 나아가 비스마르크가 입안한 '러시아 증권의 거래 금지령 Lombardverbot (1887)'은 양국 간의 동맹을 더욱 취약하게 하는 요소로 작용하였다.

유럽의 장기침체에 대한 보호주의적 대응이라는 거시적 측면을 제외하면 애초에 관세전쟁에 돌입하게 된 양국의 정책적 동기는 서로 달랐다. 비스마르크가 러시아와 관세전쟁에 돌입하게 된 배경에는 정치적인 동기가 강했다고 할 수 있다. '대지주(융커 Junker)–산업자본가 연합'에 토대를 둔 비스마르크의 정치는 러시아산 곡물에 대한 관세를 인상함으로써 독일의 융커들의 이익을 충족시키는 한편, 러시아로의 수출에 이해관계가 밀접한 산업자본가들에게는 '러시아 증권 거래금지령'을 선사함으로써 '융커–자본가연합'의 메커니즘을 유지하려 하였다. 비스마르크가 '증권 거래금지령'을 통해 러시아의 관세인상에 대해 반대압력을 행사함으로써 독일 자본가들의 기대를 충족시키고 국내의 연합정치를 지속시킬 수 있었으나, 대외적으로 동맹정치의 약화는 불가피하게 되었다.

러시아가 관세인상을 통해 보호주의를 강행하게 된 배경에는 정치적 동기보다는 산업화를 통한 국가발전이라는 경제적 동기가 더 강하게 작용하였다. 러시아 정부는 독일의 러시아산 곡물 관세인상으로 피해를 입은 러시아 지주들의 경제적 이해관계보다는 자국 산업 보호를 통한 경제발전에 결정적인 관심이 있었으므로, '지주–자본가 연합'에 대한 정책적인 배려보다는 농업 부문에 대한 손실을 감수하고서라도 산업발전에 박차를 가할 필요가 있었다. 앞서 언급한 러시아의 상존하는 자본 결핍으로 인해 외국 자본시장에서 재원을 조달하는 문제가 산업화 성공의 관건이었다.

그러나 비스마르크의 러시아 증권 거래금지령은 러시아 루블화 채권의 폭락은 물론이고 독일금융시장에 거의 전적으로 의존하던 자본 조달에 대한 원천적인 봉쇄를 의미하였다. 러시아 정부는 새로운 자본 조달 시장을 찾아야 하는 절박한 과제에 직면하였다. 관세전쟁으로 곡물 수출에 타격을 받은 지주와 높은 보호관세로 혜택을 입은 자본가들 간에 갈등이 지속되었음에도, 독일의 대응 정책이 '경제보복'으로 각인되어 러시아 사회는 '독일 혐오증'이라는 민족주의적 경향으로 동화되는 듯하였다. 러시아 사회에서 상승하던 반독일 정서는 러시아의 정치 엘리트들이 역설적으로 '친 프랑스 경향'으로 경도되는 촉진제로 작용하였다. 러시아와 프랑스의 제휴는 독일의 전략적 악몽이 될 수 있었다.

독일 또한 적지 않은 경제적 손실을 입었다. 관세전쟁이 본격화되기 시작한 1886년 독일의 대러 수출은 1880년에 비해 3분의 1 수준으로 하락하였다. 독일의 융커와 산업자본가들의 카르텔은 비스마르크에게 러시아에 대한 관세전쟁과 금융제재를 강행할 것을 요구하였다. 러시아와의 동맹 유지를 상징하는 '재보장조약'을 성사시키려 고심하던 비스마르크는 먼저 조약을 체결한 후에 증권 거래금지령을 발하여 미봉적으로 카르텔의 요구에 부응하였다. 상호 맞대응으로 악화일로에 있던 양국의 경제 갈등은 타협 지점을 모색할 겨를도 없이 상승 작용하였다.

독일의 대러시아 선철 수출의 경우, 금융보복(증권 거래금지령) 직후인 1888년에 1886년 대비 약 7분의 1 수준으로 급락하였다.[440] 관세전쟁은 러시아와의 동맹정책을 통해 프랑스를 고립시키고 '유럽의 평화(세력균형체제)'를 주도하려던 비스마르크 외교전략에 근본적인 모순으로 작용하였다. 대러시아 무역 손실이 가중된 독일의 산업자본가들은 러시아에 대한 강경한 제재를 지속적으로 요구하였고 비스마르크 정치의 토대였던 '융커-자본가' 카르텔은 역으로 비스마르크를 정치적 곤경에 몰아넣었다. 경제적 동맹관계가 실질적으로 와해됨에 따라 이제 러시아와 독일의 동맹관계는 '재보장조약'에 의해 간신히 정치적 명맥을 유지하고 있었다.

독일의 신新경로와 러시아-프랑스 동맹

1890년 3월 빌헬름 2세와 노동정책을 놓고 대립—비스마르크는 반反사
회주의법을 고수—하던 비스마르크가 강제 사임하고 카프리비 Leo von
Caprivi (1831~1899)가 재상에 임명되면서 러시아와의 '재보장조약'은 실
효失效되었다. 러시아의 조약 갱신 요구에 부정적이던 빌헬름 2세는
'신新경로Neuer Kurs/New Course' 정책을 수립하여 탈 비스마르크 외교노
선을 표방하였다. 카프리비에 의해 수행된 '신경로' 노선은 신생 독일
제국의 초대 재상 비스마르크가 확립한 외교정책의 근간—세력균형을
통한 유럽의 평화—을 전변시켰다.

신 경로 노선으로 독일은 기존의 유럽 중심 정책에서 제국주의 정책
으로 외교정책을 근본적으로 전환하여 유럽 열강의 식민지 쟁탈전에
본격적으로 합류하게 되었다. 애초에 설정한 신 경로 정책의 핵심 내
용은 '친영정책'과 '해군정책'이었다. 러시아를 주요한 전략 파트너로
상정했던 비스마르크의 유럽외교 구상은 친영 정책을 근간으로 한 식
민지 확장정책으로 대체되었다. 1891년 헬리고란트Heligoland-잔지바
르Zanzibar 조약으로 영국과 협상을 타결한 독일은 북해 진출로를 확보
하여 식민지 팽창에 필요한 해군력 강화의 토대를 확보하였다.

독일과의 재보장조약이 소멸함에 따라 러시아는 다시 한번 전략적
고립 상태에 처하게 되어 새로운 동맹 파트너가 절실하게 되었는데,
유력한 대상은 프랑스였다. 국제관계에 있어서 러시아의 전략적 고립
감은 19세기 이래로 오늘날에 이르기까지 러시아의 외교적 딜레마로
작용하고 있다. 러시아가 체감하는 전략적 고립감은 주변국들의 판단
을 넘어서는 절박한 것으로써, 지정학적 특성으로 인해 러시아는 유럽
열강의 '봉쇄'에 대한 두려움에서 동맹 파트너를 지속적으로 추구해
왔다.

예를 들어, 크림전쟁 당시 영·프 연합군에 의한 러시아의 패배와 흑
해봉쇄, 볼셰비키혁명 당시 유럽의 러시아 봉쇄와 내전 개입, 냉전 시
기 미국에 의한 소련봉쇄, 탈냉전기 미국의 러시아에 대한 전략적 배
제 등은 러시아로 하여금 전략적 고립감을 가중시켜 국제정치에서 예
기치 않은 결과를 초래하곤 하였다. 크림전쟁에서의 전략적 고립을 교
훈으로 러시아는 독일(프로이센)과의 관계를 강화하여 독일이 프랑스
를 패배시키고 제국을 수립하는 데 일조하였고 이러한 결과로 유럽 국
제질서의 구조적 재편이 이루어졌다.

볼셰비키혁명에 대한 서구의 군사개입과 소련에 대한 배제정책은
소련으로 하여금 나찌독일과 불가침 협정(몰로토프-리벤트로프 조약
Molotov–Ribbentrop Pact, 1939)을 체결하게 하였으며, 독·소불가침조약은
2차 세계대전이라는 파국적인 결과로 이어졌다. 소련 시대 러시아 학
자들에게 '냉전'은 '소련봉쇄 정책'과 동의어로 사용되었고, 탈냉전기
초강대국인 미국의 세계정책에서 소외된 러시아는 중국, 인도 등과 동
맹 수준의 전략적 연대를 추진하여 세계질서의 재편과 유라시아 제국
의 지위 회복을 재차 모색하였다.

프랑스와의 동맹 체결은 러시아에 새로운 전략 지형을 제공하였다.
러·프동맹을 통해 유럽에서 '게르만동맹'을 견제할 수 있는 외교·군
사적 안전판이 마련되었고, 이를 토대로 러시아는 동아시아에서 개입
과 확장정책에 집중할 수 있게 되었다. 무엇보다도 프랑스로부터 유입
된 대규모의 자본은 러시아의 산업화 추진은 물론이고 시베리아횡단
철도 계획으로 상징되는 동아시아 정책을 실현하는 데 핵심적인 동력
을 제공하였다.

독일에 대한 설욕을 위해 러시아와의 동맹을 지속적으로 염두에 두
고 있던 프랑스와는 달리, 1880년대 초만 하더라도 알렉산드르 3세와

비스마르크는 러시아-프랑스동맹은 현실적으로 가능하지 않다고 공감하였다. 독일의 군사적 위협을 우려하여 프랑스와 대안 동맹을 고려하던 고위 장성들과는 대조적으로, 외무장관 기르스는 친 독일 정책을 선호하였으나 카프리비에 의해 재보장조약이 철회되고 독일과의 관계가 악화함에 따라 프랑스와의 동맹을 수용하지 않을 수 없었다. 게다가 독일이 주도하는 삼국동맹에 영국이 가세할 것이라는 예측이 부상하면서 러시아 정부의 정책 방향은 프랑스와의 동맹으로 귀착되었다. 기르스가 판단하기에도 독일, 오스트리아, 이탈리아 삼국 간 힘의 결집은 유럽의 세력균형과 러시아 안보에 감당하기 어려운 위협요인으로 작용할 것이 자명하였다.

1890년에 전쟁성이 작성한 전쟁 대비계획이 예상대로 작동하기 위해서는 프랑스와의 동맹이 관건이었다. 1891년 7월부터 시작된 동맹 협상에서 외무부와 전쟁성 간에 이견이 노정되었는데, 전쟁 발발 시 군사적 의무 조항이 핵심 쟁점이었다. 프랑스와 동맹 추진 과정에서 노출된 전쟁성과 외무성의 의견 갈등은 독일의 군비 강화라는 변수에 의해 해소되었다. 1893년 카프리비의 군비증강 정책이 현실화됨으로써 러시아와 프랑스의 군사동맹은 기정사실화되었다.

기르스는 1891년 8월의 협정 초안에서 프랑스에 대한 러시아의 군사적 의무를 최소화—전쟁 시에 '상호 적절한 수단을 조정함'이라는 모호한 표현을 사용—하려 했으나, 프랑스 정부는 독일이 군사동원령을 내리는 시점에 러시아와 프랑스가 '전면적인 군사동원'을 시작하고 독일이나 삼국동맹이 공격해 올 경우 양국이 '전군을 투입'하는 조항을 요구하였다. 기르스가 판단하기에, 러시아와 프랑스 간에 동맹(앙땅뜨) 체결을 실질적으로 공표하는 1891년의 협정 초안으로도 러시아를 전쟁에서의 고립으로부터 탈출시키는 외교적 효과를 누릴 수 있었으나, 높은 수준의 군사적 의무 조항을 명시할 경우 러시아의 전략적 옵션은 지나치게 제약될 수 있었다. 기르스에게 있어서 프랑스가 요구하는 '전면적 군사동원'은 '유럽의 전면전'을 의미하였다. 기르스가 원한 것은 프랑스와의 전략적 제휴(앙탕트Entente)를 통해 유리한 군사적 균형을 유지하는 것이지 독일을 공격할 수 있는 군사적 동맹이 아니었다.

재정장관 비슈네그라드스키 또한 프랑스와의 군사동맹이 군비 지출로 러시아의 재정 상태를 악화시킬 수 있다는 판단에서 군사동맹에 부정적이었다. 이에 비해 전쟁성은 실질적인 군사협정을 선호하였다. 참모총장 오브루체프Николай Николаевич Обручев는 기르스가 주장하는 '전쟁의 국지화(국지전)' 개념을 반박하였다. 당시 유럽의 군사적 긴장과 동맹지형으로 볼 때 강대국 간의 전쟁은 물론이고 유럽의 어떠한 전쟁도 국지전으로 끝나긴 어려우며 결국 열강들이 이에 개입될 수밖에 없다는 판단이었다. 프랑스와의 군사동맹은 '전쟁의 양상과 경우의 수'의 불확실성을 제거해 줄 것으로 예측되었다.

여러 개로 혼재됐던 전쟁 시나리오는 삼국동맹과 러·프동맹 간의 전쟁 대비로 명확해졌고 국지전과 전면전 가능성 사이의 고민은 유럽전쟁에 대한 선제적 대비로 귀결되었다. 무엇보다도 러·프동맹은 개전 초기에 러시아의 전세 장악력을 제고시켜 전쟁을 단축함으로써 러시아의 재정과 인명 손실을 줄일 수 있을 것으로 예측되었다. 그러나 1892년 6월, 오브루체프를 비롯한 전쟁성의 이러한 견해에 부정적이던 기르스는 알렉산드르 3세를 설득하여 구속력 없는 군사협정으로 제한할 것을 결정하였다.

1892년 말, 기르스의 안을 철회시키고 상황을 반전시킨 계기는 역설적이게도 독일로부터 주어졌다. 독일 재상 카프리비가 제출한 상비군 7만 명 증원 등을 포함한 독일 군비증강 법안이 1893년 7월 제국의

회에서 통과됨으로써 러시아 전쟁성의 군사동맹안은 힘을 얻게 되었다. 같은 해 9월, 전쟁장관 반노프스키는 일련의 서한을 통해 기르스와 알렉산드르 3세에게 '카프리비 법령'이 러시아에 대한 군사 공격을 목표로 한 것으로 설득하였다. 11월에 알렉산드르 3세는 프랑스 측이 제시한 군사협정안에 동의하였고 1894년 1월 4일(구력 1893년 12월 24일)에 양국은 동맹조약Франко-русский союз을 체결하였다.

조약에는 삼국동맹이 군사동원을 실시할 경우에 양국은 즉각 전면적인 동원을 실행할 것, 그리고 동맹 당사국이 삼국동맹의 일원에 의해 공격을 당할 경우에 프랑스는 대對독 전선에 130만 병력, 러시아는 80만 병력을 각각 투입할 것 등의 조항이 명시되었다. 구체적으로 말하면, 프랑스가 독일이나 독일의 지원을 받은 이탈리아의 공격에 직면할 경우, 러시아는 독일이나 독일의 지원을 받은 오스트리아-헝가리로부터 공격당할 경우에 조약이 발동할 것이었다.

유럽 외교가에서 이중동맹Dual Alliance(이중협상Dual Entente)으로 지칭하기도 하는 프랑스와의 동맹을 러시아 정부는 외교적 승리, 독일에 대한 세력 재균형counterbalance of power 등으로 자축하였다. 영국-프랑스 간의 식민지 전쟁에 러시아가 '연루entrapment'될 수 있는 동맹 딜레마가 상존했던 것은 사실이지만 반노프스키의 판단으로는, 영·프 간 아프리카에서의 전쟁보다는 러시아가 관련된 발칸에서의 전쟁 가능성이 더 높았으므로 분쟁에 연루될 가능성은 러시아보다 프랑스가 오히려 더 클 것이었다.[441] 20여 년 후 발칸 위기를 계기로 발생한 1차 세계대전은 이러한 판단이 개연성이 있었음을 증명해 주고 있다.

러·프동맹은 독일에 대한 군사적 공포에 시달리던 프랑스를 국제적 고립으로부터 구원하였을 뿐 아니라 보장된 높은 수익을 열망하던 프랑스 자본에도 안정적이고 매력적인 투자처를 제공하였다. 비스마르크의 '증권거래금지령(1887)'으로 러시아 국공채와 주식이 독일 금융 시장에서 퇴출되자 프랑스 금융자본은 러시아 정부가 높은 수익을 보장하는 철도 채권 등 국공채와 주식 매입을 비롯하여 광공업 등 기간산업에 대한 직접투자에 나섰다. 1888년 이후 러시아와 프랑스 간 자본거래의 증가가 정치·군사동맹으로 귀결된 것이라는 필연적인 인과적 증거는 명확하지 않지만, 재정적 곤경에 처한 러시아로 프랑스 자본이 유입됨으로써 러시아 정부와 사회여론에서 프랑스에 대한 호의적인 분위기가 급상승한 것이 사실이었다.

1889년 러시아 사업가들은 짜르의 동의 아래 파리무역박람회에 참가하였고 전쟁성은 50만 정의 신형 소총을 프랑스에 주문하는 등, 양국은 긴밀한 정치·경제적 협력을 시작하였다. 동맹 체결 직후인 1895년에만 해도 세계 금융시장에서 거래되는 러시아 유가증권 총액의 절반 이상인 약 52억 프랑을 프랑스 자본이 관장하였다. 러시아에 대한 직접투자도 급증하여 1895년에 약 4억 3,000만 프랑에서 1902년에는 11억 프랑에 달하게 되었다.[442] 이로 인해 프랑스에 대한 러시아의 금융과 자본 의존도가 지나치게 높아지고 프랑스 정부도 재정 협력을 외교 군사적 지렛대로 활용하는 등, 양국 간 협력이 순탄한 것만은 아니었다.

그러나 비테의 시베리아 철도부설과 만주계획 등 러시아 정부가 추진하던 동아시아 정책에 프랑스 자본이 결정적인 기여를 한 것은 분명하다. 러시아가 청일전쟁으로 발생한 동아시아 위기의 해결 과정에서 결정적인 주도권—삼국공조三國共助(삼국간섭 1895)와 러·청은행(1896) 설립 등—을 쥐게 된 것은 프랑스와의 동맹에 밀접하게 연계된 것이다. 러·프동맹으로 러시아는 유럽 방면의 안보 문제를 일정 정도 안정화(세력재균형)시켰고 산업화 추진에 필요한 자본 수요를 안정적으로 해결하였다.

독일과의 관세전쟁도 새로운 무역협정(1894)을 통해 러시아에 유리하게 해결되었다. 러시아와의 경제 전쟁으로 독일의 대러시아 수출이 급감하여 신新경로 정책의 근간이던 독일 산업자본가들이 동요함에 따라 카프리비는 "우리는 수출해야만 한다"는 유명한 말을 남기며 러시아와 타협하였다. 유럽 문제를 어느 정도 해결한 러시아는 이제 동아시아 문제에 집중할 수 있었다.

2. 러시아와 중국의 동맹1896: 동아시아 최초의 동맹

동학농민전쟁1894과 청·일의 파병: 리훙장의 책략, 이이제이以夷制夷

1890년대 초반까지 러시아의 동아시아 정책은 유럽의 '협조체제'에 준하는 현상유지 정책이었다고 할 수 있다. 시베리아횡단철도를 추진하면서 적극적인 동아시아 정책을 추진하던 재정장관 비테도 1903년에 예정된 철도 완공까지 동아시아에서 영국과의 충돌을 피하고 유럽 열강 간에 역내 문제를 상호 조정하는 '유럽협조체제Concert of Europe' 방식을 준용하였다. 예를 들어, 러시아 탐험대가 파미르고원에 진출하면서 발생한 '파미르 사건(1892)'에서 이에 항의하는 영국과 중국 등에 맞서 러시아의 투르케스탄 총독이 무장 분견대를 파견한 데 반해 중앙 정부는 파미르고원으로부터 즉각적인 철군을 결정하였다. 1894년 청일전쟁이 발발하자, 청의 리훙장의 거듭된 중재 요청에도 러시아 외무장관 기르스는 "조선의 현상유지를 원하며 평화회복을 위해 영국과 지속적으로 협조할 것"[443]임을 천명하였다.

청일전쟁의 여파로 러시아의 동아시아 정책은 현상유지와 수동적인 관여정책에서 적극적인 개입정책으로 선회하였다. 일본의 압도적인 승리로 동아시아에서 세력균형의 재편이 불가피하게 됨에 따라 러시아는 동아시아 정책을 근본적으로 수정할 필요가 있었다. 청일전쟁을 계기로 하여, 이후 10여 년 동안 러시아 외교정책의 핵심 문제로서 제국의 운명을 가름하게 될 '만주문제'—20세기 중반까지 중국과 소련 관계에 부정적 잔재로 남음—와 한반도(조선)의 국제법적 지위를 결정하게 될 '한국(조선)문제'—'한국문제'는 분단 문제와 결합하여 오늘날까지 지속되고 있음—가 공식적인 국제 문제로 등장하게 되었다.

1894년 2월 10일 조선에서 동학농민전쟁이 발발하여 6월 2일에 고종이 청국에 군사를 요청하자 텐진 조약(1885)을 내세운 일본 또한 조선에 군대를 파병함으로써 '조선문제'는 다시 한번 '국제화'되었다. 동학이 제시한 폐정개혁안의 수용을 조건으로 6월 11일 체결된 '전주화약和約'으로 봉기가 진정국면에 들어감에 따라 조선 조정은 외세 개입의 확대를 우려하여 양국에 철병을 요구하였다. 조선에서 봉기가 발생하자, 이미 3월에 베이징 주재 러시아 공사 카씨니Артур Павлович Кассини(1835~1919)는 한반도 상황에 관해 예의 주시할 것을 기르스에게 건의하였다. 청국의 파병 결정에 대해 청국과 조선에 파견된 외교관들은 일단 부정적인 견해를 피력하였다. 예정되었던 귀국 일정을 미루면서 카씨니가 리홍장에게 청국군의 철수를 지속적으로 요구하였다.

6월 22일 일본이 '조선의 내정 개혁'을 빌미로 철군 거부안을 공식 발표하자 리홍장은 재차 조선문제에 대한 중재를 러시아에 요청하였다. 카씨니의 전문에 따르면, 리홍장이 "영국이 이미 중재를 제안하였으나 러·청 협약(리홍장-라디젠스키 협약1886)에 의거하여 러시아 만이 중재자로서의 독점적인 권한을 보유"하고 있다고 언급하면서 영국의 제안을 거절했다는 것이다.[444] 일본 역시 조선에 병력 주둔을 유지하면서 '조선의 개혁'을 통제하자고 제안하였으나 청국은 이를 거절하였다.

　카씨니는 리홍장의 중재 제안이 러시아에게 전략적 기회를 제공해 줄 수 있을 것으로 판단하였다. 조선문제의 중재를 통하여 러시아가 극동의 안보 측면에서 바람직하지 않은 결과를 초래할 수 있는 한반도에서의 군사적 충돌을 방지할 수 있고, 한반도와 동아시아에서 러시아의 위상을 한층 제고할 수 있을 것이라는 다소 희망적인 견해였다. 기르스는 동아시아에서 러시아의 영향력을 제고할 가능성이 있을 것이라는 카씨니의 견해에 동감하였는데, 무엇보다도 청국의 중재 요청으로 우려하던 영국의 개입 여지를 차단할 수 있을 것이라는 판단에서였다.

　리홍장의 책략은 조선문제에 러시아를 개입시켜 일본을 제압하거나 최소한 견제하려는 '이이제이以夷制夷'였다. 이를 위해 리홍장은 러시아가 중재하지 않으면 영국이 조선문제에 개입할 수 있다는 정보를 알리면서 영국 카드를 활용하여 러시아를 압박하였다. 일본에게는 조선문제의 중재안을 러시아가 먼저 제안한 것이라 설명하여 일본과 러시아 간의 갈등을 조장하였고, 러시아에게는 일본의 요청을 받은 영국이 청국에 중재안을 강요하고 있다고 해명함으로써 영국에 대한 러시아의 반감을 자극하였다.[445]

　리홍장이 판단하기에, 청국은 일본에 비해 전쟁 준비가 부족했던 반면에 철군 의사가 없는 일본은 청국과의 전쟁을 불사할 것이므로 청국으로서는 외세의 개입이 절실했던 것이 사실이다. 문제는 누가 더 '정직한 중개인honest broker'인가 하는 것이었다. 청국이 보기에 신뢰할 만한 열강은 없었으나, 일본에 더 우호적인 영국보다는, 러·청협약에서 확인했듯이, 조선에 대한 청국의 종주권을 내용적으로 인정하는 러시아가 좀 더 다루기 용이한 파트너였다. 러시아가 영국과 전략적 경쟁

관계에 있다는 점 또한 청국은 유리하게 활용할 수 있었을 것이다.

궁극적으로 리훙장의 책략은 영국과 러시아의 전략경쟁을 활용하여 일본을 견제하려는 '이이제이' 전략이었다. 카씨니의 보고에서 드러나듯이, 리훙장의 책략은 초기에 러시아를 긴장시키고 동원하는 데 성공하는 듯하였다. 6월 23일 기르스가 리훙장의 중재 요청에 부응하여 영국의 단독 중재 개입을 저지하기 위해 도쿄 주재 러시아 공사인 히트로보 Михайл Александрович Хитрово(1837~1896)에게 청국과 일본의 동시 철군을 일본 정부에 권고하라는 훈령[446]을 내림으로써 러시아의 중재는 본격적으로 시작되었다.

히트로보는 영국이 청국에 단독 중재를 제안했다는 리훙장의 주장에 대해 영·러 간의 경쟁을 부추기는 정치공작이 아닌지 의심하는 한편, 러시아의 공개적인 청국 지지가 영국으로 하여금 일본 편으로 돌아서게 할 수 있다는 우려 또한 있었음에도 본국의 훈령에 충실히 따랐다. 일본 외무상 무츠 무네미츠陸奧宗光와의 일련의 대담[447]에서 히트로보는 청국군과 일본군의 동시 철병을 일관되게 주장하였다.

무츠는 청국의 동시 철군론이 조선에 대한 종주권을 재정비하는 시간을 벌기 위한 지연 책략이라고 비판하면서 '조선 정부의 개혁정책'이 담보된다면 병력을 철수하겠다는 '선 개혁 후 철군론'을 주장하였다. 당시 리훙장의 '동시 철군론'이 조선에 대한 청국의 종주권을 유지하려는 시간 벌기용이었던 것은 사실이지만, 무츠의 '선 개혁 후 철군론'은 역으로 청국의 종주권을 일본이 대체하려는 정한론征韓論의 입구 전략이었다.

앞서 살펴본 바와 같이 1880년대 청국은 자국의 조공체제에 속한 국가나 지역 중 가장 핵심적인 이해상관 지역의 종주권을 국제법 체제로 보장받으려는 시도를 시작하였다. 이러한 시도는 영토로 병합하거나 국제법적으로 속국화vassal state/protectorate하려는 형태로 드러났는데, 전자의 대표적인 경우가 1884년 신장 위구르의 영토 확정이었고 후자의 경우가 조선의 속국화였다. 1882년 임오군란을 계기로 청국 군대와 함께 조선에 부임한 위안스카이袁世凱는 당시 '조선의 감국대신監國大臣', '조선의 왕'으로 호칭한 바 있는데, 실질적인 '청국의 조선총독'으로서 '고종의 폐위'를 운위하면서 조선 내정을 전횡하였다.

이러한 청국의 '조선 속국화' 정책은 일본이 정한론을 실행하는 데 국제정치적 명분을 제공한 측면이 있다. 일본의 정한론은 세 단계에 걸쳐 실현되었는데, 첫 번째 단계가 '조선의 독립국화'를 통해 청국의 종주권으로부터 조선을 분리시키고, 두 번째 단계로 유럽 열강과 영향력을 공동으로 행사하여 한반도에 대한 국제법적 지분을 인정받은 후, 세 번째 한반도 이해 당사국과의 결전을 통해 한반도를 식민화하는 것이었다.

동학농민전쟁을 계기로 일본은 한반도에 출병하고 '청-일군 동시철병론'을 조선의 내정개혁에 연동시킴으로써 조선의 내정을 일본의 핵심이익으로 공식화하였다. 조선의 내정개혁을 통해 친일세력을 조선 조정에 배치하고 조선의 체제를 일본의 하위구조로 편입시킴으로써 조선을 청국에서 분리하는 것이 일본이 주장하던 '조선 독립화론'의 실체였다. 당시 일본 정부의 논리는 조선이 개혁정책을 실시하지 않으면 동학전쟁과 같은 사태가 재현될 수 있고 한반도 정세가 불안하면 안보 위협에 처한 일본이 군사적으로 다시 개입할 수밖에 없으므로 조선의 내정 개혁이 실행될 때까지 일본군이 주둔해야 한다는 궤변이었다.

21세기 들어서 강화되고 있는 일본의 우경화 노선은 19세기의 이러한 전략 경향과 매우 유사하다. 예를 들어, '주변사태법'에 따른 한반도와 동아시아 문제에 대한 일본의 군사적 행동 가능성, 그리고 한국과 중국 등의 반발을 사고 있는 일본 아베 정부의 '집단적 자위권collective self-defense' 발동 문제 등이 '한반도 유사시'라는 한반도 내정 문제와 밀접히 관련되어 있다는 점에서, 1894년에 일본이 주장했던 조선의 내정개혁과 병력주둔 문제는 아베 정부 등장 이후 현재에 이르기까지 한반도와 동아시아에서 시사하는 바가 크다고 할 수 있다.

당시 무츠는 조선의 내정개혁에 일본이 개입하는 것이 외국 문제가 아니라 '일본의 생존' 문제라고 주장하면서 한반도 유사시 일본의 군사적 개입을 일본의 사활적 이해관계라고 강변한 바 있다. 1894년 청국에 대한 견제와 조선문제를 빌미로 조선에서의 병력 주둔을 강력히 주장했듯이, 일본이 향후 '북한 문제'—북핵 문제와 북한의 체제변동 등—에 따른 한반도 정세의 불안정과 중국에 대한 안보 리스크를 관리한다는 명목으로 군사적 행동을 감행할 가능성을 배제할 수 없을 것이다.

따라서 아베 정부에서 강행된 '집단 자위권' 문제는 일본 스스로 결정할 문제가 아니라 한반도 운명과 직결된 문제라는 사실은 역사적으로 증명된 것이라 할 수 있다. 1885년 체결된 톈진 조약에 의해 청국과 일본이 조선에 공동 출병할 것을 합의하고 이에 따라 1894년 공동 출병한 사례는 일본의 '집단 자위권' 문제의 기원을 이루며 일본의 한반도 문제에 대한 개입 의지가 얼마나 집요하고 장구한 것인지 증명하고 있다.

러시아의 '동시 철군론'에 대한 일본의 대응은 완강했다. 히트로보를 통해 전달된 무츠의 답변은 "청국이 일본의 조선 개혁안을 거부하였으므로 일본은 철군하지 않을 것"이라는 요지였다. 만일 청국이 일본과 함께 조선의 내정개혁에 동참하지 않는다면 일본 단독으로 강행할 수도 있다는 의미였다. 6월 28일 러시아 정부는 '동시 철군'이라는

조선 정부의 요구안을 외교적으로 지원하는 역할에 국한하기로 하여
리훙장이 요청한 '공식적인 중재'보다는 비공식적인 중재를 담당하기
로 정하는 한편, 일본 정부에게는 '동시 철군'의 거부로 발생할 수 있
는 모든 문제에 대해 중대한 책임을 져야 할 것이라고 경고하였다.

6월 29일 히트로보 공사는 일본의 의도를 외무장관 기르스에게 보
고하며 조선 정부가 제안하는 것을 전제로 청국, 일본, 러시아 삼국이
조선의 개혁을 공동으로 주관하는 방안을 대안으로 제시하였다. 조선
조정이 개혁 의지를 표방하고 개혁을 주도하되 러시아의 중재 하에 청
국과 일본이 러시아와 공동으로 조선의 개혁 상황을 관리한 후 공동철
군을 단행한다는 제안이었다. 이 제안이 철군을 거부하는 일본의 입지
를 축소하여 청·일 갈등을 타협의 국면으로 전환할 수 있고, 러시아의
외교적 부담을 해소하고 주도권을 확보하는 과제를 동시에 충족시킬
수 있는 안이라는 것이 히트로보의 견해였다.

본국의 방침이 청·일 갈등의 '외교적 해결'임을 인정하면서도 히트
로보는 무츠와 일련의 대담을 통해 청·일 갈등을 평화적으로 해결할
수 있다는 희망이 점점 회의로 변해 가는 것을 감지하였다. 그에 따르
면, 일본군의 한반도 개입에 "일본의 국내 분위기가 매우 열광적이므
로, 철병 거부가 외부의 군사적 제재를 비롯하여 매우 심각한 군사적
결과를 초래할 것이라는 위협이 있기 전에는 일본이 결코 포기하지 않
을 것"은 자명하였다. 그만큼 한반도에 대한 일본의 전략적 관심은 깊
고 치열한 것이었다.

히트로보가 판단하기에 상황을 되돌리기엔 "일본이 너무 많이 가
버린" 것 같았다. 6월 25일 대담에서 이미 무츠는 히트로보에게 일본
의 대對조선정책의 핵심이 조선의 독립이며 이를 위해서는 조선에 대
한 중국의 '부적절하고 전횡적인 패권'을 견제하는 것이 필수적이라고

주장하였다. 더 나아가 청국이 일본이 제기한 조선의 내정개혁에 대한 '공동 개입안'이나 '일본의 재량권'에 동의한다면 철군할 수 있다고 항변하면서, 일본의 의도가 단지 조선의 내정개혁에만 국한된 것이 아니라 '청국으로부터 조선을 보호'하기 위해 조선의 국제법적 지위의 변경, 다시 말하면 일본의 속령으로 삼으려는 '조선의 (피)보호국화'에 있다는 사실을 암시하였다.

동아시아에서 영국과의 그레이트 게임이 재현되는 것을 우려하는 러시아 외무장관 기르스가 제안한 중재안에 대해 일본 외무상 무츠는 "일본이 조선을 점령하거나 청국과 전쟁할 의도는 없으나, 조선의 질서유지가 보장되지 않는다면 철병할 수 없으며, 더 이상 일본이 러시아에 끌려다녀서는 안 된다"는 강경한 입장을 고수하였다. 6월에서 7월 사이 동경과 서울(한성), 그리고 상트페테르부르크에서 여러 차례 걸쳐 러시아 정부는 일본 정부에 동시 철군을 권고하였으나 번번이 '조선의 질서유지'를 빌미로 일본 정부는 철군을 거절하였다.[448]

리훙장은 "영국이 조선을 일본에 양도할 것을 청국에 요구"하고 있다고 카씨니에게 암시함으로써 러시아의 강력한 중재를 더욱 압박하는 한편, 영국과 프랑스, 미국 등에 중재를 비밀리에 요청하였다. 7월 1일 리훙장은 "청국의 이익에 부합하는 조선의 현상유지를 지지하는 중재"를 전제로 하여 조선의 개혁에 러시아가 직접 개입해 줄 것과 이를 위해 청국, 일본, 그리고 러시아 삼국이 조선의 개혁에 공동 참여하는 안을 수용함으로써 러시아 정부를 압박하였다.

기르스는 영국의 단독 중재에 대해 우려했던 것은 사실이지만 조선 문제에 직접 개입함으로써 일본과 불필요한 대립 관계에 돌입하게 되는 것을 기꺼이 감수할 만한 외교적 절박성은 없었으므로 청국과 일본 사이에서 중립적인 중재에 머물렀다. 게다가 러시아 정부는 7월 들어서 영국 등 유럽 열강과의 진지한 협의를 통해 리훙장이 '이이제이' 전략을 구사하고 있다는 사실을 인식하게 되었으므로 비공식 중재와 외교적 해결 방침을 더욱 고수하게 되었다. 기르스는 "조선의 개혁에 직접적으로 개입하는 것은 한국의 혼란에 러시아를 밀어 넣어 곤경에 처하게 할 수 있다"는 판단 아래 리훙장의 제안을 완곡히 거절하면서도 청국의 평화적 해결 의도에 우호적인 태도를 견지하였다.

그러나 한반도에 주둔군을 증강하는 계획을 거듭 부인하던 일본 정부가 증원군을 파병함으로써 상황은 점점 더 악화되었다. 이에 따라 중국 주재 러시아 공사 카씨니는 일본이 한반도에서 배타적인 세력권을 확립하고 조선을 전면적으로 장악하는 것을 인내할 것인지 결정할 시점이 다가왔다고 본국 정부의 결단을 촉구하였다. 기르스는 일본의 전략 의도에 대한 카씨니의 견해에 공감하였으나 여전히 외교적 해결을 고수하였으므로 최악의 경우 일본을 겨냥한 러시아의 군사적 압박까지 기대했던 리훙장의 책략은 좌절되었다.

러시아는 공식적인 단독 중재를 통해 한반도와 동북아에서 러시아의 세력권을 확고히 하는 최대강령 maximum program을 행사하기보다는, 청일 간의 군사적 충돌을 방지하는 최소강령 minimum program—중립적인 외교 중재—을 선택하는 한편으로, 한반도 유사시에 무관심하지 않을 것이라는 입장을 견지하였다. 한반도에 대한 러시아의 이러한 기본 입장은 이후 러일전쟁(1904)과 냉전시대를 거쳐 오늘날에 이르기까지 지속되고 있다.[449]

청일전쟁과 '한국문제'의 기원: 동북아 4강체제의 태동

7월 9일 영국 정부가 러시아와 유럽 열강에 '공동개입안 une intervention commune'[450]을 제안함에 따라 사태의 전기가 마련되는 듯하였다. 조선의 개혁에 청, 일, 러 삼국이 개입하는 리홍장의 제안을 기르스가 사실상 거절한 것으로 판단한 영국은 러시아에 유럽 열강의 공동중재안을 제안하였다. 베이징 주재 영국공사 오코너 Nicholas-Roderick O'Conor (1843~1908)는 청국, 일본, 러시아 간의 공동개입안을 자국이 배제되고 러시아에 유리한 제안으로 판단하여 이 제안을 무력화하기 위해 유럽 5개국 공동개입안(영·러·프·독·미)을 외무장관 킴벌리 John Wodehouse Earl of Kimberly (1826~1902)에게 건의하였다.

킴벌리는 "조선의 독립이 한반도에 대한 청과 일본의 통제력을 약화하고 외국 열강의 개입 기회를 확대할 것"이라는 논리로 일본과 청국의 협상 재개를 촉구하도록 지시하였다. 이 논리의 기저에는 조선의 독립보다는 조선에 대한 일본의 세력권을 인정하는 논리가 내재하여 있었고, '열강의 개입 기회'라는 것은 러시아의 개입을 염두에 둔 것이었다. 다시 말하면, 킴벌리의 한반도에 대한 입장은 러시아를 견제하고 중국의 친러정책을 저지하기 위해서 조선을 일본의 세력권으로 편입시키는 방안(조선 보호국화)을 방조하는 것으로 해석될 수 있다.

'5개국 공동개입안'을 공식적으로 제기하기에 앞서 킴벌리는 오코너를 통해 영국을 제외한 러-청-일 삼국 중재안이 관철된다면 자국의 이익을 관철하기 위해 필요한 조치를 강구할 것이라고 청국 정부에 경고하는 한편, '조선문제'의 해결을 위해 일본 정부와 직접 교섭할 것을 압박하였다. 이에 일본 정부는 청국의 즉각적인 철군 제의를 청국의 조선 종주권 문제에 연계하여 조선에서 청국과 동등한 정치 경제적 권리를 주장하면서 이를 거절하였다.

청국이 '동시 철군 후 조선개혁' 또는 러시아 중재 하의 '삼국 공동의 개혁 관리'를 고수한 배경에는 조선의 종주국으로서 조선문제를 일본과 단독으로 다루는 상황을 피하려 의도한 정황이 자리하고 있었다.

일본이 군사적으로 한성을 사실상 장악하고 있는 상황—한반도 주둔군 규모는 청국군 2,500명, 일본군 만여 명—에서 개혁이 일본의 주도로 이루어질 가능성이 크다고 판단했기 때문이다.

청국이 일본군을 견제하기 위해 한성에 증원군을 파견하더라도 무력 충돌 상황이 발생하여 전쟁으로 비화한다면, 일본에 비해 전쟁 준비가 미진한 청국은 감당하기 어려웠을 것이다. 장기전으로 비화할 경우에 지리적 인접성이나 후방지원, 국가 규모 등을 고려할 때 궁극적으로는 청국이 유리할 수도 있었으나, 단기전으로 끝난다면 일본이 승리할 수도 있다는 것이 러시아를 비롯한 열강의 판단이었다. 청국도 이러한 연유에서 일본과의 전쟁을 회피하려 하였다.

러시아사학자 말로제모프Andrew Malozemoff가 『러시아의 극동 정책 *Russian Far eastern Policy*』(1881~1904)에서 기술한 것과는 다르게, 영국의 ‘공동개입안’에 대한 열강들의 반응은 대체로 완곡한 거절 의사였고, 러시아의 반응은 부정적이었다. 미국 정부는 이미 일본 정부에 ‘강한 항의’를 전달했다는 이유로 공동 개입에 참여할 의사가 당분간 없음을 시사하였다. 프랑스 정부는 “조선문제가 원칙적으로 영국과 러시아의 이익에 관련된 문제”이므로 이 문제에 공식적으로 개입할 의사가 없음을 표명하였다. 공동 개입에 따른 구체적인 실행 수단—개입을 관철하기 위한 압박 수단과 책임분담 등—이 불투명하다는 것도 프랑스 정부가 공동 개입을 회의적으로 보는 주요한 이유였다. 독일 정부 또한, “조선문제가 러시아와 영국 간의 직접적인 이해관계 문제”인 만큼 영국과 러시아의 이익갈등에 휩쓸리기를 꺼려하였다.

러시아 정부는 영국의 주도권 행사 의도에 대해 강한 의혹을 지니고 있고 공동개입의 실효성에 대해서도 회의적이었으므로 부정적인 반응을 보였다. 알렉산드르 3세는 공동개입안을 통해 영국이 상황을 주도하려 한다며 반박하였고, 기르스는 "만일의 사태가 발생할 경우 개입국가들이 어떠한 압력을 행사할 것인지가 분명해질 때까지 공동개입안에 관해 공식적인 동의를 표명할 수 없다"는 입장이었다. 왜냐하면 여타 열강과는 다르게 러시아는 "한반도와 국경을 접하고 있는 국가로서, 비상사태에 직면하여 행동의 자유가 제약되면 조선에서 자국의 이해관계가 심각하게 침해받게 될 것"이기 때문이었다.

5국 공동개입안이 사실상 무산되면서 영국 외무성은 '중국과 열강의 강압'이 없다면 일본이 한국으로부터 철군할 가능성은 없다고 판단하였다. 그러나 자국은 물론이고 열강이 강제력을 행사할 의사가 없고 중국 또한 일본군을 강제 철군시키거나 압박할 능력이 없었으므로, 영국 정부는 청국에게 일본의 요구안을 수용하도록 재촉하였다.

리훙장은 톈진 주재 영국 총영사 브리스토 Henry Barnes Bristow (1893~1897 재임)와의 면담에서 청일분쟁이 "러시아보다는 영국의 지원으로 해결될 것"이라는 희망을 피력한 반면에, 카씨니와의 면담에서는 "직접적으로 개입하기를 꺼리는 러시아에 대해 불만을 표명"하였다. 베이징주재 카씨니 공사와 한성주재 베베르 Карл Иванович Вебер (1841~1910)는 청국과 조선의 입장에 각각 강한 공감을 지지고 있었다. 이들은 본국 정부의 훈령이 조선의 내정 문제에 공식적으로 개입하는 것을 자제하는 것이었음에도 러시아가 적극적인 문제 해결을 하도록 주장하였다. 특히, 베베르는 본국 정부의 '소극적 행동 inaction'에 대해 강하게 경고하였다. 7월 18일자 보고에서 베베르는, "평화로운 중재노력이 실패로 돌아갔고 일본군은 이미 한성을 장악했으며 이제 조선 국왕과 백성들의 유일한 희망은 러시아의 보호"인데, 더 이상의 '무위방관'은 "조선에서 러시아의 국위를 추락시킬 것"이라 반발하였다.[451]

7월 14일 영국 정부는 "한반도에서 청국군과 일본군이 당분간 각각 별도의 지역에 주둔하면서 협상을 진행"하는 임시방편을 제안하였다. 영국이 새로 제안한 '분리 주둔과 협상 병행 안'에 대해 러시아 외교 당국자의 반응은 '일본에 유리한 방안'이라는 점에서 회의적이었다. 아시아 국장 카프니스트Дмитрий Алексеевич Капнист(1837~1904)는 킴벌리 외무장관의 방편이 일본군이 한성을 실질적으로 장악하고 있는 상황을 고려할 때 일본에 유리한 '기존의 군사 배치 조건을 합법화'해 주는 것으로 판단하였다. 오히려 본질적인 문제는 "타협에 실패했을 경우—일본이 철군을 거부했을 경우—에 일본을 압박하고 필요한 보호 조치를 취하는 것"에 대해 합의하는 것이었다.

7월 19일 카프니스트는 러시아 정부가 취해야 하는 당면한 조치로서 열강의 동의—특히 영국의 동의— 하에 "러시아공관의 보호와 조선 조정과의 접촉보장을 위해 소규모 분견대를 파견"할 것, 그리고 "청국군과 일본군이 철군할 때까지 압박용으로 원산항을 일시 점령"할 것을 정부에 건의하였다. 당시 이미 영국과 미국은 공관보호를 명분으로 병력을 한성에 파견한 것으로 알려져 있었다.

상황은 점점 악화되고 있었다. 7월 20일 한성 주재 일본공사 오토리大鳥圭介(1833~1911)는 외무독판(독판교섭통상사무督辦交涉通商事務)外務督辦 김윤식金允植에게 1876년 체결한 강화도 조약(조일수호조약)의 제1조 "조선은 자주국으로서 일본과 동등한 권리를 지닌다"는 내용을 거론하였다. 조선이 청국과 맺은 모든 조약을 거부할 것과 종속국이 아닌 주권국가임을 공식 선언할 것, 그리고 청국군의 즉각 철수를 요구할 것 등이 오토리의 요구사항이었다. 그의 이러한 주장은 이튿날까지 '긍정적인 답변'을 요구하는 '최후통첩'이었다.

이에 김윤식은 21일 답변을 통해 "중국은 오랫동안 조선이 일본과 동등한 권리를 지닌 독립적인 나라로 인식"하고 있으며, "청국의 파병도 조선 조정의 요청으로 이루어진 것으로 사태가 진정되어 청국에 철군을 이미 요구"하였으나 일본이 동시 철군을 지연시킴으로써 실행되지 못하고 있다는 점을 분명히 하였다. 다음날 오토리는 김윤식의 답변에 대해 "만족할 만한 구체적인 답변이 없을 경우 일본의 이익을 보호하기 위해 무력을 불사할 것"이라고 조선 조정에 재차 경고하였다.[452]

조선의 상황이 일본의 강경론에 따라 긴박하게 돌아가고, 리훙장이 영국이나 다른 열강의 중재를 거절할 것이라면서 거듭 러시아의 적극적인 중재를 요청하던 즈음에, 러시아는 영국 정부로부터 협력 제의를 받았다. 7월 21일 주러 대사 라셀스Frank Cavendish Lascelles (1841~1920)는 러시아 외무차관 쉬슈킨Николай Павлович Шишкин (1830~1902)을 통해 영국의 평화 노력에 러시아가 협력해 줄 것을 요청하였다. "영국이 공식적인 중재자의 역할(주도적 역할)을 시도하지 않고 러시아와 동일한 방식으로 청국과 일본에 권고할 것이며, 조선문제에 대해 영국과 러시아가 협력하는 것이 매우 바람직하다"는 영국 정부의 보장을 확인한 기르스는 영국의 공동중재안에 대해 동의하였다.[453]

청국과 러시아가 협의한 '삼국 공동개입안'에 영국이 러시아의 주도적 역할을 우려하여 거부했던 것처럼, 러시아 또한 영국이 제안한 '5국 공동개입안'에 동일한 이유로 회의적인 반응을 보였다. 유라시아 전역에 걸친 영국과 러시아의 전략경쟁과 불신은 이처럼 첨예한 것이었다. 양국은 상대방이 우월적 지위를 추구하지 않는다는 확신이 선 다음에야 협력에 합의할 수 있었다. 영국이 재차 제안한 '일시적 분리 주둔안'은 당면한 '조선문제 해결에서 원칙적으로 유럽 열강의 다자간 협력을 상정한 것이지만 실질적으로는 영국과 러시아 양국의 주도적 역할(영-러 협조)을 기정사실화 한 것이다.

라셀스가 '분리 주둔안'을 제안한 다음날인 22일 기르스는 이에 대한 카프니스트의 유보적 태도에도 불구하고 차선책으로 '분리 주둔안'을 수용하고, 베이징과 도쿄 주재 자국 공사들에게 영국 공사들과 협력할 것을 지시하였다. 이에 따라 일본군은 한성과 제물포에서 철수하여 한반도 남쪽으로, 청국군은 북쪽으로 각각 후퇴하여 분리 주둔하기로 예정되었다. 한반도에서의 군사적 충돌을 막을 수 있는 마지막 시도였던 '영-러 공조안'이 가시화되었으나 일본이 군사행동을 강행하면서 한반도의 상황은 급격히 악화하였다.[454]

7월 19일 일본 정부가 청국과의 조약 파기와 청국 군대 철수를 강요하는 최후통첩을 조선 조정에 요구한 것을 시작으로, 23일에는 경복궁을 포위 점령한 후 친일 내각을 구성하여 요구안을 관철시켰다. 한성 주재 오토리 공사는 한성 주재 유럽공관들에 보낸 회람장에서 "조선군이 일본군에게 발포한 데 따른 자위 조치로 경복궁을 포위 점령하였다"는 허위 진술로 군사행동을 정당화하였다.

고종은 각국 공사들을 초치招致하여 위기를 타개하도록 지원해 줄 것을 호소하였다. 26일에 카씨니는 청국 정부가 "중립지대를 설치하고 일시적으로 양국 군대가 분리 주둔—청국군은 평양에, 일본군은 부산에 각각 주둔—하는 안을 수용"했다는 사실을 통보하면서 마지막 사태 수습에 나섰으나 이미 상황은 파국으로 치닫고 있었다. 조선 조정이 일본의 강압적 요구에 동의한 것을 기화奇貨로 일본 함대는 25일에 청국 함선을 기습 공격하였다.

카씨니와 오코너는 최후의 수단으로 러시아와 영국 정부가 일본 정부를 압박하는 공동 행동을 취할 필요성에 공감하였다. 그러나 이러한 공동 행동은 군사적 조치를 배제한 '외교적 압박'을 의미하였다. 청국 정부가 희망했던 것은 일본 정부가 '영·러 공조안'을 수용하도록 유럽 열강이 군사적 압박을 강구하는 것이었으나, 영국과 러시아는 군사적 조치에 대해 회의적인 반응을 보였다. 물론 영국이 러시아에 군사적 공동 행동을 제안했다면 영국과의 공조를 내세운 러시아가 이를 수용할 수도 있었겠지만, 킴벌리는 애초에 군사적 수단을 통한 압박에 대해 부정적이었다.

예외적으로 친중국 성향의 카씨니 공사는 일본 정부가 '영·러 공조안'과 청국 정부의 동의안을 거부하여 파국적인 사태가 발생하면 러시아가 일본에 강력한 조치를 취해야 한다고 판단했으나, 러시아 정부의 공식 입장은 군사적 개입의 배제와 외교적 해결이었다. 미국공사 존 실John M. B. Sill(1831~1901)이 이미 한 달여 전에 "일본은 전쟁을 원하는 것 같다"고 본국에 보고한 바대로 일본은 전쟁을 향해 나아갔다. 한반도 사태 추이에 대해 일본의 국내 여론은 열광적이었고 전쟁 분위기에 휩싸여 있었다.

외무대신 무츠는 "조선의 독립 문제와 조선에서 일본의 동등한 권리 문제는 조선과 일본 간의 문제이며, 청국은 일본이 조선에서 획득한 모든 것을 무조건 수용할 것"을 요구하였다. 전前 주중 독일공사였던 브란트Max August von Brandt(1835~1920)가 평가했던 것처럼, 청국은 마지막까지 톈진 조약을 준수하려 했던 것에 비해, 일본은 스스로 우호국이라 칭하고 독립을 지원하겠다던 조선을 군사적으로 강점하여 철수를 거부함으로써, 논리적인 모순은 물론이고 국제법과 정치적 도덕성에 배치되는 행동을 하였다.

결국 7월 31일에서 8월 1일 밤사이 무츠는 주일 외국공사관에 "청·일 간 오해를 해결하기 위한 일본 정부의 모든 노력이 수포로 돌아갔으며, 양국은 이미 전쟁상태"라는 회람장을 돌렸다. 8월 3일 메이지 일왕의 이름으로 공식 선전포고함으로써 청일전쟁이 발발하였다. 선전포고문에는 "조선의 독립과 내정개혁을 방해"하는 청국에 대한 비난이 중요하게 부각되었다. 청국 또한 선전포고문에서 "조선이 청국의 속국"임을 분명히 하였다. 이렇듯 청일전쟁은 실질적으로 '조선전쟁'이었다.

애초에 '한국(조선)문제'에 대한 러시아의 기본 입장은 한반도의 현상유지, 그리고 한반도가 분쟁 지역으로 전락하는 데 반대하는 것이었다. 그 배경에는 먼저, 한반도의 현상태가 무너지고 분쟁 지역화 되거나 청국과 일본 등 특정 국가가 조선을 식민지화하면 취약한 러시아의 극동 영토가 안보적 불확실성에 처하게 된다는 우려가 있었다. 다음으로, 한반도 문제에 적극 개입할 경우 유럽 열강을 불필요하게 자극할 수 있다는 판단이 자리하고 있었다. 특히 '남하정책', '부동항 확보' 등 러시아에 대한 전략적 불신을 유포하던 영국은 매사에 러시아의 행동을 주시하고 있었다.

영국도 러시아에게 그러하였지만, 러시아 또한 영국에게 극도로 과민했던 것이 사실인데, 이러한 전략적 과민성은 다음의 에피소드에서 잘 드러난다. 1891년 일본 세력의 위호 아래 김옥균 등 개화당의 두 번째 정변이 임박했다는 소문이 유포되자, 고종은 한규직에게 명하여 러시아 대리공사 드미트레프스키Павел Андреевич Дмитревский (1851~1899)에게 러시아의 지원(개입)을 요청하였으나 드미트레프스키는 미국과 일본에 요청하도록 권고하며 완곡히 거절하였다. 그가 표현했듯이, "러시아 공사라는 사실만으로 자신이 말하는 모든 것이 의혹의 대상"이 될 수 있다는 이유였다.[455]

1894년의 상황에서도 양국은 상호 전략적 불신이라는 프레임에 갇혀 있었다. 러시아는 영국의 단독 중재를 우려했고 영국은 러시아의 단독 중재를 의심하였다. 이러한 배경에서 러시아는 청국의 희망과는 다르게 일본이 한반도를 점령할 의사가 없는 한 공동철군 문제에 있어서 열강과 협력 하에 중재한다는 중립적 입장을 고수하였다. 영국 또한 러시아의 한반도 문제 개입에 대해 원칙적으로 반대하였으나 동아시아와 한반도의 현상유지라는 명분에 동의하였으므로 유럽 열강에 의한 다자개입안을 제시하였다. 따라서 동아시아와 한반도의 현상유지에 이익을 공유했던 러시아와 영국 간에 '공동개입안'의 타협가능성은 매우 높았었다고 할 수 있을 것이다. 만약, 공동 개입이 성사되어 청일전쟁이 발발하지 않았더라면 동아시아 국제질서와 한반도의 운명은 벨기에의 경우처럼 식민지화와는 다른 경로(자주독립)로 진입할 수 있었을지도 모른다.

청일전쟁의 발발 과정에서 향후 한반도의 운명을 결정하고 현재까지 동북아와 한반도에서 작동하는 몇 가지 쟁점과 구조가 주조되었다. 먼저, 한반도 분리(분할)점령안이다. 영국이 제안한 일시적 분리점령안은 그 이후로 일본이 러시아에 제안한 '한반도 분할통치안(39도선)'으로 악화되었고, 1945년 미국이 소련에 제안한 한반도 분할점령안(38도선)으로 이어졌다. 이러한 분리(분할)점령안은 한국전쟁을 계기로 고착화되면서 오늘날 분단체제의 의도치 않은 기원이 되었다. 제국주의시대 세력권의 분할이나 식민지 영토의 분리 점령은 오늘날까지 한반도뿐 아니라 국제분쟁의 원천이 되고 있다.

다음으로 '한국문제'의 기원이다. 청일전쟁의 발발 과정에서 그동안 비공식적이고 간접적으로 논의되던 '조선의 독립 문제'가 국제 문제로 공식 등장하게 되었다. 청일전쟁 이후 10여 년 동안 '조선문제'는 동아시아 국제정치의 핵심 쟁점으로 부각되었고, 러일전쟁(1904~1905)을 거쳐 한반도가 일본의 식민지가 됨으로써 파국적인 결말을 맞게 되었다. 한반도에서 단일한 독립국가를 수립하는 문제인 '한국문제Korean Question'는 1947년 유엔에 정식 상정됨으로써 현대 국제정치의 주요 어젠다로 공식화되어 현재에 이르렀다. 1991년 남북한이 유엔에 동시 가입하여 국제법상 한반도에 2개의 국가가 병존하게 됨으로써 한국문제는 분단체제의 구조화와 결부되어 현재까지 지속되고 있다.

셋째, 한반도와 동북아 국제정치에서 '4강 구조'가 형성되었다는 점이다. 청·일 양국 군대의 한반도 진주와 갈등 해결 과정에서 그동안 내재해 있던 한반도에 대한 열강의 이해관계가 공식적으로 표면화되어 열강의 한반도 정책의 범위와 한계가 확인되기 시작하였다. 정책 범위와 한계, 그리고 전략적 이해관계의 강도에 따라 열강들은 이합집산하면서 상호 '관계를 구조화'하였다. 이 구조는 사활적인 이해관계를 주장하는 두 개의 강대국(청국과 일본)과 이를 외교적으로 지원하거나 중재하는 두 개의 강대국(러시아와 영국)간의 '전략적 경합 체계'로 특징된다. 4강 구조는 외형적으로 유럽협조체제Concert of Europe(비엔나 체제)의 동아시아 버전으로 해석될 수도 있으나, 작동 메커니즘은 본질적으로 상이하였다. 당시 러시아가 전략적으로 선호한 것은 동아시아 문제를 조율하는 데 있어서 영국과 협력을 통한 '동아시아 협조체제'의 구현이었다.

그러나 사태의 전개는 한반도를 둘러싼 동북아 4강 구조가 협조체제Concert로 이행되기보다는 대립하는 양대 동맹체제alliance로 전환되었다. 4강 구조는 청일전쟁 종전 후 '러·청동맹'과 '영·일동맹'으로 변형되어 두 개의 동맹체제가 갈등 양상을 보이면서 동아시아 국제정치는 '전쟁의 정치'로 귀결되었다. 19세기 말 형성된 '영-러-중-일'의 4강 구조는 오늘날 '미-러-중-일'의 4강 구조로 변형되었을 뿐 기본 구조 면에서 유사하며, 냉전시대 미일동맹과 중소동맹 간의 대립동맹체제를 거쳐 현재에 이르고 있다.

조선의 독립국 지위¹⁸⁹⁵와 한반도의 현상유지^{status quo} 문제

청일전쟁의 발발로 한반도와 동북아에서 현상유지 정책이 막다른 벽에 부딪히자 러시아는 '현상現狀을 복원할 것인가', 아니면 '현상을 재편할 것인가' 하는 선택의 기로에 서게 되었다. 기존의 현상유지 정책의 목표는 극동정책을 안정적으로 수행하고 영국을 견제하기 위한 것이었는데, 이를 위해서는 청국과 일본 모두에 우호적인 관계를 유지하는 것이 필수적이었으므로 청-일 간의 대립을 평화적으로 해소하는 것이 관건이었다.

물론 러시아는 지정학적으로 청국에 대한 선호도가 상대적으로 높았으나 영국을 견제하기 위해 일본과도 친선 관계를 유지하고자 했으므로 청국과 일본의 갈등에서 외교적 중립을 표방하며 '정직한 중개인'을 자임하였다. 이에 비해 영국은 외교적으로는 '중립적인 중재'를 표명하면서도 비공식적으로는 일본에 대한 전략적 양해를 견지하는 편향적인 현상유지 정책을 수행하였다.

청일전쟁이라는 동아시아의 위기에 직면하여 러시아 정부안에서 조선문제와 동아시아 정책에 관한 근본적인 정책논쟁이 벌어졌다. 짜르가 주관한 세 차례의 특별 각료회의에서 향후 한반도와 동아시아의 운명과 결부된 러시아 대외전략의 기초가 결정되었다. 첫 번째 특별회의는 알렉산드르 3세가 생전에 마지막으로 주재하였고 이어진 두 차례의 회의는 새로 황제에 즉위한 니콜라이 2세가 주관하였다.

전쟁 발발 직후인 8월 21일에 소집된 특별 각료회의[456]에서 외무장관 기르스와 전쟁장관 반노프스키는 '조선의 현상유지'라는 기존의 견해를 재확인하였다. 그러나 기르스가 군사적 개입을 반대하고 외교적 해결을 주장한 반면에 일본의 승리를 예상한 반노프스키는 군사적 대비의 필요성을 역설하였다. 기르스는 "조선 자체는 러시아에 위협이 되지 않지만 일본이 조선(남부)을 장악할 경우 대한해협과 동해에서 러시아의 자유로운 항행이 곤경에 처하게 될 것"이므로 좌시할 수 없지만, 열강과의 관계 등을 고려하고 한반도의 소용돌이에 휩쓸리는 것을 방지하기 위해서는 외교적 수단에 의한 문제 해결이 바람직하다고 판단하였다. 반노프스키는 "일본의 조선 장악은 러시아에게 특히 불리한 것으로, 유럽 열강과 동맹을 맺을 경우 일본은 러시아의 위험한 이웃이 될 것이고, 청국도 전황이 불리해짐에 따라 영국과 동맹을 체결할 가능성"이 있으므로 우수리 남부 국경지대로 군대를 즉각 파견할 필요가 있다고 판단하였다.

재정장관 비테는 "청일전쟁에서 중립을 유지해야 하고 군사적 대비가 시급하다고는 판단하지 않았으나, 영국이 종전 과정에서 이익을 획득하기 위해 개입할 가능성이 있으므로 이러한 계획을 저지할 필요가 있다"는 견해를 피력하였다. 이에 동의하면서 해군장관 직무대리 치하쵸프 Николай Матвеевич Чихачёв (1830~1917)는 "영국이 개입하여 이권을 요구할 경우 조선의 마양도(함경도 신포 앞바다)를 점령하는 것을 고려해야 한다"고 주장하였다. 그러나 "조선의 영토(마양도)를 점유하는 것은 러시아에게 실익이 없으므로" 영국의 이권 계획을 저지하기 위한 견제 수단으로 국한해야 한다는 것이 치하체프의 요지였다.

논쟁과 이견이 표출된 끝에 회의는 "적극적인 개입이 러시아 국익에 도움이 되지 않을 것이므로 열강과의 협조와 외교적 수단을 통해 분쟁을 해결"한다는 기존의 입장을 재확인하였다. "조선의 현상을 이전 상태로 복원시키고 status quo ante, 러시아의 이익을 존중하도록 청국과 일본에 촉구하고, 조-러 국경에 영향을 미칠 수 있는 어떠한 행동도 자제할 것을 요구"하는 선에서 정책 입장이 정리되었다.

미국의 러시아사학자 말로제모프가 해석한 바와 같이, 8월 회의에서는 한반도에 관한 러시아의 이익이 구체적으로 논의된 바는 없었고, 다만 일본의 한반도 점유를 허용하지 않을 것이라는 기존 입장이 재확인되었다. 문제는 1차 회의에서 일본이 '현상복원'에 동의하지 않는다면 어떻게 할 것인가에 대한 논의가 제대로 진행되지 못했다는 것이다. 청국과의 전쟁에서 일본이 집요하게 갈망한 것은 '현상복원'이 아니라 한반도의 '현상타파'였다.

전쟁 발발 한 달여 만에 예상대로 전쟁의 대세가 일본으로 급격히 기울었다. 9월 15일 청의 육군이 평양전투에서 패배한 데 이어 9월 17일에는 청국 최고의 북양北洋 함대가 압록강 하구의 해전에서 거의 궤멸되었다. 일본군은 서해의 제해권을 장악하였고, 10월 24일 랴오둥遼東반도를 점령하여 대륙 침략의 초입에 들어서고 있었다. 전쟁의 범위가 한반도에서 중국대륙으로 확대될 무렵인 10월 6일, 영국은 '조선의 독립과 대일 전쟁배상'을 기본으로 한 5개국 공동개입안을 수정 제안하였다. 당시 도쿄 주재 영국대사관은 러시아, 프랑스, 일본이 극동의 삼국동맹을 추진하려는 것이 아닌지 의심하고 있었으므로 개입안을 서두를 필요가 있었다.

영국의 수정 개입안은, 일본이 압도적으로 청국을 패배시키고 중국대륙으로 진출할 경우, 중국에서 열강의 세력균형이 흔들릴 수 있고 영국의 세력권에 부정적인 영향을 미칠 수 있다는 판단에서 내린 조치로 해석할 수 있다. 영국에 있어서 일본과의 지속적인 협력은 러시아를 견제하고 청국을 관리하는 데 유용한 전략 수단이었으나, 만일 청국이 참패하여 청 제국의 해체가 가시화되거나 일본이 승전을 통해 영국이 다룰 수 없을 정도로 전략적으로 상승한다면 오히려 동아시아에서 영국의 전략적 리스크는 증대할 수 있었기 때문이다. 이러할 경우에 영국은 동아시아에서 러시아와 더불어 일본이라는 떠오르는 강대국을 동시에 상대해야 할 것이다. 역사적으로나 지정학적 측면으로 볼 때, 동아시아에서 일본은 러시아보다 더 구체적인 이익과 타협 불가능한 전략적 요구를 주장할 가능성이 컸다.

따라서 영국은 전쟁 상황이 통제할 수 없는 파국적 결과로 치닫기 전에 개입을 통해 청일 간에 강화講和를 유도하고 조기 종전을 달성하고자 하였다. 영국의 조기 종전 시도는 러일전쟁에서 포츠머스 강화조약Treaty of Portsmouth(1905)을 중재한 미국의 전략적 고민과 맞닿아 있다. 그러나 일본은 영국 정부의 공동개입 수정안에 대해 유럽 열강들이 합의에 이르지 못하고 있다는 사실을 확인하고 영국의 제안을 거부하였다. 11월 3일, 청국의 공친왕恭親王은 영국의 수정안에 동의하면서 열강의 공동 개입을 공식 요청하였으나 열강의 반응은 부정적이었다. 독일은 재차 거부 의사를 밝혔고 미국 또한 일본정부에 대한 개별적인 권고를 선호하였다. 프랑스는 공동 개입의 전제로 러시아와의 공조를 언급하면서 유보적인 입장을 표명하였다.

영국은 5개국 공조안이 사실상 불가능하다고 판단하고 '영-러 공동개입안'을 러시아에 제안하였다. 그러나 기르스는 일본이 사실상 거부한 중재 조건을 영국과 러시아가 다시 제안하는 것은 실효성이 없다고 판단하여 영국의 제안을 거절하였다. 기르스는 유럽 열강 간에 공동개입안에 대한 합의가 이루어지지 않았기 때문에 기다려야 한다는 입장이었으므로 당분간 청국으로 하여금 일본과 직접 강화 합의에 이르도록 권고하는 것이 현실적이라고 판단하였다.[457] 유럽의 공조에 적극적이던 러시아마저 당시 왕위 교체기―알렉산드르 3세의 사망과 니콜라이 2세의 즉위―에 있었고, 외교 사령탑이던 기르스마저 사망함에 따라 영국의 제안을 진지하게 고민할 여유가 없었으므로 영국의 제안은 실패로 돌아갔다.

1894년 11월 일본군이 뤼순旅順을 점령하고 1895년 1월 20일 산둥山東반도의 웨이하이(옌타이)威海/煙臺에 상륙하여 베이징을 위협하기 시작하면서 전세는 더욱 악화되었다. 이에 청국은 일본과 강화를 재촉하였다. 강화교섭을 위한 청의 전권 사절이 히로시마에서 일본의 전권대표와 마주한 2월 1일, 러시아의 니콜라이 2세는 청일전쟁에 대한 정책 입장을 재정립하기 위해 제2차 특별 각료회의[458]를 소집하였다. 이 회의는, 전황이 한반도에서 중국대륙으로 확대되고 전세가 일본의 일방적인 공세로 기운 상황에서 '러시아가 여전히 다자간 공조정책을 고수할 것인가' 아니면 '독자적인 정책으로 전환할 것인가' 하는 문제를 논의하는 자리였다.

해군제독(해군원수)인 알렉세이 대공Алексей Александрович(1850~1908)이 주재한 제2차 특별회의의 전반적인 분위기는 조선의 독립 문제가 주도하였고, "일본이 군사적으로 대륙에 항구적인 발판—예를 들어, 뤼순 등 보하이渤海만의 항구—을 마련할 경우 러시아가 어떻게 대응할 것인가" 하는 일본의 대륙 진출 가능성에 관한 대응 문제가 공식 어젠다로 등장하였다.

반노프스키는 "청일 간의 강화조건이 극동에서 러시아의 전략적 이익을 침해한다면 동해와 대한해협의 자유로운 항행 보장을 위해 거제도나 남해안의 섬 중 한 곳을 점령하여 영국의 홍콩과 같은 해군기지를 구축할 필요가 있다"고 주장하였다. 그는 이러한 조치가 시급한 것은 아니고 일본이 승리하여 무리한 요구를 하는 '극단적인 상황'에서 검토될 사항이라며 유보적인 태도를 취하였다.

반노프스키의 견해에 동의하면서 외무장관 직무대리 쉬슈킨Николай Павлович Шишкин(1830~1902)은 "러시아가 극동에서 어떠한 호전적 목적도 품고 있지 않다는 것을 보여주기 위해, 일본이나 영국이 러시아의 이익을 위협하지 않는 한 남해안의 섬 점령은 자제해야 할 것"이라고 첨언하였다. 쉬슈킨은 극동에서 러시아의 국익과 관련하여 "발해만(보하이만)이 다소 러시아 세력권의 일부라고 볼 수 있으므로 일본의 발해만 장악은 러시아의 국익을 일정 정도 침해하는 것이지만, 무엇보다도 조선 점령이 러시아의 국익에 가장 유해한 것"이라고 평가하였다. 그러나 조선 점령은 일본이 러시아에 거듭 확인해 준 바에 따라 가능성이 낮은 것으로 판단되었다.

치하쵸프 제독은 "일본이 뤼순이나 웨이하이 등 발해만 일대를 점령할 경우에 만주 일부를 점령하는 것이 러시아에 최선책"이며, 이러할 경우 일본이 발해만을 점령하더라도 러시아에는 별다른 충격이 없을 것이라는 다소 예외적인 입장을 피력하였다. 반노프스키는 "만주 일부를 점령하는 안은 시베리아횡단철도가 완공되지 않은 점을 감안할 때 곤란한 상황을 수반"할 수 있으므로 반대 의사를 표명하였다. 참모총장 오브루체프는 "거제도 등을 점령하는 것은 방어 상의 어려움은 물론이고 영국에게 또 다른 점령의 빌미를 제공할 것"이므로 반대 의사를 분명이 하였고 '조선의 독립유지'에 노력을 기울일 것을 제안하였다.

재정장관 비테는 "일본이 강화교섭을 통해 청국에 어떠한 요구를 할지 불투명한 상황에서 러시아가 취해야 할 조치를 미리 결정하기는 어려우므로 극단적인 상황이 발생하지 않는 한 당분간 불개입 정책을 유지하되, 다만 긴급사태에 대비하기 위하여 태평양 함대를 증강할 필요"가 있다는 견해를 제시하였다. 이어서 그는 "동아시아에서 막대한 상업적 이해관계를 지닌 영국은 전쟁이 장기화하고 러시아 함대가 증강되는 것을 우려하여 전쟁 종결을 위해 신속하고 더 적극적인 행동을 취할 가능성이 있다"는 점을 강조하였다. 치하체프 제독 또한 태평양 함대 증강에 관해 찬성하였다.

카프니스트는 '8월 각료회의'의 결정을 고수하면서 영·러 공조를 통해 문제를 해결하는 안을 제시하였다. 영국과 러시아가 "영토 획득을 자제하고 동아시아에서 기존의 세력균형을 보존한다"는 합의 하에 '열강들에 의한 조선의 독립보장'을 이끌어 내는 것이 바람직하다는 견해였다. 그에 따르면, 이러한 정책 시도를 통해 러시아는 "청일전쟁의 불행한 결과들을 막고 시베리아횡단철도를 완공하기 위한 시간을 벌 필요가 있으며, 시베리아철도가 완공되면 동아시아 문제에서 그에 걸맞은 지위를 확보할 수 있는 물적 수단을 완전히 보유하게 될 것"이었다.

이 밖에도, 반노프스키는 "조선문제에 대한 영·러의 공조가 러시아와 일본의 미래 관계에 위협이 되지 않는 선에서 이루어진다면 유용할 것"이라며 일본과의 관계 문제를 환기시켰고, 오브루체프는 영국과의 협력을 반대하면서 프랑스 등과의 협력을 주장하였다.

참석자들은 다음과 같은 결론을 니콜라이 2세에게 보고하였다. 첫째, 가능하면 일본의 해군력을 능가할 정도로 태평양에서 해군력을 증강한다. 둘째, 러시아의 주목표라고 명시한 '조선의 독립 보존'과 같은 러시아의 중대한 이익을 종전 협상에서 일본이 침해할 경우 러시아는 영국과 유럽 열강, 특히 프랑스와 협력하여 일본에 공동압력을 행사한다. 셋째, 만일 위에서 언급한 원칙들에 관하여 영국과 여타 열강들이 합의에 이르지 못할 경우, 그리고 열강들이 조선의 독립을 공동 보장하는 합의에 필요하다면 러시아가 어떠한 행동 경로를 선택할 것인지는 차후의 회의에 이관한다는 것 등이었다. '2월 회의'의 결정은 실행에 옮겨졌고 영국 정부로부터 원칙적인 동의를 얻었다. 강력하고 현대적인 러시아의 흑해 함대가 동아시아로 파견되어 일시적으로나마 동아시아에서 러시아의 해군이 가장 강력한 전력을 보유하게 되었다.

강화회담에 대한 일본의 조건은 세 가지로 대별되는데, 조선의 독립과 영토 할양, 그리고 전쟁배상금이었다. 영토 할양과 전쟁배상금 문제와 관련하여, 일본은 '프로이센-프랑스전쟁'의 강화조약인 프랑크푸르트 조약Treaty of Frankfurt(1871)의 선례에 따라 향후 청·일 관계를 규정할 강화조건과 지침을 결정하였다. 3월 20일 야마구치山口県 시모노세키下關에서 리훙장과 총리대신 이토 히로부미伊藤博文가 특명전권대표로서 강화협상을 시작하였다. 리훙장이 술회했듯이 강화조건은 청국에 '가혹한 것'이었다. 베르사유 강화조약의 결과가 프랑스에 매우 혹독하여 이후 70여 년 동안 프랑스와 독일이 화해하기 어려운 숙적 관계에 들어갔듯이 강화협상 과정에서 청국과 일본 또한 이러한 운명의 늪으로 빠져들어 갔다.

1871년 전쟁에서 승리한 독일은 50억 프랑이라는 막대한 액수를 5년 안에 배상하도록 프랑스에 요구하였다. 프랑스가 전쟁배상금을 지불하는 데 30년 이상 걸릴 것으로 예상되었으므로 프랑스에서 독일군의 주둔을 그만큼 연장하는 것이 독일의 의도였을 것이다. 혹독한 전쟁배상금뿐 아니라 알자스-로렌 지방을 병합한 것도 근대 프랑스인들의 역사적 기억에 지울 수 없는 상흔으로 남았다. 무엇보다도 프랑스에게 견딜 수 없이 치욕적이었던 것은 파리를 점령한 프로이센이 베르사유 궁전에서 '독일 제국'의 수립을 선포했던 사실이다. 이것은 프로이센의 의도적인 계획에 따른 것으로 프랑스 역사에서 국가적 치욕으로 기록되었다.

3월 21일 두 번째 회의에서 드디어 일본은 강화조건의 일단을 드러냈다. 텐진과 산하이콴山海關에서 일본군의 주둔(군사기지화)을 허용할 것, 텐진-산하이콴 철도의 통제권을 일본군에 양도할 것, 강화협상 동안 일본군 주둔비용을 포함하여 전쟁배상금을 지불할 것 등이었다. 4월 3일 이토와 협의한 결과 무츠는 하야시林董 외무 부대신을 통해 도쿄 주재 외국공사들에게 일본의 주요 강화조건을 통보하였다. 일본정부는 무역조건의 쟁점(최혜국대우 문제)을 전면에 부각시키면서 영토할양 문제를 축소 은폐하려 했으나 러시아로서는 중요한 쟁점이 영토 문제였으므로 러시아는 이제 협상 개입을 불가피한 것으로 판단하기 시작하였다.

개입의 관건은 여전히 영국의 참여 문제였다. 러시아와 영국의 각료들은 일본의 구체적인 요구조건이 알려지지 않은 상태였기 때문에, 전쟁 후 일본과의 우호 관계 유지가 각각 자국에 유리한지, 그리고 극동의 강대국으로 부상한 일본이 상대국과 동맹을 체결하면 자국에 미칠 영향이 어떠한지를 심각히 고민하고 있었으므로 적극적인 개입이 수반할 비용과 편익에 관해 신중한 태도를 취하였다.

그러나 일본의 강화조건이 러시아에 더 많은 비용과 손실을 초래하는 것으로 밝혀지면서, 영국은 개입을 거부하였고 러시아는 개입을 적극적으로 추진하게 되었다. 라셀스가 로바노프-로스토프스키Алексей Борисович Лобанов-Ростовский(1824~1896) 외무장관에게 시사했듯이, 영국은 일본의 랴오둥반도 할양이 조선의 독립과 베이징의 안전을 위협하리라는 것을 인정하면서도, 랴오둥반도의 할양이 자국에 결정적인 위협이 되지는 않는다는 판단에서 일본의 요구조건을 수용할 의사가 있었다.

4월 6일 하츠펠트Paul von Hatzfelt-Wildenburg(1831~1901) 주영 독일대사와의 면담에서 킴벌리 외무장관은 "일본의 랴오둥 지역 할양이 러시아의 이익과 조선의 독립을 침해하고 베이징을 위협할 것이지만, 설사 일본이 랴오둥반도 남단(뤼순)으로 점령을 제한하더라도 여전히 위협

은 감소하지 않을 것이므로 오히려 청국이 수도를 베이징에서 난징南
京으로 옮기는 것이 위협을 줄이는 것”이라 언급함으로써 청국의 양보
와 일본의 랴오둥 점령이 불가피한 것으로 시사하였다.

이와 더불어 킴벌리는 “영국의 이익이 주로 상하이 주변에 집중되
어 있음”을 확인시켜 줌으로써 러시아와 지정학적 이해관계가 다름을
암시하였다. 애초에 영국은 러시아와 마찬가지로 청일전쟁의 장기화
가 청 제국의 해체를 가져올 것으로 우려하였으나, 일본의 강화조건이
밝혀지자 영국 정부는 일본의 요구조건이 자국이 적극 개입해야 할 만
큼 동아시아의 이익을 침해하는 것이 아니라는 판단 아래 개입하지 않
기로 결정한 것이다.

4월 10일 주영 프랑스 대사 꾸셀Alphonse Chodron de Courcel (1835~1919)
과의 면담에서 킴벌리는, 청일전쟁의 결과 “중국의 개방으로부터 획
득할 영국의 이익은 일본이 차지할 우월적 지위를 상쇄할 수 있으며,
일본과의 우호 관계를 통해 영국은 새로운 상황을 최대한 활용할 수
있다”고 친親일본 방침을 명백하게 하였다. 그가 판단하기에 “승전국
일본의 요구가 불합리한 것은 아니며, 승리한 일본과 친선 관계를 유
지하는 것이 패배한 중국과의 관계보다 훨씬 더 중요한 것”이었다.[459]
자유당의 로즈베리Archibald Primrose, Earl of Rosebery (1847~1929) 내각은 “일
본의 강화조건이 유럽의 이익에 유리한 것이고 이에 영국은 개입하지
않을 것”이라는 방침을 통보하였다.

영국의 입장은 명확해졌고 청국의 운명은 이제 러시아의 결정에 맡
겨지게 되었다. 영국의 급작스러운 정책 선회에 대한 독일과 프랑스
의 부정적 견해는 독일 황제 빌헬름 2세의 ‘조롱’에서 극단적으로 드러
나고 있다. 빌헬름 2세는 1894년 청일전쟁 개전 초기에 영국이 공동개
입안을 들고 유럽 열강과 특히 러시아를 압박했던 사실을 지적하면서,

"당시 영국은 일본에 의해 이익이 침해될 것이라 판단했기에 개입을 주장한 반면에, 지금은 러시아의 위협과 일본과의 동맹을 핑계로 자신의 불개입을 정당화하고 있다"고 비난하였다. 그는 영국의 정책 선회가 "영국 자신만의 이익을 위한 것이지 결코 그들의 주장처럼 유럽의 이익이 아니며, 일본과의 비밀 협약을 통해 자신의 이익을 보장하려는 속셈이므로 그들의 단견短見은 대가를 치르게 될 것"이라 반발하였다.[460]

일본의 요구조건이 명백해지고 영국의 정책 선회가 기정사실화되면서 러시아는 동아시아 정책에서 어느 길을 선택할 것인지 명확한 정책 방침을 결정해야 할 시점에 도달하였다. 4월 6일 니콜라이 2세에 상신한 보고서에서 로바노프 외무장관은 동아시아에서 러시아가 선택할 수 있는 전략적 옵션—소극적 정책을 유지할 것인가, 공세적 정책으로 선회할 것인가—에 관해 간명하게 정리하였다. 그것은 중국과 일본에 대한 미래의 전략적 선택과 밀접한 관련이 있는 문제였다.

로바노프-로스토프스키의 보고서에 따르면, 만일 러시아가 극동의 현재 지위에 만족한다면 청국보다 나은 동맹은 없다는 것이다. 왜냐하면 양국 간에 "광활한 접경지대가 존재함에도 중국과는 현재 어떠한 무장 충돌도 없으며, 러시아에 위협이 될 만큼 중국이 힘을 회복하는 데는 오랜 시간이 걸릴 것이므로 이에 대비할 시간적 여유가 충분"하기 때문이다. 그러나 러시아가 공세적인 정책을 취해야 할 경우 전략목표는 두 가지인데, 하나는 태평양 연안에서 항구를 획득하는 것이고, 다른 하나는 시베리아횡단철도의 편리한 루트를 건설하기 위해 만주의 일부를 장악하는 것이다.

또 다른 시각에서, 승전으로 해양 강국이 될 일본은 동아시아에서 해양 세력인 영국과 라이벌이 될 가능성이 열려 있으므로 러시아의 지원을 필요로 하는 상황도 배제할 수 없었다. 따라서 영국이 아시아에서 러시아에 가장 위험한 적대국이므로 일본이 청국이 아닌 영국에 대항할 경우를 염두에 두고, 일본과의 우의를 손상시키지 않으면서 일본이 지나치게 강대해지는 것을 저지하는 선에서 동아시아에 개입해야 한다는 결론이었다.[461]

로바노프-로스토프스키의 보고를 통해 부동항 획득이 현실적인 문제로 전면에 부상하게 되었는데, 이는 1894년 일본 내각이 외국 전함의 일본항 입항을 엄격히 규제하는 법안을 통과시킴으로써 러시아 태평양 함대의 전략에 심각한 영향을 미쳤기 때문이었다. 이전까지 러시아 함대는 블라디보스토크가 결빙되는 겨울 4개월 동안 선박 수리, 연료 공급, 그리고 동계 훈련 등을 위해 나가사키 항을 동계 기지로 활용하였다.

그러나 싱가포르나 홍콩 등 안전한 대체 항구가 있던 영국 함대와는 다르게 러시아 함대는 입항 규제 조치로 중대한 타격을 입었다. 동아시아에서 영국 등과 러시아가 군사적 분쟁에 돌입하는 유사시에 일본이 영국이나 서구 열강 함대에 입항을 허용하고 러시아 함대의 입항을 거부한다면 크림전쟁 시에 보스포루스 해협과 흑해에서 경험한 악몽을 되풀이할 수 있었기 때문이었다.

4월 8일, 로바노프-로스토프스키는 이러한 정책 입장을 토대로 "일본의 랴오둥 지역 병합이 동아시아 평화에 심각한 위협"이 될 것이므로 이에 대해 재고할 것을 공동 권고하자는 제안을 하였다. 로바노프의 '공동권고안'에 대해 프랑스와 독일은 수용하였으나 영국이 거부하면서 유럽의 공동개입안은 사실상 실패로 돌아갔다. 이제 시모노세키 협상의 운명은 러시아에 맡겨졌다.

러·독·프 '삼국공조三國共助 1895': 러·청동맹의 입구

4월 11일 청일전쟁과 관련하여 세 번째 특별각료회의[462]가 소집되었다. 러시아의 각료들은 청일전쟁의 강화 조건에 대해 마지막으로 입장을 정리하였다. 특별회의에서 로바노프는 영국은 협상에 개입할 의사가 없고 독일과 프랑스는 러시아와 공동으로 행동할 준비가 되어 있다고 밝혔다. 독일이 입장을 변경하여 러시아와의 공조를 결정하게 된 배경에는 중국에 대한 일본의 영향력의 지나친 증대가 독일의 상업적 이익에 부합하지 않을 뿐 아니라, 랴오둥과 펑후제도澎湖諸島에 대한 일본의 병합이 독일을 비롯한 유럽의 이익에 부합하지 않는다는 판단이 있었다.

니콜라이 2세의 숙부이자 해군 원수인 알렉세이 대공은 짜르를 대신하여 "일본과 우호적인 관계를 보존하는 것이 중요하다"는 견해를 피력하였다. 왜냐하면 "해군 강국인 일본의 지위가 해양 강국인 영국에게 위협적인 것이 될 가능성이 항존하므로", 일본은 '러시아의 적의 적'이기 때문에 일본과의 협약을 통해 일본의 진로를 방해하지 않고 러시아의 이익을 보호함으로써 장래 영국과의 충돌 가능성에 대비하는 것이 러시아에 가장 유익한 선택이라는 요지였다. 부동항 획득을 강조한 짜르의 견해를 전달하며 알렉세이 대공은 "시베리아횡단철도의 완공 전에 일본과의 합의 없이 송전(원산)항을 점령하는 것은 군사적 측면에서 가장 힘든 일이 될 것"이라고 회의적으로 평가하였다.

각료들 대부분은 일본이 만주에 발판을 마련하는 것을 우려하여 짜르의 방침과 상이한 의견을 제시하였다. 전쟁장관 반노프스키는 "조선의 독립과 남만주 할양 문제가 러시아에 가장 중요한 사안"이라고 반박하였다. "일본이 한성과 일부 항구를 점령하고 있는 한 조선의 독립은 환영에 불과"하므로 조선에서의 철군을 일본으로부터 보장받아야 하고, "일본의 남만주 점령은 이곳이 아무르 공격의 군사기지가 될 수 있다는 점에서 러시아에 직접적인 위협"인 동시에, 향후 일본이 만주 깊숙이 진출하면 아무르와의 국경 재설정 문제가 필연적으로 발생할 수 있다는 전략적 위기의식이 반노프스키의 우려에 반영되어 있었다. 이러한 최악의 경우에 러시아는 일본에 만주를 허용하기보다는 한반도 남부를 허용하는 것이 오히려 나을 수 있다는 것이었다. 따라서 필요하다면 군사적 위협으로라도 러시아는 일본으로 하여금 만주를 포기하도록 해야 할 것이다.

이에 알렉세이 대공은, 만일 그럴 경우, "일본은 극동에서 러시아의 가장 강력하고 항구적인 적으로 남게 되는 동시에 영국과 동맹을 추진할 것"이라 경고하였다. 알렉세이 대공의 '일본협력론'에 대해 로바노프는 "전쟁에서 일본이 궁극적으로 겨냥한 것은 중국이라기보다 러시아와 유럽을 향한 것이며, 만주 남부를 발판으로 하여 만주 전역을 식민화할 때까지 팽창을 멈추지 않을 것이므로 일본을 믿어서는 안 된다"고 주장함으로써 알렉세이 대공의 주장에 반대하였다.

재정장관 비테가 판단하기에 러시아 앞에 놓인 선택은 모두 재정 문제와 직결된 것이었다. 만약 일이 실패로 돌아갈 경우 수많은 노력으로 지금까지 이룩한 재정 안정과 극동 정책(시베리아횡단철도 부설 등)이 수포로 돌아갈 수도 있었기 때문이다. 따라서 이제 비테는 전략 선택의 기로에서 좀 더 신중하되 단호하게 행동할 필요가 있었다. 그에 따르면, "중국이 조만간 분할될 것으로 판단한 일본이 시베리아횡단철도의 부설로 중국 분할에서 러시아의 기회가 증대할 것으로 보고", 일본의 몫이 사라질 것을 우려하여 선수를 친 것이므로 결국에 러시아를 겨냥한 것이었다.

비테는 일본의 궁극적 목표가 '조선과 만주의 병합'이라는 로바노프의 견해에 동의하면서, "막대한 전쟁배상금을 챙긴 일본은 만주 남부를 근거지로 새로운 전쟁을 준비할 것이고, 일왕이 중국의 황제가 될 날은 멀지 않을 것"이라 예측하였다. 이러한 비테의 예상은 이후 러일전쟁(1904~1905)과 만주국(1932~1945)의 수립으로 확인되었다. 러시아가 일본의 만주 침투를 허용하면 시베리아철도 등 러시아의 전략 자산을 보호하기 위해 수십만의 군대와 대규모의 함대가 필요하게 될 것이고 조만간 일본과 무력 충돌이 불가피하게 될 것이었다. 비테에게 있어서 시급한 당면 문제는 "일본의 남만주 점령을 일단 수용하고 시베리아철도 완공으로 극동전력을 보강한 후에 일본에 보상을 요구할 것인지, 아니면 지금 만주 남부의 점령을 불용할 것인지"를 결정하는 것이었다. 그는 현실정치realpolitik적 입장에서 후자를 선호하였다.

요약하면 비테는 "청국과 일본을 동시에 적으로 만드는 어떠한 영토 점령도 러시아가 자제하면서 일본의 남만주 점령을 묵인하지 않을 것이며, 일본이 이를 거부할 경우 강력한 조치를 취할 것이라고 통보해야 한다"는 단호한 입장을 취하였다. 일본과 유럽 열강이 러시아가 단호한 조치를 취할 준비가 되어 있다는 것을 확인한다면 전쟁에는 이르지 않을 것이라는 견해였다. 비테가 제시한 강력한 조치에는 일본의 항구와 함대에 대한 포격과 무력시위가 포함되었다. 이러한 단호한 행동을 통해 러시아가 중국의 구원자 역할을 자임함으로써 중국의 사의謝意를 얻을 수 있고 장래 국경 문제의 평화적 조정에 중국의 동의를 구할 수 있을 것으로 판단한 것이다.

문제는 러시아가 단호한 행동을 취할 경우 예상되는 일본과의 전쟁 가능성이었다. 각료들은 '전쟁회의'론과 '전쟁감수'론으로 나뉘었다. 재정장관 비테와 외무장관 로바노프-로스토프스키, 전쟁장관, 해군장관 등의 입장은 일본이 러시아의 요구를 전면 거부하는 최악의 경우에는 전쟁도 감수할 수 있다는 입장에 가까웠고, 짜르의 의중을 반영한 해군제독 알렉세이 대공과 참모총장 오브루체프 등은 일본과의 전쟁에 대해 회의적이었다.

알렉세이 대공은 일본과 전쟁에 돌입하면 "영국과 독일이 일본에 가세할 위험이 있고, 러시아 함대가 일본을 제압할 수는 있으나 영국 함대를 제압하기는 어렵기 때문에" 일본과 적대관계에 들어가서는 안 된다고 주장하였다. 오브루체프 또한, 시베리아횡단철도가 완공되지 않은 상태에서 군대 이동 및 물자 수송의 문제가 심각하고, "3천 마일에 달하는 먼 곳(극동)에서 4천만의 인구를 가진 산업국가(일본)와 전쟁하는 것"이 용이하지 않다는 입장이었다. 더욱이 "유럽과 코카서스 국경 지역이 불안정한 상태에서 일본과 전쟁을 개시하는 것은 러시아에 재앙이 될 것이므로 오히려 유럽 열강이 러시아가 극동의 전쟁에 휘말리도록 충동질"할 것이라 예상하면서 일본과의 협상을 통해 북만주를 차지하는 것이 낫다고 주장하였다.

그러나 반노프스키와 해군제독 치하쵸프는 군사력에서 자신감을 피력하였으며 비테는 외교적 해결 방침을 고수하면서도 만일의 경우 군사행동을 배제하지 않았다. 일본과의 전쟁이 "매우 바람직하지 않지만, 만일 일본의 요구가 물리적으로 러시아의 안정을 위협한다면 일본이 더 강해지기 전에 지금 싸우는 것이 나을 것"으로 비테는 판단하였다. 실제로 청일전쟁 이후 8년여의 준비 끝에 일본은 러시아와 결전(러일전쟁)에 돌입하였고, 군사력과 경제력에서 한층 강대해진 일본을 상대로 러시아는 비테의 예측대로 막대한 비용과 대가를 치러야 했다.

비테는 "러시아가 중국영토의 일부를 점령하면 다른 열강들도 동일한 행동을 취하여 청 제국의 분할과 해체가 시작되어 새로운 충돌을 야기할 것"이라 경고하면서 영토 점령을 반대하였다. 비테의 결론은

"일본이 승전국으로서 타이완, 펑후제도, 심지어 뤼순旅順 그리고 최후의 방책으로 한반도의 남부를 차지할 수는 있지만 만주는 불가하다"는 것이었다. 회의의 결론에는 비테의 주장이 대부분 반영되었다.

특별회의의 결과 니콜라이 2세에게 다음과 같은 결정 사항이 상신되었다. 먼저, "일본의 남만주 점령은 러시아의 이익을 침해하고 극동에 항구적인 위협이 되므로, 러시아는 중국 북부의 현상을 전쟁 이전 상태로 복원시키기 위해 노력하고 만주 남부의 점령을 포기하도록 일본에 권고해야 한다. 만일 일본이 거부하면 러시아는 자국의 이해에 따라 자유롭게 행동할 것"이라 통보한다. 다음으로, 러시아는 영토를 병합할 의도가 없으며, 일본으로 하여금 만주 남부를 포기하도록 하는 것이 러시아의 이익 보호에 필요하다는 점을 중국과 유럽 열강에 알린다는 것이다.

4월 17일 청국과 일본 간에 시모노세키 조약이 체결되어 일본의 영토 요구가 전면 관철되는 등 우려하던 바가 현실화하자, 로바노프는 영국의 불참에도 불구하고 군사작전을 포함한 공동 개입을 독일과 프랑스에 요청하였다. 프랑스는 독일보다는 영국 및 러시아와의 공조를 원하였다. 그러나 일본이 타이완과 펑후제도澎湖諸島를 점령할 경우 통상이익의 침해와 더불어 프랑스령 인도차이나(베트남 등)에서 중국으로 통하는 무역로가 위협당할 가능성이 있었고, 또한 러-독 협력이 강화되는 것을 바라지 않았으므로 프랑스는 러시아와 동맹관계를 고려하여 러시아의 요청을 수락하였다.

독일 또한 중국의 영토 할양—자오저우(교주)만膠州灣이나 저우산(주산)군도舟山群島 등—을 모색하고 있었으므로, 일본이 영토 점령을 통해 중국시장에 본격적으로 진출하면 일본의 저임금과 수송로의 이점 등으로 독일의 통상이익이 저해될 것이라 타산하였다. 해군정책을 기반으로 식민지 개척과 무역경쟁을 본격화하는 세계정책Weltpolitik을 추진하던 독일에게 해상 제국인 영국은 실질적인 최대 라이벌이었으므로 러시아와의 공조를 통해 영국을 견제할 필요가 있었다. 유럽 차원에서는 러시아와의 공조를 통해 러·프동맹을 약화시키고 러시아의 전략적 관심을 유럽에서 동아시아로 돌리는 이중의 효과도 누릴 수 있었다. 따라서 빌헬름 2세는 러시아의 요청에 흔쾌히 동의하면서 비상사태에 대비하여 러시아 함대와 접촉할 것을 극동 함대에 지시하였다.

러시아 정부는 카씨니를 통해 시모노세키 조약 비준을 미룰 것을 청국 정부에 요청하는 한편, 조약을 수정할 것을 삼국 공동명의로 일본 정부에 공식 요구하였다. 4월 23일 러시아, 독일, 프랑스 정부가 도쿄 주재 자국 공사들을 통하여 "일본의 랴오둥반도 점령이 베이징에 항구적인 위협이 되는 동시에 조선의 독립을 허사로 만들고, 향후 극동의 평화에 영구적인 장애물이 될 것"이라는 공동 각서를 외무 부대신 하야시에게 전달하면서 '삼국공조(삼국간섭)三國共助'는 공식화되었다.[463]

4월 24일 일본은 어전회의를 거쳐 '랴오둥반도의 일시 점령과 배상금 증액' 등을 포함한 수정안을 제의하였다. 주러 일본공사 니시西德二郎가 제안한 바에 따르면, 일본의 의도는 프랑크푸르트 조약에서 독일이 프랑스에 그랬던 것처럼 "배상금을 크게 증액시켜 청국이 장기간 배상금을 상환할 수 없게 하여 일본의 랴오둥반도 점령을 장기화"하려는 계산이었다. 일본은 러시아의 의중을 파악하는 것이 결정적이라 판단하고 니시 공사에게 이를 지시하였다.[464]

러시아는 5월 2일 각료회의를 통해 "랴오둥반도 북부의 포기가 일본의 양보이긴 하지만, 일본이 뤼순을 보유하는 것은 베이징과 마주하는 위협적인 위치에 일본군 주둔을 허용하는 것이므로, 랴오둥 지역에서의 전면 철군이라는 애초의 공동요구안을 유지"하기로 결정하였다.[465] 독일과 프랑스도 이러한 러시아의 단호한 입장에 공조하였다. 마침내 5월 8일 수정된 조약이 중국 산동성의 치푸芝罘에서 비준되었고 일본군의 랴오둥 철군은 12월 25일에 완결되었다.

독일을 '삼국공조'로 전환하는 데 기여한 전前 베이징주재 독일공사 브란트의 팸플릿을 인용하면, "유럽 열강이 경쟁으로 분열되어 있을 때 아시아(국가)의 외교는 승리하였고, 유럽이 단합할 경우 아시아에서 유럽이 승리를 거두고 이익을 획득할 수 있었다"[466]는 그의 주장은 '삼국공조'의 성공을 일정 부분 설명해 주고 있다. 그의 주장은 근거하여 추론하자면, 만일 1894년 공동철군 문제로 한반도에서 청국과 일본이 대립할 때 유럽 열강이 공동으로 협조하여 개입했더라면, 다시 말하면, '동아시아 협조체제Concert of East Asia'가 성립되었더라면 청일전쟁은 발생하지 않았을 것이고, 조선의 독립 문제를 비롯하여 이후 동아시아 국제질서는 상당히 다른 경로로 진화했을 것으로 추정할 수 있다.

말로제모프는 삼국공조의 성공을 러시아 정책의 승리로 평가하였다. 러시아는 '삼국개입'을 통해 조선의 독립과 만주의 보호라는 자국의 이익을 모두 관철하는 동시에, 취약한 극동 국경에 인접한 중국과 조선을 우호국으로 획득하였다. 동아시아는 세계정치의 주목 대상이 되었고 러시아의 위상은 한층 제고되었다. 청일전쟁의 개입 과정에서 동아시아 전략의 기본 원칙과 방향이 확인되었고, 공세적인 동아시아 정책으로 전환해야 하는 이유를 국민에게 다시 설명할 필요가 없을 만큼 동아시아의 사건과 러시아의 성공은 여론의 관심을 끌기 충분하였다.[467]

러시아의 성공이라는 빛이 강렬할수록 일본에 드리운 그림자는 짙고 어두웠다. 주청 공사 하야시 다다스林董(1850~1913)가 토로한 바대로

'삼국공조(삼국간섭)'는 본질적으로 '러-일 간의 대결'이었고, 일본이 요구를 포기한 이유가 '30여 척의 러시아 군함의 위협'[468] 때문으로 해석됨으로써 일본의 여론은 '러시아에 대한 보복'으로 향해갔다. 영국의 청국 해관海關 총감독관 하트Robert Hart(1835~1911)가 초조해했듯이, 영국 또한 "게임에서 악수惡手를 둠으로써 거듭 기회를 상실하여 이제 추운 벌판에 남겨졌다."[469] 따라서 영국과 일본은 권토중래捲土重來를 모색할 필요가 있었고 그 귀결은 영일동맹이었다.

청일전쟁의 최대 피해자는 중국이었다. 아편전쟁으로 시작된 동아시아 중화질서의 붕괴는 청일전쟁으로 완결되었다. 주변국과 유럽을 다루는 데 있어서 전통적으로 중국이 구사했던 외교책략인 '이이제이'는 청일전쟁을 통해 최종적으로 파탄으로 확인되었다. 시모노세키 조약의 수정으로 인해 최악의 경우는 모면하여 외견상 '이이제이'가 성공한 듯 보였으나 그 대가는 혹독하였다.

청일전쟁의 후과로 청의 전도前途에는 영토 할양을 비롯한 막대한 이권 양도 요구가 기다리고 있었다. 중국의 '조선책략' 지침에 따라 '이이제이'를 차용했던 조선도 청일전쟁의 결과 외형상 '독립'을 획득하였으나 대외전략에 있어서 근본적인 한계에 봉착하게 되었다. '독립한 조선', 대한제국은 유럽열강의 외교전선에서 스스로 생존을 모색하게 되었다. 이제 중국은 구조와 메커니즘에서 과거와 근본적으로 상이한 동아시아 국제질서—일극체제에서 다극체제로 전환—에 적응해야 했고 제국은 어느덧 해체의 길목에 들어서게 되었다.

청일전쟁의 발발과 처리 과정은 유럽의 경험이 투영된 것이었다. 일본은 프랑스-프로이센전쟁의 선례를 청일전쟁에 적용하려 했고 러시아는 베를린회의(1878)를 반면교사로 삼았다. 프랑스와의 강화협정(프랑크푸르트 조약)에서 비스마르크는 가혹한 배상금(50억 프랑)과 영토 할양을 통해 회생이 어려운 프랑스가 독일의 발아래 굴복하도록 의도하였다.

1878년 러시아는 튀르크와의 전쟁에 승리하고도 영국의 주도 하에 독일과 오스트리아 등이 강화조건에 개입하면서 베를린회의에서 전리품을 상실한 바 있었다. 러시아가 오스만 튀르크와 맺은 강화협정(산스테파노 조약)이 베를린 조약을 통해 유럽 열강의 공동 개입으로 대폭 수정되는 치욕을 당했던 반면에 청일전쟁에 승리한 일본의 경우 '삼국개입'으로 시모노세키 조약의 전면 수정이 불가피하였다. 삼국공조의 성공으로 러시아는 베를린회의의 치욕을 영국에 되돌려 준 것이다. 유럽에서와는 달리 동아시아에서 러시아 외교는 승리하였고 중국은 이에 무한한 사의謝意를 표명하였다. 그 보상은 러·청동맹(1896)이었다. 이로써 동아시아 최초의 동맹이 탄생하였다.

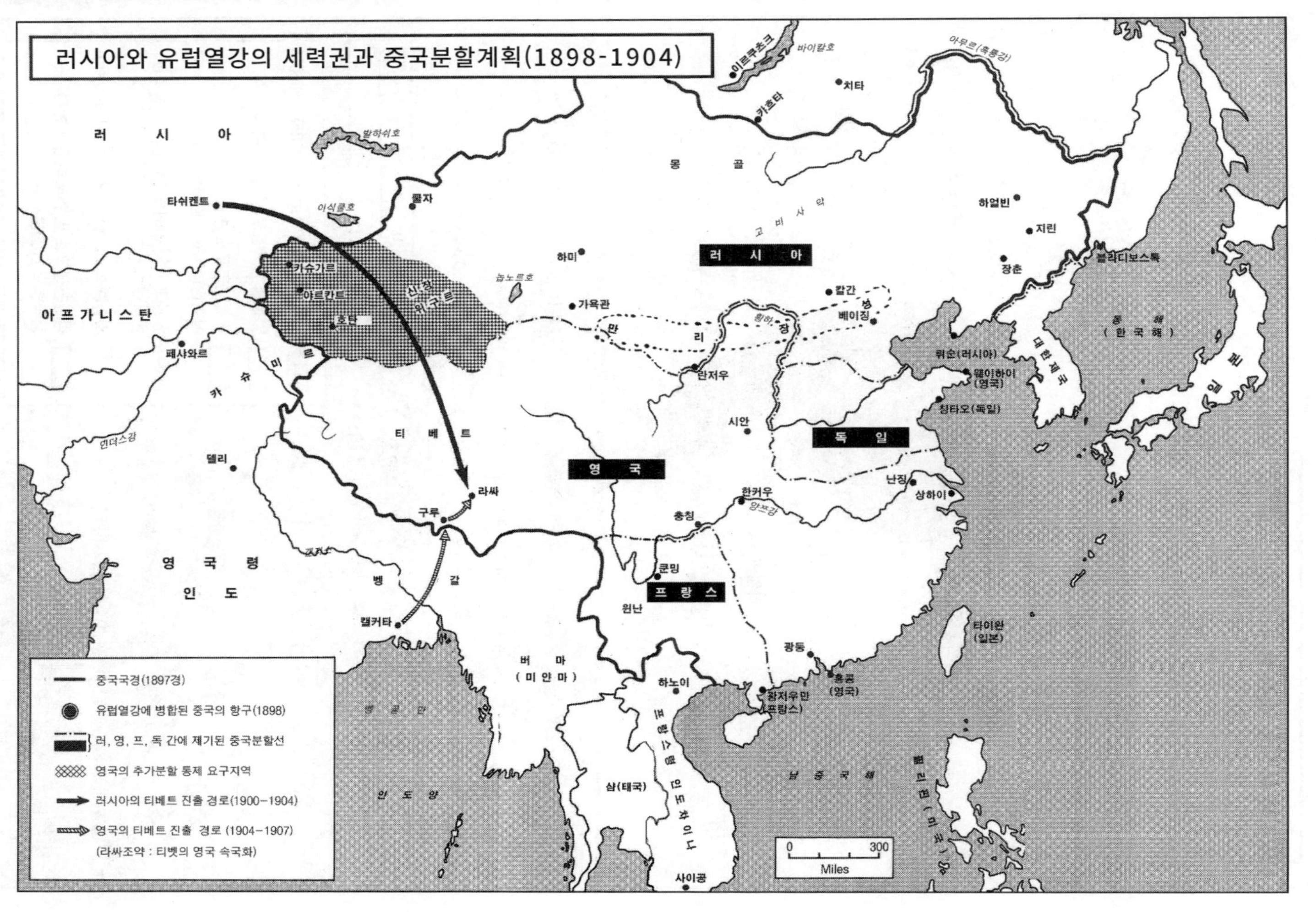

러시아와 유럽열강의 세력권과 중국분할계획(1898-1904)
러 시 아
아프가니스탄
이르쿠츠크
바이칼호
아무르(흑룡강)
치타
카흐타
타쉬켄트
이식쿨호
쿨자
몽 골
하얼빈
지린
러 시 아
고비사막
카슈가르
야르칸트
호탄
신장 위구르
놉노르호
하미
칼간
성
베이징
블라디보스톡
페샤와르
가욕관
만
리
란저우
황하
장
동 해
(한국해)
뤼순(러시아)
웨이하이
(영국)
카
슈
미
르
시안
독 일
칭타오(독일)
인더스강
티 베 트
영 국
대 한 제 국
델리
한커우
양쯔강
난징
상하이
라싸
충칭
구루
프 랑 스
쿤밍
일 본
영 국 령
갸
강
벵
쿤밍
원난
타이완
(일본)
인 도
캘커타
광둥
하노이
버 마
(미얀마)
홍콩
(영국)
광저우만
(프랑스)
프랑스령 인도차이나
벵 골 만
인 도 양
삼(태국)
남 중 국 해
필리핀(미국)
사이공
중국국경(1897경)
유럽열강에 병합된 중국의 항구(1898)
러, 영, 프, 독 간에 제기된 중국분할선
영국의 추가분할 통제 요구지역
러시아의 티베트 진출 경로(1900-1904)
영국의 티베트 진출 경로 (1904-1907)
(라싸조약 : 티벳의 영국 속국화)
0
300
Miles

러시아와 일본의 영토경합
(1860-1895)

러 시 아
감차트카
오 호 츠 크 해
페트로파블롭스크
니콜라옙스크
사 할 린
아무르강
쑹화강
하바롭스크
쿠릴열도
하얼빈
우수리강
장춘
지린
블라디보스토크
묵덴(센양)
베이징
동 해 (한 국 해)
텐진
다롄
뤼순
원산
웨이하이
서울
인천
대한제국
부산
황하
친타오
황 해
난징
상하이
한커우
양쯔강
오시마
오키나와
마카오(포르투갈1557)
찐 룽 반 도(영국1861)
홍콩(영국1841)
포모사 (타이완)
류 큐 열 도
남 중 국 해
필리핀(스페인1521)

0   500
Miles

러시아의 중국영토 병합 (1858-1860)
일본의 중국영토 병합 (1874)
러-일 영토교환 :
사할린(러)과 쿠릴열도(일)
일본의 강압 강화도조약(1847)에 의한
조선의 개항장
청일전쟁시(1894-95) 일본의 점령지역
청일전쟁으로 일본에 최종 병합된
중국영토 (1895)

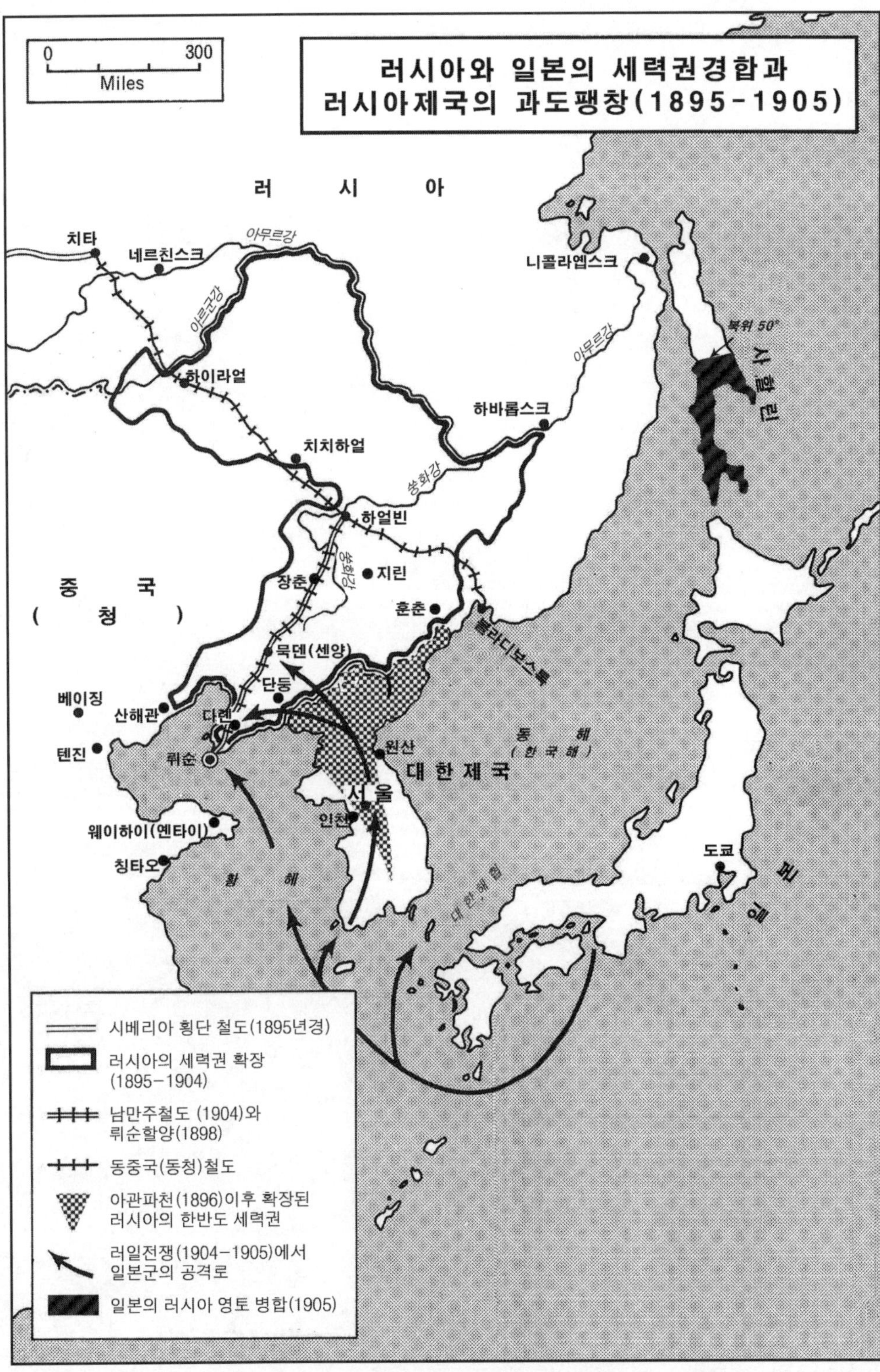

0 300
Miles
러시아와 일본의 세력권경합과
러시아제국의 과도팽창(1895-1905)
러 시 아
치타
네르친스크
니콜라옙스크
아무르강
아르군강
북위 50°
하이라얼
하바롭스크
아무르강
사할린
치치하얼
송화강
하얼빈
중 국
(청)
송화강
지린
장춘
훈춘
블라디보스톡
묵덴(센양)
단둥
베이징
산해관
다롄
원산
동 해
(한국해)
텐진
뤼순
대 한 제 국
웨이하이(옌타이)
인천
서울
칭타오
황 해
도쿄
대한해협
시베리아 횡단 철도(1895년경)
러시아의 세력권 확장
(1895-1904)
남만주철도 (1904)와
뤼순할양(1898)
동중국(동청)철도
아관파천(1896)이후 확장된
러시아의 한반도 세력권
러일전쟁(1904-1905)에서
일본군의 공격로
일본의 러시아 영토 병합(1905)

XII
'극동의 발칸' 만주와 한국문제

'제국의 과도팽창 *imperial overstretch*'

1. 제국의 과도팽창: 한국(조선)문제와 만주문제

러시아의 '평화적 침투'와 러청동맹 : 만주철도와 러청은행

표트르 대제 이래로 두 세기 동안 미증유의 팽창을 달성한 제정 러시아는 제국의 정점을 동아시아에서 맞게 되었다. 19세기 말 러시아의 외교정책은 동아시아 정책에 집중되었고 그 핵심에는 만주문제와 한국문제가 자리하고 있었다. 만주문제는 청일전쟁을 계기로 러시아가 중국문제에 깊이 관여하면서 발현된 것으로, 시베리아횡단철도와 동중국철도(만주철도) 건설 프로젝트가 국제적 갈등으로 비화하여 지정학적 충돌로 표출된 것을 지칭한다. 만주문제의 근원을 이루는 시베리아횡단철도 프로젝트는 러시아 극동정책의 결정 과정에서 출발점이자 종착지였다.

러시아의 역사학자 로마노프 Борис Александрович Романов (1889~1957)가 그의 역작 『만주에서의 러시아 *Russia in Manchuria*』(1892~1906)에서

밝혔듯이, "만주문제는 발생과 더불어 러시아 외교정책의 최우선 순위에 배치되었으며 이후 10여 년 동안 외교정책의 근본 문제"로 작용하였다.[470] B. A. 로마노프의 『만주에서의 러시아』는 그가 볼셰비키혁명 후 중앙문서보관소Central Archive에 근무하면서 제정러시아의 만주 관련 정책자료를 접하였다는 점을 고려하면 '러시아의 중국정책' 연구에서 필독서 중의 하나라고 할 수 있다. 러시아는 만주정책을 관철하는 과정에서 '제국의 정점apogee of empire'과 동시에 '제국의 과도팽창imperial overstretch'에 이르렀고, '정복의 최적도optimum of conquest'를 지나치게 넘어버렸다. 이에 따라, 만주문제를 해결하는 과정에서 러시아는 제국의 하강 길로 접어들게 되었다. 파국적으로 끝난 만주문제의 종착지는 러일전쟁이었다.

청일전쟁을 계기로 러시아 정부는 동아시아에 관한 전략 원칙과 방향, 범위, 수단 등 대외전략의 기본 개념을 정리하기 시작하였다. 원칙과 방향의 측면에서, 러시아 정부는 '평화적 침투peaceful penetration '(경제적 침투)와 동아시아의 현상유지를 원칙으로 하여 청제국을 유지하고 중국에 세력권을 수립하는 방향으로 전략을 설정하였다. 전략 범위는 지정학적 이익과 밀접한 관련이 있는 것으로 말로제모프의 '최대계획maximum plan'과 '최소계획minimum plan'이라는 용어를 통해 설명할 수 있다.

여러 차례의 특별 각료회의에서 확인된 것처럼, '조선의 독립과 만주의 보호'가 러시아의 중대한 이해관계에 있다는 점에서 러시아의 '최대계획'은 만주와 한반도를 자신의 세력권에 포함하는 것을 의미하였고, 19세기 내내 전략적 관심을 표명했던 몽골과 동투르케스탄이 이에 더해질 것이다. '최소계획'은 한반도—또는 한반도 남부—를 제외하고 만주 북부를 포함한 몽골 등에 세력권을 설정하는 계획이었다. 이러한 목표를 달성하기 위한 전략 수단으로는 '동맹'과 '철도' 부설, '항구' 획득 등이 있었다.

철도부설은 시베리아횡단철도의 완공과 더불어, 동중국철도와 남만주 지선 철도가 추가로 구상되었다. 청일전쟁을 계기로 현실화된 항구 획득 문제는 의견이 분분하였으나, 결정적인 전략적 수요가 명시되지 않은 한반도의 '어디엔가 한 곳'—예를 들어 원산항이나 발해만 인근— 정도로 거론되었다. 가장 중요한 전략 수단은 '동맹'이었다. 일본과 전략적 제휴를 저울질하던 러시아는 결국 청국과의 동맹을 선택함으로써 향후 백여 년 동안 지속될 중·러 관계의 토대를 마련하였다.

러·청 간의 동맹은 모겐소Hans J. Morgenthau를 비롯한 전통적 현실주의자들이 말하는 '힘의 최대화'를 전제로 한 '세력균형balance of power'이라기보다는 월트Stephen Walt가 제시한 '위협균형balance of threats'의 개념으로 설명될 수 있을 것이다. 전통적 현실주의자에 따르면, 무정부상태의 국제체제에서 안보의 불확실성을 해소하기 위해 국가들이 자구책으로 선택하는 '균형'은 특정 국가를 겨냥하여 '역량capacity'을 최대한 증대시키는 '힘에 대한 균형balancing against power alone'이다. 이에 비해 월트는 '위협균형'이라는 개념을 통해 '힘의 최대화'가 아니라 '위협에 대한 반응'에서 '균형', 즉 '동맹'의 동기를 발견하였다. 그에게 '동맹'의 동기는 '힘에 대한 균형'이라기보다는 '위협에 대한 균형balance against threats'의 측면이 강하다.[471]

전통적 현실주의자들의 주장대로 '균형'이 '힘의 최대화'를 위한 것이라면 청일전쟁 과정에서 러시아는 중국이 아닌 일본을 동맹으로 선택했을 것이다. 왜냐하면 객관적으로 일본은 능력 면에서 청국을 능가하기 시작하였고, 동아시아에서 영국이라는 라이벌 강국을 견제(힘에 대한 균형)하기 위해서는 해군 강국으로 떠오르는 일본이 더 유용했을 것이다. 영국과 일본이 모두 해양 강국이라는 점에서 상호 이익이 충돌할 가능성 또한 존재하였다. 청일전쟁 관련 세 번째 특별회의에서 거론되었듯이, 해군 제독 알렉세이Алексей Александрович 대공의 견해가 이러한 '일본제휴론'에 가까웠다.

결과적으로 러시아가 청국을 동맹으로 선택한 동기는 영국이 현재의 위협이라면 일본은 미래의 위협이라는 판단 아래 '힘의 최대화'보다는 '위협에 대한 균형'을 시도한 것으로 해석할 수 있다. 동아시아 최초의 동맹—실질적으로는 아시아 최초의 동맹—으로 기록될 러·청 동맹은 영일동맹이라는 대항동맹과 더불어 현재까지 지속되고 있는 동아시아의 동맹질서와 동맹패턴 형성에 결정적인 영향을 미쳤다. 청일전쟁을 계기로 20세기를 거쳐 현재에 이르기까지 동아시아에서는, 특정 국면을 제외하면, 중국과 러시아의 대륙동맹(중러동맹)과 미국(또는 영국)과 일본의 해양동맹(미일동맹) 간에 갈등과 경쟁의 체제(양대동맹 체제)가 고착화되었고, 동아시아 국제질서를 주도하는 4 강대국 구조가 구축되었다.

삼국공조('삼국간섭')의 성공과 러청동맹을 기반으로 동아시아 국제정치의 핵심 행위자로 등장한 러시아는 두 번의 전략 전환을 통해 '제국의 최적 조건imperial optimum'을 넘어서 '과도팽창'의 길로 들어서게 되었다. 첫 번째 전환의 계기는 독일이 삼국공조에서 한 약속과는 다르게 산둥반도의 자오저우만(교주만膠州灣)을 점령하자 이에 대한 대응으로 러시아가 청국에 뤼순의 할양을 요구하면서 마련되었다. 두 번째 국면은 의화단 사건을 계기로 만주에 대규모 군대를 파병하여 만주문제가 '한국문제'와 결부되어 동아시아 국제정치의 핵심 쟁점으로 부각되면서 조성되었다. 전략 전환 과정에서 러시아는 동맹국인 청국의 불신을 초래하였고, 한반도와 중국에 대한 개입의 기회를 일본에 제공하는 의도치 않은 오류를 범하게 되었다.

러시아의 기회는 청국의 전쟁배상금 지급 문제를 통해 마련되었다. 청국은 한 해 총예산의 2.5배에 달하는 막대한 전쟁배상금(2억 량, 약 1억 5천만 달러)과 랴오둥반도 철군에 대한 보상비(3천만 량)를 마련하기 위하여 관세인상을 고려하였으나 영국이 강력히 반발하였으므로 유럽으로부터 공동 차관借款을 도입하기로 결정하였다. 청국 정부는 차관 도입을 위해 런던과 베를린의 금융시장에 먼저 접근하였으나 조건이 좋은 프랑스와 러시아의 공동차관을 최종적으로 선택하였다.

러시아-프랑스 공동차관 안에 대해 영국과 독일 정부는 강하게 반발하면서 차관을 거부하도록 청국 정부를 압박하였다. 하등의 금전상의 이익 없이 러시아가 유리한 조건으로 차관을 제공함으로써 청국이 친 러시아로 경도되는 것을 막기 위해 영국과 독일은 종국에는 청국이 러시아의 종속국이 될 수 있다는 논리로 이를 저지하려 하였다. 그러나 애초에 러시아 정부는 산업화와 시베리아횡단철도 건설이라는 대규모 국가 프로젝트에 대한 재정 투여가 최우선 순위에 있었으므로 러·프 공동차관에 별다른 관심이 없었다. 그러나 막대한 잉여자본을 보유한 프랑스 금융가들이 러시아 정부의 보증을 전제로 청국에 공여한 차관의 전액을 승인하기로 러시아를 설득함으로써 차관 공여가 성립되었다.

프랑스가 러시아에 공동차관을 제안하여 성사시킨 배경에는 프랑스가 러시아의 동맹국이라는 정치적 요인과 더불어 러시아의 경기회복이라는 경제적 요인이 자리하고 있었다. 1890년대 프랑스는 동맹을 통해 러시아와 외교 안보적으로 안정적인 관계를 유지하고 있었고, 러시아의 금 생산량 증대와 비테의 재정 안정 정책의 성공 등으로 러시아를 좋은 투자 대상으로 평가하였다. 더욱이 러시아 정부는 의회의 승인 없이 대규모 차관의 지급보증을 해줄 수 있고, 이로 인해 낮은 이자율을 유지할 수 있다는 점 또한 중요한 이점이었다.

영국과 독일 정부가 "차관 제공을 빌미로 시베리아횡단철도를 남만주까지 연결하여 뤼순을 군사기지로 삼으려 한다"는 소문을 유포하자 러시아 정부는 차관 협력은 재정 분야에 국한된 것이라고 이를 부정하였다. 로바노프 외무장관은 영국의 라셀스 대사에게, "중국과 러시아는 세계에서 어느 국가들보다 긴 국경을 접하고 있는데, 지금까지 양국이 친선 관계를 유지함으로써 국경보호를 위해 러시아가 군사적 예방조치를 취할 필요가 없었다. 만약 러시아가 유럽국경을 보호하는 방식으로 극동 국경을 방어해야 한다면 5만 명이 채 안 되는 극동 시베리아 병력을 10배로 증강해도 충분하지 않을 것이다. 따라서 중국과 우호적인 관계를 유지하는 것이 필수적이므로 러시아는 중국의 지원요청(차관)을 수용할 수밖에 없다"고 간명하게 설명하였다.

1895년 7월 6일 청국 정부는 프랑스 은행(6개)과 러시아 은행(4개)에서 차관을 관장하는 협정을 체결하여, 그동안 청국에 제공된 차관 중 최저인 4% 이자율로 1억 금 루블(4억 금프랑)을 제공받게 되었다. 러시아 정부는 차관의 지불보증을 섰고 금전적인 이익 없이 '정직한 중개인'의 역할을 자임하였다. 차관협정 체결과 강화된 러·프 간 정치와 금융연대를 토대로 러시아는 청국 문제에서 어느 열강보다도 유리한 입지를 마련하게 되었다.[472]

러시아 재상 비테는 차관협정을 보다 원대한 계획에 연계시키려 하였다. 비테는 차관의 원활한 조달과 관리를 위해 러청은행Russo-Chinese Bank 설립을 프랑스 금융가들에게 제의하였고 지분과 이사 배정 문제로 망설이던 프랑스 금융가들은 '청·프 조약(1895)'의 조건으로 이를 수락하였다. 6월 20일 체결된 청·프(청불淸佛) 조약에는 프랑스령 인도차이나와 인접한 중국의 남부 3개 성의 철도, 광산, 무역사업을 프랑스에 개방하는 이권 문제가 핵심 조항으로 포함되어 있었기 때문이다. 비테는 러시아 정부가 보증하는 러청은행을 "시베리아횡단철도의 완공과 연계된 조치를 이행하는 유용한 수단"으로 활용하고자 하였다.

가이어Dietrich Geyer가 주장했듯이 '철도'(시베리아횡단철도)와 '금융자본'(러청은행)은 비테가 러시아 제국의 운명을 걸고 추진하던 '평화적 침투pénétration pacifique'의 핵심 축을 이루게 되었다. 비테의 평화적 침투 계획은 중국(만주)을 군사적 수단이 아닌 경제적 수단으로 장악한다는 것으로 '식민주의가 아닌 평화적이고 문화적인 방식'으로 관철되어야 한다는 논리였다. 12월 5일 프랑스 금융가들은 러청은행의 특허장에 서명하였고, 22일 후원기관이던 러시아의 시베리아 철도위원회는 이를 승인하였다.

다음 조치로 비테는 만주를 통과하도록 시베리아횡단철도 노선을 수정하는 만주관통철도(동청東淸철도) 계획을 공식화하였다. 동청철도 계획은 러시아 정부에서 논란을 불러일으켰다. 외무성에서 아시아 정책을 총괄하던 카프니스트는 "만주철도의 경제성을 담보하기 위해서는 북만주의 행정 집행을 러시아가 전적으로 담당해야 하는데, 군사적 점령 없이는 이것이 불가능하고 국제적인 반발에 직면할 수 있다"는 견지에서 부정적인 반응을 보였다. 아무르주 총독 두호프스코이Сергей Михаилович Духовской(1838~1901) 또한 "북만주 통과 노선은 방어하기 불가능"하다는 논리로 반대 의사를 개진하였다. 만주철도의 반대론자들이 우려한 것은 열강의 개입이었으므로 경제적 이익보다는 정치적 부담이 더 클 것이라는 논리였다.

그러나 만주철도 회의론자들이 미처 파악하지 못한 것은 만주철도

계획이 수반하는 정치, 경제, 안보 등에 걸친 광범위한 전략적 효과였다. 비테가 보기에 만주철도 계획은 제국의 명운을 건 국가 부흥프로젝트이자 '평화적 침투' 정책의 관건이 되는 전략 프로젝트였다. 비테는 시베리아 극동 지역의 개발과 경제발전뿐 아니라 전략적 측면에서 만주철도 계획의 중요성을 역설하였다. 그에 따르면, "블라디보스톡으로의 원활한 병력 수송뿐 아니라 최단노선으로 남만주와 베이징 인근에 러시아의 병력 파견이 이루어질 수 있다는 가능성만으로도 동아시아에서 러시아의 영향력은 제고될 것"이라고 강조하였다. 회의론자들의 우려와는 달리 비테는 만주철도 부설이 국제분쟁 없이 외교적인 수단에 의해 이루어질 수 있다고 확신하였고 로바노프 또한 이러한 견해에 동의하였다.

청·프 조약(1895)으로 청국은 이미 남중국 일부의 철도 부설권─베트남 하이퐁Hải Phòng에서 중국 윈난雲南성 쿤밍昆明까지─을 프랑스에 부여하였고, 영국도 프랑스와의 협의를 통해 이와 유사한 이권을 확보하였으며, 독일 또한 베이징-톈진 철도의 궤도와 차량의 독점권과 톈진, 상하이, 한커우漢口에 조계租界를 이미 획득하였기 때문이었다. 우려와는 달리 영국과 특히 독일은 러시아의 적극적인 동아시아정 책을 내심 환영하는 분위기였다. 유럽에서 자유로운 행동을 위해 러시아가 동아시아에 몰두하길 원하는 동시에 러시아에 편승하여 중국에서 이권을 확보하려 했던 독일의 빌헬름 2세는 니콜라이 2세에게 동아시아 정책을 지지하는 서한을 여러 차례 보낸 바 있었다. 영국의 솔즈베리 총리도 러시아가 극동 문제에 깊숙이 연루되면 페르시아 문제 등 근동 지역에 개입할 여유가 없을 것이라고 스스로 위안하였다.

리홍장이 철도 열광주의자였던 것처럼, 청국 정부도 철도 건설을 경제발전과 국가 방어의 주요 수단으로 인식하기 시작하였다. 이런 연유에서 청국 정부는 톈진 철도를 만주로 확대하는 방안을 고려하였으나 재정상의 문제로 이를 실행하지 못하고 있었으므로 러시아의 제안을 거부하지 않을 것으로 예측되었다. 실용적인 측면에서도 시베리아 횡단철도의 아무르 구간이 습지와 대굴곡, 산맥 등 지형적 문제로 높은 건설비용과 기술적 장애가 예상됨에 따라 노선 계획의 수정이 불가피하여, 헤이룽장성 등 북만주 지역으로 우회하는 방안을 청국 정부에 요청해야 한다는 건의가 올라온 상태였다. 외무장관 로바노프의 지지를 얻은 비테의 만주철도계획은 이보다 더 확대된 것이었으나 니콜라이 2세는 비테의 계획을 기꺼이 재가하였다.[473]

이제 만주철도(동청철도)계획은 러시아와 중국 간에 핵심 현안이 되었고 동맹 문제와 직결되었다. 동맹 체결이 절실했던 쪽은 러시아보다는 중국이었다. 당시에 중국은 러시아와의 동맹이 논리적으로 타당한 것으로 인식되었다. 청국의 곡물을 총괄하는 총독(창장시랑)倉場侍郞/總督倉場 쉬잉궤이許應騤 Hsü Ying-K'uei(1830~1906)의 예를 들면, "영국이 중국에 등을 돌리고 러시아에 대항하는 일본을 지원하고 있으므로, 일본이 중국의 적이듯이 영국의 적인 러시아는 중국의 명백한 동맹", 다시 말하면 '적敵의 적은 친구'라는 논리였다. 쉬잉궤이는 후일 공부상서工部尙書와 총리아문대신總署各國事務衙門大臣을 지낸 후 복건성 및 절강성 총독閩浙總督을 역임한 주요 정치인이었다.

청국 정부 내의 대체적인 의견은, 얼마 전 베트남에서 중국과 전쟁(청·프淸佛전쟁1884~1885)을 치른 바 있는 "프랑스는 천주교를 앞세워 중국을 흔들고 있고, 국경을 맞대고 있지 않고 공동 관심사도 없는 독일은 효과적인 군사 지원을 할 수 없으며, 미국은 고립주의 정책으로 타국의 문제에 개입하기를 삼가고 있는 실정"이므로 러시아에 의지하는 것이 최선책으로 여기는 분위기였다. 청국은 단독으로 유럽 열강과 맞설 수는 없으며 러시아와 우호 관계에 드는 비용은 러시아를 적으로 돌리는 비용보다 훨씬 적을 것이라는 판단이었다. 쉬잉케이는 "러시아라는 호랑이를 집안에 불러들여서는 안 된다는 주장들이 있으나 중국의 군사력이 일본에 맞설 수 없는 실정에서 어떻게 중국이 러시아에 대해 적대적일 수 있겠는가"라고 역설하였다.[474]

러시아 또한 중국과의 동맹이 유용한 것이었다. 시베리아횡단철도를 만주로 관통시키는 데 동맹이 유리한 환경을 조성할 것으로 판단했을 것이다. 1896년 4월 18일 로바노프-로스토프스키의 지시에 따라 카씨니는 청국의 총리아문과 만주철도에 관한 교섭을 공식 개시하였다. 동아시아 최초의 동맹으로 기록될 러청동맹의 첫 단추는 리훙장과 비테에 의해 꿰어졌다.

리훙장의 러시아 방문은 유럽과 아메리카 양 대륙에 이르는 대순방의 일환이었으나 가장 중요한 목적은 러시아에서의 임무, 즉 철도 문제와 동맹 문제를 타결하는 것이었다. 리훙장은 자신의 관柩을 배에 싣고 대순방에 나섰다. 고령인 점을 감안하여 그리한 것이기도 하지만 제국을 다시 일으켜 세우려는 그의 각오는 그만큼 비장하였다. 러청은행 창립 과정에서 프랑스 측 설립자 역할을 한 주청 프랑스 공사 제라르Auguste Gérard(1852~1922)는 회고록에서, 리훙장의 대순방을 중국이 오랫동안 추구해 온 '영광의 고립splendid isolation'을 종식하기 위한 것으로 과거 표트르 대제의 '유럽 대순방'에 비유하였다.[475] 리훙장은 3월에 상하이를 출발하여 수에즈 운하를 통과한 후 알렉산드리아에서 러시아 함선으로 갈아타고 흑해의 오데사Одесса를 거쳐 4월 30일에 상트페테르부르크에 도착하였다.

청국사절단의 공식 목적은 니콜라이 2세의 대관식 참석이었으나 도착 직후인 5월 3일부터 리훙장과 비테는 철도 협상에 들어갔다. 리훙

장이 제기한 쟁점은 만주철도 부설에는 원칙적으로 동의하지만 러시
아가 단독으로 철도 부설권과 운영권을 보유하면, 여타 열강들로부터
특혜와 이권 양도 시비에 휘말릴 수 있다는 것이었다. 이에 대해 비테
는 청국이 단독으로 만주철도 사업을 진행하면 재정과 기술 조건상 기
약 없이 연기될 수 있다고 반론하면서 만주철도가 만주의 경제발전뿐
아니라 취약한 군사 안보 문제 해결에도 기여할 수 있을 것이라 설득
하였다.

철도 문제에 앞서 동맹 문제를 선결하려던 리훙장에게 결정적인 기
회를 준 것은 니콜라이 2세의 언질이었다. 5월 7일 리훙장을 접견하
는 자리에서 짜르는, 경제적 목적을 제외하면 "만주에 철도를 부설하
려는 진정한 이유는 중국을 방어해야 할 경우 러시아 군대를 신속히
파견하기 위한 것이므로, 만일 영국이나 일본이 중국에 대해 다시 분
쟁을 야기한다면 중국을 지원하기 위해 군대를 파견"하겠다는 의지를
표명하였다. 니콜라이 2세는 러청은행에 부설권을 부여하면 청국이
통제권을 행사할 수 있고 열강의 우려도 해소할 수 있으므로 청국도
만주철도의 안전장치를 보유하게 되는 것이라는 논지를 덧붙였다.

다음날 리훙장은 비테와 로바노프를 면담하여 철도 문제에 앞서 동
맹 체결을 요구하였고 로바노프와 비테는 철도 협정이 비준되면 동맹
조약을 체결할 수 있을 것이라 제안하였다. 리훙장은 본국에 어느 문
제를 우선 해결해야 하는지를 문의하였다. 어전회의 결과 광서제는 동
맹 체결과 관련하여 다음의 세 가지 조건을 지시하였다. 전쟁 시 양국
은 상호 원조할 것, 쑹화강 등에서 자유항행을 유지할 것, 청국은 러청
은행에 500만 냥을 투자할 것 등이었다. 양국의 선호를 절충하여 철도
협정과 동맹조약을 연계하기로 리훙장과 비테, 그리고 로바노프는 상
호 합의하였다. 페테르부르크의 초안에 관해 청국 정부는 철도 문제를

동맹조약에 포함하려 하지 않았으나 리훙장의 설득으로 합의안을 수용함으로써 드디어 6월 3일 비테, 로바노프, 리훙장 간에 동맹조약이 조인되었다.

조약은 러시아의 초안을 수용하는 형태로 이루어졌다. 조약의 핵심 내용은 "동아시아에서 중국, 러시아, 조선의 영토가 일본에 의해 공격을 당할 경우 상호 (군사)원조(제1조)"한다는 것이다. 로바노프가 짜르에게 보고한 초안에는 "일본과 일본의 동맹국이 공격할 경우"로 명시되어 있었으나 영국 등과 전쟁에 연루될 가능성을 우려한 비테가 리훙장과 합의한 원안대로 '일본의 공격'으로 한정하도록 문안이 수정되었다. 동맹조약은 "군사작전이 전개되는 동안 중국은 모든 항구를 러시아 군대에 개방해야 하며(제2조) 15년간 유효(제6조)하다"고 규정하였다. 러시아 측은 동맹조약의 기한을 원래 10년으로 상정하였으나 리훙장의 연장 요구에 따라 철도 협정이 청국에 의해 비준된 시점으로부터 15년으로 결정하였고 조약 기한이 만료되기 6개월 전에 연장 여부를 협의하기로 합의하였다.

양국의 쟁점을 해소한 제5조에는 군사동맹과 철도부설 간의 기능적 연관성에 관해 설명하고 있는데, 리훙장의 요구대로 만주철도가 중국의 주권과 영토를 침해하지 않는다는 내용이 삽입되었다. 러시아 측은 전시 또는 평시에 만주철도로 군대와 군수물자 수송의 권리를 보유하며, 철도의 건설과 운영을 위임받은 러청은행의 사업 계약 조건은 양국 정부의 조정을 통해 결정하기로 명시되었다.

1896년 9월 8일 공부좌시랑工部左侍郎 쉬징청許景澄(1845~1900)과 러청은행의 러시아 측 위원 로트슈테인Адольф Ю. Ротштейн(1857~1904), 그리고 러청은행장 우흐톰스키Эспер Эсперович Ухтомский(1861~1921) 간에 동청철도 사업계약을 체결하였다. 후일 쉬징청은 동청철도회사의 중국 측 대표가 되었다. 러시아와 독일 공사를 역임한 쉬징청은 외교 분야에서도 조예가 상당하였다. 1891년 파미르 지역의 경계 설정 문제가 발생하였을 때, 러시아 외무장관 대리 쉬슈킨과 협상하였고, 1897년 독일의 자오저우만 점령과 러시아의 다롄 할양 요구에 따른 외교분쟁에서도 쉬징청은 니콜라이 2세를 면담하여 청 정부의 입장을 대변하였다. 같은 해 12월 16일 니콜라이 2세는 동청철도 특허장을 승인하였다. 계약에 따라 청국은 80년 후에 철도를 양도받을 수 있고 사업과 관련한 차입금을 모두 상환할 경우 36년 이후에 철도를 매입할 권리를 지니게 되었다. 동청철도회사는 면세혜택과 더불어 철로변 토지(조차지)에 관한 행정권을 보유하게 되었다.[476]

러청동맹의 체결로 러프동맹과 더불어 유럽과 아시아에서 두 개의 '대륙동맹'이 성사됨으로써 러시아는 유라시아 안보에 대한 안정적인 관리뿐 아니라 동아시아 국제정치의 주도권을 행사할 수 있는 전략 기반을 구축하게 되었다. 그러나 러시아가 제국의 '최적 조건'을 넘어서 과도팽창으로 향하게 된 직접적인 계기는 외부적 조건, 즉 독일의 자오저우만 점령이 제공하였다. 독일이 기존의 방침을 전환하여 삼국공조('삼국간섭')에 적극성을 띠게 된 이유 중의 하나는 청일전쟁 개입의 대가로 중국에서 항구 등 조차지租借地를 획득하려는 의도였다.

빌헬름 2세는 삼국공조가 절정에 달했던 1895년 4월, 니콜라이 2세에게 '황인종의 내습'으로부터 유럽의 이익을 방어하기 위해 '발퀴레 Walküre/Valkyrie'—바그너의 오페라 "니벨룽겐의 반지"에서 오딘Odin/Óðinn 신 神의 여전사—의 숭고한 사명을 자임하여 "독일은 이교도 야만인들(황인종)에 맞서 항상 러시아 편"에 설 것이라는 점을 역설한 바 있었다. 다시 말하면 "러시아가 중국영토 일부를 병합할 경우 독일이 기꺼이 이를 지원할 의사가 있는 것처럼, 러시아 또한 독일이 중국의 어느 항구를 점령할 경우 호의를 보여줄 것"을 희망하였다. 빌헬름 2세의 계획에 대한 구체적인 정보가 없었던 짜르는 동아시아에서 독일이 영토를 획득하는 것에 대해 반대하지 않을 것이라는 일반적인 답변을 하였다.[477]

특명전권공사 민영환의 러시아 순방: 니콜라이 2세의 대관식[1896]

허베이河北성, 산둥山東성, 랴오닝遼寧성 등 삼성三省과 수도 베이징을 통괄하는 직예총독 겸 북양대신北洋大臣 리훙장이 상트페테르부르크와 모스크바에서 중국의 명운을 건 동맹 협상을 벌이던 무렵에 조선의 민영환閔泳煥(1861~1905)도 특명전권공사로서 모스크바와 페테르부르크에서 조선의 외교를 정초定礎하는 협상을 하였다. 공교롭게도 민영환은 대한제국의 운명을 가른 리훙장과 야마가타 아리토모山縣有朋(1838~1922)를 모스크바에서 조우하였다.

리훙장과 야마가타는 모스크바에서 조선의 명운에 직간접적으로 결부된 협상을 타결하러 각기 파견되었다. 리훙장은 동맹조약을 성사하려 분투하였고, 야마가타는 한반도 분할을 모의하였다. 내각총리를 역임한 야마가타는 로바노프-로스토프스키 외무장관과의 회담에서 러시아와 일본이 한반도를 세력권으로 공동 분할하는 제안을 하였으나 로바노프가 이를 거절하였다.

1896년 3월 10일 고종의 조칙詔勅을 받들어 내각총리대신 서리 겸 내무대신 박정양과 외부대신 이완용은 궁내부특진관宮內府特進官(종1품) 민영환을 특명전권공사特命全權公使에, 학부협판學部協辦 윤치호尹致昊(1865~1945)를 수원隨員, 김득련金得鍊을 2등 참서관參書官, 김도일金道一을 3등 참서관에 보임補任하여 니콜라이 2세의 대관식에 참석하도록 하였다.

조선 정부가 러시아 황제의 대관식에 사절단을 파견하기로 결정한 때는 명성왕후가 시해된 을미사변(1895.10.8)으로 고종이 러시아 공사관에 피신한 '아관이어俄館移御(아관파천/1896.2.11.~1897.2.20)' 직후였다. 앞서 상술詳述한 대로 당시 조선은 청일전쟁으로 인해 중국과 일본 간 세력 쟁탈의 주 전장이 되고 이에 영국과 러시아를 비롯한 유럽열강의 전략적 이해가 교차하면서 한반도 문제가 국제문제("한국문제Korean Question")로 떠오르고 있었다.

"한국문제"는 한반도에서 독립 국가를 수립하는 문제로서 청일전쟁 과정에서 러시아, 영국, 프랑스, 독일 등 유럽 열강과 청과 일본 간에 논쟁적인 어젠다로 등장하였다. 한국문제의 시원은 청 제국으로부터 조선을 독립시키는 문제에서 비롯하였다. 그러나 일제의 식민지 강점 이후 한국문제는 한반도에서 자주적인 독립국가를 수립하는 문제로 진화하였다. 제2차 세계대전 종전 결과 한반도에서 두 개의 분단 정부가 수립됨에 따라 한국문제는 미완의 문제로서 유엔 총회에 정식 어젠다로 상정되었다. 1950년 10월 7일 제5차 유엔총회는 294차 회의에서 '한국의 독립문제'에 관한 결의안 376호를 채택하고 '한국통일부흥위원회 Commission for the Unification and Rehabilitation of Korea'를 설립하였다. 이로써 '한국문제'는 한반도에서 분단을 해소하고 통일된 독립국가를 수립하는 문제로 전환되어 오늘에 이르게 되었다.[478]

청일전쟁의 종전 과정에서 러시아가 주도한 삼국공조(삼국간섭)의 위력을 실감한 조선 정부는 일본의 영향력을 상쇄하기 위해 러시아에 보호를 요청하여 '아관이어'를 단행하였다. 위급한 정국에 처한 조선 정부는 러시아 정부의 초청으로 니콜라이 황제의 대관식에 사절단을 파견함으로써 조선과 러시아의 외교적 우의를 모색하고 무엇보다도 조선의 독립국 지위를 유럽 외교가에 전파하려 하였다. 개화파 지식인들이 설립한 독립협회의 기관지인 『독립신문』도 사절단 파견을 평가하면서 러시아에 대한 우호적인 기대감을 표명하였다. 당시 발행된 『독립신문』의 한 기사는, "조선 역사에서 처음으로 공사를 구라파(유럽)에 보내어 조선이 자주독립한 나라로 세계 각국에 광고하였으니 나라의 경사"라고 다음과 같이 찬사하였다.

"…러시아에 갔던 공사 민영환 씨가 여러 달 만에 본국에 돌아왔으니 우리는 민 공사를 반갑게 치하하고, 조선 정부를 외국에 가서 대접받도록 행세를 하고 왔으니 어찌 가히 치하하지 아니 하리오. 조선에서 러시아로 사신을 보낸 것이 여러 가지가 유조한지라, 첫째는 러시아 황제 대관례에 세계 각국이 모두 대사를 보내어 러시아 황제와 인민을 대하여 치하를 하는 데 조선도 남의 나라와 같이 사신을 보냈은즉, 양국 교제상에 매우 유조한 일이고, 둘째는 조선 사기에 처음으로 공사를 구라파에 보내어 조선이 자주독립한 나라로 세계 각국에 광고를 하였으니 나라에 경사요… 민영환 씨는 러시아에 가서 세계의 유명한 잔치를 구경하고 세계 각국 공사들을 만나보고, 러시아 황제께서 훈장을 주시고, 그 나라 황족들과 고관들이 굉장하게 대접하고, 구라파와 아시아 대륙을 건너고 태평양과 인도양을 건너며 각국 인민의 사는 법을 구경하고 본국에 돌아왔으니… 아무쪼록 힘을 백 배나 더 써서 조선을 러시아와 같이 되도록 만들기를 바라노라."[479]

민영환 일행은 4월 2일 러시아 군함 편으로 인천 제물포항을 출발하여 상하이로 향하였다. 애초의 일정은 상하이에서 프랑스 선박으로 환승한 후 홍콩을 경유하여 수에즈-지중해 경로로 러시아에 입국할 예정이었다. 상하이에서 연결편이 어긋남에 따라 사절단은 영국 상선을 수배하여 애초의 경로와는 정반대로 태평양과 대서양을 거쳐 러시아로 향하게 되었다. 민영환 일행은 일본을 거쳐 캐나다와 미국을 지나 영국, 아일랜드, 네덜란드, 독일, 폴란드 등 유럽의 주요국들을 경유하여 5월 20일 대관식이 거행될 러시아의 고도古都 모스크바에 도착하였다.

204일 간의 여정을 기록한 민영환의 『해천추범海天秋帆』은 우리나라 최초의 공식적인 세계일주 견문기이다.[480] 민영환은 이 책에서 태평양을 건너 북미와 유럽 대륙, 그리고 러시아 시베리아를 횡단하여 블라디보스톡을 통해 인천항에 도착하기까지 세 대륙 11개국의 문물과 제도에 대한 견문을 인상 깊게 기록하였다. 『해천추범』은 민영환 일행이 조선의 공식사절로서 러시아에서 극진한 대우를 받고 진귀한 경험을 하였다고 기록하고 있다. 민영환이 러시아 정부와 교섭한 구체적인 내용을 파악하려면 윤치호가 작성한 기록(『윤치호 일기』)이 매우 유용하다. 후술한 외교교섭에 관한 상세한 내용은 윤치호의 기록을 인용하거나 요약하였다.

민영환 일행은 5월 19일 폴란드 바르샤바를 출발하여 기차 편으로 5월 20일 모스크바에 도착하였다. 대관식 행사 기간에 모스크바에서 19일 동안 체류하면서 민영환 사절단은 니콜라이 황제의 숙부인 알렉산드로비치 대공Великий князь Сергей Александрович(1857~1905)을 비롯한 러시아 황족들을 예방하였다. 또한 아무르 유역을 평정하고 연해주를 병합한 아무르 총독 무라비요프-아무르스키의 조카이자 법무장관인 무라비요프Николай Валерианович Муравьёв(1850~1908) 등 주요 각료들을 방문하였다. 니콜라이 2세의 대관식 행사를 통해 조선의 사절단은 유럽 각국의 사절단과 함께 동등한 의전으로 황제를 알현하고 여러 연회에 참석하는 등 당시 세계 외교의 중심 무대였던 유럽 외교가에 정식으로 등장하였다.

특명전권공사 민영환의 공식 임무는 대관식 참석과 국서國書 봉행
奉行이었으나 주요 사명은 일본 등으로부터 조선을 보호하기 위해 러
시아의 지원을 요청하는 외교교섭이었다. 조선 정부는 민영환을 통해
다섯 가지의 제안을 러시아 정부에 요청할 예정이었다. 이를 위하여 6
월 5일 2시 민영환은 윤치호를 대동하고 로바노프 외무장관과 면담하
였다.

민영환은 조선 정부가 제안하는 다섯 개 항을 러시아 정부가 승인하
도록 요청하였다. "조선 군대가… 훈련될 때까지 국왕의 보호를 위한
경비병을 제공; 군사교관 제공; 고문관들, 국왕 측근에서 궁내부 일을
자문하고 담당할 고문 1명, 탁지부 고문 1명, 광산과 철도 고문관 1명
등 제공; 조선과 러시아 두 나라에 이익이 되는 전신선의 연결, 전신電
信 문제 전문가 1명 제공; 일본 빚을 청산하기 위한 300만 엔의 차관
제공" 등 다섯 가지 제안이었다. 이에 대해 로바노프는 "러시아 정부
관리들이 충분히 검토할 때까지 이런 제안을 승인할 수 있을지 여부를
말할 수 없고, 이 문제는 황제의 승낙이 떨어져야 하므로 그 요청을 서
면으로 제시"하도록 하였다.

그러자 민영환은 로바노프에 다음과 같은 메모를 전해 주었다. "조
선은 몇 해 전 러시아와 함께 두 나라를 긴밀한 우호 관계로 삼는 비밀
조약을 체결하였다. 우리는 러시아의 지원을 믿고 있기 때문에 1894
년 이래 일본이 요구했던 모든 것에 대해 승인하지 않았다. 일본인들
은 그들의 계획을 이행할 수 없음을 알고 격노하였다. 이것이 그들로
하여금 조선인 반역자들과 함께 10월 8일(을미사변)의 범죄를 자행하
도록 하였다. (이러한 만행을 당한) 조선인들은… 러시아에게 도움을
기대해 이렇게 다섯 개 항의 요청을 하게 된 것이다. 러시아는 단독
으로 그 책임을 떠맡기를 조선이 기대하고 있는 유일한 나라이다. 러

시아가 도와준다면 조선 정부는 더욱 확고한 토대 위에 있게 될 것이다.… 서거하신 조선의 왕후(명성황후)는 러시아 쪽에 기울었기 때문에 친일파에 증오를 산 결과 죽음을 맞았다. 동양의 신문들은 러시아와 일본이 조선에 공동의 영향력을 행사할 의도를 가지고 있다고 보도한다. 그와 같은 협정은 갈등을 유발할 것이다. 조선은 그런 협정에 의해 아무것도 얻을 수 없을 뿐만 아니라 또 다른 국가적 재앙을 배태하게 될 것이다.… 나는 그 다섯 개의 제안이 곧 받아들여지기를 바라는 바이다."481

6월 6일 3시 니콜라이 황제가 신임장 봉정을 하도록 민영환의 알현謁見을 허락하였다. 민영환은 크레믈린에 입궁하여 니콜라이 2세에게 국서를 전달하고 로바노프에게 제시한 다섯 가지 제안을 반복하여 주청奏請하였다. 황제는 이를 주의 깊게 들었고, 윤치호가 '어떤 조선인 반역자들'이라고 통역하는 대목에 이르자 황제는 '대원군'이냐고 물었다. 이에 윤치호는 다음과 같이 부연하였다.

"조선인이 바라는 것은 안정된 정부입니다. 조선인은 지난 3년 동안 생명과 재산의 안전감을 느껴 본 적이 단 하루도 없었습니다. 지금 조선이 (아관이어俄館移御로) 안정된 정부를 가질 수 있게 된 것은 러시아의 힘이 있기 때문입니다. 러시아와 일본이 공동으로 영향력을 행사하면 조선인 관리들 사이에 당파적 음모가 조장될 것이고 러시아와 일본 사이에 심각한 분규가 초래될 것입니다. 그와 같은 협정에서는 전쟁이든 평화든 조선은 고통만 받는 입장이 될 것입니다. 폐하께서는 그와 같은 협정에 결코 동의하지 말아주시기 바랍니다."

윤치호의 부연 설명에 니콜라이 2세는 "러시아와 일본의 공동 영향력'이라는 말이 언급될 때마다 머리를 흔들면서 '아니, 아니야!'라고 말하여" 조선에 대한 러시아와 일본의 공동 영향력 행사에 부정적인 입장을 표명하였다. 민영환이 거듭하여 다섯 개의 요청 사항을 주청하자 니콜라이 황제는 외무장관 로바노프와 재정장관 세르게이 비테에게 그대로 전하도록 하였다. 니콜라이 2세는 민영환에게 "로바노프와 비테가 그 일을 주선할 것이고 러시아의 도움을 믿어도 될 것"이라고 하였다.

민영환은 고종의 친서를 러시아 황제에게 친전親傳하였는데, "조선 주재 베베르Карл Иванович Вебер 공사와 일본 주재 스페이어Алексей Николаевич Шпейер 공사의 협력에 대하여 황제에게 감사하는 내용"이었다. "그들이 동양에 오랫동안 체류할 수 있도록 허락해 주기를 바란다"는 고종의 사의謝意 표명에 대해 니콜라이 2세는 '기쁘다'는 말로 화답하였다.[482]

황제를 알현한 다음 날 오전 10시 반 경, 민영환은 재정장관 비테를 방문하여 황제에게 주청한 내용과 알현한 결과를 그대로 전하면서 고종의 호위를 위한 경비병 지원을 특별히 강조하였다. 러시아 재상宰相 비테는 다음과 같은 절충안을 민영환에게 제시하였다.

"러시아는 일본이나 다른 어떤 나라가 조선을 공격하거나 문제를 야기하지 못하도록 대처해 조선의 질서와 평화를 유지하는 일에 매우 단호하다. 그러나 시베리아 철도가 완공될 때까지는 러시아가 매우 서서히 이런 정책을 펴 나가야 한다. 그리하여 러시아 외무부가 극동문제를 조정하는 데 취할 수 있는 어떠한 조처도 잠정적일 것이다. 현재 일본은 러시아보다 백배나 약하지만 조선에 근접해 있어서 조선에서 더 큰 영향력을 행사하기에 더 좋은 입지를 가지고 있다. 그렇지만 종국에는 틀림없이 러시아가 우세해질 것이다. 조선이 요청한 문제에 관하여, 첫째, 군사교관들은 지원될 가능성이 매우 높고, 둘째, 고문들 문제에 대해 우리는 한성 주재 러시아 공사관에 장교들을 증원할 수 있을 것이며, 그들이 당신들을 도울 수 있을 것이다. 셋째, 차관은 조선의 재정 상태가 조사될 때까지는 제공될 수 없다.… 넷째, 경비병 문제는 조선 국왕이 스스로 보호할 의지를 지니고 있지 않다면 어찌 다른 사람들이 보호해 줄 수 있겠는가? 내가 만일 그 자리에 있다면 대원군을 위시한 모든 적을 처벌할 것이다."[483]

세르게이 비테의 조정안은 군사교관과 고문관들은 제공할 수 있으나 차관 제공은 유보하고 조선 왕실 수비대 지원은 불가한 것으로 요약할 수 있다.

대관식 행사가 모두 종료하여 민영환은 수도 상트페테르부르크로 이동한 후에 외교교섭을 지속하였다. 6월 13일 오후 1시 30분경 민영환은 이바노프 외무장관을 면담하고 확답을 얻으려 하였다. 로바노프는, "러시아가 최선을 다해 일본의 위협으로부터 조선의 독립과 평화를 보호해 줄 것이고, 조선 국왕은 원하는 만큼 러시아 공사관에 체류할 수가 있으며… 그곳에서 경비병을 확보할 수 있을 것"이라는 니콜라이 황제의 메시지를 전하였다.

이에 민영환은 "국왕이 언제까지나 러시아 공사관에 머무를 수는 없다. 되도록 조속히 환궁해야 한다. 국왕께서 궐 밖으로 나와 머무시면 백성들은 결코 편안하게 생각하지 못할 것이다. 귀국 정부에서 국왕을 궁에서 보호할 수 있도록 경비병을 배치해 줄 수 없겠는가?" 하고 재차 요구하였다. 로바노프는 '러시아가 조선의 궁궐에 경비병을 투입한다면 영국과 독일이 불쾌하게 여길 것이라고 난색을 표명하면서, 만일 조선 국왕이 환궁한다면 러시아가 안전을 보장해 줄 수 있을 것'이라 답하였다. 다음은 민영환과 이바노프 간에 담화한 주요 내용이다.

민영환: "만일 귀하께서 궁궐 경비병을 제공할 수 없다면 다수의 군사교관을, 가령 200명을 우리에게 제공하여 그들이 국왕을 보호하고 조선군을 조직할 수 있도록 해 줄 수는 없겠는가?"

로바노프: "그들은 서울 주둔 일본군과 마찰을 불러일으킬 수 있다. (1) 우리 정부는 조선의 군사문제를 검토하고 러시아 교관을 파견하는 일이 바람직한지 여부를 판단하기 위해 장교 1명을 파견하고자 한다. (2) 차관 문제에 대해 재정장관이 조선의 재정 상황과 상업·농업 실태를 주의 깊게 검토할 목적으로 재정문제 전문가 1명을 파견하려 한다. 우리 정부가 조선에 차관을 제공할 것인지 여부는 그의 보고에 달려 있을 것이다. (3) 러시아와 조선의 전신 연결에 관해 우리는 서울과 블라디보스토크를 기꺼이 연결하고 싶다. 그러나 우리는 조선의 상황과 여건을 더 잘 알 때까지는… 해저케이블을 연결하는 문제에 관해 아무 계획이 없다."

민영환: "귀국 정부가 차관과 전신문제에 대해 취하고자 하는 조치들을 나는 반대하지 않는다. 그러나 나는 왜 귀하가 조선 현지에 있는 베베르나 귀국 해군 당국자에게 조선의 군사 상황을 보고하도록 요구할 수 없는지 그 이유를 알지 못하겠다. 조선에 장교를 보내 그의 보고를 기다리려면 3~4개월이 걸릴 것이다. 그 사이에 국왕은 거의 1년간 공사관에 머물게 될 것이고 나라는 조각날 것이다."

로바노프: "우리는 현지의 베베르와 해군 관계자를 충분히 신뢰한다. 그러나 그러한 문제는 철저한 조사를 담당할 전문가를 필요로 한다. 그래서 특별히 그 목적을 위하여 장교 1명을 보내려 한다. 그 외에 우리의 전신·우편 사업은 귀하가 우려하는 만큼 그리 많은 시간이 걸리지는 않을 것이다. 왜 귀국 정부는 이러한 일을 더 일찍이, 말하자면 국왕이 처음 러시아 공사관

으로 갔을 때, 아니면 그 이전이라도 우리에게 말하지 않았는가? 우리는 이런 일들을 하루이틀에 해결할 수가 없다. 그렇지만 군사교관에 대한 귀하의 요청을 관계자에게 전달하여 답변을 주도록 할 것이다."[484]

조선 정부의 다섯 가지 제안 중에서 고종의 신변을 보호할 궁궐 수비대 지원 문제가 가장 긴급한 교섭 임무였다. 경복궁을 수비하고 국왕을 호위하던 시위대侍衛隊가 을미사변 당시 국왕과 왕후의 신변경호에 실패함에 따라 시위대를 보강하고 재조직하기 위해 러시아 교관과 병력을 지원받으려 하였다. 그러나 러시아 정부로부터 이에 대한 보장을 획득하지 못하였으므로 이를 관철하기 위하여 6월 16일 오후 2시 민영환은 외무부 아시아 국장 카프니스트Дмитрий Алексеевич Капнист (1837~1904) 백작을 면담하였다. 다음은 그와 관련한 면담 내용이다.

민영환: "다섯 가지 제안 가운데 가장 중요한 것은 호위병이다. 그러나 귀국이 우리에게 궁궐 수비병을 제공할 수 없다면 왜 우리가 원하는 만큼 군사교관을 고용하도록 허락하지 않는가? 우리는 조선군의 조직을 위해 어느 나라로부터도 교관을 고용할 권한이 있다. 다만 이 점에서 우리는 러시아 장교들을 원한다."

카프니스트: "국왕의 보호나 안전 그리고 군사의 조직은 별개의 문제이다. 두 가지를 혼동하지 않기를 바란다. 지금 국왕의 안위安危 문제는 우리도 귀하 만큼이나 많은 관심이 있다. 그러나 국왕의 안전을 보장하는 수단과 방법은 우리 정부의 판단에 맡겨야 한다. 로바노프 공은 경비 병력이 궁으로 투입되는 것이 허용될 수 없다고 귀하에게 말하였다. 왜냐하면 그 결과는 정치적 문제들을 불러일으켜 국왕의 안전에 도움이 되기보다는 오히려 더 많은 해를 입힐 수 있을 것이기 때문이다. 우리는 그 문제를 조선만의 국지

적 이해의 관점만이 아니라 전全 세계정치의 종합적인 관점에서 고려하지
않으면 안 된다. 더욱이 그 두 제안을 넘어 우리가 이미 귀하에게 제시한
바 있는, (1) 국왕은 원하는 만큼 러시아 공사관에 머물 수 있고, (2) 그렇
지 않으면 전하가 경비 병력 없이 궁으로 돌아올 수 있지만 아무도 국왕을
해하지 못하도록 러시아가 충분한 도의적 보장을 한다는 것도 사실이다.
만일 전하가 그토록 열망한다면 현재 궁으로부터 지근거리에 있는 러시아
공사관에… 더 많은 경비 병력을 둘 용의가 있다.”

민영환: “그러면 어떤 문제가 발생할 경우 국왕을 보호하기 위해 경비병이 궁
궐에 진입하는 것이 허용되는 것인가?”

카프니스트: “그것은 우리가 약속할 수 없다. 그것은 여건에 따라 서울 주재 러
시아 공사가 결정해야 한다. 내가 듣기로 베베르는 10월 8일 명성왕후 시
해 사건 당시 왕궁에 맨 먼저 도착한 사람이다. 만일 그가 어떤 사태에 직
면한다면 경비병을 이끌고 갈 것 같지 않은가?”

민영환: “조선군을 조직하기 위해 그리고 그 조직이 완비될 때까지 국왕을 호
위하는 경비대 역할을 담당할 큰 규모의 군사교관들을 보유하는 문제에
대해 누가 반대하는가?”

카프니스트: “만일 우리가 대규모의 군사교관을 왕궁으로 들여보낸다면 결국
아무도 그들이 또 다른 이름을 가진 경비대가 아닌 것이라 속지 않을 것이
다. 우리는 우리 행동 때문에 조선에서 정치적 문제가 야기되지 않도록 조
심하고 있다. 아무도 지금 국왕이 러시아 공사관에 머무는 데 반대하고 있
지 않다. 아무도 넉 달 전에 그 문제에 반대하지 않았기 때문이다. 그러나
러시아가 현재의 방침을 바꾸어 어떤 형태로든 왕궁에 경비병을 투입하면
매우 심각한 정치문제를 유발하게 될 것이다. 우리는 일본이 어떤 형태의
군대도 왕궁에 주둔시키는 일에 반대하였다. 그런데 왜 우리가 스스로 그

렇게 해야 하는가?"

민영환: "그러면 당신들이 군사교관을 얼마나 보내 주려 하는지 말해 줄 수는

없는가?"

카프니스트: "우리가 조선의 군사적 상황을 알지 못하기 때문에 말할 수 없다.

그 문제에 관한 전문가가 조속히… 파견되어 조선군 교육을 위해 어떤 병

과의 교관이 어느 규모로 필요한지 조사할 것이다."[485]

민영환을 특명전권공사로 한 조선사절단의 외교교섭은 카프니스트
와의 면담을 마지막으로 종료되었다. 조선 정부의 다섯 가지 제안 중
러시아 정부는 군사교관과 재정 고문관 파견을 승인하고 차관 제공 등
은 유보·검토하는 절충안을 승인하였다. 조선 정부가 가장 중요하게
여긴 국왕 호위대의 지원 요청은 당시 러시아가 한반도를 자국의 세
력권으로 삼으려 하였다면 이를 확정할 결정적인 기회였을 것이다. 그
러나 러시아 정부는 유라시아 전역에 걸친 영국과의 전략 경쟁strategic
rivalry, 그리고 동아시아에서 유럽 열강과의 세력균형 문제 등을 고려
해야만 하였고, 일본과의 관계 설정 문제도 그 전략적 고려의 범주 안
에 있었다.

조선에 대한 니콜라이 2세의 호의적인 관여를 감안하더라도 러시
아의 전략가들은 한반도에 대한 현실정치realpolitik적 판단이 불가피했
을 것이다. 러시아 외무부의 아시아 정책 책임자인 카프니스트가 민영
환에게 직언한 "조선에만 국한된 협소한 이해의 관점만이 아니라 전
全 세계정치의 종합적인 관점에서 고려"하라는 제언은 청으로부터 독
립한 지 얼마 안 된 조선의 외교 사절을 위한 전략적 충고였을 것이다.
조선 최초의 대對러시아 외교사절단은 그러한 과제를 지닌 채 귀국하
였다.

청淸, 제국 해체의 길목: 독일의 자오저우胶州湾 점령[1897]

삼국공조가 성공한 직후인 1895년 9월 독일의 해군장관 홀만Friedrich von Hollmann(1841~1913)은 조차租借 가능 지역의 목록을 작성하였다. 저장성浙江省의 저우산군도舟山群島, 푸젠성福建省의 샤먼厦門, 타이완해협의 펑후澎湖군도, 산둥반도의 자오저우만, 그리고 한반도 남단의 섬 등이 고려의 대상이었다. 외무차관 로텐한Wolfram von Rotenhan(1845~1912)은 영국과 프랑스, 일본 등과 이해관계 충돌이 자명한 지역을 제외하고 최종적으로 자오저우를 선정하였다. 문제는 청국을 설득하고 러시아의 동의를 받아내는 일이었다.

1896년 6월 대순방 도중에 독일에 체류한 리홍장에게 외무장관 마샬 폰 비버슈타인Adolf Marschall von Bieberstein(1842~1912)은 "독일이 개입하지 않았다면 일본은 결코 랴오둥반도를 포기하지 않았을 것"이라 강조하면서 "동아시아의 세력균형과 중국영토 보전의 옹호자인 독일이 안정적인 해군기지를 보유하지 못한다면 이러한 목적을 수행할 수 없다"고 주장하였다. 그는 삼국공조에 대한 보상을 독일만 받지 못하였다고 항의하면서 중국에서 해군기지를 확보하는 문제는 '물러설 수 없는 요구unabweisliche forderung'라고 리홍장을 압박하였다. 비버슈타인의 주장에 대해 리홍장은 중국 적대정책이라고 반발하면서 "불행한 전쟁이 이제야 끝난 시점에 영토 일부를 할양하는 것이 중국에게 얼마나 어려운 일인지 헤아려 보라"고 반문하였다. 리홍장은 중국에 돌아가서 이 문제를 논의하겠다고 여지를 둠으로써 비버슈타인을 무마하였다.[486]

비버슈타인이 주장한 바와 같이 청일전쟁을 계기로 러시아와 프랑스가 청국으로부터 이권 보상을 받은 것은 사실이지만, 애초에 삼국공조의 전제가 어떠한 영토 보상도 요구하지 않는다는 것이었다는 점에 비추어 독일 정부의 요구는 무리한 것이었다. 러시아의 만주철도 부설권은 동맹조약과 교환한 것이었다. 이후 독일 정부는 자국과 러시아에 주재하는 청국 공사를 통해 항구 조차租借 문제를 지속적으로 요구하였으나, 청국 정부는 독일의 요구를 수용하면 열강들의 상응하는 요구가 이어져 영토보전이 총체적인 위기에 직면하게 될 것이라며 사실상 불가 입장을 취하였다. 이에 빌헬름 2세는 협상을 압박하기 위하여 푸젠성의 샤먼을 점령할 것을 지시하였으나 영국과 프랑스의 반발이 예상됨에 따라 재상 호헨로헤Prince of Hohenlohe-Schillingsfürst(1819~1901)의 요청으로 이를 철회하였다.

자오저우 조차에 대한 협상을 본격적으로 시작하기 전에 독일은 러시아의 동의를 구할 필요가 있었다. 1897년 8월 7일~11일 사이 빌헬름 2세는 러시아를 방문하여 여름궁전Петергоф/Peterhof Palace 동행 길에 니콜라이 2세로부터 자오저우 점령에 대한 동의를 얻어냈다고 뷜로우Bernhard von Bülow(1849~1929) 외무장관에게 전하였다. 니콜라이 2세가 빌헬름 2세에게 동의했는지 여부는 여러 가지 논란이 있다. 자오저우에 대한 러시아의 '우선 정박권droit de premier mouillage'을 짜르가 상세하게 알지 못했기 때문이라는 견해와 '다른 항구를 사용할 수 있을 때까지' 자오저우를 일시적으로 활용하려 했다는 견해가 대표적인 해석인데, 전자가 더 설득력이 있는 것으로 보인다.

청일전쟁을 계기로 군함의 일본항구 입출항이 제한되었으므로 러시아 함대가 1896년 겨울에 자오저우에서 월동하면서 청국으로부터 이러한 권리를 부여받은 것으로 알려졌다. 짜르가 동의한 것은 빌헬름 2세의 다음과 같은 질문이었다. "필요할 경우 러시아 해군 당국의 동의를 받아 독일 군함이 자오저우에 일시적으로 정박할 수 있는지"에 관해 짜르가 긍정적인 답변을 한 것이다. 빌헬름 2세의 전언을 토대로 작성한 호헨로헤 재상의 서한에 대해 무라비요프 외무장관Михаил Ни колаевич Муравьёв (1845~1900)은 "러시아는 자오저우만을 영구히 보유할 의도가 없다"고 답변하면서 러시아 함대가 철수한 이후 독일이 자오저우만을 사용하는 것에 반대할 의사가 없음을 시사하였다. 러시아와 청국 간에 자오저우만에 관한 어떠한 협정도 없다는 것을 확인한 독일 정부는 자오저우의 조차를 강행하기로 하였다.[487]

11월 1일 밤, 산둥반도에서 독일 선교사가 살해당하는 사건이 발생하자 이에 대한 응징을 빌미로 독일 정부는 '보상금과 범죄자 처벌'을 요구하며 자오저우만을 점령하도록 독일 함대를 파견하였다. 11월 6일 빌헬름 2세는 니콜라이 2세에게 '여름궁전의 동의'를 상기시키며 독일 함대의 파견에 대한 양해—찬성을 희망함—를 구하는 서한을 보냈다. 짜르는 자오저우 항에 1895~1896년 겨울 동안 러시아 함대가 '우선 정박premier mouilage'하였다는 사실을 최근에야 알았으므로 "독일 함대의 파견을 찬성도 반대도 할 수 없다"고 답변하였다. 짜르의 모호한 답변은 청국의 반발을 우려한 것이자 '점령과 조차'에 대해서는 찬성하지 않는다는 완곡한 '반대 의사'로 해석될 수 있었다.

러시아 정부는 짜르가 카이저에 답변한 다음날인 11월 8일 무라비요프가 뷜로우에게 보낸 두 개의 전문을 통해 공식적인 입장을 표명하였다. 무라비요프는 자오저우가 러시아에게 '우선 정박권'이 있으므로 독일 함대가 자오저우에 진입할 경우 러시아 또한 함대를 파견할 것이며, 독일이 자오저우를 점령한다면 다른 열강들도 동일한 행동을 취하게 될 것이므로 청국과 독일이 협상을 통해 우호적으로 사태를 해결하도록 요구하였다. 독일은 러시아의 중재 제안에 반발하였고 11월 14일 디더리히Otto von Diederichs (1843~1918) 제독이 이끄는 독일 함대는 자오저우를 점령하였다.[488]

다음날 리홍장은 "러시아가 필요하다면 청국의 무기고 및 보급창고를 비롯하여 모든 항구를 무조건으로 사용할 수 있다”고 언급하면서 급히 러시아에 도움을 요청하였다. 이즈음 빌헬름 2세는 “러시아 함대가 자오저우에 정박할 수 있고 양국이 향후의 문제에 대해 공동의 이해에 도달할 수 있을 것”이라고 짜르를 안심시키라는 재상 호헨로헤 공의 진언을 수락하여 러시아에 최상의 우호 표시를 보내기 시작하였다. 11월 20일 독일 정부가 헤이킹Edmund von Heyking(1580~1915) 공사를 통해 총리아문에 보상의 요구조건을 공식 전달하면서 협상이 시작되었다.

러시아 정부는 태평양 함대에 내린 자오저우만 진입에 관한 훈령을 취소하였고 자오저우가 결국 독일에 넘어갈 것으로 판단하였다. 무라비요프는 독일의 자오저우 점령이 단순히 저탄소와 정박지가 필요해서가 아니라, 빌헬름 2세가 국운을 걸고 야심차게 수행하는 해군 증강을 통한 제국주의 정책인 ‘세계정책Weltpolitik’과 직결되어 있다고 판단하였다. 카이저는 자오저우를 독일의 동아시아 정책의 운명을 좌우하는 극동의 별, ‘북극성’으로 표현하였다. 실제로 11월 30일 제국의회에서 카이저가 자우저우만 점령의 불가피성을 설명하면서 해군 증강법을 제안했을 때 제국의회 의원들은 열렬히 환영하였다. 이어 외무장관 뷜로우는 독일의 세계정책Weltpolitik의 기원이 된 12월 6일 제국의회 연설에서 세계정책의 핵심 키워드인 ‘양지陽地정책’의 필요성을 역설하였다. 그는 독일은 “음지에 있는 것을 원하지 않으며 양지Platz an der Sonne를 요구한다”는 그 유명한 연설로 자오저우의 점령을 확고히 하였다.[489]

독일의 자오저우 점령이 기정사실화되는 가운데 니콜라이 2세는 러시아가 취해야 할 행동을 결정하기 위해 11월 26일 특별각료회의를 소집하였다. 핵심 쟁점은 독일의 자오저우 점령에 대응하여 러시아가 대체 항구를 획득하는 문제에 관한 것이었다. 이미 외무장관 무라비요프는 니콜라이 2세에게 제출한 비망록(11월 23일자)에서 청일전쟁 이후 매우 유동적인 극동정세에 대응하기 위해 태평양 함대가 보다 안정적인 항구를 확보할 필요가 있으며 랴오둥반도가 유력한 대상이라고 건의하였고 짜르는 이에 동의하였다.

특별회의에서 무라비요프의 제안에 대해 각료들의 의견은 분분하였는데, 비테가 무라비요프의 제안에 반대하며 회의 분위기를 주도하였다. 비테는 뤼순이나 다롄大連 등을 점령하는 것은 러청동맹의 취지에 위배되는 것이라고 반박하였다. 그에 따르면, "중국은 러시아의 오랜 친구이므로 전통적인 선린정책을 고수해야 하며, 만주를 경유한 시베리아 철도가 완공되어 태평양으로 진출이 가능한 항구가 필요하게 될 경우에도 군사적 방법이 아닌 우호 협정을 통해 해결해야 한다"고 중국과의 선린 협력을 강조하였다. 또한 그는 "삼국개입으로 랴오둥에서 철수한 일본이 독일과 러시아의 점령이나 조차를 빌미로 군사행동을 취한다면 러시아는 동맹조약에 따라 일본과 전쟁에 돌입하는 상황에 처하게 된다"는 우려를 제기하였다.

뤼순항 점령에 반대한 티르토프Павел Петрович Тыртов(1836~1903) 제독은 "뤼순항이 태평양 함대에 적절치 않으므로 당분간 블라디보스톡을 해군기지로 사용할 것"을 권하였다. 그는 뤼순항보다는 조선의 항구를 선호하였다. 회의 결과, 뤼순항을 비롯하여 어떠한 항구도 점령하지 않기로 결정하였다. 이러한 결정에는 러청동맹의 논리와 열강의 세력권 쟁탈을 자제시키려는 분위기가 작용하였다.[490]

짜르는 특별회의의 결정을 수락하지 않았다. 그 이유에 대해서는 명확하게 알려지지 않았으나, 러시아가 행동하지 않으면 영국이 뤼순이나 다롄을 선점할 것이라는 집요한 설득이 주효한 것으로 보인다. 나가사키에 정박 중이던 러시아 함대의 두바소프 제독이 보낸 "영국 함

대가 러시아 함대를 저지하기 위해 뤼순항으로 발진 준비중"이라는
긴급 전문은 이러한 우려를 확인해 주는 것처럼 보였다. 더욱이 독일
이 청국의 협상안—남부의 대체 항구 제공 등—을 단호히 거부하자 12월
8일 리훙장이 파블로프Александр Иванович Павлов (1860~1923) 공사를
통해 러시아에 독일에 대한 해상무력시위를 재차 요청함으로써 무라
비요프는 러시아 함대의 뤼순항 입항 명분을 마련하게 되었다. 광서제
가 리훙장에게 이를 철회하도록 지시하였으나 이미 파블로프가 본국
에 보고한 뒤였다.

　　12월 11일 무라비요프는 "청국의 제안을 수용하여 러시아 함대를
뤼순에 파견"한 사실을 청국 정부에 통보하였다. 12월 19일 러시아 함
대는 '정당한' 방식으로 입항하였다. 두 달여 동안 어떠한 상륙작전도
시도하지 않았고 중국의 '동의'에 의한 일시적인 정박임을 알렸다. 우
려한 대로 영국 순양함 두 척이 뤼순에 입항하였으나 별다른 충돌은
발생하지 않았고 러시아 또한 영국에게 항의하지 않았다. 러시아로부
터 사전에 통보를 받은 빌헬름 2세는 러시아 함대의 뤼순 입항을 열렬
히 환영하였다. 카이저는 "이제 러시아의 적은 독일의 적이며 러시아
에 대항하는 자는 러시아 전함 곁에 있는 독일 함대를 상대해야 할 것"
이라 공언하였다.[491]

　　러시아 함대가 뤼순에 진입함에 따라 러시아 정부는 대처방안을 논
의하게 되었다. 비테는 뤼순 문제를 더 이상 반대할 수 없었으므로 무
력에 의한 방법보다는 청국과의 협력을 통해 해결하는 방안을 강구하
였다. 12월 14일 리훙장이 청일전쟁의 배상금 중 최종 지급금을 해결
하기 위해 러시아에 차관을 요청하면서 러시아 정부는 뤼순 문제를 해
결할 출구를 발견하게 되었다. 비테는 차관의 조건 중의 하나로 동청
철도의 남부지선 부설권 문제를 거론하면서, 남부 지선에 필요한 항만

건설을 위해 발해만의 어느 지점을 허용할 것을 요구하였다. 청국 정부는 조선의 압록강 하구를 조차할 것을 러시아에 제안하는 한편으로, 영국과 독일에 차관을 요청하여 러시아의 요구에서 벗어나려 하였다.

영국은 다롄항을 비롯하여 여러 곳을 무역에 개방하고, 버마(미얀마)와 양쯔강을 잇는 철도 부설권을 포함한 다양한 이권과 양쯔강 유역의 세력권을 인정하는 것을 조건으로 차관에 동의하였다.[492] 영국의 요구에 동의하면서 청국은 러시아의 시도를 견제해 주도록 요청하였으나 영국은 유보적인 태도를 보였다. 오히려 영국은 러시아와 타협을 모색하고 있었다. 1898년 1월 17일 솔즈베리 수상은 '중국에서 영국과 협력할 수 있는지' 비테 측에 의향을 타진하였다. 솔즈베리는 협력할 경우 중국 북부에서 러시아의 상업적 이익을 더욱 지지해 줄 수 있음을 시사하였다.[493]영국의 차관 제공이 기정사실화되고 영국의 이권 요구가 알려지자 뤼순 등 발해만 연안의 항구를 조차하는 문제가 긴급 현안으로 상정되어 1898년 2월 중순 특별각료회의가 소집되었다. 회의에서 랴오둥반도를 조차하고 이의 관철을 위해 뤼순에 병력을 파견하는 결의안이 채택되었다.

3월 1일 청 정부는 영국계 홍콩상하이은행HSBC과 독일아시아은행 Deutsch-Asiatische Bank/德華銀行으로부터 1,600만 파운드(연리 4.5%)의 차관을 도입하는 계약을 체결하였다.[494] 이에 자극받은 러시아 정부는 청 정부에 2월 회의의 결정에 대해 조속히 답변해 줄 것을 요구하였고 청 정부는 영국에 도움을 요청하였다. 3월 10일 영국공사 맥도날드Claude Maxwell MacDonald(1852~1915)는 영국의 세력권이 침해되지 않는다면 "러시아의 뤼순과 다롄점령이 중국에서 세력균형을 위협하지 않을 것이므로 영국이 즉각 개입할 필요가 없다"는 보고를 하였고, 다음날 솔즈베리 수상은 "영국이 부설하는 한커우漢口–베이징 철도를 러시아가

반대하지 않는다면 영국도 뤼순과 다롄의 조차에 반대하지 않겠다"는 의사를 표명하였다.[495]

3월 12일 무라비요프는 "영국에게 양쯔강 유역의 이권을 부여하였고 프랑스의 요구도 수용하였으니 이제 러시아에 항구를 허용해야" 한다고 주장하였다.[496] 중국에서 영국은 여러 부동항을 보유하고 있으나 러시아는 하나도 없으며, 러시아가 항구를 갖는 것이 전쟁 발발 시 청국에 군사적 지원을 하는 데 더 효율적이라는 논리였다. 영국이 러시아의 뤼순 조차에 동의하고, 러시아의 의지가 강경함을 재차 확인한 청국은 러시아의 요구를 수용하기로 하였다.

3월 27일 조차협정이 최종적으로 조인되었다. 협정에 따라 다롄과 뤼순항은 25년간 러시아가 조차하였고 동청철도의 지선은 다롄까지 확장되었다. 다롄항은 열강의 요구를 반영하여 군항 일부를 제외하고 무역에 개방되었다. 외교사학자 렌젠George A. Lensen의 견해처럼, 뤼순항 조차는 "프랑스의 마음속 지지와 영국의 비밀스러운 동의"[497]에 의해 성사되었다. 4월 19일 영국은 러시아, 프랑스, 독일의 묵인 아래 산둥반도의 웨이하이(옌타이)를 조차하였다.

뤼순항 조차를 시작으로 위화단의 난(1900)을 진압하기 위한 만주 출병까지 러시아는 동아시아에서 최대계획을 실행하려 하였고 이것은 제국의 과도팽창으로 귀결되었다. 러시아가 최대계획으로 전환한 이유는 강조점에 따라 연구자들 간에 다양한 해석이 있다. 당대의 평가는 일반적으로 러시아의 아시아 정책을 '오랫동안 면밀하게 계획된 제국 팽창의 프로젝트'라고 규정함으로써 '러시아 공포증'의 시각에서 다루고 있다.

현대의 관점은 주로 제국주의적 분석 방법을 차용하고 있다. 예를 들어, 제국주의의 식민지 쟁탈이라는 일반론적 입장에서 랑거William L.

Langer[498]는 19세기 말 러시아의 아시아 정책을 제국주의 외교의 자기
실현이자 제국의 일반적인 영토팽창의 일환으로 해석한다. 러시아의
아시아 정책을 경제적 동기에 주목하여 분석한 연구자 중에는 가이어
Detrich Geyer와 로마노프Boris A. Romanov 등이 대표적이며, 이들은 비테
가 동아시아 정책을 주도하였다는 점에서 경제적 침투를 의미하는 '평
화적 침투'가 러시아의 동아시아 정책의 핵심이었다고 분석하고 있다.
특히, 가이어는 삼국공조와 러청동맹, 그리고 뤼순과 랴오둥遼東반도
의 조차 등이 모두 비테의 철도 프로젝트와 경제적 침투의 주요 정책
수단이었다는 경제적 접근방식을 취하고 있다.[499] 실제로 비테의 '평화
적 침투'는 식민영토가 절박하지 않았다는 점을 제외하면 전통적인 경
제 제국주의와 동일선에 있었다고 볼 수 있다.

러시아의 대외정책을 정책결정 과정의 비일관성과 관료체계의 취
약성에 의한 우연적 결과로 보는 견해도 있다. 젤라비치Barbara Jelavich
와 섬너Benedict H. Sumner[500]는 관료체계가 취약하여 제정 러시아의 정책
결정 과정에서 합의된 견해와 정책의 통합성이 부재함에 따라 정책의
혼선이 초래되는 경우, 중앙정부 내에서 그리고 중앙정부와 변경의 지
휘부 간에 혼선이 빚어져 상황 의존적으로 결정되는 경우가 적지 않았
다는 점에 주목하였다.

이 외에도 러시아의 동아시아 정책이 니콜라이 2세의 개성에 의해
좌우되었다는 견해도 있다. 러시아를 세계에서 가장 위대한 나라로 만
들겠다는 다소 환상적인 꿈과 메시아적 사명을 지녔으나 심지가 약했
다는 평가를 받는 짜르 니콜라이는 정책을 주도했다기보다는 장관들
의 경쟁적인 정책 견해들 사이에서 유동적 입장이었다고 보는 것이 적
절한 평가일 것이다. 이러한 다양한 견해들은 각각 일면 타당한 점이
있으며, 여러 동기가 융합되어 정책이 도출되었다고 볼 수 있다. 그럼

에도 비테의 경제적 동기가 동아시아 정책의 가장 핵심적인 추동력이었다는 점은 현대 연구자들 사이에서 대체로 공유되고 있는 사실이다.

그러나 비테의 '평화적 침투'가 러시아의 과도팽창으로 직결된 것은 아니었다. 비테는 초기에 뤼순을 비롯한 랴오둥의 점령을 반대하였다. 다른 유럽 열강들과는 달리 '러시아에게 영토적 식민지는 필요하지 않다'고 밝혔듯이 그의 관심은 영토적 팽창이 아니라 경제적 공간이었고, 그가 계획한 것은 만주에 대한 경제적 통제나 독점이었다. 물론 경제적 침투가 군사·외교적 지원이 뒷받침되어야 하는 것은 사실이지만 식민영토가 직접적인 목표는 아니었다. 따라서 비테의 동아시아 정책은 현대적 의미의 '비공식 제국주의informal imperialism'와 유사했다고 볼 수 있다. 그의 전략은 동아시아를 거점으로 하여 '비공식 제국주의'라는 방식을 통해 러시아를 '세계 제국주의의 중심metropolis'으로 만들려는 야심찬 계획이었다.

그렇다면 왜 뤼순항 조차와 만주점령이라는 과도한 팽창정책—아편전쟁 등으로 영토 할양이나 항구 조차와 철도 부설권 등 이권을 확보한 영국이나 프랑스에게는 어쩌면 자연스러운 정책—이 결정되었을까? 풀러William C. Fuller는 이러한 정책오류를 '제국 해체의 두려움'에서 찾고 있다. 유라시아의 서쪽과 동쪽에서 오스만 튀르크 제국과 청 제국이 해체의 길로 들어서고 있는 상황에서 러시아가 아무런 행동을 취하지 않는다면 공세 정책에 드는 비용보다 더 큰 미래의 손실을 초래하게 될 것이고, 시간은 결코 러시아의 편이 아니라는 불안감의 발로였다는 것이다. 다시 말하면 만약 러시아가 행동을 결단하지 않으면 다시 안 올 기회를 잃게 되리라는 전략적 우려감이 군사와 외교 분야의 정책결정자들 사이에 팽배해 있었다.

유라시아 대륙에서 양대 제국이 동시에 해체되면 유럽 열강은 제국의 유산을 차지하기 위해 무한 경쟁에 돌입할 것이고 유럽세계는 불확실성에 빠질 위험이 있으므로, 유럽과 동아시아에서 국경의 취약성이 어느 국가보다도 현저한 러시아는 이에 적극적인 대비를 해야 한다는 논리였다. 더욱이 유라시아 제국인 러시아의 동쪽과 서쪽에 기나긴 변경을 맞대고 있는 두 제국의 해체가 러시아로서는 여타 유럽 열강과 비교하기 어려운 지정학적 재난일 수도 있었다.

앞서 '동방문제'에서 살펴보았듯이 오스만 튀르크가 해체되어 여타 국가가 보스포루스 해협을 장악할 경우, 크림전쟁의 사례처럼 러시아의 흑해는 봉쇄되고 유럽 방면에서 러시아의 서·남부 국경이 위험해질 것이다. 또한 청 제국이 해체되어 특정 국가가 한반도나 발해만, 또는 만주 남부를 점령한다면 중국 북부의 이권은 물론이고 군사 및 인구 면에서 취약한 극동 영토를 보전하기도 어려울 수 있다는 위기감이 팽배해 있었다. 이렇듯 제국의 해체 분위기는 오스만 튀르크와 청 제국에서 동시적으로 시작되었다.

청국이 독일의 자오저우만 조차租借 문제를 논의하던 1897년, 크레타 봉기(1월)와 이에 따른 튀르크와 그리스 전쟁(2월)으로 러시아 정부는 오스만 제국의 해체 가능성과 이에 따른 대책 논의를 시작하였다. 1월 초 전쟁장관 반노프스키는 유럽의 함대가 콘스탄티노플에 진입하면 흑해의 안전을 담보하기 위해 러시아 군대도 동시에 흑해 입구인 보스포루스 상부 지역을 점령한다는 비상계획을 짜르에게 제출하였다. 반노프스키의 비상계획은 흑해의 출로를 확보하기 위해 콘스탄티노플이나 다르다넬스를 점령하는 공세 계획이 아니라 여타 열강이 흑해로 진입하지 못하도록 예방하는 수세적 방어계획이었다.

3월 26일 외무차관 람스도르프는 반노프스키의 계획을 지지하면서 짜르에게 "보스포루스의 상부를 장악하는 것이 가장 중요한 관건이며, 흑해를 지키면서 오스만제국의 유산을 놓고 유럽 국가들이 다투어 분열하게 내버려 둘 수 있을 것"이라 건의하였다. 더 나아가 그는 러시아가 보스포루스 장악이라는 역사적 과제를 달성할 기회를 그냥 지나친다면 후세 앞에 엄청난 과오를 범하는 것이라 역설하였다.

결과적으로, 비테와 프랑스 정부의 반대, 그리고 속전속결의 군사적 성공이 쉽지 않다는 전쟁성의 면밀한 판단에 따라 '보스포루스 원정'은 실행되지 못하였으나, 이러한 논의는 독일의 자오저우 점령 문제에 대처하는 과정에 투영되었다. 19세기 중반 니콜라이 1세가 '유럽의 병자'로 우려했던 오스만 튀르크 제국처럼, 열강 간에 멸시적으로 그리고 중국의 지식인들 스스로 자조적으로 지칭한 '동아시아의 병자東方病夫, 東亞病夫' 중국은 청일전쟁과 잇따른 이권 쟁탈로 쓰러지기 직전이었으므로 다른 열강이 '최상의 몫lion's share'을 독점해 버리면 러시아의 이익은 회복하기 어려울 수 있다는 판단이 작용했을 것이다. 더욱이 러시아는 경제적으로뿐 아니라 군사적으로도 중국과 극동에서 압도적인 위치에 있지 않았으므로 더욱 서두를 필요가 있었다.

1897년 여름 니콜라이 2세의 지시로 극동 탐사와 중국정세를 조사하기 위해 베이징에 파견되었던 볼콘스키Волконский, Александр Михайлович(1866~1934)는 12월 짜르에게 한 비밀 보고―"극동에서 전략적 지위를 강화할 필요에 대하여 О необходимости усиления нашего стратегического положения на Дальнем Востоке"―에서 "만약 러시아가 제국주의 게임을 거부한다면 미래가 빈곤해질 뿐 아니라 이미 개척한 아시아의 영토마저 상실할 것이며, 이러한 상태가 지속되면 블라디보스톡은 세바스토폴의 운명―크림전쟁 때 함락된―처럼 위협받을 것"이라고 주장하였다.

외무장관 람스도르프Владимир Николаевич Ламсдорф(1844~1907)는

크레타 위기를 통해 오스만제국의 해체 가능성을 우려하면서 중국에서 항구(뤼순 등)를 획득해야 할 필요성을 절감하였다. 독일의 자오저우 점령으로 인해 중국에서 제국 열강의 쟁탈전이 새로운 국면에 돌입할 것으로 판단한 람스도르프는 보스포루스 장악 논리와 마찬가지로 "만약 러시아가 행동을 결정하지 않는다면, 영국이 뤼순항을 선취할 것이고 중국에 대한 구상은 영영 포기해야 할 것"이라고 짜르를 설득하였다. 보스포루스 원정의 경우처럼 람스도르프와 비테는 뤼순점령 문제를 놓고 다시 한번 대립하였다.

디트리히 가이어의 견해에 따라 러시아의 뤼순 조차를 "성사되지 않은 보스포루스 원정에 대한 보상행동"[501]으로 볼 수도 있으나, 넓은 견지에서 보면 '제국 해체의 우려'에 따른 선제적 대응조치—또는 예방적 조치 preventative measures—라는 윌리엄 풀러의 견해[502]도 설득력이 있다. 어쨌든 간에 청일전쟁과 독일의 자오저우 점령, 영국과 프랑스, 그리고 러시아의 이권 쟁탈이 가열화함에 따라 열강 간에 최종적인 세력권 분할 경쟁이 가속화되었다.

이제 청 제국의 해체는 가시화되었고 이에 마지막으로 합류한 세력은 일본과 미국이었다. 일본은 러시아-프랑스-독일 삼국의 개입으로 포기한 랴오둥을 비롯하여 남만주와 한반도에서 세력권을 설정하는 문제를 다시 한번 주장하기 시작하였다. 스페인과의 전쟁 American-Spanish War(1898)에서 승리한 미국은 제국주의 대열에 본격 합류하여 태평양과 아시아에 대한 세력권 분할에 몰두하기 시작하였다.

1900년 세 개의 전략과 세력권: 최대계획과 최소계획

20세기 벽두인 1900년 초, 연이어 짜르 니콜라이에게 제출된 세 개의 보고서[503]는 세기의 전환기에서 제국의 운명에 관한 총제적인 전략 구상이었다. 외교, 군사, 재정 분야의 수장이 상신한 각각의 보고서에는 세계정치에서 러시아의 국가적 좌표를 진단하고 미래를 결정하는 전략 방향이 명시되어 있었는데, 전략의 선택과 집중에 있어서 각 보고는 상이한 입장을 견지하였다. 단순한 정책의 취사선택 문제는 아니었으나 어느 것을 선택하느냐에 따라 제국의 운명은 경로의존성path dependency에 지배받을 것이라는 점에서 러시아는 중요한 전략적 기로에 서 있었다.

1월에 니콜라이 2세의 동의를 획득한 외무장관 무라비요프의 보고서는 최대계획에 대한 확신과 추동력으로 채워져 있었다. 보스포루스와 뤼순점령을 지지한 바 있는 무라비요프Николай Николаевич Муравьёв(1845~1900)는 중국의 동투르케스탄과 만주 전역, 그리고 발해만 연안 지역을 배타적인 세력권으로 상정하였다. 1899년 4월 28일, 주러 영국대사 스콧Charles Stewart Scott(1838~1924)과 무라비요프 외무장관 간에 양쯔강(장강長江) 유역에서 영국의 철도 부설권과 만주 지역에서 러시아의 철도 부설권을 상호 인정하는 협정을 체결하였다. 스콧-무라비요프Scott-Muravyov agreement 협정은 공식적으로는 철도 협정이었으나 만리장성을 경계로 하여 중국에서 세력권을 각각 설정—영국은 장강 유역, 러시아는 만주 지역의 세력권 설정—하기로 합의한다는 의미를 내포하였다.

스콧-무라비요프 협정으로 기존의 전략적 우려—동아시아에서 영국과의 충돌 가능성—가 어느 정도 해소된 것으로 판단한 무라비요프는 1900년 새해 벽두에 러시아의 전통적인 전략 이익에 매진할 것을 짜르에게 주청한 것이다. 무라비요프가 판단하기에, 동아프리카의 수단 남부에서 영국과 프랑스가 충돌한 파쇼다 사건Pashoda Incident(1898)과 남아프리카에서 보어전쟁Boer Wars(1899~1902)의 발발로 영국이 아프리카에서 세력권 쟁탈에 몰두하는 동안 러시아에 기회의 창이 열릴 수 있을 것이다.

무라비요프는 보고서에서 오스만제국과 페르시아, 그리고 중앙아시아에서 세력권을 확고히 설정할 필요성을 역설하였다. 중앙아시아에서는 "영국의 영향 아래 있던 아프간과 외교관계를 재수립함과 동시에 투르케스탄과 트란스카스피 지역에서의 군사적 지위를 강화하고, 페르시아에서는 통상과 차관 공여를 통해 러시아 외의 열강에게 철도 이권 등을 양도하지 않도록 보장받아야 했다. 오스만 튀르크로부터도 흑해 연안의 철도 부설권을 열강에 부여하지 않고 보스포루스를 요새화하지 못하게" 함으로써 유라시아 지역의 세력권을 공고히 할 필요가 있었다.

무라비요프의 계획은 군사적 지원 없이는 성사되기 어려운 것으로 군비 확충을 위한 예산 증액이 불가피하였다. 그러나 비테는 동아시아 정책의 집행에 소요되는 막대한 비용, 영국을 자극할 가능성, 국민경제의 부담 등 재정상의 제약을 들어 이에 반대하였다. 최대계획에 가장 부정적인 입장은 전쟁장관 쿠로파트킨Алексей Николаевич Куропаткин(1848~1925)이었다. 3월에 짜르에게 상신한 보고서에서 그는 두 세기에 걸친 러시아의 군사적 경험과 전략적 이익을 분석하고 러시아가 지향해야 하는 전략 방향을 제안하였다.

쿠로파트킨의 보고서는 세계적 차원에서 러시아의 전략 지위를 평가한 근대 러시아 안보전략에서 최초의 총괄적 개념 문서로 평가될 만하며 오늘날에도 유용한 전략적 상상력을 자극하고 있다. 보고서의 요지는 다음과 같이 세 가지로 요약할 수 있다. 열강과의 전쟁은 바람직하지 않다는 것(전쟁 불가), 아시아에서 팽창을 자제해야 한다는 것(아시아의 현상유지), 그리고 유럽국경을 우선적으로 대비해야 한다는 것

(유럽방어 우선) 등이다. 그는 삼국동맹과의 전쟁에서 단독으로 승리하기 어려운 것은 물론이고 설사 독일이나 오스트리아-헝가리와 별개의 전쟁을 승리로 이끈다고 하더라도 결과는 러시아에 무익할 것이라 주장하였다.

예를 들어 "일부 영토의 병합이 인구와 자원 등에서 일시적으로 러시아의 국력 신장에 도움이 될지라도 중장기적으로는 독일이 프랑스로부터 병합한 '알자스-로렌'의 사례처럼 끊임없는 분쟁을 야기하고 종국적으로는 유럽의 전쟁 위협을 가중시킬 것"이었다. 아시아에서도 "인도양과 태평양으로의 출로를 확보하기 위한 시도는—지중해로의 출로를 확보하려는 시도처럼— 영국, 독일, 오스트리아, 튀르크, 중국과 일본 등의 범세계적 동맹의 저항에 직면하게 될 것"이다.

상술하면, 보스포루스를 장악하여 지중해로 진출하면 러시아는 이집트와 수에즈 운하 문제(북아프리카 및 소아시아 문제)에 관여할 수 있겠으나 영국, 프랑스, 독일, 오스트리아, 튀르크 등의 연합 대응에 직면할 것이다. 또한, 아프간과 페르시아를 통해 인도양으로의 접근로를 모색하면 영국 등과 전쟁이 불가피할 것이다. 태평양(동해와 황해)으로의 진출을 위해 중국이나 한반도 일부를 병합할 경우 중국과 일본의 맞대응은 물론이고 삼국공조의 전례에 따라 열강이 이에 개입할 가능성이 크다는 분석이었다.

이러한 내용의 쿠로파트킨 보고서를 통해 근대 이후 러시아의 세계 전략 방향과 이에 대한 영국(또는 미국)의 대항 전략을 유추해 볼 수 있을 것이다. 지중해와 인도양 그리고 태평양으로의 진출—황해를 통한 동중국해나 남중국해로 진출하거나 황해와 동해의 해로 연결—이 러시아의 최대계획이자 전략적 상한선이라면, 유럽과 아시아에서 이에 대한 영국(또는 미국)의 마지노선은 러시아의 해양 진출로를 차단 또는 폐쇄하는 것, 다시 말하면, 러시아를 유라시아의 내륙에 가두어 놓는 것이다. 영국의 대항 정책은 유라시아 대륙에서 때로는 '봉쇄containment'로, 때로는 '롤백rollback(반격)'으로 표출되었다.

영국은 보스포루스를 폐쇄하여 러시아 함대를 흑해에 가두거나, 크림전쟁에서 프랑스와 연합하여 러시아를 뒤로 밀어붙인rollback, 즉 롤백시킨 바 있다. 중앙아시아에서는 러시아가 인도양으로 쇄도하는 것을 차단하기 위해 영국은 '위대하지도 거대하지도 않은' 그레이트 게임을 수행하여 힌두쿠시산맥과 카이버 준령에서 러시아를 봉쇄하였다. 태평양에서도 영국은 영일동맹을 기반으로 일본의 대리전(러일전쟁)을 통해 반격하여 러시아를 북만주와 아무르로 퇴각시켰다. 봉쇄와 롤백 과정에서 영국과 러시아 사이에는 완충지대가 형성되었다. 유럽의 발칸 지역, 중앙아시아의 아프간 지역, 동아시아의 남만주와 한반도 등이 범위에 속한 이러한 완충지대는 현대에 들어와서도 전략적으로 유의미하게 남아 있다고 할 수 있다.

제2차 세계대전 종전 후, 영국의 대러 전략은 냉전시대에 미국에 의해—조지 케넌George Kennan과 덜레스John F. Dulles 등에 의해— 계승되어 소련에 대한 '봉쇄'와 '롤백' 정책으로 지속되었다. 냉전 해체 후, 미국이 주도하는 나토NATO의 동유럽 확장정책과 동유럽 미사일 방어계획(동유럽 MD)을 러시아가 자국에 대한 '봉쇄' 정책이자 '롤백' 전략으로 강하게 반발한 것을 고려하면, 러시아에 대한 '봉쇄'와 '롤백' 논쟁은 여전히 진행 중인 것으로 볼 수 있다.

전쟁장관 쿠로파트킨이 선호한 전략적 옵션은 "만주를 비롯하여 아시아에서 경제적 침투 등 러시아의 영향력 확대는 지속할 수 있으나 페르시아나 중국 어느 곳도 영토적으로 병합해서는 안 된다"는 것이다. 오히려 "발틱해부터 태평양까지 유럽과 아시아를 연계하는 철도와 무궁한 천연자원을 전략 수단으로 세계시장 쟁탈전에 뛰어드는 방안이 유럽 열강이 두려워하는 것"이라 강조함으로써 그는 비테의 '평화적 침투'와 동일한 선상에 섰다.

그러나 비테와 달랐던 점은 쿠로파트킨은 동아시아 집중 정책에 반대했다는 점이다. 그는 대규모 군사적 동원이 예상되는 만주 병합과 만리장성 이남으로 철도를 확장하는 방안에 반대하였으며, 오히려 조속히 만주 철도를 마무리하여 경제적 영향력을 확보하는 데 주력할 것을 요청하였다. 그는 6~7여 년 동안 일본을 군사력으로 압도할 수 있을 때까지 한국문제에 있어서 일본과 갈등을 자제해야 하며, 한국의 '보호국'화를 고려하는 것은 이후 별개의 문제라고 판단하였다.

쿠로파트킨이 보기에 비테의 동아시아 집중 정책이나 무라비요프의 아시아 확장 전략은 유럽에서 러시아의 안보를 취약하게 한다는 것이다. 당시 러시아 전쟁성의 관점에서 20세기 초 러시아 안보전략의 핵심과제는 '삼국동맹에 대항하여 러시아를 방어하는 것'으로 정리할 수 있다. 이 전략적 과제는 10여 년 후 1차 세계대전의 발발로 확인될 것이었다. 따라서 쿠로파트킨은 아시아에서 현상을 유지하고 군사적 관심을 유럽으로 돌려야 했다. 실제로 동아시아 중점 정책으로 유럽 지역의 안보 상황이 취약해진 것은 사실이었다.

1894년까지 니콜라이 2세는 서부 국경지대(유럽국경)에서 군비증강을 거의 중단하였으나 동아시아로의 정책 전환이 이루어진 1895년부터 군사비가 증가하기 시작하였다. 군사비 현황을 간략히 살펴보면, 1881~1894년 사이 동아시아 정책이 본격화되기 전 13년 동안 러시아의 군사비 지출은 거의 증가하지 않은 채 평균 약 2억 3천만 루블을 유지—1881년 2억 2,600만 루블, 1894년 2억 3,900만 루블—하였다. 그러나 청일강화조약(시모노세키 조약下關条約/馬關條約)을 수정하기 위한 삼국공조가 있던 1895년에 2억 8,500만 루블, 이듬해는 2억 9,400만 루블로 군사비가 증액되었다.

교통 운수 분야의 예산 또한 시베리아횡단철도 건설을 전면적으로 착수한 1895년부터 대폭 증액되었다. 1881~1894년 동안 교통 운수 예산은 1881년에 1,200만 루블, 1894년에 9,800만 루블(평균 약 5,600만 루블)로 완만한 증가세를 보이다가 1895년에 1억 6,300만 루블, 러-청 간에 만주철도협정이 체결된 1896년에는 1억 9,600만 루블로 증액된 이래로 증가세를 이어가고 있었다.[504] 전쟁장관 쿠로파트킨이 러시아 극동 국경의 방어와 동아시아에서의 입지를 보전하기 위해서라도 1899~1902년 동안 약 5억 6,500만 루블의 증액이 필요하다고 요구하였으나 비테는 약 1억 6,000만 루블의 증액만을 허용하였다.[505]

동아시아에 몰두하는 한 러시아는 독일에 대한 방어뿐 아니라 오스트리아-헝가리의 공격에 대해서도 충분한 준비가 되어 있지 않은 상태였다. 1900년경 독일과 오스트리아는 러시아 국경선까지 이미 27개의 철도 트랙—독일이 17개, 오스트리아는 10개—을 보유한 데 비해, 러시아는 시베리아 극동 철도에 집중적으로 투자한 탓에 유럽 방면 철도트랙은 국경까지 불과 11개만을 보유하여 개전 시 병력과 물자 수송 면에서 극심한 열세에 있었다. 군사수송의 열세 속에서 러시아는 독일의 18개 군단의 공격을 감내해야 했다.[506]

1898년 유럽에서의 안보적 취약성을 극복하기 위해 쿠로파트킨은 독일과 오스트리아-헝가리에 군비통제(동결) 협상을 제안하도록 외무성에 요청하였다. 니콜라이 2세 또한 러시아의 군사력이 유럽의 전쟁에 취약하며 유럽의 군비경쟁에서 뒤처져있음을 자각하고 있었으므로 유럽의 군비경쟁을 제한하여 유럽의 평화와 러시아의 안보를 동시에 달성하려 하였다. 1898년 8월 24일 짜르는 유럽 열강에 회람장을 돌려 군비경쟁을 제한하는 국제회의를 제안함에 따라 세계 최초의 군축회의로 기록된 제1차 헤이그 평화회의(1899)가 개최되었다.

니콜라이 2세의 평화 정책은 짜르 니콜라이 특유의 이상주의적 목표에 기인한 것이기도 하지만 전략적 측면에서도 동아시아 정책을 수행하는 데 필요한 것이기도 하였다. 동아시아에 집중하기 위해서는 유럽의 평화가 필수적이었기 때문이다. 헤이그 평화회의는 국제분쟁의 평화적 처리에 관한 협약 등 평화적 목적에 기여한 것이 사실이나, 의도했던 군비통제는 달성하지 못하였다.[507] 유럽에서 당시 유례없이 성장한 경제력과 기술력을 바탕으로 군비경쟁이 이미 되돌리기 어려운 상승 국면에 있었기 때문에 군축 논의는 군비경쟁이 정점에 오른 후에나 가능한 문제였다.

재정장관 비테의 계획은 군사작전을 필요로 하는 영토 병합을 자제하고 경제적 침투를 선호한다는 점에서 전쟁장관 쿠로파트킨의 견해와 동일하였으나 동아시아에 정책을 집중한다는 측면에서 쿠로파트킨과 상이하였다. 비테의 계획은 무라비요프와 쿠로파트킨의 견해를 절충한 측면이 있다. 1900년 2월에 니콜라이 2세에게 제출한 보고서에서 비테는 "국제경쟁이 러시아를 기다려주지 않는다"고 강조하면서 군비 확충보다는 적극적인 산업정책과 시장 확장정책을 제안하였다. 그에 따르면 19세기 후반 유례없는 산업성장률에도 불구하고 여전히 선발 자본주의국가들을 따라잡지 못하고 있으므로 후발주자의 이점을 살려 산업화와 경제적 성공에 매진해야 한다는 것이다.

1898년 기준으로 러시아의 생산력은 서구 열강에 비해 열세에 있었고 무역량 또한 그러하였다. 1인당 선철pig iron 생산량은 영국이 13.1 푸드pood, 독일이 8.1, 프랑스가 3.06인데 비해 러시아는 1.04 푸드에 불과하고, 석탄 생산량도 영국이 311.7 푸드, 독일이 143.8, 프랑스

50.7인 데 비해 러시아는 5.8 푸드였다. 1인당 무역액에서도 영국이 164루블, 독일과 프랑스가 75루블인 데 비해 러시아는 약 10루블에 불과하였다.[508]

비테는 "불충분한 경제발전이 정치와 문화적 후진성을 낳을 것"이라 우려하면서 군사력보다는 경제력을 강화하는 특단의 조치를 취해야 한다고 상주하였다. 그렇지 않으면, "빠르게 확장 중인 외국 산업이 러시아의 관세장벽을 뚫고 침투하여 식민지에서 한 것처럼 러시아에 정치적 영향력의 토대를 마련할 것"이기 때문이었다. 이를 해결하기 위해서 비테의 평화적 침투 또한 정치적 행동이 수반될 필요가 있었으므로 그는 배타적 시장을 위한 세력권 획정에 동의하였다.

그러나 비테를 비롯하여 쿠로파트킨과 무라비요프의 딜레마는 아시아에서 러시아의 세력권이 여타 유럽 열강과는 다르게 자국의 국경에 지리적으로 맞닿아 있다는 데 있었다. D. 가이어의 견해처럼, 만약 열강이 러시아의 세력권으로 쇄도해 온다면 러시아의 영토보전은 위협에 처하게 될 것이다. 러시아에게 세력권이라는 개념은—식민지나 보호국 또는 배타적인 이해관계(독점적 이익) 지역을 의미하는 유럽 열강의 개념과는 달리— 국경의 외연으로서 확장된 영토 개념이자 본토 안전에 직결되는 의미로 해석되었다. 따라서 세기의 전환기에 러시아는 세력권을 유지할 경우 군사적 비용과 리스크가 발생하고, 세력권을 포기할 경우 영토 안전이 위협받는 '안보딜레마security dilemma'에 노출되었던 것이다.

허츠John H. Herz가 제시한 안보딜레마 모델은 "자국의 안보를 위해 취한 조치들—군비증강, 동맹, 세력권 설정 등—이 의도와는 다르게 여타 경쟁국의 안보 불안을 야기하여 각각은 자신의 조치를 방어용으로, 상대방의 조치를 공격용으로 해석함으로써 방어와 공격의도 간의 불확정성이 발생"[509]하는 것을 의미한다. 버터필드Herbert Butterfield는 이것을 '다르게 되돌릴 수 없는 곤경의 딜레마irreducible and predicament dilemma' 로[510] 표현하였다. 근대 유럽 전쟁의 사례분석을 통해 허츠와 버터필드 는 이러한 딜레마를 '전쟁으로 가는 비극'으로 묘사하였다.

유럽에서 러시아는 독일의 군비 확충이 방어용인지 공격용인지—또 는, 프랑스를 먼저 공격할지 러시아를 선제공격할지— 확신하지 못하였으나 독일의 공격을 전제로 작전계획을 준비하였다. 동아시아에서도 만주 또는 한반도에 대한 세력권 설정(최대계획)이 러시아에게는 극동에서 전략적 이해관계의 방어수단으로 합리화되었으나 일본에게는 전략적 이익의 박탈이자 안보 위협으로 인식되었다. 이에 따른 일본의 군비 증강을 러시아로서는 자국에 대한 공격용으로 평가할 만하였다. 만일 일본의 공격에 대비하여 세력권을 방어하려면 군사적 충돌을 감수하 고 극동의 군사력을 증강시켜야 했고 충돌을 피하려면 세력권을 수정 하거나 포기해야 했는데, 그러할 경우 극동 영토의 안보가 불확실성에 노출될 것이었다. 러시아는 결정적인 선택을 보류한 채 군사적 수단을 피하면서 외교적 수단으로 안보딜레마를 해결하려 했다. 그러나 의화 단 사건義和團運動(1899~1901)이 발생하면서 러시아에게 '결정의 순간'이 다가왔다.

2. 영일동맹과 러일전쟁: 파국으로 가는 길

의화단 운동과 러시아의 만주 점령: 영일동맹[1902]

독일의 자오저우 조차와 영국의 웨이하이威海衛 점령을 발단으로 하여 부청멸양扶淸滅洋의 기치 아래 청제국을 수호하고 서양 외세를 타도하 려는 의화단이 1900년 6월 4일 베이징의 외국공관을 포위 공격하면서 청제국은 서구 열강과 전쟁의 길로 들어섰다. 6월 10일 영국 해군제독 세이무어Edward. H. Seymour(1840~1920)의 지휘 아래 8개국(영국, 러시아, 독일, 프랑스, 오스트리아, 미국, 이탈리아, 일본) 연합군 2,066명의 병력이 베이징으로 진군하여 전투가 발생하자, 6월 21일 시태후西太后는 연합국에 선전포고하는 조서를 내렸다. 청 조정은 선전포고 직전에 열강에 단호한 의지를 표명하기 위해 열강에 호의적이던 다섯 명의 대신들을 처형하였는데 그중에는 동청철도 계약과 뤼순조차 협정을 주관한 쉬징청許景澄도 포함되었다.

의화단 운동 초기에 러시아는 여타 열강과는 달리 물리적 대응에 미온적이었다. 의화단 운동이 주로 개항장에서 기독교 선교활동과 상업 이권에 반발하여 발생하였기 때문이었다. 러시아의 이해관계 지역이 지리적으로 원격지인 만주인 데다가 당시까지 상업적으로 중국인들의 이권을 결정적으로 침해한 사례도 없었을 뿐 아니라 선교활동 또한 자제하고 있었으므로 러시아는 의화단 문제에 적극적으로 연루되길 꺼렸던 것이라 볼 수 있다.

게다가 만주철도 부설을 위한 러시아의 막대한 투자가 경제활동이 미진하고 인구가 상대적으로 희소했던 만주 지역에서 중국인 노동자의 일자리 창출과 경기 활성화에 기여한 측면도 있었기 때문에 만주 지역은 상업이권 문제가 첨예했던 산둥지방 등에 비해 의화단 운동이 약세였다. 장성 이남의 서구 열강의 철도 부설 사업과 상업이권 획득이 전통적인 수송업과 상업에 종사하던 수많은 중국인들의 생계를 앗아간 반면에, 만주철도 부설 사업은 철도 부설 인부 6만여 명과 건설 사업에 소요되는 자재와 물품 등의 조달에 관련된 수십만의 일자리와 파생적인 상업 활동 등 만주인들의 주요 생계 기반이었다.[511]

앞서 언급하였듯이, 유럽 열강들에 비해 선교활동도 자제하였고 중국 거주 러시아 민간인도 1899년경 250여 명 정도로 희소하였으므로 청국인들과 선교나 상업적으로 일상에서 심각하게 충돌할 가능성이 높지 않았기 때문에 의화단 운동이 발생한 초기에 러시아 정부는 사태에 개입하는 것을 선호하지 않았다. 의화단이 베이징의 공사관을 포위 공격하여 개입이 불가피해진 경우에도 러시아 정부는 확대 개입이나 주도적 행동을 자제하였다.

무라비요프가 짜르에 제출한 메모랜덤(6월 17일자)[512]은 의화단에 관한 러시아의 정책 인식을 간명하게 보여주고 있다. 메모랜덤에 따르면, "열강의 개입은 청국의 적의를 불러일으켜 전쟁으로 비화할 수 있으므로 러시아가 국제 연합군을 주도해서는 안 되며, 러시아 파견군의 역할을 공사관 구출과 러시아인 보호에 국한함으로써 청국 정부에게는 우호적인 태도를 지속적으로 견지해야" 한다는 점이 강조되었다. 의화단 사건으로 중국 문제에 개입할 수 있는 절호의 기회를 포착한 일본이 3만여 명에 달하는 대규모 파병을 제안하고 자체 군사 행동을 유럽이 위임할 것을 요구했을 때에도 러시아는 '확전과 제국 해체'에 대한 우려에서 거부 의사를 밝혔다.

의화단 운동으로 가장 큰 타격을 받을 것으로 예상됐던 영국의 솔즈베리 정부는 일본의 제안을 긍정적으로 판단하여 러시아와 독일에 동의를 요청하였으나 모두 거부 의사를 밝혔다. 러시아 정부가 '청 제국의 유지와 유럽 열강의 만장일치'를 전제로 일본의 파병을 찬성—일본군을 연합군 지휘 하에 둔다는 조건적 의미—함으로써 일본은 연합군 중 2만여 명의 최대 병력을 파견하였다.[513] 영국의 가젤리 Alfred Gaselee (1844~1918) 중장이 8개국 연합군 사령관을 맡게 된 7월이 지나면서 의화단 진압에 동원된 외세 열강의 병력은 55,000여 명에 달하게 되었다.

의화단이 동철철도를 공격하고 정부군과 의화단이 합세하여 러시아에 대항할 것을 명하는 황제 칙령이 공포(7월 6일)됨에 따라 전황은 만주에서 러시아와의 전쟁으로 확대되었다. 의화단은 남만주 철도의 대부분을 장악하기 시작하였고 소요는 헤이룽장까지 파급되어 만주 전역으로 확산되었다. 이에 따라 군사개입을 자제하며 외교적 해결에 몰두하던 비테가 전쟁성에 출병 요청을 하게 됨에 따라 7월 9일 쿠로파트킨은 치차고프Николай Михайлович Чичагов(1852~1910) 중장이 지휘하는 아무르 군관구의 12,000여 명의 병력을 동원하여 만주 진공을 명령하였다.

1897~1899년 3년 동안 러시아 정부는 만주철도 사업에 약 10억 루블—3년간 정부 재정 총지출의 약 4분의 1— 이상에 달하는 막대한 재정을 투여[514]하였다. 그러나 의화단 사건으로 만주 철도의 3분의 2가 파괴되고 성한 것은 북만주 하얼빈 철로 정도였으므로 비테는 러시아 재정 문제와 만주철도계획에서 위기의식을 절감하였다.[515] 의화단 사건으로 입은 러시아의 재정 손실은 철도와 기반 시설 손실을 비롯한 파병 비용 등을 포함하여 약 1억 2천만 루블에 달하는 것으로 추산되었다.[516]

약 17만 명의 병력이 투여된 러시아 군의 만주 침공은 10월경에 러시아군이 동청철도를 완전히 통제하게 됨에 따라 일단락되었다. 향후의 문제는 전쟁배상과 만주 점령을 어떻게 처리할 것인가 뿐 아니라 이미 균열한 러시아와 청국의 동맹관계를 어떻게 봉합할 것인가 하는 문제였다. 교전 중에 양측은 민간인 살상과 약탈 등을 자행하여 상호 적대감이 상승하였다.

'블라고베쎈스크Благовещенск사건'은 대표적인 사례였다. 서구 언론이 사건을 과장 보도하여 러시아에 대한 적대감이 조성된 측면이 있으나 청과 러시아 모두 매우 불행한 사건이었다. 만주군이 아무르 북쪽에 위치한 러시아 정착촌인 블라고베쎈스크를 포격하자 러시아 수비대가 청국인들을 추방—만주군도 러시아인들을 맞추방—하였고 이 과정에서 도강渡江 중이던 2천여 명의 중국인 중 대다수가 익사한 사건이었다.

서구 언론은 이를 민간인 학살 사건으로 대서특필하였다. 사건의 전말은 목격자들에 따라 이견이 있었다. 사건의 요지는 러시아 수비대가 마련해준 뗏목을 타고 도강하던 중국인들을 짙은 안개로 인해 만주군이 적군으로 오인하여 포격하자 러시아 수비대가 잔인하게 맞대응하면서 민간인들이 대량 살상된 것이다. 청국 군대와 러시아 군대의 대치와 전투가 아무르강 접경지대에서 발생하여 러시아의 중국 공포심—중국인들의 침입과 만주 접경 지역의 혼란—을 확인해 주었고, 블라고베쎈스크 사건은 이러한 공포를 가중시켰다. 이후 열린 군법회의에서 블라고베쎈스크 군지휘관은 사건의 책임—과잉 방어와 추방 문제—을 물어 직위해제와 3개월의 징역형을 받았다.[517]

러시아의 만주 점령은 막대한 자본투자를 보존하기 위한 경제적 동기와 더불어, 의화단 사건으로 북중국에 대한 열강의 군사개입이 현실화하자 만주를 배타적인 세력권으로 확정하려는 전략적 동기가 결합한 결정이었다. 알렉세예프Евгений Иванович Алексеев(1843~1917) 제독과 그로데코프Николай Иванович Гродеков(1843~1913) 연해주 사령관 등 현지 사령관들과 전쟁장관 쿠로파트킨은 철도와 극동 변경의 방어를 위해 만주 일부 지역을 지속적으로 점령할 필요가 있다고 판단한 데 비해, 비테와 신임 외무장관으로 내정된 람스도르프는 즉각적인 만주 철병을 견지하였다.

요약하면 쿠로파트킨은 철도를 보호하기 위해 군사 점령권을 유보 조항으로 하여 만주 반환에 동의하였으나, 비테는 추가적인 특별 조치권을 요구할 필요는 없고 단지 만주에서 외국 정부의 조차권을 배제—
만주에서 독점적 지위 보장—하는 선에서 만주 철병을 제기하였다. 러시
아 정부 내에서 이견이 표출되는 가운데 1900년 12월 21일 베이징주
재 공사들은 강화교섭을 위한 공동각서에 합의하였고 청 조정은 이를
수용하였다.

8월에 베이징공사관 탈환 작전을 주도적으로 성공시킨 데 이어, 10
월경 자바이칼 군관구 참모장 레넨캄프Павел Карлович Ренненкампф
(1854~1918) 소장이 이끄는 카자크 기병대의 활약으로 만주를 완전히 장
악한 러시아는 청국의 공동각서 수용으로 북중국에서의 임무가 종결
된 것으로 판단하여 즈리直隸 Chihli에서 철군할 것을 결정하였다. 이러
한 결정은 베이징의 직할지인 즈리에 외국군이 주둔하는 것이 청국인
들의 적의를 살 것이라는 우려가 작용한 것으로써, 9월에 이미 러시아
는 영국의 반대에도 불구하고 베이징에서 군대를 자진 철수시킨 바 있
었다.

10월 18일 러시아 정부는 알렉세예프와 그로데코프 장군에게 점령
지역의 행정권을 청국에 신속히 이관할 것을 지시하였다. 러시아는 청
국과 별도의 단독협상을 진행하였다. 공동협상을 요구하는 영국 등의
항의에도 불구하고 개별협상을 시작한 배경에는 열강의 공동 이해 관
심사와 러·청 양국 문제를 분리 대응한다는 방침이 자리하였다. 러시
아는 청과의 양국 관계를 특수관계로 보았으며 '스콧-무라비요프 협
정'에서 영국과 상호 확인하였듯이 만주문제가 자국의 세력권 하에 있
다고 판단했기 때문이었다. 또한 12월의 공동각서에는 만주문제가 포
함되어 있지 않았으므로 별도의 협상이 필요하다는 논리였다.

1901년 2월 8일 비테와 람스도르프, 그리고 쿠로파트킨의 안들이
절충된 교섭 안(기본원칙)이 마련되었다. 이 교섭안은 알렉세예프-젱

치增祺 협정(1900년 11월 26일)에서 강요된 '만주군의 한시적 무장해제'를 비롯하여 '만주의 일시적 군사점령, 남만주 지선철도의 만리장성까지 연장, 의화단 사건 피해보상, 만주와 동투르케스탄 등지의 외국 이권 배제와 조차 금지' 등이 망라된 '최대 요구안'이었다.[518] 러시아의 교섭안을 수용하기 어려웠던 직예直隷총독 겸 북양北洋대신 리훙장은 러시아의 요구안을 유출하여 열강들의 개입을 유도하였다. 영국과 일본, 그리고 미국은 러시아의 요구안에 항의하였고 독일과 프랑스는 러-청 단독교섭에 대해 양해를 표시하였다.

문호개방정책Open Door (1899)을 주장했던 미국의 국무장관 헤이John M. Hay (1838~1905)는 러시아 정부에 항의 공문을 발송하였다. 러시아의 관점에서는 미국의 제국주의 정책이 본격화되는 상징적인 정책인 '문호개방정책'은 과거 영국이 아편전쟁에서 내세웠던 중국의 개항정책의 연장선에 있는 것이었다. 공식적으로는 중국시장에서 동등한 권리를 주장한 것이었으나 효과 면에서 주로 만주를 겨냥한 것으로 러시아는 분석하였다. 리훙장이 러시아의 조건들을 대부분 거부함으로써 러시아의 계획안은 좌절되었고 러시아 정부는 만주 철병을 일시적으로 유예하면서 사태를 예의주시 하기로 결정하였다.

러시아 정부가 만주철병 문제를 놓고 서둘러 청과 교섭을 재개한 배경에는 영일동맹(1902)이 결정적 요인으로 작용하였다. 외무장관 람스도르프는 만주 주둔과 철병 문제와 관련하여 세 차례에 걸쳐 연합국 정부에 회람장[519]을 송부하였다. 회람장의 주요 내용은 "러시아의 만주 점령은 의화단 사건으로 인한 일시적인 조치이며, 질서 회복과 철도의 안전보장을 비롯하여 청국이 제반 협의 사항을 보장하고 여타 열강의 개입이 없다면 철병할 것이며, 이 과정에서 러시아는 완전한 재량권을 보유하되 열강들과 협조 하에 행동"하겠다는 요지였다. 그럼에도 영국과 일본은 여전히 러시아의 만주 점령을 영구적인 것으로 의심하였다.

궁극적으로 만주에서 제국적 야심을 충족하려는 일본은 청국이 러시아와 단독 협정을 맺음으로써 일본의 만주 진출이 영원히 불가능해질 것으로 판단하여 영국과의 동맹을 통해 만주문제를 돌파하려 하였다. 일본은 청일전쟁(1894~1895)과 아관이어(아관파천)俄館移御(1896) 이후 지속적으로 한반도와 만주문제를 놓고 러시아에게 타협과 절충을 요구하였으나 러시아의 동아시아 정책은 일본의 행동과 요구에 별다른 영향을 받지 않았다. 일본의 최대계획은 한반도와 만주를 세력권에 두는 것이었고 절충안은 한반도와 만주를 각각의 세력권으로 분리 보장하는 것이었으며 최소계획은 한반도를 분할—또는 공동 관할—하는 것이었다.

제2차 보어전쟁 Anglo-Boer War(1899~1902) 등으로 아프리카에 몰두하던 영국은 러시아에 대항하기 위해 일본을 대리인으로 내세우면서 19세기 동안 지속해 오던 '영광의 고립 splendid isolation' 정책을 불명예스럽게 포기하였다. '조선에서 일본의 특수한 지위와 제3국의 공격 시 동맹을 지원'하는 것을 보장한 제1차 영일동맹(중립적 방어동맹)은 러시아에 충격을 안겨주었고 미국이 이에 동조하면서 실체가 더욱 분명해졌다.

이에 러시아는 프랑스와 함께 러·프동맹을 확인하고 러·프선언 Russo-French Declaration(1902)을 통해 '제3국이 동아시아의 현상에 위협을 초래할 경우 상호 협의'할 것을 선언하였다. 이와 관련하여 당시 『뉴욕타임즈 New York Times』는 1902년 3월 20일자 기사에서 러시아와 프랑스의 선언이 "중국에서 양국의 이권을 방어하기 위한 수단들을 취할 권리를 선언한 것"이라 평가하였다. 이러한 조치는 당시 프랑스의 열악

하고 불안정한 군비 조건에 비추어 영일동맹에 필적하기 어려운 것이
었다.

1902년 4월 8일 러시아와 청국은 만주 철군에 관한 협정에 조인하
였고 1903년 말까지 3단계에 걸쳐 러시아군을 만주에서 철병하기로
결정하였다. 이제 만주문제는 본격적으로 한국문제와 결합하였고 러
시아는 의도치 않았으나 결과적으로 한반도와 동아시아의 운명을 좌
우하게 될 세기의 협상(러일협상)에 빨려 들어갔다.

만주문제와 한국문제: 한반도 분할과 만한韓滿 교환론

러시아와 만주문제와 한국문제를 교섭하는 과정에서 일본은 최소계
획에서 최대계획으로 점차 이행하였다. 강화도 조약(1876)과 톈진 조약
(1885)으로 최소계획의 발판을 마련하고 청일전쟁의 승전을 통해 최대
계획으로 진입하려던 일본은 러-독-프 삼국공조로 인해 퇴각을 경험
한 후, 러시아를 상대로 최소계획부터 재확인하는 과정을 시작하였다.
이 과정에서 예기치 않은 의화단 사건에 개입하여 군사적으로 성공함
에 따른 중국정치의 변동 요인과 영국의 대외전략 전환에 따른 동맹
(영일동맹) 요인에 힘입어 일본이 최소계획을 최대계획으로 전환하는
계기가 마련되었다.

일본의 계획은 다시 한반도에서 시작되었다. 삼국공조의 승리와 아
관이어(아관파천)로 중국과 조선에서 영향력이 정점에 올랐던 러시아
를 견제하고 한반도에서 자국의 이해관계를 확인하기 위해 일본은 러
시아에 협약을 제안하여 1896년 5월 14일 주한 러시아 공사 베베르와
일본공사 고무라小村壽太郎 간에 서울 의정서Weber-Komura Memorandum[520]
가 체결되었다. 의정서에는 "조선 국왕의 신변 안전이 확실할 경우에
환궁하는 것을 조언할 수 있고 일본 무사에 대한 통제를 일본이 보증

(제1조)”하며 “자국 공사관을 보호하기 위해 일본군에 상응하는 병력을 주둔(제4조)”할 수 있게 됨으로써 러시아는 한반도에서 최초로 자국의 영향력을 공식화하였고 일본 또한 병력 주둔이 허용되었다.

베베르-고무라 각서로 조선에서 최소한의 발판을 확인한 일본은 곧바로 러시아와 세력권 분할 협정에 들어갔다. 야마가타山縣有朋 총리대신과 로바노프-로스토프스키 외무장관 간의 교섭을 통해 양국 정부는 1896년 6월 9일 모스크바 의정서Moscow Protocol[521]에 합의하였다. 애초에 야마가타는 한반도를 양분하여 대동강에서 원산만에 이르는 39도선 부근에서 세력권을 설정할 것을 제안하였으나 로바노프는 이를 거절하였다. 러청동맹 조약에 이미 조선의 영토보전이 명시되어 있고, 한반도 남부를 일본에 양보하면 러시아로서는 행동의 자유가 제약될 수 있다고 판단하였기 때문이었다.

모스크바 의정서에는 ‘조선의 독립과 영토보전’이 확인되었고, 비밀조항을 통해 “상호 동의하지 않는 한 조선에 군대를 파견하지 않되 만일 그러한 조치가 필요하다면 사전에 각각의 군사작전 지역과 중립지대에 합의해야” 한다고 규정하였다. 모스크바 의정서의 군사와 관할 조항은 상호 동의 하에 조선에 군대를 파병한다는 청일 간의 톈진 조약(1885)과 청일전쟁 시기 조선에서 주둔 지역을 분리 관할하는 영국의 공동중재안을 절충한 듯하다.

일반적으로 로바노프-야마가타 의정서는 러시아와 일본 간에 한반도를 공동 관할하는 ‘한반도의 세력균형 합의’로 해석되기도 하지만 당시 러시아와 일본 어느 쪽도 한반도를 양보하겠다는 의사는 없었다. 단지 러시아는 한반도에 일본만큼 전략적 관심을 기울이지 않은 것은 사실이며, ‘조선의 독립과 영토보전’이라는 한국문제에 대한 기본원칙을 제외하고 러시아 정부 내에서 합의된 행동 방침은 존재하지 않았다. 모스크바에서 한반도 문제를 놓고 로바노프와 야마가타 간에 열띤 교섭이 진행되던 즈음에 특명전권공사로 모스크바에 파견된 민영환 또한 러시아 정부를 상대로 '조선의 보호[522]와 원조'를 요청하는 외교전을 펼쳤다. 짜르의 재가로 러시아 정부는 '조선국왕에 대한 신변 보호와 재정 및 군사고문의 파견'을 약속하였다.

랴오둥의 조차 문제가 구체화된 1897년에 접어들면서 러시아 정부에서 한반도 문제에 대한 전략적 관심은 뒤로 밀려나고 랴오둥을 포함한 만주정책이 동아시아 전략의 중심으로 부각됨에 따라 이후 러시아는 일본과 일정한 타협을 모색하게 되었다. 1897년 12월 러시아가 뤼순을 점령하자 이듬해 2월 16일 일본 정부는 러시아 정부에 조선에 관한 타협안―조선경제의 관할 문제와 재정고문 및 군사교관 임명권의 사전협의 등―을 제안하였다.

일본의 조선 진입을 우려하여 조선 중립화를 지지한 비테는 이를 거부하였으나 랴오둥의 조차 문제에 집중하려던 무라비요프는 뤼순의 조차 의사를 밝히고 러시아가 조선 내정에 개입하지 않겠다는 의사를 일본에 전달하였다. 이에 고무된 총리대신 이토 히로부미伊藤博文(1841~1909)는 한발 더 나아가 "러시아는 조선에서 일본의 자유행동을 승인하고 일본은 만주가 자국의 세력권 밖에 있음을 인정"한다는 '만한滿韓 교환론'을 제의하였다. 이토의 제안은 러시아 정부에 의해 일축되었고 대신에 절충안이 모색되었다.

1898년 4월 25일 주일 러시아 공사 로젠Роман Романович Розен(1847~1921)과 일본 외무대신 니시西德二郎(1847~1912) 간 조선에 관한 의정서(로젠-니시 의정서Протокол Ниси-Розена)가 체결되었다. 양국은 "조선의 독립을 인정하고 조선의 내정에 개입하지 않을 것(제1조), 군사교관과 재정고문 임명에 관해 사전에 상호 동의를 얻을 것(제2조),

일본과 조선의 경제관계 발전에 대해 러시아가 관여하지 않을 것(제3
조)” 등에 합의함으로써 한반도 문제에 관한 상호 동의(공동 이해와 관
할)와 일본의 경제적 이해관계 등을 확인하였다. 로젠-니시 합의는 랴
오둥 조차 문제에 몰두해 있던 러시아가 한반도문제에 관해 일본에 타
협한 결과물이었다.[523]

의화단 사건과 만주 점령을 기회로 삼아 일본은 한국문제를 만주문
제와 결합하여 한층 강화된 세력권 획정 안을 러시아에 제기하였다.
1901년 1월 총리대신 이토는 ‘조선중립화에 관해 교섭할 의향’을 주
일공사 이즈볼스키Александр Петрович Изволъский(1856~1919)에게 비
밀리에 타진하는 한편, “만주의 운명(원상회복status quo ante)이 결정되
기 전에는 조선에 관한 협정을 체결하지 않을 것”임을 가토加藤 高明
(1860~1926) 외무대신을 통해 이즈볼스키에게 통보하였다.[524]

만주문제에 한국문제를 결부하려는 일본의 견해가 각서 형태로 전
달되자 러시아 정부는 즉각 거부 의사를 밝혔다. 3월 25일 람스도르
프는, 의화단 사건 수습책을 다루기 위해 1900년 10월 16일 영국 솔
즈베리 총리와 주영 독일대사 하츠펠트 간에 체결된 ‘양쯔 협정Yangtze
Agreement’이 만주에는 적용되지 않는다는 독일 외무장관 뷜로우의 발
언에 고무되어 “러시아는 조선에 관해 로젠-니시 협상 결과에 만족하
고 청국의 영토보전을 존중하며, 만주문제는 러-청 간의 문제로서 제
3국(일본)이 개입할 권리가 없다”는 의사를 일본 정부에 공식 통보하
였다.[525]

일본의 언론과 극우단체들—예를 들어 흑룡회黑龍會—에서는 반러시아
열풍이 일어나고 의회에서도 이러한 분위기가 고조되었다. 3월에서 4
월 사이 이른바 ‘1901년의 전쟁 위기’의 분위기에 직면하여 이토 내각
은 일본이 러시아와 단독으로 전쟁할 준비가 되어 있지 않은 연유로

의회에 자제를 요청하였으나 결국 사퇴에 이르렀다.[526] 영국과 동맹을
통해 현상을 돌파하는 방안을 모색한 일본은 영일동맹을 배경으로 한
층 더 강화된 교섭안을 러시아에 주장하기 시작하였다.

러시아의 당면한 문제가 일본과의 전쟁을 피하는 것이라 판단한 비
테는 이를 위해 중국정책에서 "만주에 대한 정치·군사적 점령을 포기
하고 만주철도의 보호로 목표를 제한"하기로 결심하였다. 그는 과거
자신이 그토록 불신했던 로바노프가 1895년 봄에 했던 제안으로 돌아
갈 필요를 절감하였다. 이에 따라 "일본이 조선을 요구할 경우 국제적
인 경로를 통해 조선의 독립 문제를 해결해야 하며, 만약 일본이 조선
을 점령하더라도 이를 전쟁의 명분으로 간주해서는 안 된다"는 내용
을 포함하여 만주 철군을 전제로 한 최소계획을 각료들에게 제안하였
다. 비테의 제안은 일본과의 협상을 염두에 둔 것으로서 6월 28일 특
별각료회의에서 통과되었고 7월 5일 짜르의 재가를 받았다.[527]

비테가 최소계획으로 전환하려 시도하는 가운데 영일동맹이 성사
됨으로써 러시아는 관심사에 대한 확실한 보장 없이 청국과 만주 철병
협정을 서둘러 체결하였다. 이로 인해 비테는 1902년 내내 만주에서
러시아의 권익을 보장하기 위한 대책 마련에 부심하였다. 이러한 와중
에, 환상에 사로잡힌 모험사업가 베조브라조프Александр Михайлович
Безобразов(1855~1931) 그룹이 짜르와 알렉산드르 대공을 끌어들여 조
선의 이권 사업에 뛰어들면서 만주문제에 혼선이 빚어지기도 하였다.

한·러 근대사에서 요란하게 기록된—러시아가 한반도에서 막대한 이권
을 챙겼다는 과장된 평가— 베조브라조프의 사업은 동아시아 정책에 있
어서 러시아의 결정적인 시기에 벌어진 어수선한 단막극이었다. 1900
년까지 러시아가 조선에서 획득한 유일한 이권은 압록강과 두만강 유
역의 삼림 채벌권이었는데, 그나마 사업에 착수하지 않으면 5년 뒤에

소멸하는 이권이었다. 비테는 압록강의 목재가 만주철도 부설에 유용한 것으로 인정하면서도 목재를 비롯한 자국의 막대한 천연자원조차 재정 문제로 대규모 개발이 어려운 상황임을 감안할 때 중요한 이권이 아니라고 판단하였다. 그보다는 만주문제 해결이 시급한 현안이었다.

1903년 4월 8일 특별회의에서 비테와 람스도르프, 그리고 쿠로파트킨은 베조브라조프의 계획을 좌절시켰다. 3월 17일 면담에서 짜르는 쿠로파트킨에게 "베조브라조프가 지나치게 열성적이어서 그를 (조선의 이권 사업으로부터) 소환(철수)하기로 결정"했음을 알린 데 이어 9월 1일 면담에서 '극동 문제 특별위원회' 위원인 베조브라조프를 경질하기로 하였다.[528] 이로써 베조브라조프가 무분별하게 계획한 조선에서의 이권 사업은 사실상 폐기되었고 러시아 정부는 만주문제와 한국문제를 놓고 일본과 마지막 협상 과정에 들어갔다.

1902년에 들어서면서 비테의 외교적 시도들은 실패로 판명되었다. 1901년 리홍장이 사망함으로써 '비테-리홍장'이라는 러청관계의 주요 교섭라인이 무너지고 영국, 일본, 미국 등의 지원을 기대한 청국의 입장이 한층 완고해 짐에 따라 러시아의 대對청 교섭은 더욱 어려워졌다. 청과의 교섭을 통해 만주문제를 외교적으로 해결하려던 비테의 비교적 온건한 제안들은 단독 협정을 거부하는 청국 정부의 강경한 태도로 인해 좌절되었다.

1902년 11월 21일 러시아 정부는 얄타에서 열린 각료회의에서 만주문제를 재고再考하기로 결정한 데 이어 1903년 2월 7일 소집된 특별각료회의[529]에서 만주문제와 한국문제를 포함하여 동아시아 정책을 전반적으로 재검토하였다. 회의에서 조선문제에 관하여 일본과 협정을 체결하는 것이 바람직하다는 중론이 모아졌고 명확한 정책 입장을 견지하면서 일본의 교섭 재개를 기다리기로 결정하였다. 만주문제와 관련하여 러시아 군대의 철수를 전제로 한 최소계획이자 청국 정부에 제의한 사실상 마지막 제안이라 할 수 있는 이른바 '7개 요구안(8개항)'이 결의되었다.

이 요구안은 "철군 지역을 여타 열강에 할양하지 않으며(제1항), 러시아의 동의 없이 만주에 새로운 개항장을 설치하지 않는다(제2항)"는 내용을 핵심으로 만주에서 러시아의 독점적 계획이 특별히 명시되지 않은 일반적인 수준이었고 "의화단 사건 이전 상태로의 현상 복원"으로 해석될 수 있었다. 또한 러시아가 만주의 군사작전에 지출한 막대한 정치·경제적 비용을 감안할 때 납득할 만한 요구 내용이었다. 그러나 청국 정부는 이례적으로 신속하게 거부 의사를 전달하였다. 청국 정부는 영국, 미국, 일본 등의 전반적인 지지를 기대하면서 "만주철병이 완료되기 전까지 어떠한 조항도 논의하기를 거부한다"는 단호한 입장을 취하였다. 이러한 청국의 반응은 러시아가 제안한 만주문제의 해결 방안에 대한 '네 번째 거부이자 가장 강경한 거부'였다.[530]

러시아 정책을 전담했던 리훙장이 이미 사망하여 양 정부 간의 정책 조율이 무망한 상태에서 러시아는 결정의 기로에 서게 되었고 결국 노선 전환을 선택하였다. 청국의 완고한 답변 직후인 4월 26일 소집된 특별각료회의에서 람스도르프와 비테는 마침내 기존의 의사를 철회하여 '북만주 점령을 지속'한다는 쿠로파트킨의 제안에 동의하였다. 러시아 버전 '신新경로new course'정책이 시작된 것이다.[531]러시아식 '신 경로'는 '만주의 원상회복'이라는 기존의 입장을 철회한 것이라기보다는 철군협정(1902) 실행을 지연시키면서 철군과 관련된 보장을 청국에 관철하려는 쪽에 더 가까웠다. 말로제모프는 '신 경로'의 목표를 "일본의 적대감을 자극하지 않으면서 만주에서 가능하면 점차적으로 철수하여 의화단 사건 이전으로 복귀하며, 철군에 따른 보장을 획득하는 데 주력하기 위해 압록강 이권은 포기"하는 것으로 정리하였다.

1903년 9월 6일에 청국 정부에 제안한 '5개 보장 안'은 오히려 '7개 요구안'보다 완화된 요구 내용을 담고 있었다. 예를 들어, 7월 14일 러시아는 "청국이 만주에서 새로운 조약항(개항장)을 개방하는 것에 반대하지 않는다"는 입장을 열강(영국, 미국, 일본, 독일, 프랑스)들에 통보함으로써 '7개 요구안'에서 후퇴(제2항의 철회)하였다.[532] 러시아의 다섯 번째 제안인 '5개조 보장안' 역시 청국 정부에 의해 거부되자 알렉세예프 총독―바이칼 동부 지역의 러시아 속령을 관장하기 위해 황제 칙령(8월 12일)에 의해 설립된 동아시아 총독부―의 건의에 따라 청국과의 교섭이 중단되었고 일본과 교섭을 통해 교착 상황을 타개하는 방침이 결정되었다.[533]

8월 16일 만주문제를 직접 관장하기 위해 니콜라이 2세가 비테를 직위해제―짜르는 '이제 짐이 통치한다'고 선언―하고 한직閑職에 임명함으로써 1903년 러시아 정부의 전반적인 분위기는 쿠로파트킨이 주도하여 조선에 대한 정치적 관여를 포기하고 '중립지대화'하는 방안으로 기울었다. 만주문제에 재집중하는 '신新경로' 정책을 추진하기 위해 일본과 현안 문제를 타결해야 할 시점에 다다랐을 때, 러시아 정부는 가쓰라桂太郎 내각으로부터 협상 재개 제안을 받았다.

6월 23일 교섭 재개를 결정한 어전회의의 결과에 따라 일본 정부는 8월 12일 교섭안을 러시아 정부에 제출하였다. 일본의 '8월 제안'은 "청국과 조선의 독립과 영토보전을 존중(제1항)"한다고 전제하면서도, 일본과 러시아는 각각 "한반도와 만주에서 특수한 지위―일본은 우월적 preponderance 권익, 러시아는 특수한special 권익만 인정됨―를 상호 인정(제2항)"할 것을 주장함으로써 논리적으로 모순된 내용을 담고 있었다. 더욱이 제5항에서 "대한제국 정부에 군사적 지원과 조언을 할 수 있는 일본의 배타적 권리"를 주장함으로써 한반도를 보호국 또는 식민지화하려는 의도를 드러냈다.

러시아의 입장에서 보면 심각한 문제는 3항이었는데, "일본이 한반도 종단철도(경부선)를 만주철도로 확장시키는 것을 러시아가 방해하지 않는다"는 내용이었다. 이 조항은 "러시아의 동청철도의 독점권을 손상시키는 것은 물론이고 남만주에서 러시아의 권익을 철도에 국한함으로써 러시아와 유사한 권리를 획득"할 여지가 있는 것으로 해석될 수 있었다.[534]

일본은 '세력권은 분할(만주와 한반도)하되 만주문제와 한국문제는 연계'시킨다는 전략이었던데 비해 러시아는 '완충지대(한반도)를 설치하되 만주문제와 한국문제는 분리'하는 전략으로 대응하였다. 항간에 떠도는 것처럼 베조브라조프 그룹이 한반도와 만주에서 저지른 경박한 정책이나, 국내 불안정을 진정시키기 위해 '작은 전쟁의 승리'가 필요하다는 내무장관 플레베 Вячеслав Константинович фон Плеве (1846~1904)의 견해 등이 러일전쟁에 주요인으로 작용했다는 증거는 없다. 오히려 플레베의 경찰통치는 혁명 분위기를 고조시킨 주원인 중의 하나였다.

본질적인 것은 세력권 획정과 '제국의 위신' 문제였다. 비테가 실각하여 비테-쿠로파트킨-람스도르프 정책 결정라인이 와해되면서 러시아 정부의 외교는 불안정해졌고 이에 비례하여 일본은 더욱 강경해졌다. '8월 제안'에 대해 러시아 정부는 짜르가 직접 작성한 초안을 기반으로 대응안을 마련하였다. 짜르의 초안이 강조한 핵심 내용은 "만주에서 러시아의 이해관계와 한국(대한제국)에서 일본의 유사한 이해관계를 상호 인정하며 한국의 개혁통치를 위하여 조언과 지시를 할 수 있는 일본의 권리를 인정"한다는 것이다. 이를 토대로 러시아 정부는 일본 측 제안을 수정하고 몇 가지 사항을 추가하여 10월 3일 일본에 다시 제안하였다.

러시아 측의 '10월 제안'은 주로 한국문제에 집중되어 있었고 추가 조항에 핵심 주장이 담겨 있었다. "전략적 목적으로 어떠한 한국의 영토도 활용하거나 대한해협의 자유항행을 위협할 수 있는 어떠한 군사 행동도 한반도 연안에서 해서는 안 되며, 39도선 이북의 한국영토를 중립지대화(출병금지)할 것을 상호 약속하고 일본은 만주와 그 연안 지역이 자국의 세력권 밖에 있음을 인정"하라는 내용이었다.

10월 30일 주일공사 로젠을 통해 전달된 일본 정부의 대응안은 '8월 제안'을 고수하면서 양국의 세력권과 일본의 권익을 좀 더 확실하게 규정하고 중립지대를 축소하는 강화된 내용인 것으로 드러났다. 일본 정부는 한韓–만滿 국경 양쪽 지역에 약 50km 범위로 중립지대를 축소 설치할 것을 주장하면서, "러시아는 한반도가 자국의 특수한 이익 범위 밖에 있고 일본은 만주가 그러함을 상호 인정하고, 일본이 만주에서 그리고 러시아가 한국에서 해당 정부와의 조약에 따라 확보한 제반 권리(상업, 거주 및 면제권)를 상호 간섭하지 않기로 서약"하도록 대응 제안함으로써 한국문제를 만주문제에 연계하여 관여하려 하였다.

일본의 핵심 요구는 조선에 관한 일본의 특수한 권리(배타적 세력권)와 만주문제에 관여의 발판을 마련하는 것이었다. 일본 정부는 지속적으로 만주문제에 대한 협상을 요구하였다. 러시아 정부의 대체적인 분위기는 만주문제가 청국과 러시아 간의 양자 문제라는 입장이었으므로 동아시아 총독 알렉세예프가 주도한 것으로 알려진 러시아의 2차 대응안(12월 12일)에는 만주문제가 제외되고 한국문제만 주로 제기되었다. 이에 대해 일본은 자국에 필수적이라고 여겨는 '확장된 영토 범위'가 러시아의 제안에 수용되지 않았다고 강조하면서 만주문제를 교섭에 포함할 것을 주장하였다.

일본과의 전쟁이 바람직하지 않다고 판단한 짜르는 만주 관련 조항을 교섭에 포함하는 문제를 다루기 위해 12월 28일 특별회의를 소집하였다. 11월 초 짜르와 각료들에게 보낸 비망록memorandum에서 "뤼순과 다롄 등 조차한 랴오둥 지역과 남만주 지선 철도를 청국에 반환하고 북만주에서 제반 권리를 확보"할 것을 건의한 바 있는 전쟁장관 쿠로파트킨은 회의에서, "39도선과 한반도의 중립화가 가장 중요하며 남만주 때문에 전쟁을 감수할 가치는 없다"는 '북만주 확보론'을 견지하였다. 쿠로파트킨의 견해에 관해 람스도르프와 비테는 예전에 이미 동의의사를 밝힌 바 있었다. 회의는 알렉세예프의 제안을 기각하고 만주문제를 교섭에 포함할 것을 결정하였다.

이에 따라 1904년 1월 6일 러시아의 제3차 제안은 기존의 일본 측 제안을 수용한 것이었다. "러시아는 조계租界를 설정하는 것을 제외하고는 만주에서 일본과 열강이 청국과의 기존 조약에 따라 획득한 권리와 특권을 향유하는 것을 방해하지 않는다"는 내용을 명시하였으며, 이에 대한 확인 차원에서 "만주에서 조약상의 권리행사를 보장"하는 회람장을 열강에 송부하였다. 그러나 청일전쟁 이후 지속적으로 군비를 증강해온 일본은 1903년 말에 이르러 이미 전쟁으로 기울었다. 일본은 러시아의 시베리아횡단철도가 완공되기 전에 행동을 개시해야만 한다고 판단하였다. 이듬해 1월 초 일본은 영국에게 전쟁이 발발할 경우, 저탄기지의 이용과 호의적 중립 문제, 전쟁용 차관 조달, 흑해함대 봉쇄 문제 등을 문의하였다.

1904년 1월 13일 일본 정부는 '최종안'을 러시아 정부에 전달하였다. 최종안에는 극단적인 요구가 대세를 이루고 있었다. 러시아가 요구한 최소한의 합의 조건들—한반도에서 중립지대 설치 조항과 만주에서 조계지 배제 조항—은 삭제되었다. 또한 "한반도의 일부라도 군사(전략)적 용도로 사용할 수 없다"는 러시아의 제안도 거부함으로써 한국문제를 전적으로 일본이 관할하여 식민지화할 수 있는 토대와 조계지를 통해 만주로 진출할 수 있는 기반(조계지)을 마련하려 하였다. 일본의 최종안에 따라 러시아는 "만주에서 청국의 영토보전을 존중하기로 약속"해야 했으므로 만주문제에 관한 배타적인 권리뿐 아니라 북만주 확보도 불안정해질 수 있었다.

실제로 러시아는 여러 차례에 걸쳐 '청국의 영토보전'을 약속했으므로 이를 수락하는 데 별 문제가 없을 수도 있었으나, 일본이 주장하는 '청국 영토보전' 요구가 만주에서 러시아의 권익과 영향력을 제한하려는 정치적 의도를 내포하고 있다는 점에서 수용하기 어려웠다. 일본이 러시아에 요구한 '청국 영토보전'은 청일전쟁 때 일본이 청국에 요구한 '조선의 독립'과 동일한 정치적 목적—'점령과 식민지화'—을 내포하였다. 일본은 삼국개입으로 좌절된 청일전쟁의 목표, 다시 말하면 한반도와 중국대륙진출 욕망을 다시 한번 드러낸 것이다.

일본이 제시한 최종안으로 말미암아 러시아 여론에서 일본에 대한 반감이 고조되었음에도 러시아 정부는 일본의 요구에 따라 중립지대와 조계지 조항을 삭제하였다. 이러한 양보에 대한 정치적 균형으로 러시아 정부는 만주에서 청국의 영토보전 조항은 수용하지 않았고, "전략적 목적을 위해 한국영토를 활용해선 안 된다"는 의무 조항을 재차 복원시켰다. 2월 2일 일본의 최종안에 대한 대응안(러시아의 4차 제안)이 승인되어 2월 7일에야 일본 정부에 전달[535]되었다.

그러나 불행하게도 2월 3일에 이미 일본 내각과 추밀원은 전쟁을 감행하기로 결정하였고 다음날 메이지明治 일왕의 재가를 받은 상태였다. 2월 5일 일본 해군 총사령관 도고 헤이하치로東鄕平八郎 (1848~1934)

는 작전명령을 하달하였고 일본은 러시아에 외교관계의 단절을 통보하였다. 2월 8일 짜르는 특별회의에서 논의된 결과를 토대로 뤼순에 있는 동아시아 총독 알렉세예프에게 "일본 함대가 한반도 서해안의 북위 39도선 이북으로 넘어오면 공격"하라는 훈령을 내렸다. 그날 밤 일본 함대는 청일전쟁처럼 선전포고 전에 뤼순에 정박 중인 러시아 함대를 기습 공격하였다. 러일전쟁이 발발한 것이다.

러일전쟁1904~1905과 포츠머스 강화조약1905

러일전쟁에서 가장 중요한 전투로 기록된 묵덴(펑톈奉天, 센양瀋陽) 전투(1905년 2월 20일)의 경우, 약 3주간의 전투에서 총사령관 쿠로파트킨이 지휘하는 러시아군과 오오야마大山巖(1842~1916)가 지휘하는 일본군은 각각 27만여 명 등 총 54만여 명ㅡ또는 러시아군 34만여 명, 일본군 28만여 명ㅡ이 투입[536]되었다. 묵덴(봉천)전투는 러시아 전쟁사에서 1812년의 보로디노 전투Бородинское сражение(모스크바 전투, 나폴레옹전쟁) 이래로 가장 치열한 전투 중의 하나로, 세계 전쟁사에서 라이프찌히 전투(1813년, 나폴레옹전쟁) 이래 최대 규모의 전투로, 그리고 근대아시아 전쟁사에서는 제2차 세계대전 이전 최대의 전투로 각각 기록되고 있다.

공교롭게도 세 번의 전투 모두 러시아가 주도하였고 이 전투들의 결과가 유럽과 아시아 국제질서의 구조적 전환에 결정적인 영향을 미쳤다는 점은 아이러니한 사실이다. 쿠로파트킨은 봉천(펑톈)전투의 패배에 대한 책임으로 군 지휘권을 상실하였고 전세는 일본에 넘어갔다. 이미 잘 알려진 대한해협 해전(1905년 5월 27일)에서는 러시아 로졔스트벤스키 제독Зиновий Петрович Рожественский(1848~1909)의 제2 태평양 함대Вторая Тихоокеанская эскадра—뤼순의 태평양 제1 함대를 보완하기 위해 1904년 4월 발틱 함대의 일부를 분리하여 창설한 함대—가 해군 원수 도고의 일본 함대에 참패하였다. 러시아 함대는 구축함 9척 중 6척, 순양함 8척 중 4척 등 총 10척의 전투함이 일본 함대에 의해 격침당한 데 비해 일본 함대는 어뢰정 3척을 잃었다.

패전의 주요 원인은 이미 잘 알려진 바와 같이, 상트페테르부르크에서 태평양으로 발진한 제2 태평양 함대('발틱 함대')가 북해의 도거뱅크에서 영국 어선을 일본 어뢰정으로 착각하고 공격하여 사상자가 발생한 '도거뱅크Dogger Bank'사건(1904)을 기회로 한 영국의 러시아 함대 봉쇄 전략이 주효한 것이다. 봉쇄전략의 일환으로 영국은 수에즈 운하를 폐쇄한 동시에 스페인과 식민지 등에 러시아 함대의 입항을 금지하고 연료나 필수물자를 제공하지 못하도록 조치하였다. 크림전쟁에 이어 해협 문제의 리스크가 재현된 것이다.

영일동맹으로 해협과 운하가 봉쇄됨에 따라 로제스트벤스키 제독의 함대는 페테르부르크를 출항하여 남아프리카 희망봉을 돌아 7개월 동안 약 3만 3천km에 달하는 기나긴 항해 끝에 대한해협에 도달하였다. 긴 항해와 연료 및 보급물자 공급의 장애까지 겹쳐 기진한 러시아 함대가 블라디보스톡에서 전열을 재정비하기 위해서는 대한해협을 통과해야 했으므로 일본 함대와 교전이 불가피하였고 결국 대한해협에서 결전을 준비한 일본 함대에 의해 궤멸당하였다. 일찍이 러시아가 우려하던 사건이 벌어진 것이다.

러시아에 있어서 대한해협은 '극동의 보스포루스'였다. 흑해의 지중해 출로인 보스포루스 해협이 봉쇄되거나 타국에 점령되면 흑해 함대가 무력해질 뿐 아니라 러시아의 남부가 위험해지듯이, 대한해협이 봉쇄되거나 점령되면 한반도와 만주뿐 아니라 러시아의 태평양 함대가 무력해질 것—태평양 함대의 분리 단절—이라는 우려가 러시아 정부 내에서 지속적으로 제기되어 왔었다. 이러한 이유로 뤼순항의 조차에 반대하는 의견이 있었던 것인데, 태평양 함대가 뤼순과 블라디보스톡으로 분리되어 해군 전력이 분산된다는 우려였다. 러일전쟁에서 보스포루스 해협과 대한해협이 러시아 함대에 사실상 봉쇄됨으로써 러시아 해군이 피하려 한 이중의 악몽이 쓰시마해전에서 현실화된 것이다. 이로써 러시아 증원군이 만주에 도착하기 전까지 일본군의 증파와 대륙 상륙을 막기 위해 시도한 러시아 해군의 작전은 모두 실패하였다.

그러나 전쟁은 끝나지 않았고 양측은 서로에게 결정적으로 승리했다고 단언하기 어려운 교착상태가 한동안 지속되었다. 쿠로파트킨에 이어 총사령관에 임명된 리네비치Николай Петрович Линевич (1839~1908)는 병력 증파를 요구하면서 일본에 공세를 취할 준비가 되어 있다고 짜르를 압박하였다. 실제로 러시아는 병력을 증파할 여력이 남아 있었고 악화된 재정 상태에도 불구하고 일본에 비해 압도적인 재정 규모—금 보유량에 있어서 러시아는 약 1억 파운드, 일본은 1천만 파운드— 면에서 그럭저럭 버틸 만하였다.

러일전쟁 와중에 발생한 1905년 1월의 '피의 일요일Кровавое воскресенье' 사건으로 러시아에서 혁명의 분위기가 고조되자 니콜라이 2세는 일본과의 강화조약을 체결하는 미국의 시어도어 루스벨트Theodore Roosevelt, Jr.(1858~1919) 대통령의 제안을 수용하였다. 단지 러시아가 보기에 미국은 정직한 중개인이 아니었던 것은 분명하다. 니콜라이 2세는 일본과의 평화 교섭에는 동의하였으나 '조정자(중개인) 없는 협상'이라는 조건을 제시하였으므로 루스벨트는 협상 테이블에 참석하지는 못하였다.

루스벨트는 아들 커밋Kermit Roosevelt에게 보낸 6월 11일자 서한에서, 강화교섭 과정에서 "일본의 요청에 따라 평화 협상을 추진한 사실은 물론이고 일본의 희망을 반영하여 진행 과정을 세세히 일본에 전하였으며 일본의 기대에 부응하여 협상이 진행된 사실은 절대 비밀"이라고 당부하면서 포츠머스 강화협상에서 일본과의 거래 사실을 자인하였다.[537] 전투에 승리하고도 지상전에서 러시아와 비슷한 규모의 병력을 상실한 일본은 군대 규모와 예비 병력 면에서 동원 가능한 잠재력이 우세했던 러시아에 비해 상대적으로 피해가 결코 적지 않았다. 전비의 대부분을 외국 차관借款에 의존하였기에 재정 상태도 악화되고 있었으므로 영국과 미국은 장기전으로 갈 경우 전황이 일본에 불리할 것으로 판단하였다.

다른 한 편으로는, 아시아 태평양 지역과 중국으로 본격적인 진출 전략을 추구하던 미국은 잠재적인 경쟁 세력인 일본이 러시아와의 전쟁에서 결정적인 승리를 거두어 자국을 위협하는 국가로 등장하는 것을 예방하기 위해 중재를 서두를 필요가 있었을 것이다. 전쟁 수행용 외국 차관을 전적으로 미국과 영국에 의존하던 일본은 영국이 동의한 미국의 제안을 거부하기 어려웠다. 미국이 원한 것은 러시아와 일본 어느 국가도 동아시아, 특히 중국 북부에서 압도적인 지위를 차지하지 못하도록 하는 것이었고 이 사이에서 미국의 전략적 공간과 역할을 창출하려 하였다.

미국은 일본이 동아시아에서 자국의 싸움을 대신해 주기를 원하였다. 부통령 시절 친구이자 주미대사인 슈테른베르크Hermann Speck von Sterrnberg(1852~1908)에게 보낸 1900년 8월 28일자 서한에서 루스벨트는 "일본이 대한제국을 차지하기를 바라네. 그러면 일본은 러시아를 저지하게 될 것"이라고 자신의 속마음을 털어놓았다.[538] 러일전쟁 발발 이틀 후에 루스벨트는 아들 커밋에게 보낸 사신私信에서, "일본이 우리의 게임을 대신해 주고 있기에 일본의 승리가 참으로 기쁘다"는 견해

를 솔직하게 드러냈다.[539]

"러시아를 격퇴rollback하고 일본을 견제하며 미국의 공간을 창출" 하려는 미국의 전략적 의도는 1905년 9월 5일 포츠머스 조약Treaty of Portsmouth으로 귀결되었다. 이를 통해 미국은 영국을 대신하여 동아시아의 주요한 이해당사자stakeholder이자 세력균형자로서 본격적으로 등장하게 되었다. 열강의 반열에 오른 일본은 동아시아 국제질서를 다시 재편하는 '수정주의 국가revisionist state'로 나아가게 되었다. 1905년 7월 28일 육군장관 태프트와 가쓰라 총리의 비밀 회동에서 미국은 일본의 한국에 대한 '종주권suzerainty'을 인정하였다. 이 회동에서 태프트는 "군사적 수단에 의한 일본의 한국 종주권 수립이 동아시아의 영구적인 평화에 직접적으로 기여할 것"이라 인정하였다.

에스더스Raymond A. Esthus나 존 윌츠John E. Wilz 등 일부 학자들이 주장하듯이 전쟁장관(육군관) 태프트William H. Taft(1857~1930)와 가쓰라桂太郎(184~1913) 총리 간에 '조약' 형태의 밀약—기존의 '태프트-가쓰라 밀약'론[540]—은 존재하지 않았으나[541] 태프트가 보낸 전문電文보고[542]에 관해 루즈벨트가 '정확하다고 확인'함으로써 일본의 계획을 내용적으로 인정한 셈이 되었다. 태프트가 전문에서 '동의각서agreed memorandum'라고 표현하고 있는 이 비밀회담은 조약이나 협정이 존재하였는가, 또는 '동의각서'가 국제법적 효력을 지니는가 하는 문제 이전에, 당시 국제정치에 미친 파장이 훨씬 중요하다고 할 수 있다. 미국은 이 회담에서 상호 확인한 내용—특히, '한국문제'—을 그대로 실행하였기 때문이다.

비밀회담 직후 일본이 을사늑약乙巳勒約(1905)을 강행하였고, 조미수호통상朝美修好通商조약(1882)에 의거하여 대한제국 정부가 미국에 도움을 호소했음에도, 미국은 늑약을 인정하고 대한제국과 외교관계를 단절한 첫 번째 국가가 되었다. 동아시아학자 올리버Robert Oliver의 표현대로 '태프트-가쓰라 각서'는 "한국(대한제국)의 사망 증명서에 미국이 날인to seal Korea's death warrant"한 것을 의미하였다. 외교를 직접 주관하길 선호하고, 공개되면 불편한 면담에 관해 의도적으로 기록을 남기지 않는 루스벨트의 정치 스타일에 따라, 외무차관을 통역으로 대동했음에도 불구하고 태프트와 가쓰라의 면담 내용도 전문電文 보고 이외에 자세한 기록은 남기지 않았다. 그러나 전문 내용이나 루스벨트가 그동안 일본 고위 정치인들과 면담한 내용들의 컨텍스트에 주목해 보면 루스벨트가 일본의 한국병합 계획에 대해 동의한 것은 분명한 사실이다.

6월 6일 루스벨트는 주미 일본대사 다키히라高平 小五郎(1854~1926)와의 면담에서 "아시아의 유일한 문명국인 일본이 미국이 카리브해에 지대한 관심을 지니고 있듯이, 황해 주변에 최대한 관심을 가져야 한다"고 발언하면서 아시아에서 일본식 먼로주의를 부추긴 정황이 있다. 가쓰라와의 비밀 회동에서 태프트가 "미국 대통령은 상원의 동의 없이 어떠한 비공식적인 협정(비밀협약)도 맺는 것이 불가능하지만, 미국은 영국과 일본의 정책에 전적으로 찬동하므로 협정체결을 하지 않더라도 조약을 체결한 것과 마찬가지로 신뢰할 수 있는 적절한 조치를 취할 것"이라 언급한 바와 같이, 비록 실제로 미-일 간에 협정은 체결하지 않았으나 협정에 준하는 각서라고 확인해 준 것이다. 미국은 동아시아 버전 먼로주의를 거론하며 동아시아(황해)에서 일본의 주도적인 역할을 인정하였고 미국은 일본이 제안한 '삼국동맹(영-미-일)'에 대해 공식적으로 동의하지는 않았으나 '비공식 동맹'을 부인하지는 않았던 것이다.

결과적으로 러일전쟁은 만주사변(1931)과 중일전쟁(1937), 그리고 제2차 세계대전과 태평양전쟁(1941)의 전초전이었다. 러일전쟁의 가장 참혹한 피해자는 한국이었다. 포츠머스 강화조약이 체결된 직후인 1905

년 11월 7일 일본은 을사늑약을 강요함으로써 대한제국을 사실상 식민지화하였고 1910년 8월 29일 영토 병합(경술국치庚戌國恥)을 강행하였다. 러일전쟁으로 동아시아 역사의 수레바퀴는 한 번 더 굴러 러시아가 떨어지고 일본이 수레바퀴에 올라탔다. 그 수레바퀴의 밑에는 대한제국이 깔려 있었다.

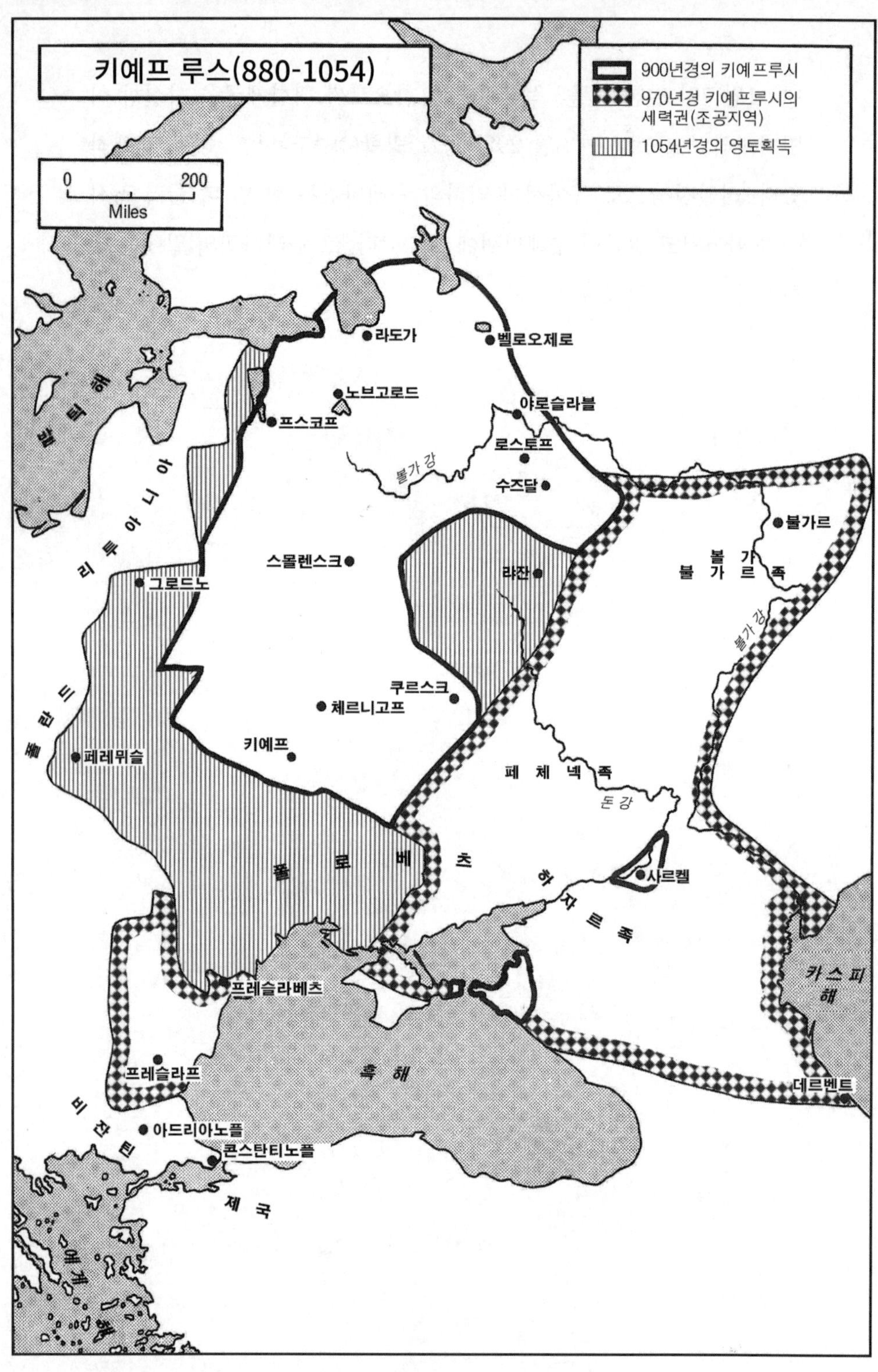

키예프 루스(880-1054)
900년경의 키예프루시
970년경 키예프루시의 세력권(조공지역)
1054년경의 영토획득
0 200 Miles
라도가
벨로오제로
노브고로드
프스코프
야로슬라블
로스토프
볼가 강
수즈달
불가르
볼 가 르 족
스몰렌스크
랴잔
그로드노
볼가 강
쿠르스크
체르니고프
키예프
페레뮈슬
페 체 넥 족
돈 강
폴 로 베 츠
하 자 르 족
사르켈
카 스 피 해
프레슬라베츠
흑 해
프레슬라프
데르벤트
아드리아노플
콘스탄티노플
제 국

제국의 길, 유라시아의 세기^{Eurasian Century}

제국의 황혼과 볼셰비키혁명[1917]

제국의 대가는 혹독하였다. 어느 기록에 따르면 1700년에서 1900년 까지 러시아가 전쟁에 소요한 기간은 약 129년이었는데, 그중 101년 이라는 기간이 스물두 차례에 걸친 전쟁, 제국의 확장과 방어에 관련 된 '제국전쟁'이었다.[543] 러일전쟁에 소요된 총자금은 약 65억 5천만 루블에 달하였고, 막대한 재정을 쏟아부으며 추진했던 '평화적 침투' 계획은 좌절되었다. 동아시아 진출이 본격화된 1897년에서 1903년까 지 여섯 해 동안 러시아가 만주 사업에 지출한 비용은 약 11억 4천만 루블로 한 해 예산―1903년 기준, 12억 9천만 루블―에 거의 육박하는 규 모였다. 이 재정에 수반되는 원리금 상환까지 합하면 극동 정책에 소 요된 1년 예산은 1903년 기준으로 육군과 해군의 한 해 전체 예산(4억 6천만 루블)에 상당하였다.

무역수지 면에서도 만성적인 적자에 시달렸다. 1903년 대비 중국의 대러 수출은 564억 9천만 루블인 데 비해 러시아의 대중 수출은 224 억 4천만 루블로 약 340억 루블의 적자를 기록하였다.[544] 1897~1902

년 기간 동아시아에서 재정적자는 연간 평균 약 1억 7천만~2억 루블에 달하였다. 1903년 기준으로 관세와 운임 등 만주철도의 사업수익은 관리 운영 비용의 약 10% 정도에 지나지 않은 데 비해 이 사업과 관련한 원리금 상환 규모는 한해 약 2억 9천만 루블에 달하였다. 러시아 정부의 막대한 재정 보조에도 불구하고 만주(동청)철도의 경쟁력은 해운에 비해 현저히 떨어졌다. 예를 들어, 독일 브레멘Bremen에서 다롄까지 육상(철도) 수송 운임이 1톤당 약 220마르크인 데 비해 해운은 약 23마르크에 불과하여 운송 시간의 약점을 충분히 상쇄할 만하였다.

1895~1899년 기간 동아시아에 대한 특별 정부지출은 러시아가 약 14억 루블이었던 데 비해 영국과 프랑스의 정부지출은 각각 약 3억 8천만 루블과 2억 3천만 루블에 불과하였다.[545] 본국의 대다수 국민의 경제적 여건 개선을 저해한 이러한 막대한 재정지출은 정당화하기 어려운 것이었으나 투자한 자본과 제국의 위신을 방어하기 위하여 러시아 정부는 점점 파국의 길로 빠져 들어갔다. 러일전쟁은 일본의 승리가 아니라 단지 러시아의 실패였을 뿐이다.

일본과의 전쟁으로 러시아는 지난 10여 년 동안 중국에서 확보한 이권과 조차지는 물론이고 극동 영토의 일부도 상실하였으며 세력권은 1890년대 이전으로 축소되었다. 비테와 고무라가 대표로 서명한 포츠머스 강화조약에 따라 러시아는 뤼순과 다롄 등 랴오둥반도와 남만주 철도의 조차권과 이권의 대부분을 일본에 양도하였고, 북위 50도 이남의 남사할린 영토를 포기하였다. 사할린과 아무르 하구 사이의 타타르 해협Tartar Strait과 사할린과 홋카이도北海道 사이의 라페루즈 해협La Pérouse Strait/пролив Лаперуза의 자유항행권이 보장됨으로써 일본은 동해를 비롯하여 오호츠크와 베링해에 이르는 러시아의 극동 연안에서 자유로운 항행이 가능해졌다.

포츠머스 강화조약과 러일전쟁의 후과로 인하여 중국과 한반도에서 러시아의 세력권 축소와 전략적 후퇴는 두드러졌고 러시아의 극동 방어는 일본의 군사력에 취약하게 노출되었다. 비록 전세는 불균형하였지만 러시아의 일방적 패배로 전쟁이 종결된 것이 아니라 전쟁 와중에 일본과 협상에 들어간 것이므로 패전을 인정하지 않았던 러시아는 일본에 전쟁배상금은 지급하지 않았다. 대신에 러시아는 만주 세력권의 주요 부분을 일본에 포기하였고 한반도에서 일본의 '최상의 이해관계paramount interests'을 인정하였다. 1907년 4월까지 양국은 만주에서 철군하기로 하여 러시아의 세력권은 만주 북부인 하얼빈으로 밀려나게 되었다.

이로써 비테의 '평화적 침투' 계획은 물론이고, 오호츠크해의 캄차카반도에서 남만주의 랴오둥반도(뤼순)에 이르는 극동 지역 '방어의 호弧 security arc'를 구축하고 이의 통해 일본의 한반도 진입—병합 또는 세력권 설정—을 차단하려던 러시아의 극동 전략(최대계획)은 실패로 돌아갔다. 실패의 원인은 한반도와 대륙을 향한 일본의 야망은 물론이고, 영국과의 '그레이트 게임'이 동아시아로 확대된 것, 그리고 무엇보다도 정복의 최적 상태를 넘어선 러시아 제국의 '과도한 팽창'이었다고 할 수 있다. 제국의 '열정élan과 역량capacity' 사이의 간극은 잔인할 만큼 컸던 것이다.

러일전쟁의 결과로 대외정책의 전환이 불가피하여 러시아 정부는 유럽과 근동 지역으로 전략적 비중을 이동하였다. 군부 강경파의 '일본에 대한 복수' 주장에도 불구하고 포츠머스 조약을 통해 종전 임무를 힘겹게 수행한 비테는 '과거의 적(일본)과 화해' 노선을 주장하였다. 그는 "제국의 내부 메커니즘을 안정화하고 근동과 유럽에서 핵심적인 이익을 보존하기 위한 기회를 확보하기 위해 극동(동아시아)에서 안정을 취할 필요"가 있음을 역설하였다.

자유 중도파가 주도하던 러시아 사회의 여론 또한 극동으로의 확장 계획을 중단하고 전통적인 이해관계 지역인 '유럽과 근동'으로 복귀할 것을 요구하였다. 이에 반하여 1906년 12월 총참모부는 일본에 대한 전쟁을 재개하려는 계획을 수립하였다. 예전에 독일에 대한 전쟁 대비에 우선순위를 두던 쿠로파트킨은 태평양으로의 방향 수정을 주장하기도 하였다. 그럼에도 1906~1907년 사이 러시아 외교는 강화講和 pacification와 개혁reform을 주창한 스톨리핀Пётр Аркадьевич Столыпин (1862~1911) 내각에 의해 주도되었다.

1906년 5월 신임 외무장관에 임명된 이즈볼스키Александр Петрович Извольский(1856~1919)는 유럽과 근동 문제에 주요 관심을 기울여야 한다는 견해를 고수하였다. 1907년 2월 10일에 개회된 국방관계회의에서 그는 "역사적으로 긴밀하고 러시아의 강대국 지위가 달려 있는 문제들은 태평양이 아니라 유럽에서 결정될 것"이므로 이를 대비하여 "적어도 향후 10여 년 동안 일본과 협정을 맺고 중국과 우호 관계를 복원하여 극동에서 현상유지를 지속"해야 한다고 주장하였다. 이즈볼스키의 제안은 영일동맹의 시효가 만료될 때까지 기다려야 했던 육군과 해군 총참모부의 동의를 얻었고 마침내 짜르의 재가를 받았다.[546]

포츠머스에서 강화협상이 시작되기 이틀 전인 1905년 8월 12일 영국과 일본이 확대 갱신한 제2차 영일동맹 또한 러시아의 대외정책 전환에 일정한 영향을 미친 것으로 볼 수 있다. 제2차 영일동맹[547]은 포츠머스 조약이 체결될 때까지 비밀에 부쳐졌다. 조약에는 "강화협상이 실패하고 전쟁이 지속될 경우 안전장치(제4조)"까지 마련되었다. 일본은 러일전쟁으로 한반도와 만주에서 획득한 새로운 전략적 지위 ―한반도 보호국화와 남만주 이권―를 안정적으로 보장받기를 원하였다.

러시아의 복수전이 예상되는 '제2의 러일전쟁'을 피하기 위해서는 영
국과의 동맹 확대가 절실하였다.

동맹국인 일본이 러일전쟁에서 사실상 승리하였고, 프랑스와 전략
적 협력관계(영·프협상Entente Cordiale, 1904)에 들어감에 따라 영국은 극
동에서 전략적 지위가 현저히 개선되었으나, 전쟁 후 러시아의 관심이
중앙아시아로 전환되는 것을 우려하였으므로 일본과의 동맹 범위를
인도로 확장할 필요가 있었다. 1904년 10월 러시아의 오렌부르크-타
슈켄트 철도노선이 완공됨에 따라 아프간과 인도 방어에 대한 영국의
우려가 높아진 것은 사실이지만 이는 과장된 측면이 있다. 제2차 영일
동맹은 이전의 영일동맹과 전혀 다른 강화된 동맹으로 해석되었다.

제1차동맹이 중립이 강조된 방어동맹의 성격이었다면 제2차 영일
동맹(1905)은 공동 군사행동의 의무를 강화한 군사동맹이었다. "동맹
당사국의 이익이나 영토가 공격을 받을 경우 조약 당사국은 동맹 측에
가담하여 전쟁을 수행(제3조)"해야 할 의무가 명시되었다. 또한 동맹
의 지리적 범위가 확대되어 인도가 포함되었으며, 한국의 독립에 대한
언급은 삭제되었다. 한반도에서 일본의 정치·경제·군사적 이익의 절
대성paramount interests이 보장되어 한국의 식민지화가 기정사실화되었
다. 동맹조약을 통해 영국과 일본은 인도와 한국에 대한 배타적 권리
를 각각 상호 인정하였다.

영국은 러시아에 대항하기 위해 페르시아 지역에서 일본의 군사적
지원을 추진하였으나 일본의 거절로 무산되었다. 인도 문제와 관련하
여 영국의 인도성(인도사무부)India Office의 우려 사항은 유사시에도 일
본의 작전 범위가 인도 본토로부터 떨어진 원격지로 제한되어야 하고
인도 상륙을 허용해서는 안 된다는 것이었다. 영국 총리 밸푸어Arthur
Balfour(1848~1930)가 지적하였듯이 이러한 조치(일본의 군사 지원)는 '대

영제국의 자존심'에도 맞지 않는 일이었다. 그러나 태평양전쟁 막바지인 1944년 3월 일본군이 인도로 진격해 들어옴에 따라 이러한 우려가 현실로 드러났고 영국의 일본정책 또한 파탄에 이르게 되었다.

1902년의 제1차 동맹이 동아시아에 한정된 중립동맹이었다면, 제2차 영일동맹은 동아시아를 넘어 국제 동맹 질서에 근본적인 영향을 초래할 수 있는 공수攻守동맹이었다. 2차 영일동맹을 필두로 1905~1907년 사이에 발생한 영국-러시아-프랑스 간의 '외교혁명'—삼국협상Triple Entente 체제의 등장—으로 유럽에서 삼국동맹(독-오-이)과 삼국협상이라는 경합적 양대동맹체제가 형성되었다. 동아시아에서는 영국, 러시아, 프랑스 그리고 일본이 같은 이해관계를 공유함으로써 독일이 고립되었다. 이로써 1895년 동아시아에서 형성된 러시아와 프랑스 그리고 독일 간의 '삼국공조'는 최종적으로 폐기되어 삼국협상으로 대체되었고, 러시아는 일본과, 그리고 미국은 중국과의 협력을 지향하였다.

러시아가 일본과 협력 정책으로 전환한 배경에는 몇 가지 이유가 있었다. 무엇보다도 유럽과 근동에 집중하기 위해 동아시아에서 현상이 악화되기를 원치 않았으므로 러시아는 태평양의 강자로 등장한 일본과의 화해를 선택하여 네 차례의 협약 체결로 귀결되었다. 만주문제에서 공통의 이해관계도 러·일 간 협력의 배경이 되었다. 1907년 7월 30일 이즈볼스키 외무장관과 주러 일본대사 모토노 이치로本野 一郎(1862~1918) 간에 체결된 비밀협약으로 만주에서 일본의 세력권이 확인되었다. 러일협약은 일본의 '만한 교환론'의 확장 버전으로 남만주에서 일본 이익의 범위와 북만주에서 러시아 이익의 범위를 각각 규정하고, 외몽골에서 러시아의 특수권익과 한반도에서 일본의 특수권익을 상호 인정하였다.

만주에서 일본의 세력권이 기정사실화됨에 따라 애초에 미국의 기대와는 다르게 상황이 전개되자 미국은 중국을 추동하여 러시아와 일본을 견제하기 시작하였다. 미국은 중국진출을 목표로 한 문호개방정책을 추진하여 만주시장을 국제화하기 위한 일환으로 광산업과 철도 등에 자본투자를 강화함으로써 러시아와 일본의 만주 이권 사업에 새로운 경쟁자로 등장하였다.

1902년에 이어 1906년에 중국의 만주와 몽골 이주정책—몽골 식민국 설치—이 본격화됨에 따라 극동시베리아에 인접한 헤이룽장 지역으로 중국인이 대거 이주하였다. 중국의 이주정책으로 1907년경에는 러시아 유입 인구의 15배에 달하는 약 250만 명의 중국인이 이 지역으로 유입되어 극동 거주 중국인은 러시아 극동 인구의 다섯 배에 이르게 되었다. 이로 인해 러시아 정부는 동철철도의 전략적 교차로를 안정적으로 관할하는 문제에 불확실성이 증가하고 있다는 판단을 하게 되었다.

미국의 만주 개방 압력은 러시아와 일본에 공동의 위협으로 인식되었다. 특히 미국이 향후 만주에서 철도사업을 추진할 의사를 표명하고 1909년 1월 중국이 동청철도 상환을 요구하자 블라디보스톡으로 연결되는 전략적 생명선(동청철도)이 위협받게 된 러시아는 일본과 공동 대응을 모색하였다.[548] 미국의 만주 계획에 대항하기 위해 1910년 7월 4일 일본과 체결한 제2차 협약으로 러시아와 일본은 전략적 제휴관계 strategic alignment에 들어가게 되었다.

1909년 10월 26일 안중근 의사가 이토 히로부미를 저격한 '하얼빈 의거'[549]는 이러한 러-일 협력 과정에서 발생하였다. 당시 러시아의 재무장관 코코프쪼프 Владимир Николаевич Коковцов(1853~1943)와 추밀원枢密院 Privy Council 의장 이토 히로부미는 러시아와 일본 간의 협력을 논의하기 위해 하얼빈에서 회동할 예정이었다. 중국이 미국과 제휴하고 러시아와 갈등 관계에 들어갈수록 러시아의 전략 추는 일본 쪽으로 기울어 일본에 대한 전략 의존도가 점차 높아졌다. 당시 러시아의 아무르 군관구 사령관 치차고프에 따르면, 일본의 의도는 "아시아의 동부 연안에서 헤게모니를 수립하고 러시아를 봉쇄하여 바이칼 동부 지역의 발전을 저해함으로써 러시아의 극동 지역을 사실상의 식민지로 전락시키려는" 것으로 해석되었다.[550]

신해혁명(1911)으로 청 제국이 무너지고 새로 창건된 중국(중화민국)은 몽골의 종주권 문제로 러시아와 충돌하였다. 식민정책 등으로 중국의 영향력이 동부 시베리아 국경으로 쇄도하고 중국의 군사력이 변경 지역으로 확대됨에 따라 러시아는 몽골의 독립 선언을 지지하여 외몽골에서 중국의 영향력을 차단하려 하였다. 1912년 7월 8일 러시아 외무장관 세르게이 사조노프Сергей Дмитриевич Сазонов(1860~1917)와 일본대사 모토노 이치로本野 一郎(1862~1918)는 제3차 비밀협약을 체결하여 몽골을 포함한 만리장성 북부 변경지대의 세력권 분할에 합의하였다.

1915년 5월 25일 중국, 러시아, 몽골 삼국의 대표가 체결한 캬흐타 조약Treaty of Kyakhta에 러시아는 중재자로 참여하여 몽골의 자치권을 보장하는 동시에 중국의 종주권을 인정—조약 제2조 '종주권에 따른 자치권'—하였고, 반대급부로 몽골에 대한 재정 및 상업적 권리를 인정받았다. 몽골 대표는 중국의 종주권을 '실효성 없는 종주권'으로 치부하고 자치권을 사실상의 독립수준으로 확장하려 하였고, 중국 대표는 자치권을 최소화하려 하였다. 결과적으로 캬흐타 조약은 러·몽·청 삼국 간의 전략적 타협안이었다.

동아시아에서 러시아를 봉쇄하거나 견제하는 역할을 일본에게 위임한 영국은 유럽과 근동 문제에 집중하였다. 일본은 네 차례의 협약을 통해 이러한 역할을 적절히 수행하여 러시아와의 협력으로 자국의 세력권을 공고히 하는 한편, 만리장성 이북과 아무르 유역, 그리고 동해와 오호츠크해에 러시아를 묶어두는 데 성공하였다. 1916년까지 러시아와 일본 간에 '세력권과 이권 보호를 위한 공동행동'을 목적으로 총 4회에 걸친 협약이 체결되었으나 1917년 10월혁명으로 수립된 볼셰비키 정부에 의해 모두 파기되었다.

건함 경쟁을 중심으로 한 독일의 해군정책과 식민지정책을 우려하던 영국은 1904년과 1911년 두 차례의 모로코 위기Moroccan Crisis, 그리고 1912년 독일과의 해군협정의 실패 등으로 유럽에서 독일에 대한 대응을 전략의 우선순위에 배치하였다. 당시 독일은 유럽에서 야심을 공공연하게 드러내기 시작하였다. 해군협정 교섭 과정에서 독일은 영국에게 유럽에서 전쟁—프랑스 또는 러시아를 대상으로 한 전쟁—이 발발할 경우 중립에 설 것을 요구하였다. 영국은 이를 거부하였고 유럽 전쟁 대비와 본토 방어를 위해 도버해협과 북해North Sea, 그리고 대서양에 해군력을 집중시키는 '현존 함대現存艦隊/Fleet in Being'전략을 강화하기로 결정하였다. 이에 따라 중국에 배치한 해군 함대를 모두 철수시키고 지중해 함대를 축소하였다.[551]

영국은 동아시아 문제에서 발을 빼기 시작하였다. 나폴레옹전쟁 이후 19세기 동안 영국이 주도하였던 러시아에 대한 봉쇄는 유럽에서 해제되었다. 독일에 대항하기 위해 영국은 러시아가 필요하였으므로 1907년 8월 31일 상트페테르부르크에서 러시아와 협정(영러협정Anglo-Russian Convention)을 체결하여 전략적 제휴 관계를 수립하였다. 이로써 영국과 러시아 간의 기나긴 그레이트 게임은 최종적으로 종식되었고, 러시아와 영국은 프랑스와 더불어 삼국협상Triple Entente 체제를 구축하였다. 1898년에 시작된 영국과 독일의 '해군 군비경쟁 Anglo-German naval arms race'은 제1차 세계대전까지 지속되었다. 제1차 세계대전(1914~1918)이 발발하자 삼국협상은 연합국의 주축으로서 독일이 주도하는 삼국동맹에 공동 대항하였다.

러시아가 동아시아 문제에 몰두해 있는 동안 독일과 오스트리아-헝가리가 각각 오스만 튀르크 제국과 발칸에서 세력권 확장을 시도하였으므로 러일전쟁 후 러시아는 다시 한번 발칸과 동방문제에 개입하게 되었다. 1908년 오스트리아가 세르비아 영토인 보스니아-헤르쩨고비나를 병합하고 1909년 독일이 러시아와 세르비아에 이를 수용하도록 최후통첩을 보내는 등 발칸에서 러시아와 삼국동맹 간에 갈등이 고조되기 시작하였다.

독일은 군사고문단을 파견함으로써 오스만 튀르크에 대한 영향력을 강화하였다. 1909년 봄, 골츠 장군 Colma Freiherr von der Golz(1843~1916)이 튀르크 군사위원회의 부위원장으로 취임하였고 1913년 12월 그의 후임으로 파견된 산데르스 Otto Liman von Sanders(1855~1929)는 콘스탄티노플 방위 제1군 사령관에 임명되었다. 콘스탄티노플의 운명이 사실상 독일의 손에 들어가고 보스포루스 해협이 독일의 영향 아래 놓이게 됨에 따라 최악의 경우 러시아의 흑해 안전은 독일의 처분에 맡겨지게 되었다.

이로써 제1차 세계대전 직전까지 오스만제국의 중핵 지역은 독일에 의해 장악되었고 발칸에서 독일과 오스트리아, 그리고 러시아 간에 세력이 맞물리게 됨으로써 동유럽과 근동에 걸친 긴 변경에서 러시아는 독일과 오스트리아와 일촉즉발의 긴장 상태에 놓이게 되었다. 루덴도르프 Erich Friedrich Wilhelm Ludendorff(1865~1837) 장군이나 로바흐 Paul Rohrbach(1869~1856)와 같은 독일의 범게르만주의자들은 '동쪽 야만인'

인 러시아를 유럽에서 철저히 격리시키기를 원하였다.[552]

범슬라브주의와 범게르만주의는 발칸에서 비극적으로 충돌하였다. 1914년 6월 28일 세르비아의 사라예보에서 오스트리아-헝가리 왕위 계승자인 페르디난트Archduke Franz Ferdinand(1863~1914) 대공이 보스니아의 민족주의자 프린치프에 의해 암살되자 이를 기회로 발칸의 옛 영토를 탈환하려던 오스트리아-헝가리는 7월 28일 세르비아에 전쟁을 선포하였다. 이에 세르비아의 동맹인 러시아는 7월 30일 총동원령을 내렸고 오스트리아의 동맹국인 독일은 8월 1일 러시아에 전쟁을 선포하였다. 독일이 8월 2일 룩셈부르크를 침공하고 8월 3일 프랑스에 선전포고한 데 이어 다음날 벨기에에도 선전포고하자 영국은 8월 4일 독일에 선전포고를 하게 되었다.

각자의 동맹국들이 조약에 의거하여 연쇄적으로 참전하게 됨에 따라 유럽 전역은 전면전으로 급속히 빠져 들어갔다. 영국과 프랑스는 물론이고 발칸의 국가들과 오스만 튀르크가 가세하고 페르시아까지 연루됨에 따라 전쟁은 유럽과 근동 지역으로 빠르게 확산하였다. 제1차 세계대전은 러시아 제국에게 위기이자 기회였다. 전쟁으로 인해 혁명의 조짐이 다시 고조되었다는 점에서 위기였고 제국으로 전진하면서 한 세기 이상 매달렸던 동방문제Eastern Question가 해결되었다는 점에서는 기회였다.

동방문제의 핵심 쟁점은 오스만 제국의 분할과 해협(보스포루스와 다르다넬스) 통제권 문제였다. 9월에 독일의 동맹국인 오스만 튀르크가 보스포루스 해협을 봉쇄하고, 10월에 흑해를 침공함에 따라 11월 영국과 프랑스 그리고 러시아는 오스만 튀르크에 전쟁을 선포하였다. 영국은 이제 오스만제국을 해체하기로 결심하였다. 영국의 조지 5세 George V(1865~1936)는 러시아 대사 벤켄도르프Александр Константино вич Бенкендорф(1849~1917)에게 '콘스탄티노플은 러시아의 것'이 되어야 한다고 언급함으로써 오스만제국의 해체와 분할은 기정사실화되었다. 1915년 3월 영국, 프랑스, 러시아 대사들은 종전 후 콘스탄티노플, 보스포루스와 다르다넬스, 그리고 인접 지역을 러시아에 양도하기로 합의각서를 교환하였으며 1916년 5월 삼국은 오스만 튀르크 제국을 분할하기로 합의하였다.

페르시아 또한 오스만제국의 운명에 연루되었다. 1907년 영국과 러시아는 아프가니스탄과 페르시아를 각자의 세력권으로 분할한 데 이어 1915년의 합의로 페르시아 제국을 다시 한번 재분할하였다.[553] 콘스탄티노플과 보스포루스 획득의 대가로 러시아는 1907년 세 개 지역으로 세력권이 분할—북부는 러시아, 남부는 영국의 배타적 이권 지대— 설정된 페르시아의 중부 중립지대를 영국에게 양도하였으며 양국은 상업권, 철도 부설권, 석유채굴권 등 각종 이권을 상호 보장하고 교환하였다. 러시아와 영국은 근동의 마지막 제국의 유산들을 서로 인심 쓰듯 나누었다.

마지막 빛을 발하던 제국의 황혼은 생각보다 빠르게 사라졌다. 1917년 10월 사회주의 혁명이 발발하여 로마노프 왕조의 러시아 제국은 무너졌다. 오스만제국이 그러했던 것처럼 '제국의 감옥'이 열리자 무수한 민족들이 쏟아져 나왔다. 풀려난 민족들에게 해방의 징표는 독립된 정치공동체(국가)를 수립하는 것이었다.

소비에트연방의 탄생[1922], 그리고 냉전Cold War의 추억

1917년 '2월 혁명'으로 제정 러시아는 역사 속으로 사라졌다. 3월 3일 (신력新曆 3월 16일) 임시정부Временное правительство России가 수립되어 르보프Георгий Евгеньевич Львов(1861~1925)에 이어 케렌스키Алекс андр Фёдорович Керенский(1881~1970)가 수반이 되었다. 8개월 만인 10월 25일(신력新曆 11월 7일) 사회주의 정치세력 볼셰비키에 의해 두 번째 혁명이 발발하여 케렌스키 정부는 폐지되고 레닌Владимир Ильич Ленин(1870~1924)이 지도하는 볼셰비키 정권이 수립되었다. 제정러시아는 해체되었고 해방된 민족들은 독립된 국가를 세우려 하였다.

역설적이게도 피압박 민족들의 독립 열망을 정치적으로 활용한 것은 빌헬름 2세의 독일제국이었다. 독일은 해체된 러시아 제국의 영토 분할에 들어갔다. 독일은 혁명의 와중에 있던 러시아에 군사적 공세를 취하면서 볼셰비키 정부에게 영토협상을 압박하였다. 제1차 세계대전을 제국주의 전쟁으로 규정하여 전쟁 거부를 내세웠던 레닌의 볼셰비키 정부는 11월 8일 평화선언Decree on Peace'을 발표하여 러시아가 전쟁에서 철수할 것을 결정하였고, 종전과 평화협상을 즉각 개시할 것을 교전국들에 제안하였다.

전쟁을 종결하고 혁명을 보위하기 위하여 볼셰비키 정부는 12월 15일 독일과 휴전에 합의하고 강화협상에 들어갔다. 러시아 측 교섭대표는 페트로그라드(상트페테르부르크)Петроград 군사혁명위원장 요페Адольф Абрамович Иоффе(1883~1927)가 맡았고 독일 측은 동부전선 총사령관이자 탄넨베르크 전투(1914)—개전 초기 러시아군의 기선을 제압한 전투—의 주역인 참모총장 호프만Max Hoffmann(1869~1927)이 대표로 참가하였다. 12월 22일 벨라루스의 서부 국경도시 브레스트-리토프스크Брэст-Литовск에서 개시된 강화협상에서 독일 측은 그들이 점령한 폴란드와 리투아니아를 우선 독립(독일의 속령화)시킬 것을 요구한 데 반해 러시아 측은 '영토 병합과 배상금 없는 평화'를 주장하였다. 양측의 제안 사이에는 쉽게 건널 수 없는 간극이 있었다.

첫 번째 협상이 결렬되어 양측은 일단 협상에서 철수하였으나 독일과 러시아 모두 협상 재개를 원하였다. 1917년 4월 6일 독일에 선전포고하고 미국이 참전하자 독일은 유럽의 서부전선에 집중할 필요가 있었다. 러시아 혁명정부는 독일이 동부전선을 안정화하기 위해 협상할 필요가 있을 것으로 타산하였다. 볼셰비키 정부는 외무인민위원이자 레닌의 혁명동지인 트로츠키Лев Давидович Троцкий(1879~1940)를 협상 대표로 하여 독일과 2차 교섭에 들어갔다. 독일의 요구가 더욱 강경해져 폴란드와 우크라이나뿐 아니라 발틱 국가 등 제정 러시아의 유럽지역 주요 영토의 대부분을 독립시킬 것—사실상 독일의 보호국화—을 요구하였으므로, 트로츠키는 '전쟁도 평화도 아닌no war, no peace' 입장을 견지하면서 협상에서 철수하였다.

독일 등 삼국동맹은 휴전 합의를 폐기하고 침공을 재개하여 우크라이나와 벨라루스, 그리고 발틱국가들을 점령한 데 이어 핀란드만을 통해 페트로그라드(페테르부르크)로 진격하였다. 독일은 이전보다 더욱 노골적인 강화조건을 제기했는데, 발틱국가들을 독일에, 아르메니아 등을 오스만제국에 할양하고 러시아 군대의 동원을 해제하여 전쟁에서 철수할 것 등을 요구하는 최후통첩을 보냈다.[554] 내전(1917~1922) 중에 있던 볼셰비키 정부는 혁명을 수호해야 하는 절박한 상황에 처해 있었으므로 삼국동맹의 요구사항을 수용할 수밖에 없었다.

1918년 3월 3일 양측은 벨라루스의 브레스트-리토프스크Brest-Litovsk/Брест 에서 강화조약Брестский мир에 서명하였다. 이로써 러시아는 전쟁의 수렁에서 탈출하는 데 성공하였으나 18세기 근대 제정이 수립된 이래로 최대의 영토를 상실하게 되었다. 이 조약으로 러시아는 '제정 시기의 인구와 산업의 약 4분의 1에 해당하는 영토를 상실'[555]하였고, 오스만 튀르크와의 전쟁(1877~1878)으로 획득한 코카서스 영토는 오스만 튀르크에게 반환되었다. 브레스트-리토프스크 조약으로 인한 제정 러시아의 영토 분할은 나폴레옹전쟁 이후 유럽에서 오스만제국의 발칸영토 분할에 이어 가장 대규모의 영토 분할이었다. 제1차 세계대전을 종결하기 위해 체결한 베르사유 조약(1919)이 너무 일방적이라고 독일이 항의한 것에 대해 슈타이너 Zara Steiner가, 프랑스의 반게르만주의 역사학자 뱅빌 Jacques Bainville (1879~1936)의 말을 인용하여, '가혹한 draconian 브레스트 조약'에 비해 '너무 너그러운' 것이라 반박할 정도로 브레스토-리토프스크 조약은 러시아에 혹독한 것이었다.[556]

전쟁에서 탈출하자마자 볼셰비키 러시아를 위협한 것은 외국의 군사개입이었다. 제1차 세계대전이 막바지에 이르면서 연합국은 러시아 내전에 본격 개입하였다. 영국과 프랑스가 제기한 군사개입 명분은 독일이 제정 러시아 영토 일부를 병합하면서 위험에 노출된 아르한겔스크와 무르만스크 등 전략 항구를 비롯하여 철도와 군수물자 등을 탈환하는 것, 그리고 볼셰비키혁명의 확산을 저지하고 혁명을 타도하는 것이었으나, 실질적으로는 후자에 무게중심이 놓여 있었다. 1918년 여름, 영국과 프랑스가 개입을 요청함에 따라 미국이 이에 합세하였고 극동에서는 일본이 개입을 결정함으로써 러시아의 내전은 사실상 유라시아 대륙에 걸친 국제 전쟁으로 비화하였다.

외국 개입군은 러시아 전역에서 혁명군赤軍과 교전하였고 유라시아 대륙의 서쪽 끝 무르만스크에서 동쪽 끝인 블라디보스톡에 이르기까지 유라시아 전역에 걸쳐 전선이 형성되었다. 1918년 8월에 개시된 연합국의 군사개입은 1920년까지 지속되었고 일본군에 의한 극동과 시베리아 개입은 1922년경에야 종식되었는데, 북부 사할린은 1925년까지 일본군이 점령하였다. 짜르를 추종하는 러시아 백군白軍에 합세한 외국 개입군은 총 11개국(대영제국령 3개국 포함 14개국)의 약 20만 명에 달하는 대규모 병력이었다. 최대 병력을 개입시킨 일본은 7만여

병력을 극동과 시베리아에 파병하였고, 중국의 북양군벌 정부北洋政府
도 2,300명의 병력을 파견하였으며, 영국은 4만여 병력을, 프랑스는
약 15,000 병력을, 미국은 약 13,000 병력을 각각 파병하였다. 1921년
11월 실질적으로 종결된 러시아 내전에서 희생된 인명人命은 최대 천
만여 명에 달하였고 대다수가 민간인이었다. 막대한 전쟁 피해 중에
서 교통망을 예로 들면, 교통 및 수송 인프라가 거의 완전히 붕괴되어
"1914년에서 1920년 사이 러시아의 가동 가능한 기관차 수는 17,000
대 이상에서 4,000대 미만으로 4분의 3 이상 감소하였고, 전쟁 동안
백군의 통제하에 있던 철도망은 완전히 파괴"되었다.

소련의 역사학계에서는 러시아 내전을 촉발한 주범으로 군사 개입
국들(연합국Entente)을 지목하였다. 스탈린의 표현대로 하면, '백군(반혁명
황제군, White Army) 깡패들'이 외세와 결탁하여 벌인 전쟁이라는 것이다.
이반 쿠릴라의 견해에 따르면, "스탈린이 초기의 볼셰비키 국제주의
에서 제국주의적 민족주의로 선회하면서, 연합국의 개입은 볼셰비키
정권의 민족적 특성과는 대조적으로 외세 의존적인 백군에 대한 군사
적 지원의 주요 원천"으로 묘사되었다.[557]

내전이 종식되고, 러시아 소비에트연방사회주의공화국PCФCP, 트란
스 카프카즈 소비에트연방사회주의공화국3CФCP(그루지아, 아르메니아,
아제르바이잔), 우크라이나 소비에트사회주의공화국YCCP, 벨라루스 소
비에트사회주의공화국БCCP들은 1922년 12월 29일 '소비에트 사회주
의 공화국 연방 형성 조약Договор об образовании СССР'을 체결하여 소비
에트 사회주의 공화국 연방(소련)CCCP/USSR이 탄생하였다. 1924~1936
년에 중앙아시아 5개국(우즈베키스탄, 투르크메니스탄, 타지키스탄, 카자흐
스탄, 키르기스스탄 소비에트 사회주의 공화국)이 소련에 합류하였고, 1940
년에 발틱 3국(라트비아, 리투아니아, 에스토니아 공화국)과 몰다비아 소비

에트 사회주의 공화국이 소련에 병합 또는 흡수되었다.

이로써 볼셰비키혁명으로 해체된 러시아 제국은 바로 그 볼셰비키들에 의해 소련이라는 '사회주의 제국'으로 부활하였고 과거 제정 러시아의 전全 영토를 회복함으로써 유라시아 제국으로 재탄생하였다. 볼셰비키혁명을 인정하기 어려웠던 유럽은 러시아(소련)를 국제적으로 승인하는 것을 거부하다가 1922년 라팔로Rapallo 조약으로 독일이 국교를 수립하면서, 뒤이어 영국(1924), 일본(1925), 미국(1933) 등이 외교적으로 승인함에 따라 국제연맹에 가입(상임이사국)하게 됨으로써 소련은 세계정치에 정식으로 복귀하게 되었다.

제2차 세계대전이 발발하자 소련은 연합국의 일원으로 참전하여 유럽과 아시아 전역에서 영국과 미국 등과 함께 전쟁을 주도하였다. 제2차 세계대전에서 소련은 참전국 중 가장 참혹한 전쟁 피해─1,500여만 명의 전사자와 약 6,790억 루블의 물적 손실(1945년 예산의 2배)─를 겪었으며 이로 인해 경제발전(계획)이 10년 이상 지체되었다. 그러나 제2차 세계대전은 러시아에게 또 다른 기회를 제공하였다. 소련은 전후 미국과 함께 세계를 양분하면서 냉전의 양극체제에서 초강대국으로 부상하였다.

미-소 간의 대립은 명분상으로는 자유민주주의와 사회주의 간의 이념 전쟁(냉전)이었으나 내용상으로는 19세기 이래 지속된 영국과 러시아 간에 지정학적으로 대립 갈등하는 대전략 경쟁 Anglo-Russian strategic rivalry이 미국과 러시아의 대결 US-Russian rivalry로 전환된 것이라 할 수 있다. 19세기처럼 20세기 냉전시대에도 러시아(소련)와 미국은 유럽과 아시아 전역에서 전선을 형성하였으며 오히려 과거(영-러 대결)에 비해 대치전선이 아프리카와 남미로 확대되었다. '명실상부'하게 세계 전역에 걸친 '거대한 대결'이었던, 그러나 인류에게는 너무나 비극적이었던 냉전이라는 '20세기 그레이트 게임'은 반세기 동안 지속되었다.

영국에 이어 미국은 소련을 유럽과 중동, 동아시아에서 봉쇄하였고, 이에 소련은 동유럽에서 동아시아에 이르는 완충지대를 구축하여 대항하였다. 이 과정에서 식민지로부터 갓 독립한 신생국들은 미국과 소련의 동맹국 또는 위성국가로 재정렬되어 세계는 동서 진영으로 양분되었다. 미-소 간의 대립은 동맹체제의 진화를 가져와 '집단적 상설동맹체제'의 시대가 도래하였다. 이로 인하여 국제관계에서 외교의 역동성과 정치의 가능성이 과거에 비해 현저히 축소되었고, 정치와 외교는 이념과 동맹의 하위체계로 전락하였다.

서유럽에서 1949년 창설된 미국의 집단동맹기구(북대서양조약기구 NATO)는 1955년 동유럽에서 소련의 대항적 집단동맹기구(바르샤바조약기구ОВД/WTO)를 낳았고, 이러한 집단적 동맹기구들은 중앙조약기구CENTO(1955)와 동남아시아조약기구SEATO(1954) 등 중동과 동아시아를 비롯한 세계로 확산되었다. 유럽에서 러시아의 전통적인 동맹관계 —러·프동맹, 삼국협상Triple Entente 등—는 해체되었다.

사회주의와 자본주의라는 이념과 체제의 분단선을 기준으로 한 동유럽과 서유럽의 양대 진영으로 유럽이 재편되었으며 소련과 미국이 양대 진영의 정점에 올라서게 되었다. 동아시아에서는 19세기 식 동맹관계가 복원되어 양자 동맹조약을 통해 소련과 중국 대 미국과 일본 간의 동맹체제가 재구성되었고, 한반도는 이 과정에서 분단이 고착화되었다. 과거와 다른 점을 굳이 말하자면 19세기에 한반도 분할론이 북위 39도선을 언급했다면, 20세기 한반도의 분할선은 38도선이라는 차이뿐이었다. 이념과 체제라는 요인을 제외하면 그렇다는 것이다. 미국은 소련을 '악의 제국'으로 규정하였고, 소련은 미국을 사악한 '제국주의'로 비난하였다.

스탈린 사후 소련공산당 제20차 대회의 여파로 소련을 필두로 한 사회주의 진영에서 '민주주의 원칙과 평화공존'이 강조되면서 이를 수정주의로 비판한 중국과 소련은 갈등 관계에 들어갔다. 1960년대 중·소 간에 이념분쟁은 1969년 무력분쟁으로 비화하여 사회주의 세계는 분열·이완되었다. 소련에 대항하기 위해 중국은 미국의 화해 접근—닉슨 독트린(1969)과 미중정상회담(1972)—을 수용하여 미국 및 일본과 관계를 정상화—1979년과 1972년 각각 국교 수립—하였다. 소련은 미국과 데탕트detente 분위기를 조성하는 한편으로, 중국과 분쟁(중·인 국경 전쟁, 1962) 중이던 아시아의 대국 인도와 전략적 제휴 관계를 강화하여 미·중관계를 상쇄하였다.

1970년대~1980년대에 걸쳐 아시아 태평양 지역에서는 미-중-일 삼국과 러-인 양국 간에 전략적 경쟁 구도가 수립되었고 인도네시아, 베트남, 남북한 등, 비동맹 또는 하위동맹 국가들이 강대국 경쟁구조 내로 흡수되었다. 국제정치학자로서 키신저Henry Kissinger는 유럽 세력 균형 체제의 토대인 '비엔나체제(유럽협조체제)'를 수립하는 데 외교적 수완을 발휘했던 프랑스의 외무장관 탈레랑에 주목한 바 있다. 닉슨정부의 안보보좌관과 국무장관으로서 키신저가 구상한 '세력균형의 현실정치realpolitik'는 미-중-일 수교로 아시아에서 구현되었다. 5개 강대국 경쟁체제에서 세력균형의 안정성을 확보하기 위해서는 두 국가에 맞서 세 국가가 연합하는 '삼국 대 양국'의 동맹 조합을 구축할 필요가 있고, 미국은 항상 3국의 조합에 들어가야 한다는 키신저의 논리가 동아시아 현실정치에서 미-중-일 삼국협력으로 현실화되었다.

1971년 미국과 중국의 관계 정상화가 가시화될 무렵 소련은 인도와 '평화우호협력조약'을 체결하여 전략적 제휴 관계에 들어갔다. 이 조약으로 소련은 미·중 관계를 견제하고 아시아 비동맹국가들에서 영향력을 확보하는 기틀을 마련하였고, 인도는 중국을 견제하고 중앙아시아와 연계하며 근동과 서남아시아에서 전략적 지위를 안정화할 수 있었다. 냉전시대 러시아와 인도의 전략적 제휴는 탈냉전기 옐친정부에서 미국 중심의 일극체제에 대항하기 위해 프리마코프의 외무장관이 구상한 러시아-인도-중국의 전략적 제휴('프리마코프 트라이앵글 Primakov Triangle')로 이어졌다.

1985년 소련의 서기장으로 취임한 고르바초프 Михаил Сергеевич Горбачёв(1931~2022)가 주창한 신사고 New Thinking에 입각한 페레스트로이카(재건) Перестройка와 글라스노스트(개방) Гласность을 주축으로 한 개혁 노선에 따라 반세기 동안 지속되어 온 냉전이 해체되었다. 1989년 12월 3일 몰타 정상회담 Malta Summit에서 고르바초프 서기장과 부시 George H. W. Bush(1924~2018) 대통령은 냉전 종식을 선언하였다. 탈냉전이 소련의 해체로 이루어진 것으로 기정사실화하는 곡해된 '상식'과는 다르게, 이렇듯 냉전은 소련 붕괴 이전에 해체되었다.

몰타회담은 얄타회담(1945)과 더불어 20세기 세계질서를 구조적으로 변경하여 세계사적 대전환의 '신질서'를 구축한 양대 회담으로 기록될 수 있다. 1989년 11월 유럽에서 베를린장벽이 무너지고, 1991년 7월 1일 바르샤바조약기구가 해체되었다. 아시아에서 고르바초프는 '블라디보스톡 선언(1986)'과 '크라스노야르스크 Красноярск 선언(1988)'을 통해 중·소분쟁의 종식을 선언하였고, 아프가니스탄으로부터 소련군 철수를 표명하였다. 이렇듯 평화로운 질서에 입각한 '새로운 아시아'의 시대가 천명되면서 중국과 동남아시아 사회주의 국가들에서 냉전 해체의 분위기가 고조되었다.

1991년 12월 8일 소련의 주요 구성국인 러시아, 벨라루스, 우크라이나 삼국의 대통령은 소련을 해체하기로 합의한 협정(벨로베자협정 Беловежские соглашения)에 서명하였고 12월 26일 소련의 최고 소비에트 국가평의회(상원)는 소련의 해체를 공식 선언하였다. 이에 따라 과거 연방 조약으로 소비에트 연방을 형성했던 열다섯 연방구성공화국들은 열다섯 개의 주권 국가로 각각 분리 독립하였다. 1991년 12월 21일에 선포한 '알마타 선언(합의)Алма-Атинская декларация(соглашение)/Alma-Ata Protocol'에 의거하여 소련의 15개 구성공화국들 중 발틱삼국(리투아니아, 라트비아, 에스토니아)과 조지아를 제외한 11개 국가로 구성된 '독립국가연합Содружество Независимых Государств, СНГ/CIS이 탄생하였다. 이로써 소련의 해체로 독립한 국가 중 러시아 연방공화국РФ/RF이 권리와 의무를 모두 포함하여 소련을 국제법적으로 승계하였다.

탈냉전과 강대국 러시아의 부흥

탈냉전 초기 러시아 옐친 정부는 친서구주의와 대서양주의에 입각하여 민주주의와 시장경제로의 이행을 추진하였다. 1993년 10월 나토 국방장관회의에서 미국의 애스핀Leslie Aspin Jr. 장관이 제안하고 이듬해 1월 나토 정상회담에서 채택한 '평화를 위한 동반자관계Partmership for Peace(PfP)'를 수용하여 러시아는 1994년 6월에 '평화의 동반자PfP'에 가입하였고, 미국과의 전략적 제휴를 대외정책의 최우선 순위에 배치하였다. 그러나 1990년대 중반 동유럽과 발칸에서 미국의 영향력이 점증하고 미국 주도로 동유럽으로의 '나토NATO 확장(나토 동진東進)'―러시아의 회원가입 요청은 거부됨―이 현실화되자 유럽 방면에서 안보위협과 급격한 영향력 위축에 직면한 러시아는 유라시아노선에 입각한 동방정책으로 선회하였다.

옐친 정부가 미국과 '평화의 동반자관계PfP'를 수립한 동기는 탈냉전기의 세계 신질서에서 '글로벌 콘도미니엄(지구 공동의집)을 공동 운영'할 수 있을 것이라는 전략적 기대였다. 그러나 '차가운 전쟁Cold

War'은 종식되었으나 도래한 것은 진정한 평화가 아니라 '차가운 평화 cold peace'였다. '평화의 동반자'에 대한 기대가 '장밋빛 환상'으로 드러나면서 러시아는 대외정책의 구조적 전환을 모색하게 되었다.

미국을 견제하기 위해 옐친 정부는 유럽에서 과거 전통적인 전략 파트너였던 프랑스 등과 제휴를 모색하였으나 소기의 성과를 거두지 못하여 유럽 정책이 난망해짐에 따라 동방의 아시아로 전략적 관심을 전환하는 동시에 구 동맹국들과 관계 복원을 시도하였다. 동방정책은 중·근동과 중앙아시아, 그리고 동아시아로 확대되었고, 그중에서 핵심 대상 국가이자 전략적 제휴 국가는 중국과 인도였다. 1996~1998년 러시아는 외무장관 프리마코프 Евгений Максимович Примаков (1929~2015)의 전략적 삼각체제 구상—'프리마코프의 트라이앵글(러·중·인)'—으로 인도와 전략적 제휴를 시도하여 2000~2002년 우호협력조약의 복원과 전략적 동반자관계를 수립하였다.

러시아가 미국을 견제하는 데 있어서 중국과의 관계는 러시아의 대외전략에서 최우선적인 위치에 있다. 1996년 4월 러시아는 중국과 협력적 전략 동반자관계 수립을 시작으로 2001년 7월 16일 선린우호협력조약 договор о добрососедстве, дружбе и сотрудничестве/中俄睦邻友好合作条约을 체결하여 중요한 국제사안과 쟁점에서 확고한 외교적 공조를 유지하고 있으며, 양국 간 군사훈련 또는 상하이협력기구 SCO를 통한 정기적 또는 비정기적인 합동군사훈련을 실시함으로써 실질적으로 '준'동맹관계를 지속하고 있다.

21세기 러시아와 중국의 전략적 제휴는 1896년과 1950년에 이어 양국 역사상 세 번째 동맹관계의 수립을 의미한다. 이것은 '네르친스크-캬흐타 체제(1727)' 이후 280여 년 동안 지속된 양국 관계의 재복원을 의미하며 동아시아 국제질서에서 '19세기적 경향'이 부각되는 데 일조하였다. 다른 점이라면 19세기에 비해 동아시아에서 러시아와 중국 관계가 재역전되었다는 것이다. 오늘날 미국에 이어 글로벌 GDP 두 번째 순위에 있는 중국은 경제 규모뿐 아니라 글로벌 공급망에서도 러시아를 압도하고 있다. 그럼에도 러시아와 중국은 필연적인 전략적 보완 관계에 있다. 미국과 유럽연합의 전면적인 경제제재 상황에서 러시아는 중국의 경제적 협력이 필수적이고, 대중국 군사적 포위를 추구하는 미국의 인도·태평양전략에 직면한 중국은 러시아의 협력 없이는 지정학적 고립을 초래할 수 있을 것이기 때문이다.

2001년 9.11사태 후 테러와의 전쟁에서 중앙아시아의 미군 주둔에 적극 협조하고 국내적으로도 온건 자유주의정책을 실시하는 등 푸틴 정부는 집권 초기 미국과의 협력정책을 추진하였다. 그러나 부시 정부가 미사일방어체제MD를 구축하기 위해 과거 소련과 체결한 탄도미사일제한ABM 조약(1972)을 2002년 일방적으로 폐기하고, 러시아와 프랑스 그리고 독일이 반대한 이라크전쟁(2003)을 개시하면서 푸틴정부의 미국정책은 전략적 견제와 대항 균형을 모색하는 것으로 선회하였다.

1999년 나토 동진東進, 나토의 1차 확대—폴란드, 헝가리, 체코—를 시작으로 2004년 러시아의 반발에도 발틱삼국을 비롯한 동유럽 7개국으로 나토의 2차 확대가 강행되었고 2009년에는 나토의 3차 확대(우크라이나, 조지아Georgia/Грузия 등)가 예견되었다. 발틱삼국과 우크라이나 그리고 조지아로 나토가 확장될 경우 러시아는 미국 주도의 군사기구인 나토와 국경을 맞대게 됨으로써 미국의 군사력에 자국 안보가 취약해질 것으로 우려하였다. 특히, 우크라이나는 역사적으로나 지정학적으로 러시아와 불가분의 관계를 지닌 전략적 운명공동체라는 인식이 러시아인들의 국가 정체성을 이루고 있고, 조지아는 러시아 코카서스 지역의 전략적 급소에 해당하였다. 이러한 연유로 러시아는 나토의 세 번째 확대 계획에 격렬히 거부하였다.

2008년 4월 미국이 우크라이나와 조지아의 나토 가입을 긍정적으로 개진한 부다페스트 나토 정상회의가 끝난 지 불과 4개월 후 러시아는 조지아에 군사개입하였다. 조지아를 상대로 분리독립을 위한 남오세티아Южная Осетия와 압하지아Республика Абхазия의 전쟁에 러시아가 군사개입─남오세티아와 압하지아의 개입 요청에 의한 것이기는 하지만─한 것은 미국에 대한 일종의 경고 메시지였다. 집권 초기 푸틴정부가 옐친정부에 이어서 나토 가입을 재차 타진하였으나 미국에 의해 거절된 기억 또한 러시아의 전략적 의구심을 증폭시켜 미국에 대한 군사적 메시지 발신에 힘을 실었을 것이다.

2007년 부시 정부가 발표한 '동유럽 MD' 계획─체코와 폴란드에 미사일과 레이더 기지 구축 계획─은 나토 확대와 더불어 러시아의 반미 분위기를 고조시켰다. 미국은 공식적으로는 동유럽 MD 계획을 이란의 핵무기 등 대량살상무기WMD로부터 유럽과 미국을 방어하기 위한 것으로 설명하였으나 러시아는 자국의 전략무기 체계를 무력화시키고 전략적으로 봉쇄하기 위한 의도로 해석하였다. 이라크전쟁에서 일시적으로 형성되었던 러시아와 독일, 프랑스의 삼국 간 앙탕트entente는 소멸되었고 프랑스와 독일은 초강대국 미국의 일방주의에 타협하였다.

2009년 오바마 행정부가 들어서면서 미국이 동유럽 MD계획의 철회를 시사하고 대對러시아 관계의 '리셋reset'을 시도함으로써 양국은 신新전략무기감축협상New START을 개시하는 등 협력관계가 복원되는 듯하였다. 2009년 7월 모스크바 정상회담에서 오바마와 메드베데프는 러시아 영토를 통해 아프가니스탄으로 미국 군수물자를 수송하는 것을 포함한 양자 협정과 2010년 4월 신전략무기감축조약(뉴스타트)를 체결하면서 양국 관계의 리셋을 실험하였다. 2008년 2월 대통령 선

거 유세에서 한 발언, '자유는 비자유보다 낫다Свобода лучше, чем несв
обода'는 발언은 메드베데프의 자유주의적 성향을 상징하는 정치적 메
시지였다.[558]

2010년 '유럽 미사일 방어망 구축 협정'을 계기로 미국은 다시 동유
럽 MD 계획을 재가동하였다. 소련 해체 후 러시아의 어느 대통령보다
도 미국에 호의적이고 친서방 성향을 지녔던 메드베데프 대통령은 오
바마 정부의 동유럽 MD 재개, 나토의 리비아 군사개입 등에 직면하여
미국관계에 대한 평가를 달리하게 되었다. 2011년 11월 메드베데프는
대통령 성명을 발표하여 미국의 동유럽미사일방어계획의 재개에 대
해 우려를 표명하였다.

메드베데프는 1년 전 리스본에서 개최된 나토 정상회의에서 본인이
제안한 유럽의 합동미사일방어체계 구상을 상기하면서 나토 문제와
유사하게 러시아를 배제한 미국의 동유럽미사일방어체계 구상이 궁
극적으로 러시아를 겨냥한 것으로 우려한 것이다. 메드베데프는 성명
에서 "상황이 불리하게 전개될 경우 러시아는 군축과 군비통제 분야
의 추가 조치를 거부할 권리", 그리고 START 조약에서 탈퇴할 근거에
대해 표명하였다.[559] 이러한 요인들의 복합적인 작용으로 인해 미-러
관계는 현재까지 전략적으로 갈등과 대립 국면에 머물러있다.

유럽에서 미국과 갈등이 심화할수록 러시아는 아시아에서 이를 전
략적으로 만회하려 하고 있다. 중국과의 전략 관계는 미·러관계에 반
비례하여 증대되는 경향을 보이며 19세기 청일전쟁 이후로 최상의 우
호 관계—전략적 상호 경계심은 여전하지만—를 오늘날까지 지속하고 있
다. 오바마 정부의 아시아로의 전략 전환—아시아로의 중심축 이동pivot to
Asia 또는 재균형rebalancing—으로 세계적 차원에서 전략경쟁의 무대가
다시 아시아로 전환되면서 러시아도 중국과 인도와의 관계를 강화하

여 이에 대응을 모색하고 있다.

현재 해양 아시아 지역에서 미국의 주도로 미국과 일본 그리고 호주 삼국 간에 범태평양 동맹체제가 형성되고 있으며, 대륙 아시아에서는 러시아와 중국 그리고 인도 간에 '대륙동맹체제'가 태동하고 있다. 중국과 인도 관계에는 국경 문제 등 여전히 해소해야 할 문제가 존재하고 삼국에 대한 미국 요인의 규정성이 아직은 강한 것이 사실이지만, 미·중·인 삼국 관계가 정례화되고 전략적으로 진화해 나간다면 유동적인 아시아의 전략 환경을 감안할 때 장기적으로 삼각체제로 발전할 가능성을 배제할 수 없을 것이다. 이러한 점에서 볼 때 현재 아시아 태평양 지역에서 두 개의 '대삼각체제 Grand Triangle'가 태동하고 있음을 예견할 수 있다.

물론 2016년 트럼프 정부 이래로 미국-일본-호주-인도를 연계하여 중국을 전략적으로 견제하는 쿼드QUAD, 그리고 미국-영국-호주의 오커스AUKUS 등 미국의 인도·태평양 전략으로 중국과 러시아가 유라시아 내륙에 고립되는 형국으로 보일 수도 있다. 그러나 역사적으로 형성된 러시아와 인도의 전략적 제휴 전통과 중국과 러시아의 동맹에 준하는 관계 등을 고려할 때, 러-중-인 삼각관계가 소멸한 포맷은 아니다. 또한 강대국으로 부상하기 위해 언젠가는 인도가 미국의 전략적 견제를 예상하고 이를 상쇄하기 위해 중국-러시아와 제휴가 불가피할 것이라는 점에서 궁극적으로 러시아-인도-중국의 전략적 삼각관계의 가능성은 상존하는 전략적 옵션이라고 할 수 있다.

군사적 포위압박을 포함한 미국의 대對러시아 제재전략은 의도치 않게 러시아의 권위주의적 통치와 정치적 교호작용을 하고 있다. 푸틴 정부는 집권 1기에 뚜렷한 경제적 성과를 거두었으나 그 이면에는 권위주의의 그늘 또한 드리워져 있다. 집권 초기에 푸틴정부가 표방한 온건 자유주의노선, 그리고 메드베데프정부에서 시도된 정치적 다원주의와 자유주의적 현대화 프로그램은 실종되었고 러시아에서는 권위주의체제가 심화되고 있다. 러시아 연구로 저명한 정치학자 사크와 Richard Sakwa가 러시아의 메드베데프 대통령의 자유주의 프로그램의 실패를 '열망과 의지 사이의 괴리', 리더쉽 역량의 한계 등으로 설명하였듯이,[560] 러시아의 권위주의화는 체제 내적 요인, 국내적 요인에 기인한 바 크다.

그럼에도 러시아에서 권위주의가 정치적으로 합리화되거나 사회적으로 프로파간다에 성공하고 있는 이유는 외부적 요인에 기인한 바 크다고 할 수 있다. 권위주의적 통치라는 비판에도 불구하고 푸틴정부가 50~60%를 상회하는 높은 지지율을 얻고 있는 배경에는 역설적으로 미국 요인—미국이라는 '위협'요인—이 작용하고 있다. 미국의 러시아 압박과 제재라는 외부적 요인이 푸틴 대통령으로 하여금 미국에 대항하는 지도자로서의 이미지를 구축하는 데 일조하였다. 이렇듯 미국의 제재가 오히려 정치적으로 활용되어 러시아의 권위주의를 정당화하는 결과를 초래한 것으로 해석되기도 한다.

21세기 푸틴 정부가 들어서면서 러시아인들은 '강대국 러시아'의 부활에 호응하고 있다. 동아시아에서는 19세기 세르게이 비테의 극동정책을 연상시킬 만한 극동 시베리아 개발을 목표로 메가 프로젝트를 실행하고 있고, 유럽에서는 군사력과 에너지정책, 자본투자를 수단으로 푸틴의 러시아는 자국의 전략적 비중을 주변국들에 확인시키고 있다. 과거 두 세기 동안 밀접한 이해관계 지역이었던 중동과 동아시아에서 국제 쟁점—이란 핵 문제, 시리아 화학무기 문제, 북핵 문제 등—의 중재자로서 복귀하여 자신의 존재를 각인시켰고, 중앙아시아에서 정치적 위상을 복원하는 등 러시아는 전통적인 전략적 이해 지역에서 영향력을 제고하고 있다.

무엇보다도 푸틴 정부는 구舊소비에트 공간을 재구성하여 과거 소련의 지정학적 공간을 '지경학적 공간'으로 재창출하려는 '유라시아 대통합 구상'을 모색하는 중이다. 구소련 구성국들이 주축이 된 '유라시아 경제연합EAEU'을 구축하여 '유라시아 연합EAU'으로 진화하거나, 장기적으로 제정 러시아 또는 '소련의 지정학적 공간을 재현'하려는 것으로 해석할 수 있다. 20세기를 숨 가쁘게 달려온 세계는 이제 탈냉전기를 끝내고 새로운 질서와 체제를 향한 숨 고르기에 들어가고 있다. 지난 이십여 년 동안 유지되었던 미국 중심의 일극(단극)체제가 약화하고 다극의 세계, 유라시아의 세기가 도래하고 있다.

미국은 '두 개의 전쟁(아프간과 이라크 전쟁)'으로 막대한 재정 손실뿐 아니라 글로벌 리더십에 결정적인 손상—미국식 일방주의에 대한 비판—을 경험하였다. 글로벌 금융위기 등의 여파로 2008년이 지나면서 미국이 일극적 초강대국 지위에서 내려오고 있고, 강대국들이 역사로 복귀하고 있다. 중국이 G2로 부상하고 러시아는, 과거 고르차코프식 표현대로, '몰입과 집중recueillement' 중이다. 지정학이 귀환하고 미국과 중국, 그리고 러시아 간에 세력권 경쟁이 가시화되고 있다. 트럼프의 집권과 그의 돈로주의Donroe Doctrine는 이러한 세계질서 대이행기의 궐위interregnum적 현상이다. 그럼에도, 두 세기 전 알렉시스 토크빌이 예언한 것처럼, 미국은 여전히 '제국'이고 러시아는 다시 한번 '제국'의 부활을 꿈꾸고 있다. 근대 이래로 유라시아 제국은 한반도의 운명을 좌우해 왔고 앞으로도 그러할 것이다. 백 년 뒤에도 미국이 동북아에 여전히 건재할지는 잘 모르겠으나, 러시아는 존재할 것이다. 한반도와 국경을 맞대고 있는 유라시아 제국은 우리에게 현재와 미래의 지정학적 실체인 것이다.

1   Alexis de Tocqueville, *Democracy in America*(Chicago and London: University of Chicago Press, 2000), pp.395~396.

2   Roman Szporluk, *Communism and Nationalism, Karl Marx versus Friedrich List*(New York: Oxford University Press, 1988), p.107; Dominic Lieven, Empire: *The Russian Empire and its Rivals from the Sixteenth Century to the Present*(London: Pimlico/ Random house, 2003), p.47.

3   Eric Hobsbawm, *The Age of Empire, 1875~1914*(London: Abacus, 1999), pp.56~57.

4   Niall Ferguson, *Empire: How Britain Made the Modern World*(London: Penguin Books/Allen Lane, 2003), pp.37~38.

5   Emanuel Sarkisyanz, "Russian Imperialism Reconsidered", Taras Hunczak, ed., *Russian Imperialism from Ivan the Great to the Revolution*(New Brunswick, Rutgers University Press, 1974), pp.45~46.

6   Михаил Николаевич Покровский, *Русская история с древнейших време н*, Часть 2, 제10장 표트르의 개혁(Глава X. Петровская реформа) 중, 상업자본주의와 중상주의 부분을 참고 바람. http://az.lib.ru/p/pokrowskij_m_n/text_1899_rus_istoria-2.shtml(2014/03/05).

7   Михайл Н. Покровский, *Внешная Политика Россий XX Века*(Москва: Из-во Уиниверситета, 1926), pp.13~15.

8   E. V. Anisimov, "Imperial Heritage of Peter the Great", Hugh Ragsdale ed., Imperial Russian Foreign Policy(Cambridge/New York: Cambridge University Press, 1994), pp.21~22. 18세기 러시아의 대외정책결정과 영토확장에 있어서 로마노프 왕가의 의지와 동기를 강조하는 아니시모프의 다른 저술로는 다음의 책이 유용하다: *Россия в Середине XVIII Века: Борыба за Наследие Петра*(Москва: Мысль, 1986)

9   Isabelle Nathan, "The 1717 Convention of Amsterdam according to French Diplomatic Archives", January 2018, Quaestio Rossica 6(3), pp.675~684.

10   Alfred J. Rieber, "Historiography of Imperial Russian Policy", *Ibid.*, p.368.

11   Steven Runciman, *The Emperor Romanus Lecapenus and His Reign: A Study of Tenth Century Byzantium*(Cambridge: Cambridge University Press, 1988), p.9.

12   С. В. Лурье, "Идеология и геополитическое деиствие. Вектор русской куль турной експансии:Балканы-Констатинополь-Палестина-Ефиопия", *Циви лизации и культуры*, выпуск 3(Москва: Институт востоковедения РАН, 1996), с.161.

13   Sviatoslav Kaspe, "Imperial Political Culture and Modernization in the Second Half of the Nineteenth Century", Jane Burbank, Mark von Hagen, and Anatolyi Remnev ed., *Russian*

Empire: Space, People, Power, 1700~1930(Bloomington & Indianapolis: Indiana University Press, 2007), pp.480~482.

14 '범슬라브 연방(Pan-Slavic Federation)'과 콘스탄티노플(Tsargrad) 간의 관계, 러시아에게 지니는 콘스탄티노플의 의미 등에 대한 자세한 내용은 Николай Я. Данилевский, *Росси я и Европа, Классика геополитики XIX веки*(Москва: издательство АСТ, 2003), cc.567~577, 555~590 참조 바람.

15 Richard Koebner, *Empire*(Cambridge: Cambridge University Press, 1966), pp.4~5.

16 *Ibid.*, pp.1~3.

17 Dominic Lieven(2003), p.35.

18 Michael Mann, *The Sources of Social Power, Vol. 1: A History of Power from the Beginning to AD 1760*(Cambridge: Cambridge University Press, 1997), pp.2~3; Dominic Lieven(2003), p.9, 447.

19 *Ibid.*, pp.201~202.

20 피터 터친, 『제국의 탄생: 제국은 어떻게 태어나고 지배하며 몰락하는가』(웅진 지식하우스, 2006), 16~18쪽, 28쪽, 196~215쪽.

21 Joseph Conrad, *Heart of Darkness*(Claremont California: Coyote Canyon Press, 2007), pp.4~7.

22 Robert J. Kerner, *The Urge to the Sea: The Course of Russian History*(Berkeley: University of California Press, 1942), pp.1~9.

23 *Ibid.*, p.9.

24 John Meyendorff, *Byzantium and the Rise of Russia*(New York: St Vladimir's Seminary Press, 1989), p.5.

25 Hans Bagger, "The Role of the Baltic in Russian Foreign Policy, 1721~1773", Hugh Ragsdale, ed., *Imperial Russian Foreign Policy*(New York: Woodrow Wilson Center Press and Cambridge University Press, 1994), p.37.

26 John P. LeDonne, *Russian Empire and the World, 1700~1917: Geopolitics of Expansion and Containment*(New York & Oxford: Oxford University Press, 1997), pp.89~90.

27 발칸에 대한 러시아의 지정학적, 이념적 이해관계에 대한 본문의 설명은 주로 젤라비치의 관점에 대한 필자의 해석이다. Barbara Jelavich, *Russia's Balkan Entanglements: 1806~1914*(Cambridge: Cambridge University Press, 2004), pp.27~41.

28 Walter Prescott Webb, *The Great Frontier*(Austin: University of Texas Press, 1964), p.2.

29 John P. LeDonne, *The Russian Empire and the World(1700~1917): The Geopolitics of Expansion and Containment*(Oxford: Oxford University Press, 1997), p.130.

30 '소 부하라(Little Bokhara)'라는 명칭은 타림분지 지역(현재의 신쟝 위구르)과 그 유관 지역을 지칭하는 것으로 현재의 부하라와는 직접 관련이 없으나, 해당 지역은 예로부터, 서역 또는 투르케스탄(Turkestan)으로 불리던 지역(현재의 중앙아시아는 서투르케스탄, 타림분지/신쟝 위구르는 동투르케스탄)으로서 지리적, 경제적으로 하나의 문화 및 상업권으로 분류되던 곳이자 부하라 칸국과 문화적, 상업적으로 직접 연계된 지역이므로 그런 명칭을 얻게 된 것으로 보인다. Christian Tyler, *Wild West China: The Untold Story of a Frontier Land*(London:

John Murray, 2003), p.3.

31 Alexis Krausse, *Russia in Asia: A Record and Study, 1558~1899*(London: Curzon Press, 1899/1973), pp.55~56.

32 이르티쉬강은 몽골과 신쟝 위구르 지역의 알타이 산맥에서 발원하여 카자흐 초원을 관통하고 북으로는 시베리아로 흘러들어 오브(Ob)강과 토볼(Tobol)강과 만나는 시베리아의 중요한 수운 통로이다. 이르티쉬강은 당시 시베리아 남부와 카자흐 초원에 있던 러시아의 변경요새들을 연결하여 투르케스탄으로 들어갈 수 있는 중요한 수로 중의 하나로 기능할 것으로 판단되었던 것이다.

33 Josheph Popowski, *The Rival powers in Central Asia*(Westminster, London: Archibald Constable and Company, 1893), pp.31~32.

34 Федор Иванович Соймонов, "Описание Каспийского моря... 1763года", "О ПРЕЖДЕЧИНЕННЫХЪ ОПЫТАХЪ И ОТКРЫТIЯХЪ.", Lib.Ru: Библиотека Максима Мошкова. http://az.lib.ru/s/sojmonow_f_i/text_0030oldorfo.shtml

35 *Ibid.*, p.32.

36 베코비치-체르카쓰키 원정대에 관한 자세한 내용은 Терентьев М. А., *История завоевания Средней Азии*, Т.1. (С.-Петербург: Типо-литография В.В. Комарова, 1903), cc. 25~43; Alexis Krausse, *op.*, *cit.*, pp.57~60.

37 Raymond H. Fisher, *The Russian Fur Trade*(Berkeley: University of California Press, 1943), pp.119~120.

38 Michael E Mann, "Little Ice Age", Michael C. MacCracken and John S. Perry, *Encyclopedia of global environmental change. : Volume 1, The earth system physical and chemical dimensions of global environmental change*(New York: Wiley, 2002), pp.504~509.

39 George L. Lantzeff and Richard A. Pierce, *Eastward to Empire: Exploration and Conquest on the Russian Open Frontier, to 1750*(Montreal and London: McGill-Queen University Press, 1973), pp.84~85, 89, 98~99.

40 Robert J. Kerner(1942), pp.84~88.

41 Marijke Spies, *Bij noorden om: Olivier Brunel en de doorvaart naar China en Cathay in de zestiende eeuw*(Amsterdam: Amsterdam University Press, 2006), p.5. (https://www.dbnl.org/tekst/spie010bijn01_01/index.php)

42 George L. Lantzeff and Richard A. Pierce(1973), pp.90~91.

43 야쿠츠크 요세의 보예보다(지휘관)인 푸슈킨 등(Вашка Н. Пушкин, Кирилко, О. Супонев, Петрушка Стенчин)이 짜르 미하일 1세(Mikhail Fyodorovich, 1596~1645)에게 올린 상주서. 짜르 미하일 1세는 상주서가 작성되기 전 해(1645년 7월)에 이미 사망했는데, 이들은 이 사실을 몰랐던 것 같다. Н. С. Орлова, *Открытия русских землепроходцев и полярных мореходов XVII века на Северо-Востоке Азии : сборник документов*(Москва: Гос. изд-во географической лит-ры, 1951), pp.212~216; George Alexander Lensen, ed., *Russia's Eastward Expansion*(Englewood Cliffs, N.J.: Prentice Hall, 1964), pp.27~28.

44 Н. С. Орлова(1951), *Ibid.*, pp.279~281; *Russia's Eastward Expansion*(1964), pp.29~30.

45 "Из Второй Челобитной Семена Дежнева(23 сентября 1664 г.)", Грациански
й Н.П. и С.Д. Сказкин, *Хрестоматия по истории средних веков: Пособие
для преподавателей средней школы*. Т. 3. (Москва: Государственное учебно-
педагогическое издательство, 1950), сс. 70~71.

46 Mark Mancall, *Russia and China: Their Diplomatic Relations to 1728*(Cambridge, MA:
Harvard University Press, 1971), p.22: Mark Bassin, *Imperial Visions: Nationalist Imagination
and Geographical Expansion in the Russian Far East, 1840~1865*(Cambridge: Cambridge
University Press, 1999), p.20.

47 Грамата, данная из Якутска, для вручения ея, через Хабарова, Князю Бо
гдою, после перваго возвращения Хабарова с Амура, в 1650 г., Источник:
"Сын Отечества", 1840, кн. 1,С.-ПЕТЕРБУРГ, Сетевая версия - В. Трухин,
2008. (https://ostrog.ucoz.ru/publikacii/4_34_5.htm)

48 "Первое боестолкновение русских и маньчжур", ЛОА АН СССР, ф. Портфе
ли Миллера, оп. 4, кн. 30, № 104, лл. 271 об.–273 об., 277–278 об., 281–281 об.
Опубликовано: *Русско-китайские отношения в XVII веке*, т.1(Москва: Наука
1969). (http://www.vif2ne.ru/nvk/forum/0/arhprint/577143)

49 Mark Mancall(1971), pp.23~25; Bassin(1999), pp.20~21.

50 George V. Lantzeff & Richard A. Pierce, *Eastward to Empire: Exploration and Conquest
on the Russian Open Frontier to 1750*(Montreal and London: McGill-Queen's University Press,
1973), pp.165~166.

51 Mark Mancall(1971), pp.28~32.

52 S. C. M. Paine, *Imperial Rivals: China, Russia, and Their Disputed Frontier*(New York &
London: M.E. Sharpe, 1996), p.32.

53 H. Seaton-Watson, *The Russian empire 1801~1917*(Oxford: Oxford University Press, 1967)

54 이 부분은 백준기의 글―「러시아의 국민국가형성(Nation-State Building)과 전쟁: 동기, 동맹, 그
리고 개혁」,『슬라브연구』제24-2권(2008)―을 수정 보완한 것임.

55 찰스 틸리 지음, 이향순 번역,『국민국가의 형성과 계보: 강압, 자본과 유럽국가의 발전』(학
문과 사상사, 1994), 27~46쪽.

56 찰스 틸리 지음,『유럽혁명 1492, 지배와 정복의 역사』(새물결, 2000), 61~71쪽.

57 Charles Tilly, ed., *The Formation of National States in Western Europe*(New Jersey: Princeton
University Press, 1975) pp.73~75. 유럽에서의 근대국가형성에 관한 주제를 다룬 주요한 연
구문헌들 중에서 S. E. Finer, *A History of Government from the Earlist Times*(Oxford: Oxford
University Press, 1997) Vol. 2는 틸리가 중요하게 참고하고 있는 텍스트이다.

58 찰스 틸리의 책, 318~319쪽.

59 풀러는 그의 책(1992)에서 러시아가 근대 국민국가를 형성하고 제국적 팽창에서 전쟁이 지
니는 의미와 역할을 '후진성의 극복'이라는 측면에서 해석하였다. William C. Fuller, Jr.,
Strategy and Power in Russia, 1600~1914(New York, The Free Press, 1992)

60 William C. Fuller, Jr., *Strategy and Power in Russia, 1600~1914*(New York, The Free Press, 1992), pp.1~3.

61 미하일 로마노프시기 필라레트의 영향력에 대한 자세한 내용은 J. H. L. Keep, "The Regime of Filaret 1619~1633", Michael Cherniavsky, ed., *The Structure of Russian History*(New York, 1970), pp.334~359.

62 Anita Shapira, *Land and Power: The Zionist Resort to Force, 1881~1948*(New York: Oxford University Press, 1992), pp.40~47, 73~74.

63 William C. Fuller, Jr., *Strategy and Power in Russia, 1600~1914*(New York, The Free Press), pp.1~3.

64 자세한 내용은 Fuller의 책, pp.3~7 참고 바람.

65 Michael Roberts, *Sweden as a Great Power, 1611~1697: Government, Society, Foreign Policy*(New York: St. Martin's Press, 1968), pp.134~137.

66 Fuller, *op., cit.*, pp.9~14.

67 Paul Miliukov, *History of Russia: From the Beginnings to the Empire of Peter the Great, Vol. 1*(New York: Funk&Wagnalls, 1968), pp210~211; Г. К. Бабушкина, "Международопое значение Крымских походов", *Исторические Записки*(Москва: Изд-во Академии Наук, 1950), pp.158~159.

68 Fuller, *op., cit.*, pp.16~18.

69 *Ibid.*, pp.20~21.

70 *Ibid.*, pp.30~34.

71 Michael T. Florinsky, *Russia: A Short History*, vol. 1(New York: McMillan, 1964), p.357.

72 제임스 크라크라프트 지음, 이주엽 옮김, 『러시아를 일으킨 리더쉽, 표트르 대제』(파주: 살림, 2008), 51~112쪽.

73 Fuller, *op., cit.*, pp.56~59.

74 *Ibid.*, pp.60~64.

75 John B. Wolf, *The Emergence of the Great Powers: 1685–1715*(New York: Harper & Row, 1962), p.92.

76 Henry Kissinger, *Diplomacy*(New York: Simon & Schuster Paperbooks, 1994), pp.56~77.

77 Fuller, *op., cit.*, pp.75~81.

78 Boris Kagalitsky, *Empire of the Periphery: Russia and the Wold System*(Lonod & / Ann Arbor: Pluto Press, 2008), pp.145~148, 165; Karl Marx, *Secret diplomatic history of the eighteenth Century, and The story of the life of Lord Palmerston*, by Lester Hutchinson(New York: International Publishers, 1969), p.61.

79 *Ibid.*, p.140.

80 *Ibid.*, pp.157~158, 160; Karl Marx, *Secret diplomatic history of the eighteenth Century, and The story of the life of Lord Palmerston*(1969), by Lester Hutchinson, p.126.

81 *Ibid.*, pp.161~162.

82 *Ibid.*, pp.167~168.

83 *Ibid.*, pp.171~172.

84 *Ibid.*, p.173.

85 폴란드 분할 문제와 예카테리나 2세의 오스만 튀르크 전쟁과의 연관성은 시튼-왓슨의 견해를 주로 참고하였음. Hugh Seaton-Watson, The Russian Empire 1801~1917(Oxford: Oxford University Press, 1967), pp.41~51.

86 Simon Sebag Montefiore, *Prince of Princes: the Life of Potemkin*(London: Weiden-feld & Nicolson, 2001) pp.219~222.

87 Virginia Rounding, *Catherine the Great*(London: Hutchinson, 2006), p.366.

88 당시 영국의회에서의 '오차코프 문제'를 둘러싼 논쟁의 자세한 내용과 국왕 조지 3세의 건강 문제에 따른 왕위계승 문제, 개혁정책 문제 등 국내 문제와의 연관성 등은 John Ehrman, *The Younger Pitt: The reluctant Transition*(Stanford: Stanford University Press, 1983), pp.3~41을 참조 바람.

89 Albert Resis, "Russophobia and the "Testament" of Peter the Great, 1812~1980", *Slavic Review*, Vol.44, No.4, 1985, p.681.

90 데옹의 비밀외교활동과 정치적 조작, 정체성에 관한 자세한 내용은, Simon Burrows, Jonathan Conlin, Russell Goulbourne, Valerie Mainz, ed., *The Chevalier D'Eon and His World: Gender, Espionage and Politics in the Eighteenth Century*(London: Continuum, 2010), pp.13~24, 25~44, 57~72, 133~146.

91 Iver B. Neumann, "Europe's post-Cold War memory of Russia: cui bono?", Jan-Werner Müller, ed., *Memory and power in post-war Europe: studies in the Presence of the Past* (Cambridge: Cambridge University Press, 2002), pp.132~133; Raymond T. McNally, "The Origins of Russophobia in France", *American Slavic and East European Review* Vol. 17, No. 2 (April, 1958), pp.173~189.

92 이하 '유언'과 관련된 헝가리, 우크라이나, 폴란드, 프랑스 등에 대한 분석 내용은 Orest Subtelny, "Peter's Testament: A Reassessment", *Slavic Review*, Vol. 33, No. 4, Dec. 1974, pp.663~678 참고/요약하였음.

93 라코쉬의 활동에 대한 자세한 내용은, David G. Chandler, *Marlborough as a Military Commander*(Staplehurst, UK: Spellmount, 2003), pp.124~127.

94 오를릭(Pylyp and Hryhor)과 마제파의 관계와 이들의 활동기록에 관한 내용은 다음의 자료 참조: Paul Robert Magocsi, *A History of Ukraine*(Toronto: University of Toronto Press, 1996), pp.243~248; Orest Subtelny, *Ukraine: A History*(Toronto: University of Toronto Press, 2000), pp.160~165; "Pylyp Orlyk", Danylo Husar Sturk ed., *Encyclopedia of Ukraine* Vol. 3(Toronto: Toronto University Press, 1993); "Pylyp Orlyk", Internet Encyclopedia of Ukraine, http://www.encyclopediaofukraine.com/ display.asp?linkpath=pages%5CO%5CR%5COrl ykPylyp.htm(검색일, 2013/02/25); "Одиссея крестника Мазепы", *Одесская Обща я Газета*(2003), http://oog.narod. ru/2003/staty/001.html(검색일, 2014/03/29); "Григір Орлик, Син вождя козацкої нації", *Україна Молода*(http://www.umoloda.kiev.ua/ print/84/45/24061(검색일 2013/ 03/29).

95 Archives Ministère des Affaires Ètrrangères, "Diariusz podrózny", vol. 11, fol. 351, 서틀니의
    글 p.667 재인용.

96 Jerzy Zdrada, Ewa Kowal, R.E.P., "Apollo Korzeniowski's Poland and Muscovy," *Yearbook of
    Conrad Studies* Vol. 4 (2008~2009), pp.61~62(각주, no.153~157도 참고 바람).

97 Dmitry V. Lehovich, "The Testament of Peter the Great", *American Slavic and East
    European Review*, Vol. 7, No. 2, 1948, p.118.

98 Ernest Alfred Vizetelly, *The True Story of the Chevalier d'Eon*(London: Tylston and Edwards
    and A.P. Marsden,1895), p.229. Lehovich의 글, p.117 재인용.

99 Walter Keating Kelly, *The History of Russia, from the Earlist Period to the Present Time Vol.
    I*(London: Henry G. Bohn, 1854), pp.367~377.

100 Eric Hobsbawm, *The Age of Empire*, 1875~1914(London: Abacus, 1999),

101 John Howes Gleason, *The Genesis of Russophobia in Great Britain: A Study of the Interaction
    of Policy and Opinion*(New York: Octagon Books, 1972), pp.1~3.

102 *Ibid.*, p.8.

103 Major-Gen. Sir Henry Rawlinson, *England and Russia in the East: The Politacal and
    Geographical Condition of Central Asia*(London: Bradbury, Agnew,& Co., 1875)

104 George N. Curzon, *Russia in Central Asia in 1889 and the Anglo-Russian Question*(London:
    Longmans, Green, and Co., 1889)

105 '예를 들어, 1698년 표트르 대제가 영국에 체류하면서 사용한 존 이블린(John Evelyn)
    의 저택을 표트르의 일행이 난리법석을 피우며 무분별하게 사용했다는 이유로 영국 정
    부가 러시아 사절단에게 저택 수리비 명목으로 350 파운드를 청구한 사실은 당시 영국
    인들이 러시아인을 문명화가 덜 된 민족으로 판단하고 있었다는 것을 시사해주고 있다.
    Gleason(1972)의 책, pp.10~11.

106 러시아 입문서를 저술한 윌리엄 투크(William Tooke)는 1784년에 폴란드, 러시아, 스웨
    덴, 덴마크 등 4개국을 여행하고 기행문『폴란드, 러시아, 스웨덴, 덴마크 여행』(*Travels into
    Poland, Russia, Sweden, Denmark*)을 출판한 바 있다. 본문에서 언급한『러시아제국 개관』은 총
    3권으로 러시아 정치, 군사, 경제, 사회, 문화 등에서 러시아 제도 및 구조 전반에 대한 종합
    적이고 구체적인 정보를 제공해 주고 있다.

107 『1795 연감』 *Annual Register, 1795*, pp.16~17; Gleason(1972)의 책, p.13.

108 Mosely(1934), *Ibid.*, pp.11~13; J. A. R. Marriott, *The Eastern Question*(Oxford: Oxford
    University Press, 1924), p.236.

109 J. H. Gleason(1972), pp.284~290.

110 Barbara Jelavich, *Russias Balkan Entanglements, 1806~1914*(Cambridge: Cambridge University
    Press, 2004), pp.27~32.

111 Barbara Jelavich, *A Century of Russian Foreign Policy*(New York: J. B. Lippincott Company,
    1964), pp.53~61.

112 Jelavich(2004), pp.28~30; Barbara Jelavich, *A Century of Russian Foreign Policy*(New York: J. B.
    Lippincott Company, 1964), pp.57~58

113 Roger Bigelow Merriman, *Suleiman the Magnificent 1520~1566*(London: READ BOOKS, 2007), p.133.

114 Robert A. Kann, *A History of the Habsburg Empire, 1526~1918*(Berkeley: University of California Press, 1980), p.62.

115 러시아의 발칸정책에서 이념 및 종교적 요인이 미친 영향, 이에 대한 발칸인들의 반응, 파나리오트들과 발칸인들의 관계 등, 발칸 문제의 이념적 측면에 관한 내용은 Jelavich (2004), pp.32~41.

116 Jelavich(2004), pp.33~34.

117 Jelavich(2004), pp.35.

118 비잔틴의 멸망과 함께 대두된 '제3의 로마' 류의 담론은 과거 4세기경 로마제국의 해체기에 기독교인들 사이에 논의되던 '새로운 로마(New Rome, 콘스탄티노플)'라는 담론을 이어받은 것으로 해석할 수 있다. 제1차 콘스탄티노플 공의회(AD381)에서 처음으로 콘스탄티노플(비잔티움)을 '새로운 로마'라고 지칭하였다. 러시아에서 '제3의 로마' 류의 담론은 비잔틴 제국멸망 직후 트베리의 수도사 포마(Фома (Thomas) of Tver)가 처음으로 제기하였다. 그는 *The Eulogy of the Pious Grand Prince Boris Alexandrovich*(1453)라는 글에서 트베리-당시 모스크바와 경합하던 도시-를 '새로운 이스라엘'이라 지칭하여 '새로운 로마'임을 암시하였다. 그는 트베리 대공 보리스 알렉산드로비치를 아우구스투스 등 로마황제에 비유하였다. Robert Auty, Dimitri Obolensky (Ed.), *An Introduction to Russian Language and Literature*(Cambridge: Cambridge University Press 1997), p.94; Alar Laats, "The concept of the Third Rome and its political implications," *KVÜÖA toimetised*, No. 12, 2009, pp.98~102, http://www.ksk.edu.ee/wp-content/uploads/2011/03/KVUOA _Toimetised_ 12-Laats. pdf(검색일 2011/07/07)

119 Jelavich(2004), pp.37~39.

120 Jelavich(2004), pp.38~41.

121 추밀원은 입법기능(상원)과 행정기능을 겸비한 황제 자문기구로서 알렉산드르 1세의 측근들인 빅토르 코추베이(Виктор Павлович Кочубей, 1768~1834), 니콜라이 노보실쩨프(Николай Николаевич Новосильцев, 1761~1838), 파벨 스트로가노프(Павел Александрович Строганов, 1774~1817), 그리고 아담 차르토리스키(Адам Ежи Чарторыйский, 1770~1861) 등에 의해 운영되었다.

122 Patricia Kennedy Grimsted, *The Foreign Ministers of Alexander I*(Berkeley: University California Press, 1969), pp.39~44.

123 비엔나체제하 유럽의 국제질서를 군주정에 입각한 복고주의적 체제로 환원시키려는 의도에서, 자유주의와 민족주의라는 프랑스 계몽주의에 영향을 받은 혁명적 사조에 대해 메테르니히는 강한 거부반응을 지니고 있었고, 이로 인해 그는 알렉산드르 1세의 '자유주의적 성향'에 대해 못마땅해 하였다.

124 이 부분의 전체적인 구성과 내용은 주로 다음의 책들을 참고 했음: John T. A. Koumoulides, ed., *Greek Connections: Essay on Culture and Diplomacy*(Notre Dame: University of Notredame Press, 1987), pp.75~105; Jelavich(2004), pp.49~88.

125 세르비아는 오스만 제국의 유럽국경에서 전략적으로 중요한 위치(최전선)에 있음으로 인해
    다뉴브 공국들과는 다르게 오스만 술탄의 직접적인 행정, 군사적 통제 하에 있었고, 동시에
    18세기 이래로 그리스계 파나리오트와 콘스탄티노플 총대주교의 종교적, 정치적 영향력아
    래에 있었다. 따라서 세르비아는 오스만계와 그리스계의 이중적 지배상태에 있었다.

126 Prota Matija Nenadović, *The Memoirs of Prota Matija Nenadović*(Oxford: Oxford University
    Press, 1969), p.97. 네나도비치는 세르비아 사절단의 리더였으며, 청원사절단은 외무장관이
    던 차르토리스키 공과 두 번 면담하였다. 사절단은 청원에 대한 확고한 보증을 받지는 못
    했으나 이후 러시아 정부가 세르비아 문제 해결을 위해 포르테를 압박함으로써 결과적으
    로 소기의 성과를 거둔 셈이 되었다.

127 세르비아인들의 청원내용은, 당시 이오니아 섬들과 몰다비아 그리고 왈라키아와 동등한
    조건의 지위(자치권)를 세르비아에 부여해 주는 것을 골자로 한 셀림 3세와의 협상중재와
    러시아의 보호를 알렉산드르 1세에게 요청하는 것이었다. 같은 해 9월, 네나도비치를 필두
    로 한 3인의 세르비아인이 청원을 위해 페테르부르크에 도착하였다.

128 러시아 외무장관 아담 차르토리스키의 다음과 같은 경고는 러시아의 고민을 단적으로 드
    러내고 있다: "세르비아와 러시아는 매우 멀리 떨어져 있으며, 우리는 투르크인들과 우호
    적인 관계에 있다". Nenadović(1969), *op., cit.*, p.114.

129 당시 러시아 군대는 다뉴브 공국에 배치되어 있었고, 함대는 아드리아 해에 정박 중이었는
    데, 달마치아 해변에 상륙한 러시아 병사들은 몬테네그로 인들과 공동작전을 수행 중이었
    다. 따라서 러시아가 점령한 두 지역 사이에 위치한 세르비아는 전황 상으로나 지리적으로
    매우 중요한 위치를 차지하고 있었으므로 세르비아가 프랑스에 협력하는 것을 러시아로서
    는 지극히 우려할 만 했다.

130 Michael Boro Petrovich, *A History of Modern Serbia, 1804~1918*(New York: Harcourt Brace
    Jovanovich, 1976), p.55.

131 프리드란트 전투 이전인 1806년 10월 14일, 대영국 경제봉쇄인 '대륙봉쇄(Continental
    Blockade)'에 대한 참여를 거부하던 프로이센을 응징한다는 명분 아래 나폴레옹 군대는 러
    시아 동맹군의 지원이 이루어지기 전에 예나-아우어슈태트(Jena-Auerstädt)전투에서 프로이
    센 군대를 궤멸시켰다.

132 Petrovich(1976), *op., cit.*, pp.60~61.

133 Lawrence P. Meriage, *Russia and the First Serbian Revolution, 1804~1813*(New York: Garland
    piblishing, 1987), p.209.

134 Nenadovic(1969), *op., cit.*, pp.199~200.

135 오브레노비치(Milos Obrenovic)에게는 대공의 지위가 부여되었고, 12명의 유력자들로 형평
    衡平법원(National Chancery)이 구성되었다. 세르비아 인들은 세금징수권과 무력보유가 허용
    되었고, 혁명 참여자들에게는 대사면이 내려졌다. Jelavich(1991), *opt. cit.*, pp.23~240

136 Richard Clogg, *A Concise History of Greece*(Cambridge: Cambridge University Press, 2002), p.32.

137 John S. Koliopoulos & Thanos M. Veremis, *Greece: the Modern Sequel*(London: C. Hurst &
    Co. Publishers), pp.143~144.

138 Clogg(2002), p.33.

139 메테르니히와 캐슬레이가 포르테에게 제안한 중재안은 4가지로 요약할 수 있는데, 파괴된 교회들의 복구, 오스만 제국내 기독교도들에 대한 보호보장, '그리스 반란자들'에 대한 선별적 조치(유, 무죄자들을 구별하여 처우), 다뉴브 공국들로부터의 철군과 이전의 통치(행정) 체계 복원 등이었다. Charles Webster, *The Foreign Policy of Castlereagh, 1815~1822*(London: G. Bell & Sons, Ltd, 1947), pp.379~380.

140 외교그룹으로는, 카포디스트리아스와 스트로가노프, 런던 주재 대사 리벤(Khristof Andree-vich Lieven), 파리 대사 포쪼 디 보르고(Karl Osipoich Pozzo di Borgo), 비엔나 대사, 골로브킨(Юрий Александрович Головкин) 등이 있었고, 군 고위장성들로는, 키셀레프(Павел Дмитриевич Киселёв), 에르몰로프(Алексей Петрович Ермолов), 디비치 자발칸스키(Иван Иванович Дибич-Забалканский) 등이 개전을 주장하였다.

141 1822년 8월 카포디스트리아스는 자신의 근거지가 될 스위스로 떠났고, 1828년 그리스 혁명이 성공한 뒤에 근대 그리스의 초대 국가수반이 되었다.

142 L. Carl Brown, *International Politics and the Middle East: Old Rules, Dangerous Game*(London: I. B. Tauris, 1984), p.52.

143 Leften Stavros Stavrianos, *The Balkans since 1453*(London: Hurst &Co. Publishers, 2000), pp.288-289.

144 메테르니히는 러시아-영국-프랑스 간의 그리스 문제 개입에 대한 이러한 협력이 '논쟁의 여지가 없을 만큼 부조리한' 것으로 비난하였다. Harold Temperley, *Foreign Policy of Canning, 1822~1827*(London: Frank Cass, 1966), p.393.

145 Jelavich(2004), pp.81~83.

146 아드리아노플은 과거 로마제국의 실질적인 붕괴를 초래한 서고트족과의 전투(아드리아노플 전투, 378년)로도 유명하며, 오스만 제국이 비잔틴 제국을 포위 멸망시킬 때까지 오스만 제국의 수도(1365~1453)로 기능하였고 역사적으로 콘스탄티노플(이스탄불)로 가는 최종관문이자 오늘날 튀르키예의 유럽 국경도시이다.

147 악케르만 협정, 아드리아노플 조약 등 그리스 혁명과 러시아의 관계에 대한 내용은, Stanford J. Shaw, Ezel Kural Shaw, *History of the Ottoman Empire and Modern Turkey: Reform, Revolution, Republic*, Vol. 2(Cambridge: Cambridge University Press, 1977), pp.29~32.

148 Jelavich(2004), pp.86~89.

149 Francis Henry Skrine, *The Expansion of Russia: 1815~1900*(Cambridge: the University Press, 1904), pp.109~110.

150 '관제 민족(국민)주의'라 명명되는 니콜라이 1세의 통치철학은 1833년 4월 교육장관 우바로프(Сергей Семёнович Уваров)에 의해 제안된 것으로 포고진(Михаил Петрович Погодин), 튜체프(Фёдор Иванович Тютчев), 고골리(Николай Васильевич Гоголь) 등 인텔리겐짜의 지지를 받았다. Nikolay Riazanovsky, *Russian identities: a historical survey*(Oxford: Oxford University Press, 2005), pp.132~135.

151 Geoffrey Hosking, *Russia: people and empire, 1552~1917*(Cambridge: Harvard University Press, 1998), p.146; David Lloyd Hoffmann & Yanni Kotsonis, *Russian modernity: politics, knowledge, practices*(New York: St. Martin's Press, 2000) p.54.

152 세르게이 표도로비치 플라토노프 지음, 김남섭 옮김, 『러시아사 강의』(나남, 2009), 422~423
     쪽.

153 Michael Boro Petrovich, *The Emergence of Russian Panslavism, 1856~1870*(New York:
     Columbia University Press, 1956), pp.25~26.

154 르네 알브리히트-까리에 지음, 김영식, 이봉철 옮김, 『유럽외교사: 비엔나 회의(상); 이후』
     (까치, 1981), 46쪽.

155 19세기 말 인도 총독부에 근무하면서 러시아의 팽창에 대해 연구했던 프란시스 H. 스크린
     은 오스트리아와 프로이센의 이러한 이율배반적인 행위와 러시아 외교의 특징을 니콜라이
     1세의 정치적 좌우명에서 찾고 있다. 스크린에 따르면 니콜라이 황제는 평소 '놀리 메 탄게
     레(*Noli me tangere*; 나에게 손대지 마라)'라는 격언을 실천하였다고 한다. 니콜라이 1세는 초
     대받지 않은 타 국가의 문제에 관여하는 것을 꺼려했고, 동시에 자신의 제국의 주요한 이
     해관계 건드리는 것도 거부했다는 것이다. 따라서 이러한 니콜라이의 정치적 태도는 러시
     아의 국제 문제에 대한 상대적 모호성으로 표출되기도 하고, 동맹국 군주들에게 일방주의
     나 외교적 무례로 비쳐질 수 있다는 것이다. Francis Henry Skrine(1904), pp.135~137.

156 르네 알브리히트-까리에(1981)의 책, 50쪽.

157 이집트에 호의적이던 영국, 프랑스는 군사적 지원으로 오스만제국에 대한 러시아의 영향
     력이 강화될 것을 우려하여 외교적으로 중재를 맡았고 이에 오스트리아의 압력 등이 더해
     져 퀴타히아 협약(Convention of Kütahya)가 성립되었다. 협정의 결과에는 이집트의 승전과
     영국, 프랑스의 입장이 반영되었다.

158 운키아르 조약체결을 위해 니콜라이 1세는 5월 마흐무드 2세에게 알렉세이 오를로프를 파
     견하였다.

159 Charles Kupchan, *Power in Transition: The Peaceful Change of International Order*(New York:
     United Nations University Press, 2001) p.117.

160 조약에 대한 자세한 내용은 다음의 책들을 참조 바람: Efraim Karsh, *Empires of the Sand:
     The Struggle for Mastery in the Middle East*(Cambridge: Harvard University Press, 2001). p.35;
     Jacob. C. Hurewitz, *Diplomacy in the Near and Middle East*(Princeton: Princeton University
     Press, 1956), pp.105~106.

161 지브롤터는 지난 300여 년에 걸친 스페인의 반환요구에도 불구하고 영국은 이에 응하지
     않고 있으며 1969년 자치정부가 수립되어 현재까지 영연방에 속해 있다.

162 크림전쟁의 패배로 러시아는 남부 국경에서의 총체적인 후퇴를 경험하였다. 이 전쟁은 한
     세기 반에 걸친 발칸정책을 18세기 초반으로 되돌려 놓았으며 향후 20여 년 동안 대개혁에
     집중하는 등 러시아는 유럽문제에서 손을 놓았다. 러일전쟁의 여파는 따로 설명이 필요 없
     는 러시아 제국의 붕괴의 서막―1905년과 1917년 혁명으로 이어지는―을 의미하였다.

163 Philip Mosely, *Russian Diplomacy and the Opening of the Eastern Question in
     1838~1839*(Cambridge: Harvard University Press, 1934), pp.7~8.

164 1833년의 경우 투르크-이집트전쟁에서 '런던의정서(1830)'에 의거해 독립 그리스에 대한
     보호국 권리를 수행하기 위해 지중해에 파견된, 리코르트 제독(Пётр Иванович Рикорд)
     이 지휘하는 발틱전대가 술탄의 허용으로 해협을 통과하여 흑해로 들어갔다. 이에 반발한

파머스톤 외무장관은 러시아 전함이 다르다넬스 통항권을 지니고 있다면, 1809년 조약에
의거하여 영국전함 또한 동일한 권리를 행사할 것이라고 선언하였다.

165 Mosely(1934) *Ibid.*, p.14.

166 *Ibid.*, pp.16~17.

167 *Ibid.*, pp.19~21.

168 *Ibid.*, pp.28~30.

169 *Ibid.*, pp.34~35.

170 *Ibid.*, pp.42~46.

171 *Ibid.*, pp.53~55.

172 *Ibid.*, pp.56~60.

173 *Ibid.*, pp.93~98.

174 튀르크는 주로 농산물을 수출하였고 영국의 공산품을 수입하였는데, 수출입세의 차등인상
으로 터키산 수출 농산물에는 9% 세율인상이, 영국산 수입 공산품에는 2% 세율인상이 적
용되는 셈으로, 터키 수출품의 가격경쟁력의 저하를 초래하였다.

175 물론, 이집트 문제에 대해 영국이 공동대응이라는 집단적 경로에 집착하게 된 이유 중에
중요한 요인은 영국이 튀르크에 대한 러시아의 우월적 지위를 해체시키기 위한 것이라는
점은 사실이지만, 이것이 역으로 러시아를 대체하여 영국이 튀르크에 대해 우월적 영향력
을 획득하기 위한 시도라는 점은 분명하다. 다만 그리스 문제에서의 현상유지와 이집트 문
제에서의 현상유지의 결과적 차별성은 튀르크가 전자는 선호하였지만 후자의 접근방식에
는 거부감을 지니고 있었다는데 있었으며, 이러한 점에서 상황은 단기적으로 러시아에게
유리했다고 할 수 있을 것이다. Mosely(1934), pp.105~119.

176 부테네프 대사는 튀르크 장관들이 자신에게 알려준 순방을 떠나는 레시드에게 내린 술탄
의 조칙의 특별한 구절-'레시드의 시도가 싶패할 경우, 그 실패는 레시드의 실패일 뿐'-로
보아 영국과 튀르크 간 협력에 의해 부풀려진 희망에 대해 포르테가 큰 신뢰를 두지 않았
다는 것이 명백하다고 판단하였다. Mosely(1934), p.121.

177 *Ibid.*, pp.121~136.

178 F. 스크린은 니콜라이 1세가 1839년의 위기를 반전시키기 위하여 영국과 프랑스의 협조를
차단하려는 '분리외교'를 시도하였다고 분석하였다. 러시아의 영-프 분열전략이라는 이러
한 견해는 주로 영국 외교사가들의 평가에 입각해 있다. F. H. Skrine(1904), *op., cit.*, p.139.

179 "Египетские кризисы", *Дипломатический словарь*(Москва: Госполитиздат,
1948), архивная копия на Wayback Machine.

180 Christos L. Rozakis, Petros N. Stagos, "The Turkish Straits", edited by Gerard J. Mangone,
International Straits of the World(Dordrecht, Netherland: Martinus Nijhoff Publishers, 1987)
pp.16~25; Kurtuluş Yücel, Submitted by, "The Legal Regime of the Turkish Straits:
Regulation of the Montreux Convention and its Importance on the International Relations
after the Conflict of Ukraine", Dissertation at the Institute for Public Law in order to
obtain the academic degree of Ph.D. from the Faculty of Law at Johann Wolfgang Goethe-
University Frankfurt am Main Frankfurt am Main, 2019, pp.51~62, 96~102.

181 일반적으로 '유럽의 병자(sick man of europe)'라는 유명한 어구는 니콜라이 1세가 한 표현
으로 알려져 왔다. 이것은 상트페테르부르크 주재 영국대사 세이무어(George Hamilton
Seymour, 1797~1880)가 외무장관 러셀(John Russell, 1792~1878)에게 보낸 서한에서 밝힌
1853년 1월 5일에 있은 니콜라이 1세에 대한 알현 내용으로부터 유추된 것이다. 서한에서
는 니콜라이 1세는 '유럽의 병자'라는 표현을 사용하지는 않았고 오스만 제국을 언급하면
서 '병자(sick man)'라고 지칭하고 있다. '유럽의 병자'라는 직접적인 표현은 1860년 5월 12
일자 『뉴욕타임즈』의 당시 오스트리아 합스부르크의 빈사상태를 오스만 제국에 비유하는
기사에서, 니콜라이 1세의 튀르크에 대한 어구를 '유럽의 병자(sick man of Europe)'로 오기誤
記한데서 비롯되었다. 니콜라이 1세와 세이무어의 대화내용은 Harold Temperley, *England
and the Near East*(London: Longmans, Greens and Co., 1936), p.272.

182 Skrine(1904), pp.140~141.

183 Skrine(1904) *op., cit.,* pp.140~144.

184 신으로부터 정통성을 부여받은 신성한 통치자인 군주가 선거를 통해 수립된 정치세력으로
부터 정통성(왕관)을 부여받을 수는 없다는 표현이었다.

185 Jelavich(2004), *op., cit.,* pp.111~112.

186 니콜라이 1세는 세이무어에게 "내가 러시아에 대해 말하는 것은 오스트리아에 대해 말하
는 것과 같으며… 터키에 대한 우리(필자: 러시아와 오스트리아)의 이해는 완전히 동일하다."
라고 말하였다. G. H. Bolsover, "Nicholas I and the Partition of Turkey," *Slavonic Review*,
Vol. 27(1948), pp.126~128, 142.

187 Jelavich(2004), *op., cit.,* p.115.

188 A. Lobanov-Rostovsky, *Russia and Europe: 1825~1878*(Ann Arbor: The George Wahr
Publishing Company, 1954), pp.138~139.

189 Jelavich(2004), *op., cit.,* pp.116~117.

190 Lobanov-Rostovsky(1954), op., cit., pp.141~143.

191 Roderic H. Davison, "Russian Skill and Turkish Imbecility: The Treaty of Kuchuk Kainardji
Reconsidered", *Slavic Review*, Vol. 35, No. 3 (Sep., 1976), pp.463~483.

192 Jelavich(2004), *op., cit.,* pp.121~124.

193 John Shelton Curtiss, *Russia's Crimean War*(Durham, N. C.: Duke University Press, 1979),
pp.567-568.

194 다뉴브 공국에 대한 군사점령과 압박의 단계, 그리고 러시아의 군사행동의 목표와 의도
등에 대한 짜르의 견해는 니콜라이 1세가 전쟁부장관 돌고루코프 공과 카프카즈 총사령
군 보론초프 공에게 보낸 1853년 6월 30일자 서한에 상세하게 서술되어 있다. Lobanov-
Rostovsky(1954), *op., cit.,* pp.144~145.

195 Skrine(1904) *op., cit.,* pp.153~155.

196 Lobanov-Rostovsky(1954), pp.190~192.

197 Lobanov-Rostovsky(1954), *op., cit.,* pp.211~212.

198 올랜도 파이지스 지음, 채계병 옮김, 『나타샤의 댄스』(이카루스미디어, 2005), 599쪽.

199 헤르켈은 1826년 부다페스트에서 출판된 그의 책, *Elementa universalis linguae slavicae e*

*vivis dialectis eruta et sanis logicae principiis suffulta*에서 처음으로 '범슬라브주의'라는 용
어를 사용했는데, 이 저술은 정치적 용도가 아니라 언어학적 연구를 목적으로 한 것이었
다. Michael Boro Petrovich, *The Emergence of Russian Panslavism: 1856~1870*(New York:
Columbia University Press, 1958), p.3.

200 Petrovich(1958), pp.4~5.

201 *Ibid.*, pp.7~8.

202 *Ibid.*, pp.11~14.

203 Anatole Gregory. Mazour, *The First Russian Revolution*(Berkeley: Berkeley University press,
1937), p.145.

204 Милица Василиевна Нечкина, *Общество Соединённых Славян*(Москва: Го
с.-издательство, 1927), pp.94~98.

205 슐리처가 나눈 9개 슬라브 방언은, 러시아어, 폴란드어, 보헤미아어, 폴라비아어Polabian,
웬디쉬어Wendish(Slovenian), 크로아티아어, 보스니아어, 불가리아어, 루사티아어Lusatian
이다.

206 Hans Kohn, *The twentieth century: A mid-way account of the Western World*(New York:
Macmillan, 1949), pp.102~103.

207 Petrovich(1958), *op.*, *cit.*, pp.22~31.

208 Hans Rogger, *National Consciousness in Eighteenth-Century Russia*(Cambridge: Havard
University Press, 1960), pp.3~6.

209 Е.М. Жуков. Жуков, Евгений Михайлович, *Советская историческая энцик
лопедия*(Москва: Советская энциклопедия, 1961~1976), pp.287~288.

210 A. E. Presniakov, *Emperor Nicholas I of Russia, the apogee of autocracy, 1825~1855*(Gulf
Breeze, Florida: Academic International Press, 1974), pp.43~44.

211 Hans Kohn, *Pan-Slavism: It's History and Ideology*(Notre Dame: University of Notre Dame
Press, 1953), pp.222~223; Presniakov, *Emperor Nicholas I of Russia*(1974), pp.12~13.

212 Mark Bassin, *Imperial Visions: Nationalist Imagination and Geographical Expansion in the
Russian Far East, 1840~1865*(Cambridge: Cambridge University Press, 1999), pp.37~45.

213 Bernard Pares, *Russia*(New York: Penguin Books, 1943), p.72.

214 Petrovich(1958), *op.*, *cit.*, pp.32~35.

215 *Ibid.*, pp.40~41.

216 이상에서 설명된 슬라브주의와 서구주의 간의 차별성과 슬라브주의의 특징에 대한 언술
내용은, *Ibid.*, pp.45~57.

217 Николай Я. Данилевский, *Россия и Европа*(Москва: 2003), pp.277~279.

218 *Ibid.*, p.328.

219 Pitirim Aleksandrovič Sorokin, *Social Philosophies of An Age of Crisis*(Boston: The Beacon
Press, 1950), p56, 다닐렙스키의 역사발전이론과 자연과학적 근거에 대한 자세한 내용은 이
책의 3장을 참고 바람.

220 Данилевский, *Россия и Европа*(2003), p.355.

221 다닐렙스키가 분류한 인류의 10대 문화유형에는 ①이집트, ②중국, ③아시리아-바빌론-페니키아, 칼데아(Chalean) 또는 고대 셈족, ④힌두, ⑤이란, ⑥헤브류(유대인), ⑦그리스, ⑧로마, ⑨신 셈족 또는 아랍인, ⑩게르만-라틴 또는 유럽인 등이 해당 된다. 자세한 내용은, Данилевский, *Россия и Европа*(2003), pp.370~372.

222 *Ibid.*, pp.374~376.

223 Petrovich(1958), *op.*, *cit.*, p.78.

224 Данилевский, *Россия и Европа*(2003), pp.411~417.

225 Petrovich(1958), *op.*, *cit.*, pp.83.

226 *Ibid.*, pp.90~92.

227 *Ibid.*, pp.93~102.

228 *Ibid.* pp.242~247.

229 Michael Boro Petrovich, "Ľudovít Štúr and Russian Panslavism," *Journal of Central Eurasian Affairs*, Vol. 12(April, 1952/1953), pp.1~19.

230 당시 팔라스키가 주도하던 오스트리아 슬라브 통합운동은 오스트리아 제국내의 슬라브인들과 비슬라브인들(남부게르만인들)이 평등한 권리를 지닌 '오스트리아 연방'을 창설하는 것을 목표로 한 것으로 1846년 카렐 보롭스키(Karel Havlíček Borovský, 1821~1856)에 의해 범슬라브주의의 대안개념으로 제시되었다. 오스트리아 슬라브주의는 1867년 오스트리아-헝가리 제국이 창설되면서 쇠퇴하였다.

231 Petrovich(1958), *op.*, *cit.*, pp.250~252

232 *Ibid.*, pp.255~258.

233 비록 러시아의 범슬라브주의가 정치적으로 절정에 달했던 시기에 해외에 있었으나 (1864~1877), 그는 범슬라브 운동의 핵심기구인 '슬라브 자선위원회'의 명예회원(1874)으로서, 외교부내의 대표적인 범슬라브주의자로서 활동하였다.

234 Petrovich(1958), *op.*, *cit.*, pp.259~263.

235 Данилевский, *Россия и Европа*(2003), pp.581~582

236 *Ibid.*, pp.604~605.

237 *Ibid.*, pp.621~622.

238 Petrovich(1958), *op.*, *cit.*, pp.283~285.

239 러시아 범슬라브주의에 대한 섬너의 평가는 B. H. Sumner, "Russia and Panslavism in the Eighteen-Seventies", *Transactions of the Royal Historical Society*, 4th Series, Vol. 18(1935), pp.26~51 참조 바람.

240 ЭСБЕЭ(Энциклопедический словарь Брокгауза и Ефрона)/Крестьяне, Словник: Коялович - Кулон. Источник: т. XVIa (1895): Коялович - Кулон, с. 659-725 (скан . индекс) Даты российских событий указаны по юлианскому календарю. (https://ru.wikisource.org/wiki/%D0%AD%D0%A1%D0%91%D0%95/%D0%9A%D1%80%D0%B5%D1%81%D1%82%D1%8C%D1%8F%D0%BD%D0%B5);

А. Г. Тройницкий, "О числе крепостных людей в России(Санкт~Петербург, 1958)", "Выдержки из книги "Крепостное население России по 10-й народн

ой переписи", *Демоскоп Weekly*, No. 293~294, 18 июня - 1 июля 2007, Электро
нная версия бюллетеня Население и общество Институт демографии, Го
сударственного университета - Высшей школы экономики.

241 따찌야나 미하일로브나 찌모쉬나 지음, 이재영 옮김, 『러시아경제사』(한길사, 2006),
177~180쪽.

242 А. Е. Пресняков, *Российские самодержцы*(Москва: Книга, 1990), p.279.

243 따찌야나 미하일로브나 찌모쉬나 지음, 이재영 옮김,『러시아경제사』, 183~185쪽.

244 따찌야나 미하일로브나 찌모쉬나 지음, 같은 책, 194~196쪽.

245 Alexander Polunov, ed. by Thomas C. Owen and Larissa G. Zakharova, *Russia in the
Nineteenth Century: Autocracy, Reform, and Social Change, 1814~1914*(New York: M. E.
Sharpe, 2005), p.111.

246 *История России в XIXвеке* ed. by Ю. О. Бем, том 2(Москва: 2001), pp.182~193.

247 Polunov(2005), *op., cit.*, pp.112~114.

248 *Ibid.*, pp.119~120.

249 Игорь Дмитриев, "Почему присяжные оправдали террористку Веру Засу
лич", *Право* (https://pravo.ru/process/view/17103/); Кони Анатолий Федорович, *В
оспоминания о деле Веры Засулич*, "Отдел Третий: резюме председателя
А. Ф. Кони", 1904, Lib.ru: "Классика". (http://az.lib.ru/k/koni_a_f/text_0660.shtml).

250 *Ibid.*, pp.122~123.

251 Richard Pipes, *Russia under the Old Regime*(New York: Charles Scribner's Sons, 1974),
pp.311~312.

252 В. А. Фёдоров, ed., *История России XIX-началоXX вв.*(Москва: Зерцало, 1998),
p.285.

253 Polunov(2005), *op., cit.*, p.128; А. Н. Энгельгарт, *Из деревни: 12 Писем
1872~1887*(Москва: Государственное Социально- Экономическое Издательство,
1987), pp.476~477.

254 따찌야나 미하일로브나 찌모쉬나 지음, 위의 책, 197~200쪽.

255 같은 책, 203~207쪽.

256 Фёдоров(1998), p.302.

257 따찌야나 미하일로브나 찌모쉬나 지음, 위의 책, 201쪽.

258 Lobanov-Rostovsky(1954), *op., cit.*, pp.218~223.

259 В. М. Хевролина ed., *История внешней политики России Вторая половин
а века*(Москва: Международные отношения, 1997), p.60.

260 Lobanov-Rostovsky(1954), *op., cit.*, pp.225~231.

261 *Ibid.*, pp.232~236.

262 *Ibid.*, pp.237~242.

263 Лариса Г. Захаровна, "Алксандр II", *Российские самодержцы : 1801~1917*(М
осква: Международные Отношения, 1993), А. Н. Боханов ed.; A. E. Presniakov, -

Emperor Nicholas I of Russia(1974), p.204.

264 W. E. Mosse, *The European Powers and the German Question, 1848~1871*(Cambridge: Cambridge University Press, 1958), p.355.

265 Lobanov-Rostovsky(1954), pp.243~247.

266 Lobanov-Rostovsky(1954), pp.251~257.

267 Reid, James J., "Batak 1876: A massacre and its significance", *Journal of Genocide Research*, 2 (3), 2000, pp.375~376; MacGahan, Januarius A., "Mr. Schuyler's Preliminary Report", *Turkish Atrocities in Bulgaria: Letters of the Special Commissioner of the "Daily News", J.A. MacGahan, Esq.*(London: Bradbury Agnew and Co., 1876) pp.89~90.

268 Jelavich(2004), *op., cit.*, pp.167~169.

269 Jelavich(2004), pp.170~173.

270 B. H. Sumner, *Russia and the Balkans: 1870~1880*(London: Archon Books, 1962), pp.341~344.

271 *Ibid.*, p.357.

272 *Ibid.*, p.364.

273 *Ibid.*, pp.399~404.

274 Lobanov-Rostovsky(1954), *op., cit.*, pp.292~294.

275 이에 슈발로프는 그 민족의 명칭이 무엇인지를 물었으나, 흥미롭게도 솔즈베리는 문서를 잃어버려 명칭을 기억할 수 없다고 대답하였다. 후에 그는 그 민족이 라지스탄의 라지 민족(the Lazes of Lazistan)—고르차코프는 약 5만 명, 튀르크대표 메흐멧 알리는 15만 명 추산—임을 밝혔다.

276 Jelavich(2004), p.178.

277 B. H. Sumner(1962), pp.551~552.

278 Lobanov-Rostovsky(1954), *op., cit.*, pp.294~304.

279 B. H. Sumner(1962), pp.554~560.

280 Edward Hertslet C.B., *The Map of Europe by Treaty; Showing the Various Political and Territorial Changes Which Have Taken Place since The General Peace of 1814*, Vol. IV (1875 to 1891) (London: Her Majesty's Stationery Office, 1891), pp.3152-3157.

281 Stephen Constant, *Foxy Ferdinand 1861~1948: Tsar of Bulgaria*(London: Sidgwick & Jackson, 1979), 168~178.

282 Алексей Александрович Поповкин, "Неославистское движение: Визиты славянских Монархов в Россию (1909~1911 гг.)", (https://ruskline.ru/analitika/2012/08/27/neoslavistskoe_dvizhenie)

283 *Ibid.*, pp.575~579.

284 Glenn H. Snyder, *Alliance Politics*(Ithaca and London: Cornell University Press, 1997), pp.7~8.

285 *Ibid.*, pp.207~212.

286 под редакцией Владимир Петрович Потемкина, составили: проф. Хвостов Владимир Михайлович и проф. Минц Исаак Израилевич, *История дипл* оматии Т. 2.: *Дипломатия в новое время (1872~1919)* (Москва: Государственно е издательство политической литературы, 1945), pp.76~106.

287 *Ibid.*, p.215.

288 Joseph. V. Fuller, *Bismarck's Diplomacy at its Zenith*(New York: Howard Fertig, 1967), pp.195~196.

289 *Ibid.*, p.198.

290 Георгиев В.А., Киняпина Н.С., Панченкова М.Т., Шеремет В.И., *Восточный вопрос во внешней политике России, Конец XVIII - начало XX в.* (Москва: И здательство "Наука". Главная редакция восточной литературы, 1978), pp.250~257.

291 "Georges Boulanger French general", *Britannica.* (https://www.britannica.com/biography/ Georges-Ernest-Jean-Marie-Boulanger)

292 Zeev Sternhell. Translated by David Maisel, *Neither Right Nor Left: Fascist Ideology in France*(New Jersey Princeton: Princeton University Press, 1996) p.254; Robert Lynn Fuller. *The Origins of the French Nationalist Movement, 1886~1914*(Jefferson, North Carolina: McFarland & Company, 2012), p.251.

293 Glenn H. Snyder(1997), *op.*, *cit.*, p.216.

294 William L. Langer, *The Diplomacy of Imperialism: A Penetrating and Revelatory Study of European Diplomacy in the Crucial Period from 1890 to 1902*(New York: Alfred A Knof Publishers, 1968), p.52.

295 Glenn H. Snyder(1997), *op.*, *cit.*, pp.218~219.

296 William L. Langer(1968), *op.*, *cit.*, p.48.

297 *Ibid.* p.43, pp.56~57.

298 Р. В. Овчинников, "Семен Мартынович Маленькой", *Советская историч еская энциклопедия*, В 16 томах (Москва). (https://www.hrono.ru/biograf/bio_m/ malenkoysema.php)

299 Шильдер Николай Карлович, *Император Павел Первый: историко-биогр афический очерк* (Санкт-Петербург : издание А. С. Суворина, 1901), pp.417~424.

300 Krausse(1900), *op.*, *cit.*, pp.148~152.

301 Средневековые Исторические Истчники Востока и Запада, Восточная Л итература, "№ 1, 1715 г. - Инструкция Петра I А. П. Волынскому Для Вып оления Дипломатической Миссии в Перси, Инструкция господину под полковнику Артемию Волынскому"(ЦГАДА, ф. Сношения России с Персией, 1715~1717 гг., д. 1, лл. 45~52 об. Копия; Научный архив ЛОИИ АН СССР, ф. 500, Ко ллекция рукописных книг, лл. 1~8.): "№ 2, Записка о Встрече и Въезду Посла нника Волынского к Шемахинскому Хану"(ГАДА, ф. СРП, оп. 77, 1715~1718, д. 2, лл.22~33; "№ 3, Перевод с Персидской Капитуляции"("Переписка и дела во вре мя посольства Артемия Волынского" лл. 132 об.-141); "№ 5, 1717-го июня 2"; "№ 6, Резолюция, Какова Учинена Против Пуиктов, Которые Я в Конференци

ях Предлагал"(ЦГАДА, ф. 77, 1717 г., д. I, лл. 8~14 об.(Копия). "Переписка и дел
а..." лл. 115~125 об.). Текст воспроизведен по изданию: Миссия посланник
а Русского государства А. П. Волынского в Азербайджане (1716~1718гг.) Бак
у. Элм. 1979. (https://www.vostlit.info/Texts/Dokumenty/Persien/XVIII/1700-1720/Volynskij/
frametext1.htm)

302 LeDonne(1997), *op.*, *cit.*, pp.93.

303 비극적인 풍운아였던 구르긴 칸은 본명이 게오르기(조지) 6세로서 페르시아 치하의 바그라
티드 왕조(Bagrationi Dynasty: Bagratids, 575~1810)의 동 그루지아의 왕이었다. 그는 당시 여
타의 그루지아 왕들과 마찬가지로 이슬람으로의 형식적인 개종을 받아들였으나 그루지아
의 자치와 독립을 위해 페르시아에 대항하여 견결히 맞섰다. 본질적으로는 동방정교도였
던 그는 페르시아에 대한 저항 과정에서 서유럽의 카톨릭 세력의 지원을 위해 1687년 교황
이노켄트 6세(Innocent XI)에게 서약하고 로마 카톨릭으로 다시 개종하였다. 그러나 1696
년 그는 샤 후세인에 의해 체포되어 이스파한으로 송환되었는데, 그루지아의 지속적인 저
항으로 샤는 그를 처벌하지 못하고 사면하였다. 대신에 샤는 그에게 페스시아 제국의 동부
변경―케르만(Kerman) 등―을 안정시키는 임무를 맡겨 베글레르벡(Beglerbeg, 총독)에 임명
하였다. 게르만 등지에서 페르시아의 통치권을 재확립한 후에 샤의 신임을 받게 된 게오르
기 6세는 1704년 칸다하르의 총독인 구르긴 칸으로 임명되어 아프가니스탄 지역의 반란진
압을 명받았다. 그는 칸다하르 지역의 반란을 성공적으로 진압하였으나, 1709년 아미르 바
이스의 계략―구르긴 칸을 연회에 초대하여 살해함―에 의해 살해되었으며, 아미르 바이스는
이후 반란을 성공시켜 호타키 왕조를 세웠다.

304 Сергей Михайлович Соловьев, *История России с древнейших времен : в
пятнадцати книгах*(Москва: Издательство социально-экономической литерат
уры, 1959~1966), том 10, pp.7~10.

305 *Ibid.*, pp.95~97.

306 Michael Axworthy, *The Sword of Persia: Nader Shah, from Tribal Warrior to Conquering
Tyrant*(London: I.B. Tauris, 2006), pp.64~67.

307 피터 터친, 윤길순 역, 『제국의 탄생: 제국은 어떻게 태어나고 지배하며 몰락하는가』(웅진지
식하우스, 2011)

308 "An Outline of the History of Persia during the Last Two Centuries(1722-1922)", *A
Literary History of Persia*, Edward G. Browne(Cambridge: The University Press, 1929),
pp.30~31. http://persian.packhum.org/persian/main?url=pf%3Ffile%3D9000
1014%26ct%3D31(21/05/12).

309 LeDonne(1997), *op.*, *cit.*, pp.97~98.

310 J. Popwski, A. Krausse 등 19세기에 활동하던 연구자들은 히바 칸이었던 압둘 카이르를 키
르기즈인으로 기록하고 있다. 중앙아시아 민족들에 대한 구체적인 종족분류가 학문적으
로 체계화되기 이전인 19세기까지 이들에 대한 명칭은 '투르코만(Tutkoman)', '키르기즈
(Kirghiz)', '우즈벡(Uzbek)' 등으로 혼용되었다.

311 Joseph Popowski(1893/1977), *op.*, *cit.*, pp.34~35.

312 Michael Axworthy, *The Sword of Persia: Nader Shah, from Tribal Warrior to Conquering Tyrant*(London: I.B.Tauris, 2006), p. xⅶ; Biography of Nadir Shah Afshar "The Persian Napoleon"(1688~1747) 참조 바람.

313 LeDonne(1997), *op., cit.*, p.117.

314 A. Krausse(1900), *op., cit.*, pp.111~112.

315 Shakespear, Sir, Richmond Campbell, 1812~1861 RSAA/SC/S/RS 1835~1988, 338 files, http://www.nationalarchives.gov.uk/a2a/records.aspx?cat=3068-rsaa_2-1&cid =1-17-5#1-17-5(2012/0705 검색)

316 '그레이트 게임'이라는 명칭에서 드러나듯이 영국은 인도의 방어가 자신의 제국의 유지와 존폐에 있어서 결정적인 것이었다. 18세기에 이미 미국독립으로 인해 북미의 식민지 핵심부를 상실한 영국으로서는 인도가 아시아 식민진출의 본영이자 영국의 '제국'위상과 동일시 될 수 있었다. 영국이 없는 무굴제국은 존재할 수 있었으나 인도가 없는 대영제국은 상상할 수 없었다. 따라서 영국은 러시아의 중앙아시아로의 남진이 영국의 핵심이익인 인도를 위협할 수 있는 것으로 상정해야 했으나 러시아로서는 중앙아시아가 영국의 인도와 같은 전략적 핵심 지역은 아니었다. 페로프스키의 원정에서 보여지듯이 19세기전반까지 러시아의 중앙아시아로의 남하 목적 또한 체계적이고 전략적인 것이라기보다는 상황적이고 우연적인 요인에 의해 좌우되었다. 크림전쟁 이후 유럽의 세력재편과 러시아의 국가전략이 전환된 19세기 중후반에 이르러서야 러시아의 중앙아시아에 대한 전략적 진출이 단행되어 비로소 영-러 간의 전략경쟁이 본격화 되었다.

317 John Keay, *India : a history : from the earliest civilisations to the boom of the twenty-first century*(New York: Grove Press, 2010), pp.418~419.

318 코널리, 포팅어 등 그레이트 게임에서 영국장교들의 활동과 영국-아프간 관계 등에 관한 자세한 내용은, Peter Hopkirk, *The Great Game: On Secret Service in High Asia*(London: John Murray, 1990), pp.123~152.

319 Saul David, *Victoria's Wars*(London: Penguin Books, 2007), p.17.

320 Linda Colley, *Captives: Britain, Empire and the World, 1600~1850*(London: J. Cape, 2002), p.350.

321 The Rev. G. R. Gleig, M.A., *Sale's Brigade in Afghanistan: with an Account of the Seizure and Defence of Jellalabad*(London: John Murray, 1846), pp.180~181.

322 "Affairs in the East", *HANSARD 1803~2005*, HL Deb 19, March, 1839 vol. 46 cc 865-71. http://hansard.millbanksystems.com/lords/1839/mar/19/affairs-in-the-east (2012.02.04 검색)

323 Krausse(1900), pp.229~230.

324 1849년 코스 아랄과 아랄스크는 폐쇄되어 카잘라(Kazala)에 '제1요새(Fort 1)'로 통폐합되었으며 약 800여 명의 주둔군이 배치되었다. '제2요새(Fort 2)'에는 100여 명의 주둔군과 2문의 대포가 배치되었다. 페트로프스키 요새('제3요새Fort 3')에는 750여 명의 보병과 500여 명의 코사크 기병, 그리고 125명의 포병이 배치되었다. Joseph Popowski(1893/ 1977), *op., cit.*, pp.40~44.

325 Hugh Seton-Watson, *The Russian Empire 1801~1917*(Oxford: Clarendon Press, 1967), pp.441~445.

326 나스룰라 칸은 당시 피에 굶주린 폭군으로 알려져 있었다. 그의 잔혹 행위는 죽는 순간까지 이어졌는데 그의 정비正妃를 병상으로 불러 목을 잘라 피에 대한 갈망을 채우는 등, 숨이 끊어지기 직전까지 잔혹한 행위를 한 것으로 악명이 높았다. 1842년, 그는 러시아 노예 포로 석방을 중재한 바 있던 영국의 정보장교 아서 코닐리(Arthur Conolly)와 찰스 스토다트(Charles Stoddart)를 영국의 첩자 혐의로 처형하였다.

327 Hugh Seton-Watson(1967), p.441.

328 고르차고프의 회람回覽에 대한 자세한 내용은 Krausse(1900), pp.224~225 참고 바람.

329 Hugh Seton-Watson(1967), *op.*, *cit.*, p.442; A. Krausse(1900), *op.*, *cit.*, p.69~70.

330 카우프만 군대의 사마르칸트 점령일자에 대해 크라우세는 5월 14일로, 시튼-왓슨은 5월 2일로 기록하고 있다.

331 당시 1 골드틸라는 약 12루블에 해당하였다.

332 Krausse(1900), *op.*, *cit.*, p.71.; Popowski(1893/1977), *op.*, *cit.*, pp.46~47.

333 John King Fairbank, Kwang-Ching Liu, Denis Crispin Twitchett, ed. *Late Ch'ing (1800~1911)* Vol.11 Part 2(The Cambridge History of China Series) (Cambridge: Cambridge University Press, 1980), p.225.

334 *op.*, *cit.*, pp.228~229.

335 크라우세는 강화조약이 6월 10일에 조인되었다고 기술하고 있는데, 필자가 판단하기에 6월 10일은 카우프만과 히바 칸의 특사인 에미르 오므라 간에 조약 내용과 조건의 합의에 이른 날이고, 왓슨이 기술한 대로, 히바 칸과 공식적으로 평화조약을 체결한 날은 8월12일일 것으로 추정된다. Krausse(1900), *op.*, *cit.*, p.77; Hugh Seton-Watson(1967), *op.*, *cit.*, p.443, 참고 바람.

336 히바 칸국과 인접한 카자흐 초원에 자주 출몰하던 요무드 투르코만인들은, 크라우세의 기록에 따르면, 러시아군이 카자흐 초원 남부를 탐사할 때 비교적 협조적이던 부족으로 묘사되고 있다. 또한 요무드인들은 러시아인들에게 평화 시에는 비교적 우호적이고 신뢰할 만한 부족으로, 전시에는 매우 강인한 적으로 크라우세는 기술하고 있다. 요무드인들의 학살에 대한 내용은, Krausse(1900), *Ibid.*, pp.77~81, 참고 바람.

337 트란스카스피아 총독부는 1877년 크라스노봇스크Красноводск(튀르크멘바시Türkmenbaşy)에서 카스피해 동남연안에 위치한 치키슐라로 이전되었다.

338 Krausse(1900), p.230.

339 Krausse(1900), pp.82~84.

340 *Ibid.*, pp.235~236.

341 피어스는 사망자가 아니라 사상자(사망 200여 명, 부상 250여 명)로 기록하고 있다. 그에 따르면 테케 인들도 사상자 4,000여 명(2,00여 명 사망, 2,000여 명 부상)으로 기록되고 있다. Richard Austin Pierce, *Russian Central Asia, 1867–1917: A Study in Colonial Rule*(Berkeley: University of California Press, 1960), p.40.

342 본문에서 서술한 로마킨의 원정과 실패에 관한 자세한 내용은, Krausse(1900), *op.*, *cit.*,

pp.85~96 참고 바람.

343 요새를 점령한 러시아아군은 성안에서 저항하거나 미처 탈출하지 못한 테케인 남성들을 모조리 죽였고, 대신에 5000여 명의 여자들과 아이들은 살려주었으며, 500여 명의 페르시아 노예들은 방면하여 주었다. Pierce(1960), *op., cit.,* p.42.

344 Krausse(1900), *op., cit.,* pp.97~101.

345 Bernard Law Montgomery, *Concise History of Warfare*(London: Collins, 1968), pp.266.

346 Зайончковский Андрей Медардович, "Столкновения с Афганистаном в 1885 г.", *История русской армии*, Том третий, (1850-1900 гг). (https://history.wikireading.ru/71351)

347 메르브, 괵 테페 점령 등 테케 투르코마니아 원정에 대한 내용은, Krausse(1900), *op., cit.,* pp.101~108 부분을 요약 참조했음.

348 *Ibid*, pp.132~133.

349 *Ibid*, pp.248~254.

350 *Ibid.*, p.154.

351 *Ibid*, pp.255~257.

352 *Ibid*, pp.247~248.

353 *Ibid*, pp.158~169.

354 Н.М. Карамзин, *История государства Российского*, Том VI. Глава VII, ".Продолжение царствования Иоаннова гг. 1503~1505"(Санктпетербург: Военная типография Главнаго штаба Его Императорскаго Величества, 1817). (https://www.spsl.nsc.ru/history/karam/kar06_07.htm)

355 М. Н. Богданов, *Записки Императорского русского географического общества*, Том 10 (Санкт Петербург : типография Императорской Академии наук, 1883)С. 435. (https://elib.rgo.ru/safe-view/123456789/219614/1/MDAyX1IucGRm)

356 페틀린의 중국기행에 관한 자세한 내용은 그의 다음과 같은 보고서를 참고 바람: "Роспись Китайского государства и монгольских земель, составленная томским казаком И. Петлиным", *ГПБ, РО, F -XVII-15, Сборник собрания Фролова, лл. 364~371. Опубл.: Н. Ф. Демидова, В. С. Мясников, Первые русские дипломаты в Китае, М., 1966, стр. 41-55.;* "Сказка томского казака И. Петлина на стане в слободе Солдоге1 о его поездке в Китай", *ЦГАДА, ф. Монгольские дела, оп. 1, 1618 г., д. № 1, лл. 2-4. Подлинник.* http://www.vostlit.info/Texts/Dokumenty/ China/XVII/1600-1620/Rus_kit1/index.htm(07/06/2013)

357 John F. Baddeley, *Russia, Mongolia, China*, 2 Vol.(London: Macmillan, 1919), pp.70~82.

358 "Грамота царя Алексея Михайловича цинскому императору Шицзу о посольстве Ф. И. Байкова", ЦГАДА, ф. *Сношения России с Китаем*, оп. 2, 1654 г., д. № 4, лл. 14~24. *Черненый отпуск.* http://www.vostlit.info/Texts/Dokumenty/ China/ XVII/1600-1620/Rus_kit1/61-80/7쿠.htm(07/06/2013)

359 "Наказная память, данная из приказа Большой казны Ф. И. Байкову, о п осольстве в Цинскую империю", ЦГАДА, ф. *Сношения России с Китаем,* оп. 2, 1654 г., д. № 4, лл. 25~97. *Черновик.* http://www.vostlit.info/Texts/Dokumenty/China/ XVII/1600-1620/Rus_kit1/61-80/71.htm(07/06/2013).

360 Mancall(1971), p.48.

361 Baddeley(1919) Vol. 2, pp.142~143.

362 그는 개고기를 포함하여 '온갖 죽은 생물은 모두 먹는' 중국인들의 '끔직한 식습관'에 대해 별로 호감을 표시하지 않았다.

363 Baddeley(1919) Vol. 2, pp.135~153.

364 Mancall(1971), pp.54~55.

365 Прасковья Тихоновна Яковлева, *Первый русско-китайский договор 1689 г ода*(Москва: Издательство АН СССР, 1958), pp.102~105.

366 Macall(1971), p.59.

367 Зуев А. С., Богдойский боярин Гантимур: рождение и развенчание мифа, *Вестник Новосибирского государственного университета. Серия: Истори я, филология,* Т. 19, № 8, 2020, pp.9~34. (https://zaimka.ru/zuev-gantimur)

368 아르쉰스키의 이러한 임의적인 결정은 당시 극동 시베리아의 지방관들에게 허용되던 일정 정도의 독립적인 재량권에 따른 것이긴 했으나, 당시 중국과의 관계수립에 공을 들이던 모 스크바 정부는 이러한 자의적인 행위의 책임을 물어 그를 해임하였다.

369 청관리들은 짜르의 서한내용을 확인하기위해 밀로바노프에게 문의하였으나 밀로바노프가 문맹이었으므로 어떠한 것도 확인할 수 없었다.

370 Baddeley(1919), pp.195~203.

371 Mancall(1971), pp.70~74.

372 *Ibid.,* pp.74~76.

373 明清檔案工作室, 人物傳記資料庫, 人名權威, "馬喇". (https://newarchive.ihp.sinica.edu.tw/sncaccgi/sncacFtp?ACTION=TQ,sncacFtpqf,SN=014510,2nd,search_simple)

374 Baddeley(1919), pp.297~349.

375 Macall(1971), pp.93~94; Baddeley(1919), pp.351~360.

376 Macall(1971), pp.101~109; Baddeley(1919), pp.352~353, 362, 375~378, 394~411.

377 Baddeley(1919), pp.395~396.

378 А. А. Данилов, Л. Г. Косулина, 문명식 편역, 『러시아 역사(*История государства и н ародов россии)*』(신아사, 2009), 198~213, 223~236쪽.

379 Macall(1971), pp.114~115.

380 Michel N. Pavlovsky, *Chinese-Russian relations*(New York: Philosophical Library, 1949), pp.145~164; Mancall(1971), pp.132~133; Lantzeff and Pierce(1973), pp.174~176.

381 Артемьев А. Р. "Новые материалы о героической обороне Албазинского о строга в 1685 и 1686-1687 годах". (https://web.archive.org/web/20071031015736/http://ostrog.ucoz.ru/publ/1-1-0-6)

382 Mancall(1971), pp.135~139; Lantzeff and Pierce(1973), p.177.

383 Mancall(1971), pp.134~135, 139~140; Lantzeff and Pierce(1973), p.176.

384 당시 북아시아에서 러시아와 청국은 몽골에 대한 세력권 설정을 놓고 경합 중이었는데 북
아시아의 국제관계에서 몽골이 어느 국가와 동맹을 맺느냐에 따라 러시아와 청국사이에
힘의 역전이 초래될 수 있었으므로 몽골은 압도적인 전략추진의 재량역량은 없었을지라도
균형추 역할은 할 수 있었다.

385 Прасковья Тихоновна Яковлева, *Первый русско-китайский договор 1689 г
ода*(Москва: Изд-во Академии наук СССР, 1958), pp.139~142; Н. П. Шастина, *Рус
сско-Монгольские посольские отношения XVII века*(Москва: институт восто
коведения АН СССР, 1958) pp.122~123, 134~142, 149~162.

386 Mancall(1971), p.153.

387 Lantzeff and Pierce(1973), pp.181~182.

388 Mancall(1971), pp.158~159.

389 *Ibid.*, p.163.

390 *Ibid.*, pp.179~180.

391 *Ibid.*, pp.200~201.

392 Михаил Дмитриевич Чулков, *Историческое описание Российской комме
рции при всех портах и границах от древних времён до ныне настояще
го и всех преимущественных узаконений по оной государя императора
Петра Великого и ныне благополучно царствующей государыни импера
трицы Екатерины Великой*, Том 3, Книга 1 (Москва.: Университетская типог
рафия, 1785), С. 447. (https://viewer.rusneb.ru/ru/000199_000009_004102191?page=1&rotate=
0&theme=white)

393 *Ibid.*, pp.208~235.

394 S. B. Okun, *The Russian American Company*(Cambridge, MA: Harvard University Press, 1951),
p.50.

395 Frans A. Stafleu and Richard S. Cowan, *Taxonomic literature: A Selected Guide to Botanical
Publications and Collections with Dates, Commentaries and Types, Vol. 3*(Utrecht: Bohn,
Scheltema & Holkema, 1981), pp.469-470.

396 S. C. M. Paine(1996), p.34.

397 John King Fairbank, Denis Crispin Twitchett, ed., *The Cambridge History of China: Late
Ch'ing, 1800~1911*, Vol. 10, Part I(London, New York, Melbourne: Cambridge University Press,
1978), p.335; А. Л. Попов, "Царская дипломатия в эпоху Тайпинскогопвосст
ания с предисловием А. Л. Попова", *Красный Архив* Т.21(1927), pp.183~184.

398 John P. LeDonne(1991); F. A. Golder, *Russian Expansion on the Pacific 1641~1850*(New
York: Paragon Book, 1971), pp.46~48.

399 S. C. M. Paine(1996), pp.38~39.

400 W. L. Clowes, "on the 1854~56 Russian ("Crimean") War (2/4)", http://www.pdavis.nl/
Russia2.htm(검색일 2013/10/30)

401 В. Крыжановский, "Переписка начальника Пекинской Духовной Мисс ии Архимандрита Палладия с Генерал-Губернатором Восточной Сиби р Гр. Н. Н. Муравьёвым-Амурским", *Русский Архив*(1914) Выпуск 8(No. 8), pp.492~512; Выпуск 9(No. 9), pp.5~32; Выпуск 10(No. 10), pp.155~206.

402 А. Л. Попов, "Царская дипломатия в эпоху Тайпинскогопвосстания", p.187; Петр В. Шумахер, "К истории приобратения Амура Сношения с Китаем с 1848 по 1860года", *Русский Архив* Выпуск11(No.11), 1878, pp.282~294.

403 S. C. M. Paine(1996), pp.61~62.

404 *Ibid.*, p.65.

405 *Ibid.*, p.67.

406 Петр В. Шумахер(1878), pp.297~301, pp.334~342.

407 S. C. M. Paine(1996), pp.82~83.

408 R. K. I. Quested, *The Expansion of Russia in East Asia, 1857~1860*(Kuala Lumpr: University of Malaya Press, 1968), p.282; S. C. M. Paine(1996), pp.86~87.

409 S. C. M. Paine(1996), p.86, 88.

410 *Ibid.*, p.79.

411 Richard A. Pierce, *Russian Central Asia 1867~1917: A Study in Colonial Rule*(Berkeley: University of California Press, 1960), p.26; Paine(1996), pp.120~121.

412 Owen Lattimore, *Pivot of Asia: Sinkiang and the Inner Asian frontiers of China and Russia*(Boston: little Brown, 1950), pp.35~37; Louis E. Frechtling, "Anglo-Russian Rivalry in Eastern Turkestan, 1863~1881", *Journal of the Royal Central Asian Society* Vol.26 Issue 3 1939, pp.473~485.

413 Paine(1996), pp.133~134.

414 *Ibid.*, pp.136~137.

415 *Ibid.*, pp.141~143.

416 Charles and Barbara Jelavich, ed., *Russia in the Far East 1876~1880: The Russo-Turkish War and the Kuldja Crisis as Seen through the Letters of A. G. Jomini to N. K. Giers*(Leiden: E. J. Brill, 1959), pp.102~103, 111~117, 132~155.

417 기르스는 만약 보상마저 얻어내지 못한다면 국가적 위신의 추락에 대한 국내여론의 비판을 감당하지 못할 거이라는 판단에서 만일 중국이 보상방안을 수용하지 않는다면 '주먹을 보여줘야만 한다'는 표현으로 군사행동을 암시했다. Jelavich(1959), p.151.

418 Пётр Емельянович Скачков, *Русско-китайские отношение: Официальн ые документы 1689~1916*(Москва: Издательство восточной литературы, 1958), pp.61~65.

419 Charles and Barbara Jelavich, *Russia in the East, 1876~1880*(Leiden: E. J. Brill, 1959), pp.134~137.

420 Paine(1996), pp.92~97, 112~114.

421 러시아 외무성, '1689년 8월 27일 네르친스크 조약', 러-중 조약집 1689~1881(상트페테르부

르크: 재정과학아카데미, 1889), pp.1~6; 보리스 이바노비치 트카첸코, 『러시아-중국: 문서와
사실에 나타난 동부국경』(동북아 역사재단, 2010), 25~28쪽.

422 Lattimore(1950), p.121.

423 Paine(1996), p.165.

424 Фёдор Фёдорвич Мартенс, Записка Ф.Ф. Мартенса, "Европа и Китай", *Кр
асный Архив* Т.20(1927), pp.182~185.

425 Paine(1996), p.94.

426 Charles and Barbara Jelavich, *Russia in the East, 1876~1880*(Leiden: E. J. Brill, 1959),
pp.122~131.

427 Андрей Иванов "'Россия для русских': pro et contra", *Русская Линия*, 24
December 2007.

428 Andrew Malozemoff, *Russian Far Eastern policy 1881~1904: With Special Emphasis on the
Causes of the Russo-Japanese War*(New York: Octagon Books, 1977), pp.20~26.

429 Boris A. Romanov, *Russia in Manchuria(1892~1906)*(New York: Octagon Books, 1974),
pp.39~40.

430 W. L. Langer, *The Diplomacy of Imperialism, 1890~1902*, Vol. 1(New York: Knopf, 1935),
pp.168~169; Malozemoff(1977), pp.27~28.

431 *Красный Архив* Т. 3, No. 52(러시아 적군赤軍문서: K.A.)(Moscow, 1932), pp.57~61.

432 Malozemoff(1977), pp.32~34.

433 B. A. Romanov(1974), pp.40~45.

434 Detrich Geyer, *Russian Imperialism: The Interaction of Domestic and Foreign Policy
1860~1914*(Leamington Spa/Hamburg/New York: Berg Publisher, 1987), pp.130~131, 138~139,
150.

435 Henry Kissinger, *Diplomacy*(New York: Simon & Schuster, 1994), pp.139~143.

436 Fuller, Jr., William C. Fuller, Jr., *Strategy and Power in Russia*(1600~1914)(New York: The
Free Press, 1992), p.331.

437 *Ibid.*, p.339.

438 *Ibid.*, pp.332~337.

439 Detrich Geyer(1987), p.137, 155.

440 *Ibid.*, pp.156~157.

441 Fuller Jr.(1992), pp.350~361.

442 Detrich Geyer(1987), pp.169~173.

443 Malozemoff, *Russian Far Eastern policy 1881~1904*(1977), p.57.

444 *K.A.* Т. 1~2, No. 50~51(1932), pp.16~17.

445 카씨니의 보고(7월 14일, 21일), *K.A.* Т. 1~2, No. 50~51(1932), pp.36~37, 43~44.

446 카씨니의 보고(6월 22일, 6월 24일자)와 이에 대한 기르스의 견해는, *K.A.* Т. 1~2, No.
50~51(1932), pp.15~16, 19~20.

447 히뜨로보와 무쯔 간의 대담은 *K.A.* Т. 1~2, No. 50~51(1932), pp.18~19, 22~25, 28~29,

34~35, 42~45, 50~53; George Alexander Lensen, *Balance of Intrigue: International Rivalry in Korea & Manchuria, 1884~1899*, Vol. I(Gainesville FL: University Presses of Florida, 1982), pp.114~150 참고 바람.

448 *K.A.* T. 1~2, No. 50~51(1932), pp.18~52.

449 George Alexander Lensen, Vol. I(1982), pp.151~154.

450 영국의 '5개국 공동개입 안'과 각국의 반응에 대한 내용은, Lensen, Vol. I(1982), pp.159~161.

451 *K.A.* T. 1~2, No. 50~51(1932), p.41.

452 Lensen, Vol. I(1982), pp.167~168.

453 *Ibid.*, pp.170~171.

454 청국주재 러시아 공사 카씨니가 외무부에 보낸 전문(7월 3일: *K.A.* T. 1~2, No. 50~51, pp.16~17, 22, 25~27, 29~30/7월 14일: pp.36~37), 카프니스트 비망록(Записка)(7월 5일: *K.A.* T. 1~2, No. 50~51(1932), pp.27~28/ 8월 2일: *K.A.* T. 1~2, No. 50~51(1932), pp.55~56), 기르스가 카씨니에게 보낸 전문(7월 7일: *K.A.* T. 1~2, No. 50~51(1932), p.29/ 23일: *K.A.* T. 1~2, No. 50~51(1932), p.45/ 8월8일: *K.A.* T. 1~2, No. 50~51(1932), pp.58~59), 기르스의 비망록(7월 24일: *K.A.* T. 1~2, No. 50~51(1932), p.47)을 참고했음.

455 George Alexander Lensen, *Balance of Intrigue: International Rivalry in Korea & Manchuria, 1884~1899*, Vol. I(Gainesville FL: University Presses of Florida, 1982), p.141.

456 *K.A.* T. 3, No. 52(1932), pp.62~67.; Malozemoff(1977), pp.57~58.

457 Lensen, Vol. I(1982), pp.205~207.

458 *K.A.* T. 3, No. 52(1932), pp.67~74.; Malozemoff(1977), pp.59~60; Lensen, Vol. I (1982), pp.215~221.

459 Lensen, Vol. I(1982), p.260, 274, 277, 278.

460 *Ibid.*, p.277, 280.

461 *Ibid.*, pp.262~263.

462 *K.A.* T. 3, No. 52(1932), pp.78~83; Lensen, Vol. I(1982), pp.283~288; Malozemoff (1977), pp.64~65.

463 Malozemoff(1977), p.66.

464 무쯔 무네미쯔저, 김승일 역, 『건건록蹇蹇錄』(범우사, 1993), 303~304, 310쪽.

465 Lensen, Vol. I(1982), p.318.

466 *Ibid.*, p.276.

467 Malozemoff(1977), pp.67~68.

468 Lensen, Vol. I(1982), pp.320~321.

469 *Ibid.*, p.324.

470 *Ibid.*, p.1.

471 전통적 현실주의자들의 '세력균형'에 대한 시각은, Hans J. Morgenthau, *Politics among Nations*(New York: Knopf. 1967), p.175; George Liska, *Nations in Alliance: The Limits of Interdependence*(Baltimore: Johns Hopkins University Press, 1962), p.12 참고 바람. '위협균형'

개념의 자세한 내용은, Stephen M. Walt, *The Origins of Alliances*(Ithaca and London: Cornell University Press, 1987), pp.5~10.

472 George Alexander Lensen, *Balance of Intrigue: International Rivalry in Korea & Manchuria, 1884~1899*, Vol. II(Gainesville FL: University Presses of Florida, 1982), p.480, 482~483; Malozemoff(1977), p.70.

473 1896년 1월 23일 두호프스코이가 비테에게 보낸 장문의 각서는 Lensen(1982) Vol. II, pp.489~493 참고 바람; Malozemoff(1977), pp.73~76.

474 Lensen(1982) Vol. II, pp.488~489.

475 *Ibid.*, pp.494~495.

476 Lensen(1982) Vol. II, pp.500~503; Malozemoff(1977), pp.79~81.

477 Lensen(1982) Vol. II, pp.707~708.

478 United General Assembly, Ninth Session Agenda Item 17, "The Korean Question: Report of the United Nations Commission for the Unification and Rehabilitation of Korea", Report of the First Committee, Rapporteur Mr. Oscar Thorsing, 9 December, 1954.(United Nations Digital Library) https://digitallibrary.un.org/record/833429?v=pdf

479 『독립신문』, "아라사 갔던 공사 민영환 씨가 돌아왔으니", 1896년 10월 24일자 (대한민국 신문아카이브, 국립중앙도서관). https://www.nl.go.kr/newspaper/detail.do?content_id=CNTS-00098987089&from=%EC%8B%A0%EB%AC%B8%20%EA%B2%80%EC%83%89

480 이 책에서 인용하고 있는 민영환의『해천추범海天秋帆』은 조재곤 편역『해천추범海天秋帆: 민영환의 세계일주』(책과함께, 2007)을 참고하였음.

481 『국역 윤치호 영문일기 3』 6월 5일 "《금요일》화창했으나 한 차례 소나기", 윤치호의 일기는 국사편찬위원회의 한국사데이타베이스, 한국사총설DB의 한국사료총서에서 인용함. https://db.history.go.kr/diachronic/level.do?levelId=sa_027r_0020_0060

482 『국역 윤치호 영문일기 3』, 6월 6일, "《토요일》"

483 『국역 윤치호 영문일기 3』, 6월 7일, "《일요일》무더위"

484 『국역 윤치호 영문일기 3』, 6월 13일, "《토요일》오전 상쾌한 날씨"

485 『국역 윤치호 영문일기 3』, 6월 16일, "《화요일》좀 더웠지만 상쾌한 날씨"

486 *Ibid.*, pp.712~716.

487 Lensen(1982) Vol. II, p.718, 724; Malozemoff(1977), pp.95~97.

488 Lensen(1982) Vol. II, pp.726~728; Malozemoff(1977), pp.97~98.

489 Lensen(1982) Vol. II, p.740, 743.

490 Lensen(1982) Vol. II, pp.752~755; Malozemoff(1977), pp.99~100.

491 Lensen(1982) Vol. II, pp.757~759; Malozemoff(1977), pp.101~102

492 Lensen(1982) Vol. II, p.769.

493 Malozemoff(1977), p.105.

494 Lensen(1982) Vol. II, p.772.

495 *Ibid.*, p.779.

496 *Ibid*, pp.777.

497 *Ibid*, pp.787.

498 William L. Langer, *The Diplomacy of Imperialism*(1890~1902)(New York: Knopf, 1968)

499 Geyer(1987), pp.186~189, p.191; Romanov(1974), pp.62~93.

500 Barbara Jelavich, *St. Petersburg and Moscow: Tsarist and Soviet Foreign Policy, 1814~1974*(Bloomington: Indiana University Press, 1974), pp.232~237; B. H. Sumner, *Tsardom and Imperialism in the Far East and Middle East, 1880~1914*(Hamden CT: Archon Books, 1968), p.6.

501 Geyer(1987), p.192.

502 Fuller, Jr.(1992), pp.367~373.

503 외무장관 무라비요프의 보고서(1월), 재정장관 비테의 보고서(2월), 전쟁장관 쿠로파트킨의 보고서(3월)를 말하며, 이하 해당 본문에서 인용 및 서술된 각각의 주요 내용과 논지는 주로 다음의 자료에 의거해 정리하였음: Geyer(1987), pp.201~205; Fuller Jr. (1992), pp.377~384.

504 Павел Алексеевич Хромов, *Экономическое Развитие Россий в XIX-XX века х, 1800~1917*(Москва: Государственное изд-во, 1950), pp.518~523.

505 Geyer(1987), p.203.

506 Fuller(1992), p.381, 384.

507 Dominic Lieven, *Nicholas II: Emperor of All the Russias*(London: Pimlico, 1993), p.94; Dan L. Morrill, "Nicholas II and the Call for the First Hague Conference." *Journal of Modern History* Vol.46, No. 2, (1974), pp.300~310.

508 Geyer(1987), p.204.

509 John Herz, "Idealist Internationalism and the Security Dilemma", *World Politics* Vol. 2, No. 2 (1950), p.157.

510 Paul Roe, "Interstate Security Dilemma: Ethic Conflict as a 'Tragedy'?", *Journal of Peace Research* Vol. 36, No. 2(1999), p.183.

511 Malozemoff(1977), pp.135~136.

512 *Ibid.*, pp.127~128.

513 *Ibid*, pp.129~130.

514 Romanov(1974), pp.32~33.

515 Geyer(1987), p.206.

516 William C. Fuller Jr., *Civil-Military Conflict in Imperial Russia 1881~1914*(Princeton: Princeton University Press, 1985), p.56.

517 Malozemoff(1977), pp.141~142

518 청국과의 교섭을 위한 '기본원칙들(14개 조항)'에 대한 전문은 Romanov(1974), pp.209~212 를 참조 바람.

519 세 차례의 회람장은 각각 1900년 8월 25일자, 1901년 4월 5일자, 1902년 4월 12일자를 말한다. 각각의 회람장의 주요내용은, *KA XIV*(1926), p.12; Paine(1996), p.216, 219.

520 베베르-고무라의 협상 과정과 내용은 Lensen Vol. II, pp.618~627.

521 Romanov(1974), pp.104~105; Malozemoff(1977), pp.86~88.

522 니콜라이 2세와 러시아 정부는 민영환이 제출한 고종의 친서에 담긴 '보호'라는 표현을 '보호국protectorate 또는 보호령'으로 인식하였다.

523 Malozemoff(1977), pp.109~111.

524 한국과 만주문제에 대한 이토내각의 입장에 대한 자세한 내용은, *K.A.* T. 2, No. 63 (1934), pp.7~12.

525 *K.A.* T. 2, No. 63(1934), pp.21~23; Malozemoff(1977), p.165.

526 Malozemoff(1977), pp.166~167.

527 Romanov(1974), p.222

528 Malozemoff(1977), p.213, 222.

529 *K.A.* T. 3, No. 52(1932), pp.110~124.

530 Malozemoff(1977), pp.206~207.

531 Romanov(1974), p.296; Malozemoff(1977), p.207.

532 Malozemoff(1977), p.228.

533 *Ibid.*, pp.225~226.

534 *Ibid.*, pp.239.

535 러시아 측 제안의 전달이 며칠간 지연된 것은 일본 측의 방해 때문이라는 견해가 있다. 2월 3일 여순에 주재駐在한 동아시아 총독 알렉세예프에게 일차 전달된 전문이 주일공사 로젠에게 전달된 것은 2월 7일이었다. 일부 기록에 의하면 일본 정부가 로젠공사가 본국으로부터 전문을 수령하는 것을 방해했다는 것이다. 이러한 견해는 전쟁을 이미 결정한 일본이 러시아 측 제안을 확인하는 것을 꺼려했기 때문이라고 해석하고 있다. *KA II*(1923), p.106.

536 LeDonne(1997), p.214; Bruce W. Menning, *Bayonets before Battle: The Imperial Russian Army, 1861~1914*(Bloomington: Indiana University Press, 1992), p.187.

537 제임스 브래들리, 『임페리얼 크루즈』(프리뷰, 2009), 246~247쪽

538 제임스 브래들리, (2009), 216쪽

539 제임스 브래들리, 앞의 책, 222쪽.

540 Tylor Dennett, "President Roosevelt's Secret Pact with Japan", *The Current History Magazine(New York Times Current History of the European War)*, Vol. 21, Issue 1 (Oct. 1924), pp.15~21.

541 Raymond A. Esthus, "The Taft-Katsura Agreement: Reality or Myth?", *The Journal of Modern History*, Vol. 31, No. 1(1959), pp.46~51.; John E. Wilz, "Did the United States betray Korea in 1905?", *Pacific Historical Review*, Vol. 54, No., 3(1985), pp.243~270.

542 John G. Reid, *"Taft's Telegram to Root"*, *Pacific Historical Review*, Vol. 9, No. 1 (1940), pp.66~70.

543 Paine(1996), pp.250~251.

544 Geyer(1987), pp.209~210.

545 Paine(1996), p.256.

546 A. V. Ignat'ev, "The Foreign Policy of Russia in the Far East at the Turn of the Nineteenth Centuries", Hugh Ragsdale(1994), pp.263~265.

547 제2차 영일동맹의 배경과 효과는 다음의 글 참고 바람: David Steeds, "The Second Anglo-Japanese Alliance and Russo-Japanese War", *Anglo-Japanese Alliance*, Discussion Paper, The Suntory and Toyota International Centre for Economics and Related Disciplines/London School of Economics and Political Science(LSE), pp.24~28.

548 LeDonne(1997), pp.216~217.

549 저격 직후 안중근 의사는 러시아어로 '대한(제국) 만세(코레야 우라, Корея Ура)'를 외쳤다고 전해진다. 하얼빈이 러시아가 건설하고 관할한 북만주 거점도시이기도 하거니와 한때는 한국 독립의 후원자였던 러시아를 경각시키기 위한 외침이었을 것이다.

550 LeDonne(1997), p.343.

551 *Ibid.*, p.339.

552 *Ibid.*, p.279, 282.

553 *Ibid.*, pp.145~148, 344.

554 Ruth Fischer, *Stalin and German Communism: A Study in the Origins of the State Party*(New Brunswick, NJ: Transition Books, 1982), pp.32~36.

555 John Keegan, *The First World War*(New York: Vintage Books, 2000), p.342.

556 뱅빌의 비판, 베르사유 조약에 대한 논쟁에 관한 자세한 내용은, Zara Steiner, *The Lights that Failed: European International History, 1919~1933*(Oxford: Oxford Press, 2005), pp.67~70 참조 바람.

557 Ivan Kurilla, "Allied Intervention From Russia's Perspective: Modern-Day Interpretations", *Journal of Slavic Military Studies*, Vol. 32, No. 4, 2019. p.571; Commission of the C.C. of the C.P.S.U.(B.), *History of the Communist Party of the Soviet Union (Bolsheviks): Short Course*(Moscow: Foreign Language Publishing House, 1945), pp.248-250; "Russian Civil War", Britannica, (https://www.britannica.com/event/Russian-Civil-War/Foreign-intervention).

558 ""Отлитые в граните": 10 цитат президента Медведева", *РИА Новости*, 5 мая 2012. (https://ria.ru/20120505/641550536.html)

559 Президент России, "Заявление Президента в связи с ситуацией, котора я сложилась вокруг системы ПРО стран НАТО в Европе", 23 ноября 2011. http://kremlin.ru/events/president/news/13637

560 메드베데프의 자유주의 프로그램의 성과나 한계에 대한 자세한 내용은 다음의 글 참고 바람. Richard Sakwa, *The Crisis of Russian Democracy: Dual State, Factionalism and the Medvedev Succession* (Cambridge; Cambridge University Press, 2011), 287, 327~329, 343.

*상기 지도는 *The Routldge Atlas of russian History 3nd Edition*을 참조하였음

찾아보기

프란츠 요제프 1세 296, 334, 336, 337,
  358~360
프랑수아 1세 156, 237, 345, 369
프랑크푸르트 국민의회^(1848~1849) 337
프랑크푸르트 조약⁽¹⁸⁷¹⁾ 779
프레오브라젠스코에 조약^{Преображенский договор}
  ⁽¹⁶⁹⁹⁾ 141
프리드리히 2세 157, 159, 160, 173, 175
피트, 윌리엄 182, 217, 218
필리키 에테리아^{Filiki Eteria} 259, 260, 262, 264

ㅎ

하바로프, 예로페이 파블로비치 91~93, 96
하이세^{海色(海塞)} 92
한성 조약⁽¹⁸⁸⁵⁾ 718
함풍제^{咸豊帝} 688, 689, 691, 693, 709
『해천추범^{海天秋帆}』 803
호헨로헤, 클로드비히 540, 813, 815
회족 반란(회족혁명)^{Dungan Revolt(1862~1877)} 591
후다야르 칸 599, 600
흐멜리츠키, 보그단 미하일로비치 124, 125
히바 칸 무함마드 2세 593, 597
히바원정^{Хивинский поход(1783)} 74, 606
히트로보, 미하일 알렉세예비치 746, 748,
  749

백준기

고려대학교에서 정치학에 입문하고 같은 대학원에서 정치학을 전공으로 삼았다. 러시아 모스크바국립대학교에서 유라시아 국제관계를 학습하였고 정치학 박사학위를 받았다. 1999년부터 한신대학교에서 국제관계학을 가르치고 있고 국제평화인권대학원장을 지냈다.

2005년 하버드대학교 유라시아와 러시아 연구센터Davis Center for Russian Eurasian Studies에서 객원학자visiting scholar로 연구하였고, 2009년에는 케임브리지대학교 클레어홀Clare Hall 칼리지에 객원연구원visiting fellow으로 참여하였다. 『유라시아 제국의 탄생: 유라시아 외교의 기원』은 하버드와 케임브리지에서 수행한 연구의 성과물이다.

2006년에서 2015년 사이에 민주평화통일자문회의의 국제위원회 상임위원, 그리고 통일부 남북관계발전위원회 위원 등을 경험하였다. 2018년부터 4년간 통일부 국립통일교육원장에 재직하면서 한반도 평화와 통일 문제에 몰입하여 남북한 관계뿐 아니라 미국과 중국, 그리고 러시아와 일본 등 한반도 운명에 결부된 4대 강국의 역사와 지정학에 천착하였다.

평소의 연구 관심사는 미국과 중국, 그리고 러시아 간의 삼각관계이며, 이와 관련한 여러 논문과 책(공저)을 냈다. 최근에 출간한 책으로는 『미국의 세기 이후: 일극체제의 황혼, 강대국들의 귀환』(2025)이 있다. 2026년 현재, 한신대학교 한반도평화학술원장과 사단법인 코리아컨센서스연구원(KCI) 이사장을 맡고 있다.

유라시아 제국의 탄생

개정판 1쇄 인쇄 2026년 2월 25일 | **개정판 1쇄 발행** 2026년 3월 10일
지은이 백준기 | **펴낸이** 김시열
펴낸곳 도서출판 자유문고

(02832) 서울시 성북구 동소문로 67-1 성심빌딩 3층

전화 (02) 2637-8988 | **팩스** (02) 2676-9759

ISBN 978-89-7030-185-3 93340 값 60,000원

http://cafe.daum.net/jayumungo (도서출판 자유문고)